Fernando Capez
Procurador de Justiça licenciado, Deputado Estadual e Presidente da Assembleia Legislativa de São Paulo. Mestre em Direito pela USP e Doutor pela PUCSP. Professor Honorário da Universidade Presbiteriana Mackenzie, da Escola Superior do Ministério Público e de Cursos Preparatórios para Carreiras Jurídicas. Autor de obras jurídicas. É também Presidente do Colégio de Presidentes das Assembleias Legislativas do Brasil.

Stela Prado
(Maria Stela Prado Garcia)
Advogada. Mestre em Direito pela PUCSP.
Coautora em diversas obras jurídicas.

7ª edição
Atualizado até a Lei n. 13.228, de 28 de dezembro de 2015
2016

Rua Henrique Schaumann, 270, Cerqueira César — São Paulo — SP
CEP 05413-909
PABX: (11) 3613 3000
SAC: 0800 011 7875
De 2ª a 6ª, das 8:30 às 19:30
www.editorasaraiva.com.br/contato

Direção editorial *Flávia Alves Bravin*
Gerência editorial *Thaís de Camargo Rodrigues*
Assistência editorial *Poliana Soares Albuquerque*

Coordenação geral *Clarissa Boraschi Maria*
Preparação de originais *Ana Cristina Garcia (coord.)*
Luciana Shirakawa
Arte e diagramação *Edson Colobone*
Revisão de provas *Paula Brito Araújo*

Serviços editoriais *Elaine Cristina da Silva*
Kelli Priscila Pinto
Tatiana dos Santos Romão
Capa *Guilherme P. Pinto*

Produção gráfica *Marli Rampim*
Impressão *Intergraf Ind. Gráfica Eireli*
Acabamento *Intergraf Ind. Gráfica Eireli*

ISBN 978-85-472-0926-1

Dados Internacionais de Catalogação na Publicação (CIP)
Angélica Ilacqua CRB-8/7057

Capez, Fernando
    Código penal comentado / Fernando Capez e Stela Prado. – 7. ed. – São Paulo : Saraiva, 2016.

    1. Direito penal - Legislação - Brasil I. Título II. Prado, Stela.

16-0494   CDU-343(81)(094.4)

Índices para catálogo sistemático:

1. Brasil : Código penal comentado   343(81)(094.4)
2. Código penal : Comentários : Brasil
                                      343(81)(094.4)

Data de fechamento da edição: 6-7-2016

Dúvidas?
Acesse www.editorasaraiva.com.br/direito

Nenhuma parte desta publicação poderá ser reproduzida por qualquer meio ou forma sem a prévia autorização da Editora Saraiva.
A violação dos direitos autorais é crime estabelecido na Lei n. 9.610/98 e punido pelo artigo 184 do Código Penal.

122.918.007.001   972172

Abreviaturas dos Recursos

ADin	Ação Direta de Inconstitucionalidade
Ag.	Agravo
AgE	Agravo em Execução
AgI	Agravo de Instrumento
AgR	Agravo Regimental
Ap. Cív.	Apelação Cível
Ap. Crim.	Apelação Criminal
APn	Ação Penal
CAt	Conflito de Atribuição
CC	Conflito de Competência
CNJ	Conflito Negativo de Jurisdição
EDcl	Embargos de Declaração
EI	Embargos Infringentes
EREsp	Embargos de Divergência em Recurso Especial
Extr.	Extradição
HC	*Habeas Corpus*
IF-AgR	Intervenção Federal no Agravo Regimental
Inq.	Inquérito
MC	Medida Cautelar
MS	Mandado de Segurança
Pet	Petição
QC	Queixa-crime
QO	Questão de Ordem
Rcl	Reclamação
RCrim	Recurso Criminal
RE	Recurso Extraordinário
REO	Remessa de Ofício
REOCr	Remessa de Ofício Criminal
RE-QO	Questão de Ordem em Recurso Extraordinário
REsp	Recurso Especial
RHC	Recurso de *Habeas Corpus*
RNec	Recurso Necessário
ROf	Recurso de Ofício
ROHC	Recurso Ordinário de *Habeas Corpus*
RVCrim	Revisão Criminal
SEC	Sentença Estrangeira Contestada
RSE	Recurso em Sentença Estrangeira

Índice Sistemático do
Código Penal comentado
Decreto-lei n. 2.848, de 7-12-1940

PARTE GERAL

TÍTULO I
DA APLICAÇÃO DA LEI PENAL

Arts. 1º a 12 11

TÍTULO II
DO CRIME

Arts. 13 a 25 44

TÍTULO III
DA IMPUTABILIDADE PENAL

Arts. 26 a 28 80

TÍTULO IV
DO CONCURSO DE PESSOAS

Arts. 29 a 31 90

TÍTULO V
DAS PENAS

Capítulo I	Das espécies de pena (arts. 32 a 52)..	98
Seção I	Das penas privativas de liberdade (arts. 33 a 42)...	100
Seção II	Das penas restritivas de direitos (arts. 43 a 48)...	121
Seção III	Da pena de multa (arts. 49 a 52)..	133
Capítulo II	Da cominação das penas (arts. 53 a 58)...	138
Capítulo III	Da aplicação da pena (arts. 59 a 76)..	140
Capítulo IV	Da suspensão condicional da pena (arts. 77 a 82)..	176
Capítulo V	Do livramento condicional (arts. 83 a 90)...	186
Capítulo VI	Dos efeitos da condenação (arts. 91 e 92)..	193
Capítulo VII	Da reabilitação (arts. 93 a 95)...	200

TÍTULO VI
DAS MEDIDAS DE SEGURANÇA

Arts. 96 a 99 202

TÍTULO VII
DA AÇÃO PENAL

Arts. 100 a 106 208

TÍTULO VIII
DA EXTINÇÃO DA PUNIBILIDADE

Arts. 107 a 120 219

PARTE ESPECIAL

TÍTULO I
DOS CRIMES CONTRA A PESSOA

Capítulo I	Dos crimes contra a vida (arts. 121 a 128)	240
Capítulo II	Das lesões corporais (art. 129)	268
Capítulo III	Da periclitação da vida e da saúde (arts. 130 a 136)	282
Capítulo IV	Da rixa (art. 137)	298
Capítulo V	Dos crimes contra a honra (arts. 138 a 145)	299
Capítulo VI	Dos crimes contra a liberdade individual (arts. 146 a 154)	322
Seção I	Dos crimes contra a liberdade pessoal (arts. 146 a 149)	322
Seção II	Dos crimes contra a inviolabilidade do domicílio (art. 150)	333
Seção III	Dos crimes contra a inviolabilidade de correspondência (arts. 151 e 152)	337
Seção IV	Dos crimes contra a inviolabilidade dos segredos (arts. 153 a 154-B)	343

TÍTULO II
DOS CRIMES CONTRA O PATRIMÔNIO

Capítulo I	Do furto (arts. 155 e 156)	350
Capítulo II	Do roubo e da extorsão (arts. 157 a 160)	362
Capítulo III	Da usurpação (arts. 161 e 162)	385
Capítulo IV	Do dano (arts. 163 a 167)	390
Capítulo V	Da apropriação indébita (arts. 168 a 170)	394
Capítulo VI	Do estelionato e outras fraudes (arts. 171 a 179)	408
Capítulo VII	Da receptação (art. 180)	433
Capítulo VIII	Disposições gerais (arts. 181 a 183)	441

TÍTULO III
DOS CRIMES CONTRA A PROPRIEDADE IMATERIAL

Capítulo I	Dos crimes contra a propriedade intelectual (arts. 184 a 186)	442
Capítulo II	Dos crimes contra o privilégio de invenção (arts. 187 a 191)	446
Capítulo III	Dos crimes contra as marcas de indústria e comércio (arts. 192 a 195)	446
Capítulo IV	Dos crimes de concorrência desleal (art. 196)	446

TÍTULO IV
DOS CRIMES CONTRA A ORGANIZAÇÃO DO TRABALHO

Arts. 197 a 207 446

TÍTULO V
DOS CRIMES CONTRA O SENTIMENTO RELIGIOSO E CONTRA O RESPEITO AOS MORTOS

Capítulo I	Dos crimes contra o sentimento religioso (art. 208)	455
Capítulo II	Dos crimes contra o respeito aos mortos (arts. 209 a 212)	456

TÍTULO VI
DOS CRIMES CONTRA A DIGNIDADE SEXUAL

Capítulo I	Dos crimes contra a liberdade sexual (arts. 213 a 216-A)	459

Capítulo II	Dos crimes sexuais contra vulnerável (arts. 217 a 218-B)	472
Capítulo III	Do rapto (arts. 219 a 222)	483
Capítulo IV	Disposições gerais (arts. 223 a 226)	484
Capítulo V	Do lenocínio e do tráfico de pessoa para fim de prostituição ou outra forma de exploração sexual (arts. 227 a 232)	488
Capítulo VI	Do ultraje público ao pudor (arts. 233 e 234)	505
Capítulo VII	Disposições gerais (arts. 234-A a 234-C)	508

TÍTULO VII
DOS CRIMES CONTRA A FAMÍLIA

Capítulo I	Dos crimes contra o casamento (arts. 235 a 240)	509
Capítulo II	Dos crimes contra o estado de filiação (arts. 241 a 243)	514
Capítulo III	Dos crimes contra a assistência familiar (arts. 244 a 247)	518
Capítulo IV	Dos crimes contra o pátrio poder, tutela ou curatela (arts. 248 e 249)	523

TÍTULO VIII
DOS CRIMES CONTRA A INCOLUMIDADE PÚBLICA

Capítulo I	Dos crimes de perigo comum (arts. 250 a 259)	525
Capítulo II	Dos crimes contra a segurança dos meios de comunicação e transporte e outros serviços públicos (arts. 260 a 266)	541
Capítulo III	Dos crimes contra a saúde pública (arts. 267 a 285)	549

TÍTULO IX
DOS CRIMES CONTRA A PAZ PÚBLICA

Arts. 286 a 288-A 569

TÍTULO X
DOS CRIMES CONTRA A FÉ PÚBLICA

Capítulo I	Da moeda falsa (arts. 289 a 292)	579
Capítulo II	Da falsidade de títulos e outros papéis públicos (arts. 293 a 295)	585
Capítulo III	Da falsidade documental (arts. 296 a 305)	589
Capítulo IV	De outras falsidades (arts. 306 a 311)	610
Capítulo V	Das fraudes em certames de interesse público (art. 311-A)	618

TÍTULO XI
DOS CRIMES CONTRA A ADMINISTRAÇÃO PÚBLICA

Capítulo I	Dos crimes praticados por funcionário público contra a administração em geral (arts. 312 a 327)	620
Capítulo II	Dos crimes praticados por particular contra a administração em geral (arts. 328 a 337-A)	663
Capítulo II-A	Dos crimes praticados por particular contra a administração pública estrangeira (arts. 337-B a 337-D)	693
Capítulo III	Dos crimes contra a administração da justiça (arts. 338 a 359)	698
Capítulo IV	Dos crimes contra as finanças públicas (arts. 359-A a 359-H)	734

DISPOSIÇÕES FINAIS

Arts. 360 e 361 746

Índice Alfabético-Remissivo 747

CÓDIGO PENAL
Decreto-Lei n. 2.848, de 7 de dezembro de 1940

PARTE GERAL

TÍTULO I
DA APLICAÇÃO DA LEI PENAL

Anterioridade da lei

Art. 1º Não há crime sem lei anterior que o defina. Não há pena sem prévia cominação legal. *(Redação dada pela Lei n. 7.209/84)*

(1) *Declaração Universal dos Direitos Humanos e Convenção Americana sobre Direitos Humanos:* De acordo com o art. XI, 2, da Declaração Universal dos Direitos Humanos, aprovada pelo Brasil, "ninguém poderá ser culpado por qualquer ação ou omissão que, no momento, não constituam delito perante o direito nacional ou internacional. Também não será imposta pena mais forte do que aquela que, no momento da prática, era aplicável ao ato delituoso". O art. 9º do *Pacto de San José da Costa Rica*, 1969, ratificada pelo Brasil em 20-7-1989, por sua vez, consagra o princípio da legalidade e da retroatividade da lei penal: "Ninguém poderá ser condenado por atos ou omissões que, no momento em que foram cometidos, não constituam delito, de acordo com o direito aplicável. Tampouco poder-se-á impor pena mais grave do que a aplicável no momento da ocorrência do delito. Se, depois de perpetrado o delito, a lei estipular a imposição de pena mais leve, o delinquente deverá dela beneficiar-se".

(2) *Fundamento constitucional*: Art. 5º, XXXIX, da Constituição da República. O princípio da legalidade encontra-se no rol dos direitos e garantias fundamentais, os quais foram erigidos ao nível de cláusula pétrea (núcleo constitucional intangível ou imodificável), dado que existe uma limitação material explícita ao poder constituinte derivado de reforma (*vide* CF, art. 60, § 4º, IV), não podendo jamais ser abolidos, mas, apenas, ampliados.

(3) *Princípio Nullum crimen, nulla poena sine praevia lege:* No Brasil, esse princípio foi acolhido em todas as Cartas Constitucionais, a partir da Constituição Imperial de 1824, a saber: Constituições de 1824, art. 179, § 11; 1891, art. 72, § 15; 1934, art. 113, § 26; 1937, art. 122; 1946, art. 141, § 27; 1967, art. 153, § 16; e 1988, art. 5º, XXXIX.

(4) *Princípio da legalidade:* A regra do art. 1º, denominada *princípio da legalidade*, compreende os princípios da reserva legal e da anterioridade. Assim, o *princípio da legalidade* é gênero que compreende duas espécies: *reserva legal*, reservando para o estrito campo da lei a existência do crime e sua correspondente pena (não há crime sem lei que o defina, nem pena sem cominação legal), e o da *anterioridade*, exigindo que a lei esteja em vigor no momento da prática da infração penal (lei *anterior* e *prévia* cominação).

(5) *Princípio da reserva legal:* De acordo com esse princípio, somente a lei, em seu sentido mais estrito, pode definir crimes e cominar penalidades. Fala-se, assim, em *reserva absoluta de lei*, pois somente a lei, na sua concepção formal e estrita, emanada e aprovada pelo Poder Legislativo,

por meio de procedimento adequado, pode criar tipos e impor penas. É inadmissível que o Poder Executivo unilateralmente disponha acerca de regras restritivas de direitos individuais.

Princípio da reserva legal e normas penais em branco (cegas ou abertas): São normas cuja descrição da conduta está incompleta, necessitando de complementação por outra disposição legal ou regulamentar. *Vide* art. 2º, VI, da Lei n. 1.521/51, que necessita, para seu complemento, das tabelas oficiais de preços, e o art. 33 da Lei de Drogas (Lei n. 11.343/2006), que precisa da Portaria do Ministério da Saúde elencando o rol de substâncias entorpecentes.

Princípio da reserva legal e costumes: O costume *contra legem* não revoga a lei, em face do que dispõe o art. 2º, § 1º, da Lei de Introdução às Normas do Direito Brasileiro (Dec.-lei n. 4.657/42), segundo o qual uma lei só pode ser revogada por outra lei. A contravenção penal do jogo do bicho (art. 58 do Dec.-lei n. 3.688/41), por exemplo, não foi revogada pelo costume. Sobre o assunto, já decidiu o Egrégio Superior Tribunal de Justiça que "o sistema jurídico brasileiro não admite possa uma lei perecer pelo desuso, porquanto, assentado no princípio da supremacia da lei escrita (fonte principal do Direito), sua obrigatoriedade só termina com sua revogação por outra lei. Noutros termos, não pode ter existência jurídica o costume *contra legem*" (REsp. 30705/SP, Rel. Min. Adhemar Maciel, 6ª T., j. 14-3-1995). *No mesmo sentido:* STJ, REsp 215153/SP, 5ª T., Rel. Min. José Arnaldo da Fonseca, j. 6-4-2001; STJ, REsp 25.115/RO, 5ª T., Rel. Min. Edson Vidigal, j. 26-5-1993. *Contra:* TJRS, CC 70008385.353, 5ª Câm. Crim., Rel. Des. Amilton Bueno de Carvalho, j. 28-4-2004.

Competência para legislar sobre matéria penal: O art. 22, I, da Carta Magna refere que compete privativamente à União legislar sobre direito penal. De acordo com seu parágrafo único, que trata da competência suplementar, "Lei Complementar federal poderá autorizar os Estados-membros a legislar em matéria penal sobre questões específicas relacionadas nesse artigo", isto é, sobre matérias que tenham interesse meramente local. Assim, não poderá criar novos tipos penais ou ampliar causas extintivas da punibilidade.

Competência para legislar sobre crimes de responsabilidade. Natureza jurídica: De acordo com a *Súmula* 722, "São da competência legislativa da União a definição dos crimes de responsabilidade e o estabelecimento das respectivas normas de processo e julgamento". Os crimes de responsabilidade, constantes do art. 1º do Decreto-lei n. 201/67, com as modificações operadas pela Lei n. 10.028/2000, relacionados aos prefeitos e vereadores, são classificados como *crimes funcionais* ou de *responsabilidade impróprios*. Segundo a doutrina e a jurisprudência, há uma impropriedade no emprego da locução "crime de responsabilidade" para as condutas constantes do art. 1º do referido decreto. "Crimes de responsabilidade são os do art. 4º, do mesmo diploma, rotulados de *infrações político-administrativas*, pelos quais o prefeito responde na Câmara Municipal, em processo que pode redundar na cassação de sua investidura. Por isso, os delitos do art. 1º podem, também, ser denominados *crimes de responsabilidade impróprios*" (Waldo Fazzio Júnior, *Improbidade administrativa e crimes de prefeitos*, 3. ed., São Paulo: Atlas, 2003, p. 38). Assim, segundo a posição dominante, os crimes do art. 1º do decreto são delitos comuns, sujeitos às normas do Direito Penal e processados e julgados pelo Poder Judiciário. Sobre o tema, *vide*: STJ, HC 12497/MG, 5ª T., Rel. Min. José Arnaldo da Fonseca, *DJU* 13-8-2001, p. 180. Osório Silva Barbosa Sobrinho, *A Constituição Federal vista pelo STF*, São Paulo: Juarez de Oliveira, p. 254. Marino Pazzaglini Filho, *Crimes de responsabilidade fiscal – Atos de improbidade administrativa por violação da LRF*, 2. ed., São Paulo: Atlas, 2002, p. 103.

Crimes de responsabilidade (Lei n. 1.079, de 10-4-1950): Incide igualmente a *Súmula* 722 do *STF.* A Lei n. 1.079/50 trata do processo e julgamento dos crimes de responsabilidade do Presidente da República, dos Ministros de Estado, dos Ministros do Supremo Tribunal Federal, do Procurador-

-Geral da República, dos Governadores e dos Secretários de Estado. A Lei n. 10.028/2000 (Lei dos Crimes de Responsabilidade Fiscal) inseriu novas condutas no rol do art. 10 da Lei n. 1.079/50.

Medida provisória e as modificações operadas pela EC n. 32, de 11 de setembro de 2001: O art. 62, § 1º, I, *b*, da Constituição Federal, com a redação determinada pela Emenda Constitucional n. 32, de 11 de setembro de 2001, criou uma vedação material explícita, ao estatuir ser defesa a edição de medida provisória sobre matérias de direito penal e processo penal.

Medida provisória benéfica ao agente: O tema é objeto de polêmica. Havendo sua conversão em lei, desaparecerá o vício da inconstitucionalidade na origem, convalidando-se o ato normativo e podendo, a partir desse momento, irradiar efeitos. Com efeito, se for editada uma medida provisória estabelecendo novas causas de diminuição de pena ou hipóteses de perdão judicial para participantes de organizações criminosas que as delatarem às autoridades, tema, inequivocamente, relevante e urgente, não se poderá cogitar de inconstitucionalidade. Embora se trate de matéria penal, não há de se falar em ofensa à reserva legal, pois a norma não está definindo novos crimes, nem restringindo direitos individuais ou prejudicando, de qualquer modo, a situação do réu.

Lei delegada em matéria penal: Leis delegadas são aquelas elaboradas pelo próprio Presidente da República, mediante prévia solicitação ao Congresso Nacional (CF, art. 68). Elas não poderão veicular matéria penal, uma vez que a Constituição Federal dispõe expressamente que não será objeto de delegação a matéria relativa a direitos individuais (CF, art. 68, II), entre os quais se incluem os atingidos pela esfera penal.

(6) **Taxatividade:** O princípio da legalidade estatui que não há crime sem lei que o *defina*. Assim, exigiu que a lei descrevesse a conduta delituosa em todos os seus elementos e circunstâncias, a fim de que somente no caso de integral correspondência pudesse o agente ser punido.

Taxatividade e vedação ao emprego da analogia (também conhecida por integração analógica, suplemento analógico e aplicação analógica): em razão do princípio da taxatividade, veda-se que o tratamento punitivo cominado possa ser estendido a uma conduta que se mostre aproximada ou assemelhada. A aplicação da analogia em norma incriminadora fere o princípio da reserva legal, em afronta direta ao art. 5º, XXXIX, da CF.

Analogia em norma penal incriminadora: Art. 12, § 1º, II, da revogada Lei de Tóxicos e a questão do plantio de droga para uso próprio: o art. 12, § 1º, II, da revogada Lei n. 6.368/76, incriminava a conduta de semear, cultivar ou fazer a colheita de planta com efeito psicotrópico, sem distinguir se a conduta era praticada com o fim de tráfico ou consumo pessoal. Embora entendêssemos que o fato era atípico, prevalecia, no entanto, o posicionamento no sentido de que, para evitar um mal maior, aplicava-se a analogia com relação às figuras do revogado art. 16 (trazer consigo, guardar e adquirir para uso próprio), nele se enquadrando o plantio para fins de uso. Criava-se, assim, um caso de analogia *in bonam partem* de norma penal incriminadora. *Nesse sentido*: Damásio de Jesus, *Lei Antitóxicos anotada*, 5. ed., São Paulo: Saraiva, 1999, p. 49. Essa situação restou superada com a edição da nova Lei de Drogas (Lei n. 11.343/2006), publicada em 24 de agosto de 2006, cuja entrada em vigor se deu em 8-10-2006, na medida em que o art. 28, § 1º, passou a prever a mencionada conduta típica (plantio para consumo pessoal).

Analogia em norma permissiva: Exemplo: o art. 128, II, dispõe que o aborto praticado por médico não é punido "se a gravidez resulta de estupro e o aborto é precedido de consentimento da gestante, ou, quando incapaz, de seu representante legal". Por não se tratar de norma incriminadora, era possível estender o benefício, analogicamente, à gravidez resultante de atentado violento ao pudor. Fundamento: *ubi eadem ratio, ibi eadem jus* (onde há a mesma razão, aplica-se o mesmo direito). Ressalve-se que, com o advento da Lei n. 12.015/2009, que revogou expressamente o delito do art. 214 do CP, mas, de outro lado, passou a considerar como estupro a prática não só da conjunção carnal, como também de qualquer outro ato libidinoso diverso, não haverá mais necessidade de se lançar mão da analogia para lograr a permissão para a realização do aborto, já que a gravidez resultante de atos libidinosos diversos também configurará estupro, de acordo com a nova redação do art. 213 do CP.

Taxatividade e descrição genérica: Diante do princípio da reserva legal, exige-se a descrição da conduta criminosa de forma detalhada e específica, não se coadunando com tipos genéricos, demasiadamente abrangentes. Sobre o tema, *vide* a doutrina de Hans-Heinrich Jescheck, *Tratado de Derecho Penal*, 3. ed., Barcelona: Bosch, v. 1, p. 174, e Luiz Vicente Cernicchiaro, *Direito penal na Constituição*, 2. ed., São Paulo: Revista dos Tribunais, 1991, p. 16-17.

Taxatividade e descrição genérica. Lei de Imprensa (Lei n. 5.250/67): Algumas ações típicas, como as condutas de *fazer propaganda de guerra, de processos para subversão da ordem política (art. 14) e ofender a moral pública e os bons costumes (art. 17)*, violavam o princípio da reserva legal. *Nesse sentido*: Alberto Silva Franco e outros, *Leis penais especiais e sua interpretação jurisprudencial*, São Paulo: Revista dos Tribunais, p. 1173-1176. No entanto, a Corte Suprema, por maioria, em decisão de mérito, declarou "como não recepcionado pela Constituição Federal todo o conjunto de dispositivos da Lei n. 5.250/67, sendo, portanto, incompatível com a nova ordem constitucional (ADPF 130/DF, Rel. Min. Carlos Britto, 30.4.2009" (cf. *Informativo do STF* n. 544, Brasília, 27 de abril a 1º de maio de 2009).

Taxatividade e descrição genérica nos crime de terrorismo (Lei n. 7.170/83): Embora parte da doutrina sustente que há ofensa ao princípio da legalidade (Nesse sentido: Alberto Silva Franco, *Crimes hediondos*, São Paulo, RT, 1994, p. 67), em face de sua descrição genérica, entendemos que o terrorismo, atualmente, se encontra tipificado no art. 20 da Lei de Segurança Nacional. Convém mencionar que, no pedido de Extradição n. 855, Rel. Min. Celso de Mello, *DJ* 1º-7-2005, o Supremo Tribunal Federal se manifestou no sentido de que o repúdio ao terrorismo é "um compromisso ético-jurídico assumido pelo Brasil, quer em face de sua própria Constituição, quer perante a comunidade internacional". Sobre a definição de terrorismo, *vide* Heleno Cláudio Fragoso, *Terrorismo e criminalidade política*, Rio de Janeiro: Forense, 1981, p. 98-99; e *Terrorismo e Direito – os impactos do terrorismo na comunidade internacional e no Brasil*: perspectivas político-jurídicas, Coordenador Leonardo Lemer Caldeira Brant, Rio de Janeiro: Forense, 2003.

Taxatividade. Crimes julgados pelo Tribunal Penal Internacional: O Tribunal Penal Internacional foi incluído em nosso ordenamento constitucional pela EC n. 45, de 8 de dezembro de 2004, que acrescentou o § 4º ao art. 5º da Carta Magna. Referido tribunal foi criado pelo Estatuto de Roma em 17 de julho de 1998, o qual foi subscrito pelo Brasil. Trata-se de instituição permanente, com jurisdição para julgar genocídio, crimes de guerra, contra a humanidade e de agressão, e cuja sede se encontra em Haia, na Holanda. O tratado foi aprovado pelo Decreto Legislativo n. 112, de 6 de junho de 2002, antes, portanto, de sua entrada em vigor, que ocorreu em 1º de julho de 2002. Há quem entenda que a leitura do art. 5º, n. 1, do Estatuto de Roma, não autoriza expressamente concluir pela jurisdição do Tribunal Penal Internacional para o crime de terrorismo internacional, constituindo princípio da reserva legal uma barreira para tal inclusão. *Nesse sentido*: Carlos Augusto Canêdo Gonçalves da Silva (*Terrorismo e direito*, Coordenador Leonardo Lemer Caldeira Brant, Rio de Janeiro: Forense, 2003, p. 250-254). Em sentido contrário: Damásio de Jesus (*Breves considerações sobre a prevenção ao terrorismo no Brasil e no Mercosul* – palestra proferida na sede da Escola Superior do Ministério Público, em 5 de outubro de 2004).

(7) Conteúdo material do princípio da reserva legal: Somente podem ser consideradas pelo legislador como delituosas as condutas que efetivamente coloquem em risco a existência da coletividade. A criação de tipos penais que afrontem a dignidade da pessoa humana colide frontalmente com um dos fundamentos do Estado Democrático de Direito, em que se constitui a República Federativa do Brasil, previsto no art. 1º, III, da Constituição Federal. Por esse motivo, a moderna concepção do Direito Penal não deve ser dissociada de uma visão social, que busque

justificativa na legitimidade da norma legal. Sobre o tema, *vide* Alberto Silva Franco (*Código Penal*, cit., p. 24).

Princípio da adequação social: Segundo o aludido princípio, todo comportamento que, a despeito de ser reputado criminoso pela lei, não afrontar o sentimento social de justiça, não pode ser considerado criminoso. Assim, o direito penal somente tipifica condutas que tenham certa relevância social. Por esse motivo, Günther Jakobs concebe que determinadas formas de atividade permitida não podem ser incriminadas, uma vez que se tornaram consagradas pelo uso histórico, isto é, costumeiro, aceitando-se como socialmente adequadas (*Derecho penal*, parte general, 2. ed., Madrid: Marcial Pons, 1997, p. 244). No sentido da inaplicabilidade desse princípio no direito penal pátrio: STJ: "Penal. Recurso ordinário em *habeas corpus*. Art. 234, § único, I, do CP. Tipicidade, Princípio da adequação social. Inaplicabilidade ao caso concreto. I – O princípio da adequação social não pode ser usado como neutralizador, *in genere*, da norma inserta no art. 234 do Código Penal. II – Verificado, *in casu*, que a recorrente vendeu a duas crianças revista com conteúdo pornográfico, não há se falar em atipicidade da conduta afastando-se, por conseguinte, o pretendido trancamento da ação penal. Recurso desprovido" (STJ, RHC 15093/SP, 5ª T., Rel. Min. Felix Fischer, j. 16-3-2006, *DJ* 12-6-2006, p. 499). STJ: "1. A despeito de o crédito devido no descaminho ser inferior ao mínimo legal para a cobrança fiscal, a teor do art. 20 da Lei n. 10.522/2002, não se reconhece a insignificância penal, ante a existência de outros processos penais a indicarem, globalmente, expressiva violação ao bem jurídico. 2. A existência de lei regulamentando a atividade dos camelôs não conduz ao reconhecimento de que o descaminho é socialmente aceitável. 3. Ordem denegada" (STJ, HC 45153/SC, 6ª T., Rel. Min. Maria Thereza de Assis Moura, j. 30-10-2007, *DJ* 26-11-2007, p. 248). Sobre a tolerância da sociedade e dos órgãos policiais em relação à casa de prostituição, *vide* art. 229, item 2.

Princípio da alteridade ou transcendentalidade: Tal princípio foi desenvolvido por Claus Roxin. Proíbe a incriminação de atitude meramente interna, subjetiva do agente e que, por essa razão, se revela incapaz de lesionar o bem jurídico.

Princípio da alteridade e suicídio: Embora o Código Penal não incrimine o ato de dispor da própria vida, considera crime toda e qualquer conduta tendente a destruir a vida alheia. É o caso do crime de induzimento, instigação ou auxílio ao suicídio (CP, art. 122).

Princípio da alteridade e autolesão: A autolesão não é crime, salvo quando houver intenção de prejudicar terceiros, como na autoagressão cometida com o fim de fraude ao seguro, em que a instituição seguradora será vítima de estelionato (CP, art. 171, § 2º, V).

Princípio da alteridade. Porte e uso de drogas: A lei penal não pune o uso da droga, isto é, o art. 28 da Lei n. 11.343/2006 não considera crime a ação de usar droga, porém, tipifica o porte da referida substância para consumo pessoal, dado o perigo social representado pela detenção, evitando, com isso, facilitar a circulação da droga pela sociedade, ainda que a finalidade do sujeito seja apenas a de uso próprio. Sobre a questão da descriminalização ou não do porte de drogas para consumo pessoal, pelo art. 28 da Lei n. 11.343/2006, *vide* Fernando Capez, *Legislação penal especial*, São Paulo: Saraiva, v. 4, 2007; e Luiz Flávio Gomes, Alice Bianchini, Rogério Sanches da Cunha, William Terra de Oliveira, *Nova Lei de Drogas comentada*, São Paulo: Revista dos Tribunais, 2006, p. 108-113. Vale mencionar que a 1ª Turma do STF já se manifestou no sentido de que a previsão do art. 28 da Lei de Drogas não implicou *abolitio criminis*, mas apenas despenalização, entendida esta como exclusão, para o tipo, das penas privativas de liberdade (STF, 1ª T., RE-QO 430105/RJ, Rel. Min. Sepúlveda Pertence, j. 13-2-2007, *DJ* 27-4-2007, p. 69).

Princípio da alteridade. Consumo imediato da droga: Na hipótese em que o agente consome de imediato a droga, sem portá-la por mais tempo do que o estritamente necessário para consumo pessoal, não há que se falar no crime de porte de drogas para consumo pessoal (art. 28 da Lei n.

11.343/2006). Nesse caso, não houve detenção, nem perigo social, mas simplesmente o uso da substância. O agente limita-se a utilizá-la em prejuízo de sua própria saúde, sem provocar danos a interesses de terceiros, de modo que o fato é atípico por influxo do princípio da alteridade. Já decidiu o Supremo Tribunal Federal, quando da vigência do art. 16 da Lei n. 6.368/76, que "não realizado o tipo do art. 16 da Lei de entorpecentes (Lei n. 6.368/76) na conduta de quem, recebendo de terceiro a droga, para uso próprio, *incontinenti*, a consome: a incriminação do porte de tóxico para uso próprio só se pode explicar – segundo a doutrina subjacente à lei – como delito contra a saúde pública, que se insere entre os crimes contra a incolumidade pública, que só se configuram em fatos que acarretam situação de perigo a indeterminado ou não individuado grupo de pessoas" (STF, HC 79189/SP, 1ª T., Rel. Min. Sepúlveda Pertence, j. 12-12-2000).

Princípio da confiança: Trata-se de requisito para a existência do fato típico. De acordo com esse princípio, que se associa à teoria da imputação objetiva, todos devem esperar por parte das outras pessoas que estas ajam de acordo com as normas da sociedade, isto é, em consonância com o que normalmente acontece (*confiança permitida*). Por essa razão, não realiza conduta típica aquele que, agindo de acordo com o direito, acaba por envolver-se em situação em que um terceiro descumpre seu dever de lealdade e cuidado, tendo em vista a inexistência de previsibilidade do resultado. Nesse sentido: STJ, HC 46525/MT, 5ª T., Rel. Min. Arnaldo Esteves Lima, j. 21-3-2006. Quando o autor quebra uma expectativa social de cuidado, gerando um risco não permitido, a confiança depositada em outrem é reputada proibida, surgindo o fato típico. O princípio da confiança é plenamente aplicável nas intervenções cirúrgicas.

Princípio da confiança e crimes de trânsito: Esse princípio também é plenamente aplicável às condutas praticadas na direção de veículo automotor. "Os usuários da via devem confiar que os demais respeitarão, por igual, as normas de prudência que regem a circulação de veículos" (Heleno Cláudio Fragoso, *Lições de direito penal*: parte geral, 16. ed. Rio de Janeiro: Forense, p. 276). Nesse sentido: TJRS, Ap. Crim. 70011222411, 2ª Câm. Crim., Rel. Des. Marco Aurélio de Oliveira Canosa, j. 26-1-2006; TJRJ, Ap. Crim. 2004.050.01062, 2ª Câm. Crim., Rel. Des. Cláudio Dell Orto, j. 28-6-2005; TJRJ, Ap. Crim. 2001.050.05647, 1ª Câm. Crim., Rel. Des. Paulo L. Ventura, j. 7-5-2002. Quando o perigo decorre de atividades humanas singulares, não previsíveis, a pessoa que o gerou mediante conduta contrária ao seu dever de cuidado torna-se, então, responsável pelo resultado. Assim, por exemplo, quando um pedestre, em via de alta velocidade e grande fluxo de veículos, tenta cruzá-la correndo: TJDF, Ap. Crim. 1650996, 2ª T. Crim., Rel. Des. Costa Carvalho, j. 14-10-1999.

Princípio da humanidade: A Constituição Federal veda a tortura e o tratamento desumano ou degradante a qualquer pessoa (art. 5º, III), proíbe a pena de morte, de prisão perpétua, de trabalhos forçados, de banimento e as penas cruéis (art. 5º, XLVII); impõe o respeito e proteção à figura do preso (art. 5º, XLVIII, XLIX e L) e, ainda, dispõe acerca de normas disciplinadoras da prisão processual (art. 5º, LXI, LXII, LXIII, LXIV, LXV e LXVI). Assim, desse princípio decorre a proibição da criação de um tipo ou cominação de alguma pena que atenta desnecessariamente contra a incolumidade física ou moral de alguém, bem como a proibição de a pena passar da pessoa do delinquente, ressalvados alguns dos efeitos extrapenais da condenação (CF, art. 5º, XLV).

Princípio da insignificância ou bagatela: Esse princípio foi introduzido no sistema penal por Claus Roxin (*Política Criminal y Sistema del Derecho Penal.* Barcelona: Bosch, 1972, p. 53). Funda-se na ideia de que o Direito Penal não deve se preocupar com bagatelas, do mesmo modo que não podem ser admitidos tipos incriminadores que descrevam condutas incapazes de lesar o bem jurídico. A tipicidade penal exige um mínimo de lesividade aos bens jurídicos protegidos. Consoante a jurisprudência a respeito do aludido princípio, deve-se considerar os seguintes aspectos objetivos: a mínima ofensividade da conduta do agente; a ausência de periculosidade social da ação; o reduzido grau de reprovabilidade do comportamento e a inexpressividade da lesão jurídica provocada (STF, HC 84.412/SP, 2ª T., Rel. Min. Celso de Mello, j. 19-10-2004). Assim, sempre que a lesão for insignificante, a ponto de se tornar incapaz de lesar o interesse protegido, não haverá adequação típica.

Princípio da insignificância e crimes previstos na Lei de Drogas: Quando da vigência da antiga Lei de Tóxicos (Lei n. 6.368/76), o Supremo Tribunal Federal traçou alguns vetores para a incidência desse princípio, os quais são plenamente aplicáveis à atual Lei de Drogas (Lei n. 11.343/2006). Vejamos: (a) a mínima ofensividade da conduta do agente, (b) a nenhuma periculosidade social da ação; (c) o reduzidíssimo grau de reprovabilidade do comportamento; e (d) a inexpressividade da lesão jurídica provocada. Segundo essa Corte, tais vetores, capazes de descaracterizar no seu aspecto material a tipicidade penal, não estariam presentes na conduta de portar pequena quantidade de droga. Com efeito, "o Supremo Tribunal Federal, em tema de entorpecentes (notadamente quando se tratar do delito de tráfico de entorpecentes) – por considerar ausentes, quanto a tais infrações delituosas, os vetores capazes de descaracterizar em seu aspecto material, a própria tipicidade penal – tem assinalado que a pequena quantidade de substância tóxica apreendida em poder do agente não afeta nem exclui o relevo jurídico-penal do comportamento transgressor do ordenamento jurídico, por entender inaplicável, em tais casos, o princípio da insignificância" (*RTJ* 68/360 – *RTJ* 119/453 – *RTJ* 119/874 – *RTJ* 139/555 – *RTJ* 151/155-156 – *RTJ* 169/976 – *RTJ* 170/187-188 – *RTJ* 183/665 – *RTJ* 184/220) (STF, HC 84.412/SP, 2ª T., Rel. Min. Celso de Mello, j. 19-10-2004, *DJ* 19-11-2004). De igual forma, a 1ª Turma dessa mesma Corte decidiu que "O fato de o agente haver sido surpreendido com pequena quantidade de droga – três gramas – não leva à observação do princípio da insignificância, prevalecendo as circunstâncias da atuação delituosa – introdução da droga em penitenciária para venda a detentos" (STF, 1ª T., HC 87319/PE, Rel. Min. Marco Aurélio, j. 7-11-2006, *DJ* 15-12-2006, p. 95). *Em sentido contrário*: entendendo que "a apreensão de quantidade ínfima – 1,3 g – sem qualquer prova de tráfico não tem repercussão penal, à míngua de lesão ao bem jurídico tutelado, enquadrando-se o tema no campo da insignificância": STJ, 6ª T., HC 8707/RJ, *DJU* 5-3-2001, p. 2378 (*Phoenix*: órgão informativo do Complexo Jurídico Damásio de Jesus. São Paulo, II, 14, maio 2001).

Princípio da insignificância e crime militar (posse de drogas): No sentido da não incidência do princípio da insignificância, STF: "Tratamento legal acerca da posse e uso de substância entorpecente no âmbito dos crimes militares não se confunde com aquele dado pela Lei n. 11.343/2006, como já ocorria no período anterior, ainda na vigência da Lei n. 6.368/76. 3. Direito Penal Militar pode albergar determinados bens jurídicos que não se confundem com aqueles do Direito Penal Comum. 4. Bem jurídico penal-militar tutelado no art. 290, do CPM, não se restringe à saúde do próprio militar, flagrado com determinada quantidade de substância entorpecente, mas sim a tutela da regularidade das instituições militares. 5. Art. 40, III, da Lei n. 11.343/2006, não altera a previsão contida no art. 290, CPM. 6. Art. 2º, § 1º, LICC: não incide qualquer uma das hipóteses à situação em tela, eis que o art. 290, do CPM, é norma especial e, portanto, não foi alterado pelo advento da Lei n. 11.343/2006. 7. Inaplicabilidade do princípio da insignificância em relação às hipóteses amoldadas no art. 290, CPM. 8. Prescrição da pretensão punitiva reconhecida de ofício, sob a modalidade retroativa. 9. *Habeas corpus* concedido de ofício; prejudicado o pedido" (STF, 2ª T., HC 91356/SP, Rel. Min. Ellen Gracie, j. 24-6-2008). Na mesma linha: "Devido à sua natureza especial, o Direito Penal Militar pode abrigar o princípio da insignificância com maior rigor, se comparado ao Direito Penal Comum. Assim, condutas que podem, teoricamente, ser consideradas insignificantes para o Direito Penal Comum não o são para o Direito Penal Militar, devido à necessidade da preservação da disciplina e hierarquia militares" (STF, 2ª T., HC 94931/PR, Rel. Min. Ellen Gracie, j. 7-10-2008). *Em sentido contrário:* "*Habeas Corpus*. Penal. Militar. Uso de Substância Entorpecente. Princípio da Insignificância. Aplicação no Âmbito da Justiça Militar.

Art. 1º, III, da Constituição do Brasil. Princípio da Dignidade da Pessoa Humana. 1. Paciente, militar, condenado pela prática do delito tipificado no art. 290 do Código Penal Militar (portava, no interior da unidade militar, pequena quantidade de maconha). 2. Condenação por posse e uso de entorpecentes. Não aplicação do princípio da insignificância, em prol da saúde, disciplina e hierarquia militares. 3. A mínima ofensividade da conduta, a ausência de periculosidade social da ação, o reduzido grau de reprovabilidade do comportamento e a inexpressividade da lesão jurídica constituem os requisitos de ordem objetiva autorizadores da aplicação do princípio da insignificância. 4. A Lei n. 11.343/2006 – nova Lei de Drogas – veda a prisão do usuário. Prevê, contra ele, apenas a lavratura de termo circunstanciado. Preocupação, do Estado, em alterar a visão que se tem em relação aos usuários de drogas. 5. Punição severa e exemplar deve ser reservada aos traficantes, não alcançando os usuários. A estes devem ser oferecidas políticas sociais eficientes para recuperá-los do vício. 6. O Superior Tribunal Militar não cogitou da aplicação da Lei n. 11.343/2006. Não obstante, cabe a esta Corte fazê-lo, incumbindo-lhe confrontar o princípio da especialidade da lei penal militar, óbice à aplicação da nova Lei de Drogas, com o princípio da dignidade humana, arrolado na Constituição do Brasil de modo destacado, incisivo, vigoroso, como princípio fundamental (art. 1º, III). 7. Paciente jovem, sem antecedentes criminais, com futuro comprometido por condenação penal militar quando há lei que, em lugar de apenar – Lei n. 11.343/2006 – possibilita a recuperação do civil que praticou a mesma conduta. 8. No caso se impõe a aplicação do princípio da insignificância, seja porque presentes seus requisitos, de natureza objetiva, seja por imposição da dignidade da pessoa humana. Ordem concedida" (STF, 2ª T., HC 90125/RS, Rel. Min. Ellen Gracie, j. 24-6-2008, DJe 4-9-2008).

Princípio da insignificância e crimes ambientais: Há posição jurisprudencial no sentido da incidência do princípio da insignificância nos crimes ambientais: TRF, 3ª Região, Ap. 95.03.075496-8-SP, 2ª T., Rel. Juiz Aricê Amaral, j. 30-9-1997, v.u. – RT 747/778. *No mesmo sentido:* TRF: 4ª Região, RSE 1999.04.01.044468-0/SC, DJU 25.10.2000, Seção 2, p. 267. TRF, 3ª Região, Ap. Crim. 97.03.06041O-2/SP, DJU 7-11-2000, Seção 2, p. 292. Na mesma linha, o STF, por intermédio do Ministro Relator Gilmar Mendes, deferiu medida liminar para suspender o curso de ação penal por crime previsto no art. 50 da Lei n. 9.605/98, por entender aplicável o princípio da insignificância, nos seguintes termos: "O art. 50 da Lei n. 9.605/98 prevê pena de detenção, de três meses a um ano, e multa, para quem "destruir ou danificar florestas nativas ou plantadas ou vegetação fixadora de dunas, protetora de mangues, objeto de especial preservação". Como se pode constatar, a norma penal protege o valor fundamental do meio ambiente ecologicamente equilibrado, bem de uso comum do povo e essencial à sadia qualidade de vida, assegurado pelo art. 225 da Constituição da República. A finalidade do Direito Penal é justamente conferir uma proteção reforçada aos valores fundamentais compartilhados culturalmente pela sociedade. Além dos valores clássicos, como a vida, liberdade, integridade física, a honra e imagem, o patrimônio etc., o Direito Penal, a partir de meados do século XX, passou a cuidar também do meio ambiente, que ascendeu paulatinamente ao posto de valor supremo das sociedades contemporâneas, passando a compor o rol de direitos fundamentais ditos de 3ª geração incorporados nos textos constitucionais dos Estados Democráticos de Direito. Parece certo, por outro lado, que essa proteção pela via do Direito Penal justifica-se apenas em face de danos efetivos ou potenciais ao valor fundamental do meio ambiente; ou seja, a conduta somente pode ser tida como criminosa quando degrade ou no mínimo traga algum risco de degradação do equilíbrio ecológico das espécies e dos ecossistemas. Fora dessas hipóteses, o fato não deixa de ser relevante para o Direito. Porém, a responsabilização da conduta será objeto do Direito Administrativo ou do Direito Civil. O Direito Penal atua, especialmente no âmbito da proteção do meio ambiente, como *ultima ratio*, tendo caráter subsidiário em relação à responsabilização civil e administrativa de condutas ilegais. Esse é o sentido de um Direito Penal mínimo que se preocupa apenas com os fatos que representam graves e reais lesões a bens e valores fundamentais da comunidade. No caso em questão, o recorrente, segundo consta do Termo Circunstanciado de Ocorrência Ambiental n. 59/5º PEL/CPMPA/2005 (fls. 17-21), 'é responsável pelo corte seletivo de 2 (duas) árvores da espécie nativa Pinheiro brasileiro (A*raucária angustifolia*), em sua propriedade, sem autorização ou licença dos Órgãos Licenciadores competentes, federal e estadual, Instituto Brasileiro do Meio Ambiente e dos Recursos Naturais Renováveis – IBAMA e Fundação do Meio Ambiente – FATMA, respectivamente; ou seja, desprovido de Plano de Corte Seletivo ou Autorização para Corte de Vegetação'. Consta também do referido termo que "o recorrente assume total responsabilidade da execução do corte das árvores nativas, que determinou aos seus funcionários o corte dos pinheiros, para limpar e dar lugar no terreno para cultivo de milho e soja, conforme o Termo de Declaração acostado aos autos (...)'. As circunstâncias do caso concreto levam-me a crer, neste primeiro contato com os autos, que o corte de dois pinheiros, de um conjunto de 7 outras árvores da mesma espécie, presentes no meio de uma lavoura de soja e milho, e que, portanto, não chegam a compor uma 'floresta' (elemento normativo do tipo), não constitui fato relevante para o Direito Penal. Não há, em princípio, degradação ou risco de degradação de toda a flora que compõe o ecossistema local, objeto de especial preservação, o que torna ilegítima a intervenção do Poder Público por meio do Direito Penal. No caso, portanto, há que se realizar um juízo de ponderação entre o dano causado pelo agente e a pena que lhe será imposta como consequência da intervenção penal do Estado. A análise da questão, tendo em vista o *princípio da proporcionalidade*, pode justificar, dessa forma, a ilegitimidade da intervenção estatal por meio do processo penal. A jurisprudência desta Corte tem sido no sentido de que a insignificância da infração penal que tenha o condão de descaracterizar materialmente o tipo impõe o trancamento da ação penal por falta de justa causa (HC 84.412, Rel. Min. Celso de Mello, *DJ* 19-11-2004; HC 83.526, Rel. Min. Joaquim Barbosa, *DJ* 7-5-2004). Ante o exposto, estando presente a plausibilidade jurídica do pedido e verificada a urgência da pretensão cautelar, ressalvado melhor juízo quando do julgamento do mérito, defiro o pedido de medida liminar para suspender o curso da ação penal instaurada contra o recorrente, em trâmite na Vara Única da Comarca de Santa Cecília-SC, até o julgamento final do presente recurso de *habeas corpus*. Comunique-se, com urgência. Publique-se. Dê-se vista dos autos à Procuradoria Geral da República. Brasília, 5 de junho de 2006". (RHC 88.880, Rel. Min. Gilmar Mendes, *DJU* 9-6-2006, Informativo n. 430 do STF). No mesmo sentido: STF, Ap. 439/SP, Pleno, Rel. Min. Marco Aurélio, j. 12-6-2008. *Em sentido contrário*, entendendo que referido princípio, em matéria ambiental, não pode ser adotado de maneira ampla e irrestrita, porque "a preservação ambiental deve ser feita de forma preventiva e repressiva, em benefício de próximas gerações, sendo intolerável a prática reiterada de pequenas ações contra o meio ambiente, que, se consentida, pode resultar na sua inteira destruição e em danos irreversíveis": TRF, 1ª Região, Ap. Crim. 2003.34.00.019634-0/DF, 3ª T., Rel. Des. Olindo Menezes, j. 14-2-2006; TRF, 4ª Região, Ap. Crim. 2000.71.10.004881-3, 8ª T., Rel. Des. Paulo Afonso Brum Vaz, *DJU* 9-11-2005, p. 374; TRF, 1ª Região, RCrim 2002.34.00.006996-3/DF, 4ª T., Rel. Des. Hilton Queiroz, j. 15-3-2005. "Na questão do meio ambiente inexiste a figura do bem insignificante" (Justino de Mattos Ramos Netto (Colaborador), *Estudos de Direito Penal, aspectos práticos e polêmicos*, Coordenador Ivan Ricardo Garisio Sartori, Rio de Janeiro: Forense, 2004, p. 348).

Princípio da insignificância e crimes de contrabando e descaminho: O princípio tem sido aplicado quando o valor do tributo não recolhido, e não das mercadorias apreendidas, mostra-se irrelevante, justificando, até mesmo, o desinteresse da Administração Pública em sua cobrança. Não há consenso, porém, quanto ao valor máximo a ser considerado como insignificante. O Superior Tribunal de Justiça tem-se valido do montante previsto no art. 18, § 1º, da Lei n. 10.522/2002 (R$ 100,00), que dispõe acerca da extinção do crédito fiscal, rechaçando como parâmetro o *caput* do art. 20 do mesmo Diploma Legal, com a redação dada pela Lei n. 11.033/2004, por referir-se este ao não ajuizamento da ação de execução ou arquivamento sem baixa na distribuição, e não à extinção do crédito. *Nesse sentido*: STJ, HC 47.944/PR, 5ª T., Rel. Min. Gilson Dipp, j. 4-4-2006; STJ, HC 32.576/RS, 6ª T., Rel. Min. Hamilton Carvalhido, j. 13-9-2005. No âmbito dos Tribunais Regionais, alguns julgados têm mantido como base o patamar previsto inicialmente na Lei n. 10.522/2002 (R$ 2.500,00), considerando irrelevantes quaisquer alterações posteriores: TRF, 4ª Região, Ap. Crim. 2003.71.04.003338-1, 7ª T., Rel. Des. Paulo Afonso Brum Vaz, j. 26-4-2006. *Contra*: O Supremo Tribunal Federal já considerou que falta justa causa para a ação penal por crime de descaminho quando a quantia sonegada não ultrapassar o valor previsto no art. 20 da Lei n. 10.522/2002, o qual determina o arquivamento das execuções fiscais, sem baixa na distribuição, se os débitos inscritos como dívida ativa da União forem iguais ou inferiores a R$ 10.000,00 (valor modificado pela Lei n. 11.033/2004) (STF, HC 96374/PR, 2ª T., Rel. Min. Ellen Gracie, j. 31-3-2009). No mesmo sentido: TRF, 3ª Região, Ap. Crim. 2000.61.13.004541-0, 2ª T., Rel. Juiz Cotrim Guimarães, j. 6-12-2005. *Contra:* tomando por base o valor inexpressivo das mercadorias apreendidas: "Aplicabilidade do postulado da insignificância ao delito de descaminho (CP, art. 334), considerado, para tanto, o inexpressivo valor do tributo sobre comércio exterior supostamente não recolhido. Precedentes" (STF, HC 93482/PR, 2ª T., Rel. Min. Celso de Mello, j. 7-10-2008) e TRF, 1ª Região, RCrim 2000.41.00.002515-6/RO, 3ª T., Rel. Des. Olindo Menezes, j. 25-11-2003. Por fim, há julgados que condicionam a aplicação do princípio à não reiteração da prática delituosa pelo agente: TRF, 4ª Região, Ap. Crim. 2003.71.03.004232-4, 8ª T., Rel. Des. Élcio Pinheiro de Castro, j. 10-5-2006; TRF, 3ª Região, Ap. Crim. 2002.61.17.000457-9, 1ª T., Rel. Juiz Luiz Stefanini, j. 7-2-2006.

Princípio da insignificância e crime de furto: Os tribunais têm acolhido esse princípio nas situações em que se reconhece o valor ínfimo da *res furtiva*. Nesse sentido: TJRS, Ap. Crim. 70014546360, 7ª Câm. Crim., Rel. Des. Nereu José Giacomolli, j. 27-4-2006; TJRS, Ap. Crim. 70013027453, 6ª Câm. Crim., Rel. Des. Marco Antônio Bandeira Scapini, j. 30-3-2006. Nesse contexto, já se decidiu que, "tratando-se de furto de dois botijões de gás vazios, avaliados em 40,00 (quarenta reais), não revela o comportamento do agente lesividade suficiente para justificar a condenação, aplicável, destarte, o princípio da insignificância" (STF, AgRg no REsp 1043525/SP, Rel. Min. Paulo Gallotti, j. 16-4-2009, *DJe* 4-5-2009). De igual modo, considerou-se inexistir tipicidade no furto de pneu de automóvel estimado em R$ 160,00, sendo irrelevante considerações de ordem subjetiva (STF, HC 93393/RS, 2ª T., Rel. Min. Cezar Peluso, j. 14-4-2009, *DJe* 15-5-2009). Da mesma maneira, a conduta perpetrada pelo agente – tentativa de furto qualificado de dois frascos de xampu, no valor total de R$ 6,64 – insere-se na concepção doutrinária e jurisprudencial de crime de bagatela (STJ, HC 123981/SP, 5ª T., Rel. Min. Laurita Vaz, j. 17-3-2009, *DJe* 13-4-2009). O valor ínfimo não se confunde com o pequeno valor, ao qual se aplica a figura do furto privilegiado: STF, HC 84424/SP, 1ª T., Rel. Min. Carlos Britto, j. 7-12-2004. No entanto, o Supremo Tribunal Federal acabou por assentar "algumas circunstâncias que devem orientar a aferição do relevo material da tipicidade penal", tais como: "(a) a mínima ofensividade da conduta do agente, (b) a nenhuma periculosidade social da ação, (c) o reduzidíssimo grau de reprovabilidade do comportamento e (d) a inexpressividade da lesão jurídica provocada" (STF, HC 94439/RS, 1ª T., Rel. Min. Menezes Direito, j. 3-3-2009). Dessa forma, "A subtração de gêneros alimentícios avaliados em R$ 84,46, embora se amolde à definição jurídica do crime de furto, não ultrapassa o exame da tipicidade material, uma vez que a ofensividade da conduta se mostrou mínima; não houve nenhuma periculosidade social da ação; a reprovabilidade do comportamento foi de grau reduzidíssimo e a lesão ao bem jurídico se revelou inexpressiva, porquanto os bens foram restituídos" (STJ, HC 110932/SP, 5ª T., Rel. Min. Arnaldo Esteves Lima, j. 10-3-2009, *DJe* 6-4-2009). Do mesmo modo, já se considerou que não se deve levar em conta apenas e tão somente o valor subtraído (ou pretendido à subtração) como parâmetro para aplicação do princípio da insignificância. "Do contrário, por óbvio, deixaria de haver a modalidade tentada de vários crimes, como no próprio exemplo do furto simples, bem como desapareceria do ordenamento jurídico a figura do furto privilegiado (CP, art. 155, § 2º). (...) O critério da tipicidade material deverá levar em consideração a importância do bem jurídico possivelmente atingido no caso concreto. No caso em tela, a lesão se revelou significante não obstante o bem subtraído ser inferior ao valor do salário mínimo. Vale ressaltar que há informação nos autos de que o valor 'subtraído representava todo o valor encontrado no caixa, sendo fruto do trabalho do lesado que, passada a meia-noite, ainda mantinha o *trailer* aberto para garantir uma sobrevivência honesta'" (STF, RHC 96813/RJ, 2ª T., Rel. Min. Ellen Gracie, j. 31-3-2009). Há também outras decisões no sentido de ser necessário conjugar o valor da *res* à importância do objeto material para a vítima, levando-se em consideração sua condição econômica, a fim de determinar se houve relevante lesão ao bem jurídico. *Nessa linha*: STJ, REsp 772437/RS, 5ª T., Rel. Min. Laurita Vaz, j. 18-4-2006; STJ, REsp 794021/RS, 5ª T., Rel. Min. Gilson Dipp, j. 14-3-2006. *Em sentido contrário*: STJ, *Habeas Corpus* 41638/MS, 6ª T., Rel. Min. Paulo Medina, j. 7-3-2006.

Princípio da insignificância e lesão corporal culposa: Os Tribunais Superiores têm admitido a incidência do princípio da insignificância no delito de lesão corporal, em especial quando produzidas equimoses de absoluta inexpressividade em acidente de trânsito. *Nesse sentido*: RSTJ, 59/107-8; STJ, Inq. 57/DF, Corte Especial, Rel. Min. Athos Carneiro, j. 23-6-1992; STJ, Recurso Ordinário em HC 3557/PE, 5ª T., Rel. Min. José Dantas, j. 20-4-1994. No sentido de ser inaplicável o princípio mesmo em hipóteses de leves escoriações: TJRS, Ap. Crim. 70002826162, Câmara Especial Criminal, Rel. Juíza Vanderlei Teresinha Trerneia Kubiak, j. 11-12-2001; TJRS, Ap. Crim. 70003199783, 2ª Câmara Criminal, Rel. Des. Walter Jobim Neto, j. 22-11-2001.

Princípio da insignificância e crime de peculato: Não configura peculato a doação de valores "insignificantes" e "inservíveis": TRF, 1ª Região, Inq. 9301242141, Corte Especial, Rel. Mário Cesar Ribeiro, j. 26-9-1996. Da mesma forma, entendeu a 1ª Turma do STF ser aplicável o *princípio da insignificância* ao peculato praticado por militar: "1. A circunstância de tratar-se de lesão patrimonial de pequena monta, que se convencionou chamar *crime de bagatela*, autoriza a aplicação do princípio da insignificância, ainda que se trate de crime militar. 2. Hipótese em que o paciente não devolveu à Unidade Militar um fogão avaliado em R$ 455,00 (quatrocentos e cinquenta e cinco reais). Relevante, ademais, a particularidade de ter sido aconselhado, pelo seu Comandante, a ficar com o fogão como forma de ressarcimento de benfeitorias que fizera no imóvel funcional. Da mesma forma, é significativo o fato de o valor correspondente ao bem ter sido recolhido ao erário. 3. A manutenção da ação penal gerará graves consequências ao paciente, entre elas a impossibilidade de ser promovido, traduzindo, no particular, desproporcionalidade entre a pretensão acusatória e os gravames dela decorrentes. Ordem concedida" (STF, HC 87.478/PA, 1ª T., Rel. Min. Eros Grau, j. 29-8-2006, DJ 23-2-2007, p. 25). No sentido de ser inaplicável à espécie por ser delito praticado em detrimento da Administração Pública: STJ: "1. A missão do Direito Penal moderno consiste em tutelar os bens jurídicos mais relevantes. Em decorrência disso, a intervenção penal deve ter o caráter fragmentário, protegendo apenas os bens jurídicos mais importantes e em casos de lesões de maior gravidade. 2. O princípio da insignificância, como derivação necessária do princípio da intervenção mínima do Direito Penal, busca afastar de sua seara as condutas que, embora típicas, não produzam efetiva lesão ao bem jurídico protegido pela norma penal incriminadora. 3. Trata-se, na hipótese, de crime em que o bem jurídico tutelado é a Administração Pública, tornando irrelevante considerar a apreensão de 70 bilhetes de metrô, com vista a desqualificar a conduta, pois o valor do resultado não se mostra desprezível, porquanto a norma busca resguardar não somente o aspecto patrimonial, mas moral da Administração. 4. Ordem denegada" (STJ, HC 50863/PE, 6ª T., Rel. Min. Hélio Quaglia Barbosa, j. 4-4-2006, *DJ* 26-6-2006, p. 216). STJ: "Criminal. REsp. Desvio de verbas públicas. Prefeito Municipal. Princípio da insignificância. Inaplicabilidade. Recurso provido. I – Hipótese em que o Prefeito Municipal de Serrita/PE desviou verba pública, indevidamente, em proveito alheio, no valor correspondente a 1.121,59 UFIR's. II – Deve ser afastada a aplicação do princípio da insignificância, não obstante a pequena quantia desviada, diante da própria condição de Prefeito do réu, de quem se exige um comportamento adequado, isto é, dentro do que a sociedade considera correto, do ponto de vista ético e moral. III – Deve ser cassado o acórdão recorrido, para proceder ao recebimento da denúncia e ao prosseguimento da ação penal. IV – Recurso provido, nos termos do voto do Relator" (STJ, REsp 662322/PE, 5ª T., Rel. Min. Gilson Dipp, j. 9-11-2004, *DJ* 13-12-2004, p. 442). No mesmo sentido: TJRS, Ap. Crim. 70010573806, 4ª Câmara Criminal, Rel. Des. José Eugênio Tedesco, j. 17-3-2005; TRF, 1ª Região, RCrim 200434000008843, 4ª T., Rel. Carlos Olavo, j. 16-11-2004; TRF, 1ª Região, RCrim 200034000473165, 4ª Turma, Rel. Hilton Queiroz, j. 12-12-2001; STF, HC 88941/AL, 1ª T., Rel. Min. Marco Aurélio, j. 19-8-2008.

Princípio da insignificância e Lei de Responsabilidade Fiscal: STJ: "Penal e Processual penal. Recurso especial. Prefeito. Decreto-Lei n. 201/67. Lei Complementar n. 101/2000. Denúncia. Recebimento. Inaplicabilidade do princípio da insignificância ao presente caso porque não se pode ter como insignificante o desvio de bens públicos levado a cabo por Prefeito Municipal, que, no exercício de suas funções, deve obediência aos mandamentos legais e constitucionais, notadamente ao princípio da moralidade pública. A realização pelo Prefeito de despesas com doações a pessoas físicas sem, contudo, lei específica que autorizasse tal ato contraria o disposto no art. 26 da LC 101/2000 e constitui, em tese, crime de responsabilidade. Recurso provido" (STJ, REsp 677159/PE, Rel. Min. José Arnaldo da Fonseca, j. 22-2-2005, *DJ* 21-3-2005, p. 432).

Princípio da insignificância e crime de moeda falsa: STF: "*Habeas corpus.* Constitucional. Penal. Pacientes denunciados e condenados pela infração do art. 289, § 1º, do Código Penal. Decisão que acolhe o relatório e os argumentos lançados no parecer do Ministério Público: idoneidade. Alegação de incidência do princípio da insignificância. Precedente do Supremo Tribunal: não aplicação à espécie vertente. Precedentes. *Habeas corpus* denegado. 1. Fundamentada a decisão que adota o parecer do Ministério Público Estadual como razão de decidir: o que se exige é que o arrazoado acolhido contenha argumentação pertinente e suficiente ao quanto posto em exame, o que, no caso, foi plenamente atendido. Precedentes. 2. A existência de decisão neste Supremo Tribunal no sentido pretendido pela Impetrante, inclusive admitindo a incidência do princípio da insignificância ao crime de moeda falsa, não é bastante a demonstrar como legítima sua pretensão. 3. Nas circunstâncias do caso, o fato é penalmente relevante, pois a moeda falsa apreendida, além de representar um valor cinquenta vezes superior ao do precedente mencionado, seria suficiente para induzir a engano, o que configura a expressividade da lesão jurídica da ação do Paciente. 4. A jurisprudência predominante do Supremo Tribunal Federal é no sentido de reverenciar – em crimes de moeda falsa – a fé pública, que é um bem intangível, que corresponde, exatamente, à confiança que a população deposita em sua moeda. Precedentes. 5. *Habeas corpus* denegado" (STF, HC 96080/DF, 1ª T., Rel. Min. Cármen Lúcia, j. 9-6-2009, *DJe* 21-8-2009). STF: "Penal. *Habeas corpus.* Moeda falsa. art. 289, § 1º, do Código Penal. Dez notas de pequeno valor. Princípio da insignificância. Inaplicabilidade. Desvalor da ação e do resultado. Impossibilidade de quantificação econômica da fé pública efetivamente lesionada. Desnecessidade de dano efetivo ao bem supraindividual. Ordem denegada. I – A aplicação do princípio da insignificância de modo a tornar a conduta atípica depende de que esta seja a tal ponto despicienda que não seja razoável a imposição da sanção. II – Mostra-se, todavia, cabível, na espécie, a aplicação do disposto no art. 289, § 1º, do Código Penal, pois a fé pública a que o Título X da Parte Especial do CP se refere foi vulnerada. III – Em relação à credibilidade da moeda e do sistema financeiro, o tipo exige apenas que estes bens sejam colocados em risco, para a imposição da reprimenda. IV – Os limites da culpabilidade e a proporcionalidade na aplicação da pena foram observados pelo julgador monocrático, que substituiu a privação da liberdade pela restrição de direitos, em grau mínimo. V – Ordem denegada (STF, 1ª T., HC 93251/DF, Rel. Min. Ricardo Lewandowski, j. 5-8-2008, *DJe* 22-8-2008). STF: "*Habeas corpus*. Penal. Moeda falsa. Falsificação grosseira. Princípio da insignificância. Conduta atípica. Ordem concedida. 1. O crime de moeda falsa exige, para sua configuração, que a falsificação não seja grosseira. A moeda falsificada há de ser apta à circulação como se verdadeira fosse. 2. Se a falsificação for grosseira a ponto de não ser hábil a ludibriar terceiros, não há crime de estelionato. 3. A apreensão de nota falsa com valor de cinco reais, em meio a outras notas verdadeiras, nas circunstâncias fáticas da presente impetração, não cria lesão considerável ao bem jurídico tutelado, de maneira que a conduta do paciente é atípica. 4. *Habeas corpus* deferido, para trancar a ação penal em que o paciente figura como réu" (STF, HC 83526/CE, Rel. Min. Joaquim Barbosa, j. 16-3-2004, *DJ* 7-5-2004, p. 25).

Princípio da insignificância e crime de roubo: É inadmissível a incidência do princípio da insignificância no crime de roubo. Essa figura delituosa representa um dos mais graves atentados à segurança social, de modo que, ainda que ínfimo o valor subtraído, ou seja, ainda que a ofensa ao patrimônio seja mínima, tal não afasta o desvalor da ação representado pelo emprego de violência ou grave ameaça à pessoa. *Nesse sentido*: TJRS, Ap. Crim. 70013303862, 5ª Câmara Criminal, Rel. Des. Amilton Bueno de Carvalho, j. 8-2-2006; TJRS, Ap. Crim. 70011069184, 8ª Câmara Criminal, Rel. Des. Marco Antônio Ribeiro de Oliveira, j. 17-8-2005; STJ, HC 37423/DF, 5ª T., Rel. Laurita Vaz, j. 17-2-2005; STF, AgRg no AgI 557972/MG, Rel. Min. Ellen Gracie, j. 7-3-2006.

Princípio da insignificância e crimes de menor potencial ofensivo: Não se pode, porém, confundir delito insignificante ou de bagatela com crimes de menor potencial ofensivo. Estes são definidos pelo art. 61 da Lei n. 9.099/95, com a redação determinada pela Lei n. 11.313, de 28-6-2006, e art. 2º, parágrafo único, da Lei n. 10.259/2001, e submetem-se aos Juizados Especiais Criminais. Por sua vez, o princípio da insignificância deve ser verificado em cada caso concreto e não no plano abstrato.

Princípio da intervenção mínima: Tem como fundamento a Declaração de Direitos do Homem e do Cidadão, de 1789, cujo art. 8º determinou que a lei só deve prever as penas estritamente necessárias. Tem como ponto de partida a característica da fragmentariedade do Direito Penal. Da intervenção mínima decorre, como corolário indestacável, a característica de subsidiariedade. Ambos decorrem da dignidade humana, pressuposto do Estado Democrático de Direito, e são uma exigência para a distribuição mais equilibrada da justiça.

Princípio da necessidade e idoneidade: Decorre da proporcionalidade. Nenhuma incriminação subsistirá em nosso ordenamento jurídico quando a definição legal revelar-se incapaz, seja pelo critério definidor empregado, seja pelo excessivo rigor, seja ainda pela afronta à dignidade humana, de tutelar concretamente o bem jurídico.

Princípio da ofensividade: O princípio da ofensividade considera inconstitucionais todos os chamados "delitos de perigo abstrato", pois, segundo ele, não há crime sem comprovada lesão ou perigo de lesão a um bem jurídico. Sobre o tema, *vide* Luiz Flávio Gomes, *Princípio da ofensividade no direito penal*. São Paulo: Revista dos Tribunais, 2002, p. 41. Entendemos que subsiste a possibilidade de tipificação dos crimes de perigo abstrato em nosso ordenamento legal, como legítima estratégia de defesa do bem jurídico contra agressões em seu estágio ainda embrionário, reprimindo-se a conduta antes que ela venha a produzir um perigo concreto ou um dano efetivo.

Princípio da ofensividade e os crimes de arma de fogo (Lei n. 10.826/2003): Os delitos previstos nos arts. 12 a 18 da Lei n. 10.826/2003 (Estatuto do Desarmamento) são crimes de perigo abstrato, pois basta a realização da conduta, sendo desnecessária a avaliação subsequente sobre a ocorrência, *in casu*, de efetivo perigo à coletividade. No entanto, a lei não pode presumir que o porte de uma arma totalmente ineficaz para produzir disparos seja capaz de ameaçar a coletividade. Evidentemente, nessa última hipótese, estaremos diante de um crime impossível pela ineficácia absoluta do objeto material (CP, art. 17). A lei só pode presumir o perigo onde houver, em tese, possibilidade de ele ocorrer. Quando, de antemão, já se verifica que a conduta jamais poderá colocar o interesse tutelado em risco, não há como se presumir o perigo. Sobre o tema, *vide* Fernando Capez, *Estatuto do Desarmamento, Comentários à Lei n. 10.826, de 22-12-2003*, 3. ed. São Paulo: Saraiva.

Princípio da ofensividade e os crimes ambientais (Lei n. 9.605/98): Muitos crimes previstos na Lei n. 9.605/98 são delitos de perigo e consistem na mera realização de um comportamento potencialmente lesivo, independentemente de ele vir a provocar algum dano. Nos crimes de perigo abstrato ou presumido, pretende-se impedir que uma conduta, ilusoriamente inofensiva, possa converter-se em um efetivo ataque ao meio ambiente. Não se exige a demonstração concreta de que a fauna ou a flora de determinada localidade tenha ficado, efetivamente, exposta a algum risco concreto, optando-se por punir a mera conduta potencialmente nociva. Não se pode tolher do legislador tal critério seletivo de proteção do bem jurídico, não se vislumbrando nessa cautela ofensa à dignidade humana.

Princípio da personalidade: A pena não pode passar da pessoa do condenado (CF, art. 5º, XLV).

Princípio da proporcionalidade: Com assento na imperativa exigência de respeito à dignidade humana. Tal princípio aparece insculpido em diversas passagens de nosso Texto Constitucional, quando abole certos tipos de sanções (art. 5º, XLVII), exige individualização da pena (art. 5º, XLVI), maior rigor para casos de maior gravidade (art. 5º, XLII, XLIII e XLIV) e moderação para infrações menos graves (art. 98, I). Baseia-se na relação custo/benefício. Sobre a aplicação desse princípio, *vide* ADInMC 2.290/DF, Rel. Min. Moreira Alves, j. 18-10-2000, *Informativo STF* n. 207, de 16 a 20-10-2000, p. 1.

Princípio da responsabilidade subjetiva: Funda-se na ideia de que ninguém pode ser responsabilizado por um resultado objetivamente típico se ao menos não o tiver produzido dolosa ou culposamente. De igual forma, ninguém pode ser responsabilizado sem que reúna todos os requisitos da culpabilidade (*vide* CP, art. 19).

(8) ***Princípio da anterioridade da lei penal:*** De acordo com o princípio da anterioridade, exige-se que a lei esteja em vigor no momento da prática da infração penal (lei anterior e prévia cominação): *Tempus regit actum*. Assim, a irretroatividade da norma penal é um efeito decorrente desse princípio. Toda norma que tenha por escopo criar, extinguir, aumentar ou reduzir a satisfação do direito de punir do Estado deve ser considerada de natureza penal, não podendo retroagir para prejudicar o réu. É o que ocorre com a regra que proíbe a anistia, graça e indulto (art. 2º, I, da Lei n. 8.072/90); que cria causas suspensivas e interruptivas da prescrição; que aumenta a sanção penal. O mesmo ocorre com as normas de execução penal que tornem mais gravoso o cumprimento da pena, impeçam ou acrescentem requisitos para a progressão de regime, uma vez que aumentam a satisfação do *jus punitionis*. Se, ao contrário, forem benéficas, deverão retroagir.

Princípio da anterioridade e lei processual: De acordo com o art. 2º do Código de Processo Penal, "a lei processual penal aplicar-se-á desde logo, sem prejuízo da validade dos atos realizados sob a vigência da lei anterior". Dessa forma, a norma processual não se submete ao princípio da irretroatividade, pois terá incidência imediata a todos os processos em andamento, pouco importando, para a sua aplicação, se o crime foi cometido antes ou após sua entrada em vigor ou se a inovação é ou não mais benéfica. Assim, ainda que o acusado venha a ter a sua situação agravada, a regra processual incidirá.

Princípio da anterioridade e Tribunal Penal Internacional: Sua criação observou os princípios da anterioridade e da irretroatividade da lei penal, pois sua competência não retroagirá para alcançar crimes cometidos antes de sua entrada em vigor (art. 11 do Estatuto de Roma).

Princípio da anterioridade e proibição de liberdade provisória; aumento do prazo da prisão temporária; obrigatoriedade de o réu recolher-se à prisão para apelar da sentença condenatória; criação de novas hipóteses de prisão preventiva: São todas normas processuais, pois repercutem diretamente sobre o processo, não tendo relação com o direito de punir do Estado, mas, sim, com a necessidade acautelatória do processo. São, portanto, retroativas. *Nesse sentido:* Damásio de Jesus, *Boletim IBCCrim,* ano 2, 22/1, out./1994. *Em sentido contrário:* Luiz Flávio Gomes, para quem se está diante de regras processuais híbridas, haja vista ser norma processual que restringe o direito de liberdade, sendo, portanto, irretroativa *(Crime organizado,* São Paulo: Revista dos Tribunais, 1995, p. 86-87).

Princípio da anterioridade e medida de segurança: A medida de segurança também está sujeita ao princípio da reserva legal e da anterioridade, em virtude de seu caráter aflitivo.

Lei dos Juizados Especiais Criminais. Normas de natureza penal: A Lei n. 9.099/95 prevê os institutos da representação, composição civil de danos, transação penal e suspensão condicional do processo. Embora constem num diploma processual, constituem normas de natureza penal, pois extinguem o direito de punir do Estado. Logo, em sendo normas de natureza penal com conteúdo benéfico ao acusado, devem retroagir para alcançar os fatos praticados antes da entrada em vigor da lei.

Súmula 722 do STF: "São da competência legislativa da União a definição dos crimes de responsabilidade e o estabelecimento das respectivas normas de processo e julgamento".

Lei penal no tempo

Art. 2º Ninguém pode ser punido por fato que lei posterior deixa de considerar crime, cessando em virtude dela a execução e os efeitos penais da sentença condenatória. *(Redação dada pela Lei n. 7.209/84)*

Parágrafo único. A lei posterior, que de qualquer modo favorecer o agente, aplica-se aos fatos anteriores, ainda que decididos por sentença condenatória transitada em julgado.

(1) Declaração Universal dos Direitos Humanos e Convenção Americana sobre Direitos Humanos: Vide art. XI, 2, da Declaração Universal dos Direitos Humanos, e art. 9º da Convenção Americana sobre Direitos Humanos *(Pacto de San José da Costa Rica, 1969).*

(2) Fundamento constitucional: A Constituição Federal, em seu art. 5º, XL, dispõe que a "lei penal não retroagirá, salvo para beneficiar o acusado".

(3) Irretroatividade da lei penal: A regra da irretroatividade somente se aplica à lei penal mais gravosa. Assim, temos: (a) *novatio legis in pejus:* é a lei posterior *(novatio legis)* que, de qualquer modo, venha a agravar a situação do agente no caso concreto *(in pejus);* (b) *novatio legis incriminadora:* é a lei posterior que cria um tipo incriminador. Não se aplica aos fatos ocorridos antes de sua vigência.

(4) Retroatividade da lei penal: O art. 2º cuida da retroatividade da lei penal mais favorável: (a) *Novatio legis in mellius (parágrafo único):* É a lei posterior *(novatio legis)* que, de qualquer modo, traz um benefício para o agente no caso concreto *(in mellius).* A *lex mitior* (lei melhor) é a lei mais benéfica, seja anterior ou posterior ao fato; (b) *Abolitio criminis (caput):* trata-se de lei posterior que deixa de considerar um fato criminoso. A revogação do tipo penal incriminador torna o fato atípico. É o que sucedeu, por exemplo, com os crimes de adultério, sedução e rapto consensual, os quais foram revogados pela Lei n. 11.106/2005.

Abolitio criminis e novatio legis in mellius. Incidência imediata: Tanto na hipótese da *abolitio criminis* como na da alteração *in mellius,* a norma penal retroage e aplica-se imediatamente aos processos em julgamento, aos crimes cuja perseguição ainda não se iniciou e, também, aos casos já encerrados por decisão transitada em julgado. Qualquer direito adquirido do Estado com a satisfação do *jus puniendi* é atingido pela nova lei, por força do imperativo constitucional da retroatividade da *lex mitior* (art. 5º, XL).

Limitação ao princípio da retroatividade da lei penal benéfica pela legislação infraconstitucional (art. 90 da Lei n. 9.099/95): O art. 90 da Lei n. 9.099/95 dispõe que "as disposições desta Lei não se aplicam aos processos penais cuja instrução já estiver iniciada". Com essa previsão legal, a norma em estudo acabou por limitar o alcance da Lei dos Juizados Especiais, pois criou uma restrição legal para a incidência de suas regras. Com isso, o réu não poderia ser contemplado com os institutos da representação, composição civil, transação penal e suspensão condicional do processo, todos de natureza penal e de conteúdo benéfico, pelo simples fato de a instrução já ter sido iniciada. Segundo a doutrina, contudo, tal limitação seria inconstitucional, pois o princípio da retroatividade penal benéfica ganhou *status* constitucional, não podendo a lei infraconstitucional limitar o seu alcance, sendo dotado de eficácia imediata. *Nesse sentido:* Luiz Flávio Gomes, *Suspensão condicional do processo criminal*, São Paulo: RT, 1995, p. 152-153 e Damásio de Jesus, *Lei dos Juizados Especiais Criminais anotada*, São Paulo: Saraiva, 1995, p. 97. Vale mencionar que na ADIn 1.719-DF, Rel. Min. Joaquim Barbosa, realizou-se a interpretação conforme o art. 90 da Lei n. 9.099/95, para excluir de sua abrangência as normas de direito penal mais favoráveis aos réus contidas nessa lei, à luz do que determina o art. 5º, XL, da Constituição Federal.

Abolitio criminis. Causa extintiva da punibilidade: Na hipótese de *abolitio criminis*, o Estado perde a pretensão de impor ao agente qualquer pena, razão pela qual se opera a extinção da punibilidade, nos termos do art. 107, III, do Código Penal. *Vide*, entretanto, o art. 3º do CP, que trata da lei excepcional ou temporária, pela qual um fato praticado sob sua vigência continuará sendo por ela regulado, mesmo após sua autorrevogação.

Abolitio criminis. Execução e efeitos da sentença penal condenatória (art. 2º, parágrafo único): Ocorrendo a *abolitio criminis*, o inquérito policial ou o processo são imediatamente trancados e extintos; se já houve sentença condenatória, cessam imediatamente a sua execução e todos os seus efeitos penais, principais e secundários; os efeitos extrapenais, no entanto, subsistem, em face do disposto no art. 2º, *caput*, do Código Penal.

Abolitio criminis e rapto violento ou mediante fraude (CP, art. 219): Vide comentários ao art. 219 do CP.

Abolitio criminis e porte e uso de drogas: Vale mencionar que a 1ª Turma do STF já se manifestou no sentido de que a previsão do art. 28 da Lei de Drogas não implicou *abolitio criminis*, mas apenas despenalização, entendida esta como exclusão para o tipo das penas privativas de liberdade (STF, RE-QO 430105/RJ, 1ª T., Rel. Min. Sepúlveda Pertence, j. 13-2-2007, DJ 27-4-2007, p. 69).

Abolitio criminis e medida provisória: Entendemos não ser possível a ocorrência da *abolitio criminis* por medida provisória que não foi transformada em lei pelo Congresso Nacional, pois o Poder Executivo não tem a prerrogativa de concretizar disposições penais, atribuição essa privativa do Poder Legislativo. Havendo sua conversão em lei, desaparecerá o vício da inconstitucionalidade na origem, convalidando-se o ato normativo e podendo, a partir desse momento, irradiar efeitos. Já decidiu a 5ª Turma do Superior Tribunal de Justiça que a Medida Provisória 153/90 não revogou o inciso VI, do art. 2º da Lei n. 1.521/51 (Lei de Economia Popular), pois "matéria relacionada com a punibilidade de uma conduta não pode ser objeto de regramento por parte do Poder Executivo (CF, art. 5º, XXXIX, ao contrário, submete-se ao devido processo legislativo)" (STJ, RHC 1068/SP, 5ª T., Rel. Min. Jesus Costa Lima, j. 6-5-1991, DJ 27-5-1991, p. 6972, *RSTJ* 30/127).

Abolitio criminis e costume: Inadmite-se *abolitio criminis* pelo costume, o qual não tem o condão de revogar a lei.

Abolitio criminis temporária do Estatuto do Desarmamento: A *abolitio criminis* temporária prevista na Lei n. 10.826/2003 aplica-se ao crime de posse de arma de fogo de uso permitido com numeração, marca ou qualquer outro sinal de identificação raspado, suprimido ou adulterado, praticado somente até 23-10-2005 (Súmula n. 513 do STJ).

Competência para aplicação da lei nova: Temos três situações: (a) O *processo se encontra em primeira instância:* a competência para aplicar a lei mais benéfica será do juiz de primeiro grau encarregado de prolatar a sentença. (b) *O processo se encontra em grau recursal:* se o processo estiver em grau de recurso, recairá sobre o tribunal incumbido de julgá-lo. (c) *Houve trânsito em julgado da decisão:* após o trânsito em julgado, a competência será do juízo da execução (cf. arts. 66, I, da Lei de Execução Penal e 13 da Lei de Introdução ao Código de Processo Penal, bem como Súmula 611 do Supremo Tribunal Federal).

(5) *Critérios para apuração da lei mais favorável:* Toda norma que restrinja o *jus puniendi* do Estado e, por consequência, amplie o direito de liberdade do indivíduo, será considerada mais favorável (por exemplo: regras que excluem crimes, tornem a pena mais branda, que reflitam sobre a culpabilidade ou antijuridicidade).

(6) *Combinação de leis:* Há duas posições: (a) Não é possível a combinação de lei anterior e posterior, a fim de se extrair de cada uma delas as partes mais benignas, sob pena de o juiz estar legislando. Segundo o Egrégio Supremo Tribunal Federal, os princípios da ultra e da retroatividade da *lex mitior* não autorizariam a combinação de duas normas que se conflitam no tempo para se extrair uma terceira que mais beneficie o réu. O tratamento desigual a situações desiguais mais exaltaria do que iria de encontro ao princípio da isonomia. (STF, HC 68416, 2ª T., Rel. Min. Paulo Brossard, j. 8-9-1992). Na mesma linha: "(...) O Supremo Tribunal Federal tem entendimento fixado no sentido de que não é possível a combinação de leis no tempo. Entende a Suprema Corte que, agindo assim, estaria criando uma terceira lei (*lex tertia*). 4. Com efeito, extrair alguns dispositivos, de forma isolada, de um diploma legal, e outro dispositivo de outro diploma legal implica alterar por completo o seu espírito normativo, criando um conteúdo diverso do previamente estabelecido pelo legislador. 5. Consoante já decidiu esta Suprema Corte, 'não é possível aplicar a causa de diminuição prevista no art. 33, § 4º, da Lei 11.343/06 à pena-base relativa à condenação por crime cometido na vigência da Lei 6.368/76, sob pena de se estar criando uma nova lei que conteria o mais benéfico dessas legislações' (HC 94.848/MS, Rel. Min. Cármen Lúcia, *DJe* 089, 15-5-2009). (...) *Writ* denegado" (STF, HC 98766/MG, 2ª T., Rel. Min. Ellen Gracie, j. 15-12-2009, *DJe* 5-3-2010). Na mesma senda: STF, RHC 94806/PR, 1ª T., Rel. Min. Cármen Lúcia, j. 9-3-2010, *DJe* 16-4-2010. Na doutrina, compartilham desse posicionamento: Nelson Hungria, *Comentários ao Código Penal*, 5. ed., Rio de Janeiro: Forense, v. I, t. I, p. 120; Aníbal Bruno, *Direito penal*, parte geral, 4. ed., Rio de Janeiro: Forense, t. I, p. 270. Heleno Cláudio Fragoso, *Lições de direito penal*, parte geral, 4. ed., Rio de Janeiro: Forense, 1987, p. 106-107. (b) É possível a combinação de leis. Firmou-se, por exemplo, nos Tribunais o entendimento de que o art. 14 da revogada Lei de Tóxicos (Lei n. 6.368/76), em seu preceito principal, permanecia em vigor, enquanto seu preceito secundário, parte que comina sanção, restaria derrogado pelo art. 8º da Lei dos Crimes Hediondos em face de sua benignidade, aceitando-se, assim, a combinação das normas. *Nesse sentido:* STF, HC 72862/SP, 2ª T., Rel. Néri da Silveira, j. 7-11-1995; STJ, Recurso Ordinário em *Habeas Corpus* 4.395/SC, 6ª T., Rel. Luiz Vicente Cernicchiaro, j. 2-5-1995; STJ, REsp 85.965/SP, 6ª T., Rel. Min. Luiz Vicente Cernicchiaro, j. 24-6-1996. Sobre o assunto, confira: Basileu Garcia, *Instituições de direito penal*, 6. ed., São Paulo: Max Limonad, v. 1, p. 160. Damásio de Jesus, *Direito penal*, 23. ed., São Paulo: Saraiva, v. 1, p. 94. José Frederico Marques, *Tratado de direito penal*, Campinas: Bookseller, 1997, v. 1, p. 256-257.

(7) *Retroatividade da lei penal mais benéfica no período da "vacatio legis":* De acordo com o art. 1º da Lei de Introdução às Normas do Direito Brasileiro (Dec.-lei n. 4.657/42), salvo disposição em contrário, a lei começa a vigorar em todo o País 45 dias depois de oficialmente publicada. A entrada em vigor dar-se-á no dia seguinte ao término do prazo de vacância (LC n. 107/2001, art. 8º, § 1º). As leis de pouca repercussão entram em vigor na data de sua publicação, não havendo período de *vacatio legis* (LC n. 95/98, art. 8º). A lei vige até que outra posterior a revogue (art. 2º da LICC). Antes da entrada em vigor da lei, não poderá ela ter eficácia imediata e aplicação retroativa, caso seja benéfica, tendo em vista o fato de que é possível a sua revogação antes de entrar em

vigor. É o que sucedeu com o art. 263 da Lei n. 8.069/90, o qual foi revogado pela Lei n. 8.072/90, em pleno período de *vacatio legis*. *Em sentido contrário*: Alberto Silva Franco, *Código penal*, cit., p. 48. Paulo José da Costa Jr., *Curso de Direito Penal*, parte geral, São Paulo: Saraiva, 1991, p. 28.

Súmula 611 do STF: "Transitada em julgado a sentença condenatória, compete ao Juízo das execuções a aplicação da lei penal mais benigna".

Súmula 711 do STF: "A lei penal mais grave aplica-se ao crime continuado ou ao crime permanente, se a sua vigência é anterior à cessação da continuidade ou da permanência".

Lei excepcional ou temporária

Art. 3º A lei excepcional ou temporária, embora decorrido o período de sua duração ou cessadas as circunstâncias que a determinaram, aplica-se ao fato praticado durante sua vigência. *(Redação dada pela Lei n. 7.209/84)*

(1) Conceito: A *lei excepcional* é a feita para vigorar em períodos anormais, como guerra, calamidades etc. Sua duração coincide com a do período (dura enquanto durar a guerra, a calamidade etc.). A *lei temporária* é a feita para vigorar em um período de tempo previamente fixado pelo legislador. Traz em seu bojo a data de cessação de sua vigência. É uma lei que desde a sua entrada em vigor está marcada para morrer.

(2) Características: São autorrevogáveis e ultrativas.

(3) Autorrevogáveis: Excepcionando a regra do art. 2º, § 1º, da LINDB, segundo o qual uma lei somente pode ser revogada por outra lei, posterior, que a revogue expressamente, que seja com ela incompatível ou que regule integralmente a matéria nela tratada, as leis de vigência temporária perdem a sua vigência de forma automática, sem que outra lei a revogue.

(4) Ultratividade: Consiste na possibilidade de uma lei se aplicar a um fato cometido durante a sua vigência, mesmo após a sua revogação. Um fato praticado sob a vigência de uma lei temporária ou excepcional continuará sendo por ela regulado, mesmo após sua autorrevogação e ainda que prejudique o agente. Restringe-se, portanto, um princípio constitucional (art. 5º, XL) para se garantir outro, qual seja, o de que as leis devem proteger eficazmente os bens jurídicos (CF, art. 5º, *caput*).

(5) Norma penal em branco: Uma vez revogada a norma penal em branco, como no caso da exclusão de uma droga da relação administrativa do Ministério da Saúde ou da redução do preço constante de uma tabela oficial, discute-se se seria aplicável o disposto no art. 2º, que trata da retroatividade *in mellius*, ou incidiria a norma do art. 3º. Entendemos que, para saber se haverá ou não retroação, é imprescindível verificar se o complemento revogado tinha ou não as características de temporariedade. Dessa forma, quando se vislumbrar no complemento a qualidade da temporariedade, típica das normas de vigência temporária, também se operará a sua ultratividade. Nessa hipótese, o comando legal era para que a norma não fosse desobedecida naquela época, de maneira que quaisquer modificações ulteriores serão impassíveis de alterar a estrutura do tipo. É o que ocorre, por exemplo, com o crime de violação da tabela oficial de preços, previsto na Lei de Economia Popular. Ao contrário, quando inexistir a característica da temporariedade, haverá retroatividade *in mellius*. É o que sucede com o rol de drogas do Ministério da Saúde, consubstanciadas estas em substâncias ou produtos capazes de causar dependência, constantes da Portaria SVS/MS n. 344, de 12 de maio de 1998. No caso de exclusão de alguma substância da aludida lista, a estrutura típica dos crimes relacionados na Lei n. 11.343/2006 é modificada, ante o desaparecimento de sua elementar. Finalmente, não interessa se o complemento advém de lei ou de ato infralegal, pois a retroatividade depende exclusivamente do caráter temporário ou definitivo da norma. Em sentido contrário, distinguindo complemento da norma penal em branco que emane de lei daquele que provenha de ato normativo infralegal: Alberto Silva Franco, *Código Penal, op. cit.*, p. 63.

Tempo do crime

Art. 4º Considera-se praticado o crime no momento da ação ou omissão, ainda que outro seja o momento do resultado. *(Redação dada pela Lei n. 7.209/84)*

(1) Teoria da atividade: Considera-se praticado o crime no momento da conduta comissiva ou omissiva, ainda que outro seja o momento do resultado. É a teoria adotada pelo Código Penal.

(2) Tempo do crime e aplicação da lei penal: O tempo do crime é de suma importância para fins de aplicação da lei penal, isto é, para determinar qual a lei penal vigente ao tempo da ação ou omissão criminosa. Assim, um homicídio cuja ação tenha ocorrido na vigência de uma determinada lei, tendo, no entanto, o resultado morte sucedido posteriormente à entrada em vigor de uma nova lei mais gravosa, deverá, no caso, incidir a lei que vigorava ao tempo da ação ou omissão. O mesmo ocorre, por exemplo, com os delitos de aborto e infanticídio.

Crimes continuados e permanentes: Incide a Súmula 711 do STF: "A lei penal mais grave aplica-se ao crime continuado ou ao crime permanente, se a sua vigência é anterior à cessação da continuidade ou da permanência".

Estatuto do Desarmamento (Lei n. 10.826/2003) e Súmula 711 do STF: O Estatuto do Desarmamento manteve diversas condutas típicas anteriormente previstas no art. 10, *caput*, da Lei n. 9.437/97, a pena, contudo, passou a ser mais severa: reclusão, de dois a quatro anos, e multa, sem direito a fiança. O Estatuto, assim, constitui *novatio legis in pejus*, não podendo retroagir para prejudicar o réu. Entretanto, é preciso ressalvar que as condutas típicas consistentes em ter em depósito, transportar, manter sob guarda ou ocultar são crimes permanentes, de forma que, tendo a ação típica se iniciado sob a regência da Lei n. 9.437/97, mas permanecendo sob a égide da Lei n. 10.826/2003, aplica-se o novel diploma legal, embora a pena prevista seja mais gravosa.

(3) Tempo do crime e inimputabilidade: A imputabilidade do agente deve ser aferida no momento em que o crime é praticado, pouco importando a data em que o resultado venha a ocorrer. Assim, se um menor de 18 anos praticar um homicídio, vindo o resultado *morte* ocorrer quando atingir a maioridade, não responderá pelo crime, dada a sua inimputabilidade ao tempo da ação. No caso de crime permanente, como a conduta se prolonga no tempo, o agente poderá responder pelo delito. Por isso, se esse menor praticasse um sequestro e fosse preso em flagrante quando já tivesse completado 18 anos, responderia pelo crime, pois o estaria cometendo na maioridade.

Tempo do crime e Estatuto da Criança e do Adolescente: De acordo com o art. 104 do ECA, "para os efeitos desta Lei, deve ser considerada a idade do adolescente à data do fato". Assim, se um menor de 18 anos praticar um homicídio, vindo o resultado *morte* ocorrer quando atingir a maioridade, não responderá pelo crime, dada a sua inimputabilidade ao tempo da ação, porém ficará sujeito às medidas previstas no ECA (*vide* arts. 101 e 112), por constituir a conduta um ato infracional.

(4) Prescrição: O Código Penal adotou a teoria do resultado. O lapso prescricional começa a correr a partir da consumação, e não do dia em que se deu a ação delituosa (CP, art. 111, I). Contudo, em se tratando de redução de prazo prescricional, no caso de criminoso menor de 21 anos, aplica-se a teoria da atividade (*vide* CP, art. 115, primeira parte).

(5) Decadência: Conta-se do dia em que se veio a saber quem é o autor do crime (CP, art. 103).

Súmula:

Súmula 711 do STF: "A lei penal mais grave aplica-se ao crime continuado ou ao crime permanente, se a sua vigência é anterior à cessação da continuidade ou da permanência".

Territorialidade

Art. 5º Aplica-se a lei brasileira, sem prejuízo de convenções, tratados e regras de direito internacional, ao crime cometido no território nacional. *(Artigo com redação dada pela Lei n. 7.209/84)*

§ 1º Para os efeitos penais, consideram-se como extensão do território nacional as embarcações e aeronaves brasileiras, de natureza pública ou a serviço do governo brasileiro onde quer que se encontrem, bem como as aeronaves e as embarcações brasileiras, mercantes ou de propriedade privada, que se achem, respectivamente, no espaço aéreo correspondente ou em alto-mar.

§ 2º É também aplicável a lei brasileira aos crimes praticados a bordo de aeronaves ou embarcações estrangeiras de propriedade privada, achando-se aquelas em pouso no território nacional ou em voo no espaço aéreo correspondente, e estas em porto ou mar territorial do Brasil.

(1) Princípio da territorialidade temperada (caput): Foi adotado pelo nosso CP. Aplica-se a lei brasileira ao crime cometido no Brasil, mas não de modo absoluto, ficando ressalvadas as exceções constantes de normas e tratados internacionais. Assim, eventualmente, a lei estrangeira poderá ser aplicada ao crime cometido no Brasil (intraterritorialidade), sempre que assim dispuserem tratados ratificados pelo nosso país.

Tratados e convenções internacionais sobre direitos humanos: Por força da EC n. 45/2004, que acrescentou o § 3º ao art. 5º da CF, "os tratados e convenções internacionais sobre direitos humanos que forem aprovados, em cada Casa do Congresso Nacional, em dois turnos, por três quintos dos votos dos respectivos membros, serão equivalentes às emendas constitucionais". Havia uma discussão doutrinária acerca da hierarquia dos tratados internacionais de proteção dos direitos humanos em nosso ordenamento jurídico, tendo por fundamento o art. 5º, § 2º, da CF (a respeito do tema, vide Flávia Piovesan, *Direitos humanos e o Direito constitucional internacional*, 6. ed., São Paulo: Max Limonad, 2004). Acabando com essa celeuma, a EC n. 45/2004 passou a prever expressamente que os tratados e convenções internacionais serão *equivalentes às emendas constitucionais*, desde que preencham os seguintes requisitos: (a) tratem de matéria relativa a direitos humanos (b) sejam aprovados pelo Congresso Nacional, em dois turnos, pelo quórum de três quintos dos votos dos respectivos membros (duas votações em cada Casa do Parlamento, com três quintos de quórum em cada votação).

Estatuto de Roma e o Tribunal Penal Internacional: A EC n. 45, de 8-12-2004, acrescentou o § 4º ao art. 5º da Carta Magna, no qual prevê o Tribunal Penal Internacional. Referido tribunal foi criado pelo Estatuto de Roma, em 17 de julho de 1998, o qual foi subscrito pelo Brasil. Trata-se de instituição permanente, com competência para julgar genocídio, crimes de guerra, contra a humanidade e de agressão, e cuja sede se encontra em Haia, na Holanda. Os crimes de competência desse Tribunal são imprescritíveis, dado que atentam contra a humanidade como um todo. O tratado foi aprovado pelo Decreto Legislativo n. 112, de 6-6-2002, antes, portanto, de sua entrada em vigor, que ocorreu em 1º de julho de 2002. O Tribunal Penal Internacional somente exerce sua jurisdição sobre os Estados que tomaram parte de sua criação. A jurisdição internacional é complementar, conforme consta de seu preâmbulo, e somente se instaura depois de esgotada a via procedimental interna do país vinculado. Finalmente, no tocante às imunidades e aos procedimentos especiais decorrentes da qualidade oficial da pessoa (parlamentares, Presidente da República, diplomatas etc.), não constituirão obstáculo para que o Tribunal exerça a sua jurisdição sobre a pessoa, conforme o disposto no art. 27 do Estatuto. Conclui-se, portanto, que um brasileiro que cometa um crime de genocídio no Brasil poderá vir a ser processado e julgado por um Tribunal Penal Internacional, sujeitando-se as suas normas.

(2) Navios e aeronaves públicos ou a serviço do governo brasileiro: Consideram-se extensão do território nacional, onde quer que se encontrem; quando privados, também, desde que estejam em mar territorial brasileiro, alto-mar ou no espaço aéreo correspondente a um ou outro, conforme o caso.

(3) Navios e aeronaves de propriedade privada que se encontrem em alto-mar ou no espaço aéreo correspondente ao alto-mar: Aplica-se a lei do país em que se encontrem matriculados (isto é, da bandeira do país que estiverem ostentando). Trata-se do *princípio do pavilhão ou da bandeira*.

(4) Aeronaves estrangeiras de propriedade privada, em pouso no território nacional ou em voo no espaço aéreo correspondente: É aplicável a lei brasileira aos crimes nelas cometidos.

(5) Embarcações estrangeiras de propriedade privada que se encontrem em porto ou mar territorial do Brasil: É aplicável a lei penal brasileira aos crimes nelas cometidos.

(6) Navio ou avião estrangeiro de propriedade privada apenas de passagem pelo território brasileiro: Se um fato é cometido a bordo de navio ou avião estrangeiro de propriedade privada, que esteja apenas de passagem pelo território brasileiro, não será aplicada a nossa lei, se o crime não afetar em nada nossos interesses. Trata-se do *princípio da passagem inocente*.

Lei do abate ou destruição de aeronaves: Convém mencionar que a Lei n. 9.614, de 5-3-1998, acrescentou um parágrafo ao art. 303 do Código Brasileiro de Aeronáutica, passando a permitir o abate, ou seja, a destruição de aeronaves: "I – se voar no espaço aéreo brasileiro com infração das convenções ou atos internacionais, ou das autorizações para tal fim; II – se, entrando no espaço aéreo brasileiro, desrespeitar a obrigatoriedade de pouso em aeroporto internacional; III – para exame dos certificados e outros documentos indispensáveis; IV – para verificação de sua carga no caso de restrição legal (art. 21) ou de porte proibido de equipamento (parágrafo único do art. 21); V – para averiguação de ilícito". Assim, autoriza-se o abate de aeronave que esteja transportando drogas, no espaço aéreo brasileiro, com a eliminação da vida de passageiros que se encontrem no seu interior. Em decorrência disso, há quem sustente a inconstitucionalidade dessa Lei, dado que a Constituição garante o direito à vida e proíbe a pena de morte, salvo em caso de guerra declarada (art. 5º, XLVII). O Decreto n. 5.144, de 16-7-2004, cuidou de estabelecer os procedimentos que deverão ser seguidos, pelos pilotos da FAB, em relação a tais aeronaves, desde que haja suspeita de transportarem drogas, antes de se operar a sua destruição.

(7) Competência: De acordo com o art. 109, inciso IX, da CF, aos juízes federais compete processar e julgar: "os crimes cometidos a bordo de navios ou aeronaves, ressalvada a competência da Justiça Militar". Dessa forma, o agente que porta substância entorpecente para uso próprio, no interior de uma aeronave que pousa em território nacional, será processado e julgado pela Justiça Federal. Da mesma forma, se for cometido um estupro ou homicídio no interior de uma embarcação estrangeira privada que se encontre em porto brasileiro. Portanto, "para o fim de determinação de competência, a incidência do art. 109, IX, da Constituição Federal, independe da espécie do crime cometido 'a bordo de navios ou aeronaves', cuja persecução, só por isso, incumbe por força da norma constitucional à Justiça Federal": STF, HC 85.059/MS, 1ª T., Rel. Min. Sepúlveda Pertence, j. 22-2-2005. O fato de a aeronave encontrar-se em terra não afeta a circunstância de a prática criminosa ter-se verificado no seu interior, da mesma forma que é indiferente a qualidade das pessoas lesadas, sendo razão suficiente para a fixação da competência federal a implementação da hipótese do art. 109, inc. IX, da Constituição Federal: STJ, HC 40.913/SP, 5ª T., Rel. Min. Arnaldo Esteves Lima, j. 19-5-2005.

Crime cometido a bordo de aeronave brasileira no espaço aéreo correspondente ao alto-mar: Competência da Justiça Federal brasileira do Estado-membro em cujo aeroporto primeiro pousou o avião.

(8) Imunidades: Diplomatas: Algumas pessoas possuem imunidades, como os diplomatas, os quais são dotados de inviolabilidade pessoal, pois não podem ser presos, nem submetidos a qualquer procedimento ou processo, sem autorização de seu país. As sedes diplomáticas não são consideradas extensão do território do país em que se encontram, mas são dotadas de inviolabilidade como garantia dos representantes estrangeiros, não podendo ser objeto de busca, requisição, embargo ou medida de execução (cf. Convenção de Viena). Por essa razão, as autoridades locais e

seus agentes ali não podem penetrar sem o consentimento do diplomata, mesmo nas hipóteses legais. Não haverá inviolabilidade, contudo, se o crime for cometido no interior de um desses locais por pessoa estranha à legação.

Entes abrangidos pela imunidade diplomática: Agentes diplomáticos (embaixador, secretários da embaixada, pessoal técnico e administrativo das representações); componentes da família dos agentes diplomáticos; funcionários das organizações internacionais (ONU, OEA etc.) quando em serviço; chefe de Estado estrangeiro que visita o País, inclusive os membros de sua comitiva. Os empregados particulares dos agentes diplomáticos não gozam de imunidade, ainda que sejam da mesma nacionalidade deles.

Presidente da República: O art. 86 da CF contém uma condição específica para a instauração de processo contra o Presidente da República, qual seja, a admissão da acusação por dois terços da Câmara dos Deputados. De acordo com o § 4º do art. 86, "O Presidente da República, na vigência de seu mandato, não pode ser responsabilizado por atos estranhos ao exercício de suas funções" (cláusula de irresponsabilidade relativa).

Governadores: Da mesma forma que o Presidente da República, os governadores, quanto aos crimes comuns, são julgados pelo STJ, após autorização da respectiva Assembleia Legislativa, por dois terços de seus membros. A imunidade quanto à prisão e a cláusula de irresponsabilidade relativa (*vide* item acima) não beneficiam os governadores, sendo que os §§ 5º e 6º do art. 49 da Constituição do Estado de São Paulo foram suspensos pelo STF (ADIn 1.021-2) (cf. Ricardo Cunha Chimenti, Fernando Capez, Márcio F. Elias Rosa, Marisa F. Santos, *Curso de direito constitucional*, 3. ed., São Paulo: Saraiva, 2006, p. 301).

Senadores e deputados federais (e deputados estaduais): O instituto da licença prévia foi abolido pela EC n. 35/2001. O art. 53 teve a redação modificada pela EC n. 35/2001. A partir dessa alteração, não há mais a exigência de prévia autorização da respectiva Casa Legislativa para o recebimento da denúncia contra parlamentar perante o Supremo Tribunal Federal (ou perante o Tribunal de Justiça, no caso de deputado estadual) por crime (ou contravenção penal) ocorrido após a diplomação. Agora, a acusação poderá ser admitida pelo Supremo Tribunal Federal (ou Tribunal de Justiça, se deputado estadual), independentemente de autorização, o qual somente dará ciência à respectiva Casa para que suste ou não a ação penal. Convém notar que, desde a expedição do diploma, os membros do Congresso Nacional (e também os deputados estaduais, por força do § 1º do art. 27 da CF) não poderão ser presos, salvo em flagrante de crime inafiançável, imunidade denominada incoercibilidade pessoal relativa pelo STF (Inq. 510, *RTJ*, 135, p. 509, *JUIS*: Saraiva, n. 21) (Cf. Ricardo Cunha Chimenti, Fernando Capez, Márcio F. Elias Rosa, Marisa F. Santos, *Curso de Direito Constitucional*, cit., p. 257).

Legislação especial

(1) Espaço aéreo: Vide art. 11 da Lei n. 7.565, de 19-12-1986, segundo o qual o Brasil exerce completa e exclusiva soberania sobre o espaço aéreo acima de seu território e mar territorial. Adotou-se, portanto, a teoria da soberania da coluna atmosférica.

(2) Mar territorial: Vide Lei n. 8.617, de 4-1-1993. A Lei n. 8.617/93 redimensionou o mar territorial, reduzindo-o de 200 para 12 milhas marítimas de largura. A competência para processo e julgamento de crime a bordo de navio que se encontre além das 12 milhas do mar territorial é do país sob cuja bandeira ele navega: TRF, 4ª Região, HC 9304230357, 2ª T., Rel. Des. Luiza Dias Cassales, j. 16-9-1993.

(3) Zona contígua e zona econômica exclusiva: Vide Lei n. 8.617/93.

(4) Contravenções penais: De acordo com o art. 2º do Decreto-lei n. 3.688, de 3-10-1941, "A lei brasileira só é aplicável à contravenção praticada no território nacional". Consagrou-se, assim, o *princípio da territorialidade exclusiva*.

Tratados e Convenções Internacionais

(1) Espaço cósmico: O Brasil subscreveu o Tratado sobre Exploração e Uso do Espaço Cósmico, negociado e aprovado no âmbito da Assembleia Geral das Nações Unidas, em 1967, devidamente aprovado pelo Decreto Legislativo n. 41/68 e ratificado pelo Decreto n. 64.362/69. Como é cediço, o conceito de território envolve o solo, o subsolo, o mar e o respectivo ar, excluído o espaço cósmico. Este é de uso comum de todos os países e não poderá ser objeto de apropriação nacional por proclamação de soberania, por uso ou ocupação, nem por qualquer outro meio. Não há norma jurídica acerca da competência no espaço exterior, mas é possível defender-se a aplicação das normas do Direito Penal Internacional, em analogia ao alto-mar, onde os Estados também não exercem soberania.

(2) Imunidade diplomática: A Convenção de Viena, aprovada entre nós pelo Decreto Legislativo n. 103/64 e ratificada em 23 de fevereiro de 1965, dispõe sobre a imunidade diplomática, cuja finalidade não é beneficiar indivíduos, mas, garantir o regular desempenho de suas funções. "Ao contrário dos agentes diplomáticos, os funcionários consulares não gozam de maior imunidade de jurisdição criminal, salvo em relação aos atos estritamente funcionais": STJ, ROHC 372-BA, 5ª T., Rel. Min. José Dantas, j. 29-11-1989.

Lugar do crime

Art. 6º Considera-se praticado o crime no lugar em que ocorreu a ação ou omissão, no todo ou em parte, bem como onde se produziu ou deveria produzir-se o resultado. *(Redação dada pela Lei n. 7.209/84)*

(1) Crimes a distância ou de espaço máximo: No caso de um crime ser praticado em território nacional e o resultado ser produzido no estrangeiro, o Código Penal adotou a teoria da ubiquidade. O foro competente será tanto o do lugar da ação ou omissão como o do local em que se produziu ou deveria produzir-se o resultado. Assim, o foro competente será o do lugar em que foi praticado o último ato de execução no Brasil (CPP, art. 70, § 1º) ou o local brasileiro onde se produziu o resultado.

(2) Delito plurilocal: No caso de a conduta e o resultado ocorrerem dentro do território nacional, mas em locais diferentes, aplica-se a teoria do resultado, prevista no art. 70 do Código de Processo Penal: a competência será determinada pelo lugar em que se consumar a infração ou, no caso de tentativa, pelo local em que for praticado o último ato de execução.

Crimes dolosos contra a vida: Na hipótese dos crimes dolosos contra a vida, tendo em vista a impossibilidade de serem arroladas, para o plenário, as testemunhas que residam fora do local do Júri, deve-se entender que o juízo competente será o do local da ação, e não o do resultado, tendo em vista a conveniência na instrução dos fatos. Por força do princípio da verdade real, supera-se a regra do art. 70 do CPP e considera-se como lugar do crime o local da conduta, onde a prova poderá ser produzida com muito mais facilidade e eficiência.

(3) Crimes de menor potencial ofensivo (Lei n. 9.099/95): Foi adotada a teoria da atividade. Esta é a redação do art. 63 da lei: "A competência do Juizado será determinada pelo lugar em que foi praticada a infração".

Extraterritorialidade

Art. 7º Ficam sujeitos à lei brasileira, embora cometidos no estrangeiro: *(Artigo com redação dada pela Lei n. 7.209/84)*

I – os crimes:

a) contra a vida ou a liberdade do Presidente da República;

b) contra o patrimônio ou a fé pública da União, do Distrito Federal, de Estado, de Território, de Município, de empresa pública, sociedade de economia mista, autarquia ou fundação instituída pelo Poder Público;

c) contra a administração pública, por quem está a seu serviço;

d) de genocídio, quando o agente for brasileiro ou domiciliado no Brasil;

II – os crimes:

a) que, por tratado ou convenção, o Brasil se obrigou a reprimir;

b) praticados por brasileiro;

c) praticados em aeronaves ou embarcações brasileiras, mercantes ou de propriedade privada, quando em território estrangeiro e aí não sejam julgados.

(1) Princípio da extraterritorialidade: Constitui exceção ao princípio da territorialidade (CP, art. 5º). Consiste na aplicação da lei brasileira aos crimes cometidos fora do Brasil.

(2) Formas de extraterritorialidade: (a) *Incondicionada:* são as hipóteses previstas no inciso I do art. 7º. Diz-se incondicionada porque não se subordina a qualquer condição para atingir um crime cometido fora do território nacional. A absolvição no estrangeiro não impedirá nova *persecutio criminis*, nem obstará veredicto condenatório do juiz brasileiro, assim como a imposição de pena em jurisdição estrangeira não impedirá que o juiz brasileiro absolva o réu (§ 1º); (b) *Condicionada:* são as hipóteses do inciso II e do § 3º. Nesses casos, a lei nacional só se aplica ao crime cometido no estrangeiro se satisfeitas as condições indicadas no § 2º e nas alíneas *a* e *b* do § 3º.

(3) Princípios para aplicação da extraterritorialidade: (a) *Nacionalidade ou personalidade ativa* (CP, art. 7º, II, *b*); (b) *Nacionalidade ou personalidade passiva* (CP, art. 7º, § 3º); (c) *Real, da defesa ou proteção* (CP, art. 7º, I, *a, b* e *c*); (d) *Justiça universal* (CP, art. 7º, I, *d*, e II, *a*): também conhecido como princípio da universalidade, da justiça cosmopolita, da jurisdição universal, da jurisdição mundial, da repressão universal ou da universalidade do direito de punir; (e) *Princípio da representação* (CP, art. 7º, II, *c*).

(4) Crimes contra a vida ou a liberdade do Presidente da República: São, por exemplo, os crimes de homicídio (CP, art. 121), instigação, induzimento ou auxílio ao suicídio (CP, art. 122), constrangimento ilegal (CP, art. 146), ameaça (CP, art. 147), sequestro ou cárcere privado (CP, art. 148) etc., assim como os crimes previstos nos arts. 28 e 29 da Lei de Segurança Nacional (Lei n. 7.170/83) e na Lei de Tortura (Lei n. 9.455/97).

(5) Crimes contra o patrimônio ou a fé pública da União, do Distrito Federal, de Estado, de Território, de Município, de empresa pública, sociedade de economia mista, autarquia ou fundação instituída pelo Poder Público: São os crimes previstos nos arts. 155 a 180 e 289 a 311 do Código Penal.

(6) Crimes cometidos contra a administração pública, por quem está a seu serviço: São os crimes previstos nos arts. 312 a 326, combinados com o art. 327 do Código Penal.

(7) Crimes de genocídio, quando o agente for brasileiro ou domiciliado no Brasil: O crime de genocídio está previsto na Lei n. 2.889/56 e consiste na prática das várias condutas previstas no art. 1º, com a intenção de destruir, no todo ou em parte, grupo nacional, étnico, racial ou religioso, bem como no incitamento, direto e público, de qualquer dos crimes de que trata o art. 1º. Não são considerados crimes políticos para efeitos de extradição (art. 6º).

Genocídio. Tratados e Convenções Internacionais: A Convenção da ONU para a Prevenção e a Repressão do Crime de Genocídio, de 9 de dezembro de 1948, define como genocídio os atos cometidos "com a intenção de destruir, em todo ou em parte, um grupo nacional, étnico, racial ou religioso". A mesma convenção afirma ser o genocídio um crime contra o direito internacional, acrescentando que seu julgamento caberá aos tribunais do Estado em cujo território foi o ato cometido ou a uma corte penal internacional.

Genocídio. Princípio da justiça universal e Tribunal Penal Internacional: Desde a entrada em vigor do Tribunal Penal Internacional, aprovado pelo Decreto Legislativo n. 112, de 6-6-2002, antes, portanto, de sua entrada em vigor, que ocorreu em 10 de julho de 2002, o Brasil está obrigado a efetuar a entrega *(surrender)* do genocida brasileiro ou domiciliado no Brasil à jurisdição transnacional. A jurisdição do Tribunal Penal Internacional é subsidiária, não tendo, portanto, sido revogado o art. 7º, I, *d*, do CP.

Genocídio. Da federalização das causas relativas a direitos humanos: Por força da EC n. 45, a qual acrescentou o inciso V-A ao art. 109, da CF, aos juízes federais compete julgar "as causas relativas a direitos humanos a que se refere o § 5º, deste artigo". O § 5º, por sua vez, prevê que "nas hipóteses de grave violação de direitos humanos, o Procurador-Geral da República, com a finalidade de assegurar o cumprimento de obrigações decorrentes de tratados internacionais de direitos humanos dos quais o Brasil seja parte, poderá suscitar, perante o Superior Tribunal de Justiça, em qualquer fase do inquérito ou processo, incidente de deslocamento de competência para a Justiça Federal". *Vide* ADIn 3.486 e ADIn 3.493, propostas, respectivamente, pela Associação dos Magistrados Brasileiros e Associação Nacional dos Magistrados Estaduais, perante o Supremo Tribunal Federal.

(8) Crimes que, por tratado ou convenção, o Brasil se obrigou a reprimir: Foram muitos os instrumentos multilaterais ratificados pelo Brasil, dentre os quais se pode, a título de exemplo, mencionar os seguintes: *Armas de Fogo:* Convenção Interamericana contra a Fabricação e o Tráfico Ilícitos de Armas de Fogo, Munições, Explosivos e outros Materiais Correlatos (Decreto n. 3.229, de 29-10-1999). *Crime Organizado Transnacional:* Convenção das Nações Unidas contra o Crime Organizado Transnacional (Decreto n. 5.015, de 12-3-2004); Protocolo Adicional à Convenção das Nações Unidas contra o Crime Organizado Transnacional, relativo ao Combate ao Tráfico de Migrantes por Via Terrestre, Marítima e Aérea (Decreto n. 5.016, de 12-3-2004); Protocolo Adicional à Convenção das Nações Unidas contra o Crime Organizado Transnacional Relativo à Prevenção, Repressão e Punição do Tráfico de Pessoas, em Especial Mulheres e Crianças (Decreto n. 5.017, de 12-3-2004). *Corrupção:* Convenção sobre o Combate da Corrupção de Funcionários Públicos Estrangeiros em Transações Comerciais Internacionais (Decreto n. 3.678, de 30-11-2000); Convenção das Nações Unidas contra Corrupção (2003); Convenção Interamericana contra a Corrupção (Decreto n. 4.410, de 7-10-2002). *Entorpecentes:* Convenção para a Repressão do Tráfico Ilícito das Drogas Nocivas (Decreto n. 2.994, de 17-8-1938); Convenção Única sobre Entorpecentes (Decreto n. 54.216, de 27-8-1964); Convenção sobre Substâncias Psicotrópicas (Decreto n. 79.388, de 14-3-1977); Convenção Contra o Tráfico Ilícito de Entorpecentes e Substâncias Psicotrópicas (Decreto n. 154, de 26-6-1991). *Terrorismo:* Convenção para Prevenir e Punir os Atos de Terrorismo Configurados em Delitos contra as Pessoas e a Extorsão Conexa, quando tiverem eles transcendência internacional (Decreto n. 3.018, de 6-4-1999); Convenção Interamericana contra o Terrorismo (2002); Convenção sobre a Prevenção e Punição de Crimes Contra Pessoas que Gozam de Proteção Internacional, inclusive os Agentes Diplomáticos (Decreto n. 3.167, de 14-9-1999); Convenção Internacional contra a Tomada de Reféns (Decreto n. 3.517, de 20-6-2000); Convenção Internacional sobre a Supressão de Atentados Terroristas com Bombas (Decreto n. 4.394, de 26-9-2002); Convenção Internacional para a Supressão do Financiamento do Terrorismo (Nova York,1999); Resolução n. 1.373 (2001) do Conselho de Segurança das Nações Unidas (Decreto n. 3.976, de 18-10-2001).

(9) Crimes praticados por brasileiro: Tendo em vista que nenhum brasileiro será extraditado, salvo o naturalizado, em caso de crime comum praticado antes da naturalização ou de comprovado envolvimento em tráfico ilícito de entorpecentes (CF, art. 5º, LI), autoriza-se a sua punição no território nacional quando o delito for praticado no exterior.

(10) Crimes praticados em aeronaves ou embarcações brasileiras, mercantes ou de propriedade privada, quando em território estrangeiro e aí não sejam julgados: Fica o brasileiro sujeito à lei pátria, desde que o crime não seja julgado no território em que foi praticado.

§ 1º Nos casos do inciso I, o agente é punido segundo a lei brasileira, ainda que absolvido ou condenado no estrangeiro.

Extraterritorialidade incondicionada: Conforme já estudado, são as hipóteses previstas no inciso I do art. 7º. Diz-se incondicionada porque não se subordina a qualquer condição para atingir um crime cometido fora do território nacional. A absolvição no estrangeiro não impedirá nova *persecutio criminis*, nem obstará veredicto condenatório do juiz brasileiro, assim como a imposição de pena em jurisdição estrangeira não impedirá que o juiz brasileiro absolva o réu.

§ 2º Nos casos do inciso II, a aplicação da lei brasileira depende do concurso das seguintes condições:

a) entrar o agente no território nacional;

b) ser o fato punível também no país em que foi praticado;

c) estar o crime incluído entre aqueles pelos quais a lei brasileira autoriza a extradição;

d) não ter sido o agente absolvido no estrangeiro ou não ter aí cumprido a pena;

e) não ter sido o agente perdoado no estrangeiro ou, por outro motivo, não estar extinta a punibilidade, segundo a lei mais favorável.

§ 3º A lei brasileira aplica-se também ao crime cometido por estrangeiro contra brasileiro fora do Brasil, se, reunidas as condições previstas no parágrafo anterior:

a) não foi pedida ou foi negada a extradição;

b) houve requisição do Ministro da Justiça.

(1) Extraterritorialidade condicionada: São as hipóteses do inciso II (CF, § 2º) e do § 3º. Nesses casos, a lei nacional só se aplica ao crime cometido no estrangeiro se satisfeitas as condições indicadas no § 2º e nas alíneas *a* e *b* do § 3º.

(2) Entrar o agente no território nacional: Sobre território nacional, *vide* art. 5º do CP. Mencione-se que a saída do agente do território nacional não impedirá o curso da ação penal.

(3) Ser o fato for punível também no país em que foi praticado: Nem sempre a definição do crime na legislação alienígena é idêntica à prevista em nossa legislação penal.

(4) Estar o crime incluído entre aqueles pelos quais a lei brasileira autoriza a extradição: Extradição é o instrumento jurídico pelo qual um país envia uma pessoa que se encontra em seu território a outro Estado soberano, a fim de que neste seja julgada ou receba a imposição de uma pena já aplicada. A extradição encontra-se regulada nos arts. 76 a 94 da Lei n. 6.815/80 (Estatuto do Estrangeiro).

Extradição de nacionais: Nenhum brasileiro será extraditado, salvo o naturalizado, em caso de crime comum praticado antes da naturalização ou de comprovado envolvimento em tráfico ilícito de entorpecentes (CF, art. 5º, LI e art. 77, I, da Lei n. 6.815/80). Contudo, tratando-se de extradição requerida contra brasileiro naturalizado, "impõe-se ao Estado requerente a comprovação do envolvimento da pessoa reclamada na realização do episódio delituoso. A inovação jurídica introduzida pela norma inscrita no art. 5º, LI, *in fine*, da Constituição da República – além de representar, em favor do brasileiro naturalizado, clara derrogação do sistema de contenciosidade limitada – instituiu procedimento, a ser disciplinado em lei, destinado a ensejar cognição judicial mais abrangente do conteúdo da acusação penal estrangeira, a permitir ao Supremo Tribunal Federal, na ação de extradição passiva, o exame do próprio mérito da *persecutio criminis* instaurada perante autoridades do Estado requerente" (STF, Extr. 541 – Estados Unidos da América, T. Pleno, Rel. Acórdão Min. Sepúlveda Pertence, j. 7-11-1992).

Extradição e crime político ou de opinião: Estrangeiro não poderá ser extraditado por crime político ou de opinião (CF, art. 5º, LII, e art. 77, VII, da Lei n. 6.815/80). *Vide* também art. 77, §§ 1º a 3º, da Lei n. 6.815/80). Em caso de conexão de crime político e de crime comum, o Supremo Tribunal Federal aplica o critério da preponderância, previsto no art. 77, § 3º, do Estatuto do Estrangeiro, o qual demanda a análise do caso concreto: STF, Extr. 694 – Itália, T. Pleno, Rel. Min. Sydney Sanches, j. 13-2-1997; STF, Extr. 412 – Itália, T. Pleno, Rel. Min. Rafael Mayer, j. 30-11-1983.

Extradição e crime político ou de opinião. Terrorismo: Muito se discute acerca da natureza do crime de terrorismo e, por conseguinte, se estaria vedada a extradição de terrorista brasileiro para o país requerente. Segundo Carlos Mário da Silva Velloso, "Registre-se que, na Extradição 615 – Bolívia, relatada pelo Ministro Paulo Brossard, o Supremo Tribunal Federal decidiu, ao cabo, que o exame da configuração do crime político, como exceção impeditiva da concessão da extradição, fica deferido exclusivamente ao Supremo Tribunal Federal (...). Deve ser entendido, então, que a norma inscrita no § 2º do art. 77 do Estatuto do Estrangeiro, Lei n. 6.815/80, confere ao Supremo Tribunal Federal a faculdade ampla de apreciar a natureza jurídica da infração, se política ou não, inclusive, como mais adiante veremos, de considerar ou não como crimes políticos os atentados contra chefes de Estado ou contra autoridades, bem como os atos de terrorismo, anarquismo, sabotagem, sequestro de pessoas, propaganda de guerra ou de subversão (Lei n. 6.815/80, art. 77, § 3º), certo que *o terrorismo – conduta delitiva que, mediante atos de extrema violência ou grave intimidação, e com fim subversivo, trata de destruir o sistema político-social dominante – não se confunde, como pode parecer ao observador incauto, com o crime político*" (*Terrorismo e Direito*, Coordenador Leonardo Nemer Caldeira Brant, p. 133). O Supremo Tribunal Federal, mais uma vez, teve a oportunidade de se manifestar nesse sentido: "O repúdio ao terrorismo: um compromisso ético-jurídico assumido pelo Brasil, quer em face de sua própria Constituição, quer perante a comunidade internacional. Os atos delituosos de natureza terrorista, considerados os parâmetros consagrados pela vigente Constituição da República, não se subsumem à noção de criminalidade política, pois a Lei Fundamental proclamou o repúdio ao terrorismo como um dos princípios essenciais que devem reger o Estado brasileiro em suas relações internacionais (CF, art. 4º, VIII), além de haver qualificado o terrorismo, para efeito de repressão interna, como crime equiparável aos delitos hediondos, o que o expõe, sob tal perspectiva, a tratamento jurídico impregnado de máximo rigor, tornando-o inafiançável e insuscetível da clemência soberana do Estado e reduzindo-o, ainda, à dimensão ordinária dos crimes meramente comuns (CF, art. 5º, XLIII). A Constituição da República, presentes tais vetores interpretativos (CF, art. 4º, VIII, e art. 5º, XLIII), não autoriza que se outorgue às práticas delituosas de caráter terrorista o mesmo tratamento benigno dispensado ao autor de crimes políticos ou de opinião, impedindo, desse modo, que se venha a estabelecer, em torno do terrorista, um inadmissível círculo de proteção que o faça imune ao poder extradicional do Estado brasileiro, notadamente se se tiver em consideração a relevantíssima circunstância de que a Assembleia Nacional Constituinte formulou um claro e inequívoco juízo de desvalor em relação a quaisquer atos delituosos revestidos de índole terrorista, a estes não reconhecendo a dignidade de que muitas vezes se acha impregnada a prática da criminalidade política" (Extr. 855, Rel. Min. Celso de Mello, *DJ* 1º-7-2005).

Princípio da prevalência dos tratados: Na colisão entre a lei reguladora da extradição e o respectivo tratado, este último deverá prevalecer (art. 79, § 3º, da Lei n. 6.815/80).

Princípio da legalidade: Somente cabe extradição nas hipóteses expressamente previstas no texto legal regulador do instituto e apenas em relação aos delitos especificamente apontados naquela lei. O Brasil não admite a extradição em caso de contravenção penal ou de crime punido com pena máxima inferior a um ano de prisão, mesmo que a conduta seja qualificada como crime na legislação do Estado estrangeiro. STF, Extr. 669 – Estados Unidos da América, T. Pleno, Rel. Min. Celso de Mello, j. 6-3-1996.

Princípio da dupla tipicidade: Deve haver semelhança ou simetria entre os tipos penais da legislação brasileira e do Estado solicitante, ainda que diversas as denominações jurídicas. "A possível diversidade formal concernente ao '*nomen juris*' das entidades delituosas não atua como causa obstativa da extradição, desde que o fato imputado constitua crime sob a dupla perspectiva dos ordenamentos jurídicos vigentes no Brasil e no Estado estrangeiro que requer a efetivação da medida extradicional. O postulado da dupla tipicidade – por constituir requisito essencial ao atendimento do pedido de extradição – impõe que o ilícito penal atribuído ao extraditando seja juridicamente qualificado como crime tanto no Brasil quanto no Estado requerente, sendo irrelevante, para esse específico efeito, a eventual variação terminológica registrada nas leis penais em confronto" (STF, Extr. 977 – Portugal, T. Pleno, Rel. Min. Celso de Mello, j. 25-5-2005).

Princípio da preferência: Havendo conflito entre a justiça brasileira e a estrangeira, *vide* art. 79 da Lei n. 6.815/90.

Princípio da limitação em razão da pena: De acordo com o art. 91, III, do Estatuto do Estrangeiro, não será efetivada a entrega do extraditando sem que o Estado requerente assuma o compromisso de comutar em pena privativa de liberdade a pena corporal ou de morte, ressalvados, quanto à última, os casos em que a lei brasileira permitir a sua aplicação: STF, Extr. n. 744, Tribunal Pleno, Rel. Min. Celso de Mello, julgado em 1º-12-1999; STF, Extr. n. 633, T. Pleno, Rel. Min. Celso de Mello, j. 28-8-1996. E, "Em face da possibilidade de cominação da pena de prisão perpétua, é de se observar a atual jurisprudência deste Supremo Tribunal Federal para exigir do Estado requerente o compromisso de não aplicar esse tipo de reprimenda, menos ainda a pena capital, em caso de condenação do réu" (STF, Extr. n. 944 – Estados Unidos da América. T. Pleno. Rel. Min. Carlos Britto, j. 19-12-2005). *No mesmo sentido:* STF, T. Pleno, Extr. 855 – República do Chile, Rel. Min. Celso de Mello, j. 26-8-2004, *DJ* 1º-07-2005, p. 5). STF, T. Pleno, Extr. 984, Rel. Min. Carlos Britto, j. 13-9-2006, *DJ* 17-11-2006, p. 48, STF, T. Pleno, Extr. 985-AT, Rel. Min. Joaquim Barbosa, j. 6-4-2006, *DJ* 18-8-2006, p. 18. Haverá, no entanto, discussão na hipótese em que o crime estiver sujeito à competência do Tribunal Penal Internacional, na medida em que há previsão da pena de prisão perpétua. *Vide* comentários abaixo.

Prisão perpétua e a entrega de nacionais (surrender) *ao Tribunal Penal Internacional:* O Tribunal Penal Internacional foi incluído em nosso ordenamento constitucional pela EC n. 45, de 8-12-2004, a qual acrescentou o § 4º ao art. 5º da Carta Magna. Referido tribunal foi criado pelo Estatuto de Roma em 17 de julho de 1998, o qual foi subscrito pelo Brasil. O tratado foi aprovado pelo Decreto Legislativo n. 112, de 6-6-2002, antes, portanto, de sua entrada em vigor, que ocorreu em 10-7-2002. Trata-se de instituição permanente, com jurisdição para julgar genocídio, crimes de guerra, contra a humanidade e de agressão, e cuja sede se encontra em Haia, na Holanda. Desde a entrada em vigor do Tribunal Penal Internacional, o Brasil está obrigado a efetuar a entrega (*surrender*, *vide* art. 102 do Estatuto) de brasileiro ou domiciliado no Brasil à jurisdição transnacional, quando praticado um dos crimes nele constantes (sobre o tema, *vide* art. 7º do CP). Sucede que o art. 77, 1, do Estatuto de Roma, não autoriza a pena de morte, porém autoriza a prisão perpétua. Tal previsão tem gerado algumas discussões, diante da previsão constitucional do art. 5º, XLVII, *b*. No sentido de que o Brasil não pode se recusar a entregar um brasileiro ao Tribunal Internacional, sob a alegação de que sua Constituição interna proíbe a prisão perpétua (CF, art. 5º, XLVII, *b*): Valério de Oliveira Mazzuoli: *O Direito Internacional e o Direito Brasileiro: homenagem a José Francisco Rezek*, org. Wagner Menezes: Rio Grande do Sul: Unijuí, 2004, p. 254-255 e Fernando Capez, *Curso de Direito Penal*, cit., v. 1, p. 96-97.

Princípio da detração: O tempo em que o extraditando permaneceu preso preventivamente no Brasil, aguardando o julgamento do pedido de extradição, deve ser considerado na execução da pena no país requerente: STF, Extr. n. 973 – República Italiana, Tribunal Pleno, Rel. Min. Joaquim Barbosa, j. 1º -7-2005. STF: "Na linha da jurisprudência desta egrégia Corte, o Tratado de extradição, superveniente ao pedido, é imediatamente aplicável, seja em benefício, seja em prejuízo do extraditando. Incidência, no caso, do dispositivo que veda a extradição, quando a duração do restante da pena a ser cumprida for inferior a nove meses. Aplicada a detração penal em razão do tempo em que esteve preso aguardando o desfecho do processo de extradição, o restante da pena a ser cumprida pelo extraditando seria inferior a seis meses. O instituto da extradição deve ficar adstrito a fatos justificadores de penalidades mais gravosas, em razão das formalidades, morosidade e despesas que naturalmente decorrem de um processo que tal. Extradição indeferida. STF, T. Pleno, Extr. 937/FR, Rel. Min. Carlos Britto, j. 3-3-2005, *DJ* 1º-7-2005, p. 6.

Conclusão do processo penal brasileiro ou do cumprimento da pena privativa de liberdade: STF: "Novo entendimento derivado da revisão, pelo Supremo Tribunal Federal, de sua jurisprudência em tema de extradição passiva. A questão da imediata efetivação da entrega extradicional – Inteligência do art. 89 do Estatuto do Estrangeiro – Prerrogativa exclusiva do Presidente da República, enquanto Chefe de Estado – A entrega do extraditando – que esteja sendo processado criminalmente no Brasil, ou que haja sofrido condenação penal imposta pela Justiça brasileira – depende, em princípio, da conclusão do processo penal brasileiro ou do cumprimento da pena privativa de liberdade decretada pelo Poder Judiciário do Brasil, exceto se o Presidente da República, com apoio em juízo discricionário, de caráter eminentemente político, fundado em razões de oportunidade, de conveniência e/ou de utilidade, exercer, na condição de Chefe de Estado, a prerrogativa excepcional que lhe permite determinar a imediata efetivação da ordem extradicional (Estatuto do Estrangeiro, art. 89, *caput, in fine*). Doutrina. Precedentes" (STF, T. Pleno. Extr. 855 – República do Chile, Rel. Min. Celso de Mello, j. 26-8-2004, *DJ* 1º-7-2005, p. 5). *No mesmo sentido:* STF, T. Pleno, Extr. 985/AT, Rel. Min. Joaquim Barbosa, j. 6-4-2006, *DJ* 18-8-2006, p. 18.

Tratado de extradição superveniente ao pedido: STF: "Na linha da jurisprudência desta egrégia Corte, o Tratado de extradição, superveniente ao pedido, é imediatamente aplicável, seja em benefício, seja em prejuízo do extraditando" (STF, T. Pleno, Extr. 937/FR, Rel. Min. Carlos Britto, j. 3-3-2005, *DJ* 1º-7-2005, p. 6).

(5) **Não ter sido o agente absolvido no estrangeiro ou não ter aí cumprido a pena:** Se o autor de um crime praticado no estrangeiro for processado perante esse juízo, sua sentença preponderará sobre a do juiz brasileiro. Caso o réu seja absolvido pelo juiz territorial, aplicar-se-á a regra *non bis in idem* para impedir a *persecutio criminis* (CP, art. 7º, § 2º, *d*).

(6) **Não ter sido o agente perdoado no estrangeiro ou, por outro motivo, não estar extinta a punibilidade, segundo a lei mais favorável.**

(7) **Crime cometido por estrangeiro contra brasileiro fora do Brasil:** Também se aplica a lei brasileira, se, reunidas as condições do § 2º, não foi pedida ou foi negada a extradição; e houve requisição do Ministro da Justiça (cf. § 3º).

Lei de Tortura (Lei n. 9.455/97)

Lei de Tortura e princípio da extraterritorialidade: A Lei de Tortura, em seu art. 2º, consagra o princípio da extraterritorialidade ao prever que "o disposto nesta Lei aplica-se ainda quando o crime não tenha sido cometido em território nacional, sendo a vítima brasileira ou encontrando-se o agente em local sob jurisdição brasileira". Assim, temos duas hipóteses em que a lei nacional aplicar-se-á ao cidadão que comete crime de tortura no estrangeiro: (a) quando a vítima for brasileira: trata-se aqui da extraterritorialidade incondicionada, pois não se exige qualquer condição para que a lei atinja um crime cometido fora do território nacional, ainda que o agente se encontre em território estrangeiro. Basta somente que a vítima seja brasileira; (b) quando o agente encontrar-se em território brasileiro: trata-se da extraterritorialidade condicionada, pois, nesse caso, a lei nacional só se aplica ao crime de tortura cometido no estrangeiro se o torturador adentrar no território nacional. Convém notar que essa última hipótese é conhecida como *princípio da jurisdição universal, da justiça cosmopolita, da jurisdição mundial* etc., pelo qual todo Estado tem o direito de punir qualquer crime, seja qual for a nacionalidade do delinquente e da vítima ou o local de sua prática, desde que o criminoso esteja dentro de seu território. Finalmente, não se exige qualquer outra condição prevista no art. 7º do Código Penal para a incidência da lei brasileira ao crime de tortura praticado no estrangeiro, pois prevalece a disciplina específica da Lei n. 9.455/97. (Obs.: Por força da EC n. 4/5/2004, que acrescentou o inciso V-A ao art. 109, da CF, aos juízes federais compete julgar "as causas relativas a direitos humanos a que se refere o § 5º deste artigo").

Lei de Lavagem de Dinheiro
Crime de lavagem de dinheiro. Princípio da dupla incriminação: De acordo com a redação dada ao art. 2º, inc. II, da Lei n. 9.613/98, "II – independem do processo e julgamento das infrações penais antecedentes, ainda que praticados em outro país, cabendo ao juiz competente para os crimes previstos nesta Lei a decisão sobre a unidade de processo e julgamento" (redação dada pela Lei n. 12.683, de 2012). Embora a lei tenha consagrado a autonomia do processo e julgamento do crime de lavagem de dinheiro, a doutrina tem exigido cautela na aplicação do mencionado dispositivo legal, de forma que, consoante Antônio Sérgio A. de Moraes Pitombo, "no fenômeno sob análise, se não operar a conexão, deve-se atentar à prejudicialidade homogênea. Tudo no escopo de evitar decisões antiéticas, ou dotadas de incompatibilidade objetiva" (Antônio Sérgio A. de Moraes Pitombo. *Lavagem de Dinheiro: a tipicidade do crime antecedente*, São Paulo: Revista dos Tribunais, 2003, p. 128). Se o crime antecedente tiver sido perpetrado fora do território nacional, deverá ser analisado se o fato prévio está tipificado no país em que foi cometido, bem como no país em que se consumou a lavagem, ainda que tenha diverso *nomen iuris*, classificação ou pena, incidindo o princípio da dupla incriminação (art. 7º, § 2º, *b*, do CP e art. 6.2., *c*, da Convenção de Palermo) (Cf. Marcia Monassi Mougenot Bonfim; Edilson Mougenot Bonfim, *Lavagem de Dinheiro*, São Paulo: Malheiros, 2005, p. 55). Em se constatando que o mencionado fato não se caracteriza como crime num dos dois sistemas jurídicos, ele não pode ser concebido como delito anterior à lavagem de dinheiro. A lei, na tentativa de minimizar as exigências referentes à prova da ocorrência do fato criminoso prévio, para fins de recebimento da denúncia pela autoridade judiciária, determinou em seu art. 2º, § 1º, ser o bastante "§ 1º A denúncia será instruída com indícios suficientes da existência da infração penal antecedente, sendo puníveis os fatos previstos nesta Lei, ainda que desconhecido ou isento de pena o autor, ou extinta a punibilidade da infração penal antecedente" (redação dada pela Lei n. 12.683, de 2012). Tal previsão legal, no entanto, já estava com sua ideia central sob a mira de inúmeras críticas. Sobre o tema, *vide* Antônio Sérgio A. de Moraes Pitombo, Lavagem de Dinheiro, cit., p. 128-132.

Súmulas:
Súmula 1 do STF: "É vedada a expulsão de estrangeiro casado com brasileira, ou que tenha filho brasileiro, dependente de economia paterna".
Súmula 2 do STF: "Concede-se a liberdade vigiada ao extraditando que estiver preso por prazo superior a sessenta dias".

Súmula 421 do STF: "Não impede a extradição a circunstância de ser o extraditando casado com brasileira ou ter filho brasileiro".

Súmula 692 do STF: "Não se conhece de *habeas corpus* contra omissão de relator de extradição, se fundado em fato ou direito estrangeiro cuja prova não constava dos autos, nem foi ele provocado a respeito".

Pena cumprida no estrangeiro

Art. 8º A pena cumprida no estrangeiro atenua a pena imposta no Brasil pelo mesmo crime, quando diversas, ou nela é computada quando idênticas. *(Redação dada pela Lei n. 7.209/84)*

Pena cumprida no estrangeiro: O art. 8º prevê duas hipóteses: (a) Se a pena cumprida no estrangeiro for diversa da imposta no Brasil pelo mesmo crime, haverá a atenuação da pena; (b) Se a pena cumprida no estrangeiro for idêntica à imposta no Brasil pelo mesmo crime, deverá haver um abatimento na pena a ser executada no Brasil.

Eficácia de sentença estrangeira

Art. 9º A sentença estrangeira, quando a aplicação da lei brasileira produz na espécie as mesmas consequências, pode ser homologada no Brasil para: *(Artigo com redação dada pela Lei n. 7.209/84)*

I – obrigar o condenado à reparação do dano, a restituições e a outros efeitos civis;

II – sujeitá-lo a medida de segurança.

Parágrafo único. A homologação depende:

a) para os efeitos previstos no inciso I, de pedido da parte interessada;

b) para os outros efeitos, da existência de tratado de extradição com o país de cuja autoridade judiciária emanou a sentença, ou, na falta de tratado, de requisição do Ministro da Justiça.

(1) Fundamento: O Direito Penal é essencialmente territorial, devendo ser aplicado apenas dentro dos limites do país que o criou. Da mesma forma, a execução de uma sentença é ato de soberania, não podendo ter eficácia em outro Estado. Em duas hipóteses, contudo, admite-se que uma sentença estrangeira tenha eficácia em outro Estado. Para tanto, exige-se a homologação judicial no Estado em que se dará o seu cumprimento.

(2) Competência para a homologação: A Emenda Constitucional n. 45/2004 revogou o art. 102, I, *h*, da CF, que atribuía ao Supremo Tribunal Federal a competência para a homologação de sentenças estrangeiras e a concessão do *exequatur* às cartas rogatórias, deslocando para o Superior Tribunal de Justiça tal competência (cf. alínea *i* do inciso I do art. 105, acrescentada pela EC n. 45/2004).

(3) Execução civil da sentença penal estrangeira: A sentença estrangeira, quando a aplicação da lei brasileira produz na espécie as mesmas consequências, pode ser homologada no Brasil para obrigar o condenado à reparação do dano, a restituições e a outros efeitos civis. É necessário pedido da parte interessada, não podendo o STJ atuar *ex officio*, conforme disposição do art. 9º, parágrafo único, *a*, do Código Penal. Sobre o tema: STF, Sentença Estrangeira Contestada n. 4.487-Belize, T. Pleno. Rel. Min. Maurício Corrêa, j. 18-10-95.

(4) Medida de segurança: A sentença estrangeira, quando a aplicação da lei brasileira produz na espécie as mesmas consequências, pode ser homologada no Brasil para o condenado à

medida de segurança, mas somente se aplicada exclusivamente ao inimputável ou semi-imputável, uma vez que o Brasil adotou o *sistema vicariante*, segundo o qual não podem ser impostas cumulativamente ao infrator pena e medida de segurança (CP, art. 9º, parágrafo único, *b*). A homologação depende da existência de tratado de extradição com o país de cuja autoridade judiciária emanou a sentença, ou, na falta de tratado, de requisição do Ministro da Justiça.

(5) Desnecessidade de homologação: (a) *Reincidência:* Para gerar a reincidência no Brasil, não é necessária a homologação da sentença, pois, no caso, se trata de efeito secundário da condenação. Da mesma forma, se a intenção for a de obstar o *sursis* ou o livramento condicional; (b) *Sentença estrangeira absolutória:* Não se procederá à homologação; (c) *Sentença estrangeira que julgar extinta a punibilidade do agente:* Também não se procederá à homologação.

(6) Conteúdo da homologação: A homologação não diz respeito ao conteúdo, circunscrevendo-se a um exame formal e delibatório da decisão, imprescindível para dar eficácia à sentença delibada. Verifica-se apenas o preenchimento dos requisitos constantes do art. 788 do Código de Processo Penal. "São pressupostos de homologabilidade da sentença estrangeira: (a) a sua prolação por juiz competente; (b) a citação do réu ou a configuração legal de sua revelia; (c) o trânsito em julgado do ato sentencial homologando, bem assim o cumprimento das formalidades necessárias à sua execução no lugar em que foi proferido; e (d) a autenticação, pelo Consulado brasileiro, da sentença homologada e a tradução oficial dos documentos" (STF, Sentença Estrangeira Contestada n. 5.093 – Estados Unidos da América, T. Pleno, Rel. Min. Celso de Mello, j. 8-2-1996). "A citação de pessoa domiciliada no Brasil e demandada perante a justiça estrangeira far-se-á por carta rogatória, garantindo o atendimento dos princípios constitucionais do devido processo legal, do contraditório e da ampla defesa. Inexistindo a citação válida ou verificando-se a revelia da parte, descabe a sentença proferida" (STJ, Sentença Estrangeira Contestada 568/EX, Corte Especial, Rel. Min. Francisco Peçanha Martins, j. 19-12-2005).

(7) Procedimento da homologação: Vide arts. 787 a 790 do CPP, atentando para o fato de que compete, a partir da EC n. 45/2004, ao STJ a homologação das sentenças estrangeiras.

Súmula

Súmula 420 do STF: "Não se homologa sentença proferida no estrangeiro sem prova do trânsito em julgado".

Contagem do prazo

Art. 10. O dia do começo inclui-se no cômputo do prazo. Contam-se os dias, os meses e os anos pelo calendário comum. *(Redação dada pela Lei n. 7.209/84)*

(1) Prazos do Código Penal: O dia do começo inclui-se no cômputo do prazo. Não interessa a que horas do dia o prazo começou a correr; considera-se o dia todo para efeito de contagem de prazo. Assim, se a pena começou a ser cumprida às 23h50min, os 10 minutos são contados como um dia inteiro. Do mesmo modo, não importa se o prazo começou em domingo ou feriado, computando-se um ou outro como primeiro dia.

(2) Prescrição e decadência: Os prazos são contados de acordo com a regra do art. 10 do Código Penal.

(3) Prazos do Código de Processo Penal: Contam-se de acordo com a regra do art. 798, § 1º, do CPP. Exclui-se o dia do começo. De acordo com a Súmula 310 do STF, se o dia do começo for domingo ou feriado, o início do prazo será o dia útil imediatamente subsequente.

(4) Contagem de mês e ano: São contados como períodos que compreendem um número determinado de dias, pouco importando quantos sejam os dias de cada mês. Exemplo: 6 meses a partir de abril; terminará o prazo em setembro, não importando se o mês tem 30 ou 31 dias. Os

anos são contados da mesma forma, sendo irrelevante se bissextos ou com 365 dias. Cinco anos depois de janeiro de 2011 será janeiro de 2016.

Lei n. 810/49. De acordo com o seu art. 1º, considera o ano "o período de 12 (doze) meses contados do dia do início ao dia e mês correspondentes do ano seguinte", daí falar-se que anos e meses são contados independentemente do número de dias.

(5) Prorrogação de prazo: Os prazos de natureza penal são considerados improrrogáveis, mesmo que terminem em domingos e feriados. Isto significa que, encerrando-se em um sábado (considerado feriado forense), domingo ou outro dia em que, por motivo de feriado ou férias, não houver expediente, não existirá possibilidade de prorrogação para o primeiro dia útil subsequente.

(6) Interrupção e suspensão: Apesar de improrrogável, o prazo penal é passível de interrupção (o prazo é "zerado" e começa novamente do primeiro dia) e de suspensão (recomeça pelo tempo que faltava), como, por exemplo, é o caso do prazo prescricional.

Súmula:
Súmula 310 do STF: "Quando a intimação tiver lugar na sexta-feira, ou a publicação com efeito de intimação for feita nesse dia, o prazo judicial terá início na segunda-feira imediata, salvo se não houver expediente, caso em que começará no primeiro dia útil que se seguir."

Frações não computáveis da pena

Art. 11. Desprezam-se, nas penas privativas de liberdade e nas restritivas de direitos, as frações de dia e, na pena de multa, as frações de cruzeiro. *(Redação dada pela Lei n. 7.209/84)*

(1) Penas privativas de liberdade e restritivas de direitos: Nas penas privativas de liberdade, são desprezadas as frações de dia, de modo que não se fixa a pena, por exemplo, em 30 dias e 10 horas. Como as penas restritivas substituem a pena privativa de liberdade, tal regra já deve ter sido observada quando da fixação dos dias de privação de liberdade.

(2) Modificação legislativa: Diversas leis, a partir da década de 1980, alteraram a moeda de nosso país, ultimando com a instituição do real (Lei n. 8.880, de 27-5-1994). Assim, na fixação da pena de multa, são desprezadas as frações de real, ou seja, os centavos.

Legislação especial

Art. 12. As regras gerais deste Código aplicam-se aos fatos incriminados por lei especial, se esta não dispuser de modo diverso. *(Redação dada pela Lei n. 7.209/84)*

(1) Regra geral: As regras gerais do Código Penal aplicam-se aos fatos incriminados por lei especial, por exemplo, a regra da tentativa, consumação, concurso de crimes, concurso de pessoas etc., ou mesmo o conceito de funcionário público contido no art. 327 do CP, embora este se encontre na Parte Especial do Diploma Legal.

(2) Princípio da especialidade: As regras gerais do Código Penal não serão aplicadas se a legislação especial dispuser de modo diverso. A lei especial prevalece sobre a geral *("lex specialis derrogat generali").*

Princípio da especialidade da lei penal militar e o princípio da dignidade humana: "Habeas corpus. Penal Militar. Uso de substância entorpecente. Princípio da insignificância. Aplicação no âmbito da Justiça Militar. Art. 1º, III, da Constituição do Brasil. Princípio da dignidade da pessoa humana. 1. Paciente, militar, condenado pela prática do delito tipificado no art. 290 do Código Penal Militar (portava, no interior da unidade militar, pequena quantidade de maconha). 2. Condenação por posse e uso de entorpecentes. Não aplicação do princípio da insignificância, em prol da saúde, disciplina e hierarquia militares. 3. A mínima ofensividade da conduta, a ausência de periculosidade social da ação, o reduzido grau de reprovabilidade do comportamento e a inexpressividade da lesão jurídica constituem os requisitos de ordem objetiva autorizadores da aplicação do princípio da insignificância. 4. A Lei n. 11.343/2006 – nova Lei de Drogas – veda a prisão do usuário. Prevê, contra ele, apenas a lavratura de termo circunstanciado. Preocupação, do Estado, em alterar a visão que se tem em relação aos usuários de drogas. 5. Punição severa e exemplar deve ser reservada aos traficantes, não alcançando os usuários. A estes devem ser oferecidas políticas sociais eficientes para recuperá-los do vício. 6. O Superior Tribunal Militar não cogitou da aplicação da Lei n. 11.343/2006. Não obstante, cabe a esta Corte fazê-lo, incumbindo-lhe confrontar o princípio da especialidade da lei penal militar, óbice à aplicação da nova Lei de Drogas, com o princípio da dignidade humana, arrolado na Constituição do Brasil de modo destacado, incisivo, vigoroso, como princípio fundamental (art. 1º, III). 7. Paciente jovem, sem antecedentes criminais, com futuro comprometido por condenação penal militar quando há lei que, em lugar de apenar – Lei n. 11.343/2006 – possibilita a recuperação do civil que praticou a mesma conduta. 8. No caso se impõe a aplicação do princípio da insignificância, seja porque presentes seus requisitos, de natureza objetiva, seja por imposição da dignidade da pessoa humana. Ordem concedida (STF, HC 90125/RS, 2ª T., Rel. Min. Ellen Gracie, j. 24-6-2008, DJe 4-9-2008).

TÍTULO II
DO CRIME

Relação de causalidade

Art. 13. O resultado, de que depende a existência do crime, somente é imputável a quem lhe deu causa. Considera-se causa a ação ou omissão sem a qual o resultado não teria ocorrido. *(Redação dada pela Lei n. 7.209/84)*

(1) Conceito de crime: O Código Penal não nos traz o conceito de crime. Podemos conceituá-lo sob vários aspectos: (a) *Aspecto material:* busca o porquê de determinada conduta ser considerada crime. Assim, crime é todo fato humano que, propositada ou descuidadamente, lesa ou expõe a perigo bens jurídicos considerados fundamentais para a existência da coletividade e da paz social; (b) *Aspecto formal:* sob esse enfoque, crime é tudo aquilo que o legislador descreve como tal, pouco importando o seu conteúdo. Há uma mera subsunção da conduta ao tipo legal, constituindo, diga-se de passagem, uma afronta ao princípio da dignidade da pessoa humana; (c) *Aspecto analítico:* busca estabelecer os elementos estruturais do crime. Assim, crime é todo fato típico, ilícito e culpável (concepção tripartida) ou é todo fato típico e ilícito (concepção bipartida, em que a culpabilidade não integra o conceito de crime).

Fato típico: É o fato material que se amolda perfeitamente aos elementos constantes do modelo previsto na lei penal. São quatro os seus elementos: (a) *conduta dolosa* ou *culposa*; (b) *resultado* (só nos crimes materiais); (c) *nexo causal* (só nos crimes materiais); (d) *tipicidade*.

Conduta: Conduta penalmente relevante é toda ação ou omissão humana, consciente e voluntária, dolosa ou culposa, voltada a uma finalidade, típica ou não, mas que produz ou tenta produzir um resultado previsto na lei penal como crime. Funda-se no princípio geral da evitabilidade. Não se preocupa o direito criminal com os resultados decorrentes de caso fortuito ou força maior, nem com a conduta praticada mediante coação física, ou mesmo com atos derivados de puro reflexo, porque nenhum deles poderia ter sido evitado.

(2) Relação de causalidade (caput): O art. 13 do Código Penal cuida do resultado e o *caput* trata do nexo de causalidade. De acordo com o *caput*, o resultado de que depende a existência do crime somente é imputável a quem lhe deu causa.

Causa: Considera-se causa a ação ou omissão sem a qual o resultado não teria ocorrido.

Resultado: É a modificação provocada no mundo exterior causada pela conduta *(teoria naturalística)*. Nem todo crime possui resultado naturalístico. De acordo com esse resultado, as infrações penais classificam-se em crimes materiais, formais e de mera conduta.

Nexo causal: É o elo concreto, físico, material e natural que se estabelece entre a conduta do agente e o resultado naturalístico, por meio do qual é possível dizer se aquela deu ou não causa a este.

Nexo causal nos crimes de mera conduta: O nexo causal só tem relevância nos crimes cuja consumação depende do resultado naturalístico. Nos delitos de mera conduta, este é impossível. Exemplo: crime de violação de domicílio.

Nexo causal nos crimes formais: Embora possível o resultado naturalístico, é irrelevante para a consumação, que se produz antes e independentemente dele. Exemplo: crime de extorsão.

Nexo causal nos crimes omissivos próprios: Não há nexo causal, pois inexiste resultado naturalístico. Exemplo: crime de omissão de socorro.

Nexo causal nos crimes materiais: Há, em face da existência do resultado naturalístico.

Nexo causal nos crimes omissivos impróprios: Vide comentários ao art. 13, § 2º.

(3) *Teoria da equivalência dos antecedentes (teoria da* conditio sine qua non*):* É a teoria adotada pelo Código Penal para apontar o nexo causal. Para ela, toda e qualquer conduta que, de algum modo, ainda que minimamente, tiver contribuído para a produção do resultado, deve ser considerada sua causa. Outrossim, toda conduta que, excluída da cadeia de causalidade, ocasionar a eliminação do resultado, deve ser tida como sua causa, pouco importando se, isoladamente, tinha ou não idoneidade para produzi-lo. Para essa teoria, portanto, não existe qualquer distinção entre causa e concausa: se contribuiu de alguma forma, é causa. Assim, para saber se uma conduta foi causa de um resultado naturalístico, basta suprimi-la hipoteticamente, isto é, imaginar que ela não foi praticada; se isto fizer com que o resultado desapareça, é porque essa conduta foi sua causa (critério da eliminação hipotética). Dessa forma, em um acidente de trânsito, responde por homicídio culposo o motorista que, na colisão, joga a vítima para fora do acostamento, fazendo com que ela caia em um valo e, desacordada, acabe morrendo por afogamento (TJRS, Ap. Crim. 70004397717, 2ª Câmara Criminal, Rel. Des. Antônio Carlos Netto de Mangabeira, j. 24-2-2005).

Nexo normativo: A responsabilidade penal exige, além do mero nexo causal, nexo normativo. A teoria da equivalência dos antecedentes situa-se no plano exclusivamente físico, resultante da aplicação da lei natural de causa e efeito. No entanto, para o Direito Penal, é insuficiente o nexo meramente causal-natural, sendo imprescindível para a existência do fato típico a presença do dolo ou da culpa, sob pena de regresso infinito da responsabilidade penal. Assim, os pais não respondem pelo crime praticado pelo filho pelo simples fato de tê-lo concebido, assim como o tataravô não responde pelo crime cometido pelo tataraneto, ante a ausência de dolo e culpa, sem os quais não existe fato típico.

(4) Teoria da imputação objetiva: Surgiu para conter os excessos da teoria da *conditio sine qua non*, pois, segundo ela, o nexo causal não pode ser estabelecido, exclusivamente, de acordo com a relação de causa e efeito, porque o Direito Penal não pode ser regido por uma lei da física. Sobre o tema, confira: Damásio de Jesus, *Imputação objetiva*, São Paulo: Saraiva, 2000, p. 89-91; Günther Jakobs, *La Imputación Objetiva en Derecho Penal*, trad. Manuel Cancio Meliá, Buenos Aires: Ad-Hoc, Universidade Autônoma de Madrid, 1997, p. 7; Fernando Capez, *Curso de Direito Penal*, 9. ed., Saraiva, 2005, v. 1, p. 174-185. Vale mencionar que essa teoria vem se infiltrando paulatinamente no direito pátrio, conforme o teor do seguinte precedente do Superior Tribunal de Justiça: "CRIMINAL. RESP. DELITO DE TRÂNSITO. RESPONSABILIDADE PENAL. DELITO CULPOSO. RISCO PERMITIDO. NÃO OCORRÊNCIA. IMPUTABI-

LIDADE OBJETIVA. MATÉRIA FÁTICO-PROBATÓRIA. SÚMULA 07/STJ. INCIDÊNCIA. PENA PECUNIÁRIA SUBSTITUTIVA. AUSÊNCIA DE CORRESPONDÊNCIA COM A PENA SUBSTITUÍDA. RECURSO PARCIALMENTE CONHECIDO E DESPROVIDO. I. De acordo com a Teoria Geral da Imputação Objetiva, o resultado não pode ser imputado ao agente quando decorrer da prática de um risco permitido ou de uma ação que visa a diminuir um risco não permitido; o risco permitido não realize o resultado concreto; e o resultado se encontre fora da esfera de proteção da norma. II. O risco permitido deve ser verificado dentro das regras do ordenamento social, para o qual existe uma carga de tolerância genérica. É o risco inerente ao convívio social e, portanto, tolerável. III. Hipótese em que o agente agiu em desconformidade com as regras de trânsito (criou um risco não permitido), causando resultado jurídico abrangido pelo fim de proteção da norma de cuidado – morte da vítima, atraindo a incidência da imputabilidade objetiva. IV. As circunstâncias que envolvem o fato em si não podem ser utilizadas para atrair a incidência da teoria do risco permitido e afastar a imputabilidade objetiva, se as condições de sua aplicação encontram-se presentes, isto é, se o agente agiu em desconformidade com as regras de trânsito, causando resultado jurídico que a norma visava coibir com sua original previsão. V. O fato de transitar às 3 horas da madrugada e em via deserta não pode servir de justificativa à atuação do agente em desconformidade com a legislação de trânsito. Isto não é risco permitido, mas atuação proibida. VI. Impossível se considerar a hipótese de aplicação da teoria do risco permitido com atribuição do resultado danoso ao acaso, seja pelo fato do agente transitar embriagado e em velocidade acima da permitida na via, seja pelo que restou entendido pela Corte *a quo* no sentido de sua direção descuidada. VII. A averiguação do nexo causal entre a conduta do réu, assim como da vítima, que não teria feito uso do cinto de segurança, com o resultado final, escapa à via especial, diante do óbice da Súmula 7 desta Corte se, nas instâncias ordinárias, ficou demonstrado que, por sua conduta, o agente, em violação ao Código de Trânsito, causou resultado abrangido pelo fim de proteção da norma de cuidado. VIII. Não há simetria entre a pena pecuniária substitutiva e a quantidade da pena privativa de liberdade substituída. IX. Recurso parcialmente conhecido e desprovido" (STJ, REsp 822517/DF, 5ª T., Rel. Min. Gilson Dipp, j. 12-6-2006, *DJ* 29-6-2007, p. 697). *No mesmo sentido:* "PROCESSUAL PENAL. *HABEAS CORPUS*. HOMICÍDIO CULPOSO. MORTE POR AFOGAMENTO NA PISCINA. COMISSÃO DE FORMATURA. INÉPCIA DA DENÚNCIA. ACUSAÇÃO GENÉRICA. AUSÊNCIA DE PREVISIBILIDADE, DE NEXO DE CAUSALIDADE E DA CRIAÇÃO DE UM RISCO NÃO PERMITIDO. PRINCÍPIO DA CONFIANÇA. TRANCAMENTO DA AÇÃO PENAL. ATIPICIDADE DA CONDUTA. ORDEM CONCEDIDA. 1. Afirmar na denúncia que 'a vítima foi jogada dentro da piscina por seus colegas, assim como tantos outros que estavam presentes, ocasionando seu óbito' não atende satisfatoriamente aos requisitos do art. 41 do Código de Processo Penal, uma vez que, segundo o referido dispositivo legal, 'A denúncia ou queixa conterá a exposição do fato criminoso, com todas as suas circunstâncias, a qualificação do acusado ou esclarecimentos pelos quais se possa identificá-lo, a classificação do crime e, quando necessário, o rol das testemunhas'. 2. Mesmo que se admita certo abrandamento no tocante ao rigor da individualização das condutas, quando se trata de delito de autoria coletiva, não existe respaldo jurisprudencial para uma acusação genérica, que impeça o exercício da ampla defesa, por não demonstrar qual a conduta tida por delituosa, considerando que nenhum dos membros da referida comissão foi apontado na peça acusatória como sendo pessoa que jogou a vítima na piscina. 3. Por outro lado, narrando a denúncia que a vítima afogou-se em virtude da ingestão de substâncias psicotrópicas, o que caracteriza uma autocolocação em risco, excludente da responsabilidade criminal, ausente o nexo causal. 4. Ainda que se admita a existência de relação de causalidade entre a conduta dos acusados e a morte da vítima, à luz da teoria da imputação objetiva, é necessária a demonstração da criação pelos agentes de uma situação de risco não permitido, não ocorrente, na hipótese, porquanto é inviável exigir de uma Comissão de Formatura um rigor na fiscalização das substâncias ingeridas por todos os participantes de uma festa. 5. Associada à teoria da imputação objetiva, sustenta a doutrina que vigora o princípio da confiança, as pessoas se comportarão em conformidade com o Direito, o que não ocorreu *in casu*, pois a vítima veio a afogar-se, segundo a denúncia, em virtude de ter ingerido substâncias psicotrópicas, comportando-se, portanto, de forma contrária aos padrões esperados, afastando, assim, a responsabilidade dos pacientes, diante da inexistência de previsibilidade do resultado, acarretando a atipicidade da conduta. 6. Ordem concedida para trancar a ação penal, por atipicidade da conduta, em razão da ausência de previsibilidade, de nexo de causalidade e de criação de um risco não permitido, em relação a todos os denunciados, por força do disposto no art. 580 do Código de Processo Penal" (STJ, HC 46525/MT, 5ª T., Rel. Min. Arnaldo Esteves Lima, j. 21-3-2006, *DJ* 10-4-2006, p. 245).

Superveniência de causa independente

§ 1º A superveniência de causa relativamente independente exclui a imputação quando, por si só, produziu o resultado; os fatos anteriores, entretanto, imputam-se a quem os praticou. *(Redação dada pela Lei n. 7.209/84)*

(1) Superveniência causal: O § 1º cuida de uma explícita limitação à regra contida no *caput* do art. 13, portanto, restringe a aplicação da teoria da equivalência dos antecedentes. Trata o artigo da superveniência de causa relativamente independente.

(2) Causa: Causa dependente da conduta: Encontra-se na mesma linha de desdobramento causal. É a decorrência lógica, óbvia, previsível, normal da conduta, por exemplo, é desdobramento normal da conduta de atirar em direção à vítima a hemorragia interna aguda traumática e a morte do agente.

Causa independente da conduta: Trata-se de um desdobramento imprevisível, inusitado, inesperado que decorre da conduta. É aquela que refoge ao desdobramento causal da conduta, produzindo, por si só, o resultado. Assim, não é consequência normal de um simples susto a morte por parada cardíaca. Essa causa subdivide-se em *absoluta e relativamente independente,* conforme se origine ou não da conduta.

Causa absolutamente independente: São aquelas que têm origem totalmente diversa da conduta. Por serem independentes, tais causas atuam como se tivessem por si sós produzido o resultado, situando-se fora da linha de desdobramento causal da conduta. Ex.: o agente dá um tiro na vítima, mas esta morre envenenada. São espécies de causa absolutamente independente: (a) causas preexistentes (por exemplo: o marido atira na esposa, porém ela não morre em consequência dos tiros, mas de um envenenamento anterior provocado por sua empregada); (b) causas concomitantes (por exemplo: no exato momento em que o enfermeiro está inoculando veneno letal na artéria de idosa, dois assaltantes entram no hospital e efetuam disparos contra ela, matando-a instantaneamente); (c) causas supervenientes (por exemplo: após o enfermeiro ter envenenado a idosa, antes de o veneno produzir efeitos, um maníaco invade o hospital e mata a senhora a facadas).

Consequências das causas absolutamente independentes: Há, no caso, rompimento do nexo causal, devendo o agente responder pelos atos até então praticados, no caso, a tentativa de homicídio.

Causa relativamente independente: O art. 13, § 1º, cuida da causa relativamente independente. É aquela apenas parcialmente independente. Produz por si só o resultado, mas se origina da conduta (se não fosse a conduta, não existiria). Referida causa não rompe o nexo causal, pois, aplicada a eliminação hipotética, se não fosse a conduta, a causa não existiria. O Código Penal, no entanto, excepcionando a *conditio sine qua non,* determinou que, quando a causa relativamente independente fosse superveniente à conduta, deveria ser desprezado o nexo causal. É o famoso caso da vítima que toma um tiro, é colocada na ambulância e morre com a cabeça esmagada, devido a um acidente automobilístico a caminho do hospital. Deveria haver nexo causal, pois, sem o tiro, a vítima não estaria na ambulância e não morreria em decorrência do acidente. Entretanto o CP determinou que, nesta hipótese, em virtude de a causa ter sido superveniente, ignora-se o nexo causal. Quando a causa for preexistente (por exemplo: desferir um golpe de faca em uma pessoa hemofílica, vindo a hemofilia a produzir por si só o resultado) e concomitante (por exemplo: atirar na vítima que, assustada, sofre um ataque cardíaco e morre), existe nexo causal, mas quando superveniente, embora exista nexo causal, o Direito Penal o desprezará, por determinação expressa do CP (art. 13, § 1º).

Consequências da causa relativamente independente: No caso das causas preexistentes e concomitantes, como há nexo causal, o agente responderá pelo resultado, a menos que não tenha concorrido para ele com dolo ou culpa. Na hipótese das causas supervenientes, embora exista o nexo físico-naturalístico, a lei expressamente manda desconsiderá-lo, não respondendo o agente pelo resultado, mas tão somente pela tentativa (art. 13, § 1º).

Relevância da omissão

§ 2º A omissão é penalmente relevante quando o omitente devia e podia agir para evitar o resultado. O dever de agir incumbe a quem:

a) tenha por lei obrigação de cuidado, proteção ou vigilância;

b) de outra forma, assumiu a responsabilidade de impedir o resultado;

c) com seu comportamento anterior, criou o risco da ocorrência do resultado. *(§ 2º e alíneas com redação dada pela Lei n. 7.209/84)*

(1) Nexo causal nos crimes omissivos impróprios: O Código Penal adotou a teoria normativa. A omissão é um nada e, como tal, não dá causa a coisa alguma. Extrai-se essa conclusão da leitura do § 2º do mesmo artigo, segundo o qual a omissão só tem relevância causal quando presente o dever jurídico de agir. Desse modo, a omissão não tem relevância causal e não produz nenhum resultado, simplesmente porque o nada não existe. Embora não tenha dado causa ao resultado, o omitente, entretanto, será responsabilizado por ele sempre que, no caso concreto, estiver presente o dever jurídico de agir.

(2) Qualificação jurídica da omissão: Os tipos comissivos por omissão configuram hipótese híbrida, conjugando dois fatores: ausência de ação efetiva (omissão) e expectativa e exigência de atuação (dever de ação). Dessa soma resulta uma terceira espécie de conduta, nem totalmente comissiva, nem totalmente omissiva, na qual o dever jurídico funciona como elemento normativo integrante do tipo penal. Esse elemento normativo deve ser estatuído na Parte Geral do Código Penal, como exigência do princípio da reserva legal. Não configurada nenhuma de suas hipóteses, a conduta poderá, no máximo, transformar-se em simples omissão (omissivos próprios ou puros), por exemplo, crime de omissão de socorro, sem a possibilidade de vincular o omitente ao resultado naturalístico produzido.

(3) Poder de agir: Antes de analisar a quem incumbe o dever jurídico de agir, cumpre apreciar o § 2º do art. 13 na parte em que reza que "a omissão é penalmente relevante quando o omitente devia e podia agir para evitar o resultado". Deve-se, assim, antes de tudo, verificar a possibilidade real, física, de o agente evitar o resultado, ou seja, se dentro das circunstâncias era possível ao agente impedir a ocorrência de lesão ou perigo ao bem jurídico, de acordo com a conduta de um homem médio, porque o direito não pode exigir condutas impossíveis ou heroicas. Assim, não basta estar presente o dever jurídico de agir, sendo necessária a presença da possibilidade real de agir.

(4) Dever jurídico de agir: Incumbe o dever jurídico de agir, para evitar o resultado, a quem: *(a)*

tenha por lei obrigação de cuidado, proteção ou vigilância (dever legal): é o caso dos pais, que, segundo o Código Civil brasileiro, arts. 1.634 e 1.566, IV, arts. 384 e 231, IV, têm a obrigação de criar, proteger e cuidar dos filhos; dos carcereiros em face dos detentos etc. *(b) de outra forma, assumiu a responsabilidade de impedir o resultado (dever do garantidor)*: aqui o dever jurídico não decorre de lei, mas de um compromisso assumido por qualquer meio, por exemplo, babá, salva-vidas etc. (c) *com seu comportamento anterior, criou o risco da ocorrência do resultado*: hipótese chamada "ingerência na norma", é da pessoa que, com seu comportamento anterior, criou o risco para a produção do resultado, por exemplo, aquele que joga uma pessoa na piscina está obrigado a salvá-la, se estiver se afogando. Em todos esses casos o emitente responderá pelo resultado, a não ser que este não lhe possa ser atribuído nem por dolo nem por culpa. Os pressupostos de fato que configuram a situação de garante devem ser abrangidos pelo dolo, devendo o agente ter a consciência de que se encontra naquela posição.

(5) Culpa nos delitos omissivos impróprios: É possível a responsabilização. Por exemplo, babá que, por negligência, descumpre o dever contratual de cuidado e vigilância do bebê e não impede que este morra afogado na piscina da casa responderá por homicídio culposo por omissão. *Nesse sentido*: Hans Heinrich Jescheck, *Tratado de Derecho Penal*, 3. ed., Barcelona: Bosch, 1981, v. 2, p. 868.

Art. 14. Diz-se o crime: *(Redação dada pela Lei n. 7.209/84)*

Crime consumado

I – consumado, quando nele se reúnem todos os elementos de sua definição legal; *(Redação dada pela Lei n. 7.209/84)*

(1) **Iter criminis:** É o caminho do crime. São quatro as etapas que deve percorrer: (a) *cogitação*; (b) *preparação*: há crimes em que os próprios atos preparatórios já são considerados crimes, por exemplo, "petrechos para falsificação de moeda" (art. 291); (c) *execução*: o bem jurídico começa a ser atacado. Nessa fase, o agente inicia a realização do núcleo do tipo, e o crime já se torna punível; (d) *consumação*: aqui o agente realizou todos os elementos constantes da definição legal do crime.

(2) Consumação nos crimes materiais: Ocorre com a produção do resultado naturalístico; por exemplo, com a morte da vítima no crime de homicídio doloso ou culposo.

(3) Consumação nos crimes de mera conduta: Com a ação ou omissão delituosa; por exemplo, no crime de violação de domicílio, quando o agente adentra na residência do morador sem o seu consentimento.

(4) Consumação nos crimes formais: Com a simples atividade, independente do resultado; por exemplo, no crime de extorsão, com a simples exigência da indevida vantagem, independentemente de seu recebimento. Dessa forma, a devolução posterior da vantagem à vítima configura o chamado arrependimento posterior (CP, art. 16), uma vez que o crime já se consumou com o simples ato de exigir.

(5) Consumação nos crimes permanentes: O momento consumativo se protrai no tempo; por exemplo, crime de sequestro ou cárcere privado. Enquanto a vítima for mantida em cativeiro, a consumação do crime se prolonga no tempo, sendo, inclusive, possível a prisão em flagrante a qualquer momento.

(6) Consumação nos crimes omissivos próprios: Com a abstenção do comportamento devido. Assim, o crime de omissão de socorro consuma-se no momento em que o agente se abstém de prestar imediato socorro à vítima.

(7) Consumação nos crimes omissivos impróprios: Com a produção do resultado naturalístico.

(8) Consumação nos crimes qualificados pelo resultado: Com a produção do resultado agravador.

(9) Crimes habituais e consumação: Com a reiteração de atos, pois cada um deles, isoladamente, é indiferente à lei penal.

(10) Crime exaurido e consumação: É aquele no qual o agente, depois de atingir o resultado consumativo, continua a agredir o bem jurídico. Mesmo após a realização integral do tipo, o agente procura dar ao bem jurídico nova destinação ou dele tirar novo proveito, fazendo com que sua conduta continue a produzir efeitos no mundo concreto. É o caso do funcionário público que, após atingir a consumação do crime de corrupção passiva mediante a solicitação de vantagem indevida, vem efetivamente a recebê-la (CP, art. 317).

Crime exaurido. Prisão em flagrante: Em crimes formais como a concussão, a corrupção passiva e a extorsão, é possível a prisão em flagrante no momento do recebimento da quantia, não incidindo a Súmula 145 do STF, pois o crime se consumou, anteriormente, com a exigência da vantagem. Assim, pratica o crime de concussão, em sua forma consumada, o oficial de Justiça que exige o pagamento de condução além do valor previsto no respectivo regimento. A posterior entrega da quantia exigida constitui, tão somente, exaurimento do delito, razão pela qual pode o agente, neste momento, ser preso em flagrante pela autoridade policial, previamente informada pela vítima (TJRS, Ap. Crim. 70012871372, 4ª Câmara Criminal, Rel. Des. Gaspar Marques Batista, j. 27-10-2005). "Exigida a vantagem indevida, antes de qualquer intervenção policial, não há falar em ocorrência de flagrante preparado" (STJ, RHC 15.933/RJ, 6ª T., Rel. Min. Hamilton Carvalhido, j. 7-3-2006). "Não há falar em flagrante preparado se a prisão ocorre quando da entrega do numerário exigido, a caracterizar mero exaurimento" (TJRS, Ap. Crim. 70003263167, 8ª Câmara Criminal, Rel. Des. Tupinambá Pinto de Azevedo, j. 11-2-2004). *No mesmo sentido:* STF, HC 80.033/BA, 1ª T., Rel. Min. Sepúlveda Pertence, j. 18-4-2000; TJMG, Ap. Crim. 433.078-7, Rel. Des. Alexandre Victor de Carvalho, j. 5-10-2004. *Em sentido contrário:* TJRS, Ap. Crim. 70004916581, 6ª Câmara Criminal, Rel. Des. Paulo Moacir Aguiar Vieira, j. 25-11-2003. No sentido de reconhecer-se a tentativa de extorsão quando, já exigida a vantagem, a polícia, previamente avisada pela vítima, surpreende os agentes no momento do pagamento: TJSP, *RT* 538/399.

Crime exaurido e aplicação da pena: Quando não prevista como causa específica de aumento, o exaurimento funcionará como circunstância judicial na primeira fase da aplicação da pena (CP, art. 59, *caput* – consequências do crime). *Vide* art. 317, § 1º, em que o exaurimento funciona como causa de aumento de pena.

Súmulas:
Súmula 145 do STF: "Não há crime, quando a preparação do flagrante pela polícia torna impossível a sua consumação".
Súmula 610 do STF: "Há crime de latrocínio, quando o homicídio se consuma, ainda que não realize o agente a subtração de bens da vítima".
Súmula 96 do STJ: "O crime de extorsão consuma-se independentemente da obtenção da vantagem indevida".

Tentativa

II – tentado, quando, iniciada a execução, não se consuma por circunstâncias alheias à vontade do agente. *(Redação dada pela Lei n. 7.209/84)*

(1) Tentativa: É a não consumação de um crime, cuja execução já foi iniciada, por circunstâncias alheias à vontade do agente. O tipo penal trata *da tentativa imperfeita:* o agente não chega a praticar todos os atos de execução do crime, por circunstâncias alheias à sua vontade, e da *tentativa perfeita ou acabada (também conhecida por crime falho):* o agente pratica todos os atos de execução do crime, mas não o consuma por circunstâncias alheias à sua vontade.

(2) Natureza jurídica: Trata-se de norma de extensão temporal da figura típica causadora de adequação típica mediata ou indireta.

(3) Elementos: São elementos da tentativa: (a) o início de execução; (b) a não consumação; (c) a interferência de circunstâncias alheias à vontade do agente.

(4) Início de execução: Critério lógico-formal: De acordo com o critério lógico-formal, parte-se de um enfoque objetivo, diretamente ligado ao tipo. Assim, o ato executivo é aquele que realiza uma parte da ação típica. Esse critério deve ser adotado por respeitar o princípio da reserva legal, uma vez que o único parâmetro para aferição do fato típico é a correspondência entre a conduta humana praticada e a descrição contida na lei. Além de idôneo (apto à consumação), o ato deve ser também inequívoco (indubitavelmente destinado à produção do resultado).

(5) Início de execução e preparação: A preparação consiste na prática de atos imprescindíveis à execução do crime. O agente não começou a realizar o verbo constante da definição legal (o núcleo do tipo), logo, não pode ser punido. A aquisição de uma chave falsa para o delito de furto ou de veneno para o cometimento de um homicídio, por exemplo, ainda são atos preparatórios. Enquanto os atos realizados não forem aptos à consumação ou quando ainda não estiverem inequivocamente vinculados a ela, o crime permanece em sua fase de preparação.

(6) Tentativa e ajuste, determinação ou instigação: De acordo com o art. 31 do CP, "o ajuste, a determinação ou instigação e o auxílio, salvo disposição expressa em contrário, não são puníveis, se o crime não chega, pelo menos, a ser tentado".

(7) Infrações penais que não admitem tentativa: São elas: (a) culposas (salvo a culpa imprópria, para parte da doutrina); (b) contravenções penais (a tentativa não é punida – *v.* art. 4º da LCP); (c) crimes omissivos próprios (de mera conduta); (d) habituais (ou há a habitualidade e o delito se consuma, ou não há e inexiste crime); (e) crimes que a lei só pune se ocorrer o resultado (CP, art. 122); (f) crimes em que a lei pune a tentativa como delito consumado (CP, art. 352. *Vide* também Lei n. 7.170/83).

(8) Tentativa nos crimes qualificados pelo resultado: Em se tratando de crime qualificado pelo resultado em que houver dolo no antecedente e dolo no consequente, será possível a tentativa, pois o resultado agravador também era almejado. Exemplo: agente joga ácido nos olhos da vítima com o intuito de cegá-la. Se o resultado agravador foi pretendido e não se produziu por circunstâncias alheias à sua vontade, responderá o autor por tentativa de lesão corporal qualificada (CP, art. 129, § 2º, III, c/c o art. 14, II).

Tentativa e crime preterdoloso: É impossível, já que o resultado agravador não era desejado, e não se pode tentar produzir um evento que não era querido; por exemplo, na hipótese da lesão dolosa agravada pelo abortamento culposo, a tentativa será inadmissível.

Tentativa de aborto qualificado pela morte ou lesão grave da gestante (CP, art. 127): É possível sustentar que existe uma exceção à regra de que o crime preterdoloso não admite tentativa. Trata-se do aborto qualificado pela morte ou lesão grave da gestante (CP, art. 127), em que o feto sobrevive, mas a mãe morre ou sofre lesão corporal de natureza grave ou gravíssima. Neste caso, seria, em tese, possível admitir uma tentativa de crime preterdoloso, pois o aborto ficou na esfera tentada, tendo ocorrido o resultado agravador culposo. Entendemos, no entanto, que, mesmo nesse caso, o crime seria consumado, ainda que não tenha havido supressão da vida intrauterina, nos mesmos moldes que ocorre no latrocínio, quando o roubo é tentado, mas a morte, consumada (*vide* Súmula 610 do STF).

Tentativa de latrocínio: Não é necessariamente preterdoloso, já que a morte pode resultar de dolo (ladrão, depois de roubar, atira para matar), havendo este tanto no antecedente como no consequente. Quando a morte for acidental (culposa), porém, o latrocínio será preterdoloso, caso em que a tentativa não será possível. No entanto, havendo subtração patrimonial tentada e morte consumada, teremos latrocínio consumado. *Nesse sentido:* Súmula 610 do STF.

Súmula:
Súmula 610 do STF: "Há crime de latrocínio, quando o homicídio se consuma, ainda que não realize o agente a subtração de bens da vítima".

Pena de tentativa

Parágrafo único. Salvo disposição em contrário, pune-se a tentativa com a pena correspondente ao crime consumado, diminuída de um a dois terços. *(Redação dada pela Lei n. 7.209/84)*

(1) Punição da tentativa. Teoria adotada pelo CP: Adotou-se a *teoria objetiva ou realística*, segundo a qual a tentativa deve ser punida de forma mais branda que o crime consumado, porque objetivamente produziu um mal menor. Não se pune a intenção, mas o efetivo percurso objetivo do *iter criminis*.

(2) Critério para redução da pena: A pena do crime tentado será a do consumado, diminuída de 1/3 a 2/3. Embora não haja distinção quanto à pena abstratamente cominada no tipo, o juiz deve levar em consideração a espécie de tentativa no momento de dosar a pena, pois, quanto mais próxima da consumação, menor será a redução (mais próxima de 1/3), e vice-versa. Assim, na tentativa branca, em que a vítima não é atingida, nem vem a sofrer ferimentos, a redução será sempre maior do que naquela em que a vítima sofre ferimentos graves.

Desistência voluntária e arrependimento eficaz

Art. 15. O agente que, voluntariamente, desiste de prosseguir na execução ou impede que o resultado se produza, só responde pelos atos já praticados. *(Redação dada pela Lei n. 7.209/84)*

(1) Conceito: São espécies de tentativa abandonada ou qualificada. O resultado não se produz por força da vontade do agente, ao contrário da tentativa, na qual atuam circunstâncias alheias a essa vontade.

(2) Natureza jurídica: Trata-se de causa geradora de atipicidade (relativa ou absoluta). Provoca a exclusão da adequação típica indireta, fazendo com que o autor não responda pela tentativa, mas pelos atos até então praticados, salvo quando não configurarem fato típico. É a chamada "ponte de ouro", pois provoca uma readequação típica mais benéfica para o autor.

(3) Elementos da tentativa abandonada: São três: (a) início de execução; (b) não consumação; (c) interferência da vontade do próprio agente.

(4) Desistência voluntária: É uma das espécies de tentativa abandonada. O agente interrompe voluntariamente a execução do crime, impedindo, desse modo, a sua consumação. Exemplo: o agente tem um revólver municiado com seis projéteis. Efetua dois disparos contra a vítima, não a acerta e, podendo prosseguir atirando, desiste por vontade própria e vai embora.

(5) Arrependimento eficaz: Trata-se da segunda espécie de tentativa abandonada. O agente, depois de encerrar a execução do crime, impede a produção do resultado. Nesse caso, a execução vai até o final, não sendo interrompida pelo autor, que, no entanto, tendo esgotado a atividade executória, arrepende-se e impede o resultado. Exemplo: o agente descarrega sua arma de fogo na vítima, ferindo-a gravemente, mas, arrependendo-se do desejo de matá-la, presta-lhe imediato e exitoso socorro, impedindo o evento letal.

(6) Consequência: Em nenhuma dessas formas de tentativa abandonada atuam circunstâncias alheias à vontade do agente; ao contrário, é a sua própria vontade que evita a consumação. Assim, afasta-se a tentativa, e o agente só responde pelos atos até então praticados (no exemplo da desistência voluntária, pelo delito de disparo de arma de fogo – art. 15 da Lei n. 10.826/2003; no exemplo do arrependimento eficaz, por lesões corporais de natureza grave – art. 129, § 1º, do CP).

(7) Crimes unissubsistentes: Não admitem desistência voluntária, uma vez que, praticado o primeiro ato, já se encerra a execução, tornando impossível a sua cisão.

(8) Crimes culposos: A desistência voluntária e o arrependimento posterior são incompatíveis com os crimes culposos, pois, como se trata de tentativas que foram abandonadas, ambos pressupõem um resultado que o agente pretendia produzir (dolo), mas, posteriormente, desistiu ou se arrependeu, evitando-o.

(9) Crimes de mera conduta e formais: Não comportam arrependimento eficaz, tendo em vista que, encerrada a execução, o crime já está consumado, não havendo resultado naturalístico a ser evitado. Só é possível, portanto, nos crimes materiais, nos quais o resultado naturalístico é imprescindível para a consumação.

(10) Ato voluntário e ato espontâneo: A desistência e o arrependimento não precisam ser espontâneos, bastando que sejam voluntários. Por conseguinte, se o agente desiste ou se arrepende por sugestão ou conselho de terceiro, subsistem a desistência voluntária e o arrependimento eficaz.

Arrependimento posterior

Art. 16. Nos crimes cometidos sem violência ou grave ameaça à pessoa, reparado o dano ou restituída a coisa, até o recebimento da denúncia ou da queixa, por ato voluntário do agente, a pena será reduzida de um a dois terços. *(Redação dada pela Lei n. 7.209/84)*

(1) Conceito: Cuida-se de causa obrigatória de diminuição de pena que ocorre nos crimes cometidos sem violência ou grave ameaça à pessoa, em que o agente, voluntariamente, repara o dano ou restitui a coisa até o recebimento da denúncia ou queixa.

(2) Crime cometido sem violência ou grave ameaça à pessoa: Trata-se de um dos requisitos do arrependimento posterior. Admite-se o instituto na hipótese de crime culposo e quando a violência for empregada contra a coisa.

(3) Reparação do dano ou restituição da coisa: Trata-se de mais um requisito para a incidência do instituto. Deve a reparação ser integral, a não ser que a vítima ou seus herdeiros aceitem parte, renunciando ao restante.

(4) Voluntariedade do agente: Trata-se de outro requisito legal. Voluntariedade não significa espontaneidade. A reparação ou restituição por conselho ou sugestão de terceiro não impede a diminuição, uma vez que o ato, embora não espontâneo, foi voluntário (aceitou o conselho ou sugestão porque quis).

(5) Até o recebimento da denúncia ou queixa: Se posterior, é circunstância atenuante genérica (CP, art. 65, III, *b*).

Reparação do dano no peculato doloso (art. 312, § 3º): Se o peculato é culposo, a reparação do dano antes da sentença transitada em julgado extingue a punibilidade; se doloso, a reparação antes do recebimento da denúncia ou queixa diminui a pena de 1/3 a 2/3; e, se posterior, é causa atenuante genérica.

Reparação do dano no caso de emissão de cheque sem suficiente provisão de fundos: Aqui não incide o instituto do arrependimento posterior. No caso da emissão de cheque sem suficiente provisão de fundos, a reparação do dano até o recebimento da denúncia extingue a punibilidade do agente, nos termos da Súmula 554 do Supremo Tribunal Federal.

Reparação do dano no crime de apropriação indébita previdenciária: Aqui também não incide o instituto do arrependimento posterior. Sobre a extinção da punibilidade nos crimes de apropriação indébita previdenciária, quando o pagamento das contribuições, importâncias ou valores, for feito antes do início da ação fiscal, *vide* comentários ao art. 168-A, § 2º. Quando o pagamento for realizado após o início da ação fiscal e antes de oferecida a denúncia, *vide* art. 168-A, § 3º, o qual trata da aplicação da pena de multa ou perdão judicial. A respeito, no entanto, do momento para o pagamento e parcelamento do tributo e seus efeitos na esfera penal, na nova sistemática da Lei n. 12.382/2011, que disciplinou a representação fiscal para fins penais nos casos em que houver parcelamento do crédito tributário, alterou a Lei n. 9.430/96 e revogou a Lei n. 12.255/2010, *vide* comentários aos arts. 107 e 168-A do CP.

Reparação do dano no crime de sonegação de contribuição previdenciária: Igualmente não incide o instituto do arrependimento posterior. O art. 337-A, ao contrário do art. 168-A, § 2º, prevê a extinção da punibilidade na hipótese em que o agente, espontaneamente, "declara e confessa as contribuições, importâncias ou valores e presta as informações devidas à previdência social, na forma definida em lei ou regulamento, antes do início da ação fiscal". O tipo penal não faz menção ao pagamento. A respeito da Lei n. 12.382/2011, *vide* comentários aos arts. 107 e 168-A do CP.

Reparação do dano no crime ambiental. Compromisso de ajustamento de conduta. TJMG: "Mandado de segurança – Crime ambiental – Existência de Termo de Compromisso de Ajustamento de Conduta – Ausência de justa causa. Deve ser trancada a ação penal por falta de justa causa na hipótese em que a impetrante assinou termo de compromisso de ajustamento de conduta ambiental junto aos órgãos competentes antes do oferecimento da denúncia – *Mandamus* concedido" (Ap. 1.0000.03.400377-2/000-Araxá, 3ª Câm. Crim., j. 25-6-2004, *DOMG* 20-2-2008). *No mesmo sentido*: MILARÉ, Édis. *Direito do ambiente*: a gestão ambiental em foco. 6. ed. São Paulo: Revista dos Tribunais, 2009, p. 1049. Note-se que é possível sustentar que aludida reparação do dano antes do recebimento da denúncia constitui apenas uma causa geral de diminuição de pena e não extintiva da punibilidade, consoante o preceito encartado no art. 16 do CP, que trata do arrependimento posterior, na medida em que, ao contrário da causa extintiva da punibilidade pelo pagamento do débito tributário, que possui expressa previsão em lei específica, no tocante aos crimes ambientais, não há em nenhum lugar na legislação autorização nesse sentido. E, na Lei dos Juizados Criminais, o ajustamento de conduta e o acordo pela composição do dano terá como consequência a possibilidade de se realizar a transação, na medida em que estará implementado um dos requisitos para a sua celebração.

(6) *Aplicação:* A norma do arrependimento posterior aplica-se aos crimes dolosos e culposos, tentados e consumados, simples, privilegiados ou qualificados.

(7) *Redução da pena:* O juiz deve reduzir a pena de 1/3 a 2/3. Como a reparação do dano ou a restituição da coisa devem sempre ser integrais, esse não pode ser o critério. Assim, quanto mais espontânea e rápida a reparação, maior será a redução da pena.

(8) *Extensão. Comunicabilidade a coautores e partícipes:* Tratando-se de causa objetiva de diminuição de pena, estende-se aos coautores e partícipes condenados pelo mesmo fato.

(9) *Delação eficaz ou premiada:* Instituto distinto do arrependimento posterior é o da delação premiada, no qual se estimula a delação feita por um coautor ou partícipe em relação aos demais, mediante o benefício da redução obrigatória da pena. *Vide* Lei n. 8.072/90 (Lei dos Crimes Hediondos); Lei n. 9.807/99 (Lei de Proteção a Testemunhas); art. 41 da Lei n. 11.343/2006 (Lei de Drogas); Lei n. 7.492/86, art. 25, § 2º (Crimes contra o Sistema Financeiro); Lei n. 8.137/90, art. 16, parágrafo único (Crimes contra a Ordem Tributária); Lei n. 9.613/98, art. 1º, § 5º (Crimes de lavagem de dinheiro).

A Lei n. 12.850, de 2 de agosto de 2013, que define organização criminosa e dispõe sobre a investigação criminal, os meios de obtenção da prova, infrações penais correlatas e o procedimento criminal, trata a delação premiada com outra denominação, em sua Seção I – da *colaboração premiada* (arts. 4º a 7º).

Lei dos Juizados Especiais Criminais (Lei n. 9.099/95)

Reparação do dano na audiência preliminar: Nos crimes de ação penal privada e pública condicionada à representação do ofendido, de competência dos Juizados Especiais Criminais, a repa-

ração do dano na audiência preliminar acarreta extinção da punibilidade, por meio da renúncia ao direito de queixa ou representação (Lei n. 9.099/95, art. 74, parágrafo único).
Súmula:
Súmula 554 do STF: "O pagamento de cheque emitido sem provisão de fundos, após o recebimento da denúncia, não obsta ao prosseguimento da ação penal".

Crime impossível

Art. 17. Não se pune a tentativa quando, por ineficácia absoluta do meio ou por absoluta impropriedade do objeto, é impossível consumar-se o crime. *(Redação dada pela Lei n. 7.209/84)*

(1) Crime impossível (tentativa inidônea, tentativa inadequada ou quase crime): É aquele que, pela ineficácia total do meio empregado ou pela impropriedade absoluta do objeto material, é impossível de se consumar. O Código Penal adotou a teoria *objetiva temperada*, pois o que interessa é a conduta, objetivamente, não ter representado nenhum risco à coletividade, pouco importando a postura subjetiva do agente.

(2) Natureza jurídica: Trata-se de causa de exclusão da tipicidade, e não de isenção de pena, embora a redação do artigo sugira a última interpretação.

(3) Ineficácia absoluta do meio: O meio empregado ou o instrumento utilizado para a execução do crime jamais o levarão à consumação. Se for impossível o risco de lesão ao bem jurídico, não existe crime. Assim, por exemplo, ninguém pode pretender cometer um homicídio com uma arma de fogo inapta a efetuar disparos.

Ineficácia relativa do meio: Se for relativa a ineficácia do meio empregado, não há configuração de crime impossível, mas mera tentativa. Assim, uma arma de fogo apta a efetuar disparos mas que, às vezes, falha: picotando o projétil e, com isso, vindo a vítima a sobreviver, ocorre a tentativa, pois o meio era relativamente eficaz. Convém notar que, por vezes, a ineficácia e a inidoneidade dependem do delito que está sendo praticado, porque uma arma de fogo inapta para efetuar disparos pode ser ineficaz para o cometimento de um homicídio, mas plenamente eficaz para a prática de um roubo, dada a sua aptidão para intimidar.

Uso de documento falso. Falsificação grosseira: Se o documento revela-se ineficaz para o fim específico, sendo inapto para iludir o homem médio, é caso de crime impossível (TJRS, Ap. Crim. 70013807300, 5ª Câmara Criminal, Rel. Des. Amilton Bueno de Carvalho, j. 8.2.2006; TRF, 4ª Região, Ap. Crim. 2003.72.05.005057-2, 8ª T., Rel. Des. Paulo Afonso Brum Vaz, j. 3-5-2006; TJDF, Ap. Crim. 19990910026202, 2ª T. Criminal., Rel. Des. Getúlio Pinheiro, j. 30-6-2005).

Evasão de divisas: Art. 22, *parágrafo único, da Lei n. 7.492/86.* O art. 22, *caput*, da Lei n. 7.492/86 criminaliza a conduta de efetuar operação de câmbio não autorizada com a intenção de promover evasão de divisas do país. O parágrafo único desse dispositivo prevê que incorre na mesma pena aquele que, a qualquer título, promover, sem autorização legal, a saída de moeda ou divisa para o exterior, ou nele mantiver depósitos não declarados à repartição federal competente. Caracteriza crime impossível colocar dólares em maleta de mão, a qual seria necessariamente vistoriada pelo raio X da Polícia (TRF, 3ª Região, Ap. Crim. 3884, 2ª T., Rel. Batista Gonçalves, j. 28-4-2000).

Furto em loja com sistema de segurança: Há decisões no sentido de que, havendo sistema de proteção em estabelecimento comercial, com vigilância permanente e ininterrupta sobre o agente, o meio revela-se absolutamente incapaz de produzir o resultado furto, tornando impossível a consumação delitiva (TJRS, Ap. Crim. 70011414745, 8ª Câmara Criminal, Rel. Des. Luís Carlos Ávila de Carvalho Leite, j. 15-2-2006; TAMG, Ap. Crim. 460.038-0, 2ª Câmara, Rel. Juiz Antônio Armando dos Anjos, j. 21-12-2004; TJRS, Ap. Crim. 70013072152, 6ª Câmara Criminal, Rel. Des. Marco Antônio Bandeira Scapini, j. 30-3-2006; TJRS, Ap. Crim. 70013686977, 7ª Câmara Criminal, Rel. Des. Nereu José Giacomolli, j. 9-3-2006). *Em sentido contrário*, entendendo que o meio é apenas relativamente ineficaz, havendo, portanto, a tentativa punível: STJ, REsp 710.667/RS, 5ª T., Rel. Min. Arnaldo Esteves Lima, j. 23-8-2005; TJRS, EI 70013714696, 4º Grupo de Câmaras Criminais, Rel. Des. Marcelo Bandeira Pereira, j. 24-3-2006; TJDF, Ap. Crim. 20050710040929, 1ª T. Criminal, Rel. Des. Lecir Manoel da Cruz, j. 9-3-2006; TJRJ, Ap. Crim. 2005.050.06452, 4ª Câmara Criminal, Rel. Des. Fátima Clemente, j. 21-3-2006.

(4) Impropriedade absoluta do objeto material: Nesta hipótese, a pessoa ou a coisa sobre a qual recai a conduta é absolutamente inidônea para a produção de algum resultado lesivo. Nesses casos, o fato será atípico, em face da impossibilidade de o crime se realizar. Exemplo: quem metralha um morto, pensando tratar-se de uma pessoa dormindo, não pode praticar homicídio.

Impropriedade relativa do objeto material: Se relativa a impropriedade do objeto material, haverá tentativa. Exemplo: o punguista enfia a mão no bolso errado. Houve circunstância meramente acidental que não torna impossível o crime. No caso, responde por tentativa. Por outro lado, se a vítima não tivesse nada em nenhum de seus bolsos, a impropriedade seria absoluta, inviabilizando totalmente a consumação do delito e tornando-o impossível.

Roubo contra vítima desprovida de bens: A jurisprudência dos Tribunais Superiores é pacífica no sentido de que, em sendo o roubo crime complexo, e consumado o crime-meio, ou seja, a violência ou a grave ameaça, torna-se irrelevante a discussão acerca da impropriedade ou não do objeto material da subtração, porque já configurada a tentativa. "A inexistência de objeto de valor em poder da vítima não descaracteriza a figura típica prevista no art. 157 do Código Penal, porquanto o roubo é modalidade de crime complexo, cuja primeira ação – a violência ou grave ameaça – constitui início de execução" (STF, HC 78700/SP, 1ª T., Rel. Min. Ilmar Galvão, j. 16-3-1998). *No mesmo sentido:* STJ, REsp 306.739/DF, 6ª T., Rel. Min. Hamilton Carvalhido, j. 21-10-2003; REsp 474.368/SP, 5ª T., Rel. Min. Gilson Dipp, j. 10-6-2003.

(5) Delito putativo por erro de tipo: Constitui hipótese de crime impossível pela impropriedade absoluta do objeto. *Vide* art. 20, § 1º, do CP.

(6) Delito putativo por obra do agente provocador (crime de flagrante preparado, delito de ensaio ou experiência) e Súmula 145 do STF: A polícia ou terceiro (agente provocador) prepara uma situação, na qual induz o agente a cometer o delito (investigadora grávida pede para médico fazer aborto ilegal e depois o prende em flagrante; detetive simula querer comprar maconha e prende o traficante etc.). Nessa situação, o autor é o protagonista de uma farsa que, desde o início, não tem a menor chance de dar certo. Por essa razão, a jurisprudência considera a encenação do flagrante preparado uma terceira espécie de crime impossível, entendendo não haver delito ante a atipicidade do fato (*Súmula 145 do STF*).

(7) Concussão e extorsão: A questão do flagrante preparado: *Vide* comentários ao art. 14, I.

(8) Crimes permanentes na Lei de Drogas e a questão do flagrante preparado: "O crime de tráfico de substância entorpecente consuma-se apenas com a prática de qualquer das dezoito ações identificadas em seu núcleo, todas de natureza permanente que, quando preexistentes à atuação policial, legitimam a prisão em flagrante, sem que se possa falar em flagrante forjado ou preparado" (STJ, HC 15.757/SP, Rel. Min. Vicente Leal, *DJ* 13-8-2001; STJ, RHC 15.615/ES, 5ª T., Rel. Min. Felix Fischer, j. 2-9-2004; STJ, HC 30.807/PR, 5ª T., Rel. Min. Jorge Scartezzini, j. 4-12-2003). Em sentido contrário, entendendo que, havendo flagrante preparado, a hipótese é de crime impossível: TJSP, Ap. Crim. 113.709-3, 3ª Câmara Criminal, Rel. Des. Gentil Leite, j. 25-11-1991; TJSP, Ap. Crim. 120.2143, Rel. Des. Carlos Bueno, j. 6-4-1992.

Estatuto do Desarmamento (Lei n. 10.826/2003)

(1) Porte de arma de fogo ineficaz para o disparo ou desmuniciada. Atipicidade: O Supremo Tribunal Federal, quando da vigência da Lei n. 9.437/97, teve a oportunidade de se manifes-

tar no sentido de que constitui fato atípico o porte de arma de fogo desmuniciada e sem que o agente tivesse nas circunstâncias a pronta disponibilidade de munição. *Nesse sentido*: STF, 1ª T., RHC 81057/SP, Rel. Min. Ellen Gracie, Rel. p/ acórdão Min. Sepúlveda Pertence, j. 25-5-2004, *DJ* 29-4-2005, p. 30. Do mesmo modo, se a arma de fogo não possuía condições de uso, e sendo sua ineficácia para a produção do resultado lesivo atestada por exame pericial, o fato seria atípico: TJRS, Ap. Crim. 70014294177, 7ª Câm. Crim., Rel. Des. Sylvio Baptista Neto, j. 27-4-2006; TJSC, Ap. Crim. 2005.022440-9, Rel. Des. Amaral e Silva, j. 6-9-2005. Também se encontravam decisões que entendiam que o porte de arma desmuniciada levaria, por si só, à atipicidade da conduta: TJMG, Ap. Crim. 1.0024.04.284860-6/001, 2ª Câm. Crim., Rel. Des. Beatriz Pinheiro Caíres, j. 27-10-2005. Sobre o tema, *vide* Fernando Capez, *Estatuto do Desarmamento*, São Paulo: Saraiva, 2005.

(2) Porte de arma de fogo ineficaz para o disparo ou desmuniciada. Tipicidade: STF – "Penal. Processual Penal. *Habeas corpus*. Porte de arma de fogo. Art. 10 da Lei 9.437/97 e art. 14 da Lei 10.826/2003. Perícia para a comprovação do potencial lesivo da arma. Desnecessidade. Ordem denegada. I – Para a configuração do crime de porte de arma de fogo não importa se a arma está ou não municiada ou, ainda, se apresenta regular funcionamento. II – A norma incriminadora prevista no art. 10 da Lei 9.437/97 não fazia qualquer menção à necessidade de se aferir o potencial lesivo da arma. III – O Estatuto do Desarmamento, em seu art. 14, tipificou criminalmente a simples conduta de portar munição, a qual, isoladamente, ou seja, sem a arma, não possui qualquer potencial ofensivo. IV – A objetividade jurídica dos delitos previstos nas duas Leis transcendem a mera proteção da incolumidade pessoal, para alcançar também a tutela da liberdade individual e de todo o corpo social, asseguradas ambas pelo incremento dos níveis de segurança coletiva que ele propicia. V – Despicienda a ausência ou nulidade do laudo pericial da arma para a aferição da matéria; idade do delito. VI – Ordem denegada" (STF, 1ª T., HC 96922/RS, Rel. Min. Ricardo Lewandowski, j. 17-3-2009, *DJe* 17-4-2009). *Vide* também STF, 1ª T., RHC 90197/DF, Rel. Min. Ricardo Lewandowski, j. 9-6-2009. STF, 1ª T., HC 95018/RS, Rel. Min. Carlos Britto, j. 9-6-2009, *DJe* 7-8-2009. STF, 1ª T., HC 96072/RJ, Rel. Min. Ricardo Lewandowski, j. 16-3-2010, *DJe* 9-4-2010.

(3) Porte ilegal de munição: Há julgados no sentido de que, embora a conduta esteja formalmente prevista na Lei n. 10.826/2003, a ausência de potencialidade lesiva conduz à atipicidade, porque, do contrário, haveria violação ao princípio da ofensividade. "Artefato que não oferece ofensividade à incolumidade pública, uma vez que a munição, por si só, não gera perigo algum, pelo fato de que não pode ser utilizada sozinha" (TJRS, Ap. Crim. 70013631122, 6ª Câm. Crim., Rel. Min. Paulo Moacir Aguiar Vieira, j. 23-3-2006). *Na mesma linha:* TJRS, Ap. Crim. 70012863270, 7ª Câm. Crim., Rel. Min. Nereu José Giacomolli, j. 13-10-2005; TJRS, Ap. Crim. 70012651477, 6ª Câm. Crim., Rel. Des. João Batista Marques Tovo, j. 6-10-2005. Sobre o tema, *vide* Fernando Capez, *Estatuto do Desarmamento*, São Paulo: Saraiva, 2005. *Em sentido contrário*, entendendo configurado o crime, por ser ele de mera conduta: TJRS, Ap. Crim. 70013393665, 8ª Câm. Crim., Rel. Des. Roque Miguel Fank, j. 15-12-2005; TJMG, Ap. Crim. 1.0439.04.034730-4/001, 1ª Câm. Crim., Rel. Des. Márcia Milanez, j. 10-5-2005; TJRJ, Ap. Crim. 2005.050.01984, 1ª Câm. Crim., Rel. Des. Nildson Araújo da Cruz, j. 29-11-2005. *Vide*, no entanto, novo posicionamento do Supremo Tribunal Federal sobre o tema no item anterior.

Art. 18. Diz-se o crime: *(Redação dada pela Lei n. 7.209/84)*

Crime doloso

I – doloso, quando o agente quis o resultado ou assumiu o risco de produzi-lo; *(Redação dada pela Lei n. 7.209/84)*

(1) Dolo: É a vontade e a consciência de realizar os elementos constantes do tipo legal. Mais amplamente, é a vontade manifestada pela pessoa humana de realizar a conduta. Trata-se do elemento psicológico da conduta. Conduta é um dos elementos do fato típico. Logo, o dolo é um dos elementos do fato típico. Para os adeptos da corrente finalista, a qual o CP adota, o dolo pertence à ação final típica, constituindo seu aspecto subjetivo, ao passo que a consciência da ilicitude pertence à estrutura da culpabilidade, como um dos elementos necessários à formulação do juízo de reprovação.

(2) Teorias adotadas pelo Código Penal: Da análise do disposto no art. 18, I, do Código Penal, conclui-se que foram adotadas as teorias da vontade e do assentimento. Dolo é a vontade de realizar o resultado ou a aceitação dos riscos de produzi-lo.

(3) Elementos do dolo: Consciência (conhecimento do fato que constitui a ação típica) e vontade (elemento volitivo de realizar esse fato).

(4) Dolo direto ou determinado: É a vontade de realizar a conduta e produzir o resultado (teoria da vontade). Ocorre quando o agente quer diretamente o resultado.

(5) Dolo indireto ou indeterminado: O agente não quer diretamente o resultado, mas aceita a possibilidade de produzi-lo (dolo eventual), ou não se importa em produzir este ou aquele resultado (dolo alternativo). Age com dolo eventual o agente que, na dúvida a respeito de um dos elementos do tipo, arrisca-se em concretizá-lo. Há certos tipos penais que não admitem o dolo eventual, pois a descrição da conduta impõe um conhecimento especial da circunstância, por exemplo, ser a coisa produto de crime, no delito de receptação (CP, art. 180).

(6) Dolo de dano: É a vontade de produzir uma lesão efetiva a um bem jurídico (CP, arts. 121, 155 etc.).

(7) Dolo de perigo: É a mera vontade de expor o bem a um perigo de lesão (CP, arts. 132, 133 etc.).

(8) Dolo geral. Erro sucessivo ou aberratio causae: Nessa espécie de dolo, o agente, após realizar a conduta, supondo já ter produzido o resultado, pratica o que entende ser um exaurimento, e nesse momento atinge a consumação. Exemplo: indivíduo que, após envenenar seu desafeto, supondo-o morto, joga-o nas profundezas de um rio, acreditando tratar-se de um cadáver. A vítima, no entanto, ainda se encontrava viva, ao contrário do que imaginava o autor, vindo, por conseguinte, a morrer afogada. Operou-se um equívoco sobre o nexo causal, pois o autor pensava tê-la matado por envenenamento, mas na verdade acabou, acidentalmente, matando-a por afogamento.

(9) Dolo e dosagem da pena: A quantidade da pena abstratamente cominada no tipo não varia de acordo com a espécie de dolo, contudo o juiz deverá levá-la em consideração no momento da dosimetria penal, pois, quando o art. 59, *caput*, do CP manda dosar a pena de acordo com o grau de culpabilidade, está se referindo à intensidade do dolo e ao grau de culpa, circunstâncias judiciais a serem levadas em conta na primeira fase da fixação. Não devemos confundir culpabilidade, que é o juízo de reprovação do autor da conduta, com grau de culpabilidade, circunstância a ser aferida no momento da dosagem da pena e dentro da qual se encontram a espécie de dolo e o grau de culpa.

(10) Dolo eventual e crimes de trânsito: Vide comentários, abaixo, ao art. 18, II (culpa nos crimes de trânsito).

Crime culposo

II – culposo, quando o agente deu causa ao resultado por imprudência, negligência ou imperícia.

Parágrafo único. Salvo os casos expressos em lei, ninguém pode ser punido por fato previsto como crime, senão quando o pratica dolosamente. *(Inciso II e parágrafo único com redação dada pela Lei n. 7.209/84)*

(1) Culpa: O fato típico é constituído dos seguintes elementos: conduta dolosa ou culposa; resultado; nexo causal; tipicidade. O dolo e a culpa são elementos subjetivos da conduta. Na conduta dolosa, há uma ação voluntária dirigida a uma finalidade lícita, mas, pela quebra do dever de cuidado a todos exigidos, sobrevém um resultado ilícito não querido, cujo risco nem sequer foi assumido.

(2) Quebra do dever objetivo de cuidado: A culpa decorre da comparação que se faz entre o comportamento realizado pelo sujeito no plano concreto e aquele que uma pessoa de prudência normal, mediana, teria naquelas mesmas circunstâncias. A conduta normal é aquela ditada pelo senso comum e está prevista na norma, que nada mais é do que o mandamento não escrito de uma conduta normal. Assim, se a conduta do agente afastar-se daquela contemplada na norma (que é a normal), haverá a quebra do dever de cuidado e, consequentemente, a culpa. Haverá a conduta culposa sempre que o evento decorrer da quebra do dever de cuidado por parte do agente mediante uma conduta imperita, negligente ou imprudente.

(3) Previsibilidade: Não basta tão somente a quebra do dever de cuidado para que o agente responda pela modalidade culposa, pois é necessário que as consequências de sua ação descuidada sejam previsíveis. A previsibilidade é elemento da culpa, pois é ela que justifica a responsabilização do agente pela sua conduta descuidada. Por exemplo: médico que realiza intervenção cirúrgica sem realizar os exames médicos. Ora, se o paciente vier a morrer em virtude de alguma complicação cirúrgica, esse resultado era previsível, pois poderia ter sido evitado com a realização prévia de exames.

(4) Tipo penal aberto: O crime culposo é um tipo penal aberto em que se faz a indicação pura e simples da modalidade culposa, sem se fazer menção à conduta típica (embora ela exista) ou ao núcleo do tipo. A culpa não está descrita nem especificada, mas apenas prevista genericamente no tipo, isso porque é impossível prever todos os modos em que a culpa pode apresentar-se na produção do resultado. A quebra do dever de cuidado imposto a todos é manifestada por meio de três modalidades de culpa, todas previstas no art. 18, II, do CP.

Imprudência: É a culpa de quem age, ou seja, aquela que surge durante a realização de um fato sem o cuidado necessário. Pode ser definida como a ação descuidada. Implica sempre um comportamento positivo. Exemplos: ultrapassagem proibida, excesso de velocidade, trafegar na contramão, manejar arma carregada etc. Em todos esses casos, a culpa ocorre no mesmo instante em que se desenvolve a ação.

Negligência: É a culpa na sua forma omissiva. Consiste em deixar alguém de tomar o cuidado devido antes de começar a agir. Exemplos: deixar de reparar os pneus e verificar os freios antes de viajar, não sinalizar devidamente perigoso cruzamento, deixar arma ou substância tóxica ao alcance de criança etc.

Imperícia: Consiste na falta de conhecimentos técnicos ou habilitação para o exercício de profissão ou atividade. É, assim, a incapacidade, a ausência de conhecimento ou habilidade para o exercício de determinado mister. Exemplos: médico vai curar uma ferida e amputa a perna; atirador de elite que mata a vítima, em vez de acertar o criminoso etc.

(5) Culpa inconsciente: É a culpa sem previsão, em que o agente não prevê o que era previsível.

(6) Culpa consciente ou com previsão: É aquela em que o agente prevê o resultado, embora não o aceite. Há no agente a representação da possibilidade do resultado, mas ele a afasta, de pronto, por entender que a evitará e que sua habilidade impedirá o evento lesivo previsto.

(7) Culpa imprópria, também conhecida como culpa por extensão, por equiparação ou por assimilação: Vide comentários ao art. 20, § 1º.

(8) Culpa consciente e dolo eventual: Neste, o agente prevê o resultado, mas não se importa que ele ocorra ("se eu continuar dirigindo assim, posso vir a matar alguém, mas não importa; se acontecer, tudo bem, eu vou prosseguir"). Na culpa consciente, embora prevendo o que possa vir a acontecer, o agente repudia essa possibilidade ("se eu continuar dirigindo assim, posso vir a matar alguém, mas estou certo de que isso, embora possível, não ocorrerá"). O traço distintivo entre ambos, portanto, é que no dolo eventual o agente diz: "não importa", enquanto na culpa consciente supõe: "é possível, mas não vai acontecer de forma alguma".

(9) Graus de culpa: São três: (a) grave; (b) leve; (c) levíssima. Inexiste diferença para efeito de cominação abstrata de pena, mas o juiz deve levar em conta a natureza da culpa no momento de dosar a pena concreta, já que lhe cabe, nos termos do art. 59, *caput*, do Código Penal, fixar a pena de acordo com o grau de culpabilidade do agente.

(10) Compensação de culpas: Não existe em Direito Penal. A culpa recíproca apenas produz efeitos quanto à fixação da pena, pois o art. 59 faz alusão ao "comportamento da vítima" como uma das circunstâncias a serem consideradas.

(11) Concorrência de culpas: Ocorre quando dois ou mais agentes, em atuação independente uma da outra, causam resultado lesivo por imprudência, negligência ou imperícia. Todos respondem pelos eventos lesivos.

(12) Culpa exclusiva da vítima: A existência de culpa exclusiva da vítima afasta a responsabilização do condutor, pois se ela foi exclusiva de um é porque não houve nenhuma culpa do outro; logo, se não há culpa do agente, não se pode falar em compensação. Por exemplo: indivíduo que trafegava normalmente com seu veículo automotor, dentro da velocidade permitida e cuja sinalização do semáforo lhe era favorável acaba por atropelar um transeunte que atravessava correndo a avenida fora da faixa de pedestre. Também haverá culpa exclusiva da vítima quando ela atravessar a pista de rodovia de alta velocidade de madrugada ou sair correndo repentinamente por trás de outros carros etc.

(13) Princípio do risco tolerado: Há comportamentos perigosos imprescindíveis, que não podem ser evitados e que, por seu caráter emergencial, são tidos como lícitos. Mesmo arriscada, a ação deve ser praticada e admitidos eventuais erros, dado que não há outra solução. Exemplo: médico que realiza uma cirurgia em circunstâncias precárias, podendo causar a morte do paciente.

(14) Princípio da confiança: Sobre o princípio da confiança nos crimes de trânsito, *vide* comentários ao art. 1º.

(15) Concurso de pessoas em crime culposo: Vide comentários ao art. 29 do CP.

(16) Culpa nos crimes de trânsito: Tem-se admitido o crime culposo nas seguintes hipóteses: velocidade inadequada para o local, desrespeito às vias preferenciais, ingresso em rodovia sem as devidas cautelas, derrapagem em pista escorregadia, ofuscamento da visão pelo farol de outro veículo ou pela luz solar, falta de distância do veículo que segue à frente, direção pela contramão, ultrapassagem em local proibido ou sem as devidas cautelas, excesso de velocidade em curvas, falta de manutenção nos freios, manobra de marcha à ré sem os cuidados necessários, desrespeito à faixa de pedestres, queda de passageiro de coletivo com as portas abertas, condução de boias-frias na carroceria de caminhões sem qualquer segurança, direção de motos nos espaços existentes entre os automóveis, provocando atropelamento etc. O agente que comete homicídio ao atropelar a vítima por trafegar com pneus em estado precário e em velocidade excessiva para o local o faz a título de culpa (TJRS, Ap. Crim. 70013657549, 3ª Câmara Criminal, Rel. Des. José Antônio Hirt Preiss, j.

4-5-2006). Também pode haver delito culposo quando o sujeito dirige embriagado e em velocidade superior à permitida (STJ, Apn 189-RS, Corte Especial, Rel. Min. Garcia Vieira, j. 5-9-2001). Há, entretanto, um segmento da doutrina e da jurisprudência que, em determinadas situações, como o acidente de trânsito provocado pelo excesso de velocidade, ou pelo fato de o condutor se encontrar em estado de embriaguez, ou em decorrência de competição não autorizada (racha), ou pelo fato de o agente não possuir habilitação para dirigir, tem considerado, por vezes, a existência de dolo eventual. Assim, no caso de colisão de veículos por força de excesso de velocidade, já se decidiu que "O simples fato de se tratar de delito decorrente de acidente de trânsito não implica ser tal delito culposo se há, nos autos, dados que comprovam a materialidade e demonstram a existência de indícios suficientes de autoria do crime de homicídio doloso" (STJ, AgRg no Ag 850.473/DF, 5ª T., Rel. Min. Arnaldo Esteves Lima, j. 14-11-2007, *DJ* 7-2-2008, p. 1). Da mesma forma, em outro julgado, entendeu-se que, se a hipótese retrata admissível imputação por delito doloso, é descabida a pretendida desclassificação da conduta, sob o fundamento de que os delitos de trânsito seriam sempre culposos (STJ, REsp 126.256/PB, 5ª T., Rel. Min. Gilson Dipp, j. 19-6-2001, *DJ* 27-8-2001, p. 366). No caso do crime de racha, dependendo do caso concreto (modo como se desenrolou a disputa), tem-se entendido ser possível o reconhecimento de homicídio doloso, pois pessoas que se dispõem a tomar parte em disputas imprimindo velocidade extremamente acima do limite e ainda em locais públicos assumem o risco de causar a morte de alguém (STJ, REsp 249.604/SP, 5ª T., Rel. Min. Felix Fischer, j. 24-9-2002, *DJ* 21-10-2002, p. 381). *No mesmo sentido* TJRS, Recurso em Sentido Estrito 70005626718, 3ª Câm. Crim., Rel. Des. Danúbio Edon Franco, j. 13-2-2003; TJRS, Recurso em Sentido Estrito 70012998308, 1ª Câm. Crim., Rel. Min. Manuel José Martinez Lucas, j. 16-11-2005; TJDF, Recurso em Sentido Estrito 20030850053614, 1ª T. Crim., Rel. Des. Jair Soares, j. 21-8-2003. *Contra*, entendendo tratar-se de culpa consciente: TJRJ, Ap. Crim. 1999.050.04137, 7ª Câm. Crim., Rel. Des. Motta Moraes, j. 19-12-2000. Dentro dessa linha de posicionamento, quem se embriaga e conduz veículo automotor estaria assumindo o risco de causar acidente de trânsito, e, em consequência, a morte de outrem, não havendo, portanto, a caracterização de mera imprudência apta a caracterizar a modalidade culposa do homicídio. Nesse contexto, com o advento da Lei n. 11.705/2008, a retirada da causa especial de pena relativa à embriaguez ao volante do crime de homicídio culposo trouxe um reforço a esse posicionamento. De qualquer modo, já decidiu o Superior Tribunal de Justiça no sentido de que "a pronúncia do réu, em atenção ao brocardo *in dubio pro societate*, exige a presença de contexto que possa gerar dúvida a respeito da existência de dolo eventual. Inexistente qualquer elemento mínimo a apontar para a prática de homicídio, em acidente de trânsito, na modalidade dolo eventual, impõe-se a desclassificação da conduta para a forma culposa" (STJ, REsp 705.416/SC, 6ª T., Rel. Min. Paulo Medina, j. 23-5-2006, *DJ* 20-8-2007, p. 311).

(17) Culpa e infração regulamentar: Não se admite a culpa presumida, pois esta constitui forma de responsabilidade penal objetiva. Na atual legislação, a culpa deve ficar provada, não se aceitando presunções ou deduções que não se alicercem em prova concreta e induvidosa. Dessa forma, a inobservância de disposição regulamentar poderá caracterizar infração dolosa autônoma (CTB, art. 309) ou apenas um ilícito administrativo, mas isso não autoriza, em caso de acidente com vítima, a presunção de que o motorista seja presumido culpado, de forma absoluta.

(18) Culpa e erro profissional ou erro médico: "O erro profissional, intrínseco a qualquer atividade laboral, inclusive a atividade privativa de médico, não pode ser confundido com a imperícia; aquele não se mostra apto à condenação criminal, ao passo que esta, sendo modalidade de culpa, pode propiciar um juízo condenatório" (TJRS, Ap. Crim. 70001145283, 2ª Câmara Crimi-

nal, Rel. Acórdão Des. Walter Jobim Neto, j. 12-4-2001). Assim, havendo a comprovação da culpa e a existência de seguro nexo causal entre o agir culposo e o resultado, pode o profissional vir a ser responsabilizado penalmente. Por exemplo, responde por lesões corporais a título de culpa o médico que, não sendo especializado em cirurgia plástica nem em ginecologia, as quais eram exigidas para a realização da intervenção cirúrgica, confia em sua habilidade técnica e decide realizá-la, com resultado inexitoso (TJDF, Ap. Crim. 19980110122384, 1ª T. Criminal, Rel. Des. Natanael Caetano, j. 13-12-2001). Também age com culpa o médico anestesiologista que, depois de ministrar a droga, afasta-se, ainda que momentaneamente, da sala cirúrgica, se, nesse interregno, a vítima vem a falecer por parada cardiorrespiratória (TJRS, Ap. Crim. 70000317016, 3ª Câmara Criminal, Rel. Des. Saulo Brum Leal, j. 16-3-2000). No entanto, havendo mais de uma solução médica, a escolha por uma em detrimento de outra, de modo honesto, não caracteriza culpa (TJMG, Ap. Crim. 2.0000.00.448125-4/000, 5ª Câmara Criminal, Rel. Des. Alexandre Victor de Carvalho, j. 12-4-2005).

(19) Excepcionalidade do crime culposo: Um crime só pode ser punido como culposo quando houver expressa previsão legal (CP, art. 18, parágrafo único). No silêncio da lei, o crime só é punido como doloso.

Agravação pelo resultado

Art. 19. Pelo resultado que agrava especialmente a pena, só responde o agente que o houver causado ao menos culposamente. *(Redação dada pela Lei n. 7.209/84)*

(1) Crime qualificado pelo resultado: É aquele em que o legislador, após descrever uma conduta típica, com todos os seus elementos, acrescenta-lhe um resultado, cuja ocorrência acarreta um agravamento da sanção penal. O crime qualificado pelo resultado é um único delito que resulta da fusão de duas ou mais infrações autônomas. Trata-se, portanto, de delito complexo. Possui duas etapas: 1ª) prática de um crime completo, com todos os seus elementos (fato antecedente); 2ª) produção de um resultado agravador, além daquele que seria necessário para a consumação (fato consequente). Na primeira parte, há um crime perfeito e acabado, praticado a título de dolo ou culpa, ao passo que, na segunda, um resultado agravador produzido dolosa ou culposamente, que acaba por tipificar um delito mais grave. São espécies de crimes qualificados pelo resultado, por exemplo, o latrocínio, as lesões corporais de natureza grave ou gravíssima etc.

(2) Crime qualificado pelo resultado e crime preterdoloso ou preterintencional: O crime preterdoloso é uma das espécies de crime qualificado pelo resultado. As figuras qualificadas pelo resultado podem ser imputadas ao agente tanto a título de culpa como de dolo. Quando o resultado agravador for imputado a título de culpa, estaremos diante de um crime preterdoloso. Nele, o agente quer praticar um crime, mas acaba excedendo-se e produzindo culposamente um resultado mais gravoso do que o desejado. É o caso da lesão corporal seguida de morte, na qual o agente quer ferir, mas acaba matando (CP, art. 129, § 3º). Exemplos: sujeito desfere um soco contra o rosto da vítima com intenção de lesioná-la; no entanto, ela perde o equilíbrio, bate a cabeça e morre; alguém, impondo severos e sucessivos castigos corporais a uma criança, acaba levando-a à morte (STJ, REsp 93.827/PR, 6ª T., Rel. Min. Vicente Leal, j. 20-5-1997).

(3) Nexo entre conduta e resultado agravador: Não basta a existência de nexo causal entre a conduta e o resultado, pois, sem o nexo normativo, o agente não responde pelo excesso não querido. Vale dizer, se o resultado não puder ser atribuído ao agente, ao menos culposamente, não lhe será imputado (CP, art. 19).

(4) Tentativa nos crimes qualificados pelo resultado: Vide art. 14 do CP.

Erro sobre elementos do tipo

Art. 20. O erro sobre elemento constitutivo do tipo legal de crime exclui o dolo, mas permite a punição por crime culposo, se previsto em lei. *(Redação dada pela Lei n. 7.209/84)*

(1) Tipo penal: É o modelo descritivo das condutas humanas criminosas, criado pela lei penal, com a função de garantia do direito de liberdade.

Elementos do tipo penal: Na sua integralidade, o tipo é composto de elementos objetivos (objeto, lugar, tempo, meios empregados, núcleo do tipo), normativos (aparecem sob a forma de expressões como "sem justa causa", "indevidamente", "documento", "funcionário público", "estado puerperal", "ato obsceno", "dignidade", "decoro", "fraudulentamente" etc.), *subjetivos* (o elemento subjetivo do tipo é a finalidade especial, a qual pode ou não estar presente na intenção do autor). Assim, na extorsão mediante sequestro, além da mera vontade de sequestrar, a lei exige que o agente tenha a finalidade de obter uma vantagem como condição do preço ou do resgate (CP, art. 159).

(2) Erro de tipo: É o erro que incide sobre um dado da realidade descrito como elementar, circunstância ou componente irrelevante da figura típica. Pode ser essencial ou acidental.

Erro essencial: Incide sobre dados relevantes da figura típica. A vontade do agente deve abranger todos os elementos constitutivos do tipo. Nessa linha, o erro de tipo essencial ou impede o agente de saber que está praticando o crime, quando o equívoco incide sobre elementar, ou não lhe permite perceber a existência de uma circunstância. Daí o nome *erro essencial*: incide sobre situação de tal importância para o tipo que, se o erro não existisse, o agente não teria cometido o crime, ou, pelo menos, não naquelas circunstâncias. Exemplo: um advogado, por engano, pega o guarda-chuva de seu colega, que estava pendurado no balcão do cartório; essa situação é de extrema importância para o tipo, porque subtrair objetos alheios é furto, ao passo que pegar bens próprios é um irrelevante penal. O erro foi essencial porque, tivesse o advogado percebido a situação, não teria praticado o furto. Esse é o erro essencial sobre elementar do tipo, que impede o agente de compreender o caráter criminoso do fato ou de conhecer a circunstância.

Efeitos do erro essencial: O erro essencial que recai sobre elementar *sempre exclui o dolo*, seja evitável (vencível), seja inevitável (invencível). Se o agente não sabia que estava cometendo o crime, por desconhecer a existência da elementar, jamais poderia querer praticá-lo.

Erro essencial inevitável (invencível ou escusável): É aquele que não podia ter sido evitado, nem mesmo com o emprego de uma diligência mediana. O erro invencível que recai sobre elementar exclui, além do dolo, também a culpa, tornando o fato atípico (sem dolo ou culpa não existe fato típico). Exemplos: agente furta caneta pensando que é própria; sujeito mantém conjunção carnal com uma adolescente de 13 anos, julgando-a adulta e, por conseguinte, desconhecendo a elementar "menor de quatorze anos" devido à sua precoce formação biológico-hormonal (STJ, HC 8.907/MG, 5ª T., Rel. Min. José Arnaldo da Fonseca, j. 15-4-1999 e TJDF, Embargos Infringentes n. 20030410117862, Câmara Criminal, Rel. Des. Romão Oliveira, j. 20-10-2004); sujeito que, embriagado, sai de uma festa e furta motocicleta sem saber que esta era alheia, porque conseguiu colocá-la em movimento com a chave da sua própria moto (TJRS, Ap. Crim. 70008958696, 7ª Câmara Criminal, Rel. Des. Nereu José Giacomolli, j. 26-8-2004); pessoa que, em uma caçada, atira e mata seu companheiro, acreditando tratar-se de um animal escondido atrás de uma árvore, tendo, antes disso, assobiado para o amigo, sendo este o código entre eles estabelecido como precaução para que o fato não ocorresse (TJRJ, Recurso de Ofício 200405200020, 6ª Câmara Criminal, Rel. Des. Mário Guimarães Neto, j. 12-8-2004); mulher que, passados cinco anos do desaparecimento do marido, supõe erroneamente sua morte, e, em consequência, requer certidão de óbito deste e obtém benefício previdenciário (TRF, 5ª Região, Ap. Crim. 97.05.06458-0, 1ª T., Rel. Des. Ubaldo Ataíde Cavalcante, j. 12-11-1998).

Erro essencial evitável (vencível ou inescusável): Poderia ter sido evitado se o agente empregasse mediana prudência. Recaindo sobre elementar, exclui o dolo, pois todo erro essencial o exclui, mas não a culpa. Quando o tipo, entretanto, não admitir essa modalidade culposa, a consequência será inexoravelmente a exclusão do crime. Assim, se o sujeito vê sobre a mesa uma carteira e, acreditando ter recuperado o objeto perdido, subtrai-o para si, não responderá pelo furto. Exclui-se o dolo. Por outro lado, embora tivesse havido culpa, já que a carteira subtraída era totalmente diferente, como o tipo do art. 155 do Código Penal não abriga a modalidade culposa (o furto culposo é fato atípico), não há que se falar na ocorrência de crime. Exemplos: sujeito que omite informação ao INSS sem o intuito de induzir a autarquia em erro, mas por desconhecer essa necessidade, incorre em erro de tipo evitável, mas, não havendo modalidade culposa no delito de estelionato, a conduta é atípica (TRF, 4ª Região, Ap. Crim. 200172020043659, 7ª T., Rel. Des. Maria de Fátima Freitas Labarrère, j. 11-11-2003); agente que aliena arroz alheio pensando ser seu, porque ambos estavam armazenados no mesmo silo, também incorre em erro de tipo vencível, mas a conduta, ausente a forma culposa do delito, é atípica (TRF, 4ª Região, Ap. Crim. 199904010202026, 1ª T., Rel. Des. Guilherme Beltram, j. 20-6-2000); sujeito que ministra palestras educativas sobre tóxicos, mantendo sob sua guarda drogas e objetos próprios à utilização da substância, age em erro evitável ao supor que o vocábulo "autorização", contido no art. 12 da revogada Lei n. 6.368/76, pudesse compreender a autorização verbal ou tácita de autoridade policial, sendo sua conduta também atípica, uma vez que inexistente a modalidade culposa do crime (TJMG, *RT* 712/447).

Erro essencial que recai sobre uma circunstância: É o erro que incide sobre situação descrita como mera circunstância (dado acessório, não essencial para a existência do crime, e que só serve para influir na pena, isto é, para tornar o crime mais ou menos grave). Jamais exclui o dolo. Só exclui a circunstância, a qual não terá incidência. Ex.: ladrão furta um objeto de pequeno valor, imaginando-o de grande valor. Responde pelo furto simples, sem direito à circunstância do privilégio, a qual desconhecia.

Erro acidental: É aquele que incide sobre dados irrelevantes da figura típica. É um erro que não traz consequências jurídicas; o agente responde pelo crime como se não houvesse erro. O art. 20, *caput*, não abrange o erro acidental. *Vide* art. 20, § 3º, do CP. Exemplos: sujeito que, acreditando tratar-se de seu desafeto, mata terceiro, incidindo em *error in persona*, responde pelo delito de homicídio doloso (TJMG, Ap. Crim. 1.0000.00.245994-9/000, Rel. Des. Sérgio Resende, j. 7-2-2002): incorre em *aberratio ictus* e responde pelas lesões corporais aquele que, em briga de gangue, dispara em direção a seus rivais, logrando atingir acidentalmente a vítima que se encontrava no mesmo local (TJDF, Ap. Crim. 1440794, 1ª T. Criminal, Rel. Des. Rosa de Freitas. j. 29-9-1994): "O desvio acidental na execução, vindo o agente a ofender pessoa diversa daquela que pretendia, supondo estar atingindo a pessoa visada, configura-se penalmente irrelevante, conforme dispõe o art. 73 do Código Penal, reportando-se ao § 3º do seu art. 20" (TJDF, Ap. Crim. 19980710061090, 1ª T. Criminal, Rel. Des. Otávio Augusto, j. 21-10-1999).

Descriminantes putativas

§ 1º É isento de pena quem, por erro plenamente justificado pelas circunstâncias, supõe situação de fato que, se existisse, tornaria a ação legítima. Não há isenção de pena quando o erro deriva de culpa e o fato é punível como crime culposo. *(Redação dada pela Lei n. 7.209/84)*

(1) Erro sobre elementar de tipo permissivo, erro sobre pressupostos fáticos de uma causa de justificação ou descriminante putativa por erro de tipo: É um erro de tipo essencial incidente

sobre elementares de um tipo permissivo. O agente, em razão de uma distorcida visão da realidade, imagina uma situação na qual estão presentes os requisitos de uma causa de exclusão da ilicitude ou antijuridicidade (legítima defesa, estado de necessidade, exercício regular do direito e estrito cumprimento do dever legal). É a causa excludente da ilicitude erroneamente imaginada pelo agente. Só existe, portanto, na mente, na imaginação do agente. Por essa razão, é também conhecida como descriminante imaginária ou erroneamente suposta.

(2) Legítima defesa putativa (ou imaginária): Quando o agente supõe, por equívoco, estar em legítima defesa. Exemplo: sujeito, imaginando falsamente que será morto por um assaltante, mata o primo brincalhão, o qual, na intenção de assustá-lo, tinha invadido sua casa gritando; pessoa que acorda ao ouvir um barulho em sua residência e, pensando tratar-se de um ladrão, armou-se e efetuou disparos, atingindo alguém que, somente depois, soube ser seu irmão (TJSP, Recurso de Ofício 3915153000, 1ª Câmara Criminal, Rel. Des. André Almeida, j. 24-5-2005).

(3) Estado de necessidade putativo (ou imaginário): Quando o indivíduo imagina estar em estado de necessidade. Exemplo: um náufrago afoga o outro para ficar com a boia de salvação, e só depois percebe que lutava em águas rasas (estado de necessidade putativo por erro de tipo).

(4) Exercício regular do direito putativo (ou imaginário): Exemplo: o sujeito corta os galhos da árvore do vizinho, imaginando falsamente que eles invadiram sua propriedade.

(5) Estrito cumprimento do dever legal putativo (ou imaginário): Exemplo: um policial algema um cidadão honesto, sósia de um fugitivo.

(6) Efeitos do erro essencial que recai sobre elementar de tipo permissivo: Embora o § 1º empregue a expressão "É isento de pena...", dando margem a interpretações diversas, os efeitos são os mesmos do erro de tipo, já que a descriminante putativa por erro de tipo não é outra coisa senão erro de tipo essencial incidente sobre tipo permissivo. Assim, se o erro for inevitável, excluir-se-ão o dolo e a culpa e não haverá crime; se o erro for evitável, o agente responderá por crime culposo, já que o dolo será excluído. *No mesmo sentido:* Damásio de Jesus, Alberto Silva Franco e Francisco de Assis Toledo. Nessa última hipótese, temos a chamada *culpa imprópria*, também conhecida como *culpa por extensão*, *por equiparação* ou *por assimilação*. Sobre o tema, *vide* Fernando Capez, *Curso de Direito Penal*, op. cit., p. 210-211.

Erro determinado por terceiro

§ 2º Responde pelo crime o terceiro que determina o erro. *(Redação dada pela Lei n. 7.209/84)*

Consequências: De acordo com o dispositivo legal, responderá pelo crime aquele que determinou o erro. Assim, se o terceiro provocou dolosamente o erro, para que o crime ocorresse, responderá pelo crime na forma dolosa; se culposamente, responderá pelo crime na forma culposa. Exemplo: alguém induz outrem a matar um inocente, fazendo-o crer que estava em legítima defesa. No caso, houve provocação de erro de tipo escusável, configurando-se a hipótese autoria mediata.

Erro sobre a pessoa

§ 3º O erro quanto à pessoa contra a qual o crime é praticado não isenta de pena. Não se consideram, neste caso, as condições ou qualidades da vítima, senão as da pessoa contra quem o agente queria praticar o crime. *(Redação dada pela Lei n. 7.209/84)*

(1) Erro acidental: Incide sobre dado irrelevante da figura típica. Não impede a apreciação do caráter criminoso do fato. Por essa razão, é um erro que não traz qualquer consequência jurídica: o agente responde pelo crime como se não houvesse erro. Subdivide-se em: (a) erro sobre o objeto ou a coisa: o sujeito supõe que sua conduta recai sobre determinada coisa, sendo que, na realidade, incide sobre outra. Exemplo: agente que, em vez de furtar café, subtrai feijão, responde pelo mesmo crime, pois o erro não o impediu de saber que cometia um ilícito contra a propriedade; (b) erro sobre a pessoa (art. 20, § 3º); (c) erro na execução do crime ou *aberratio ictus* (com unidade simples e complexa) (*vide* comentários ao art. 73 do Código Penal); (d) resultado diverso do pretendido ou *aberratio criminis* (com unidade simples e complexa) (*vide* comentários ao art. 74 do Código Penal); (e) erro sobre o nexo causal, dolo geral, erro sucessivo ou *aberratio causae*: ocorre quando o agente, na suposição de já ter consumado o crime, realiza nova conduta, pensando tratar-se de mero exaurimento, atingindo, nesse momento, a consumação. As três últimas espécies são chamadas de delitos aberrantes.

(2) Erro sobre a pessoa: É o erro na representação mental do agente, que olha um desconhecido e o confunde com a pessoa que quer atingir. Em outras palavras, nessa espécie de erro acidental, o sujeito pensa que "A" é "B". Esse erro é tão irrelevante que o legislador determina que o autor seja punido pelo crime que efetivamente cometeu contra o terceiro inocente (chamado de vítima efetiva), como se tivesse atingido a pessoa pretendida (vítima virtual), isto é, consideram-se, para fins de sanção penal, as qualidades da pessoa que o agente queria atingir, e não as da efetivamente atingida (CP, art. 20, § 3º). Dessa forma, se pretendia matar a sua esposa, por exemplo, deverá ser levada em conta a circunstância agravante prevista no art. 61, II, *e*, do CP.

Erro sobre a ilicitude do fato

Art. 21. O desconhecimento da lei é inescusável. O erro sobre a ilicitude do fato, se inevitável, isenta de pena; se evitável, poderá diminuí-la de um sexto a um terço. *(Artigo com redação dada pela Lei n. 7.209/84)*

Parágrafo único. Considera-se evitável o erro se o agente atua ou se omite sem a consciência da ilicitude do fato, quando lhe era possível, nas circunstâncias, ter ou atingir essa consciência.

(1) Desconhecimento da lei: O desconhecimento da lei é inescusável (CP, art. 21), pois ninguém pode deixar de cumpri-la alegando que não a conhece (LINDB, art. 3º). Exceção: art. 8º da Lei das Contravenções Penais, que prevê o erro de direito como hipótese de perdão judicial, ao dispor que "no caso de ignorância ou de errada compreensão da lei, quando escusáveis, a pena pode deixar de ser aplicada". O desconhecimento da lei, embora não exclua a culpabilidade, é circunstância atenuante genérica (CP, art. 65, II).

(2) Culpabilidade: O art. 21 trata de uma das causas que excluem a culpabilidade: o erro de proibição. Culpabilidade é o juízo de censurabilidade e reprovação exercido sobre alguém que praticou um fato típico e ilícito. Não se trata de elemento do crime, mas pressuposto para imposição de pena. Três são seus elementos: (a) *imputabilidade*: é a capacidade de entender o caráter ilícito do fato e de determinar-se de acordo com esse entendimento; (b) *potencial consciência da ilicitude*: é a possibilidade de o agente ter o conhecimento do caráter injusto do fato, no momento da ação ou omissão. O erro de proibição incide sobre esse elemento da culpabilidade; (c) *exigibilidade de conduta diversa*: é a possibilidade de se exigir do sujeito ativo conduta diversa da que efetivamente acabou praticando.

(3) Erro de proibição: O art. 21 contempla o erro sobre a ilicitude do fato, também chamado de erro de proibição. Embora o desconhecimento da lei seja inescusável (CP, art. 21), pois nin-

guém pode deixar de cumpri-la alegando que não a conhece (LINDB, art. 3º), temos que a errada compreensão de uma determinada regra legal pode levar o agente a supor que certa conduta seja lícita. Exemplo: um rústico aldeão, que nasceu e passou toda a sua vida em um longínquo vilarejo do sertão, agride levemente sua mulher, por suspeitar que ela o traiu. É absolutamente irrelevante indagar se ele sabia ou não da existência do crime de lesões corporais, pois há uma presunção *juris et de jure* (não admite prova em contrário) nesse sentido. Entretanto o Direito Penal pode levar em conta que o agente, dentro das circunstâncias em que cometeu o crime, poderia pensar, por força do ambiente onde viveu e das experiências acumuladas, que a sua conduta tinha pleno respaldo no ordenamento jurídico. Nota-se, pois, que "a consciência da ilicitude resulta da apreensão do sentido axiológico das normas de cultura independentemente do texto legal" (STJ, ROHC 4.772, 6ª T., Rel. Min. Vicente Leal, j. 27-5-1996).

(4) *Erro de proibição inevitável ou escusável:* Se inevitável ou escusável, isto é, invencível, há isenção de pena. Exclui-se, portanto, a culpabilidade. Exemplos: dona de casa de prostituição cujo funcionamento era de pleno conhecimento das autoridades locais, tendo, inclusive, licença de funcionamento fornecida pela Prefeitura Municipal, circunstâncias que sugeriam o desempenho de atividade lícita (TJSC, Ap. Crim. 2002.005226-4, 2ª Câmara Criminal, Rel. Des. Sérgio Paladino, j. 28-5-2002 e TJMG, Ap. Crim. 1.0148.01.001694-4/001, Rel. Des. Jane Silva, j. 10-1-2006); sujeito que pratica serviço de radiodifusão sem autorização do órgão competente, julgando sua conduta justificável pela beneficência comunitária prestada, bem como pelo reconhecimento da utilidade pública de seu trabalho atestada por diploma do Poder Legislativo (TRF, 2ª Região, Ap. Crim. 2000.02.01.062165-5, 6ª T., Rel. Des. Sérgio Schwaitzer, j. 4-9-2002); o agente mal-informado sobre legislação previdenciária que, seguindo orientação de servidores do INSS, recolhe, como empregado, contribuições que devia verter na qualidade de empregador, alterando, desse modo, em benefício próprio e em prejuízo da autarquia, a natureza do vínculo mantido com a Previdência (TRF, 4ª Região, Ap. Crim. 200271070015250, 8ª T., Rel. Paulo Afonso Brum Vaz, j. 3-11-2004). No entanto, "o erro somente será inevitável quando não decorrer de censurável desatenção das cautelas normais adotadas" (TRF, 2ª Região, Ap. Crim. 2002.02.01.005934-2, 3ª T., Rel. Des. Frederico Gueiros, j. 13-8-2002).

(5) *Erro de proibição evitável ou inescusável:* Se evitável ou inescusável, isto é, vencível, o agente não ficará isento de pena, mas terá direito a uma redução de pena de 1/6 a 1/3. Considera-se evitável o erro se o agente atua ou se omite sem a consciência da ilicitude do fato, quando lhe era possível, nas circunstâncias, ter ou atingir essa consciência (parágrafo único). Exemplos: atendente de farmácia que, apesar de ciente de que a venda de medicamentos com faixa preta configura transgressão administrativa, não tem consciência de que tal prática, com relação a alguns dos medicamentos controlados, caracteriza também o crime de tráfico de drogas (TJRS, Ap. Crim. 70001492982, 1ª Câmara Criminal, Rel. Des. Ranolfo Vieira, j. 19-9-2001); morador da zona rural, humilde e de pouca instrução escolar, que se apodera de objetos alheios para se ressarcir de dívida inadimplida (TJRS, Ap. Crim. 70001227032, Câmara Especial Criminal, Rel. Des. Marco Antônio Barbosa Leal, j. 15-8-2000); agente que adianta valores em favor de sócios comete o delito previsto no art. 17 da Lei n. 7.492/86, mas age em erro de proibição evitável se não dispunha de suficiente conhecimento técnico sobre o mercado de ações (TRF, 4ª Região, Ap. Crim. 1999.04.01.1155974-RS, Rel. Des. Élcio Pinheiro de Castro, j. 24-6-2002).

(6) *Distinção entre erro de proibição e erro de tipo:* No erro de tipo, o erro recai sobre os elementos do tipo penal, como as elementares ou circunstâncias. O agente tem uma visão distorcida da realidade, o que o impede de saber que realiza um fato típico. O erro, portanto, exclui o dolo e, quando inescusável, a culpa. No erro de proibição, ao contrário, há uma perfeita noção de toda a situação fática, sem distorção da realidade. O agente quer praticar o fato, porém o erro incide sobre a compreensão acerca da ilicitude de seu comportamento, isto é, há uma equivocada apreciação sobre a injustiça do que faz. Há, portanto, exclusão da culpabilidade. Em julgamento de crime fiscal, por exemplo, o Tribunal de Justiça do Distrito Federal reconheceu que "ausente a efetiva ou potencial consciência da ilicitude – no fato de se aproveitar a alíquota diferenciada do ICMS entre o estado de origem e o do destino da mercadoria – dado ao alcance técnico-contábil da questão, incorre o comerciante autor em inevitável erro de proibição, excludente da culpabilidade (e não da tipicidade por ausência do dolo), porque a consciência do ilícito a este não pertence, mas à culpabilidade" (TJDFT, Ap. Crim. 20000150020134, 1ª T. Criminal, Rel. Des. Everards Mota e Matos, j. 17-8-2000).

(7) Descriminante putativa por erro de proibição ou erro de proibição indireto: O sujeito imagina, por erro, a existência de uma causa de exclusão da ilicitude que, na verdade, não se apresenta. Assim, imagina estar em legítima defesa, estado de necessidade etc., porque supõe estar autorizado e legitimado pela norma a agir em determinada situação. É um erro que não é incidente sobre a situação de fato, mas sobre a apreciação dos limites da norma excludente (até que ponto a norma que prevê a legítima defesa permite ao agente atuar). A consequência é a mesma do erro de proibição. Por exemplo: agente que imagina, equivocadamente, estar autorizado pelo ordenamento jurídico a matar aquele que o humilhou, atuando, assim, em legítima defesa de sua honra.

(8) Erro de proibição. Não acolhimento. Administradores públicos e pessoas que exercem atividades e profissões regulamentadas. Dever de informar-se: Já decidiu o Tribunal Regional Federal da 2ª Região que "nos casos de administradores públicos e de pessoas que exercem atividades ou profissões especialmente regulamentadas, o erro será sempre inescusável, pois o agente terá sempre o dever de informar-se" (TRF, 2ª Região, Ap. Crim. 2002.51.01.506775-6, 2ª T., Rel. Des. Liliane Roriz, j. 22-2-2006.) *No mesmo sentido:* em delito contra o Sistema Financeiro Nacional, decidiu-se que "o réu, na qualidade de diretor e sócio da empresa mutuante, bem como da empresa mutuária, tinha o dever de informar-se, não prosperando em seu favor a alegação de erro de proibição" (TRF, 4ª Região, Ap. Crim. 200204010124387, 7ª T., Rel. José Luiz Germano da Silva, j. 29-4-2003). Sobre o tema, *vide* também Francisco de Assis Toledo. *Princípios básicos de direito penal,* 5. ed., São Paulo: Saraiva, 1994, p. 262.

Coação irresistível e obediência hierárquica

Art. 22. Se o fato é cometido sob coação irresistível ou em estrita obediência a ordem, não manifestamente ilegal, de superior hierárquico, só é punível o autor da coação ou da ordem. *(Redação dada pela Lei n. 7.209/84)*

(1) Coação irresistível e obediência hierárquica. Inexigibilidade de conduta diversa: Culpabilidade é o juízo de censurabilidade e reprovação exercido sobre alguém que praticou um fato típico e ilícito. Um dos elementos da culpabilidade é a *exigibilidade de conduta diversa,* isto é, a possibilidade de se exigir do sujeito ativo conduta diversa da que efetivamente acabou praticando. Funda-se no princípio de que só podem ser punidas as condutas que poderiam ser evitadas. Com efeito, para que se possa considerar alguém culpado do cometimento de uma infração penal, é necessário que esta tenha sido praticada em condições e circunstâncias normais, pois do contrário não será possível exigir do sujeito conduta diversa da que, efetivamente, acabou praticando. A coação irresistível e obediência hierárquica constituem causas legais excludentes da exigibilidade de conduta diversa.

Inexigibilidade de conduta diversa. Causas supralegais: São as que, embora não previstas em lei, levam à exclusão da culpabilidade. Na jurisprudência, há razoável consenso acerca da sua admissibilidade, sendo assentado no Egrégio Superior Tribunal de Justiça que, por ocasião do julgamento pelo

Júri, tendo a defesa formulado a tese de inexigibilidade de conduta diversa, o quesito correspondente deve ser formulado aos Jurados, mesmo que inexista expressa previsão legal sobre ela nos dispositivos do Código Penal (STJ, HC 12.917/RJ, 5ª T., Rel. Min. Jorge Scartezzini, j. 18-9-2001). Ressalve-se que, com o advento da Lei n. 11.689/2008, o CPP não mais faz qualquer referência ao quesito específico da causa excludente da culpabilidade, referindo-se genericamente à absolvição do agente, ao contrário do que dispunha o antigo art. 484, III. Em crime de apropriação indébita previdenciária, por exemplo, os Tribunais acolhem a tese de inexigibilidade de conduta diversa supralegal "quando, em face do estado de flagelo econômico por que passa sua empresa, deixam de efetuar o recolhimento das contribuições previdenciárias descontadas de seus empregados, uma vez que não lhes era possível exigir comportamento diverso" (TRF, 1ª Região, Ap. Crim. 9601075917, 3ª T., Rel. Cândido Ribeiro, j. 11-3-1997). Para tanto, porém, há de se apresentar provas contundentes da insolvência da empresa, com reflexos no patrimônio particular de seu administrador, a fim de demonstrar a absoluta inevitabilidade da prática delituosa: TRF, 4ª Região, Ap. Crim. 2000.72.04.001149-0, 7ª T., Rel. Des. Maria de Fátima Freitas Labarrère, j. 14-6-2006. "O decreto de falência, por si só, não configura a excludente". TRF, 3ª Região, Ap. Crim. 2000.61.81.000783-7, 2ª T., Rel. Des. Cotrim Guimarães, j. 7-3-2006. *No mesmo sentido*, entendendo possível a inexigibilidade de conduta diversa como dirimente supralegal: STJ, HC 42.343/PR, 5ª T., Rel. Min. Arnaldo Esteves Lima, j. 16-6-2005; TRF, 2ª Região, Ap. Crim. 2002.02.01.016288-8, 2ª T., Rel. Des. Antônio Cruz Netto, j. 7-12-2004; TJRS, Ap. Crim. 70012740403, 7ª Câmara Criminal, Rel. Des. Nereu José Giacomolli, j. 13-10-2005. *Em sentido contrário*, entendendo inadmissível a tese de inexigibilidade de conduta diversa embasada em alegações genéricas de dificuldades econômicas como causa supralegal de exclusão de culpabilidade: TRF, 2ª Região, Ap. Crim. 2002.02.01.005988-3, 2ª T., Rel. Des. França Neto, j. 28-6-2005; TRF, 5ª Região, Ap. Crim. 2004.81.00.017119-1, 1ª T., Rel. Des. César Carvalho, j. 23-2-2006.

(2) Coação irresistível: É o emprego de força física ou de grave ameaça para que alguém faça ou deixe de fazer alguma coisa. Assim, temos a coação física *(vis absoluta)* e coação moral *(vis relativa)*, a qual é tratada no art. 22 do CP. A coação moral pode ser *irresistível e resistível*.

Coação física: Consiste no emprego de força física. Exclui a conduta, uma vez que elimina totalmente a vontade. O fato passa a ser atípico.

Coação moral: Consiste no emprego de grave ameaça. Na *coação moral irresistível*, há crime, pois, mesmo sendo grave a ameaça, ainda subsiste um resquício de vontade que mantém o fato como típico. No entanto, o agente não será considerado culpado. Na *coação moral resistível*, há crime, pois a vontade, apesar da ameaça, subsiste (restou intangida), e o agente é culpável, uma vez que, sendo resistível a ameaça, lhe era exigível conduta diversa. Entretanto a *coação moral resistível* atua como uma circunstância atenuante genérica (CP, art. 65, III, *c*, 1ª parte).

Punição do autor da coação: Aquele que coagiu outrem a praticar o crime responderá pelo delito cometido, com a incidência da agravante prevista no art. 62, II. Se a coação for física, estaremos diante de uma hipótese de autoria imediata; se a coação for moral irresistível, a hipótese será de autoria mediata. Sobre o tema, *vide* comentários ao art. 29 do CP.

(3) Obediência hierárquica: É a obediência a ordem não manifestamente ilegal de superior hierárquico, tornando viciada a vontade do subordinado e afastando a exigência de conduta diversa. Também exclui a culpabilidade.

Ordem de superior hierárquico: É a manifestação de vontade do titular de uma função pública a um funcionário que lhe é subordinado. Existem casos em que não há vinculação funcional, mas subordinação em virtude da situação. É a hipótese do policial militar encarregado de manter a ordem na sala de audiências, devendo seguir as determinações administrativas que o magistrado lhe der, enquanto estiver nessa função. A relação, assim, não pode ser de direito privado, como as relações estabelecidas entre patrões e empregados.

Ordem não manifestamente ilegal: A ordem deve ser aparentemente legal. Se é manifestamente ilegal, deve o subordinado responder pelo crime.

Estrita obediência: Deve o funcionário agir dentro dos limites da ordem emitida, sob pena de ser responsabilizado pelo excesso.

Consequências da ordem manifestamente legal: Se o subordinado cumpre ordem legal, está no estrito cumprimento do dever legal. Não pratica crime, uma vez que está acobertado por causa de exclusão da ilicitude.

Consequências da ordem ilegal: Se a ordem é manifestamente ilegal, o subordinado deve responder pelo crime praticado, pois não tinha como desconhecer sua ilegalidade. No caso, poderá ser beneficiado com a circunstância atenuante prevista no art. 65, III, *c*, 2ª parte. Convém notar que a hipótese é de concurso de pessoas entre o superior hierárquico e o subordinado.

Consequências da ordem aparentemente legal (não manifestamente ilegal): No caso, o subordinado não podia perceber sua ilegalidade; logo, exclui-se a exigibilidade de conduta diversa, e ele fica isento de pena (cf. CP, art. 22). O superior hierárquico, no caso, deverá responder pelo fato cometido em virtude de sua ordem. Trata-se de hipótese de autoria mediata, pois o autor da ordem sabe que esta é ilegal, mas se aproveita do desconhecimento de seu subordinado.

Erro de proibição. Ordem manifestamente ilegal: Se o subordinado, por erro de proibição, supõe a ordem legal, não existe exclusão da culpabilidade, já que se trata de erro evitável, constituindo mera causa de diminuição de pena (CP, art. 21, parte final).

Lei de Tortura (Lei n. 9.455/97)

Coação e Lei de Tortura: A coação física empregada poderá, muitas vezes, configurar o crime de tortura. É o caso, por exemplo, do agente que queima o corpo da vítima com ferro em brasa, a fim de que ela pratique um homicídio. No caso, a violência empregada é irresistível, não respondendo o coagido por crime algum, pela ausência total de vontade de praticar delito (praticou o crime porque, se assim não fizesse, o coator não interromperia o suplício contra ele infligido). O coator, por sua vez, responderá pela ação ou omissão criminosa praticada pelo coagido (CP, art. 22) em concurso com o crime de tortura (art. 1º, I, *b*, da Lei n. 9.455/97). Também é possível que a coação moral irresistível constitua crime de tortura. O responsável pela tortura será autor mediato do crime cometido pelo coagido e por ele responderá, em concurso material com o crime de tortura.

Exclusão de ilicitude

Art. 23. Não há crime quando o agente pratica o fato: *(Caput e incisos com redação dada pela Lei n. 7.209/84)*

I – em estado de necessidade;

II – em legítima defesa;

III – em estrito cumprimento de dever legal ou no exercício regular de direito.

Excesso punível

Parágrafo único. O agente, em qualquer das hipóteses deste artigo, responderá pelo excesso doloso ou culposo. *(Redação dada pela Lei n. 7.209/84)*

(1) Exclusão da ilicitude: Crime é todo fato típico e ilícito. Pela concepção bipartida, a culpabilidade não integra o conceito de crime. *Ilicitude* é a contradição entre a conduta e o ordenamento jurídico, pela qual a ação ou omissão típicas se tornam ilícitas. Pode-se assim dizer que todo fato

penalmente ilícito é, antes de mais nada, típico. No entanto, pode suceder que um fato típico não seja ilícito, ante a concorrência de causas excludentes (art. 23, I, II e III).

Causas legais de exclusão da ilicitude: São quatro as causas legais previstas na Parte Geral do Código Penal: (a) estado de necessidade; (b) legítima defesa; (c) estrito cumprimento do dever legal; (d) exercício regular de direito. Existem, contudo, outras causas legais de exclusão da ilicitude espalhadas no Código Penal, em sua Parte Especial, por exemplo, o aborto necessário ou o aborto no caso de gravidez resultante de estupro (CP, art. 128, I e II) ou a injúria ou difamação praticadas em uma das situações previstas no art. 142, I, II e III, do CP etc.

Natureza jurídica: Constituem causas que excluem a ilicitude ou antijuridicidade. O fato é típico, porém não ilícito, diante da presença de uma das causas previstas no art. 23 do CP.

Causas de exclusão da ilicitude e ação penal: Constatando-se a presença de alguma das causas de exclusão da ilicitude, faltará uma condição da ação penal, pois, se o fato que deve ser narrado com todas as circunstâncias (CPP, art. 41) não constitui crime, autorizado estará o Ministério Público a pedir o arquivamento ou o juiz a rejeitar a denúncia ou queixa (CPP, art. 395, II, com a redação determinada pela Lei n. 11.719/2008). Essa hipótese, contudo, somente ocorrerá se a existência da causa justificadora for inquestionável, ou seja, se estiver cabalmente demonstrada, já que na fase do oferecimento da denúncia vigora o princípio *in dubio pro societate*.

Causas de exclusão da ilicitude e prisão em flagrante ou preventiva do acusado: Vide arts. 310, parágrafo único, e 314 do CPP, com a redação determinada pela Lei n. 12.403/2011.

Causa de exclusão da ilicitude e habeas corpus: O Egrégio Superior Tribunal de Justiça manifestou-se reiteradas vezes no sentido de que a tese defensiva de exclusão de ilicitude não pode ser objeto de apreciação na via exígua de *habeas corpus*, pois exige dilação do conjunto probatório: STJ, HC 38.083, 5ª T., Rel. Laurita Vaz, j. 22-2-2005; STJ, ROHC 12.866-PR, 6ª T., Rel. Min. Paulo Gallotti, j. 14-2-2006. *Em sentido diverso:* TJPR, HC. 0330268-7, 1ª Câmara Criminal, Rel. Antônio Loyola Vieira, j. 18-5-2006. Saliente-se, contudo, que é possível, pela via estreita do *habeas corpus*, o trancamento da ação por falta de justa causa. Para tanto, há de se comprovar, sem necessidade de dilação probatória, a atipicidade da conduta, a incidência de causa de extinção da punibilidade ou, ainda, a ausência de indícios de autoria ou de prova da materialidade do delito: STJ, HC 34.524, 5ª T., Rel. Min. Felix Fischer, j. 8-6-2004. Assim, "não se tranca a ação penal quando a conduta descrita na denúncia configura, em tese, crime" (STF, HC 85636/PI, 2ª T., Rel. Min. Carlos Velloso, j. 13-12-2005).

Causa de exclusão da ilicitude. Tribunal do Júri. Vide arts. 415, IV (absolvição sumária), e 483, *caput*, do CPP (votação de quesitos).

Causa de exclusão da ilicitude e defesa inicial escrita: Nos procedimentos ordinário e sumário, oferecida a denúncia ou queixa, o juiz: (a) analisará se não é caso de rejeição liminar (deverá avaliar todos os requisitos do art. 395: condição da ação, possibilidade jurídica do pedido etc.); (b) se não for caso de rejeição liminar, recebê-la-á e ordenará a citação do acusado para responder à acusação, por escrito, no prazo de dez dias (CPP, art. 396. *Vide* também CPP, art. 406). Nessa defesa inicial poderá o defensor arguir preliminares e alegar tudo o que interesse à sua defesa, por exemplo, matérias que levem à absolvição sumária, as quais se encontram descritas no atual art. 397 do CPP, como a existência manifesta de causas excludentes da ilicitude.

Causas de exclusão da ilicitude e legislação civil: De acordo com o art. 188 do CC, não constituem atos ilícitos: "I – os praticados em legítima defesa ou no exercício regular de um direito reconhecido; II – a deterioração ou destruição da coisa alheia, ou a lesão a pessoa, a fim de remover perigo iminente. Parágrafo único: No caso do inciso II, o ato será legítimo somente quando as circunstâncias o tornarem absolutamente necessário, não excedendo os limites do indispensável para a remoção do perigo".

Causa de exclusão da ilicitude e ação civil ex delicto: Em consonância com o art. 65 do CPP, "faz coisa julgada no cível a sentença penal que reconhecer ter sido o ato praticado em estado de necessidade, em legítima defesa, em estrito cumprimento do dever legal ou no exercício regular de direito".

Estado de necessidade: Vide comentários ao art. 24 do CP.

Legítima defesa: Vide comentários ao art. 25 do CP.

(2) *Estrito cumprimento do dever legal (art. 23, III, 1ª parte)*: Não há crime quando o agente pratica o fato no "estrito cumprimento de dever legal". Consiste na realização de um fato típico, por força do desempenho de uma obrigação imposta por lei. Exemplo: o policial que priva o fugitivo de sua liberdade, ao prendê-lo em cumprimento de ordem judicial. Quem cumpre um dever legal dentro dos limites impostos pela lei obviamente não pode estar praticando ao mesmo tempo um ilícito penal. Age no estrito cumprimento do dever legal, por exemplo, policial que atira contra detento em fuga, valendo-se dos meios necessários e sem excesso (TJDFT, RSE 19990810025822, 1ª T. Criminal, Rel. Des. Lecir Manoel da Luz, j. 8-9-2005); policiais que, ao abordarem indivíduo que furtara um veículo, são recebidos com tiros e, ao revidar, atingem-no (TJRS, ROf 70012192084, 3ª Câmara Criminal, Rel. Des. Elba Aparecida Nicolli Bastos, j. 11-8-2005). De outra parte, não agem ao abrigo da excludente policiais militares que, em razão de racha automobilístico, em altas horas da madrugada, desfecham tiros na direção dos veículos envolvidos (TJRS, Ap. Crim. 70012891909, 7ª Câmara Criminal, Rel. Des. Marcelo Bandeira Pereira, j. 17-11-2005); policiais militares que exigem numerário dos traficantes para não fazer as diligências necessárias na favela (TJRJ, Ap. Crim. 2004.050.00265, 1ª Câmara Criminal, Rel. Des. Paulo César Salomão, j. 3-8-2004); policial que, a pretexto de assustar a vítima, em presumível situação de flagrante de furto, e evitar sua fuga, nela atira pelas costas (TJSC, Ap. Crim. 33.617, 1ª Câmara Criminal, Rel. Des. Nilton Macedo Machado, j. 31-10-95); sentinela que, a título de zelar pela segurança do quartel, atira na vítima, pelas costas, quando esta, desarmada, apenas se afastava do local para escapar de uma provável abordagem (TJDFT, Ap. Crim. 20000110111268, 2ª T. Criminal, Rel. Des. Aparecida Fernandes, j. 25-11-2004). Com efeito, "a lei proíbe à autoridade, aos seus agentes e a quem quer que seja desfechar tiros de revólver ou pistola contra pessoas em fuga, mais ainda contra quem, devida ou indevidamente, sequer havia sido preso efetivamente" (STJ, REsp 402.419/RO, 6ª T., Rel. Min. Hamilton Carvalhido, j. 21-10-2003).

Dever legal: O dever legal pode constar de decreto, regulamento ou qualquer ato administrativo infralegal, desde que originários de lei. O mesmo se diga em relação a decisões judiciais, que nada mais são do que determinações emanadas do Poder Judiciário em cumprimento da ordem legal, por exemplo, o oficial de justiça que, munido de ordem judicial, arromba as portas da residência do devedor, a fim de proceder à penhora dos bens.

Estrito cumprimento do dever legal putativo: Exemplo: um policial algema um cidadão honesto, sósia de um fugitivo.

Destinatários: A excludente dirige-se aos funcionários ou agentes públicos que agem por ordem da lei. Não fica excluído, contudo, o particular que exerce função pública (jurado, perito, mesário da Justiça Eleitoral etc.).

Comunicabilidade. Coautores e partícipes: Alcança os coautores e partícipes, pois o fato não pode ser objetivamente lícito para uns e ilícito para outros.

Requisito subjetivo. Conhecimento da situação justificante: A excludente da ilicitude em estudo, como as demais constantes do art. 23, exige o elemento subjetivo, isto é, o sujeito deve ter conhecimento de que está praticando um fato em face de um dever imposto pela lei, do contrário, estaremos diante de um ilícito, embora haja posicionamento em sentido contrário: *vide* Celso Delmanto, *Código Penal*, cit., p. 43.

Excesso punível: Somente os atos que sejam rigorosamente necessários e que decorram de exigência legal se amparam na causa de justificação em estudo. Os excessos cometidos pelos agentes poderão configurar um dos delitos previstos no Código Penal ou abuso de autoridade (Lei n. 4.898, de 9-12-65, arts. 3º e 4º), por exemplo, constitui crime ordenar ou executar medida privativa de liberdade individual, sem as formalidades legais ou com abuso de poder (art. 4º, *a*, da lei) ou submeter pessoa sob sua guarda ou custódia a vexame ou a constrangimento não autorizado em lei. Assim, por exemplo, embora a prisão de um indivíduo tenha sido legal, constituindo o fato estrito cumprimento de um dever legal, a autoridade policial não está autorizada a expô-lo a situações vexatórias, humilhantes, e, caso o faça, deverá responder pelo excesso. Nessa linha, praticam crime de abuso de autoridade os policiais militares que, a pretexto de revista pessoal, espancam a vítima devido à sua desobediência (TJDFT, Ap. Crim. 19990110461384, 1ª T. Criminal, Rel. Des. Rosa de Farias, j. 12-6-2002) ou agridem fisicamente indivíduo detido (TACrimSP, *JUTACRIM* 43/172). Outrossim, pratica o crime previsto no art. 230 do ECA o policial militar que, sem ordem judicial e sem que o menor esteja em estado de flagrância, retira-o do interior de sua casa, nele coloca algemas e o conduz até a Delegacia de Polícia (TJMG, Ap. Crim. 1.0000.00.1579135/000, 3ª Câmara Criminal, Rel. Des. Kelsen Carneiro, j. 30-11-1999).

Excesso punível. Uso de algemas e o crime de constrangimento ilegal: Vide LEP, art. 199; CPP, arts. 284, 292 e 474, § 3º (alterado pela Lei n. 11.698/2008); CPPM, art. 234, § 1º; art. 10 da Lei n. 9.537/97, bem como regras mínimas da ONU para tratamento de prisioneiros (n. 33). Já decidiu o STJ não constituir constrangimento ilegal o uso de algemas, se necessário para a ordem dos trabalhos e a segurança dos presentes: STJ, 2ª T., Rel. Min. Francisco Rezek, *DJU*, 4-4-1995, p. 22442. *No mesmo sentido:* TJMG, Ap. Crim. 1.0105.04.118836-5/001, 2ª Câmara Criminal, Rel. Acórdão Des. Beatriz Pinheiro Caires, j. 15-9-2005. Presente um desses motivos, é possível utilizar algema em qualquer pessoa que esteja sendo detida. A jurisprudência já autorizou o emprego de algema até mesmo contra réu, juiz de direito, quando demonstrada a necessidade (STJ, HC 35.540, 5ª T., Rel. Min. José Arnaldo, j. 5-8-2005), mas sempre a considerando excepcional e nunca admitindo seu emprego com finalidade infamante ou para expor o detido à execração pública (STJ, REC 5.663/SP, 6ª T., Rel. Min. William Patterson, *DJU* 23-9-1996, p. 33157). No julgamento do réu em plenário do júri, se o uso da algema for desnecessário e ficar sendo utilizado pela acusação a todo o tempo, como argumento para a condenação ou para induzir o Conselho de Sentença a tomar o acusado por pessoa de alta periculosidade, pode ocorrer até mesmo a anulação do processo, por ofensa ao princípio da ampla defesa. Configuremos a hipótese de um réu não perigoso, que se encontra preso provisoriamente porque faltou ao julgamento anterior, e, enquanto permanece algemado, é obrigado a ouvir que assim se encontra dada sua extrema agressividade e propensão à violência. Algema não é argumento e, se for utilizada sem necessidade, pode levar à invalidação da sessão. *Nesse sentido:* TJSP, Ap. Crim. 74.542-3, Rel. Des. Renato Talli, *RT* 643/285. Saliente-se, porém, que "à míngua da demonstração de prejuízo para a defesa, pelo suposto uso irregular de algemas em Plenário de Júri, a alegação não possui o condão de impor a nulidade do julgamento (TJES, Ap. Crim. 035.03.009453-2, 1ª Câmara Criminal, Rel. Des. Sérgio Luiz Teixeira Gama, j. 29-6-2005). Mencione-se que o Supremo Tribunal Federal acabou por editar, no dia 7 de agosto de 2008, durante o julgamento do *Habeas Corpus* 91.952, a Súmula Vinculante 11, segundo a qual: "Só é lícito o uso de algemas em caso de resistência e de fundado receio de fuga ou de perigo à integridade física própria ou alheia, por parte do preso ou de terceiros, justificada a excepcionalidade por escrito, sob pena de responsabilidade disciplinar civil e penal do agente ou das autoridades e de nulidade da prisão ou do ato processual a que se refere, sem prejuízo da responsabilidade civil do Estado".

Estrito cumprimento do dever legal e crime de resistência ou desobediência: O agente deve agir no estrito cumprimento do dever legal para que se configure a excludente da ilicitude. Se a ordem for manifestamente ilegal, além de o fato constituir crime, a resistência ou desobediência do particular em cumprir a ordem não configurará o crime dos arts. 329 ou 330 do CP. Por exemplo: recusa em obedecer a mandado judicial cumprido no período noturno.

(3) *Exercício regular de direito (art. 23, III, 2ª parte)*: A Constituição Federal reza que ninguém será obrigado a fazer ou deixar de fazer alguma coisa senão em virtude de lei (CF, art. 5º, II). Qualquer pessoa pode exercer um direito subjetivo ou uma faculdade previstos em lei (penal ou extrapenal). Disso resulta que se exclui a ilicitude nas hipóteses em que o sujeito está autorizado a esse comportamento. Exemplo: o ordenamento jurídico propicia a prisão em flagrante por particular; assim como permite a ofensa irrogada em juízo, na discussão da causa, pela parte ou por seu procurador, pois se trata de hipótese de imunidade judiciária (*vide* art. 142, I, II e III); finalmente, possibilita a coação para evitar suicídio ou para a prática de intervenção cirúrgica (art. 146, § 3º).

"Direito": É expressão empregada em sentido amplo, abrangendo todas as formas de direito subjetivo, penal ou extrapenal, por exemplo, o *jus corrigendi* do pai de família que deriva do poder familiar (CC, art. 1.634, I). São também fontes de direito subjetivo os regulamentos e as provisões internas de associações autorizadas legalmente a funcionar, cujo exercício regular torna lícito o fato típico, por exemplo, as lesões praticadas nas competições esportivas. Citem-se também os castigos infligidos pelo mestre-escola derivados de regulamentos internos de estabelecimentos de ensino, as providências sanitárias de autoridades públicas que derivam do poder de polícia do Estado e que vêm reguladas em portarias, instruções etc.

Exercício regular de direito putativo: Exemplo: o sujeito corta os galhos da árvore do vizinho, imaginando falsamente que eles invadiram sua propriedade.

Destinatários: A excludente dirige-se aos funcionários ou agentes públicos que agem por ordem da lei, bem como aos particulares.

Comunicabilidade. Coautores e partícipes: Alcança os coautores e partícipes, pois o fato não pode ser objetivamente lícito para uns e ilícito para outros.

Requisito subjetivo. Conhecimento da situação justificante: Vide comentários acima.

Excesso punível: Vide comentários acima.

Ofendículos (Offendiculas ou offensaculas): São aparatos (cacos de vidro ou pontas de lança em muros e portões, cães bravios com placas de aviso no portão etc.) facilmente perceptíveis, destinados à defesa da propriedade ou de qualquer outro bem jurídico. Trata-se de exercício regular do direito de defesa da propriedade, já que a lei permite desforço físico imediato para a preservação da posse e, por conseguinte, de quem estiver no imóvel (CC, art. 1.210, § 1º). Excepcionalmente, poderá haver excesso, devendo o agente por ele responder. *No mesmo sentido:* Aníbal Bruno, *Direito Penal*, parte geral, 4. ed., Rio de Janeiro: Forense, t. 2, p. 9. No sentido de que constitui legítima defesa preordenada: Damásio de Jesus, *Direito penal*, cit., 23. ed., v. 1, p. 395. Jurisprudência cível, no âmbito da indenização pelos danos sofridos: "ofendículas constituem exercício regular de direito, desde que não ultrapassem os limites do razoável" (TJPR, Apelação 03000486, 16ª Câmara Cível, Rel. Des. Shiroshi Yendo, j. 26-10-2005). Age em excesso na defesa de seu direito de propriedade aquele que põe, sem qualquer sinalização, cerca eletrificada ativada por rede externa de energia, causando a morte de indivíduo que a toca (TJSC, Ap. 2002.018412-3, 3ª Câmara Cível, Rel. Des. José Volpato de Souza, j. 27-10-2003).

Defesa mecânica predisposta: São aparatos ocultos com a mesma finalidade que os ofendículos. Como constituem dispositivos não perceptíveis, dificilmente escaparão do excesso, configurando, quase sempre, delitos dolosos ou culposos. É o caso do sitiante que instala uma tela elétrica na piscina, de forma bastante discreta, eletrocutando as crianças que a invadem durante a semana. Responderá por homicídio doloso.

Exercício regular de direito e intervenções médicas e cirúrgicas: Para a doutrina tradicional, entende-se que o tratamento médico e a intervenção cirúrgica constituem casos típicos de exercício regular do direito.

Mencione-se que, por influxo da teoria da imputação objetiva, o fato poderá ser considerado atípico. Estando, no entanto, o paciente em estado de perigo iminente, em não havendo o seu consentimento ou de seu representante legal, há a exclusão da tipicidade, em virtude do art. 146, § 3º, do CP.

Exercício regular de direito e violência esportiva: A violência esportiva não configura crime, pois o resultado danoso constitui, para a doutrina tradicional, exercício regular do direito. Mencione-se que, por influxo da teoria da imputação objetiva, o fato poderá ser considerado atípico (cf. Fernando Capez, *Consentimento do ofendido e violência desportiva*, São Paulo: Saraiva, 2003). Todavia, pune-se a lesão, se desnecessária ou produzida além das regras do jogo: TAMG, *RT* 611/418, 596/397.

Súmula Vinculante

Súmula Vinculante 11: "Só é lícito o uso de algemas em caso de resistência e de fundado receio de fuga ou de perigo à integridade física própria ou alheia, por parte do preso ou de terceiros, justificada a excepcionalidade por escrito, sob pena de responsabilidade disciplinar civil e penal do agente ou das autoridades e de nulidade da prisão ou do ato processual a que se refere, sem prejuízo da responsabilidade civil do Estado".

Estado de necessidade

Art. 24. Considera-se em estado de necessidade quem pratica o fato para salvar de perigo atual, que não provocou por sua vontade, nem podia de outro modo evitar, direito próprio ou alheio, cujo sacrifício, nas circunstâncias, não era razoável exigir-se. *(Artigo com redação dada pela Lei n. 7.209/84)*

§ 1º Não pode alegar estado de necessidade quem tinha o dever legal de enfrentar o perigo.

§ 2º Embora seja razoável exigir-se o sacrifício do direito ameaçado, a pena poderá ser reduzida de um a dois terços.

(1) Estado de necessidade: Trata-se de causa de exclusão da ilicitude da conduta de quem, não tendo o dever legal de enfrentar uma situação de perigo atual, a qual não provocou por sua vontade, sacrifica um bem jurídico ameaçado por esse perigo para salvar outro, próprio ou alheio, cuja perda não era razoável exigir. No estado de necessidade existem dois ou mais bens jurídicos postos em perigo, de modo que a preservação de um depende da destruição dos demais. Como o agente não criou a situação de ameaça, pode escolher, dentro de um critério de razoabilidade ditado pelo senso comum, qual deve ser salvo.

Natureza jurídica: Constitui causa excludente da ilicitude ou antijuridicidade. O fato é típico, porém não ilícito.

Teoria adotada pelo Código Penal: Teoria unitária. Não existe comparação de valores, pois ninguém é obrigado a ficar calculando o valor de cada interesse em conflito, bastando que atue de acordo com o senso comum daquilo que é razoável.

Faculdade do juiz ou direito do réu: Cabe ao juiz analisar com certa discricionariedade se estavam presentes as circunstâncias fáticas ensejadoras do estado de necessidade. Não pode, porém, fugir da obviedade do senso comum. Por essa razão, se existe liberdade para o julgador interpretar a situação concreta, há também limites ditados pela consciência coletiva reinante à época do fato, da qual ele não pode fugir. Presentes os requisitos, não cabe ao juiz negar ao acusado a exclusão da ilicitude afirmando a existência de crime quando, na realidade, houve fato lícito. Trata-se, portanto, de um direito público subjetivo do autor do fato.

Estado de necessidade putativo: Quando imagina estar em estado de necessidade. Exemplo: um náufrago afoga o outro para ficar com a boia de salvação, e só depois percebe que lutava em águas rasas (estado de necessidade putativo por erro de tipo).

Causas de exclusão da ilicitude e ação penal: Vide comentários ao art. 23 do CP.
Causas de exclusão da ilicitude e prisão em flagrante ou preventiva: Vide arts. 310, parágrafo único, e 314 do CPP, com redação determinada pela Lei n. 12.403/2011.
Causa de exclusão da ilicitude e habeas corpus: Vide comentários ao art. 23 do CP.
Causa de exclusão da ilicitude. Tribunal do Júri: Vide arts. 415, IV (absolvição sumária), e 483, *caput*, do CPP (votação de quesitos), com a redação determinada pela Lei n. 11.689/2008.
Causa de exclusão da ilicitude e defesa inicial escrita: Vide arts. 396 e 397 (com a redação determinada pela Lei n. 11.719/2008) e 406 do CPP (com a nova redação promovida pela Lei n. 11.689/2008).
Causas de exclusão da ilicitude e legislação civil: Vide art. 188 do CC.
Causa de exclusão da ilicitude e ação civil ex delicto: Vide art. 65 do CPP.

(2) Perigo atual: Atual é a ameaça que se está verificando no exato momento em que o agente sacrifica o bem jurídico. É o perigo presente, imediato. A lei não fala em perigo iminente, em que ainda se aguarda a chegada da ameaça. *Nesse sentido:* Nelson Hungria, *Comentários*, cit., 4. ed., v. I, t. I, p. 273. Não se admite, assim, o estado de necessidade nos crimes habituais, permanentes e na reiteração criminosa, ante a falta de atualidade do perigo.

(3) Direito próprio ou alheio: O agente visa a salvaguardar do perigo atual direito próprio ou alheio (a vida, a liberdade, o patrimônio etc.), o qual deve estar sob a tutela do ordenamento jurídico, pois, do contrário, não haverá "direito" a ser protegido. Mencione-se que, para defender direito de terceiro, o agente não precisa solicitar sua prévia autorização, agindo, portanto, como um gestor de negócios.

(4) Perigo não causado voluntariamente pelo agente: O perigo não deve ter sido causado voluntariamente pelo agente. Somente o perigo causado dolosamente impede que seu autor alegue o estado de necessidade. *No mesmo sentido:* Damásio de Jesus. *Direito penal*, cit., 23. ed., v. 1, p. 372. *Em sentido contrário*, sustentando que também o perigo provocado por culpa obsta a alegação de estado de necessidade: Francisco de Assis Toledo, *Princípios básicos de direito penal*, 5. ed., São Paulo: Saraiva, 1994, p. 185; Nélson Hungria, *Comentários*, cit., 5. ed., v. I, t. I, p. 437 e José Frederico Marques, *Tratado de Direito Penal*, Campinas: Bookseller, 1997, v. I, p. 169.

(5) Inevitabilidade do comportamento: Somente se admite o sacrifício do bem quando não existir qualquer outro meio de se efetuar o salvamento. Para aqueles a quem se impõe o dever legal de enfrentar o perigo, a inevitabilidade tem um significado mais abrangente. O sacrifício somente será inevitável quando, mesmo correndo risco pessoal, for impossível a preservação do bem.

(6) Razoabilidade do sacrifício: A lei não falou, em momento algum, em bem de valor maior, igual ou menor, mas apenas em *razoabilidade do sacrifício*. Assim, se o agente afasta um bem jurídico de uma situação de perigo atual que não criou por sua vontade, destruindo outro bem, cujo sacrifício era razoável dentro das circunstâncias, haverá o estado de necessidade.

(7) Requisito subjetivo: Conhecimento da situação justificante: A excludente da ilicitude em estudo também exige o elemento subjetivo, isto é, os seus pressupostos devem estar abrangidos pela vontade do agente, sob pena de a ação ser considerada ilícita. Se imaginava cometer um delito, ou seja, se a sua vontade não era salvar alguém, mas provocar um mal, inexiste estado de necessidade, mesmo que, por uma incrível coincidência, a ação danosa acabe por salvar algum bem jurídico.

(8) Dever legal de enfrentar o perigo (§ 1º): Não pode alegar estado de necessidade quem tinha o dever legal de enfrentar o perigo, por exemplo, o bombeiro. Poderá, no entanto, recusar-se a uma situação perigosa quando impossível o salvamento ou o risco for inútil.

(9) Causa de diminuição de pena (§ 2º): Se a destruição do bem jurídico não era razoável, falta um dos requisitos do estado de necessidade, e a ilicitude não é excluída. Embora afastada a excludente, em face da desproporção entre o que foi salvo e o que foi sacrificado, a lei permite que

a pena seja diminuída de 1/3 a 2/3. Cabe ao juiz aferir se é caso ou não de redução, não podendo, contudo, contrariar o senso comum.

(10) Excesso punível: Está previsto no art. 23, parágrafo único. É a desnecessária intensificação de uma conduta inicialmente justificada. Pode ser doloso ou consciente, quando o agente atua com dolo em relação ao excesso. Nesse caso, responderá dolosamente pelo resultado produzido. Pode ainda ser culposo ou inconsciente, quando o excesso deriva de equivocada apreciação da situação de fato, motivada por erro evitável. Responderá o agente pelo resultado a título de culpa.

(11) Estado de necessidade e dificuldades econômicas: Dificuldades financeiras, desemprego, situação de penúria, por si sós, não caracterizam essa descriminante. Nessa linha: "não se confundem estado de necessidade e estado de precisão, carência ou penúria. Tão só poderá aceitar-se a justificativa quando o agente se defronte com situação aflitiva atual, inevitável e de real seriedade, de modo a não possuir outra alternativa, a não ser a prática do fato típico proibido" (TACrimSP, *RJD* 3/121). Assim, para que se reconheça o estado de necessidade, por exemplo, nos casos de furto famélico, exige-se prova convincente dos requisitos do art. 24 do CP (atualidade do perigo, involuntariedade, inevitabilidade por outro modo e inexigibilidade de sacrifício do direito ameaçado). "O estado de necessidade, para ser reconhecido, deve ser provado – mera retórica não o sustenta" (TJRS, Ap. Crim. 70013303862, 5ª Câmara Criminal, Rel. Des. Amilton Bueno de Carvalho, j. 8-2-2006). A dirimente costuma ser invocada em crimes de furto famélico: TJRS, Ap. Crim. 70004771846, 5ª Câmara Criminal, Rel. Des. Paulo Moacir Aguiar Vieira, j. 21-8-2002; TACrimSP, *RT* 785/621; TAMG, Ap. Crim. 2.0000.00.4451916/000, 2ª Câmara Mista, Rel. Des. Vieira de Brito, j. 28-9-2004. Já foi reconhecida, também, em contravenção penal do "jogo do bicho" (TACrimSP, *RT* 775/624) e, ainda, no delito de apropriação indébita de contribuição previdenciária, em virtude de graves dificuldades financeiras da empresa (TRF, 1ª Região, Ap. Crim. 200101000219202, 4ª T., Rel. Ítalo Fioravanti Sato Mendes, j. 4-5-2004). A tese de estado de necessidade, porém, não tem sido aceita no caso de prática do delito de roubo (TJRS, Ap. Crim. 70014017099, 8ª Câmara Criminal, Rel. Des. Roque Miguel Fank, j. 22-2-2006; TJDFT, Ap. Crim. 20040710147434, 1ª T., Rel. Des. Sérgio Bittencourt, j. 27-10-2005); se a subtração, no furto, recai sobre bens impróprios para alimentação: TAMG, Ap. Crim. 2.0000.00.377071-4/000, 2ª Câmara Mista, Rel. Des. Antônio Armando dos Anjos, j. 4-2-2003; TJDFT, Ap. Crim. 19980710037067, 2ª T., Rel. Des. Eutália Maciel Coutinho, j. 11-9-2002; e também tem sido repelida nos crimes de descaminho. Nessa linha, o TRF da 4ª Região entende que há "absoluta incompatibilidade entre a excludente do estado de necessidade e o delito de descaminho, haja vista tal prática criminosa exigir do agente capital inicial e de giro, afastando os seus pressupostos, quais sejam, o perigo atual e o risco iminente": Ap. Crim. 2003.72.00.012138-8, 7ª T., Rel. Des. Maria de Fátima Freitas Labarrère, j. 18-4-2006; Ap. Crim. 2003.71.0 4.018688-4, 8ª T., Rel. Des. Paulo Afonso Brum Vaz, j. 19-4-2006.

(12) Estado de necessidade e direção de veículo automotor, em via pública, sem permissão ou habilitação: Dispõe o art. 309: "Dirigir veículo automotor, em via pública, sem a devida Permissão para Dirigir ou Habilitação ou, ainda, se cassado o direito de dirigir, gerando perigo de dano: Penas – detenção, de seis meses a um ano, ou multa". Há que se lembrar que o estado de necessidade exclui o crime: quando o agente dirige sem habilitação para socorrer pessoa adoentada ou acidentada que necessite de socorro ou, ainda, em outras situações de extrema urgência.

Legítima defesa

Art. 25. Entende-se em legítima defesa quem, usando moderadamente dos meios necessários, repele injusta agressão, atual ou iminente, a direito seu ou de outrem. *(Redação dada pela Lei n. 7.209/84)*

(1) Legítima defesa: Trata-se de causa de exclusão da ilicitude que consiste em repelir injusta agressão, atual ou iminente, a direito próprio ou alheio, usando moderadamente dos meios necessários. Não há, aqui, uma situação de perigo pondo em conflito dois ou mais bens, na qual um deles deverá ser sacrificado. Ao contrário, ocorre um efetivo ataque ilícito contra o agente ou terceiro, legitimando a repulsa.

Natureza jurídica: Cuida-se de causa de exclusão da ilicitude. O fato é típico, mas não ilícito.

Causas de exclusão da ilicitude e ação penal: Vide comentários ao art. 23 do CP.

Causas de exclusão da ilicitude e prisão em flagrante ou preventiva: Vide arts. 310, parágrafo único, e 314 do CPP, com a redação determinada pela Lei n. 12.403/2011.

Causa de exclusão da ilicitude e habeas corpus: Vide comentários ao art. 23 do CP.

Causa de exclusão da ilicitude. Tribunal do Júri: Vide arts. 415, IV (absolvição sumária), e 483, *caput*, do CPP (votação de quesitos), com a redação determinada pela Lei n. 11.689/2008.

Causa de exclusão da ilicitude e defesa inicial escrita: Vide arts. 396 e 397 (com a redação determinada pela Lei n. 11.719/2008) e 406 do CPP (com a nova redação promovida pela Lei n. 11.689/2008).

Causas de exclusão da ilicitude e legislação civil: Vide art. 188 do CC.

Causa de exclusão da ilicitude e ação civil ex delicto: Vide art. 65 do CPP.

(2) Agressão: É toda conduta humana que ataca um bem jurídico. Ataque de animal não a configura, de modo que se a pessoa se defende do animal, está em estado de necessidade. Convém notar, contudo, que se uma pessoa açula um animal para que ele avance em outra, nesse caso existe agressão autorizadora da legítima defesa, pois o irracional está sendo utilizado como instrumento do crime (poderia usar uma arma branca, uma arma de fogo, mas preferiu servir-se do animal). No tocante à provocação através de injúrias verbais, segundo a sua intensidade e conforme as circunstâncias, pode ou não ser uma agressão. Assim, se consistir em injúria de certa gravidade, por exemplo, poderá ser considerada uma injusta agressão autorizadora de atos de legítima defesa. Se, contudo, a provocação constituir mera brincadeira de mau gosto, não passar de um desafio, geralmente tolerado no meio social, não se autorizará a legítima defesa. Deve-se, no entanto, estar atento para o requisito da moderação, pois não pode invocar legítima defesa aquele que mata ou agride fisicamente apenas quem o provocou com palavras.

Agressão de inimputáveis: O inimputável (ébrios habituais, doentes mentais, menores de 18 anos) pode sofrer repulsa acobertada pela legítima defesa.

Agressão decorrente de desafio, duelo, convite para briga: Não age em legítima defesa aquele que aceita desafio para luta, respondendo os contendores pelos ilícitos praticados.

Agressão e crime de rixa: Vide comentários ao art. 137 do CP.

Agressão injusta: Agressão injusta é a contrária ao ordenamento jurídico. Trata-se, portanto, de agressão ilícita, muito embora injusto e ilícito, em regra, não sejam expressões equivalentes. Não se exige que a agressão injusta seja necessariamente um crime. Exemplo: a legítima defesa pode ser exercida para a proteção da posse (CC, § 1º do art. 1.210) ou contra o furto de uso, o dano culposo etc.

Agressão atual: Deve a agressão ser atual ou iminente. Atual é a que está ocorrendo, ou seja, o efetivo ataque já em curso no momento da reação defensiva. Se a agressão for passada, não haverá legítima defesa, mas vingança.

Agressão atual e crime permanente: No crime permanente, a defesa é possível a qualquer momento, uma vez que a conduta se protrai no tempo, renovando-se a todo instante a sua atualidade.

Agressão iminente: A agressão pode ser iminente, isto é, a que está prestes a ocorrer. Nesse caso, a lesão ainda não começou a ser produzida, mas deve iniciar a qualquer momento. Admite-se a repulsa desde logo, pois ninguém está obrigado a esperar até que seja atingido por um golpe *(nemo expectare tenetur donec percutietur)*. A agressão futura não autoriza a legítima defesa. Não pode, portanto, arguir a excludente aquele que mata a vítima porque esta o ameaçou de morte (mal futuro).

Inevitabilidade da agressão e commodus discessus: Trata-se de requisito do estado de necessidade (*vide* art. 24), o qual não é exigido na legítima defesa.

Agressão a direito próprio ou de terceiro: (a) legítima defesa própria: defesa de direito próprio; (b) legítima defesa de terceiro: defesa de direito alheio.

Aberratio ictus na reação defensiva: É a ocorrência de erro na execução dos atos necessários de defesa. Exemplo: para defender-se da agressão de "A", "B" desfere tiros em direção ao agressor, mas, por erro, atinge "C", terceiro inocente. Pode suceder que o tiro atinja o agressor "A" e por erro o terceiro inocente "C". Nas duas hipóteses, a legítima defesa não se desnatura, pois, a teor do art. 73 do Código Penal, "B" responderá pelo fato como se tivesse atingido o agressor "A", ou seja, a pessoa visada, e não a efetivamente atingida.

Legítima defesa e estado de necessidade: É possível a coexistência entre ambos. Exemplo: "A", para defender-se legitimamente de "B", pega a arma de "C" sem a sua autorização.

(3) Meios necessários: São os menos lesivos colocados à disposição do agente no momento em que sofre a agressão. Exemplo: se o sujeito tem um pedaço de pau a seu alcance e com ele pode tranquilamente conter a agressão, o emprego de arma de fogo revela-se desnecessário. Há quem sustente que a proporcionalidade entre repulsa e agressão é imprescindível para a existência do meio necessário. *Nesse sentido:* Francisco de Assis Toledo, *Princípios básicos*, op. cit., p. 201 e 203.

Desnecessidade do meio: Caracteriza o excesso doloso, culposo ou exculpante (sem dolo ou culpa).

Moderação: É o emprego dos meios necessários dentro do limite razoável para conter a agressão. A jurisprudência tem entendido que a moderação não deve ser medida milimetricamente, mas analisadas as circunstâncias de cada caso. O número exagerado de golpes, porém, revela imoderação por parte do agente. Afastada a moderação, deve-se indagar se houve excesso.

Legítima defesa da honra: Já decidiu o Superior Tribunal de Justiça que "não há ofensa à honra do marido pelo adultério da esposa, porque não existe essa honra conjugal. Ela é pessoal, própria de cada um dos cônjuges. (...) A lei civil aponta os caminhos da separação e do divórcio. Nada justifica matar a mulher que, ao adulterar, não preservou a sua própria honra": RE 1.517-PR, 6ª T., Rel. Min. José Cândido de Carvalho Filho, j. 11-3-1991. *No mesmo sentido:* TJSP, RSE 156.508-3, 4ª Câmara Especial, Rel. Des. Bittencourt Rodrigues, j. 26-6-1995; TJSP, Ap. Crim. 169.464-3, 4ª Câmara Criminal, Rel. Des. Ferraz Felisardo, j. 29-10-1996.

Excesso: É a intensificação desnecessária de uma ação inicialmente justificada. Presente o excesso, os requisitos das descriminantes deixam de existir, devendo o agente responder pelas desnecessárias lesões causadas ao bem jurídico ofendido (cf. art. 23, parágrafo único).

Excesso doloso ou consciente: Nessa hipótese, o agente, ao se defender de uma injusta agressão, emprega meio que sabe ser desnecessário ou, mesmo tendo consciência de sua desproporcionalidade, atua com imoderação. Exemplo: para defender-se de um tapa, o sujeito mata a tiros o agressor ou então, após o primeiro tiro que fere e imobiliza o agressor, prossegue na reação até a sua morte. Em tais hipóteses caracteriza-se o excesso doloso em virtude de o agente consciente e deliberadamente valer-se da situação vantajosa de defesa em que se encontra para, desnecessariamente, infligir ao agressor uma lesão mais grave do que a exigida e possível, impelido por motivos alheios à legítima defesa (ódio, vingança, perversidade etc.). *Nesse sentido:* Francisco de Assis Toledo, *Princípios básicos*, op. cit., p. 208. Constatado o excesso doloso, o agente responde pelo resultado dolosamente. Exemplo: aquele que mata quando bastava tão somente a lesão responde por homicídio doloso.

Excesso culposo ou inconsciente: Não houve intensificação intencional, pois o sujeito imaginava-se ainda sofrendo o ataque, tendo seu excesso decorrido de uma equivocada apreciação da realidade. O agente responderá pelo resultado produzido, a título de culpa.

Excesso e legítima defesa sucessiva: Legítima defesa sucessiva é a repulsa contra o excesso. Quem dá causa aos acontecimentos não pode arguir legítima defesa em seu favor, razão pela qual deve dominar quem se excede sem feri-lo.

(4) Requisito subjetivo. Conhecimento da situação justificante: Mesmo que haja agressão injusta, atual ou iminente, a legítima defesa estará completamente descartada se o agente desconhecia essa situação. Se, na sua mente, ele queria cometer um crime e não se defender, ainda que, por coincidência, o seu ataque acabe sendo uma defesa, o fato será ilícito. *Em sentido contrário:* Celso Delmanto, *Código*, cit., p. 47.

Legítima defesa putativa: É a errônea suposição da existência da legítima defesa por erro de tipo ou de proibição. Só existe na imaginação do agente, pois o fato é objetivamente ilícito.

(5) Legítima defesa e porte ilegal de arma de fogo: Agente que repele injusta agressão, atual ou iminente, contra si ou terceiro, usando moderadamente do meio necessário, mas, servindo-se de arma de fogo que portava ilegalmente, responde pelo crime do art. 14 (ou art. 16), *caput*, do Estatuto do Desarmamento, o qual tem objetividade jurídica e momento consumativo diverso. Antes de se apresentar a situação coberta pela justificante legal, a coletividade ficou exposta a um perigo decorrente da conduta do porte ilegal. Convém, contudo, distinguir: se o sujeito, no exato instante em que sofre a agressão, se arma e efetua o disparo, a justificante acoberta toda a situação fática, não subsistindo infração punível. *Nesse sentido, RT*, 618:319 (cf. Fernando Capez, *Estatuto do Desarmamento*, São Paulo: Saraiva, 2005).

TÍTULO III
DA IMPUTABILIDADE PENAL

Inimputáveis

Art. 26. É isento de pena o agente que, por doença mental ou desenvolvimento mental incompleto ou retardado, era, ao tempo da ação ou da omissão, inteiramente incapaz de entender o caráter ilícito do fato ou de determinar-se de acordo com esse entendimento. *(Redação dada pela Lei n. 7.209/84)*

Redução de pena

Parágrafo único. A pena pode ser reduzida de um a dois terços, se o agente, em virtude de perturbação de saúde mental ou por desenvolvimento mental incompleto ou retardado não era inteiramente capaz de entender o caráter ilícito do fato ou de determinar-se de acordo com esse entendimento. *(Redação dada pela Lei n. 7.209/84)*

(1) Culpabilidade: É o juízo de censurabilidade e reprovação exercido sobre alguém que praticou um fato típico e ilícito. Verifica-se, em primeiro lugar, se o fato é típico ou não; em seguida, em caso afirmativo, a sua ilicitude; só a partir de então, constatada a prática de um delito (fato típico e ilícito), é que se passa ao exame da possibilidade de responsabilização do autor. Três são seus elementos: (a) *imputabilidade*; (b) *potencial consciência da ilicitude*; (c) *exigibilidade de conduta diversa*.

Imputabilidade: É a capacidade de entender o caráter ilícito do fato e de determinar-se de acordo com esse entendimento. A imputabilidade apresenta, assim, um aspecto intelectivo, consistente na capacidade de entendimento, e outro volitivo, que é a faculdade de controlar e comandar a própria vontade. Faltando um desses elementos, o agente não será considerado responsável pelos seus atos, passando a ser considerado inimputável.

Causas que excluem a imputabilidade: São quatro: (a) doença mental; (b) desenvolvimento mental incompleto; (c) desenvolvimento mental retardado; (d) embriaguez completa proveniente de caso fortuito ou força maior (*vide* CP, art. 28).

Exame pericial: A prova da inimputabilidade do acusado é fornecida pelo exame pericial (CPP, arts. 149 a 154). Quando houver dúvida sobre a integridade mental do réu, o juiz ordenará, de ofício ou a requerimento do Ministério Público, do defensor, do curador, do ascendente, descendente, irmão ou cônjuge do acusado, seja este submetido a um exame médico-legal, chamado *incidente de insanidade mental*, suspendendo-se o processo até o resultado final (CPP, art. 149).

Exame pericial. Índio: No tocante aos indígenas, faz-se necessário o exame pericial para aferir a imputabilidade. STF: "I. *Habeas corpus*: crime de latrocínio praticado por índio: competência da Justiça estadual: precedente: HC 80.496, 1ª T., 12-12-2000, Moreira, *DJ* 6-4-2001. II. Instrução processual e cerceamento de defesa: infração penal praticada por indígena: não realização de perícias antropológica e biológica: sentença baseada em dados de fato inválidos: nulidade absoluta não coberta pela preclusão. 1. A falta de determinação da perícia, quando exigível à vista das circunstâncias do caso concreto, constitui nulidade da instrução criminal, não coberta pela preclusão, se a ausência de requerimento para sua realização somente pode ser atribuída ao Ministério Público, a quem cabia o ônus de demonstrar a legitimidade *ad causam* dos pacientes. 2. A validade dos outros elementos de fato invocados pelas instâncias de mérito para concluírem que os pacientes eram maiores de idade ao tempo do crime e estavam absolutamente integrados é questão passível de exame na via do *habeas corpus*. 3. A invocação de dados de fato inválidos à demonstração da maioridade e do grau de integração dos pacientes, constitui nulidade absoluta, que acarreta a anulação do processo a partir da decisão que julgou encerrada a instrução, permitindo-se a realização das perícias necessárias. III. Prisão preventiva: anulada a condenação, restabelece-se o decreto da prisão preventiva antecedente, cuja validade não é objeto dos recursos" (STF, RHC 84308/MA, 1ª T., Rel. Min. Sepúlveda Pertence, j. 15-12-2005, *DJ* 24-2-2006, p. 25). Já decidiu a 1ª Turma do Supremo Tribunal Federal, porém, ser dispensável o exame quando o juiz afirma a imputabilidade plena com fundamento na avaliação do grau de escolaridade, de fluência na língua portuguesa e do nível de liderança exercida na associação criminosa, entre outros elementos de convicção: STF, HC 85198/MA, 1ª T., Rel. Min. Eros Grau, j. 17-11-2005, *DJ* 9-12-2005, p. 16. N*a mesma linha:* "é dispensável o laudo de exame antropológico e social para aferir a imputabilidade dos indígenas quando há nos autos provas inequívocas de sua integração à sociedade" (STJ, HC 40.884/PR, 5ª T., Rel. Min. José Arnaldo da Fonseca, j. 7-4-2005; STJ, HC 25.003/MA, 6ª T., Rel. Min. Paulo Medina, j. 9-9-2003; TRF, 1ª Região, Ap. Crim. 2003.37.00.001010-9/MA, 3ª T., Rel. Des. Cândido Ribeiro, j. 17-5-2005). De acordo com a Súmula 140 do STJ: "Compete à Justiça Comum Estadual processar e julgar crime em que o indígena figure como autor ou vítima".

*Inimputabilidade e medida de segurança: V*ide comentários aos arts. 96 e 97 do CP.

*Inimputabilidade e absolvição imprópria: V*ide comentários aos arts. 96 e 97 do CP.

Inimputabilidade. Medida de segurança imposta em grau de apelação: Vide comentários aos arts. 96 e 97 do CP.

(2) **Doença mental**: É a perturbação mental ou psíquica de qualquer ordem, capaz de eliminar ou afetar a capacidade de entender o caráter criminoso do fato ou a de comandar a vontade de acordo com esse entendimento. Compreende a infindável gama de moléstias mentais, tais como o alcoolismo, que não se confunde com a embriaguez habitual (TJSP, RSE n. 177.377-3, 1ª Câmara Criminal de Férias, Rel. Oliveira Passos, j. 10-7-1995), a epilepsia (TJMG, *RT* 637/294), a psicose (TJSP, Ap. Crim. 484.598.3/0, 5ª Câmara Criminal, Rel. Tristão Ribeiro, j. 9-3-2006). Mencione-se que a Lei n. 10.216, de 6-4-2001, dispõe sobre a proteção e os direitos das pessoas portadoras de transtornos mentais e redireciona o modelo assistencial em saúde mental.

Transtorno mental transitório e estados de inconsciência como causas excludentes da imputabilidade: Nélson Hungria sustenta ser possível equipararem-se à doença mental o delírio febril, o sonambulismo e as perturbações de atividade mental que se ligam a certos estados somáticos ou fisiológicos mórbidos de caráter transitório. Por exemplo, decidiu o Tribunal de Alçada Criminal de São Paulo absolver sujeito que, após ser agredido na cabeça, feriu terceiro que nada tinha que ver com a agressão, reconhecendo ação inconsciente, decorrente de transtorno mental transitório (TACrimSP, *RT* 567/329). Sobre o tema, *vide* José Frederico Marques, *Tratado*, cit., p. 237.

Doença mental e dependência patológica de substância psicotrópica (álcool, entorpecentes, estimulantes e alucinógenos): A dependência patológica de substância psicotrópica configura doença mental sempre que retirar a capacidade de entender ou de querer (*vide* arts. 45 e 47 da Lei de Drogas – Lei n. 11.343/2006). *Nessa linha:* TRF, 2ª Região, Ap. Crim. 2002.51.01.490130-0, 4ª T., Rel. Juiz Rogério Carvalho, j. 10-3-2004.

(3) Desenvolvimento mental incompleto ou retardado: É o desenvolvimento que ainda não se concluiu, devido à recente idade cronológica do agente ou à sua falta de convivência em sociedade, ocasionando imaturidade mental e emocional. No entanto, com a evolução da idade ou o incremento das relações sociais, a tendência é a de ser atingida a plena potencialidade. É o caso dos menores de 18 anos (*vide* comentários ao art. 27 do CP) e dos índios inadaptados à sociedade, os quais têm condições de chegar ao pleno desenvolvimento com o acúmulo das experiências hauridas no cotidiano. No caso de desenvolvimento retardado, temos os oligofrênicos, que são pessoas de reduzidíssimo coeficiente intelectual. Dada a sua quase insignificante capacidade mental, ficam impossibilitados de efetuar uma correta avaliação da situação de fato que se lhes apresenta, não tendo, por conseguinte, condições de entender o crime que cometerem. No tocante aos deficientes auditivos ou visuais, tem-se a surdo-mudez que, por si só, é insuficiente para caracterizar a inimputabilidade, sendo necessário comprovar, no caso concreto, tratar-se de causa que retire a plenitude da capacidade volitiva do réu: TJDFT, Ap. Crim. 20000410081473, 1ª T., Rel. Des. Edson Alfredo Smaniotto, j. 16-6-2005.

(4) Requisitos da inimputabilidade: Segundo o sistema biopsicológico, três são os requisitos: (a) c*ausal*: existência de doença mental ou de desenvolvimento mental incompleto ou retardado, que são as causas previstas em lei; (b) *cronológico*: deve estar presente ao tempo da ação ou omissão delituosa; (c) *consequencial*: perda total da capacidade de entender ou da capacidade de querer. Somente haverá inimputabilidade se os três requisitos estiverem presentes, à exceção dos menores de 18 anos, regidos pelo sistema biológico (o desenvolvimento incompleto presume a incapacidade de entendimento e vontade, *vide* CP, art. 27).

(5) Semi-imputabilidade ou responsabilidade diminuída (parágrafo único): É a perda de parte da capacidade de entendimento e autodeterminação, em razão de doença mental ou de desenvolvimento incompleto ou retardado. Alcança os indivíduos em que as perturbações psíquicas tornam menor o poder de autodeterminação e mais fraca a resistência interior em relação à prática do crime. Na verdade, o agente é imputável e responsável por ter alguma noção do que faz, mas sua responsabilidade é reduzida em virtude de ter agido com culpabilidade diminuída em consequência das suas condições pessoais. "O reconhecimento da semi-imputabilidade exige não só a comprovação da doença mental, mas a sua ligação com a diminuição da capacidade intelectivo-volitiva por ocasião do evento delituoso" (TJDFT, Ap. Crim. 19990710075679, 2ª T., Rel. Des. Vaz de Mello, j. 14-8-2003).

Requisitos de semi-imputabilidade: (a) *causal*: é provocada por perturbação de saúde mental ou de desenvolvimento mental incompleto ou retardado (o art. 26, parágrafo único, do CP emprega a expressão "perturbação de saúde mental", no lugar de doença mental, o que constitui um *minus*, significando uma mera turbação na capacidade intelectiva); (b) *cronológico*: deve estar presente ao tempo da ação ou omissão; (c) *consequencial*: aqui reside a diferença, já que na semi-imputabilidade há apenas perda de parte da capacidade de entender e querer. Não exclui a imputabilidade, de modo que o agente será condenado pelo fato típico e ilícito que cometeu. Constatada a redução na capacidade de compreensão ou vontade, o juiz terá duas opções: reduzir a pena de 1/3 a 2/3 ou impor medida de segurança. A decisão que determina a substituição precisa ser fundamentada. Após a reforma do Código Penal de 1984, já não é possível falar em sistema duplo binário, isto é, imposição de pena e medida de segurança. Se for aplicada pena, o juiz estará obrigado a diminuí-la de 1/3 a 2/3, conforme o grau de perturbação, tratando-se de direito público subjetivo do agente, o qual não pode ser subtraído pelo julgador.

(6) Superveniência de doença mental: Vide comentário ao art. 41 do CP.

Lei de Drogas (Lei n. 11.343/2006)

(1) Dependência de drogas: O art. 45 da Lei n. 11.343/2006 considerou inimputáveis os agentes que, em razão da dependência, forem, ao tempo da infração penal, inteiramente incapazes de compreender o caráter ilícito do fato ou de se orientarem de acordo com esse entendimento. Seu parágrafo único, por sua vez, permitiu uma diminuição de pena, de 1/3 a 2/3, no caso de a dependência eliminar apenas parte dessa capacidade (responsabilidade diminuída ou semi-imputabilidade). Assim, caso a dependência acarrete perda parcial da capacidade, não há imposição de medida de segurança, mas tão somente uma redução de pena. Medida de segurança na Lei de Drogas, só mesmo para inimputável.

(2) Medida de segurança imposta no caso de dependente de drogas: Tratada como espécie de doença mental, a dependência química recebe tratamento jurídico diverso das outras formas de perturbação mental (como a psicose, a neurose, a epilepsia etc.). Na antiga Lei de Tóxicos, aplicada a medida de segurança, a internação só era determinada excepcionalmente, quando o quadro clínico assim o exigisse (Lei revogada n. 6.368/76, art. 10, *caput*). Não se aplicava o disposto no art. 97 do CP, segundo o qual, se o crime fosse apenado com reclusão, a internação seria sempre obrigatória. A nova Lei de Drogas (Lei n. 11.343/2006) seguiu a mesma linha, deixando a cargo do juiz a avaliação quanto à necessidade ou não de internação, independentemente da natureza da pena privativa de liberdade.

Menores de 18 (dezoito) anos

Art. 27. Os menores de 18 (dezoito) anos são penalmente inimputáveis, ficando sujeitos às normas estabelecidas na legislação especial. *(Redação dada pela Lei n. 7.209/84)*

(1) Convenção ou Protocolos Internacionais: O Brasil ratificou a Convenção da ONU sobre os Direitos da Criança (Nova York, 1990); a Convenção Relativa à Proteção das Crianças e à Cooperação em Matéria de Adoção Internacional (Decreto n. 3.087, de 21-6-1999); a Convenção 182 da OIT, sobre as piores formas de trabalho infantil (Genebra, 2000) e o Protocolo da ONU para Prevenir, Suprimir e Punir o Tráfico de Pessoas, especialmente Mulheres e Crianças (Nova York, 2004) e assinou o Protocolo Facultativo para a Convenção da ONU sobre os Direitos da Criança, que trata da venda de crianças e pornografia infantis.

(2) Fundamento constitucional: O art. 228 da CF prevê que "são penalmente inimputáveis os menores de dezoito anos, sujeitos às normas da legislação especial".

(3) Maioridade penal e civil: Com o advento do Código Civil de 2002, a maioridade penal e civil passaram a ser coincidentes. A maioridade civil, que era atingida aos 21 anos, foi alterada para 18 anos. Contudo, isso não significa dizer que todos os artigos do Código Penal que fazem expressa menção aos menores de 21 anos foram atingidos pela reforma da legislação civil. Citem-se como exemplos os arts. 65 e 115 do CP, pois, em ambos os casos, não existe nenhuma relação entre a idade mencionada pelos dispositivos e a plena capacidade para a prática dos atos jurídicos. Independentemente de o agente ser relativa ou plenamente capaz, de ter ou não representante legal, o legislador pretendeu conceder-lhe um benefício, devido à sua pouca idade. Apenas por um critério do legislador, uma política sua, tais agentes, por inexperiência de vida, foram merecedores de um tratamento penal mais ameno. Assim, não há falar em derrogação desses dispositivos.

(4) Culpabilidade: São elementos da culpabilidade: (a) *imputabilidade*; (b) *potencial consciência da ilicitude*; (c) *exigibilidade de conduta diversa*.

(5) Imputabilidade: É a capacidade de entender o caráter ilícito do fato e de determinar-se de acordo com esse entendimento.

(6) Causas que excluem a imputabilidade: São quatro: (a) doença mental; (b) desenvolvimento mental incompleto; (c) desenvolvimento mental retardado; (d) embriaguez completa proveniente de caso fortuito ou força maior (*vide* comentários ao art. 28 do CP).

(7) Critérios de aferição da inimputabilidade. Sistema adotado pelo Código Penal: No caso dos menores de 18 anos, o Código adotou, como exceção, o *sistema biológico*, no qual o desenvolvimento mental incompleto presume a incapacidade de entendimento e vontade (CP, art. 27).

(8) Desenvolvimento mental incompleto: É o desenvolvimento que ainda não se concluiu, devido à recente idade cronológica do agente ou à sua falta de convivência em sociedade, ocasionando imaturidade mental e emocional. No entanto, com a evolução da idade ou o incremento das relações sociais, a tendência é a de ser atingida a plena potencialidade. É o caso dos menores de 18 anos (CP, art. 27), os quais têm condições de chegar ao pleno desenvolvimento com o acúmulo das experiências hauridas no cotidiano.

(9) Tempo do crime: De acordo com o art. 4º, "Considera-se praticado o crime no momento da ação ou omissão, ainda que outro seja o momento do resultado". Assim, leva-se em conta a idade do agente na data do fato, pois o Código Penal adotou a teoria da atividade. A partir da zero hora do dia em que completar 18 anos, reputa-se alcançada a maioridade, pouco importando a hora exata em que nasceu.

(10) Crime permanente: Se um menor de 18 anos, por exemplo, retiver alguém em cárcere privado, vindo a atingir, enquanto o crime permanece, a maioridade penal, deverá responder penalmente pelo crime de sequestro ou cárcere privado, na medida em que, no crime permanente, o momento consumativo se protrai no tempo, e o bem jurídico é continuamente agredido. A sua característica reside em que a cessação da situação ilícita depende apenas da vontade do agente.

(11) Prova da menoridade: A menoridade só se prova mediante certidão de nascimento. Há, no entanto, entendimento do STJ (Súmula 74) no sentido de que, "para efeitos penais, o reconhecimento da menoridade do réu requer prova por documento hábil". É irrelevante que tenha havido emancipação civil do agente ou que esse tenha casado, uma vez que tais fatos não repercutem na esfera penal. No caso de dúvida quanto à menoridade do agente, a solução deve dar-se em seu favor, com o reconhecimento de sua irresponsabilidade: STJ, HC 17.299, 6ª T., Rel. Min. Vicente Leal, j. 7-2-2002. *No mesmo sentido*: TACrim, *RT* 574/37.

(12) Menor de 21 anos: O art. 65, I, 1ª parte, do CP trata da circunstância atenuante genérica do menor de 21 anos na data do fato (*vide* comentários ao art. 67 do CP, que trata das circunstâncias preponderantes). O art. 115, por sua vez, reduz pela metade o prazo da prescrição da pretensão punitiva e executória, quando o agente for, ao tempo do crime, menor de 21 anos. Convém notar que, no caso de indivíduo menor de 21 e maior de 18 anos, não se nomeará curador.

Estatuto da Criança e do Adolescente

(1) Medidas socioeducativas: Os menores de 18 anos, apesar de não sofrerem sanção penal pela prática de ilícito, em decorrência da ausência de culpabilidade, estão sujeitos ao procedimento e às medidas socioeducativas previstas no Estatuto da Criança e do Adolescente (Lei n. 8.069/90), em virtude de a conduta descrita como crime ou contravenção penal ser considerada ato infracional (cf. art. 103 do ECA). As medidas a serem aplicadas estão previstas nos arts. 101 e 112 do ECA. Convém notar que o período máximo de internação não poderá exceder a três anos (art. 121, § 3º), sendo certo que ao completar 21 anos deverá ser liberado compulsoriamente (art. 121, § 5º).

Internação em clínica médica ou hospital psiquiátrico: STJ: "Criminal. HC. Ato infracional equiparado a latrocínio. ECA. *Writ* contra ato de desembargador. Indeferimento de liminar.

Flagrante ilegalidade demonstrada. Internação por prazo indeterminado. Limite máximo de 3 anos superado. Ordem concedida. I. Hipótese em que foi determinada a internação do paciente em hospital psiquiátrico, após o cumprimento de mais de três anos de medida socioeducativa de internação. II. Atingido o limite estabelecido no art. 121, § 3º, da Lei n. 8.069/90, o adolescente deverá ser liberado, colocado em regime de semiliberdade ou de liberdade assistida. III. A internação compulsória em hospital psiquiátrico não configura a medida protetiva do art. 101, inciso V, do ECA, sendo regulada especificamente pela Lei n. 10.216/2001. IV. Deve ser cassada a decisão proferida pelo Juiz do Departamento de Execuções da Infância e da Juventude da Comarca de São Paulo, para que outra seja proferida observando-se o § 4º do art. 121 do Estatuto da Criança e do Adolescente, ou, se for o caso, o procedimento previsto na Lei n. 10.216/2001. V. Ordem concedida, nos termos do voto do Relator. STJ, HC 40.593/SP, 5ª T., Rel. Min. Gilson Dipp, j. 28-6-2005, DJ 1º-8-2005, p. 490. STJ: "*Habeas corpus*. Estatuto da Criança e do Adolescente. Tráfico e uso de drogas. Medida de internação em clínica para tratamento. Descumprimento reiterado. Depoimento da genitora afirmando a continuidade da conduta reprovada. Determinação de internação na FEBEM. Legalidade. Incidência do art. 122, inciso III, c.c. arts. 99 e 113 do ECA. Ordem denegada. 1. O menor descumpriu a medida anteriormente aplicada, com o abandono não só do tratamento a que estava sendo submetido, mas também da própria Clínica. Segundo as declarações prestadas pela própria genitora do adolescente, o filho continuava envolvido com drogas, agressivo e quebrava coisas em casa quando lhe era negado dinheiro. 2. Acolhendo manifestação ministerial, foi revogada a medida anteriormente imposta, e determinada a internação do Paciente, por seis meses, em instituição própria. 3. Medida socioeducativa que se evidencia mais apropriada tanto para a recuperação do menor quanto para o resguardo da sua família. Aplicação do art. 122, inciso III, c.c. arts. 99 e 113, todos do ECA. 4. Ordem denegada. Julgo prejudicado o pedido de reconsideração da negativa da medida liminar" (STJ, HC 26.514/SP, 5ª T., Rel. Min. Laurita Vaz, j. 8-4-2003, DJ 26-5-2003, p. 373). STJ: "Criminal. HC. ECA. Adolescente portador de transtorno de personalidade antissocial. Internação com determinação de tratamento dentro da unidade da FEBEM. Inadequação. Ofensa ao princípio da legalidade. Ordem concedida. (...) IV. A imposição do regime de internação ao paciente, com a determinação de realização de psicoterapia dentro da Unidade da FEBEM ofende o Princípio da Legalidade. V. Deve ser determinada a liberação do adolescente, com a sua submissão imediata a tratamento psiquiátrico devido em local adequado ao transtorno mental apresentado. VI. Ordem concedida, nos termos do voto do Relator" (STJ, HC 51961/SP, 5ª T., Rel. Min. Gilson Dipp, j. 25-4-2006, DJ 22-5-2006. p. 239). STJ: "III. O Juízo das Execuções, motivadamente, pode requerer exame psiquiátrico do adolescente, para averiguar a necessidade de sua inserção em tratamento especializado. IV. Evidenciado que o Magistrado das Execuções agiu judiciosamente e com a cautela requerida na hipótese ao determinar o exame psicológico do paciente, diante dos sinais de que este precisava de atendimento especializado, antes de qualquer decisão acerca da progressão da internação ou de inserção do jovem em medida protetiva, descabido o argumento de constrangimento ilegal. (...) VI. Aplicada a medida socioeducativa pelo Juízo da causa, compete ao Magistrado das Execuções Criminais acompanhar o seu implemento, bem como apreciar os pedidos das partes referentes ao seu cumprimento. Precedentes" (STJ, HC 47019/SP, 5ª T., Rel. Min. Gilson Dipp, j. 4-4-2006, DJ 2-5-2006, p. 349).

(2) Da apuração de ato infracional atribuído a adolescente: Vide ECA, arts. 171 a 190.

(3) Prisão. Instauração de inquérito policial. Indiciamento: O menor de idade não pode ser sujeito passivo de prisão em flagrante (CF, art. 228; CP, art. 27), muito menos poderá ser instaurado inquérito policial contra ele ou ser indiciado. Convém não esquecer que, nos crimes permanentes, se o agente atingir a maioridade enquanto não cessada a permanência, será possível a sua prisão em flagrante. É o caso, já comentado, do delito de sequestro ou cárcere privado, ou, então, do crime de

associação criminosa. Atingida a maioridade penal, enquanto durar a execução criminosa, o agente deverá ser preso em flagrante delito, sujeitando-se às normas do Código de Processo Penal.

(4) Flagrante de ato infracional: Em caso de flagrante de ato infracional cometido mediante violência ou grave ameaça a pessoa, a autoridade policial, sem prejuízo do disposto nos arts. 106, parágrafo único, e 107, do ECA, deverá: (I) lavrar *auto de apreensão*, ouvidas as testemunhas e o adolescente; (II) apreender o produto e os instrumentos da infração; (III) requisitar os exames ou perícias necessários à comprovação da materialidade e autoria da infração. Nas demais hipóteses de flagrante, a lavratura do auto poderá ser substituída por boletim de ocorrência circunstanciado.

(5) Internação cumprida em estabelecimento prisional: A internação de adolescente, decretada ou mantida pela autoridade judiciária, não poderá ser cumprida em estabelecimento prisional (art. 185 do ECA). Caso não haja entidade nas condições definidas pelo art. 123 do ECA, o adolescente deverá ser transferido para a localidade mais próxima, não sendo possível, o adolescente aguardará sua remoção em repartição policial, desde que em seção isolada dos adultos e com instalações apropriadas, não podendo ultrapassar o prazo máximo de 5 (cinco) dias, sob pena de responsabilidade.

(6) Crimes relacionados à apreensão de criança ou adolescente: Os arts. 230 a 235 do ECA preveem crimes, praticados por autoridade policial ou judiciária, relacionados à apreensão de criança ou adolescente ou sua manutenção ilegal.

(7) Crimes praticados por criança e adolescente e Justiça Federal: STJ: "Conflito positivo de competência. Juízos Federal e Estadual. Penal. Sequestro de gerente da caixa econômica. Praticado por menores. Competência do Juízo da Infância e da Juventude, ou daquele que, na comarca respectiva, exerça tal função. Tratando-se de crime praticado por menores inimputáveis, a competência se estabelece a favor do Juízo da Infância e da Juventude (ou do Juiz que, na comarca, exerça tal função). Hipótese que não se subsume ao art. 109, IV, da Constituição Federal, ainda que o crime tenha sido praticado em detrimento da União. Precedente. Conflito conhecido para declarar a competência do Juiz de Direito da 3ª Vara de Matão, o suscitado" (STJ, CC 31.709/SP, 3ª Seção, Rel. Min. José Arnaldo da Fonseca, j. 27-6-2001, *DJ* 3-9-2001, p. 143). STJ: "Processual Penal. Conflito negativo de Competência. Fato praticado por menor. Crime de moeda falsa. Competência do Juízo da Infância e da Juventude. Compete ao Juízo da Vara da Infância e da Juventude processar e julgar o ato infracional cometido por menor inimputável, ainda que a infração tenha ocorrido em detrimento da União (Precedentes). Conflito conhecido, competente o Juízo de Direito da Vara da Infância e da Juventude da Comarca de Teófilo Otoni-MG (Juízo suscitado)" (STJ, 3ª S., CC 33349/MG, Rel. Min. Felix Fischer, j. 18-2-2002, *DJ* 11-3-2002, p. 164). *No mesmo sentido:* STJ, 3ª T., CC 31603/SP, Rel. Min. José Arnaldo da Fonseca, j. 11-6-2001, *DJ* 27-8-2001, p. 222.

(8) Corrupção de menores: Dispõe o art. 244-B do ECA, incluído pela Lei n. 12.015/2009: "Corromper ou facilitar a corrupção de menor de 18 (dezoito) anos, com ele praticando infração penal ou induzindo-o a praticá-la: Pena – reclusão, de 1 (um) a 4 (quatro) anos. § 1º Incorre nas penas previstas no *caput* deste artigo quem pratica as condutas ali tipificadas utilizando-se de quaisquer meios eletrônicos, inclusive salas de bate-papo da internet. § 2º As penas previstas no *caput* deste artigo são aumentadas de um terço no caso de a infração cometida ou induzida estar incluída no rol do art. 1º da Lei n. 8.072, de 25 de julho de 1990". Mencione-se que a Lei n. 2.252/54, que tratava do tema, foi revogada expressamente pela Lei n. 12.015/2009.

Súmulas:
Súmula 74 do STJ: "Para efeitos penais, o reconhecimento da menoridade do réu requer prova por documento hábil".
Súmula 265 do STJ: "É necessária oitiva do menor infrator antes de decretar-se a regressão da medida socioeducativa".

Súmula 338 do STJ: "A prescrição penal é aplicável nas medidas socioeducativas".
Súmula 342 do STJ: "No procedimento para aplicação de medida socioeducativa, é nula a desistência de outras provas em face da confissão do adolescente".

Emoção e paixão

Art. 28. Não excluem a imputabilidade penal: *(Redação dada pela Lei n. 7.209/84)*

I – a emoção ou a paixão; *(Redação dada pela Lei n. 7.209/84)*

(1) Imputabilidade: É a capacidade de entender o caráter ilícito do fato e de determinar-se de acordo com esse entendimento.

(2) Emoção ou paixão: Conforme o art. 28, I, do Código Penal, não excluem a imputabilidade penal. Emoção é um sentimento abrupto, súbito, repentino, arrebatador, que toma de assalto a pessoa, tal e qual um vendaval. Ao mesmo tempo, é fugaz, efêmero, passageiro, esvaindo-se com a mesma rapidez. A paixão, ao contrário, é um sentimento lento, que se vai cristalizando paulatinamente na alma humana até alojar-se de forma definitiva. A primeira é rápida e passageira, ao passo que esta última, insidiosa, lenta e duradoura.

(3) Consequência: Não operam a exclusão da imputabilidade, uma vez que o nosso Código Penal adotou o sistema biopsicológico, sendo necessário que a causa dirimente (excludente da culpabilidade) esteja prevista em lei, o que não é o caso nem da emoção, nem da paixão (cf. CP, art. 28, I).

(4) Emoção e causa de diminuição de pena: É possível que a emoção funcione como causa específica de diminuição de pena (privilégio) no homicídio doloso e nas lesões corporais dolosas, mas, para isso, exige quatro requisitos: (a) deve ser violenta; (b) o agente deve estar sob o *domínio* dessa emoção, e não mera influência; (c) a emoção deve ter sido provocada por um ato injusto da vítima; (d) a reação do agente deve ser logo em seguida a essa provocação (CP, arts. 121, § 1º, e 129, § 4º). Nesse caso, a pena será reduzida de 1/6 a 1/3.

(5) Emoção e circunstância atenuante: Se o agente estiver sob mera influência, a emoção atuará apenas como circunstância atenuante genérica, com efeitos bem mais acanhados na redução da pena, já que esta não poderá ser diminuída aquém do mínimo legal (art. 65, III, *c*).

(6) Paixão equiparada a doença mental: Se a emoção ou paixão tiverem caráter patológico, a hipótese enquadrar-se-á no art. 26, *caput* (doença mental). *Nesse sentido:* José Frederico Marques, *Tratado,* cit., p. 236. Assim, somente a paixão que transforme o agente em um doente mental, retirando-lhe a capacidade de compreensão, pode influir na culpabilidade. Mesmo nas hipóteses de ciúme doentio e desespero, se não há doença mental, não se pode criar uma nova causa excludente da imputabilidade.

Embriaguez

II – a embriaguez, voluntária ou culposa, pelo álcool ou substância de efeitos análogos. *(Redação dada pela Lei n. 7.209/84)*

§ 1º É isento de pena o agente que, por embriaguez completa, proveniente de caso fortuito ou força maior, era, ao tempo da ação ou da omissão, inteiramente incapaz de entender o caráter ilícito do fato ou de determinar-se de acordo com esse entendimento.

§ 2º A pena pode ser reduzida de um a dois terços, se o agente, por embriaguez, proveniente de caso fortuito ou força maior, não possuía, ao tempo da ação ou da omissão, a plena capacidade de entender o caráter ilícito do fato ou de determinar-se de acordo com esse entendimento. *(Parágrafos com redação dada pela Lei n. 7.209/84)*

(1) Embriaguez: Embriaguez é a causa capaz de levar à exclusão da capacidade de entendimento e vontade do agente, em virtude de uma intoxicação aguda e transitória causada por álcool ou qualquer substância de efeitos psicotrópicos, sejam eles entorpecentes (morfina, ópio etc.), estimulantes (cocaína) ou alucinógenos (ácido lisérgico).

(2) Embriaguez não acidental (inciso I): Divide-se em: (a) *embriaguez voluntária, dolosa ou intencional*: o agente tem a intenção de embriagar-se; (b) *embriaguez culposa*: o agente quer ingerir a substância, mas sem a intenção de embriagar-se; no entanto, isso vem a acontecer em virtude da imprudência de consumir doses excessivas.

Embriaguez dolosa ou culposa completa: A embriaguez voluntária e a culposa podem ter como consequência a retirada total da capacidade de entendimento e vontade do agente, que perde integralmente a noção sobre o que está acontecendo.

Embriaguez dolosa ou culposa incompleta: Ocorre quando a embriaguez voluntária ou a culposa retiram apenas parcialmente a capacidade de entendimento e autodeterminação do agente, que ainda consegue manter um resíduo de compreensão e vontade.

Consequência da embriaguez dolosa ou culposa (não acidental): A embriaguez não acidental *jamais exclui a imputabilidade do agente*, seja voluntária, culposa, completa ou incompleta. Isso porque ele, no momento em que ingeria a substância, era livre para decidir se devia ou não fazê-lo. A conduta, mesmo quando praticada em estado de embriaguez completa, originou-se de um ato de livre-arbítrio do sujeito, que optou por ingerir a substância quando tinha possibilidade de não o fazer. A ação foi livre na sua causa, devendo o agente, por essa razão, ser responsabilizado. É a teoria da *actio libera in causa* (ações livres na causa). Essa teoria ainda configura resquício da responsabilidade objetiva em nosso sistema penal, sendo admitida excepcionalmente quando for de todo necessário para não deixar o bem jurídico sem proteção. Damásio E. de Jesus, entretanto, afasta completamente a responsabilidade objetiva do sistema penal moderno, lembrando que, no caso da embriaguez, o agente não pode ser responsabilizado se não tinha, no momento em que se embriagava, condições de prever o surgimento da situação que o levou à prática do crime (Damásio E. de Jesus, *Direito penal*, cit., 25. ed., p. 512-513).

(3) Embriaguez acidental (§ 1º): Decorre de: (a) *caso fortuito*: é toda ocorrência episódica, ocasional, rara, de difícil verificação, como é o caso de alguém que ingere bebida na ignorância de que tem conteúdo alcoólico ou dos efeitos psicotrópicos que provoca. Nessa hipótese, o sujeito não se embriagou porque quis, nem porque agiu com culpa; (b) *força maior*: deriva de uma força externa ao agente, que o obriga a consumir a droga. É o caso do sujeito obrigado a ingerir álcool por coação física ou moral irresistível, perdendo, em seguida, o controle sobre suas ações. O § 1º trata da *embriaguez acidental completa*. Assim, quando a intoxicação por álcool ou substância de efeitos análogos proveniente de caso fortuito ou força maior é completa e anula o poder de autodeterminação, considera-se o agente inimputável, ficando isento de pena.

Embriaguez acidental incompleta (§ 2º): Se a embriaguez fortuita diminui a autodeterminação do agente, então existe a imputabilidade diminuída. Assim, quando incompleta, não exclui, mas permite a diminuição da pena de 1/3 a 2/3, conforme o grau de perturbação.

(4) Embriaguez patológica: É o caso dos alcoólatras e dos dependentes, que se colocam em estado de embriaguez em virtude de uma vontade invencível de continuar a consumir a droga. Trata-se de verdadeira doença mental, recebendo, por conseguinte, o mesmo tratamento desta. Convém notar que, no caso dos dependentes de drogas, o tratamento penal será aquele previsto na Lei de Drogas (Lei n. 11.343/2006).

(5) Embriaguez preordenada: O agente embriaga-se já com a finalidade de vir a delinquir nesse estado. Não se confunde com a embriaguez voluntária, em que o indivíduo quer embriagar-se, mas não tem a intenção de cometer crimes nesse estado. Na preordenada, a conduta de ingerir a bebida alcoólica já constitui ato inicial do comportamento típico, já se vislumbrando desenhado o objetivo delituoso que almeja atingir, ou que assume o risco de

conseguir. *Consequência:* além de não excluir a imputabilidade, constitui causa agravante genérica (CP, art. 61, II, *l*).

(6) Prova da embriaguez: Em princípio a embriaguez deve ser demonstrada por exame químico, no qual se coleta o sangue da pessoa pretensamente embriagada, levando-o a laboratório para exame. O laudo, então, aponta a quantidade de álcool existente por litro de sangue no indivíduo, ou por exame clínico feito por médico, que atesta ou não o estado de embriaguez, verificando o comportamento do sujeito por sua fala, seu equilíbrio, seus reflexos etc. Na falta desses exames, a jurisprudência tem admitido a prova testemunhal. No caso da prova para a configuração do crime de embriaguez ao volante, *vide* comentários abaixo ao art. 306 do CTB.

Recusa em submeter-se ao exame de dosagem alcoólica ou ao exame toxicológico: Em face do princípio constitucional da não autoincriminação, isto é, de que ninguém é obrigado a produzir prova contra si mesmo *(nemo tenetur se detegere)*, entende-se que o acusado não é obrigado a realizar o exame de dosagem alcoólica ou toxicológico: TRF, 4ª Região, Ap. Crim. 200172000023412, 8ª T., Rel. Luiz Fernando Wowk Penteado, j. 28-4-2004. O Supremo Tribunal Federal já se manifestou pela observância deste princípio em situação na qual o sujeito se negou a fornecer padrões vocais necessários a subsidiar exame pericial *(RT 824/511)* e, também, em ocasião na qual o réu se recusou a fornecer padrões gráficos de próprio punho para exame grafotécnico *(RT 824/511)*. No caso de embriaguez ao volante e a recusa em se submeter ao exame de dosagem alcoólica ou toxicológico, *vide* comentários abaixo ao CTB.

(7) Embriaguez e medida de segurança: Ao contrário do que ocorre no desenvolvimento mental incompleto ou retardado, na embriaguez, desde que não seja patológica, não haverá a imposição de medida de segurança, nem haverá a necessidade de submeter o sujeito a tratamento médico.

(8) Dependência de drogas: Vide comentários ao art. 26 do CP.

(9) Medida de segurança imposta no caso de dependente de drogas: Vide comentários ao art. 26 do Código Penal.

Código de Trânsito Brasileiro

(1) Embriaguez ao volante: O crime está contemplado no art. 306, *caput*, do CTB, com a redação determinada pela Lei n. 12.760/2012. De acordo com o novo preceito legal, não é mais necessário que a conduta do agente exponha a dano potencial a incolumidade de outrem, bastando que dirija embriagado, pois se presume o perigo. Assim, não se exigirá que a acusação comprove que o condutor dirigia de forma anormal, de modo a colocar em risco a segurança viária. Basta a prova da embriaguez.

(2) Embriaguez ao volante e causa de aumento de pena: O inciso V do § 1º do art. 302, acrescentado pela Lei n. 11.275, de 7 de fevereiro de 2006, foi suprimido pela Lei n. 11.705, de 19 de junho de 2008. Previa o mencionado dispositivo legal uma causa especial de aumento de pena incidente sobre o crime de homicídio culposo (e lesão corporal culposa) na hipótese em que o agente estivesse sob a influência de álcool ou substância tóxica ou entorpecente de efeitos análogos.

(3) Embriaguez ao volante. Prova. Prevê o *caput* do art. 306 do CTB a conduta típica de "conduzir veículo automotor, com capacidade psicomotora alterada em razão da influência de álcool ou de outra substância psicoativa que determine dependência. § 1º As condutas previstas no *caput* serão constatadas por concentração igual ou superior a 6 decigramas de álcool por litro de sangue, ou igual ou superior a 0,3 miligrama de álcool por litro de ar alveolar; ou ainda, por sinais que indiquem, na forma disciplinada pelo CONTRAN, alteração da capacidade psicomotora. § 2º A verificação do disposto neste artigo poderá ser obtida mediante teste de alcoolemia ou toxicológico, exame clínico, perícia, vídeo, prova testemunhal ou outros meios de prova em direito admitidos, observado o direito à contraprova. § 3º O CONTRAN disporá sobre a equivalência entre os distintos testes de alcoolemia ou toxicológicos para efeito de caracterização do crime tipificado neste artigo". (redação dada pelas Leis n. 12.760/2012 e 12.971/2014).

Há duas maneiras de se demonstrar a ocorrência dessa infração penal. No que toca à exigência de 6 decigramas de álcool por litro de sangue ou 0,3 miligramas por litro de ar expirado, sua comprovação somente se dará por meio de prova pericial, consistente no exame de sangue ou emprego do etilômetro (aparelho destinado à medição do teor alcoólico do ar expirado pela boca e proveniente dos alvéolos pulmonares). A prova técnica é o único meio de se aferir o exato nível de alcoolemia, pois não há maneira de saber a exata quantidade de álcool ingerida mandando o agente "fazer o quatro" ou "dar uma voltinha".

A Lei n. 12.760/2012, no entanto, ampliou o conceito da elementar do delito de embriaguez ao volante, passando a considerar como *alteração psicomotora* não apenas a existência de determinado nível de álcool no organismo humano, mas também a evidência de sinais externos capazes de demonstrar o estado de alteração do agente.

Desse modo, caso o condutor do veículo surpreendido em estado de embriaguez se recuse a submeter-se ao exame de sangue ou a respirar no etilômetro ("bafômetro"), a infração penal poderá ser demonstrada por qualquer outro meio de prova em direito admitido, inclusive a testemunhal. Com isso, não resta a menor dúvida quanto ao direito constitucional de o condutor não colaborar, não fornecendo material sanguíneo, nem respirando no aparelho medidor, diante do princípio da ampla defesa, do qual deriva o direito ao silêncio e, por conseguinte, o de não autoincriminação. Além disso, a não cooperação do condutor do veículo com a produção de prova acusatória contra si não impede que a infração penal possa ser comprovada por outros meios idôneos de apuração da verdade real. Por essas razões, a recusa do motorista flagrado em estado de embriaguez em colaborar não configura crime de desobediência.

Quanto à *infração administrativa* do art. 165 do CTB (com a redação da Lei n. 12.760/2012), consistente em conduzir veículo sob a influência de qualquer quantidade de álcool ou substância psicoativa capaz de gerar dependência (cf. CTB, art. 276, *caput*), valem as mesmas premissas que garantem ao acusado o direito à não autoincriminação. Caberá ao CONTRAN disciplinar as margens de tolerância, quando a infração for apurada por meio de aparelho de medição (CTB, art. 276, parágrafo único). Em caso de acidente, o condutor do veículo automotor envolvido em acidente de trânsito ou que for alvo de fiscalização de trânsito poderá ser submetido a teste, exame clínico, perícia ou outro procedimento que, por meios técnicos ou científicos, na forma disciplinada pelo CONTRAN, permita certificar influência de álcool ou outra substância psicoativa que determine dependência (CTB, art. 277, *caput*). Deve-se atentar para o verbo "poderá", o qual deverá ser interpretado em seu sentido literal, dado o direito à não autoincriminação, sendo perfeitamente admissível a recusa em se submeter a qualquer exame. Daí por que a infração administrativa poderá ser aferida por qualquer outro meio de prova (CTB, art. 277, § 2º). A lei estabelece que "serão aplicadas as penalidades e medidas administrativas estabelecidas no art. 165 deste Código ao condutor que se recusar a se submeter a qualquer dos procedimentos previstos no *caput* deste artigo" (CTB, art. 277, § 3º). Tal punição é inconstitucional, mesmo em se tratando de uma infração administrativa, diante do princípio de que ninguém é obrigado a produzir prova contra si mesmo, principalmente porque da submissão do sujeito ao exame derivarão reflexos penais.

Por fim, nota-se que já decidiu o STJ no sentido de que "não se pode considerar como fundado receio apto a propiciar a ordem de *habeas corpus* (preventivo) o simples temor de alguém de, porventura, vir a submeter-se ao denominado teste do 'bafômetro' quando trafegar pelas ruas em veículo automotor". Precedentes citados: AgRg no HC 84.246/RS, *DJ*, 19-12-2007; AgRg no RHC 25.118/MG, *DJe*, 17-8-2009; e RHC 11.472/PI, *DJ*, 25-5-2002.

TÍTULO IV
DO CONCURSO DE PESSOAS

Art. 29. Quem, de qualquer modo, concorre para o crime incide nas penas a este cominadas, na medida de sua culpabilidade. *(Artigo com redação dada pela Lei n. 7.209/84)*

§ 1º Se a participação for de menor importância, a pena pode ser diminuída de um sexto a um terço.

§ 2º Se algum dos concorrentes quis participar de crime menos grave, ser-lhe-á aplicada a pena deste; essa pena será aumentada até metade, na hipótese de ter sido previsível o resultado mais grave.

(1) Concurso de pessoas: O art. 29 do CP, sob a rubrica "concurso de pessoas", cuida das hipóteses em que o crime é cometido por mais de uma pessoa. Quando podem ser praticados por um ou mais agentes, são denominados *monossubjetivos ou de concurso eventual* e constituem a maioria dos crimes previstos na legislação penal, tais como *homicídio, furto* etc. A coautoria ou participação, dependendo da forma como os agentes concorrerem para a prática do delito, podem ou não ocorrer, sendo ambas eventuais. Quando, porém, só podem ser praticados por uma pluralidade de agentes, são denominados *plurissubjetivos ou de concurso necessário,* como no caso da rixa, associação criminosa (art. 288 do CP) etc.

Concurso de pessoas e relevância causal das condutas: Além da pluralidade de condutas, quais sejam, duas principais, realizadas pelos autores (coautoria), ou uma principal e outra acessória, praticadas, respectivamente, por autor e partícipe, exige-se a relevância causal delas, pois, se não contribuíram em nada para a eclosão do resultado, não podem ser consideradas como integrantes do concurso de pessoas.

Concurso de pessoas e relevância causal das condutas: Da participação posterior à consumação: O fato que constitui a coautoria ou a participação deve ser realizado antes ou durante o delito, nunca depois da consumação. Se posterior, não será considerado concurso de agentes, mas crime autônomo (por exemplo, receptação, favorecimento real ou pessoal, crime de lavagem de dinheiro etc.). É possível, contudo, a participação posterior, mediante auxílio, se este foi prometido antes ou durante a execução do crime, pois nessa hipótese há a vontade prévia do agente de colaborar de qualquer forma para a realização do crime, ainda que posteriormente.

Concurso de pessoas e liame subjetivo ou concurso de vontades: É imprescindível a unidade de desígnios, ou seja, a vontade de todos de contribuir para a produção do resultado, sendo o crime produto de uma cooperação desejada e recíproca. Sem que haja um concurso de vontades objetivando um fim comum, desaparecerá o concurso de agentes, surgindo em seu lugar a chamada *autoria colateral* (mais de um agente realiza a conduta, sem que exista liame subjetivo entre eles, respondendo, autonomamente, pelo crime que cometeu). Ocorrerá a autoria incerta quando, na autoria colateral, não se sabe quem foi o causador do resultado.

Concurso de pessoas e liame subjetivo. Crime culposo: Há duas posições: (1ª) Tratando-se o tipo culposo de tipo aberto, em que não existe descrição de conduta principal, dada a generalidade de sua definição, mas tão somente previsão genérica ("se o crime é culposo..."), não há que se falar em participação, que é acessória. Desse modo, toda concorrência culposa para o resultado constituirá crime autônomo. (2ª) Mesmo no tipo culposo, que é aberto, é possível definir qual a conduta principal. No caso do homicídio culposo, por exemplo, a descrição típica é "matar alguém culposamente"; logo, quem matou é o autor e quem o auxiliou, instigou ou induziu à conduta culposa é o partícipe. Assim, é mesmo possível coautoria e participação em crime culposo.

Concurso de pessoas e liame subjetivo. Participação e prévio acordo de vontades: Embora imprescindível que as vontades se encontrem para a produção do resultado, não se exige prévio acordo, bastando apenas que uma vontade adira à outra. Exemplo: a babá abandona o infante em uma área de intensa criminalidade, objetivando seja ele morto. Será partícipe do homicídio, sem que o assassino saiba que foi ajudado.

Concurso de pessoas e identidade de infração para todos: Tendo sido adotada a teoria unitária ou monista, em regra, todos, coautores e partícipes, devem responder pelo mesmo crime, ressalvadas apenas as exceções pluralísticas (art. 29, § 2º).

(2) **Teoria unitária** **(caput)***:* O Código Penal adotou, como regra, a teoria unitária, também conhecida como monista, determinando que todos, coautores e partícipes, respondam por um

único delito. No entanto, deverão responder pelo crime na medida de sua culpabilidade, isto é, o juízo de reprovação da conduta deverá ser individual (*vide* art. 29, §§ 1º e 2º).

Autoria: Para delimitarmos a coautoria, é necessário adentrar o conceito de *autor*, o qual tem enfrentado certa polêmica na doutrina. Adotamos, na *teoria restritiva*, uma de suas vertentes: *a teoria ou critério objetivo-formal*: somente é considerado autor aquele que pratica o verbo, isto é, o núcleo do tipo legal. É, portanto, o que mata, subtrai, obtém vantagem ilícita, constrange etc. Em contrapartida, *partícipe* será aquele que, sem realizar a conduta principal (o verbo), concorrer para o resultado. Assim, o mandante de um crime não é considerado seu autor, visto que não lhe competiram os atos de execução do núcleo do tipo (quem manda matar não mata, logo, não realiza o verbo do tipo). Igualmente, o chamado "autor intelectual", ou seja, aquele que planeja toda a empreitada delituosa, não é autor, mas partícipe, na medida em que não executa materialmente a conduta típica.

Autoria e teoria do domínio do fato: Há uma outra vertente dentro da teoria restritiva denominada *teoria do domínio do fato*. Partindo da teoria restritiva, adota um critério objetivo-subjetivo, segundo o qual autor é aquele que detém o controle final do fato, dominando toda a realização delituosa, com plenos poderes para decidir sobre sua prática, interrupção e circunstâncias. Por essa razão, o mandante, embora não realize o núcleo da ação típica, deve ser considerado autor, uma vez que detém o controle final do fato até a sua consumação, determinando a prática delitiva. Da mesma forma, o chamado "autor intelectual" de um crime é, de fato, considerado seu autor, pois não realiza o verbo do tipo, mas planeja toda a ação delituosa, coordena e dirige a atuação dos demais. *Nesse sentido*: Johannes Wessels, *Direito penal*, parte geral, trad. Juarez Tavares, Porto Alegre: Fabris, 1976, p. 119; Alberto Silva Franco, *Código Penal*, cit., p. 345; Damásio de Jesus, *Teoria do domínio do fato no concurso de pessoas*, São Paulo: Saraiva, 1999, p. 27 e Hans-Heinrich Jescheck, *Tratado de derecho penal*, 3. ed., Barcelona: Bosch, 1981, v. 2, p. 898. Essa teoria possui, ainda, amplo respaldo jurisprudencial: STJ, HC 30503, 6ª T., Rel. Min. Paulo Medina, j. 18-10-2005, TRF; 4ª Região, Ap. Crim. 200404010442576, 8ª T., Rel. Des. Paulo Afonso Brum Vaz, j. 20-7-2005; TRF, 2ª Região, Ap. Crim. 1739, 6ª T., Rel. Des. André Fontes, j. 10-3-2004.

Autoria mediata e concurso de pessoas: Inexiste concurso de pessoas entre o autor mediato e o executor da conduta típica. O autor mediato se serve de pessoa sem condições de discernimento (por exemplo, inimputável ou doente mental) para realizar por ele a conduta típica. Ela é usada como um mero instrumento de atuação, como se fosse uma arma ou um animal irracional. O executor atua sem vontade ou consciência, considerando-se, por essa razão, que a conduta principal foi realizada pelo autor mediato. A autoria mediata pode também resultar coação moral irresistível, provocação de erro de tipo escusável ou obediência hierárquica.

Autoria. Pessoa jurídica: Considerando que é dever do Estado proteger o bem jurídico, bem como que há necessidade de o Direito Penal modernizar-se, acompanhando as novas formas de criminalidade, nossa CF, em seus arts. 225, § 3º (Título VIII, Da Ordem Social, Capítulo VI, Do Meio Ambiente), e 173, § 5º (Título VII, Da Ordem Econômica e Financeira, Capítulo I, Dos Princípios Gerais da Atividade Econômica), previu a responsabilização da pessoa jurídica em todas as esferas do direito por atos cometidos contra a ordem econômica e financeira e contra o meio ambiente. Para grande parte da doutrina, no entanto, prevalece o brocardo romano *societas delinquere non potest*, e tem como principais argumentos: (a) a ausência de consciência, vontade e finalidade; (b) a ausência de culpabilidade; (c) a ausência de capacidade de pena (princípio da personalidade da pena); (d) a justificativa para impor a pena. *Em sentido contrário*, admitindo a responsabilidade penal da pessoa jurídica: Sérgio Salomão Schecaira, *Responsabilidade penal da pessoa jurídica*, Revista dos Tribunais, 1999, p. 97, e Klaus Tiedemann, *Responsabilidad penal de personas jurídicas y empresas en derecho comparado*, Revista Brasileira de Ciências Criminais, n. 11, p. 22, jul./set. 1995.

Autoria. Pessoa jurídica e crime ambiental: Indo ao encontro do preceito constitucional, a Lei n. 9.605, de 12-2-1998, estabeleceu expressamente a responsabilidade criminal de empresas que pratiquem crimes contra o meio ambiente. Em regra, aceita-se tal responsabilização: STJ,

REsp 564960, 5ª T., Rel. Min. Gilson Dipp, j. 2-6-2005; TRF, 4ª Região, Ap. Crim. 200504010063685, 7ª T., Rel. Taadaqui Hirose, j. 10-5-2005; TRF, 4ª Região, MS 2002.04.01.013843-0, 7ª T., Rel. Acórdão Des. Fábio Rosa, j. 10-12-2002; TJPR, RSE 0307555-4, 2ª Câmara Criminal, Rel. Des. Lilian Romero, j. 9-2-2006. *Em sentido contrário*: STJ, REsp 622.724-SC, 5ª T., Rel. Min. Felix Fischer, j. 18-11-2004. No entanto, já decidiu o STJ que "excluída a imputação aos dirigentes responsáveis pelas condutas incriminadas, o trancamento da ação penal, relativamente à pessoa jurídica, é de rigor" (RMS 16.696/PR, 6ª T., Rel. Min. Hamilton Carvalhido, j. 9-2-2006). Desse modo, "Aceita-se a responsabilização penal da pessoa jurídica em crimes ambientais, sob a condição de que seja denunciada em coautoria com pessoa física, que tenha agido com elemento subjetivo próprio (Precedentes)" (STJ, REsp 800.817/SC, 6ª T., Rel. Min. Celso Limongi, j. 4-2-2010, *DJe* 22-2-2010).

Pessoa jurídica e crimes tributários: No tocante aos crimes praticados contra a ordem tributária, a Lei n. 8.137/90 somente admite a responsabilidade penal dos dirigentes das pessoas jurídicas, dispondo em seu art. 11 que: "Quem, de qualquer modo, inclusive por meio de pessoa jurídica, concorre para os crimes definidos nesta lei, incide nas penas a estes cominadas, na medida de sua culpabilidade". Uma vez que, via de regra, não se imputa o crime à pessoa jurídica, faz-se necessário apurar a participação do sócio solidário, gerente, diretor ou administrador no fato delituoso, isto é, é necessário comprovar a vinculação entre o comportamento do agente e o resultado criminoso. Assim, somente pode praticar o crime, por exemplo, de sonegação fiscal o contribuinte, no caso de ser pessoa física, ou o diretor, gerente ou administrador, sócio solidário, na hipótese de pessoa jurídica, desde que, "efetivamente hajam participado da administração da empresa, concorrendo efetivamente na prática de qualquer das condutas criminalizadas. Não basta constar no contrato social como sócio ou diretor" (Cezar Roberto Bitencourt, *Código Penal comentado*, cit., p. 1125). *No mesmo sentido*: Antonio Lopes Monteiro, *Crimes contra a Previdência Social*, cit., p. 88/90 (sobre a individualização da conduta dos sócios na denúncia, *vide* abaixo o item "questões processuais"). Da mesma forma, já se manifestou o STJ no sentido de que a denúncia não pode imputar o crime tributário ao indivíduo tão somente em razão de sua posição na empresa, sob pena de responsabilidade penal objetiva: STJ, HC 21.930/RJ, 6ª T., Rel. Min. Hamilton Carvalhido, j. 21-10-2003.

Autoria. Pessoa jurídica e crimes contra o sistema financeiro: Impossível a responsabilização da pessoa jurídica em crimes contra o sistema financeiro. *Vide* art. 25 da Lei n. 7.492/86, acerca do qual já se manifestou o STJ: "a interpretação do art. 25 da Lei n. 7.492/86 como norma de presunção absoluta de responsabilidade penal é infringente da Constituição da República e do direito penal em vigor, enquanto readmite a proscrita responsabilidade penal objetiva e infringe o princípio *nullum crimen sine culpa*" (STJ, HC 9.031/SP, 6ª T., Rel. Min. Hamilton Carvalhido, j. 2-9-1999).

Coautores: São todos os agentes que, em colaboração recíproca e visando ao mesmo fim, realizam a conduta principal, isto é, quando dois ou mais agentes, conjuntamente, realizam o verbo do tipo. A contribuição dos coautores no fato criminoso não necessita, contudo, ser materialmente a mesma, podendo haver uma divisão dos atos executivos. Exemplo: no delito de roubo, um dos coautores emprega violência contra a vítima, e o outro retira dela um objeto; no estupro, um constrange, enquanto o outro mantém conjunção carnal com a ofendida, e assim por diante. O coautor que concorre na realização do tipo também responderá pela qualificadora ou agravante de caráter objetivo quando tiver consciência desta e aceitá-la como possível.

Coautoria em crime de mão própria: Vide comentários ao crime de falso testemunho (CP, art. 342).

Coautoria em crime de infanticídio (a questão da comunicabilidade da elementar "influência do estado puerperal"): Vide comentários ao art. 123 do CP.

Participação: Partícipe é quem, sem realizar o verbo nuclear do tipo, concorre de alguma maneira para a produção do resultado ou para a consumação do crime. O Código Penal adotou a *teoria da acessoriedade extremada (ou máxima)*. O partícipe somente é responsabilizado se o fato principal é típico, ilícito e culpável. A participação, por conseguinte, necessita, para ser reconhecida, da culpabilidade do sujeito ativo, pois, do contrário, haverá autoria (mediata), e não a figura do partícipe. Com efeito, quem instiga um louco ou um menor inimputável a executar uma ação típica não é partícipe, mas autor direto e imediato (realiza o verbo por meio de outrem).

Participação moral: É a instigação e o induzimento. *Instigar* é reforçar uma ideia já existente. O agente já a tem em mente, sendo apenas reforçada pelo partícipe. *Induzir* é fazer brotar a ideia no agente. O indivíduo não tinha ideia de cometer o crime, mas ela é colocada em sua mente.

Participação material: É o auxílio. Considera-se, assim, partícipe aquele que presta ajuda efetiva na preparação ou execução do delito, por exemplo, a vigilância exercida durante a execução de um crime; emprestar arma; segurar a vítima para impedi-la de reagir, facilitando a tarefa criminosa do executor; conduzir ladrões, em qualquer veículo, ao local do crime.

Participação negativa ou conivência (crimen silenti): Ocorre quando o sujeito, sem ter o dever jurídico de agir, omite-se durante a execução do crime, quando tinha condições de impedi-lo. A conivência não se insere no nexo causal, como forma de participação, não sendo punida, salvo se constituir delito autônomo. Assim, a tão só ciência de que outrem está para cometer ou comete um crime, sem a existência do dever jurídico de agir (CP, art. 13, § 2º), não configura participação por omissão.

Participação por omissão: Dá-se quando o sujeito, tendo o dever jurídico de agir para evitar o resultado (CP, art. 13, § 2º), omite-se intencionalmente, desejando que ocorra a consumação. A diferença em relação à conivência é que nesta não há o dever jurídico de agir, afastando-se, destarte, a participação, podendo responder por crime autônomo, por exemplo, omissão de socorro. Já no caso da participação por omissão, como o omitente tinha o dever de evitar o resultado, por este responderá na qualidade de partícipe. Convém notar que a participação por omissão exige dolo, dada a necessidade de liame subjetivo, não sendo admissível participação culposa em crime doloso (o partícipe tem de se omitir, querendo ou aceitando o risco de o resultado ocorrer).

Participação em crime omissivo: A participação em crime omissivo consiste em uma atitude ativa do agente, que auxilia, induz ou instiga outrem a omitir a conduta devida.

Participação impunível: Ocorre quando o fato principal não chega a ingressar em sua fase executória. Como antes disso o fato não pode ser punido, a participação também restará impune (CP, art. 31).

Participação e consumação: Na hipótese da prisão em flagrante de um dos coparticipantes e da fuga dos demais com a *res*, o crime estará consumado para todos, não havendo falar em crime consumado para uns e tentado para outros, uma vez que a subtração já havia se aperfeiçoado por completo quando da prisão daquele.

(3) *Participação de menor importância (art. 29, § 1º)*: O Código determina que, se a participação for de menor importância, a pena pode ser diminuída de um sexto a um terço.

(4) *Exceções pluralísticas ou desvio subjetivo de conduta (art. 29, § 2º)*: A teoria pluralista foi adotada, como exceção, no § 2º do art. 29 do CP, que dispõe: "Se algum dos concorrentes quis participar de crime menos grave, ser-lhe-á aplicada a pena deste (...)". Com efeito, embora todos os coautores e partícipes devam, em regra, responder pelo mesmo crime, excepcionalmente, com o fito de evitar-se a responsabilidade objetiva, o legislador determina a imputação por outra figura típica quando o agente quis participar de infração menos grave. É o caso do motorista que conduz três larápios a uma residência para o cometimento de um furto. Enquanto aguarda, no carro, os executores ingressarem no local e efetuarem a subtração sem violência (furto), estes acabam por encontrar uma moradora acordada, a qual é estuprada e morta. O partícipe, que imaginava estar ocorrendo apenas um furto, responderá somente por este crime, do qual quis tomar parte. O delito principal foi latrocínio e estupro, mas o partícipe só responderá por furto, único fato que passou pela sua mente (se o resultado mais grave for previsível, a pena ainda poderá ser aumentada até a metade, mas o delito continuará a ser o mesmo).

(5) *Questões processuais. Pessoa jurídica. Sócio ou diretor. Denúncia coletiva*: A jurisprudência tem admitido a denúncia coletiva em crimes societários, sob o argumento de que, dada à homogeneidade na conduta dos sócios ou administradores, seria inviável, *ab initio*, a individualização pormenorizada da conduta de cada um dos envolvidos na direção da empresa, uma vez que só a instrução criminal poderia definir quem concorreu, quem participou ou quem ficou alheio à ação ilícita. STJ: "1. É entendimento dominante nesta Corte Superior, nas hipóteses de crimes societários, a inexigibilidade de descrição pormenorizada da participação de cada um dos denunciados, bastando, para tanto, a descrição genérica dos fatos supostamente tidos por delituosos" (HC 38237/SP, 6ª T., Rel. Min. Hélio Quaglia Barbosa, j. 20-10-2005, *DJ* 7-11-2005, p. 388). STJ: "I – Em se tratando de crime societário, não há, necessariamente, nulidade na denúncia que deixa de detalhar as condutas dos acusados, sendo prescindível a descrição pormenorizada da participação de cada um, desde que não haja prejuízo para a ampla defesa (Precedentes do STJ e do Pretório Excelso). II – Somente a partir do exame acurado do material probatório colhido durante a instrução criminal poderá concluir se o paciente realmente participou do esquema de sonegação fiscal descrito na denúncia e durante qual período. (Precedentes)" (RHC 17668/SP, 5ª T., Rel. Min. Felix Fischer, j. 6-12-2005, *DJ* 20-3-2006, p. 305). *Na mesma linha*: STJ, REsp 611.711, 5ª T., Rel. Min. José Arnaldo da Fonseca, j. 7-4-2005; TRF, 1ª Região, HC 2005.01.00.069378-2/DF, 3ª T., Rel. Des. Olindo Menezes, j. 19-12-2005; TRF, 4ª Região, Ap. Crim. 2001.72.09.005688, 8ª T., Rel. Des. José Paulo Baltazar Junior, j. 29-3-2006. Recentes decisões do E. Supremo Tribunal Federal, porém, têm entendido que a responsabilidade penal é pessoal e, por isso, a exordial deve, sob pena de inépcia, imputar a conduta de cada agente, de modo que o seu comportamento seja individualizado e identificado, permitindo-se, assim, o exercício pleno de defesa: "no caso de crime contra o sistema financeiro nacional ou de outro dito crime societário, é inepta a denúncia genérica, que omite descrição de comportamento típico e sua atribuição a autor individualizado, na condição de diretor ou administrador de empresa" (RHC 85658/ES, 1ª T., Rel. Min. Cezar Peluso, j. 21-6-2005; HC 83301/RS, 1ª T., Rel. Acórdão Min. Cezar Peluso, j. 16-3-2004). *Na mesma linha*: "*Habeas Corpus*. Trancamento da ação penal. Inépcia da denúncia. Inexistência. Presença dos requisitos do art. 41 do CPP. Precedentes. Falta de justa causa da ação penal. 1. A jurisprudência do Supremo Tribunal Federal tem exigido a descrição, ainda que mínima, da participação de cada um dos acusados nos chamados crimes societários. Isso para possibilitar o adequado exercício do direito de defesa. HC 80.549, Relator o Ministro Nelson Jobim. 2. No caso, a peça inicial acusatória atende aos requisitos do art. 41 do Código de Processo Penal, sem incidir nas hipóteses de rejeição que se lê no art. 43 do mesmo diploma, porquanto descreve a conduta tida por delituosa, indica o momento em que ela teria ocorrido e individualiza, no tempo, a responsabilidade dos sócios na gestão da empresa. Precedentes: HC 84.889, Relator o Ministro Marco Aurélio; e HC 87.174, deste relator. 3. O trancamento da ação penal pressupõe demonstração, de plano, da ausência de justa causa para a ação penal. 4. *Habeas corpus* indeferido" (STF, HC 86362/SP, 1ª T., Rel. Min. Carlos Britto, j. 25-9-2007, *DJ* 7-12-2007, p. 58). E, ainda, STJ: "I. Hipótese em que a recorrente foi denunciada pela suposta prática de crime de apropriação indébita de contribuições previdenciárias e falsificação de documento público, por ser sócia-gerente de empresa. II. O entendimento desta Corte – no sentido de que, nos crimes societários, em que a autoria nem sempre se mostra claramente comprovada, a fumaça do bom direito deve ser abrandada, não se exigindo a descrição pormenorizada da conduta de cada agente – não significa que o órgão acusatório possa deixar de estabelecer qualquer vínculo entre a denunciada e a empreitada criminosa a ela imputada. III. O simples fato de ser sócio ou administrador de empresa não autoriza a instauração de processo criminal por crimes praticados no âmbito da sociedade, se não restar comprovado, ainda que com elementos a serem aprofundados no decorrer da ação penal, a mínima relação de causa e efeito entre as imputações e a sua função na empresa, sob pena de se reconhecer a responsabilidade penal objetiva. IV. A inexistência absoluta de elementos hábeis a descrever a relação entre os fatos delituosos e a autoria ofende o princípio constitucional da ampla defesa, tornando inepta a denúncia. V. Precedentes do STF e do STJ. VI. Deve ser determinado o trancamento da ação penal instaurada em desfavor da recorrente. VII. Recurso provido, nos termos do voto do Relator" (RHC 17872/CE, 5ª T., Rel. Min. Gilson Dipp, j. 27-9-2005, *DJ* 17-10-2005, p. 317). *No mesmo sentido*: STJ, 5ª T., HC 22587/CE, Rel. Min. Gilson Dipp, j. 5-12-2002, *DJ* 30-8-2004, p. 310.

Crime multitudinário. Denúncia coletiva: É o crime cometido por influência de multidão em tumulto (linchamento, por exemplo). Os agentes responderão pelo crime em concurso, tendo, no entanto, direito à atenuante genérica prevista no art. 65, III, *e*, do CP. Porém, existe uma dificuldade prática para delinear na denúncia a atuação de cada indivíduo envolvido no crime. Diante disso, já decidiu o Supremo Tribunal Federal que, em tais delitos, a inicial acusatória pode narrar genericamente a participação de cada agente, cuja conduta específica deve ser apurada no curso do processo criminal: HC 80204, 2ª T., Rel. Min. Maurício Correa, j. 5-9-2000; HC 75868, 2ª T., Rel. Min. Maurício Correa, j. 10-2-1998. Pela inépcia da denúncia que não descreve os fatos com precisão e clareza: STF, RHC 66.020, 2ª T., Rel. Min. Carlos Madeira, j. 6-12-1988.

Tribunal do Júri (jurisprudência anterior à Lei n. 11.689/2008): Convém notar que já decidiu o Supremo Tribunal Federal que, no Tribunal do Júri, o autor principal deve ser julgado antes do partícipe, salvo se estiver foragido: HC 65.091/RJ, 2ª T., Rel. Min. Djaci Falcão, j. 29-5-1988. Note-se, também, que a jurisprudência, em regra, entende que a absolvição do autor implica a do partícipe, pois "a participação penalmente reprovável há de pressupor a existência de um crime, sem o qual descabe cogitar de punir a conduta acessória": STF, HC 69714, Rel. Min. Francisco Rezek, j. 15-12-1992; STJ, RHC 14.097, 6ª T., Rel. Min. Paulo Medina, j. 1-8-2005; TJRS, Ap. Crim. 70012282869, 3ª Câmara Criminal, Rel. Des. Elba Aparecida Nicolli Bastos, j. 1º-9-2005. Tendo o Júri, contudo, negado a autoria do agente principal, mas reconhecido a materialidade do delito e afirmado, expressamente, a participação de terceira pessoa, essa decisão não estabelece contradição com um segundo julgamento em que se identificou o acusado como sendo a terceira pessoa referida no primeiro: STJ, RHC 1.356, 5ª T., Rel. Min. Assis Toledo, j. 16-9-1991.

(6) Concurso de pessoas e delação eficaz: Vide comentários ao art. 16 do CP.

(7) Concurso de pessoas e causas interruptivas da prescrição da pretensão executória: A interrupção da PPE em relação a um dos autores não produz efeitos quanto aos demais (ao contrário das causas interruptivas da prescrição da pretensão punitiva) (cf. CP, art. 117, § 1º).

Código de Trânsito Brasileiro

Entrega de veículo a pessoa não habilitada: Dispõe o art. 310: "Permitir, confiar ou entregar a direção de veículo automotor a pessoa não habilitada, com habilitação cassada ou com o direito de dirigir suspenso, ou, ainda, a quem, por seu estado de saúde, física ou mental, ou por embriaguez, não esteja em condições de conduzi-lo com segurança: Penas – detenção, de seis meses a um ano, ou multa". A lei erigiu à categoria de crime autônomo condutas que, na ausência do dispositivo, configurariam *participação* no crime de dirigir sem habilitação.

Circunstâncias incomunicáveis

Art. 30. Não se comunicam as circunstâncias e as condições de caráter pessoal, salvo quando elementares do crime. *(Redação dada pela Lei n. 7.209/84)*

(1) Circunstâncias: Constituem dados acessórios, não fundamentais para a existência da figura típica, que ficam a ela agregados, com a função de influenciar na pena. Sua exclusão não interfere na existência da infração penal, mas apenas a torna mais ou menos grave. Encontram-se na Parte Geral ou na Parte Especial, situando-se, neste último caso, nos parágrafos dos tipos incriminadores (os chamados tipos derivados). Por exemplo: se o homicídio é cometido sob o domínio de violenta emoção, logo em seguida a injusta provocação do ofendido, a pena será reduzida de 1/6 a 1/3 (CP, art. 121, § 1º).

(2) Circunstâncias subjetivas ou de caráter pessoal: Relacionam-se ao agente e não ao fato. São elas: os antecedentes, a personalidade, a conduta social, os motivos do crime (quem tem motivo é o agente, e não o fato), a menoridade relativa, a maioridade senil (maior de setenta anos na data do julgamento), a reincidência etc.

(3) Circunstâncias objetivas: Relacionam-se ao fato, e não ao agente. Por exemplo: o tempo do crime (se cometido à noite, de manhã, em época de festividades); o lugar do crime (local público, ermo, de grande circulação de pessoas); o modo de execução (emboscada, traição, dissimulação, surpresa); os meios empregados para a prática do crime (mediante arma, veneno, fogo, asfixia, tortura, explosivo, meio insidioso ou cruel); a qualidade da coisa (pequeno valor, bem público, de uso comum); a qualidade da vítima (mulher grávida, criança, idoso ou enfermo) etc.

(4) Elementares: São todos os dados fundamentais para a existência da figura típica, sem os quais esta desaparece (atipicidade absoluta) ou se transforma em outra (atipicidade relativa). Assim, são componentes básicos do furto: subtrair coisa alheia móvel para si ou para outrem. Sem algum desses elementos, não existe o crime. São, por isso, suas elementares, da mesma forma que, sem funcionário público como autor não existe crime contra a Administração Pública. As elementares encontram-se no *caput* dos tipos incriminadores, que, por essa razão, são chamados de tipos fundamentais. Do mesmo modo como sucede com as circunstâncias, as elementares podem ser objetivas ou subjetivas, conforme digam respeito ao fato ou ao agente.

(5) Incomunicabilidade: (a) As circunstâncias subjetivas ou de caráter pessoal jamais se comunicam, sendo irrelevante se o coautor ou partícipe delas tinha conhecimento. Assim, se um dos agentes é reincidente, por exemplo, tal circunstância não se comunicará, em hipótese alguma, ainda que os demais dela tenham conhecimento. (b) As circunstâncias objetivas comunicam-se, mas desde que o coautor ou partícipe delas tenha conhecimento. (c) As elementares, sejam objetivas, sejam subjetivas, se comunicam, mas desde que o coautor ou partícipe delas tenha conhecimento. Por exemplo, a condição de funcionário público é essencial para o delito do art. 312 do CP (peculato). Trata-se, portanto, de elementar. Pois bem, pouco importa o seu caráter subjetivo ou pessoal, porque, sendo elementar, comunica-se ao partícipe que dela tiver ciência. Assim, o particular que, conscientemente, participa de um peculato responde por esse crime, ante o disposto no art. 30 do CP.

(6) Concurso de pessoas e crime de infanticídio (a questão da comunicabilidade da elementar "influência do estado puerperal"): Vide comentários ao art. 123 do CP.

Casos de impunibilidade

Art. 31. O ajuste, a determinação ou instigação e o auxílio, salvo disposição expressa em contrário, não são puníveis, se o crime não chega, pelo menos, a ser tentado. *(Redação dada pela Lei n. 7.209/84)*

(1) Iter criminis: É o caminho do crime. São quatro as etapas do *iter criminis:* (a) *cogitação;* (b) *preparação;* (c) *execução:* (d) *consumação.*

(2) Participação impunível: São atípicos o ajuste, a determinação ou instigação e o auxílio, se o crime fica na fase preparatória, sem que haja início de execução (CP, art. 31). Ex.: um sujeito pede a um chaveiro uma chave falsa para cometer um furto e é atendido pelo irresponsável profissional; no entanto, comete o furto por escalada, sem usar o artefato. Como não houve nenhuma contribuição causal do chaveiro, este não será considerado partícipe do furto. Seu auxílio não chegou a ingressar sequer na fase de execução, sendo, portanto, impunível (na verdade, tecnicamente falando, sua conduta seria atípica).

(3) Salvo disposição em contrário: Por vezes, o ajuste, a determinação ou instigação e o auxílio, por si só, podem constituir crime, desde que haja previsão legal expressa nesse sentido. É o que ocorre com os crimes de induzimento, instigação ou auxílio a suicídio (CP, art. 122), de incitação ao crime (CP, art. 286), associação criminosa (CP, art. 288) e, ainda, o delito de petrechos para a falsificação de moeda (CP, art. 291).

TÍTULO V
DAS PENAS

CAPÍTULO I
DAS ESPÉCIES DE PENA

Art. 32. As penas são: *(Artigo com redação dada pela Lei n. 7.209/84)*

I – privativas de liberdade;

II – restritivas de direitos;

III – de multa.

(1) Documentos internacionais: De acordo com o art. XI, 2, da Declaração Universal dos Direitos Humanos, aprovada pelo Brasil, "Ninguém poderá ser culpado por qualquer ação ou omissão que, no momento, não constituam delito perante o direito nacional ou internacional. Tampouco será imposta pena mais forte do que aquela que, no momento da prática, era aplicável ao ato delituoso". O art. 9º da Convenção Americana sobre Direitos Humanos *(Pacto de San José da Costa Rica,* 1969), ratificada pelo Brasil em 20-7-1989, por sua vez, consagra o princípio da legalidade e da retroatividade da lei penal: "Ninguém poderá ser condenado por atos ou omissões que, no momento em que foram cometidos, não constituam delito, de acordo com o direito aplicável. Tampouco poder-se-á impor pena mais grave do que a aplicável no momento da ocorrência do delito. Se, depois de perpetrado o delito, a lei estipular a imposição de pena mais leve, o delinquente deverá dela beneficiar-se". O art. 8º da Declaração de Direitos do Homem e do Cidadão, de 1789, em seu art. 8º, determinou que a lei só deve prever as penas estritamente necessárias, consagrando, assim, o princípio da intervenção mínima. Outros documentos das Nações Unidas relativos aos direitos dos prisioneiros e detidos: Convenção contra a Tortura e outros Tratamentos ou Penas Cruéis, Desumanos ou Degradantes (Resolução n. 39/46 da Assembleia Geral das Nações Unidas, assinada pelo Brasil em 28-9-89 e promulgada pelo Decreto n. 40, de 15-2-93); Declaração sobre a Proteção de Todas as Pessoas contra os Desaparecimentos Forçados (Resolução n. 47/133 das Nações Unidas, de 18-12-92); Pena de Morte (Resolução 1990/29 do Conselho Econômico e Social, de 24-5-90; Princípios básicos relativos ao tratamento de reclusos (Documento n. A/45/49 das Nações Unidas, de 1990); Proteção dos Direitos Humanos das Vítimas da Criminalidade e de Abuso de Poder (Resolução do 8º Congresso das Nações Unidas para a Prevenção do Crime e o Tratamento dos Delinquentes, Havana, 1990); Garantias e Aplicação das Garantias para a Proteção dos Direitos das Pessoas Sujeitas a Pena de Morte (Resoluções n. 1989/50 e 1989/64 do Conselho Econômico e Social); Conjunto de Princípios para a Proteção de Todas as Pessoas Sujeitas a Qualquer forma de Detenção ou Prisão (Documento n. 8/43/173 das Nações Unidas); Regras Mínimas para o Tratamento dos Reclusos (Resolução do 1º Congresso das Nações Unidas sobre a Prevenção do Crime e o Tratamento dos Delinquentes, Genebra, 1955).

(2) Princípios constitucionais: (a) *Legalidade:* a pena deve estar prevista em lei vigente, não se admitindo seja cominada em regulamento ou ato normativo infralegal (CP, art. 1º, e CF, art. 5º, XXXIX). (b) *Anterioridade:* a lei já deve estar em vigor na época em que for praticada a infração penal (CP, art. 1º, e CF, art. 5º, XXXIX). (c) *Personalidade:* a pena não pode passar da pessoa do condenado (CF, art. 5º, XLV). Assim, a pena de multa, ainda que considerada dívida de valor para fins de cobrança, não pode ser exigida dos herdeiros do falecido. (d) *Individualidade:* a sua imposição e cumprimento deverão ser individualizados de acordo com a culpabilidade e o mérito do sentenciado (CF, art. 5º, XLVI). (e) *Inderrogabilidade:* salvo as exceções legais, a pena não pode deixar de ser aplicada sob nenhum fundamento. Assim, por exemplo, o juiz não pode extinguir a pena de multa levando em conta seu valor irrisório. (f) *Proporcionalidade:* Além de encontrar as-

sento na imperativa exigência de respeito à dignidade humana, tal princípio aparece insculpido em diversas passagens de nosso Texto Constitucional, quando abole certos tipos de sanções (art. 5º, XLVII), exige a individualização da pena (art. 5º, XLVI), maior rigor para os casos de maior gravidade (art. 5º, XLII, XLIII e XLIV) e moderação para infrações menos graves (art. 98, I). Baseia-se na relação custo-benefício. (g) *Humanidade*: A vedação constitucional da tortura e de tratamento desumano ou degradante a qualquer pessoa (art. 5º, III), a proibição da pena de morte, da prisão perpétua, de trabalhos forçados, de banimento e das penas cruéis (art. 5º, XLVII), o respeito e proteção à figura do preso (art. 5º, XLVIII, XLIX) e ainda normas disciplinadoras da prisão processual (art. 5º, LXI, LXII, LXIII, LXIV, LXV e LXVI), apenas para citar alguns casos, impõem ao legislador e ao intérprete mecanismos de controle de tipos legais.

(3) Prisão perpétua. Extradição. Comutação: Sobre o tema, *vide* comentários ao art. 7º do CP.

Prisão perpétua. Tribunal Penal Internacional: Sobre o tema, *vide* comentários ao art. 7º do CP.

(4) Pena corporal ou de morte. Extradição. Comutação: Sobre o tema, *vide* comentários ao art. 7º do CP.

(5) Sanção penal: Comporta duas espécies: a pena e a medida de segurança (*vide* arts. 96 a 99 do Título VI).

Pena: Sanção penal de caráter aflitivo, imposta pelo Estado, em execução de uma sentença, ao culpado pela prática de uma infração penal, consistente na restrição ou privação de um bem jurídico, cuja finalidade é aplicar a retribuição punitiva ao delinquente, promover a sua readaptação social e prevenir novas transgressões pela intimidação dirigida à coletividade. As penas classificam-se em: (a) privativas de liberdade; (b) restritivas de direitos; (c) pecuniárias.

Medida de segurança: Trata-se de sanção penal imposta pelo Estado, na execução de uma sentença, cuja finalidade é exclusivamente preventiva, no sentido de evitar que o autor de uma infração penal que tenha demonstrado periculosidade volte a delinquir. Visa a tratar o inimputável e o semi-imputável que demonstraram, pela prática delitiva, potencialidade para novas ações danosas. Consiste na internação em hospital de custódia e tratamento psiquiátrico ou, à falta, em outro estabelecimento adequado ou na sujeição a tratamento ambulatorial. Sobre o tema, *vide* comentários ao art. 96 e seguintes do CP.

(6) Penas acessórias: Antes da Lei n. 7.209/84 eram previstas no Código Penal e aplicáveis juntamente com a pena principal. Foram abolidas pela mencionada lei. *Vide* também arts. 691 a 695 do CPP.

(7) Transação penal e Lei dos Juizados Especiais Criminais: De acordo com o art. 76 da Lei n. 9.099/95, nas infrações de menor potencial ofensivo, cujo conceito, constante do art. 61, acabou sendo modificado pela Lei n. 10.259/2001 (Lei dos Juizados Especiais Federais): "Havendo representação ou tratando-se de crime de ação penal pública incondicionada, não sendo caso de arquivamento, o Ministério Público poderá propor a aplicação imediata de pena restritiva de direitos ou multas, a ser especificada na proposta".

(8) Pessoa jurídica e sanção penal. Lei dos Crimes Ambientais: De acordo com o disposto no art. 21 da Lei dos Crimes Ambientais: "As penas aplicáveis isolada, cumulativa ou alternativamente às pessoas jurídicas, de acordo com o disposto no art. 3º, são: I) multa; II) restritivas de direitos; III) prestação de serviços à comunidade" (sobre a possibilidade de a pessoa jurídica vir a ser responsabilizada penalmente, *vide* comentários ao art. 29 do CP).

(9) Sanções disciplinares: Convém notar que, além das penas previstas no art. 32 do CP, o preso, durante a execução penal, está sujeito à disciplina do presídio, devendo cumprir os deveres constantes do art. 39 da LEP. A infração desses deveres constitui falta disciplinar (LEP, arts. 49 a 52), estando o preso sujeito às sanções disciplinares constantes dos arts. 53 e 54 da LEP. De acordo com o art. 45 da mesma lei, não haverá sanção disciplinar sem expressa e anterior previsão legal ou regulamentar. As sanções não poderão colocar em perigo a integridade física e moral do condenado (§ 1º); é vedado o emprego de cela escura (§ 2º); são vedadas as sanções coletivas (§ 3º).

Regime disciplinar diferenciado: Está previsto nos arts. 52 e seguintes da LEP, com a redação determinada pela Lei n. 10.792, de 1º-12-2003, o qual estabeleceu o chamado regime disciplinar diferenciado, para o condenado definitivo e o preso provisório que cometerem crime doloso capaz de ocasionar subversão da ordem ou disciplina internas. Convém mencionar que há posicionamento no sentido da inconstitucionalidade do regime disciplinar diferenciado, por confrontar-se com a Constituição Federal, os Tratados Internacionais de Direitos Humanos e as Regras Mínimas das Nações Unidas para o Tratamento de Prisioneiros, implicando violação à proibição do estabelecimento de penas, medidas ou tratamentos cruéis, desumanos ou degradantes, prevista nos instrumentos citados. *Nesse sentido:* Maurício Kuehne, Direito penal e processual penal, *Revista Magister*, ano I, n. 2, out./nov. 2004, Porto Alegre: Magister, p. 7. *Em sentido contrário:* Fernando Capez, *Curso de direito penal*, cit., p. 372-374 e STJ, HC 40300/RJ, 5ª T., Rel. Min. Arnaldo Esteves Lima, j. 7-6-2005, *DJ* 22-8-2005, p. 312, *RT* 843/549.

Estatuto do Índio
Sanções penais: De acordo com o art. 57 do Estatuto do Índio (Lei n. 6.001/73), "Será tolerada a aplicação, pelos grupos tribais, de acordo com as instituições próprias, de sanções penais ou disciplinares contra os seus membros, desde que não revistam caráter cruel ou infamante, proibida em qualquer caso a pena de morte".

Estatuto da Criança e do Adolescente
Ato infracional e medidas aplicáveis: Ao ato infracional praticado por criança (pessoa até doze anos de idade incompletos, cf. art. 2º, primeira parte, do ECA) corresponderão as medidas previstas no art. 101 do Estatuto (medidas específicas de proteção). Ao ato infracional praticado por adolescente (pessoa entre doze e dezoito anos, cf. art. 2º, segunda parte), corresponderão as medidas previstas no art. 112 (medidas socioeducativas; tais como advertência, obrigação de reparar o dano, prestação de serviços à comunidade, liberdade assistida, inserção em regime de semiliberdade, internação em estabelecimento educacional, qualquer uma das previstas no art. 101, I a VI). Prevê, ainda, o § 1º do art. 2º do ECA que, nos casos expressos em lei, aplicam-se, excepcionalmente, suas disposições às pessoas entre 18 (dezoito) e 21 (vinte e um) anos. Sobre a internação do menor em clínica ou hospital psiquiátrico, *vide* jurisprudência constante do art. 27 do CP.

Seção I
Das penas privativas de liberdade

Reclusão e detenção
Art. 33. A pena de reclusão deve ser cumprida em regime fechado, semiaberto ou aberto. A de detenção, em regime semiaberto, ou aberto, salvo necessidade de transferência a regime fechado. *(Caput e §§ 1º a 3º com a redação dada pela Lei n. 7.209/84)*

§ 1º Considera-se:

a) regime fechado a execução da pena em estabelecimento de segurança máxima ou média;

b) regime semiaberto a execução da pena em colônia agrícola, industrial ou estabelecimento similar;

c) regime aberto a execução da pena em casa de albergado ou estabelecimento adequado.

§ 2º As penas privativas de liberdade deverão ser executadas em forma progressiva, segundo o mérito do condenado, observados os seguintes critérios e ressalvadas as hipóteses de transferência a regime mais rigoroso:

a) o condenado a pena superior a 8 (oito) anos deverá começar a cumpri-la em regime fechado;

b) o condenado não reincidente, cuja pena seja superior a 4 (quatro) anos e não exceda a 8 (oito), poderá, desde o princípio, cumpri-la em regime semiaberto;

c) o condenado não reincidente, cuja pena seja igual ou inferior a 4 (quatro) anos, poderá, desde o início, cumpri-la em regime aberto.

§ 3º A determinação do regime inicial de cumprimento da pena far-se-á com observância dos critérios previstos no art. 59 deste Código.

§ 4º O condenado por crime contra a administração pública terá a progressão de regime do cumprimento da pena condicionada à reparação do dano que causou, ou à devolução do produto do ilícito praticado, com os acréscimos legais. *(Acrescentado pela Lei n. 10.763/2003)*

(1) Penas privativas de liberdade. Espécies: (a) reclusão; (b) detenção; (c) prisão simples (para as contravenções penais, cf. art. 6º da LCP).

(2) Regimes penitenciários (§ 1º): (a) *fechado:* cumpre a pena em estabelecimento penal de segurança máxima ou média; (b) *semiaberto:* cumpre a pena em colônia penal agrícola, industrial ou em estabelecimento similar; (c) *aberto:* trabalha ou frequenta cursos em liberdade, durante o dia, e recolhe-se em casa do albergado ou estabelecimento similar à noite e nos dias de folga.

(3) Regime inicial de cumprimento de pena: De acordo com o art. 110 da Lei de Execução Penal, o juiz deverá estabelecer na sentença o regime inicial de cumprimento da pena, com observância do art. 33 do Código Penal.

(4) Regimes penitenciários da pena de reclusão:
Regime inicial fechado: Pena aplicada superior a 8 anos.
Regime inicial semiaberto: Pena maior que 4 anos e não superior a 8 anos.
Regime inicial aberto: Pena igual ou inferior a 4 anos.
Réu reincidente: A lei diz que o regime inicial fechado é obrigatório. A *Súmula* 269 do STJ, publicada no *DJU* de 29-5-2002, no entanto, estabelece que, mesmo no caso de reincidente, o juiz poderá fixar o regime inicial semiaberto, e não o fechado, quando a pena privativa de liberdade imposta na sentença condenatória não exceder a 4 anos.
Circunstâncias judiciais desfavoráveis: O juiz pode impor regime fechado. No entanto, não se tratando de pena superior a 8 anos (art. 33, § 2º, letra *a*, do CP), a imposição de regime inicial fechado depende de fundamentação adequada em face do que dispõem as alíneas *b, c* e *d* do mesmo parágrafo (2º) e também o § 3º c.c. o art. 59 do mesmo diploma. Nesse sentido é o teor da *Súmula 719 do STF*, editada em 14-10-2003: "A imposição do regime de cumprimento mais severo do que a pena aplicada permitir exige motivação idônea".
Gravidade do delito: Por si só não basta para determinar a imposição do regime inicial fechado, sendo imprescindível verificar o conjunto das circunstâncias de natureza objetiva e subjetiva previstas no art. 59 do CP, tais como grau de culpabilidade, personalidade, conduta social, antecedentes etc., salvo se, devido à quantidade da pena, for obrigatório aquele regime. Nesse sentido é o teor da *Súmula 718 do STF*: "A opinião do julgador sobre a gravidade em abstrato do crime não constitui motivação idônea para a imposição de regime mais severo do que o permitido segundo a pena aplicada". E, de acordo com a *Súmula 440 do STJ*: "Fixada a pena-base no mínimo legal, é vedado o estabelecimento de regime prisional mais gravoso do que o cabível em razão da sanção imposta, com base apenas na gravidade abstrata do delito".

(5) Regimes penitenciários iniciais da pena de detenção:
Regime inicial semiaberto: Pena aplicada superior a 4 anos.
Regime inicial aberto: Pena igual ou inferior a 4 anos.
Réu reincidente: Semiaberto.
Circunstâncias judiciais desfavoráveis: O juiz pode impor regime inicial semiaberto (faculdade), que é o regime mais gravoso da pena de detenção.

Gravidade do delito: Vide Súmulas 718 do STF e 440 do STJ.

Regime fechado na pena de detenção: O CP somente veda o regime inicial fechado, não impedindo que o condenado a pena de detenção submeta-se a tal regime, em virtude de regressão. Nesse sentido: STJ, REsp 315.897/MG, 6ª T., Rel. Min. Fernando Gonçalves, j. 20-3-2003; STJ, HC 9.089/SP, 5ª T., Rel. Min. Felix Fischer, j. 7-6-1999; TJRS, Ap. Crim. 70009762600, 3ª Câmara Criminal, Rel. Des. Danúbio Edon Franco, j. 4-11-2004; TACrimSP, *RJTACRIM* 42/399.

(6) Progressão (§ 2º): Após o juiz estabelecer o regime inicial de cumprimento de pena (LEP, art. 110 e CP, art. 33, § 3º), o legislador previu a possibilidade da progressão de regime, isto é, da passagem do condenado de um regime mais rigoroso para outro mais suave, desde que satisfeitas as exigências legais do art. 112 da LEP, com a redação determinada pela Lei n. 10.792/2003, quais sejam, o cumprimento de 1/6 da pena e o bom comportamento carcerário, que deve ser atestado pelo diretor do estabelecimento prisional. Trata-se de um direito do condenado, bastando que se satisfaçam os dois pressupostos (STJ, HC 45.431/SP, 5ª T., Rel. Min. Arnaldo Esteves Lima, j. 6-12-2005). Ademais, a decisão deve ser motivada e precedida de parecer do Ministério Público. A cada nova progressão exige-se o requisito temporal. O novo cumprimento de 1/6 da pena, porém, refere-se ao restante da pena e não à pena inicialmente fixada na sentença. Nesse sentido: STJ, RHC 2.050-0/GO, 6ª T., Rel. Min. Vicente Cernicchiaro, j. 29-6-92; TJSP, *JTJ* 204/323. Em sentido contrário: "o cálculo de 1/6 da pena a que, para fins de progressão de regime de seu cumprimento, se refere a parte final do art. 112 da Lei de Execução Penal tem como base a pena imposta na sentença que se está executando, e não o tempo que resta da pena" (STF, HC 6997-5/RJ, 1ª T., Rel. Moreira Alves, j. 15-12-1992).

Progressão de regime nos crimes contra a administração pública (art. 33, § 4º): Além do preenchimento dos requisitos do art. 112 da LEP, a progressão ficará condicionada à reparação do dano causado ao erário, devidamente atualizado e com todos os consectários legais, ou à devolução do produto do crime (cf. Lei n. 10.763, de 12-11-2003).

Progressão de regime e preso provisório: O Supremo Tribunal Federal editou a *Súmula 716*, cujo teor é o seguinte: "Admite-se a progressão de regime de cumprimento da pena ou a aplicação imediata de regime menos severo nela determinada, antes do trânsito em julgado da sentença condenatória". No mesmo sentido é o teor da *Súmula 717*: "Não impede a progressão de regime de execução da pena, fixada em sentença não transitada em julgado, o fato de o réu encontrar-se em prisão especial". Essa mesma Corte já decidiu que "o paciente não tem direito à concessão da ordem de ofício apenas por ter perdurado na custódia cautelar por tempo suficiente para a conquista dos benefícios da progressão de regime ou do livramento condicional. 2. Embora a jurisprudência do Supremo Tribunal não reclame o trânsito em julgado da condenação para a concessão dos mencionados benefícios, somente ao juízo de origem ou da execução criminal competente cabe avaliar se estão presentes os requisitos objetivos e subjetivos para a sua concessão nos processos criminais aos quais responde o paciente, sob pena de supressão de instância. Necessidade de ser o juízo competente provocado pelo paciente" (STF, HC 90813/SP, 1ª T., Rel. Min. Carmen Lúcia, j. 24-4-2007, *DJ* 25-5-2007, p. 77). (Sobre o preso provisório e a execução da pena, *vide* LEP, arts. 6º, 52 e 87, com redação determinada pela Lei n. 10.792/2003, os quais tratam, respectivamente, do programa individualizador realizado pela Comissão Técnica de Classificação, da construção de penitenciárias e do regime disciplinar diferenciado).

Progressão de regime e Habeas corpus: A progressão do condenado de um regime para outro menos rigoroso implica o exame de requisitos objetivos e subjetivos e, via de consequência, a produção de provas, o que não é possível fazer no procedimento sumário do *habeas corpus*. Nesse sentido: STJ, HC 52118/SP, 5ª T., Rel. Min. Laurita Vaz, j. 23-5-2006; STJ, HC 8347/SP, 6ª T., Rel. Min. Fernando Gonçalves, j. 2-3-1999. No entanto, o *habeas corpus* pode ser usado como sucedâneo do recurso de agravo em execução, a fim de impugnar a decisão que indefere a progressão de regime: STJ, HC 23089/RS, 5ª T., Rel. Min. José Arnaldo da Fonseca, j. 15-10-2002; STJ, HC 17797/RJ, Rel. Min. Hamilton Carvalhido, 6ª T., j. 18-9-2001.

*(7) **Regressão de regimes** (§ 2º):* É a volta do condenado ao regime mais rigoroso, por ter descumprido as condições impostas para ingresso e permanência no regime mais brando (*vide* LEP, art. 118). Embora a lei vede a progressão por salto (saltar diretamente do fechado para o aberto), é perfeitamente possível regredir do aberto para o fechado, sem passar pelo semiaberto. Do mesmo modo, a despeito de a pena de detenção não comportar regime inicial fechado, ocorrendo a regressão, o condenado poderá ser transferido para aquele regime.

Lei das Contravenções Penais

Regime penitenciário inicial da pena de prisão simples (cabível nas contravenções penais): Não existe regime inicial fechado, devendo a pena ser cumprida em semiaberto ou aberto, em estabelecimento especial ou seção especial de prisão comum, sem rigor penitenciário (LCP, art. 6º). A diferença, em relação à pena de detenção, é que a lei não permite o regime fechado nem mesmo em caso de regressão, ao contrário do que acontece na pena de detenção. A regressão, quanto à pena de prisão simples, só ocorre do aberto para o semiaberto.

Estatuto do Índio

Regime de semiliberdade: De acordo com o art. 56, parágrafo único, da Lei n. 6.001, de 19-12-73, "As penas de reclusão e de detenção serão cumpridas, se possível, em regime especial de semiliberdade, no local de funcionamento do órgão federal de assistência aos índios mais próximos da habitação do condenado". De acordo com a 1ª Turma do STF, o regime de semiliberdade previsto no parágrafo único do art. 56 da Lei n. 6.001/73 é um direito conferido pela simples condição de se tratar de indígena (STF, HC 85198/MA, 1ª T., Rel. Min. Eros Grau, j. 17-11-2005, *DJ* 9-12-2005, p. 16).

Lei dos Crimes Hediondos

*(1) **Regime integralmente fechado**. Progressão de regimes. Constitucionalidade:* No caso de condenação pela prática de crime hediondo, terrorismo e tráfico ilícito de entorpecentes, estava proibida a progressão de regime, uma vez que o art. 2º, § 1º, da lei, determinava que o cumprimento da pena fosse em regime integralmente fechado, vedando a passagem ao regime semiaberto e ao aberto. Ocorre, no entanto, que o Supremo Tribunal Federal, em julgamento inédito, por seis votos a cinco, na sessão de 23 de fevereiro de 2006, ao apreciar o HC 82.959, mudou a sua orientação e reconheceu, *incidenter tantum*, a inconstitucionalidade do § 1º do art. 2º da Lei n. 8.072/90, por entender o Plenário que o mencionado dispositivo legal feriria o princípio da individualização da pena, da dignidade humana e da proibição de penas cruéis. Muito embora estivéssemos diante de um controle difuso de constitucionalidade, cuja orientação permissiva não vincularia juízes e tribunais, o Supremo Tribunal Federal acabou estendendo os efeitos da decisão a casos análogos. Assim, os apenados pela prática de crime de tráfico de drogas, terrorismo, estupro, latrocínio etc., cuja Lei n. 8.072/90 pretendeu sancionar de forma mais gravosa, passaram a fazer jus ao benefício da progressão de regime, uma vez cumprido 1/6 da pena e comprovado o bom comportamento carcerário (LEP, art. 112). É certo, no entanto, que alguns juízes negaram força vinculante a essa decisão, deixando, portanto, de conceder a progressão de regime. Consoante Luiz Flávio Gomes, "alguns juízes legalistas não estavam reconhecendo força vinculante para a decisão do STF proferida no HC 82.959. Na Reclamação 4335 o Min. Gilmar Mendes propôs então ao Pleno o enfrentamento da questão. Houve pedido de vista do Min. Eros Grau. Em razão de todas as polêmicas que a decisão do STF gerou (HC 82.959), continua válida a preocupação do Min. Gilmar Mendes

(em relação aos crimes anteriores a 29-3-2007). Aliás, também seria aconselhável a edição de uma eventual súmula vinculante sobre a matéria. O STF, de alguma maneira, tem de deixar claro que seu posicionamento (adotado no HC 82.959) tinha (e tem) eficácia *erga omnes*". (Gomes, Luiz Flávio. Lei n. 11.464/2007: *Liberdade provisória* e *progressão de regime nos crimes hediondos*. Disponível em: http://www.lfg.blog.br. Acesso em: 3-4-2007). Nesse sentido, acabou sendo editada a Súmula Vinculante 26 do STF.

Regime inicialmente fechado. Progressão de regime. Lei n. 11.464/2007: A Lei n. 11.464, de 28-3-2007, que entrou em vigor na data de sua publicação (*DOU* 29-3-2007), promoveu significativas modificações na Lei dos Crimes Hediondos, dentre elas, passou a prever que a pena dos crimes hediondos e equiparados deverá ser cumprida *inicialmente* em regime fechado, e não *integralmente* (cf. nova redação do § 1º do art. 2º), o que significa dizer que a progressão de regime passou a ser expressamente admitida. Assim, o condenado pela prática do crime, por exemplo, de estupro, latrocínio, extorsão mediante sequestro, terá direito à passagem para a colônia penal agrícola ou à liberdade plena (caso do regime aberto). Buscando reparar a distorção trazida pelo HC 82.959 do STF, que possibilitava a progressão uma vez cumprido 1/6 da pena, a Lei trouxe requisito temporal distinto. Assim, se o apenado for primário, a progressão dar-se-á após o cumprimento de 2/5 da pena, isto é, 40% da pena e, se reincidente, 3/5 da pena, isto é, 60% da pena.

Regime inicialmente fechado. Progressão de regime. Lei n. 11.464/2007: Aplicação da lei penal no tempo: STF: "(...) 2. A declaração de inconstitucionalidade da redação original do art. 2º, § 1º, da Lei n. 8.072/90, havida no julgamento do HC 82.959/SP (Tribunal Pleno, Relator o Ministro Marco Aurélio, *DJ* 1º-9-2006), impede que, mesmo em um plano abstrato, ele seja tomado como parâmetro de comparação quando se investiga se a Lei n. 11.464/2007 é mais benéfica ou mais gravosa para o réu. 3. Com relação aos crimes hediondos cometidos antes da vigência da Lei n. 11.464/2007, a progressão de regime carcerário deve observar o requisito temporal previsto nos arts. 33 do Código Penal e 112 da Lei de Execuções Penais (HC 91.631/SP, 1ª T., Rel. Min. Cármen Lúcia, j. 16-10-2007), aplicando-se, portanto, a lei mais benéfica. 4. Considerando que a sentença condenatória restabelecida pela decisão impugnada do Superior Tribunal de Justiça impunha o cumprimento da pena em regime integralmente fechado, concede-se a ordem, de ofício, para que o Juízo responsável pela execução da pena aprecie o pedido de progressão, observado, quanto ao requisito temporal, o cumprimento de 1/6 da pena" (STF, HC 92.410/MS, 1ª T., Rel. Min. Menezes Direito, j. 6-11-2007). *No mesmo sentido:* STF, EC 92.592/SP, 1ª T., Rel. Min. Menezes Direito, j. 6-11-2007 e STJ, AgRg no HC 87.926/MS, 6ª T., Rel. Min. Paulo Gallotti, j. 6-12-2007, *DJ* 19-12-2007, p. 1238.

Regime inicialmente fechado. Progressão de regime. Lei n. 11.343/2006: A Lei n. 11.343/2006, buscando dar tratamento mais rigoroso aos condenados pelos crimes previstos nos seus arts. 33, *caput* e § 1º, e 34 a 37, vedou expressamente a concessão do *sursis* e a conversão da pena em restritiva de direito, mas nada falou a respeito do regime inicial de cumprimento de pena e, por conseguinte, da progressão de regime. Tratando-se, no entanto, de crime equiparado a hediondo, o tráfico de drogas, no silêncio da Lei, também será beneficiado pela progressão de regime nos termos da Lei n. 11.464/2007, muito embora a Lei de Drogas expressamente vede a concessão do *sursis* e a conversão da pena em restritiva de direito (cf. art. 44). Assim, já decidiu o STJ: "Praticada a conduta de tráfico ilícito de drogas após o advento da nova Lei de Crimes Hediondos – Lei n. 11.464, de 29 de março de 2007, o regime inicial de cumprimento de pena deve ser o fechado, independentemente do *quantum* de pena aplicado, o teor da nova redação do art. 2º, § 1º, da Lei n. 8.072/90" (STJ, 5ª T., HC 128359/SP, Rel. Min. Laurita Vaz, j. 14-5-2009, *DJ* 8-6-2009). Na mesma senda, já se pronunciou a 1ª T. do STF: "O regime inicial fechado é imposto por lei nos casos de crimes hediondos, não dependendo da pena aplicada. Assim, não há qualquer ilegalidade na fixação de referido regime, já que o paciente foi condenado pela prática do crime de tráfico de drogas. Ordem parcialmente concedida" (2ª T., HC 91360/SP, Rel. Min. Joaquim Barbosa, j. 13-5-2008, *DJe* 20-6-2008).

Regime inicialmente fechado. Progressão de regime. Exame criminológico: Na antiga redação do art. 112 da LEP, se exigia, para a progressão de regime, que o mérito do condenado assim o recomendasse, além do que a concessão deveria ser precedida de parecer da Comissão Técnica de Classificação, bem como do exame criminológico, quando necessário. A atual redação desse artigo, determinada pela Lei n. 10.792/2003, apenas indica que o condenado deve ostentar bom comportamento carcerário e a decisão deve ser precedida de manifestação do Ministério Público e do defensor. Muito embora isso ocorra, o Supremo Tribunal Federal vem entendendo que (HC 88.052/DF, Rel. Min. Celso de Mello, *DJ* de 28-4-2006): "Não constitui demasia assinalar, neste ponto, não obstante o advento da Lei n. 10.792/2003, que alterou o art. 112 da LEP – para dele excluir a referência ao exame criminológico –, que nada impede que os magistrados determinem a realização de mencionado exame, quando o entenderem necessário, consideradas as eventuais peculiaridades do caso, desde que o façam, contudo, em decisão adequadamente motivada". Finalmente, consoante o teor da Súmula 439 do STJ: "Admite-se o exame criminológico pelas peculiaridades do caso, desde que em decisão motivada".

Lei de Tortura

Iniciação do cumprimento da pena em regime fechado: Pretendendo agravar a resposta penal daqueles que viessem a cometer crime de tortura, a Lei n. 9.455/97, em seu art. 1º, § 7º, assim dispôs: "O condenado por crime previsto nesta Lei, salvo a hipótese do § 2º, iniciará o cumprimento da pena em regime fechado". Ao empregar o verbo "iniciará", o legislador, esquecendo-se de que a Lei dos Crimes Hediondos, em seu art. 2º, § 1º, proibia totalmente a progressão de regime, previu que o regime fechado seria apenas inicial, e não integral, no caso da tortura. Tratando-se de lei especial, o benefício não podia ser estendido para os demais crimes, nos termos da Súmula 698 do STF (*DJU* 9-10-2003, publicada também nos *DJU*s 10 e 13-10-2003). Sucede que, com a decisão do Plenário do STF que, no julgamento do HC n. 82.959, reconheceu *incidenter tantum* a inconstitucionalidade do § 1º do art. 2º da Lei n. 8.072/90 e, posteriormente, com o advento da Lei n. 11.464/2007, a pena deverá ser cumprida inicialmente no regime fechado, tal como ocorre com o crime de tortura. Dessa forma, a Súmula 698 do STF, que proibia a progressão de regime aos demais crimes hediondos, com a inovação legal, perdeu a sua eficácia.

Súmulas:
Súmula 715 do STF: "A pena unificada para atender ao limite de trinta anos de cumprimento, determinado pelo art. 75 do Código Penal, não é considerada para a concessão de outros benefícios, como o livramento condicional ou regime mais favorável de execução".

Súmula 716 do STF: "Admite-se a progressão de regime de cumprimento da pena ou a aplicação imediata de regime menos severo nela determinada, antes do trânsito em julgado da sentença condenatória".

Súmula 717 do STF: "Não impede a progressão de regime de execução da pena, fixada em sentença não transitada em julgado, o fato de o réu se encontrar em prisão especial".

Súmula 718 do STF: "A opinião do julgador sobre a gravidade em abstrato do crime não constitui motivação idônea para a imposição de regime mais severo do que o permitido segundo a pena aplicada".

Súmula 719 do STF: "A imposição do regime de cumprimento mais severo do que a pena aplicada permitir exige motivação idônea".

Súmula 269 do STJ: "É admissível a adoção do regime prisional semiaberto aos reincidentes condenados a pena igual ou inferior a quatro anos se favoráveis as circunstâncias judiciais".

Súmula 439 do STJ: "Admite-se o exame criminológico pelas peculiaridades do caso, desde que em decisão motivada".

Súmula 440 do STJ: "Fixada a pena-base no mínimo legal, é vedado o estabelecimento de regime prisional mais gravoso do que o cabível em razão da sanção imposta, com base apenas na gravidade abstrata do delito".

Súmula 562 do STJ: "É possível a remição de parte do tempo de execução da pena quando o condenado, em regime fechado ou semiaberto, desempenha atividade laborativa, ainda que extramuros".

Súmula Vinculante:

Súmula Vinculante 26: "Para efeito de progressão de regime no cumprimento de pena por crime hediondo, ou equiparado, o juízo da execução observará a inconstitucionalidade do art. 2º da Lei n. 8.072, de 25 de julho de 1990, sem prejuízo de avaliar se o condenado preenche, ou não, os requisitos objetivos e subjetivos do benefício, podendo determinar, para tal fim, de modo fundamentado, a realização de exame criminológico".

Regras do regime fechado

Art. 34. O condenado será submetido, no início do cumprimento da pena, a exame criminológico de classificação para individualização da execução. *(Artigo com redação dada pela Lei n. 7.209/84)*

§ 1º O condenado fica sujeito a trabalho no período diurno e a isolamento durante o repouso noturno.

§ 2º O trabalho será em comum dentro do estabelecimento, na conformidade das aptidões ou ocupações anteriores do condenado, desde que compatíveis com a execução da pena.

§ 3º O trabalho externo é admissível, no regime fechado, em serviços ou obras públicas.

(1) Regime fechado: O condenado cumpre a pena em estabelecimento penal de segurança máxima ou média.

(2) Individualização da pena: A Constituição Federal estabelece, em seu art. 5º, XLVI, que a lei regulará a individualização da pena. A Carta Constitucional ainda preceitua que "a pena será cumprida em estabelecimentos distintos, de acordo com a natureza do delito, a idade e o sexo do apenado" (CF, art. 5º, XLVIII). Com base no princípio da individualização da pena, prescreve o art. 5º da LEP: "Os condenados serão classificados de acordo com seus antecedentes e personalidade, para orientar a individualização da execução penal". "A classificação será feita por Comissão Técnica de Classificação que elaborará o programa individualizador da pena privativa de liberdade adequada ao condenado ou preso provisório" (art. 6º, de acordo com a redação determinada pela Lei n. 10.792, de 1º-12-2003).

(3) Comissão Técnica de Classificação: Instrumento importante para buscar a individualização da execução da pena é a prévia classificação dos criminosos de acordo com seus antecedentes e personalidade. Ela será feita pela Comissão Técnica de Classificação (*vide* LEP, art. 7º), a quem incumbirá, no início da pena, submeter o condenado a exame criminológico, estabelecer seu perfil psicológico e classificá-lo de acordo com a sua personalidade, bem como com seus antecedentes. A partir daí, elaborará todo o programa individualizador da pena privativa de liberdade, nos termos dos arts. 5º e 6º da LEP, modificados pela Lei n. 10.792/2003, bem como do art. 34, *caput*, do CP. A Lei n. 10.792/2003 promoveu uma outra alteração no art. 6º da LEP, incluindo o

preso provisório no rol daqueles que estarão sujeitos ao programa individualizador elaborado pela Comissão Técnica de Classificação. No sentido da inconstitucionalidade desse dispositivo legal, pois a realização de exame criminológico em relação ao preso provisório, ainda que sentenciado, fere o princípio constitucional da presunção de inocência: Maurício Kuehne, Direito penal e processual penal, *Revista Magister*, ano I, n. 2, out./nov. 2004, Porto Alegre: Magister, p. 7.

(4) Exame criminológico e regime fechado (CP, art. 34, caput): É obrigatório para os condenados à pena privativa de liberdade em regime fechado (LEP, art. 8º, *caput*), não havendo incompatibilidade entre sua manutenção para fins de classificação e a ausência de previsão dos laudos para progressão de regime na nova redação do art. 112 da LEP, trazida pela Lei n. 10.792/2003. "O art. 8º da LEP apresenta o exame criminológico para fins de classificação e individualização da pena, a ser realizado no início de sua execução, em condenados a cumprir pena no regime fechado e semiaberto (ver art. 34 c.c. art. 35, ambos do Código Penal, e art. 8º, da LEP). Assim, difere-se dos exames anteriormente exigidos pela LEP" (TJRS, Ag. 70014260954, 5ª Câmara Criminal, Rel. Des. Amilton Bueno de Carvalho, j. 29-3-2006).

(5) Trabalho interno (CP, art. 34, §§ 1º e 2º): De acordo com o § 1º, o condenado fica sujeito a trabalho no período diurno e a isolamento durante o repouso noturno. O Estado tem o direito de exigir que o condenado trabalhe, mas, em contrapartida, não pode se exceder, evitando a imposição de trabalhos forçados (CF, art. 5º, XLVII, *c*). Fica, assim, sujeito ao trabalho interno durante o dia, de acordo com suas aptidões ou ocupações anteriores à pena. O trabalho do condenado dentro do estabelecimento deve atender às suas aptidões físicas e mentais, evitando, assim, os possíveis antagonismos entre a obrigação de trabalhar e o princípio da individualização da pena (item 58, 1ª parte, da Exposição de Motivos da Lei de Execução Penal). Assim, a lei determina que os maiores de 60 anos poderão solicitar ocupação adequada à sua idade e que os doentes e deficientes físicos somente exercerão atividades condizentes ao seu estado (LEP, art. 32, §§ 2º e 3º). Convém mencionar que o trabalho interno constitui dever do preso (LEP, arts. 31 e 39, V) e, portanto, a sua recusa configura falta grave (LEP, art. 50, VI). De acordo com o art. 31, parágrafo único, da LEP, o preso provisório não está obrigado ao trabalho.

(6) Trabalho externo (CP, art. 34, § 3º): É admissível o trabalho fora do estabelecimento carcerário, em serviços ou obras públicas, desde que tomadas as cautelas contra a fuga e em favor da disciplina (CP, art. 34, § 3º) e preenchidos os requisitos do art. 37 da LEP (exige-se do condenado aptidão, disciplina e responsabilidade, além do cumprimento mínimo de 1/6 da pena). É possível a revogação da autorização para o trabalho externo quando da prática de falta grave ou comportamento contrário aos requisitos legais (LEP, arts. 37, parágrafo único, e 50).

(7) Outros dispositivos legais: Vide também: trabalho como direito social (CF, art. 6º); finalidade educativa e produtiva (LEP, art. 28); remuneração (CP, art. 39 e LEP, art. 29); benefícios da Previdência Social (CP, art. 39 e LEP, art. 41, III); não sujeição ao regime da CLT e legislação trabalhista (LEP, art. 28, § 2º); preso político (LEP, art. 200); trabalho e habilitação, condição pessoal e as necessidades futuras do preso (LEP, art. 32); jornada de trabalho (LEP, art. 33); serviços de conservação e manutenção do estabelecimento penal (LEP, art. 33, parágrafo único); remição (LEP, arts. 126 e 130); permissão de saída (LEP, art. 120 e 121). Sobre a remição, *vide* comentários ao art. 39 do CP.

(8) Ausência de vaga no regime fechado: É entendimento do E. Superior Tribunal de Justiça que "caso não exista vaga no estabelecimento adequado ao cumprimento da reprimenda no regime estabelecido na condenação, excepcionalmente deve ser permitido, ao sentenciado, o cumprimento no regime mais brando, até o surgimento de lugar em estabelecimento próprio ao regime" (STJ, HC 12.480/MG, 5ª T., Rel. Min. Gilson Dipp, j. 23-4-2002). Na ausência de vaga em peni-

tenciária, no entanto, tem-se permitido que o réu aguarde seu julgamento em Cadeia Pública, sem que isso implique constrangimento ilegal: "Em sede de execução de pena em regime integral fechado, a segregação em delegacia por falta de vaga em estabelecimento penitenciário adequado não constitui constrangimento ilegal, não autorizando a transferência de preso para prisão/albergue ou prisão domiciliar, não estando o mesmo submetido a regime prisional mais rigoroso do que o estabelecido na condenação" (STJ, HC 20.173/MG, 1ª Seção, Rel. Min. Vicente Leal, j. 7-3-2002). *Na mesma linha:* TAPR, 2ª Câmara Criminal, Agravo em Execução 0125244-0, 2ª Câmara Criminal, Rel. Des. Carlos Hoffmann, j. 12-9-2002; TJMG, HC 1.0000.00.268493-4/000, 3ª Câmara Criminal, Rel. Des. Odilon Ferreira, j. 19-3-2002; TJDFT, HC 19990020045506, Conselho da Magistratura, Rel. Des. Lécio Resende, j. 5-1-2000.

Lei dos Crimes Hediondos
Trabalho externo: Conforme já decidiu o STJ, no tocante aos crimes hediondos, "A Lei de Execuções Penais (arts. 36 e 37) admite o trabalho externo para presos em regime fechado, desde que atendidas as condicionantes, quais sejam, vontade do preso; aptidão, disciplina e responsabilidade; cumprimento mínimo de 1/6 (um sexto) da pena; trabalho em serviço ou obras públicas realizadas por órgãos da Administração Direta ou Indireta, ou entidades privadas, desde que tomadas as cautelas contra a fuga e em favor da disciplina. Os condenados por crime hediondo não estariam, em princípio, excluídos do benefício, conforme já se manifestou esta Corte. 2. Contudo, não obstante esse entendimento, evidencia-se a inviabilidade prática de se conceder a benesse legal, dado o rigor exigido para seu cumprimento, já que o Estado teria de dispor de um policial para acompanhar, diariamente, o réu condenado, a fim de assegurar 'as cautelas contra a fuga e em favor da disciplina'. Precedentes. 3. Recurso conhecido e provido" (STJ, REsp 628857/RS, 5ª T., Rel. Min. Laurita Vaz, j. 17-8-2004, *DJ* 13-9-2004, p. 285). No mesmo sentido: STJ, HC 34397/DF, 5ª T., Rel. Min. Laurita Vaz, j. 18-5-2004, *DJ* 21-6-2004, p. 238; STJ, REsp 585727/DF, 5ª T., Rel. Min. Gilson Dipp, 18-12-2003, *DJ* 8-3-2004, p. 328; STJ, HC 35003/DF, 5ª T., Rel. Min. Felix Fischer, j. 23-6-2004, *DJ* 16-8-2004, p. 275.

Súmula 40 do STJ: "Para obtenção dos benefícios de saída temporária e trabalho externo, considera-se o tempo de cumprimento da pena no regime fechado".

Regras do regime semiaberto
Art. 35. Aplica-se a norma do art. 34 deste Código, *caput*, ao condenado que inicie o cumprimento da pena em regime semiaberto. *(Artigo com redação dada pela Lei n. 7.209/84)*

§ 1º O condenado fica sujeito a trabalho em comum durante o período diurno, em colônia agrícola, industrial ou estabelecimento similar.

§ 2º O trabalho externo é admissível, bem como a frequência a cursos supletivos profissionalizantes, de instrução de segundo grau ou superior.

(1) Regime semiaberto: O condenado cumpre a pena em colônia penal agrícola, industrial ou em estabelecimento similar.

(2) Exame criminológico de classificação para individualização da pena e Comissão Técnica de Classificação: Vide art. 34 do CP.

(3) Exame criminológico e regime semiaberto (CP, art. 35, caput): O Código Penal dispõe que é necessária a sua realização antes do ingresso nesse regime (CP, art. 35), mas a Lei de Execução Penal prevê que tal exame não é obrigatório, podendo ou não ser realizado (art. 8º, parágrafo

único). Diante da indisfarçável contradição entre o art. 35 do CP – que estabelece ser compulsório e imprescindível o exame criminológico para que o detento ingresse no regime semiaberto – e o parágrafo único do art. 8º da Lei n. 7.210/84 que dispõe, expressamente, ser facultativo tal procedimento, ao usar o vocábulo "poderá" –, deve prevalecer a regra da Lei de Execução Penal, que é posterior, dado que o direito material sempre precede ao formal.

(4) Trabalho interno (CP, art. 35, § 1º): Segue as mesmas regras do regime fechado, dando direito também à remição, com a diferença de que é desenvolvido no interior da colônia penal, com mais liberdade do que no estabelecimento carcerário.

(5) Trabalho externo (CP, art. 35, § 2º): Admite-se que o preso que cumpre pena em regime semiaberto realize trabalho externo, inclusive o serviço poderá ser prestado para empresas privadas ou mesmo executado em caráter autônomo, sendo desnecessária a vigilância direta. É de natureza administrativa a designação do local de trabalho do preso. Também é possível a frequência a cursos supletivos profissionalizantes, de instrução de segundo grau ou superior. Em que pese o art. 37 da LEP exigir o cumprimento de um sexto da pena para concessão de trabalho externo, o Superior Tribunal de Justiça considera dispensável o preenchimento desse requisito: REsp 303076, 5ª T., Rel. Des. Laurita Vaz, j. 22-3-2005; REsp 556590/DF, 6ª T., Rel. Min. Hélio Quaglia Barbosa, j. 25-8-2004.

Revogação do trabalho externo: Sobre a revogação da autorização de trabalho externo, *vide* art. 37, parágrafo único, da LEP.

(6) Outras regras legais: permissão de saída (LEP, arts. 120 e 121) e remição (LEP, arts. 126 a 130). Sobre a remição, *vide* comentários ao art. 39 do CP.

(7) Ausência de vaga no regime semiaberto: STJ: "A execução da pena privativa de liberdade deve ocorrer em estabelecimento penal compatível com a condenação imposta, não sendo legítimo, ao fundamento de falta de vagas ou inexistência do próprio estabelecimento, o cumprimento da sanção em regime mais severo. Inexistindo vaga em regime semiaberto, impõe-se que a pena seja cumprida em casa de albergado e, na falta dessa, em prisão domiciliar" (STJ, HC 53.246/RJ, 5ª T., Rel. Min. Gilson Dipp, j. 11-4-2006). No mesmo sentido: TJRJ, HC 2005.059.05225, 7ª Câmara Criminal, Rel. Des. Eduardo Mayr, j. 22-11-2005; TJRS, HC 70002233856, 6ª Câmara Criminal, Rel. Des. Sylvio Baptista Neto, j. 22-3-2001; TJSP, HC 226.771-3, 6ª Câmara Criminal, Rel. Des. Augusto César. j. 20-3-97. O Supremo Tribunal Federal já admitiu o cumprimento da pena em prisão-albergue até que haja vaga no estabelecimento adequado (STF, HC 77399-SP, 2ª T., Rel. Min. Maurício Corrêa, j. 24-11-98), mas firmou entendimento no sentido de não ser permitida a progressão de regime sob esse fundamento (STF, HC 72643/SP, 1ª T., Rel. Acórdão Min. Ilmar Galvão, j. 6-2-96) e, por conseguinte, não importar em constrangimento ilegal a permanência do réu no regime fechado (STF, HC 71971/SP, 1ª T., Rel. Min. Ilmar Galvão, j. 3-3-95). No entanto, em caso de ulterior progressão de regime, "se o sentenciado já cumpriu no regime fechado o período da pena relativo ao regime semiaberto a que tinha direito, isso por falta de vaga em estabelecimento adequado, e não pela ausência de méritos pessoais, é justo que seja promovido para o regime aberto, desde logo" (TACrimSP, *RJDTACRIM* 1/38).

Regras do regime aberto

Art. 36. O regime aberto baseia-se na autodisciplina e senso de responsabilidade do condenado. *(Artigo com redação dada pela Lei n. 7.209/84)*

§ 1º O condenado deverá, fora do estabelecimento e sem vigilância, trabalhar, frequentar curso ou exercer outra atividade autorizada, permanecendo recolhido durante o período noturno e nos dias de folga.

§ 2º O condenado será transferido do regime aberto, se praticar fato definido como crime doloso, se frustrar os fins da execução ou se, podendo, não pagar a multa cumulativamente aplicada.

(1) Regime aberto: Exige-se autodisciplina e senso de responsabilidade do condenado (CP, art. 36, *caput*). O condenado trabalha ou frequenta cursos em liberdade, durante o dia, e recolhe-se em Casa do Albergado ou estabelecimento similar à noite e nos dias de folga (§ 1º). Os arts. 114 e 115 da LEP estabelecem as condições para o condenado ingressar no regime aberto, e o art. 116 trata de sua modificação pelo juiz.

Casa do Albergado: A prisão-albergue e a prisão domiciliar (LEP, art. 117) são espécies do gênero prisão aberta. A prisão-albergue é cumprida na Casa do Albergado, existente em cada região, não devendo haver obstáculos materiais ou físicos à fuga. A segurança, nesse caso, resume-se à responsabilidade do condenado, que deverá desempenhar seus afazeres durante o dia e a ela se recolher à noite e nos dias de folga (CP, art. 36, *caput* e § 1º).

Inexistência de Casa do Albergado na comarca: A inexistência de vaga na Casa do Albergado na comarca não se encontra entre as hipóteses legais autorizadoras da prisão domiciliar (LEP, art. 117), tampouco é hipótese assemelhada a uma daquelas, de maneira que não se pode falar em aplicação do dispositivo por analogia, que, como se sabe, só é possível entre casos semelhantes. Por essa razão, o condenado deve ser recolhido à cadeia pública ou a outro presídio comum, em local adequado, e não deixado em inteira liberdade. N*esse sentido:* TJRJ, HC 2005.059.04127, 8ª Câm. Crim., Rel. Des. Marcus Quaresma Ferraz, j. 22-9-2005. Na mesma linha: "o benefício da prisão-albergue só poderá ser deferido ao sentenciado 'se houver', na localidade de execução da pena, Casa de Albergado ou outro estabelecimento que se ajuste às exigências legais do regime penal aberto. A impossibilidade material de o Estado instituir Casa de Albergado não autoriza o Poder Judiciário a conceder a prisão-albergue domiciliar fora das hipóteses contempladas no art. 117 da Lei de Execução Penal" (STF, HC 72.997/SP, 2ª T., Rel. Min. Néri da Silveira, j. 21-11-1995; STF, HC 71.723/SP, 1ª T., Rel. Min. Ilmar Galvão, j. 14-3-1995); TJRS, Ag. 70014311153, 8ª Câm. Crim., Rel. Des. Roque Miguel Fank, j. 7-6-2006; TJMG, Ag. 0000.05.431007-3/001, 4ª Câm. Crim., Rel. Des. Eli Lucas de Mendonça, j. 5-4-2006. Em sentido contrário, entendendo que o condenado não pode ser punido pela ineficiência do Estado, tem-se manifestado o E. Superior Tribunal de Justiça: "na falta de local próprio, por analogia e precariamente, recomenda-se a prisão domiciliar, enquanto inexistente o local próprio" (STJ, RHC 6.666/SP, 6ª T., Rel. Min. Luiz Vicente Cernicchiaro, j. 20-10-1997); HC 44.880/MT, 5ª T., Rel. Min. Felix Fischer, j. 17-11-2005; HC 40.727/RS, 6ª T., Rel. Min. Hélio Quaglia Barbosa, j. 24-5-2005; REsp 194.548/DF, 5ª T., Rel. Min. José Arnaldo da Fonseca, j. 2-3-1999. Na mesma linha: TJDFT, Ag. 20050110995462, 2ª T. Crim., Rel. Des. Romão C. Oliveira, j. 6-4-2006.

Prisão-albergue domiciliar: A LEP, em seu art. 117, estabeleceu as hipóteses em que o condenado em regime aberto pode recolher-se em sua própria residência, em vez da Casa do Albergado: (a) condenado maior de 70 anos; (b) condenado acometido de doença grave; (c) condenada gestante; (d) condenada com filho menor ou deficiente físico ou mental. Observe-se que, na primeira hipótese, a idade a que se refere a lei é a do momento da execução. No tocante à última hipótese, a prisão-albergue domiciliar também poderá ser estendida ao sentenciado do sexo masculino, por aplicação analógica.

Prisão domiciliar e monitoramento eletrônico: A Lei n. 12.258, de 15 de junho de 2010, passou a autorizar a fiscalização de presos por intermédio do sistema de monitoramento eletrônico, estando, no entanto, sujeita à regulamentação pelo Poder Executivo (cf. art. 3º). Desse modo, de acordo com o art. 146-B, acrescido à Lei de Execução Penal, o juiz poderá definir a fiscalização por meio da monitoração eletrônica quando: (a) autorizar a saída temporária no regime semiaberto (inciso II); (b) determinar a prisão domiciliar (inciso IV).

Prisão domiciliar e prisão cautelar: O art. 318 do CPP, com a redação determinada pela Lei n. 12.403/2011, prevê quatro hipóteses em que o juiz poderá substituir a prisão preventiva pela domiciliar quando o agente for: a) maior de 80 anos; b) extremamente debilitado por doença grave; c) imprescindível aos cuidados de pessoa menor de 6 (seis) anos ou com deficiência; d) gestante a partir do 7º mês de gravidez ou sendo esta de alto risco. O parágrafo único do mencionado artigo exige prova idônea de qualquer dessas situações para que ocorra a substituição. Importante ressaltar que a terceira hipótese não se refere ao agente cuja presença seja imprescindível aos cuidados do próprio filho deficiente ou menor de 6 (seis) anos, mas aos cuidados de qualquer pessoa, abrindo bastante o leque de possibilidades e exigindo cautela por parte do juiz para coibir fraudes. O STJ, por sua vez, já teve a oportunidade de analisar a possibilidade de o réu, portador de HIV, preso preventivamente, ser recolhido em prisão domiciliar: "Recurso Ordinário em *Habeas Corpus*. Processual penal. Crime de tráfico ilícito de entorpecentes. Prisão preventiva. Réu portador do vírus HIV. Pedido de recolhimento provisório em regime domiciliar. Impossibilidade. Ausência de previsão legal e de comprovação do real estado de saúde do paciente. Réu que se recusa a se recolher à prisão, permanecendo foragido e obstruindo o bom andamento da ação penal. Precedentes do STJ. 1. O recolhimento à prisão domiciliar, a teor do disposto no art. 117, da Lei n. 7.210/84, somente será admitido, em princípio, aos apenados submetidos ao regime aberto, salvo hipótese excepcional. Precedentes do STJ. 2. No caso dos autos, porém, a excepcionalidade da medida não foi devidamente comprovada, pois o paciente não demonstrou que o tratamento médico prestado no estabelecimento prisional seria inadequado ou ineficiente. 3. Os autos noticiam, por fim, a existência de um decreto de prisão preventiva expedido em desfavor do paciente, o qual, deliberadamente, permanece foragido da Justiça Pública, demonstrando a sua vontade de se furtar eventualmente à aplicação da lei penal e de obstruir o bom andamento da ação penal. 4. Recurso desprovido" (STJ, RHC 17.978/RS, 5ª T., Relª Minª Laurita Vaz, j. 6-12-2005, *DJ* 20-2-2006, p. 351). *No mesmo sentido:* "Ser portador de doença crônica incurável não garante, por si só, o direito à prisão domiciliar, sendo indispensável a prova incontroversa de que o custodiado depende efetivamente de tratamento médico que não pode ser ministrado no estabelecimento prisional" (STJ, HC 47.115/SC, 5ª T., Rel. Min. Arnaldo Esteves Lima, j. 18-10-2005, *DJ* 5-12-2005, p. 349). De outro lado, comprovada a efetiva necessidade de tratamento médico, fora do estabelecimento prisional, entende-se cabível a prisão domiciliar, por força do princípio da dignidade da pessoa humana. Nessa linha: "Processo penal. *Habeas Corpus*. Prisão preventiva. Paciente portador de doenças graves. Estado de saúde debilitado. Segregação. Prisão domiciliar. Requisitos. Flexibilização do art. 117 da Lei n. 7.210/84. Aplicação do princípio constitucional fundamental da dignidade da pessoa humana. Constituição Federal, art. 1º, inciso III. Questão não suscitada em 2º grau. Pedido prejudicado. Ordem concedida *ex officio*. Admite-se a prisão domiciliar, em princípio, quando se tratar de réu inserido no regime prisional aberto, *ex vi* art. 117 da Lei de Execução Penal. Excepcionalmente, tem a jurisprudência entendido ser possível a concessão do benefício da prisão domiciliar a réu portador de doença grave, que comprova a debilidade de sua saúde (Precedentes do STJ). No caso em exame, de acordo com os relatórios médicos juntados aos autos, o paciente está acometido de moléstias graves, submetido a vários tratamentos e em situação de sofrimento e alegado estágio terminal. Questão não suscitada em segundo grau. Pedido prejudicado. *Habeas corpus* concedido de ofício para revogar a prisão preventiva e julgar prejudicado o pedido" (STJ, HC 40.748/MT, 6ª T., Rel. Min. Paulo Medina, j. 28-6-2005, *DJ* 20-2-2006, p. 368).

Prisão domiciliar. Prisão cautelar. Ausência de vaga: De acordo com o art. 7º, inciso V, da Lei n. 8.906/94, "São direitos do advogado: não ser recolhido preso, antes de sentença transitada em julgado, senão em sala de Estado-Maior, com instalações e comodidades condignas, assim reconhecidas pela OAB, e, na sua falta, em prisão domiciliar". O Supremo Tribunal Federal, no entanto, tem entendido que, na ausência de sala de Estado-Maior, poderá ser concedida a prisão domiciliar. *Nesse sentido:* "STF: *Habeas Corpus.* Impetração contra decisão liminar do Superior Tribunal de Justiça. Flagrante ilegalidade configurada. Abrandamento da Súmula n. 691/STF. Prisão domiciliar. Possibilidade. Profissional da advocacia devidamente inscrito na OAB/SP. Estatuto da Advocacia (art. 7º, inc. V, da Lei n. 8.906/94). Inexistência de 'Sala de Estado-Maior'. Ordem concedida. Precedentes. 1. É possível o abrandamento do rigor na aplicação da Súmula n. 691/STF em hipóteses excepcionais, em que seja premente a necessidade de concessão do provimento cautelar para evitar flagrante constrangimento ilegal ou que a negativa de decisão concessiva de medida liminar pelo Tribunal Superior importe na caracterização ou na manutenção de situação que seja manifestamente contrária à jurisprudência do Supremo Tribunal Federal. 2. A jurisprudência firmada pelo Plenário e pelas duas Turmas desta Corte é no sentido de se garantir a prisão cautelar aos profissionais da advocacia, devidamente inscritos na Ordem dos Advogados do Brasil, em sala de Estado-Maior, nos termos do art. 7º, inc. V, da Lei n. 8.906/94 (Estatuto da Advocacia), e, não sendo possível ou não existindo dependências definidas como tal, conceder a eles o direito de prisão domiciliar. 3. *Habeas corpus* conhecido e concedida a ordem (STF, HC 91150/SP, 1ª T., Rel. Min. Menezes Direito, j. 25-9-2007, *DJ* 31-10-2007, p. 91).

Prisão domiciliar (prisão cautelar). Recolhimento domiciliar noturno: Não se deve confundir prisão domiciliar com o recolhimento domiciliar noturno previsto no art. 319, V, do CPP, com a redação determinada pela Lei n. 12.403/2011. Este último consiste em medida cautelar alternativa diversa da prisão preventiva.

*(2) **Regressão de regime (CP, art. 36, § 2º):*** As hipóteses de regressão são as seguintes: (a) prática de fato definido como crime doloso (CP, art. 36, § 2º e LEP, art. 118, I); (b) frustrar os fins da execução (CP, art. 36, § 2º e LEP, art. 118, § 1º); (c) não pagamento de multa cumulativamente aplicada (CP, art. 36, § 2º e LEP, art. 118, § 1º): tal hipótese foi revogada pela Lei n. 9.268, de 1º de abril de 1996, que considerou a multa como dívida de valor para fins de cobrança, sem qualquer possibilidade de repercutir negativamente o seu não pagamento no direito de liberdade do condenado. Além dessas hipóteses, a LEP prevê como motivo para regressão: a prática de falta grave (LEP, art. 118, I) e o fato de sofrer condenação, por crime anterior, cuja pena, somada ao restante da pena em execução, torne incabível o regime (art. 111) (LEP, art. 118, II). Sobre a defesa do condenado, *vide* art. 118, § 2º, da LEP.

*(3) **Progressão de regime:*** O condenado também poderá chegar ao regime aberto por meio da progressão, uma vez cumprido 1/6 da pena no regime anterior e desde que ostente bom comportamento carcerário, comprovado pelo diretor do estabelecimento (LEP, art. 112).

*(4) **Outras regras legais:*** permissão de saída (LEP, arts. 120 e 121); saída temporária (LEP, arts. 122 a 125) e remição (LEP, arts. 126 a 130).

Lei dos Crimes Ambientais

Recolhimento domiciliar: A Lei dos Crimes Ambientais inseriu o recolhimento domiciliar no rol de penas restritivas de direitos (art. 8º), destinando-se ao dirigente ou qualquer outra pessoa física responsável nos crimes ambientais. Por constituir pena excessivamente branda, deve ficar reservada somente às hipóteses de pouca lesividade ou danos de pequena monta. O recolhimento domiciliar baseia-se na autodisciplina e senso de responsabilidade do condenado, que deverá, sem vigilância, trabalhar, frequentar curso ou exercer atividade autorizada, permanecendo recolhido nos dias e horários de folga em residência ou em qualquer local destinado a sua moradia habitual, conforme estabelecido na sentença condenatória (cf. art. 13 da Lei n. 9.605/98).

Regime especial

Art. 37. As mulheres cumprem pena em estabelecimento próprio, observando-se os deveres e direitos inerentes à sua condição pessoal, bem como, no que couber, o disposto neste Capítulo. *(Artigo com redação dada pela Lei n. 7.209/84)*

(1) Documentos das Nações Unidas relativos aos direitos dos prisioneiros e detidos: Vide comentários ao art. 32 do CP.

(2) Fundamento constitucional: Devem as mulheres ser alojadas em estabelecimentos adequados às suas condições pessoais. *Nesse sentido*, estatui o art. 5º, XLVIII, da CF que "a pena será cumprida em estabelecimentos distintos, de acordo com a natureza do delito, a idade e sexo do apenado". Dentre os direitos da condenada, temos que, segundo o art. 5º, L, da CF, "às presidiárias serão asseguradas condições para que possam permanecer com seus filhos durante o período de amamentação".

(3) Direitos assegurados na Lei de Execução Penal: Dentre os direitos assegurados na LEP, o art. 14, § 3º "contempla acompanhamento médico à mulher, principalmente no pré-natal e no pós-parto, extensivo ao recém-nascido" (cf. Lei n. 11.942, de 28 de maio de 2009). O art. 82, § 1º, por sua vez, estabelece que "a mulher e o maior de sessenta anos, separadamente, serão recolhidos a estabelecimento próprio e adequado à sua condição pessoal" (cf. Lei n. 9.046/95). O art. 83, § 2º, da LEP, prevê que "os estabelecimentos penais destinados a mulheres serão dotados de berçário, onde as condenadas possam cuidar de seus filhos, inclusive amamentá-los, no mínimo, até 6 (seis) meses de idade" (cf. Lei n. 11.942/2009). Finalmente, o art. 89 preceitua que "a penitenciária de mulheres será dotada de seção para gestante e parturiente e de creche para abrigar crianças maiores de 6 (seis) meses e menores de 7 (sete) anos, com a finalidade de assistir a criança desamparada cuja responsável estiver presa" (cf. Lei n. 11.942/2009).

Direitos do preso

Art. 38. O preso conserva todos os direitos não atingidos pela perda da liberdade, impondo-se a todas as autoridades o respeito à sua integridade física e moral. *(Redação dada pela Lei n. 7.209/84)*

(1) Documentos das Nações Unidas relativos aos direitos dos prisioneiros e detidos: Os tratados encontrados são aqueles mencionados nos comentários ao art. 32, salientando-se os seguintes: Conjunto de Princípios para a Proteção de Todas as Pessoas Sujeitas a qualquer Forma de Detenção ou Prisão (Documento 8/43/173 das Nações Unidas); Regras Mínimas para o Tratamento dos Reclusos (Resolução do 1º Congresso das Nações Unidas sobre a Prevenção do Crime e o Tratamento dos Delinquentes, Genebra, 1955).

(2) Dos direitos do sentenciado durante a execução da pena: O condenado conserva todos os direitos não atingidos pela condenação (CP, art. 38 e LEP, art. 3º). Dessa forma, podemos aqui dispor acerca de todos os direitos assegurados ao condenado. (a) *Direito à vida:* CF, arts. 5º, XLVIII, e 60, § 4º, IV. (b) *Direito à integridade física e moral:* CF, art. 5º, III e XLIX; LEP, arts. 3º e 40, e CP, art. 38. (c) *Direito à igualdade:* CF, art. 5º, *caput* e I; CF, art. 3º, IV; LEP, art. 2º, parágrafo único; LEP, art. 3º, parágrafo único; LEP, art. 41, XII; LEP, art. 42. (d) *Direito de propriedade:* CC/2002, art. 1.228; CF, art. 5º, XXII, XXVII, XXVIII, XXIX e XXX e art. 170, II; LEP, arts. 29, § 2º, e 41, IV. (e) *Direito à liberdade de pensamento e convicção religiosa:* CF, arts. 5º, IV, VI, VII, VIII e IX, e 220; LEP, art. 24 e parágrafos. (f) *Direito à inviolabilidade da intimidade, da vida privada, da honra e imagem:* CF, art. 5º, X; LEP, art. 39, III; LEP, art. 41, VIII e XI. (g) *Direito de petição aos Poderes Públicos em defesa de direitos ou contra abuso de poder:* CF, art. 5º, XXXIV, *a*; CF, art. 5º, XXXIV, *b*; LEP, art. 41, XIV. (h) *Direito à assistência jurídica:* CF, art. 5º, LXXIV; LEP, arts. 11, III, 15, 16, 41, IX, c.c. o art. 7º, III, da Lei n. 8.906/94, 61, VIII, 81-A, 81-B, 129, *caput*, 144, 183. (i) *Direito à educação e à cultura:* CF, arts. 205, 215 e 208, I; LEP, arts. 11, IV, 17 a 21. (j) *Direito ao trabalho remunerado:*

LEP, art. 29 e parágrafos. (k) *Direito à indenização por erro judiciário:* CF, art. 5º, LXXV; e CPP, art. 630. (l) *Direito a alimentação, vestuário e alojamento com instalações higiênicas:* LEP, arts. 12 e 13. (m) *Direito de assistência à saúde:* LEP, art. 14 e parágrafos. (n) *Direito à assistência social:* LEP, art. 22. (o) *Direito à individualização da pena:* CF, art. 5º, XLI, XLVI, XLVIII e L; LEP, arts. 5º, 6º, 8º, 9º, 19 e seu parágrafo único, 32, §§ 2º e 3º, 33, parágrafo único, 41, XII, parte final, 57, 82, §§ 1º e 2º, 86, § 1º, 110, 112, 114 e incisos, 117 e incisos e 120 a 125; CP, art. 59. (p) *Direito de receber visitas:* LEP, art. 41, X.

(3) Direitos políticos (CF, art. 15, III): Enquanto não extinta a pena, o condenado fica privado de seus direitos políticos, não podendo se alistar, votar ou ser votado. Segundo Joel J. Cândido, a condenação criminal a que se refere o art. 15, III, engloba crime ou contravenção *(Direito Eleitoral Brasileiro,* São Paulo: Edipro, 2006, p. 120-121). Não importa o regime de pena privativa de liberdade imposto, tampouco se a pena aplicada foi restritiva de direitos ou multa, pois, até que seja determinada a sua extinção (pelo pagamento da multa ou pelo integral cumprimento da privativa ou da restritiva, ou ainda por qualquer outra causa), permanece a suspensão dos direitos políticos. Nem mesmo o *sursis* e o livramento condicional impedem a suspensão, visto que, em nenhum desses casos, a pena é extinta. O mesmo ocorre com a imposição de medida de segurança. O que interessa, portanto, é a decretação da extinção da pena pelo juiz da execução. *Nesse sentido,* a Súmula 9 do Tribunal Superior Eleitoral: "a suspensão dos direitos políticos decorrentes de condenação criminal transitada em julgado cessa com o cumprimento ou a extinção da pena, independendo de reabilitação ou prova de reparação dos danos".

Direitos políticos (CF, art. 15, III). Suspensão. Início do prazo: A suspensão dos direitos políticos será automática, e seu termo inicial dar-se-á com a data do trânsito em julgado da condenação.

(4) Direitos políticos e efeitos da condenação (CP, arts. 91 e 92): A perda de mandato eletivo decorre de condenação penal por crime praticado com abuso de poder ou violação de dever para com a Administração Pública quando a pena for igual ou superior a 1 ano ou, nos demais casos, quando a pena for superior a 4 anos (redação determinada pela Lei n. 9.268/96). Trata-se de efeito extrapenal específico que precisa ser motivadamente declarado na sentença.

(5) Direito de visita: Esse direito pode ser limitado por ato motivado do diretor do estabelecimento ou do juiz, não constituindo direito absoluto do reeducando, nos termos do parágrafo único do art. 41 da LEP. *Vide* também art. 52, III, da LEP (com a redação determinada pela Lei n. 10.792, de 1º de dezembro de 2003), o qual dispõe acerca da limitação de visitas no regime disciplinar diferenciado.

(6) Violação de correspondência: "A administração penitenciária, com fundamento em razões de segurança pública ou disciplina prisional, desde que respeitada a norma inscrita no art. 41, parágrafo único, da Lei n. 7.210/84, pode proceder a interceptação da correspondência remetida pelos sentenciados, eis que a cláusula tutelar da inviolabilidade do sigilo epistolar não pode constituir instrumento de salvaguarda de práticas ilícitas" (STF, HC 70814/RJ, 1ª T., Rel. Min. Celso de Mello, j. 24-6-1994). *No mesmo sentido:* TJSP, Ap. Crim. 109.019-3, Rel. Des. Andrade Cavalcanti, j. 2-12-1991.

(7) Estrangeiros e direitos do preso: Os estrangeiros gozam dos mesmos direitos e têm os mesmos deveres dos brasileiros (art. 5º, *caput).* De acordo com o art. 12, § 2º, da CF, "a lei não poderá estabelecer distinção entre brasileiros natos e naturalizados, salvo nos casos previstos na Constituição" (*vide* Estatuto do Estrangeiro: Lei n. 6.815/80, com as alterações operadas pela Lei n. 6.964/81). *Neste sentido:* TRF, 3ª Região, HC 11964, 5ª T., Rel. Des. Ramza Tartuce, j. 28-5-2002; TRF, 3ª Região, Ap. Crim. 97030719694, 5ª T., Rel. Des. Suzana Camargo, j. 18-5-1998. O preso estrangeiro, por exemplo, tem direito aos dias remidos pelo estudo, ainda que tenha sido reprovado em razão das dificuldades de aprendizado decorrentes da sua nacionalidade nigeriana, cuja língua oficial é o inglês (TJDFT, Ag. 2003.076.00946, 5ª Câmara Criminal, Rel. Des. Marly

Macedonio Franca, j. 15-6-2004). Outrossim, a condição de estrangeiro, por si só, não afasta a possibilidade da concessão de liberdade provisória: TRF, 4ª Região, RSE 2001.70.02.001544-1, 7ª T., Rel. Des. José Luiz Germano da Silva, j. 21-8-2001; TRF, 4ª Região, HC 2001.04.01.005096-0, 2ª T., Rel. Des. Vilson Darós, j. 15-2-2001; TRF, 1ª Região, HC 2002.0l.00.023747-5/BA, 3ª T., Rel. Des. Plauto Ribeiro, j. 6-12-2005.

(8) Regime disciplinar diferenciado (LEP, art. 52, §§ 1º e 2º): Trata-se de sanção disciplinar destinada ao condenado definitivo e ao preso provisório que cometerem crime doloso capaz de ocasionar subversão da ordem ou disciplina internas. Aplicar-se-á também esse regime ao condenado, nacional ou estrangeiro, que apresente alto risco para a ordem e a segurança do estabelecimento penal ou da sociedade, ou, ainda, sobre os quais recaiam fundadas suspeitas de envolvimento com organizações criminosas. Tal regime consistirá no recolhimento em cela individual; visita de duas pessoas, no máximo (sem contar as crianças), por duas horas semanais; e duas horas de banho de sol por dia, pelo prazo máximo de 360 dias, sem prejuízo da repetição da sanção por nova falta grave da mesma espécie, até o limite de 1/6 da pena aplicada. Sobre a constitucionalidade do regime disciplinar diferenciado, *vide* comentários ao art. 32 do CP.

Lei Complementar n. 64/90

(1) Elegibilidade: Quanto aos direitos políticos passivos (elegibilidade), tornar-se-ão inelegíveis para qualquer cargo os que forem condenados, em decisão transitada em julgado ou proferida por órgão judicial colegiado, desde a condenação até o transcurso do prazo de 8 (oito) anos após o cumprimento da pena (alínea *e* do inciso I do art. 1º da LC 64/90, com a redação dada pela LC n. 135/2010), pelos crimes: "1. contra a economia popular, a fé pública, a administração pública e o patrimônio público; 2. contra o patrimônio privado, o sistema financeiro, o mercado de capitais e os previstos na lei que regula a falência; 3. contra o meio ambiente e a saúde pública; 4. eleitorais, para os quais a lei comine pena privativa de liberdade; 5. de abuso de autoridade, nos casos em que houver condenação à perda do cargo ou à inabilitação para o exercício de função pública; 6. de lavagem ou ocultação de bens, direitos e valores; 7. de tráfico de entorpecentes e drogas afins, racismo, tortura, terrorismo e hediondos; 8. de redução à condição análoga à de escravo; 9. contra a vida e a dignidade sexual; e 10. praticados por organização criminosa" (todos incluídos pela LC n. 135/2010). Aqui o eleitor perde o direito de ser votado, somente continuando com o direito de votar. Sobre o tema, *vide* Joel J. Cândido, *Direito eleitoral brasileiro*, São Paulo: Edipro, 2006, p. 121/122. Já decidiu o TSE (julgado anterior à LC 135/2010): "1 – O art. 15, III, da Constituição Federal não torna inconstitucional o art. 1º, I, *e*, da LC n. 64/90, que tem apoio no art. 14, § 9º, da Constituição Federal. 2 – Considera-se inelegível, por três anos, contados da data em que declarada a extinção da pena, o candidato condenado por sentença criminal transitada em julgado" (TSE, Ac. 22148/SP, Rel. Min. Carlos Mário da Silva Velloso, j. 9-9-2004, publicado em 9-9-2004, RJTSE 15, Tomo 4, p. 116). Sobre o conceito de organização criminosa, a Lei n. 12.694, de 24-7-2012, trouxe para o ordenamento jurídico nacional, em seu art. 2º, a seguinte redação: "Para os efeitos desta Lei, considera-se organização criminosa a associação, de 3 (três) ou mais pessoas, estruturalmente ordenada e caracterizada pela divisão de tarefas, ainda que informalmente, com objetivo de obter, direta ou indiretamente, vantagem de qualquer natureza, mediante a prática de crimes cuja pena máxima seja igual ou superior a 4 (quatro) anos ou que sejam de caráter transnacional".

(2) Elegibilidade e indulto: O TSE, ao julgar o RE 22.148 (j. 9-9-2004), decidiu que o indulto não é suficiente para afastar a inelegibilidade.

Súmula:

Súmula 9 do TSE: "A suspensão dos direitos políticos decorrentes de condenação criminal transitada em julgado cessa com o cumprimento ou a extinção da pena, independendo de reabilitação ou prova de reparação dos danos".

Trabalho do preso

Art. 39. O trabalho do preso será sempre remunerado, sendo-lhe garantidos os benefícios da Previdência Social. *(Redação dada pela Lei n. 7.209/84)*

(1) Trabalho do preso: O Estado tem o direito de exigir que o condenado trabalhe, mas, em contrapartida, não pode se exceder, sendo vedada a imposição de trabalhos forçados (CF, art. 5º, XLVII, *c*). O trabalho é, assim, remunerado, não podendo tal remuneração ser inferior a 3/4 do salário mínimo (CP, art. 39, e LEP, art. 29). O preso também tem direito aos benefícios da Previdência Social (CP, art. 39, e LEP, art. 41, III). Incumbe à assistência social providenciar a obtenção de documentos, dos benefícios da Previdência Social e do seguro por acidente de trabalho. Sobre o tema: *trabalho do preso*, *vide* mais comentários no art. 34 do Código Penal.

Trabalho forçado. Vedação: STJ: "*Habeas corpus* substitutivo – Estatuto da Criança e do Adolescente – Ato infracional análogo ao art. 157, § 2ª, II, do Código Penal – Liberdade assistida e prestação de serviços à comunidade – Pena de trabalho forçado – Inocorrência. – A medida socioeducativa de prestação de serviços à comunidade, aplicada pelo magistrado local, nem de longe se confunde com o trabalho forçado, pena esta que a legislação brasileira desconhece" (STJ, HC 33371/RJ, 5ª T., Rel. Min. Jorge Scartezzini, j. 3-6-2004, *DJ* 2-8-2004, p. 251).

(2) Trabalho do preso. Remição: É o direito que o condenado em regime fechado ou semiaberto tem de remir, por trabalho ou por estudo, parte do tempo de execução da pena. A Lei n. 12.433, de 29 de junho de 2011, trouxe inúmeras inovações ao instituto da remição, ampliando o benefício para abarcar também a atividade estudantil. Assim, o condenado que cumpre pena em regime semiaberto (e fechado) poderá remir, não só pelo trabalho, mas também pela frequência a curso de ensino regular ou de educação profissional, parte do tempo de execução da pena ou do período de prova, observado o disposto no inciso I do § 1º do art. 126 da LEP (LEP, art. 126, § 6º). O condenado pagará um dia de pena a cada 3 dias de trabalho ou um dia de pena a cada 12 (doze) horas de frequência escolar – atividade de ensino fundamental, médio, inclusive profissionalizante, ou superior, ou ainda de requalificação profissional – divididas, no mínimo, em 3 (três) dias (LEP, art. 126, § 1º, I). O tempo a remir em função das horas de estudo será acrescido de 1/3 (um terço) no caso de conclusão do ensino fundamental, médio ou superior durante o cumprimento da pena, desde que certificada pelo órgão competente do sistema de educação (LEP, art. 126, § 5º). As atividades exercidas por distração ou acomodação não são consideradas trabalho, para fins de remição. O tempo remido será computado como pena cumprida, para todos os efeitos (LEP, art. 128).

(3) Trabalho do preso. Remição. Regime aberto e livramento condicional: Será possível ao condenado que cumpre pena em regime aberto ou semiaberto e ao que usufrui liberdade condicional remir, pela frequência a curso de ensino regular ou de educação profissional, parte do tempo de execução da pena ou do período de prova, observado o disposto no inciso I do § 1º do art. 126 (LEP, art. 126, § 6º, com a redação determinada pela Lei n. 12.433, de 29 de junho de 2011).

(4) Trabalho do preso. Remição. Falta grave: Antes do advento da Lei n. 12.433/2011, o cometimento de falta grave acarretava a perda do dia remido. Agora, o juiz poderá revogar até 1/3 (um terço) do tempo remido, observado o disposto no art. 57, recomeçando a contagem a partir da data da infração disciplinar (LEP, art. 127). Convém notar que, se o juiz da execução já tiver concedido a remição e não couber mais recurso, o condenado não perderá o tempo remido.

Falta grave (posse de telefone celular): Constitui falta grave a conduta de "ter em posse, utilizar ou fornecer aparelho telefônico, de rádio ou similar, que permita a comunicação com outros presos ou com o ambiente externo" (inciso VII, acrescentado ao art. 50 da LEP pela Lei n. 11.466, de 28 de março de 2007, que entrou em vigor na data de sua publicação: *DOU* 29-3-2007). A partir de agora, a consideração da posse do telefone celular como falta grave acarretará ao condenado uma série de consequências, como a perda de até 1/3 dos dias remidos, a impossibilidade da concessão do livramento condicional, a impossibilidade da progressão de regime, bem como possibilitará a regressão de regime. Além disso, conforme o art. 53 da LEP, será possível aplicar as sanções de suspensão ou restrição de direitos (art. 41, parágrafo único, da LEP), isolamento ou inclusão no regime disciplinar diferenciado. Ressalte-se que, embora o art. 50 se refira ao condenado à pena privativa de liberdade, os presos provisórios também se sujeitarão às sanções disciplinares, compatíveis com a sua situação, em decorrência do cometimento, no caso de falta grave, pois, de acordo com o art. 44, parágrafo único, da Lei de Execução Penal, "estão sujeitos à disciplina o condenado à pena privativa de liberdade ou restritiva de direitos e o preso provisório". Além dessa inovação, a Lei n. 11.466/2007 passou a prever como crime a conduta de "deixar o Diretor de Penitenciária e/ou agente público, de cumprir seu dever de vedar ao preso o acesso a aparelho telefônico, de rádio ou similar, que permita a comunicação com outros presos ou com o ambiente externo. Pena: detenção, de 3 (três) meses a 1 (um) ano".

Falta grave (posse de telefone celular antes da Lei n. 11.466/2007): STJ: "1. A posse de aparelho celular ou seus componentes pelo apenado não caracteriza falta disciplinar de natureza grave, pois, consoante o disposto no art. 49 da Lei de Execução Penal, compete ao legislador local tão somente especificar as faltas leves e médias. Precedentes do STJ. 2. Ordem concedida para que seja retirada da folha de antecedentes e do roteiro de penas do Paciente a anotação de falta grave em razão da posse de aparelho de telefone celular no interior do presídio" (STJ, HC 69.581/SP, 5ª T., Rel. Min. Laurita Vaz, j. 5-12-2006, *DJ* 5-2-2007, p. 320). STJ: "1. Hipótese em que o impetrante alega a ocorrência de constrangimento ilegal, em face da violação do princípio da legalidade, uma vez que a posse de telefone celular não está elencada no rol das faltas graves previsto no art. 50 da Lei de Execuções Penais. II. A Resolução da Secretaria da Administração Penitenciária, ao definir como falta grave o porte de aparelho celular e de seus componentes e acessórios, ultrapassou os limites do art. 49 da Lei de Execução Penal, o qual dispõe que a atuação do Estado deve restringir-se à especificação das faltas leves e médias. III. Se a hipótese dos autos não configura falta grave, resta caracterizado constrangimento ilegal decorrente da imposição de sanções administrativas ao paciente. IV. O Projeto de Lei que altera o art. 50 da Lei de Execução Penal, para prever como falta disciplinar grave a utilização de telefone celular pelo preso, ainda está tramitando no Congresso Nacional. V. Deve ser cassado o acórdão recorrido, bem como a decisão monocrática que reconheceu a prática de falta disciplinar grave pelo apenado e determinou a sua regressão ao regime fechado de cumprimento da pena. VI. Ordem concedida, nos termos do voto do Relator" (STJ, HC 64.584/SP, 5ª T., Rel. Min. Gilson Dipp, j. 24-10-2006, *DJ* 20-11-2006, p. 355).

Falta grave. Perda dos dias remidos. Inexistência de direito adquirido (jurisprudência anterior à Lei n. 12.433/2011): Segundo o STJ: "O cometimento de falta grave pelo sentenciado no curso da execução da pena impõe, por força do art. 127 da Lei n. 7.210/84, a revogação integral dos dias remidos pelo trabalho, não havendo que se cogitar em ofensa a direito adquirido ou a coisa julgada, mesmo porque a decisão que concede a remição não faz coisa julgada material" (STJ, HC 35.822/SP, 5ª T., Rel. Min. José Arnaldo da Fonseca, j. 2-12-2004, *DJ* 1º-2-2005, p. 586). Na mesma linha é o entendimento do STF: "*Habeas corpus*. Processual Penal. Falta grave. Perda dos dias remidos: aplicação do art. 127 da Lei de Execuções Penais. Precedentes. Aplicação do art. 58 da Lei de Execução Penal: limitação da perda dos dias remidos: impossibilidade. Precedentes. 1. É entendimento pacífico neste Supremo Tribunal que a prática de falta grave durante o cumprimento de pena implica a perda dos dias remidos pelo trabalho do sentenciado, sem que isso signifique violação de direitos adquiridos. Precedentes. 2. Inviável a aplicação do art. 58 da Lei de Execução Penal para limitar a pena a trinta dias, uma vez que o dispositivo trata de isolamento, suspensão e restrição de direitos, não tendo, pois, pertinência com o objeto do presente *habeas corpus*. 3. Ordem de *Habeas corpus* denegado" (1ª T., HC 91.085/SP, Rel. Min. Cármen Lúcia, j. 9-9-2008, *DJe* 3-4-2009). *Vide* também Súmula Vinculante 9.

(5) Trabalho do preso. Remição. Preso provisório: De acordo com o art. 31, parágrafo único, da LEP, o preso provisório não está obrigado ao trabalho.

(6) Trabalho do preso. Remição. Declaração falsa: Constitui crime previsto no art. 299 do Código Penal declarar ou atestar falsamente prestação de serviço para fim de instruir pedido de remição (LEP, art. 130).

(7) Trabalho do preso. Encaminhamento de relatório ao Juízo da Execução, Ministério Público e Defensoria: Vide art. 129 da LEP, com a redação determinada pela Lei n. 12.313, de 19 de agosto de 2010.

Súmula:
Súmula 341 do STJ: "A frequência a curso de ensino formal é causa de remição de parte do tempo de execução de pena sob regime fechado ou semiaberto".

Súmula Vinculante:
Súmula Vinculante 9: "O disposto no artigo 127 da Lei n. 7.210/1984 (Lei de Execução Penal) foi recebido pela nova ordem constitucional vigente, e não se lhe aplica o limite temporal previsto no *caput* do artigo 58".

Legislação especial

Art. 40. A legislação especial regulará a matéria prevista nos arts. 38 e 39 deste Código, bem como especificará os deveres e direitos do preso, os critérios para revogação e transferência dos regimes e estabelecerá as infrações disciplinares e correspondentes sanções. *(Redação dada pela Lei n. 7.209/84)*

Legislação especial: Consulte a Lei n. 7.210/84 (Lei de Execução Penal), que trata especificamente dos temas.

Superveniência de doença mental

Art. 41. O condenado a quem sobrevém doença mental deve ser recolhido a hospital de custódia e tratamento psiquiátrico ou, à falta, a outro estabelecimento adequado. *(Redação dada pela Lei n. 7.209/84)*

(1) Transferência do condenado no caso de superveniência de doença mental no curso da execução da pena: Reza o art. 10 da LEP: "A assistência ao preso e ao internado é dever do Estado, objetivando prevenir o crime e orientar o retorno à convivência em sociedade". Uma das formas de assistência é a relacionada à saúde. Assim, comprovando o médico a ocorrência de doença mental no curso da execução da pena, deve o fato ser comunicado à autoridade judiciária para que seja o condenado recolhido ao hospital de custódia e tratamento psiquiátrico, ou a outro estabelecimento adequado (cf. LEP, art. 108, e CP, art. 41). Caracterizado o estado permanente ou duradouro da moléstia, a pena deverá ser convertida em medida de segurança (cf. LEP, art. 183).

(2) Hospital de custódia e tratamento psiquiátrico: Destina-se aos inimputáveis e semi-imputáveis, dirigindo-se ao tratamento destes, embora seja estabelecimento penal que visa assegurar a custódia do internado. Na falta de estabelecimento oficial, ou de sua existência em condições inadequadas, a lei prevê a prestação de serviços por outras entidades, desde que estas ofereçam amplas possibilidades de recuperação ao condenado.

Hospital particular: Na ausência de vaga em Hospital de Custódia e Tratamento Psiquiátrico, o indivíduo poderá ser internado em hospital particular, mas não em cadeia pública. *Nesse sentido:* TJMG, HC 1.0000.00.218909-01000, Câmara Especial de Férias, Rel. Des. Mercêdo Moreira, j. 25-1-2001; TACrimSP, HC 388154/4, 11ª Câmara, Rel. Des. Wilson Barreira, j. 17-9-2001. Há julgados que entendem que a vaga deve ser aguardada em liberdade: TACrimSP, HC 416282/1, 10ª Câmara, Rel. Des. Breno Guimarães, j. 4-9-2002. *Em sentido contrário:* "mantém-se a segregação do paciente cuja periculosidade é evidente, ainda que em cadeia pública, no caso de não haver vaga para o cumprimento da medida de internação em estabelecimento adequado" (TJMG, HC 1.0000.04.413936-8/000, 2ª Câmara Criminal, Rel. Des. Beatriz Pinheiro Caires, j. 18-11-2004).

Hospital particular. Preso provisório: STF: "Tóxicos – Prisão em flagrante – Usuário – Dependente – Semi-imputabilidade penal – Situação pericialmente comprovada – Suposta prática do crime de tráfico de entorpecentes – Réu primário e de bons antecedentes – Manutenção da prisão cautelar – Reconhecimento excepcional da possibilidade de internação em clínica especializada até o trânsito em julgado de sentença eventualmente condenatória – Necessidade de internação e de tratamento médico especializado reconhecida pelos peritos do juízo – Pedido deferido, em parte – A mera acusação penal por suposta prática do delito de tráfico de entorpecentes não impede que o Poder Judiciário, atento às peculiaridades do caso e às conclusões técnicas dos peritos oficiais do Juízo, assegure, excepcionalmente, ao réu – cuja condição de semi-imputável e de usuário-dependente de múltiplas drogas está pericialmente comprovada no processo penal de conhecimento – a internação em clínica médica particular especializada, desde que tal internação, sem qualquer ônus financeiro para o Estado, seja reconhecida como estritamente necessária ao tratamento do paciente (que se acha cautelarmente privado de sua liberdade), e o Poder Público não disponha de condições adequadas e satisfatórias para dispensar, no âmbito do sistema prisional, essa mesma assistência médica de caráter especializado" (STF, HC 83657, 2ª T., Rel. Min. Celso de Mello, j. 30-3-2004, *DJ* 23-4-2004, p. 40).

(3) Tempo da internação em hospital de custódia e tratamento psiquiátrico: Sobrevindo doença mental no curso da execução, o juiz da execução poderá simplesmente determinar a transferência do sentenciado para o hospital de custódia e tratamento, sem conversão da pena em medida de segurança, caso em que, ao término de seu cumprimento, terá ele de ser liberado, devendo ser feita comunicação ao juiz de incapazes (cf. LEP, art. 108; CP, art. 41, e CPP, art. 682, § 2º).

(4) Detração: O tempo de internação deverá ser computado no tempo de cumprimento da pena (CP, art. 42).

(5) Conversão da pena em medida de segurança: Caso constatado o caráter duradouro da perturbação mental, o juiz, de ofício, a requerimento do Ministério Público, da Defensoria Pública, ou da autoridade administrativa, procederá a conversão da pena em medida de segurança, hipótese prevista na LEP, art. 183, incidindo as normas dos arts. 96 a 99 do CP (relativas à imposição da medida de segurança) e arts. 171 a 179 da LEP (que trata da execução da medida de segurança).

(6) Estatuto da Criança e do Adolescente. Internação em clínica médica ou hospital psiquiátrico: Vide comentários ao art. 27 do CP.

(7) Lei n. 10.216, de 6 de abril de 2001: Dispõe sobre a proteção e os direitos das pessoas portadoras de transtornos mentais e redireciona o modelo assistencial em saúde mental.

Detração

Art. 42. Computam-se, na pena privativa de liberdade e na medida de segurança, o tempo de prisão provisória, no Brasil ou no estrangeiro, o de prisão administrativa e o de internação em qualquer dos estabelecimentos referidos no artigo anterior. *(Redação dada pela Lei n. 7.209/84)*

(1) Detração: É o cômputo, na pena privativa de liberdade e na medida de segurança, do tempo de prisão provisória, no Brasil ou no estrangeiro, o de prisão administrativa e o de internação em hospital de custódia e tratamento ou estabelecimento similar. Trata-se de instituto jurídico que deve ser reconhecido pelo próprio juiz que sentencia e condena o réu, nos termos da Lei n. 12.736,

de 30 de novembro de 2012. Essa lei dá nova redação ao art. 387 do Código de Processo Penal, para a detração ser levada em consideração pelo juiz que proferir sentença condenatória, e não mais pelo juiz da execução penal. Antes da alteração legislativa, era um incidente de execução, previsto no art. 66, III, *c*, da LEP. Agora, o tempo de prisão provisória, de prisão administrativa ou de internação, no Brasil ou no estrangeiro, será computado para fins de determinação do regime inicial de pena privativa de liberdade.

(2) Pena privativa de liberdade: É cabível nas penas privativas de liberdade, dado que a lei não menciona nem a pena de multa, nem as restritivas de direitos. No caso das restritivas, porém, por ser pena não privativa de liberdade, com ainda maior razão, não deve ser desprezado o tempo de encarceramento cautelar. Além disso, a pena restritiva de direitos substitui a privativa de liberdade pelo mesmo tempo de sua duração (CP, art. 55), tratando-se de simples forma alternativa de cumprimento da sanção penal, pelo mesmo período.

(3) Detração e medidas cautelares alternativas (CPP, art. 319): Só cabe detração da prisão provisória (art. 42), não sendo possível nas providências acautelatórias de natureza diversa. O *caput* do art. 319 do CPP é expresso ao dizer que tais providências são "medidas cautelares *diversas da prisão*". Ora, sendo diversas da prisão provisória, com ela não se confundem. Do mesmo modo, o art. 321 do CPP é suficientemente claro: "Ausentes os requisitos que autorizam a decretação da prisão preventiva...", isto é, quando não for o caso de se decretar a prisão preventiva, "... o juiz deverá conceder liberdade provisória, impondo, se for o caso, as medidas cautelares previstas no art. 319 deste Código". A redação é clara ao indicar que as medidas cautelares alternativas não constituem espécie de prisão provisória, mas restrições que acompanham a liberdade provisória. Duas são as opções: prisão preventiva ou liberdade provisória (acompanhada ou não de medidas restritivas). Na primeira cabe detração, na segunda, não. Uma das medidas previstas, por exemplo, é a fiança (CPP, art. 319, VIII). Não há como a liberdade provisória com fiança ser equiparada à prisão provisória. Em um caso, porém, em que pese a sofrível técnica legislativa empregada, não há como negar a detração. Estamos falando da internação provisória, prevista no art. 319, VII, do CPP.

(4) Competência: A detração, antes da Lei n. 12.736/2012, era matéria de competência exclusiva do juízo da execução, nos termos do art. 66, III, *c*, da LEP. Agora, após a alteração do art. 387 do CPP, cabe ao juiz da condenação aplicá-la desde logo, para poder fixar um regime de pena mais favorável ao acusado, evitando prejuízo ao condenado com a demora dos trâmites do processo de execução penal e sua inserção desnecessária no sistema carcerário.

(5) Detração e sursis: Não é possível. O *sursis* é um instituto que tem por finalidade impedir o cumprimento da pena privativa de liberdade. Assim, impossível a diminuição de uma pena que nem sequer está sendo cumprida, por se encontrar suspensa. Observe-se, porém, que se o *sursis* for revogado, a consequência imediata é que o sentenciado deve cumprir integralmente a pena aplicada na sentença, e nesse momento caberá a detração, pois o tempo de prisão provisória será retirado do tempo total da pena privativa de liberdade.

(6) Prisão provisória em outro processo: É possível descontar o tempo de prisão provisória de um processo cuja sentença foi absolutória, em outro processo de decisão condenatória. Embora o art. 42 nada disponha a respeito, o art. 111 da LEP deixa claro ser possível a detração penal em processos distintos, ainda que os crimes não sejam conexos.

(7) Detração para fins de prescrição: Pode ser aplicada calculando-se a prescrição sobre o restante da pena: TACrimSP, *RT* 666/308. Em sentido contrário, entendendo que a norma inscrita no art. 113 do Código Penal não admite que se desconte da pena *in concreto*, para efeitos prescricionais, o tempo em que o réu esteve provisoriamente preso: STF, HC 69.865-4/PR, 1ª T., Rel. Min. Celso de Mello, *DJU*, Seção I, 2-2-1993, p. 255532; TJSP, HC 870.535-3, 5ª Câmara, Rel. Des. Marcos Zanuzzi, j. 17-11-2005; STF, RHC 85026/SP, 1ª T., Rel. Min. Eros Grau, j. 26-4-2005, *DJ* 27-5-2005, p. 22.

(8) Detração e extradição: De acordo com o art. 91, II, do Estatuto do Estrangeiro, não será efetivada a entrega do extraditando sem que o Estado requerente assuma o compromisso de "compu-

tar o tempo de prisão que, no Brasil, foi imposta por força da extradição". Assim, o tempo em que o extraditando permaneceu preso preventivamente no Brasil, aguardando o julgamento do pedido de extradição, deve ser considerado na execução da pena no país requerente: STF, Extr. 973/República Italiana, Tribunal Pleno, Rel. Min. Joaquim Barbosa, j. 1º-7-2005. STF: "Na linha da jurisprudência desta egrégia Corte, o Tratado de extradição, superveniente ao pedido, é imediatamente aplicável, seja em benefício, seja em prejuízo do extraditando. Incidência, no caso, do dispositivo que veda a extradição, quando a duração do restante da pena a ser cumprida for inferior a nove meses. Aplicada a detração penal em razão do tempo em que esteve preso aguardando o desfecho do processo de extradição, o restante da pena a ser cumprida pelo extraditando seria inferior a seis meses. O instituto da extradição deve ficar adstrito a fatos justificadores de penalidades mais gravosas, em razão das formalidades, morosidade e despesas que naturalmente decorrem de um processo que tal. Extradição indeferida" (STF, Extr. 937/FR, T. Pleno, Rel. Min. Carlos Britto, j. 3-3-2005, DJ 1º-7-2005, p. 6).

(9) *Detração e pena cumprida no estrangeiro:* De acordo com o art. 8º do CP, "a pena cumprida no estrangeiro atenua a pena imposta no Brasil pelo mesmo crime, quando diversas, ou nela é computada, quando idênticas".

Estatuto da Criança e do Adolescente
Internação provisória e detração: STJ: "As medidas socioeducativas são, em natureza, protetivas e não punitivas, estando a internação, enquanto privativa de liberdade, limitada de forma absoluta à sua necessidade, não podendo exceder a 3 anos, prazo em que, por consequência evidente, deve ser computado o de internamento provisório" (STJ, HC 12595/SP, 6ª T., Rel. Min. Hamilton Carvalhido, j. 13-2-2001, DJ 13-8-2001, p. 277).

Seção II
Das penas restritivas de direitos

Penas restritivas de direitos
Art. 43. As penas restritivas de direitos são: *(Caput com redação dada pela Lei n. 7.209/84)*

I – prestação pecuniária;

II – perda de bens e valores;

III – *(Vetado)*;

IV – prestação de serviço à comunidade ou a entidades públicas; *(Incisos I a IV acrescentados pela Lei n. 9.714/98)*

V – interdição temporária de direitos;

VI – limitação de fim de semana. *(Incisos V e VI renumerados pela Lei n. 9.714/98)*

(1) *Fundamento constitucional:* De acordo com o art. 5º, XLVI, a lei regulará a individualização da pena e adotará, entre outras, as seguintes: (a) privação ou restrição da liberdade; (b) perda de bens; (c) multa; (d) prestação social alternativa; (e) suspensão ou interdição de direitos.

(2) *Penas alternativas:* São assim denominadas todas as penas existentes na legislação penal que não forem privativas de liberdade. São de dois tipos: (a) penas restritivas de direitos; (b) pena de multa. As penas alternativas restritivas de direitos podem ser: (a) penas restritivas de direitos em sentido estrito; (b) penas restritivas de direitos pecuniárias.

(3) *Penas restritivas de direitos em sentido estrito:* Consistem em uma restrição qualquer ao exercício de uma prerrogativa ou direito. São elas: (a) prestação de serviços à comunidade; (b) limitação de fim de semana; (c) as cinco interdições temporárias de direitos: proibição de frequentar determinados

lugares; proibição do exercício de cargo, função pública ou mandato eletivo; proibição do exercício de profissão ou atividade; e suspensão da habilitação para dirigir veículo (entendemos que esta foi extinta pelo Código de Trânsito Brasileiro) e proibição de inscrever-se em concurso, avaliação ou exames públicos (cf. inciso V, acrescentado ao art. 47 pela Lei n. 12.550, de 15 de dezembro de 2011);

(4) Penas restritivas de direitos pecuniárias: Implicam uma diminuição do patrimônio do agente ou uma prestação inominada em favor da vítima ou seus herdeiros. São elas: (a) prestação pecuniária em favor da vítima; (b) prestação inominada; (c) perda de bens e valores.

(5) Penas restritivas de direitos genéricas: Substituem as penas privativas de liberdade em qualquer crime, satisfeitos os requisitos legais. São a prestação de serviços à comunidade, a limitação de fim de semana, a prestação pecuniária e a perda de bens e valores.

(6) Penas restritivas de direitos específicas: Só substituem as penas privativas de liberdade impostas pela prática de determinados crimes. São as interdições temporárias de direitos, salvo a pena de proibição de frequentar determinados lugares (acrescentada pela Lei n. 9.714/98), que é genérica.

(7) Caráter substitutivo: Vide comentários ao CP, art. 44.

(8) Requisitos para a substituição da pena privativa de liberdade: Vide comentários ao CP, art. 44.

(9) Duração das penas restritivas de direitos: Vide CP, art. 55.

(10) Penas restritivas de direitos e crimes hediondos e equiparados: Vide comentários ao CP, art. 44.

(11) Penas restritivas de direitos e fundamentação: Vide comentários ao CP, art. 44.

(12) Penas restritivas de direitos e detração penal: Vide comentários ao CP, art. 42.

Art. 44. As penas restritivas de direitos são autônomas e substituem as privativas de liberdade, quando: *(Caput com redação dada pela Lei n. 7.209/84)*

I – aplicada pena privativa de liberdade não superior a 4 (quatro) anos e o crime não for cometido com violência ou grave ameaça à pessoa ou, qualquer que seja a pena aplicada, se o crime for culposo;

II – o réu não for reincidente em crime doloso;

III – a culpabilidade, os antecedentes, a conduta social e a personalidade do condenado, bem como os motivos e as circunstâncias indicarem que essa substituição seja suficiente. *(Incisos com redação dada pela Lei n. 9.714/98)*

§ 1º *(Vetado)*

§ 2º Na condenação igual ou inferior a 1 (um) ano, a substituição pode ser feita por multa ou por uma pena restritiva de direitos; se superior a 1 (um) ano, a pena privativa de liberdade pode ser substituída por uma pena restritiva de direitos e multa ou por duas restritivas de direitos.

§ 3º Se o condenado for reincidente, o juiz poderá aplicar a substituição, desde que, em face de condenação anterior, a medida seja socialmente recomendável e a reincidência não se tenha operado em virtude da prática do mesmo crime.

§ 4º A pena restritiva de direitos converte-se em privativa de liberdade quando ocorrer o descumprimento injustificado da restrição imposta. No cálculo da pena privativa de liberdade a executar será deduzido o tempo cumprido da pena restritiva de direitos, respeitado o saldo mínimo de 30 (trinta) dias de detenção ou reclusão.

§ 5º Sobrevindo condenação a pena privativa de liberdade, por outro crime, o juiz da execução penal decidirá sobre a conversão, podendo deixar de aplicá-la se for possível ao condenado cumprir a pena substitutiva anterior. *(Parágrafos acrescentados pela Lei n. 9.714/98)*

(1) Caráter substitutivo: As penas alternativas restritivas de direitos (prestação de serviços à comunidade, limitação de fim de semana, interdição temporária de direitos), em regra, possuem

natureza de penas substitutivas, isto é, não são cominadas abstratamente pelo tipo, mas substituem as penas privativas de liberdade, desde que preenchidos os requisitos legais.

Duração: As penas restritivas de direitos referidas nos incisos III, IV, V e VI do art. 43 terão a mesma duração da pena privativa de liberdade substituída, ressalvado o disposto no § 4º do art. 46.

Cumulação com pena privativa de liberdade: Sendo substitutivas, não podem ser aplicadas cumulativamente com as penas privativas de liberdade que substituem. Exceção: hipótese prevista no Código de Trânsito Brasileiro (*vide* comentários abaixo).

Aplicação: Por terem caráter substitutivo, é necessário que o juiz da condenação determine, primeiramente, a quantidade de pena privativa de liberdade aplicável, com base no art. 59, I e II, e no art. 68 do CP. Após esse processo, verificará a possibilidade de substituição pela pena restritiva de direitos, lançando mão do art. 59, IV, e do art. 44 do CP.

(2) *Pena privativa de liberdade não superior a 4 anos (inciso I):* Trata-se de requisito objetivo. No caso de condenação por crime culposo, a substituição será possível, independentemente da quantidade da pena imposta.

Requisito da quantidade de pena na hipótese de concurso de crimes: Discute-se se, para efeito do art. 44 do CP, isto é, substituição da pena privativa de liberdade por restritiva de direitos, as penas privativas de liberdade deverão ser somadas para o fim de preencher o requisito do limite de pena (não pode ser superior a 4 anos), ou se deverão ser consideradas isoladamente. Há duas posições: (a) tendo em vista o disposto no art. 119 do CP, bem como a interpretação do art. 69, § 1º, do CP, as penas aplicadas em concurso material deveriam ser consideradas isoladamente para efeito do art. 44 do CP. *Nesse sentido:* Celso Delmanto, *Código*, cit., p. 139; (b) a substituição da pena privativa de liberdade por restritiva de direitos somente será possível se do somatório das penas resultante do concurso de crimes, o limite não ultrapassar quatro anos. *Nesse sentido:* Damásio de Jesus, *Penas alternativas*, São Paulo: Saraiva, 1999, p. 88.

A revogação do art. 60, § 2º, do CP: Há duas posições: (a) referido dispositivo, que tratava da multa substitutiva ou vicariante, aplicada em substituição à pena privativa de liberdade igual ou inferior a 6 meses, está revogado, uma vez que, com a nova redação do art. 44, § 2º, tornou-se possível a substituição por multa, quando a pena privativa de liberdade não exceder a um ano, desde que preenchidos os demais requisitos do referido art. 44. *Nesse sentido:* Luiz Flávio Gomes, *Penas e medidas alternativas à prisão*, cit., p. 120. É a posição por nós adotada. (b) O art. 60, § 2º, do CP continua em vigor para alcançar a hipótese de crime cometido mediante violência ou grave ameaça, cuja pena não exceda a 6 meses. *Nesse sentido:* Celso Delmanto, *Código*, cit., p. 84.

(3) *Crime cometido sem violência ou grave ameaça à pessoa (inciso I):* Trata-se de requisito objetivo. O crime culposo, mesmo quando cometido com emprego de violência, como é o caso do homicídio culposo e das lesões corporais culposas, admite a substituição por pena restritiva. A lei, portanto, se refere apenas à violência dolosa. A violência que obsta a substituição é a empregada contra a pessoa; logo, se há emprego de força bruta contra coisa, seja pública ou privada, nada impede a aplicação da pena alternativa. Finalmente, não cabe a substituição, ainda que a violência seja presumida, própria ou imprópria (quando a vítima é reduzida à impossibilidade de resistência por emprego de narcótico, anestésico, fraude ou qualquer outro meio), por exemplo, roubo simples praticado com emprego de meio que reduza a vítima à impossibilidade de resistência.

(4) *Não ser o réu reincidente em crime doloso (inciso II):* Trata-se de requisito subjetivo. Atualmente, o reincidente pode beneficiar-se da substituição, pois a nova lei vedou o benefício apenas ao reincidente em crime doloso. Dessa forma, somente aquele que, após ter sido definitivamente condenado pela prática de um crime doloso, vem a cometer novo crime doloso fica impedido de beneficiar-se da substituição. Se entre a extinção da pena do crime doloso anterior e a prática do novo delito doloso tiverem decorrido mais de 5 anos, o condenado fará jus à substituição, não subsistindo a vedação (o chamado período depurador, também conhecido como prescrição quinquenal da reincidência).

Reincidente em crime doloso. Condenação à pena de multa: Como a lei não excepcionou a hipótese da condenação à pena de multa, como o fez no *sursis* (CP, art. 77, § 1º), se o agente for reincidente em crime doloso não terá direito ao benefício da pena alternativa, ainda que a condenação anterior tenha sido a pena pecuniária.

Reincidente específico: Da mesma forma que o reincidente em crime doloso, não tem direito ao benefício (CP, art. 44, § 3º). Será considerado como tal o agente que reincidir em crime da mesma espécie, isto é, previsto no mesmo tipo legal, pouco importando se na forma simples, privilegiada, qualificada, consumada ou tentada.

Reincidência e a questão do art. 44, § 3º: Quanto aos demais reincidentes, o benefício poderá ser concedido. No entanto, para que isso seja possível, será necessário que, além do preenchimento de todos os requisitos legais, o juiz entenda que a medida é socialmente recomendável. Trata-se, portanto, de faculdade do juiz da condenação, e não de direito público subjetivo do condenado (§ 4º). Essa regra, como se vê, está em aparente contradição com o inciso II do art. 44 do CP. Dessa forma, fica a dúvida: afinal de contas, o reincidente doloso tem direito às penas alternativas ou, tanto quanto o reincidente específico, não faz jus à substituição? Entendemos que o § 3º do art. 44 não tem o condão de revogar a letra expressa de seu inciso II; portanto, ao se referir ao "condenado reincidente", está fazendo menção ao não reincidente em crime doloso, pois, do contrário, tornaria letra morta a proibição anterior. *Em sentido contrário:* Luiz Flávio Gomes, *Penas e medidas alternativas à prisão*, cit., p. 114; e Damásio de Jesus, *Direito penal*, cit., v. 1, p. 534.

(5) A culpabilidade, os antecedentes, a conduta ou a personalidade ou ainda os motivos e circunstâncias recomendarem a substituição (inciso III): Convém notar que esses requisitos constituem uma repetição das circunstâncias constantes do art. 59, *caput*, do CP, salvo duas: comportamento da vítima e consequências do crime, coincidentemente as únicas de natureza objetiva. Assim, o art. 44, III, do CP somente levou em conta as circunstâncias subjetivas do mencionado art. 59.

(6) Substituição (§ 2º): Na condenação igual ou inferior a um ano, a substituição pode ser feita por multa ou por uma pena restritiva de direitos, pouco importando se a infração é dolosa ou culposa. Nunca poderá haver, no entanto, aplicação cumulativa de multa e pena restritiva de direitos, sendo a pena igual ou inferior a um ano. Se a condenação for superior a um ano, a pena privativa de liberdade pode ser substituída por uma pena restritiva de direitos e multa ou por duas restritivas de direitos.

(7) Conversão da pena restritiva de direito em privativa de liberdade (§ 4º): Convertida a pena restritiva de direitos em privativa de liberdade, será deduzido o tempo em que o condenado esteve solto, devendo ele cumprir preso somente o período restante. A lei determina, no entanto, seja respeitado um saldo mínimo de 30 dias de detenção ou reclusão, não podendo o agente ficar preso por menos tempo. Desse modo, se, operada a dedução, resultar um período inferior, o condenado deverá ficar pelo menos 30 dias preso. Tratando-se de prisão simples, não há exigência de período mínimo (CP, art. 44, § 4º). Quanto às penas restritivas pecuniárias, como não existe tempo de cumprimento de pena a ser descontado, o mais justo é que se deduza do tempo de pena privativa de liberdade a ser cumprido o percentual já pago pelo condenado. Assim, se já tiver pago metade do valor, somente terá de cumprir preso metade da pena privativa de liberdade aplicada na sentença condenatória.

Hipóteses de conversão da pena restritiva de direitos em privativa de liberdade: LEP, *vide* art. 181, §§ 1º a 3º.

(8) Condenação posterior a pena privativa de liberdade (§ 5º): Se, durante a execução da pena restritiva de direitos, sobrevier condenação transitada em julgado por outro crime a pena privativa de liberdade, a conversão não será obrigatória, podendo o juiz decidir pela subsistência da pena restritiva sempre que o seu cumprimento for compatível com a nova sanção (CP, art. 44, § 5º). Por exemplo: a pena alternativa pecuniária não é incompatível com a condenação a pena privativa de liberdade, não havendo razão para sua conversão. Antes do advento da Lei n. 9.714/98, a questão da conversão da pena restritiva de direitos em privativa de liberdade estava tratada no art. 45 do CP.

(9) Penas restritivas de direito e sursis: Somente será cabível o *sursis* quando não for indicada ou cabível a substituição prevista no art. 44 do CP.

(10) Penas restritivas de direitos e fundamentação: STJ: "HC. Apropriação indébita de contribuição previdenciária. Substituição da pena privativa de liberdade. Falta de fundamentação. Arts. 43 e 44 do CP. Substituição da pena privativa de liberdade por prestação pecuniária devidamente fundamentada, embora de forma sucinta, na sentença vergastada. A fundamentação sucinta não se confunde com falta de fundamentação. Substituição da pena privativa de liberdade por limitação de fim de semana. Ausência de qualquer fundamentação acerca da necessidade ou conveniência de aplicação desta pena e não outra presente no rol das penas alternativas. O princípio do livre convencimento exige fundamentação concreta, vinculada, do ato decisório. A escolha das penas restritivas de direito dentre as previstas no art. 43 do CP, sem apontar qualquer fundamento, não preenche as exigências constitucionais e infraconstitucionais (art. 93, inciso IX, 2ª parte da Carta Magna e arts. 157, 381 e 387 do CPP). Não se pode confundir livre convencimento com convicção íntima (Precedentes) (HC 14.894/RS, Rel. Min. Felix Fischer, *DJ* 13-8-2001). Ordem parcialmente concedida" (STJ, HC 18281/RS, 5ª T., Rel. Min. José Arnaldo da Fonseca, j. 27-11-2001, *DJ* 25-2-2002, p. 420). *No mesmo sentido:* STJ, HC 25838/RS, 6ª T., Rel. Min. Hamilton Carvalhido, j. 3-2-2005, *DJ* 11-4-2005, p. 384.

Lei dos Crimes Hediondos

(1) Crimes hediondos e penas restritivas de direito: Como a antiga redação do art. 2º, § 1º, da Lei n. 8.072/90 impunha o regime integralmente fechado de cumprimento de pena, havia posicionamento do Superior Tribunal de Justiça no sentido de que "as alterações introduzidas pela Lei n. 9.714/98 ao art. 44 do Código Penal não se aplicam aos crimes hediondos, que possuem regramento específico, a impedir a substituição de pena privativa de liberdade por restritiva de direitos" (STJ, HC 27972/TO, 6ª T., Rel. Min. Paulo Medina, j. 3-2-2004, DJ 8-3-2004, p. 335). Em direção contrária, havia pronunciamento do STF no sentido de que "nenhuma é a pertinência de cogitar do teórico regime fechado de execução como óbice à substituição já operada. Noutras palavras, se já não há pena privativa de liberdade por cumprir, a só previsão legal de cumprimento dela em regime fechado não pode retroverter para atuar como impedimento teórico de sua substituição por outra modalidade de pena que não comporta a ideia desse regime" (STF, HC 84.928/MG, 1ª T., Rel. Min. Cezar Peluso, j. 27-9-2005, *DJU* 11-11-2005, p. 29). E, ainda: Damásio de Jesus, para quem igualmente seria possível a substituição, condicionando-se à satisfação dos requisitos legais objetivos, subjetivos e normativos *(Temas de direito criminal*, 2ª série, São Paulo: Saraiva, 2001, p. 29). O mesmo entendimento foi adotado pelo STF na concessão de *sursis* aos crimes hediondos e assemelhados (STF, HC 70.998, Rel. Min. Sepúlveda Pertence). *No mesmo sentido:* STF, HC 94.414, Rel. Min. Marco Aurélio, j. 14-9-2004; STF, HC 84414/SP, Rel. Min. Marco Aurélio, j. 14-9-2004, *DJ* 26-11-2004. E, de acordo com o STJ: "Declarada a inconstitucionalidade do artigo 2º, parágrafo 1º, da Lei n. 8.072/90, de modo a submeter o cumprimento das penas dos crimes de que cuida a Lei n. 8.072/90 ao regime progressivo, resta afastado o fundamento da interpretação sistemática que arredava dos crimes hediondos e a eles equiparados as penas restritivas de direitos e o *sursis*" (STJ, HC 54518/SP, 6ª T., Rel. Min. Hamilton Carvalhido, j. 16-5-2006, *DJ* 1º-8-2006, p. 558). Finalmente, mencione-se que, a partir do advento da Lei n. 11.464, de 28 de março de 2007, a pena por crime previsto na Lei n. 8.072/90 será cumprida *inicialmente*, e não mais integralmente, em regime fechado (art. 2º, § 1º, da Lei n. 8.072/90), de forma que tal óbice legal, que, para muitos era impedimento para a conversão da pena em restritiva de direitos, não mais existe. De qualquer modo, pondere-se que dificilmente os autores desses crimes preencherão os requisitos do art. 44, III, dado que a personalidade do agente, os motivos e circunstâncias do crime provavelmente não indicarão a substituição por pena alternativa como suficiente para uma adequada resposta

penal. O Superior Tribunal de Justiça, no entanto, já teve a oportunidade de autorizar a substituição da pena privativa de liberdade por pena alternativa quando houvesse a antiga violência presumida no crime de estupro ou no revogado delito de atentado violento ao pudor, uma vez que a lei somente vedaria a substituição quando ocorresse o emprego de violência real: STJ, 6ª T., RHC 9.135/MG, Rel. Min. Hamilton Carvalhido, *DJU* 19-6-2000, p. 210.

(2) Tráfico de drogas e penas restritivas de direito. Afastamento da vedação legal do art. 44 da Lei n. 11.343/2006: Na esteira do entendimento acima mencionado, o STF vinha admitindo a substituição por pena restritiva de direito no crime de tráfico de drogas. N*esse sentido:* STF: "A regra do art. 44 do Código Penal é aplicável ao crime de tráfico de entorpecentes, observados os seus pressupostos de incidência. II – A regra do art. 2º, § 1º, da Lei n. 8.072/90, pode ser superada quando inexistir impedimento à substituição. III – Ordem concedida (STF, HC 88879/RJ, 1ª T., Rel. Min. Ricardo Lewandowski, j. 6-2-2007, *DJ* 2-3-2007, p. 38). *No mesmo sentido:* STF, HC 84928/MG, 1ª T., Rel. Min. Cezar Peluso, j. 27-9-2005, *DJ* 11-11-2005, p. 29. STJ: "Em se fundando o indeferimento da substituição por pena alternativa não só na consideração da natureza hedionda do fato, mas também na quantidade de droga apreendida em poder do paciente, a desvelar a sua periculosidade, não há falar em ofensa ao artigo 44 do Código Penal" (STJ, HC 69239/DF, 6ª T., Rel. Min. Hamilton Carvalhido, j. 24-11-2006, *DJ* 9-4-2007, p. 279). Sucede que, com o advento da Lei n. 11.343/2006, no caso específico dos crimes previstos nos arts. 33, *caput* e § 1º, e 34 a 37 da nova Lei de Drogas, em decorrência de expressa previsão legal, os mesmos são inafiançáveis e insuscetíveis de *sursis*, graça, indulto e anistia (cf. art. 44 da Lei). A liberdade provisória e a conversão em penas restritivas já foram aceitas pelo STF, em controle de constitucionalidade. Entretanto, reza a Súmula 512 do STJ: "A aplicação da causa de diminuição de pena prevista no art. 33, § 4º, da Lei n. 11.343/2006 não afasta a hediondez do crime de tráfico de drogas".

Lei dos Juizados Especiais Criminais

(1) Transação penal e descumprimento da pena imposta: Na hipótese de descumprimento de pena restritiva de direitos imposta em transação penal (art. 76), nas infrações de competência dos Juizados Especiais Criminais a consequência não será a conversão em pena privativa de liberdade, mas a desconstituição do acordo penal e a remessa dos autos ao Ministério Público para o oferecimento da denúncia, dando-se início ao processo criminal pelas vias normais, porque se trata de sentença meramente homologatória, sem eficácia de coisa julgada material e formal. N*esse sentido:* STF, HC 79572/GO, 2ª T., Rel. Min. Marco Aurélio, j. 29-2-2000; STJ, HC 37066/SP, 2ª T., Rel. Min. Felix Fischer, j. 19-10-2004; "solução diversa, ou seja, a execução da sentença homologatória, conduziria à conversão da pena restritiva de direitos, não cumprida, em privativa de liberdade, vale dizer, em prisão sem processo, o que afrontaria a garantia constitucional do devido processo legal" (JECrimDFT, Recurso 20050660005353, 2ª T. Recursal, Rel. Juiz Jesuíno Aparecido Rissato, j. 28-9-2005). *Pelo não cabimento da propositura da ação:* STJ, REsp 226570/SP, 6ª T., Rel. Acórdão Min. Hamilton Carvalhido, j. 2-9-2003; STJ, HC 30212/MG, 5ª T., Rel. Min. Jorge Scartezzini, j. 3-2-2004; "a sentença homologatória da transação penal gera eficácia de coisa julgada material, com o alcance teleológico da desprocessualização e extinção do *jus puniendi*, impedindo a instauração da ação penal no caso de descumprimento da pena alternativa aceita pelo autor do fato" (TJRS, Ap. Crim. 70007786494, 5ª Câmara Criminal, Rel. Des. Aramis Nassif, j. 3-3-2004).

(2) Crimes cometidos com emprego de violência ou ameaça e transação penal: Há crimes que, embora cometidos com violência ou ameaça, admitem a substituição por pena alternativa, pois constituem infrações de menor potencial ofensivo, as quais comportam transação penal e imposição consensual de pena não privativa de liberdade. É o caso, por exemplo, dos crimes de lesões corporais leves (CP, art. 129, *caput*), constrangimento ilegal (art. 146), ameaça (art. 147) e contravenção de vias de fato (LCP, art. 21).

Código de Trânsito Brasileiro

Cominação abstrata e autônoma de pena restritiva de direitos: No novo Código de Trânsito Brasileiro (Lei n. 9.503/97), há alguns casos de cominação abstrata e autônoma de pena restritiva de direitos, sendo possível a aplicação cumulativa com a pena privativa de liberdade: *vide* arts. 302, 303 e 306.

Lei dos Crimes Ambientais

Consoante o disposto no art. 7º: "As penas restritivas de direitos são autônomas e substituem as privativas de liberdade quando: I – tratar-se de crime culposo ou for aplicada a pena privativa de liberdade inferior a quatro anos; II – a culpabilidade, os antecedentes, a conduta social e a personalidade do condenado, bem como os motivos e as circunstâncias do crime indicarem que a substituição seja suficiente para efeitos de reprovação e prevenção do crime. Parágrafo único. As penas restritivas de direitos a que se refere este artigo terão a mesma duração da pena privativa de liberdade substituída". Ao contrário do art. 44 do CP, cabe a substituição ainda que o crime tenha sido cometido com violência ou grave ameaça à pessoa, além do que a lei não proibiu o benefício para o reincidente em crime doloso, nem para o reincidente específico. A Lei dos Crimes Ambientais prevê as seguintes penas restritivas de direitos em seu art. 8º: (a) prestação de serviços à comunidade; (b) interdição temporária de direitos; (c) suspensão parcial ou total de atividades; (d) prestação pecuniária; (e) recolhimento domiciliar.

Conversão das penas restritivas de direitos

Art. 45. Na aplicação da substituição prevista no artigo anterior, proceder-se-á na forma deste e dos arts. 46, 47 e 48. *(Caput com redação dada pela Lei n. 9.714/98)*

§ 1º A prestação pecuniária consiste no pagamento em dinheiro à vítima, a seus dependentes ou a entidade pública ou privada com destinação social, de importância fixada pelo juiz, não inferior a 1 (um) salário mínimo nem superior a 360 (trezentos e sessenta) salários mínimos. O valor pago será deduzido do montante de eventual condenação em ação de reparação civil, se coincidentes os beneficiários.

§ 2º No caso do parágrafo anterior, se houver aceitação do beneficiário, a prestação pecuniária pode consistir em prestação de outra natureza.

§ 3º A perda de bens e valores pertencentes aos condenados dar-se-á, ressalvada a legislação especial, em favor do Fundo Penitenciário Nacional, e seu valor terá como teto – o que for maior – o montante do prejuízo causado ou do provento obtido pelo agente ou por terceiro, em consequência da prática do crime.

§ 4º *(Vetado) (Parágrafos acrescentados pela Lei n. 9.714/98)*

(1) *Prestação pecuniária e perda de bens e valores:* O art. 45 cuida de duas espécies de penas restritivas de direitos pecuniárias: a prestação pecuniária e a perda de bens e valores.

(2) *Prestação pecuniária (§ 1º):* Consiste no pagamento em dinheiro, à vista ou em parcelas, à vítima, a seus dependentes ou a entidade pública ou privada com destinação social, de importância fixada pelo juiz, não inferior a um salário mínimo, nem superior a 360 salários mínimos.

Critério para fixação do montante: O montante será fixado livremente pelo juiz, de acordo com o que for suficiente para a reprovação do delito, levando-se em conta a capacidade econômica do condenado e a extensão do prejuízo causado à vítima ou seus herdeiros. Em hipótese alguma será possível sair dos valores mínimo e máximo fixados em lei, não se admitindo, por exemplo, prestação em valor inferior a um salário mínimo, nem mesmo em caso de tentativa. Admite-se que o pagamento seja feito em ouro, joias, títulos mobiliários e imóveis, em vez de moeda corrente.

Efeitos sobre a ação civil reparatória: O valor pago será deduzido do montante de eventual condenação em ação de reparação civil, se coincidentes os beneficiários, o que vale dizer, a fixação da prestação pecuniária não impede a futura ação civil reparatória (*actio civilis ex delicto*).

Prestação inominada (§ 2º): No caso de aceitação pelo beneficiário, a prestação pecuniária poderá consistir em prestação de outra natureza, como, por exemplo, entrega de cestas básicas a carentes, em entidades públicas ou privadas.

(3) **Perda de bens e valores** *(§ 3º):* Trata-se da decretação de perda de bens móveis, imóveis ou de valores, tais como títulos de crédito, ações etc. Essa pena consiste no confisco generalizado do patrimônio lícito do condenado, imposto como pena principal substitutiva da privativa de liberdade. Trata-se de pena de grande utilidade, pois permite a constrição dos bens do infrator, sem o ônus de demonstrar sua origem ilícita, não se confundindo com o confisco de bens (CP, art. 91, II, *a* e *b*), o qual constitui efeito secundário extrapenal da condenação e que atinge bens e valores de natureza e origem ilícitas (por exemplo: o veículo furtado pelo agente ou o dinheiro obtido com a venda do bem).

Destinação: Ressalvada a legislação especial, a perda de bens e valores dar-se-á em favor do Fundo Penitenciário Nacional (instituído pela Lei Complementar n. 79, de 7 de janeiro de 1994, e regulamentado pelo Decreto n. 1.093, de 23 de março de 1994), e o seu valor terá como teto o montante do prejuízo causado ou do provento obtido pelo agente ou terceiro, em consequência da prática do crime, decidindo-se, na dúvida, pelo valor mais elevado.

Princípio da personalidade da pena (CF, art. 5º, XLV): A CF, em seu art. 5º, XLV, determina que nenhuma pena passará da pessoa do condenado, podendo, porém, a obrigação de reparar o dano e a decretação do perdimento dos bens ser estendidas aos sucessores. Entendemos que: (a) a pena tem caráter personalíssimo, não podendo comunicar-se a terceiros, sendo repudiada a responsabilidade penal objetiva; (b) quando a Constituição fala, no mesmo art. 5º, XLV, na possibilidade de a reparação do dano e o perdimento dos bens serem estendidos aos sucessores, está se referindo aos efeitos secundários da condenação de que trata o art. 91, I e II, do CP; (c) quanto à perda de bens e valores, não há sequer falar em função reparatória, já que o beneficiário não é a vítima nem seus dependentes, mas o Fundo Penitenciário Nacional, não havendo qualquer relação com a obrigação de indenização *ex delicto*. No que diz respeito à prestação pecuniária, embora tenha finalidade reparatória, não perde ela seu caráter de pena; (d) finalmente, se, por um lado, o art. 5º, XLV, da CF, permitiu a transmissão aos herdeiros da obrigação de reparar o dano, por outro exigiu prévia regulamentação expressa em lei. Como a Lei n. 9.714/98 limitou-se a criar as penas de prestação pecuniária e perda de bens e valores, sem regulamentar, em momento algum, a transmissão da obrigação aos sucessores, ainda não é possível cogitar tal hipótese. *Em sentido contrário:* Luiz Flávio Gomes, para quem a prestação pecuniária e o perdimento de bens e valores podem ser cobrados dos herdeiros até o limite da herança: *Penas e medidas alternativas à prisão*, cit., p. 138.

Prestação de serviços à comunidade ou a entidades públicas

Art. 46. A prestação de serviços à comunidade ou a entidades públicas é aplicável às condenações superiores a 6 (seis) meses de privação da liberdade. (Caput *com redação dada pela Lei n. 9.714/98)*

§ 1º A prestação de serviços à comunidade ou a entidades públicas consiste na atribuição de tarefas gratuitas ao condenado.

§ 2º A prestação de serviço à comunidade dar-se-á em entidades assistenciais, hospitais, escolas, orfanatos e outros estabelecimentos congêneres, em programas comunitários ou estatais.

§ 3º As tarefas a que se refere o § 1º serão atribuídas conforme as aptidões do condenado, devendo ser cumpridas à razão de 1 (uma) hora de tarefa por dia de condenação, fixadas de modo a não prejudicar a jornada normal de trabalho.

§ 4º Se a pena substituída for superior a 1 (um) ano, é facultado ao condenado cumprir a pena substitutiva em menor tempo (art. 55), nunca inferior à metade da pena privativa de liberdade fixada. *(Parágrafos acrescentados pela Lei n. 9.714/98)*

(1) Prestação de serviços à comunidade ou entidades públicas: Trata-se de uma das espécies de penas restritivas de direitos em sentido estrito. Consiste na atribuição de tarefas gratuitas ao condenado (art. 46, § 1º), em entidades assistenciais, hospitais, orfanatos e outros estabelecimentos congêneres, em programas comunitários ou estatais, ou em benefício de entidades públicas (art. 46, § 2º).

Prestação de serviços à comunidade ou entidades públicas e trabalho forçado: "Não há, no caso, relação de emprego e muito menos trabalho forçado, proibido constitucionalmente, mas simples ônus para o condenado, evitando-lhe o encarceramento" (TJMG, Ap. Crim. 1.0000.00.284489-2/000, 1ª Câmara Criminal, Rel. Des. Márcia Milanez, j. 24-9-2002). STJ: "*Habeas corpus* substitutivo – Estatuto da Criança e do Adolescente – Ato infracional análogo ao art. 157, § 2º, II, do Código Penal – Liberdade assistida e prestação de serviços à comunidade – Pena de trabalho forçado – Inocorrência. – A medida socioeducativa de prestação de serviços à comunidade, aplicada pelo magistrado local, nem de longe se confunde com o trabalho forçado, pena esta que a legislação brasileira desconhece" (STJ, HC 33371/RJ, 5ª T., Rel. Min. Jorge Scartezzini, j. 3-6-2004, *DJ* 2-8-2004, p. 251).

(2) Aplicação (caput): É aplicável às condenações superiores a 6 meses de privação da liberdade. Não pode, pois, ser imposta a quem foi condenado a pena inferior: STF, HC 85612/RJ, 1ª T., Rel. Min. Eros Grau, j. 24-5-2005.

(3) Remuneração (§ 1º): As tarefas não serão remuneradas, uma vez que se trata do cumprimento da pena principal (LEP, art. 30), e não existe pena remunerada.

(4) Tarefas (§ 3º): As tarefas serão atribuídas conforme as aptidões do condenado. Assim, um médico, por exemplo, pode cumprir suas tarefas no Posto de Saúde local (TJRS, Ag. 70014513733, 4ª Câmara Criminal, Rel. Des. José Eugênio Tedesco, j. 27-4-2006). Não se pode, porém, impor tarefa atentatória aos direitos e garantias constitucionais, de modo que inviável determinar a prestação de serviços em templo religioso, por ofensa à liberdade de culto (TAMG, *RT* 620/353).

(5) Carga horária (§ 3º): A carga horária de trabalho consiste em uma hora por dia de condenação, fixada de modo a não prejudicar a jornada normal de trabalho. O art. 149, § 1º, da LEP, estabelece que "o trabalho terá a duração de 8 (oito) horas semanais e será realizado aos sábados, domingos e feriados, ou em dias úteis, de modo a não prejudicar a jornada normal de trabalho, nos horários estabelecidos pelo juiz". Nessa linha, inviável o aumento do número de horas de trabalho semanal, a fim de esgotá-lo antes do prazo previsto em lei: TACrimSP, *RJDTACRIM* 28/26.

(6) Início do cumprimento: A execução terá início a partir da data do primeiro comparecimento (LEP, art. 149, § 2º).

(7) Designação da entidade: Cabe ao juiz da condenação proceder à substituição da pena privativa de liberdade pela restritiva de direitos (CP, art. 59, I), contudo, compete ao juízo da execução designar a entidade credenciada na qual o condenado deverá trabalhar (LEP, art. 149, I).

(8) Alteração da forma de cumprimento: Em qualquer fase da execução, poderá o juiz, motivadamente, alterar a forma de cumprimento da pena de prestação de serviços à comunidade (LEP, arts. 148 e 149, III). No entanto, "a dificuldade de cumprimento da pena aplicada, em face da profissão do apenado, não justifica a substituição da espécie de pena restritiva pelo juízo da execução. Em tal caso, possível somente a alteração da forma de cumprimento da pena, a fim de ajustá-la às condições pessoais do condenado, consoante faculta o art. 148 da LEP" (TJRS, Ag. 70014180970, 8ª Câmara Criminal, Rel. Des. Fabianne Breton Baisch, j. 29-3-2006). *No mesmo sentido:* TAMG, Ag. 2.0000.00.451129-7/000, 2ª Câmara Mista, Rel. Des. Antônio Armando dos Anjos, j. 24-8-2004. *Em sentido contrário*, permitindo, no âmbito da execução, a substituição da pena de prestação de serviços à comunidade por prestação pecuniária: TJRS, Ag. 70013354212, 7ª Câmara Criminal, Rel. Des. Alfredo Foerster, j. 22-12-2005.

(9) Relatório das atividades: A entidade comunicará mensalmente ao juiz da execução, mediante relatório circunstanciado, sobre as atividades e o aproveitamento do condenado (LEP, art. 150).

(10) Duração: A atual redação do art. 55, determinada pela Lei n. 9.714, de 25 de novembro de 1998, prevê que "as penas restritivas de direitos referidas nos incisos IV, V e VI do art. 43 terão a mesma duração da pena privativa de liberdade substituída, ressalvado o disposto no § 4º do art. 46". Dessa forma, foi inserida uma ressalva até então não existente. De acordo com essa ressalva, se a pena substituída for superior a um ano, é facultado ao condenado cumprir a pena substitutiva em tempo inferior ao da pena privativa substituída (CP, arts. 55 e 46, § 4º), nunca inferior à metade da pena privativa de liberdade fixada. A faculdade, porém, é do condenado, e não do juiz sentenciante (TJMG, Ap. Crim. 2.0000.00.340263-5/000, 2ª Câmara Criminal, Rel. Des. Maria Celeste Porto, j. 27-11-2001). Ademais, mencionada regra legal traz uma injustiça. Sujeito condenado a um ano e 6 meses de detenção tem sua pena substituída por 9 meses de prestação de serviços à comunidade (metade da pena fixada, de acordo com o art. 46, § 4º, do CP). Se tivesse sido condenado a 11 meses de detenção, teria de cumprir exatamente esse período de pena restritiva, já que o benefício da substituição por tempo menor só se aplica quando a pena aplicada exceder a um ano. À vista disso, entendemos que o benefício da substituição por tempo menor, nunca inferior à metade da pena privativa de liberdade imposta, deve ser estendido também às penas inferiores a um ano, em atenção ao princípio da proporcionalidade.

Lei dos Crimes Ambientais

Prestação de serviços à comunidade ou a entidades públicas: É aplicável às condenações superiores a seis meses de privação da liberdade. Consiste na atribuição ao condenado de tarefas gratuitas em parques e jardins públicos e unidades de conservação, e, no caso de dano da coisa particular, pública ou tombada, na restauração desta, se possível (cf. art. 9º da Lei n. 9.605/98).

Lei de Drogas

(1) Prestação de serviços à comunidade e posse ou cultivo de droga para consumo pessoal: A Lei n. 11.343/2006 passou a prever, para as condutas do *caput* e § 1º do art. 28, as penas de: I – advertência sobre os efeitos das drogas; II – prestação de serviços à comunidade; III – medida educativa de comparecimento a programa ou curso educativo. De acordo com a nova lei, portanto, não há qualquer possibilidade de imposição de pena privativa de liberdade aquele que possui ou cultiva drogas para consumo pessoal. Mencione-se que, por não haver a imposição de pena privativa de liberdade a ser substituída, não se aplica aqui a regra do art. 46 do CP. Note-se que, em virtude das sanções previstas, passou-se a indagar se a Lei n. 11.343/2006 teria descriminalizado a posse de droga para consumo pessoal. Sobre o tema, *vide* Fernando Capez, *Legislação penal especial.* São Paulo: Saraiva, v. 4, 2007; e Luiz Flávio Gomes, Alice Bianchini, Rogério Sanches da Cunha, William Terra de Oliveira. *Nova Lei de Drogas comentada.* São Paulo: Revista dos Tribunais, 2006, p. 108/113. Vale mencionar que a 1ª Turma do STF já se manifestou no sentido de que a previsão do art. 28 da Lei de Drogas não implicou *abolitio criminis*, mas apenas despenalização, entendida esta como exclusão, para o tipo, das penas privativas de liberdade (RE-QO 430105/RJ, Rel. Min. Sepúlveda Pertence, j. 13-2-2007, *DJ* 27-4-2007, p. 69).

Interdição temporária de direitos

Art. 47. As penas de interdição temporária de direitos são: *(Caput e incisos I a III com redação dada pela Lei n. 7.209/84)*

I – proibição do exercício de cargo, função ou atividade pública, bem como de mandato eletivo;

II – proibição do exercício de profissão, atividade ou ofício que dependam de habilitação especial, de licença ou autorização do poder público;

III – suspensão de autorização ou de habilitação para dirigir veículo;

IV – proibição de frequentar determinados lugares. *(Acrescentado pela Lei n. 9.714/98)*;

V – proibição de inscrever-se em concurso, avaliação ou exames públicos. (*Acrescentado pela Lei n. 12.550/2011*)

(1) Da interdição temporária de direitos: Trata-se de mais uma pena restritiva de direitos em sentido estrito, consistente na limitação de uma prerrogativa ou direito.

(2) Proibição do exercício de cargo, função ou atividade pública, bem como de mandato eletivo: Trata-se de pena específica, uma vez que só pode ser aplicada ao crime cometido no exercício do cargo ou função, com violação de deveres a estes inerentes (CP, art. 56), e desde que preenchidos os requisitos legais para a substituição. Quando a lei fala de cargo, está se referindo ao efetivo, e não ao eventual. Para Celso Delmanto, quanto ao mandato eletivo, o dispositivo seria inconstitucional, pois os parlamentares só podem ser impedidos de exercer mandato eletivo na forma da Constituição *(Código Penal,* cit., p. 89).

(3) Proibição do exercício de profissão, atividade ou ofício que dependam de habilitação especial, autorização ou licença do Poder Público: Também se trata de pena restritiva específica, pois só se aplica aos crimes cometidos no exercício da profissão ou atividade e se houver violação de deveres a estes relativos (CP, art. 56), por exemplo, médico, dentista, engenheiro etc.

(4) Suspensão de autorização ou habilitação para dirigir veículo: Essa regra encontra-se, atualmente, revogada pelo Código de Trânsito Brasileiro. Com efeito, de acordo com o art. 292 do CTB, "a suspensão ou proibição de se obter a permissão ou habilitação para dirigir veículo automotor pode ser imposta como penalidade principal, isolada ou cumulativamente com outras penas", devendo ter a duração de 2 meses a 5 anos (CTB, art. 293). Assim, essa nova modalidade: (a) não tem caráter substitutivo, contrariando o disposto no art. 44 do CP, isto é, não substitui a pena privativa de liberdade fixada pelo mesmo tempo de duração; (b) é cominada abstratamente no tipo, tendo seus limites mínimo e máximo nele traçados, não havendo que se falar em substituição pelo mesmo período da pena privativa de liberdade aplicada; (c) tratando-se de pena não substitutiva, nada impede seja aplicada cumulativamente com pena privativa, pouco importando tenha esta sido ou não suspensa condicionalmente. Convém mencionar que a suspensão pressupõe permissão ou habilitação já concedida, enquanto a proibição se aplica àquele que ainda não obteve uma ou outra, conforme o caso. Alcançam não apenas os delitos culposos de trânsito (homicídio e lesão corporal) como também a direção em estado de embriaguez, a violação de suspensão ou proibição impostas e a participação em disputa não autorizada ("racha").

Aplicação cumulativa de pena privativa de liberdade e suspensão ou proibição para dirigir veículo. Exceção à regra do art. 69, § 1º: O CTB, ao cominar cumulativamente essa pena restritiva de direitos com a privativa de liberdade (*vide* arts. 302, 303, 306, 307 e 308), passou a constituir regra especial contrária à regra geral do art. 69, § 1º, do Código Penal, a qual tolera a aplicação conjunta somente no caso de a pena privativa de liberdade estar suspensa. De acordo com a regra do CTB, aplicada junto com a pena privativa de liberdade, a nova penalidade de interdição temporária de direitos não se inicia enquanto o sentenciado, por efeito de condenação penal, estiver recolhido a estabelecimento prisional (CTB, art. 293, § 2º).

Efeito extrapenal da condenação: O condutor condenado por qualquer dos delitos previstos no CTB perderá sua habilitação ou permissão, ficando obrigado a submeter-se a novos exames para que possa voltar a dirigir, de acordo com as normas estabelecidas pelo CONTRAN. Trata-se de efeito automático da condenação, que independe de expressa motivação na sentença. Tampouco importa, para a incidência desse efeito, a espécie de pena aplicada ou até mesmo eventual prescrição da pretensão punitiva ou executória (CTB, art. 160).

(5) Proibição de frequentar determinados lugares (Lei n. 9.714/98): Além de pena restritiva de direitos, funciona como condição do *sursis* especial, conforme disposto no art. 78, § 2º, *a*, do Código Penal.

(6) Proibição de inscrever-se em concurso, avaliação ou exames públicos: Essa nova espécie de interdição temporária de direitos, prevista no inciso V do art. 47 do CP, foi acrescentada pela

Lei n. 12.550, de 15 de dezembro de 2011, tendo em vista a também nova modalidade criminosa contemplada no art. 311-A.

(7) Interdição temporária de direitos e efeitos extrapenais da condenação: O art. 92, I a III, do CP, assim como algumas leis extravagantes – por exemplo, Lei n. 11.101/2005, art. 181, que trata da inabilitação para o exercício de atividade empresarial como um dos efeitos da condenação por crime falimentar – dispõem sobre os efeitos específicos extrapenais da condenação, os quais não devem ser confundidos com a interdição temporária de direitos.

(8) LEP: Vide arts. 154 e 155.

Lei dos Crimes Ambientais

Interdição temporária de direitos: É a proibição de o condenado contratar com o Poder Público, de receber incentivos fiscais ou quaisquer outros benefícios, além de participar de licitações, pelo prazo de cinco anos, no caso de crimes dolosos, e de três anos, no de crimes culposos (cf. art. 10 da Lei n. 9.605/98). Desse modo, se houver a substituição da pena restritiva de liberdade pela pena de interdição temporária de direito, esta terá a duração prevista no art. 10, qual seja, cinco anos no caso de crimes dolosos e de três anos, no de crimes culposos, não sendo, portanto, pelo tempo da pena restritiva de liberdade, contrariando, assim, a regra do Código Penal.

Limitação de fim de semana

Art. 48. A limitação de fim de semana consiste na obrigação de permanecer, aos sábados e domingos, por 5 (cinco) horas diárias, em casa de albergado ou outro estabelecimento adequado. *(Artigo com redação dada pela Lei n. 7.209/84)*

Parágrafo único. Durante a permanência poderão ser ministrados ao condenado cursos e palestras ou atribuídas atividades educativas.

(1) Limitação de fim de semana: Trata-se de uma espécie de pena restritiva de direitos em sentido estrito. Consiste na obrigação do condenado de permanecer aos sábados e domingos, por 5 horas diárias, na Casa do Albergado (LEP, art. 93) ou outro estabelecimento adequado.

Inexistência de Casa do Albergado: STJ: "1. Existe expressa previsão legal no sentido de que a Casa do Albergado '(...) destina-se ao cumprimento de pena privativa de liberdade, em regime aberto, e da pena de limitação de fim de semana' (LEP, art. 93), consignando o legislador que 'o prédio deverá situar-se em centro urbano, separado dos demais estabelecimentos, e caracterizar-se pela ausência de obstáculos físicos contra a fuga' (LEP, art. 94), consignando, ainda, que 'em cada região haverá, pelo menos, uma Casa de Albergado, a qual deverá conter, além dos aposentos para acomodar os presos, local adequado para cursos e palestras' (LEP, art. 95). 2. Sendo assim, a existência de duas salas na Cadeia Pública, mesmo que destinadas ao uso exclusivo dos presos em regime aberto, à toda evidência, não atende a determinação legal, por não cumprir o disposto nos arts. 94 e 95 da Lei 7.210/1984, caracterizando constrangimento ilegal o indeferimento, pelo Juízo das Execuções Penais, do pedido de cumprimento da limitação de fim de semana em prisão domiciliar, ratificado pelo Tribunal de apelação em sede de *habeas corpus*. 3. Ordem concedida, para garantir ao paciente o cumprimento da pena relativa à limitação de fim de semana em prisão domiciliar" (STJ, HC 37902/MT, 5ª T., Rel. Min. Arnaldo Esteves Lima, j. 9-11-2004, *DJ* 17-12-2004, p. 588). No *mesmo sentido:* STJ, HC 60919/DF, 5ª T., Rel. Min. Gilson Dipp, j. 10-10-2006, *DJ* 30-10-2006, p. 361; STJ, HC 19674/MG, 5ª T., Rel. Min. José Arnaldo da Fonseca, j. 2-5-2005, *DJ* 10-6-2002, p. 235, *RT* 806-509.

(2) Cursos e palestras: Poderão ser ministrados aos condenados cursos e palestras, ou atribuídas atividades educativas (CPC, art. 48, parágrafo único, e LEP, art. 152). Essa pena não tem sido

aplicada na prática, em face do pouco interesse que palestras de longa duração normalmente despertam, o que tem levado os juízes a desconsiderá-la por completo, quando da aplicação da pena privativa de liberdade e da sua substituição por restritiva de direitos.

(3) Relatório: O estabelecimento encaminhará, mensalmente ao juiz da execução, relatório sobre o aproveitamento do condenado, bem como comunicará, a qualquer tempo, a ausência ou falta disciplinar do condenado.

(4) Limitação de fim de semana como condição do sursis: STJ: "I – A prestação de serviços à comunidade ou a limitação de fim de semana previstos no § 1º do art. 78 do CP não são incompatíveis com o *sursis* que, nesse caso, se qualifica como simples, em oposição ao especial, expresso no § 2º, do art. 78, quando aquelas restrições poderão ser substituídas pelas deste último dispositivo. Precedentes desta Corte e do STF. 2 – Recurso especial conhecido e provido" (STJ, REsp 182900/SP, 6ª T., Rel. Min. Fernando Gonçalves, j. 9-3-1999, *DJ* 5-4-1999, p. 160, *LEXSTJ* 121-355).

Estatuto da Criança e do Adolescente

(1) Limitação de fim de semana: STJ: "Recurso em *habeas corpus*. Fatos análogos à quadrilha e roubo circunstanciado. Regime de semiliberdade. Restrições aos fins de semana. Possibilidade. A possibilidade de realização de atividades pelo menor infrator, no regime de semiliberdade, é poder atribuído ao Juiz (art. 120, ECA). Cabe ao Magistrado, atendendo a finalidade da medida socioeducativa (ressocialização, profissionalização e escolarização), controlar e fiscalizar essa reinserção, incluindo limitações quando necessárias ao bom andamento da reeducação. Recurso desprovido" (STJ, RHC 17887/RJ, 5ª T., Rel. Min. José Arnaldo da Fonseca, j. 2-8-2005, *DJ* 5-9-2005, p. 437).

Seção III
Da pena de multa

Multa

Art. 49. A pena de multa consiste no pagamento ao fundo penitenciário da quantia fixada na sentença e calculada em dias-multa. Será, no mínimo, de 10 (dez) e, no máximo, de 360 (trezentos e sessenta) dias-multa. *(Artigo com redação dada pela Lei n. 7.209/84)*

§ 1º O valor do dia-multa será fixado pelo juiz não podendo ser inferior a um trigésimo do maior salário mínimo mensal vigente ao tempo do fato, nem superior a 5 (cinco) vezes esse salário.

§ 2º O valor da multa será atualizado, quando da execução, pelos índices de correção monetária.

(1) Multa: Trata-se, ao lado das penas restritivas de direitos, de uma das espécies do gênero penas alternativas. Consiste no pagamento ao fundo penitenciário de quantia fixada na sentença e calculada em dias-multa.

(2) Princípio da personalidade da pena (CF, art. 5º, XLV): A CF, em seu art. 5º, XLV, é expressa ao determinar que nenhuma pena passará da pessoa do condenado. Assim, a obrigação do pagamento da pena não se transmite aos herdeiros do condenado.

(3) Previsão legal: A pena de multa pode: (a) estar prevista isoladamente no preceito secundário do tipo penal; (b) estar contemplada juntamente com a pena privativa de liberdade, possibilitando a sua aplicação cumulativa; (c) substituir a pena privativa de liberdade, desde que preenchidos os requisitos legais (*vide* Súmula 171 do STJ).

(4) Valor da multa: O CP adotou o critério do dia-multa, revogando todos os dispositivos que fixavam a pena de multa em valores expressos em cruzeiros. Dessa forma, a Lei das Contravenções Penais passou a ter suas multas calculadas de acordo com esse novo critério. As leis que possuem

critérios próprios para a pena de multa, como a Lei de Drogas, não foi modificada pela nova Parte Geral do Código Penal, que só atingiu as multas com valores expressos em cruzeiros. Assim, onde se lia "multa de X cruzeiros", leia-se apenas "multa".

(5) *Destinação:* O valor arrecadado com a multa, sempre que a condenação for proveniente da Justiça Comum, no Estado de São Paulo, será revertido em favor do Fundo Penitenciário do Estado de São Paulo – FUNPESP, vinculado à Secretaria Estadual da Administração Penitenciária, criado pela Lei estadual n. 9.171, de 31 de maio de 1995, cuja finalidade é a construção, reforma, ampliação e aprimoramento de estabelecimentos carcerários, dentre outros aperfeiçoamentos do Sistema Penitenciário.

(6) *Cálculo do valor:* Há três etapas: (a) encontrar o número de dias-multa; (b) encontrar o valor de cada dia-multa; (c) multiplicar o número de dias-multa pelo valor de cada um deles.

Número de dias-multa (caput): A lei fixa um limite mínimo de 10 e um máximo de 360 dias-multa, variando de acordo com a capacidade econômica do agente. Assim, um réu muito rico poderá ser apenado com até 360 dias-multa, enquanto um menos favorecido, com apenas 10. Como já não é possível converter-se a multa em detenção, não há nenhum inconveniente na adoção desse critério. Aliás, a sistemática da nova lei claramente se inclina pela capacidade econômica como único critério norteador da multa.

Valor de cada dia-multa (§ 1º): O valor é fixado com base no maior salário mínimo vigente ao tempo da infração penal, variando entre o limite mínimo de 1/30 até 5 salários mínimos, variando também de acordo com a capacidade econômica do réu, podendo o juiz, ainda, aumentar o valor até o triplo, se entendê-lo insuficiente e ineficaz em face da situação financeira do acusado, embora aplicada no máximo (*vide* art. 60, *caput* e parágrafo único).

(7) *Correção monetária* (§ 2º): Como a lei determina que se tome por base o valor do salário mínimo vigente na data do fato (princípio da anterioridade da pena: o valor integra a pena e essa deve ser anterior à infração penal), por equidade também se determina a sua atualização de acordo com os índices de correção monetária, incidentes a partir da data do fato. É esse o entendimento do STJ: "o cálculo da correção monetária da pena de multa imposta por decisão penal condenatória deve ser feito tomando-se como termo inicial a data do fato criminoso" (REsp 256.606/RS, 5ª T., Rel. Min. José Arnaldo da Fonseca, j. 17-8-2000; EREsp 91003/RS, 3ª Seção, Rel. Min. Gilson Dipp, j. 13-12-1999; EREsp 43645/SP, 3ª Seção, Rel. Acórdão Min. Cid Flaquer Scartezzini, j. 27-3-1996).

(8) *Detração e pena de multa:* A detração não é cabível na pena de multa (*vide* comentários ao art. 42 do CP).

(9) *Multa e penas restritivas pecuniárias:* Embora ambas tenham caráter pecuniário, a multa não pode ser convertida em pena privativa de liberdade, sendo considerada para fins de execução, dívida de valor (CP, art. 51). As penas restritivas pecuniárias, ao contrário, admitem conversão (CP, art. 44, § 4º).

(10) *Multa vicariante:* Vide comentários ao art. 60, § 2º, do CP.

Lei dos Crimes Ambientais

Multa: De acordo com o art. 18 da Lei, a multa será calculada segundo os critérios do Código Penal; se revelar ineficaz, ainda que aplicada no valor máximo, poderá ser aumentada em até três vezes, tendo em vista o valor da vantagem econômica auferida.

Lei do Sistema Financeiro Nacional

Multa: "Na fixação da pena de multa relativa aos crimes previstos nesta Lei, o limite a que se refere o § 1º do art. 49 do Código Penal, aprovado pelo Decreto-lei nº 2.848, de 7 de dezembro de 1940, pode ser estendido até o décuplo, se verificada a situação nele cogitada".

Lei de Drogas

Multa: De acordo com o art. 43 da Lei n. 11.343/2006, "Na fixação da multa a que se referem os arts. 33 a 39 desta Lei, o juiz, atendendo ao que dispõe o art. 42, determinará o número de dias-multa, atribuindo a cada um, segundo as condições econômicas dos acusados, valor não inferior a um trinta avos nem superior a 5 (cinco) vezes o salário mínimo. Parágrafo único. As multas, que em caso de concurso de crimes serão impostas sempre cumulativamente, podem ser aumentadas até o décuplo se, em virtude da situação econômica do acusado, considerá-las o juiz ineficazes, ainda que aplicadas no máximo".

Súmulas:
Súmula 693 do STF: "Não cabe *habeas corpus* contra decisão condenatória a pena de multa ou relativo a processo em curso por infração penal a que a pena pecuniária seja a única cominada".
Súmula 171 do STJ: "Cominadas cumulativamente, em lei especial, penas privativa de liberdade e pecuniária, é defeso a substituição da prisão por multa".

Pagamento da multa

Art. 50. A multa deve ser paga dentro de 10 (dez) dias depois de transitada em julgado a sentença. A requerimento do condenado e conforme as circunstâncias, o juiz pode permitir que o pagamento se realize em parcelas mensais. *(Artigo com redação dada pela Lei n. 7.209/84)*

§ 1º A cobrança da multa pode efetuar-se mediante desconto no vencimento ou salário do condenado quando:

(a) aplicada isoladamente;

(b) aplicada cumulativamente com pena restritiva de direitos;

(c) concedida a suspensão condicional da pena.

§ 2º O desconto não deve incidir sobre os recursos indispensáveis ao sustento do condenado e de sua família.

(1) *Prazo de pagamento (art. 50, caput, 1ª parte):* A multa deve ser paga dentro de 10 (dez) dias contados do trânsito em julgado da sentença condenatória.

(2) *Procedimento:* De acordo com o art. 164, *caput*, da LEP, "Extraída certidão da sentença condenatória com trânsito em julgado, que valerá como título executivo judicial, o Ministério Público requererá, em autos apartados, a citação do condenado para, no prazo de 10 (dez) dias, pagar o valor da multa ou nomear bens à penhora".

(3) *Parcelamento (art. 50, caput, 2ª parte):* A requerimento do condenado e conforme as circunstâncias, o juiz pode permitir que o pagamento se realize em parcelas mensais (*vide* LEP, art. 169). Sobre a revogação do parcelamento, *vide* art. 169, § 2º, da LEP.

(4) *Desconto no vencimento ou salário (art. 50, §§ 1º e 2º):* A cobrança da multa pode efetuar-se mediante desconto no vencimento ou salário do condenado quando: a) aplicada isoladamente; b) aplicada cumulativamente com pena restritiva de direitos; c) concedida a suspensão condicional da pena (*vide* LEP, arts. 168 e 170). O desconto não deve incidir sobre os recursos indispensáveis ao sustento do condenado e de sua família.

(5) *Falta de pagamento. Execução:* Transcorrido o prazo de dez dias sem o pagamento da multa, esta será considerada dívida de valor, aplicando-se-lhe as normas da legislação relativa à dívida ativa da Fazenda Pública, inclusive no que concerne às causas interruptivas e suspensivas da prescrição (*vide* CP, art. 51).

Súmulas:
Súmula 693 do STF: "Não cabe *habeas corpus* contra decisão condenatória a pena de multa ou relativo a processo em curso por infração penal a que a pena pecuniária seja a única cominada".
Súmula 171 do STJ: "Cominadas cumulativamente, em lei especial, penas privativa de liberdade e pecuniária, é defeso a substituição da prisão por multa".

Conversão da multa e revogação

Art. 51. Transitada em julgado a sentença condenatória, a multa será considerada dívida de valor, aplicando-se-lhe as normas da legislação relativa à dívida ativa da Fazenda Pública, inclusive no que concerne às causas interruptivas e suspensivas da prescrição. *(Caput com redação dada pela Lei n. 9.268/96)*

Modo de conversão

§ 1º *(Redação dada pela Lei n. 7.209/84 e revogado pela Lei n. 9.268/96.)*

Revogação de conversão

§ 2º *(Redação dada pela Lei n. 7.209/84 e revogado pela Lei n. 9.268/96.)*

(1) Conversão da multa em pena de detenção: A multa, antes do advento da Lei n. 9.268/96, convertia-se em detenção quando o condenado solvente deixava de pagá-la ou frustrava a sua execução. Na conversão, cada dia-multa correspondia a um dia de detenção. Se a multa era paga, a qualquer tempo, ficava sem efeito a conversão. Na conversão da multa em detenção, esta não podia exceder um ano (art. 51, § 1º, do CP). A Lei n. 9.268/96, que determinou nova redação ao art. 51 do CP e revogou os seus parágrafos, passou a proibir a conversão da pena de multa em detenção na hipótese de o condenado solvente deixar de pagá-la ou frustrar a sua execução, operando-se, assim, também, a revogação do art. 182 da LEP.

(2) Procedimento: De acordo com a nova redação do art. 51 do CP, transitada em julgado a sentença condenatória, a multa será considerada dívida de valor, aplicando-se a ela as normas da legislação relativa à dívida ativa da Fazenda Pública, inclusive no que concerne às causas interruptivas e suspensivas da prescrição. Houve, portanto, modificação no procedimento relativo à execução da pena de multa, afastando-se a incidência das normas dos arts. 164 e seguintes da LEP.

(3) Atribuição para executar a pena de multa: Transitada em julgado a sentença condenatória que impôs a pena de multa: (a) haverá extração de certidão da sentença condenatória, após o trânsito em julgado; (b) haverá formação de autos apartados, nos quais se fará a execução; (c) o Ministério Público requererá a citação do condenado para, dentro do prazo de 10 dias, pagar a multa ou nomear bens à penhora; (d) decorrido o prazo sem pagamento ou manifestação do executado, o escrivão extrairá nova certidão, na qual informará detalhadamente sobre o ocorrido; (e) a certidão será remetida à Procuradoria Fiscal do Estado, a qual se encarregará de promover a execução da multa perante a Vara da Fazenda Pública, nos termos do procedimento previsto na legislação tributária, deixando de ser atribuição do Ministério Público a sua execução: STJ, REsp 503419/SP, 5ª T., Rel. Min. José Arnaldo da Fonseca, j. 17-6-2003; STJ, REsp 286791/SP, 6ª T., Rel. Min. Vicente Leal, j. 5-9-2002; STJ, REsp 200232/SP, 6ª T., Rel. Acórdão Min. Hamilton Carvalhido, j. 22-5-2001; TRF, 4ª Região, Ag. 2003.04.01.034162-7, 8ª T., Rel. Acórdão Élcio Pinheiro de Castro, j. 3-9-2003; TRF, 1ª Região, Ag. 2001.01.00.0410711/DF, 4ª T., Rel. Juiz Federal Alexandre Vidigal de Oliveira, j. 7-12-2005; TJRJ, Ag. 2000.076.00338, 3ª Câmara Criminal, Rel. Des. Índio Brasileiro Rocha, j. 26-6-2003. *No mesmo sentido:* Damásio de Jesus, *Direito penal*, cit., v. 1, p. 543. O STJ, além de entender que a atribuição para a cobrança da multa não é mais do Ministério Público, já decidiu que tal execução compete à Procuradoria da Fazenda Estadual, quando a condenação provier da Justiça Comum, e não à Fazenda Nacional, a qual só terá atribuição quando a multa penal tiver sido imposta pela Justiça Federal: STJ, CAt 105/PB, 1ª Seção, Rel. Min. Eliana Calmon, j. 18-12-2000; STJ, CAt 76/RJ, 1ª Seção, Rel. Min. Humberto Gomes de Barros, j. 28-4-99. *Em sentido contrário*, entendendo que a competência para executar a pena de multa continua sendo do Ministério Público perante a Vara das Execuções Criminais, aplicando-se, no entanto, a Lei n. 6.830/80: Celso Delmanto, *Código*, cit., p. 103. *Nessa linha:* TRF, 1ª Re-

gião, AC 2002.38.01.004598-0/MG, 4ª T., Rel. Des. Hilton Queiroz, j. 27-5-2003; TRF, 3ª Região, Ag. 1999.61.05.009322-5, 2ª T., Rel. Juíza Sylvia Steiner, j. 7-11-2000; TJMG, Ag. 2.0000.00.463917-8/000, 4ª Câmara Criminal, Rel. Des. Ediwal José de Morais, j. 30-3-2005.

(4) Legislação aplicável: Uma vez inscrita na dívida ativa, a multa é executada no juízo cível de acordo com o procedimento previsto na Lei de Execução Fiscal (Lei n. 6.830/80). A execução não se procede mais nos termos dos arts. 164 e seguintes da Lei de Execução Penal. Note-se que a multa permanece com sua natureza penal, subsistindo os efeitos penais da sentença condenatória que a impôs. A execução é que se procede em termos extrapenais.

(5) Causas suspensivas e interruptivas da prescrição: Não são as do CP (arts. 116, parágrafo único, e 117, V e VI), mas, sim, as da legislação tributária (Lei n. 6.830/80 e CTN). Igualmente, o prazo prescricional da pretensão executória não é mais o do art. 114 do CP, mas o previsto na aludida legislação, qual seja, 5 anos (CTN, art. 144, *caput*). Há, no entanto, posicionamento no sentido de que a atribuição para execução penal continua sendo do MP, perante a Vara das Execuções Penais, sendo o prazo prescricional aquele previsto no art. 114 do CP. Sobre o assunto, *vide* comentários ao art. 114 do CP.

(6) Caráter personalíssimo: A multa permanece com sua natureza penal, subsistindo os efeitos penais da sentença condenatória que a impôs. Em face disso, a obrigação de seu pagamento não se transmite aos herdeiros do condenado.

(7) Superveniência de doença mental: Vide art. 52 do CP.

Lei dos Juizados Especiais Criminais

Transação penal e pena de multa: O art. 85 da Lei n. 9.099/95 determina a conversão da pena de multa em pena privativa de liberdade ou restritiva de direitos, quando houver o descumprimento do acordo penal. Entretanto, em caso de descumprimento da pena imposta em virtude de transação penal, não cabe falar em conversão em pena privativa de liberdade, já que, se assim ocorresse, haveria ofensa ao princípio de que ninguém será privado de sua liberdade sem o devido processo legal (CF, art. 5º, LIV). No lugar da conversão, deve o juiz determinar a abertura de vista ao Ministério Público para oferecimento da denúncia e instauração do processo-crime: STF, RE 268.319/PR, 1ª T., Rel. Min. Ilmar Galvão, j. 13-6-2000, *Informativo do STF* 193; STF, RE 268.320/PR, 1ª T., Rel. Min. Octavio Gallotti, j. 15-8-2000, *DJ* 10-11-2000, p. 105; STF, HC 80.164/MS, 1ª T., Rel. Min. Ilmar Galvão, j. 26-9-2000, *DJ* 7-12-2000, p. 5; STF, HC 80.802/MS, 1ª T., Rel. Min. Ellen Gracie, j. 24-4-2001, *DJ* 18-5-2001, p. 434. Encontram-se, ainda, decisões determinando que, na hipótese de descumprimento da pena de multa, se faça a conjugação do art. 85 da Lei 9.099/95 e do art. 51 do Código Penal, com a inscrição da pena não paga em dívida ativa da União: STJ, HC 33487/SP, 5ª T., Rel. Min. Gilson Dipp, j. 25-5-2004; STJ, REsp 612411/PR, 5ª T., Rel. Min. Felix Fischer, j. 23-6-2004.

Súmulas:
Súmula 693 do STF: "Não cabe *habeas corpus* contra decisão condenatória a pena de multa ou relativo a processo em curso por infração penal a que a pena pecuniária seja a única cominada".
Súmula 171 do STJ: "Cominadas cumulativamente, em lei especial, penas privativa de liberdade e pecuniária, é defeso a substituição da prisão por multa".

Suspensão da execução da multa

Art. 52. É suspensa a execução da pena de multa, se sobrevém ao condenado doença mental. *(Redação dada pela Lei n. 7.209/84)*

Superveniência de doença mental: Acarreta a suspensão da execução da multa. A prescrição continua correndo, pois inexiste, nesse caso, causa suspensiva ou interruptiva do lapso prescricional (*vide* também art. 167 da LEP).

CAPÍTULO II
DA COMINAÇÃO DAS PENAS

Penas privativas de liberdade
Art. 53. As penas privativas de liberdade têm seus limites estabelecidos na sanção correspondente a cada tipo legal de crime. *(Redação dada pela Lei n. 7.209/84)*

(1) Penas privativas de liberdade. Limites estabelecidos em lei: As penas privativas de liberdade têm seus limites estabelecidos na sanção correspondente a cada tipo legal de crime. Por exemplo, no delito de lesões corporais a pena de detenção é de 3 (três) meses a 1 (um) ano. Porém, em algumas legislações extravagantes, como por exemplo, o Código Eleitoral, o legislador criou algumas infrações em que apenas é cominada pena máxima.

Penas restritivas de direitos
Art. 54. As penas restritivas de direitos são aplicáveis, independentemente de cominação na parte especial, em substituição à pena privativa de liberdade, fixada em quantidade inferior a 1 (um) ano, ou nos crimes culposos. *(Redação dada pela Lei n. 7.209/84)*

(1) Revogação: De acordo com o art. 44 do CP, com a redação determinada pela Lei n. 9.714/98: "As penas restritivas de direitos são autônomas e substituem as privativas de liberdade, quando: I – aplicada pena privativa de liberdade não superior a quatro anos e o crime não for cometido com violência ou grave ameaça à pessoa ou, qualquer que seja a pena aplicada, se o crime for culposo; II – o réu não for reincidente em crime doloso; III – a culpabilidade, os antecedentes, a conduta social e a personalidade do condenado, bem como os motivos e as circunstâncias indicarem que essa substituição seja suficiente". Como se vê, os requisitos para a substituição da pena privativa de liberdade pela restritiva de direitos, independentemente de cominação na parte especial, são, agora, os constantes do art. 44 do CP: (a) pena fixada em quantidade não superior a 4 anos (se o crime não for cometido com violência ou grave ameaça à pessoa); (b) qualquer que seja a pena aplicada, se o crime for culposo. Além desses, exigem-se os requisitos subjetivos constantes dos incisos II e III do art. 44.

(2) Caráter substitutivo: As penas alternativas restritivas de direitos (prestação de serviços à comunidade, limitação de fim de semana, interdição temporária de direitos), em regra, possuem natureza de penas substitutivas, isto é, não são cominadas abstratamente pelo tipo, mas substituem as penas privativas de liberdade, desde que preenchidos os requisitos legais (*vide* CP, art. 44).

(3) Duração: As penas restritivas de direitos referidas nos incisos III, IV, V e VI do art. 43 terão a mesma duração da pena privativa de liberdade substituída, ressalvado o disposto no § 4º do art. 46.

(4) Cumulação com pena privativa de liberdade: Sendo substitutivas, não podem ser aplicadas cumulativamente com as penas privativas de liberdade que as substituem. Exceção: hipótese prevista no Código de Trânsito Brasileiro.

(5) Aplicação: Por terem caráter substitutivo, é necessário que o juiz da condenação determine, primeiro, a quantidade de pena privativa de liberdade aplicável, com base nos arts. 59, I e II e 68 do CP. Após esse processo, verificará a possibilidade de substituição pela pena restritiva de direitos, lançando mão dos arts. 59, IV, e 44 do CP. Sobre a fundamentação na escolha da pena restritiva de direitos a ser aplicada, *vide* jurisprudência constante do art. 44 do CP.

Art. 55. As penas restritivas de direitos referidas nos incisos III, IV, V e VI do art. 43 terão a mesma duração da pena privativa de liberdade substituída, ressalvado o disposto no § 4º do art. 46. *(Redação dada pela Lei n. 9.714/98)*

(1) Regra: As penas restritivas de direitos referidas nos incisos III (*vetado*), IV (prestação de serviços à comunidade ou a entidades públicas), V (interdição temporária de direitos) e VI (limitação de fim de semana) do art. 43 terão a mesma duração da pena privativa de liberdade substituída.

(2) Exceção: O art. 55, com a redação determinada pela Lei n. 9.714, de 25 de novembro de 1998, passou a prever uma ressalva até então inexistente, relativa ao prazo de duração das penas restritivas de direitos. De acordo com essa ressalva, se a pena substituída for superior a um ano, é facultado ao condenado cumprir a pena substitutiva em tempo inferior ao da pena privativa substituída (CP, arts. 55 e 46, § 4º), nunca inferior à metade da pena privativa de liberdade fixada. Sobre o tema, *vide* comentários ao art. 46 do CP.

Art. 56. As penas de interdição, previstas nos incisos I e II do art. 47 deste Código, aplicam-se para todo o crime cometido no exercício de profissão, atividade, ofício, cargo ou função, sempre que houver violação dos deveres que lhe são inerentes. *(Redação dada pela Lei n. 7.209/84)*

(1) Penas de interdição temporária de direitos: As penas de interdição, previstas nos incisos I (proibição do exercício de cargo, função ou atividade pública, bem como de mandato eletivo) e II (proibição do exercício de profissão, atividade ou ofício que dependam de habilitação especial, de licença ou autorização do Poder Público) do art. 47 deste Código aplicam-se para todo o crime cometido no exercício de profissão, atividade, ofício, cargo ou função, sempre que houver violação dos deveres que lhe são inerentes.

(2) Requisitos: A substituição da pena privativa de liberdade pela restritiva de direitos (interdição temporária) somente será possível se preenchidos os requisitos dos arts. 44 (requisitos objetivos e subjetivos) e 56 (crime cometido no exercício de profissão, atividade, ofício, cargo ou função que houver violação de deveres que lhe são inerentes). A ausência do requisito constante do art. 56 impede a substituição da pena privativa de liberdade pela pena de interdição temporária de direitos, porém não impede a substituição por outra pena restritiva de direitos, por exemplo, limitação de fim de semana.

(3) Comunicação à autoridade competente: Caberá ao juiz da execução comunicar à autoridade competente a pena aplicada, determinando a intimação do condenado (LEP, art. 154).

(4) Providências tomadas pela autoridade competente: Na hipótese de pena de interdição do art. 47, inciso I, do CP, a autoridade deverá, em 24 (vinte e quatro) horas, contadas do recebimento do ofício, baixar ato, a partir do qual a execução terá seu início (LEP, art. 154, § 1º). Na hipótese do art. 47, incisos II e III, do CP, o Juízo da execução determinará a apreensão dos documentos que autorizem o exercício do direito interditado (LEP, art. 154, § 2º). Convém notar que o inciso III (suspensão de autorização ou de habilitação para dirigir veículo) se encontra tacitamente revogado pelo Código de Trânsito Brasileiro (arts. 292 e 293). *Vide* também arts. 294 a 296 do CTB.

(5) Descumprimento da interdição: A autoridade deverá comunicar imediatamente ao juiz da execução o descumprimento da pena. Essa comunicação poderá ser feita por qualquer prejudicado (LEP, art. 155, *caput* e parágrafo único).

Art. 57. A pena de interdição, prevista no inciso III do art. 47 deste Código, aplica-se aos crimes culposos de trânsito. *(Redação dada pela Lei n. 7.209/84)*

(1) Suspensão de autorização ou habilitação para dirigir veículo: Essa regra encontra-se, atualmente, revogada pelo Código de Trânsito Brasileiro. Com efeito, de acordo com o art. 292 do CTB, a suspensão ou proibição de obter a permissão ou habilitação para dirigir pode ser imposta como penalidade principal, isolada ou cumulativamente com outra pena, devendo ter a duração de 2 meses a 5

anos. Alcança não apenas os delitos culposos de trânsito (homicídio e lesão corporal) como também a direção em estado de embriaguez, a violação de suspensão ou proibição impostas e a participação em disputa não autorizada ("racha"). Sobre o tema, *vide* comentários ao art. 47, III, do CP.

Pena de multa

Art. 58. A multa, prevista em cada tipo legal de crime, tem os limites fixados no art. 49 e seus parágrafos deste Código. *(Artigo com redação dada pela Lei n. 7.209/84)*

Parágrafo único. A multa prevista no parágrafo único do art. 44 e no § 2º do art. 60 deste Código aplica-se independentemente de cominação na parte especial.

(1) Previsão legal: A pena de multa pode: (a) estar prevista isoladamente no preceito secundário do tipo penal; (b) estar prevista juntamente com a pena privativa de liberdade, possibilitando a sua aplicação cumulativa; (c) substituir a pena privativa de liberdade, desde que preenchidos os requisitos legais (*vide* art. 44, § 2º e *Súmula 171 do STJ*). A multa prevista em cada tipo legal de crime tem os seus limites fixados no art. 49 e parágrafos do Código Penal.

(2) Modificação legislativa: O art. 58, parágrafo único, faz menção ao parágrafo único do art. 44 do CP, contudo, a Lei n. 9.714/98 alterou esse dispositivo legal, e o atual art. 44 contém três incisos e quatro parágrafos, os quais se referem às penas restritivas de direitos. Nos incisos I a III, constam os requisitos para a substituição da pena privativa de liberdade. O § 2º, por sua vez, prevê que na condenação igual ou inferior a um ano, a substituição pode ser feita por multa ou por uma pena restritiva de direitos; se superior a um ano, a pena privativa de liberdade pode ser substituída por uma pena restritiva de direitos e multa ou por duas restritivas de direitos.

(3) Revogação do art. 60, § 2º: Há duas posições: (a) referido dispositivo, que tratava da multa substitutiva ou vicariante aplicada em substituição à pena privativa de liberdade igual ou inferior a 6 meses, está revogado, uma vez que, com a nova redação do art. 44, § 2º, tornou-se possível a substituição por multa quando a pena privativa de liberdade não exceder a um ano, desde que preenchidos os demais requisitos do referido art. 44. *Nesse sentido:* Luiz Flávio Gomes, *Penas e medidas alternativas à prisão*, cit., p. 120. É posição por nós adotada; (b) o art. 60, § 2º, do CP continua em vigor para alcançar a hipótese de crime cometido mediante violência ou grave ameaça, cuja pena não exceda a 6 meses. *Nesse sentido:* Celso Delmanto, *Código*, cit., p. 84.

Súmulas:
Súmula 693 do STF: "Não cabe *habeas corpus* contra decisão condenatória a pena de multa ou relativo a processo em curso por infração penal a que a pena pecuniária seja a única cominada".
Súmula 171 do STJ: "Cominadas cumulativamente, em lei especial, penas privativa de liberdade e pecuniária, é defeso a substituição da prisão por multa".

CAPÍTULO III
DA APLICAÇÃO DA PENA

Fixação da pena

Art. 59. O juiz, atendendo à culpabilidade, aos antecedentes, à conduta social, à personalidade do agente, aos motivos, às circunstâncias e consequências do crime, bem como ao comportamento da vítima, estabelecerá, conforme seja necessário e suficiente para reprovação e prevenção do crime: *(Artigo com redação dada pela Lei n. 7.209/84)*

I – as penas aplicáveis dentre as cominadas;

II – a quantidade de pena aplicável, dentro dos limites previstos;

III – o regime inicial de cumprimento da pena privativa de liberdade;

IV – a substituição da pena privativa da liberdade aplicada, por outra espécie de pena, se cabível.

(1) Fundamento constitucional: A lei deverá prever a forma pela qual se dará a individualização da aplicação e da execução da pena (CF, art. 5º, XLVI). Além disso, a decisão deverá ser fundamentada, sob pena de nulidade (CF, art. 93, IX).

(2) Fixação da pena. Circunstâncias judiciais: Atendendo ao reclamo constitucional, o art. 59 do CP traz regras que devem ser seguidas pelo julgador no processo individualizador da pena. São as circunstâncias judiciais, também conhecidas como circunstâncias inominadas, uma vez que não são elencadas exaustivamente pela lei, que apenas fornece parâmetros para sua identificação (CP, art. 59). São elas: culpabilidade, antecedentes, conduta social, personalidade do agente, motivos, circunstâncias e consequências do crime, bem como o comportamento da vítima.

(3) Culpabilidade: Refere-se ao "grau de culpabilidade" e não à culpabilidade. Assim, todos os culpáveis serão punidos, mas aqueles que tiverem um grau maior de culpabilidade receberão, por justiça, uma sanção mais severa. Do mesmo modo, o grau de culpa e a intensidade do dolo importam na quantidade de pena que será atribuída ao acusado. Além disso, todas as condições pessoais do agente, a avaliação dos atos exteriores da conduta, do fim almejado e dos conflitos internos do réu, de acordo com a consciência valorativa e os conceitos éticos e morais da coletividade, são considerados pelo juiz, ao fixar essa circunstância judicial.

(4) Antecedentes: Consideram-se como tais todos os fatos da vida pregressa do agente, bons ou maus, ou seja, tudo o que ele fez antes da prática do crime. Convém mencionar que a "conduta social" e a personalidade do agente constituem circunstâncias judiciais independentes, de modo que antecedentes significa, apenas, anterior envolvimento em inquéritos policiais e processos criminais. Assim, consideram-se para fins de maus antecedentes os delitos que o condenado praticou antes do que gerou a sua condenação. Os delitos praticados posteriormente não caracterizam os maus antecedentes. No entanto, "Sentença condenatória com trânsito em julgado posterior ao fato delituoso de que o paciente é acusado neste *writ*, que, embora não possa ser considerada para o efeito de reincidência, configura maus antecedentes" (STF, HC 82202/RJ, 2ª T., Rel. Min. Maurício Corrêa, j. 29-10-2002, *DJ* 19-12-2002, p. 129).

Antecedentes e presunção de inocência: STF: "Dentre as circunstâncias previstas na lei penal (CP, art. 59) para a fixação da pena incluem-se aquelas pertinentes aos antecedentes criminais do agente, não se constituindo o seu aumento violação ao princípio da inocência presumida (CF, art. 5º, LVII). *Habeas corpus* indeferido" (STF, HC 81759/SP, 2ª T., Rel. Min. Maurício Corrêa, j. 26-3-2002, *DJ* 29-8-2003, p. 35).

Antecedentes e inquéritos policiais e processos-crime em que não tenha havido condenação com trânsito em julgado: O STF já se manifestou no sentido de que o art. 5º, LVII, da CF (princípio da presunção de inocência) não impede que se leve à conta de maus antecedentes do acusado, para fins do disposto no art. 59 do CP, a existência de inquéritos policiais e processos criminais sem condenação transitada em julgado: STF, HC 73.394-8, Rel. Min. Moreira Alves, *DJU* 4-3-1997, p. 8504. *No mesmo sentido:* STF, RE 427339/GO, 1ª T., Rel. Min. Sepúlveda Pertence, j. 5-4-2005, *DJ* 27-5-2005, p. 21; STF, HC 81974/SP, 2ª T., Rel. Min. Celso de Mello, j. 22-10-2002, *DJ* 13-2-2004, p. 17. TRF, 3ª Região, Ap. Crim. 1999.61.81.000835-7, 5ª T., Rel. Juiz André Nabarrete, j. 6-12-2004; TRF, 2ª Região, Ap. Crim. 2002.02.01.000919-3, 5ª T., Rel. Juiz Alberto Nogueira, j. 23-9-2003. *Em sentido contrário* é a posição do STJ: HC 52.803/RJ, 5ª T., Rel. Min. Felix Fischer, j. 6-6-2006; HC 47224/MS, 6ª T., Rel. Min. Hélio Quaglia Barbosa, j. 28-3-2006. *Na mesma linha:* TJSP, Ap. Crim. 217.829-3, 4ª Câmara Criminal, Rel. Des. Bittencourt Rodrigues, j. 10-6-1997;

TJRS, Ap. Crim. 70013594791, 6ª Câmara Criminal, Rel. Des. Aymoré Roque Pottes de Mello, j. 8-6-2006; TACrimSP, Ap. Crim. 1075859/8, 11ª Câmara, Rel. Des. Wilson Barreira, j. 30-1-1998; TACrimSP, *RT* 782/606; TACrimSP, *RT* 697/736; STF, HC 84687/MS, 2ª T., Rel. Min. Celso de Mello, j. 26-10-2004, *DJ* 27-10-2006, p. 63; STF, RHC 834931/PR, 1ª T., Rel. Min. Marco Aurélio, j. 4-11-2003, *DJ* 13-2-2004, p. 14. Finalmente, há decisões do STF no sentido de que a existência de inquéritos policiais e ações em andamento por si só não autorizam a configuração de maus antecedentes, exigindo-se a análise do caso concreto e, portanto, fundamentação. Somente em tal hipótese, a configuração dos maus antecedentes não ofenderá o princípio da não culpabilidade. *Nesse sentido*: STF: "*Habeas corpus*. Substituição da pena privativa de liberdade por restritiva de direitos. Não fixação do regime semiaberto. Violação do princípio da presunção de inocência. Não ocorrência. O simples fato de existirem ações penais ou mesmo inquéritos policiais em curso contra o paciente não induz, automaticamente, à conclusão de que este possui maus antecedentes. A análise do caso concreto pelo julgador determinará se a existência de diversos procedimentos criminais autoriza o reconhecimento de maus antecedentes. Precedentes da Segunda Turma. O fato de a autoridade sentenciante não ter levado em conta os maus antecedentes ao fixar a pena-base, na verdade, beneficiou o paciente, de sorte que não há razão para inconformismo, quanto a esse aspecto. *Habeas corpus* indeferido" (STF, HC 84088/MG, 2ª T., Rel. Min. Gilmar Mendes, Rel. Acórdão Min. Joaquim Barbosa, j. 29-11-2005, *DJ* 20-11-2005). STF: "Inquéritos policiais e ações penais em andamento configuram, desde que devidamente fundamentados, maus antecedentes para efeito da fixação da pena-base, sem que, com isso, reste ofendido o princípio da presunção de não culpabilidade" (STF, AI-AgR 604041/RS, 1ª T., Rel. Min. Ricardo Lewandowski, j. 3-8-2007, *DJ* 31-8-2007, p. 30). A matéria, no entanto, por não ser pacífica, levou o Supremo Tribunal Federal a considerar haver repercussão geral na discussão sobre a possibilidade de processos em curso serem considerados maus antecedentes para efeito de dosimetria da pena, ante o princípio da presunção de não culpabilidade (STF, RE 591.054, Rel. Min. Marco Aurélio, *DJe* de 14-11-2008). No âmbito do STJ, foi editada a Súmula 444, a qual pacificou o entendimento no sentido de que: "É vedada a utilização de inquéritos policiais e ações penais em curso para agravar a pena-base".

Antecedentes. Inquérito policial arquivado e absolvição do réu: O Egrégio Supremo Tribunal Federal já decidiu que "provado que em ações anteriores o réu foi absolvido, bem como o arquivamento de um outro processo, ao que tudo indica concernente a inquérito, insubsistente exsurge provimento judicial baseado nos maus antecedentes criminais, cuja inexistência revela-se nas absolvições" (HC 72041/RJ, 2ª T., Rel. Min. Marco Aurélio, j. 14-3-1995). Na mesma linha: "A só existência de inquéritos policiais ou de processos penais, quer em andamento, quer arquivados, desde que ausente condenação penal irrecorrível – além de não permitir que, com base neles, se formule qualquer juízo de maus antecedentes –, também não pode autorizar, na dosimetria da pena, o agravamento do *status poenalis* do réu, nem dar suporte legitimador à privação cautelar da liberdade do indiciado ou do acusado, sob pena de transgressão ao postulado constitucional da não culpabilidade, inscrito no art. 5º, inciso LVII, da Lei Fundamental da República" (STF, HC 84687/MS, 2ª T., Rel. Min. Celso de Mello, j. 26-10-2004, *DJ* 27-10-2006, p. 63). No sentido de que a absolvição por insuficiência de provas (CPP, art. 386, VII, cf. Lei n. 11.690/2008) e inquéritos arquivados configuram maus antecedentes: Nélson Hungria. *Comentários*, cit., v. 5, p. 475.

Antecedentes e sentença condenatória alcançada pela prescrição retroativa: O STF manifestou-se pela inexistência de maus antecedentes: STF, HC 73.264, 2ª T., Rel. Min. Marco Aurélio, *DJU* 8-9-2000, p. 5.

Antecedentes e sentença que concede o perdão judicial: Quanto à sentença que concede o perdão judicial, verificam-se duas posições: (a) trata-se de sentença condenatória, a qual livra o réu da pena e da reincidência, mas permite a subsistência de todos os efeitos secundários da condenação: STF, RE 104099/SP, 2ª T., Rel. Francisco Rezek, j. 20-11-1984; TJMT, *RT* 774/641; (b) trata-se de sentença declaratória da extinção da punibilidade, que nenhuma consequência gera para o réu: TARS, *RT* 624/369; TAPR; *RT* 657/323. Seguindo-se a primeira corrente, há a possibilidade de o perdão gerar maus antecedentes; adotando-se a segunda, não existe tal possibilidade. Sobre o assunto, *vide* comentários ao art. 91 do CP.

Antecedentes e transação penal (Lei n. 9.099/95, art. 76, §§ 4º e 6º): De acordo com o art. 76, § 4º, da lei, no caso de transação penal, a imposição de pena restritiva de direitos ou multa não importará em reincidência, sendo registrada apenas para impedir novamente o mesmo benefício no prazo de cinco anos. A imposição da sanção constante do § 4º não constará de certidão de antecedentes criminais, salvo para os fins previstos no mesmo dispositivo.

Antecedentes e suspensão condicional do processo (Lei n. 9.099/95, art. 89): Nos crimes em que a pena mínima cominada for igual ou inferior a um ano, abrangidas ou não pela lei, o Ministério Público, ao oferecer a denúncia, poderá propor a suspensão do processo, por 2 (dois) a 4 (quatro) anos, desde que preenchidos os requisitos legais. Aceita a proposta, o acusado se submeterá a um período de prova. No sentido de que não configura maus antecedentes, ainda que não expirado o período de prova: Celso Delmanto, *Código,* cit., p. 110.

Antecedentes e prescrição quinquenal da reincidência (CP, art. 64, I): O art. 64, I, do CP prevê a prescrição da reincidência se entre a data do cumprimento ou extinção da pena e a infração posterior tiver decorrido período de tempo superior a 5 anos. A dúvida reside na possibilidade de sua aplicação aos antecedentes criminais. No sentido de que não se aplica o disposto no art. 64, I, do CP aos maus antecedentes: STF: "O Supremo Tribunal Federal tem entendimento pacificado quanto à possibilidade de a condenação criminal, que não pôde ser considerada para o efeito de reincidência – em face do decurso do prazo previsto no art. 64, inciso I, do CP –, ser considerada a título de maus antecedentes quando da análise das circunstâncias judiciais na dosimetria da pena. Precedentes." (RHC 83547/SP, 1ª T., Rel. Min. Carlos Britto, j. 21-10-2003, *DJ* 14-11-2003, p. 24). *No mesmo sentido:* STF, HC 86415/PR, 2ª T., Rel. Min. Carlos Velloso, j. 4-10-2005, *DJ* 18-11-2005, p. 24. STJ; REsp 601992/SP, 5ª T., Rel. José Arnaldo da Fonseca, j. 10-8-2004; "condenações transitadas em julgado que não conformam reincidência, ante o decurso do prazo depurador, atestam maus antecedentes" (TJRS, Ap. Crim. 70003732732, Câmara Especial Criminal, Rel. Des. Maria da Graça Carvalho Mottin, j. 30-12-2002). *Em sentido contrário,* sustentando a vedação da perpetuidade dos efeitos da condenação: "seria ilógico afastar expressamente a agravante e persistir genericamente para recrudescer a sanção aplicada" (STJ, RHC 2227/MG, 6ª T., Rel. Min. Pedro Acioli, j. 18-12-92); TJRS, Ap. Crim. 70012565404, 6ª Câmara Criminal, Rel. Des. Aymoré Roque Pottes de Mello, j. 24-11-2005; TJRS, Ap. Crim. 70007781974, 6ª Câmara Criminal, Rel. Des. Marco Antônio Bandeira Scapini, j. 13-5-2004.

Antecedentes e ato infracional: STJ: "*Habeas corpus.* Processual penal. Homicídio duplamente qualificado. Prisão preventiva. Necessidade. Garantia da ordem pública. Decisão fundamentada. Prática anterior de ato infracional equiparado a homicídio qualificado. Circunstância que, conquanto não induza reincidência ou maus antecedentes, demonstra a personalidade da agente voltada para a prática de delitos. Constrangimento ilegal não evidenciado na espécie. 1. Não há falar em constrangimento ilegal pela falta de fundamentação do decreto prisional, se restou demonstrada a necessidade da medida constritiva, como garantia da ordem pública. 2. A prisão preventiva foi decretada tendo em vista os robustos indícios de autoria de crime hediondo que, pelas características delineadas, retratam, *in concreto,* a periculosidade da agente, a indicar a necessidade de sua segregação para a garantia da ordem pública. Outrossim, a vida pregressa da acusada denota sua periculosidade e personalidade voltada para a prática de crimes. 3. Conquanto o ato infracional equiparado a homicídio qualificado praticado pela Paciente não possa ser considerado para fins de reincidência, ou mesmo como maus antecedentes, serve perfeitamente para demonstrar sua periculosidade, bem assim sua propensão ao cometimento de delitos da mesma natureza. 4. Ordem denegada" (HC 33614/DF, 5ª T., Rel. Min. Laurita Vaz, j. 2-6-2005, *DJ* 20-6-2005, p. 302).

Reincidência penal considerada como circunstância judicial (maus antecedentes) e agravante: Discute-se se uma mesma condenação pode ser empregada para fins de gerar maus antecedentes (circunstância judicial) e reincidência (circunstância agravante). De acordo com a *Súmula 241 do STJ*: "A reincidência penal não pode ser considerada como circunstância agravante e, simultaneamente, como circunstância judicial".

Antecedentes. Prova: Não bastam referências inscritas na folha de antecedentes expedida pelo Instituto de Identificação da Secretaria de Segurança Pública. Exige-se certidão cartorária, nos termos do disposto no art. 155, parágrafo único, do CPP.

(5) Conduta social: Refere-se às suas atividades relativas ao trabalho, seu relacionamento familiar e social e qualquer outra forma de comportamento dentro da sociedade.

(6) Personalidade: É a índole do agente, seu perfil psicológico e moral. A intensificação acentuada da violência, a brutalidade incomum, a ausência de sentimento humanitário, a frieza na execução do crime, a inexistência de arrependimento ou sensação de culpa são indicativos de má personalidade.

(7) Motivos do crime: São os precedentes psicológicos propulsores da conduta. Caso o motivo configure qualificadora, agravante ou atenuante genérica, causa de aumento ou de diminuição, não poderá ser considerado como circunstância judicial, evitando o *bis in idem*.

(8) Circunstâncias e consequências do crime: Possuem caráter genérico, incluindo-se nessa referência as de caráter objetivo e subjetivo não inscritas em dispositivo específico. As circunstâncias podem dizer respeito, por exemplo, à duração do tempo do delito, que pode demonstrar maior determinação do criminoso; ao local do crime, que pode indicar a maior periculosidade do agente; à atitude de frieza, insensibilidade do agente durante ou após a prática da conduta criminosa. As consequências dizem respeito à extensão do dano produzido pelo delito, desde que não constituam circunstâncias legais.

(9) Comportamento da vítima: Embora inexista compensação de culpas em Direito Penal, se a vítima contribuiu para a ocorrência do crime, tal circunstância é levada em consideração, abrandando-se a sanção do agente. O comportamento da vítima também é tido pela lei como circunstância atenuante genérica ou causa de privilégio ao se fazer referência a "injusta provocação da vítima" nos arts. 65, III, *c*, última parte, 121, § 1º, 2ª parte, e 129, § 4º, última parte, todos do CP.

(10) Conflito entre circunstâncias judiciais: Vide comentários ao art. 67 do CP.

(11) Conflito entre circunstâncias judiciais e circunstâncias legais agravantes e atenuantes: Vide comentários ao art. 67 do CP.

(12) Penas aplicadas dentre as cominadas (inciso I): Com base nas circunstâncias judiciais do art. 59 do CP, o juiz poderá escolher uma das penas cominadas no tipo penal em seu preceito secundário. Exemplo: art. 140, *caput*, do Código Penal, que comina a pena de detenção, de um a 6 meses, ou multa, não podendo, portanto, ser aplicadas cumulativamente. Obviamente, antes de dar início a essa operação, o juiz deve verificar se o crime é simples ou qualificado.

(13) Quantidade de pena aplicável, dentro dos limites previstos (inciso II): Depois de encontrada a pena a ser imposta, por exemplo, detenção, de um a 6 meses, passa-se para uma segunda fase, que é a determinação da quantidade de pena aplicável, dentro do limite legal. É a chamada pena-base. O juiz deverá, assim, levar em conta as circunstâncias do art. 59 para a fixação da pena-base. Nessa fase, não será possível fixar a pena abaixo do mínimo, ainda que todas as circunstâncias sejam favoráveis ao agente, nem acima do máximo (vide *Súmula 231 do STJ*). A lei não diz quanto o juiz deve aumentar ou diminuir em cada circunstância, ficando esse *quantum* a seu critério. Justamente pelo fato de a lei penal reservar ao juiz um considerável arbítrio na valorização das circunstâncias é que se faz necessário fundamentar a fixação da pena base, a qual será a definitiva se numa etapa posterior não incidirem circunstâncias agravantes e atenuantes, nem causas de diminuição ou aumento de pena (vide art. 68 do CP – critério trifásico de aplicação da pena).

Multa: No caso da pena de multa, *vide* arts. 49, *caput*, § 1º, e 60, § 1º, do CP.

(14) ***Regime inicial de cumprimento da pena privativa de liberdade:*** Após cumprir-se o disposto no art. 68 do CP, ou seja, após a fixação da pena com respeito ao sistema trifásico, e, ao final, tendo sido aplicada a pena privativa de liberdade, cumpre ao juiz, com base no art. 33, estabelecer o regime inicial de cumprimento de pena do condenado, cuja determinação far-se-á com observância dos critérios previstos no art. 59 do CP (cf. CP, art. 33, § 3º). A fixação do regime inicial de cumprimento de pena será dispensada se for possível a substituição da pena ou a concessão do *sursis*.

Fixação de regime mais rigoroso: V*ide* Súmulas 718 e 719 do STF, bem como a Súmula 440 do STJ.

Omissão na fixação do regime de cumprimento de pena: Da sentença condenatória deve, obrigatoriamente, constar o regime de cumprimento inicial da pena privativa de liberdade, sob pena de nulidade parcial: STF, HC 72210 /SP, 2ª T., Rel. Min. Carlos Velloso, j. 14-3-1995; STF, HC 75171/RJ, 1ª T., Rel. Min. Ilmar Galvão, j. 24-6-1997; STJ, HC 25226/PR, 5ª T., Rel. Min. Laurita Vaz, j. 17-5-2005; HC 28720/RJ, 5ª T., Rel. Min. Felix Fischer, j. 1º-4-2004. *Em sentido contrário:* "a sentença que deixa de fixar o regime carcerário para o cumprimento da pena não é nula, podendo a falta ser suprida em segundo grau, quando ausente prejuízo" (TJRS, Ap. Crim. 70012893186, 5ª Câmara Criminal, Rel. Des. Amilton Bueno de Carvalho, j. 23-11-2005; TJRJ, Ap. Crim. 2005.050.05624, 4ª Câmara Criminal, Rel. Des. Maria Zélia Procópio da Silva, j. 17-1-2006).

(15) ***Substituição da pena privativa da liberdade aplicada, por outra espécie de pena, se cabível***: A pena privativa de liberdade poderá ser substituída pela pena de multa (CP, art. 60, § 2º) ou restritiva de direitos (CP, arts. 43 e 44). O juiz deverá igualmente fundamentar a escolha da pena alternativa ou o porquê da não substituição. De acordo com o art. 77, III, do CP, somente será cabível o *sursis* se não for indicada ou cabível a substituição prevista no art. 44 do CP.

Lei dos Crimes Ambientais

Circunstâncias judiciais: A Lei dos Crimes Ambientais também criou algumas circunstâncias judiciais, em seu art. 6º, que entram na primeira fase de aplicação da pena, juntamente com as constantes do art. 59 do CP. Trata-se de circunstâncias específicas, as quais somente têm incidência no caso de crimes previstos na Lei Ambiental. Assim, o juiz, para a fixação da pena, levará em conta as seguintes circunstâncias: (a) a gravidade do fato, tendo em vista os motivos da infração e suas consequências para a saúde pública e para o meio ambiente; (b) os antecedentes do infrator quanto ao cumprimento da legislação de interesse ambiental; (c) a situação econômica do infrator, no caso de multa. O art. 79 da Lei Ambiental determina que se apliquem subsidiariamente a esta Lei as disposições do Código Penal e do Código de Processo Penal.

Lei de Drogas

Circunstâncias judiciais: De acordo com o art. 42 da Lei n. 11.343/2006, "O juiz, na fixação das penas, considerará, com preponderância sobre o previsto no art. 59 do Código Penal, a natureza e a quantidade da substância ou do produto, a personalidade e a conduta social do agente". Foram ressaltados os aspectos subjetivos do agente, tais como personalidade e conduta social, ao lado de um requisito objetivo, qual seja, a quantidade. Tais fatores são determinantes para que o juiz possa inferir a gravidade do delito, pois apontam para a maior lesividade e perigo social decorrentes da conduta. Quem está vendendo pequena quantidade de maconha não merece o mesmo tratamento do que aquele que oferece grandes porções de cocaína, do mesmo modo que a personalidade e modo de vida do agente apontam para sua maior ou menor temibilidade, estando plenamente justificada a opção do legislador por tais critérios de aferição de pena na primeira fase da dosimetria.

Estatuto da Criança e do Adolescente

Antecedentes e remissão: STJ: "A remissão não implica o reconhecimento ou a comprovação da responsabilidade nem prevalece para efeitos de antecedentes, equiparando-se ao instituto da transação previsto no âmbito dos Juizados Especiais Criminais" (STJ, HC 68182/SP, 5ª T., Rel. Min. Arnaldo Esteves Lima, j. 28-11-2006, *DJ* 18-12-2006, p. 458). *No mesmo sentido:* STJ, REsp 898566/PR, 5ª T., Rel. Min. Felix Fischer, j. 10-5-2007, *DJ* 6-8-2007, p. 680).

Antecedentes e ato infracional: STJ: "*Habeas corpus.* ECA. Ato infracional. Tráfico de entorpecentes. Medida socioeducativa. Internação. Maus antecedentes. Possibilidade. É de rigor a medida socioeducativa de internação a adolescente que praticar reiteradamente atos infracionais análogos, notadamente se constatado que, solto, entrega-se às práticas delituosas. Ordem denegada" (STJ, HC 31295/RJ, 5ª T., Rel. Min. José Arnaldo da Fonseca, j. 11-5-2004, *DJ* 7-6-2004, p. 250).

Súmulas:

Súmula 718 do STF: "A opinião do julgador sobre a gravidade em abstrato do crime não constitui motivação idônea para imposição de regime mais severo do que o permitido segundo a pena aplicada".

Súmula 719 do STF: "A imposição do regime de cumprimento mais severo do que a pena aplicada permitir exige motivação idônea".

Súmula 231 do STJ: "A incidência da circunstância atenuante não pode conduzir à redução da pena abaixo do mínimo legal".

Súmula 241 do STJ: "A reincidência penal não pode ser considerada como circunstância agravante e, simultaneamente, como circunstância judicial".

Súmula 269 do STJ: "É admissível a adoção do regime prisional semiaberto aos reincidentes condenados a pena igual ou inferior a quatro anos se favoráveis as circunstâncias judiciais".

Súmula 440 do STJ: "Fixada a pena no mínimo legal, é vedado o estabelecimento de regime prisional mais gravoso do que o cabível em razão da sanção imposta, com base apenas na gravidade abstrata do delito".

Súmula 444 do STJ: "É vedada a utilização de inquéritos policiais e ações penais em curso para agravar a pena-base".

Critérios especiais da pena de multa

Art. 60. Na fixação da pena de multa o juiz deve atender, principalmente, à situação econômica do réu. *(Artigo com redação dada pela Lei n. 7.209/84)*

§ 1º A multa pode ser aumentada até o triplo, se o juiz considerar que, em virtude da situação econômica do réu, é ineficaz, embora aplicada no máximo.

Multa substitutiva

§ 2º A pena privativa de liberdade aplicada, não superior a 6 (seis) meses, pode ser substituída pela de multa, observados os critérios dos incisos II e III do art. 44 deste Código.

(1) Critérios especiais na fixação da pena de multa: Vide comentários ao art. 49 do CP. Vide também art. 18 da Lei n. 9.605/98 e art. 33 da Lei n. 7.492/86.

(2) Multa substitutiva ou vicariante (§ 2º): A pena de multa pode: (a) estar prevista isoladamente no preceito secundário do tipo penal; (b) estar prevista juntamente com a pena privativa de liberdade, possibilitando a sua aplicação cumulativa; (c) substituir a pena privativa de liberdade, desde que preenchidos os requisitos legais (*vide Súmula 171 do STJ*).

Multa substitutiva ou vicariante. A revogação do art. 60, § 2º do CP: Há duas posições: (a) referido dispositivo, que tratava da multa substitutiva ou vicariante, aplicada em substituição à pena privativa de liberdade igual ou inferior a 6 meses, está revogado, uma vez que, com a nova redação do art. 44, § 2º, tornou-se possível a substituição por multa, quando a pena privativa de liberdade não exceder a um ano, desde que preenchidos os demais requisitos do referido art. 44. *Nesse sentido:* Luiz Flávio Gomes, *Penas e medidas alternativas à prisão*, cit., p. 120. É posição por nós adotada: (b) o art. 60, § 2º, do CP continua em vigor para alcançar a hipótese de crime cometido mediante violência ou grave ameaça, cuja pena não exceda a 6 meses. *Nesse sentido:* Celso Delmanto, *Código*, cit., p. 84.

Requisitos para substituição: Vide comentários ao art. 44 do CP.

Aplicação da multa substitutiva ou vicariante: Por se tratar de multa substitutiva, faz-se necessário primeiro fixar a pena privativa de liberdade para que, então, se proceda à substituição. A decisão que não concede a substituição por multa, preterindo-a em relação às penas restritivas de direitos, mais gravosas ao réu, deve ser fundamentada: "A opção pela aplicação da pena restritiva de direitos há que ser fundamentada, pois expõe o condenado à situação mais gravosa, tendo em vista que o não cumprimento desta, mesmo que consubstanciada em prestação pecuniária, ao contrário do que ocorre com a pena de multa, poderá resultar na sua conversão em pena privativa de liberdade" (STF, HC 83092/RJ, 2ª T., Rel. Min. Ellen Gracie, j. 24-6-2003); STF, HC 69365/RJ, 1ª T., Rel. Min. Sepúlveda Pertence, j. 23-6-1992. N*a mesma linha*, já entendeu o Superior Tribunal de Justiça que, estando presentes todos os requisitos legais, o juiz tem o dever de efetuar a substituição: REsp 50426/MG, 5ª T., Rel. Min. Jesus Costa Lima, j. 10-8-2004. Deve ele, porém, atentar para a presença dos requisitos previstos no art. 44, inc. II e III, do CP, sem os quais tal substituição não é possível: STF, HC 76294/PR, 2ª T., Rel. Min. Carlos Velloso, j. 20-10-1998; TARS, *RT* 610/411; TACrimSP, *RT* 595/372; TACrimSP, *JTACrimSP* 99/226.

Quantidade de dias-multa e valor: De acordo com decisão do STJ, na fixação da multa substitutiva não é necessário haver correspondência entre a quantidade de dias-multa e a quantidade de pena privativa de liberdade substituída. N*esse sentido:* REsp 6.383-0, Rel. Min. Edson Vidigal, *DJU* 6-5-1996, p. 14437. O juiz, portanto, é livre para fixar o número de dias-multa e o valor de cada um deles, não se atrelando compulsoriamente à quantidade da pena de prisão. Quanto ao valor de cada dia multa, *vide* arts. 49 e 60, § 1º, do CP.

Cumulação de multas: Discute-se se, na hipótese em que a lei penal comina cumulativamente pena privativa de liberdade e multa, seria possível substituir a primeira pela multa vicariante, ocorrendo, assim, a imposição de duas multas (a substitutiva mais a cominada abstratamente no tipo). Em se tratando de pena cominada na Parte Especial do Código Penal, há duas posições: (a) ambas as penas devem incidir, posição por nós adotada, pois a multa substitutiva tem natureza jurídica diversa da prevista *in abstracto*. *No mesmo sentido:* "No caso de substituição da privativa de liberdade por dias-multa, cumulam-se esta e a eventualmente prevista pelo preceito sancionador. Ambas não se excluem, visto provirem de causas distintas e objetivarem situações específicas" (TACrimSP, *RT* 640/306); TACrimSP, *RJDTACrim* 29/169; (b) a multa aplicada em substituição absorve a prevista em abstrato. *Nesse sentido:* "A multa substitutiva não concorre com a cumulatividade cominada à infração, mas a absorve. Suficiente a pena pecuniária à reprovação do fato ilícito concreto, motivo não há para fixá-la, em todos os casos, na soma da multa cominada com a que resulta da substituição da pena privativa de liberdade" (TACrimSP, *RT* 611/359); TACrimSP, *RT* 727/539; TARS, *JTARGS* 67/130.

Cumulação de multas. Legislação penal especial: Em se tratando de pena cominada em legislação penal especial, porém, foi editada a Súmula 171 do STJ, segundo a qual: "cominadas cumulativamente, em lei especial, penas privativa de liberdade e pecuniária, é defeso a substituição da prisão por multa". De acordo com ela, impossibilita-se a substituição, por exemplo, nos crimes da Lei de Drogas (atual Lei n. 11.343/2006): "se o legislador pretendeu dar tratamento mais rigoroso aos condenados por determinados crimes tipificados em lei especial, não cabe aplicar a regra geral mais benéfica do Código Penal" (STF, HC 84721/RJ, 1ª T., Rel. Min. Eros Grau, j. 9-11-2004); TJSP, Ap. Crim. 168.956-3, 4ª Câmara Criminal, Rel. Des. Bittencourt Rodrigues, j. 29-5-1995; STF, HC 70445/RJ, 1ª T., Rel. Min. Moreira Alves, j. 14-9-1993. *Em sentido contrário*, admitindo a substituição em crimes previstos na legislação penal especial: STJ, REsp 40940/SP, 6ª T., Rel. Min. Adhemar Maciel, j. 14-3-1994.

Não pagamento da multa substitutiva ou vicariante por devedor solvente: À multa vicariante se aplica a regra do art. 51 do CP, com a redação dada pela Lei n. 9.268/96, segundo a qual, para fins de execução, a multa será considerada dívida de valor, estando proibida, de modo expresso e indiscutível, a sua conversão em pena privativa de liberdade. A conversão, portanto, somente terá incidência sobre as penas restritivas de direitos em sentido estrito e restritivas de direitos pecuniárias.

(3) *Multa e* sursis: A concessão de *sursis* sem análise da possibilidade de conversão da pena privativa de liberdade em multa, medida mais benéfica, configura constrangimento ilegal: TJSC, Ap. Crim. 27.076, Rel. Des. Thereza Tang, j. 17-1-1992.

Súmulas:

Súmula 693 do STF: "Não cabe *habeas corpus* contra decisão condenatória a pena de multa ou relativo a processo em curso por infração penal a que a pena pecuniária seja a única cominada".

Súmula 171 do STJ: "Cominadas cumulativamente, em lei especial, penas privativa de liberdade e pecuniária, é defeso a substituição da prisão por multa".

Circunstâncias agravantes

Art. 61. São circunstâncias que sempre agravam a pena, quando não constituem ou qualificam o crime: *(Caput, incisos e alíneas a a e, g, i, j e l com redação dada pela Lei n. 7.209/84)*

I – a reincidência;

II – ter o agente cometido o crime:

a) por motivo fútil ou torpe;

b) para facilitar ou assegurar a execução, a ocultação, a impunidade ou vantagem de outro crime;

c) à traição, de emboscada, ou mediante dissimulação, ou outro recurso que dificultou ou tornou impossível a defesa do ofendido;

d) com emprego de veneno, fogo, explosivo, tortura ou outro meio insidioso ou cruel, ou de que podia resultar perigo comum;

e) contra ascendente, descendente, irmão ou cônjuge;

f) com abuso de autoridade ou prevalecendo-se de relações domésticas, de coabitação ou de hospitalidade, ou com violência contra a mulher na forma da lei específica; *(Redação dada pela Lei n. 11.340/2006)*

g) com abuso de poder ou violação de dever inerente a cargo, ofício, ministério ou profissão;

h) contra criança, maior de 60 (sessenta) anos, enfermo ou mulher grávida; *(Redação dada pela Lei n. 10.741/2003)*

i) quando o ofendido estava sob a imediata proteção da autoridade;

j) em ocasião de incêndio, naufrágio, inundação ou qualquer calamidade pública, ou de desgraça particular do ofendido;

l) em estado de embriaguez preordenada.

(1) Circunstância agravante: É todo dado secundário e eventual, objetivo ou subjetivo, que circunda o crime, cuja ausência não influi de forma alguma sobre a sua existência. Tem a função de agravar a sanção penal. São também chamadas de circunstâncias legais, por estarem expressamente discriminadas no art. 61 do CP, sendo de aplicação obrigatória pelo juiz.

Taxatividade: A enumeração legal é taxativa, de modo que, se não estiver expressamente prevista como circunstância agravante, somente poderá ser considerada, conforme o caso, como circunstância judicial.

Crimes culposos: As agravantes previstas no art. 61, II, do CP só se aplicam aos crimes dolosos ou preterdolosos. Não se aplicam aos crimes culposos.

Circunstâncias que constituem ou qualificam o crime. A questão do bis in idem: As circunstâncias previstas no art. 61 do Código Penal somente poderão incidir se não constituírem elementar ou qualificadora do crime. Caso isso suceda, as agravantes deverão ser afastadas, sob pena de *bis in idem*. Veda-se, portanto, que um mesmo fato seja apenado duplamente. Exemplo: algumas das agravantes previstas no art. 61 já constituem qualificadora do homicídio, de forma que o motivo fútil, no homicídio, é circunstância que qualifica o crime, não podendo ser admitida como agravante: TJPR, Ap. Crim. 0160169-4, 2ª Câmara Criminal, Rel. Des. Campos Marques, j. 28-4-2005.

Emprego do sistema trifásico para aplicação da pena: Em atenção ao princípio constitucional da individualização da pena (CF, art. 5º, XLVI), o Código Penal, em seu art. 68, consagrou o critério trifásico de fixação da pena. De acordo com esse sistema, o juiz, julgando procedente a denúncia, deve fixar a pena passando por três fases distintas. Primeiro, a pena-base será fixada atendendo aos critérios do art. 59 do CP, ou seja, as circunstâncias judiciais. Parte-se, para tanto, da pena mínima cominada ao delito. A seguir, serão então consideradas as circunstâncias atenuantes e agravantes genéricas a fim de, elevando ou diminuindo a sanção, determinar a pena provisória.

Limites da pena: Em nenhuma dessas duas primeiras fases o juiz poderá diminuir ou aumentar a pena fora de seus limites legais. Ao estabelecer a pena, ele deve respeitar o princípio da legalidade, fazendo-o dentro dos limites legais, como prevê o art. 59, II, do CP.

Fundamentação: O desrespeito ao critério trifásico de aplicação da pena e a ausência de fundamentação em cada etapa acarretam a nulidade da sentença.

(2) Reincidência: Vide comentários ao art. 63 do CP.

(3) Motivo fútil: É o motivo frívolo, mesquinho, desproporcional, insignificante, sem importância, do ponto de vista do *homo medius*. É aquele incapaz, por si só, de justificar a conduta ilícita. "O motivo fútil só ocorre quando claramente desproporcional ou inadequado, traduzindo-se em egoísmo intolerante, prepotente e mesquinho" (TJDFT, RSE 19990310011039, 2ª T. Crim., Rel. Des. Aparecida Fernandes, j. 15-9-2005).

Ausência de motivo: Há duas posições: (a) a ausência de motivo está incluída no motivo fútil; (b) ainda que toda conduta humana tenha motivação, na ausência de motivo reconhece-se a inexistência de provas ou indícios acerca do que levou o réu à prática do crime. Logo, a ausência de motivo não se confunde com o motivo fútil e, à falta de previsão legal, não qualifica ou agrava o crime: TJMG, RSE 1.0024.98.094484-7/001, 3ª Câmara Criminal, Rel. Des. Erony da Silva, j. 1º-3-2005; TJRS, RSE 70014389522, 1ª Câmara Criminal, Rel. Des. Ranolfo Vieira, j. 26-4-2006; TJRS, RSE 70012096962, 3ª Câmara Criminal, Rel. Des. Elba Aparecida Nicolli Bastos, j. 11-8-

2005; TJDFT, EI n. 20020510073837, Câmara Criminal, Rel. Des. Vaz de Mello, j. 2-3-2005.

Ciúmes: A jurisprudência é dissonante quanto à configuração do ciúme puro e simples como motivo fútil. Entendendo configurado o motivo fútil: TJRJ, Ap. Crim. 200505003999, 8ª Câmara Criminal, Rel. Des. Suely Lopes Magalhães, j. 22-9-2005. Na mesma linha, não reputando como manifestamente contrária à prova dos autos a decisão do Júri que reconhece o ciúme como motivo fútil: TJES, Ap. Crim. 069.98.001435-6, 2ª Câmara Criminal, Rel. Des. Sérgio Bizzotto Pessoa de Mendonça, j. 29-12-2004; TJSP, Ap. Crim. 41872532, 3ª Câmara Criminal, Rel. Des. Luiz Pantaleão, j. 5-4-2005. "Caracteriza o motivo fútil quando decorrido compreensível tempo para a absorção e assimilação, pelo réu, do novo relacionamento amoroso da vítima com terceira pessoa, sob pena de a motivação do crime quando tida por ciumenta se prolongar ininterruptamente": TJSC, RCrim. 2005.015118-2, 1ª Câmara Criminal, Rel. Des. Solon d'Eça Neves, j. 28-6-2005. *Em sentido contrário,* julgando que o ciúme, por si só, fundado ou não, ainda que injusto, não pode ser considerado motivo fútil: TJPR, RSE 01764261, 1ª Câmara Criminal, Rel. Des. Bonejos Demchuk, j. 3-11-2005; TJSP, RSE 3842183800, 5ª Câmara Criminal, Rel. Des. Donegá Morandini, j. 13-1-2005; TJBA, Ap. Crim. 244108, 2ª Câmara Criminal, Rel. Des. Mário Alberto Simões Hirs, j. 2002; TJRS, RSE 70007869712, 3ª Câmara Criminal, Rel. Des. Danúbio Edon Franco, j. 4-3-2004; TJMG, RSE 1.0024.00.009867-3/001, 3ª Câmara Criminal, Rel. Des. Jane Silva, j. 22-2-2005.

Embriaguez: A jurisprudência diverge quanto à compatibilidade entre esse estado e o motivo fútil. Vejamos alguns posicionamentos: A embriaguez não configura o motivo fútil: TJRS, RSE 70005188370, 3ª Câmara Criminal, Rel. Des. José Antônio Hirt Preiss, j. 27-3-2003; TJBA, RCrim. 53.294-9/99, 2ª Câmara Criminal, Rel. Des. Gilberto Caribe, j. 13-12-2001. No entanto, a embriaguez voluntária não afasta a possibilidade de incidência do motivo fútil, mormente se os elementos concretos demonstrarem não estar afetada sua capacidade intelectiva e volitiva: TJRS, Ap. Crim. 70011881497, 3ª Câmara Criminal, Rel. Des. Elba Aparecida Nicolli Bastos, j. 8-9-2005; TJSP, *RT* 779/576; TJMG, Ap. Crim. 1.0372.04.008512-1/002, 1ª Câmara Criminal, Rel. Des. Armando Freire, j. 17-1-2006; TJPR, Ap. Crim. 147.646-8, 2ª Câmara Criminal, Rel. Des. Telmo Cherem, j. 19-2-2004; TJDFT, Ap. Crim. 1971999, 1ª T. Criminal, Rel. Des. Natanael Caetano, j. 11-11-1999.

Motivo torpe: É o motivo abjeto, ignóbil, repugnante, ofensivo à moralidade média e ao sentimento ético comum. *Nesse sentido:* Nélson Hungria e Heleno Cláudio Fragoso, *Comentários ao Código Penal,* 5. ed., Rio de Janeiro: Forense, 1979, v. 5, p. 140. Configuram-no a cupidez, a maldade, o egoísmo, e qualquer outro de natureza vil. No tocante à vingança, esta, por si só, não configura motivo torpe. *No mesmo sentido:* TJBA, Revisão Criminal n. 422055002, Câmaras Criminais Reunidas, Rel. Des. Gilberto Caribe, j. 2002; TJMA, Ap. Crim. 43942002, 1ª Câmara Criminal, Rel. Des. Antônio Fernando Bayma Araújo, j. 17-12-2002; TJTO, RSE 189805, 2ª Câmara Criminal, Rel. Des. Liberato Povoa, j. 21-2-2006. "A vingança nem sempre é motivo torpe, mas apenas quando se configurar vil, abjeta, desprezível, devendo-se analisar sua ocorrência no caso concreto": TJMG, RSE 1.0433.06.172482-2/001, 3ª Câmara Criminal, Rel. Des. Jane Silva, j. 6-6-2006. *Em sentido contrário,* entendendo que a vingança configura motivo torpe: TJDFT, RSE 20050510058136, 1ª T. Criminal, Rel. Des. Mário Machado, j. 11-5-2006; TJPR, Ap. Crim. 01645265, 2ª Câmara Criminal, Rel. Des. Salvatore Antonio Astuti, j. 20-4-2005; TJMT, Ap. Crim. 433542005, 2ª Câmara Criminal, Rel. Des. Paulo da Cunha, j. 22-2-2006.

(4) Finalidade de facilitar ou assegurar a execução, ocultação, impunidade ou vantagem de outro crime: O crime é praticado para assegurar a execução de outro ou é praticado em consequência de outro, a fim de garantir sua ocultação, impunidade ou vantagem. No caso do homicídio doloso, essas espécies de conexão constituem qualificadoras e não meras agravantes.

(5) Traição: "Deve ser informada antes pela quebra de fidelidade, ou confiança, depositada no sujeito ativo (...), do que pelo ataque brusco ou de inopino" (E. Magalhães Noronha, *Direito Penal*: dos crimes contra a pessoa, 26ª ed., São Paulo: Saraiva, 1994, v. 2, p. 24). *No mesmo sentido:* "a traição é a quebra de lealdade ou confiança que a vítima depositava no réu" (TJRS, RSE 70012083226, 1ª Câmara Criminal, Rel. Des. Manuel José Martinez Lucas, j. 7-12-2005). "O fato de ter o ofendido sido atingido pelas costas, quando depreendia fuga, por si só, não configura traição" (TJSP, RSE 1887883, 1ª Câmara Criminal, Rel. Andrade Cavalcanti, j. 9-10-1995); TJSP, RSE 199.338-3, 5ª Câmara Criminal, Rel. Des. Dante Busana, j. 8-8-1996. *Em sentido contrário:* Nélson Hungria e Heleno Cláudio Fragoso, *Comentários*, cit., v. 5, p. 168. "A qualificadora de traição pressupõe que a atitude do agente seja de súbito, totalmente imprevista, de forma a que seja atingido o desiderato lesivo, justamente porque assim a vítima em potencial não terá condições de se defender, de reagir, de evitar o ataque" (TJRS, RSE 70011787900, 2ª Câmara Criminal, Rel. Des. Laís Rogéria Alves Barbosa, j. 27-10-2005); STJ, REsp 325.874/MG, 5ª T., Rel. Min. Gilson Dipp, j. 5-2-2002; TJMT, *RT* 624/339.

Emboscada: É a tocaia, o ataque inesperado de quem se oculta, aguardando a passagem da vítima pelo local. Configura emboscada, por exemplo, o fato de o agente esperar a chegada da vítima de tocaia, escondido entre as plantas: TJCE, Ap. Crim. 2002.0000.59061/0, Rel. Des. José Eduardo Machado de Almeida, j. 10-2-2004.

Dissimulação: É a ocultação da vontade ilícita, com o intuito de apanhar o ofendido desprevenido. "A dissimulação só ocorre quando a vítima não tinha motivo para desconfiar da conduta do réu" (TJSC, RCrim 2002.008499-4, 1ª Câmara Criminal, Rel. Des. Sérgio Paladino, j. 31-1-2006).

Qualquer outro recurso que dificulte ou impossibilite a defesa: Trata-se de formulação genérica, cujo significado se extrai por meio da interpretação analógica. Pode ser a surpresa ou qualquer outro recurso. "Dizer que a vítima tinha sua capacidade de defesa reduzida é meramente repetir o texto da lei com outras palavras. É necessária a indicação do fato concreto que gerou tal situação" (TJRS, RSE 70013579115, 1ª Câmara Criminal, Rel. Des. Ranolfo Vieira, j. 22-3-2006).

(6) Emprego de veneno, fogo, explosivo, tortura ou outro meio insidioso ou cruel, ou de que possa resultar perigo comum: A *tortura* pode constituir crime autônomo quando acompanhada das circunstâncias previstas na Lei n. 9.455, de 7 de abril de 1997 (art. 1º, *caput* e parágrafos). *Meio cruel* é outra forma geral, definido na Exposição de Motivos como todo aquele que aumenta o sofrimento do ofendido ou revela uma brutalidade fora do comum ou em contraste com o mais elementar sentimento de piedade (item 38). *Meio insidioso* é uma formulação genérica que engloba qualquer meio pérfido, que se inicia e progride sem que seja possível percebê-lo prontamente e cujos sinais só se evidenciam quando em processo bastante adiantado. O *veneno* é o meio insidioso por excelência, porém, se o seu ministrámento resultar do emprego de violência ou grave ameaça, não haverá a configuração dessa qualificadora. *Meio de que possa resultar perigo comum* é a última fórmula genérica, interpretada de acordo com o caso anteriormente especificado, que é o *emprego de explosivo*.

(7) Contra ascendente, descendente, cônjuge ou irmão: Com relação à união estável (CF, art. 226, § 5º), discute-se se a agravante incidiria nos crimes cometidos contra companheiro ou companheira. Vejamos: (a) A interpretação do dispositivo deve ser restritiva, não se aplicando a agravante aos crimes cometidos contra companheiro ou companheira. *Nesse sentido:* STJ, REsp 121.759/PR, 6ª T., Rel. Min. Hamilton Carvalhido, j. 19-12-2003; TJMG, Ap. Crim. 1.0525.99.004863-5, 1ª Câmara Criminal, Rel. Des. Edelberto Santiago, j. 21-6-2005. (b) A equiparação, na esfera penal, entre união estável e cônjuge é possível *in bonam partem*: TACrimSP, HC 437660/2, 13ª Câmara, Rel. Des. Roberto Mortari, j. 1º-4-2003. No caso de separação de fato, separação judicial ou divórcio, não subsiste a agravante. *Nesse sentido:* STJ, REsp 119.897/SP, 6ª T.,

Rel. Min. Alselmo Santiago, j. 20-8-1998. "A tutela penal à convivência marital resta afastada por seu rompimento" (TJRJ, Ap. Crim. 2002.050.05169, 4ª Câmara Criminal, Rel. Des. Raymundo Cardoso, j. 11-3-2003); TACrimSP, *RT* 561/322. *Em sentido contrário:* TJPR, *RT* 599/395; TJMG, Ap. Crim. 1.0000.00.161282-9, 3ª Câmara Criminal, Rel. Des. Odilon Ferreira, j. 8-8-2000.

Prova do casamento ou parentesco: O casamento só se prova com a respectiva certidão, nos termos do art. 155, parágrafo único, do CPP (com a redação determinada pela Lei n. 11.690/2008) e do art. 1.543 do CC. *Nessa linha:* "as hipóteses contidas na letra *e* do inc. II do art. 61 do CP exigem prova documental da relação de parentesco ou casamento para o reconhecimento da agravante": TJRS, Ap. Crim. 70010770741, 1ª Câmara Criminal, Rel. Des. Ranolfo Vieira, j. 16-11-2005; TJMG, Ap. Crim. 1.0024.98.125191-1/001, 2ª Câmara Criminal, Rel. Des. Beatriz Pinheiro Caíres, j. 28-4-2005. A confissão do acusado não supre a falta de prova documental do matrimônio: TACrimSP, *RT* 561/366. *Em sentido contrário:* "A ausência da certidão de casamento não afasta a agravante se provado o casamento entre a vítima e o réu ou a convivência *more uxorio*": TJDFT, Ap. Crim. 1589595, 2ª T. Criminal, Rel. Des. Joazil Gardes, j. 22-8-1996; TJMO, Ap. Crim. 2.0000.00.191617-0, 3ª Câmara Criminal, Des. Odilon Ferreira, j. 20-2-2001.

(8) Com abuso de autoridade ou prevalecendo-se de relações domésticas, de coabitação ou de hospitalidade ou com violência contra a mulher na forma da lei específica: Abuso de autoridade diz respeito à autoridade nas relações privadas, e não públicas, como o abuso na qualidade de tutor. *Relações domésticas* são aquelas entre as pessoas que participam da vida em família, ainda que dela não façam parte, como criados, amigos e agregados. Coabitação indica convivência sob o mesmo teto. *Hospitalidade* é a estada na casa de alguém, sem coabitação. Já decidiu o STJ: "Incabível a alegação de *bis in idem* na consideração das agravantes de relação de coabitação e contra cônjuge, pois, não sendo incompatíveis entre si, a incidência de uma não prejudica ou exclui a outra" (STJ, REsp 623.530/RS, 5ª T., Rel. Min. Gilson Dipp, j. 7-10-2004). A última parte da alínea *f* foi acrescida pela Lei n. 11.340, de 7 de agosto de 2006, que trata da violência doméstica e familiar contra a mulher, publicada no dia 8 de agosto de 2006, e que, em decorrência do período de *vacatio legis* de 45 dias, entrou em vigor somente no dia 22 de setembro de 2006. Por se tratar de inovação legislativa que agrava a sanção penal *(novatio legis in pejus),* não pode retroagir para alcançar fatos praticados antes de sua entrada em vigor.

(9) Com abuso de poder ou violação de dever inerente a cargo, ofício, ministério ou profissão: O cargo ou ofício devem ser públicos. Observe-se que há hipóteses em que o abuso de poder é elementar do crime, por exemplo, crime de concussão e crimes previstos na Lei de Abuso de Autoridade, não podendo, portanto, incidir a agravante. O *ministério* refere-se a atividades religiosas. A *profissão* diz respeito a qualquer atividade exercida por alguém, como meio de vida.

(10) Contra criança: É a pessoa até os 7 anos de idade, mas prevalece o Estatuto da Criança e do Adolescente que, em seu art. 2º, considera criança a pessoa até os 12 anos de idade incompletos. Quando essa circunstância constituir elementar de outro delito, não poderá ser aplicada, sob pena de *bis in idem* (*vide* art. 121, § 4º).

Maior de 60 anos: Com a alteração do art. 61 do CP, promovida pelo art. 110 da Lei n. 10.741, de 1º de outubro de 2003 (Estatuto do Idoso), o qual substituiu a palavra "velho" pelo termo "maior de 60 (sessenta) anos", passamos a ter na lei penal um limite cronológico para a incidência da agravante, qual seja, pessoa maior de 60 anos (*vide* art. 121, § 4º).

Enfermo ou mulher grávida: Enfermo é a pessoa doente, que tem reduzida sua condição de defesa. A circunstância *mulher grávida* foi acrescentada ao art. 61 pela Lei n. 9.318/96.

(11) Quando o ofendido estava sob proteção da autoridade: Exemplo: vítima que cumpre pena em presídio, despojada do direito de locomoção e de meios de defesa, estando, portanto, sob a tutela da administração do estabelecimento prisional e do juízo das execuções criminais.

(12) Em ocasião de incêndio, naufrágio, inundação ou qualquer calamidade pública ou de desgraça particular do ofendido: O agente se vale da facilidade proporcionada pela calamidade púbica (incêndio, naufrágio, inundação) para praticar o crime.

(13) Em estado de embriaguez preordenada: O agente se embriaga para cometer o crime (*vide* comentários ao art. 28, II, do CP).

Lei dos Crimes Ambientais

Circunstâncias agravantes incidentes sobre os crimes previstos na Lei dos Crimes Ambientais: Consoante o disposto no art. 15 da Lei, são circunstâncias que agravam a pena, quando não constituem ou qualificam o crime: (I) reincidência nos crimes de natureza ambiental; (II) ter o agente cometido a infração: (a) para obter vantagem pecuniária; (b) coagindo outrem para a execução material da infração; (c) afetando ou expondo a perigo, de maneira grave, a saúde pública ou o meio ambiente; (d) concorrendo para danos à propriedade alheia; (e) atingindo áreas de unidades de conservação ou áreas sujeitas, por ato do Poder Público, a regime especial de uso; (f) atingindo áreas urbanas ou quaisquer assentamentos humanos; (g) em período de defesa à fauna; (h) em domingos ou feriados; (i) à noite; (j) em épocas de seca ou inundações; (k) no interior do espaço territorial especialmente protegido; (l) com o emprego de métodos cruéis para abate ou captura de animais; (m) mediante fraude ou abuso de confiança; (n) mediante abuso do direito de licença, permissão ou autorização ambiental; (o) no interesse de pessoa jurídica mantida, total ou parcialmente, por verbas públicas ou beneficiada por incentivos fiscais; (p) atingindo espécies ameaçadas, listadas em relatórios oficiais das autoridades competentes; (q) facilitada por funcionário público no exercício de suas funções.

Súmulas:

Súmula 162 do STF (anterior às modificações introduzidas pela Lei n. 11.689/2008 no CPP): "É absoluta a nulidade do julgamento, pelo júri, quando os quesitos da defesa não precedem aos das circunstâncias agravantes".

Súmula 241 do STJ: "A reincidência penal não pode ser considerada como circunstância agravante e, simultaneamente, como circunstância judicial".

Agravantes no caso de concurso de pessoas

Art. 62. A pena será ainda agravada em relação ao agente que: *(Artigo com redação dada pela Lei n. 7.209/84)*

I – promove, ou organiza a cooperação no crime ou dirige a atividade dos demais agentes;

II – coage ou induz outrem à execução material do crime;

III – instiga ou determina a cometer o crime alguém sujeito à sua autoridade ou não punível em virtude de condição ou qualidade pessoal;

IV – executa o crime, ou nele participa, mediante paga ou promessa de recompensa.

(1) Promover ou organizar a cooperação no crime ou dirigir a ação dos demais: Reprime-se com mais rigor o autor intelectual da conduta delituosa, isto é, o chefe ou líder que promove, organiza ou dirige (fiscaliza, supervisiona) a atividade dos demais agentes. A sua atuação é mais expressiva e reprovável, na medida em que planeja toda a ação delituosa, coordenando ou dirigindo a atuação dos demais, como, por exemplo, aquele que, após arquitetar um plano de assalto a banco, escolhe as pessoas que devem realizar a ação delituosa e distribui a elas as tarefas.

(2) Coagir ou induzir outrem à execução material do crime: Pune-se com mais rigor o uso de violência física (*vis absoluta*) ou moral (*vis compulsiva*) para obrigar alguém, de forma irresistível ou não, a praticar o crime. Induzir é insinuar, fazer nascer a ideia de praticar o crime.

(3) Instigar ou determinar a cometer crime alguém que esteja sob sua autoridade ou não seja punível em virtude de condição ou qualidade pessoal: Instigar é reforçar uma ideia preexistente. Determinar é ordenar, impor. Exige-se que o autor do crime esteja sob a autoridade de quem instiga ou determina. A lei refere-se a qualquer tipo de relação de subordinação, de natureza pública, privada, religiosa, profissional ou doméstica, desde que apta a influir no ânimo psicológico do agente. O agente atua por instigação ou por determinação, aproveitando-se da subordinação do executor ou da sua impunibilidade (menoridade, insanidade mental etc.).

(4) Executar o crime ou dele participar em razão de paga ou promessa de recompensa: O agente é punido mais severamente se pratica o crime, na condição de autor ou partícipe, em razão de paga ou promessa de recompensa. É o chamado criminoso mercenário. Não é preciso que a recompensa seja efetivamente recebida. Tal circunstância agravante não incide nos crimes contra o patrimônio, porque é da índole dessa modalidade de infrações penais a obtenção de vantagem econômica, nem no crime de homicídio qualificado, sob pena de *bis in idem* (CP, art. 121, § 2º, I, 1ª parte).

(5) Emprego do sistema trifásico para aplicação da pena, limites da pena. Fundamentação: *Vide* comentários ao art. 61 do CP.

Súmula:
Súmula 162 do STF *(anterior às modificações introduzidas pela Lei n. 11.689/2008 no CPP):* "É absoluta a nulidade do julgamento, pelo júri, quando os quesitos da defesa não precedem aos das circunstâncias agravantes".

Reincidência

Art. 63. Verifica-se a reincidência quando o agente comete novo crime, depois de transitar em julgado a sentença que, no País ou no estrangeiro, o tenha condenado por crime anterior. *(Redação dada pela n. 7.209/84)*

(1) Reincidência: É a situação de quem pratica um novo fato criminoso depois de ter sido condenado por crime anterior, em sentença transitada em julgado.

Primariedade e reincidência: A lei não define o que se deve entender por criminoso primário. O Código atual adotou expressamente a orientação que estabelece a bipolaridade "reincidência-primariedade", afastando qualquer qualificação intermediária. Disso resulta que todo aquele que não for reincidente deve ser considerado primário. Aliás, o próprio CP fala, em diversas passagens, em não reincidente, sem fazer distinção entre primário e não primário.

Primariedade técnica: Expressão empregada pela jurisprudência para o caso do agente que já sofreu diversas condenações, mas não é considerado reincidente porque não praticou nenhum delito após ter sido condenado definitivamente.

(2) Natureza jurídica: Trata-se de circunstância agravante genérica de caráter subjetivo ou pessoal.

(3) Incomunicabilidade: Sendo circunstância subjetiva, não se comunica ao partícipe ou coautor.

(4) Crime anterior e posterior: Não importa qual a natureza dos crimes praticados. Assim, a reincidência pode dar-se: (a) entre dois crimes dolosos; (b) entre dois crimes culposos; (c) entre crime doloso e culposo; (d) entre crime culposo e doloso; (e) entre crime consumado e tentado; (f) entre crime tentado e consumado; (g) entre crimes tentados; (h) entre crimes consumados.

Reincidência específica: Está prevista na Lei de Crimes Hediondos e consiste na reincidência em qualquer dos crimes nela previstos, e o seu efeito é o de impedir o livramento condicional. *Vide* também: CTB, art. 296 (com a redação determinada pela Lei n. 11.705/2008); Lei n. 9.714, de 25 de novembro de 1998, que introduziu o § 3º no art. 44 do CP; Lei n. 9.605/98, art. 15, I; Lei n. 11.343/2006, art. 44, parágrafo único.

(5) Crime anterior e contravenção penal: Crime anterior é aquele previsto no Código Penal e Legislação Penal Especial. No entanto, se a infração anterior for uma contravenção penal, teremos a seguinte situação: (a) Condenado definitivamente pela prática de contravenção penal, que venha a praticar crime, não é reincidente (CP, art. 63). (b) Condenado definitivamente pela prática de contravenção, que venha a realizar nova contravenção, é reincidente, nos termos do art. 7º da LCP. Se, no entanto, for condenado definitivamente por crime e vem a praticar contravenção penal, é considerado reincidente, nos termos do art. 7º da LCP.

(6) Crime anterior e extinção da punibilidade: Se a causa extintiva ocorreu antes do trânsito em julgado, o crime anterior não prevalece para efeitos de reincidência; se foi posterior, só nos casos de anistia e *abolitio criminis* a condenação perderá esse efeito. Desse modo, a prescrição da pretensão executória não afasta a reincidência do réu em face do novo delito, diferentemente do que ocorre no caso da prescrição da pretensão punitiva, que, além de extinguir a punibilidade, afasta também o precedente criminal.

(7) Crime anterior e extinção da pena pelo seu cumprimento: Não elimina a condenação anteriormente imposta, para efeito de reincidência, se não ocorre a hipótese prevista no art. 64, I, do Código Penal.

(8) Crime anterior e imposição de pena de multa: O agente é reincidente, pois a lei fala em crime anterior, independente da pena imposta. Embora reincidente, poderá, contudo, obter *sursis* (CP, art. 77, § 1º).

(9) Reabilitação criminal: Não exclui a reincidência.

(10) Perdão judicial: A sentença que o aplica não induz à reincidência (CP, art. 120).

(11) Transação penal (Lei n. 9.099/95, art. 76, §§ 4º e 6º): De acordo com o art. 76, § 4º, da Lei dos Juizados Especiais, em caso de transação penal a imposição de pena restritiva de direitos ou multa não importará em reincidência, sendo registrada apenas para impedir novamente o mesmo benefício no prazo de cinco anos. A imposição da sanção constante do § 4º não constará de certidão de antecedentes criminais, salvo para os fins previstos no mesmo dispositivo.

(12) Suspensão condicional do processo (Lei n. 9.099/95, art. 89): Nos crimes em que a pena mínima cominada for igual ou inferior a um ano, abrangidas ou não pela Lei, o Ministério Público, ao oferecer a denúncia, poderá propor a suspensão do processo, por 2 (dois) a 4 (quatro) anos, desde que preenchidos os requisitos legais. Aceita a proposta, o acusado submeter-se-á a um período de prova. A suspensão condicional do processo, dessa forma, não gera reincidência.

(13) Composição civil (Lei n. 9.099/95, art. 74, parágrafo único): A composição civil homologada não enseja reincidência.

(14) Prova da reincidência: Só se prova mediante a certidão da sentença condenatória transitada em julgado, com a data do trânsito. Não bastam, desse modo, meras informações a respeito da vida pregressa ou a simples juntada da folha de antecedentes do agente para a comprovação da agravante. Nem mesmo a confissão do réu é meio apto a provar a reincidência.

(15) Reincidência e maus antecedentes: A mesma condenação não pode ser utilizada para gerar reincidência e maus antecedentes, podendo assumir, portanto, somente a primeira função (gerar reincidência). *Nesse sentido,* a Súmula 241 do STJ.

(16) Crimes políticos: Vide comentários ao art. 64, II, do CP.

(17) Crimes militares: Vide comentários ao art. 64, II, do CP.

(18) Condenação no estrangeiro: Também induz a reincidência. Não há necessidade de homologação da sentença condenatória estrangeira pelo Superior Tribunal de Justiça (CF, art.

105, I, *i*, com a redação determinada pela EC n. 45/2004). Sobre homologação de sentença penal estrangeira, *vide* art. 787 do CPP e art. 9º do CP.

(19) Efeitos: (a) agrava a pena privativa de liberdade (CP, art. 61, I); (b) constitui circunstância preponderante no concurso de agravantes (CP, art. 67); (c) impede a substituição da pena privativa de liberdade por restritiva de direitos quando houver reincidência em crime doloso (CP, art. 44, II); (d) impede a substituição da pena privativa de liberdade por pena de multa (CP, art. 60, § 2º, o qual entendemos estar atualmente revogado pelo art. 44, § 2º); (e) impede a concessão de *sursis* quando por crime doloso (CP, art. 77, I); (f) aumenta o prazo de cumprimento de pena para obtenção do livramento condicional (CP, art. 83, II); (g) impede o livramento condicional nos crimes previstos na Lei de Crimes Hediondos, quando se tratar de reincidência específica (art. 5º da Lei n. 8.072/90); (h) interrompe a prescrição da pretensão executória (CP, art. 117, VI); (i) aumenta o prazo da prescrição da pretensão executória (CP, art. 110); (j) revoga o *sursis*, obrigatoriamente, em caso de condenação em crime doloso (CP, art. 81); (k) facultativamente, no caso de condenação, por crime culposo ou contravenção, a pena privativa de liberdade ou restritiva de direitos (CP, art. 81, § 1º); (l) revoga o livramento condicional, obrigatoriamente, em caso de condenação a pena privativa de liberdade (CP, art. 86) e, facultativamente, no caso de condenação por crime ou contravenção a pena que não seja privativa de liberdade (CP, art. 87); (m) revoga a reabilitação quando o agente for condenado a pena que não seja de multa (CP, art. 95); (n) impede a incidência de algumas causas de diminuição de pena (CP, arts. 155, § 2º, e 171, § 1º); (o) obriga o agente a iniciar o cumprimento da pena de reclusão em regime fechado (CP, art. 33, § 2º, *b* e *c*); (p) obriga o agente a iniciar o cumprimento da pena de detenção em regime semiaberto (CP, art. 33, 2ª parte, § 2º, (*c*); (q) impede a transação penal (art. 76, § 2º, I, da Lei n. 9.099/95); (r) impede a suspensão condicional do processo (art. 89, *caput*, da Lei n. 9.099/95); (s) aumenta o prazo de cumprimento de pena para obtenção da progressão de regime nos crimes hediondos e equiparados (art. 2º, § 2º, da Lei n. 8.072/90, com a redação determinada pela Lei n. 11.464, de 28 de março de 2007).

(20) Prescrição da reincidência: Vide comentários ao art. 64 do CP.

(21) Reincidência penal considerada como circunstância judicial (maus antecedentes) e agravante: Discute-se se uma mesma condenação pode ser empregada para fins de gerar maus antecedentes (circunstância judicial) e reincidência (circunstância agravante). De acordo com a *Súmula 241 do STJ:* "A reincidência penal não pode ser considerada como circunstância agravante e, simultaneamente, como circunstância judicial".

Súmulas:
Súmula 220 do STJ: "A reincidência não influi no prazo da prescrição da pretensão punitiva".
Súmula 241 do STJ: "A reincidência penal não pode ser considerada como circunstância agravante e, simultaneamente, como circunstância judicial".
Súmula 162 do STF (anterior às modificações introduzidas pela Lei n. 11.689/2008 no CPP): "É absoluta a nulidade do julgamento, pelo júri, quando os quesitos da defesa não precedem aos das circunstâncias agravantes".

Art. 64. Para efeito de reincidência: *(Artigo com redação dada pela Lei n. 7.209/84)*

I – não prevalece a condenação anterior, se entre a data do cumprimento ou extinção da pena e a infração posterior tiver decorrido período de tempo superior a 5 (cinco) anos, computado o período de prova da suspensão ou do livramento condicional, se não ocorrer revogação;

II – não se consideram os crimes militares próprios e políticos.

(1) Prescrição da reincidência: Não prevalece a condenação anterior se, entre a data do cumprimento ou extinção da pena e a infração penal posterior, tiver decorrido período superior a 5 anos (período depurador), computado o período de prova da suspensão ou do livramento condicional, se não houver revogação (CP, art. 64, I). Uma vez comprovado o benefício do art. 64 do CP, o agente readquire a sua condição de primário, pois se operou a retirada da eficácia da decisão condenatória anterior.

(2) Sistema da temporariedade da reincidência: Com a adoção da prescrição da reincidência, o CP afastou o sistema da perpetuidade, adotando o da temporariedade da reincidência.

(3) Contagem do prazo: Depende das circunstâncias: (a) se a pena foi cumprida: a contagem do quinquênio inicia-se na data em que o agente termina o cumprimento da pena, mesmo unificada. O dispositivo refere-se ao cumprimento das penas, o que exclui as medidas de segurança; (b) se a pena foi extinta por qualquer causa: inicia-se o prazo a partir da data em que a extinção da pena realmente ocorreu e não da data da decretação da extinção; (c) se foi cumprido período de prova da suspensão ou do livramento condicional: o termo inicial dessa contagem é a data da audiência de advertência do *sursis* ou do livramento.

(4) Termo final do período depurador: O termo final do quinquênio está relacionado à data da prática do segundo crime, e não à data da nova sentença condenatória.

(5) Crimes militares próprios: São aqueles definidos como crimes apenas no Código Penal Militar. Se a condenação definitiva anterior for por crime militar próprio, a prática de crime comum não leva à reincidência. Se o agente, porém, pratica crime militar próprio, após ter sido definitivamente condenado pela prática de crime comum, será reincidente perante o CPM, pois este não tem norma equivalente.

(6) Crimes políticos: Dividem-se em: (a) puros (exclusiva natureza política) ou relativos (ofendem simultaneamente a ordem político-social e um interesse privado); (b) próprios (atingem a organização política do Estado); ou (c) impróprios (ofendem um interesse político do cidadão). Modernamente, o conceito de crime político abrange não só os crimes de motivação política (aspecto subjetivo) como os que ofendem a estrutura política do Estado e os direitos políticos individuais (aspecto objetivo). Podemos citar como exemplo de crimes políticos os crimes eleitorais.

Crime político e terrorismo: Discute-se na doutrina e na jurisprudência se o terrorismo teria a natureza jurídica de crime político, pois, uma vez afastada essa natureza, a condenação por esse crime terá o condão de gerar a reincidência. Sobre o tema, *vide* comentários ao art. 7º do CP.

(7) Prescrição quinquenal da reincidência e maus antecedentes: O art. 64, I, do CP prevê a prescrição da reincidência se entre a data do cumprimento ou extinção da pena e a infração posterior tiver decorrido período de tempo superior a 5 anos. A dúvida reside na possibilidade de sua aplicação aos antecedentes criminais. No sentido de que não se aplica o disposto no art. 64, I, do CP aos maus antecedentes: "condenações transitadas em julgado que não conformam reincidência, ante o decurso do prazo depurador, atestam maus antecedentes" (TJRS, Ap. Crim. 70003732732, Câmara Especial Criminal, Rel. Des. Maria da Graça Carvalho Mottin, j. 30-12-2002); TJDFT, Ap. Crim. 20040110225920, 2ª T. Criminal, Rel. Des. Teófilo Rodrigues Caetano Neto, j. 18-8-2005; TJPR, Ap. Crim. 0273730-0, 6ª Câmara Criminal, Rel. Des. Lidio José Rotoli de Macedo, j. 14-4-2005. *Em sentido contrário*, sustentando a "vedação da perpetuidade dos efeitos da condenação": TJRS, Ap. Crim. 70012565404, 6ª Câmara Criminal, Rel. Des. Aymoré Roque Pottes de Mello, j. 24.11.2005; TJRS, Ap. Crim. 70007781974, 6ª Câmara Criminal, Rel. Des. Marco Antônio Bandeira Scapini, j. 13-5-2004.

(8) Prescrição quinquenal da reincidência e Lei n. 9.099/95: STF: "Suspensão condicional. Transação penal. Admissibilidade. Maus antecedentes. Descaracterização. Reincidência. Condenação anterior. Pena cumprida há mais de 5 (cinco) anos. Impedimento inexistente. HC deferido. Inteligência dos arts. 76, § 2º, III, e 89 da Lei n. 9.099/95. Aplicação analógica do art.

64, I, do CP. O limite temporal de cinco anos, previsto no art. 64, I, do Código Penal, aplica-se, por analogia, aos requisitos da transação penal e da suspensão condicional do processo" (STF, HC 86646/SP, 1ª T., Rel. Min. Cezar Peluso, j. 11-4-2006, *DJ* 9-6-2006, p. 18).

Circunstâncias atenuantes

Art. 65. São circunstâncias que sempre atenuam a pena: *(Artigo com redação dada pela Lei n. 7.209/84)*

I – ser o agente menor de 21 (vinte e um), na data do fato, ou maior de 70 (setenta) anos, na data da sentença;

II – o desconhecimento da lei;

III – ter o agente:

a) cometido o crime por motivo de relevante valor social ou moral;

b) procurado, por sua espontânea vontade e com eficiência, logo após o crime, evitar-lhe ou minorar-lhe as consequências, ou ter, antes do julgamento, reparado o dano;

c) cometido o crime sob coação a que podia resistir, ou em cumprimento de ordem de autoridade superior, ou sob a influência de violenta emoção, provocada por ato injusto da vítima;

d) confessado espontaneamente, perante a autoridade, a autoria do crime;

e) cometido o crime sob a influência de multidão em tumulto, se não o provocou.

(1) Circunstância atenuante: É todo dado secundário e eventual, objetivo ou subjetivo, que circunda o crime, cuja ausência não influi de forma alguma sobre a sua existência. Tem a função de abrandar a sanção penal.

(2) Previsão legal: As circunstâncias atenuantes estão previstas no art. 65 e sempre atenuam a pena, conforme o *caput* do artigo, sendo de aplicação obrigatória pelo juiz. Há também previsão legal de circunstâncias atenuantes no art. 66 do CP (as chamadas circunstâncias inominadas, as quais, embora não previstas expressamente em lei, podem ser consideradas em razão de algum outro dado relevante), bem como na legislação extravagante, por exemplo, na Lei dos Crimes Ambientais.

(3) Emprego do sistema trifásico para aplicação da pena: Em atenção à norma constitucional que obriga a lei a regular a individualização da pena (CF, art. 5º, XLVI), o Código Penal, em seu art. 68, adotou o sistema trifásico de cálculo da pena, que deve se desdobrar em três etapas: 1ª) o juiz fixa a pena de acordo com as circunstâncias judiciais; 2ª) o juiz leva em conta as circunstâncias agravantes e atenuantes legais; 3ª) o juiz leva em conta as causas de aumento ou de diminuição de pena.

(4) Sistema trifásico. Fundamentação: O desrespeito ao critério trifásico de aplicação da pena e a ausência de fundamentação em cada etapa acarretam a nulidade da sentença.

(5) Limites da pena: Em nenhuma dessas duas primeiras fases o juiz poderá diminuir ou aumentar a pena fora de seus limites legais. Ao estabelecer a pena, deve respeitar o princípio da legalidade, fazendo-o dentro dos limites legais, como prevê o art. 59, II, do CP. De acordo com a *Súmula 231 do STJ:* "A incidência da circunstância atenuante não pode conduzir a redução da pena abaixo do mínimo legal".

(6) Ser o agente menor de 21 anos na data do fato. Menoridade civil e penal: O novo Código Civil, em seu art. 5º, estatuiu que a "menoridade cessa aos 18 (dezoito) anos completos, quando a pessoa fica habilitada à prática de todos os atos da vida civil". Especificamente no que toca aos arts. 65 e 115 do CP, no entanto, entendemos que nenhum deles foi atingido pela reforma da legislação

civil. Em ambos os casos, não existe nenhuma relação entre a idade mencionada pelos dispositivos e a plena capacidade para a prática de atos jurídicos. Apenas por um critério do legislador, uma opção política sua, tais agentes, por inexperiência de vida ou senilidade, foram merecedores de um tratamento penal mais ameno. Assim, não há falar em derrogação desses dispositivos. Finalmente, é irrelevante que tenha havido emancipação civil do agente ou que este tenha casado, uma vez que tais fatos não repercutem na esfera penal.

Circunstância preponderante: No conflito entre agravantes e atenuantes, reza o art. 67 do CP que são preponderantes os motivos determinantes do crime, a personalidade do agente e a reincidência. O legislador deu preferência às circunstâncias de caráter subjetivo. No entanto, a jurisprudência vem entendendo que a circunstância mais importante é o fato de a vítima ser menor de 21 anos na data do fato. *Nesse sentido:* "a atenuante da menoridade é preponderante em relação às agravantes, não sendo possível, assim, a sua compensação": TJRS, Ap. Crim. 70003279288, 6ª Câmara Criminal, Rel. Juiz Umberto Guaspari Sudbrack, j. 2-10-2003; TJMG, Ap. Crim. 1.0672.05.170856-4/001, 4ª Câmara Criminal, Rel. Des. William Silvestrini, j. 31-5-2006.

Teoria da atividade: Leva-se em conta a idade do agente na data do fato, pois o Código Penal adotou a teoria da atividade (cf. art. 4º).

Prova: A menoridade só se prova mediante certidão de nascimento. A jurisprudência, contudo, tem abrandado essa posição, admitindo outros meios de prova, como a cédula de identidade e a data de nascimento constante da folha de antecedentes. Nessa esteira, há a *Súmula 74 do STJ*, segundo a qual, "para efeitos penais, o reconhecimento da menoridade do réu requer prova por documento hábil". *Na mesma linha:* STF, HC 71942/SP, 2ª T., Rel. Min. Carlos Velloso, j. 28-5-1996; STJ, HC 17.338/RJ, 5ª T., Rel. Min. José Arnaldo da Fonseca, j. 27-11-2001. A ausência de prova da menoridade mediante documento idôneo não pode ser suprida por mera referência ao auto de qualificação lavrado pela autoridade policial ou por simples declaração do réu: STF, HC 70.060-RJ, 1ª T., Rel. Min. Ilmar Galvão, j. 16-3-1993; TJDFT, Ap. Crim. 20040110045958, 2ª T. Criminal, Rel. Des. Getúlio Pinheiro, j. 6-5-2005; TRF, 3ª Região, 2ª T., Ap. Crim. 2003.03.99.006740-2, Rel. Des. Cecília Mello, j. 30-3-2004. *Em sentido contrário:* "não contestada a menoridade, a atenuante há de ser valorada no apenamento" (TJRS, Ap. Crim. 70012468906, 8ª Câmara Criminal, Rel. Des. Marco Antônio Ribeiro de Oliveira, j. 21-9-2005); "se a menoridade não foi contestada pela acusação, e constando do documento expedido pelo diretor do estabelecimento prisional a idade do acusado, é de admitir-se a menoridade" (TRF, 1ª Região, Ap. Crim. 2003.34.00.035485-8/DF, Rel. Des. Tourinho Neto, 3ª T., j. 19-11-2004).

Ser o agente maior de 70 anos na data da sentença: Data da sentença é a data em que esta é publicada pelo juiz em cartório. A expressão sentença é empregada em sentido amplo, compreendendo as sentenças de primeira instância e os acórdãos. Nula é a decisão que desconsidera tal circunstância na individualização da pena. *Nesse sentido:* STF, *RT* 440/470.

(7) Desconhecimento da lei: Embora o desconhecimento da lei seja inescusável (CP, art. 21), não excluindo a culpabilidade, pois ninguém pode deixar de cumpri-la alegando que não a conhece (LINDB, art. 3º), tal circunstância é considerada atenuante. Ressalte-se que nas contravenções penais, o erro ou a errada compreensão da lei, se escusáveis, geram perdão judicial (LCP, art. 8º); contudo, se o erro não for justificável, incidirá a atenuante em estudo. No tocante ao erro de proibição, causa excludente da culpabilidade, *vide* art. 21 do CP.

(8) Motivo de relevante valor social ou moral: O valor moral refere-se ao interesse subjetivo do agente, ao passo que o valor social diz com o interesse coletivo ou público. Caso constitua privilégio, o que ocorre no caso do homicídio doloso (CP, art. 121, § 1º) ou das lesões corporais (CP, art. 129, § 4º), não configura atenuante, desde que sejam preenchidos os demais pressupostos da causa privilegiadora.

(9) *Ter o agente procurado, por sua espontânea vontade e com eficiência, logo após o crime,* *evitar-lhe ou minorar-lhe as consequências:* Esse arrependimento difere do arrependimento eficaz, uma vez que, neste último, o agente consegue evitar a produção do resultado (CP, art. 15), enquanto o arrependimento atenuante só ocorre depois que o resultado se produziu.

Reparação do dano até o julgamento: Deve ocorrer até o julgamento de primeira instância. Se a reparação do dano anteceder ao recebimento da denúncia ou queixa e se preenchidos os demais requisitos do art. 16 do CP, há causa de diminuição de pena (arrependimento posterior), e não atenuante genérica.

Reparação do dano no caso do peculato culposo: A reparação do dano até a sentença isenta de pena (CP, art. 312, § 3º).

Reparação do dano no estelionato: No crime de emissão de cheque sem suficiente provisão de fundos, a reparação do dano até o recebimento da denúncia extingue a punibilidade do agente (*Súmula 554 do STF*); porém, se houver o emprego de fraude, ele responderá pelo crime, podendo fazer jus à atenuante, caso repare o dano.

Reparação do dano nos crimes tributários: Na hipótese da reparação do dano nos crimes tributários, *vide* comentários ao art. 16 do CP.

Reparação do dano nas infrações de menor potencial ofensivo: No tocante à reparação do dano nas infrações de menor potencial ofensivo, *vide* art. 74 da Lei n. 9.099/95.

(10) Praticar o crime sob coação moral resistível, obediência de autoridade superior, ou sob influência de violenta emoção provocada por ato injusto da vítima: *Coação moral resistível:* A coação física exclui a conduta, tornando o fato atípico. A coação moral irresistível exclui a culpabilidade, isentando de pena. A coação resistível, por sua vez, configura circunstância atenuante.

Obediência de autoridade superior: A obediência a ordem não manifestamente ilegal de superior hierárquico acarreta a exclusão da culpabilidade (CP, art. 22). A obediência a ordem manifestamente ilegal, por sua vez, permite apenas a atenuação da pena.

Sob influência de violenta emoção provocada por ato injusto da vítima: O domínio de violenta emoção pode caracterizar causa de diminuição específica, também chamada de privilégio, no homicídio doloso (CP, art. 121, § 1º) e nas lesões corporais dolosas (CP, art. 129, § 4º). Se o agente não estiver sob o domínio, mas sob mera influência, haverá a atenuante genérica, e não o privilégio. Além disso, o privilégio exige o requisito temporal "logo em seguida", o que inexiste para a incidência da atenuante.

(11) Confissão espontânea da autoria do crime perante a autoridade: *Espontaneidade*: A lei exige a confissão espontânea e não a meramente voluntária, de modo que a confissão feita por sugestão de terceiro não caracteriza a atenuante, uma vez que, além de voluntária, deve ser espontânea. É irrelevante a demonstração do arrependimento. *Nesse sentido:* "Não há que se falar em atenuante da confissão quando não se comprova nos autos que esta foi espontânea e voluntária" (TRF, 3ª R., 1ª T., Ap. Crim. 2000.61.19.007623-0, Rel. Des. Roberto Haddad, j. 13-3-2001). *Em sentido contrário:* "A confissão espontânea da autoria do crime, pronunciada, voluntária ou não, pelo réu perante a autoridade pública, atua sempre como uma circunstância atenuante de pena" (TJRS, Ap. Crim. 70003055878, 6ª Câmara Criminal, Rel. Des. Sylvio Baptista Neto, j. 25-10-2001). De todo modo, para a incidência da atenuante "não se exige que a autoria do crime seja desconhecida, nem que o réu demonstre arrependimento pelo cometimento do delito" (STJ, HC 54.196/MS, 5ª T., Rel. Min. Gilson Dipp, j. 25-4-2006).

Confissão qualificada: O acusado admite a autoria, mas alega ter agido acobertado por causa excludente da ilicitude (por exemplo, confessa ter matado em legítima defesa). Não atenua a pena, já que, nesse caso, o acusado não estaria propriamente colaborando para a elucidação da autoria, tampouco concordando com a pretensão acusatória, mas agindo no exercício do direito de autodefesa. *Nesse sentido:* TJRS, RCrim 70012273462, 1º Grupo, Rel. Des. Manuel José Martinez Lucas,

j. 5-5-2006; TJRJ, Ap. Crim. 2006.050.00808, 8ª Câmara Criminal, Rel. Des. Ângelo Moreira Glioche, j. 6-4-2006; TRF, 1ª Região, Ap. Crim. 2003.35.00.009074-6, 3ª T., Rel. Des. Tourinho Neto, j. 21-11-2005. *Em sentido contrário:* "A atenuante do art. 65, III, *d*, do CP refere-se expressamente à mera confissão de autoria, não podendo o julgador restringir a sua aplicação às confissões de condutas típicas, antijurídicas e culpáveis, sob pena de violação do princípio da legalidade" (TJMG, Ap. Crim. 1.0686.03.065321-2/001, 3ª Câmara Criminal, Rel. Des. Erony da Silva, j. 10-2-2004).

Momento: A confissão pode ser prestada judicial ou extrajudicialmente, desde que perante a autoridade judicial ou policial. A confissão em segunda instância, após a sentença condenatória, não produz efeitos, uma vez que, nesse caso, não se pode falar em cooperação espontânea, pois a versão do acusado já foi repudiada pela sentença de primeiro grau. A confissão extrajudicial só funciona como atenuante se não infirmada em juízo, portanto, negada a autoria no interrogatório judicial, fica ela afastada. *Nesse sentido:* STF, HC 74165/RS, 2ª T., Rel. Min. Maurício Corrêa, j. 17-9-1996; TJRS, Ap. Crim. 70011794252, 8ª Câmara Criminal, Rel. Des. Roque Miguel Fank, j. 29-6-2005; TJGO, Ap. Crim. 200500018760, 1ª Câmara Criminal, Rel. Des. Arivaldo da Silva Chaves, j. 3-5-2005; TRF, 1ª Região, Ap. Crim. 2002.30.00.002208-8, 3ª T., Rel. Des. Cândido Ribeiro, j. 12-8-2005. *Em sentido contrário:* "A confissão extrajudicial, ainda que retratada em juízo, deve ser reconhecida como circunstância atenuante pelo julgador se serviu de fundamento para sustentar a condenação" (STJ, HC 51.427/MS, 5ª T., Rel. Min. Gilson Dipp, j. 9-5-2006); TRF, 2ª Região, Ap. Crim. 2002.02.01.0 00930-2, 1ª T., Relª Desª Maria Helena Cisne, j. 22-3-2006; TRF, 3ª Região, Ap. Crim. 2003.60.02.000444-8, 2ª T., Relª Desª Cecília Mello, j. 13-4-2004; TJRS, Ap. Crim. 70007004245, 5ª Câmara Criminal, Rel. Des. Aramis Nassif, j. 15-10-2003.

Delação eficaz ou premiada: Vide Lei n. 8.072/90 (Lei dos Crimes Hediondos); Lei n. 9.807/99 (Lei de Proteção a Testemunhas); Lei n. 11.343/2006, art. 41 (Lei de Drogas); Lei n. 7.492/86, art. 25, § 2º (Crimes contra o Sistema Financeiro); Lei n. 8.137/90, art. 16, parágrafo único (Crimes contra a Ordem Tributária); Lei n. 9.613/98, art. 1º, § 5º (Crimes de Lavagem de Dinheiro).

A Lei n. 12.850, de 2 de agosto de 2013, que define organização criminosa e dispõe sobre a investigação criminal, os meios de obtenção da prova, infrações penais correlatas e o procedimento criminal, trata a delação premiada com outra denominação, em sua Seção I – da *colaboração premiada* (arts. 4º a 7º).

O Superior Tribunal de Justiça aprovou o enunciado 545 nos seguintes termos: "Quando a confissão for utilizada para a formação do convencimento do julgador, o réu fará jus à atenuante prevista no art. 65, III, *d*, do Código Penal".

(12) Praticar o crime sob influência de multidão em tumulto, se não o provocou: Ainda que a reunião da qual se originou o tumulto não tivesse fins lícitos, se o agente não lhe deu causa, tem direito à atenuação.

Lei dos Crimes Ambientais

Circunstâncias atenuantes incidentes sobre os delitos da Lei dos Crimes Ambientais: São circunstâncias que atenuam a pena: I – baixo grau de instrução ou escolaridade do agente; II – arrependimento do infrator, manifestado pela espontânea reparação do dano, ou limitação significativa da degradação ambiental causada; III – comunicação prévia pelo agente do perigo iminente de degradação ambiental; IV – colaboração com os agentes encarregados da vigilância e do controle ambiental.

Súmulas:

Súmula 74 do STJ: "Para efeitos penais, o reconhecimento da menoridade do réu requer prova por documento hábil".

Súmula 231 do STJ: "A incidência da circunstância atenuante não pode conduzir a redução da pena abaixo do mínimo legal".

Art. 66. A pena poderá ser ainda atenuada em razão de circunstância relevante, anterior ou posterior ao crime, embora não prevista expressamente em lei. *(Redação dada pela Lei n. 7.209/84)*

(1) Circunstâncias atenuantes inominadas: Não estão especificadas em lei, podendo ser anteriores ou posteriores ao crime. Devem ser relevantes. A redução é obrigatória, se identificada alguma atenuante não expressa. Exemplo: crime praticado por agente que se encontra desesperado em razão de desemprego, moléstia grave na família ou o caso do arrependimento ineficaz.
Súmula:
Súmula 231 do STJ: "A incidência da circunstância atenuante não pode conduzir a redução da pena abaixo do mínimo legal".

Concurso de circunstâncias agravantes e atenuantes

Art. 67. No concurso de agravantes e atenuantes, a pena deve aproximar-se do limite indicado pelas circunstâncias preponderantes, entendendo-se como tais as que resultam dos motivos determinantes do crime, da personalidade do agente e da reincidência. *(Redação dada pela Lei n. 7.209/84)*

(1) Concurso de circunstâncias agravantes e atenuantes: Na segunda fase de aplicação da pena, pode ocorrer um conflito entre algumas circunstâncias que elevem a pena (CP, arts. 61 e 62) e outras que a atenuem (CP, arts. 65 e 66).

(2) Preponderância: Quando houver concurso de circunstâncias agravantes e atenuantes, a questão será solucionada pelo art. 67 do Código Penal, que prevê quais as circunstâncias mais relevantes, que possuem preponderância em um eventual conflito. São preponderantes os motivos determinantes do crime, a personalidade do agente e a reincidência. Como se nota, o legislador optou por dar prevalência às circunstâncias de caráter subjetivo, as quais possuem preferência sobre as de caráter objetivo. A jurisprudência, porém, vem entendendo que a circunstância mais importante de todas, mais até do que os motivos do crime, a personalidade do agente e a reincidência, é a da menoridade relativa (agente menor de 21 anos à data do fato). *Nesse sentido:* "A menoridade é considerada como atenuante superpreponderante, acima de todas as demais agravantes, inclusive sobre a reincidência" (TJRS, Ap. Crim. 70004156253, 8ª Câmara Criminal, Rel. Des. Roque Miguel Fank, j. 7-8-2002). Assim, essa atenuante genérica terá preferência sobre qualquer outra circunstância agravante ou atenuante. Dessa forma, no conflito entre agravantes e atenuantes, prevalecerão as que disserem respeito à menoridade relativa do agente. Em seguida, as referentes aos motivos do crime, à personalidade do agente e à reincidência (sempre agravante). Abaixo dessas, qualquer circunstância de natureza subjetiva. Por último, as circunstâncias objetivas.

(3) Concurso de circunstâncias judiciais e circunstâncias legais agravantes e atenuantes: Não existe conflito, uma vez que as circunstâncias judiciais se encontram na primeira fase e as agravantes e atenuantes na segunda. Se as judiciais forem desfavoráveis, o juiz aumenta a pena na primeira fase. Em seguida, se só existirem atenuantes, diminui na segunda.

(4) Concurso de circunstâncias judiciais: Procede-se do mesmo modo que no conflito entre agravantes e atenuantes (*vide* CP, art. 67). Assim, se houver circunstâncias judiciais favoráveis em conflito com outras desfavoráveis ao agente, deverão prevalecer as que digam respeito à sua personalidade, aos motivos do crime e aos antecedentes. Em seguida, as demais circunstâncias subjetivas (grau de culpabilidade e conduta social). E, finalmente, as consequências do crime e o comportamento da vítima. *Vide* art. 42 da Lei n. 11.343/2006, o qual dispõe que "o juiz, na fixação das penas, considerará, com preponderância sobre o previsto no art. 59 do Código Penal, a natureza e a quantidade da substância ou do produto, a personalidade e a conduta social do agente".

(5) Concurso de causas de aumento ou diminuição de pena: Vide comentários ao art. 68 do CP.
(6) Concurso de qualificadoras: Vide comentários ao art. 68 do CP.

Cálculo da pena

Art. 68. A pena-base será fixada atendendo-se ao critério do art. 59 deste Código; em seguida serão consideradas as circunstâncias atenuantes e agravantes; por último, as causas de diminuição e de aumento. *(Artigo com redação dada pela Lei n. 7.209/84)*

Parágrafo único. No concurso de causas de aumento ou de diminuição previstas na parte especial, pode o juiz limitar-se a um só aumento ou a uma só diminuição, prevalecendo, todavia, a causa que mais aumente ou diminua.

(1) Cálculo da pena: No art. 59 tivemos a oportunidade de estudar as circunstâncias judiciais; nos arts. 61 a 63, as circunstâncias agravantes; e nos arts. 65 e 66, as circunstâncias atenuantes. Portanto foi ultimado o estudo da primeira e segunda fases de aplicação da pena. As causas de aumento e diminuição de pena fazem parte da terceira fase de aplicação da pena.

(2) Sistema trifásico de aplicação da pena: O Código Penal, em seu art. 68, adotou o sistema trifásico de cálculo da pena, que se desdobra em três etapas: 1ª) o juiz fixa a pena de acordo com as circunstâncias judiciais; 2ª) o juiz leva em conta as circunstâncias agravantes e atenuantes; 3ª) o juiz leva em conta as causas de aumento ou de diminuição de pena. Esse é o sistema que deverá ser respeitado pelo juiz ao calcular a pena imposta ao réu na sentença condenatória, em atenção à norma constitucional que obriga a lei a regularizar a individualização da pena (CF, art. 5º, XLVI).

(3) Causas de aumento e diminuição genérica: São assim chamadas porque se situam na Parte Geral do Código Penal. São as causas que aumentam ou diminuem as penas em proporções fixas (1/2, 1/3, 1/6, 2/3 etc.). Essas causas podem elevar a pena além do máximo e diminuí-la aquém do mínimo, ao contrário das circunstâncias anteriores. Exemplos de causas de diminuição: art. 14, parágrafo único; art. 16; art. 21, 2ª parte; art. 26, parágrafo único; art. 29, § 1º etc. Exemplos de causas de aumento: art. 70; art. 71, *caput* e parágrafo único.

Causas específicas ou especiais de aumento e diminuição de pena: São causas de aumento ou diminuição que dizem respeito a delitos específicos previstos na Parte Especial. Assim, no caso de roubo praticado em concurso de agentes ou com emprego de arma (chamado impropriamente de roubo qualificado), o que há na verdade é uma causa de aumento, pois a pena é aumentada de *1/3* até a metade (CP, art. 157, § 2º, I e II).

(4) Consequência das causas de aumento e diminuição: Não interessa se estão previstas na Parte Geral ou na Parte Especial: essas causas são levadas em consideração na última fase de fixação de pena, nos termos do já citado art. 68. Supondo que, após as duas primeiras fases, a pena tenha permanecido no mínimo legal, nesse caso, na terceira e última fase, com a redução, essa pena obrigatoriamente ficará inferior ao mínimo. Somente na última fase, com as causas de aumento ou de diminuição, é que a pena poderá sair dos limites legais.

(5) Fundamentação: Prevendo o tipo penal os índices mínimo e máximo para o agravamento da pena, não pode a sentença adotar o índice máximo sem fundamentação específica. É este o entendimento pacífico dos Tribunais Superiores: STF, HC 73884/RJ, 2ª T., Rel. Min. Carlos Velloso, j. 27-8-1996 e STJ, HC 19.517/MS, 6ª T., Rel. Min. Paulo Medina, j. 20-4-2004. *No mesmo sentido:* TJDFT, Ap. Crim. 20040610025153, 2ª T., Rel. Des. Teófilo Rodrigues Caetano Neto, j. 18-8-2005.

(6) Concurso de causas de aumento ou diminuição previstas na Parte Especial: O art. 68, parágrafo único, somente se aplica às causas de aumento e de diminuição de pena previstas na Parte Especial do Código Penal. Nos termos desse dispositivo. "No concurso de causas de aumento ou de diminuição previstas na parte especial, pode o juiz limitar-se a um só aumento ou a uma só diminui-

ção, prevalecendo, todavia, a causa que mais aumente ou diminua". *Assim:* TRF, 5ª Região, Ap. Crim. 2004.83.00.004596-7, 3ª T., Rel. Des. Joana Carolina Lins Pereira, j. 20-10-2005; TRF, 2ª Região, Ap. Crim. 96.02.19180-5, 3ª T., Rel. Des. Francisco Pizzolante, j. 24-2-1999. *Em sentido diverso,* fazendo incidir todas as causas de aumento: STJ, HC 45.875/SP, 5ª T., Rel. Min. Gilson Dipp, j. 7-3-2006; TJMT, Ap. Crim. 5546212004, 1ª Câmara Criminal, Rel. Des. Paulo Inácio Dias Lessa, j. 22-2-2005. Alguns julgados salientam que, na hipótese de valoração de todas as causas de aumento ou diminuição de pena, a avaliação destas deve ser qualitativa, e não meramente quantitativa: STJ, HC 34.572/SP, 6ª T., Rel. Min. Hamilton Carvalhido, j. 9-2-2006; TJRJ, EI 2005.054.00237, 3ª Câmara Criminal, Rel. Des. Manoel Alberto, j. 25-4-2006. Por fim, nos casos de aplicação do art. 68, parágrafo único, do CP, não há consenso quanto à possibilidade de valoração da causa de aumento ou diminuição remanescente em outra fase de aplicação da pena. A jurisprudência majoritária inclina-se para sua incidência sobre a pena como agravante ou atenuante, se prevista na lei, ou, subsidiariamente, sua consideração como circunstância judicial. *Nessa linha:* TRF, 4ª Região, Ap. Crim. 2000.71.00.001752-1, 7ª T., Rel. Des. Maria de Fátima Freitas Labarrêre, j. 18-5-2004. *Em sentido contrário:* TJRS, Ap. Crim. 70007126972, 5ª Câmara Criminal, Rel. Des. Aramis Nassif, j. 11-2-2004; TJAC, *RT* 781/616.

(7) Concurso de qualificadoras: Pode ocorrer que em um mesmo crime concorram várias qualificadoras. Por exemplo, no caso de homicídio doloso triplamente qualificado por motivo torpe, emprego de veneno e de recurso que impossibilite a defesa do ofendido, terão incidência três qualificadoras (CP, art. 121, § 2º, I, III e IV). Entretanto, somente uma cumprirá a função de elevar os limites de pena mínimo e máximo. Restariam ainda as outras duas, havendo dúvida sobre qual função estas assumiriam. Há duas posições: (a) as demais qualificadoras assumem a função de circunstâncias judiciais (art. 59), influindo na primeira fase da dosagem da pena. Nesse sentido há precedente no STJ: "no caso de incidência de duas qualificadoras, integrantes do tipo homicídio qualificado, não pode uma delas ser tomada como circunstância agravante, ainda que coincidente com uma das hipóteses descritas no art. 61 do CP. A qualificadora deve ser considerada como circunstância judicial na fixação da pena-base, porque o *caput* do art. 61 deste diploma é excludente da incidência da agravante genérica" (RHC 7176/MS, 6ª T., Rel. Min. Fernando Gonçalves, j. 19-3-1998); TJMG, RCrim 1.0000.04.410507-0/000, 1º Grupo, Rel. Acórdão Des. Jane Silva, j. 13-6-2005. (b) As demais qualificadoras funcionam como agravantes, na segunda fase de fixação de pena, uma vez que, na hipótese de duas ou mais qualificadoras, somente uma delas exercerá, efetivamente, essa função. Com efeito, basta uma para que os limites mínimo e máximo sejam elevados. As demais, perdendo a função de qualificar o crime, passam a atuar como agravantes ("São agravantes, quando não qualificam o crime"), entrando na segunda fase de fixação da pena. *No mesmo sentido:* "na hipótese de concorrência de qualificadoras num mesmo tipo penal, uma delas deve ser utilizada para qualificar o crime e as demais serão consideradas como circunstâncias agravantes" (STF, HC 85414/MG, 2ª T., Rel. Min. Ellen Gracie, j. 14-6-2005); TJSP, Ap. Crim. 4797393200, 6ª Câmara Criminal, Rel. Des. Debatin Cardoso, j. 2-6-2005; TJPR, RvCrim 0169608-2, 1º Grupo, Rel. Des. Clotário Portugal Neto, j. 4-5-2005; TRF, 1ª Região, Ap. Crim. 2001.41.00.000463-2, 4ª T., Rel. Des. Ítalo Fioravanti Sabo Mendes, j. 2-12-2005. No tocante à segunda posição, entende-se que, se não estiver prevista como circunstância agravante genérica, a qualificadora excedente será valorada, residualmente, como circunstância judicial: STF, HC 80771/MS, 1ª T., Rel. Min. Moreira Alves, j. 3-4-2001; STJ, HC 48.338/MG, Rel. Min. Felix Fischer, 5ª T., j. 4-4-2006; TRF, 4ª Região, Ap. Crim. 2001.70.03.004362-7, 8ª T., Rel. Des. Luiz Fernando Wowk Penteado, j. 11-6-2003.

(8) Concurso entre circunstâncias judiciais: Vide comentários ao art. 67 do CP.

(9) Concurso entre circunstâncias judiciais e circunstâncias agravantes e atenuantes: Vide comentários ao art. 67 do CP.

Concurso material

Art. 69. Quando o agente, mediante mais de uma ação ou omissão, pratica dois ou mais crimes, idênticos ou não, aplicam-se cumulativamente as penas privativas de liberdade em que haja incorrido. No caso de aplicação cumulativa de penas de reclusão e de detenção, executa-se primeiro aquela. *(artigo com redação dada pela Lei n. 7.209/84)*

§ 1º Na hipótese deste artigo, quando ao agente tiver sido aplicada pena privativa de liberdade, não suspensa, por um dos crimes, para os demais será incabível a substituição de que trata o art. 44 deste Código.

§ 2º Quando forem aplicadas penas restritivas de direitos, o condenado cumprirá simultaneamente as que forem compatíveis entre si e sucessivamente as demais.

(1) Concurso de crimes: Ocorre quando o agente, mediante mais de uma ação ou omissão, pratica dois ou mais crimes. São espécies de concurso de crimes: (a) concurso material ou real (CP, art. 69); (b) concurso formal ou ideal (CP, art. 70); (c) crime continuado (CP, art. 71).

(2) Concurso material ou real: É a prática de duas ou mais condutas, dolosas ou culposas, omissivas ou comissivas, produzindo dois ou mais resultados, idênticos ou não, mas todas vinculadas pela identidade do agente, não importando se os fatos ocorreram na mesma ocasião ou em dias diferentes. O concurso material será denominado *homogêneo* se os resultados produzidos forem idênticos (por exemplo: dois crimes de homicídio); e será *heterogêneo* se os resultados forem diversos (por exemplo: homicídio e lesão corporal).

(3) Sistema de aplicação da pena: Adotou-se o sistema de *cúmulo material:* somam-se as penas cominadas a cada um dos crimes. Tal sistema é seguido no concurso material (CP, art. 69), no concurso formal imperfeito e no concurso das penas de multas (CP, art. 72). O juiz deve fixar, separadamente, a sanção de cada um dos delitos e depois, na própria sentença, somá-las. A aplicação conjunta viola o princípio da individualização da pena, anulando a sentença. No tocante às causas especiais de aumento de pena, autoriza-se a sua incidência sobre cada um dos delitos, sem que isso caracterize dupla incidência desses fatores de majoração da sanção penal.

Pena de reclusão e de detenção: No caso de aplicação cumulativa de penas de reclusão e de detenção, executa-se primeiro aquela.

Pena privativa de liberdade e restritiva de direitos (§ 1º): Conforme o disposto no § 1º deste artigo, quando ao agente tiver sido aplicada pena privativa de liberdade, não suspensa, por um dos crimes, para os demais será incabível a substituição da pena privativa de liberdade por restritiva de direitos de que trata o art. 44 deste Código. Assim, de acordo com a interpretação do dispositivo, se tiver sido concedida a suspensão condicional da pena privativa de liberdade para um crime, será cabível a substituição da pena privativa de liberdade por restritiva de direitos para os demais. Sucede que, com a alteração do art. 44 do CP, que ampliou o limite de pena para a substituição da pena privativa de liberdade por restritiva de direitos (antes, a pena deveria ser inferior a um ano, agora, com a redação determinada pela Lei n. 9.714/98, não poderá ser superior a quatro anos), o *sursis* passou a ter pouca incidência (cabível nas penas privativas de liberdade não superiores a 2 anos), tornando pouco aplicável a vedação do art. 69, § 1º. Não se pode esquecer ainda que o próprio art. 77, III, do CP dispõe que, para a concessão do *sursis*, deve-se antes avaliar se não é indicada ou cabível a substituição prevista no art. 44 do CP (sobre o tema, *vide* comentários ao art. 77 do CP).

Pena restritiva de direitos com outra restritiva (§ 2º): Se compatíveis, devem ser executadas simultaneamente; caso contrário, uma depois da outra. No caso de condenações em processos distintos, ambos com substituição da pena privativa de liberdade por restritivas de direitos, a posterior unificação das penas não pode ensejar a revogação das penas substitutivas pelo juízo da execução: STJ, REsp 609.069/RS, 5ª T., Rel. Min. Gilson Dipp, j. 21-9-2004; TRF, 4ª Região, Ag. 200471080141405, 8ª T., Rel. Des. Élcio Pinheiro de Castro, j. 4-5-2005.

(4) Juiz competente para a aplicação da regra do concurso material: Se houver conexão entre os delitos com a respectiva unidade processual, a regra do concurso material é aplicada pelo próprio juiz sentenciante. Em não havendo conexão entre os diversos delitos, que são objeto de diversas ações penais, a regra do concurso material é aplicada pelo juízo da execução, uma vez que, com o trânsito em julgado, todas as condenações são reunidas na mesma execução, momento em que as penas serão somadas (LEP, art. 66, III, *a*).

(5) Concurso material e crime continuado: Se o agente, mediante diversas ações, pratica vários crimes, em lugares diversos, executando-os de maneira diferente e com largo intervalo de tempo, configura-se o concurso material.

(6) Concurso material e prescrição: O prazo prescricional deve ser contado separadamente para cada uma das infrações penais, uma vez que dispõe o art. 119 do Código Penal: "no caso de concurso de crimes, a extinção da punibilidade incidirá sobre a pena de cada um, isoladamente".

(7) Concurso material e Lei dos Juizados Especiais Criminais. Alterações promovidas pela Lei n. 11.313/2006: De acordo com o art. 60 da Lei n. 9.099/95, com a redação determinada pela Lei n. 11.313/2006, "O Juizado Especial Criminal, provido por juízes togados ou togados e leigos, tem competência para a conciliação, o julgamento e a execução das infrações penais de menor potencial ofensivo, respeitadas as regras de conexão e continência. Parágrafo único. Na reunião de processos, perante o juízo comum ou o tribunal do júri, decorrentes da aplicação das regras de conexão e continência, observar-se-ão os institutos da transação penal e da composição dos danos civis". Com as modificações mencionadas, passamos a ter o seguinte panorama processual: (a) uma vez praticada uma infração de menor potencial ofensivo, a competência será do Juizado Especial Criminal. Se, no entanto, com a infração de menor potencial ofensivo houverem sido praticados outros crimes, em conexão ou continência, deverão ser observadas as regras do art. 78 do CPP, para saber qual o juízo competente; (b) caso, em virtude da aplicação das regras do art. 78 do CPP, venha a ser estabelecida a competência do juízo comum ou do tribunal do júri para julgar também a infração de menor potencial ofensivo, afastando, portanto, o procedimento sumaríssimo da Lei n. 9.099/95, isso não impedirá a aplicação dos institutos da transação penal e da composição dos danos civis. Essa ressalva da lei objetivou garantir os institutos assegurados constitucionalmente ao acusado, contidos no art. 98, I, da CF. Como assinala Luiz Flávio Gomes, "o novo art. 60 manda 'observar' o instituto da transação, mesmo depois da reunião dos processos (que retrata uma situação de concurso material, em regra). Ora, se no concurso material vale o art. 60 c.c. art. 119, solução distinta não será possível sugerir em relação ao concurso formal e ao crime continuado" (*Lei n. 11.313: Novas Alterações nos Juizados Criminais*). Considera-se, portanto, isoladamente cada infração penal, sem os acréscimos decorrentes do concurso de crimes, contrariamente ao entendimento esposado na Súmula 243 do STJ, a qual dispõe que "o benefício da suspensão do processo não é aplicável em relação às infrações penais cometidas em concurso material, concurso formal ou continuidade delitiva, quando a pena mínima cominada, seja pelo somatório, seja pela incidência da majorante, ultrapassar o limite de um (01) ano" (*vide* também Súmula 723 do STF). Mencione-se que esse entendimento também vinha sendo aplicado pelos tribunais ao instituto da transação penal, quando a pena, pelo somatório, ultrapassasse o limite de dois anos.

(8) Concurso de crimes e art. 44 do CP: Discute-se se, para efeito do art. 44 do CP, isto é, para substituição da pena privativa de liberdade por restritiva de direitos, aquelas deverão ser somadas para o fim de preencher o requisito do limite de pena, que não pode ser superior a 4 anos, ou se deverão ser consideradas isoladamente. Há duas posições: (a) tendo em vista o disposto no art. 119 do CP, bem como a interpretação do art. 69, § 1º, do CP, as penas aplicadas em concurso material deveriam ser consideradas isoladamente no concurso material, para efeito do art. 44 do CP. No entanto, tendo em vista o critério adotado pela Súmula 243 do STJ para o *sursis* processual, é

provável que, para efeito de aplicação do art. 44 do CP, o somatório das penas também seja o critério adotado pela jurisprudência. N*esse sentido:* Celso Delmanto, *Código*, cit., p. 139. (b) A substituição da pena privativa de liberdade por restritiva de direitos somente será possível se do somatório das penas resultante do concurso de crimes, não ultrapassar quatro anos. Nesse sentido: Damásio de Jesus, *Penas alternativas*, São Paulo: Saraiva, 1999, p. 88.

(9) Concurso de multas: Vide art. 72 do CP.

Súmulas:

Súmula 723 do STF: "Não se admite a suspensão condicional do processo por crime continuado, se a soma da pena mínima da infração mais grave com o aumento mínimo de um sexto for superior a um ano".

Súmula 81 do STJ: "Não se concede fiança quando, em concurso material, a soma das penas mínimas cominadas for superior a dois anos de reclusão".

Súmula 243 do STJ: "O benefício da suspensão condicional do processo não é aplicável em relação às infrações penais cometidas em concurso material, concurso formal ou continuidade delitiva, quando a pena mínima cominada, seja pelo somatório, seja pela incidência da majorante, ultrapassar o limite de um (01) ano".

Concurso formal

Art. 70. Quando o agente, mediante uma só ação ou omissão, pratica dois ou mais crimes, idênticos ou não, aplica-se-lhe a mais grave das penas cabíveis ou, se iguais, somente uma delas, mas aumentada, em qualquer caso, de um sexto até metade. As penas aplicam-se, entretanto, cumulativamente, se a ação ou omissão é dolosa e os crimes concorrentes resultam de desígnios autônomos, consoante o disposto no artigo anterior. *(artigo com redação dada pela Lei n. 7.209/84)*

Parágrafo único. Não poderá a pena exceder a que seria cabível pela regra do art. 69 deste Código.

(1) Concurso formal ou ideal: O agente, com uma única conduta, causa dois ou mais resultados. Na realidade, o concurso formal implica a existência de dois ou mais crimes, que, para efeito de política criminal, são apenados de maneira menos rigorosa.

Conduta única: Exige o tipo penal que o agente, mediante uma só ação ou omissão, pratique dois ou mais crimes. A conduta, portanto, deve ser única. Esta compreende um único ato ou uma sequência de atos desencadeados pela vontade humana, objetivando a realização de um fato típico. Assim, um indivíduo que, em uma mesma ocasião, retira vários objetos de um apartamento, embora tenha praticado vários atos, realizou uma única conduta típica. Há apenas uma ação, ainda que desdobrada em vários atos. Sobre o tema, *vide* José Frederico Marques, *Tratado*, cit., v. 2, p. 451.

Dois ou mais crimes: De acordo com o tipo penal, uma só conduta dá origem a mais de um fato, ou a mais de um crime, quando atingir mais de um bem penalmente tutelado. Assim, quem atira num indivíduo e concomitantemente acerta o projétil neste e num outro, pode ter praticado uma só ação, mas dois foram os crimes cometidos, porque houve violação de mais de um bem jurídico. Por outro lado, se da conduta única surgir um único fato típico, inexistirá o concurso formal. O concurso formal pode ser: (a) *homogêneo*: ocorrem resultados idênticos. Exemplo: lesões corporais causadas em várias vítimas em decorrência de acidente de veículo automotor; (b) *heterogêneo*: ocorrem resultados diversos. Exemplo: em acidente de veículo, o motorista fere dois indivíduos e mata um terceiro.

(2) Concurso formal perfeito (art. 70, caput, 1ª parte): Resulta de um único desígnio. O agente, por meio de um só impulso volitivo, dá causa a dois ou mais resultados. Exemplo: o agente dirige um carro em alta velocidade e atropela e mata três pessoas.

(3) Concurso formal imperfeito (art. 70, caput, 2ª parte): É o resultado de desígnios autônomos. Aparentemente, há uma só ação, mas o agente, intimamente, deseja os outros resultados ou aceita o risco de produzi-los. Como se nota, essa espécie de concurso formal só é possível nos crimes dolosos. Exemplo: o agente incendeia uma residência com a intenção de matar todos os moradores. Observe-se que a expressão "desígnios autônomos" abrange tanto o dolo direto quanto o dolo eventual. Assim, haverá concurso formal imperfeito, por exemplo, entre um delito de homicídio doloso com dolo direto e outro com dolo eventual.

(4) Sistema de aplicação da pena: Dois foram os sistemas adotados pelo art. 70 do CP: (a) *Concurso formal perfeito (CP, art. 70, caput, 1ª parte)*: adotou-se o sistema de *exasperação da pena*, pelo qual se aplica a pena do crime mais grave aumentada de certo percentual, se o concurso formal for heterogêneo, ou a pena de qualquer dos crimes acrescida de um percentual, se homogêneo. O aumento varia de acordo com o número de resultados produzidos. (b) *Concurso formal imperfeito (CP, art. 70, caput, 2ª parte)*: adotou-se o sistema de cúmulo material, segundo o qual se somam as penas cominadas a cada um dos crimes.

(5) Limite de pena. Concurso material benéfico (parágrafo único): Se, da aplicação da regra do concurso formal, a pena tornar-se superior à que resultaria da aplicação do concurso material (soma de penas), deve-se seguir este último critério (CP, art. 70, parágrafo único). Impede-se assim que, numa hipótese de *aberratio ictus* (homicídio doloso mais lesões culposas), se aplique ao agente pena mais severa, em razão do concurso formal, do que a aplicável, no mesmo exemplo, pelo concurso material. Quem comete mais de um crime com uma única ação não pode sofrer pena mais grave do que a imposta ao agente que, reiteradamente, com mais de uma ação, comete os mesmos crimes.

(6) Concurso formal e prescrição: Aplica-se a regra do art. 119 do CP, ou seja, a prescrição incidirá sobre a pena de cada crime isoladamente, sem se levar em conta o acréscimo decorrente do concurso formal.

(7) Concurso formal e Lei dos Juizados Especiais Criminais: Vide comentários ao art. 69 do CP.

(8) Concurso de crimes e art. 44 do CP: Vide comentários ao art. 69 do CP.

(9) Concurso de multas: Vide comentários ao art. 72 do CP.

Súmula:

Súmula 243 do STJ: O benefício da suspensão condicional do processo não é aplicável em relação às infrações penais cometidas em concurso material, concurso formal ou continuidade delitiva, quando a pena mínima cominada, seja pelo somatório, seja pela incidência da majorante, ultrapassar o limite de um (01) ano.

Crime continuado

Art. 71. Quando o agente, mediante mais de uma ação ou omissão, pratica dois ou mais crimes da mesma espécie e, pelas condições de tempo, lugar, maneira de execução e outras semelhantes, devem os subsequentes ser havidos como continuação do primeiro, aplica-se-lhe a pena de um só dos crimes, se idênticas, ou a mais grave, se diversas, aumentada, em qualquer caso, de um sexto a dois terços. *(Artigo com redação dada pela Lei n. 7.209/84)*

Parágrafo único. Nos crimes dolosos, contra vítimas diferentes, cometidos com violência ou grave ameaça à pessoa, poderá o juiz, considerando a culpabilidade, os antecedentes, a conduta social e a personalidade do agente, bem como os motivos e as circunstâncias, aumentar a pena de um só dos crimes, se idênticas, ou a mais grave, se diversas, até o triplo, observadas as regras do parágrafo único do art. 70 e do art. 75 deste Código.

(1) Crime continuado: É aquele em que o agente, mediante mais de uma ação ou omissão, pratica dois ou mais crimes da mesma espécie, os quais, pelas semelhantes condições de tempo, lugar, modo de execução e outras, podem ser tidos uns como continuação dos outros. Difere do concurso formal, pois, neste, há apenas uma ação, que poderá ser desdobrada em vários atos. Exemplo: no delito de roubo, com pluralidade de vítimas, aplica-se a regra do concurso formal (CP, art. 70), e não a continuidade delitiva.

(2) Natureza jurídica: O Código Penal adotou a teoria da ficção jurídica. Na realidade, há uma pluralidade de delitos (*vide* art. 119 do CP, que trata da prescrição incidente sobre cada crime isoladamente), mas o legislador, por uma ficção, entende, em benefício do réu, que eles constituem um só crime, apenas para efeito de sanção penal.

(3) Unidade de desígnio: Há duas correntes: (a) Para parte da doutrina, o Código Penal adotou, de forma clara, a teoria puramente objetiva (é dispensável a vontade de praticar os delitos em continuação, bastando que as condições objetivas semelhantes estejam presentes). *Nesse sentido:* Alberto Silva Franco, *Código Penal*, cit., p. 356, e Celso Delmanto, *Código Penal*, cit., p. 143; STF, HC 68661/DF, 1ª T., Rel. Min. Sepúlveda Pertence, j. 27-8-1991; TRF, 4ª Região, Ap. Crim. 96.04.30451-8, 2ª T., Rel. Des. Fernando Quadros da Silva, j. 6-11-2000; TJRS, Ap. Crim. 70005659412, Câmara Especial Criminal, Relª Desª Maria da Graça Carvalho Mottin, j. 3-6-2003. (b) Para um outro segmento doutrinário é inadmissível crime continuado sem a vontade de praticar os delitos em continuação, pois, do contrário, se estaria equiparando a continuidade delitiva à habitualidade no crime. *Nesse sentido:* Aníbal Bruno, *Direito penal*, cit., t. 2, p. 678; Damásio de Jesus, *Direito penal*, cit., 23 ed., v. 1, p. 606. É esse também o entendimento do Superior Tribunal de Justiça, que, acolhendo a teoria mista (objetiva-subjetiva) para a caracterização do crime continuado, julga "imprescindível a comprovação da unidade de desígnio do agente, não se satisfazendo com a só convergência dos requisitos objetivos" (STJ, HC 33.263/SP, 6ª T., Rel. Min. Hamilton Carvalhido, j. 28-3-2006; STJ, REsp 700.730/RS, 5ª T., Rel. Min. José Arnaldo da Fonseca, j. 4-8-2005. *Na mesma linha:* STF, RHC 85577/RJ, 2ª T., Rel. Min. Ellen Gracie, j. 16-8-2005; TRF, 3ª Região, RCrim. 97.03.071973-2, 5ª T., Rel. Des. André Nekatschalow, j. 25-10-2004; TJSP, AgE 4095703300, 1ª Câmara Criminal, Rel. Des. Mário Devienne Ferraz, j. 23-5-2005; TAPR, Ap. Crim. 0162395-2, 3ª Câmara Criminal, Rel. Des. Hirosê Zeni, j. 12-6-2001).

Habitualidade criminosa: Na jurisprudência, há duas posições acerca da compatibilidade ou não entre a habitualidade criminosa e o crime continuado: (a) Não há incompatibilidade entre habitualidade criminosa e crime continuado, pois para este a lei só exige requisitos objetivos. *Nessa linha:* "descabe potencializar a vida pregressa do agente e o número de delitos por ele cometidos para, a partir da óptica da habitualidade criminosa, afastar a incidência do preceito do art. 71 do Código Penal. Tanto vulnera a lei aquele que inclui no campo de aplicação hipótese não contemplada como o que exclui caso por ela abrangido" (STF, HC 74183/SP, 2ª T., Rel. Min. Marco Aurélio, j. 22-10-1996); "a descaracterização da continuidade delitiva em face da habitualidade constitui interpretação em prejuízo do réu, pois nada dispõe a respeito a lei penal" (TJRS, Ap. Crim. 70006115059, 8ª Câmara Criminal, Rel. Des. Roque Miguel Fank, j. 15-12-2004). Outrossim, há julgados que, conjugando desse entendimento, ressaltam que "a continuidade delitiva distingue-se da reiteração criminosa porque a primeira depende de circunstâncias ocasionais, enquanto a segunda repousa na conduta planejada" (TJRS, AgE 70009729351, 8ª Câmara Criminal, Rel. Des. Luís Carlos Ávila de Carvalho Leite, j. 27-10-2004; TJRS, Ap. Crim. 70011376118, 3ª Câmara Criminal, Rel. Des. Danúbio Edon Franco, j. 8-9-2005). (b) O crime continuado exige um único impulso volitivo (unidade de desígnio ou dolo total), diferenciando-se, nesse aspecto, da habitualidade criminosa. *Nesse sentido:* "o benefício do crime continuado não alcança quem faz do crime a sua profissão" (STF, HC 74066/SP, 2ª T., Rel. Min. Maurício Corrêa, j. 10-9-1996). "A prática de reiterados crimes da mesma espécie, em datas próximas, não significa que os delitos subsequentes serão tidos como continuação do primeiro, para os fins do art. 71 do Código Penal, configurando a habitualidade criminosa, que agrava o tratamento penal dado ao infrator, mostrando-se incompatível com a continuidade delitiva" (STJ, HC 37.420/SP, 5ª T., Rel. Min. Gilson Dipp, j. 22-2-2005). TJRJ, AgE 2005.076.00388, 8ª Câmara Criminal, Rel. Des. Ângelo Moreira Glioche, j. 9-3-2006; TRF, 2ª Região, Ap. Crim. 2002.51.01.510711-0, 1ª T., Rel. Des. Sérgio Feltrin Correa, j. 22-3-2006.

Crimes culposos: Há decisão no sentido de que não se pode reconhecer a continuidade delitiva entre a lesão corporal culposa e o homicídio culposo, porque, embora da mesma natureza, não são eles da mesma espécie: TACrimSP, *RT* 671/343.

(4) Crime continuado comum (caput): É o crime cometido sem violência ou grave ameaça contra a pessoa.

(5) Crime continuado específico (parágrafo único): É o crime doloso praticado com violência ou grave ameaça contra vítimas diferentes. A Súmula 605 do STF, que não admitia continuidade delitiva nos crimes contra a vida, encontra-se revogada. Assim, "é possível o reconhecimento da continuidade delitiva nos crimes cometidos contra bens personalíssimos de vítimas diversas" (TJSC, Ap. Crim. 2004.026402-2, 2ª Câmara Criminal, Rel. Des. Sérgio Paladino, j. 29-11-2005).

(6) Mediante mais de uma ação ou omissão: O tipo penal, dentre os requisitos para a configuração da continuidade delitiva, exige a pluralidade de condutas, ao contrário do concurso formal, que exige uma única conduta, a qual pode ser composta por vários atos sucessivos. Assim, é necessária a prática de diversas condutas omissivas ou comissivas.

(7) Dois ou mais crimes da mesma espécie: O agente, mediante mais de uma ação ou omissão, pratica dois ou mais crimes da mesma espécie. Não há consenso na doutrina sobre o conceito de "crimes da mesma espécie". Há duas posições: (a) crimes da mesma espécie não são os crimes previstos no mesmo tipo, mas aqueles que possuem elementos parecidos, ainda que não idênticos. A continuidade delitiva não ocorre, assim, em relação apenas aos crimes idênticos, isto é, aos que se abrigam sob o mesmo artigo de lei. *Nesse sentido:* Manoel Pedro Pimentel, *Do crime continuado*, 2. ed., São Paulo: Revista dos Tribunais, 1969, p. 145, e Heleno Cláudio Fragoso, *Lições de direito penal*, cit., 4. ed., 1995, p. 351; (b) são os previstos no mesmo tipo penal, isto é, aqueles que possuem os mesmos elementos descritivos, abrangendo as formas simples, privilegiadas e qualificadas, tentadas ou consumadas. *Nesse sentido:* Damásio de Jesus, *Direito penal*, cit., v. 1, p. 605, e José Frederico Marques, *Tratado*, cit., v. 2, p. 461. Assim, segundo esse entendimento, não são crimes da mesma espécie: roubo e extorsão; roubo e furto; roubo e latrocínio. A jurisprudência inclina-se para o segundo posicionamento, havendo precedente no STF e entendimento já pacificado no STJ nesse sentido: STF, HC 70360/SP, 2ª T., Rel. Min. Néri da Silveira, j. 17-8-1993; STJ, REsp 738.337/DF, 5ª T., Rel. Min. Laurita Vaz, j. 17-11-2005. Na mesma linha: "embora os delitos de roubo e extorsão sejam de mesmo gênero, por ofenderem o patrimônio, não são da mesma espécie, devendo, portanto, incidir a regra do concurso material de crimes" (TJDFT, Ap. Crim. 20040110340388, 2ª T., Rel. Des. Vaz de Mello, j. 12-1-2006); TJMT, Ap. Crim. 45475/2005, 2ª Câmara Criminal, Rel. Des. Omar Rodrigues de Almeida, j. 1º-3-2006; TJSP, *RT* 711/314; TAMG, *RT* 688/352. Há julgados, no entanto, que acolhem a primeira posição, sustentando que "por crimes da mesma espécie deve-se entender aqueles que tutelam o mesmo bem jurídico, e não somente o mesmo tipo de ilícito" (TJRS, AgE 70010059319, 7ª Câmara Criminal, Rel. Des. Nereu José Giacomolli, j. 29-12-2004); TJRJ, Ap. Crim. 2003.050.03299, 5ª Câmara Criminal, Rel. Des. Sérgio de Souza Verani, j. 17-12-2004. Sobre o concurso entre estupro e o antigo delito de atentado violento ao pudor, *vide* comentários ao art. 213 do CP.

(8) Outras condições semelhantes: Para a configuração da continuidade delitiva não basta somente que o agente, mediante mais de uma ação ou omissão, pratique dois ou mais crimes da mesma espécie. São necessários outros requisitos: (a) *Conexão temporal:* entre as ações deve haver uma certa continuidade no tempo. Não se podem fixar, a respeito, indicações precisas, mas é de advertir que, se entre uma ação e outra medeia um longo trato de tempo, a continuação só existirá se outras condições positivamente a indicarem. (b) *Conexão espacial:* a prática do mesmo delito seguidamente em locais diversos não exclui a continuidade. (c) *Conexão modal:* o *modus operandi* empregado pelo agente na prática dos delitos deve ser semelhante; por exemplo, enfermeiro que, de forma continuada, aplica injeção letal em seus pacientes. No entanto, o furto fraudulento, por exemplo, não guarda nexo de continuidade com o furto mediante arrombamento ou escalada. (d) *Outras condições semelhantes:* o Código Penal faz referência às "condições semelhantes", permitindo, portanto, o emprego da interpretação analógica.

(9) Sistema de aplicação da pena: Adotou-se o sistema de *exasperação da pena:* (a) *Crime continuado comum* (caput): aplica-se a pena do crime mais grave, aumentada de 1/6 até 2/3. (b) *Crime continuado específico (parágrafo único):* três são os requisitos para a sua caracterização: *(1)* crimes dolosos: afastam-se dessa hipótese os crimes culposos; (2) contra vítimas diferentes: se a vítima for a mesma, a hipótese será a do *caput* do artigo; (3) cometidos com violência ou grave ameaça à pessoa: não pode a violência ser empregada contra a coisa e, caso o crime doloso seja praticado contra vítimas diferentes, sem o emprego de violência ou grave ameaça, a hipótese será a do crime continuado simples *(caput)*. Tendo sido preenchidos os requisitos legais, poderá o juiz, considerando a culpabilidade, os antecedentes, a conduta social e a personalidade do agente, bem como os motivos e as circunstâncias, aumentar a pena de um só dos crimes, se idênticas, ou a mais grave, se diversas, até o triplo, observadas as regras do parágrafo único do art. 70 e do art. 75 deste Código. (c) *Concurso material benéfico (parágrafo único):* se, da aplicação da regra do crime continuado, a pena resultar superior à que restaria se somadas as penas, aplica-se a regra do concurso material (concurso material benéfico).

(10) Incidência do aumento de pena no crime continuado: Diante da adoção do sistema tríplice de aplicação da pena (ou critério trifásico), deve o aumento incidir não sobre a pena-base, mas sobre o resultado da pena aumentada ou diminuída pelas circunstâncias agravantes ou atenuantes.

(11) Unificação da pena: Se todos os delitos que integram a série continuada são objeto do mesmo processo, o juiz sentenciante efetuará a unificação das penas, aplicando a regra do art. 71. Se, todavia, os delitos tramitarem por processos diversos, far-se-á a unificação no juízo da execução, que então aplicará a regra do art. 71 do CP.

(12) Crime continuado e aplicação da lei penal no tempo: Súmula 711 do STF: "A lei penal mais grave aplica-se ao crime continuado ou ao crime permanente, se a sua vigência é anterior à cessação da continuidade ou da permanência".

(13) Crime continuado e início da contagem do lapso prescricional: De acordo com o art. 119 do CP, "no caso de concurso de crimes, a extinção da punibilidade incidirá sobre a pena de cada um isoladamente". Como a prescrição deve ser analisada em razão de cada fato, o prazo prescricional começa a correr do momento em que cada um desses fatos atingiu a fase consumativa.

(14) A pena no crime continuado para efeitos da prescrição: "Quando se tratar de crime continuado, a prescrição regula-se pela pena imposta na sentença, não se computando o acréscimo decorrente da continuação" *(Súmula 497 do STF)*.

(15) Crime continuado e coisa julgada: A coisa julgada se opera tão somente em relação aos delitos que foram julgados, não abarcando, assim, aqueles ulteriormente praticados, embora ligados aos demais pelos laços da continuação.

(16) Concurso formal homogêneo como componente do crime continuado: Se, entre os componentes do crime continuado, houver também o concurso formal, aplica-se apenas o aumento decorrente da continuidade delitiva. Entendimento diverso geraria o *bis in idem*. Em sentido contrário, admitindo a aplicação cumulativa das causas de aumento de pena do concurso formal e do crime continuado: STF, *RTJ* 118/789.

(17) Crime continuado e Lei dos Juizados Especiais Criminais: Vide comentários ao art. 69 do CP.

(18) Concurso de crimes e art. 44 do CP: Vide comentários ao art. 69 do CP.

(19) Concurso de multas: Vide art. 72 do CP.

Súmulas:

Súmula 497 do STF: "Quando se tratar de crime continuado, a prescrição regula-se pela pena imposta na sentença, não se computando o acréscimo decorrente da continuação".

Súmula 711 do STF: "A lei penal mais grave aplica-se ao crime continuado ou ao crime permanente, se a sua vigência é anterior à cessação da continuidade ou da permanência".

Súmula 723 do STF: "Não se admite a suspensão condicional do processo por crime continuado, se a soma da pena mínima da infração mais grave com o aumento mínimo de um sexto for superior a um ano".

Súmula 243 do STJ: "O benefício da suspensão condicional do processo não é aplicável em relação às infrações penais cometidas em concurso material, concurso formal ou continuidade delitiva, quando a pena mínima cominada, seja pelo somatório, seja pela incidência da majorante, ultrapassar o limite de um (01) ano".

Multas no concurso de crimes

Art. 72. No concurso de crimes, as penas de multa são aplicadas distinta e integralmente. *(Redação dada pela Lei n. 7.209/84)*

(1) Sistema de aplicação da pena de multa no concurso de crimes: Trata-se de uma exceção às regras constantes dos arts. 70, *caput*, 1ª parte, e 71, *caput* e parágrafo único. Com efeito, havendo concorrência de penas, o art. 70, *caput*, 1ª parte, por exemplo, determina que se aplique a mais grave das penas cabíveis ou, se iguais, somente uma delas, mas aumentada, em qualquer caso, de um sexto até a metade. Cuida-se, portanto, da regra da exasperação da pena. O art. 72 do CP, afastando-se dessa regra, prescreve que, no caso de concurso de crimes, as penas de multa sejam aplicadas distinta e integralmente, não incidindo, portanto, o sistema acima apontado, destinado somente às penas privativas de liberdade. Haverá, assim, a cumulação de penas.

(2) Crime continuado: A respeito do crime continuado, há dúvidas se a pena de multa deve reger-se pela regra do art. 72 do CP. Tudo dependerá do enfoque dado ao crime continuado, ou seja, se é considerado um concurso de crimes (conforme a teoria fictícia) – aí então a regra será a do art. 72 do CP – ou crime único (conforme a teoria real) –, então a regra será do sistema de exasperação da pena. Assim, há duas posições: (a) A aplicação cumulativa da pena de multa estende-se a todas as modalidades de concurso de crimes, inclusive ao crime continuado, afastando-se a incidência do sistema de exasperação previsto no art. 71. *Nesse sentido:* Julio Fabbrini Mirabete, *Manual*, cit., v. 1, p. 315. Recentes decisões do E. STJ também têm acolhido tal posição: "nas hipóteses de concurso formal perfeito (art. 70, 1ª parte, do CP) e de crime continuado (art. 71 do CP), a pena de multa será multiplicada pelo número de infrações cometidas, não incidindo na sua fixação o sistema de exasperação" (STJ, REsp 519.429/SP, 5ª T., Rel. Min. Arnaldo Esteves Lima, j. 6-9-2005). *Na mesma linha:* TJRS, Ap. Crim. 70012917795, 6ª Câmara Criminal, Rel. Des. Marco Antônio Bandeira Scapini, j. 27-10-2005. (b) Partindo do pressuposto de que o crime con-

tinuado é um só para efeito de aplicação da pena, tem-se estendido o sistema de exasperação à pena de multa, não incidindo, portanto, a regra do art. 72. *Nesse sentido:* "a pena de multa, aplicada no crime continuado, escapa à norma contida no art. 72 do CP (STJ, REsp 68186/DF, 5ª T., Rel. Min. Assis Toledo, j. 22-11-1995); STF, RE 90.634-7, 2ª T., Rel. Min. Leitão de Abreu, j. 28-3-1979; TRF, 4ª Região, Ap. Crim. 2002.04.01.042794-3, 7ª T., Rel. Des. Fábio Rosa, j. 1º-4-2003; TRF, 3ª Região, Ap. Crim. 1999.61.02.002575-8, 5ª T., Rel. Des. André Nekatschalow, j. 20-2-2006; TJPR, Ap. Crim. 0308940-7, 5ª Câmara Criminal, Rel. Des. Jorge Wagih Massad, j. 11-5-2006.

(3) Multa substitutiva: Para Celso Delmanto, no concurso de crimes, a substituição da pena privativa de liberdade por multa não deve seguir o sistema do art. 72 de cumulação de penas, mas as regras normais do concurso, pois, do contrário, a substituição que é instituída para favorecer os condenados poderia prejudicá-los *(Código Penal,* cit., p. 137).

Erro na execução

Art. 73. Quando, por acidente ou erro no uso dos meios de execução, o agente, ao invés de atingir a pessoa que pretendia ofender, atinge pessoa diversa, responde como se tivesse praticado o crime contra aquela, atendendo-se ao disposto no § 3º do art. 20 deste Código. No caso de ser também atingida a pessoa que o agente pretendia ofender, aplica-se a regra do art. 70 deste Código. *(Redação dada pela Lei n. 7.209/84)*

(1) Erro de tipo acidental: É o erro que incide sobre dados irrelevantes da figura típica. São eles: erro sobre o objeto ou a coisa; erro sobre a pessoa (art. 20, § 3º); erro na execução do crime ou *aberratio ictus* (com unidade simples e complexa – art. 73); resultado diverso do pretendido ou *aberratio criminis* (com unidade simples e complexa – art. 74); erro sobre o nexo causal, dolo geral, erro sucessivo ou *aberratio causae.*

(2) Consequências: Não impede a apreciação do caráter criminoso do fato. O agente sabe perfeitamente que está cometendo um crime. Dessa forma, é um erro que não traz qualquer consequência jurídica: o agente responde pelo crime como se não houvesse o erro.

(3) Erro na execução do crime – **aberratio ictus:** Também conhecido como desvio no golpe, uma vez que ocorre um verdadeiro erro na execução do crime. O agente não se confunde quanto à pessoa que pretende atingir, mas realiza o crime de forma desastrada, errando o alvo e atingindo vítima diversa.

(4) Erro na execução do crime com unidade simples ou resultado único: Ocorre quando, em face do erro na execução do crime, o agente, em vez de atingir a vítima pretendida (virtual), acaba por acertar um terceiro inocente (vítima efetiva). Consequência: em princípio, deveria responder por tentativa de homicídio (em relação à vítima virtual) em concurso com lesões corporais ou homicídio culposo. Mas, pela teoria da *aberratio delicti,* segundo dispõe o art. 73 do CP, o agente responde do mesmo modo que no erro sobre a pessoa, ou seja, pelo crime efetivamente cometido contra o terceiro inocente, como se este fosse a vítima virtual. Faz-se uma presunção legal de que o agente atingiu a pessoa que queria, levando-se em conta suas características. Assim, se a intenção do agente era matar uma mulher grávida, mas, por erro no golpe, acaba atingindo um homem, deverá ser levada em conta a circunstância agravante prevista no art. 61, II, *h,* do CP. O erro é acidental e, portanto, juridicamente irrelevante.

(5) Erro na execução com unidade complexa ou resultado duplo: Nessa hipótese, o agente, além de atingir a vítima almejada, acerta terceira pessoa, podendo ocorrer, ainda, que mais de uma pessoa seja atingida. É o caso do sujeito que, pretendendo pôr fim ao seu devedor impontual, efe-

tua diversos disparos de metralhadora em sua direção, matando-o, mas também acertando outras quinze pessoas que casualmente passavam no local. O resultado foi duplo: um querido e o outro não (lesão e morte de várias pessoas). Aplica-se a regra do concurso formal, impondo-se a pena do crime mais grave, aumentada de 1/6 até metade. O acréscimo varia de acordo com o número de vítimas atingidas por erro. Se houver dolo eventual em relação ao terceiro ou terceiros inocentes, aplicar-se-á a regra do concurso formal imperfeito, que ocorre quando os resultados diversos derivam de desígnios autônomos.

Resultado diverso do pretendido

Art. 74. Fora dos casos do artigo anterior, quando, por acidente ou erro na execução do crime, sobrevém resultado diverso do pretendido, o agente responde por culpa, se o fato é previsto como crime culposo; se ocorre também o resultado pretendido, aplica-se a regra do art. 70 deste Código. *(Redação dada pela Lei n. 7.209/84)*

(1) Erro do tipo acidental: O art. 74 do CP constitui mais uma espécie de erro do tipo acidental.

(2) Resultado diverso do pretendido – aberratio criminis: Nesta espécie de erro, o agente quer atingir um bem jurídico, mas, por erro na execução, acerta bem diverso. Aqui, não se trata de atingir uma pessoa em vez de outra, mas de cometer um crime no lugar de outro. Exemplo: o agente joga uma pedra contra uma vidraça e acaba acertando uma pessoa, em vez do vidro.

(3) Resultado diverso do pretendido com unidade simples ou resultado único: Só atinge bem jurídico diverso do pretendido. Responde só pelo resultado produzido e, mesmo assim, se previsto como crime culposo. No exemplo dado, o autor responderá por lesões corporais culposas, e não por tentativa de dano, que fica absorvido.

(4) Resultado diverso do pretendido com unidade complexa ou resultado duplo: São atingidos tanto o bem pretendido como um diverso. No exemplo *retro*, o agente estoura o vidro e acerta, por erro, também uma pessoa que estava atrás dele. No caso, aplica-se a regra do concurso formal, com a pena do crime mais grave aumentada de 1/6 até metade, de acordo com o número de resultados diversos produzidos.

Limite das penas

Art. 75. O tempo de cumprimento das penas privativas de liberdade não pode ser superior a 30 (trinta) anos. *(Artigo com redação dada pela Lei n. 7.209/84)*

§ 1º Quando o agente for condenado a penas privativas de liberdade cuja soma seja superior a 30 (trinta) anos, devem elas ser unificadas para atender ao limite máximo desse artigo.

§ 2º Sobrevindo condenação por fato posterior ao início do cumprimento da pena, far-se-á nova unificação, desprezando-se, para esse fim, o período de pena já cumprido.

(1) Fundamento constitucional: Com base no princípio da humanidade das penas, a Constituição Federal veda a pena de morte, de prisão perpétua, de trabalhos forçados, de banimento e as penas cruéis (art. 5º, XLVII).

(2) Tribunal Penal Internacional e prisão perpétua: Vide comentários ao art. 32 do CP.

(3) Limite das penas: O tempo de cumprimento das penas privativas de liberdade não pode ser superior a 30 anos (CP, art. 75). Tal dispositivo está em sintonia com o art. 5º, XLVII, *b*, da Constituição, que proíbe penas de caráter perpétuo. Dessa forma, quando o agente for condenado a penas privativas de liberdade cuja soma seja superior a 30 (trinta) anos, devem elas ser unificadas para atender ao limite máximo do art. 75, *caput* (cf. § 1º).

(4) Unificação de penas e concessão de benefícios legais: Há duas posições: (a) Esse limite só se refere ao tempo de cumprimento de pena, não podendo servir de base para o cálculo de outros benefícios, como livramento condicional e progressão de regime. Nesse sentido é o teor da Súmula 715 do STF: "A pena unificada para atender ao limite de trinta anos de cumprimento, determinado pelo art. 75 do Código Penal, não é considerada para a concessão de outros benefícios, como o livramento condicional ou regime mais favorável de execução". Dessa forma, se o agente for condenado a 900 anos, só poderá obter o livramento condicional após o cumprimento de 1/3 ou metade de 900, e não de 30 anos. (b) A unificação de penas no limite legal serve de base para todos os cálculos de execução da pena: progressão de regime, liberdade condicional, detração e remição. *Nesse sentido:* Celso Delmanto, *Código Penal*, cit., p. 140. No tocante à fixação do regime inicial de cumprimento de pena e à observância da detração e da remição penal, convém reproduzir o art. 111 da LEP: "Quando houver condenação por mais de um crime, no mesmo processo ou em processos distintos, a determinação do regime de cumprimento será feita pelo resultado da soma ou unificação das penas, observada, quando for o caso, a detração ou remição. Parágrafo único. Sobrevindo condenação no curso da execução, somar-se-á a pena ao restante da que está sendo cumprida, para determinação do regime". *No mesmo sentido:* STJ, RHC 3808/SP, 6ª T., Min. Luiz Vicente Cernicchiaro, j. 26-9-1994.

(5) Condenação por fato posterior: Sobrevindo nova condenação por fato posterior ao início do cumprimento da pena, far-se-á nova unificação, desprezando-se, para esse fim, o período de pena já cumprido. Ainda que a pena imposta na condenação ultrapasse 30 anos, o juízo da execução deve proceder à unificação para o máximo permitido em lei. Observe-se que a unificação das penas nesse limite traz um inconveniente: deixa praticamente impune o sujeito que, condenado a uma pena de 30 anos de reclusão, comete novo crime logo no início do cumprimento dessa sanção. Reforce-se que o art. 75 do CP se refere apenas à duração do cumprimento das penas impostas antes e durante a execução da pena, de modo que, havendo um hiato entre a satisfação das penas anteriores cumpridas pelo sentenciado e o começo de novas penas, impostas após o cumprimento daquelas, não se aplica o mencionado artigo.

(6) Limite da pena de multa: A pena de multa tem seu limite máximo em 360 dias-multa, no valor de 5 salários mínimos (CP, art. 49, § 1º), podendo ser triplicada se o juiz considerar que, em virtude da situação econômica do réu, é ineficaz, embora aplicada ao máximo. Poderá atingir, assim, 5.400 salários mínimos (o vigente no País na época do crime), atualizado pelos índices de correção monetária (CP, art. 49, § 2º).

(7) Limite da medida de segurança (CP, arts. 96 a 98): O prazo da medida de segurança é indeterminado, pois, enquanto não cessada a periculosidade do agente, averiguada por perícia médica, este não poderá ser liberado. Há quem sustente a inconstitucionalidade desse prazo indeterminado, em face de a Carta Magna vedar as penas de caráter perpétuo, e o art. 75 impor o limite de trinta anos para o seu cumprimento. *Nesse sentido:* STF, HC 84219/SP, 1ª T., Rel. Min. Marco Aurélio, j. 16-8-2005, *DJ* 23-9-2005, p. 16. Sobre a medida de segurança, *vide* comentários aos arts. 96 a 98 do CP.

Lei das Contravenções Penais

Limite de pena: De acordo com o art. 10 da LCP, o tempo máximo de cumprimento de penas da Lei das Contravenções Penais é de 5 anos.

Concurso de infrações

Art. 76. No concurso de infrações, executar-se-á primeiramente a pena mais grave. *(Redação dada pela Lei n. 7.209/84)*

(1) Cumprimento da pena mais grave: De acordo com a regra legal, o condenado, no concurso de infrações, deve cumprir a pena mais grave em primeiro lugar (no caso, a de reclusão, cujo regime inicial é o integralmente fechado) e depois a menos grave (detenção, cujo regime inicial é o semiaberto). Por isso, "imprópria a decisão que determina a soma de penas de reclusão e detenção, alterando a carta de guia em prejuízo do apenado, pois nada impede que a sanção mais leve seja cumprida oportunamente" (TJRS, AgE 70005687884, Câmara Especial Criminal, Rel. Des. Vanderlei Teresinha Tremeia Kubiak, j. 30-4-2003). Ademais, não importa que a pena mais grave não seja, em termos quantitativos, a maior (TJSP, *RT* 793/573). Sobre regime de penas, *vide* comentários aos arts. 33 e seguintes.

(2) Cumprimento simultâneo das penas: De acordo com o § 1º do art. 69, na hipótese de concurso material, "quando ao agente tiver sido aplicada pena privativa de liberdade, não suspensa, por um dos crimes, para os demais será incabível a substituição de que trata o art. 44 deste Código". Se, ao contrário, tiver sido concedido o *sursis*, será possível a substituição da pena. O § 2º, por sua vez, prevê que, "quando forem aplicadas penas restritivas de direitos, o condenado cumprirá simultaneamente as que forem compatíveis entre si e sucessivamente as demais" (*vide* comentários ao art. 69, § 1º).

(3) Concurso de infrações e pena de multa: De acordo com o art. 72 do CP, "no concurso de crimes, as penas de multa são aplicadas distinta e integralmente". Discute-se, porém, se tal regra se aplica somente ao concurso material ou se é extensiva ao concurso formal e ao crime continuado. Sobre o tema, *vide* comentários ao art. 72.

CAPÍTULO IV
DA SUSPENSÃO CONDICIONAL DA PENA

Requisitos da suspensão da pena

Art. 77. A execução da pena privativa de liberdade, não superior a 2 (dois) anos, poderá ser suspensa, por 2 (dois) a 4 (quatro) anos, desde que: *(Caput e incisos com redação dada pela Lei n. 7.209/84)*

I – o condenado não seja reincidente em crime doloso;

II – a culpabilidade, os antecedentes, a conduta social e personalidade do agente, bem como os motivos e as circunstâncias autorizem a concessão do benefício;

III – não seja indicada ou cabível a substituição prevista no art. 44 deste Código.

§ 1º A condenação anterior a pena de multa não impede a concessão do benefício. *(Redação dada pela Lei n. 7.209/84)*

§ 2º A execução da pena privativa de liberdade, não superior a 4 (quatro) anos, poderá ser suspensa, por 4 (quatro) a 6 (seis) anos, desde que o condenado seja maior de 70 (setenta) anos de idade, ou razões de saúde justifiquem a suspensão. *(Redação dada pela Lei n. 9.714/98)*

(1) Suspensão condicional da pena ou sursis: Trata-se de direito público subjetivo do réu de ter suspensa a execução da sanção imposta, uma vez preenchidos todos os requisitos legais, durante certo prazo e mediante determinadas condições. Três são as espécies de *sursis*: (a) simples (art. 77); (b) especial (art. 78, § 2º); (c) *sursis* etário ou por motivo de saúde (art. 77, § 2º).

(2) Critério trifásico de aplicação da pena: Depois de cumprir o disposto no art. 68 do CP,

ou seja, após a fixação da pena com respeito ao sistema trifásico e, ao final, tendo sido aplicada a pena privativa de liberdade, deve o juiz, com base no art. 33, estabelecer o regime inicial de cumprimento de pena do condenado, cuja determinação será feita com observância dos critérios previstos no art. 59 do CP (cf. CP, art. 33, § 3º). A pena privativa de liberdade poderá ser substituída pela pena de multa (CP, art. 60, § 2º) ou restritiva de direitos (CP, arts. 43 e 44). O juiz deverá igualmente fundamentar a escolha da pena alternativa ou o porquê da não substituição. De acordo com o art. 77, III, do CP, somente será cabível o *sursis* se não for indicada ou cabível a substituição prevista no art. 44 do CP.

(3) Fundamentação: Quer conceda, quer denegue o *sursis*, o juiz ou tribunal está obrigado a fundamentar sua decisão. Nesse sentido é o teor do art. 157 da LEP (*vide* CF, art. 93, IX).

(4) **Sursis** *simples. Requisitos objetivos:* (a) Somente se admite o *sursis* nas penas privativas de liberdade, não se estendendo às penas restritivas de direitos, nem à multa (CP, art. 80). (b) A pena não pode ser superior a 2 anos. Em se tratando de concurso de crimes, não se despreza o acréscimo para efeito de consideração do limite quantitativo da pena. Na hipótese de crime contra o meio ambiente, admite-se o benefício desde que a pena privativa de liberdade não exceda a 3 anos (Lei n. 9.605/98, art. 16). (c) O *sursis* somente é admissível na impossibilidade de substituição por pena restritiva de direitos: a suspensão condicional é subsidiária em relação à substituição da pena privativa de liberdade por restritiva de direitos (CP, art. 77, III, c.c. art. 44).

(5) **Sursis** *simples. Requisitos subjetivos:* (a) *Condenado não reincidente em crime doloso:* condenado irrecorrivelmente pela prática de crime doloso que cometeu novo crime doloso após o trânsito em julgado não pode obter o *sursis*: logo, "doloso e doloso não pode". (b) *Circunstâncias judiciais (art. 59 do Código Penal) favoráveis ao agente:* a culpabilidade, os antecedentes, a conduta social e a personalidade do agente, bem como os motivos e as circunstâncias do crime devem autorizar a concessão do benefício. Trata-se das circunstâncias judiciais do art. 59, com exceção das consequências do crime e do comportamento da vítima, os quais não são mencionados pelo art. 77, II.

Hipóteses que não afastam o sursis: (a) se o agente praticar contravenção penal e crime doloso pode obter o *sursis* (CP, art. 63); (b) se houver condenação anterior a pena de multa e posterior crime doloso (CP, art. 77, § 1º. *vide* também *Súmula 499 do STF*); (c) se entre os crimes dolosos se tiver operado a prescrição da reincidência (CP, art. 64, I); (d) crime militar próprio e doloso pode (CP, art. 64, II); (e) crime político e doloso pode (CP, art. 64, II); (f) anterior concessão de perdão judicial e crime doloso pode (cf. *Súmula 18 do STJ*); (g) *abolitio criminis* e novo crime doloso pode (CP, art. 2º, *caput*); (h) anistia e novo crime doloso pode (CP, art. 107, II); (i) causa extintiva da punibilidade anterior à condenação definitiva e novo crime doloso pode; j) réu anteriormente beneficiado com a suspensão do processo prevista no art. 89 da Lei n. 9.099/95: é cabível a concessão do *sursis* (*vide* comentários os arts. 63 e 64 do CP).

(6) Prazo do sursis: É o prazo em que a execução da pena privativa de liberdade imposta fica suspensa, mediante o cumprimento das condições estabelecidas. O período de prova do *sursis* varia de 2 a 4 anos (CP, art. 77, *caput*). Nas demais espécies (*sursis* etário e humanitário), o prazo varia de 4 a 6 anos (cf. § 2º). De acordo com o art. 158 da LEP, o prazo fixado começa a correr da audiência prevista no art. 160 da LEP (audiência admonitória). Na LCP (art. 11), o prazo do período de prova é de um a três anos.

(7) **Sursis** *etário ou humanitário (§ 2º):* (a) *etário:* é aquele em que o condenado é maior de 70 anos à data da sentença concessiva, desde que preenchidos os requisitos do art. 77, § 2º; (b) *humanitário:* é aquele em que o condenado, por razões de saúde, independentemente de sua idade, tem direito ao *sursis*, desde que preenchidos os requisitos do art. 77, § 2º. O § 2º teve a redação determinada pela Lei n. 9.714/98. São requisitos do *sursis* etário ou humanitário: (a) pena privativa de liber-

dade não superior a quatro anos; (b) condenado maior de setenta anos de idade; ou (c) razões de saúde que justifiquem a suspensão. O período de prova varia de quatro a seis anos.

(8) Sursis e detração: Vide comentários ao art. 42 do CP.

(9) **Sursis** *para estrangeiro:* Os estrangeiros gozam dos mesmos direitos e têm os mesmos deveres dos brasileiros (art. 50, *caput*, da CF). Outrossim, de acordo com o art. 12, § 2º, da CF, "a lei não poderá estabelecer distinção entre brasileiros natos e naturalizados, salvo nos casos previstos na Constituição" (*vide* Estatuto do Estrangeiro: Lei n. 6.815/80, com as alterações operadas pela Lei n. 6.964/81). A jurisprudência diverge, porém, quanto à possibilidade de concessão do benefício do *sursis* ao estrangeiro. O Decreto-lei n. 4.865/42 impedia tal benesse ao estrangeiro com visto temporário, mas o diploma restou revogado pelo Estatuto do Estrangeiro, que não repetiu a antiga restrição (STF, HC 63142/RJ, 2ª T., Rel. Min. Francisco Rezek, j. 29-11-1985). N*essa linha*, há julgados no sentido de que, preenchidos os requisitos legais, não há obstáculo à suspensão da pena mediante condições, ainda que o estrangeiro esteja no país em caráter temporário: TRF, 3ª Região, Ap. Crim. 90.03.002093-0, 1ª T., Rel. Juiz Jorge Scartezzini, j. 18-9-1990; TRF, 3ª Região, HC 91.03.017501-4, 2ª T., Rel. Juiz Célio Benevides, j. 6-8-1991; TRF, 4ª Região, HC 95.04.10963-2, 2ª T., Rel. Des. Vilson Darós, j. 17-4-1995; TJSP, *RT* 637/254; TAPR, *RT* 640/341. N*o mesmo sentido*, tratando-se de direito subjetivo, não há óbice à concessão do *sursis* para o condenado estrangeiro que tem visto permanente no Brasil: TRF, 2ª Região, Ap. Crim. 89.02.02151-3, 1ª T., Rel. Juiz Frederico Gueiros, j. 24-10-1989. De outra parte, há decisões no sentido de que ao estrangeiro com permanência provisória ou ilegal no Brasil não se pode conceder o benefício, quer ante a impossibilidade de cumprir as condições que venham a ser fixadas, faltando-lhe, assim, preencher requisito subjetivo do *sursis*, quer porque a iminência de fuga ou deportação impedirá o exercício do direito de punir do Estado brasileiro: TRF, 3ª Região, HC 98.03.052082-2, 2ª T., Rel. Des. Sylvia Steiner, j. 4-8-1998; TRF, 3ª Região, Ap. Crim. 2001.61.19.002900-0, 1ª T., Rel. Juiz Johonsom Di Salvo, j. 29-4-2003; TRF, 4ª Região, HC 94.04.41275-9, 1ª T., Relª Desª Ellen Gracie Northfleet, j. 15-9-1994; TRF, 4ª Região, HC 93.04.40612-9, 3ª T., Rel. Des. Ronaldo Luiz Ponzi, j. 14-12-1993; TRF, 4ª Região, Ap. Crim. 97.04.09227-0, 1ª T., Rel. Vladimir Passos de Freitas, j. 10-2-1998; TJRS, Ap. Crim. 689041846, 3ª Câmara Criminal, Rel. Des. Luiz Melíbio Uiracaba Machado, j. 10-8-1989; TAPR, 1ª Câmara Criminal, Ap. Crim. 0085442-2, Rel. Des. Nério Spessato Ferreira, j. 25-4-1996.

(10) **Sursis e** *habeas corpus:* A concessão do benefício exige o exame dos requisitos subjetivos do agente, sendo incompatível com a celeridade do remédio heroico. O *habeas corpus* é, assim, meio inidôneo para requerer a concessão da suspensão condicional da pena, quando denegada.

(11) Sursis e renúncia: É possível, pois se trata de benefício cuja aceitação não é obrigatória, podendo ser renunciado pelo condenado por ocasião da audiência admonitória ou durante a entrada em vigor do período de prova.

(12) Audiência admonitória: É a audiência de advertência, que tem como única finalidade cientificar o sentenciado das condições impostas e das consequências de seu descumprimento. É ato ligado à execução da pena, logo, só pode ser realizada após o trânsito em julgado da decisão condenatória (cf. LEP, art. 160). Sua realização antes desse momento viola o princípio constitucional da presunção da inocência (art. 5º, LVII), pois, antes da certeza de sua culpa, o acusado não pode ser advertido. Sobre o não comparecimento do sentenciado à audiência admonitória, *vide* comentários ao art. 81 do CP.

(13) Sigilo: De acordo com o art. 163, *caput*, da LEP, "a sentença condenatória será registrada, com a nota de suspensão em livro especial do Juízo a que couber a execução da pena. E consoante seu § 1º "Revogada a suspensão ou extinta a pena, será o fato averbado à margem do registro". Finalmente, conforme seu § 2º "O registro e a averbação serão sigilosos, salvo para efeito de infor-

mações requisitadas por órgão judiciário ou pelo Ministério Público, para instruir processo penal" (*vide* também LEP, art. 202, e CPP, art. 709, § 2º).

(14) Sentença estrangeira: Para obstar a concessão do *sursis* no Brasil, não é necessária a homologação da sentença, pois, no caso, se trata de efeito secundário da condenação.

(15) Competência: Cabe ao juiz da condenação as especificações das condições do *sursis*, pois este já não é incidente de execução, como ocorria na legislação de 1940, mas uma medida penal alternativa, tipicamente sancionatória: TACrimSP, *RJDTACrim* 24/380. Em decorrência, será reputada omissa a sentença ou acórdão que não examina a possibilidade de seu cabimento, porque a manifestação motivada é obrigatória sempre que a pena não for superior a dois anos, a teor dos arts. 156 e 157 da LEP: STF, HC 73958/PB, 2ª T., Rel. Min. Marco Aurélio, j. 13-8-1996; STF, HC 72492/SP, 2ª T., Rel. Min. Maurício Corrêa, j. 4-4-1995; STF, HC 70454/SP, 2ª T., Rel. Min. Paulo Brossard, j. 19-10-1993; STJ, HC 11550/SP, 5ª T., Rel. Min. Gilson Dipp, j. 25-9-2000. No entanto, transitada em julgado a sentença condenatória, compete ao Juízo da Execução manifestar-se acerca da pretensão de suspensão condicional da pena, nos termos dos arts. 66, III, *d* e 156, da LEP: STJ, HC 9232/SP, 5ª T., Rel. Min. Felix Fischer, j. 15-2-2000; STJ, RHC 6643/SP, 6ª T., Rel. Min. Fernando Gonçalves, j. 27-10-1997; TJRS, AgE 70011046836, 7ª Câmara Criminal, Rel. Des. Alfredo Foerster, j. 31-3-2005; TACrimSP, *RT* 650/298. Por fim, concedido o benefício, compete ao Juízo da Execução decidir sobre sua manutenção ou revogação e declarar a extinção da punibilidade, podendo deprecar ao juízo da residência do réu somente o acompanhamento e a fiscalização das condições fixadas: TRF, 4ª Região, AgE 2001.70.02.003946-9, 8ª T., Rel. Des. Élcio Pinheiro de Castro, j. 17-3-2003; STJ, CC 13163/SP, 3ª Seção, Rel. Min. Anselmo Santiago, j. 26-2-1997.

(16) Sursis e Tribunal do Júri: Competirá ao juiz-presidente conceder a suspensão condicional da pena.

(17) Sursis e coautoria: Nada impede que o *sursis* seja concedido a alguns e negado a outros coautores, uma vez que devem eles comprovar isoladamente o preenchimento dos requisitos objetivos e subjetivos constantes do art. 77 do CP.

(18) Sursis e indulto: O beneficiário do *sursis* é atingido pelo indulto. "Sendo o *sursis* uma medida de execução penal, para cujo cumprimento exige a lei, do condenado, uma série de deveres e obrigações, é defeso pretender-se que seja ele incompatível com o indulto" (TJRJ, Ag. 1998.076.00020, 3ª Câmara Criminal, Rel. Des. Índio Brasileiro Rocha, j. 1º-9-1998). *No mesmo sentido:* TJSP, Ag. 179.614-3, 2ª Câmara Criminal, Rel. Des. Breno Guimarães, j. 8-5-1995; TJSP, *RT* 712/396; TAMG, Ag. 2.0000.00.304816-0/000, 2ª Câmara Criminal, Rel. Des. Alexandre Victor de Carvalho, j. 13-6-2000; TJSC, RCrim 2005.008359-7, 2ª Câmara Criminal, Rel. Des. Sérgio Paladino, j. 17-5-2005; TJSC, *RT* 507/436. Alguns julgados, no entanto, entendem ser necessário que o beneficiário do *sursis* já tenha sido admoestado: TJRS, Ag. 692102346, 3ª Câmara Criminal, Rel. Des. Luís Carlos Ávila de Carvalho Leite, j. 22-10-1992). *Em sentido contrário*, entendendo suficiente que o benefício tenha sido concedido na sentença condenatória: TRF, 3ª Região, RSE 96.03.064766-7, 1ª T., Rel. Juiz Casem Mazloum, j. 5-10-1999. *Em sentido contrário*, julgando incompatíveis os institutos: "não faz jus ao indulto aquele que, no gozo de *sursis*, sequer iniciou o cumprimento da pena privativa de liberdade" (TJRS, Ag. 70008479941, 7ª Câmara Criminal, Rel. Des. Marcelo Bandeira Pereira, j. 29-4-2004). Ainda, é incompatível o *sursis* com o indulto cujo decreto concessivo fez explícita exclusão dos beneficiários da suspensão condicional da pena (STJ, RHC 6.388/MG, 5ª T., Rel. Min. José Dantas, j. 6-5-1997).

(19) Sursis e direitos políticos: A condenação transitada em julgado acarreta a suspensão dos direitos políticos enquanto durarem seus efeitos (*vide* CF, art. 15, III). A suspensão dos direitos políticos ocorre mesmo no caso de concessão de *sursis*, já que se trata de efeito extrapenal

automático e genérico da condenação, que independe da execução ou suspensão condicional da pena principal.

Lei dos Crimes Hediondos

Crimes hediondos e sursis: Como a antiga redação do art. 2º, § 1º, da Lei n. 8.072/90 impunha o regime integralmente fechado de cumprimento de pena, discutia-se acerca da possibilidade da concessão do *sursis* ou da substituição da pena por restritiva de direitos nos crimes hediondos e equiparados. Sobre o tema, *vide* comentários ao art. 44 do CP.

Lei de Drogas

Lei de Drogas e sursis: Os crimes previstos nos arts. 33, *caput* e § 1º, e 34 a 37, na nova Lei de Drogas (Lei n. 11.343/2006), em decorrência de expressa previsão legal, são inafiançáveis e insuscetíveis de *sursis*, graça, indulto e anistia (cf. art. 44 da Lei). Sobre o tema, *vide* comentários ao art. 44 do CP.

Súmula:

Súmula 499 do STF: "Não obsta à concessão do *sursis* condenação anterior à pena de multa".

> **Art. 78.** Durante o prazo da suspensão, o condenado ficará sujeito à observação e ao cumprimento das condições estabelecidas pelo juiz. *(Caput e § 1º com redação dada pela Lei n. 7.209/84)*
>
> § 1º No primeiro ano do prazo, deverá o condenado prestar serviços à comunidade (art. 46) ou submeter-se à limitação de fim de semana (art. 48).
>
> § 2º Se o condenado houver reparado o dano, salvo impossibilidade de fazê-lo, e se as circunstâncias do art. 59 deste Código lhe forem inteiramente favoráveis, o juiz poderá substituir a exigência do parágrafo anterior pelas seguintes condições, aplicadas cumulativamente: *(Redação dada pela Lei n. 9.268/96)*
>
> a) proibição de frequentar determinados lugares;
>
> b) proibição de ausentar-se da comarca onde reside, sem autorização do juiz;
>
> c) comparecimento pessoal e obrigatório a juízo, mensalmente, para informar e justificar suas atividades. *(Alíneas com redação dada pela Lei n. 7.209/84)*

(1) Período de prova: É o prazo em que a execução da pena privativa de liberdade imposta fica suspensa, mediante o cumprimento das condições estabelecidas. O período de prova do *sursis* simples e especial varia de 2 a 4 anos (CP, art. 77, *caput*). Nas demais espécies (*sursis* etário e humanitário), o prazo varia de 4 a 6 anos.

(2) Sursis simples. Condições (§ 1º): No *sursis* simples, preenchidos os requisitos mencionados no art. 77, fica o réu sujeito, no primeiro ano de prazo, a uma das condições previstas no art. 78, § 1º, do CP (prestação de serviços à comunidade ou limitação de fim de semana). No sentido de que a prestação de serviços é pena e não pode, por isso, ser fixada como condição do *sursis*, já que, na realidade, este representa a suspensão do cumprimento da sanção e sua substituição por certas condições: TRE/SP, RCrim., Proc. n. 1.441, Classe Terceira, Ac. n. 132.878, Rel. Juiz Otávio Henrique, j. 5-11-1998; TJSP, *RT* 746/590; TJSP, *RT* 607/282. Pela impossibilidade de fixação de limitação de final de semana enquanto condição do *sursis:* TACrimSP, *RJDTACrim* 8/167. *Em sentido contrário*, entendendo que a prestação de serviços à comunidade ou a limitação de fim de semana podem compor o quadro de condições do *sursis*, são inúmeros os precedentes dos Tribu-

nais Superiores: STF, HC 72233/SP, 2ª T., Rel. Min. Maurício Corrêa, j. 11-4-1995; STJ, HC 13639/SP, 6ª T., Rel. Min. Fontes de Alencar, j. 12-11-2002; STJ, REsp 870/SP, 5ª T., Rel. Min. Anselmo Santiago, j. 22-9-1997; STJ, REsp 123.170/SP, 6ª T., Rel. Min. Luiz Vicente Cernicchiaro, j. 5-8-1997.

(3) Sursis especial. Condições (§ 2º): No *sursis* especial, o condenado fica sujeito a condições mais brandas, previstas cumulativamente (não podem mais ser aplicadas alternativamente, em face da Lei n. 9.268/96) no art. 78, § 2º, do CP: proibição de frequentar determinados lugares (deve guardar relação com o delito praticado; assim, não pode ser estabelecida de forma imprecisa, impondo-se ao juiz a menção dos lugares que o apenado estará proibido de frequentar enquanto vigente o benefício); de ausentar-se da comarca onde reside sem autorização do juiz; e do comparecimento pessoal e obrigatório a juízo, mensalmente, para informar e justificar suas atividades. Para ficar sujeito a essas condições mais favoráveis, o sentenciado deve, além de preencher os requisitos objetivos e subjetivos normais, reparar o dano e ter as circunstâncias judiciais previstas no art. 59 inteiramente favoráveis para si.

Reparação do dano e revogação do benefício: A recusa do agente em reparar o dano é causa de revogação do benefício (cf. CP, art. 81, II, parte final).

Reparação do dano e crimes ambientais: De acordo com o art. 17 da Lei dos Crimes Ambientais, "A verificação da reparação a que se refere o § 2º do art. 78 do Código Penal será feita mediante laudo de reparação do dano ambiental, e as condições a serem impostas pelo juiz deverão relacionar-se com a proteção do meio ambiente".

(4) Cumulação das condições do sursis especial no sursis simples: Inadmite-se. O § 2º do art. 78 do CP estatui que a condição do § 1º poderá ser substituída; logo, não pode o juiz impor ao mesmo tempo como condições do *sursis* as previstas nos §§ 1º e 2º daquele artigo, pois a substituição se opõe à cumulação.

Art. 79. A sentença poderá especificar outras condições a que fica subordinada a suspensão, desde que adequadas ao fato e à situação pessoal do condenado. *(Redação dada pela Lei n. 7.209/84)*

(1) Condições judiciais: São impostas livremente pelo juiz, não estando previstas em lei (cf. art. 79 do CP). Devem, porém, adequar-se ao fato e às condições pessoais do condenado. Cite-se como exemplo a obrigatoriedade de frequentar curso de habilitação profissional ou de instrução escolar. Veda-se a imposição de condições que comprometam as liberdades garantidas constitucionalmente; que exponham o condenado ao ridículo, de modo a lhe causar constrangimento desnecessário; que violem a sua integridade física etc. Por exemplo, o beneficiado acometido pelo vírus HIV, em estágio avançado da doença e fisicamente debilitado, pode ter adequada a condição de prestação de serviços à comunidade que lhe foi imposta, determinando-se o labor em sua oficina, em favor dos veículos da Prefeitura local (TJRS, HC 70006095988, 6ª Câmara Criminal, Rel. Des. Aymoré Roque Pottes de Mello, j. 22-5-2003). Em caso de beneficiário do *sursis* recalcitrante na violação das regras de trânsito, adequada a condição judicial de proibição de dirigir veículo automotor (STJ, HC 10.044/ES, 5ª T., Rel. Min. José Arnaldo da Fonseca, j. 2-3-2000). Outrossim, ao beneficiário residente em Londres, viável determinar-se a prestação de serviços na Embaixada brasileira, consistente na captação de recursos de entidades financeiras para programas assistenciais no Brasil (TJDFT, AgE 27895, 1ª T. Criminal, Rel. Des. Ana Maria Duarte Amarante, j. 13-3-1996). Algumas condições são consideradas inadmissíveis pelos Tribunais, como não frequentar bares e bodegas, se a restrição não guarda relação com o delito e com os antecedentes do acusado (TARS, JTARGS, 80/40). Também não se admite condicionar o benefício à doação de sangue pelo condenado,

pois não tem a justiça o direito de dar destinação a partes do corpo do ser humano vivo (TJSP, *RT* 629/319). Entende-se, ainda, que o *sursis* não pode ficar subordinado ao pagamento de custas, já que a revogação por esse motivo implicaria, em última análise, prisão por dívida (TACrimSP, *JTACrimSP* 74/385; TJSP, *RT* 555/347). Descabe, também, a proibição de andar armado, pois não se concebe o benefício com a obrigação de não praticar uma contravenção ou um crime (TACrimSP, *JTACRESP*, 59/171). Por fim, inadmissível, pois inteiramente destoante dos salutares objetivos do *sursis*, impor como sua condição a obrigação de, em determinado prazo, realizar o condenado uma redação sobre os perigos de dirigir de maneira imprudente ou descautelada (TARJ, *RT* 447/498).

(2) Sursis incondicionado: Trata-se de espécie banida pela reforma penal de 1984, inexistindo, em nosso sistema penal vigente, *sursis* sem a imposição de condições legais.

(3) Fixação das condições. Omissão: Na hipótese de o juiz da condenação se omitir na fixação das condições do *sursis*, indaga-se se o juiz das execuções poderia fazê-lo. Há duas posições: (a) O juiz da execução não tem competência para rescindir a coisa julgada, alterando o mérito da decisão definitiva, pois inexiste em nosso sistema a revisão *pro societate*. *Nesse sentido:* TACrimSP: *RJDTACrim* 4/39, 4/41; 7/42; 6/48 e *RTJE* 49/198. (b) Se o juiz das execuções pode modificar condições impostas pelo juiz da condenação (cf. LEP, art. 158, § 2º) e se o tribunal, ao conceder o *sursis*, pode delegar a ele a fixação dessas condições (art. 159, § 2º, da LEP), nada impede que esse juízo também fixe condições não determinadas pela sentença. *Nesse sentido:* "tendo o juiz se omitido quanto às condições do *sursis*, pode o juízo da execução fixá-las" (STJ, REsp 69.740/SP, 5ª T., Rel. Min. Assis Toledo, j. 6-12-1995); STJ, REsp 15368, 5ª T., Rel. Min. Jesus Costa Lima, j. 28-2-94; STJ, REsp 24391/SP, 5ª T., Rel. Min. Jesus Costa Lima, j. 21-10-92; TRF, 2ª Região, Ap. Crim. 89.02.02075-4, 1ª T., Rel. Des. Clélio Erthal, j. 19-9-90; TACrimSP, *RJDTACrim* 4/39.

(4) Modificação das condições: Vide LEP, arts. 158, § 2º e 159, § 1º.

Art. 80. A suspensão não se estende às penas restritivas de direitos nem à multa. *(Redação dada pela Lei n. 7.209/84)*

Vide comentários ao art. 77 do CP.

Revogação obrigatória

Art. 81. A suspensão será revogada se, no curso do prazo, o beneficiário: *(Caput e incisos com redação dada pela Lei n. 7.209/84)*

I – é condenado, em sentença irrecorrível, por crime doloso;

II – frustra, embora solvente, a execução de pena de multa ou não efetua, sem motivo justificado, a reparação do dano;

III – descumpre a condição do § 1º do art. 78 deste Código.

(1) Revogação do sursis: Pode ser obrigatória (art. 81, incisos I ao III), hipótese em que o condenado volta a cumprir a pena, ou facultativa, quando o juiz prorroga o período legal até o prazo máximo do *sursis* (art. 81, § 1º). De acordo com o art. 162 da LEP, "a revogação da suspensão condicional da pena e prorrogação do período de prova dar-se-ão na forma do art. 81 e respectivos parágrafos do Código Penal".

(2) Superveniência de condenação irrecorrível pela prática de crime doloso: Não importa se a infração penal foi praticada antes ou depois do início do período de prova, pois o que provoca a revogação do benefício é a sobrevinda da condenação definitiva, de modo que o *sursis* será revogado contanto que: (a) seja juntada certidão do trânsito em julgado da condenação; (b) o crime co-

metido tenha sido doloso, qualquer que tenha sido o momento de sua prática. Exige-se, também, que a condenação seja irrecorrível. Portanto, a revogação não ocorrerá enquanto o processo estiver em andamento ou na hipótese em que a decisão não transitou em julgado. Se for irrecorrivelmente condenado, por crime culposo ou por contravenção, a pena privativa de liberdade ou restritiva de direitos será caso de revogação facultativa, prevista no § 1º do art. 81.

Multa: No caso de superveniência de condenação irrecorrível, por crime doloso, a pena de multa, haverá a revogação obrigatória do *sursis?* Convém mencionar que a condenação a pena de multa não constitui óbice à concessão do *sursis,* conforme expressa previsão legal (CP, art. 77, § 1º e *Súmula 499 do STF).* Se não constitui óbice, não pode ser considerada causa para a sua revogação. Também não se trata de causa geradora de revogação facultativa, na medida em que o art. 81, § 1º, somente se refere à condenação irrecorrível por crime culposo ou contravenção penal. Convém lembrar que a pena de multa jamais poderá ser convertida em pena de prisão, mas, sim, será considerada dívida de valor, devendo ser executada nos termos do art. 51 do CP (com a redação determinada pela Lei n. 9.268/96).

Condenação no estrangeiro: Para Cezar Roberto Bitencourt, a nova condenação no estrangeiro, que pode impedir a concessão do *sursis,* não é causa de sua revogação, na ausência de previsão legal, por se tratar de norma restritiva do direito de liberdade do condenado (*Código Penal,* cit., p. 273-274).

(3) Frustração da execução da pena de multa, sendo o condenado solvente: Com a nova redação do art. 51 do CP, determinada pela Lei n. 9.268/96, não existe mais essa hipótese de revogação. Se o ato de frustrar o pagamento da multa já não acarreta a sua conversão em detenção, também não poderá, por nenhum outro modo, provocar a privação da liberdade.

(4) Não reparação do dano, sem motivo justificado: A reparação do dano constitui requisito para a concessão do *sursis* especial (CP, art. 78, § 2º). No entanto, de acordo com o art. 81, II, do CP, a ausência de reparação do dano, sem motivo justificado, acarreta também a revogação obrigatória do *sursis.* Desse modo, a reparação do dano, embora não conste expressamente entre os requisitos para a concessão do *sursis* simples, por ser causa de revogação, é considerada, consequentemente, causa impeditiva da concessão.

(5) Descumprimento de qualquer das condições do art. 78, § 1º: São condições legais do *sursis* simples, quais sejam, no primeiro ano do prazo, o condenado deve prestar serviços à comunidade (art. 46) ou submeter-se à limitação de fim de semana (art. 48).

(6) Revogação obrigatória: Discute-se na jurisprudência se a revogação obrigatória do *sursis* é automática ou se há necessidade de procedimento judicial. Há julgados que entendem que a revogação é automática, independente, portanto, de pronunciamento judicial: STJ, HC 7340/SP, 5ª T., Rel. Felix Fischer, j. 20-8-1998; TJRS, Ag. 70000202937, 6ª Câmara Criminal, Rel. Des. Alfredo Foerster, j. 24-8-2000; TRF, 5ª Região, Ag. 243, 2ª T., Rel. Des. Petrucio Ferreira, j. 6-10-1998. Em sentido contrário, há decisões que entendem que, na hipótese de revogação obrigatória do *sursis,* deve-se proceder à oitiva do apenado, a fim de que possa ele justificar o descumprimento ou cumprimento irregular da condição, em atenção ao princípio da ampla defesa. Nula, pois, a decisão que revoga o benefício sem observar tal formalidade: TJRS, AgE 70008276032, 6ª Câmara Criminal, Rel. Des. Marco Antônio Bandeira Scapini, j. 13-5-2004; TJMG, HC 318.469-0, 2ª Câmara Criminal, Rel. Des. Erony da Silva, j. 26-9-2000.

Lei de Execução Penal

Audiência admonitória. Não comparecimento do sentenciado: De acordo com o art. 161 da LEP, "se intimado pessoalmente ou por edital com prazo de 20 (vinte) dias, o réu não comparecer injustificadamente à audiência admonitória, a suspensão ficará sem efeito e será executada imediatamente a pena". Trata-se de hipótese legal, prevista na LEP, autorizadora da cassação do benefício (LEP, art. 161). Obviamente, se a ausência for motivada, não há razão para a cassação do *sursis*. Por exemplo, o condenado que justifica satisfatoriamente o seu não comparecimento à audiência, por força de doença ou acidente, mediante atestado médico. Convém distinguir duas situações relativas à revelia do acusado: (a) a revelia do acusado citado pessoalmente não impede a concessão do benefício da suspensão condicional da pena, caso sejam preenchidos todos os requisitos legais. Entretanto, o seu não comparecimento à audiência admonitória acarreta a revogação do benefício; (b) *réu citado por edital que não comparece a juízo nem constitui advogado*: o processo ficará suspenso e também suspenso o prazo prescricional, até sua localização (de acordo com a nova redação do art. 366, *caput*, do CPP). Nesse caso, suspende-se a tramitação do processo, não havendo falar em provimento jurisdicional final, e, portanto, na possibilidade de concessão do *sursis* ao réu revel.

Revogação facultativa

§ 1º A suspensão poderá ser revogada se o condenado descumpre qualquer outra condição imposta ou é irrecorrivelmente condenado, por crime culposo ou por contravenção, a pena privativa de liberdade ou restritiva de direitos. *(Redação dada pela Lei n. 7.209/84)*

(1) Revogação facultativa: O juiz não está obrigado a revogar o benefício, podendo optar por prorrogar o período de prova até o máximo, se este não fora o fixado (CP, art. 81, § 3º). A opção, porém, deve ser feita durante o período de prova: STJ, REsp 714.245/RS, Rel. Min. Hamilton Carvalhido, 6ª T., j. 18-10-2005; TJSP, *RT* 676/283. Decidindo pela revogação, o magistrado deve ouvir o apenado, oportunizando-lhe o contraditório e a ampla defesa: TJRS, HC 698606910, 6ª Câmara Criminal, Rel. Sylvio Baptista Neto, j. 11-2-1999; TJRS, HC 684042963, 1ª Câmara Criminal, Rel. Marco Aurélio Costa Moreira de Oliveira, j. 21-11-1984; TJMG, HC 1.0000.05.418366-0/000, 1ª Câmara Criminal, Rel. Des. Gudesteu Biber, j. 19-4-2005. "Nunca é desnecessário anotar a disposição do cumprimento do *sursis* que, em muitos casos, reclama o enquadramento 'à situação pessoal do condenado' (art. 158, § 1º, da LEP), sendo que as condições podem ser modificadas de acordo com algum motivo determinante. Daí a indispensabilidade da oitiva do beneficiado para efeito de qualquer decisão revogatória": STJ, RHC 12497/MG, 5ª T., Rel. Min. José Arnaldo da Fonseca, j. 10-6-2003; STJ, HC 28.719/RJ, Rel. Min. Jorge Scartezzini, 5ª T., j. 2-9-2003.

(2) Descumprimento de outras condições do sursis *(§ 1º, 1ª parte):* Cuida-se aqui do descumprimento das condições legais impostas no *sursis* especial (CP, art. 78, § 2º) e de qualquer outra condição não elencada em lei, imposta pelo juiz (CP, art. 79 – condições judiciais).

(3) Superveniência de condenação irrecorrível pela prática de crime culposo ou contravenção penal (§ 1º, 2ª parte): A condenação irrecorrível, pela prática de crime culposo ou contravenção penal, a pena privativa de liberdade ou restritiva de direitos, é causa geradora da revogação facultativa do *sursis*. A condenação irrecorrível à pena de multa não gera revogação facultativa, nem obrigatória (*vide* comentários ao CP, art. 81, I), e também não enseja a prorrogação do período de prova até o máximo: TJSP, *RJTJSP* 124/551. *(Parágrafo redação dada pela Lei n. 7.209/84)*

Prorrogação do período de prova

§ 2º Se o beneficiário está sendo processado por outro crime ou contravenção, considera-se prorrogado o prazo da suspensão até o julgamento definitivo.

§ 3º Quando facultativa a revogação, o juiz pode, ao invés de decretá-la, prorrogar o período de prova até o máximo, se este não foi o fixado. *(Parágrafo com redação dada pela Lei n. 7.209/84)*

(1) Prorrogação do período de prova (§ 2º): "Se o beneficiário está sendo processado por outro crime ou contravenção, considera-se prorrogado o prazo da suspensão até o julgamento definitivo". A lei fala em "processado"; logo, a mera instauração de inquérito policial não dá causa à prorrogação do *sursis*. No momento em que o agente passa a ser processado (denúncia recebida) pela prática de qualquer infração penal, a pena, que estava suspensa condicionalmente, já não pode ser extinta sem que se aguarde o desfecho do processo. É preciso, portanto, aguardar o resultado final deste para saber se haverá ou não a revogação do *sursis*. Havendo revogação, ambas as penas deverão ser cumpridas (a decorrente da nova condenação e a pena proveniente da revogação do *sursis*).

Prorrogação automática: A prorrogação do período de prova é automática. Não importa se o juiz determinou ou não aquela antes do término do período de prova. No exato momento em que a denúncia pela prática de crime ou contravenção foi recebida, ocorre a automática prorrogação. "O preceito do § 2º do artigo 81 do Código Penal revela automaticidade no que dispõe que se considera prorrogado o prazo da suspensão, até o julgamento definitivo, quando o beneficiário está sendo processado por outro crime ou contravenção" (STF, HC 72147/SP, 2ª T., Rel. Min. Marco Aurélio, j. 16-4-1996).

Duração da prorrogação e condições: A prorrogação do período de prova do *sursis* durará até o julgamento definitivo do processo pelo crime ou contravenção. No tocante às condições impostas, no curso da prorrogação não deve ficar o condenado sujeito às condições do art. 78, § 2º, *a*, *b*, e *c*, ou art. 79 do CP. *Nesse sentido:* Celso Delmanto, *Código Penal*, cit., p. 151.

(2) Prorrogação alternativa (§ 3º): Confere a lei, nas hipóteses de revogação facultativa (*vide* § 1º), ao julgador, a possibilidade de, em vez de decretar a revogação, prorrogar o período de prova até o máximo, se este não fora o inicialmente fixado.

Cumprimento das condições

Art. 82. Expirado o prazo sem que tenha havido revogação, considera-se extinta a pena privativa de liberdade. *(Artigo com redação dada pela Lei n. 7.209/84)*

(1) Cumprimento das condições: Dispõe o art. 82 que "expirado o prazo sem que tenha havido revogação, considera-se extinta a pena privativa de liberdade". Se, até o término do período de prova, a suspensão não tiver sido revogada, a pena, cuja execução estava suspensa, estará automaticamente extinta.

(2) Contradição entre o disposto nos arts. 81, § 2º, e 82 do CP: Entre os arts. 81, § 2º e 82 há uma contradição. O art. 82 prevê a extinção automática da pena privativa de liberdade, uma vez expirado o prazo do período de prova, sem que tenha havido a revogação. Assim, caso o juiz se cientifique de que o réu foi condenado por outro crime ou contravenção após o vencimento do prazo probatório do *sursis*, tal ciência não poderá mudar a situação do réu, isto é, não terá o condão de revogar o *sursis*, uma vez cumprido integralmente o prazo do período de prova. Por outro lado, o art. 81, § 2º, reza que se o condenado estiver sendo processado por crime ou contravenção, durante o prazo do período de prova, a prorrogação deste será automática. Na jurisprudência, temos as seguintes posições: (a) A prorrogação do período de prova é automática, independe de despacho do juiz. Basta que o beneficiado esteja sendo processado por outro crime para que se dê obrigatória e automaticamente a prorrogação do período de prova. *Nesse sentido:* STJ, REsp 10212/RJ, 5ª T., Rel. Min. Felix Fischer, j. 3-5-2001; STJ, REsp 233.021 SP, 5ª T., Rel. Min. Gilson Dipp, j. 18-10-

2001; STJ, RHC 6941 SP, 6ª T., Rel. Min. Anselmo Santiago, j. 17-2-1998; TACrim, AgE 1366337/9, 16ª Câmara Criminal, Rel. Des. Cláudio Caldeira, j. 17-12-2003; TJRS, AgE 70009299660, 7ª Câmara Criminal, Rel. Des. Ivan Leomar Bruxel, j. 29-8-2004. (b) Há decisões no sentido de que, expirado sem revogação o período de prova do *sursis*, extingue-se automaticamente a pena, sendo irrelevante que tenha havido instauração, nesse tempo, contra o beneficiário, de outro processo criminal, se a notícia veio a lume depois do término do prazo. Nesse sentido: TJSP, *RJTJSP* 101/463; 100/486; TACrimSP, *RT* 626/304.

(3) Contraditório: Ao Ministério Público incumbe a fiscalização da execução da pena e da medida de segurança, oficiando no processo executivo e nos incidentes da execução (LEP, art. 67). Por isso, o magistrado não pode, por exemplo, extinguir a pena sem atendimento a requerimento ministerial de vinda aos autos de folha de antecedentes ou certidão comprobatória da inexistência de causa de revogação ou prorrogação (TJSP, *RT* 642/286). Em consequência, é obrigatória a prévia manifestação do Ministério Público sobre a declaração da extinção da pena: TJRS, AgE 70009930199, 7ª Câmara Criminal, Rel. Des. Sylvio Baptista Neto, j. 11-11-2004; TJRS, AgE 70009144759, 7ª Câmara Criminal, Rel. Des. Nereu José Giacomolli, j. 9-9-2004. Do mesmo modo, "a Defensoria Pública velará pela regular execução da pena e da medida de segurança, oficiando, no processo executivo e nos incidentes de execução, para a defesa dos necessitados em todos os graus e instâncias, de forma individual e coletiva" (CP, art. 81-A, com a redação determinada pela Lei n. 12.313/2010).

CAPÍTULO V
DO LIVRAMENTO CONDICIONAL

Requisitos do livramento condicional

Art. 83. O juiz poderá conceder livramento condicional ao condenado a pena privativa de liberdade igual ou superior a 2 (dois) anos, desde que: *(Caput e incisos I a IV com redação dada pela Lei n. 7.209/84)*

I – cumprida mais de um terço da pena se o condenado não for reincidente em crime doloso e tiver bons antecedentes;

II – cumprida mais da metade se o condenado for reincidente em crime doloso;

III – comprovado comportamento satisfatório durante a execução da pena, bom desempenho no trabalho que lhe foi atribuído e aptidão para prover à própria subsistência mediante trabalho honesto;

IV – tenha reparado, salvo efetiva impossibilidade de fazê-lo, o dano causado pela infração;

V – cumprido mais de dois terços da pena, nos casos de condenação por crime hediondo, prática de tortura, tráfico ilícito de entorpecentes e drogas afins, e terrorismo, se o apenado não for reincidente específico em crimes dessa natureza. *(Acrescentado pela Lei n. 8.072/90)*

Parágrafo único. Para o condenado por crime doloso, cometido com violência ou grave ameaça à pessoa, a concessão do livramento ficará também subordinada à constatação de condições pessoais que façam presumir que o liberado não voltará a delinquir. *(Redação dada pela Lei n. 7.209/84)*

(1) Livramento condicional: Trata-se de incidente na execução da pena privativa de liberdade consistente em uma antecipação provisória da liberdade do condenado, satisfeitos certos requisitos e mediante determinadas condições.

(2) Natureza jurídica: É direito público subjetivo do condenado ter antecipada a sua liberdade provisoriamente, desde que preenchidos os requisitos legais.

(3) Qualidade da pena: A pena deve ser privativa de liberdade (reclusão, detenção ou prisão simples). Trata-se de requisito objetivo do livramento condicional.

(4) Quantidade da pena: A pena deve ser igual ou superior a 2 anos. No cálculo da sanção, será possível a soma das penas de infrações diversas (CP, art. 84). Trata-se, também, de requisito objetivo do livramento condicional.

(5) Cumprimento de parte da pena: A lei, aqui, traz um requisito objetivo e subjetivo. Para concessão do livramento será computado o tempo remido (LEP, art. 128), bem como o decorrente da detração penal (CP, art. 42). Vejamos as hipóteses legais: (a) mais de 1/3, desde que tenha bons antecedentes (*vide* CP, art. 59, II) e não seja reincidente em crime doloso (inciso I); (b) mais da metade, se reincidente em crime doloso (inciso II). Quanto ao reincidente específico, *vide* inciso V. Discute-se se a lei teria equiparado o condenado primário, mas portador de maus antecedentes, ao reincidente em crime doloso. No sentido de que se aplica àquele, analogicamente, o art. 83, II, CP: STF, RHC 66222/RJ, 2ª T., Rel. Min. Aldir Passarinho, j. 3-5-1988; STJ, HC 14014/RJ, 6ª T., Rel. Min. Hamilton Carvalhido, j. 6-2-2001; TJRS, Ag. 70011678638, 8ª Câmara Criminal, Rel. Des. Luís Carlos Ávila de Carvalho Leite, j. 10-8-2005. No sentido de que basta o cumprimento de 1/3 da pena: STJ, REsp 503375/RJ, 6ª T., Rel. Min. Paulo Medina, j. 4-4-2006; STJ, REsp 698340/RJ, 5ª T., Rel. Min. José Arnaldo da Fonseca, j. 28-9-2005; STJ, HC 23.300/RJ, 5ª T., Rel. Min. Gilson Dipp, j. 16-10-2003; STJ, HC 20281/RJ, 5ª T., Rel. Min. Felix Fischer, j. 11-6-2002; TJRS, Ag. 70014815591, 7ª Câmara Criminal, Rel. Des. Sylvio Baptista Neto, j. 18-5-2006. Entendemos que o não reincidente em crime doloso, portador de maus antecedentes, deve cumprir entre 1/3 e a metade para obtenção do livramento.

(6) Comportamento satisfatório, bom desempenho no trabalho e aptidão para prover à própria subsistência: Trata-se de requisito subjetivo. (a) Comportamento satisfatório: diz com a vida carcerária do condenado, isto é, não ser indisciplinado de modo a empreender fugas (caracteriza falta grave) ou envolver-se em brigas com outros detentos. (b) Bom desempenho no trabalho que lhe foi atribuído: o trabalho constitui um direito do preso. A omissão do Poder Público na atribuição de trabalho ao condenado não impede a concessão do benefício. (c) Aptidão para prover à própria subsistência mediante trabalho honesto.

(7) Reparação do dano, salvo impossibilidade de fazê-lo: Trata-se de requisito objetivo. A reparação do dano será dispensável, ante a impossibilidade de fazê-lo, por exemplo, na hipótese de detento pobre, em estado de insolvência.

(8) Cumprimento de mais de dois terços da pena nos crimes previstos na Lei n. 8.072/90 e equiparados e não ser reincidente específico: (a) Cumprimento de mais de dois terços da pena: trata-se de um requisito objetivo específico incidente sobre os crimes hediondos e equiparados (tortura, tráfico ilícito de drogas e terrorismo). Em virtude da gravidade do crime, exige-se um tempo maior de cumprimento da pena privativa de liberdade. (b) Não ser reincidente específico em crimes dessa natureza: a Lei n. 8.072/90 acrescentou o inciso V ao art. 83 do CP, o qual vedou o livramento condicional para os reincidentes em qualquer dos crimes previstos na Lei dos Crimes Hediondos. Reincidente específico, aqui, não quer dizer em crimes previstos no mesmo tipo legal, mas em crimes previstos na mesma lei. Por exemplo: tortura e terrorismo, latrocínio e tráfico de drogas, homicídio qualificado e extorsão mediante sequestro, e assim por diante. É necessário que ambos os delitos tenham sido cometidos após a entrada em vigor da Lei n. 8.072/90, pois, se um deles foi

praticado antes, não haverá reincidência específica, nem proibição de obter o livramento condicional. Sobre a reincidência específica nos crimes previstos nos arts. 33, *caput* e § 1º, e 34 a 37 da Lei de Drogas (Lei n. 11.343/2006), *vide* art. 44, parágrafo único, da referida lei. Importante especificar que mesmo o tráfico com privilégio, nos termos da Súmula 512 do STJ, não afasta a sua hediondez.

(9) Cessação da periculosidade nos crimes dolosos cometidos mediante violência ou grave ameaça (parágrafo único): Nos crimes dolosos cometidos mediante violência ou grave ameaça à pessoa, o benefício fica sujeito à verificação da cessação da periculosidade do agente. Trata-se da violência empregada contra a pessoa, e não contra a coisa.

Prova de cessação da periculosidade (exame criminológico): Discute-se se nos crimes cometidos mediante violência ou grave ameaça é necessário laudo pericial que comprove a cessação da periculosidade do condenado. Tem-se entendido que o art. 83, parágrafo único, do CP, não torna compulsório tal exame, porém ele não se acha vedado pela norma legal, submetendo-se, quanto a sua realização, à apreciação discricionária e sempre motivada do juiz. *Nesse sentido:* STF, HC 69.740/SP, *DJU* 18-6-1993, p. 12112; STF, HC 63439 RS, Rel. Min. Sydney Sanches, j. 8-11-85; STJ, RHC 15263/PR, 5ª T., Rel. Min. Felix Fischer, j. 1-4-2004. No sentido de que é indispensável o exame criminológico: TJSP, *RT* 689/344. A posição de que o exame não é obrigatório parece ter-se consolidado com a nova redação do art. 112 da Lei de Execuções Penais, dada pela Lei n. 10.792/2003. Entende-se, assim, que o laudo pericial pode ser realizado se o Juízo das Execuções, diante das peculiaridades da causa, entender necessário, servindo, então, de base para o deferimento ou indeferimento do pedido. Nessa linha é o teor da Súmula 439 do STJ: "Admite-se o exame criminológico pelas peculiaridades do caso, desde que em decisão motivada".

(10) Livramento condicional e preso provisório: Discute-se se é possível a concessão do livramento condicional antes do trânsito em julgado da sentença condenatória. A 6ª Turma do STJ admitiu-a em situação na qual o acusado se encontrava preso provisoriamente por mais tempo do que seria necessário para gozar do benefício: STJ, RHC 1.030/PE, *DJU* 25-3-1991, p. 3231. A 2ª T. do TRF da 4ª Região, a seu turno, entendeu que não havia necessidade de aguardar o trânsito em julgado do acórdão para o início do livramento, uma vez que o recurso especial não tem efeito suspensivo: Recurso n. 420.2011, *DJU* 8-5-91, p. 9821. A 1ª Câmara Criminal do TJSP também já admitiu o livramento a preso provisório, salientando a necessidade de tratamento isonômico entre este e o condenado definitivamente: TJSP, HC n. 472.001-3/4-00, 1ª Câmara Criminal, Rel. Des. Péricles Piza, j. 14-2-2005. Há também entendimento no sentido de que não se concede o benefício quando ainda não houver o trânsito em julgado para a acusação, pela possibilidade de a pena vir a ser agravada e aumentar-se o lapso temporal necessário para fins de livramento condicional: TJRS, Ag. 70009029844, 8ª Câmara Criminal, Rel. Des. Luís Carlos Ávila de Carvalho Leite, j. 13-10-2004; STJ, HC 20931/MG, 6ª T., Rel. Min. Hamilton Carvalhido, j. 28-5-2002. A jurisprudência do STF, no entanto, não tem reclamado o trânsito em julgado da condenação. *Nesse sentido:* "O Paciente não tem direito à concessão da ordem de ofício apenas por ter perdurado na custódia cautelar por tempo suficiente para a conquista dos benefícios da progressão de regime ou do livramento condicional. 2. Embora a jurisprudência do Supremo Tribunal não reclame o trânsito em julgado da condenação para a concessão dos mencionados benefícios, somente ao juízo de origem ou da execução criminal competente cabe avaliar se estão presentes os requisitos objetivos e subjetivos para a sua concessão nos processos criminais aos quais responde o Paciente, sob pena de supressão de instância. Necessidade de ser o juízo competente provocado pelo Paciente" (STF, HC 90813/SP, 1ª T., Rel. Min. Cármen Lúcia, j. 24-4-2007, *DJ* 25-5-2007, p. 77).

Sobre o preso provisório e a execução da pena, *vide* Súmulas 716 do STF e 717 do STJ e LEP, arts. 6º, 52 e 87, com redação determinada pela Lei n. 10.792/2003, que tratam, respectivamente, da progressão de regime, do programa individualizador realizado pela Comissão Técnica de Classificação, da construção de penitenciárias e do regime disciplinar diferenciado.

(11) Estrangeiro: Os estrangeiros gozam dos mesmos direitos e têm os mesmos deveres dos brasileiros (art. 5º, *caput*). De acordo com o art. 12, § 2º, da CF, a "lei não poderá estabelecer distinção entre brasileiros natos e naturalizados, salvo nos casos previstos na Constituição" (*vide* Estatuto do Estrangeiro: Lei n. 6.815/80, com as alterações operadas pela Lei n. 6.964/81). Entendendo não ser possível a concessão do livramento condicional: (a) para turista, sem residência fixa no Brasil: STF, RHC 65643/RJ, 1ª T., Rel. Min. Néri da Silveira, j. 27-11-1987; (b) para estrangeiro com permanência irregular temporária no Brasil, em virtude do art. 97 da Lei n. 6.815/80: TRF, 3ª Região, HC 13689, 5ª T., Rel. Des. André Nabarrete, j. 12-11-2002; TJRS, Ag. 70012189411, 1ª Câmara Criminal, Rel. Des. Manuel José Martinez Lucas, j. 21-9-2005; TJSP, HC 168.319-3, Rel. Des. Gonçalves Nogueira, 3ª Câmara Criminal, j. 22-8-1994; TJMS, *RT* 601/377. *Em sentido contrário,* julgando possível o livramento porque inadmissível a presunção de que o réu não regularizará sua documentação de estada no país: TRF, 2ª Região, HC 97.02.09152-7, 1ª T., Rel. Juíza Vera Lúcia Lima, j. 14-5-1997; (c) para estrangeiro cujo decreto de expulsão esteja condicionado ao cumprimento da pena a que foi condenado no Brasil: STF, HC 83723/MG, 1ª T., Rel. Min. Sepúlveda Pertence, j. 9-3-2004; STF, HC 63593/SP, Rel. Min. Djaci Falcão, j. 5-2-1986; STF, HC 56311/SP, Rel. Min. Moreira Alves, j. 6-10-1978; TRF, 2ª Região, Ag. 9602098449/RJ, 2ª T., j. 10-6-97; TRF, 5ª Região, Ag. 171, 1ª T., Rel. Des. Ubaldo Ataíde Cavalcanti, j. 19-3-98.

(12) Livramento condicional humanitário: É benefício concedido a sentenciado que ainda não cumpriu o período de tempo necessário, mas é portador de moléstia grave e incurável, tal como sucede no *sursis* humanitário (CP, art. 77, § 2º). Não há previsão legal, mas o TJSP já o concedeu a sentenciado primário e portador de aids em estado avançado, dispensando-o do cumprimento de 1/3 da pena: *RT* 752/588.

(13) Livramento condicional cautelar: "A concessão de livramento condicional cautelar para condenado beneficiado com a progressão para o regime aberto, ante a inexistência de Casa do Albergado, não constitui constrangimento ilegal, uma vez que é uma medida mais benéfica para o sentenciado, consistindo na última etapa para a ressocialização": STJ, HC 26.537/SP, 5ª T., Rel. Min. Jorge Scartezzini, j. 17-2-2004. *Em sentido contrário,* considerando "inadmissível que a decisão que deferiu pedido de progressão ao regime aberto ao sentenciado conceda-lhe, *ex officio,* o livramento condicional cautelar, à falta de Casa do Albergado, porque não é possível agravar a situação do condenado com este pretenso benefício, não previsto na legislação, devendo ser concedida a prisão-albergue domiciliar": TACrimSP, AgE 1269577/4, 8ª Câmara Criminal, Rel. Des. René Nunes, j. 8-11-2001.

(14) Habeas corpus: Não configura meio idôneo para a concessão de livramento, uma vez que não admite investigação probatória, sem a qual não é possível verificar o preenchimento dos requisitos legais.

(15) Condições do livramento condicional: Vide CP, art. 85.

(16) Revogação do livramento condicional: Vide CP, arts. 86 a 88.

(17) Extinção do livramento condicional: Vide CP, arts. 89 e 90.

(18) Requerimento: O livramento condicional poderá ser requerido pelo sentenciado, seu cônjuge ou parente em linha reta, ou, ainda, proposta do diretor do estabelecimento ou do Conselho Penitenciário (CPP, art. 712).

(19) Juízo competente: O livramento condicional poderá ser concedido pelo juiz da execução (LEP, art. 181).

(20) Manifestação do Ministério Público e defensor: De acordo com o art. 112, §§ 1º e 2º, da LEP, com a redação determinada pela Lei n. 10.792/2003, a decisão será sempre motivada e precedida de manifestação do Ministério Público e do defensor.

(21) Parecer do Conselho Penitenciário: A nova redação do art. 70 da LEP exclui uma das atribuições do Conselho Penitenciário, qual seja, a de emitir parecer sobre a concessão do livramento condicional (cf. redação determinada pela Lei n. 10.792/2003). No entanto, os arts. 131 e seguintes da LEP mantiveram tal atribuição. Assim, duas posições surgiram: (a) Não mais se exige a emissão de parecer pelo Conselho Penitenciário. N*esse sentido:* STJ, REsp 773635/DF, 5ª T., Rel. Min. Gilson Dipp, j. 14-3-2006; STJ, HC 42446/SP, 5ª T., Rel. Min. Arnaldo Esteves Lima, j. 20-10-2005; TJRS, Ag. 70010083434, 6ª Câmara Criminal, Rel. Des. João Batista Marques Tovo, j. 3-3-2005; TJDFT, Ag. 211322, 2ª T. Criminal, Rel. Des. Getúlio Pinheiro, j. 3-3-2005. (b) *Em sentido contrário*, entendendo que "o contido no art. 131, da LEP, não foi alterado pela Lei n. 10.792/2003, de modo que a concessão do livramento condicional continua vinculada ao parecer prévio do Conselho Penitenciário": TJRS, Ag. 70008855405, 8ª Câmara Criminal, Rel. Des. José Antônio Cidade Pitrez, j. 28-12-2004; TJRS, Ag. 70009317728, 8ª Câmara Criminal, Rel. Des. Vanderlei Teresinha Tremeia Kubiak, j. 18-8-2004.

(22) Procedimento: Vide LEP, arts. 131 a 146.

(23) Direitos políticos: A condenação transitada em julgado acarreta a suspensão dos direitos políticos enquanto durarem seus efeitos (*vide* CF, art. 15, III). A suspensão dos direitos políticos ocorre mesmo no caso de concessão de livramento condicional.

(24) Remição: Será possível ao condenado que cumpre pena em regime aberto ou semiaberto e o que usufrui liberdade condicional remir, pela frequência a curso de ensino regular ou de educação profissional, parte do tempo de execução da pena ou do período de prova, observado o disposto no inciso I do § 1º do art. 126 (LEP, art. 126, § 6º, com a redação determinada pela Lei n. 12.433, de 29 de junho de 2011).

(25) Indulto: Abrange aqueles que cumprem o livramento condicional.

Súmulas:

Súmula 439 do STJ: "Admite-se o exame criminológico pelas peculiaridades do caso, desde que em decisão motivada".

Súmula 441 do STJ: "A falta grave não interrompe o prazo para obtenção de livramento condicional".

Soma de penas

Art. 84. As penas que correspondem a infrações diversas devem somar-se para efeito do livramento. *(Redação dada pela Lei n. 7.209/84)*

Soma das penas: O juiz poderá conceder livramento condicional ao condenado a pena privativa de liberdade igual ou superior a 2 (dois) anos. Para atingir esse limite mínimo legal, admite-se a soma das penas decorrentes de infrações diversas de um mesmo processo ou processos distintos.

Especificações das condições

Art. 85. A sentença especificará as condições a que fica subordinado o livramento. *(Redação dada pela Lei n. 7.209/84)*

(1) Condições: O livramento condicional consiste em uma antecipação provisória da liberdade do condenado, satisfeitos certos requisitos e mediante determinadas condições. As condições são especificadas pelo juiz da execução, a quem incumbe o deferimento do livramento condicional (LEP, art. 132).

(2) Condições obrigatórias: De acordo com o art. 132, § 1º, da LEP, serão sempre impostas

ao liberado condicional as obrigações seguintes: (a) obter ocupação lícita dentro de prazo razoável, se for apto para o trabalho; (b) comparecimento periódico a fim de justificar atividade; (c) proibição de ausentar-se da comarca sem comunicação ao juiz.

(3) Condições facultativas: De acordo com o art. 132, § 2º, da LEP, poderão ainda ser impostas ao liberado condicional, entre outras obrigações, as seguintes: (a) não mudar de residência sem comunicação ao juiz e à autoridade incumbida de fiscalizar; (b) recolher-se à habitação em hora fixada; (c) não frequentar determinados lugares.

(4) Condição legal indireta: São as causas de revogação do livramento (CP, arts. 86 e 87). Assim são chamadas porque indiretamente acabam por se constituir em condições negativas (não dão causa à revogação).

(5) Modificação das condições: De acordo com o art. 144 da LEP, é possível a modificação das condições pelo juiz da execução, desde que ouvido o liberado.

(6) Aceitação das condições: De acordo com o art. 137 da LEP, na cerimônia do livramento condicional, o liberando declarará se aceita as condições impostas na sentença de livramento. A não aceitação torna sem efeito o benefício, acarretando o cumprimento integral da pena privativa de liberdade.

Revogação do livramento

Art. 86. Revoga-se o livramento, se o liberado vem a ser condenado a pena privativa de liberdade, em sentença irrecorrível: *(Artigo com redação dada pela Lei n. 7.209/84)*

I – por crime cometido durante a vigência do benefício;

II – por crime anterior, observado o disposto no art. 84 deste Código.

(1) Revogação: O livramento condicional poderá ser revogado se presentes umas das situações previstas em lei, quais sejam, as causas de revogação obrigatória prescritas no art. 86, I e II, do CP ou as de revogação facultativa, contempladas no art. 87, sendo certo que, nestas últimas, o juiz poderá manter o livramento condicional, devendo advertir o liberado ou agravar as condições impostas (LEP, art. 140, parágrafo único).

(2) Revogação obrigatória: Se o liberado vem a ser condenado a pena privativa de liberdade, em sentença irrecorrível: "I – por crime cometido durante a vigência do benefício". Exige-se que a condenação seja irrecorrível; portanto, a revogação não ocorrerá enquanto o processo estiver em andamento ou na hipótese em que a decisão não transitou em julgado. Somente a pena privativa de liberdade (reclusão ou detenção) terá o condão de revogar o livramento condicional, o que não ocorre com a pena de multa e restritiva de direitos. Se for irrecorrivelmente condenado por crime ou por contravenção a pena não privativa de liberdade, a hipótese será de revogação facultativa (CP, art. 87); "II – por crime anterior, observado o disposto no art. 84 deste Código". Nessa hipótese, o crime foi praticado antes da vigência do benefício, mas a sentença condenatória irrecorrível só advém quando o agente já se encontra cumprindo o livramento condicional. Nesse caso, as penas deverão ser somadas a fim de se verificar o limite mínimo para a concessão do livramento.

(3) Efeitos da revogação: Vide CP, art. 88.

(4) Requerimento: A revogação será decretada a requerimento do Ministério Público, mediante representação do Conselho Penitenciário ou, de ofício, pelo juiz, ouvido o liberado.

(5) Contraditório e ampla defesa: É inadmissível a revogação do livramento condicional sem a prévia oitiva do condenado e a oportunidade de se defender (*vide* LEP, art. 143).

(6) Suspensão do livramento condicional: De acordo com o art. 145 da LEP, "praticada pelo liberado outra infração penal, o juiz poderá ordenar a sua prisão, ouvidos o Conselho Penitenciário

e o Ministério Público, suspendendo o curso do livramento condicional, cuja revogação, entretanto, ficará dependendo da decisão final". Essa suspensão é provisória e não se confunde com a revogação do livramento condicional, a qual exige sentença penal condenatória irrecorrível. Nessa linha: STF, RHC 63603/SP, 1ª T., Rel. Min. Oscar Correa, j. 6-12-85; STJ, HC 37827/RJ, 5ª T., Rel. Min. Felix Fischer, j. 15-2-2005; STJ, RHC 144991/RJ, 5ª T., Rel. Min. Felix Fischer, j. 2-12-2003; STJ, RHC 13484/SP, 5ª T., Rel. Gilson Dipp, j. 17-12-2002; TJRJ, HC 2006.059.00872, 7ª Câmara Criminal, Rel. Des. Maurílio Passos Braga, j. 30-5-2006; TJDFT, HC 182402, 1ª T. Criminal, Rel. Des. Ângelo Passareli, j. 4-9-2003.

(7) Prescrição e revogação do livramento condicional: No caso de revogação do livramento condicional, a prescrição é regulada pelo tempo que resta da pena (cf. CP, art. 113).

Revogação facultativa

Art. 87. O juiz poderá, também, revogar o livramento, se o liberado deixar de cumprir qualquer das obrigações constantes da sentença, ou for irrecorrivelmente condenado, por crime ou contravenção, a pena que não seja privativa de liberdade. *(Redação dada pela Lei n. 7.209/84)*

(1) Revogação facultativa: As causas obrigatórias de revogação do livramento condicional constam no art. 86 do CP. O art. 87 cuida das causas de revogação facultativa. Prevê o art. 140, parágrafo único, da Lei de Execução Penal que, nesta situação, mantido o livramento, o juiz deverá advertir o liberado ou agravar as condições impostas.

(2) Descumprimento das condições impostas: São as previstas no CP, art. 85, e LEP, art. 132.

(3) Condenação irrecorrível, por crime ou contravenção, a pena não privativa de liberdade: De acordo com o dispositivo legal, trata-se de condenação a pena restritiva de direitos ou de multa. No tocante à pena de multa, sustenta Celso Delmanto, que "esta fica excluída, diante da nova redação do art. 51 do CP (Lei n. 9.268/96), que a considera dívida de valor, não se admitindo a sua conversão em pena privativa de liberdade *(Código Penal,* cit., p. 159)". Não importa se a infração foi cometida antes ou durante a vigência do benefício. Finalmente, exclui-se o perdão judicial, pois não há imposição de pena.

Condenação irrecorrível por contravenção à pena de prisão: O legislador foi omisso quanto à condenação, por contravenção, a pena de prisão, não mencionando se a hipótese seria de revogação obrigatória ou facultativa. Assim, somente fez referência à condenação por contravenção penal punida com pena restritiva de direitos e multa, como causa de revogação facultativa.

(4) Requerimento: A revogação será decretada a requerimento do Ministério Público, mediante representação do Conselho Penitenciário ou, de ofício, pelo juiz, ouvido o liberado.

(5) Contraditório e ampla defesa: É inadmissível a revogação do livramento condicional sem a prévia oitiva do condenado e a oportunidade de se defender *(vide* LEP, art. 143).

Efeitos da revogação

Art. 88. Revogado o livramento, não poderá ser novamente concedido, e, salvo quando a revogação resulta de condenação por outro crime anterior àquele benefício, não se desconta na pena o tempo em que esteve solto o condenado. *(Redação dada pela Lei n. 7.209/84)*

(1) Efeitos da revogação do livramento: Diferentes serão os efeitos, conforme forem as suas causas.

(2) Por crime anterior ao benefício: Uma vez revogado o livramento, é descontado o tempo em que o sentenciado esteve solto, devendo cumprir preso apenas o tempo que falta para completar o período de prova. Além disso, terá direito a somar o que resta da pena com a nova condenação, calculando o livramento sobre esse total (CP, art. 84, e LEP, art. 141).

(3) Crime praticado durante o benefício: Uma vez revogado o livramento, não se desconta o tempo em que o sentenciado esteve solto, devendo ele cumprir integralmente a sua pena, só podendo obter novo livramento com relação à nova condenação.

(4) Descumprimento das condições impostas: Não é descontado o tempo em que esteve solto e não pode obter novo livramento em relação a essa pena, uma vez que traiu a confiança do juízo (CP, art. 84, e LEP, art. 142).

Extinção

Art. 89. O juiz não poderá declarar extinta a pena, enquanto não passar em julgado a sentença em processo a que responde o liberado, por crime cometido na vigência do livramento. *(Redação dada pela Lei n. 7.209/84)*

Prorrogação do livramento condicional: O juiz não poderá declarar extinta a pena enquanto não passar em julgado a sentença em processo a que responde o liberado por crime cometido na vigência do livramento. Isso vale dizer que, no momento em que o sentenciado começa a ser processado, o período de prova se prorroga até o trânsito em julgado da decisão desse processo, para que se saiba se haverá ou não revogação do benefício. Convém frisar que só haverá prorrogação se o processo originar-se de crime cometido na vigência do livramento, e não de crime anterior, por uma razão: a condenação por crime praticado antes do benefício não invalida o tempo em que o sentenciado esteve em liberdade condicional; logo, seria inútil prorrogar o livramento além do período de prova, pois a pena já estaria cumprida. Da mesma forma, é importante lembrar que a mera instauração de inquérito policial não acarreta a prorrogação do benefício, pois a lei fala só em processo.

Art. 90. Se até o seu término o livramento não é revogado, considera-se extinta a pena privativa de liberdade. *(Redação dada pela Lei n. 7.209/84)*

Extinção da pena: Se, até o seu término, o livramento não é revogado, considera-se extinta a pena privativa de liberdade. Esse dispositivo deve ser interpretado em consonância com o art. 89, ou seja, após a prorrogação automática, ou quando esta não ocorrer, a pena será extinta se não houver motivo para a revogação do livramento.

CAPÍTULO VI
DOS EFEITOS DA CONDENAÇÃO

Efeitos genéricos e específicos

Art. 91. São efeitos da condenação: *(Artigo com redação dada pela Lei n. 7.209/84)*

I – tornar certa a obrigação de indenizar o dano causado pelo crime;

II – a perda em favor da União, ressalvado o direito do lesado ou de terceiro de boa-fé:

a) dos instrumentos do crime, desde que consistam em coisas cujo fabrico, alienação, uso, porte ou detenção constitua fato ilícito;

b) do produto do crime ou de qualquer bem ou valor que constitua proveito auferido pelo agente com a prática do fato criminoso.

§ 1º Poderá ser decretada a perda de bens ou valores equivalentes ao produto ou proveito do crime quando estes não forem encontrados ou quando se localizarem no exterior. (*Parágrafo acrescentado pela Lei n. 12.694/2012*)

§ 2º Na hipótese do § 1º, as medidas assecuratórias previstas na legislação processual poderão abranger bens ou valores equivalentes do investigado ou acusado para posterior decretação de perda. (*Parágrafo acrescentado pela Lei n. 12.694/2012*)

(1) Efeitos da condenação: A sentença penal condenatória, além de seus efeitos principais, como a imposição da pena privativa de liberdade, da restritiva de direitos ou da pena de multa, possui outros efeitos, secundários, de natureza penal e extrapenal.

Efeitos secundários de natureza penal: Repercutem na esfera penal. Assim, a condenação: (a) induz a reincidência; (b) impede, em regra, o *sursis*; (c) causa, em regra, a revogação *do sursis*; (d) causa a revogação do livramento condicional; (e) aumenta o prazo da prescrição da pretensão executória; (f) interrompe a prescrição da pretensão executória quando caracterizar a reincidência; (g) causa a revogação da reabilitação.

Efeitos secundários de natureza extrapenal: Repercutem em outra esfera que não a criminal. São eles: (a) *genéricos*: decorrem de qualquer condenação criminal e não precisam ser expressamente declarados na sentença. São, portanto, efeitos automáticos de toda e qualquer condenação. O art. 91 cuida dos efeitos genéricos da sentença condenatória; (b) *específicos*: decorrem da condenação criminal pela prática de determinados crimes e em hipóteses específicas, devendo ser motivadamente declarados na sentença condenatória. Não são, portanto, automáticos nem ocorrem em qualquer hipótese. O art. 92 cuida dos efeitos específicos da sentença condenatória.

Efeitos da condenação e anistia: A anistia retira todos os efeitos penais, principais e secundários, mas não os efeitos extrapenais. Desse modo, a sentença condenatória definitiva, mesmo em face da anistia, pode ser executada no juízo cível, pois constitui título executivo judicial. Quanto a outros efeitos extrapenais, já decidiu o Supremo Tribunal Federal: "A anistia, que é efeito jurídico resultante do ato legislativo de anistiar, tem a força de extinguir a punibilidade, se antes da sentença de condenação, ou a punição, se depois da condenação. Portanto, é efeito jurídico, de função extintiva no plano puramente penal. A perda de bens, instrumentos ou do produto do crime é efeito jurídico que se passa no campo da eficácia jurídica civil; não penal, propriamente dito. Não é alcançada pelo ato de anistia sem que na lei seja expressa a restituição desses bens" (STF, *RT* 560/390).

Efeitos da condenação. Indulto e graça em sentido estrito: A graça é um benefício individual concedido mediante provocação da parte interessada; o indulto é de caráter coletivo e concedido espontaneamente. Só atingem os efeitos principais da condenação, subsistindo todos os efeitos secundários penais e extrapenais. Exemplo: o indultado que venha a cometer novo delito será considerado reincidente, pois o benefício não lhe restitui a condição de primário. A sentença definitiva condenatória pode ser executada no juízo cível.

Efeitos da condenação e abolitio criminis: Se a lei posterior deixa de considerar o fato como criminoso e torna extinta a punibilidade de todos os autores da conduta, antes tida por delituosa, nesse caso, deixam de subsistir todos os efeitos da condenação.

Efeitos da condenação e perdão judicial: Os efeitos dependerão da natureza da sentença concessiva do perdão judicial. Há duas posições: (a) Trata-se de sentença condenatória, de modo que todos os efeitos secundários penais (exceto a reincidência) e extrapenais decorrem da concessão do perdão. *Nesse sentido:* STF, RE 104977/SP, 1ª T., Rel. Min. Rafael Mayer, j. 4-2-1986; TJRS, Ap. Crim. 70006214738, 1ª Câmara Criminal, Rel. Des. Manuel José Martinez Lucas, j. 18-6-2003; TACrimSP, *RT* 636/317. (b) É declaratória de extinção da punibilidade, não surtindo nenhum efeito penal ou extrapenal. Essa é a posição do Superior Tribunal de Justiça: *Súmula 18. Na mesma linha:* "concebida a sentença concessiva do perdão judicial como de natureza extintiva da punibilidade, nenhum efeito secundário pode persistir" (STJ, REsp 2.201/SP, 6ª T., Rel. Min. William Patterson, j. 26-6-1990); STJ, REsp 8120/RS, 5ª T., Rel. Min. Jesus Costa Lima, j. 15-4-1991; TJRJ, Ap. Crim. 2003.050.01053, 7ª Câmara Criminal, Rel. Des. Cláudio T. Oliveira, j. 12-8-2003; TJRS, Ap. Crim. 70003605078, 3ª Câmara Criminal, Rel. Des. Danúbio Edon Franco, j. 6-6-2002; TJDFT, Ap. Crim. 68244, 1ª T. Criminal, Rel. Des. P. A. Rosa de Farias, j. 11-11-1993.

Efeitos da condenação e perdão do ofendido (CP, art. 105): O perdão do ofendido acarreta a extinção da punibilidade, com o afastamento de todos os efeitos da condenação, principais e secundários.

Efeitos da condenação e prescrição da pretensão punitiva: Afasta todos os efeitos, principais e secundários, penais e extrapenais, da condenação.

Efeitos da condenação e prescrição da pretensão executória: Ao contrário da prescrição da pretensão punitiva, essa espécie de prescrição só extingue a pena principal, permanecendo inalterados todos os demais efeitos secundários, penais e extrapenais, da condenação.

Efeitos da condenação e morte do agente: A morte extingue todos os efeitos penais da sentença condenatória, principais e secundários. Se ocorrer após o trânsito em julgado da condenação, a morte só extinguirá os efeitos penais, principais e secundários, não afetando, no entanto, os extrapenais. Assim, por exemplo, nada impedirá a execução da sentença penal no juízo cível contra os sucessores do falecido, desde que realizada a prévia liquidação do valor do dano.

Efeitos da condenação. Transação penal: A sentença que homologa a transação penal, prevista no art. 74 da Lei n. 9.099/95, não gera efeitos penais ou extrapenais secundários; por exemplo, não gera reincidência; não gera efeitos civis, não podendo, portanto, servir de título executivo no juízo cível; não gera o confisco dos instrumentos do crime; não suspende os direitos políticos.

Efeitos da condenação e princípio da personalidade da pena (CF, art. 5º, XLV): A CF, em seu art. 5º, XLV, é expressa ao determinar, sem exceção, que nenhuma pena passará da pessoa do condenado. Assim, as penas de perda de bens e valores e prestação pecuniária previstas no art. 45 do CP não podem alcançar bens de terceiros, mas apenas os bens do condenado. Por outro lado, o art. 5º, XLV, da CF, previu a possibilidade de a reparação do dano e o perdimento dos bens serem estendidos aos sucessores. Trata-se da hipótese prevista no art. 91, I e II, do CP (sobre o tema, *vide* comentários ao art. 45 do CP).

(2) Efeito extrapenal genérico. Tornar certa a obrigação de reparar o dano causado pelo crime (inciso I): Para fins de reparação do dano, a sentença condenatória transitada em julgado torna-se título executivo no juízo cível (*vide* CPP, arts. 63 a 68). Mencione-se que, com as modificações introduzidas pela Lei n. 11.719/2008, passou-se a autorizar que o juiz, na sentença condenatória, independentemente do pedido das partes, fixe um valor mínimo para reparação dos danos causados pela infração, considerando os prejuízos sofridos pelo ofendido (CPP, art. 387, IV), e o art. 63, parágrafo único, passou a permitir a execução desse valor sem prejuízo da liquidação para a apuração do dano efetivamente sofrido). Com isso, pode-se afirmar que ela se tornou em parte líquida, o que possibilitou a sua execução no juízo cível, com a dispensa da liquidação para o arbitramento do valor do débito. Conforme a própria ressalva da lei, isso, contudo, não impede que a vítima pretenda valor superior ao fixado na sentença. Nesse caso, deverá valer-se da liquidação para apuração do dano efetivamente sofrido. Finalmente, na hipótese de ter sido aplicada a nova pena substitutiva de prestação pecuniária (art. 43, I, de acordo com a redação determinada pela Lei n. 9.714, de 25-11-1998), o valor em dinheiro pago à vítima ou seus dependentes será deduzido do montante de eventual condenação em ação de reparação civil, se coincidentes os beneficiários (CP, art. 45, § 1º, com a nova redação).

(3) Efeito extrapenal genérico. Confisco pela União dos instrumentos do crime, desde que seu uso, porte, detenção, alienação ou fabrico constituam fato ilícito (inciso II, a): Trata-se de efeito automático da sentença condenatória. Não é cabível na hipótese de arquivamento do inquérito policial, absolvição ou extinção da punibilidade pela prescrição da pretensão punitiva. Não é

qualquer instrumento utilizado na prática de crime que pode ser confiscado, mas somente aquele cujo porte, fabrico ou alienação constituam fato ilícito.

Confisco e contravenção penal: Na hipótese de instrumento utilizado na prática de contravenção penal, há duas posições: (a) Não é possível o confisco, pois a lei fala em instrumento de crime. *Nesse sentido:* TJMG, Ap. Crim. 1.0000.00.343767-0/000, 2ª Câmara Criminal, Rel. Des. Sérgio Resende, j. 25-9-2003; TJPR, RCrim 0316638-7, 2ª Câmara Criminal, Rel. Des. Lidio José Rotoli de Macedo, j. 20-4-2006; TJSC, Ap. Crim. 27.889, 1ª Câmara Criminal, Rel. Des. Marcio Batista, j. 30-3-1992; TRF, 4ª Região, Ap. Crim. 89.04.16152-5, 2ª T., Rel. Des. Luisa Dias Cassales, j. 28-5-92. (b) É possível o confisco. É este o entendimento do E. Superior Tribunal de Justiça: EREsp 83.359/SP, Rel. Min. Gilson Dipp, 3ª Seção, j. 13-12-99; RMS 8.431/SP, Rel. Min. José Dantas, 5ª T., j. 12-5-1998. *No mesmo sentido:* "o art. 1º da LCP dispõe que as regras gerais do Código Penal são aplicáveis sempre que a lei específica não disponha de modo diverso. Todas as normas penais que falam em crime são aplicáveis às contravenções. Portanto, cabível o confisco em favor da União" (TJDFT, Ap. Crim. 1699496, 2ª T., Rel. Des. Sandra de Santis, j. 14-11-1996); TAPR, 4ª Câmara Criminal, Ap. Crim. 0077390-8, Rel. Acórdão Des. Jesus Sarrão, j. 29-6-1995.

Confisco e apreensão de bens: O confisco não se confunde com a medida processual de apreensão. Esta, na realidade, é pressuposto daquele. A apreensão dos instrumentos e de todos os objetos que tiverem relação com o crime deve ser determinada pela autoridade policial (CPP, art. 6º).

(4) Efeito extrapenal genérico. Confisco pela União do produto e do proveito do crime (inciso II, b): Haverá a perda em favor da União, ressalvado o direito do lesado ou de terceiro de boa-fé, do produto (p. ex.: carro roubado) ou proveito (p. ex.: dinheiro obtido com a venda do veículo) do crime. O confisco do produto ou proveito do crime foi ampliado pela Lei n. 12.694, de 24 de julho de 2012, que autoriza a perda de bens ou valores equivalentes ao produto ou proveito do crime quando estes não forem encontrados ou quando se localizarem no exterior (§ 1º). O § 2º introduzido por esta lei autoriza o uso das medidas assecuratórias previstas na legislação processual para abranger bens ou valores equivalentes do investigado ou acusado para posterior decretação de perda, com o intuito de assegurar a efetividade da norma.

(5) Efeito extrapenal genérico. Suspensão dos direitos políticos, enquanto durar a execução da pena (CF, art. 15, III): Enquanto não extinta a pena, o condenado fica privado de seus direitos políticos, não podendo se alistar, votar ou ser votado. Segundo Joel J. Cândido, a condenação criminal a que se refere o art. 15, III, engloba crime ou contravenção *(Direito Eleitoral brasileiro*, São Paulo: Edipro, 2006, p. 120-121). Não importa o regime de pena privativa de liberdade imposto, tampouco se a pena aplicada foi restritiva de direitos ou multa, pois, até que seja determinada a sua extinção (pelo pagamento da multa ou pelo integral cumprimento da privativa ou da restritiva, ou ainda por qualquer outra causa), permanece a suspensão dos direitos políticos. Nem mesmo o *sursis* e o livramento condicional impedem a suspensão, visto que, em nenhum desses casos, a pena é extinta. O mesmo ocorre com a imposição de medida de segurança. O que interessa, portanto, é a decretação da extinção da pena pelo juiz da execução. *Nesse sentido*, a Súmula 9 do Tribunal Superior Eleitoral: "A suspensão dos direitos políticos decorrentes de condenação criminal transitada em julgado cessa com o cumprimento ou a extinção da pena, independendo de reabilitação ou prova de reparação dos danos".

Direitos políticos (CF, art. 15, III). Suspensão. Início do prazo: A suspensão dos direitos políticos será automática, e seu termo inicial dar-se-á com a data do trânsito em julgado da condenação.

Lei de Drogas (Lei n. 11.343/2006)

(1) Confisco e veículos, maquinismos e instrumentos empregados na prática do tráfico ilícito de drogas: A disciplina da apreensão, arrecadação e destinação dos bens do acusado no caso de crimes de tóxicos encontra-se, atualmente, prevista nos arts. 60 a 64 da Lei n. 11.343/2006.

(2) Confisco de qualquer bem ou valor econômico apreendido em decorrência do tráfico de drogas: A Constituição Federal, em seu art. 243, parágrafo único, prevê que "todo e qualquer bem de valor econômico apreendido em decorrência do tráfico ilícito de entorpecentes e drogas afins será confiscado e reverterá em benefício de instituições e pessoal especializados no tratamento e recuperação de viciados e no aparelhamento e custeio de atividades de fiscalização, controle, prevenção e repressão do crime de tráfico dessas substâncias". Trata-se de confisco do produto e do proveito decorrentes do tráfico ilícito de entorpecentes, nos moldes do art. 91, II, *b*, do Estatuto Repressivo. O *caput* do art. 243, por sua vez, prevê a expropriação, sem indenização (confisco), de glebas onde forem localizadas culturas ilegais de plantas psicotrópicas, as quais serão destinadas a assentamentos de colonos, para o cultivo de produtos alimentícios e medicamentosos. Tanto o confisco do *caput* como o do parágrafo único do art. 243 da Constituição, todavia, devem respeitar o princípio de que "ninguém será privado de seus bens sem o devido processo legal" (art. 5º, LIV).

Lei dos Crimes Ambientais

A Lei n. 9.605, de 12 de fevereiro de 1998, em seu art. 25, que dispõe sobre as sanções penais e administrativas derivadas de condutas e atividades lesivas ao meio ambiente, prevê que verificada a infração, sejam apreendidos seus produtos e instrumentos, lavrando-se os respectivos autos. Os produtos passíveis de apreensão constantes do artigo sob comentário são: animais, produtos perecíveis ou madeiras, produtos e subprodutos da fauna adquiridos pelo agente com a prática do crime. Como exemplos de instrumentos, temos as armas utilizadas para a caça, os petrechos de pesca etc. O Código Penal, art. 91, II, alíneas *a* e *b*, ressalva que não são todos os instrumentos que podem ser confiscados, mas somente aqueles cujo porte, fabrico ou alienação constituam fato ilícito. A Lei n. 9.605/98, no entanto, não faz tal ressalva. Desse modo, quaisquer instrumentos utilizados para a prática da infração ambiental podem ser apreendidos, sejam ou não permitidos o seu porte, fabrico ou alienação.

Estatuto do Desarmamento

(1) Previsão legal: Com o advento da Lei n. 10.826/2003, e com as modificações posteriores introduzidas pela Lei n. 11.706/2008, o art. 25 passou a determinar que: "As armas de fogo apreendidas, após a elaboração do laudo pericial e sua juntada aos autos, quando não mais interessarem à persecução penal serão encaminhadas pelo juiz competente ao Comando do Exército, no prazo máximo de 48 (quarenta e oito) horas, para destruição ou doação aos órgãos de segurança pública ou às Forças Armadas, na forma do regulamento desta Lei".

(2) Arma de fogo como instrumento e objeto do crime: A lei em nenhum momento emprega a expressão "*instrumento do crime*", ao contrário do art. 91, II, *a*, do CP, dando a entender que a apreensão abrange tanto o objeto material como o instrumento do crime. Assim, já não prospera o posicionamento do STJ a respeito da incidência do art. 91, II, *a*, do CP, no sentido de que, nos crimes de arma de fogo, esta não configurava instrumento, mas objeto material, razão pela qual descabia falar em confisco.

(3) Âmbito de incidência: O art. 25 incide não só sobre os crimes previstos no Estatuto do Desarmamento, como também sobre qualquer delito que venha a ser praticado mediante o uso de arma de fogo. Assim, no delito de homicídio ou roubo praticado com emprego desse artefato, ele deverá ser apreendido e destruído. Deve-se ressaltar que a Lei n. 10.826/2003 é posterior e especial em relação ao CP. Sobre o tema, *vide* Fernando Capez, *Estatuto do Desarmamento*, São Paulo: Saraiva, 2006.

(4) Arma de fogo lícita: Poderá ser apreendida e destruída arma de fogo cujo porte seja lícito. É o caso, por exemplo, do crime de homicídio perpetrado mediante o emprego de arma de fogo cujo porte seja legal. A arma, na hipótese, poderá ser apreendida e destruída.

(5) Destruição pelo Exército: As armas de fogo (bem como acessórios ou munições), ao contrário do art. 91, II, *a*, do CP, não são mais perdidas em favor da União, mas destruídas pelo Exército. A Lei n. 11.706/2008, no entanto, passou a autorizar que o artefato também possa ser doado aos órgãos de segurança pública ou às Forças Armadas, na forma do regulamento da Lei. Sobre o tema, *vide* nova redação do art. 25 do Estatuto do Desarmamento.

(6) Destruição no curso do processo: A perda da arma de fogo não ocorre mais como efeito da condenação criminal definitiva, podendo ser feita sua destruição em momento bem anterior, desde que não interesse mais à persecução penal e já tenha sido juntado o laudo pericial aos autos.

(7) Direito do lesado ou terceiro de boa-fé: O art. 91. II, *a*, do CP ressalva o direito do lesado ou terceiro de boa-fé, o que também é feito pelo Regulamento, ao dispor que as armas apreendidas deverão ser restituídas aos seus legítimos proprietários, desde que preenchidos os requisitos do art. 4º do Estatuto do Desarmamento (cf. Decreto n. 5.123, de 1º de julho de 2004, art. 65, § 3º).

Leis diversas

(1) Lei de Lavagem de Dinheiro: O art. 7º da lei prevê como efeito automático da condenação "I – a perda, em favor da União – e dos Estados, nos casos de competência da Justiça Estadual –, de todos os bens, direitos e valores relacionados, direta ou indiretamente, à prática dos crimes previstos nesta Lei, inclusive aqueles utilizados para prestar a fiança, ressalvado o direito do lesado ou de terceiro de boa-fé" (redação dada pela Lei n. 12.683, de 2012).

(2) Crimes de preconceito, raça ou cor: Vide art. 20, § 4º, da Lei n. 7.716, de 5 de junho de 1989, que trata de destruição de material apreendido, após o trânsito em julgado da sentença, como efeito da condenação.

Súmula:
Súmula 9 do TSE: "A suspensão dos direitos políticos decorrentes de condenação criminal transitada em julgado cessa com o cumprimento ou a extinção da pena, independendo de reabilitação ou prova de reparação dos danos".

Art. 92. São também efeitos da condenação: *(Caput com redação dada pela Lei n. 7.209/84)*

I – a perda do cargo, função pública ou mandato eletivo: *(Inciso I e alíneas com redação dada pela Lei n. 9.268/96)*

a) quando aplicada pena privativa de liberdade por tempo igual ou superior a 1 (um) ano, nos crimes praticados com abuso de poder ou violação de dever para com a Administração Pública;

b) quando for aplicada pena privativa de liberdade por tempo superior a 4 (quatro) anos nos demais casos.

II – a incapacidade para o exercício do pátrio poder, tutela ou curatela, nos crimes dolosos, sujeitos à pena de reclusão, cometidos contra filho, tutelado ou curatelado;

III – a inabilitação para dirigir veículo, quando utilizado como meio para a prática de crime doloso.

Parágrafo único. Os efeitos de que trata este artigo não são automáticos, devendo ser motivadamente declarados na sentença. *(Incisos II e III e parágrafo único com redação dada pela Lei n. 7.209/84)*

(1) Efeitos extrapenais específicos: Constituem efeitos secundários da condenação e decorrem da condenação criminal pela prática de determinados crimes e em hipóteses específicas, devendo ser motivadamente declarados na sentença condenatória. Não são, portanto, automáticos nem ocorrem em qualquer situação, ao contrário daqueles previstos no art. 91.

(2) Perda de cargo, função pública ou mandato eletivo: (a) nos crimes praticados com abuso de poder ou violação de dever para com a Administração Pública (*vide* CP, arts. 312 a 326), quando a pena aplicada for igual ou superior a um ano; e (b) quando a pena aplicada for superior a 4 anos, qualquer que seja o crime praticado (redação determinada pela Lei n. 9.268/96). No caso da perda de mandato eletivo, a Constituição Federal, em seu art. 15, III, dispôs que a condenação criminal transitada em julgado suspende os direitos políticos, enquanto durarem seus efeitos. O art. 55, VI, da Carta Magna, por sua vez, determina a perda do mandato do deputado ou senador que sofrer condenação definitiva, e o seu § 2º disciplina o modo como se dará essa perda.

(3) Incapacidade para o exercício do pátrio poder, tutela ou curatela, nos crimes dolosos, sujeitos a pena de reclusão, cometidos contra filho, tutelado ou curatelado: Exige-se que o crime seja doloso e sujeito a pena de reclusão. Isso não ocorre no crime de exposição ou abandono de recém-nascido (art. 134 do CP) e nos crimes de abandono de incapaz e maus-tratos, de que não resulte lesão grave ou morte (arts. 133 e 136), pois são punidos com pena de detenção, não se sujeitando à incapacidade como efeito da condenação.

(4) Inabilitação para dirigir veículo: Exige três requisitos: crime doloso; veículo como instrumento do crime; declaração expressa na sentença. Não se deve confundir essa inabilitação com a suspensão de permissão, autorização ou habilitação para dirigir veículo aplicável nos crimes de trânsito (CTB, Lei n. 9.503/97).

(5) Reabilitação e suspensão dos efeitos extrapenais específicos: A reabilitação poderá atingir os efeitos da condenação previstos no art. 92 do Código. A lei, contudo, veda a recondução ao cargo e a recuperação do pátrio poder, atualmente, denominado poder familiar pelo atual Código Civil, ficando a consequência da reabilitação limitada à volta da habilitação para dirigir veículo (cf. CP, art. 93, parágrafo único).

Legislação penal extravagante

(1) Lei de Lavagem de Dinheiro: De acordo com o art. 7º da Lei n. 9.613/98, um dos efeitos da condenação, nos crimes de lavagem de dinheiro, é a interdição do exercício de cargo ou função pública de qualquer natureza e de diretor, de membro de Conselho de administração ou de gerência das pessoas jurídicas referidas no art. 9º, pelo dobro de tempo da pena privativa de liberdade aplicada.

(2) Crimes de preconceito de raça ou cor: No caso de crime de preconceito de raça ou cor, constitui efeito da condenação a perda do cargo ou função pública, para o servidor público, e a suspensão do funcionamento do estabelecimento particular por prazo não superior a três meses (art. 18 da Lei n. 7.716/89).

(3) Lei de Tortura: A condenação do agente pela prática do crime de tortura enseja a perda do cargo, função ou emprego público e a interdição para seu exercício pelo dobro do prazo da pena aplicada, independentemente da sua quantidade (art. 1º, § 5º, da Lei n. 9.455/97).

CAPÍTULO VII
DA REABILITAÇÃO

Reabilitação

Art. 93. A reabilitação alcança quaisquer penas aplicadas em sentença definitiva, assegurando ao condenado o sigilo dos registros sobre seu processo e condenação. *(Artigo com redação dada pela Lei n. 7.209/84)*

Parágrafo único. A reabilitação poderá, também, atingir os efeitos da condenação, previstos no art. 92 deste Código, vedada reintegração na situação anterior, nos casos dos incisos I e II do mesmo artigo.

(1) Conceito: Benefício que tem por finalidade restituir o condenado à situação anterior ao decreto condenatório, assegurando-lhe o sigilo dos registros sobre o seu processo e condenação, bem como a suspensão de alguns efeitos específicos da condenação.

(2) Natureza jurídica: Trata-se de causa suspensiva de alguns efeitos secundários da condenação (CP, art. 92) e dos registros criminais. Por ser causa suspensiva, a reabilitação é passível de revogação, voltando o condenado à situação anterior.

(3) Cabimento: Somente é cabível em existindo sentença condenatória com trânsito em julgado, cuja pena tenha sido executada ou esteja extinta. Cabe a reabilitação na hipótese de se ter operado a prescrição da pretensão executória e não na hipótese de prescrição da pretensão punitiva. Com efeito, "uma vez decretada a prescrição da pretensão punitiva e inexistindo, portanto, qualquer condenação, resta ausente o interesse processual de se obter a reabilitação criminal" (STJ, REsp 665.531/SP, Rel. Min. José Arnaldo da Fonseca, 5ª T., j. 3-2-2005).

(4) Sigilo sobre o processo e a condenação: É assegurado o sigilo dos registros criminais do reabilitado, que não serão mais objeto de folhas de antecedentes ou certidões dos cartórios. Tal providência é inútil, já que o art. 202 da LEP assegura esse sigilo a partir da extinção da pena. *Em sentido contrário:* "o sigilo decorrente da reabilitação é mais amplo do que aquele previsto no art. 202 da Lei de Execução Penal (...), razão pela qual resta configurado o interesse de agir do requerente" (TRF, 4ª Região, RmOf 2005.72.05.000662-2, 7ª T., Rel. Des. Néfi Cordeiro, j. 11-10-2005); TJRJ, MS 2004.078.00013, 5ª Câmara Criminal, Rel. Des. Maria Helena Salcedo, j. 10-8-2004. Ressalte-se que o sigilo não é absoluto, pois as condenações anteriores deverão ser mencionadas quando requisitadas as informações pelo juiz criminal (CPP, art. 748).

(5) Suspensão dos efeitos extrapenais específicos: A reabilitação poderá atingir os efeitos da condenação previstos no art. 92 do Código. A lei, contudo, veda a recondução ao cargo e a recuperação do poder familiar, ficando a consequência da reabilitação limitada à volta da habilitação para dirigir veículo (cf. CP, art. 93, parágrafo único).

(6) Reincidência: Não é apagada pela reabilitação, pois só desaparece após o decurso de mais de 5 anos entre a extinção da pena e a prática do novo crime (prescrição da reincidência). *Nesse sentido:* STJ, HC 32.372/SC, 6ª T., Rel. Min. Hamilton Carvalhido, j. 18-10-2005.

Súmula:
Súmula 9 do TSE: "A suspensão dos direitos políticos decorrentes de condenação criminal transitada em julgado cessa com o cumprimento ou a extinção da pena, independendo de reabilitação ou prova de reparação dos danos".

Art. 94. A reabilitação poderá ser requerida, decorridos 2 (dois) anos do dia em que for extinta, de qualquer modo, a pena ou terminar sua execução, computando-se o período de prova da suspensão e o do livramento condicional, se não sobrevier revogação, desde que o condenado: *(Artigo com redação dada pela Lei n. 7.209/84)*

I – tenha tido domicílio no País no prazo acima referido;

II – tenha dado, durante esse tempo, demonstração efetiva e constante de bom comportamento público e privado;

III – tenha ressarcido o dano causado pelo crime ou demonstre a absoluta impossibilidade de o fazer, até o dia do pedido, ou exiba documento que comprove a renúncia da vítima ou novação da dívida.

Parágrafo único. Negada a reabilitação, poderá ser requerida, a qualquer tempo, desde que o pedido seja instruído com novos elementos comprobatórios dos requisitos necessários.

(1) Requisitos: (a) Decurso de 2 anos da extinção da pena, ou da audiência admonitória, no caso de *sursis* ou livramento condicional. Observe-se que, no caso de extinção da pena pela ocorrência de sua prescrição, o prazo para requerimento de reabilitação há de ser contado do dia em que, efetivamente, ocorreu a prescrição da pena, e não do ato de sua formal declaração. No caso de condenação, a pena de multa conta-se o prazo a partir do pagamento desta. Na hipótese de pluralidade de condenações, o pedido de reabilitação não pode ser feito com relação a uma só delas se ainda não foram cumpridas todas as penas. É da índole e da finalidade do instituto ser de efeitos totais, gerais, para total reintegração social do condenado; (b) bom comportamento público e privado durante esses 2 anos; (c) domicílio no país durante esses 2 anos; (d) reparação do dano, salvo absoluta impossibilidade de fazê-lo ou renúncia comprovada da vítima. Os requisitos são cumulativos. *Nessa linha*, provada a hipossuficiência do reabilitando, dispensa-se o ressarcimento do dano: TJDFT, RmOf 20030110734804, 1ª T. Criminal, Rel. Des. Mário Machado, j. 4-12-2003. O mesmo ocorre se está prescrita a obrigação civil, configurando renúncia tácita da vítima: TJDFT, RmOf 11596, 2ª T. Criminal, Rel. Des. Sandra de Santis, j. 12-9-1996; TACrimSP, RmOf 1105717/8, 12ª Câmara, Rel. Des. Barbosa de Almeida, j. 14-12-1998. De outra parte, não ressarcido o dano, nem demonstrada a impossibilidade de fazê-lo, inviável a reabilitação: TJRS, RmOf 70013015482, 1ª Câmara Criminal, Rel. Des. Ranolfo Vieira, j. 7-12-2005. *Em sentido contrário*, julgando dispensável tal requisito: TACrimSP, RmOf 1173029/8, 15ª Câmara, Rel. Des. Carlos Biasotti, j. 7-1-2000. Se a vítima ou sua família se mostrarem inertes na cobrança da indenização, já decidiu o STJ que o condenado deve fazer uso dos meios legais para o cumprimento de sua obrigação (REsp 636.307/RS, 5ª T., Rel. Min. Felix Fischer, j. 18-11-2004). *Na mesma linha:* TACrimSP, Ap. Crim. 1121893/9, 1ª Câmara, Rel. Des. Damião Cogan, j. 3-12-1998. A jurisprudência diverge, porém, quanto à possibilidade de reabilitação parcial, ou seja, quando os requisitos forem preenchidos com relação a apenas uma das condenações. Pela possibilidade de sua concessão: TJDFT, RmOf 20020710127612, 2ª T. Criminal, Rel. Des. Vaz de Mello, j. 11-9-2003; TJSP, RSE 159.783-3, 2ª Câmara Criminal, Rel. Des. Canguçu de Almeida, j. 24-4-1995. "Para fazer jus à reabilitação parcial, deve o condenado comprovar o cumprimento de todas as penas impostas nos processos a que respondeu em diversos juízos" (TJDFT, Ap. Crim 20020710116682, 2ª T. Criminal, Rel. Des. Getúlio Pinheiro, j. 13-11-2003). *Em sentido contrário*, entendendo que "existindo duas condenações, não se justifica uma reabilitação parcial, em razão da própria finalidade do instituto, que consiste em restaurar o *status dignitatis* do condenado": TJMG, RmOf 1.0000.00.233823-4/000, 2ª Câmara Criminal, Rel. Des. Guido de Andrade, j. 1º-8-2002.

(2) Postulação: Só pode ser feita por quem tenha capacidade postulatória em juízo, ou seja, por meio de advogado.

(3) Competência para a concessão: A competência é do juiz da condenação, uma vez que a reabilitação só se concede após o término da execução da pena (CPP, art. 743). Se a condenação tiver sido proferida por tribunal, ainda assim a competência será do juízo de primeira instância responsável pela condenação. Assim: TJDFT, CComp 20040020093175, Câmara Criminal, Rel. Des. Getúlio Pinheiro, j. 29-3-2005. No entanto, em sede de competência originária do Tribunal, a este compete a reabilitação relativa à condenação proferida: TJRS, RmOf 70012680856, 4ª Câmara Criminal, Rel. Des. José Eugênio Tedesco, j. 20-10-2005.

(4) Reabilitação negada: Poderá ser requerida a qualquer tempo, desde que com novos elementos (CP, art. 94, parágrafo único): TJRS, RmOf 70006863682, 2ª Câmara Criminal, Rel. Des. Antônio Carlos Netto de Mangabeira, j. 2-9-2004.

(5) Recurso cabível: Não sendo mais a reabilitação causa extintiva da punibilidade, o recurso cabível da decisão que a denega é a apelação (CPP, art. 593, II), e não o recurso em sentido estrito: TACrim, *RT* 647/313; TDF, REO 61394, 2ª T. Criminal, Rel. Des. Pingret de Carvalho, j. 5-11-1992. Quando ela é concedida, o Código de Processo Penal prevê a necessidade de recurso de ofício (CPP, art. 746). Há, contudo, discussão acerca da sua subsistência em face da Constituição Federal, que conferiu ao Ministério Público a atribuição exclusiva de promover a ação penal pública, e em razão da Lei n. 7.210, de 11 de julho de 1984 (LEP), que prevê o agravo como recurso cabível contra as decisões proferidas em sede de execução penal. Entendendo constitucional o Recurso de Ofício: STJ, REsp 157415, 6ª T., Rel. Min. Fernando Gonçalves, j. 15-9-1998; TJSP, RSE 120.295-3, Rel. Des. Dante Busana, j. 20-5-1993; TRF, 4ª Região, REOCr 200204010271736, 8ª T., Rel. Min. Élcio Pinheiro de Castro, j. 2-9-2002; TJMG, Ap. 1.0011.03.002610-5/001, 1ª Câmara Criminal, Rel. Des. Márcia Milanez, j. 24-8-2004; TAPR, RmOf 02386618, 3ª Câmara Criminal, Rel. Des. Jorge Wagih Massad, j. 16-10-2003. *Em sentido contrário:* TJRS, RmOf 70009438805, 7ª Câmara Criminal, Rel. Des. Nereu José Giacomolli, j. 9-9-2004; TJRS, Reabilitação n. 70008513293, 5ª Câmara Criminal, Rel. Des. Genacéia da Silva Alberton, j. 2-6-2004; TJDF, RO 60845, 2ª T. Criminal, Rel. Des. Joazil Gardes, j. 30-9-1992.

(6) Morte do reabilitando: Extingue o processo por falta de interesse jurídico no prosseguimento.

Art. 95. A reabilitação será revogada, de ofício ou a requerimento do Ministério Público, se o reabilitado for condenado, como reincidente, por decisão definitiva, a pena que não seja de multa. *(Redação dada pela Lei n. 7.209/84)*

Revogação: A revogação pode ser decretada de ofício ou a requerimento do Ministério Público. Ocorre se sobrevier condenação que torne o reabilitado reincidente, a não ser que essa condenação imponha apenas pena de multa.

TÍTULO VI
DAS MEDIDAS DE SEGURANÇA

Espécies de medidas de segurança

Art. 96. As medidas de segurança são: *(Artigo com redação dada pela Lei n. 7.209/84)*

I – internação em hospital de custódia e tratamento psiquiátrico ou, à falta, em outro estabelecimento adequado;

II – sujeição a tratamento ambulatorial.

Parágrafo único. Extinta a punibilidade, não se impõe medida de segurança nem subsiste a que tenha sido imposta.

(1) Medida de segurança: Trata-se de sanção penal imposta pelo Estado, na execução de uma sentença, cuja finalidade é exclusivamente preventiva, no sentido de evitar que o autor (inimputável ou semi-imputável) de uma infração penal que tenha demonstrado periculosidade volte a delinquir (*vide* CP, art. 26).

Pena e medida de segurança: A imposição da pena tem por fundamento a culpabilidade do agente, ao passo que a medida de segurança funda-se na periculosidade do agente. A primeira tem prazo determinado, a segunda, indeterminado, pois perdura enquanto não cessar a periculosidade do agente. Embora sejam distintas em alguns aspectos, ambas devem sujeitar-se ao princípio da reserva legal e da anterioridade da lei penal, bem como a todos os princípios constitucionais incidentes sobre a pena, uma vez que acarretam gravame e restrição ao *jus libertatis* do sentenciado (sobre esses princípios, *vide* CP, art. 32).

Sistemas: Dois são os sistemas de aplicação da sanção penal: (a) vicariante: somente se admite a imposição de pena ou medida de segurança; (b) duplo binário: admite-se a imposição de pena e medida de segurança. Nosso Código Penal adotou o sistema vicariante, sendo impossível a aplicação cumulativa de pena e medida de segurança. Aos imputáveis, pena; aos inimputáveis, medida de segurança; aos semi-imputáveis, uma ou outra, conforme recomendação do perito.

(2) Pressupostos: Exige-se a prática de crime + periculosidade do agente.

Prática de crime: Não se aplica medida de segurança: (a) se não houver prova da autoria; (b) se não houver prova do fato; (c) se estiver presente causa de exclusão da ilicitude; (d) se o crime for impossível; (e) se ocorreu a prescrição ou outra causa extintiva da punibilidade. À exceção da última hipótese, nos demais casos não ficou demonstrada a prática de infração penal; logo, não se impõe a medida de segurança (não é qualquer doente mental que recebe essa sanção, mas tão somente aqueles que realizam fatos típicos e ilícitos).

Periculosidade: É a potencialidade para praticar ações lesivas. Revela-se pelo fato de o agente ser portador de doença mental. Na inimputabilidade, a periculosidade é presumida. Basta o laudo apontar a perturbação mental para que a medida de segurança seja obrigatoriamente imposta. Na semi-imputabilidade, precisa ser constatada pelo juiz. Mesmo o laudo apontando a falta de higidez mental deverá ainda ser investigado, no caso concreto, se é caso de pena ou de medida de segurança. No primeiro caso, tem-se a periculosidade presumida. No segundo, a periculosidade real.

(3) Espécies de medida de segurança: (a) *Detentiva:* internação em hospital de custódia e tratamento psiquiátrico, ou, à falta, em outro estabelecimento adequado. Conforme estabelecido na Exposição de Motivos, esse hospital-presídio, de caráter oficial, não exige cela individual, uma vez que se submete aos padrões de uma unidade hospitalar, atendendo às necessidades da moderna medicina psiquiátrica. No que couber, aplica-se a esse hospital o disposto no parágrafo único do art. 88 da LEP. Na falta de estabelecimento oficial, ou de sua existência em condições inadequadas, a lei prevê a prestação de serviços em outro local adequado, desde que este ofereça amplas possibilidades de recuperação ao condenado (CP, arts. 96, II e 99). (b) *Restritiva:* sujeição a tratamento ambulatorial (CP, art. 97). O juiz poderá submeter o sujeito a tratamento ambulatorial, em vez de determinar seu internamento. Esse tratamento deverá ser efetivado pelos hospitais de custódia e tratamento psiquiátrico ou em outro local com dependência médica adequada (LEP, art. 101).

Hospital particular: Na ausência de vaga em hospital de custódia ou tratamento psiquiátrico, o internado será recolhido a estabelecimento dotado de características hospitalares (CP, art. 99), podendo sê-lo em hospital particular, mas nunca em cadeia pública. Pela possibilidade de internação em hospital particular: TJSP, Ap. Crim. 480.749-3/0-00, 1ª Câmara Criminal, Rel. Mário

Devienne Ferraz, j. 22-8-2005; TJMG, HC 1.0000.00.218909-0/000, Câmara Especial de Férias, Rel. Des. Mercêdo Moreira, j. 25-1-2001; TACrimSP, HC 388154/4, 11ª Câmara, Rel. Des. Wilson Barreira, j. 17-9-2001. Há julgados que entendem que a vaga deve ser aguardada em liberdade: TACrimSP, HC 41628211, 10ª Câmara, Rel. Des. Breno Guimarães, j. 4-9-2002. *Em sentido contrário*: "mantém-se a segregação do paciente cuja periculosidade é evidente, ainda que em cadeia pública, no caso de não haver vaga para o cumprimento da medida de internação em estabelecimento adequado" (TJMG, HC 1.0000.04.413936-8/000, 2ª Câmara Criminal, Relª Desª Beatriz Pinheiro Caires, j. 18-11-2004). Sobre o assunto, *vide* comentários ao art. 41 do CP. Sobre as divergências jurisprudenciais relativas ao recolhimento ao presídio em virtude da falta de vagas em estabelecimento adequado, *vide* comentários ao art. 99 do CP.

(4) Internação provisória do acusado inimputável ou semi-imputável. Medida cautelar: *Vide* arts. 282 e 319, VII, do CPP, com a redação determinada pela Lei n. 12.403/2011.

(5) Estatuto da Criança e do Adolescente. Internação em clínica médica ou hospital psiquiátrico: Vide comentários ao art. 27 do CP.

(6) Extinção da punibilidade (parágrafo único): Extinta a punibilidade, não se impõe medida de segurança nem subsiste a que tenha sido imposta. É pressuposto para a imposição da medida de segurança que não se tenha operado a extinção da punibilidade. Dessa forma, se ocorrer, por exemplo, a *abolitio criminis*, isto é, se uma lei deixar de considerar um fato criminoso, não se imporá medida de segurança ao agente, nem subsistirá a que foi imposta, ainda que o agente sofra de demência mental. O mesmo ocorrerá se o agente for beneficiado pela anistia, graça ou indulto (*vide* causas extintivas da punibilidade no CP, art. 107).

Lei n. 10.216, de 6 de abril de 2001

Dispõe sobre a proteção e os direitos das pessoas portadoras de transtornos mentais e redireciona o modelo assistencial em saúde mental.

Imposição da medida de segurança para inimputável

Art. 97. Se o agente for inimputável, o juiz determinará sua internação (art. 26). Se, todavia, o fato previsto como crime for punível com detenção, poderá o juiz submetê-lo a tratamento ambulatorial. *(Artigo com redação dada pela Lei n. 7.209/84)*

Prazo

§ 1º A internação, ou tratamento ambulatorial, será por tempo indeterminado, perdurando enquanto não for averiguada, mediante perícia médica, a cessação de periculosidade. O prazo mínimo deverá ser de 1 (um) a 3 (três) anos.

Perícia médica

§ 2º A perícia médica realizar-se-á ao termo do prazo mínimo fixado e deverá ser repetida de ano em ano, ou a qualquer tempo, se o determinar o juiz da execução.

Desinternação ou liberação condicional

§ 3º A desinternação, ou a liberação, será sempre condicional devendo ser restabelecida a situação anterior se o agente, antes do decurso de 1 (um) ano, pratica fato indicativo de persistência de sua periculosidade.

§ 4º Em qualquer fase do tratamento ambulatorial, poderá o juiz determinar a internação do agente, se essa providência for necessária para fins curativos.

(1) Imposição de medida de segurança: Uma vez constatada a inimputabilidade do agente (CP, art. 26), o juiz, na sentença, o absolverá, já que o fato é típico e ilícito, porém o agente não é culpável. Trata-se da chamada absolvição imprópria, pois, embora absolvido, ser-lhe-á imposta uma medida de segurança, que é uma pena de natureza restritiva e preventiva.

(2) Critério para imposição da medida de segurança: Leva-se em conta a natureza da pena imposta, e não se o agente é inimputável ou semi-imputável. Assim: (a) se o inimputável praticar fato punível com pena de reclusão, será obrigatória a medida de segurança detentiva, isto é, a internação em Hospital de Custódia e Tratamento Psiquiátrico (CP, art. 96, I); (b) se o inimputável praticar fato punível com pena de detenção, o juiz poderá submeter o agente a tratamento ambulatorial (CP, art. 96, II).

Medida de segurança restritiva (tratamento ambulatorial) em crime apenado com reclusão: Há precedentes admitindo tratamento ambulatorial para inimputável que tenha praticado fato punível com pena de reclusão, ao contrário da letra do texto legal. N*esse sentido:* STJ, REsp 324091/SP, 6ª T., Rel. Min. Hamilton Carvalhido, j. 16-12-2003; STJ, REsp 111167/DF, 6ª T., Rel. Min. Luiz Vicente Cernicchiaro, j. 15-4-1997; TRF, 3ª Região, Ag. 200261100029861, 2ª T., Rel. Des. Sylvia Steiner, j. 15-10-2002. *Em sentido contrário:* STF, HC 68136/SP, 2ª T., Rel. Min. Celso Borja, j. 3-8-1990; STF, HC 69375/RJ, 2ª T., Rel. Marco Aurélio, j. 25-8-1992; TJDFT, RSE 244232, 1ª T. Criminal, Rel. Des. Sérgio Bittencourt, j. 20-4-2006; TJDFT, Ap. Crim. 230513, 1ª T. Crim., Rel. Des. Lecir Manuel da Luz, j. 8-9-2005.

Medida de segurança detentiva (internação em hospital de custódia e tratamento) em crime apenado com detenção: A medida de segurança de tratamento ambulatorial nos crimes apenados com detenção é facultativa, ficando condicionada ao maior, ou menor, potencial de periculosidade do inimputável, de modo que pode o juiz optar pela sua internação em hospital de custódia e tratamento psiquiátrico, mediante exame do caso concreto e da periculosidade demonstrada. *Nesse sentido:* STF, HC 69375/RJ, 2ª T., Rel. Min. Marco Aurélio, j. 25-8-1992; STJ, HC 10765/SP, 6ª T., Rel. Min. Hamilton Carvalhido, j. 10-10-2000. *Em sentido contrário:* STJ, REsp 2962, 5ª T., Rel. Min. Edson Vidigal, j. 20-6-1990; TJSP, Ap. Crim. 282.044-3, 1ª Câmara Criminal, Rel. Des. David Haddad, j. 20-12-1999; TAMG, *RT* 743/705.

(3) Prazo (§ 1º): O prazo da medida de segurança é indeterminado, pois, enquanto não cessada a periculosidade do agente, averiguada por perícia médica, este não poderá ser liberado. Convém notar que há quem sustente a inconstitucionalidade desse prazo indeterminado em face de a Carta Magna vedar as penas de caráter perpétuo e o art. 75 impor o limite de trinta anos para o cumprimento das penas. N*esse sentido:* STF, HC 84219/SP, 1ª T., Rel. Min. Marco Aurélio, j. 16-8-2005, *DJ* 23-9-2005, p. 16; e STJ, HC 135504, 6ª T., Rel. Min. Celso Limongi.

Prazo mínimo: Embora não haja um termo final delimitado, há um prazo mínimo a ser respeitado, qual seja, de 1 a 3 anos.

Prazo mínimo e detração: O juiz deve fixar na sentença um prazo mínimo de duração da medida de segurança, entre 1 e 3 anos. Computa-se nesse prazo mínimo, pela detração, o tempo de prisão provisória, o de prisão administrativa e o de internação em hospital de custódia e tratamento psiquiátrico ou estabelecimento adequado (CP, arts. 41 e 42). Sobre a internação provisória do art. 319 do CPP e a possibilidade de detração penal, *vide* comentários ao art. 42 do CP.

Critério para fixar o prazo mínimo: Será fixado de acordo com o grau de perturbação mental do sujeito, bem como segundo a gravidade do delito. Com relação a este ponto, deve-se ressaltar que, embora a medida de segurança não tenha finalidade retributiva, não devendo, por isso, estar associada à repulsa do fato delituoso, a maior gravidade do crime recomenda cautela na liberação ou desinternação do portador de periculosidade.

Início do prazo: De acordo com o art. 171 da LEP, transitada em julgado a sentença que aplicar medida de segurança, será ordenada a expedição de guia para execução (*vide* LEP, arts. 172 e 173). Não se admite medida de segurança antes do trânsito em julgado da condenação.

(4) Perícia médica (§ 2º): A perícia médica realizar-se-á ao termo do prazo mínimo fixado e deverá ser repetida de ano em ano, ou a qualquer tempo, se o determinar o juiz da execução. De acordo com o art. 176 da LEP, "em qualquer tempo, ainda no decorrer do prazo mínimo de duração da medida de segurança, poderá o juiz da execução, diante de requerimento fundamentado do Ministério Público ou do interessado, seu procurador ou defensor, ordenar o exame para que se verifique a cessação da periculosidade, procedendo-se nos termos do artigo anterior". A competência para conhecer do pedido de revogação da medida de segurança, por cessação da periculosidade, é, portanto, do juiz da execução, e não mais da segunda instância, restando revogado o art. 777 do CPP.

(5) Desinternação ou liberação (§ 3º): A desinternação, ou a liberação, será sempre condicional, devendo ser restabelecida a situação anterior se o agente, antes do decurso de um ano, pratica fato indicativo de persistência de sua periculosidade (não necessariamente crime). De acordo com o art. 178 da LEP, nas hipóteses de desinternação ou de liberação, aplicar-se-á o disposto nos arts. 132 e 133 dessa Lei, que trata das condições do livramento condicional, como, por exemplo, obter ocupação lícita, dentro de prazo razoável, se for apto para o trabalho, comunicar periodicamente ao juiz sua ocupação etc.

(6) Conversão do tratamento ambulatorial em internação (§ 4º): Poderá o juiz, em qualquer fase do tratamento ambulatorial, determinar a internação do agente, se essa providência for necessária para fins curativos (*vide* LEP, art. 184). O contrário não ocorre, uma vez que não previu a lei a possibilidade de o juiz converter a medida de internação em tratamento ambulatorial.

(7) Superveniência de doença mental no curso da execução: Sobrevindo doença mental no curso da execução, o juiz da execução poderá simplesmente determinar a transferência do sentenciado para o hospital de custódia e tratamento, sem conversão da pena em medida de segurança, caso em que, ao término de seu cumprimento, terá ele de ser liberado, devendo ser feita comunicação ao juiz de incapazes (cf. LEP, art. 108; CP, art. 41 e CPP, art. 682, § 2º). Caso constatado o caráter duradouro da perturbação mental, o juiz, de ofício, a requerimento do Ministério Público, da Defensoria Pública ou da autoridade administrativa, procederá à conversão da pena em medida de segurança, hipótese prevista na LEP, art. 183, incidindo as normas dos arts. 96 a 99 do CP (relativas à imposição da medida de segurança) e arts. 171 a 179 da LEP (que trata da execução da medida de segurança).

(8) Prazo da medida de segurança no caso de superveniência de doença mental: Na hipótese de superveniência de doença mental, em que há a conversão da pena que estava sendo cumprida em medida de segurança, a execução passará a seguir todas as regras relativas a esta última, de modo que seu prazo de duração passará a ser indeterminado, com a realização de exame de cessação da periculosidade de ano em ano. Já não se cogita do tempo de duração da pena substituída. N*esse sentido:* STJ, HC 9829/SP, 6ª T., Rel. Min. Hamilton Carvalhido, j. 16-12-1999. Há, contudo, posicionamento majoritário no STJ no sentido de que a medida de segurança convertida não pode ultrapassar o tempo de duração do restante da pena imposta, de modo que, se encerrado o prazo desta e ainda persistir a necessidade de tratamento, deverá o condenado ser encaminhado ao juízo cível, nos termos do art. 682, § 2º, do CPP: HC 31702/SP, 5ª T., Rel. Min. Laurita Vaz, j. 9-3-2004; HC 7220/SP, 5ª T., Rel. Min. Edson Vidigal, j. 12-5-1998; RHC 2445/SP, 5ª T., Rel. Min. José Dantas, j. 10-2-1993. Entende-se, portanto, que deve ser aplicado, por analogia, o art. 682, § 2º, do CPP, que rege a hipótese prevista no art. 41 do CP (mera trans-

ferência do condenado), à situação prevista no art. 183 da LEP (conversão em medida de segurança). *No mesmo sentido:* TAMG, Ag. 2.0000.00.329061-1/000, 2ª Câmara Criminal, Rel. Des. Alexandre Victor de Carvalho, j. 28-8-2001; TJDFT 19980210007964, Câmara Criminal, Rel. Des. Getúlio Pinheiro, j. 23-11-2005.

(9) Procedimento para execução da medida de segurança: Vide LEP, arts. 171 a 173.

(10) Prescrição da medida de segurança: A medida de segurança está sujeita à prescrição, porém, não há na legislação disposição específica que a regule. Assim, há diversos posicionamentos: (a) não havendo imposição de pena, o prazo prescricional será calculado com base no mínimo abstrato cominado ao delito cometido pelo agente: TJSP, Ap. Crim. 295.467-3, 3ª Câmara Criminal, Rel. Des. Walter Guilherme, j. 22-2-2000; TJSP, RSE 152.741-3, Rel. Des. Luiz Pantaleão, j. 15-8-1994; TJRS, Ap. Crim. 70010561918, 1ª Câmara Criminal, Rel. Marcel Esquivel Hoppe, j. 20-4-2005; (b) não havendo imposição de pena, o prazo deverá ser calculado com base no máximo da pena abstratamente cominada: STJ, RHC 9815, 5ª T., Rel. Min. Gilson Dipp, j. 1º-3-2001; (c) em se tratando de medida de segurança substitutiva, por haver anterior imposição de pena, deve ser levada em conta para efeitos de prescrição a reprimenda cominada na sentença e substituída: TJSP, *RT* 641/330.

Lei de Drogas

Lei de Drogas e a inaplicabilidade do art. 97 do CP: Tratada como espécie de doença mental, a dependência em drogas recebe tratamento jurídico diverso das outras formas de perturbação mental (como a psicose, a neurose, a epilepsia etc.). Na antiga Lei de Tóxicos, aplicada a medida de segurança, a internação só era determinada excepcionalmente, quando o quadro clínico assim o exigisse (Lei revogada n. 6.368/76, art. 10, *caput*). Não se aplicava o disposto no art. 97 do CP, segundo o qual, se o crime fosse apenado com reclusão, a internação seria sempre obrigatória. A nova Lei de Drogas (Lei n. 11.343/2006) seguiu a mesma linha, deixando a cargo do juiz a avaliação quanto à necessidade ou não de internação, independentemente da natureza da pena privativa de liberdade.

Súmula 422 do STF: "A absolvição criminal não prejudica a medida de segurança, quando couber, ainda que importe privação de liberdade".

Substituição da pena por medida de segurança para o semi-imputável

Art. 98. Na hipótese do parágrafo único do art. 26 deste Código e necessitando o condenado de especial tratamento curativo, a pena privativa de liberdade pode ser substituída pela internação, ou tratamento ambulatorial, pelo prazo mínimo de 1 (um) a 3 (três) anos, nos termos do artigo anterior e respectivos §§ 1º a 4º. *(Redação dada pela Lei n. 7.209/84)*

(1) Semi-imputável: Uma vez constatada a semi-imputabilidade do agente (CP, art. 26, parágrafo único), o juiz, na sentença, terá duas opções: (a) reduzir a pena de 1/3 a 2/3; ou (b) substituir a pena por medida de segurança. O Código Penal adotou o sistema vicariante (*vide* CP, art. 96). A decisão que determina a substituição precisa ser fundamentada, e só pode ocorrer se o juiz entendê-la cabível, inexistindo direito subjetivo do agente. A diminuição de pena é obrigatória.

(2) Hospital de Custódia e Tratamento Psiquiátrico ou tratamento ambulatorial: Uma vez imposta a medida de segurança, o semi-imputável poderá estar sujeito a uma medida de internação ou a tratamento ambulatorial, conforme a pena aplicada (reclusão ou detenção). Sobre o tema, *vide* comentários ao art. 97 do CP, os quais se aplicam aqui.

(3) Substituição da pena por medida de segurança em sede de apelação: Prevê a *Súmula 525 do STF* que "a medida de segurança não será aplicada em segunda instância, quando o réu tenha recorrido". Sobre a incidência dessa Súmula, há duas correntes: (a) "no sistema da Parte

Geral do Código Penal é possível a substituição da pena pela medida de segurança do art. 98 do CP em sede de apelação, ainda quando esta seja apenas da defesa, não se aplicando a Súmula 525 do STF, elaborada quando vigente o sistema duplo-binário" (RT 655/36); (b) não tendo o Ministério Público recorrido, constitui *reformatio in pejus* a substituição, pelo tribunal, da pena privativa de liberdade por medida de segurança. *Nesse sentido*: STF, 2ª T., HC 74.042, Rel. Min. Carlos Velloso, j. 11-3-1997, *DJ* 9-5-1997, p. 18-128.

Lei de Drogas

(1) Lei de Drogas e semi-inimputabilidade: O art. 45 da Lei n. 11.343/2006 considerou inimputáveis os agentes que, em razão da dependência, forem, ao tempo da infração penal, inteiramente incapazes de compreender o caráter ilícito do fato ou de se orientarem de acordo com esse entendimento. O parágrafo único, por sua vez, permitiu uma diminuição de pena, de 1/3 a 2/3, no caso de a dependência eliminar apenas parte dessa capacidade (responsabilidade diminuída ou semi-imputabilidade). Assim, quando a dependência acarretar perda parcial da capacidade, não há imposição de medida de segurança, mas tão somente uma redução de pena. Medida de segurança na Lei de Drogas, só mesmo para inimputável.

Direitos do internado

Art. 99. O internado será recolhido a estabelecimento dotado de características hospitalares e será submetido a tratamento. *(Redação dada pela Lei n. 7.209/84)*

(1) Documentos internacionais sobre regras mínimas para o tratamento dos prisioneiros: Vide comentários ao art. 32 do CP.

(2) Tratamento adequado ao internado: Esse dispositivo legal garante ao internado que ele seja recolhido em estabelecimento com características hospitalares e submetido ao devido tratamento médico. Na falta de estabelecimento oficial, ou de sua existência em condições impróprias, a lei prevê a prestação de serviços em outro local adequado, desde que este ofereça amplas possibilidades de recuperação ao condenado (CP, arts. 96, II, e 99). Na ausência de vaga em hospital de custódia ou tratamento psiquiátrico ou outro local apropriado, poderá ser recolhido em hospital particular, mas nunca em cadeia pública. O recolhimento do sujeito a presídio configura lesão a direito individual (TJSP, Ag. 253.731-3, 2ª Câmara Criminal, Rel. Des. Silva Pinto, j. 1º-6-1998). Outrossim, a falta de vagas é uma deficiência do sistema, e o agente deve esperar em liberdade (TJSP, HC 234.060-3, 3ª Câmara Criminal, Rel. Des. Segurado Braz, j. 12-8-1997). *Em sentido contrário*, admitindo o recolhimento da pessoa à cadeia pública quando ficar evidenciada sua periculosidade: STJ, RHC 9075/MG, 5ª T., Rel. Min. José Arnaldo da Fonseca, j. 18-11-1999; TACrimSP, *RT* 623/299. Sobre a internação em hospital particular, *vide* comentários ao art. 96 do CP.

TÍTULO VII
DA AÇÃO PENAL

Ação pública e de iniciativa privada

Art. 100. A ação penal é pública, salvo quando a lei expressamente a declara privativa do ofendido. *(Artigo com redação dada pela Lei n. 7.209/84)*

§ 1º A ação pública é promovida pelo Ministério Público, dependendo, quando a lei o exige, de representação do ofendido ou de requisição do Ministro da Justiça.

§ 2º A ação de iniciativa privada é promovida mediante queixa do ofendido ou de quem tenha qualidade para representá-lo.

§ 3º A ação de iniciativa privada pode intentar-se nos crimes de ação pública, se o Ministério Público não oferece denúncia no prazo legal.

§ 4º No caso de morte do ofendido ou de ter sido declarado ausente por decisão judicial, o direito de oferecer queixa ou de prosseguir na ação passa ao cônjuge, ascendente, descendente ou irmão.

(1) Fundamento constitucional: De acordo com o art. 5º, XXXV, da CF, "a lei não excluirá da apreciação do Poder Judiciário lesão ou ameaça a direito".

(2) Ação penal: É o direito de pedir ao Estado-Juiz a aplicação do direito penal objetivo a um caso concreto. É também o direito público subjetivo do Estado-Administração, único titular do poder-dever de punir, de pleitear ao Estado-Juiz a incidência do Direito Penal objetivo, com a consequente satisfação da pretensão punitiva.

(3) Ação penal pública (caput): Em função da qualidade do sujeito que detém a titularidade para propor a ação penal, a ação penal pode ser pública ou privada, conforme seja promovida pelo Ministério Público ou pela vítima e seu representante legal, respectivamente. Dentro dos casos de ação penal pública (exclusiva do Ministério Público), ainda há outra subdivisão, em ação penal pública incondicionada e condicionada. Convém notar que a ação penal pública é a regra geral, sendo a privada a exceção (CP, art. 100, *caput*). Dentro dessa regra há ainda outra exceção, que é dada pelos casos de ação pública condicionada, também expressamente previstos em lei (CP, art. 100, § 1º, e CPP, art. 24). Assim, não havendo expressa disposição legal sobre a forma de proceder, a ação será pública (incondicionada). Havendo, conforme for, a ação será pública condicionada ou privada.

Princípios: Incidem os princípios da obrigatoriedade, indisponibilidade (*vide* arts. 42 e 576 do CPP), oficialidade, autoridade, oficiosidade, indivisibilidade e intranscendência. O princípio da oficialidade (CF, art. 129, I) sofre exceção nos casos de ação privada subsidiária, de titularidade do ofendido ou do seu representante legal. Por sua vez, o princípio da oficiosidade sofre exceção nas hipóteses em que a ação penal pública for condicionada à representação ou à requisição do Ministro da Justiça (CP, art. 100, § 1º, e CPP, art. 24). Quanto ao princípio da indivisibilidade, também ele é aplicável à ação penal privada (CPP, art. 48). Saliente-se, porém, o entendimento de alguns juristas no sentido de que se aplica o *princípio da divisibilidade* à ação pública, já que o Ministério Público pode optar por processar apenas um dos ofensores, coletando maiores evidências para processar posteriormente os demais.

Princípio da obrigatoriedade da ação penal e Lei n. 9.099/95: O princípio da obrigatoriedade da ação penal sofreu inegável mitigação com a regra do art. 98, I, da Constituição da República, que possibilita a transação penal entre Ministério Público e autor do fato, nas infrações penais de menor potencial ofensivo (crimes apenados com, no máximo, dois anos de pena privativa de liberdade e contravenções penais). (*Vide* art. 76 da Lei n. 9.099/95: art. 2º, parágrafo único, da Lei n. 10.259/2001 e art. 61 da Lei n. 9.099/95, com a redação determinada pela Lei n. 11.313, de 28 de junho de 2006.)

Princípio da indisponibilidade da ação penal e Lei n. 9.099/95: De acordo com o princípio da indisponibilidade, oferecida a ação penal, o Ministério Público dela não pode desistir (CPP, art. 42). Tal princípio encontra exceção nas infrações passíveis de suspensão condicional do processo (art. 89 da Lei).

(4) Ação penal pública incondicionada (§ 1º, 1ª parte): É da atribuição exclusiva do Ministério Público (CF, art. 129, I; arts. 25, III, da Lei n. 8.625/93 e 103, VI, da Lei Complementar n.

734/93). *Exceção*: art. 5º, LIX, da CF *(ação penal privada subsidiária)*. *Vide* também arts. 29 do CPP e 100, § 3º, do CP; e arts. 598 e 584, § 1º, do CPP, que admitem, ainda, o recurso supletivo do ofendido nos casos ali elencados, quando o Ministério Público não o fizer.

(5) **Ação penal pública condicionada** *(§ 1º, 2ª parte)*: É aquela cujo exercício se subordina a uma condição. Esta tanto pode ser a manifestação de vontade do ofendido ou de seu representante legal (representação) como a requisição do Ministro da Justiça. O Ministério Público, titular desta ação, só pode a ela dar início se a vítima ou seu representante legal o autorizarem, por meio de uma manifestação de vontade. Sem a permissão da vítima, nem sequer poderá ser instaurado inquérito policial (CPP, art. 5º, § 4º). A representação constitui condição objetiva de procedibilidade. Sem a representação do ofendido ou, quando for o caso, sem a requisição do Ministro da Justiça (CPP, art. 24), não se pode dar início à persecução penal. A requisição não obriga o Ministério Público a oferecer a denúncia. Só a ele cabe a valoração dos elementos de informação e a consequente formação da *opinio delicti*. A requisição não passa de autorização política para este desempenhar suas funções.

Ação penal pública condicionada. Hipóteses de requisição do Ministro da Justiça: São raras as hipóteses em que a lei subordina a persecução penal ao ato político da requisição: *Vide* CP, art. 7º, § 3º, *b*; art. 141, I, c.c. parágrafo único do art. 145; art. 141, I, c.c. art. 145, parágrafo único. Vale notar que o Supremo Tribunal Federal, por maioria, julgou procedente pedido formulado em arguição de descumprimento de preceito fundamental (ADPF 130) para o efeito de declarar como não recepcionado pela Constituição Federal todo o conjunto de dispositivos da Lei n. 5.250/67 – Lei de Imprensa, dentre eles os arts. 20, 21 e 22, 23, I, e 40, I, *a*, que se referem aos crimes contra a honra.

Prazo para o oferecimento da requisição pelo Ministro da Justiça: O Código de Processo Penal é omisso a respeito. Entende-se que o Ministro da Justiça poderá oferecê-la a qualquer tempo, enquanto não estiver extinta a punibilidade do agente.

(6) **Ação penal privada** *(§ 2º)*: É aquela em que o Estado, titular exclusivo do direito de punir, transfere a legitimidade para propor a ação penal à vítima ou ao seu representante legal. A titularidade cabe ao ofendido ou seu representante legal (CP, art. 100, § 2º, e CPP, art. 30). Na técnica do Código, o autor denomina-se *querelante*, e o réu, *querelado*. Se o ofendido for menor de 18 anos ou mentalmente enfermo, ou retardado mental, e não tiver representante legal, ou seus interesses colidirem com os deste último, o direito de queixa poderá ser exercido por curador especial, nomeado para o ato (CPP, art. 33).

Princípios: Incidem os princípios da oportunidade ou conveniência; disponibilidade (por exemplo: por meio do perdão ou da perempção CPP, arts. 51 e 60, respectivamente); indivisibilidade (CPP, art. 48); e intranscendência. Convém notar que, no tocante ao princípio da indivisibilidade, na ação penal pública tal questão não é pacífica.

Prisão em flagrante: Diante do princípio da oportunidade ou conveniência, se a autoridade policial se deparar com uma situação de flagrante delito de ação privada, ela só poderá prender o agente se houver expressa autorização do particular (CPP, art. 5º, § 5º).

Ação penal exclusivamente privada, ou propriamente dita: Quando sua titularidade é atribuída ao ofendido ou seu representante legal. Se o ofendido for menor de 18 anos, só poderá ser proposta por seu representante legal. Ao completar 18 anos, somente ele terá legitimidade ativa para a ação privada, cessando a figura do representante legal.

Ação privada personalíssima: Sua titularidade é atribuída única e exclusivamente ao ofendido, sendo o seu exercício vedado até mesmo ao seu representante legal, inexistindo, ainda, sucessão por morte ou ausência. É, como se vê, um direito personalíssimo e intransmissível. Inaplicáveis, portanto, os arts. 31 e 34 do CPP. Há entre nós um caso dessa espécie de ação penal: crime de induzimento a erro essencial ou ocultação de impedimento, previsto no Código Penal, no capítulo "Dos Crimes contra o Casamento", art. 236, parágrafo único. O crime de adultério, atualmente revogado, também estava sujeito a essa espécie de ação penal.

Ação privada subsidiária da pública (§ 3º): Proposta nos crimes de ação pública, condicionada ou incondicionada, quando o Ministério Público deixar de fazê-lo no prazo legal. É a única exceção, prevista na própria Constituição Federal, à regra da titularidade exclusiva do Ministério Público sobre a ação penal pública (CF, arts. 129, I, e 5º, LIX). Só tem lugar no caso de inércia do Ministério Público, jamais em caso de arquivamento. Deve ser proposta dentro do prazo decadencial de 6 meses, a contar do encerramento do prazo para oferecimento da denúncia (arts. 29 e 38, *caput*, última parte, do CPP).

Morte do ofendido ou declaração de ausência (§ 4º): No caso de morte do ofendido, ou de declaração de ausência, o direito de queixa, ou de dar prosseguimento à acusação, passa a seu cônjuge, ascendente, descendente ou irmão (art. 31), incluídos aí os companheiros reunidos pelos laços da união estável, em face da equiparação da união estável ao casamento pela Constituição Federal de 1988 (art. 226, § 3º). Vale mencionar que, recentemente, o Plenário do STF reconheceu como entidade familiar a união de pessoas do mesmo sexo (ADPF 132, cf. *Informativo do STF* n. 625, Brasília, 2 a 6 de maio de 2011).

(7) Imunidade processual. Presidente da República: O art. 86 da CF contém uma condição específica para a instauração de processo contra o Presidente da República, qual seja, a admissão da acusação por dois terços da Câmara dos Deputados. Admitida a acusação por essa Casa Legislativa, será ele submetido a julgamento perante o Supremo Tribunal Federal, nas infrações penais comuns, ou perante o Senado Federal, nos crimes de responsabilidade. Convém notar que apenas o desencadeamento da ação necessitará de licença parlamentar, não sendo exigível para a instauração do inquérito ou para o oferecimento de denúncia (pelo Procurador-Geral da República), da queixa subsidiária (se houver omissão do Procurador-Geral da República) ou da queixa-crime. Concedida a licença, deverá o STF notificar o acusado para apresentar a defesa prévia (prazo de 15 dias), o que importa dizer que não haverá o recebimento da peça acusatória antes do decurso do prazo da defesa prévia (sobre a defesa preliminar introduzida pela Lei n. 11.719/2008 nos procedimentos comuns e seu reflexo nos procedimentos especiais, *vide* Fernando Capez, *Curso de Processo Penal*, 18. ed. São Paulo: Saraiva, 2011, p. 536). A denúncia, quanto aos crimes comuns, compete ao Procurador-Geral da República. O rito é o da Lei n. 8.038/90, observando-se, ainda, os arts. 230 e seguintes do Regimento Interno do STF e a possibilidade da apresentação de queixa subsidiária, caso haja omissão do Ministério Público. Finalmente, de acordo com o § 4º do art. 86, "O Presidente da República, na vigência de seu mandato, não pode ser responsabilizado por atos estranhos ao exercício de suas funções". Enquanto vigente o mandato, o Presidente da República não pode ser responsabilizado criminalmente por atos estranhos ao exercício de sua função (fatos praticados antes ou durante o mandato). Trata-se de cláusula de irresponsabilidade relativa, que não protege o Presidente quanto aos ilícitos praticados no exercício da função ou em razão dela, assim como não exclui sua responsabilização civil, administrativa ou tributária. Extinto ou perdido o mandato, o Presidente da República poderá ser criminalmente processado pelo fato criminoso estranho ao exercício da função, ainda que praticado antes ou durante a investidura (cf. Ricardo Cunha Chimenti, Fernando Capez, Márcio F. Elias Rosa, Marisa F. Santos, *Curso de direito constitucional*, 3. ed., São Paulo: Saraiva, 2006, p. 300-301). Se o fato foi cometido antes de ele tomar posse, o Supremo Tribunal Federal não tem competência originária para seu julgamento, o que implica a devolução dos autos ao juízo de origem: STF, APn-QO 305/DF, T. Pleno, Rel. Min. Celso de Mello, j. 30-9-1992; STF, HC 83154, T. Pleno, Rel. Min. Sepúlveda Pertence, j. 11-9-2003.

Governadores: Da mesma forma que o Presidente da República, os governadores, quanto aos crimes comuns, são julgados pelo STJ, após autorização da respectiva Assembleia Legislativa, por

2/3 de seus membros. A imunidade quanto à prisão e a cláusula de irresponsabilidade relativa (*vide* item acima) não beneficiam os governadores, sendo que os §§ 5º e 6º do art. 49 da Constituição do Estado de São Paulo foram suspensos pelo STF (ADIn 1.021-2) (cf. Ricardo Cunha Chimenti, Fernando Capez, Márcio F. Elias Rosa, Marisa F. Santos, Curso de direito constitucional. 3. ed., São Paulo: Saraiva, 2006, p. 301).

Senadores e deputados federais (e deputados estaduais): De acordo com o art. 53, § 3º, da Constituição Federal, "recebida a denúncia contra Senador ou Deputado por crime ocorrido após a diplomação, o Supremo Tribunal Federal dará ciência à Casa respectiva, que, por iniciativa do partido político nela representado e pelo voto da maioria de seus membros, poderá, até a decisão final, sustar o andamento da ação". O § 4º, por sua vez, prevê que: "o pedido de sustação será apreciado pela Casa respectiva no prazo improrrogável de quarenta e cinco dias do seu recebimento pela Mesa Diretora". Finalmente, o § 5º reza que "a sustação do processo suspende a prescrição enquanto durar o mandato". O art. 53 teve a redação modificada pela EC 35/2001. A partir dessa modificação, não haverá a exigência de prévia autorização da respectiva Casa Legislativa para o recebimento da denúncia contra parlamentar perante o Supremo Tribunal Federal (ou perante o Tribunal de Justiça no caso de deputado estadual) por crime (ou contravenção penal) ocorrido após a diplomação. Agora, a acusação poderá ser admitida pelo Supremo Tribunal Federal (ou Tribunal de Justiça, se deputado estadual), independentemente de autorização, o qual somente dará ciência à respectiva Casa para que suste ou não a ação penal. Conforme decidiu o STF (*Informativo do STF* n. 257 e 261), o instituto da licença prévia era de natureza processual e, com sua abolição pela EC n. 35, as questões pendentes retomaram seu curso, devendo os processos criminais contra parlamentares ter início ou prosseguir independentemente de prévia manifestação da Casa Legislativa. A prescrição, até então suspensa, voltou a correr a partir da vigência da EC n. 35/2001. N*esse sentido:* STF, Inq. 1326/RO, T. Pleno, Rel. Min. Cezar Peluso, j. 3-11-2005. Sobre o tema, *vide* Ricardo Cunha Chimenti, Fernando Capez, Márcio F. Elias Rosa e Marisa F. Santos, *Curso de direito constitucional*, cit., p. 258. Por fim, interessa referir que "as garantias que integram o universo dos membros do Congresso Nacional (cf. art. 53, §§ 1º, 2º, 5º e 7º) não se comunicam aos componentes do Poder Legislativo dos Municípios": STF, ADin 371/SE, T. Pleno, Rel. Min. Maurício Corrêa, j. 5-9-2002.

Prefeito Municipal: É julgado independentemente de prévia licença da Câmara Municipal (CF, art. 29, X). *Nesse sentido:* STF, *RT* 725/501.

(8) Crime de induzimento a erro essencial ou ocultação de impedimento: Há uma condição específica de procedibilidade, qual seja, exige-se o trânsito em julgado da sentença que, por motivo de erro ou impedimento, anule o casamento.

(9) Processo administrativo-fiscal e condição de procedibilidade para propositura da ação penal (art. 83 da Lei n. 9.430/96): Muito se tem discutido, na doutrina e jurisprudência, a respeito da independência, ou não, das esferas administrativa e penal. Questiona-se se o Promotor de Justiça estaria obrigado a aguardar o prévio exaurimento da via administrativa, em que se debate a existência do débito de natureza fiscal, para propor a ação penal relativa à supressão ou redução do tributo. Há três correntes: (a) o art. 83 da Lei n. 9.430/96 não criou condição objetiva de procedibilidade, de forma que o MP não está obrigado a aguardar o prévio exaurimento da via administrativa. *Nesse sentido:* STJ, 5ª T., RHC 15513/RS, Rel. Min. Felix Fischer, j. 15-4-2004, *DJ* 21-6-2004, p. 231; STJ, 5ª T., RHC 10991/MG, Rel. Min. Felix Fischer, j. 15-4-2004, *DJ* 7-6-2004, p. 237; (b) o art. 83 da Lei n. 9.430/96 não criou condição objetiva de procedibilidade, de forma que o MP não está obrigado a aguardar o prévio exaurimento da via administrativa para oferecer a denúncia, contudo, a apuração da existência do tributo em processo administrativo constitui questão prejudicial heterogênea (CPP, art. 93), levando à suspensão do processo. *Nesse sentido:* Nelson Bernardes de Souza, Crimes contra a ordem tributária e proces-

so administrativo, *RT* 492/501, jun. 1997, p. 501; Eduardo Reale Ferrari, A prejudicialidade e os crimes tributários, *Boletim IBCCrim*, n. 50, jan. 1997; (c) o MP está obrigado a aguardar o prévio exaurimento da via administrativa para oferecer a denúncia: *Informativo do STF* n. 333, HC 81611/DF, j. 10-12-2003; STF, 1ª T., HC 84925/SP, Rel. Min. Marco Aurélio, j. 16-12-2004, *DJ* 1º-4-2005; STF, 2ª T., HC 84092/CE, Rel. Min. Celso de Mello, j. 22-6-2004, *DJ* 3-12-2004, p. 50. No HC 83414, relatado pelo Min. Joaquim Barbosa, chegou-se a considerar que, se "está pendente recurso administrativo que discute o débito tributário perante as autoridades fazendárias, ainda não há crime, porquanto 'tributo' é elemento normativo do tipo. Em consequência, não há falar-se em início do lapso prescricional, que somente se iniciará com a consumação do delito, nos termos do art. 111, I, do Código Penal" (STF, 1ª T., HC 83414/RS, Rel. Min. Joaquim Barbosa, j. 23-4-2004, *DJ* 23-4-2004, p. 24). *Vide* Súmula Vinculante 24 do STF. Note-se, por fim, que, com o advento da Lei n. 12.382/2011, que modificou a redação do § 1º do art. 83, "Na hipótese de concessão de parcelamento do crédito tributário, a representação fiscal para fins penais somente será encaminhada ao Ministério Público após a exclusão da pessoa física ou jurídica do parcelamento".

Súmulas:
Súmula 609 do STF: "É pública incondicionada a ação penal por crime de sonegação fiscal".
Súmula Vinculante 24 do STF: "Não se tipifica crime material contra a ordem tributária, previsto no art. 1º, incisos I a IV, da Lei n. 8.137/90, antes do lançamento definitivo do tributo".

Ação penal no crime complexo

Art. 101. Quando a lei considera como elemento ou circunstâncias do tipo legal fatos que, por si mesmos, constituem crimes, cabe ação pública em relação àquele, desde que, em relação a qualquer destes, se deva proceder por iniciativa do Ministério Público. *(Redação dada pela Lei n. 7.209/84)*

(1) Ação penal no crime complexo: Os crimes complexos são aqueles que se compõem de fatos que, por si sós, constituem infração penal. De acordo com esta regra, o crime complexo será apurado mediante ação pública, se um dos seus elementos constitutivos, de per si, constituir crime de iniciativa do Ministério Público, por exemplo, o crime de roubo é produto da união do crime de furto (CP, art. 155) com o crime de lesão corporal (CP, art. 129) ou ameaça (CP, art. 147).

(2) Crimes contra a dignidade sexual: No caso do estupro, se fosse empregada violência real, nos termos da Súmula 608 do STF, considerava-se que a ação penal seria pública incondicionada. O mesmo ocorria nos crimes contra a dignidade sexual dos quais resultassem lesões corporais de natureza grave ou morte. Com o advento da Lei n. 12.015/2009, o art. 225 é expresso no sentido de que "nos crimes definidos nos Capítulos I e II deste Título, procede-se mediante ação penal pública condicionada à representação", não havendo mais qualquer dúvida de que se refere também ao delito de estupro com resultado lesão corporal leve, grave ou gravíssima; e ao estupro com resultado morte. A ação penal será pública incondicionada se a vítima é menor de 18 anos ou se é pessoa vulnerável. No mesmo sentido: STJ, HC 215.460/SC, 5ª T., Rel. Min. Gilson Dipp, j. 1º-12-2011, *DJe* 13-12-2011.

Súmula:
Súmula 608 do STF: "No crime de estupro, praticado mediante violência real, a ação penal é pública incondicionada".

Irretratabilidade da representação

Art. 102. A representação será irretratável depois de oferecida a denúncia. *(Redação dada pela Lei n. 7.209/84)*

(1) Ação penal pública condicionada: O exercício desta ação subordina-se a uma condição, que tanto pode ser a manifestação de vontade do ofendido ou de seu representante legal (representação) como a requisição do Ministro da Justiça. O Ministério Público, titular desta ação, só pode a ela dar início se a vítima ou seu representante legal o autorizar, por meio de uma manifestação de vontade. Sem a permissão da vítima, nem sequer poderá ser instaurado inquérito policial (CPP, art. 5º, § 4º). A representação constitui condição objetiva de procedibilidade. Sem ela ou, quando for o caso, sem a requisição do Ministro da Justiça (CPP, art. 24), não se pode dar início à persecução penal.

(2) Titular do direito de representação: Se o ofendido contar menos de 18 anos ou for mentalmente enfermo, o direito de representação cabe exclusivamente a quem tenha qualidade para representá-lo. Ao completar 18 anos e não sendo deficiente mental, o ofendido adquire o direito de representar, uma vez que se torna, de acordo com o disposto no art. 5º do Código Civil, plenamente capaz para a realização de qualquer ato jurídico, incluídos aí os de natureza processual. Pode também ser exercido por procurador com poderes especiais (CPP, art. 39, *caput*). No caso de morte do ofendido ou quando declarado ausente por decisão judicial, o direito de representação passará ao cônjuge, ascendente, descendente ou irmão (cf. CPP, art. 24, § 1º). No tocante aos companheiros reunidos pelos laços da união estável, tem-se que, em face da equiparação da união estável ao casamento pela Constituição Federal de 1988 (art. 226, § 3º), a expressão "cônjuge" deve também abranger os companheiros. Vale mencionar que, recentemente, o Plenário do STF reconheceu como entidade familiar a união de pessoas do mesmo sexo (ADPF 132, cf. *Informativo do STF* n. 625, Brasília, 2 a 6 de maio de 2011).

(3) Prazo: Vide comentários ao art. 103 do CP.

(4) Forma: A representação não tem forma especial. O Código de Processo Penal, todavia, estabelece alguns preceitos a seu respeito (art. 39, *caput* e §§ 1º e 2º), mas a falta de um ou de outro não será, em geral, bastante para invalidá-la. Óbvio que a ausência de narração do fato a tornará inócua. O STF e outros tribunais têm declarado a desnecessidade de formalismo na representação, admitindo como tal simples manifestações de vontade da vítima, desde que evidenciadoras da intenção de que seja processado o suspeito, devendo conter, ainda, todas as informações que possam servir ao esclarecimento do fato e da autoria (CPP, art. 39, § 2º). Assim, servem como representação as declarações prestadas à polícia, pelo ofendido, identificando o autor da infração penal, o boletim de ocorrência etc. *Nesse sentido:* STF, HC 86122/SC, 1ª T., Rel. Eros Grau, j. 15-12-2005; STF, HC 72699/SP, 2ª T., Rel. Min. Francisco Rezek, j. 22-8-1995; STJ, RHC 15700/SP, 6ª T., Rel. Min. Paulo Medina, j. 15-9-2005; TJRS, Ap. Crim. 70014874424, 7ª Câmara Criminal, Rel. Des. Nereu José Giacomolli, j. 22-6-2006; TJDF, Ap. Crim. 214059, 1ª T., Rel. Des. Jair Soares, j. 17-3-2005.

(5) Inclusão de outros autores pelo MP: Feita a representação contra apenas um suspeito, esta se estenderá aos demais, autorizando o Ministério Público a propor a ação em face de todos, em atenção ao princípio da indivisibilidade da ação penal, consectário do princípio da obrigatoriedade. É o que se chama de *eficácia objetiva da representação*. Sobre o tema, *vide* jurisprudência: STJ, HC 38278/SC, 5ª T., Rel. Min. Felix Fischer, j. 18-8-2005; STJ, HC 134111/MG, 5ª T., Rel. Min. Gilson Dipp, j. 7-11-2000; STJ, HC 7771/SP, 5ª T., Rel. Min. Gilson Dipp, j. 3-12-1998.

(6) Destinatário: Pode ser dirigida ao juiz, ao representante do Ministério Público ou à autoridade policial (cf. CPP, art. 39, *caput*).

(7) Não vinculação: A representação não obriga o Ministério Público a oferecer a denúncia, devendo este analisar se é ou não caso de propor a ação penal, podendo concluir pela sua instauração, pelo arquivamento do inquérito, ou pelo retorno dos autos à Polícia, para novas diligências. Não está, da mesma forma, vinculado à definição jurídica do fato constante da representação.

(8) Irretratabilidade: A representação é irretratável após o oferecimento da denúncia (CPP,

art. 25, e CP, art. 102). A retratação só pode ser feita antes de oferecida a denúncia, pela mesma pessoa que representou. A revogação da representação após esse ato processual não gerará qualquer efeito. Essa retratação, evidentemente, não se confunde com a do art. 107, VI, do CP, feita pelo próprio agente do crime, a fim de alcançar a extinção da punibilidade.

(9) Retratação da retratação: Há duas posições: (a) Há julgado admitindo a retratação da retratação, desde que feita dentro do prazo decadencial previsto em lei (STF, *RTJ* 72/51). (b) A doutrina, no entanto, entende ser impossível a revogação da retratação, pois equipara esta (a retratação) à renúncia, qualificando-a como causa extintiva da punibilidade. *Nesse sentido:* Fernando da Costa Tourinho Filho, *Processo penal*, 15. ed., São Paulo: Saraiva, 1994, v. I, p. 323-329; Julio Fabbrini Mirabete, *Processo penal*, 4. ed., São Paulo: Atlas, p. 118.

(10) Requisição e retratação: O artigo em comento nada fala a respeito da retratação da requisição. Há duas posições sobre o tema: (a) a requisição é irretratável, pois, ao contrário do que faz na hipótese de representação, a lei não contempla expressamente essa possibilidade. *Nesse sentido:* Fernando da Costa Tourinho Filho, *Processo penal*, cit., v. 1, p. 339, e Julio Fabbrini Mirabete, *Processo penal*, cit., p. 120. (b) *Em sentido contrário:* Jorge Alberto Romeiro, *Da ação penal*, 2. ed., Rio de Janeiro: Forense, 1978, p. 166.

Decadência do direito de queixa ou de representação

Art. 103. Salvo disposição expressa em contrário, o ofendido decai do direito de queixa ou de representação se não o exerce dentro do prazo de 6 (seis) meses, contado do dia em que veio a saber quem é o autor do crime, ou, no caso do § 3º do art. 100 deste Código, do dia em que se esgota o prazo para oferecimento da denúncia. *(Redação dada pela Lei n. 7.209/84)*

(1) Decadência: É a perda do direito de promover a ação penal em face do decurso do tempo. Atinge tanto a ação penal exclusivamente privada e a ação penal privada subsidiária da pública como a ação penal pública condicionada à representação, em face da inércia do ofendido ou de seu representante legal, durante determinado tempo fixado por lei.

(2) Efeito: A decadência está prevista como causa de extinção da punibilidade, mas, na verdade, o que ela extingue é o direito de dar início à persecução penal em juízo. O ofendido perde o direito de promover a ação e provocar a prestação jurisdicional, e o Estado não tem como satisfazer seu direito de punir.

(3) Prazo: "Salvo disposição em contrário, o ofendido, ou seu representante legal, decairá no direito de queixa ou de representação, se não o exercer dentro do prazo de 6 (seis) meses, contado do dia em que vier a saber quem é o autor do crime, ou, no caso do art. 29, do dia em que se esgotar o prazo para o oferecimento da denúncia" (CPP, art. 38). *No mesmo sentido*, o art. 103 do Código Penal. Tratando-se de ação penal privada subsidiária, o prazo será de 6 meses, a contar do encerramento do prazo para o Ministério Público oferecer a denúncia (cf. CPP, art. 29).

(4) Natureza jurídica: Trata-se de prazo decadencial, que não se suspende nem se prorroga, e cuja fluência, iniciada a partir do conhecimento da autoria da infração, é causa extintiva da punibilidade do agente (CP, art. 107, IV).

(5) Interrupção do prazo: O prazo decadencial é interrompido no momento do oferecimento da queixa ou representação, pouco importando a data de seu recebimento. O pedido de instauração de inquérito (CPP, art. 5º, § 5º) e o pedido de explicações em juízo nos crimes contra a honra não interrompem o prazo decadencial.

(6) Prazo decadencial e dupla titularidade da ação penal: Tratando-se de menor de 18 anos, ou, se maior, ostentar doença mental, o prazo não fluirá para ele enquanto não cessar a incapacidade (decorrente da idade ou da enfermidade), porquanto não se pode falar em decadência de um direito que não se pode exercer. O prazo flui, todavia, para o representante legal, desde que ele

saiba quem é o autor do ilícito penal. Ao completar 18 anos, somente o ofendido poderá exercer o direito de queixa ou de representação, uma vez que, sendo considerado plenamente capaz pelo Código Civil, cessa, a partir dessa idade, a figura do representante legal.

(7) Súmula 594 do STF: Previa a autonomia de prazos decadenciais para o ofendido maior de 18 e menor de 21 anos e seu representante legal exercitarem o direito de queixa ou de representação. Perdeu o sentido, pois a partir dos 18 anos somente o ofendido terá legitimidade para oferecer uma ou outra.

(8) Morte ou ausência judicialmente declarada do ofendido: O prazo, caso a decadência ainda não tenha se operado, começa a correr da data em que o cônjuge, ascendente, descendente ou irmão tomarem conhecimento da autoria (CPP, art. 38, parágrafo único).

(9) Contagem do prazo: Como o direito de representação está intimamente ligado ao direito de punir, porquanto seu não exercício gera a extinção da punibilidade pela decadência, o prazo para seu exercício é de direito material, computando-se o dia do começo e excluindo-se o do final, além de ser fatal e improrrogável (CP, art. 10). Do mesmo modo, não se prorroga em face de domingo, feriado e férias, sendo inaplicável o art. 798, § 3º, do Código de Processo Penal (*RT*, 530/367).

(10) Contagem do prazo no crime continuado: Na hipótese de crime continuado, o prazo incidirá isoladamente sobre cada crime, iniciando-se a partir do conhecimento da respectiva autoria (despreza-se a continuidade delitiva para esse fim).

(11) Contagem do prazo no crime permanente: O prazo começa a partir do primeiro instante em que a vítima tomou conhecimento da autoria, e não a partir do momento em que cessou a permanência (não se aplica, portanto, a regra do prazo prescricional).

(12) Contagem do prazo nos crimes habituais: Inicia-se a contagem do prazo a partir do último ato.

(13) Prazo. Lei n. 9.099/95. Crimes de lesão corporal dolosa de natureza leve e lesão corporal culposa: O prazo, em regra, é o do art. 38 do Código de Processo Penal, segundo o qual "o ofendido, ou seu representante legal, decairá do direito de queixa ou de representação, se não o exercer dentro do prazo de 6 (seis) meses, contado do dia em que vier a saber quem é o autor do crime". Excepcionalmente, porém, somente nos inquéritos policiais e processos em andamento na entrada em vigor da Lei n. 9.099/95, o prazo decadencial será de 30 dias, a contar da intimação do ofendido ou seu representante legal. Nesse sentido é a disposição transitória do art. 91 da Lei dos Juizados Especiais.

(14) Lei de Imprensa: A Lei de Imprensa dispunha, no entanto, de forma diversa, pois prescrevia que o prazo para a representação, nos crimes de ação pública condicionada por ela regulados, seria de *três meses*, contado da *data do fato*, isto é, da data da publicação ou da transmissão da notícia (Lei n. 5.250/67, art. 41, § 1º). Mencione-se, porém, que o Supremo Tribunal Federal, por maioria, julgou procedente pedido formulado em arguição de descumprimento de preceito fundamental (ADPF 130) para o efeito de declarar como não recepcionado pela Constituição Federal todo o conjunto de dispositivos da Lei n. 5.250/67 – Lei de Imprensa. Sobre o tema, *vide* comentários ao art. 138 do CP.

(15) Crime de induzimento a erro essencial e ocultação de impedimento: O prazo é de 6 meses, contados a partir do trânsito em julgado da sentença que, por motivo de erro ou impedimento, anule o casamento (CP, art. 236, parágrafo único).

(16) Crimes de ação privada contra a propriedade imaterial que deixar vestígios, sempre que for requerida a prova pericial: O prazo é de 30 dias, contados da homologação do laudo pericial (CPP, art. 529, *caput*). Assim, dentro do prazo decadencial de seis meses, o interessado deverá requerer a busca e apreensão, obter a sua homologação e, trinta dias após, oferecer a queixa. Discute-se em que momento se inicia a contagem do prazo decadencial de trinta dias para o ofereci-

mento da queixa-crime. No sentido de que a contagem do prazo de trinta de dias se inicia com a intimação da homologação do laudo pericial: STJ, RHC 17390/SP, Rel. Min. Arnaldo Esteves Lima, j. 14-6-2005, *DJ* 22-8-2005, p. 304. *Em sentido contrário*, entendendo que o prazo decadencial é contado a partir da sentença homologatória do laudo pericial (STJ, 5ª T., REsp 356290/MG, Rel. Min. Laurita Vaz, j. 7-10-2003, *DJ* 10-11-2003, p. 203).

(17) Autorização do marido: O art. 35 do Código de Processo Penal, que exigia autorização do marido para a mulher casada intentar a queixa, foi revogado pelo art. 226, § 5º, da Constituição da República.

(18) Lei dos Juizados Especiais Criminais: Composição civil e transação penal: Nas infrações de menor potencial ofensivo (aquelas com pena máxima não superior a dois anos, ainda que sujeitas a procedimento especial – art. 61 da Lei n. 9.099/95, com as modificações operadas pela Lei n. 10.259/2001, e, posteriormente, Lei n. 11.313/2006), tratando-se de ação penal de iniciativa privada ou pública condicionada à representação, a composição de danos civis realizada entre o autor do fato e a vítima na audiência preliminar, uma vez homologada, acarreta a renúncia ao direito de queixa ou representação (art. 74, parágrafo único), extinguindo-se, por conseguinte, a punibilidade do agente. "Não obtida a composição dos danos civis, será dada imediatamente ao ofendido a oportunidade de exercer o direito de representação verbal, que será reduzida a termo" (art. 75, *caput*). Não a fazendo, não há falar em decadência, devendo-se aguardar o decurso do prazo decadencial de que trata o art. 38 do Código de Processo Penal (seis meses a contar do conhecimento da autoria), de modo que o direito de representação não se esgota na audiência (art. 75, parágrafo único). "Havendo representação ou tratando-se de crime de ação penal pública incondicionada, não sendo caso de arquivamento, o Ministério Público poderá propor a aplicação imediata de pena restritiva de direitos ou multa, a ser especificada na proposta" (art. 76, *caput*).

Renúncia expressa ou tácita do direito de queixa

Art. 104. O direito de queixa não pode ser exercido quando renunciado expressa ou tacitamente. *(Artigo com redação dada pela Lei n. 7.209/84)*

Parágrafo único. Importa renúncia tácita ao direito de queixa a prática de ato incompatível com a vontade de exercê-lo; não a implica, todavia, o fato de receber o ofendido a indenização do dano causado pelo crime.

(1) Renúncia: É a abdicação do direito de promover a ação penal privada, pelo ofendido ou seu representante legal.

(2) Oportunidade: Só pode ser exercida antes de iniciada a ação penal privada, ou seja, antes de oferecida a queixa-crime.

(3) Cabimento: Só cabe na ação penal exclusivamente privada, sendo inaceitável na ação privada subsidiária da pública, pois esta tem natureza de ação pública.

(4) Formas: (a) *Expressa:* declaração escrita assinada pelo ofendido ou por seu representante legal ou, ainda, por procurador com poderes especiais (CPP, art. 50); (b) *tácita:* prática de ato incompatível com a vontade de dar início à ação penal privada (p. ex.: o ofendido vai jantar na casa de seu ofensor, após a ofensa).

(5) Recebimento de indenização: O recebimento da indenização pelo dano resultante do crime não caracteriza renúncia tácita (CP, art. 104, parágrafo único).

(6) Lei n. 9.099/95: No caso, porém, desta Lei (Lei dos Juizados Especiais Cíveis e Criminais), "tratando-se de ação penal de iniciativa privada ou de ação pública condicionada à representação, o

acordo entre ofensor e ofendido, homologado, acarreta a renúncia ao direito de queixa ou representação" (art. 74, parágrafo único). Esse acordo é a composição civil dos danos, consistente na aceitação pelo ofendido da indenização pelo dano resultante da infração. Assim, nas infrações penais de iniciativa privada e pública condicionada à representação, de competência dos Juizados Especiais, o recebimento da indenização extingue a punibilidade do agente. Nos demais casos, não.

(7) Ofendido maior de 18 anos: Somente ele pode renunciar ao direito de queixa, uma vez que, sendo plenamente capaz (CC, art. 5º), não tem representante legal. Não importa se é maior de 21 anos ou não, após os 18, a legitimidade para oferecer a queixa e renunciar ao seu exercício é exclusiva do ofendido.

(8) Morte do ofendido: No caso de morte do ofendido, o direito de promover a queixa-crime passa a seu cônjuge, descendente, ascendente ou irmão, sendo que a renúncia de um não impede os demais de dar início à ação.

(9) Queixa oferecida contra um dos ofensores: Nos termos do art. 48 do Código de Processo Penal, a queixa deve ser oferecida contra todos os autores do crime, em face do princípio da indivisibilidade da ação penal privada. Seu oferecimento apenas contra um dos ofensores significa renúncia tácita com relação aos demais: STF, RHC 83091/DF, 1ª T., Rel. Marco Aurélio, j. 5-8-2003; STJ, HC 12815/SP, 5ª T., Rel. Felix Fischer, j. 2-10-2001. O Ministério Público não tem legitimidade para aditar a queixa visando à inclusão de corréu: JEF-SP, HC 200461810038761, T. Recursal, Rel. Hélio Egydio de Matos Nogueira, j. 14-12-2004; TAMG, HC 309.895-1, 1ª Câmara Criminal, Rel. Sérgio Braga, j. 24-5-2000. No sentido de que é possível o aditamento da queixa pelo Ministério Público para incluir outros ofensores: Fernando da Costa Tourinho Filho, *Processo Penal*, cit., v. 1, p. 410.

(10) Crimes de dupla subjetividade passiva: São crimes que, por sua natureza, possuem dois sujeitos passivos. Nesses crimes, a renúncia de uma das vítimas não impede o oferecimento da queixa pela outra.

Perdão do ofendido

Art. 105. O perdão do ofendido, nos crimes em que somente se procede mediante queixa, obsta ao prosseguimento da ação. *(Redação dada pela Lei n. 7.209/84)*

Art. 106. O perdão, no processo ou fora dele, expresso ou tácito: *(Artigo com redação dada pela Lei n. 7.209/84)*

I – se concedido a qualquer dos querelados, a todos aproveita;

II – se concedido por um dos ofendidos, não prejudica o direito dos outros;

III – se o querelado o recusa, não produz efeito.

§ 1º Perdão tácito é o que resulta da prática de ato incompatível com a vontade de prosseguir na ação.

§ 2º Não é admissível o perdão depois que passa em julgado a sentença condenatória.

(1) Perdão do ofendido: É a manifestação de vontade, expressa ou tácita, do ofendido ou de seu representante legal, no sentido de desistir da ação penal privada já iniciada, ou seja, é a desistência manifestada após o oferecimento da queixa. A renúncia é anterior e o perdão é posterior à propositura da ação penal privada.

(2) Cabimento: Só cabe na ação penal exclusivamente privada, sendo inadmissível na ação penal privada subsidiária da pública, já que esta mantém sua natureza de ação pública.

(3) Oportunidade: Só é possível depois de iniciada a ação penal privada, com o oferecimento da queixa e até o trânsito em julgado da sentença (CP, art. 106, § 2º).

(4) Formas: (a) *Processual:* concedida nos autos da ação penal (é sempre expressa); (b) *extraprocessual:* concedida fora dos autos da ação penal (pode ser expressa ou tácita); (c) *expressa:* declaração escrita, assinada pelo ofendido, seu representante legal ou procurador com poderes especiais; (d) *tácita:* resulta da prática de ato incompatível com a vontade de prosseguir na ação penal (sempre extraprocessual).

(5) Titularidade da concessão do perdão: Depende do caso: (a) *ofendido menor de 18 anos:* cabe ao seu representante legal; (b) *ofendido maior de 18 anos:* torna-se maior e plenamente capaz; logo, somente ele poderá conceder o perdão.

(6) Aceitação do perdão: O perdão do ofendido é ato jurídico bilateral, pois não produz efeito quando recusado pelo ofensor. O motivo é o interesse do querelado em provar sua inocência.

(7) Quem pode aceitar o perdão: (a) *Querelado maior de 18 anos:* somente ele pode aceitar o perdão, pois, como se trata de maior plenamente capaz, não existe a figura do representante legal. (b) *Querelado menor de 18 anos:* é inimputável e, portanto, não pode ser querelado.

(8) Aceitação tácita: O querelado é notificado para dizer se aceita o perdão no prazo de 3 dias; se, após esse prazo, permanecer em silêncio, presume-se que o aceitou (CPP, art. 58).

(9) Efeitos do perdão aceito: Opera-se a extinção da punibilidade, com o afastamento de todos os efeitos da condenação, principais e secundários.

(10) Comunicabilidade: No caso de concurso de agentes, alcança a todos os querelados, exceto o que tiver renunciado (CP, art. 51).

TÍTULO VIII
DA EXTINÇÃO DA PUNIBILIDADE

Extinção da punibilidade

Art. 107. Extingue-se a punibilidade: *(Artigo com redação dada pela Lei n. 7.209/84)*

I – pela morte do agente;

II – pela anistia, graça ou indulto;

III – pela retroatividade de lei que não mais considera o fato como criminoso;

IV – pela prescrição, decadência ou peremação;

V – pela renúncia do direito de queixa ou pelo perdão aceito, nos crimes de ação privada;

VI – pela retratação do agente, nos casos em que a lei a admite;

VII – *(Revogado pela Lei n. 11.106/2005)*

VIII – *(Revogado pela Lei n. 11.106/2005)*

IX – pelo perdão judicial, nos casos previstos em lei.

(1) Causas extintivas da punibilidade: São aquelas que extinguem o direito de punir do Estado. As causas extintivas da punibilidade são mencionadas no art. 107 do Código Penal. Esse rol legal não é taxativo, pois causas outras existem no Código Penal e em legislação especial (por exemplo, CP, arts. 312, § 3º, 168-A, § 2º, 337-A, § 1º etc.).

(2) Morte do agente (inciso I): Nenhuma pena passará da pessoa do delinquente (CF, art. 5º, XLV, 1ª parte). A morte extingue, inclusive, as penas pecuniárias, uma vez que não pode-

rão ser cobradas dos seus herdeiros. Ela também extingue todos os efeitos penais da sentença condenatória, principais e secundários. Se ocorrer após o trânsito em julgado, subsistirão os efeitos secundários extrapenais. Assim, por exemplo, nada impedirá a execução da sentença penal no juízo cível contra os sucessores do falecido, desde que realizada a prévia liquidação do valor do dano.

Prévia manifestação do Ministério Público: A declaração de extinção da punibilidade pelo juiz exige a prévia manifestação do Ministério Público (CPP, art. 62).

Comunicabilidade: Trata-se de causa personalíssima, que não se comunica aos partícipes e coautores (só extingue a punibilidade do falecido).

Prova: A morte somente pode ser provada mediante certidão de óbito, uma vez que o art. 155, parágrafo único, do CPP (de acordo com a Lei n. 11.690/2008) exige as mesmas formalidades da lei civil para as provas relacionadas ao estado das pessoas (nascimento, morte, casamento, parentesco etc.). A declaração de ausência, prevista pelos arts. 22 e seguintes do Código Civil, não se equipara à morte. *Vide* também Lei de Registros Públicos, art. 88 e parágrafo, que trata do desaparecimento de vítima em naufrágio, inundação, incêndio, terremoto ou qualquer outra catástrofe, hipótese em que é lavrada a certidão de óbito e julgada extinta a punibilidade penal, nos termos do art. 107, I, do CP. *Vide* Lei n. 9.434/97, que regula a retirada e transplante de órgãos. *Em sentido diverso*, permitindo a declaração da extinção da punibilidade pela morte com base em outros documentos idôneos provenientes de órgãos públicos diversos: TJRS, Ag. 70015047251, 6ª Câmara Criminal, Rel. Des. Marco Antônio Bandeira Scapini, j. 1º-6-2006.

Certidão de óbito falsa: No caso de certidão falsa, se a sentença extintiva da punibilidade já tiver transitado em julgado, há duas posições: (a) só restará processar os autores da falsidade, pois se operou o trânsito em julgado da sentença e não se admite revisão *pro societate*. *Nesse sentido:* TACrimSP, *RT* 580/350; (b) o desfazimento da decisão que, admitindo por equívoco a morte do agente, declarou extinta a punibilidade, não constitui ofensa à coisa julgada. *Nesse sentido:* "a extinção de punibilidade pela morte do agente (art. 107, I, do Código Penal) em decorrência do princípio *mors omnia solvit* ocorre independentemente da declaração. A decisão que reconhece extinta a punibilidade é meramente declaratória, não subsistindo se seu pressuposto é falso" (STF, HC 84525/MG, 2ª T., Rel. Min. Carlos Velloso, j. 16-11-2004; STJ, HC 31234/MG, 5ª T., Rel. Min. Felix Fischer, j. 16-12-2003; TJRS, Ap. Crim. 70002142610, 1ª Câmara Criminal, Rel. Des. Ranolfo Vieira, j. 22-10-2003; TJMG, HC 1.0000.03.400295-6/000, 1ª Câmara Criminal, Rel. Des. Edelberto Santiago, j. 30-9-2003).

(3) Anistia (inciso II): A anistia, graça e indulto são espécies de indulgência, clemência soberana ou graça em sentido amplo. Trata-se da renúncia do Estado ao direito de punir. A anistia é a lei penal de efeito retroativo que retira as consequências de alguns crimes já praticados, promovendo seu esquecimento jurídico. Ela pode ser: (a) *especial:* para crimes políticos; (b) *comum:* para crimes não políticos; (c) *própria:* antes do trânsito em julgado; (d) *imprópria:* após o trânsito em julgado; (e) *geral ou plena:* menciona apenas os fatos, atingindo a todos que os cometeram; (f) *parcial ou restrita:* menciona fatos, mas exige o preenchimento de algum requisito (p. ex.: anistia que só atinge réus primários); (g) *incondicionada:* não exige a prática de nenhum ato como condição; (h) *condicionada:* exige a prática de algum ato como condição (p. ex.: deposição de armas).

Competência: É exclusiva da União (CF, art. 21, XVII) e privativa do Congresso Nacional (CF, art. 48, VIII), com a sanção do Presidente da República, só podendo ser concedida por meio de lei federal. Seu instrumento normativo, portanto, é a lei.

Revogação: Uma vez concedida, não pode a anistia ser revogada, porque a lei posterior revogadora prejudicaria os anistiados, em clara violação ao princípio constitucional de que a lei não pode retroagir para prejudicar o acusado (CF, art. 50, XL).

Efeitos: A anistia retira todos os efeitos penais, principais e secundários, mas não os efeitos extrapenais.

Crimes insuscetíveis de anistia: De acordo com a Lei n. 8.072, de 25-7-1990, são insuscetíveis de anistia os crimes hediondos, a prática de tortura, o tráfico ilícito de entorpecentes e drogas afins e o terrorismo, consumados ou tentados. No tocante ao tráfico ilícito de drogas, o art. 44 da Lei n. 11.343/2006 dispõe que os crimes previstos nos arts. 33, *caput* e § 1º, e 34 a 37 dessa lei são insuscetíveis de graça, indulto e anistia.

(4) Indulto e graça em sentido estrito (inciso II): A graça é um benefício individual concedido mediante provocação da parte interessada; o indulto é de caráter coletivo e concedido espontaneamente. A Constituição Federal não se refere mais à graça, mas apenas ao indulto (CF, art. 84, XII). A LEP passou, assim, a considerar a graça como indulto individual.

Competência: São de competência privativa do Presidente da República (CF, art. 84, XII), que pode delegá-la aos Ministros de Estado, ao Procurador-Geral da República ou ao Advogado-Geral da União (CF, art. 84, parágrafo único).

Efeitos: Só atingem os efeitos principais da condenação, subsistindo todos os efeitos secundários penais e extrapenais.

Formas: (a) *indulto pleno*: quando extinguem toda a pena, e (b) *indulto parcial*, quando apenas diminuem a pena ou a comutam (transformam em outra de menor gravidade).

Indulto condicional: É o indulto submetido ao preenchimento de condição ou exigência futura, por parte do indultado.

Indulto e elegibilidade: O TSE, ao julgar o RE 22.148 (j. 9-9-2004), decidiu que o indulto não é suficiente para afastar a inelegibilidade decorrente das hipóteses previstas na alínea *e* do inciso I do art. 1º da LC n. 64/90.

Recusa da graça ou indulto: Só se admite no indulto e graça parciais, sendo inaceitável a recusa da graça ou do indulto quando plenos (CPP, art. 739).

Requerimento do indulto individual: A *graça*, também chamada de *indulto individual*, em regra, deve ser solicitada (LEP, art. 188). O requerimento pode ser feito pelo próprio condenado, pelo Ministério Público, pelo Conselho Penitenciário ou pela autoridade administrativa responsável pelo estabelecimento onde a pena é cumprida.

Requerimento do indulto coletivo: O indulto coletivo é concedido espontaneamente por decreto presidencial. Conferido o indulto por meio de decreto, deverá ser anexada aos autos cópia deste, quando então o juiz declarará extinta a pena ou a ajustará aos termos do decreto no caso de comutação (LEP, art. 192). O juiz poderá atuar de ofício, a requerimento do interessado, do Ministério Público, ou por iniciativa do Conselho Penitenciário ou de autoridade administrativa (LEP, art. 193).

Momento da concessão: A jurisprudência majoritária já não reclama o trânsito em julgado da condenação para a concessão de indulto: STF, HC 87801/SP, 1ª T., Rel. Min. Sepúlveda Pertence, j. 2-5-2006; STF, HC 76524/RJ, T. Pleno, Rel. Min. Sepúlveda Pertence. j. 1º-4-1998; STJ, HC 3.355/RJ, 6ª T., Rel. Acórdão Min. William Patterson, j. 5-12-1995; TJSP, Ag. 395.332-33, 4ª Câmara Criminal de Férias, Rel. Des. Hélio de Freitas, j. 11-5-2004. *Em sentido contrário:* TACrimSP, *JTACrimSP* 48/314.

Crimes insuscetíveis de graça ou indulto: Nos termos da Lei n. 8.072, de 25-7-1990, são insuscetíveis de graça ou indulto os crimes hediondos, a prática de tortura, o tráfico ilícito de entorpecentes e drogas afins e o terrorismo, consumados ou tentados. Parte da doutrina insurge-se contra a proibição do indulto pela Lei de Crimes Hediondos. Argumenta-se que a Constituição só proibiu a anistia e a graça, não autorizando outras restrições ao *jus libertatis*. No entanto, entendemos que, quando o constituinte menciona o termo "graça", o faz em seu sentido mais amplo (indulgência ou clemência soberana, englobando, com isso, a "graça em sentido estrito" e o "indulto"). No sentido da impossibilidade de concessão de indulto aos crimes hediondos e equiparados: STF, ADIn-MC 2795/DF, T. Pleno, Rel. Min. Mauricio Corrêa, j. 8-5-2003; STF, HC 81566/SC, 2ª T., Rel. Min. Néri da Silveira, j. 19-3-2002; STJ, REsp 689885, 5ª T., Rel. Min. Felix Fischer, j. 7-4-2005; TJRS, Ag. 70011376241, 7ª Câmara Criminal, Rel. Des. Alfredo Foerster, j. 2-6-2005. *Pela possibilidade:* TJSP, RT 671/323. Silenciando, contudo, o decreto presidencial quanto à vedação do indulto aos condenados por crimes hediondos praticados *antes* da Lei n. 8.072/90, a eles deve ser estendido o benefício, em observância aos princípios constitucionais da estrita legalidade, da anterioridade e da irretroatividade da lei penal mais severa: TJBA, RT 783/664; TJDFT, Ag. 207715, 1ª T. Criminal, Rel. Des. José Divino de Oliveira, j. 11-11-2004; TJDFT, HC 186787, 1ª T. Criminal, Rel. Des. Lecir Manoel da Luz, j. 5-2-2004; "tendo o paciente praticado homicídio qualificado em data anterior à lei que passou a considerar tal crime como hediondo, não se lhe aplica a proibição" (TJRS, HC 70000722009, 1ª Câmara Criminal, Rel. Des. Ranolfo Vieira, j. 16-2-2000; TJRS, Ag. 698225166, 2ª Câmara Criminal, Rel. Des. Antônio Carlos Netto de Mangabeira, j. 17-12-1998). *Contra:* STF, RHC 84572/RJ, 1ª T., Rel. Acórdão Min. Sepúlveda Pertence, j. 21-9-2004.

Anistia, graça ou indulto. Sursis e livramento condicional: Admite-se a concessão do indulto àquele que se encontra no gozo do *sursis* ou do livramento condicional, bem como se admite a soma das penas de duas condenações para verificar se estão ou não dentro dos limites previstos no decreto de indulto. No tocante à concessão do indulto àquele que se encontra no gozo do *sursis*, *vide* jurisprudência constante do art. 77 do CP.

Anistia, graça ou indulto em ação penal privada: É cabível, pois o Estado só delegou ao particular a iniciativa da ação, permanecendo com o direito de punir, do qual pode renunciar por qualquer dessas três formas.

(5) *Lei posterior que deixa de considerar o fato criminoso – "abolitio criminis" (inciso III)*: A lei penal retroage, atingindo fatos ocorridos antes de sua entrada em vigor, sempre que beneficiar o agente de qualquer modo (CF, art. 5º, XL). Se a lei posterior deixa de considerar o fato como criminoso, isto é, se lei posterior extingue o tipo penal, retroage e torna extinta a punibilidade de todos os autores da conduta, antes tida por delituosa.

Competência: Se o processo estiver em andamento, será o juiz de primeira instância que julgará e declarará extinta a punibilidade do agente, nos termos do art. 61 do Código de Processo Penal. Se o processo estiver em grau de recurso, será o tribunal incumbido de julgar tal recurso, que irá extinguir a punibilidade do agente. Se já se tiver operado o trânsito em julgado da condenação, a competência para extinguir a punibilidade será do juízo da execução, nos termos do art. 66, II, da Lei de Execução Penal; do art. 13 da Lei de Introdução ao CPP; da *Súmula 611 do STF*.

(6) *Prescrição e decadência (inciso IV)*: Vide CP, arts. 109 a 119.

(7) *Perempção (inciso IV)*: Causa de extinção da punibilidade, consistente em uma sanção processual ao querelante desidioso, que deixa de dar andamento normal à ação penal exclusivamente privada.

Cabimento: Só é cabível na ação penal exclusivamente privada, sendo inadmissível na ação penal privada subsidiária da pública, pois esta conserva sua natureza de pública.

Oportunidade: Só é possível depois de iniciada a ação privada.

Hipóteses: Vide CPP, art. 60.

(8) *Renúncia do direito de queixa ou pelo perdão aceito, nos crimes de ação privada (inciso V)*: *Vide* comentários aos arts. 104, 105 e 106 do CP.

(9) *Retratação do agente (inciso VI)*: Retratar-se é desdizer-se, retirar o que se disse. Assim, é possível a retratação nos crimes contra a honra, com exceção da injúria (CP, art. 143). Se desejar o ofendido, a retratação dar-se-á pelos mesmos meios em que se praticou a ofensa, nos termos da lei que rege o direito de resposta – Lei n. 13.188/2015. Da mesma forma, o fato deixa de ser punível se o agente (testemunha, perito, tradutor ou intérprete) se retrata ou declara a verdade (CP, art. 342, § 3º). Sobre a oportunidade para a realização da retratação e a questão da comunicabilidade, *vide* comentários aos artigos respectivos.

(10) Casamento do agente com a vítima nos crimes contra os costumes, definidos nos Capítulos I, II e III do Título VI da Parte Especial, e casamento da vítima com terceiro, nesses crimes, se cometidos sem violência real ou grave ameaça e desde que a ofendida não requeira o prosseguimento do inquérito policial ou da ação penal no prazo de 60 (sessenta) dias a contar da celebração (incisos VII e VIII): Previa o art. 107 do Código Penal duas causas extintivas da punibilidade. Em tais hipóteses o crime fora consumado, mas o subsequente matrimônio acarretava a extinção da punibilidade. O art. 5º da Lei n. 11.106, de 28-3-2005, no entanto, cuidou de revogar expressamente as causas extintivas da punibilidade previstas no art. 107, VII e VIII. Trata-se de *novatio legis in pejus*, a qual não pode retroagir para prejudicar o réu. Assim, aquele que praticou um crime contra os costumes (atualmente denominados "Crimes contra a Dignidade Sexual") antes da entrada em vigor da Lei n. 11.106, de 28-3-2005, caso venha a contrair casamento com a vítima após a sua vigência, poderá fazer jus à causa extintiva da punibilidade prevista no revogado inciso VII do art. 107 do CP.

(11) Perdão judicial (inciso IX): Trata-se de causa extintiva da punibilidade consistente em uma faculdade do juiz de, nos casos previstos em lei, deixar de aplicar a pena, em face de justificadas circunstâncias excepcionais. O juiz deve analisar discricionariamente se as circunstâncias excepcionais estão ou não presentes. Caso entenda que sim, não pode recusar a aplicação do perdão judicial, pois, nesse caso, o agente terá direito público subjetivo ao benefício. Em delito de trânsito, o STJ admitiu o perdão judicial em situação na qual o sujeito, em seu veículo, sem qualquer motivo aparente, desgovernou-se, chocou-se contra uma árvore e causou, assim, a morte de seu irmão e de um amigo: HC 214421/SP, 5ª T., Rel. Min. Jorge Scartezzini, j. 7-11-2002. O TJDF, em acidente no qual o agente, ao adentrar na via sem observar a sinalização de parada obrigatória, deu causa à morte de duas tias e um primo: Ap. Crim. 222412, 1ª T. Criminal, Rel. Sérgio Bitencourt. O TJMG, por sua vez, não admitiu o benefício em processo no qual não existia prova suficiente do vínculo de amizade entre a vítima e o autor do delito, referindo que não basta o simples fato de estarem juntos no mesmo veículo no momento do acidente: Ap. Crim. 1.0696.03.001991-8/001, 4ª Câmara Criminal, Rel. Des. Ediwal José de Morais, j. 24-5-2006.

Distinção do perdão do ofendido: Distingue-se do perdão do ofendido, uma vez que, neste, é o ofendido quem perdoa o ofensor, desistindo da ação penal exclusivamente privada. No perdão judicial, é o juiz quem deixa de aplicar a pena, independente da natureza da ação, nos casos permitidos por lei. O perdão do ofendido depende da aceitação do querelado para surtir efeitos, enquanto o perdão judicial independe da vontade do réu.

Extensão: A extinção da punibilidade não atinge apenas o crime no qual se verificou a circunstância excepcional, mas todos os crimes praticados no mesmo contexto. Exemplo: o agente provoca um acidente, no qual morrem sua esposa, seu filho e um desconhecido.

Hipóteses legais: O juiz só pode deixar de aplicar a pena nos casos expressamente previstos em lei. Vejamos algumas hipóteses legais: CP, arts. 121, § 5º; 129, § 8º; 140, § 1º, I e II; 168-A, § 3º; 176, parágrafo único; 180, § 5º; 240, § 4º; 249, § 2º; 337-A, § 2º; LCP, arts. 8º e 39, § 2º; e Lei n. 5.250/67, art. 22, parágrafo único (mencione-se que o Supremo Tribunal Federal, por maioria, julgou procedente pedido formulado em arguição de descumprimento de preceito fundamental – ADPF 130 – para o efeito de declarar como não recepcionado pela Constituição Federal todo o conjunto de dispositivos da Lei n. 5.250/67 – Lei de Imprensa, dentre eles os arts. 20, 21 e 22, que se referem aos crimes contra a honra).

Natureza jurídica da sentença concessiva: Há duas posições: (a) Trata-se de sentença condenatória, de modo que todos os efeitos secundários penais (exceto a reincidência) e extrapenais decorrem da concessão do perdão. *Nesse sentido:* STF, RE 104977/SP, 1ª T., Rel. Min. Rafael Mayer, j. 4-2-1986; TJRS, Ap. Crim. 70006214738, 1ª Câmara Criminal, Rel. Des. Manuel José Martinez Lucas, j. 18-6-2003; TACrimSP, *RT* 636/317. (b) É declaratória de extinção da punibilidade: a sentença que concede o perdão judicial é meramente declaratória, não surtindo nenhum efeito penal ou extrapenal. *Vide Súmula* 18 do STJ. *Na mesma linha:* "concebida a sentença concessiva do perdão judicial como de natureza extintiva da punibilidade, nenhum efeito secundário pode persistir" (STJ, REsp 2.201/SP, 6ª T., Rel. Min. William Patterson, j. 26-6-1990); STJ, REsp 8120/RS, 5ª T., Rel. Min. Jesus Costa Lima, j. 15-4-1991; TJRJ, Ap. Crim. 2003.050.01053, 7ª Câmara Criminal, Rel. Des. Cláudio T. Oliveira, j. 12-8-2003; TJRS, Ap. Crim. 70003605078, 3ª Câmara Criminal, Rel. Des. Danúbio Edon Franco, j. 6-6-2002; TJDFT, Ap. Crim. 68244, 1ª T. Criminal, Rel. Des. P. A. Rosa de Farias, j. 11-11-1993.

Incomunicabilidade: Por se tratar de circunstância pessoal, o perdão judicial é incomunicável, não se estendendo aos demais participantes do crime.

Lei de Proteção às Testemunhas

Perdão judicial na Lei n. 9.807, de 13-7-1999 (Lei de Proteção às Testemunhas): O art. 13 da referida lei cuida da "proteção aos réus colaboradores", dispondo sobre novas hipóteses de perdão judicial: "Poderá o juiz, de ofício ou a requerimento das partes, conceder o perdão judicial e a consequente extinção da punibilidade ao acusado que, sendo primário, tenha colaborado efetiva e voluntariamente com a investigação e o processo criminal, desde que dessa colaboração tenha resultado: I – a identificação dos demais coautores ou partícipes da ação criminosa; II – a localização da vítima com a sua integridade física preservada; III – a recuperação total ou parcial do produto do crime. Parágrafo único. A concessão do perdão judicial levará em conta a personalidade do beneficiado e a natureza, circunstâncias, gravidade e repercussão social do fato criminoso".

Lei de Sonegação Fiscal

(1) Acordo de leniência: Foi criado pela Lei n. 10.149, de 21-12-2000, que alterou a Lei n. 8.884, de 11-6-1994, que dispõe sobre a repressão às infrações contra a ordem econômica. Trata-se de espécie de delação premiada e se aplica aos crimes previstos nos arts. 4º, 5º e 6º da Lei n. 8.137/90. Existem duas espécies desse acordo: (a) econômico-administrativo (art. 35-B da Lei n. 8.884/94); (b) penal (art. 35-C da Lei n. 8.884/94). Esse acordo consiste na colaboração efetiva do autor do crime econômico com as investigações e o processo administrativo, resultando na identificação dos demais coautores da infração e na obtenção de informações e documentos que comprovem a infração. Celebrado o acordo, fica suspenso o oferecimento da denúncia, bem como a prescrição da pretensão punitiva, até que o ajuste seja integralmente cumprido, após o que haverá extinção da punibilidade.

(2) Extinção da punibilidade pelo pagamento do tributo. Parcelamento do débito tributário: No tocante ao parcelamento e pagamento do débito tributário e seus efeitos na esfera penal, a Lei n. 12.382, de 25 de fevereiro de 2011, acabou por propiciar contornos mais rígidos à matéria. A partir de agora, somente se admitirá a extinção da punibilidade se o pedido de parcelamento de créditos oriundos de tributos e seus acessórios for formalizado anteriormente ao recebimento da denúncia criminal (cf. nova redação determinada ao art. 83, § 2º, da Lei n. 9.430/96). Antes, no regime da Lei n. 10.684/2003, que instituiu o parcelamento especial (PAES), a qualquer tempo o contribuinte poderia realizar o pedido de parcelamento (inquérito, fase processual ou fase recursal), momento em que se operava a suspensão da pretensão punitiva estatal e da prescrição, até o

pagamento integral do débito, quando então sucedia a extinção da punibilidade do agente. Agora, a partir do novo regime legal, só mesmo até antes do recebimento da denúncia o pedido de parcelamento surtirá efeitos na esfera criminal (suspensão da pretensão punitiva e suspensão da prescrição), com a consequente extinção da punibilidade pelo pagamento integral (art. 83, § 4º). Note-se, ainda, que, de acordo com a nova redação do art. 83, § 1º, da Lei n. 9.430/96, na hipótese de concessão de parcelamento do crédito tributário, a representação fiscal para fins penais somente será encaminhada ao Ministério Público após a exclusão da pessoa física ou jurídica do parcelamento. E, de acordo com a nova redação do § 6º do art. 83, "as disposições contidas no *caput* do art. 34 da Lei n. 9.249, de 26 de dezembro de 1995, aplicam-se aos processos administrativos e aos inquéritos e processos em curso, desde que não recebida a denúncia pelo juiz", isto é, o pagamento do tributo ou contribuição social, inclusive acessórios, até o recebimento da denúncia, extinguirá a punibilidade (Lei n. 9.249/95, art. 34). O novo diploma legal acabou por alargar a pretensão punitiva estatal, na medida em que, se antes não havia qualquer marco temporal para formular o pedido de parcelamento, a fim de trazer os benefícios da extinção da punibilidade pelo pagamento na esfera criminal, agora, só poderá ser postulado até antes do recebimento da denúncia. Por essa razão, trata-se de *novatio legis in pejus*, não podendo retroagir para alcançar fatos praticados antes de sua entrada em vigor. Finalmente, faz-se mister mencionar que a nova disciplina traz consigo uma grave mácula relativa ao seu procedimento legislativo, pois veiculou num mesmo texto legislativo matéria atinente a salário mínimo e crimes tributários, portanto, objetos completamente diversos, com explícita ofensa à Lei Complementar n. 95/98, a qual prescreve em seu art. 7º que cada norma tratará de um único objeto e não conterá matéria estranha a seu objeto ou a este vinculada por afinidade, pertinência ou conexão.

Lei dos Juizados Especiais Criminais

(1) Composição dos danos civis: De acordo com o art. 74 da Lei n. 9.099/95, o acordo homologado de composição dos danos civis, tratando-se de crime de ação penal de iniciativa privada ou de ação penal condicionada, acarreta a renúncia ao direito de queixa ou representação, e, por conseguinte, a extinção da punibilidade.

(2) Suspensão condicional do processo: De acordo com o art. 89, § 5º, da Lei n. 9.099/95, na hipótese da suspensão condicional do processo, expirado o prazo sem revogação, o juiz declarará extinta a punibilidade.

Art. 108. A extinção da punibilidade de crime que é pressuposto, elemento constitutivo ou circunstância agravante de outro não se estende a este. Nos crimes conexos, a extinção da punibilidade de um deles não impede, quanto aos outros, a agravação da pena resultante da conexão. *(Redação dada pela Lei n. 7.209/84)*

Crimes complexos e conexos: A prescrição da pretensão punitiva no tocante a crime que funciona como elemento típico de outro não se estende a este. Exemplo: crime de extorsão mediante sequestro, cuja prescrição em nada afeta o tipo complexo do art. 159 do CP. Da mesma forma, a prescrição do crime conexo não afeta a agravação da pena do outro crime em face da conexão. Exemplo: homicídio qualificado pelo fim de assegurar ocultação de crime anterior (CP, art. 121, § 2º, V). A prescrição do crime anterior que se quis ocultar não extingue a qualificadora do fim de garantir a ocultação, de maneira que o homicídio continua sendo qualificado.

Prescrição antes de transitar em julgado a sentença

Art. 109. A prescrição, antes de transitar em julgado a sentença final, salvo o disposto no

§ 1º do art. 110 deste Código, regula-se pelo máximo da pena privativa de liberdade cominada ao crime, verificando-se: *(Caput com redação dada pela Lei n. 12.234/2010)*

I – em 20 (vinte) anos, se o máximo da pena é superior a 12 (doze);

II – em 16 (dezesseis) anos, se o máximo da pena é superior a 8 (oito) anos e não excede a 12 (doze);

III – em 12 (doze) anos, se o máximo da pena é superior a 4 (quatro) anos e não excede a 8 (oito);

IV – em 8 (oito) anos, se o máximo da pena é superior a 2 (dois) anos e não excede a 4 (quatro);

V – em 4 (quatro) anos, se o máximo da pena é igual a 1 (um) ano ou, sendo superior, não excede a 2 (dois); *(Incisos I a V com redação dada pela Lei n. 7.209/84)*

VI – em 3 (três) anos, se o máximo da pena é inferior a 1 (um) ano. *(Redação dada pela Lei n. 12.234/2010)*

Prescrição das penas restritivas de direito

Parágrafo único. Aplicam-se às penas restritivas de direito os mesmos prazos previstos para as privativas de liberdade. *(Redação dada pela Lei n. 7.209/84)*

(1) Prescrição: É a perda do direito poder-dever de punir do Estado em face do não exercício da pretensão punitiva (interesse em aplicar a pena) ou da pretensão executória (interesse de executá-la) durante certo tempo. O não exercício da pretensão punitiva acarreta a perda do direito de impor a sanção. Então, só ocorre antes de transitar em julgado a sentença final. O não exercício da pretensão executória extingue o direito de executar a sanção imposta. Só ocorre, portanto, após o trânsito em julgado da sentença condenatória.

(2) Natureza jurídica: Trata-se de causa de extinção da punibilidade (art. 107, IV). Embora leve também à extinção do processo, esta é mera consequência da perda do direito de punir, em razão do qual se instaurou a relação processual.

(3) Diferença entre prescrição e decadência: A prescrição extingue o direito de punir do Estado, enquanto a decadência atinge o direito do ofendido de promover a ação penal privada ou a representação, em caso de ação penal pública condicionada. A prescrição alcança, portanto, em primeiro lugar o direito de punir do Estado e, em consequência, extingue o direito de ação (a ação se iniciou para a satisfação do direito; não existindo mais *jus puniendi*, o processo perde seu objeto); a decadência (e a perempção), ao contrário, alcança primeiro o direito de ação, e, por efeito reflexo, o Estado perde a pretensão punitiva.

(4) Imprescritibilidade: Só existem duas hipóteses em que não correrá a prescrição penal: (a) crimes de racismo, assim definidos na Lei n. 7.716/89 (CF, art. 5º, XLII); e (b) as ações de grupos armados, civis ou militares, contra a ordem constitucional e o Estado Democrático, assim definidas na Lei n. 7.170/83, a chamada Lei de Segurança Nacional (CF, art. 5º, XLIV). Como se trata de direito individual, as hipóteses de imprescritibilidade não poderão ser ampliadas, nem mesmo por meio de emenda constitucional, por se tratar de cláusula pétrea (núcleo constitucional intangível), conforme se verifica da vedação material explícita ao poder de revisão, imposta pelo art. 60, § 4º, IV, da CF. Com efeito, não serão admitidas emendas constitucionais tendentes a restringir direitos individuais, dentre os quais o direito à prescrição penal. No entanto, afirma Christiano Jorge Santos que há "previsões de imprescritibilidade implícitas, decorrentes do acolhimento em nosso sistema jurídico de tratados e convenções internacionais, através dos quais é estabelecida a

possibilidade de punição a qualquer tempo (cujo exemplo maior é o Estatuto de Roma e suas regras para o Tribunal Penal Internacional)" (*Prescrição penal e imprescritibilidade*. São Paulo: Elsevier Editora, 2010, p. 181).

(5) *Espécies de prescrição:* O Estado possui duas pretensões: a de punir e a de executar a punição do delinquente. Existem, portanto, apenas duas espécies de prescrição: (a) prescrição da pretensão punitiva (PPP); (b) prescrição da pretensão executória (PPE).

(6) **Prescrição da pretensão punitiva (PPP):** É a perda do poder-dever de punir, em face da inércia do Estado durante determinado lapso de tempo.

Efeitos: São eles: (a) impede o início (trancamento de inquérito policial) ou interrompe a persecução penal em juízo; (b) afasta todos os efeitos, principais e secundários, penais e extrapenais, da condenação; (c) a condenação não pode constar da folha de antecedentes, exceto quando requisitada por juiz criminal (*RTJ*, 101/745).

Oportunidade para declaração: Nos termos do art. 61, *caput*, do CPP, a prescrição da pretensão punitiva pode ser declarada a qualquer momento da ação penal, de ofício ou mediante requerimento de qualquer das partes.

(7) **Subespécies de prescrição da pretensão punitiva (PPP):** (a) *PPP propriamente dita*: calculada com base na maior pena prevista no tipo legal (pena abstrata) (cf. CP, art. 109) (*vide* comentários abaixo); (b) *PPP intercorrente ou superveniente à sentença condenatória*: calculada com base na pena efetivamente fixada pelo juiz na sentença condenatória e aplicável sempre após a condenação de primeira instância (*vide* comentários ao art. 110, § 1º); (c) *PPP retroativa*: calculada com base na pena efetivamente fixada pelo juiz na sentença condenatória e aplicável da sentença condenatória para trás (*vide* comentários ao art. 110, § 2º).

(8) **Prescrição da pretensão punitiva propriamente dita (CP, art. 109):** Termo inicial da PPP: *Vide* art. 111, I, II, III e IV, do CP.

Cálculo do prazo prescricional: O prazo prescricional é calculado em função da pena privativa de liberdade. No momento em que a prescrição começa a correr, não se sabe qual pena será fixada pelo juiz na sentença. Dessa forma, o único jeito de calcular o prazo prescricional é pela maior pena possível que o juiz poderia fixar (também chamada de máximo cominado abstratamente). Então, para saber qual o prazo prescricional, deve-se observar qual a pena cominada no tipo. Exemplo: crime de furto simples; a pena varia de 1 a 4 anos de reclusão; a maior pena possível é a de 4 anos; logo, a prescrição será calculada em função desses 4 anos. No art. 109 do CP, existe uma tabela na qual cada pena tem seu prazo prescricional correspondente. Convém mencionar que se aplicam às penas restritivas de direito os mesmos prazos previstos para as privativas de liberdade.

Contagem do prazo prescricional: Conta-se de acordo com a regra do art. 10 do CP, computando o dia do começo e contando os meses e anos pelo calendário comum (cf. comentários ao art. 10). O prazo é fatal e improrrogável, pouco importando que termine em sábado, domingo, feriado ou período de férias.

Circunstâncias judiciais: Não influem no cálculo da PPP pela pena abstrata.

Circunstâncias agravantes e atenuantes: Não influem no cálculo da PPP pela pena abstrata.

Circunstâncias atenuantes que reduzem o prazo da PPP: (a) ser o agente menor de 21 anos na data do fato: é atenuante genérica, mas a lei diz expressamente que, nesse caso, a prescrição é reduzida pela metade (CP, art. 115); (b) ser o agente maior de 70 anos na data da sentença: também é atenuante genérica, mas a lei igualmente determina, nesse caso, a redução do prazo prescricional pela metade (CP, art. 115).

Súmula 220 do STJ: O Código Penal reza que a reincidência aumenta em 1/3 somente o prazo da prescrição da pretensão executória (art. 110, *caput*). O STJ passou a entender *(Súmula 220)* que a reincidência não influi no prazo da prescrição da pretensão punitiva.

Causas de aumento e de diminuição: Por permitirem que a pena fique inferior ao mínimo ou superior ao máximo, devem ser levadas em conta no cálculo da prescrição pela pena abstrata.

Causas suspensivas da prescrição: Vide comentários ao art. 116, I e II, do CP.

Causas interruptivas da prescrição: Vide comentários ao art. 117 do CP.

(9) Prescrição da pretensão punitiva virtual, perspectiva, projetada ou antecipada: Embora não haja previsão legal, há alguns julgados admitindo essa espécie de prescrição. É aquela reconhecida antecipadamente, em geral ainda na fase extrajudicial, com base na provável pena concreta que será fixada pelo juiz no momento futuro da condenação. Fundamenta-se no princípio da economia processual. Nesse sentido: TRF da 1ª Região, Apelação Criminal n. 2003.38.00.024599-9/MG, Rel. Des. Tourinho Neto, *DJU* 24-3-2006; TRF da 4ª Região, Inq n. 2000.04.01.117809-7, Rel. Des. Luiz Fernando Wowk Penteado, j. 16-6-2003; TRF da 4ª Região, RSE n. 1999.04.01.006707-0, Rel. Des. João Pedro Gebran Neto, *DJU* 7-2-2001. Entretanto, de acordo com a nova redação do art. 110, § 1º, determinada pela Lei n. 12.234/2010, "A prescrição, depois da sentença condenatória com trânsito em julgado para a acusação ou depois de improvido seu recurso, regula-se pela pena aplicada, *não podendo, em nenhuma hipótese, ter por termo inicial data anterior à da denúncia ou queixa*". O § 2º, por sua vez, acabou sendo revogado pelo aludido Diploma Legal. Desse modo, na medida em que a prescrição retroativa *não pode, em nenhuma hipótese, ter por termo inicial data anterior à da denúncia ou queixa*, por força da Lei n. 12.234/2010, também não há mais se falar em prescrição virtual entre a data do fato e o recebimento da denúncia ou queixa. Isso não quer dizer, no entanto, que a prescrição virtual foi abolida, pois o lapso prescricional poderá ser contado a partir do recebimento da peça inicial acusatória e a publicação da sentença condenatória, tal como sucede com a prescrição retroativa. Por fim, aludidas modificações legais acabaram por ser desfavoráveis ao réu, de forma que a Lei n. 12.234/2010 não poderá retroagir para alcançar os fatos ocorridos antes de sua entrada em vigor, que se operou em 6-5-2010. Assim, com relação aos crimes ocorridos até o dia 5-5-2010, incide a antiga redação do art. 110, §§ 1º e 2º, do CP, o qual admitia a prescrição retroativa entre a data do fato e o recebimento da denúncia ou queixa, e, por conseguinte, a prescrição virtual nesse período, muito embora, quanto a este instituto, a jurisprudência do Supremo Tribunal já o tenha rechaçado e o Superior Tribunal de Justiça aprovado a Súmula 438 no sentido de sua inadmissibilidade.

Legislação especial

(1) Abuso de autoridade: Como a lei não faz referência ao tema prescrição, devem-se aplicar os princípios do CP (art. 12).

(2) Crimes contra a Segurança Nacional: O art. 6º, IV, da Lei de Segurança Nacional (Lei n. 7.170, de 14-12-1983) determina a extinção da punibilidade pela prescrição. Nos termos do art. 7º da Lei *supra*, em sua aplicação deve ser observado, no que couber, o disposto na Parte Geral do CPM, que regula o cálculo da prescrição punitiva pelo máximo da pena privativa de liberdade abstratamente cominada (CPM, art. 125), enquanto a prescrição da pretensão executória tem seus prazos determinados pela pena imposta na sentença condenatória (CPM, art. 126).

(3) Contravenções: A LCP não dispõe a respeito da prescrição, aplicando-se então os princípios gerais sobre o tema (CP, art. 12).

(4) Crimes contra a economia popular: Em seus dispositivos legais, as Leis n. 1.521/51, 4.591/64 e 6.435/77 e o Decreto-lei n. 73, de 21-11-1966, não cuidam do tema da prescrição. Em face disso, devem ser aplicados os princípios contidos no art. 12 do CP.

(5) Crimes eleitorais: O Código Eleitoral, Lei n. 4.737/65, deixa de cuidar da prescrição, mas, em seu art. 287, afirma a incidência do art. 12 do CP.

(6) Crimes falimentares: De acordo com a regra do art. 182 da Lei n. 11.101, de 9-2-2005 – que regula a recuperação judicial, a extrajudicial e a falência do empresário e da sociedade empresária –, a prescrição regula-se pelo Código Penal, e tem início a partir do dia da decretação da falência, da concessão da recuperação judicial ou da homologação do plano de recuperação extrajudicial. Concedida a recuperação judicial ou a homologação do plano de recuperação, a prescrição será interrompida pela decretação da falência.

(7) Crimes de imprensa: O art. 41, *caput*, da Lei de Imprensa (Lei n. 5.250/67) dispunha que a prescrição da pretensão punitiva ocorreria em "dois anos após a data da publicação ou transmissão incriminada", e a da pretensão executória, "no dobro do prazo em que fosse fixada" a pena. Entretanto, o Supremo Tribunal Federal, por maioria, julgou procedente pedido formulado em arguição de descumprimento de preceito fundamental (ADPF 130) para o efeito de declarar como não recepcionado pela Constituição Federal todo o conjunto de dispositivos da Lei n. 5.250/67 – Lei de Imprensa. Sobre o tema, *vide* comentários ao art. 138 do CP.

(8) Crimes militares: Não obstante poder correr a prescrição antes ou durante a ação penal, a expressão "a prescrição refere-se à ação ou à execução da pena", empregada no art. 124 do CPM (Decreto-lei n. 1.001/69), dá a entender que a prescrição atinge a própria ação penal, o que é incorreto. A PPP é regulada pelo máximo da pena privativa de liberdade cominada ao delito (art. 125, *caput*). Excepcionalmente, sobrevindo sentença condenatória com apelo exclusivo do réu, o prazo prescricional, da data de sua publicação em diante, é disciplinado pela quantidade da pena imposta (art. 125, § 1º, 1ª parte, correspondendo à hipótese do atual § 1º do art. 110 do CP). A prescrição retroativa foi adotada condicionando-se à existência de recurso exclusivo do réu, devendo "ser logo declarada, sem prejuízo do andamento do recurso se, entre a última causa interruptiva do curso da prescrição (§ 5º) e a sentença, já decorreu tempo suficiente" (§ 1º, 2ª parte). A PPE é regulada pela quantidade de pena imposta (art. 126).

Súmulas:
Súmula 146 do STF: "A prescrição da ação penal regula-se pela pena concretizada na sentença, quando não há recurso da acusação".
Súmula 220 do STJ: "A reincidência não influi no prazo da prescrição da pretensão punitiva".
Súmula 438 do STJ: "É inadmissível a extinção da punibilidade pela prescrição da pretensão punitiva com fundamento em pena hipotética, independentemente da existência ou sorte do processo penal".

Prescrição depois de transitar em julgado sentença final condenatória

Art. 110. A prescrição depois de transitar em julgado a sentença condenatória regula-se pela pena aplicada e verifica-se nos prazos fixados no artigo anterior, os quais se aumentam de um terço, se o condenado é reincidente. *(Caput com redação dada pela Lei n. 7.209/84)*

§ 1º A prescrição, depois da sentença condenatória com trânsito em julgado para a acusação ou depois de improvido seu recurso, regula-se pela pena aplicada, não podendo, em nenhuma hipótese, ter por termo inicial data anterior à da denúncia ou queixa. *(Redação dada pela Lei n. 12.234/2010)*

§ 2º *(Revogado pela Lei n. 12.234/2010.)*

(1) Prescrição depois de transitar em julgado sentença final condenatória: O art. 110 traz em um mesmo dispositivo legal três espécies de prescrição: (a) prescrição da pretensão executória (art. 110, *caput*); (b) prescrição da pretensão punitiva intercorrente posterior ou superveniente à sentença condenatória (art. 110, § 1º, com a nova redação determinada pela Lei n. 12.234/2010); (c) prescrição retroativa desde que não tenha por termo inicial data anterior à da denúncia ou queixa.

(2) Prescrição da pretensão executória (PPE): É a perda do poder-dever de executar a sanção imposta, em face da inércia do Estado, durante determinado lapso temporal.

Efeitos: Ao contrário da prescrição da pretensão punitiva, essa espécie de prescrição só extingue a pena principal, permanecendo inalterados todos os demais efeitos secundários, penais e extrapenais, da condenação.

Termo inicial: A prescrição da pretensão executória começa a correr a partir: (a) da data do trânsito em julgado da sentença condenatória para a acusação (a condenação só pode ser executada após o trânsito em julgado para ambas as partes, mas a prescrição já começa a correr a partir do trânsito em julgado para a acusação) (CP, art. 112, I); (b) da data em que é proferida a decisão que revoga o livramento condicional ou o *sursis* (CP, art. 112, I); (c) do dia em que a execução da pena é interrompida por qualquer motivo (CP, art. 112, II).

Distinção entre prescrição da pretensão punitiva superveniente e PPE: Embora ambas sejam reguladas pela pena aplicada, a primeira tem início com a publicação da sentença condenatória; a segunda, com o trânsito em julgado da condenação para a acusação. Além disso, a prescrição superveniente ocorre antes do trânsito em julgado para a defesa; a prescrição executória, somente após esse trânsito.

Contagem do prazo: A PPE é sempre calculada pela pena concretamente fixada. O prazo é de Direito Penal, computando-se o dia do começo e não se prorrogando quando terminar em sábado, domingo ou feriado. A pena aplicada deve corresponder ao prazo prescricional fixado na tabela do art. 109 do CP.

Diminuição do prazo prescricional: O prazo da PPE também é reduzido pela metade no caso do menor de 21 anos à época do fato e do maior de 70 à época da sentença.

Aumento do prazo prescricional: O art. 110, *caput*, do CP, prevê que a reincidência aumenta em 1/3 o prazo da PPE. A prescrição que sofre o aumento não é a da condenação anterior, mas a da condenação pelo novo crime praticado. Dessa forma, a reincidência interrompe o prazo prescricional da condenação anterior, mas só aumenta o prazo da prescrição da condenação em que o réu foi reconhecido como reincidente. Em face da edição da *Súmula 220 do Superior Tribunal de Justiça*, "a reincidência não influi no prazo da prescrição da pretensão punitiva".

Causas interruptivas: Obstam o curso da prescrição, fazendo com que se reinicie do zero (desprezado o tempo até então decorrido), com exceção da hipótese prevista no inciso V do art. 117 (cf. CP, art. 117, § 2º). As causas interruptivas são as seguintes: (a) início do cumprimento da pena (CP, art. 117, V); (b) continuação do cumprimento da pena (CP, art. 117, V); (c) reincidência (CP, art. 117, VI); no caso da reincidência, a interrupção da prescrição ocorre na data em que o novo crime é praticado, e não na data em que transita em julgado a sentença condenatória pela prática desse novo crime.

Causas interruptivas e concurso de pessoas: A interrupção da PPE em relação a um dos autores não produz efeitos quanto aos demais, ao contrário das causas interruptivas da PPP (cf. CP, art. 117, § 1º).

Causas interruptivas. Fuga do condenado e revogação do livramento condicional: No caso de interrupção da execução da pena pela fuga do condenado, e no caso de revogação do livramento condicional, a prescrição é regulada pelo tempo que resta da pena (cf. CP, art. 113).

Causas suspensivas: Considera-se como causa suspensiva a prisão do condenado por qualquer outro motivo que não a condenação que se pretende executar. Nesta hipótese, a prescrição da pretensão de executar uma condenação não corre enquanto o condenado estiver preso por motivo diverso da condenação que se quer efetivar (cf. art. 116, parágrafo único).

(3) *Prescrição da pretensão punitiva intercorrente, posterior ou superveniente à sentença condenatória (art. 110, § 1º):* É a prescrição que ocorre entre a data da publicação da sentença condenatória e o trânsito em julgado. Por isso, ela é chamada de *intercorrente* ou de *superveniente à sentença condenatória*. Seu prazo é calculado com base na pena concreta fixada na sentença e

não com base no máximo cominado abstratamente (cf. art. 110, § 1º, do CP). Note-se que a condenação precisa transitar em julgado para a acusação. Isso porque, em face do que dispõe o art. 617 do CPP, a pena não pode ser agravada em recurso exclusivo da defesa (princípio da *non reformatio in pejus*). Conclusão: até a sentença condenatória, a prescrição é calculada pela maior pena prevista no tipo; após a sentença condenatória transitada em julgado para a acusação, calcula-se pela pena fixada na sentença.

Hipóteses em que há recurso da acusação e, ainda assim, a prescrição poderá ser calculada de acordo com a pena concreta: (a) Quando o recurso da acusação for improvido; (b) se o recurso da acusação não objetivava aumento de pena; também a prescrição será calculada pela pena que foi fixada pelo juiz, uma vez que, nesse caso, a pena jamais poderá ser aumentada. Convém mencionar que o juiz de primeira instância não pode reconhecê-la, uma vez que, ao proferir a sentença condenatória, esgotou sua atividade jurisdicional, sendo impossível reconhecer que o Estado tem o direito de punir e, em seguida, declarar extinto esse mesmo direito.

(4) Prescrição da pretensão punitiva retroativa: Trata-se de outra modalidade de prescrição da pretensão punitiva. É também calculada pela pena concretamente fixada na sentença condenatória, desde que haja trânsito em julgado para a acusação ou desde que improvido o seu recurso. Tudo o que foi dito com relação à prescrição intercorrente é válido para a prescrição retroativa, com uma única diferença: enquanto a intercorrente ocorre entre a publicação da sentença condenatória e o trânsito em julgado para a defesa, a retroativa é contada da publicação dessa decisão para trás. Reconta-se a prescrição, que, antes, teve seu prazo calculado em função da maior pena possível, e, agora, é verificada de acordo com a pena aplicada na sentença. Pode ser que, com um prazo bem mais reduzido, tenha ocorrido a PPP entre marcos anteriores. Por essa razão, se o tribunal constatar que não ocorreu prescrição pela pena concreta entre a publicação da sentença condenatória e o acórdão, passará imediatamente a conferir se o novo prazo prescricional, calculado de acordo com a pena concreta, não teria ocorrido entre: (a) entre o recebimento da denúncia ou queixa e a pronúncia; (b) entre a pronúncia e sua confirmação por acórdão; (c) entre a pronúncia ou seu acórdão confirmatório e a sentença condenatória; (d) entre o recebimento da denúncia ou queixa e a publicação da sentença condenatória (no caso de crimes não dolosos contra a vida). Note-se que, de acordo com a nova redação do art. 110, § 1º, determinada pela Lei n. 12.234/2010, "A prescrição, depois da sentença condenatória com trânsito em julgado para a acusação ou depois de improvido seu recurso, regula-se pela pena aplicada, *não podendo, em nenhuma hipótese, ter por termo inicial data anterior à da denúncia ou queixa*". Com isso, o que houve, na verdade, foi apenas a vedação da prescrição retroativa incidente entre a data do fato e o recebimento da denúncia ou queixa (a lei equivocadamente não menciona a palavra "recebimento"). Com relação aos demais marcos temporais constantes dos itens acima, esse instituto continua a ser aplicável. Nesse contexto, não se operará a prescrição retroativa antes do recebimento da denúncia ou queixa, isto é, durante a fase do inquérito policial ou da investigação criminal, em que ocorre a apuração do fato, mas poderá incidir a prescrição da pretensão punitiva pela pena máxima em abstrato. Por fim, aludidas modificações legais acabaram por ser desfavoráveis ao réu, de forma que a Lei n. 12.234/2010 não poderá retroagir para alcançar os fatos ocorridos antes de sua entrada em vigor, que se operou em 6-5-2010.

Legislação especial

(1) Abuso de autoridade: Inexiste prescrição retroativa quando a sentença condenatória se firma em fato definido na Lei n. 4.898, de 9-12-1965. Isso porque a pena privativa de liberdade cominada é de detenção, de 10 dias a 6 meses (art. 6º, § 3º, *b*). Como o máximo da pena privativa de liberdade é inferior a um ano, a prescrição ocorre em 3 anos (art. 109, VI, do CP, com a redação determinada pela Lei n. 12.234/2010, que entrou em vigor na data de sua publicação: 6-5-2010).

Ora, decorridos mais de 3 anos entre a data do recebimento da denúncia e a da publicação da sentença condenatória, não há falar-se em prescrição retroativa, uma vez incidente a prescrição da pretensão punitiva.

(2) Crimes falimentares: Antes do advento da Lei n. 11.101, de 9-2-2005, que revogou a antiga Lei de Falências, não era possível falar em prescrição retroativa de delito falimentar, uma vez que a prescrição da pretensão punitiva se dava sempre em 2 anos, qualquer que fosse a quantidade da pena imposta na sentença condenatória. Com a nova legislação, a prescrição dos crimes falimentares passou a ser regrada pelo CP, iniciando-se com a decretação da falência, da concessão da recuperação judicial ou da homologação do plano de recuperação extrajudicial (Lei n. 11.101/2005, art. 182). Dessa forma, acabou o prazo prescricional fixo de 2 anos, passando a valer a regra do art. 109 do CP, bem como todos os dispositivos relacionados à prescrição previstos no CP (prescrição calculada de acordo com a pena máxima cominada, prescrição intercorrente e retroativa).

(3) Crimes de imprensa: Não havia prescrição retroativa em relação aos delitos descritos na Lei de Imprensa (Lei n. 5.250, de 2-2-1967), levando-se em consideração que o prazo prescricional da pretensão punitiva era sempre de 2 anos (art. 41, *caput*). Assim, se decorressem 2 anos ou mais entre a data do fato e a do recebimento da denúncia, ou entre esta e a da publicação da sentença condenatória, era dispensável o princípio retroativo, cuidando-se de hipótese de prescrição da pretensão punitiva (CP, art. 109). Importante ressalvar que o Supremo Tribunal Federal, por maioria, julgou procedente pedido formulado em arguição de descumprimento de preceito fundamental (ADPF 130) para o efeito de declarar como não recepcionado pela Constituição Federal todo o conjunto de dispositivos da Lei n. 5.250/67 – Lei de Imprensa. Sobre o tema, *vide* comentários ao art. 138 do CP.

Súmulas:
Súmula 146 do STF: "A prescrição da ação penal regula-se pela pena concretizada na sentença, quando não há recurso da acusação".

Súmula 497 do STF: "Quando se tratar de crime continuado, a prescrição regula-se pela pena imposta na sentença, não se computando o acréscimo decorrente da continuação".

Súmula 604 do STF: "A prescrição pela pena em concreto é somente da pretensão executória da pena privativa de liberdade".

Termo inicial da prescrição antes de transitar em julgado a sentença final

Art. 111. A prescrição, antes de transitar em julgado a sentença final, começa a correr: *(Artigo com redação dada pela Lei n. 7.209/84)*

I – do dia em que o crime se consumou;

II – no caso de tentativa, do dia em que cessou a atividade criminosa;

III – nos crimes permanentes, do dia em que cessou a permanência;

IV – nos de bigamia e nos de falsificação ou alteração de assentamento do registro civil, da data em que o fato se tornou conhecido;

V – nos crimes contra a dignidade sexual de crianças e adolescentes, previstos neste Código ou em legislação especial, da data em que a vítima completar 18 (dezoito) anos, salvo se a esse tempo já houver sido proposta a ação penal. *(Redação dada pela Lei n. 12.650/2012)*

(1) Termo inicial da PPP: O art. 111 do CP determina o termo inicial da prescrição da pretensão punitiva.

(2) A partir da consumação do crime (inciso I): O CP adotou a teoria do resultado para o começo do prazo prescricional, embora, em seu art. 4º, considere que o crime é praticado no momento da ação ou da omissão, ainda que outro seja o do resultado (teoria da atividade). Assim, o crime ocorre no momento em que se dá a ação ou omissão (teoria da atividade), mas, paradoxalmente, a prescrição só começa a correr a partir da sua consumação (teoria do resultado).

(3) No caso de tentativa, no dia em que cessou a atividade (inciso II): Como não houve a consumação do crime, outro deve ser o termo inicial.

(4) Nos crimes permanentes, a partir da cessação da permanência (inciso III): Crime permanente é aquele cujo momento consumativo se prolonga no tempo (p. ex.: sequestro). A cada dia se renova o momento consumativo e, com ele, o termo inicial do prazo. Assim, a prescrição só começa a correr na data em que se der o encerramento da conduta, ou seja, com o término da permanência.

(5) Nos crimes de bigamia e nos de falsificação ou alteração de assentamento de registro civil, a partir da data em que o fato se tornou conhecido da autoridade (delegado de Polícia, juiz de Direito ou promotor de Justiça) (inciso IV): São crimes difíceis de ser descobertos, de modo que, se a prescrição começasse a ocorrer a partir da consumação, o Estado perderia, muitas vezes, o direito de punir. A instauração do inquérito policial ou sua requisição pelo juiz ou promotor de Justiça constituem prova inequívoca do conhecimento do fato pela autoridade.

(6) Nos crimes contra a dignidade sexual de crianças e adolescentes, previstos neste Código ou em legislação especial, da data em que a vítima completar 18 (dezoito) anos, salvo se a esse tempo já houver sido proposta a ação penal (inciso V): São os crimes contra a dignidade sexual os previstos no Título VI da Parte Especial do Código Penal (arts. 213 a 234-B). O legislador tutelou a vontade de crianças e adolescentes em dar início à persecução penal contra os responsáveis pelo atingimento de sua dignidade após completarem a maioridade, impedindo o transcurso do lapso prescricional enquanto essas vítimas não atingirem a maioridade, ou seja, dezoito anos completos. Há uma exceção: nos casos em que a ação penal já tiver sido proposta pelo representante do Ministério Público, a prescrição inicia sua contagem normalmente e tem seu prazo interrompido logo no recebimento da inicial acusatória (art. 117, I, do CP).

(7) Crime continuado: A prescrição incide isoladamente sobre cada um dos crimes componentes da cadeia de continuidade delitiva (CP, art. 119), como se não houvesse concurso de crimes.

(8) Concurso material e formal: A prescrição incide isoladamente sobre cada resultado autonomamente (CP, art. 119), como se não existisse qualquer concurso.

Súmula:

Súmula 497 do STF: "Quando se tratar de crime continuado, a prescrição regula-se pela pena imposta na sentença, não se computando o acréscimo decorrente da continuação".

Termo inicial da prescrição após a sentença condenatória irrecorrível

Art. 112. No caso do art. 110 deste Código, a prescrição começa a correr: *(Artigo com redação dada pela Lei n. 7.209/84)*

I – do dia em que transita em julgado a sentença condenatória, para a acusação, ou a que revoga a suspensão condicional da pena ou o livramento condicional;

II – do dia em que se interrompe a execução, salvo quando o tempo da interrupção deva computar-se na pena.

(1) Termo inicial da prescrição da pretensão executória: A prescrição da pretensão executória começa a correr a partir: (a) da data do trânsito em julgado da sentença condenatória para a acusação (a condenação só pode ser executada após o trânsito em julgado para ambas as partes, mas a

prescrição já começa a correr a partir do trânsito em julgado para a acusação); (b) da data em que é proferida a decisão que revoga o livramento condicional ou o *sursis*; (c) do dia em que a execução da pena é interrompida por qualquer motivo.

Prescrição no caso de evasão do condenado ou de revogação do livramento condicional

Art. 113. No caso de evadir-se o condenado ou de revogar-se o livramento condicional, a prescrição é regulada pelo tempo que resta da pena. *(Redação dada pela Lei n. 7.209/84)*

(1) Prescrição. Evasão do condenado e revogação do livramento condicional: O art. 113 se refere à prescrição da pretensão executória. Assim, no caso de evasão do condenado ou de revogação do livramento condicional, a prescrição será regulada pelo tempo restante da pena, isto é, deverá ser descontado o tempo que o agente cumpriu a pena ou se sujeitou ao período de prova do livramento condicional.

(2) Detração para fins de prescrição: Pode ser aplicada calculando-se a prescrição sobre o restante da pena: TJDFT, Ag. 28996, 2ª T. Criminal, Rel. Des. Ana Maria Duart Amarante, j. 25-4-1996; *JTACrimSP* 666/308. *Em sentido contrário*, entendendo que a norma inscrita no art. 113 do CP não admite que se desconte da pena *in concreto*, para efeitos prescricionais, o tempo em que o réu esteve provisoriamente preso: STF, RHC 85026/SP, 1ª T., Rel. Min. Eros Grau, j. 26-4-2005; STF, HC 77470/RJ, 1ª T., Rel. Min. Sydney Sanches, j. 15-9-1998; STF, 1ª T., HC 69.865-4/PR, Rel. Min. Celso de Mello, j. 2-2-1993; STJ, HC 33842, 5ª T., Rel. Min. Gilson Dipp, j. 24-8-2004.

Prescrição da multa

Art. 114. A prescrição da pena de multa ocorrerá: *(Artigo com redação dada pela Lei n. 9.268/96)*

I – em 2 (dois) anos, quando a multa for a única cominada ou aplicada;

II – no mesmo prazo estabelecido para prescrição da pena privativa de liberdade, quando a multa for alternativa ou cumulativamente cominada ou cumulativamente aplicada.

(1) Prescrição da pretensão punitiva da multa: Para saber qual o prazo prescricional da pena pecuniária, é preciso verificar se a hipótese é de PPP ou de PPE. O art. 114 do CP trata apenas da prescrição da pretensão punitiva, e não da prescrição executória. Assim, quando fala em "multa aplicada", está querendo referir-se à prescrição retroativa e à intercorrente, reguladas pela pena aplicada.

Multa cominada abstratamente no tipo penal, cumulativa ou alternativamente com pena privativa de liberdade: Seu prazo prescricional será o mesmo desta, obedecendo ao princípio estabelecido no art. 118 do CP, de que as penas mais leves (multas) prescrevem junto com as mais graves (privativas de liberdade).

Multa imposta na sentença condenatória, cumulativamente com pena privativa de liberdade: A multa prescreverá no mesmo prazo desta, obedecendo ao princípio estabelecido no art. 118 do CP, de que as penas mais leves (multas) prescrevem junto com as mais graves (privativas de liberdade).

Multa revista abstratamente no tipo isoladamente: A multa prescreverá no prazo de 2 anos.

Multa imposta isoladamente na sentença condenatória: A multa prescreverá no prazo de 2 anos.

(2) Prescrição da pretensão executória da multa: A prescrição da pretensão executória da multa dar-se-á sempre em 5 anos, e a execução será feita separadamente da pena privativa de liberdade, perante a Vara da Fazenda Pública, uma vez que a nova lei determinou que, para fins de

execução, a pena pecuniária fosse considerada dívida de valor. Dessa forma, o prazo prescricional (5 anos), as causas interruptivas e suspensivas da prescrição, a competência e o procedimento para a cobrança passam a ser os da legislação tributária (cf. nova redação do art. 51 do CP, determinada pela Lei n. 9.268/96), não incidindo mais nenhum dispositivo do Código Penal. *Em sentido contrário*, entendendo que o prazo prescricional da pena pecuniária, após o advento da Lei n. 9.268/96, é de 2 anos depois do trânsito em julgado da sentença que a determinou: "o art. 51 do CP, alterado pela referida Lei, é expresso ao estabelecer que as causas interruptivas e suspensivas da prescrição devem ser buscadas fora do Código Penal, ou seja, na Lei n. 6.830/80, não dizendo o mesmo sobre o prazo de prescrição, prevalecendo, por isso, aquele previsto no art. 114 do CP": TACrimSP, RSE 1.274.517/1, 16ª Câmara, Rel. Des. Eduardo Pereira, j. 4-10-2001. Ainda no sentido de que a prescrição ocorre em 2 (dois) anos: TJDFT, Ap. Crim. 20000610054683, 2ª T. Criminal, Rel. Des. Waldir Leôncio Junior, j. 14-8-2003; TACrimSP, Ap. Crim. 1117137/6, 15ª Câmara, Rel. Des. Carlos Biasotti, j. 15-10-1998.

Termo inicial da prescrição executória da pena de multa: A execução da multa é independente da pena privativa de liberdade e tem regras próprias, ditadas pela legislação tributária (cf. inovações introduzidas pela Lei n. 9.268/96), não prevalecendo mais as disposições do Código Penal.

Redução dos prazos de prescrição

Art. 115. São reduzidos de metade os prazos de prescrição quando o criminoso era, ao tempo do crime, menor de 21 (vinte e um) anos, ou, na data da sentença, maior de 70 (setenta) anos. *(Redação dada pela Lei n. 7.209/84)*

(1) Circunstâncias atenuantes que reduzem o prazo de prescrição: (a) Ser o agente menor de 21 anos na data do fato: é atenuante genérica, mas a lei diz expressamente que, nesse caso, a prescrição é reduzida pela metade (CP, art. 115); (b) ser o agente maior de 70 anos na data da sentença: também é atenuante genérica, mas a lei igualmente determina, nessa hipótese, a redução do prazo prescricional pela metade (CP, art. 115).

Causas impeditivas da prescrição

Art. 116. Antes de passar em julgado a sentença final, a prescrição não corre: *(Redação dada pela Lei n. 7.209/84)*

I – enquanto não resolvida, em outro processo, questão de que dependa o reconhecimento da existência do crime;

II – enquanto o agente cumpre pena no estrangeiro.

Parágrafo único. Depois de passada em julgado a sentença condenatória, a prescrição não corre durante o tempo em que o condenado está preso por outro motivo.

(1) Causas suspensivas anteriores ao trânsito em julgado da sentença condenatória (CP, art. 116, I e II): São aquelas que sustam o prazo prescricional da pretensão punitiva, fazendo com que recomece a correr apenas pelo que restar, aproveitando o tempo anteriormente decorrido, ao contrário do que sucede com as causas interruptivas. Portanto, o prazo volta a correr pelo tempo que faltava, não retornando novamente à estaca zero, como nas causas interruptivas.

(2) Enquanto não resolvida, em outro processo, questão de que dependa o conhecimento da existência do crime (inciso I): Trata-se das questões prejudiciais, ou seja, aquelas cuja solução importa em prejulgamento da causa. Exemplo: o réu não pode ser condenado pela prática de furto enquanto não resolvido em processo cível se ele é o proprietário da *res furtiva*. Enquanto o

processo criminal estiver suspenso, aguardando a solução da prejudicial no litígio cível, a prescrição também estará suspensa.

(3) Enquanto o agente cumpre pena no estrangeiro por qualquer motivo (inciso II): Salvo se o fato for atípico no Brasil.

(4) Causa suspensiva posterior ao trânsito em julgado da sentença condenatória (parágrafo único): Considera-se como causa suspensiva da prescrição da pretensão executória a prisão do condenado por qualquer outro motivo que não a condenação que se pretende executar. Nessa hipótese, a prescrição da pretensão de executar uma condenação não corre enquanto o condenado estiver preso por motivo diverso da condenação que se quer efetivar. Exemplo: condenado procurado em uma comarca cumpre pena por outro crime em comarca diversa. Enquanto estiver preso, cumprindo tal pena, não correrá a prescrição no que se refere à outra condenação.

(5) Outras causas suspensivas da prescrição: Deputados federais (ou estaduais) e Senadores. *Suspensão parlamentar do processo:* A partir da Emenda Constitucional n. 35, de 20-12-2001, não há mais necessidade de licença prévia da Casa respectiva para a instauração de processo contra deputado ou senador. O Supremo Tribunal Federal pode receber a denúncia sem solicitar qualquer autorização ao Poder Legislativo. Há, no entanto, um controle posterior, uma vez que, recebida a peça acusatória, o Poder Judiciário deverá cientificar a Câmara dos Deputados ou o Senado Federal, conforme o caso, os quais, por maioria absoluta de seus membros (metade mais um), em votação aberta, que deverá se realizar dentro de prazo máximo de 45 dias, poderão determinar a sustação do processo. A suspensão do processo suspenderá a prescrição, enquanto durar o mandato (CF, art. 53, §§ 3º a 5º, com a redação dada pela EC n. 35/2001).

Suspensão condicional do processo: Nos crimes cuja pena mínima for igual ou inferior a 1 ano, nos termos do art. 89, § 6º, da Lei n. 9.099, de 26-9-1995 (Lei dos Juizados Especiais), é possível a suspensão condicional do processo. Trata-se de instituto criado como alternativa à pena privativa de liberdade, pelo qual se permite a suspensão do processo, por determinado período e mediante certas condições. Admite-se, assim, a possibilidade de o Ministério Público, ao oferecer a denúncia, propor a suspensão condicional do processo, pelo prazo de 2 a 4 anos em crimes cuja pena mínima cominada seja igual ou inferior a 1 ano, abrangidos ou não por esta lei, desde que o acusado preencha as exigências legais. Não correrá a prescrição durante o prazo de suspensão do processo.

Citação e réu revel: Se o acusado, citado por edital, não comparecer, nem constituir advogado, ficarão suspensos o processo e o curso do prazo prescricional, até o seu comparecimento (de acordo com a redação do art. 366 do CPP, introduzida pela Lei n. 9.271, de 17-4-1996). Se o acusado jamais for localizado, o processo não poderá ficar indefinidamente suspenso. Dessa forma, entendemos que o prazo de suspensão será o prescricional máximo, calculado com base na maior pena abstrata cominada ao crime, ou seja: toma-se o máximo de pena previsto, coteja-se essa pena abstrata com a tabela do art. 109 do CP e encontra-se o prazo máximo de suspensão. Nesse sentido, *vide* teor da Súmula 415 do STJ. Após o decurso desse período, o processo continua suspenso, mas a prescrição voltará a correr. Pelo fato de a norma ter conteúdo híbrido, uma parte penal, relativa à suspensão do prazo prescricional, e outra processual, referente à suspensão do processo, a parte penal tende a prevalecer, para fins de retroatividade em benefício do agente. Como a parte penal (suspensão da prescrição) é menos benéfica, a norma não retroage por inteiro. Importante mencionar que, na antiga redação do art. 362 do CPP, o réu que se ocultasse para não ser citado deveria ser citado por edital, pois não se admitia a citação por hora certa. Ocorre que, com a promulgação da Lei n. 11.719/2008, essa espécie de citação passou a ser expressamente autorizada. Assim, consoante a redação do art. 362 do CPP: "Verificando que o réu se oculta para não ser citado, o oficial de justiça certificará a ocorrência e procederá à citação com hora certa, na forma estabelecida nos arts. 227 a 229 da Lei n. 5.869, de 11 de janeiro de 1973 — Código de Processo Civil". Cumpre consignar que, como o réu era citado por edital, incidiam todos os efeitos do art. 366 do CPP (suspensão do prazo do processo e do curso do prazo prescricional, antecipação das provas urgentes e decretação da prisão preventiva). A partir de agora, com a citação por hora certa e o não comparecimento do réu ao processo, este correrá à sua revelia, sendo-lhe nomeado defensor dativo, restando, portanto, inaplicáveis os efeitos do art. 366 do CPP.

Citação por carta rogatória: Estando o acusado no estrangeiro, em lugar sabido, será citado mediante carta rogatória, suspendendo-se o prazo de prescrição até seu cumprimento (de acordo com a redação do art. 368, determinada pela Lei n. 9.271, de 17-4-1996): No caso de rogatória não cumprida, o prazo também ficará suspenso até a sua juntada com a notícia da não localização do acusado.

Crimes contra a ordem econômica e acordo de leniência: Foi criado pela Lei n. 10.149, de 21-12-2000, a qual alterou a Lei n. 8.884, de 11-6-1994, que dispõe sobre a repressão às infrações contra a ordem econômica. Trata-se de espécie de delação premiada e se aplica aos crimes previstos nos arts. 4º, 5º e 6º da Lei n. 8.137/90. Existem duas espécies desse acordo: (a) econômico-administrativo (art. 35-B da Lei n. 8.884/94); (b) penal (art. 35-C da Lei n. 8.884/94). Esse acordo consiste na colaboração efetiva do autor do crime econômico com as investigações e o processo administrativo, resultando na identificação dos demais coautores da infração e na obtenção de informações e documentos que comprovem a infração. Celebrado o acordo, fica suspenso o oferecimento da denúncia, *bem como a prescrição da pretensão punitiva*, até que o ajuste seja integralmente cumprido, após o que haverá extinção da punibilidade.

Parcelamento e pagamento do débito tributário e seus efeitos na esfera penal (alterações promovidas pela Lei n. 12.382, de 25-2-2011): Sobre o tema, vide arts. 107 e 168-A do CP.

Incidente de insanidade mental: A suspensão do processo para instauração de incidente de insanidade mental não é causa suspensiva da prescrição (CPP, art. 149).

Súmula:
Súmula n. 415 do STJ: "O período de suspensão do prazo prescricional é regulado pelo máximo da pena cominada".

Causas interruptivas da prescrição

Art. 117. O curso da prescrição interrompe-se: *(Caput e incisos I a III com redação dada pela Lei n. 7.209/84)*

I – pelo recebimento da denúncia ou da queixa;

II – pela pronúncia;

III – pela decisão confirmatória da pronúncia;

IV – pela publicação da sentença ou acórdão condenatórios recorríveis; *(Redação dada pela Lei n. 11.596/2007)*

V – pelo início ou continuação do cumprimento da pena;

VI – pela reincidência. *(Incisos V a VI com redação dada pela Lei n. 9.268/96)*

§ 1º Excetuados os casos dos incisos V e VI deste artigo, a interrupção da prescrição produz efeitos relativamente a todos os autores do crime. Nos crimes conexos, que sejam objeto do mesmo processo, estende-se aos demais a interrupção relativa a qualquer deles.

§ 2º Interrompida a prescrição, salvo a hipótese do inciso V deste artigo, todo o prazo começa a correr, novamente, do dia da interrupção. *(Parágrafos com redação dada pela Lei n. 7.209/84)*

(1) Causas interruptivas da prescrição: São aquelas que obstam o curso da prescrição, fazendo com que este se reinicie do zero, desprezando o tempo já decorrido. São, portanto, aquelas que "zeram" o prazo prescricional.

(2) Recebimento da denúncia ou queixa (CP, art. 117, I): A publicação do despacho que recebe a denúncia ou queixa (data em que o juiz entrega em cartório a decisão) interrompe a prescrição. O recebimento do aditamento à denúncia ou à queixa não interrompe a prescrição, a não ser que seja incluído novo crime, caso em que a interrupção só se dará com relação a esse novo crime. A rejeição também não interrompe. Se o despacho for proferido por juiz incompetente, será ineficaz para interromper a prescrição, nos termos do art. 567, 1ª parte, do Código de Processo Penal.

(3) Publicação da sentença de pronúncia (CP, art. 117, II): Interrompe a prescrição não apenas para os crimes dolosos contra a vida, mas também com relação aos delitos conexos. Se o júri desclassifica o crime para não doloso contra a vida, nem por isso a pronúncia anterior perde seu efeito interruptivo *(Súmula 191 do STJ)*. O importante é que, na época em que foi proferida a pronúncia, o crime foi considerado doloso contra a vida *(tempus regit actum)*, não tendo a desclassificação posterior o condão de fazer desaparecer aquela decisão. A impronúncia, a absolvição sumária e a desclassificação não interrompem a prescrição.

(4) Acórdão confirmatório da pronúncia (CP, art. 117, III).

(5) Publicação da sentença condenatória recorrível (CP, art. 117, IV, 1ª parte): De acordo com a antiga redação do inciso IV do art. 117 do CP, o curso da prescrição interrompia-se pela sentença condenatória recorrível. A lei não fazia qualquer alusão à publicação da sentença condenatória, muito embora a doutrina e a jurisprudência majoritária considerassem a sua publicação como o marco interruptivo da prescrição. Acabando com essa celeuma, a Lei n. 11.596, de 29-11-2007, publicada no *DOU* de 30-11-2007, passou a prever expressamente, no inciso IV do art. 117, que a interrupção da prescrição dar-se-á pela publicação da sentença, isto é, na data em que o escrivão a recebe em cartório assinada pelo juiz (CPP, art. 389), confirmando entendimento outrora já firmado a respeito do tema.

Perdão judicial: De acordo com a *Súmula 18 do STJ*, a sentença que concede o perdão judicial é declaratória da extinção da punibilidade. Levando-se em conta essa natureza declaratória, a sentença que concede o perdão judicial não interrompe a prescrição. Mencione-se que esse posicionamento não é pacífico, pois há entendimento no sentido de que possui natureza de sentença condenatória. *Nesse sentido:* STF, RE 104977/SP, 1ª T., Rel. Min. Rafael Mayer, j. 4-2-1986; TJRS, Ap. Crim. 70006214738, 1ª Câmara Criminal, Rel. Des. Manuel José Martinez Lucas, j. 18-6-2003; TACrimSP, *RT* 636/317.

Sentença que reconhece a semi-imputabilidade: A sentença que reconhece a semi-imputabilidade do acusado interrompe a prescrição, pois é condenatória.

(6) Publicação do acórdão condenatório recorrível (CP, art. 117, IV, 2ª parte): A Lei n. 11.596, de 29-11-2007, publicada no *DOU* 30-11-2007, passou a prever, expressamente, no inciso IV do art. 117, que a interrupção da prescrição dar-se-á pela publicação do acórdão condenatório recorrível. O inciso IV do art. 117 do Código Penal não fazia qualquer alusão à interrupção do curso da prescrição pelo acórdão que confirmasse a condenação, ao contrário do acórdão que confirmasse a pronúncia.

(7) Pelo início ou continuação do cumprimento da pena (CP, art. 117, V): Essa causa interruptiva se refere à prescrição da pretensão executória. De acordo com o § 2º do art. 117, "interrompida a prescrição, salvo a hipótese do inciso V deste artigo, todo o prazo começa a correr, novamente, do dia da interrupção".

(8) Pela reincidência (CP, art. 117, VI): No caso da reincidência, a interrupção da prescrição ocorre na data em que o novo crime é praticado, e não na data em que transita em julgado a sentença condenatória pelo cometimento desse novo crime.

(9) Causas interruptivas da prescrição da pretensão punitiva e concurso de pessoas (§ 1º): A interrupção da prescrição, em relação a qualquer dos autores, estende-se aos demais. Se, futuramente, vierem a ser identificados e denunciados, a prescrição já estará interrompida desde o primeiro recebimento.

(10) Causas interruptivas da prescrição da pretensão executória e concurso de pessoas (§ 1º): Nas hipóteses dos incisos V (início ou continuação do cumprimento da pena) e VI (reincidência), a interrupção da prescrição não produz efeitos relativamente a todos os autores do crime (cf. CP, art. 117, § 1º, 1ª parte).

(11) Crimes conexos (§ 1º, 2ª parte): Nos crimes conexos, que sejam objeto do mesmo processo, estende-se aos demais a interrupção relativa a qualquer deles.

(12) Início da contagem do prazo (§ 2º): Interrompida a prescrição, salvo a hipótese do inciso V deste artigo, que trata da interrupção da prescrição pelo início ou continuação do cumprimento da pena, todo o prazo começa a correr, novamente, do dia da interrupção.

Súmula:
Súmula 191 do STJ: "A pronúncia é causa interruptiva da prescrição, ainda que o Tribunal do Júri venha a desclassificar o crime".

Art. 118. As penas mais leves prescrevem com as mais graves. *(Redação dada pela Lei n. 7.209/84)*

Penas leves e graves. Prescrição: De acordo com a previsão legal, as penas mais leves (multa e restritiva de direitos) prescrevem com as mais graves (privativa de liberdade). Assim, o seu prazo prescricional será o mesmo desta. O mencionado preceito normativo destina-se à previsão cumulativa de penas em um mesmo dispositivo legal (por exemplo: CP, art. 138, o qual comina cumulativamente a pena detenção e multa). Não incide, portanto, sobre o concurso de crimes, nem sobre os crimes conexos, cujos delitos prescrevem de forma separada e autônoma.

Art. 119. No caso de concurso de crimes, a extinção da punibilidade incidirá sobre a pena de cada um, isoladamente. *(Redação dada pela Lei n. 7.209/84)*

(1) Crime continuado: A prescrição incide isoladamente sobre cada um dos crimes componentes da cadeia de continuidade delitiva (CP, art. 119), como se não houvesse concurso de crimes.

(2) Concurso material e formal: A prescrição incide isoladamente sobre cada resultado autonomamente (CP, art. 119), como se não existisse qualquer concurso.

Perdão judicial

Art. 120. A sentença que conceder perdão judicial não será considerada para efeitos de reincidência. *(Redação dada pela Lei n. 7.209/84)*

Perdão judicial: Causa extintiva da punibilidade consistente em uma faculdade do juiz de, nos casos previstos em lei, deixar de aplicar a pena, em face de justificadas circunstâncias excepcionais (CP, art. 107, IX). Sobre o tema, *vide* comentários ao art. 107, IX, do CP.

PARTE ESPECIAL

TÍTULO I
DOS CRIMES CONTRA A PESSOA

CAPÍTULO I
DOS CRIMES CONTRA A VIDA

Homicídio simples
Art. 121. Matar alguém:
Pena – reclusão, de 6 (seis) a 20 (vinte) anos.

(1) Documentos internacionais: O Brasil é signatário dos mais importantes tratados e convenções internacionais de direitos humanos, os quais tutelam, em regra, o direito à vida do indivíduo. Exemplo disso é a Declaração Universal dos Direitos Humanos, que foi adotada e proclamada pela Resolução n. 217-A (III) da Assembleia Geral das Nações Unidas, em 10-12-1948, e assinada pelo Brasil na mesma data. Dentre os diversos direitos previstos na Declaração, está, no art. III, o direito à vida. Interessante lembrar, também, a Convenção Americana de Direitos Humanos, denominada Pacto de São José da Costa Rica, promulgada, no Brasil, pelo Decreto n. 678, de 6-11-1992. Esta convenção prevê que "1. Toda pessoa tem o direito de que se respeite a vida. Esse direito deve ser protegido pela lei e, em geral, desde o momento da concepção. Ninguém pode ser privado da vida arbitrariamente. (...) 3. Não se pode restabelecer a pena de morte nos Estados que a hajam abolido".

(2) Constituição Federal: Os direitos humanos constituem prerrogativas inerentes à dignidade da espécie humana e são reconhecidos na ordem constitucional. O direito à vida é considerado direito humano de primeira geração, constituindo liberdade pública negativa, na medida em que limita o poder do Estado, impedindo-o de interferir na esfera individual (*vide* Chimenti *et al.*, *Curso de direito constitucional*, cit., p. 46 a 49). Está previsto na Constituição Federal no rol de direitos e garantias fundamentais (Capítulo I, art. 5º). Convém notar que os direitos e garantias individuais foram erigidos ao nível de cláusula pétrea, sendo o art. 60, § 4º, IV, expresso ao dispor que não será objeto de deliberação a proposta de emenda tendente a abolir os direitos e garantias individuais.

(3) Direito à vida: "O direito à vida é o direito de não ter interrompido o processo vital, senão pela morte espontânea e inevitável. É considerado o direito fundamental mais importante, condição para o exercício dos demais direitos (...). O direito à vida abrange o direito de não ser morto (direito de não ser privado da vida de maneira artificial; direito de continuar vivo), o direito a condições mínimas de sobrevivência e o direito a tratamento digno por parte do Estado. São decorrências do direito de não ser morto (*ou* de continuar vivo): (a) a proibição da pena de morte (art. 5º, XLVII); (b) proibição do aborto; (c) proibição da eutanásia; (d) direito à legítima defesa (...). Podemos citar como decorrências do direito a tratamento digno por parte do Estado a garantia à integridade física, a proibição da tortura, das penas cruéis ou degradantes (art. 5º, III, XLIII, XLX)" (Chimenti *et al.*, *Curso de direito constitucional*, cit., p. 60).

(4) Direito à vida e guerra externa: É possível a aplicação da pena de morte em caso de guerra externa declarada (art. 5º, XLVII, *a*), por meio de fuzilamento (CPM, art. 56).

(5) Crimes de genocídio e terrorismo: Vide comentários a seguir.

(6) Crimes contra a humanidade e Tribunal Penal Internacional: Vide comentários a seguir.

(7) Crimes contra a humanidade e federalização das causas relativas aos direitos humanos: Vide comentários abaixo.

(8) Objeto jurídico: Tutela-se a vida humana extrauterina. O ataque à vida intrauterina é incriminado pelos tipos de aborto (arts. 124 a 126).

(9) Ação nuclear: Consubstancia-se no verbo matar, isto é, destruir ou eliminar, no caso, a vida humana, utilizando-se de qualquer meio capaz de execução (arma de fogo, arma branca, meios químicos, cão feroz etc.). Trata-se, dessa forma, de crime de ação livre. Assim, por exemplo, pode-se matar por meio patogênico, havendo julgado do Superior Tribunal de Justiça no sentido de que: "em havendo dolo de matar, a relação sexual forçada dirigida à transmissão do vírus da Aids é idônea para a caracterização da tentativa de homicídio" (STJ, HC 9.378, 6ª T., Rel. Hamilton Carvalhido, j. 18-10-2000, v. u., *DJU* 23-10-2000, p. 186). Pode ser cometido mediante ação ou omissão. O art. 13, § 2º, do CP prevê três hipóteses em que está presente o dever jurídico de agir e cuja omissão dolosa ou culposa configura o crime do art. 121 do CP. Ausente este, não comete o agente crime algum. Poderá, no máximo, responder pelo delito de omissão de socorro, que é um crime omissivo próprio (CP, art. 135).

Crimes omissivos por comissão: Nesse caso, há uma ação provocadora da omissão. Exemplo: o chefe de uma repartição impede que sua funcionária, que está passando mal, seja socorrida. Se ela morrer, o chefe responderá pela morte por crime comissivo ou omissivo? Seria por crime omissivo por comissão. Essa categoria não é reconhecida por grande parte da doutrina.

(10) Sujeito ativo: Trata-se de *crime comum*. Convém notar que o ato de dispor da própria vida não é considerado crime em face do princípio da alteridade (não se pune o suicídio). Contudo aquele que induz, instiga ou auxilia outrem a eliminar a própria vida responde pelo crime do art. 122 do CP.

(11) Concurso de pessoas: É possível o concurso de pessoas independentemente de ajuste prévio de vontades. Assim, se o agente avista o seu desafeto sendo golpeado por outrem e se aproveita dessa oportunidade para também golpeá-lo, finalmente concretizando a sua vingança, responderão ambos em coautoria. O auxílio posterior à consumação do crime, se não foi prometido antes ou durante sua execução, não poderá configurar a participação no delito de homicídio, mas sim no de crime autônomo, como, por exemplo, a ocultação de cadáver.

Mandante do crime: De acordo com a teoria restritiva, o mandante do crime não é considerado o autor do homicídio, mas partícipe. Para a teoria do domínio do fato, o mandante do crime é considerado o seu autor principal. (Sobre o tema, *vide* comentários ao CP, art. 29.) Aquele que executa materialmente a ação criminosa poderá responder pela forma qualificada do crime (mediante paga ou promessa de recompensa).

Autor mediato: São exemplos de autoria mediata: (a) o agente que induz um doente mental a matar outrem; (b) o agente que, mediante coação moral irresistível, leva outrem a praticar um homicídio; (c) o agente que conduz outrem a atirar em uma pessoa inocente, fazendo-o crer que é em legítima defesa etc. Em todas essas hipóteses, uma pessoa (inimputável, coagida, induzida a erro etc.) é utilizada como instrumento de atuação do agente, não havendo concurso de pessoas (*vide* CP, art. 29).

Autoria colateral: Nesta situação, mais de um agente realiza a conduta, todavia, não existe liame subjetivo entre tais sujeitos. Assim, cada um responderá autonomamente pelo crime que lhe é imputado. Por exemplo: em um tumulto, vários indivíduos atiram contra uma pessoa. Um só tiro atingiu o indivíduo. Em sendo identificado o autor do disparo, responderá pelo crime consumado. Os demais responderão pela tentativa de homicídio. *Nesse sentido*: RT 732/601-2.

Autoria incerta: Ocorre a autoria incerta quando, na autoria colateral, não se sabe quem foi o causador do resultado. No exemplo acima citado, não se sabe quem foi o autor do disparo. Há duas posições: (a) Respondem todos pela tentativa de homicídio *(in dubio pro reo)*. *Nesse sentido*: Damásio de Jesus, *Código Penal anotado*, 10. ed., São Paulo: Saraiva, 2000, p. 138. (b) Todos respondem em coautoria. *Nesse sentido*: STF, *RTJ* 108/569.

Participação mediante omissão: Exemplo: policial militar que assiste inerte, em atitude de solidariedade, ao seu colega de trabalho desferir violentos golpes contra o delinquente até causar a morte deste. O policial militar tem por lei a obrigação de impedir esse resultado, sendo certo que se, podendo evitá-lo, não o fez, aderindo ao desígnio do autor, responderá como partícipe pela omissão. Ausente o dever legal de impedir o resultado, responderá o agente apenas por sua própria omissão (CP, art. 135).

(12) Sujeito passivo: Qualquer pessoa, desde que tenha um resquício de vida, ainda que sem qualidade. Tratando-se de destruição da vida intrauterina, o delito será o de aborto. Sobre a eutanásia, *vide* comentários ao homicídio privilegiado.

Índio: De acordo com o art. 59 do Estatuto do Índio (Lei n. 6.001/73), no caso de crime contra a pessoa, em que o ofendido seja índio não integrado ou comunidade indígena, a pena será agravada de 1/3 (um terço).

Idoso: Se a vítima for pessoa maior de 60 anos e o crime for doloso, a pena será aumentada de 1/3, conforme art. 121, § 4º, com a redação determinada pelo Estatuto do Idoso.

Presidente da República, do Senado Federal, da Câmara dos Deputados ou do Supremo Tribunal Federal: Atentar contra a vida de tais pessoas poderá configurar a hipótese do art. 29 da Lei n. 7.170/83 (Lei de Segurança Nacional).

Menor de 14 anos: Matar vítima menor de 14 anos de idade, se crime doloso, levará o agente a incidir na causa especial de aumento de pena (de um terço), prevista na parte final do § 4º do art. 121 do CP, acrescida pela Lei n. 8.069/90 (ECA).

Grupo nacional, étnico, racial ou religioso: Matar com intenção de destruir, no todo ou em parte, grupo nacional, étnico, racial ou religioso, poderá caracterizar o crime de genocídio (Lei n. 2.889/56 – *vide* comentários abaixo).

(13) Elemento subjetivo: É o dolo, consubstanciado na vontade livre e consciente de matar. É o *animus necandi* que difere o homicídio das demais modalidades de crimes, como, por exemplo, a lesão corporal dolosa. Admite-se o dolo direto ou eventual.

Culpa consciente ou com previsão: Na culpa consciente ou com previsão, podemos citar a seguinte situação como exemplo: "se eu empregar determinado material na construção de um edifício, pode o mesmo vir a desabar e pessoas morrerem, mas estou certo de que isso, embora possível, não ocorrerá". No dolo eventual, ocorre o contrário, pois o agente prevê o resultado e não se importa que ele ocorra. Na primeira situação, responde pelo homicídio culposo e, na segunda, pela forma dolosa.

Dolo geral ou erro sucessivo, ou "aberratio causae": Por exemplo: "A" esfaqueia a vítima e pensa que a matou. Ao tentar ocultar o cadáver, jogando-a ao mar, vem efetivamente a matá-la por afogamento. Responderá por homicídio doloso, pelo dolo geral.

Culpa: Vide mais adiante os comentários ao homicídio culposo (CP, art. 121, § 3º).

(14) Consumação: Trata-se de crime material, pois se consuma com a produção do resultado naturalístico. O tipo descreve conduta e resultado (naturalístico), sendo certo que o resultado morte da vítima há de se vincular pelo nexo causal à conduta do agente. Trata-se de *crime instantâneo de efeitos permanentes*. A morte é decorrente da cessação do funcionamento cerebral, circulatório e respiratório. O critério legal proposto pela medicina é a chamada morte encefálica, em razão do art. 3º da Lei n. 9.434/97, que regula a retirada e transplante de tecidos, órgãos e partes do corpo humano, com fins terapêuticos e científicos.

Prova da materialidade (exame de corpo de delito): Quando a infração deixar vestígios, será indispensável o exame de corpo de delito, direto ou indireto, não podendo supri-lo a confissão do acusado (CPP, art. 158). O exame de corpo de delito direto realiza-se mediante a inspeção e autópsia do cadáver, na busca da *causa mortis*, sendo tal exame devidamente documentado por laudo necroscópico. Não sendo possível o exame de corpo de delito, por haverem desaparecido os vestígios, a prova testemunhal poderá suprir-lhe a falta (CPP, art. 167).

Exame necroscópico: Trata-se de exame de corpo de delito direto realizado nas infrações penais que deixam vestígios. É o meio pelo qual os peritos-médicos constatam a realidade da morte e buscam a sua causa, cujas conclusões ficarão consubstanciadas no chamado laudo de exame necroscópico. O art. 162 do Código de Processo Penal fixa o prazo de seis horas depois do óbito para possibilitar a realização desse exame.

Exumação: É possível nas hipóteses em que haja dúvida acerca da causa da morte do indivíduo. O procedimento é previsto no art. 163 e seguintes do Código de Processo Penal. Embora não haja menção à autorização judicial, a exumação realizada sem esta poderá configurar os crimes previstos nos arts. 210 e 212 do CP. *Nesse sentido*: Francisco de Assis Rêgo Monteiro Rocha, *Curso de direito processual penal*, Rio de Janeiro: Forense, 1999, p. 348-351.

(15) Tentativa: Trata-se de crime material. O início da execução, portanto, ocorre com a prática do primeiro ato idôneo, isto é, apto a produzir a consumação, e inequívoco à produção do resultado. Antes de apertar o gatilho, por mais que se esteja no limiar do ataque, ainda não se realizou o primeiro ato adequado a produzir a morte da vítima. Sobre a tentativa imperfeita (ou propriamente dita) ou perfeita ou acabada (também denominada crime falho), *vide* art. 14 do CP.

Desistência voluntária e arrependimento eficaz (CP, art. 15): (a) Exemplo de desistência voluntária: o agente tem um revólver municiado com seis projéteis. Efetua dois disparos contra a vítima, não a acerta e, podendo prosseguir atirando, desiste por vontade própria e vai embora. Nessa hipótese, o agente responderá pelo delito de disparo de arma de fogo (art. 15 da Lei n. 10.826/2003). (b) Exemplo de arrependimento eficaz: o agente descarrega sua arma de fogo na vítima, ferindo-a gravemente, mas, arrependendo-se, presta-lhe imediato e exitoso socorro, impedindo o evento letal. No caso, o agente será responsabilizado pelo delito de lesões corporais de natureza grave (CP, art. 129, § 1º).

Crime impossível (CP, art. 17): Por exemplo: afogar ou envenenar uma pessoa morta. O fato é atípico ante a impropriedade absoluta do objeto material do crime. Da mesma forma, a conduta de fornecer uma xícara de chá com ervas medicinais, supondo o agente tratar-se de ervas venenosas, constitui fato atípico pela impropriedade absoluta do meio empregado. Por outro lado, o ministramento de quantidade insuficiente de veneno para causar a morte da vítima configura a forma tentada do crime, ante a impropriedade apenas relativa do meio empregado.

(16) Concurso de crimes: (a) Homicídio doloso e o delito de "disparo de arma de fogo" (Lei n. 10.826/2003): *vide* comentários ao Estatuto do Desarmamento no art. 129 do CP. (b) Homicídio e ocultação de cadáver: haverá concurso material de crimes. (c) Homicídio doloso e aborto: se o agente, sabendo da gravidez da gestante, elimina a sua vida, fora das hipóteses de feminicídio responde pelo concurso formal de crimes; contudo, se o agente deseja também que o feto seja abortado, responderá pelo concurso formal impróprio ou imperfeito, aplicando-se a regra do concurso material de crimes (CP, art. 69). (d) Homicídio doloso e continuidade delitiva: em face da regra do art. 71, parágrafo único, do Código Penal, é possível a continuidade delitiva no crime de homicídio.

(17) Ação penal. Procedimento. Lei dos Juizados Especiais Criminais: Tanto no homicídio culposo quanto no doloso, a ação é pública incondicionada. O homicídio culposo segue procedimento fixado de acordo com a nova regra do art. 394 do CPP. O homicídio doloso insere-se na competência do Tribunal do Júri, de modo que os processos de sua competência seguem o rito procedimental escalonado descrito nos arts. 406 a 497 do CPP, com redação dada pela Lei n. 11.689/2008, independentemente da pena prevista. Em virtude de a pena mínima cominada para o homicídio culposo ser de 1 ano de detenção, é cabível a suspensão condicional do processo (Lei n. 9.099/95, art. 89).

(18) Competência para julgamento de homicídios em que o sujeito ativo ou o sujeito passivo seja indígena: O Supremo Tribunal Federal entende que "o deslocamento da competência para a

Justiça Federal, na forma do inciso XI do art. 109 da Carta da República, somente ocorre quando o processo versa sobre questões ligadas à cultura indígena e aos direitos sobre suas terras": HC 81827/MT, 2ª T., Rel. Maurício Corrêa, j. 28-5-2002. Ou ainda, STF: "Competência criminal. Conflito. Crime praticado por silvícolas, contra outro índio, no interior de reserva indígena. Disputa sobre direitos indígenas como motivação do delito. Inexistência. Feito da competência da Justiça Comum. Recurso improvido. Votos vencidos. Precedentes. Exame. Inteligência do art. 109, incs. IV e XI, da CF. A competência penal da Justiça Federal, objeto do alcance do disposto no art. 109, XI, da Constituição da República, só se desata quando a acusação seja de genocídio, ou quando, na ocasião ou motivação de outro delito de que seja índio o agente ou a vítima, tenha havido disputa sobre direitos indígenas, não bastando seja aquele imputado a silvícola, nem que este lhe seja vítima e, tampouco, que haja sido praticado dentro de reserva indígena (STF, RE 4195281/PR, T. Pleno, Rel. Min. Marco Aurélio, j. 3-8-2006, *DJ* 9-3-2007, p. 26). Em outras situações, a competência para processar e julgar as causas em que envolvido indígena, seja como sujeito ativo ou passivo do delito, é da Justiça Estadual: AgI-AgR 496653/AP, 2ª T., Rel. Joaquim Barbosa, j. 6-12-2005. O mesmo entendimento é adotado pelo Superior Tribunal de Justiça: HC 33392/RS, 5ª T., Rel. Jorge Scartezzini, j. 8-6-2004; CC 39389/MT, 3ª S., Relª Laurita Vaz, j. 10-3-2004. Dessa forma, evidenciado o interesse da comunidade indígena, resta afastada a incidência da *Súmula 140 do STJ*: CC 43155/RO, 3ª S., Rel. Paulo Gallotti, j. 24-8-2005. De acordo com essa Súmula, "compete à Justiça Comum Estadual processar e julgar crime em que o indígena figure como autor ou vítima". Na hipótese de crime de genocídio, tendo como vítimas indígenas, *vide* abaixo comentários.

Detentores do foro por prerrogativa de função: De acordo com a *Súmula 721 do STF*, "a competência constitucional do Tribunal do Júri prevalece sobre o foro por prerrogativa de função estabelecido exclusivamente pela Constituição estadual". A *Súmula 704*, por sua vez, determina que: "Não viola as garantias do juiz natural, da ampla defesa e do devido processo legal a atração por continência ou conexão do processo do corréu ao foro por prerrogativa de função de um dos denunciados".

Funcionário público federal: De acordo com a *Súmula 147 do STJ*: "Compete à Justiça Federal processar e julgar os crimes praticados contra funcionário público federal, quando relacionados com o exercício da função". *Nesse sentido*: STJ, CC 5350, 3ª S., Rel. José Dantas, j. 7-10-1993; TRF 1ª Região, HC 199701000407136, 3ª T., Rel. Tourinho Neto, j. 15-10-1997. Em não havendo vinculação com a condição funcional, a competência é da Justiça Estadual. Já decidiu o Tribunal Regional Federal da 1ª Região que, "embora de plantão, o indiciado não pode ser considerado como atuando em razão da função ao retornar de jantar em sua residência, em seu veículo particular, e envolver-se em acidente de trânsito do qual resultou lesões a terceiros. O indiciado não agiu em razão de ser funcionário público ou a pretexto de sê-lo, nem o delito se vincula às funções por ele exercidas" (TRF, 1ª Região, RCr 200531000003022, 3ª T., Rel. Olindo Menezes, j. 24-10-2005).

Militar: A Justiça Militar é a competente para processar e julgar os integrantes das polícias militares nos delitos assim definidos em lei bem como *as ações judiciais contra atos disciplinares militares, ressalvada, nos crimes dolosos contra a vida, a competência do júri quando a vítima for civil*, cabendo ao tribunal competente decidir sobre a perda do posto e da patente dos oficiais e da graduação das praças (CF, art. 125, § 4º, com a redação dada pela EC n. 45/2004). Excetuados os crimes dolosos contra a vida praticados contra civil, de competência do júri popular, os demais crimes militares serão julgados pela própria Justiça Militar, observando-se que: (a) se cometidos contra militar (militar x militar), caberá o julgamento em primeiro grau ao Conselho de Justiça, órgão colegiado heterogêneo composto por juízes de carreira (togados) e juízes fardados; (b) sendo o crime militar cometido contra vítima civil, a decisão de primeira instância competirá, exclusivamente, aos juízes militares de carreira, singularmente, nos termos do § 5º do art. 125, acrescido pela EC 45/2004, ou seja, em decisão monocrática, afastando-se a participação do órgão colegiado e, portanto, sem a participação de militares de carreira no julgamento (*vide* abaixo súmulas a respeito da competência da Justiça Militar).

Militar. Crime doloso contra a vida praticado contra civil. Desclassificação para lesões corporais seguida de morte: "A norma do parágrafo único inserido pela Lei n. 9.299/99 no art. 9º do Código Penal redefiniu os crimes dolosos contra a vida praticados por policiais militares contra civis, até então considerados de natureza militar, como crimes comuns. Trata-se, entretanto, de redefinição restrita que não alcançou quaisquer outros ilícitos, ainda que decorrente de desclassificação, os quais permaneceram sob a jurisdição da Justiça Militar, que, sendo de extração constitucional (art. 125, § 4º, da CF), não pode ser afastada, obviamente, por efeito de conexão, tampouco pelas razões de política processual que inspiraram as normas do Código de Processo Penal aplicadas pelo acórdão recorrido. Recurso provido" (STF, RHC 80718/RS, T. Pleno, Rel. Min. Ilmar Galvão, j. 22-3-2001, *DJ* 1º-8-2003, p. 106).

Menores de 18 anos: Apesar de não sofrerem sanção penal pela prática de ilícito penal em decorrência da ausência de culpabilidade, estão sujeitos ao procedimento e às medidas socioeducativas previstas no Estatuto da Criança e do Adolescente (Lei n. 8.069/90), em virtude de a conduta descrita como crime ou contravenção penal ser considerada ato infracional (cf. ECA, art. 103). Assim, competirá ao Juízo da Infância e da Juventude aplicar as medidas socioeducativas.

(19) Homicídio simples: Caso não incidam as circunstâncias privilegiadas (§ 1º) ou qualificadas (§ 2º), o homicídio será considerado simples.

(20) Crime hediondo. Homicídio praticado em atividade típica de grupo de extermínio: O crime de homicídio não é um delito plurissubjetivo, no entanto, com a redação do art. 1º, I, da Lei n. 8.072/90, determinada pela Lei n. 8.930/94, o homicídio simples (tentado ou consumado), quando cometido em atividade típica de grupo de extermínio, ainda que por um só executor, será considerado crime hediondo, inserindo-se dentro da competência exclusiva do juiz-presidente do Tribunal do Júri a sua análise.

Genocídio

(1) Convenção sobre genocídio: O Decreto n. 30.882, de 6-5-1952, promulgou a Convenção para a Prevenção e a Repressão do Crime de Genocídio, concluída em Paris, em 11 de dezembro de 1948, por ocasião da III Sessão da Assembleia Geral das Nações Unidas. Segundo o art. 1º dessa Convenção, o genocídio, seja cometido em tempo de paz ou em tempo de guerra, é um crime do direito dos povos, os quais se comprometem a preveni-lo e puni-lo. O art. 2º, por sua vez, conceitua genocídio, e o art. 7º determina que haverá punição não apenas para o crime de genocídio, mas também para o acordo com vista a cometê-lo, o incitamento, a tentativa e, até mesmo, a cumplicidade.

(2) Previsão legal: De acordo com o art. 1º da Lei n. 2.889, de 1º-10-1956, "Quem, com a intenção de destruir, no todo ou em parte, grupo nacional, étnico, racial ou religioso, como: a) matar membros do grupo; b) causar lesão grave à integridade física ou mental de membros do grupo; c) submeter intencionalmente o grupo a condições de existência capaz de ocasionar-lhe a destruição física total ou parcial; d) adotar medidas destinadas a impedir os nascimentos no seio do grupo; e) efetuar a transferência forçada de crianças do grupo para outro. Será punido: com as penas do art. 121, § 2º, do Código Penal, no caso da letra *a*; com as penas do art. 129, § 2º, no caso da letra *b*; com as penas do art. 270, no caso da letra *c*; com as penas do art. 125, no caso da letra *d*; com as penas do art. 148, no caso da letra *e*". De acordo com o art. 4º, "a pena será agravada de 1/3 (um terço), no caso dos arts. 1º, 2º e 3º, quando cometido o crime por governante ou funcionário público".

(3) Crime político e extradição: Os crimes de que trata esta lei não serão considerados crimes políticos para efeitos de extradição (cf. art. 6º da Lei). Já decidiu o STF, em antigo acórdão: "Crime

político. A exceção do crime político não cabe, no caso, mesmo sem aplicação imediata da Convenção sobre o genocídio, ou da Lei n. 2.889/56, porque essa excusativa não ampara os crimes cometidos com especial perversidade ou crueldade (extr. 232, 1961). O presumido altruísmo dos delinquentes políticos não se ajusta à fria premeditação do extermínio em massa" (STF, T. Pleno, Extr. 272/Áustria, Rel. Min. Victor Nunes, j. 7-6-1967, *DJ* 20-12-1967).

(4) Asilo: De acordo com a Lei n. 9.474/97, que define mecanismos para a implementação do Estatuto dos Refugiados, de 28-7-1951, não se beneficiarão dessa condição os indivíduos que, entre outras hipóteses, tenham cometido crime contra a paz, crime de guerra, crime contra a humanidade, crime hediondo, participado de atos terroristas ou de tráfico de drogas (cf. Ricardo Cunha Chimenti, Fernando Capez, Márcio F. Elias Rosa, Marisa F. Santos, *Curso de direito constitucional*, cit., p. 145-146).

(5) Genocídio de indígenas. Competência: Já decidiu a 5ª Turma do STJ no sentido de ser competente o Juiz singular da Justiça Federal, e não do Tribunal do Júri, para julgar crime de genocídio praticado contra índios Yanomami no chamado "Massacre de Haximu": "Como bem asseverado pela r. sentença e pelo v. *decisum* colegiado, cuida-se, primeiramente, de competência federal, porquanto deflui do fato de terem sido praticados delitos penais em detrimento de bens tutelados pela União Federal, envolvendo, no caso concreto, direitos indígenas, entre eles, o direito maior à própria vida (art. 109, incisos IV e XI, da Constituição Federal). Precedente do STF (RE n. 179.485/2-AM). Logo, a esta Corte de Uniformização sobeja, apenas e tão somente, a análise do crime de genocídio e a competência para seu julgamento, em face ao art. 74, § 1º, do Código de Processo Penal, tido como violado. 5 – Pratica genocídio quem, intencionalmente, pretende destruir, no todo ou em parte, um grupo nacional, étnico, racial ou religioso, cometendo, para tanto, atos como o assassinato de membros do grupo, dano grave à sua integridade física ou mental, submissão intencional destes ou, ainda, tome medidas a impedir os nascimentos no seio do grupo, bem como promova a transferência forçada de menores do grupo para outro. Inteligência dos arts. 2º da Convenção Contra o Genocídio, ratificada pelo Decreto n. 30.822/52, c/c 1º, alínea *a*, da Lei n. 2.889/56. 6 – Neste diapasão, no caso *sub judice*, o bem jurídico tutelado não é a vida do indivíduo considerado em si mesmo, mas, sim, a vida em comum do grupo de homens ou parte deste, ou seja, da comunidade de povos, mais precisamente, da etnia dos silvícolas integrantes da tribo HAXIMU, dos YANOMAMI, localizada em terras férteis para a lavra garimpeira. 7 – O crime de genocídio tem objetividade jurídica, tipos objetivos e subjetivos, bem como sujeito passivo, inteiramente distintos daqueles arrolados como crimes contra a vida. Assim, a ideia de submeter tal crime ao Tribunal do Júri encontra óbice no próprio ordenamento processual penal, porquanto não há em seu bojo previsão para este delito, sendo possível apenas e somente a condenação dos crimes especificamente nele previstos, não se podendo neles incluir, desta forma, qualquer crime em que haja morte da vítima, ainda que causada dolosamente. Aplicação dos arts. 5º, inciso XXXVIII, da Constituição Federal c/c 74, § 1º, do Código de Processo Penal. 8 – Recurso conhecido e provido para, reformando o v. aresto *a quo*, declarar competente o Juiz Singular Federal para apreciar os delitos arrolados na denúncia (...)" (STJ, REsp 222653/RR, 5ª T., Rel. Min. Jorge Scartezzini, j. 12-9-2000, *DJ* 30-10-2000, p. 174). STF: "Crime. Genocídio. Definição *legal*. Bem jurídico protegido. Tutela penal da existência do grupo racial, étnico, nacional ou religioso, a que pertence a pessoa ou pessoas imediatamente lesionadas. Delito de caráter coletivo ou transindividual. Crime contra a diversidade humana como tal. Consumação mediante ações que, lesivas à vida, integridade física, liberdade de locomoção e a outros bens jurídicos individuais, constituem modalidades executórias. Inteligência do art. 1º da Lei n. 2.889/56, e do art. 2º da Convenção contra o Genocídio, ratificada pelo Decreto n. 30.822/52. O tipo penal do delito de genocídio protege, em todas as suas modalidades, bem jurídico coletivo ou transindividual, figurado na existência do grupo racial, étnico ou religioso, a qual é posta em risco por ações que podem também ser ofensivas a bens ju-

rídicos individuais, como o direito à vida, à integridade física ou mental, à liberdade de locomoção etc. 2. Concurso de crimes. Genocídio. Crime unitário. Delito praticado mediante execução de doze homicídios como crime continuado. Concurso aparente de normas. Não caracterização. Caso de concurso formal. Penas cumulativas. Ações criminosas resultantes de desígnios autônomos. Submissão teórica ao art. 70, *caput*, segunda parte, do Código Penal. Condenação dos réus apenas pelo delito de genocídio. Recurso exclusivo da defesa. Impossibilidade de *reformatio in pejus*. Não podem os réus que cometeram, em concurso formal, na execução do delito de genocídio, doze homicídios, receber a pena destes além da pena daquele, no âmbito de recurso exclusivo da defesa. 3. Competência criminal. Ação penal. Conexão. Concurso formal entre genocídio e homicídios dolosos agravados. Feito da competência da Justiça Federal. Julgamento cometido, em tese, ao Tribunal do Júri. Inteligência do art. 5º, XXXVIII, da CF, e art. 78, I, c/c. art. 74, § 1º, do Código de Processo Penal. Condenação exclusiva pelo delito de genocídio, no juízo federal monocrático. Recurso exclusivo da defesa. Improvimento. Compete ao Tribunal do Júri da Justiça Federal julgar os delitos de genocídio e de homicídio ou homicídios dolosos que constituíram modalidade de sua execução" (STF, RE 351487/RR, T. Pleno, Rel. Min. Cezar Peluso, j. 3-8-2006, *DJ* 10-11-2006, p. 50).

(6) Genocídio. Federalização das causas relativas a direitos humanos. Do incidente de deslocamento de competência (EC n. 45/2004): Por força da EC n. 45, a qual acrescentou o inciso V-A ao art. 109, da CF, aos juízes federais compete julgar "as causas relativas a direitos humanos a que se refere o § 5º deste artigo". O § 5º, por sua vez, prevê que "nas hipóteses de grave violação de direitos humanos, o Procurador-Geral da República, com a finalidade de assegurar o cumprimento de obrigações decorrentes de tratados internacionais de direitos humanos dos quais o Brasil seja parte, poderá suscitar, perante o Superior Tribunal de Justiça, em qualquer fase do inquérito ou processo, incidente de deslocamento de competência para a Justiça Federal" (*vide* ADIn n. 3.486 e 3.493).

(7) Genocídio. Do Tribunal Penal Internacional. Competência para julgar genocídio, crimes de guerra, contra a humanidade e de agressão (EC n. 45/2005): A EC n. 45, de 8-12-2004, acrescentou o § 4º ao art. 5º da Carta Magna, o qual prevê o Tribunal Penal Internacional. Referido Tribunal foi criado pelo Estatuto de Roma em 17-7-1998, o qual foi subscrito pelo Brasil, tendo sido aprovado pelo Decreto Legislativo n. 112, de 6-6-2002, antes, portanto, de sua entrada em vigor, que ocorreu em 1º-7-2002. Trata-se de instituição permanente, com jurisdição para julgar genocídio, crimes de guerra, contra a humanidade e de agressão, e cuja sede se encontra em Haia, na Holanda. A jurisdição internacional é complementar, conforme consta de seu preâmbulo.

(8) Genocídio e o princípio da justiça universal: Vide comentários ao CP, art. 7º (extraterritorialidade).

(9) Crime hediondo: De acordo com o art. 1º, parágrafo único, da Lei n. 8.072/90, considera-se hediondo o crime de genocídio previsto nos arts. 1º, 2º e 3º da Lei n. 2.889/56.

Terrorismo

(1) Resoluções da ONU sobre o crime de terrorismo: Resoluções n. 1.373 do Conselho de Segurança da ONU, adotada em 28-9-2001; n. 49/60, de 9-12-1994; n. 51/210, de 17-12-1996; e n. 52/165, de 15-12-1997 e, ainda, Convênio Internacional para a Repressão do Financiamento ao Terrorismo (Resolução n. 54/109 da Assembleia Geral, de 9-12-1999).

(2) Previsão legal: Dispõe o art. 20 da Lei n. 7.170/83. "Devastar, saquear, extorquir, roubar, sequestrar, manter em cárcere privado, incendiar, depredar, provocar explosão, praticar atentado pessoal ou atos de terrorismo, por inconformismo político ou para obtenção de fundos destinados à manutenção de organizações políticas clandestinas ou subversivas. Pena: reclusão, de 3 a 10 anos".

(3) Taxatividade e descrição genérica nos crimes de terrorismo (Lei n. 7.170/83): Embora parte da doutrina sustente que há ofensa ao princípio da legalidade (*nesse sentido:* Alberto Silva Franco, *Crimes hediondos,* São Paulo: RT, 1994, p. 67), em face de sua descrição genérica, entendemos que o terrorismo, atualmente, se encontra tipificado no art. 20 da Lei de Segurança Nacional. Convém mencionar que, no pedido de Extradição n. 855, Rel. Min. Celso de Mello, DJ 1º-7-2005, o Supremo Tribunal Federal se manifestou no sentido de que o repúdio ao terrorismo é "um compromisso ético-jurídico assumido pelo Brasil, quer em face de sua própria Constituição, quer perante a comunidade internacional". Sobre a definição de terrorismo, *vide* Heleno Cláudio Fragoso, *Terrorismo e criminalidade política,* Rio de Janeiro: Forense, 1981, p. 98-99; e *Terrorismo e Direito – os impactos do terrorismo na comunidade internacional e no Brasil:* perspectivas político-jurídicas, Coord. Leonardo Lemer Caldeira Brant, Rio de Janeiro: Forense, 2003.

(4) Natureza jurídica: Trata-se de crime equiparado ao hediondo (cf. CF, art. 5º, XLIII), estando sujeito ao tratamento mais severo da Lei n. 8.072/90.

(5) Competência: Trata-se de crime da competência da Justiça Federal.

(6) Tribunal Penal Internacional: Há quem entenda que a leitura do art. 5º, n. 1, do Estatuto de Roma, não autoriza expressamente a concluir pela jurisdição do Tribunal Penal Internacional para o crime de terrorismo, tendo o dispositivo limitado taxativamente seu campo de atuação, que se circunscreverá aos seguintes delitos: crime de genocídio; crime contra a humanidade; crime de guerra; crime de agressão, constituindo o princípio da reserva legal uma barreira para a inclusão do terrorismo internacional nesse rol. *Nesse sentido*: Carlos Augusto Canêdo Gonçalves da Silva *(Terrorismo e Direito,* cit., p. 250-254).

(7) Asilo: De acordo com a Lei n. 9.474/97, que define mecanismos para a implementação do Estatuto dos Refugiados, de 28-7-1951, não se beneficiarão dessa condição os indivíduos que, entre outras hipóteses, tenham cometido crime contra a paz, crime de guerra, crime contra a humanidade, crime hediondo, participado de atos terroristas ou de tráfico de drogas (cf. Ricardo Cunha Chimenti, Fernando Capez, Márcio F. Elias Rosa, Marisa F. Santos, *Curso de direito constitucional,* cit., p. 145-146).

(8) Extradição: De acordo com o STF, o terrorismo não tem a natureza de crime político, não sendo vedada a extradição de seu autor. Sobre o tema, *vide* comentários ao art. 7º do CP.

Súmulas:

Súmula 704 do STF: "Não viola as garantias do juiz natural, da ampla defesa e do devido processo legal a atração por continência ou conexão do processo do corréu ao foro por prerrogativa de função de um dos denunciados".

Súmula 721 do STF: "A competência constitucional do Tribunal do Júri prevalece sobre o foro por prerrogativa de função estabelecido exclusivamente pela Constituição estadual". O conteúdo dessa súmula foi repetido na Súmula Vinculante 45: "A competência constitucional do Tribunal do Júri prevalece sobre o foro por prerrogativa de função estabelecido exclusivamente pela Constituição estadual".

Súmula 6 do STJ: "Compete à Justiça Comum Estadual processar e julgar delito decorrente de acidente de trânsito envolvendo viatura de Polícia Militar, salvo se autor e vítima forem policiais militares em situação de atividade".

Súmula 18 do STJ: "A sentença concessiva do perdão judicial é declaratória da extinção da punibilidade, não subsistindo qualquer efeito condenatório".

Súmula 53 do STJ: "Compete à Justiça Comum Estadual processar e julgar civil acusado da prática de crime contra instituições militares estaduais".

Súmula 75 do STJ: "Compete à Justiça Militar processar e julgar policial de corporação estadual, ainda que o delito tenha sido praticado em outra unidade federativa".

Súmula 90 do STJ: "Compete à Justiça Estadual Militar processar e julgar o policial militar pela prática do crime militar, e à Comum pela prática do crime comum simultâneo àquele".

Súmula 122 do STJ: "Compete à Justiça Federal o processo e julgamento unificado dos crimes conexos de competência federal e estadual, não se aplicando a regra do art. 78, II, *a*, do Código de Processo Penal".

Súmula 140 do STJ: "Compete à Justiça Comum Estadual processar e julgar crime em que o indígena figure como autor ou vítima".

Súmula 147 do STJ: "Compete à Justiça Federal processar e julgar os crimes praticados contra funcionário público federal, quando relacionados com o exercício da função".

Causa de diminuição de pena

§ 1º Se o agente comete o crime impelido por motivo de relevante valor social ou moral, ou sob o domínio de violenta emoção, logo em seguida a injusta provocação da vítima, o juiz pode reduzir a pena de um sexto a um terço.

(1) Homicídio privilegiado. Natureza jurídica: Trata-se de verdadeira causa especial de diminuição de pena, que incide na terceira fase da sua aplicação (cf. CP, art. 68, *caput*).

(2) Redução da pena. Obrigação ou faculdade do juiz: O tema é controverso, havendo dois posicionamentos doutrinários: (a) A redução é obrigatória, pois se trata de um direito do réu. Nesse sentido: Damásio de Jesus: "Reconhecido o privilégio pelos jurados, não fica ao arbítrio do julgador diminuir ou não a pena" (*Código Penal anotado*, cit., p. 387). *No mesmo sentido:* Celso Delmanto, *Código Penal comentado*, cit., p. 231. Esse é o posicionamento que prevaleceu com o advento da Lei n. 11.689/2008, que passou a dispor, no art. 492, I, *e*, que o juiz presidente, no caso de condenação, imporá os aumentos ou diminuições da pena, em atenção às causas admitidas pelo júri. (b) *a redução é facultativa. Nesse sentido:* Magalhães Noronha: "a oração do artigo, a nosso ver, não admite dúvidas: *poder* não é dever" (*Direito penal*, cit., v. 2, p. 25). *No mesmo sentido:* José Frederico Marques, *Tratado*, cit., 1961, v. IV, p. 95.

(3) Motivo de relevante valor social ou moral: Relevante valor social é aquele que diz respeito a um interesse da coletividade (por exemplo, eliminar um terrorista). Relevante valor moral diz respeito a um motivo nobre, mas de caráter individual (por exemplo, a prática da eutanásia). O Tribunal de Justiça de São Paulo já conceituou o motivo de relevante valor moral como aquele que, em si mesmo, é aprovado pela moral prática e trouxe, como exemplo, a compaixão ante o irremediável sofrimento da vítima no caso de homicídio eutanásico: *RTJESP* 41/346. Tais motivos também constituem circunstância atenuante prevista no art. 65, III, *a*, do Código Penal. No entanto, nos delitos de homicídio e lesão corporal, tais motivos funcionarão somente como circunstância especial de redução da pena.

Ortotanásia (eutanásia passiva): Nessa hipótese, a morte do agente não é provocada como na eutanásia ativa, mas a cadeia de causalidade prossegue, sem que seja interrompida pelo médico ou terceiro. Há, assim, uma consulta à família no sentido de manter os tubos e aparelhos ligados à pessoa, e com isso aprofundar sua degradação física ou paralisar o tratamento e aguardar o desfecho da natureza. Para Maria Helena Diniz, o art. 66 (atualmente art. 41) do Código de Ética Médica, que proíbe ao médico a utilização de qualquer meio destinado a abreviar a vida do paciente, ainda que a pedido deste ou de seu curador ou de seus familiares, fere o art. 5º, *caput*, da Constituição Federal (*O estado atual do biodireito*, São Paulo: Saraiva, 2001, p. 316). A Resolução n. 1.805, de 9-11-2006, do Conselho Federal de Medicina, com base no art. 1º, inciso III, e art. 5º, inciso III, da CF, dispõe que "na fase terminal de enfermidades graves e incuráveis é permitido ao médico limitar ou suspender procedimentos e tratamentos que prolonguem a vida do doente, garantindo-lhe os cuidados necessários para aliviar os sintomas que levam ao sofrimento, na perspectiva de uma assistência integral, respeitada a vontade do paciente ou de seu representante legal. A Lei estadual paulista n. 10.241/99, por sua vez, autoriza que o usuário do serviço público recuse o tratamento extraordinário ou doloroso. Finalmente, de acordo com o novo art. 41 do Código de Ética Médica, é vedado "Abreviar a vida do paciente, ainda que a pedido deste ou de seu representante legal. Parágrafo único. Nos casos de doença incurável e terminal, deve o médico oferecer todos os cuidados paliativos disponíveis sem empreender ações diagnósticas ou terapêuticas inúteis ou obstinadas, levando sempre em consideração a vontade expressa do paciente ou, na sua impossibilidade, a de seu representante legal". Trata-se de tema bastante polêmico.

(4) Sob domínio de violenta emoção, logo em seguida a injusta provocação da vítima: "Não excluem a imputabilidade penal a emoção ou a paixão" (CP, art. 28, I). No entanto, a emoção poderá constituir causa de diminuição de pena no homicídio, se presentes os seguintes requisitos: (I) *emoção violenta:* o agente pratica o crime sob o domínio de uma emoção intensa, como a ira momentânea, não reagindo a "sangue frio"; (II) *domínio pela emoção:* se o agente estiver sob "influência de violenta emoção", haverá apenas a incidência da atenuante genérica prevista no art. 65, III, *c, in fine*, do CP, a qual também não exige o requisito temporal, isto é, a reação imediata à provocação; (III) *"logo em seguida":* trata-se de requisito temporal. Exige-se a reação imediata à provocação injusta, de modo que não incidirá o privilégio se o crime, por exemplo, for premeditado ou praticado muito tempo após a provocação; (IV) *provocação injusta do ofendido:* é aquela sem motivo razoável.

Homicídio passional: É a hipótese em que a paixão amorosa induz o agente a eliminar a vida da pessoa amada. O homicídio passional, na sistemática penal vigente, não merece, por si só, qualquer contemplação, mas pode revestir-se das características de crime privilegiado desde que se apresentem concretamente todas as condições do § 1º do art. 121 do CP.

(5) Homicídio privilegiado. Concurso com circunstâncias qualificadoras: Entendem os Tribunais Superiores ser possível a coexistência de circunstância subjetiva que constitua o privilégio com circunstância objetiva (meio e modo de execução) que constitua a qualificadora: STF, HC 76196/GO, 2ª T., Rel. Maurício Correa, j. 29-9-1998; STJ, HC 28623/PR, 6ª T., Rel. Hamilton Carvalhido, j. 27-9-2005; STJ, REsp 515350/RS, 5ª T., Rel. Gilson Dipp, j. 18-9-2003; STJ, REsp 326118/MS, 6ª T., Rel. Vicente Leal, j. 14-5-2002. Inadmite-se, contudo, a coexistência de circunstâncias subjetivas. Assim, são incompatíveis, por exemplo, o motivo de relevante valor social ou moral (circunstância privilegiadora) e o motivo fútil (circunstância qualificadora subjetiva). *Em sentido contrário:* E. Magalhães Noronha, *Direito penal,* cit., v. 2, p. 26. Admitindo-se a figura híbrida do homicídio qualificado-privilegiado, o mesmo não será considerado crime hediondo, pois, nos termos do art. 67 do CP, as circunstâncias subjetivas (privilegiadoras) serão preponderantes.

(6) Homicídio privilegiado e Tribunal do Júri: O art. 413, § 1º, do CPP, dispõe expressamente que "A fundamentação da pronúncia limitar-se-á à indicação da materialidade do fato e da existência de indícios suficientes de autoria ou participação, devendo o juiz declarar o dispositivo legal em que julgar incurso o acusado e especificar as circunstâncias qualificadoras e as causas de aumento de pena". Quanto à ordem dos quesitos, cumpre trazer à baila o teor do art. 483 do CPP. Assim, os jurados deverão ser indagados sobre: 1º) a materialidade do fato; 2º) a autoria ou participação; 3º) se o acusado deve ser absolvido; 4º) se existe causa de diminuição de pena alegada pela defesa; 5º) se existe circunstância qualificadora ou causa de aumento de pena reconhecidas na pronúncia ou em decisões posteriores que julgaram admissível a acusação. Cumpre consignar que, na antiga sistemática do Código de Processo Penal, a Súmula 162 do STF já dispunha que a tese da defesa referente ao homicídio privilegiado deveria preceder os quesitos da acusação.

(7) Comunicabilidade: As circunstâncias subjetivas ou de caráter pessoal, em regra, não se comunicam, sendo irrelevante se o coautor ou partícipe delas tinha conhecimento. De tal forma, a circunstância subjetiva que caracteriza o privilégio não se comunica aos demais agentes (*vide* CP, art. 30).

Homicídio qualificado

§ 2º Se o homicídio é cometido:

I – mediante paga ou promessa de recompensa, ou por outro motivo torpe;

II – por motivo fútil;

III – com emprego de veneno, fogo, explosivo, asfixia, tortura ou outro meio insidioso ou cruel, ou de que possa resultar perigo comum;

IV – à traição, de emboscada, ou mediante dissimulação ou outro recurso que dificulte ou torne impossível a defesa do ofendido;

V – para assegurar a execução, a ocultação, a impunidade ou vantagem de outro crime;

Feminicídio

VI – contra a mulher por razões da condição de sexo feminino:

Pena – reclusão, de 12 (doze) a 30 (trinta) anos.

(1) Natureza jurídica: Trata-se de causa especial de aumento da pena. As circunstâncias qualificadoras dizem respeito aos motivos determinantes do crime e aos meios e modos de execução, sendo certo que, se constituírem, ao mesmo tempo, circunstâncias agravantes, estas deverão ser repelidas na aplicação da pena, sob pena de *bis in idem*.

(2) Crime hediondo: O crime de homicídio doloso qualificado, tentado ou consumado, é considerado crime hediondo, nos termos do art. 1º, I, da Lei n. 8.072/90.

(3) Mediante paga ou promessa de recompensa (§ 2º, I): É chamado de homicídio mercenário. Constitui qualificadora subjetiva, já que diz respeito ao motivo que levou o agente a cometer o delito. Por constituir circunstância subjetiva, não se comunica aos demais coautores ou partícipes, nos termos do art. 30. Quanto ao caráter da paga ou promessa de recompensa, há duas posições: (a) Não necessita ser em pecúnia, mas deve ter valor econômico. *Nesse sentido:* Nélson Hungria, *Comentários*, cit., v. V, p. 164, e E. Magalhães Noronha, *Direito penal*, cit., v. 2, p. 248. (b) Para Damásio de Jesus, a paga ou recompensa pode ser promessa de casamento, emprego (*Código Penal anotado*, cit., p. 392).

(4) Outro motivo torpe (§ 2º, I): Trata-se de interpretação analógica, pois há uma enumeração casuística (mediante paga ou promessa de recompensa), após o que se segue uma formulação genérica (ou outro motivo torpe). *Torpe* é considerado o motivo moralmente reprovável, abjeto, desprezível, vil, que suscita a aversão ou repugnância geral, por exemplo, matar alguém para receber uma herança.

(5) Motivo fútil (§ 2º, II): Também constitui qualificadora subjetiva, uma vez que se refere aos motivos do crime. Fútil é o motivo insignificante, mesquinho, desproporcional, por exemplo, matar o motorista de um veículo em virtude de uma briga no trânsito. Não se deve, contudo, confundir o motivo fútil com o injusto, pois este, embora em desacordo com o direito ou a ética, pode não ser desproporcional. *Nesse sentido:* Nélson Hungria. *Comentários*, cit., v. V, p. 164. Quanto à ausência de motivo, para Damásio de Jesus, *Código Penal anotado*, cit., p. 392 e Celso Delmanto e outros, *Código Penal comentado*, cit., p. 233, não pode equivaler ao motivo fútil. *Em sentido contrário:* RT 400/133, 511/357, 622/332.

(6) Veneno (§ 2º, III): Como as demais circunstâncias do inciso III, trata-se de qualificadora objetiva, pois diz respeito a um dos modos de execução do crime. *Venefício* é o homicídio praticado com o emprego de veneno. O ministramento da substância jamais poderá ser realizado mediante a utilização de violência. É da essência da qualificadora que ele se dê de maneira insidiosa ou dissimulada, portanto, sem o conhecimento da vítima.

Fogo ou explosivo: Constitui meio cruel para a prática do homicídio. Conforme o caso, o emprego de fogo poderá caracterizar meio que resulte perigo comum.

Asfixia: Pode ser mecânica (estrangulamento, enforcamento, esganadura, afogamento, soterramento ou sufocação da vítima) ou tóxica (produzida por gases asfixiantes).

Tortura: É o meio cruel por excelência, por exemplo: mutilar a vítima (decepar os dedos, as mãos, as orelhas); mas também pode ser moral, desde que aumente o sofrimento da ofendida; por exemplo, eliminar pessoa cardíaca provocando-lhe sucessivos traumas morais. O homicídio qualificado mediante o emprego de tortura não se confunde com a figura do art. 1º, § 3º, da Lei de Tortura (tortura qualificada pelo resultado morte), pois este constitui crime preterdoloso. O agente atua com dolo em relação à tortura e com culpa em relação ao resultado agravador (morte). No entanto, nada impede o concurso material entre o crime de homicídio simples e o delito de tortura; por exemplo, o agente fura os olhos da vítima com o intuito de obter uma informação e depois provoca sua morte mediante disparo de arma de fogo.

Meio insidioso: A lei se refere a qualquer outro meio insidioso. Trata-se de fórmula genérica logo após uma enumeração casuística (emprego de veneno, fogo, explosivo, asfixia, tortura). Os meios que qualificam o crime devem ter a mesma natureza do conteúdo da parte exemplificativa. *Meio insidioso* é aquele dissimulado na sua eficiência maléfica, e do qual a vítima não tem ciência, por exemplo, armadilha, sabotagem etc.

Meio cruel: A lei se refere a qualquer outro meio cruel. Trata-se de outra fórmula genérica. É o que causa sofrimento desnecessário à vítima ou revela uma brutalidade incomum, em contraste com o mais elementar sentimento de piedade humana, por exemplo, esfolamento, pisoteamento. Deve a vítima estar viva, pois, do contrário, poderá estar caracterizado o crime de destruição de cadáver (CP, art. 211) em concurso material com o homicídio simples.

Meio de que possa resultar perigo comum: A lei se refere a qualquer outro meio de que possa resultar perigo comum. Temos, mais uma vez, uma fórmula genérica (ou outro meio insidioso ou cruel, ou de que possa resultar perigo comum) logo após uma enumeração casuística (emprego de veneno, fogo, explosivo, tortura). Trata-se aqui da utilização de meio que possa expor a perigo um número indeterminado de pessoas. Distingue-se do crime de perigo comum, um vez que, no homicídio qualificado, a finalidade do agente não é a de colocar em risco a incolumidade pública, mas provocar a morte de determinada pessoa. Para Damásio de Jesus, *Código Penal anotado*, cit., p. 121, e Nélson Hungria, *Comentários*, cit., v. V, p. 167-168, poderá haver concurso formal do crime em estudo com o crime de perigo comum.

(7) Traição (§ 2º, IV): O inciso IV cuida daqueles recursos que comprometem total ou parcialmente a defesa do ofendido. O agente, em tais hipóteses, esconde o seu desígnio criminoso, agindo de forma inesperada, sorrateira. A insídia deve estar sempre presente para a configuração da qualificadora. É o caso da traição. Na doutrina e jurisprudência, em todas as definições de traição, ora se exige a quebra de fidelidade ou confiança, ora se exige apenas o ataque brusco e de inopino. Entendemos que a traição só pode configurar-se quando há quebra de fidelidade e lealdade entre a vítima e o agente. O ataque brusco e de inopino, na realidade, configura a "surpresa".

Emboscada: É a tocaia. No caso, o agente se oculta com o fito de aguardar a passagem da vítima.

Dissimulação: Pode-se dar de duas formas: quando o agente esconde o seu propósito delituoso, sendo a vítima pega de surpresa, e quando há emprego de aparato ou disfarce para a prática do crime.

Qualquer outro recurso que dificulte ou torne impossível a defesa do ofendido: Verifica-se aqui mais uma hipótese de interpretação analógica em que, logo após um casuísmo (traição, emboscada e dissimulação), encontra-se designação genérica, a qual deverá se assemelhar às hipóteses anteriormente arroladas. É o caso do crime praticado mediante surpresa, a qual impede ou dificulta a defesa do ofendido.

(8) Assegurar a execução, a ocultação, a impunidade ou vantagem de outro crime (§ 2º, V): Trata-se aqui, mais uma vez, de uma qualificadora de natureza subjetiva, na medida em que diz respeito aos motivos determinantes do crime. Exemplo: o agente mata o caseiro para furtar os objetos do interior da residência, isto é, para assegurar a execução de outro crime. A lei faz menção a "crime", o que exclui a contravenção penal, podendo o fato configurar a qualificadora do motivo torpe ou fútil. Convém lembrar que, nos crimes conexos, a extinção da punibilidade de um deles não impede, quanto aos outros, a agravação da pena decorrente da conexão.

(9) Feminicídio (§ 2º, VI): Incluída pela Lei n. 13.104, de 9-3-2015, trata de uma qualificadora de natureza subjetiva, na medida em que diz respeito aos motivos determinantes do crime. Consiste em praticar homicídio doloso qualificado contra vítima mulher por razões da condição de sexo feminino. Consideram-se razões de condição do sexo feminino, nos termos do novo § 2º-A, quando o crime envolve violência doméstica e familiar e/ou menosprezo ou discriminação à condição de mulher. Para buscarmos o real alcance da expressão violência doméstica e familiar contra a mulher, devemos nos valer do conceito expresso no art. 5º, *caput*, da Lei Maria da Penha (Lei n. 11.340/2006): "configura violência doméstica e familiar contra a mulher qualquer ação ou omissão baseada no gênero que lhe cause morte, lesão, sofrimento físico, sexual ou psicológico e dano moral ou patrimonial: I – no âmbito da unidade doméstica, compreendida como o espaço de convívio permanente de pessoas, com ou sem vínculo familiar, inclusive as esporadicamente agregadas; II – no âmbito da família, compreendida como a comunidade formada por indivíduos que são ou se consideram aparentados, unidos por laços naturais, por afinidade ou por vontade expressa; III – em qualquer relação íntima de afeto, na qual o agressor conviva ou tenha convivido com a ofendida, independentemente de coabitação".

Além do dolo de matar, é necessário atingir vítima mulher por motivação relacionada com a condição de sexo feminino – dolo específico ou elemento subjetivo do injusto. De qualquer forma, todo feminicídio é espécie do gênero homicídio doloso qualificado. O feminicídio, dessa forma, é crime doloso contra a vida e, portanto, seguirá o rito especial do Tribunal do Júri para a responsabilidade criminal do feminicida (arts. 406 a 497 do CPP).

O sujeito passivo é a mulher. Por força do princípio da legalidade estrita, a tutela do feminicídio não protege o transexual, pois não caberia analogia *in malan partem*.

Não será possível cumular a agravante genérica do art. 61, II, *f* (crime praticado com violência contra a mulher), com o crime de feminicídio (art. 121, § 2º, VI, CP), pois representaria *bis in idem*, vedado pelo direito penal brasileiro.

Não poderá existir feminicídio-privilegiado, pois tanto o privilégio quanto o dolo específico do feminicídio são de natureza subjetiva e, portanto, incompatíveis, como as demais hipóteses de homicídio doloso qualificado por motivação específica (motivo torpe, motivo fútil etc.).

O feminicídio, seguindo a coerência normativa, é crime hediondo. A Lei n. 13.104/2015, que alterou o CP para incluir o feminicídio, também modificou expressamente a Lei dos Crimes Hediondos para incluir o inciso VI do art. 121, § 2º, no rol do art. 1º da Lei n. 8.072/90: "...e homicídio qualificado (art. 121, § 2º, I, II, III, IV, V e VI);".

(10) Circunstância qualificadora. Pluralidade: Vide comentários ao CP, art. 68.

(11) Comunicabilidade: As circunstâncias qualificadoras quando tiverem caráter subjetivo (motivos determinantes do crime, por exemplo, motivo fútil, homicídio praticado mediante paga ou promessa de recompensa) não se comunicam jamais ao partícipe. No entanto, se tiverem caráter objetivo, por exemplo, homicídio cometido mediante emprego de fogo ou explosivo, e o partícipe tiver conhecimento do seu emprego, haverá a comunicação da circunstância (*vide* CP, art. 30).

Homicídio culposo

§ 3º Se o homicídio é culposo:

Pena – detenção, de 1 (um) a 3 (três) anos.

(1) Homicídio culposo: Diz-se o crime culposo quando o agente deu causa ao resultado por imprudência, negligência ou imperícia (CP, art. 18, II). Estaremos então diante de um homicídio culposo sempre que o evento morte decorrer da quebra do dever de cuidado por parte do agente mediante uma conduta imperita, negligente ou imprudente, cujas consequências do ato descuidado, que eram previsíveis, não foram previstas pelo agente, ou, se foram, ele não assumiu o risco do resultado (*vide* comentários ao art. 18, II).

(2) Elementos do fato típico culposo: São os seguintes: (a) conduta (sempre voluntária); (b) resultado involuntário; (c) nexo causal; (d) tipicidade; (e) previsibilidade objetiva: é a possibilidade de qualquer pessoa dotada de prudência mediana prever o resultado. São elementos da culpa: (f) ausência de previsão (na culpa consciente inexiste esse elemento); e (g) quebra do dever objetivo de cuidado (por meio da imprudência, imperícia ou negligência).

(3) Homicídio culposo. Tentativa: Não cabe tentativa em crime culposo, na medida em que a vontade do agente não está dirigida para a produção do evento criminoso, nem mesmo assume o risco de produzi-lo. Tentativa é iniciar a execução de um crime *querendo* a produção do resultado, mas não o realizando por circunstâncias alheias à sua vontade. Pressupõe, portanto, ação dolosa.

(4) Concurso de crimes. Homicídio culposo: É possível a continuidade delitiva. Assim, o enfermeiro que, por descuido, diariamente ministra doses de medicamento trocado aos seus pacientes, vindo eles a falecer por não receberem a medicação própria, responderá por homicídio culposo em continuidade delitiva, embora o tema seja controverso (*vide* também CP, art. 71). Também é possível o concurso formal. Assim, o engenheiro que, de forma imperita, construiu um prédio, tendo este desabado, será responsabilizado pelas mortes ocorridas na modalidade do concurso formal, pois, com uma só ação, deu causa a diversos homicídios culposos (concurso formal homogêneo).

(5) Culpa consciente e dolo eventual: *Graus de culpa*; *compensação de culpas*; *concorrência de culpas*; *culpa exclusiva da vítima*; *princípio do risco tolerado*; *princípio da confiança*; *culpa e infração regulamentar*; *culpa e erro profissional ou erro médico*: *vide* comentários ao CP, art. 18, II.

(6) Concurso de pessoas em crime culposo: Vide comentários ao CP, art. 29.

(7) Arrependimento posterior: Tem-se admitido a aplicação do instituto do arrependimento posterior, previsto no art. 16 do CP, em relação ao homicídio culposo. Entende-se que, nesse delito, por ser involuntária a violência, não fica afastada a possibilidade de incidência dessa causa de diminuição de pena. Se a reparação do dano ocorrer após o recebimento da denúncia e antes da sentença de primeira instância, aplica-se a atenuante genérica do art. 65, III, *b*, do CP.

(8) Lei dos Juizados Especiais Criminais: Em face da pena mínima prevista, desde que não incida a causa especial de aumento de pena do § 4º, é cabível a suspensão condicional do processo (art. 89 da Lei dos Juizados Especiais Criminais).

Lei dos Juizados Especiais Criminais. Suspensão condicional do processo. Concurso de crimes: Vide Súmulas 243 do STJ e 723 do STF.

Código de Trânsito Brasileiro

(1) Homicídio culposo e Código de Trânsito Brasileiro – Lei n. 9.503/97: Os crimes de homicídio culposo e lesão corporal culposa praticados na direção de veículo automotor encontram-se, atualmente, tipificados no CTB. Assim, as causas especiais de aumento de pena do § 4º do art. 121 do CP já não se aplicam a esses delitos, tendo o CTB enumerado outras causas de aumento.

Para a incidência das normas do CTB não basta, entretanto, que o fato ocorra no trânsito. As novas regras somente são cabíveis a quem esteja no comando dos mecanismos de controle e velocidade de um veículo automotor.

(2) Sanção penal: A lei prevê, expressamente, a aplicação conjunta da pena de suspensão ou proibição de se obter a permissão ou a habilitação para dirigir veículo com a pena privativa de liberdade.

(3) Ação penal: No homicídio culposo, a ação é pública incondicionada, e, na lesão culposa, é pública condicionada a representação (art. 88 da Lei n. 9.099/95 e art. 291, § 1º, do CTB, com a redação determinada pela Lei n. 11.705/2008). A ação penal será pública incondicionada, no caso do crime de lesão culposa, se o agente estiver em uma das situações descritas nos incisos I a III do § 1º do art. 291. Em tais hipóteses, serão vedados os benefícios dos arts. 74, 76 e 78 da Lei dos Juizados Especiais Criminais, e deverá ser instaurado inquérito policial, não cabendo mais o termo circunstanciado (CTB, art. 291, § 2º).

(4) Causas de aumento de pena: Estão previstas no art. 302, parágrafo único, do CTB. No homicídio culposo (e lesão culposa) cometido na direção de veículo automotor, a pena é aumentada de um terço à metade, se o agente: (a) *Não possuir Permissão para Dirigir ou Carteira de Habilitação (inciso I)*: nessa hipótese, não poderá ser também reconhecido o crime autônomo de dirigir veículo na via pública sem permissão ou habilitação porque este já constitui majorante do homicídio (ou lesão corporal). N*esse sentido*: STJ, HC 25082/SP, 5ª T., Relª Minª Laurita Vaz, j. 18-3-2004, *DJ* 12-4-2004, p. 222. *No mesmo sentido*: STF, HC 80422/MG, 1ª T., Rel. Min. Ilmar Galvão, j. 28-11-2000, *DJ* 2-3-2001, p. 2. (b) *Praticá-lo em faixa de pedestres ou na calçada (inciso II)*. (c) *Deixar de prestar socorro, quando possível fazê-lo sem risco pessoal, à vítima do acidente (inciso III)*: aplica-se ao condutor de veículo que tenha agido de forma culposa. Haverá, no entanto, o crime de omissão de socorro de trânsito (CTB, art. 304), se o agente, não tendo agido com imprudência, negligência ou imperícia, deixar de prestar socorro à vítima. (d) *No exercício de sua profissão ou atividade, estiver conduzindo veículo de transporte de passageiros (inciso IV)*. (e) *Se estiver sob a influência de álcool ou substância tóxica ou entorpecente de efeitos análogos (inciso V)*: o inciso V do parágrafo único do art. 302, acrescentado pela Lei n. 11.275, de 7 de fevereiro de 2006, foi suprimido pela nova Lei n. 11.705, de 19 de junho de 2008. Previa o mencionado dispositivo legal uma causa especial de aumento de pena incidente sobre o crime de homicídio culposo (e lesão corporal culposa) na hipótese em que o agente estivesse sob a influência de álcool ou substância tóxica ou entorpecente de efeitos análogos.

(5) Compensação de culpas: "Não há em matéria penal compensação de culpas. Assim, nos delitos de trânsito, por exemplo, a desatenção, a conduta leviana da vítima não exime a responsabilidade do agente se este, de sua parte, desatendeu ao dever de cuidado. Somente em caso de culpa única e exclusiva da vítima, que se expôs de forma imprevisível, é que não haverá crime. Por sua vez, quando dois motoristas agem com imprudência, dando causa, cada qual, a lesões no outro, respondem ambos pelo crime. E, finalmente, quando a soma das condutas culposas de dois condutores provoca a morte de terceiro, existe a chamada *culpa concorrente*, em que ambos respondem pelo crime" (cf. Fernando Capez, *Legislação penal especial*, São Paulo: Saraiva, 2006, v. 4).

(6) Concurso de crimes do CTB e absorção: (a) Na hipótese em que ocorrer o crime de lesões corporais ou homicídio culposo, alguns delitos previstos no CTB, que caracterizam uma situação de perigo (dano potencial), restarão absorvidos pelo crime material. (b) Na hipótese em que o agente atropela a vítima e foge do local do acidente, responderá pelo crime de homicídio culposo na forma majorada (pela omissão de socorro, cf. art. 302, parágrafo único, inciso III) em concurso com o crime de fuga do local do acidente (CTB, art. 301), cuja objetividade jurídica tutelada é a administração da justiça.

(7) Racha: Dispõe o art. 308 do CTB acerca do crime de *participação em competição não autorizada*. Trata-se da antiga contravenção de direção perigosa (LCP, art. 34). Se em decorrência da disputa ocorre um acidente do qual resulte morte, haverá absorção pelo crime de homicídio culposo. Dependendo do caso concreto (modo como se desenrolou a disputa) é até possível o reconhecimento de homicídio doloso, pois não é demasiado entender que pessoas que se dispõem a tomar parte em disputas imprimindo velocidade extremamente acima do limite e ainda em locais públicos *assumem o risco* de causar a morte de alguém. *No mesmo sentido*, inclusive, há decisão do Superior Tribunal de Justiça: "Não se pode generalizar a exclusão do dolo eventual em delitos praticados no trânsito. (...) O dolo eventual, na prática, não é extraído da mente do autor, mas, isto sim, das circunstâncias. Nele, não se exige que resultado seja aceito como tal, o que seria adequado ao dolo direto, mas, isto sim, que a aceitação se mostre no plano do possível, provável. O tráfego é atividade própria de risco permitido. O 'racha', no entanto, é, em princípio, anomalia extrema que escapa dos limites próprios da atividade regulamentada. Recurso não conhecido" (STJ, REsp 249604/SP, 5ª T., Rel. Min. Felix Fischer, j. 24-9-2002, *DJ* 21-10-2002).

Súmula:
Súmula 6 do STJ: "Compete à Justiça Comum Estadual processar e julgar delito decorrente de acidente de trânsito envolvendo viatura de Polícia Militar, salvo se autor e vítima forem policiais militares em situação de atividade".

Aumento de pena

§ 4º No homicídio culposo, a pena é aumentada de 1/3 (um terço), se o crime resulta de inobservância de regra técnica de profissão, arte ou ofício, ou se o agente deixa de prestar imediato socorro à vítima, não procura diminuir as consequências do seu ato, ou foge para evitar prisão em flagrante. Sendo doloso o homicídio, a pena é aumentada de 1/3 (um terço) se o crime é praticado contra pessoa menor de 14 (quatorze) ou maior de 60 (sessenta) anos. *(Redação dada pela Lei n. 10.741/2003)*

Causa especial de aumento de pena (§ 4º, 1ª parte)

(1) Homicídio culposo. Causa especial de aumento de pena: As disposições do § 4º, com a instituição do Código de Trânsito Brasileiro, pela Lei n. 9.503, de 23-9-1997, já não são aplicáveis ao homicídio culposo praticado na direção de veículo automotor, pois este crime passou a ser tipificado pelo CTB. Finalmente, é importante frisar que o § 4º do art. 121 contém causas especiais de aumento de pena que, por isso, incidem na terceira fase de sua aplicação. Não se constituem em qualificadoras, pois não alteram os limites abstratos da pena.

(2) Inobservância de regra técnica de profissão, arte ou ofício: O agente tem conhecimento da regra técnica, porém a desconsidera.

(3) Se o agente deixa de prestar imediato socorro à vítima: O agente, após dar causa ao evento ilícito de forma culposa, omite-se no socorro necessário a evitar que a vítima continue a correr perigo de vida ou de saúde. Para que haja a causa de aumento, a mesma pessoa que criou a situação é obrigada a prestar o socorro. No crime autônomo de omissão de socorro (CP, art. 135), a pessoa que está obrigada a prestar o socorro não se confunde com quem causou a situação de perigo.

Falecimento da vítima: Caso a vítima faleça no momento do fato, sem que necessite de imediato socorro, discute-se se deveria o agente responder pela causa de aumento. Trata-se de crime impossível pela impropriedade absoluta do objeto (CP, art. 17), pois não há falar em socorro sem pessoa que precise ser socorrida. O STF, no entanto, decidiu ser tal alegação improcedente, pois "ao paciente não cabe proceder à avaliação quanto à eventual ausência de utilidade de socorro. 6. *Habeas corpus* indeferido" (STF, HC 84380, 2ª T., Rel. Min. Gilmar Mendes, j. 5-4-2005, *DJ* 3-6-2005, p. 47). O parágrafo único do art. 304 do CTB prevê a configuração do crime de omissão de socorro pelo condutor de veículo, ainda que se trate de vítima "com morte instantânea ou com ferimentos leves".

Gravidade das lesões: Segundo o STJ, "a prestação de socorro é dever do agressor, não cabendo ao mesmo levantar suposições acerca das condições físicas da vítima, medindo a gravidade das lesões que causou e as consequências de sua conduta, sendo que a determinação do momento e causa da morte compete, em tais circunstâncias, ao especialista legalmente habilitado" (STJ, REsp 277403/MG, 5ª T., Rel. Min. Gilson Dipp, j. 4-6-2002, *DJ* 2-9-2002).

Ameaça para vida ou integridade física: Se havia ameaça para a vida ou integridade física daquele que deu causa ao evento, também não há falar em omissão de socorro. Ausente a ameaça, a prestação do socorro é dever do agente. *Nesse sentido:* STJ, REsp 277403/MG, 5ª T., Rel. Min. Gilson Dipp, j. 4-6-2002, *DJ* 2-9-2002.

Extinção da punibilidade: Há julgado do STJ, ao tratar da omissão de socorro como causa de aumento de pena no crime de lesão corporal culposa, no sentido de que "1. Extinta a punibilidade do crime de lesão corporal culposa na direção de veículo, por ausência de representação por parte da vítima, configura constrangimento ilegal o prosseguimento da ação com relação ao crime de omissão de socorro, uma vez que, pelo princípio da consunção, se encontra absorvido pela conduta delitiva de maior gravidade" (STJ, HC 13561/MG, 5ª T., Rel. Min. Edson Vidigal, j. 21-11-2000, *DJ* 18-12-2000, p. 221).

(4) O agente não procura diminuir as consequências do seu ato: Essa hipótese já se encontra englobada na anterior (omissão de socorro).

(5) Se o agente foge para evitar prisão em flagrante: Busca-se evitar que o agente deixe o local da infração, dificultando o trabalho da Justiça e buscando a impunidade.

(6) Homicídio culposo e Código de Trânsito Brasileiro – Lei n. 9.503/97: Vide comentários acima.

Causa especial de aumento de pena (§ 4º, 2ª parte)

(1) Natureza jurídica: Cuida-se de causa obrigatória de aumento de pena, aplicável à modalidade dolosa do delito de homicídio.

(2) Homicídio contra menor de 14 anos: Em face do disposto no art. 227, § 4º, da CF, o Estatuto da Criança e do Adolescente (Lei n. 8.069/90) determinou a majoração da pena (agravamento de 1/3 – CP, art. 121, § 4º, 2ª parte) nas hipóteses de homicídio doloso praticado contra vítima menor de 14 anos. Será menor de 14 anos até as 24 horas do dia anterior ao dia do seu aniversário. A pessoa completa 14 anos no primeiro minuto do dia do seu aniversário. De acordo com o art. 4º do CP, a idade da vítima deve ser levada em consideração no momento da ação ou omissão, ou seja, da conduta e não da efetiva produção do resultado.

(3) Homicídio contra maior de 60 anos: Referida majorante foi inserida no art. 121, § 4º, pela Lei n. 10.741, de 1º-10-2003 (Estatuto do Idoso). A incidência dessa causa de aumento afasta a circunstância agravante genérica prevista no art. 61, II, *h*, do CP (delito cometido contra criança ou maior de 60 anos), sob pena da ocorrência de *bis in idem*.

> § 5º Na hipótese de homicídio culposo, o juiz poderá deixar de aplicar a pena, se as consequências da infração atingirem o próprio agente de forma tão grave que a sanção penal se torne desnecessária. *(Acrescentado pela Lei n. 6.416/77)*

(1) Conceito: O perdão judicial está previsto no art. 121, § 5º, do CP: Trata-se de causa de extinção da punibilidade aplicável à modalidade culposa do delito de homicídio. Ocorre nas hipóteses de homicídio culposo em que as consequências da infração atingiram o agente de forma tão grave que acaba por se tornar desnecessária a aplicação da pena.

(2) Natureza jurídica do perdão judicial: Vide comentários ao art. 107, IX, do CP.

(3) Natureza jurídica da sentença que concede o perdão judicial: Vide comentários ao art. 107, IX, do CP e *Súmula 18 do STJ*.

(4) Efeito extensivo: O perdão judicial tem aplicação extensiva, não se limitando ao crime de que se trata. Assim, se num mesmo contexto o agente mata culposamente seu filho e um estranho, o perdão judicial estender-se-á a ambos os delitos. Nesse sentido, já decidiu o STJ: "Processo Penal. Acidente automobilístico. Perdão judicial. Concessão. Benefício que aproveita a todos. Sendo o perdão judicial uma das causas de extinção de punibilidade (art. 107, inciso IX, do CP), se analisado conjuntamente com o art. 51, do Código de Processo Penal ("o perdão concedido a um dos querelados aproveitará a todos ..."), deduz-se que o benefício deve ser aplicado a todos os efeitos causados por uma única ação delitiva. O que é reforçado pela interpretação do art. 70, do Código Penal brasileiro, ao tratar do concurso formal, que determina a unificação das penas, quando o agente, mediante uma única ação, pratica dois ou mais crimes, idênticos ou não. Considerando-se, ainda, que o instituto do Perdão Judicial é admitido toda vez que as consequências do fato afetem o respectivo autor, de forma tão grave que a aplicação da pena não teria sentido, injustificável se torna sua cisão. Precedentes. Ordem concedida para que seja estendido o perdão judicial em relação à vítima (...), amigo do paciente, declarando-se extinta a punibilidade, nos termos do art. 107, IX, do CP" (STJ, HC 21442/SP, 5ª T., Rel. Min. Jorge Scartezzini, j. 7-11-2002, *DJ* 9-12-2002, p. 361. *No mesmo sentido*: HC 14348/SP, 5ª T., Rel. Min. Jorge Scartezzini, j. 3-4-2001, *DJ* 20-8-2001, p. 498).

Súmula:

Súmula 18 do STJ: "A sentença concessiva do perdão judicial é declaratória da extinção da punibilidade, não subsistindo qualquer efeito condenatório".

§ 6º A pena é aumentada de 1/3 (um terço) até a metade se o crime for praticado por milícia privada, sob o pretexto de prestação de serviço de segurança, ou por grupo de extermínio. *(Incluído pela Lei n. 12.720/2012)*

(1) Homicídio praticado por milícia privada. Causa especial de aumento de pena: A Lei n. 12.720, de 27 de setembro de 2012, tipificou um novo delito no Código Penal: a Constituição de milícia privada (art. 288-A). A lei pune as condutas de constituir, organizar, integrar, manter ou custear organização paramilitar, milícia particular, grupo ou esquadrão com a finalidade de praticar qualquer dos crimes previstos neste Código Penal. E imputa pena em abstrato de reclusão de 4 a 8 anos. Após a tipificação do novo crime, a mesma lei fez inserir no delito de homicídio (o § 6º ora comentado) e no de lesão corporal grave (art. 129, § 7º) causas especiais de aumento de pena. No homicídio, o aumento dar-se-á de 1/3 até 1/2 se o crime for praticado por milícia privada, sob o pretexto de prestação de serviço de segurança, ou por grupo de extermínio.

(2) Finalidade específica prevista no § 6º: Para caracterizar a conduta agravada pela causa de aumento de pena, é necessário que o homicídio tenha sido praticado sob o pretexto de prestação de serviço de segurança, quando agindo sob a roupagem de milícia privada. Quando praticado o homicídio em atividade típica de grupo de extermínio, a causa de aumento incidirá independentemente da finalidade especial do agente em ter o pretexto de prestação de serviço de segurança, por razão da localização topográfica das informações na redação do § 6º, e por conta da própria essência da atividade dos grupos de extermínio, que possuem, por si sós, o simples desejo de exterminar a vida humana alheia.

(3) Legalidade estrita e carência conceitual legislativa: O legislador inseriu no § 6º causa especial de aumento de pena quando o homicídio for praticado em atividade típica de grupo de exter-

mínio ou praticado por milícia privada. Entretanto, não conceituou na Lei n. 12.720 tais grupos, o que dificulta a fiel aplicação da lei penal. Para dificultar ainda mais, no art. 288-A ainda trouxe as expressões "milícia privada", "grupo de extermínio", "organização paramilitar", "grupo", "esquadrão", também desacompanhados de conceitos. Compete à doutrina conceituar tais expressões, e remetemos o leitor para os comentários ao art. 288-A do Código Penal.

> § 7º A pena do feminicídio é aumentada de 1/3 (um terço) até a metade se o crime for praticado:
>
> I – durante a gestação ou nos 3 (três) meses posteriores ao parto;
>
> II – contra pessoa menor de 14 (catorze) anos, maior de 60 (sessenta) anos ou com deficiência;
>
> III – na presença de descendente ou de ascendente da vítima.

Causa especial de aumento de pena (§ 7º)

(1) Natureza jurídica: Cuida-se de causa obrigatória de aumento de pena, aplicável à modalidade dolosa do delito de feminicídio.

(2) Feminicídio contra menor de 14 anos: Em face do disposto no art. 227, § 4º, da CF, o Estatuto da Criança e do Adolescente (Lei n. 8.069/90) determinou a majoração da pena (agravamento de 1/3 até metade – CP, art. 121, § 7º) nas hipóteses de homicídio doloso praticado contra vítima menor de 14 anos. A pessoa será menor de 14 anos até as 24 horas do dia anterior ao dia do seu aniversário – ela completa 14 anos no primeiro minuto do dia do seu aniversário. De acordo com o art. 4º do CP, a idade da vítima deve ser levada em consideração no momento da ação ou omissão, ou seja, da conduta, e não da efetiva produção do resultado.

(3) Feminicídio contra maior de 60 anos: Referida majorante foi inserida no art. 121, § 7º, pela Lei n. 13.104, de 9-3-2015. A incidência dessa causa de aumento afasta a circunstância agravante genérica prevista no art. 61, II, *h*, do CP (delito cometido contra criança ou maior de 60 anos), sob pena da ocorrência de *bis in idem*.

Induzimento, instigação ou auxílio a suicídio

Art. 122. Induzir ou instigar alguém a suicidar-se ou prestar-lhe auxílio para que o faça:

Pena – reclusão, de 2 (dois) a 6 (seis) anos, se o suicídio se consuma; ou reclusão, de 1 (um) a 3 (três) anos, se da tentativa de suicídio resulta lesão corporal de natureza grave.

(1) Objeto jurídico: Embora a lei não puna o suicídio, ela incrimina o comportamento de quem induz, instiga ou auxilia outrem a suicidar-se, tendo em vista a indisponibilidade do bem jurídico vida. Assim, tutela o Direito Penal o direito à vida e sua preservação. Convém notar que o art. 146, § 3º, do CP prevê não constituir crime de constrangimento ilegal: "(a) a intervenção médica ou cirúrgica, sem o consentimento do paciente ou de seu representante legal, se justificada por iminente perigo de vida; (b) a coação exercida para impedir o suicídio".

(2) Ação nuclear: Trata-se de crime de ação múltipla. A participação pode ser moral, como no ato de *induzir* (suscitar a ideia, sugerir o suicídio) ou *instigar* (significa reforçar, estimular, encorajar um desejo já existente) o suicídio; ou pode ser material, como no ato de *auxiliar* (consiste na prestação de ajuda material, que tem caráter meramente secundário) o suicídio. Se há cooperação direta no ato executivo do suicídio, o crime passa a ser de homicídio, por exemplo, injetar a seringa com veneno naquele que pretende suicidar-se. A participação pode dar-se antes ou durante a prática do suicídio. A participação há de revelar-se efetiva, como causa do atentado levado a efeito pela própria vítima (nexo de causalidade). Acerca da possibilidade da participação mediante omissão, há controvérsia na doutrina: (a) É possível se o agente tem o dever jurídico de impedir o resul-

tado. *Nesse sentido:* E. Magalhães Noronha, *Direito penal*, cit., v. 2, p. 34; (b) não é possível, pois prestar auxílio é sempre conduta comissiva. *Nesse sentido:* José Frederico Marques, *Tratado*, cit., v. 4, p. 130 e Damásio de Jesus, *Código Penal anotado*, cit., p. 408.

(3) Sujeito ativo: Qualquer pessoa pode praticar o crime de participação no suicídio. Convém notar que, se o próprio suicida, ao atirar contra si próprio, erra o alvo e atinge terceira pessoa, ocorrerá *aberratio ictus*, respondendo ele pelo homicídio culposo.

(4) Sujeito passivo: Qualquer pessoa pode ser vítima do crime em estudo. A vítima deve ser determinada. Deverá, contudo, possuir capacidade de resistência ou discernimento, do contrário, estaremos diante do crime de homicídio (por exemplo: vítima coagida a praticar o suicídio). Se a vítima pratica o suicídio induzida em erro, por exemplo, tendo ela sido levada a crer que a arma é de brinquedo, haverá também o homicídio.

(5) Elemento subjetivo: É o dolo direto, consistente na vontade livre e consciente de concorrer para que a vítima se suicide. A seriedade deve estar presente na conduta do agente. Admite-se o dolo eventual, por exemplo, maus-tratos continuadamente infligidos contra a vítima, em que o sujeito ativo prevê a ocorrência do suicídio e assume o risco. *Nesse sentido:* E. Magalhães Noronha, *Direito penal*, cit., v. 2, p. 37. Não é possível a ocorrência de participação culposa neste delito.

(6) Momento consumativo: O crime de participação no suicídio somente se consuma com a produção do resultado morte ou lesões corporais de natureza grave. Trata-se de delito material. A prescrição do crime, inclusive, somente se inicia com a ocorrência do resultado morte ou lesão corporal grave, pois é nesse momento que se tem a configuração da infração. Convém notar que, dependendo do resultado produzido, as penas serão distintas (pena de reclusão, de dois a seis anos na hipótese da produção do evento morte; ou de reclusão, de um a três anos, na hipótese da produção de lesões corporais de natureza grave). Se houver lesão corporal leve ou a vítima não sofrer nenhuma lesão, o fato não é punível.

(7) Perícias médico-legais (exame necroscópico e exumação): Vide comentários ao art. 121 do CP.

(8) Tentativa: Não se admite a tentativa de participação no suicídio, embora, em tese, fosse possível. É que, de acordo com o Código Penal, se não houver a ocorrência de morte ou lesão corporal de natureza grave, o fato é atípico.

(9) Ação penal. Procedimento: Trata-se de crime de ação penal pública incondicionada. Por se tratar de crime doloso contra a vida, o delito de auxílio, induzimento ou instigação ao suicídio insere-se na competência do Tribunal do Júri, de modo que os processos de sua competência seguem o rito procedimental escalonado (CPP, arts. 406 e s., com a redação determinada pela Lei n. 11.689/2008).

(10) Lei dos Juizados Especiais Criminais: A pena será de reclusão, de 1 (um) a 3 (três) anos, se da tentativa de suicídio resulta lesão corporal de natureza grave. Nessa hipótese, é perfeitamente cabível a suspensão condicional do processo (art. 89 da Lei n. 9.099/95). *Vide Súmulas 243 do STJ* e *723 do STF*.

Parágrafo único. A pena é duplicada:

Aumento de pena

I – se o crime é praticado por motivo egoístico;

II – se a vítima é menor ou tem diminuída, por qualquer causa, a capacidade de resistência.

(1) Pena: A pena do *caput* será duplicada se presente uma das circunstâncias do parágrafo único do art. 122.

(2) Motivo egoístico: É a vantagem pessoal pretendida pelo partícipe do suicídio. Exemplo: recebimento de herança.

(3) Vítima menor: Para Damásio de Jesus, a faixa etária a que visa a lei compreende o maior de 14 e o menor de 18 anos. Se a vítima tiver mais de 18 anos, aplica-se o *caput*. Se a vítima não for maior de 14 anos, como o seu consentimento é irrelevante, o crime cometido será o de homicídio. Segundo o autor, tal critério não é absoluto, nem sempre incidindo a agravante se a vítima for menor de 18 anos, na medida em que esta pode ser dotada de maturidade suficiente, fato que afastaria o agravamento da pena, pois este tem em vista a menor capacidade de resistência da vítima (cf. Damásio de Jesus, *Direito penal*, cit., v. 2, p. 103).

(4) Capacidade de resistência diminuída por qualquer causa: Por exemplo: embriaguez, idade avançada, enfermidade física ou mental etc. Se qualquer desses fatores anular completamente a capacidade de resistência, pratica-se o delito de homicídio.

Infanticídio

Art. 123. Matar, sob a influência do estado puerperal, o próprio filho, durante o parto ou logo após:

Pena – detenção, de 2 (dois) a 6 (seis) anos.

(1) Infanticídio: Consiste em uma espécie de homicídio doloso privilegiado, na medida em que o crime é praticado pela genitora contra a vida do ser nascente ou do neonato, em virtude da influência do estado puerperal.

(2) Objeto jurídico: A norma penal tutela o direito à vida.

(3) Ação nuclear: Consubstancia-se no verbo *matar*. Pode o crime ser praticado mediante ação ou omissão; por exemplo, deixar de amamentar a criança, abandonar o recém-nascido em lugar ermo. Convém notar que a figura do art. 134, § 2º, do CP (abandono de recém-nascido) não se confunde com o crime em tela, pois aquele é delito de perigo, em que o agente não tem o dolo de matar, sendo o resultado morte causado de forma culposa, não tendo jamais sido querido, nem sequer aceito.

(4) Durante o parto ou logo após (cláusula temporal): A ação física deve ocorrer durante ou logo após o parto, não obstante a superveniência da morte em período posterior. Antes do início do parto, a ação contra o fruto da concepção caracteriza o delito de aborto.

(5) Estado puerperal (elemento psicofisiológico): Não basta que o crime seja cometido durante o parto ou logo após, pois é necessário que a genitora esteja sob influência do estado puerperal. É que, em decorrência do puerpério, perturbações de ordem física e psicológica podem acometer a mulher, motivando-a eliminar a vida do infante. Pode suceder que a eliminação do neonato ou ser nascente se dê sem que a vítima se encontre acometida de desequilíbrios decorrentes do estado puerperal. Nesse caso, o crime será o de homicídio. É que nem sempre o fenômeno do parto acarretará tais desequilíbrios, devendo o caso ser objeto de análise pelo perito-médico. Na dúvida, o delito de infanticídio não deverá ser afastado.

(6) Sujeito ativo: Trata-se de *crime próprio*. Somente a genitora que se encontra sob influência do estado puerperal pode praticar o crime em tela.

Concurso de pessoas: É possível. O estado puerperal constitui elementar desse crime. Sendo elementar, comunica-se ao coautor ou partícipe (CP, art. 30), salvo quando este desconhecer a sua existência, a fim de evitar a responsabilidade objetiva. *No mesmo sentido:* Damásio de Jesus, *Código Penal anotado*, cit., p. 412; Custódio da Silveira, *Direito penal*, 1973, p. 98; E. Magalhães Noronha, *Direito penal*, cit., v. 2, p. 47-48; Celso Delmanto e outros, *Código Penal comentado*, cit., p. 247. *Em sentido contrário*, há uma corrente que distingue circunstâncias pessoais das personalíssimas, não admitindo a comunicabilidade quanto a estas. Assim, o estado puerperal, apesar de elementar, não se comunica ao partícipe, o qual responderá por homicídio (*nesse sentido*: Heleno C. Fragoso, *Lições*, 1995, v. 1, p. 57, e A. Mayrink da Costa, *Direito penal*: parte especial, 1994, v. 2, t. I, p. 154). Nélson Hungria, que era adepto desta última posição, passou, na 5ª edição de sua obra, *Comentários ao Código Penal*, v. V, p. 266, a admitir a comunicabilidade.

Concurso de pessoas. Terceiro que mata o recém-nascido, contando com a participação da mãe: O terceiro será considerado autor de homicídio. A mãe, que praticou uma conduta acessória, deveria, pela letra da lei (CP, art. 29, *caput*), responder por participação no homicídio. No entanto, tal solução levaria a um contrassenso: se a mãe mata a criança, responde por infanticídio, mas como apenas ajudou a matar, responde por homicídio. Não seria lógico. Portanto, nesta segunda hipótese, a mãe responde por infanticídio.

(7) Sujeito passivo: É o ser nascente ou recém-nascido (neonato). É necessário que esteja vivo, apresentando atividade funcional, ainda que mínima. Não importa, assim, o seu grau de vitalidade. Se estiver, contudo, morto, haverá crime impossível pela absoluta impropriedade do objeto (CP, art. 17).

(8) Agravantes: Não incidem as agravantes previstas no art. 61, II, *e* e *h*, do CP (crime cometido contra descendente e contra criança), uma vez que integram a descrição do delito de infanticídio. Caso incidissem, haveria *bis in idem*.

(9) Elemento subjetivo: Consubstancia-se no dolo direto ou eventual. Não há a modalidade culposa no crime de infanticídio. Se a genitora, sob influência do estado puerperal, culposamente matar o seu rebento, há duas posições: (a) para Damásio de Jesus o fato é penalmente atípico *(Direito penal*, cit., v. 2, p. 109); (b) responderá a genitora pelo homicídio culposo. N*esse sentido*: Nélson Hungria, *Comentários*, cit., v. V, p. 266; Júlio Fabbrini Mirabete, *Código Penal*, cit., p. 684; Cezar Roberto Bitencourt, *Manual de direito penal*: parte especial, São Paulo: Saraiva, 2001, v. 2, p. 146, e Magalhães Noronha, *Direito penal*, cit., v. 2, p. 47.

(10) Momento consumativo: Trata-se de *crime material*. A consumação se dá com a morte do neonato ou nascente. A ação física do delito deve ocorrer no período a que a lei se refere, "durante ou logo após o parto", diferentemente da consumação, ou seja, a morte do recém-nascido ou neonato, que pode ocorrer tempos depois.

(11) Tentativa: É perfeitamente possível.

(12) Ação penal e procedimento: A ação é pública incondicionada. Por se tratar de crime doloso contra a vida, o delito de infanticídio insere-se na competência do Tribunal do Júri, de modo que os processos de sua competência seguem o rito procedimental escalonado (CPP, arts. 406 e s., com a redação determinada pela Lei n. 11.689/2008).

Aborto provocado pela gestante ou com seu consentimento

Art. 124. Provocar aborto em si mesma ou consentir que outrem lho provoque:

Pena – detenção, de 1 (um) a 3 (três) anos.

(1) Autoaborto e aborto consentido: O art. 124, *caput*, do CP, prevê duas modalidades de crime: *(a) autoaborto (1ª figura)*: é o aborto praticado pela própria gestante. Admite-se o concurso de pessoas na modalidade participação (induzimento, instigação ou auxílio), jamais a coautoria, pois se trata de crime de mão própria; *(b) aborto consentido (2ª figura)*: consiste no consentimento da gestante para que outrem nela provoque o aborto. Admite-se o concurso de pessoas na modalidade participação. Aquele que executou a ação material (provocar o aborto) responderá pelo crime do art. 126 do CP (aborto com o consentimento da gestante), constituindo uma exceção à teoria monista adotada pelo CP no art. 29.

(2) Fundamento constitucional: O direito à vida está previsto na Constituição Federal no rol de direitos e garantias fundamentais (Capítulo I, art. 5º). O direito à vida é o direito de não ter interrompido o processo vital, senão pela morte espontânea e inevitável. "(...) São decorrências do direito de não ser morto (ou de continuar vivo): a proibição da pena de morte (art. 5º, XLVII); b) proibição do aborto; c) proibição da eutanásia; d) direito à legítima defesa (...)" (Chimenti *et al.*, *Curso de direito constitucional*, cit., p. 60).

(3) Direito à vida e início da proteção: A Constituição Federal não esclarece o início da proteção do direito à vida: se desde a concepção ou após o nascimento com vida. No entanto, o antigo art. 4º do CC/16 e o atual art. 2º do CC asseguram, desde a concepção, os direitos do nascituro. De acordo com a Convenção Americana sobre Direitos Humanos (Pacto de São José da Costa Rica), promulgada, no Brasil, pelo Decreto n. 678, de 6-11-1992, "1. Toda pessoa tem o direito de que se respeite a vida. Esse direito deve ser protegido pela lei e, em geral, desde o momento da concepção. Ninguém pode ser privado da vida arbitrariamente".

(4) Aborto: É a interrupção do processo de gravidez, com a consequente eliminação da vida humana intrauterina. Após o início do parto, poderemos estar diante do delito de infanticídio ou homicídio. Há grande divergência na doutrina acerca de quando se inicia a gravidez. Entendemos que a origem da vida humana, ainda dentro do organismo materno, se dá com a fecundação, isto é, com a fertilização do óvulo pelo espermatozoide. A partir daí, no lugar do óvulo, surge o embrião, ser dotado de vida.

(5) Objeto jurídico: Tutela-se a vida humana intrauterina. No abortamento provocado por terceiro (CP, art. 125), além do direito à vida do produto da concepção, também é protegido o direito à vida e à incolumidade física e psíquica da própria gestante. Sobre o aborto de feto anencéfalo ou anencefálico, *vide* comentários ao art. 128 do CP. Na hipótese de reprodução *in vitro* ou assistida, na qual o sêmen do homem é recolhido e congelado para ser introduzido no óvulo retirado da mulher, alguns embriões (óvulos fecundados) não são utilizados no processo de inseminação artificial, ficando armazenados nas clínicas. São os chamados embriões excedentários. Nesse caso, a sua destruição não configura o crime de aborto, já que não se trata de vida humana intrauterina. *Vide*, abaixo, a menção à Lei de Biossegurança, que trata da utilização de células-tronco embrionárias obtidas de embriões humanos produzidos por fertilização *in vitro*.

(6) Ação nuclear: Consubstancia-se no verbo provocar, isto é, dar causa ao aborto. Deve a ação física ser realizada antes do parto, portanto, deve incidir sobre o ovo, embrião ou feto. Do contrário, o crime será outro (homicídio ou infanticídio).

DIU (dispositivo intrauterino) e pílula do dia seguinte: A utilização do DIU (dispositivo intrauterino) e da pílula do dia seguinte não constitui crime de aborto, pois o uso dos mencionados métodos é permitido por lei, estando amparado pelo exercício regular do direito, causa de exclusão da ilicitude (CP, art. 23, III, parte final); pode-se sustentar, à luz da teoria da imputação objetiva, que o fato não é sequer típico, ou, à luz da teoria social da ação, de Hans Welzel, que a aplicação do dispositivo referido é socialmente aceita, e, portanto, atípica a conduta, ante a ausência da inadequação social.

(7) Sujeito ativo: No autoaborto ou aborto consentido (CP, art. 124), somente a gestante pode ser autora desses crimes, pois estamos diante de crime de mão própria. No aborto provocado por terceiro, com ou sem o consentimento da gestante (CP, arts. 125 e 126), o sujeito ativo pode ser qualquer pessoa.

(8) Sujeito passivo: No autoaborto ou aborto consentido (CP, art. 124), o sujeito passivo é o feto, que é detentor, desde sua concepção, dos chamados "direitos civis do nascituro" (CC, art. 4º). No aborto provocado por terceiro sem o consentimento da gestante, os sujeitos passivos são a gestante e o feto. Trata-se de crime de dupla subjetividade passiva.

(9) Consumação: Trata-se de crime material. Consuma-se com a interrupção da gravidez e consequente morte do feto. É, também, *delito instantâneo*, pois a consumação ocorre em um dado momento e então "se esgota". É possível que o feto nasça vivo, vindo a morrer somente algum tempo depois do emprego da manobra abortiva. Nesse caso, ainda assim, o agente responderá pelo aborto consumado. Deve-se, no entanto, estabelecer o nexo causal entre a morte do feto e o emprego dos meios e manobras abortivas.

(10) Exame de corpo de delito: STJ: "No delito capitulado no art. 124 do CP, para instauração da persecução penal, é imprescindível a prova de sua materialidade. O ônus incumbe ao órgão acusador, não sendo suficiente, para este mister, a simples confissão da acusada. Aborto, diz a medicina, é interrupção da gravidez e, portanto, fundamental, essencial, imprescindível o diagnóstico desta como meio de configuração da infração. 2. Ordem concedida para trancar a ação penal" (STJ, 6ª T., Rel. Min. Fernando Gonçalves, j. 7-11-2000, *DJ* 18-12-2000, p. 243). A prova pericial poderá ser suprida pela prova testemunhal ou documental.

(11) Tentativa: É perfeitamente admissível. Assim, se há o emprego de determinada manobra abortiva idônea a provocar a morte do feto, e este perece em decorrência de outra causa independente, responderá o agente pela forma tentada do delito em estudo. Haverá igualmente a tentativa, e não crime impossível, na hipótese em que o agente faz a gestante ingerir substância química em quantidade inidônea à provocação do aborto (impropriedade relativa do meio empregado).

(12) Crime impossível: Exige-se a prova de que o feto se encontrava vivo quando do emprego dos meios ou manobras abortivas, do contrário, haverá crime impossível pela absoluta impropriedade do objeto (CP, art. 17). Sobre o aborto de feto anencéfalo ou anencefálico, *vide* comentários ao art. 128 do CP.

(13) Elemento subjetivo: É o dolo, direto ou eventual. Não se admite a modalidade culposa. A conduta do terceiro que, culposamente, dá causa ao aborto, caracteriza o delito de lesão corporal culposa, em que a vítima será a gestante.

(14) Concurso de crimes: Se o agente eliminar a vida da gestante, sabedor de seu estado, ou assumindo o risco da ocorrência do aborto, responderá pelos crimes de homicídio e aborto em concurso formal. Haverá o concurso formal impróprio se o agente estiver dotado de desígnios autônomos, ou seja, com uma só ação ele quer dois resultados (o homicídio e o aborto).

(15) Agravante: Nos delitos de aborto, não incide a agravante do art. 61, *caput*, do CP, qual seja, a circunstância de a vítima encontrar-se grávida.

(16) Aborto e inexigibilidade de conduta diversa (jurisprudência anterior à Lei n. 11.689/2008): STJ: "Criminal. Recurso especial. Júri. Aborto. Inclusão de quesito referente à inexigibilidade de conduta diversa. Possibilidade. (...) Esta Corte firmou entendimento no sentido da possibilidade de quesito referente à causa supralegal de excludente de culpabilidade, desde que apresentada pela defesa nos debates perante o Tribunal do Júri" (REsp 509766/RS, 5ª T., Rel. Min. Gilson Dipp, j. 21-8-2003, *DJ* 29-9-2003, p. 335).

(17) Ação penal. Procedimento. Lei dos Juizados Especiais Criminais: Trata-se de crime de ação penal pública incondicionada. Por ser crime doloso contra a vida, o delito de aborto insere-se na competência do Tribunal do Júri, de modo que o processo segue o rito procedimental escalonado (CPP, arts. 406 e s., com a redação determinada pela Lei n. 11.689/2008). Os crimes previstos nos arts. 124 (aborto provocado pela gestante ou com seu consentimento) e 126, *caput* (aborto provocado por terceiro com o consentimento da gestante), admitem a suspensão condicional do processo (art. 89 da Lei n. 9.099/95), desde que, neste último, não incida a majorante prevista no art. 127. *Vide Súmulas 243 do STJ* e *723 do STF*, no caso de concurso de crimes.

(18) Competência: No delito de aborto, o juiz competente é o do local da conduta, e não o do lugar da morte do feto (*RJTJSP* 122/565; *RT* 524/358).

Lei das Contravenções Penais

(1) Contravenção penal: Constitui contravenção penal, punível com multa, "anunciar processo, substância ou objeto destinado a provocar aborto" (LCP, art. 20).

Lei de Biossegurança (Lei n. 11.105, de 24-3-2005)

(1) Utilização de células-tronco embrionárias: "É permitida, para fins de pesquisa e terapia, a utilização de células-tronco embrionárias obtidas de embriões humanos produzidos por fertilização *in vitro* e não utilizados no respectivo procedimento, atendidas as seguintes condições: I – sejam embriões inviáveis; ou II – sejam embriões congelados há 3 (três) anos ou mais, na data da publicação desta Lei, ou que, já congelados na data da publicação desta Lei, depois de completarem 3 (três) anos, contados a partir da data de congelamento. § 1º Em qualquer caso, é necessário o consentimento dos genitores. § 2º Instituições de pesquisa e serviços de saúde que realizem pesquisa ou terapia com células-tronco embrionárias humanas deverão submeter seus projetos à apreciação e aprovação dos respectivos comitês de ética em pesquisa. § 3º É vedada a comercialização do material biológico a que se refere este artigo e sua prática implica o crime tipificado no art. 15 da Lei n. 9.434, de 4 de fevereiro de 1997".

(2) Crimes da Lei de Biossegurança: O art. 24 prevê constituir crime: "Utilizar embrião humano em desacordo com o que dispõe o art. 5º desta Lei. Pena – detenção, de 1 (um) a 3 (três) anos, e multa". O art. 25, por sua vez, considera como delituosa a ação de "praticar engenharia genética em célula germinal humana, zigoto humano ou embrião humano. Pena – reclusão, de 1 (um) a 4 (quatro) anos, e multa". O art. 26 da Lei incrimina a conduta de "realizar clonagem humana: Pena – reclusão, de 2 (dois) a 5 (cinco) anos, e multa". Por fim, importa referir que tramita, no Supremo Tribunal Federal, a ADIn 3526, na qual está em discussão a constitucionalidade de diversos dispositivos da Lei da Biossegurança.

Aborto provocado por terceiro

Art. 125. Provocar aborto, sem o consentimento da gestante:

Pena – reclusão, de 3 (três) a 10 (dez) anos.

(1) Aborto provocado por terceiro sem o consentimento da gestante (CP, art. 125): Ao contrário da figura típica do art. 126, não há o consentimento da gestante no emprego dos meios ou manobras abortivas por terceiro. Presente o consentimento, o fato constituirá o crime de aborto com o consentimento da gestante (CP, art. 126). O dissentimento pode ser (a) *real* (quando há o emprego de fraude, grave ameaça ou violência, cf. CP, art. 126, parágrafo único, 2ª parte) ou (b) *presumido* (se a vítima não é maior de 14 anos, alienada ou débil mental, cf. art. 126, parágrafo único, 1ª parte).

(2) Genocídio: De acordo com o art. 1º da Lei n. 2.889, de 1º-10-1956, "quem, com a intenção de destruir, no todo ou em parte, grupo nacional, étnico, racial ou religioso, como tal: adotar medidas destinadas a impedir os nascimentos no seio do grupo; será punido: com as penas do art. 125 do CP. De acordo com o art. 4º, a pena será agravada de 1/3 (um terço), quando cometido o crime por governante ou funcionário público. Sobre o crime de genocídio, *vide* comentários ao art. 121 do CP. *Vide* também, nos comentários ao art. 121 do CP, a questão da competência para julgar o crime de genocídio, em especial, a federalização das causas relativas aos direitos humanos, bem como a competência do Tribunal Penal Internacional.

Art. 126. Provocar aborto com o consentimento da gestante:

Pena – reclusão, de 1 (um) a 4 (quatro) anos.

Parágrafo único. Aplica-se a pena do artigo anterior, se a gestante não é maior de 14 (quatorze) anos, ou é alienada ou débil mental, ou se o consentimento é obtido mediante fraude, grave ameaça ou violência.

(1) Aborto provocado por terceiro com o consentimento da gestante (CP, art. 126): Na hipótese em que a gestante consente para que outrem lhe provoque o aborto, esse terceiro responderá pelo crime do art. 126 e a gestante pelo delito do art. 124, 2ª parte, do CP. Trata-se de exceção à teoria monista do concurso de pessoas. Admite-se o concurso de pessoas. O consentimento da gestante deve durar por todo o procedimento do aborto, do contrário, haverá a configuração do art. 125 do CP.

(2) Lei dos Juizados Especiais Criminais: O crime contemplado no art. 126, em face da pena mínima prevista, admite a suspensão condicional do processo (art. 89 da Lei n. 9.099/95). *Vide Súmulas 243 do STJ e 723 do STF,* no caso de haver concurso de crimes.

Forma qualificada

Art. 127. As penas cominadas nos dois artigos anteriores são aumentadas de um terço, se, em consequência do aborto ou dos meios empregados para provocá-lo, a gestante sofre lesão corporal de natureza grave; e são duplicadas, se, por qualquer dessas causas, lhe sobrevém a morte.

(1) Incidência: Esse artigo somente se aplica às formas tipificadas nos arts. 125 e 126, ficando excluídos o autoaborto e o aborto consentido (CP, art. 124).

(2) Crime preterdoloso: O aborto majorado constitui crime preterdoloso, pois há dolo no crime antecedente (aborto) e culpa no resultado agravador (lesão corporal de natureza grave ou morte). Se houver dolo, direto ou eventual, quanto a esses resultados mais graves, responderá o agente pelo concurso de crimes: aborto e lesão corporal grave ou aborto e homicídio.

(3) Morte da gestante e aborto tentado: Entendemos que o agente deve responder por aborto qualificado consumado, pouco importando que o abortamento não se tenha efetivado, tal como ocorre no latrocínio, o qual se reputa consumado com a morte da vítima, independentemente de o roubo consumar-se. Não cabe falar em tentativa de crime preterdoloso, pois neste o resultado agravador não é querido, sendo impossível ao agente tentar produzir algo que não quis: ou o crime é preterdoloso consumado ou não é preterdoloso.

Art. 128. Não se pune o aborto praticado por médico:

Aborto necessário

I – se não há outro meio de salvar a vida da gestante;

Aborto no caso de gravidez resultante de estupro

II – se a gravidez resulta de estupro e o aborto é precedido de consentimento da gestante ou, quando incapaz, de seu representante legal.

(1) Natureza jurídica: Trata-se de causas excludentes da ilicitude, sendo, portanto, lícita a conduta daquele que pratica o aborto nas duas circunstâncias descritas no texto legal.

(2) Aborto necessário ou terapêutico (CP, art. 128, I): Consiste na interrupção da gravidez realizada somente pelo médico quando a gestante estiver correndo perigo de vida e inexistir outro

meio para salvá-la. Basta a constatação de que a gravidez trará risco futuro para a vida da gestante. Observe-se que não se trata tão somente de risco para a saúde da gestante; ao médico caberá avaliar se a doença detectada acarretará ou não risco de vida para a mulher grávida. É dispensável a concordância da gestante ou do representante legal. Não se pode olvidar, ainda, que o art. 146, § 3º, I, do CP autoriza a intervenção médica ou cirúrgica sem o consentimento do paciente ou de seu representante legal, se justificada por "iminente perigo de vida". Poderá haver a discriminante putativa (CP, art. 20, § 1º), se, por erro de diagnóstico, concluir a junta médica pela necessidade do aborto.

(3) Aborto sentimental, humanitário ou ético (CP, art. 128, II): Trata-se do aborto realizado pelos médicos nos casos em que a gravidez decorreu de um crime de estupro. O art. 128, II, do CP não fazia distinção entre o estupro com violência real ou presumida (revogado art. 224 do CP), concluindo-se que esse último estaria abrangido pela excludente da ilicitude em estudo. Com o advento da Lei n. 12.015/2009, o estupro cometido contra pessoa sem capacidade ou condições de consentir, com violência ficta, deixou de integrar o art. 213 do CP para configurar crime autônomo, previsto no art. 217-A, sob a nomenclatura "estupro de vulnerável". Mencione-se que a criação do art. 217-A do CP foi acompanhada, no entanto, pela revogação expressa do art. 224 do CP pela Lei n. 12.015/2009, mas, de uma forma ou de outra, todas as condições nele contempladas passaram a integrar o novo dispositivo legal, que não mais se refere à presunção de violência, mas às condições de vulnerabilidade da vítima, daí a rubrica "estupro de vulnerável". Desse modo, o aborto realizado nos casos de gravidez resultante de estupro de vulnerável continua a ser abarcado pela excludente em análise. Ressalve-se que, com o advento da Lei n. 12.015/2009, que revogou expressamente o delito do art. 214 do CP, mas passou a considerar como estupro a prática não só da conjunção carnal, mas também de qualquer outro ato libidinoso diverso, não haverá mais necessidade de se lançar mão da analogia para lograr a permissão para a realização do aborto, já que a gravidez resultante de atos libidinosos diversos também configurará estupro, de acordo com a nova redação do art. 213 do CP. É necessário o prévio consentimento da gestante ou do seu representante legal para a realização da manobra abortiva. Não há necessidade, contudo, de autorização judicial, processo judicial ou sentença condenatória contra o autor do crime de estupro. Basta prova idônea do atentado sexual (boletim de ocorrência, testemunhos colhidos perante autoridade policial, atestado médico relativo às lesões defensivas sofridas pela mulher e às lesões próprias da submissão forçada à conjunção carnal ou atos libidinosos diversos). No tocante à gravidez decorrente de estupro de vulnerável, como a conjunção carnal realizada com menor de 14 anos, basta a prova dessa conjunção carnal. Caso não tenha havido estupro e o médico, induzido em erro, realiza o aborto, há erro de tipo, o qual exclui o dolo e, portanto, a tipicidade da conduta *(CP, art. 20)*.

(4) Outras hipóteses autorizativas do aborto. Feto anencéfalo ou anencefálico: Para o STJ, não é possível ampliar o rol autorizativo do aborto constante do art. 128 do CP, sendo inadmissível o aborto de *feto anencéfalo* ou *anencefálico*. Segundo esse Tribunal, as hipóteses em que se admite atentar contra a vida estão elencadas de modo restrito, inadmitindo-se interpretação extensiva, tampouco analogia. Há de prevalecer, nesses casos, o princípio da reserva legal (STJ, HC 3219/RJ, 5ª T., Relª Minª Laurita Vaz, j. 17-2-2004, *DJ* 22-3-2004, p. 334). No STF, no entanto, a Confederação Nacional dos Trabalhadores na Saúde – CNTS ajuizou uma ação de arguição de descumprimento de preceito fundamental na qual pretendeu obter posicionamento do STF sobre o aborto de feto anencéfalo (Questão de Ordem em Arguição de Descumprimento de Preceito Fundamental n. 54-8/DF, Rel. Min. Marco Aurélio, j. 24-7-2005). Tendo em vista a relevância do pedido e para evitar o desencontro de determinações jurisdicionais, o ministro relator Marco Aurélio concedeu medida liminar, mediante a qual determinou o sobrestamento dos processos e decisões não transitadas em julgado relativas a crimes de aborto de feto anencefálico, como também o

reconhecimento do direito constitucional da gestante de submeter-se à operação terapêutica de parto de fetos anencefálicos, a partir de laudo médico atestando a deformidade, a anomalia que atingiu o feto. Assinalou em sua fundamentação que, "em questão está a dimensão humana que obstaculiza a possibilidade de se coisificar uma pessoa, usando-a como objeto. Conforme ressaltado na inicial, os valores em discussão revestem-se de importância única. A um só tempo, cuida-se do direito à saúde, do direito à liberdade em seu sentido maior, do direito à preservação da autonomia da vontade, da legalidade e, acima de tudo, da dignidade da pessoa humana. O determinismo biológico faz com que a mulher seja a portadora de uma nova vida, sobressaindo o sentimento maternal. São nove meses de acompanhamento, minuto a minuto, de avanços, predominando o amor (...). Diante de uma deformação irreversível do feto, há de se lançar mão dos avanços médicos tecnológicos, postos à disposição da humanidade (...). No caso da anencefalia, a ciência médica atua com margem de certeza igual a 100%. Dados merecedores da maior confiança evidenciam que os fetos anencefálicos morrem no período intrauterino em mais de 50% dos casos. Quando se chega ao final da gestação, a sobrevida é diminuta, não ultrapassando período que possa ser tido como razoável, sendo nenhuma a chance de afastarem-se, na sobrevida, os efeitos da deficiência. Então, manter-se a gestação resulta em impor à mulher, à respectiva família, danos à integridade moral e psicológica, além dos riscos físicos reconhecidos no âmbito da medicina. Como registrado na inicial, a gestante convive diuturnamente com a triste realidade e a lembrança ininterrupta do feto, dentro de si, que nunca poderá se tornar um ser vivo. Se é assim – e ninguém ousa contestar –, trata-se de situação concreta que foge à glosa própria ao aborto – que conflita com a dignidade humana, a legalidade, a liberdade e a autonomia de vontade. A saúde, no sentido admitido pela Organização Mundial de Saúde, fica solapada, envolvidos os aspectos físico, mental e social". Sucede que o Supremo Tribunal Federal, por maioria, referendou a primeira parte da liminar concedida, no que diz respeito ao sobrestamento dos processos e decisões transitadas em julgado, e revogou a liminar deferida, na segunda parte, em que se reconhecia o direito constitucional de submeter-se à operação terapêutica de fetos anencefálicos. No tocante ao cabimento da ADPF 54-QO, consta do *Informativo* 385 *do* STF que: "O Min. Sepúlveda Pertence (...) entendeu ser patente a relevância da controvérsia constitucional e que apenas uma medida extrema, como a utilizada, com efeitos *erga omnes* e eficácia vinculante, seria capaz de reparar a lesão ocorrida ou obviar a ameaça identificada. Refutou, ainda, o fundamento de que a ADPF se reduziria a requerer que se fizesse incluir uma 3ª alínea no art. 128 do CP, por considerar que a pretensão formulada é no sentido de se declarar, em homenagem aos princípios constitucionais aventados, não a exclusão de punibilidade, mas a atipicidade do fato. Por sua vez, o Min. Nelson Jobim, Presidente, ressaltou que o art. 128 e seus incisos pressupõem sempre que há vida possível do feto, e que essa potencialidade de vida nos conduz a examinar o art. 124 para discutir se, sob sua égide, se inclui um tipo de feto que não tenha essa possibilidade, a fim de verificar se essa interpretação é ou não compatível com o *caput* do art. 5º da CF, que se refere à inviolabilidade do direito à vida. Concluiu estar tanto aí quanto na insegurança jurídica das decisões contraditórias a controvérsia constitucional posta. Determinou-se, por fim, o retorno dos autos ao relator para examinar se é caso ou não da aplicação do art. 6º, § 1º, da Lei 9.882/99".

CAPÍTULO II
DAS LESÕES CORPORAIS

Lesão corporal

Art. 129. Ofender a integridade corporal ou a saúde de outrem:

Pena – detenção, de 3 (três) meses a 1 (um) ano.

Lesão corporal

(1) Documentos internacionais: De acordo com o art. 5º da Convenção Americana sobre Direitos Humanos (Pacto de São José da Costa Rica), promulgada, no Brasil, pelo Decreto n. 678, de 6-11-1992, "1. Toda pessoa tem o direito de que se respeite sua integridade física, psíquica e moral". Sobre a vedação ao emprego de tortura pelas Convenções Internacionais, *vide* comentários às formas qualificadas do crime de lesões corporais (§§ 1º e 2º).

(2) Lesão corporal: É qualquer dano ocasionado à *integridade física* e à *saúde fisiológica ou mental* do homem, desde que não esteja presente o *animus necandi*, isto é, a intenção de matar. O art. 129, *caput*, cuida do crime de lesão corporal de natureza leve; o § 1º do crime de lesão corporal de natureza grave; o § 2º do crime de lesões corporais gravíssimas; o § 3º do crime de lesão corporal seguida de morte; o § 4º trata de causa de diminuição de pena; o § 5º da substituição da pena; o § 6º da lesão corporal culposa e os §§ 7º e 8º de causas de aumento de pena.

(3) Objeto jurídico e o consentimento do ofendido: Tutela-se a incolumidade do indivíduo, tanto no que diz a sua integridade física como à saúde física e mental. Convém notar que há hipóteses em que a proteção do bem jurídico integridade física sofre flexibilizações ante a presença do consentimento do ofendido. É o que ocorre: (a) *nas lesões esportivas*, que, tradicionalmente, configuram exercício regular de um direito, portanto, constituem um fato típico, mas não ilícito. É possível, no entanto, sustentar que o fato é atípico, por influxo da teoria da imputação objetiva. De qualquer forma, a agressão deve ser cometida dentro dos limites do esporte ou de seus desdobramentos previsíveis. O fato será considerado criminoso no caso de excessos cometidos pelo agente, por exemplo, a mordida na orelha de um adversário desfechada pelo boxeador, durante uma luta de boxe, sem qualquer relação com a luta. Sobre o tema, *vide* Fernando Capez, *Consentimento do ofendido e violência desportiva*, São Paulo: Saraiva. (b) *Nas lesões decorrentes de intervenção médico-cirúrgica:* quando for consentida, tradicionalmente, exclui a ilicitude pelo exercício regular de direito. Ausente o consentimento, poderá caracterizar-se o estado de necessidade em favor de terceiro (CP, art. 146, § 3º, I). Por influxo da teoria da imputação objetiva, é possível considerar-se o fato atípico. (c) *No transplante de órgãos (Lei n. 9.434/97) e esterilização cirúrgica (Lei n. 9.263/96)*, os quais são autorizados nos termos das respectivas leis.

(4) Ação nuclear: Consubstancia-se no verbo *ofender*, que significa atingir a integridade corporal ou a saúde física ou mental de outrem. Trata-se de *crime de ação livre*. Os meios de execução são os mesmos utilizados no crime de homicídio.

(5) Sujeito ativo: Qualquer pessoa pode praticar o delito em tela. Não se pune a autolesão em face do princípio da alteridade. No entanto, o fato constituirá crime se o agente, mutilando-se, pretender obter (indevidamente) indenização ou valor de seguro antes contratado (CP, art. 171, V, § 2º); da mesma forma, haverá crime definido no Código Penal Militar (CPM, art. 184) se o agente lesionar o próprio corpo com o fito de tornar-se inabilitado para o serviço militar.

(6) Sujeito passivo: Qualquer pessoa pode ser vítima do crime em tela, com exceção das hipóteses dos §§ 1º, IV, e 2º, V, que deve ser mulher grávida. Se o sujeito for menor de 14 anos, ou maior de 60 anos, incide uma causa de aumento de pena (cf. § 7º). Se a lesão (natureza leve) for praticada contra ascendente, descendente, irmão, cônjuge ou companheiro, ou com quem convive ou tenha convivido, ou, ainda, prevalecendo-se o agente das relações domésticas, de coabitação ou de hospitalidade, haverá a qualificadora da violência doméstica (§ 9º), ou uma causa de aumento de pena nas hipóteses dos §§ 1º a 3º (formas qualificadas – cf. § 10). Se o agente vulnerar fisicamente um cadáver, o fato será enquadrado no art. 211 do CP.

(7) Momento consumativo: Dá-se a consumação no momento em que ocorre a efetiva lesão. No caso de multiplicidade de lesões contra uma mesma pessoa, há crime único. Se há a interrupção do processo executivo, ocorrendo posteriormente uma nova ação produto de nova determinação criminosa, estaremos diante de uma hipótese de concurso de crimes.

(8) Exame de corpo de delito: Sendo crime material, a demonstração do resultado deve vir consubstanciada no laudo do exame de corpo de delito.

(9) Concurso de crimes: (a) *Continuidade delitiva:* É perfeitamente admissível a continuidade delitiva no delito de lesão corporal, em face do disposto no art. 71, parágrafo único, do CP. (b) *Concurso formal:* Também é possível o concurso formal de crimes, por exemplo, indivíduo que, em um só ato, despeja, sobre um grupo de pessoas, um recipiente contendo ácido sulfúrico (CP, art. 70).

(10) Competência. Policiais militares: De acordo com o STJ: (a) Crime de lesões corporais cometido por policiais militares em dia de folga, mas em razão da função: competência da Justiça Militar, pois a hipótese insere no art. 9º, inciso II, do Código Penal Militar (STJ, RHC 16150/SP, 5ª T., Rel. Min. Gilson Dipp, j. 3-3-2005, *DJ* 28-3-2005, p. 290). (b) Lesões corporais cometidas por policial militar em atividade contra policial militar em idêntica situação: Competência da Justiça Militar (STJ, RHC 14709/SP, 5ª T., Rel. Min. Jorge Scartezzini, j. 18-5-2004, *DJ* 1º-7-2004, p. 2004). (c) Lesões corporais e abuso de autoridade praticados por policiais militares em serviço. Competência da justiça comum apenas para o julgamento do crime de abuso de autoridade, já que a hipótese não se insere no art. 9º, II, do Código Penal Militar. Cabe à Justiça Militar o julgamento do delito de lesões corporais cometidas por policiais militares nas condições estabelecidas pela legislação penal militar, ainda que cometido no mesmo contexto do crime de abuso de autoridade (STJ, CC 36434/SP, 3ª S., Rel. Min. Gilson Dipp, j. 27-11-2002, *DJ* 10-2-2003, p. 170). (d) Lesões corporais e crime doloso contra a vida cometidos por policiais militares contra civis: os crimes previstos no art. 9º do Código Penal Militar, quando dolosos contra a vida e cometidos contra civil, são da competência da justiça comum (Lei n. 9.299/96). Cabendo ao Tribunal do Júri o julgamento do homicídio praticado por policiais militares, é de sua competência também o julgamento do delito de lesão corporal em conexão com o crime doloso contra a vida (STJ, CC 41057, 3ª S., Rel. Min. Gilson Dipp, j. 28-4-2004, *DJ* 24-5-2004, p. 151).

Policial militar. Crime doloso contra a vida praticado contra civil. Desclassificação para lesões corporais seguidas de morte: De acordo com o STF, "a norma do parágrafo único inserido pela Lei n. 9.299/99 no art. 9º do Código Penal redefiniu os crimes dolosos contra a vida praticados por policiais militares contra civis, até então considerados de natureza militar, como crimes comuns. Trata-se, entretanto, de redefinição restrita que não alcançou quaisquer outros ilícitos, ainda que decorrente de desclassificação, os quais permaneceram sob a jurisdição da Justiça Militar, que, sendo de extração constitucional (art. 125, § 4º, da CF), não pode ser afastada, obviamente, por efeito de conexão e nem pelas razões de política processual que inspiraram as normas do Código de Processo Penal aplicadas pelo acórdão recorrido. Recurso provido" (STF, RHC 80718/RS, T. Pleno, Rel. Min. Ilmar Galvão, j. 22-3-2001, *DJ* 1º-8-2003, p. 106).

Policial militar. Crime de tortura: De acordo com o STF, "o crime de tortura contra criança ou adolescente, cuja prática absorve o delito de lesões corporais leves, submete-se à competência da justiça comum do Estado-membro, eis que esse ilícito penal, por não guardar correspondência típica com qualquer dos comportamentos previstos pelo Código Penal Militar, refoge à esfera de atribuições da justiça militar estadual" (STF, HC 70389/SP, T. Pleno, Rel. Min. Sydney Sanches, j. 23-6-1994, *DJ* 10-8-2001, p. 3).

(11) Competência. Índio: STJ: É estadual a competência para processar e julgar crime de lesão corporal contra indígena, a teor do princípio inscrito na *Súmula 140* e dos julgados que lhe servem de referência, entre os quais o CC 575: "Lesões corporais causadas por um silvícola em outro, sem conotação especial, em ordem a configurar ofensa a interesse da União. Competência da Justiça Estadual para o processo e julgamento do crime. 2. Conflito conhecido e declarado competente o suscitado" (STJ, CC 45127/PE, 3ª S., Rel. Min. Nilson Naves, j. 22-9-2004, *DJ* 22-11-2004, p. 263). *No mesmo sentido*: STJ, CC 43413/MT, 3ª S., Rel. Min. Gilson Dipp, j. 13-10-

2004, *DJ* 10-11-2004, p. 187. No caso de crime de genocídio de índios, a competência é da Justiça Federal (*vide* comentários ao art. 121 do CP).

(12) Competência. Funcionário público federal: De acordo com a Súmula 147 do STJ: "Compete à Justiça Federal processar e julgar os crimes praticados contra funcionário público federal, quando relacionados com o exercício da função". *Nesse sentido:* STJ, HC 200401251779/RS, 5ª T., Rel. Min. Arnaldo Esteves Lima, j. 16-11-2004; TRF 1ª Região, RCCrim 199901001066615, 4ª T., Rel. Des. Ítalo Fioravanti Sabo Mendes, j. 31-11-2006.

(13) Competência. Da federalização das causas relativas aos direitos humanos: O crime de lesões corporais poderá, dependendo das proporções e do contexto em que se deu, constituir crime contra a humanidade, sujeito à competência da Justiça Federal, em virtude de incidente de deslocamento de competência suscitado pelo Procurador-Geral da República. Sobre o tema, *vide* comentários ao art. 121 do CP.

(14) Competência. Tribunal Penal Internacional: O Tribunal Penal Internacional é competente para julgar crime de genocídio, crime contra a humanidade, crime de guerra e crime de agressão, mas sua jurisdição é subsidiária. Sobre o tema, *vide* comentários ao art. 121 do CP.

(15) Crimes de genocídio e terrorismo: A lesão à integridade física de outrem pode constituir crime de genocídio ou terrorismo. Sobre o tema, *vide* comentários ao art. 121 do CP.

(16) Estatuto da Criança e do Adolescente. Lesões corporais e medida de internação: Na hipótese em que um menor pratica ato infracional mediante violência à pessoa, já decidiu o STJ que: "Inexiste constrangimento ilegal em medida de internação aplicada a adolescente pela prática de ato infracional com a utilização de violência à pessoa (art. 122, I, do ECA), além do cometimento reiterado de outros atos infracionais" (STJ, HC 23224/SP, 5ª T., Rel. Min. Jorge Scartezzini, j. 25-3-2003, *DJ* 2-6-2003, p. 310). *No mesmo sentido:* STJ, HC 25907/SP, 5ª T., Rel. Min. Jorge Scartezzini, j. 15-4-2003, *DJ* 18-8-2003, p. 221.

Lesão corporal leve ou simples

(1) Lesão corporal leve: O art. 129, *caput*, do CP, cuida do crime de lesão corporal de natureza leve. Portanto, é o dano à integridade física ou à saúde de outrem que não constitua lesão grave ou gravíssima (art. 129, §§ 1º a 3º). Não se deve confundir com a contravenção penal de vias de fato, cuja violência empregada no corpo da vítima não deixa qualquer vestígio sensível; por exemplo, empurrar o corpo da vítima, além do que não há o *animus vulnerandi*. Também não se confunde com a injúria real, na qual a violência é ultrajante, havendo apenas a intenção de ofender a dignidade ou decoro (CP, art. 140, § 2º).

(2) Elemento subjetivo: É o dolo, consistente na vontade livre e consciente de ofender a integridade física ou a saúde de outrem. Exige-se, assim, o chamado *animus nocendi* ou *laedendi*.

(3) Tentativa: A tentativa é perfeitamente admissível.

(4) Absorção: Por vezes o crime de lesões corporais é absorvido por outros delitos mais graves, constituindo meio para a prática do crime-fim, como, por exemplo, os crimes de estupro ou de roubo.

(5) Princípio da insignificância: É perfeitamente aplicável aos crimes de lesão corporal de natureza leve e culposa, quando, por exemplo, produzidas equimoses de absoluta inexpressividade, sendo o fato considerado atípico. O STF tem aceitado a tese do princípio da insignificância, desde que identificados os vetores que legitimam o reconhecimento desse postulado de política criminal. A respeito do tema, *vide* STF, HC 84412, 2ª T., Rel. Min. Celso de Mello, j. 19-10-2004, *DJ* 19-11-2004, p. 37. Sobre o princípio da insignificância, *vide* item 7 dos comentários ao art. 7º do CP.

(6) Ação penal: A partir do advento da Lei n. 9.099/95, a ação penal relativa aos crimes de

lesões corporais leves e lesões culposas passou a depender de representação (art. 88). Por força da norma inscrita em seu art. 91, o prazo para oferecimento da representação para a propositura da ação é de trinta dias. Se o crime foi praticado após a entrada em vigor da Lei n. 9.099/95, o prazo decadencial será de seis meses, aplicando-se a regra geral do art. 38 do CPP.

Ação penal e retratação: STF: "O fato de o paciente residir com a vítima de crime de lesões corporais não implica, necessariamente, a ocorrência de retratação tácita. Se a representação permanece inalterada, conclui-se que a vontade da vítima era de ver o agressor processado. Ordem denegada" (STF, HC 83653/RJ, Rel. Min. Joaquim Barbosa, j. 23-3-2004, *DJ* 30-4-2004, p. 50).

Ação penal e contravenção penal: Há posicionamento da 1ª Turma do STF no sentido de que contravenção penal de vias de fato é de ação penal pública incondicionada, nos termos do art. 17 da LCP, pouco importando que o crime de lesões corporais de natureza leve, dentro do qual estão inseridas as vias de fato, dependa de representação do ofendido (STF, HC 80.616, 1ª T., Rel. Min. Sepúlveda Pertence, j. 20-3-2001, *Informativo do STF*, 19-23 mar. 2001, n. 221, p. 2). *Em sentido contrário:* Damásio de Jesus, para quem, aplicando-se a *analogia in bonam partem*, a referida contravenção é de ação penal pública condicionada à representação (*Lei dos Juizados Especiais Criminais anotada*, cit., p. 96).

(7) Lei dos Juizados Especiais Criminais: Os crimes de lesão corporal culposa e leve, com exceção da forma qualificada pela violência doméstica (sobre o tema, *vide* comentários ao § 9º do art. 129), constituem infrações de menor potencial ofensivo, sujeitas ao procedimento sumaríssimo da Lei n. 9.099/95, inclusive aplicando-se os seus institutos despenalizadores, como a representação, composição civil, transação penal e suspensão condicional do processo. A forma majorada (§ 7º) de tais crimes também constitui infração de menor potencial ofensivo, sujeitando-se, assim, às disposições da Lei n. 9.099/95. Tais institutos, embora se encontrem no âmbito de uma lei processual, na realidade, constituem normas de natureza penal. Por terem conteúdo benéfico ao acusado, devem retroagir para alcançar os fatos praticados antes da entrada em vigor da Lei dos Juizados Especiais Criminais, ainda que o processo se encontre na fase de instrução, julgamento ou recurso. O art. 90 da Lei n. 9.099/95, que prevê que "as disposições desta Lei não se aplicam aos processos penais cuja instrução já estiver iniciada", fere preceito constitucional, pois, na lição de Luiz Flávio Gomes, o princípio da retroatividade penal benéfica ganhou *status* constitucional e a lei infraconstitucional não pode limitar seu alcance *(Suspensão condicional do processo criminal*, cit., p. 152-153). *No mesmo sentido:* Damásio de Jesus, para quem a restrição do art. 90 é inconstitucional *(Lei dos Juizados Especiais Criminais anotada*, cit., p. 97). Vale mencionar que na ADIn 1.719-DF, Rel. Min. Joaquim Barbosa, realizou-se a interpretação conforme do art. 90 da Lei 9.099/95, para excluir de sua abrangência as normas de direito penal mais favoráveis aos réus contidas nessa lei, à luz do que determina o art. 5º, XL, da Constituição Federal.

Lei dos Juizados Especiais Criminais. Suspensão condicional do processo. Concurso de crimes: Vide Súmulas 243 do STJ e 723 do STF.

Lei dos Juizados Especiais Criminais. Transação penal. Concurso de crimes: A Lei n. 11.313, de 28-6-2006 – que entrou em vigor em 29-6-2006, portanto, na data de sua publicação –, promoveu significativas alterações no art. 60 da Lei n. 9.099/95 e no art. 2º da Lei n. 10.259/2001. O art. 60 da Lei n. 9.099/95 passou a vigorar com a seguinte redação: "O Juizado Especial Criminal, provido por juízes togados ou togados e leigos, tem competência para a conciliação, o julgamento e a execução das infrações penais de menor potencial ofensivo, respeitadas as regras de conexão e continência. Parágrafo único: Na reunião de processos, perante o juízo comum ou o tribunal do júri, decorrentes da aplicação das regras de conexão e continência, observar-se-ão os institutos da transação penal e da composição dos danos civis". Com as modificações mencionadas, passamos a ter o seguinte panorama processual: (a) Uma vez praticada uma infração de menor potencial ofensivo, a competência será do Juizado Especial Criminal. Se, no entanto, com a infração de menor potencial ofensivo, houverem sido praticados outros crimes, em conexão ou continência, deverão ser observadas as regras do art. 78 do CPP, para saber qual o juízo competente. (b) Caso, em virtude da aplicação das regras do art. 78 do CPP, venha a ser estabelecida a competência do juízo comum ou do tribunal do júri para julgar também a infração de menor potencial ofensivo, afastando, portanto, o procedimento sumaríssimo da Lei n. 9.099/95, isso não impedirá a aplicação dos institutos da transação penal e da composição dos danos civis. Assim, tal disposição legal acabou por repercutir na incidência do instituto da transação penal no caso de concurso de crimes. Com efeito, dispõe a *Súmula 243 do STJ*, "o benefício da suspensão do processo não é aplicável em relação às infrações penais cometidas em concurso material, concurso formal ou continuidade delitiva, quando a pena mínima cominada, seja pelo somatório, seja pela incidência da majorante, ultrapassar o limite de um (1) ano". *No mesmo sentido* é o teor da *Súmula 723 do STF*. Tal entendimento vinha sendo aplicado pelos Tribunais ao instituto da transação penal, quando a pena, pelo somatório, ultrapassasse o limite de dois anos. Contudo, com as modificações operadas pela Lei n. 11.313/2006, essa interpretação, em relação à transação penal, tende a ser alterada. É que a própria Lei passou a aceitar que as penas da infração de menor potencial ofensivo e do delito conexo, para efeito de incidência da conciliação penal, não serão somadas. Ainda que conexos os crimes, deverão eles ser analisados isoladamente para efeito da incidência da transação penal, tal como ocorre com a prescrição (CP, art. 119). *Nesse sentido:* "O novo art. 60 manda 'observar' o instituto da transação, mesmo depois da reunião dos processos (que retrata uma situação de concurso material, em regra). Ora, se no concurso material vale o art. 60 c/c art. 119, solução distinta não será possível sugerir em relação ao concurso formal e ao crime continuado" (Luiz Flávio Gomes, Lei n. 11.313: *Novas Alterações nos Juizados Criminais.* www.editoraconsulex.com.br).

Lei dos Juizados Especiais Criminais. Lesões corporais leves provocadas por policiais militares: De acordo com o art. 90-A da Lei n. 9.099/95, "as disposições desta Lei não se aplicam no âmbito da Justiça Militar" (Acrescentado pela Lei n. 9.839/99).

Lei dos Juizados Especiais Criminais. Exame de corpo de delito: STF: "O art. 77, § 1º, da Lei n. 9.099/95 admite, no procedimento sumaríssimo dos juizados especiais, o suprimento do exame de corpo de delito pelo boletim médico ou prova equivalente" (STF, HC 86248/MT, Rel. Min. Sepúlveda Pertence, j. 8-11-2005, *DJ* 2-12-2005, p. 13).

(8) Substituição da pena: Vide comentários ao § 5º do art. 129.

(9) Violência doméstica e familiar contra a mulher – Lei n. 11.340/2006: Vide comentários constantes do § 9º do art. 129.

Estatuto do Desarmamento (Lei n. 10.826/2003)

Disparo de arma de fogo de uso permitido (art. 15) e lesões corporais: O delito previsto no art. 15, *caput*, da Lei n. 10.826/2003 não é absorvido pelo crime de lesões corporais de natureza leve, em face de sua maior gravidade. Entendemos que o agente responde por ambos os crimes em concurso (cf. Fernando Capez, *Estatuto do Desarmamento*, 3. ed., São Paulo: Saraiva, 2005).

Lei de Tortura

(1) Documentos internacionais: De acordo com o art. 5º da Convenção Americana sobre Direitos Humanos (Pacto de São José da Costa Rica), promulgada, no Brasil, pelo Decreto n. 678, de 6-11-1992, "1. Toda pessoa tem o direito de que se respeite sua integridade física, psíquica e moral. 2. Ninguém deve ser submetido a tortura, nem a penas ou tratos cruéis, desumanos ou degradantes. Toda pessoa privada da liberdade deve ser tratada com o respeito devido à dignidade inerente ao ser humano". O art. 4º da Convenção contra a Tortura e Outros Tratamentos ou Penas

Cruéis, Desumanas e Degradantes (adotada pela Resolução n. 39/46 da Assembleia Geral das Nações Unidas, em 10-12-1984, tendo sido ratificada no Brasil em 28-9-1989) dispõe que "cada Estado-parte assegurará que todos os atos de tortura sejam considerados crimes segundo a sua legislação penal. O mesmo aplicar-se-á à tentativa de tortura e a todo ato de qualquer pessoa que constitua cumplicidade ou participação na tortura".

(2) Fundamento constitucional: A Constituição Federal de 1988, em seu art. 5º, inciso III, proíbe expressamente a prática da tortura, em consonância com Convenções e Tratados Internacionais dos quais o Brasil é signatário. Assim, proclamou que "ninguém será submetido a tortura nem a tratamento desumano ou degradante". Tal dispositivo é reforçado pelo art. 5º desta Magna Carta, em seu inciso XLIX, o qual garante ao preso o direito à sua integridade física e moral. O inciso XLIII, por sua vez, considerou o crime de tortura inafiançável e insuscetível de graça ou anistia.

(3) Lesão corporal e Lei de Tortura (Lei n. 9.455/97): A lesão decorrente do emprego de tortura poderá configurar esse crime autônomo, se praticado nas circunstâncias previstas no art. 1º da Lei n. 9.455/97. Prevê, inclusive, o § 3º que se do emprego de tortura resulta lesão corporal de natureza grave ou gravíssima, a pena é de reclusão de 4 a 10 anos; se resulta morte, a reclusão é de 8 a 16 anos. O § 4º, por sua vez, prevê algumas causas de aumento de pena. A tortura é o meio cruel por excelência. É a "a inflição de castigo corporal ou psicológico violento, por meio de expedientes mecânicos ou manuais, praticados por agentes no exercício de funções públicas ou privadas, com o intuito de compelir alguém a admitir ou omitir fato lícito ou ilícito, seja ou não responsável por ele" (Uadi Lammêgo Bulos, *Constituição Federal anotada*, 4. ed., Saraiva, 2002, p. 211). Antes do advento da Lei n. 9.455/97, o emprego de tortura, da qual decorresse lesão corporal de natureza grave ou gravíssima, constituía mera circunstância agravante genérica, prevista no art. 61, inciso II, *d*, do mesmo diploma legal. A tortura era objeto apenas do art. 233 do Estatuto da Criança e do Adolescente (Lei n. 8.069/90) e do art. 121, § 2º, inciso III, do Código Penal (homicídio qualificado pela tortura).

(4) Competência: Sobre a federalização das causas relativas aos direitos humanos, bem como a competência do tribunal penal internacional, *vide* comentários ao art. 121 do CP.

Súmulas:
Súmula 704 do STF: "Não viola as garantias do juiz natural, da ampla defesa e do devido processo legal a atração por continência ou conexão do processo do corréu ao foro por prerrogativa de função de um dos denunciados".

Súmula 6 do STJ: "Compete à Justiça Comum Estadual processar e julgar delito decorrente de acidente de trânsito envolvendo viatura de Polícia Militar, salvo se autor e vítima forem policiais militares em situação de atividade".

Súmula 18 do STJ: "A sentença concessiva do perdão judicial é declaratória da extinção da punibilidade, não subsistindo qualquer efeito condenatório".

Súmula 53 do STJ: "Compete à Justiça Comum Estadual processar e julgar civil acusado da prática de crime contra instituições militares estaduais".

Súmula 75 do STJ: "Compete à Justiça Militar processar e julgar policial de corporação estadual, ainda que o delito tenha sido praticado em outra unidade federativa".

Súmula 90 do STJ: "Compete à Justiça Estadual Militar processar e julgar o policial militar pela prática do crime militar, e à Comum pela prática do crime comum simultâneo àquele".

Súmula 122 do STJ: "Compete à Justiça Federal o processo e julgamento unificado dos crimes conexos de competência federal e estadual, não se aplicando a regra do art. 78, II, *a*, do Código de Processo Penal".

Súmula 140 do STJ: "Compete à Justiça Comum Estadual processar e julgar crime em que o indígena figure como autor ou vítima".

Súmula 147 do STJ: "Compete à Justiça Federal processar e julgar os crimes praticados contra funcionário público federal, quando relacionados com o exercício da função".

Lesão corporal de natureza grave

§ 1º Se resulta:

I – incapacidade para as ocupações habituais, por mais de 30 (trinta) dias;

II – perigo de vida;

III – debilidade permanente de membro, sentido ou função;

IV – aceleração de parto:

Pena – reclusão, de 1 (um) a 5 (cinco) anos.

(1) Lesão corporal de natureza grave (§ 1º): Constitui crime qualificado pelo resultado. A pena prevista é de reclusão de um a cinco anos. É possível a coexistência das diversas formas de lesão grave, constituindo elas crime único; deve o juiz, nessa hipótese, levá-las em consideração na fixação da pena-base (CP, art. 59).

(2) Incapacidade para as ocupações habituais por mais de trinta dias (inciso I): As ocupações habituais se referem não apenas às de caráter laboral e lucrativo, mas também às atividades domésticas, recreativas etc. Devem ser lícitas. O resultado agravador pode decorrer de dolo ou culpa. Segundo a lei, a incapacidade deve durar por mais de trinta dias para que incida a qualificadora. Para tal comprovação, exige-se laudo pericial complementar, tão logo decorra esse prazo (no 31º dia), contado da data do crime (CPP, art. 168, § 2º, do CPP). O prazo será contado de acordo com a regra do art. 10 do CP. Se realizado antes dos trinta dias, será considerada inidônea a prova.

Exame complementar: STF: "O prazo de 30 dias a que alude o § 2º do art. 168 do CPP não é peremptório, mas visa a prevenir que, pelo decurso de tempo, desapareçam os elementos necessários à verificação da existência de lesões graves. Portanto, se, mesmo depois da fluência do prazo de 30 dias, houver elementos que permitam a afirmação da ocorrência de lesões graves em decorrência da agressão, nada impede que se faça o exame complementar depois de fluído esse prazo" (STF, HC 73444/RJ, 1ª T., Rel. Min. Moreira Alves, j. 27-2-1996, *DJ* 11-10-1996, p. 38499). *No mesmo sentido:* STJ, RHC 12229/RJ, 5ª T., Rel. Min. Edson Vidigal, j. 26-3-2002, *DJ* 29-4-2002, p. 261. Segundo o STJ, "para a caracterização da lesão corporal de natureza grave, é imprescindível a realização do laudo de exame complementar. Precedentes do STF (STJ, REsp 229422/MS, 5ª T., Rel. Min. Gilson Dipp, j. 4-12-2001, *DJ* 4-2-2002, p. 454). A sua ausência acarretará a desclassificação para o crime de lesões corporais de natureza leve. Todavia, é possível a sua substituição por prova testemunhal (CPP, art. 168, § 3º), embora haja posicionamento em sentido contrário. Não se admite a palavra da vítima como prova.

(3) Perigo de vida (inciso II): É a probabilidade concreta e efetiva da ocorrência do evento letal em razão da lesão provocada ou do processo patológico por ela desencadeado. Trata-se de crime necessariamente preterdoloso, pois o resultado que agrava o crime deve decorrer de culpa do agente. Se houver dolo quanto ao perigo de vida, estaremos diante de um crime de tentativa de homicídio. Exige-se prova pericial para a comprovação dessa qualificadora.

(4) Debilidade permanente de membro, sentido ou função (inciso III): Nessa modalidade, a lesão acarreta diminuição da capacidade funcional de membro (pode ser superior: braços, antebra-

ços e mãos; e inferior: coxas, pernas e pés), sentido (audição, paladar, olfato, visão, tato) ou função (circulatória, respiratória, secretora, reprodutora, digestiva, locomotora). Não necessita ser perpétua, e configura-se ainda que possa ser passível de correção, por exemplo, com a utilização de tratamentos ortopédicos. Tratando-se de órgãos duplos, a supressão de um deles debilita a função, não havendo falar em abolição da função. Exige-se o exame pericial para a comprovação desse resultado agravador.

(5) Aceleração de parto (inciso IV): Nessa hipótese, a lesão acarreta a antecipação do termo final da gravidez, ou seja, o feto é expulso precocemente do útero materno. Deve necessariamente nascer com vida e sobreviver, pois, do contrário, estará configurada a qualificadora do § 2º, inciso V (lesão qualificada pelo aborto). Obviamente, o agente deverá ter conhecimento do estado de gravidez, do contrário, responderá por lesão corporal leve.

(6) Ação penal: Trata-se de crime de ação penal pública incondicionada.

(7) Lei dos Juizados Especiais Criminais: Em face da pena mínima prevista, é cabível a suspensão condicional do processo (art. 89 da Lei n. 9.099/95), desde que não incidam as majorantes previstas nos §§ 7º e 10 do CP.

(8) Violência doméstica: Nos casos previstos nos §§ 1º a 3º do art. 129, se as circunstâncias são as indicadas no § 9º deste artigo, aumenta-se a pena em 1/3 (um terço).

> § 2º Se resulta:
>
> I – incapacidade permanente para o trabalho;
>
> II – enfermidade incurável;
>
> III – perda ou inutilização de membro, sentido ou função;
>
> IV – deformidade permanente;
>
> V – aborto:
>
> Pena – reclusão, de 2 (dois) a 8 (oito) anos.

(1) Lesão corporal gravíssima: Trata-se de nomenclatura utilizada pela doutrina e jurisprudência, já que o Código Penal não menciona a expressão "lesão corporal gravíssima". Todas as circunstâncias qualificadoras previstas neste parágrafo são tanto dolosas como preterdolosas, com exceção da circunstância contida no inciso V (aborto), que é necessariamente preterdolosa. A pena será de reclusão, de 2 (dois) a 8 (oito) anos.

(2) Incapacidade permanente para o trabalho (inciso I): O Código, agora, se refere à incapacidade permanente para o trabalho, a qual se restringe ao exercício de atividade lucrativa. A incapacidade deve ser genérica, isto é, o ofendido deve ficar impedido de exercer qualquer atividade lucrativa, e não somente a atividade laboral anteriormente exercida.

(3) Enfermidade incurável (inciso II): Haverá a qualificadora se a lesão acarretar doença física ou mental que a ciência médica ainda não conseguiu conter nem sanar. A vítima não está obrigada a submeter-se a tratamentos incertos ou operações cirúrgicas avançadas.

(4) Perda ou inutilização de membro, sentido ou função (inciso IV): O Código Penal, aqui, se refere a lesão corporal que acarrete a perda (extirpação de uma parte do corpo, por exemplo, mutilação, amputação) ou inutilização (perda funcional do órgão) de membro, sentido ou função. No tocante a órgãos duplos, ter-se-á a perda quando houver a supressão de ambos, por exemplo, cegueira ou surdez total. Se a lesão acarretar apenas a debilidade permanente de membro, sentido ou função, haverá a lesão corporal de natureza grave (§ 1º, inciso III).

(5) Deformidade permanente (inciso V): A lesão corporal, no caso, acarreta dano estético de certa monta e permanente, isto é, indelével, não sendo passível de correção pelo transcurso do tempo ou mediante intervenções médico-cirúrgicas. A vítima não está obrigada a se submeter à cirurgia plástica, mas, se o fizer e houver a reparação da deformidade, a qualificadora estará afastada. A deformidade deve causar impressão vexatória. A idade, o sexo, a condição social da vítima são de extrema importância na apreciação da deformidade.

(6) Aborto (inciso VI): O agente dolosamente causa lesão corporal na vítima, mas, de forma culposa, dá causa ao evento mais gravoso, que é o aborto. O agente não quer nem assume o risco do evento mais grave, pois, se assim o fizer, estaremos diante do crime de aborto qualificado (se advier lesão corporal de natureza grave) ou concurso formal de crimes (aborto e lesões corporais graves). Trata-se, portanto, de crime necessariamente preterdoloso. Se, em decorrência das lesões, a criança nascer prematuramente com vida, vindo a morrer posteriormente, estaremos diante de uma hipótese de lesão corporal qualificada pelo aborto.

(7) Ação penal: Trata-se de crime de ação penal pública incondicionada.

(8) Violência doméstica: Nos casos previstos nos §§ 1º a 3º do art. 129, se as circunstâncias são as indicadas no § 9º deste artigo, aumenta-se a pena em 1/3 (um terço).

Lesão corporal seguida de morte

§ 3º Se resulta morte e as circunstâncias evidenciam que o agente não quis o resultado, nem assumiu o risco de produzi-lo:

Pena – reclusão, de 4 (quatro) a 12 (doze) anos.

(1) Lesão corporal seguida de morte: Trata-se de mais uma espécie de crime qualificado pelo resultado, no entanto, necessariamente preterdoloso. Pune-se o primeiro delito (lesão corporal) pelo dolo e o segundo delito (morte), a título de culpa. Obviamente que a morte da vítima não pode ter sido querida, nem mesmo eventualmente, pois, se circunstâncias evidenciarem o contrário, haverá o crime de homicídio. Se a morte for imprevisível ou decorrente de caso fortuito, responderá o agente tão só pelas lesões corporais. Não será admissível tentativa de lesão corporal seguida de morte, pois não há vontade conscientemente dirigida ao resultado morte.

(2) Desclassificação do crime de homicídio para o delito de lesão corporal seguida de morte: No procedimento especial do Tribunal do Júri, após o encerramento do *judicium accusationis*, caso o magistrado se convença da inexistência de crime doloso contra a vida, não poderá pronunciar o réu, devendo desclassificar a infração para não dolosa contra a vida, sem indicar para qual crime desclassificou, sob pena de interferir na competência do juízo monocrático competente. Posteriormente a essa desclassificação deverá remeter o processo para o juízo monocrático competente e à disposição deste ficará o preso (CPP, art. 419, com a redação determinada pela Lei n. 11.689/2008).

(3) Ação penal: Trata-se de crime de ação penal pública incondicionada e sujeito ao procedimento comum ordinário do CPP.

(4) Violência doméstica: Nos casos previstos nos §§ 1º a 3º do art. 129, se as circunstâncias são as indicadas no § 9º deste artigo, aumenta-se a pena em 1/3 (um terço).

(5) Lesões corporais seguidas de morte e crime de tortura qualificado pelo evento morte: *Vide* comentários acima aos §§ 1º e 2º do art. 129.

Diminuição de pena

§ 4º Se o agente comete o crime impelido por motivo de relevante valor social ou moral ou sob o domínio de violenta emoção, logo em seguida a injusta provocação da vítima, o juiz pode reduzir a pena de um sexto a um terço.

(1) Natureza jurídica: Tal como o crime de homicídio privilegiado (CP, art. 121, § 1º), o Código Penal previu idêntica causa especial de diminuição de pena ao delito de lesão corporal dolosa, que incide na terceira fase da sua aplicação (cf. CP, art. 68, *caput*).

(2) Redução da pena. Obrigação ou faculdade do juiz: A redução da pena é obrigatória, estando presentes as circunstâncias legais, pois se trata de direito subjetivo do réu. Sobre a divergência doutrinária, *vide* comentários ao art. 121, § 1º, do CP.

(3) Incidência: O privilégio legal incide sobre todas as modalidades de lesão corporal dolosa, excluindo-se, assim, a lesão culposa.

(4) Motivo de relevante valor social ou moral ou sob domínio de violenta emoção: Sobre os requisitos para a caracterização do privilégio, *vide* comentários ao art. 121, § 1º, do CP.

(5) Atenuante: Se o agente estiver sob "influência de violenta emoção", haverá apenas a incidência da atenuante genérica prevista no art. 65, III, *c*, *in fine*, do CP, a qual também não exige o requisito temporal, isto é, a reação imediata à provocação.

(6) Comunicabilidade: As circunstâncias subjetivas ou de caráter pessoal jamais se comunicam, sendo irrelevante se o coautor ou partícipe delas tinha conhecimento; dessa forma a circunstância subjetiva que caracteriza o privilégio não se comunica aos demais agentes (*vide* CP, art. 30).

(7) Substituição da pena: Vide comentários ao § 5º.

Substituição da pena

§ 5º O juiz, não sendo graves as lesões, pode ainda substituir a pena de detenção pela de multa:

I – se ocorre qualquer das hipóteses do parágrafo anterior;

II – se as lesões são recíprocas.

(1) Substituição da pena: O art. 129, § 5º, possibilita ao juiz, não sendo graves as lesões, a substituição da pena de detenção por multa nos seguintes casos: (a) Se ocorrer qualquer das hipóteses do § 4º, ou seja, se a lesão corporal for privilegiada. Dessa forma, em se tratando de lesões corporais leves, o legislador concedeu ao juiz duas alternativas: reduzir a pena de um sexto a um terço (§ 4º) ou substituí-la por multa (§ 5º). (b) Se houver reciprocidade de lesões leves.

(2) Lei das Penas Alternativas: Com o advento da Lei n. 9.714/98 (Lei das Penas Alternativas), na condenação igual ou inferior a um ano à pena privativa de liberdade, esta pode ser substituída por multa ou por uma pena restritiva de direitos (CP, art. 44, § 2º), desde que preenchidos os requisitos legais. Portanto, na prática, o § 5º resta inaplicável, já que a regra geral do Código Penal diz de ser possível a substituição nos delitos cuja pena máxima é de um ano de detenção.

Lesão corporal culposa

§ 6º Se a lesão é culposa:

Pena – detenção, de 2 (dois) meses a 1 (um) ano.

(1) Culpa: Vide comentários aos arts. 18, II, e 121, § 3º, do CP.

(2) Lesões corporais culposas e gravidade das lesões: Não há qualquer distinção quanto à gravidade das lesões, ou seja, se leves, graves ou gravíssimas, devendo a gravidade ser levada em conta no momento da fixação da pena-base pelo juiz, pois diz respeito às consequências do crime (CP, art. 59).

(3) Tentativa: A tentativa é inadmissível.

(4) Princípio da insignificância: É perfeitamente aplicável aos crimes de lesão corporal de natureza leve e culposa, quando, por exemplo, produzidas equimoses de absoluta inexpressividade, sendo o fato considerado atípico. O STF tem aceitado a tese do *princípio da insignificância*, desde que identificados os vetores que legitimam o reconhecimento desse postulado de política criminal. A respeito do tema, *vide* STF, HC 84412, 2ª T., Rel. Min. Celso de Mello, j. 19-10-2004, *DJ* 19-11-2004, p. 37. Sobre o princípio da insignificância, *vide* item 7 dos comentários ao art. 1º do CP.

(5) Causa de aumento de pena: Aumenta-se a pena de 1/3 se ocorrer qualquer uma das causas previstas no art. 121, § 4º, do CP (cf. CP, art. 129, § 7º).

(6) Perdão judicial: É cabível o perdão judicial na hipótese de lesão corporal culposa, podendo o juiz deixar de aplicar a pena, se as consequências da infração atingirem o próprio agente de forma tão grave que a sanção penal se torne desnecessária (*vide* CP, art. 129, § 8º, c/c art. 121, § 5º).

(7) Ação penal: A partir do advento da Lei n. 9.099/95, a ação penal relativa aos crimes de lesões corporais leves e lesões culposas passou a depender de representação (art. 88). Por força da norma inscrita em seu art. 91, o prazo para oferecimento da representação para a propositura da ação é de trinta dias. Se o crime foi praticado após a entrada em vigor da Lei n. 9.099/95, o prazo decadencial será o de seis meses, aplicando-se a regra geral do art. 38 do Código de Processo Penal.

(8) Lei dos Juizados Especiais Criminais: Os crimes de lesão corporal leve e culposa constituem infrações de menor potencial ofensivo, estando sujeitas ao procedimento sumaríssimo da Lei n. 9.099/95, inclusive aplicando-se os seus institutos despenalizadores, como a representação, composição civil, transação penal e suspensão condicional do processo. Sobre o tema, *vide* comentários ao art. 129, *caput*, do CP.

Lei dos Juizados Especiais Criminais e lesões corporais culposas provocadas por policiais militares: De acordo com o art. 90-A da Lei n. 9.099/95, "as disposições desta Lei não se aplicam no âmbito da Justiça Militar" (*Acrescentado pela Lei n. 9.839/99*).

Lei dos Juizados Especiais Criminais e exame de corpo de delito: STF: "O art. 77, § 1º, da Lei n. 9.099/95 admite, no procedimento sumaríssimo dos juizados especiais, o suprimento do exame de corpo de delito pelo boletim médico ou prova equivalente" (STF, HC 86248/MT, Rel. Min. Sepúlveda Pertence, j. 8-11-2005, *DJ* 2-12-2005, p. 13).

(9) Código de Trânsito Brasileiro e lesão corporal culposa: Consulte comentários ao crime de homicídio (CP, art. 121, § 3º).

Aumento de pena

§ 7º Aumenta-se a pena de um terço, se ocorrer qualquer das hipóteses dos §§ 4º e 6º do art. 121 deste Código. *(Redação dada pela Lei n. 12.720/2012)*

§ 8º Aplica-se à lesão culposa o disposto no § 5º do art. 121. *(Redação dada pela Lei n. 8.069/90)*

(1) Causa de aumento de pena e lesões culposas (§ 7º): O § 7º do art. 129 remete ao art. 121, §§ 4º e 6º, do CP e aumenta a pena das lesões corporais culposas em um terço ocorrendo quaisquer daquelas hipóteses. Sobre a nova causa especial de aumento de pena no homicídio, remetemos o leitor para os comentários feitos no art. 121, § 6º, deste Código.

(2) Causa de aumento de pena e lesões dolosas (§ 7º): O § 7º do art. 129 prevê um aumento de pena nos casos de lesões dolosas, quando a vítima for menor de 14 anos (inovação do art. 263 do ECA – Lei n. 8.069/90), ou maior de 60 anos (Lei n. 10.741/2003 – Estatuto do Idoso). Para melhor compreensão do tema, consulte os comentários ao art. 121, § 4º.

(3) Perdão judicial e lesões culposas (§ 8º): Consulte os comentários ao art. 121, § 5º, do Código Penal.

Violência doméstica

§ 9º Se a lesão for praticada contra ascendente, descendente, irmão, cônjuge ou companheiro, ou com quem conviva ou tenha convivido, ou, ainda, prevalecendo-se o agente das relações domésticas, de coabitação ou de hospitalidade: *(Redação dada pela Lei n. 11.340/2006)*

Pena – detenção, de 3 (três) meses a 3 (três) anos. *(Redação dada pela Lei n. 11.340/2006)*

§ 10. Nos casos previstos nos §§ 1º a 3º deste artigo, se as circunstâncias são as indicadas no § 9º deste artigo, aumenta-se a pena em 1/3 (um terço). *(Acrescentado pela Lei n. 10.886/2004)*

§ 11. Na hipótese do § 9º deste artigo, a pena será aumentada de um terço se o crime for cometido contra pessoa portadora de deficiência. *(Acrescentado pela Lei n. 11.340/2006)*

§ 12. Se a lesão for praticada contra autoridade ou agente descrito nos arts. 142 e 144 da Constituição Federal, integrantes do sistema prisional e da Força Nacional de Segurança Pública, no exercício da função ou em decorrência dela, ou contra seu cônjuge, companheiro ou parente consanguíneo até terceiro grau, em razão dessa condição, a pena é aumentada de um a dois terços. *(Incluído pela Lei n. 13.142/2015)*

(1) Fundamento constitucional: De acordo com o art. 226, *caput*, da CF: "A família, base da sociedade, tem especial proteção do Estado". O § 8º, por sua vez, dispõe: "O Estado assegurará a assistência à família na pessoa de cada um dos que a integram, criando mecanismos para coibir a violência no âmbito de suas relações".

(2) Violência doméstica (Lei n. 10.886/2004): Os §§ 9º e 10 foram introduzidos pela Lei n. 10.886, de 17-6-2004, ao art. 129 do Código Penal, com o objetivo de conferir tratamento mais severo à chamada *violência doméstica*. Antes da inovação legislativa, tal circunstância era definida apenas como agravante genérica (CP, art. 61, II, *e* e *f*). Tratando-se de lei que agrava a situação do réu, não pode retroagir para alcançar fatos praticados antes de sua entrada em vigor.

Violência doméstica (Lei n. 10.886/2004) contra pessoa do sexo masculino: Os §§ 9º e 10 abarcam a violência doméstica praticada contra pessoa do sexo masculino ou feminino, não fazendo qualquer distinção. Conforme bem assevera Roque Jerônimo Andrade, "o adjetivo *doméstica* concerne à vida familiar, íntima, à casa ou outro local de convivência. Não é exclusivo da relação entre cônjuge, concubinos, mas também outros parentes e moradores como os filhos, avós etc." (Boletim do IBCCrim n. 119, out. 2002, p. 6).

(3) Violência doméstica (Lei n. 11.340/2006): A Lei n. 11.340, de 7-8-2006, publicada no dia 8-8-2006, teve um período de *vacatio legis* de 45 dias, tendo entrado em vigor somente no dia 22-9-2006. Mencionada lei passou a tratar especificamente da violência doméstica e familiar contra a mulher (sobre o conceito e formas de violências doméstica e familiar contra a mulher, *vide* arts. 5º e 7º da Lei), de modo que o corpo de normas protetivas se destinam apenas a ela. Juntamente com essas medidas protetivas, citada lei operou modificações na sanção penal cominada ao crime do art. 129, § 9º. Com efeito, a pena que era de detenção de 6 (seis) meses a 1 (um) ano passou para detenção de 3 (três) meses a 3 (três) anos. Portanto, diminuiu a pena mínima cominada e majorou o limite máximo de pena. Além disso, acrescentou ao art. 129 o § 11, passando a incidir uma nova

causa de aumento de pena no caso de violência doméstica. Assim, a pena será aumentada de 1/3 se a vítima for portadora de deficiência física.

(4) Incidência: A qualificadora do § 9º incide somente sobre o crime de lesão corporal dolosa de natureza leve. Não alcança a modalidade culposa, nem as formas qualificadas do crime de lesão corporal.

(5) Causa de aumento de pena (§ 10): A Lei n. 10.886/2004 estabeleceu uma nova causa de aumento de pena para os crimes de lesão corporal de natureza grave, gravíssima e seguida de morte, quando presente uma das circunstâncias indicadas no § 9º.

(6) Causa de aumento de pena (§ 11): A Lei n. 11.340, de 7-8-2006, acrescentou uma nova causa especial de aumento de pena ao art. 129. Assim, nas hipóteses do § 9º, se a vítima for portadora de deficiência física, a pena será aumentada de 1/3.

(7) Causa de aumento de pena (§ 12): A Lei n. 13.142/2015 acrescentou uma nova causa especial de aumento de pena ao art. 129. Assim, se a lesão for praticada contra autoridade ou agente descrito nos arts. 142 e 144 da Constituição Federal, integrantes do sistema prisional e da Força Nacional de Segurança Pública, no exercício da função ou em decorrência dela, ou contra seu cônjuge, companheiro ou parente consanguíneo até terceiro grau, em razão dessa condição, a pena é aumentada de um a dois terços.

(8) Outras modificações operadas pela Lei n. 11.340/2006: A partir da Lei n. 11.340/2006, o crime de lesão corporal dolosa leve qualificado pela violência doméstica, previsto no § 9º, deixou de ser considerado infração de menor potencial ofensivo, em face da majoração do limite máximo da pena, o qual passou a ser de três anos. Em tese, seria, ainda, cabível o instituto da suspensão condicional do processo (art. 89 da lei), em face do limite mínimo da sanção penal (três meses de detenção). Contudo, a Lei n. 11.340/2006 passou a dispor em seu art. 41: "Aos crimes praticados com violência doméstica e familiar contra a mulher, independentemente da pena prevista, não se aplica a Lei n. 9.099, de 26 de setembro de 1995", vedando, assim, por completo, a incidência dos institutos benéficos da Lei n. 9.099/95. Nesse sentido: STJ, CC 102832/MG, 3ª S., Rel. Min. Napoleão Nunes Maia Filho, j. 25-3-2009, *DJe* 22-4-2009. Não bastasse isso, o Diploma Legal, ao vedar a incidência da Lei n. 9.099/95, gerou questionamentos no sentido de continuar ou não o crime em estudo a ser de ação penal condicionada à representação da ofendida. Com efeito, dispõe o art. 88 da Lei n. 9.099/95 que dependerá de representação a ação penal relativa aos crimes de lesões corporais leves e lesões culposas. Ora, na medida em que a Lei n. 11.340/2006 vedou a incidência das disposições da Lei n. 9.099/95, aos crimes de violência doméstica e familiar, teria o crime de lesões corporais leves qualificado pela violência doméstica passado a ser de ação penal pública incondicionada? Cumpre consignar que a 6ª Turma do Superior Tribunal de Justiça já teve a oportunidade de se manifestar no sentido de que a ação penal é pública incondicionada (HC 96992/DF, Rel. Min. Jane Silva. Desembargadora convocada do TJMG, j. 12-8-2008, *Informativo* n. 363, de 11 a 15 de agosto de 2008. No mesmo sentido: STJ: "1. Esta Corte, interpretando o art. 41 da Lei 11.340/06, que dispõe não serem aplicáveis aos crimes nela previstos a Lei dos Juizados Especiais, já resolveu que a averiguação da lesão corporal de natureza leve praticada com violência doméstica e familiar contra a mulher independe de representação. Para esse delito, a Ação Penal é incondicionada (REsp 1.050.276/DF, Rel. Min. Jane Silva, *DJU* 24.11.08). 2. Se está na Lei 9.099/90, que regula os Juizados Especiais, a previsão de que dependerá de representação a ação penal relativa aos crimes de lesões corporais e lesões culposas (art. 88) e a Lei Maria da Penha afasta a incidência desse diploma despenalizante, inviável a pretensão de aplicação daquela regra aos crimes cometidos sob a égide desta Lei. 3. Ante a inexistência da representação como condição de procedibilidade da ação penal em que se apura lesão corporal de natureza leve, não há como cogitar qualquer nulidade decorrente da não realização da audiência prevista no art. 16 da Lei 11.340/06, cujo único

propósito é a retratação. 4. Ordem denegada, em que pese o parecer ministerial em contrário" (STJ, HC 91540/MS, 5ª T., Rel. Min. Napoleão Nunes Maia Filho, j. 19-2-2009, *DJe* 13-4-2009). No mesmo sentido, no dia 9 de fevereiro de 2012, na ADI 4.424, o Plenário do STF, acompanhando o voto do relator, Ministro Marco Aurélio, firmou entendimento no sentido da possibilidade de o Ministério Público dar início a ação penal sem necessidade de representação da vítima. Também foi esclarecido que não compete aos Juizados Especiais julgar os crimes cometidos no âmbito da Lei Maria da Penha. Na mesma data, na ADC 19, por votação unânime, o Plenário do STF declarou a constitucionalidade dos arts. 1º, 33 e 41 da Lei n. 11.340/2006. Finalmente, dispõe o art. 17 da lei: "É vedada a aplicação, nos casos de violência doméstica e familiar contra a mulher, de penas de cesta básica e outras de prestação pecuniária, bem como a substituição de pena que implique o pagamento isolado de multa".

CAPÍTULO III
DA PERICLITAÇÃO DA VIDA E DA SAÚDE

Perigo de contágio venéreo
Art. 130. Expor alguém, por meio de relações sexuais ou qualquer ato libidinoso, a contágio de moléstia venérea, de que sabe ou deve saber que está contaminado:

Pena – detenção, de 3 (três) meses a 1 (um) ano, ou multa.

§ 1º Se é intenção do agente transmitir a moléstia:

Pena – reclusão, de 1 (um) a 4 (quatro) anos, e multa.

§ 2º Somente se procede mediante representação.

(1) Da periclitação da vida e da saúde: Neste Capítulo, o Código contempla diversos crimes de perigo, em que o legislador, prevendo a possibilidade de ocorrência de dano a um bem jurídico, se antecipa ao resultado, tipificando como criminosa a tão só ação de expor a perigo o bem jurídico. Na legislação penal, existem diversas leis extravagantes que dispõem acerca dos crimes de perigo, por exemplo, arts. 29 e 30 da Lei das Contravenções Penais, as condutas típicas do Estatuto do Desarmamento, da Lei de Drogas etc., não se esgotando, portanto, no Código Penal, a previsão dos crimes de perigo. Subdividem-se em: (a) crime de perigo concreto: é o perigo que deve ser demonstrado caso a caso; (b) crime de perigo abstrato: é o perigo presumido *(juris et de jure)*, quando basta a prática do crime sem a demonstração do risco concreto produzido.

(2) Crimes de perigo abstrato e princípio da ofensividade: O princípio da ofensividade considera inconstitucionais todos os chamados "delitos de perigo abstrato", pois, segundo ele, não há crime sem comprovada lesão ou perigo de lesão a um bem jurídico. *Nesse sentido*: Luiz Flávio Gomes, *Princípio da ofensividade no direito penal*, São Paulo: Revista dos Tribunais, 2002, p. 41, posição esta com a qual não compartilhamos. Sobre o tema, *vide* comentários ao art. 1º do CP.

(3) Perigo de contágio venéreo: Busca-se mediante este dispositivo legal evitar e sancionar o contágio e a consequente propagação de doenças sexualmente transmissíveis.

(4) Objeto jurídico: Protege-se a incolumidade física e a saúde do indivíduo. O consentimento da vítima é irrelevante.

(5) Ação nuclear: Consubstancia-se no verbo "expor" (colocar em perigo, arriscar). O agente expõe alguém a contágio de moléstia venérea mediante relações sexuais (conjunção carnal ou qualquer outro ato libidinoso). É crime de conduta vinculada, de forma que se o contágio não se der por relações sexuais, o crime poderá ser outro: arts. 131 ou 132. Não há enumeração taxativa das doenças venéreas, cabendo à ciência médica analisar caso a caso a presença delas. Convém notar que a Aids não é considerada doença venérea (sobre o tema, *vide* art. 131 do CP). Finalmen-

te, a exposição a perigo de contágio deve ser analisada caso a caso, tratando-se de presunção relativa (*juris tantum*), que admite prova em contrário.

(6) Sujeito ativo: Qualquer pessoa, homem ou mulher, desde que portadora de moléstia venérea, pode ser sujeito ativo do crime em questão.

(7) Sujeito passivo: Qualquer pessoa pode ser sujeito passivo desse crime.

(8) Elemento subjetivo: O art. 130 contém três modalidades distintas do delito de perigo, de acordo com o elemento subjetivo: (a) *O agente "sabe que está contaminado" (caput):* É o dolo direto de perigo, no qual o agente quer tão somente criar a situação de perigo, mas não a efetiva transmissão da moléstia. (b) *O agente "deve saber que está contaminado" (caput):* para E. Magalhães Noronha "deve saber" indica culpa por parte do agente (*Direito penal*, cit., v. 2, p. 80). *No mesmo sentido*: Nélson Hungria, *Comentários*, cit., v. V, p. 405). *Em sentido contrário:* Celso Delmanto, para quem se trata de dolo eventual (Celso Delmanto e outros, *Código Penal comentado*, cit., p. 130). (c) *O agente sabe que está contaminado e tem a intenção de transmitir a moléstia (§ 1º):* é o crime de perigo com dolo de dano. O agente pratica ato sexual com a vítima com a intenção de efetivamente transmitir a moléstia. Mais do que a exposição ao perigo, pretende o efetivo contágio; daí por que a majoração da pena.

(9) Momento consumativo: Ocorre a consumação com a prática de relações sexuais ou atos libidinosos capazes de transmitir a moléstia venérea. Prescinde-se do efetivo contágio.

(10) Tentativa: De acordo com a doutrina, é possível a tentativa nos crimes de perigo, desde que haja um *iter criminis* que possa ser cindido.

(11) Crime impossível: Se a vítima já era portadora de igual moléstia venérea, não há falar em fato típico, por se tratar de hipótese de crime impossível.

(12) Forma qualificada (§ 1º): O crime será qualificado se o agente praticar relações sexuais com a intenção de transmitir a moléstia. Trata-se de elemento subjetivo do tipo, o qual faz com que a pena seja majorada (reclusão, de 1 a 4 anos, e multa). Para a consumação do crime, prescinde-se do efetivo contágio. Se ele ocorrer, o crime continuará a ser enquadrado no § 1º, pois o resultado será considerado mero exaurimento.

(13) Crimes contra a dignidade sexual: A Lei n. 12.015/2009 criou duas novas causas de aumento de pena incidentes sobre os capítulos do Título VI do Código Penal. Assim, a pena será aumentada de metade: (a) se do crime resultar gravidez; (b) se o agente transmite à vítima doença sexualmente transmissível de que sabe (dolo direto) ou deveria saber (dolo eventual) ser portador. Na hipótese, não há mais que se falar no concurso formal impróprio entre o crime contra a dignidade sexual e o delito do art. 131 do CP (perigo de contágio de moléstia venérea), constituindo a transmissão da doença uma circunstância majorante.

(14) Ação penal. Lei dos Juizados Especiais Criminais: Trata-se de crime de ação penal pública condicionada à representação do ofendido ou de seu representante legal. O delito de contágio de moléstia venérea, na sua forma simples *(caput)*, é considerado infração de menor potencial ofensivo e, portanto, está sujeito às disposições da Lei dos Juizados Especiais Criminais. No tocante à forma qualificada (§ 1º), contudo, incide somente a regra do art. 89 da referida lei.

Perigo de contágio de moléstia grave

Art. 131. Praticar, com o fim de transmitir a outrem moléstia grave de que está contaminado, ato capaz de produzir o contágio:

Pena – reclusão, de 1 (um) a 4 (quatro) anos, e multa.

(1) Objeto jurídico: Tutela-se, mais uma vez, a saúde e a incolumidade física das pessoas.

(2) Ação nuclear: A conduta típica consiste em *praticar* ato capaz de produzir o contágio de moléstia grave. Trata-se de crime de ação livre, podendo a transmissão se dar por qualquer meio (transfusão de sangue, beijo, relação sexual). A lei aqui faz referência à transmissão de moléstia

grave (por exemplo: tuberculose, febre amarela), e não venérea, ao contrário do art. 130 do CP. A doença deve ser contagiosa. Para E. Magalhães Noronha, o crime em estudo é uma norma penal em branco, e o conceito de moléstia grave e contagiosa deve ser completado pelos Regulamentos de Saúde Pública *(Direito penal*, cit., v. 2, p. 83). Para Cezar Roberto Bitencourt, "ser grave ou contagiosa decorre da essência da moléstia e não de eventuais escalas oficiais" (Cezar Roberto Bitencourt, *Manual*, cit., v. 2, p. 222).

(3) Aids: Já decidiu o STJ: "Em havendo dolo de matar, a relação sexual forçada, dirigida à transmissão do vírus da Aids é idônea para a caracterização da tentativa de homicídio (STJ, HC 9.378, 6ª T., Rel. Min. Hamílton Carvalhido, v. u., j. 18-10-2000, *DJU* 23-10-2000, p. 186). O crime do art. 131, portanto, restará absorvido. *No mesmo sentido:* Celso Delmanto e outros, *Código Penal*, cit., p. 282.

(4) Sujeito ativo: Qualquer pessoa, homem ou mulher, desde que contaminada de moléstia grave e contagiosa.

(5) Sujeito passivo: Qualquer pessoa, desde que não infectada com a mesma moléstia; do contrário estaremos diante de um crime impossível (CP, art. 17).

(6) Elemento subjetivo: É dolo direto de dano, consubstanciado na vontade de o agente, molestado, praticar ato capaz de produzir o contágio, acrescido de uma finalidade especial contida no tipo: "com o fim de transmitir a outrem a moléstia grave". Ausente essa finalidade, não há o enquadramento típico. Não se admite o dolo de dano eventual, por ser incompatível com o fim específico de transmitir a moléstia. Não há previsão da modalidade culposa.

(7) Momento consumativo: O crime se consuma com a prática do ato capaz de produzir o contágio, aliada à intenção de transmitir a moléstia grave. Segundo Hungria, na realidade, tal como no art. 130, § 1º, não estamos diante de um crime de perigo, mas de um crime formal, em que não se exige necessariamente que o agente consiga o efetivo contágio *(Comentários*, cit., v. V, p. 411).

(8) Tentativa: A tentativa será inadmissível na hipótese em que o ato tendente a produzir o contágio for único.

(9) Concurso de crimes: Poderá haver o concurso com o crime do art. 267 do CP, se o agente, além de visar à vítima, desejar a causação de uma epidemia, constituindo o fato crime de perigo coletivo ou comum.

(10) Ação penal. Lei dos Juizados Especiais Criminais: Trata-se de crime de ação penal pública incondicionada. É cabível a suspensão condicional do processo (art. 89 da Lei n. 9.099/95).

Perigo para a vida ou saúde de outrem

Art. 132. Expor a vida ou a saúde de outrem a perigo direto e iminente:

Pena – detenção, de 3 (três) meses a 1 (um) ano, se o fato não constitui crime mais grave.

Parágrafo único. A pena é aumentada de ¹/₆ (um sexto) a ¹/₃ (um terço) se a exposição da vida ou da saúde de outrem a perigo decorre do transporte de pessoas para a prestação de serviços em estabelecimentos de qualquer natureza, em desacordo com as normas legais. *(Acrescentado pela Lei n. 9.777/98)*

(1) Objeto jurídico: Tutela-se o direito à vida e à saúde das pessoas. O consentimento da vítima é irrelevante, não excluindo o crime.

(2) Ação nuclear: A conduta típica consiste em *expor* a vida ou a saúde de outrem a perigo direto e iminente. Pode o crime ser cometido mediante ação ou omissão. Trata-se de delito de ação livre. O perigo deve ser direto (deve referir-se à pessoa determinada) e iminente (imediato, prestes a se convolar em dano). Trata-se, portanto, de infração de perigo concreto, o qual deve ser demonstrado caso a caso. *Nesse sentido:* STJ: "Descabe falar em ocorrência do delito inscrito no art. 132 do Código Penal, quando o perigo situa-se no plano abstrato, não ocorrendo qualquer ação que, concretamente, coloque em risco a integridade física ou a saúde de outrem" (STJ, APn 290/PR, Corte Especial, Rel. Min. Felix Fischer, j. 16-3-2005, DJ 26-9-2005, p. 195).

(3) Subsidiariedade: O crime do art. 132 é de caráter eminentemente subsidiário, conforme expressa disposição legal: "se o fato não constitui crime mais grave". Assim, se praticado delito de

maior gravidade, este absorverá o crime de perigo em tela. Se da conduta de expor a perigo sobrevier a morte da vítima, deverá o agente responder pelo delito de homicídio culposo (CP, art. 121, § 3º). Se da conduta de expor a perigo sobrevier lesão corporal à vítima, deveria o agente responder pelo delito de lesão corporal culposa (CP, art. 129, § 6º), contudo, como a pena prevista para esta infração é menor que a prevista para o crime de perigo, responderá o agente pelo delito do art. 132 do CP. Isso não ocorre na hipótese em que a exposição a perigo advém de conduta praticada na condução de veículo automotor, uma vez que o delito de lesão corporal culposa previsto no Código de Trânsito Brasileiro possui sanção mais grave, de modo que o agente responderá, nessa hipótese, por essa infração, e não pela do art. 132 do CP. Da mesma maneira, responderá pelo delito de lesão corporal culposa se o fato puder ser enquadrado na sua forma agravada (CP, art. 129, § 7º).

(4) Sujeito ativo: Trata-se de crime comum, prescindindo-se de qualquer vinculação jurídica entre o sujeito ativo e o sujeito passivo, ao contrário dos delitos previstos nos arts. 133, 134 e 136 do CP.

(5) Sujeito passivo: Qualquer pessoa, desde que seja determinada, do contrário, poderá haver crime de perigo comum (CP, arts. 250 e s.). Se o risco for inerente à atividade do agente, não há falar no crime em tela (bombeiros, policiais etc.). *Nesse sentido:* Nélson Hungria, *Comentários,* cit., v. V, p. 420.

(6) Elemento subjetivo: É o dolo de perigo (direto ou eventual). Se houver *animus necandi* ou *animus laedendi,* o crime será outro (tentativa de homicídio ou lesão dolosa). O fato não é punível a título de culpa. Há julgado no sentido de que praticam o crime com dolo eventual a avó e a mãe de menor que, por motivos religiosos (Testemunhas de Jeová), não autorizam urgente transfusão de sangue prescrita em caso de anemia (*RT* 647/302).

(7) Consumação: Ocorre com o surgimento do perigo, o qual deve ser demonstrado caso a caso.

(8) Tentativa: Na modalidade comissiva, em tese, é possível.

(9) Causa de aumento de pena (parágrafo único): A pena é aumentada de um sexto a um terço se a exposição da vida ou da saúde de outrem a perigo decorre do transporte de pessoas para a prestação de serviços em estabelecimentos de qualquer natureza, em desacordo com as normas legais (parágrafo único acrescentado pela Lei n. 9.777, de 29-12-1998). O transporte a que a lei se refere é o veículo motorizado, sujeito às disposições do CTB (ônibus, caminhões etc.). Exige o tipo que as pessoas sejam transportadas para prestar serviços em estabelecimento de qualquer natureza. O transporte deve ser realizado "em desacordo com as normas legais", no caso, as normas constantes do Código de Trânsito Brasileiro e legislação complementar. Exige-se, no entanto, a prova do perigo concreto para a vida ou a saúde das pessoas transportadas.

(10) Ação penal. Lei dos Juizados Especiais Criminais: Trata-se de crime de ação penal pública incondicionada. Nos moldes da Lei n. 9.099/95, o crime de perigo para a vida ou a saúde de outrem (CP, art. 132, *caput*), nas formas simples e majorada, constituem infração de menor potencial ofensivo (cf. Lei n. 10.259, de 12-7-2001, que instituiu os juizados especiais federais, e art. 61 da Lei n. 9.099/95, com a redação determinada pela Lei n. 11.313, de 28-6-2006).

(11) Competência. Súmula 42 do STJ: Já decidiu o STJ que "não incide a regra de competência disposta no art. 109, IV, da Carta Magna, na hipótese em que a prática delituosa envolve bens e serviços da Petrobras. Compete à Justiça Comum Estadual processar e julgar as causas cíveis em que é parte sociedade de economia mista e os crimes praticados em seu detrimento" (Súmula 42 do STJ). – Conflito conhecido. Competência da Justiça Estadual (STJ, CC 34575/SP, 3ª S., Rel. Min. Vicente Leal, j. 14-8-2002, *DJ* 9-9-2002, p. 159).

Código de Defesa do Consumidor

(1) Exposição a perigo da vida ou saúde do consumidor: O Código de Defesa do Consumidor prevê algumas condutas que expõem a perigo a vida ou a saúde do consumidor. Dessa forma, o art. 65 do CDC dispõe acerca da conduta de "Executar serviço de alta periculosidade, contra-

riando determinação de autoridade competente: Pena – detenção, de 6 (seis) meses a 2 (dois) anos e multa. Parágrafo único. As penas deste artigo são aplicáveis sem prejuízo das correspondentes à lesão corporal e à morte". No tocante ao art. 64 do CDC, já decidiu o STJ que: "Embora concluída a construção do prédio anteriormente à edição do Código de Defesa do Consumidor, os crimes previstos no art. 64 deste instituto e no art. 132 do Código Penal somente se consumaram com a omissão do síndico em comunicar aos condôminos o risco de vida a que estariam expostos, por falhas estruturais detectadas em laudo pericial realizado pela Caixa Econômica Federal, quando já em vigor a lei protecionista em apreço. Tendo os delitos se verificado em tal data, é daí que começa a fluir o lapso prescricional, que, não completado, não há como ser decretada a prescrição" (STJ, REsp 46187/DF, 5ª T., Rel. Min. Cid Flaquer Scartezzini, j. 8-11-1995, *DJ* 8-12-1995).

Código de Trânsito Brasileiro (Lei n. 9.503/97)

(1) Incidência do CTB: Quando a exposição a perigo se der mediante o uso de veículo automotor, tal conduta não será abrangida pela norma do art. 132 do CP, mas pelas normas do Código de Trânsito Brasileiro. Tais crimes, via de regra, têm por objeto jurídico principal a segurança viária, que é colocada em risco com a prática de uma das condutas criminosas elencadas pela legislação especial. Dessa forma, a Lei n. 9.503/97 criou diversos crimes que se caracterizam por uma situação de perigo e que ficarão absorvidos quando ocorrer o dano efetivo (lesões corporais ou homicídio culposo na direção de veículo automotor).

(2) Embriaguez ao volante (art. 306): Dispõe o art. 306, com a redação determinada pela Lei n. 12.760/2012: "Conduzir veículo automotor com capacidade psicomotora alterada em razão da influência de álcool ou de outra substância psicoativa que determine dependência: Penas – detenção, de seis meses a três anos, multa e suspensão ou proibição de se obter a permissão ou a habilitação para dirigir veículo automotor. §1º As condutas previstas no *caput* serão constatadas por: I – concentração igual ou superior a 6 decigramas de álcool por litro de sangue ou igual ou superior a 0,3 miligrama de álcool por litro de ar alveolar; ou II – sinais que indiquem, na forma disciplinada pelo Contran, alteração da capacidade psicomotora. § 2º A verificação do disposto neste artigo poderá ser obtida mediante teste de alcoolemia, exame clínico, perícia, vídeo, prova testemunhal ou outros meios de prova em direito admitidos, observado o direito à contraprova. § 3º O Contran disporá sobre a equivalência entre os distintos testes de alcoolemia para efeito de caracterização do crime tipificado neste artigo". Portanto, desde o advento da Lei n. 11.705/2008, que também alterava esse dispositivo, não é mais necessário que a conduta do agente exponha a dano potencial a incolumidade de outrem, bastando que dirija embriagado, pois se presume o perigo. Assim, não se exigirá que a acusação comprove que o agente dirija de forma anormal, de modo a colocar em risco a segurança viária. Basta a prova da embriaguez (Sobre *prova* veja comentários ao art. 28 do CP). Cumpre, finalmente, notar que o inciso V do parágrafo único do art. 302, acrescentado pela Lei n. 11.275, de 7 de fevereiro de 2006, foi suprimido pela nova Lei n. 11.705, de 19 de junho de 2008. Previa o mencionado dispositivo legal uma causa especial de aumento de pena incidente sobre o crime de homicídio culposo (e lesão corporal culposa) na hipótese em que o agente estivesse sob a influência de álcool ou substância tóxica ou entorpecente de efeitos análogos.

(3) Participação em corrida não autorizada – racha (art. 308): "Participar, na direção de veículo automotor, em via pública, de corrida, disputa ou competição automobilística não autorizada pela autoridade competente, desde que resulte dano potencial à incolumidade pública ou privada". De acordo com o STJ, "O delito de racha previsto no art. 308 da Lei n. 9.503/97, por ser de perigo concreto, necessita, para a sua configuração, da demonstração da potencialidade lesiva" (STJ, REsp 585345/RS, 5ª T., Rel. Min. Felix Fischer, j. 16-12-2003, *DJ* 16-2-2004, p. 342). A morte decorrente do crime de racha poderá caracterizar homicídio doloso ante a presença de dolo eventual. Sobre esse crime, *vide* comentários ao art. 121, § 3º, do CP (título: *homicídio culposo e crimes de trânsito*).

(4) Direção de veículo sem permissão ou habilitação (art. 309): "Dirigir veículo automotor, em via pública, sem a devida Permissão para Dirigir ou Habilitação ou, ainda, se cassado o direito de dirigir, gerando perigo de dano". De acordo com o STJ, houve a revogação parcial da contravenção tipificada no art. 32 da LCP (STJ, HC 25522/SP, 6ª T., Rel. Min. Hamilton Carvalhido, j. 9-12-2003, *DJ* 2-2-2004, p. 366). O crime de lesão corporal culposa (art. 303 do CTB), ou homicídio, absorve o delito de direção sem habilitação (art. 309 do CTB), funcionando este como causa de aumento de pena (art. 303, parágrafo único, do CTB). N*esse sentido:* STJ, HC 25082/SP, 5ª T., Relª Minª Laurita Vaz, j. 18-3-2004, *DJ* 12-4-2004, p. 222. *No mesmo sentido:* STF, HC 80422/MG, 1ª T., Rel. Min. Ilmar Galvão, j. 28-11-2000, *DJ* 2-3-2001, p. 2. Sobre o delito de lesões corporais culposas na direção de veículo automotor, consulte comentários ao crime de homicídio (CP, art. 121 § 3º).

(5) Entrega da direção a pessoa não habilitada (art. 310): "Permitir, confiar ou entregar a direção de veículo automotor a pessoa não habilitada, com habilitação cassada ou com o direito de dirigir suspenso, ou, ainda, a quem, por seu estado de saúde, física ou mental, ou por embriaguez, não esteja em condições de conduzi-lo com segurança".

(6) Excesso de velocidade em determinados locais (art. 311): "Trafegar em velocidade incompatível com a segurança nas proximidades de escolas, hospitais, estações de embarque e desembarque de passageiros, logradouros estreitos, ou onde haja grande movimentação ou concentração de pessoas, gerando perigo de dano".

(7) Concurso de crimes: Não é possível o concurso, por exemplo, entre os crimes de direção sem habilitação e embriaguez ao volante, por atingirem a mesma objetividade jurídica (segurança viária).

Estatuto do Desarmamento – Crime de disparo de arma de fogo (art. 15 da Lei n. 10.826, de 22-12-2003).

(1) Disparo de arma de fogo: Com a Lei n. 10.826, de 22-12-2003 (publicada no *DJU* de 23-12-2003), o delito de disparo de arma de fogo passou a ser tipificado no seu art. 15 (conduta anteriormente prevista no art. 10, § 1º, III, da revogada Lei n. 9.437/97), alterando-se a ressalva final para que, no lugar de "desde que o fato não constitua crime mais grave", passasse a constar "desde que essa conduta não tenha como finalidade a prática de outro crime". O intuito, claramente, foi o de afastar a incidência do princípio da subsidiariedade e, com isso, permitir que o agente viesse a responder pelo delito que pretendeu praticar, ainda que menos grave. No caso em tela, como o autor da periclitação pretende expor a vida de outrem a perigo, usando os disparos como simples meio para essa realização, diante da nova redação deveria prevalecer a norma do art. 132 do CP. Entretanto, tal solução violaria o princípio da proporcionalidade das penas (*vide* comentários ao crime do art. 129, *caput*, do CP), de modo que entendemos estar mantida a mesma consequência da lei anterior, isto é, prevalece a infração mais grave, no caso, o disparo. Convém notar que, mesmo em face do novo Estatuto do Desarmamento, o art. 132 do Código Penal continua a subsistir para alcançar todas as outras formas de exposição de vítima determinada a risco direto e iminente de dano, abrangendo o uso de arma branca, de arremesso etc. (Cf. Fernando Capez, *Estatuto do Desarmamento*, cit.).

(2) Disparo de arma de fogo e o crime de posse ou porte ilegal de arma de fogo de uso permitido (arts. 12 e 14): STJ: "Hipótese em que o réu efetuou disparo com arma de fogo na avenida Duque de Caxias, na cidade de Sarandi/RS, por volta das 5 horas, só tendo sido abordado portando a referida arma posteriormente, às 6 horas e 30 minutos, na estação rodoviária de Sarandi/RS. Incabível a aplicação automática do princípio da consunção, em desconsideração às circunstâncias fáticas do caso concreto, em que as infrações ocorreram em momentos distintos (STJ, REsp 604177/RS, 5ª T., Rel. Min. Gilson Dipp, j. 17-6-2004, *DJ* 2-8-2004, p. 540). *No mesmo sentido:* STJ, APn 290/PR, Corte Especial, Rel. Min. Felix Fischer, j. 16-3-2005, *DJ* 26-9-2005, p. 195. *Vide* também Fernando Capez, *Estatuto do Desarmamento*, cit.

(3) Disparo de arma de fogo e o crime de posse ou porte ilegal de arma de fogo de uso restrito ou proibido: A pena do crime de posse ou porte ilegal de arma de fogo de uso restrito ou

proibido (3 a 6 anos e multa) é maior do que a prevista para o crime de disparo de arma de fogo (2 a 4 anos e multa). É mais vantajoso disparar arma de fogo de uso proibido ou restrito do que possuí-la ou portá-la. Quando a posse ou o porte forem praticados no mesmo contexto fático do disparo, não será possível o concurso de crimes, pois integram o *iter criminis* do disparo e a sua punição acarretaria *bis in idem*. No caso, deveria ser aplicado o princípio da subsidiariedade, respondendo o autor pelo delito mais grave. Ocorre que o delito mais grave é a posse ou o porte do artefato. Nesse caso, o disparo constituiria *post factum* não punível. O problema, no entanto, raramente ocorrerá, pois, no mais das vezes, o sujeito já possuía a arma de fogo sem registro muito antes de dispará-la, devendo, como regra, ser aplicado o concurso material de crimes (Cf. Fernando Capez, *Estatuto do Desarmamento*, cit.).

Lei de Biossegurança

(1) Liberação de organismo geneticamente modificado no meio ambiente. Sementes de soja transgênica: STJ: "Cuidando-se de conduta de liberação, no meio ambiente, de organismo geneticamente modificado – sementes de soja transgênica – em desacordo com as normas estabelecidas pelo Órgão competente, caracteriza-se, em tese, o crime descrito no art. 13, inc. V, da Lei de Biossegurança, que regula manipulação de materiais referentes à Biotecnologia e à Engenharia Genética. Os eventuais efeitos ambientais decorrentes da liberação de organismos geneticamente modificados não se restringem ao âmbito dos Estados da Federação em que efetivamente ocorre o plantio ou descarte, sendo que seu uso indiscriminado pode acarretar consequências a direitos difusos, tais como a saúde pública. Evidenciado o interesse da União no controle e regulamentação do manejo de sementes de soja transgênica, inafastável a competência da Justiça Federal para o julgamento do feito. Conflito conhecido para declarar a competência o Juízo Federal da Vara Criminal de Passo Fundo, SJ/RS, o Suscitado" (STJ, CC 41301/RS, 3ª S., Rel. Min. Gilson Dipp, j. 12-5-2004, *DJ* 17-5-2004, p. 104 – *RSTJ* 186/469).

Crimes contra o meio ambiente

(1) Causar poluição que exponha a perigo a saúde, a fauna ou a flora poderá configurar crime ambiental (vide *art. 54 da Lei n. 9.605/98*): STJ: "Crime ambiental. Poluição hídrica. Trancamento da ação penal. Falta de justa causa. Atipicidade da conduta. Ausência de perigo ou dano à saúde humana, à fauna ou à flora. Elemento essencial ao tipo. Constrangimento ilegal evidenciado. Recurso provido. Só é punível a emissão de poluentes efetivamente perigosa ou danosa para a saúde humana, ou que provoque a matança de animais ou a destruição significativa da flora, não se adequando ao tipo penal a conduta de poluir, em níveis incapazes de gerar prejuízos aos bens juridicamente tutelados, como no presente caso" (STJ, RHC 17429/GO, 5ª T., Rel. Min. Gilson Dipp, j. 28-6-2005, *DJ* 1º-8-2005, p. 476).

Abandono de incapaz

Art. 133. Abandonar pessoa que está sob seu cuidado, guarda, vigilância ou autoridade, e, por qualquer motivo, incapaz de defender-se dos riscos resultantes do abandono:

Pena – detenção, de 6 (seis) meses a 3 (três) anos.

§ 1º Se do abandono resulta lesão corporal de natureza grave:

Pena – reclusão, de 1 (um) a 5 (cinco) anos.

§ 2º Se resulta a morte:

Pena – reclusão, de 4 (quatro) a 12 (doze) anos.

Aumento de pena

§ 3º As penas cominadas neste artigo aumentam-se de um terço:

I – se o abandono ocorre em lugar ermo;

II – se o agente é ascendente ou descendente, cônjuge, irmão, tutor ou curador da vítima;

III – se a vítima é maior de 60 (sessenta) anos. *(Acrescentado pela Lei n. 10.741/2003)*

(1) Objeto jurídico: Tutela-se a segurança do indivíduo.

(2) Ação nuclear: Consubstancia-se no verbo abandonar (deixar ao desamparo). O agente deixa ao desamparo indivíduo que não tem condições de por si só se defender dos riscos do abandono. A conduta pode ser praticada por ação ou omissão. É necessário que a conduta acarrete risco real, concreto, para a vida ou a saúde do abandonado. Tal não ocorrerá se o agente ficar na espreita, fazendo vigília. Também não haverá crime se o próprio assistido se furtar aos cuidados daquele que tem o dever de prestar assistência.

(3) Sujeito ativo: Trata-se de crime próprio, pois somente pode ser praticado por aquele que tenha o indivíduo sob o seu cuidado, guarda, vigilância ou autoridade. O dever de assistência pode decorrer de lei, de um contrato, ou de um fato (lícito ou mesmo ilícito). Se inexiste o dever de assistência, não há falar no crime de abandono de incapaz, podendo o agente responder por outro delito, como, por exemplo, omissão de socorro (CP, art. 135).

(4) Sujeito passivo: Qualquer pessoa que se encontre sob o cuidado, guarda, vigilância ou autoridade do sujeito ativo e por qualquer motivo seja incapaz de defender-se dos riscos advindos do abandono. Assim, um adulto pode ser vítima desse crime (por exemplo, um cego, pessoa embriagada, enferma, amarrada). É inoperante o consentimento do ofendido, dada a indisponibilidade do bem jurídico protegido.

(5) Elemento subjetivo: É o dolo de perigo (direito ou eventual). Se houver *animus necandi*, haverá o crime de homicídio tentado (ou, na ocorrência de morte, consumado). Se o agente por culpa abandonar o incapaz, e advierem lesões corporais ou morte, responderá pelos crimes de lesão corporal ou morte na modalidade culposa. O erro quanto ao seu dever de assistência poderá caracterizar erro de tipo (CP, art. 20). A conduta de expor ou abandonar recém-nascido com o fim de ocultar desonra própria configura crime previsto no art. 134 do CP.

(6) Momento consumativo: Consuma-se com o abandono, ainda que temporário, desde que haja risco concreto para a vida ou a saúde da vítima. Trata-se de crime instantâneo de efeitos permanentes. Nada impede que incida o instituto do arrependimento posterior (CP, art. 16).

(7) Tentativa: É possível na modalidade comissiva.

(8) Qualificada: A forma qualificada está prevista nos §§ 1º e 2º: (a) se do abandono resulta lesão corporal de natureza grave (pena – reclusão, de 1 a 5 anos); (b) se do abandono resulta morte (pena – reclusão, de 4 a 12 anos). Ambas são formas preterdolosas. O resultado agravador não é querido pelo agente, nem mesmo eventualmente, mas lhe é imputado a título de culpa, se previsível. A falta de previsibilidade quanto ao resultado danoso exclui a qualificadora.

(9) Causa de aumento de pena: O § 3º prevê três circunstâncias que agravam a pena (aumento de 1/3): (a) *Se o abandono ocorre em lugar ermo (inciso I)*: é o local habitualmente isolado, solitário. Se for absolutamente ermo, poderá configurar meio executivo do homicídio. (b) *Se o agente é ascendente ou descendente, cônjuge, irmão, tutor ou curador da vítima (inciso II)*: A incidência dessa majorante afasta a agravante genérica prevista no art. 61, II, *e*, sob pena de ocorrência de *bis in idem*. (c) *Se a vítima é maior de 60 anos (inciso III)*: o art. 110 da Lei n. 10.741, de 1º-10-2003 (Estatuto do Idoso), acrescentou uma nova causa especial de aumento de pena ao § 3º do art. 133, qual seja, a pena do abandono de incapaz é aumentada de 1/3 se o crime é praticado contra pessoa maior de 60 anos. Obviamente que a incidência desta afasta a circunstância agravante genérica

prevista no art. 61, II, *h*, do CP (delito cometido contra maior de 60 anos), sob pena da ocorrência de *bis in idem*.

(10) Ação penal. Lei dos Juizados Especiais Criminais: Trata-se de crime de ação penal pública incondicionada. É cabível a suspensão condicional do processo (art. 89 da Lei n. 9.099/95): (a) no *caput* do art. 133, ainda que incida a causa de aumento do § 3º; b) no § 1º do art. 133, sem a causa de aumento de pena prevista no § 3º.

(11) Estatuto do Idoso: A conduta consistente em abandonar o idoso em hospitais, casas de saúde, entidades de longa permanência, ou congêneres, ou não prover suas necessidades básicas, quando obrigado por lei ou mandado, configura crime previsto no art. 98 do Estatuto do Idoso (Lei n. 10.741, de 1º-10-2003), punido com pena de detenção de 6 meses a 3 anos e multa. Trata-se de crime de ação penal pública incondicionada, não se lhe aplicando os arts. 181 e 182 do CP (cf. art. 95 do Estatuto).

Exposição ou abandono de recém-nascido

Art. 134. Expor ou abandonar recém-nascido, para ocultar desonra própria:

Pena – detenção, de 6 (seis) meses a 2 (dois) anos.

§ 1º Se do fato resulta lesão corporal de natureza grave:

Pena – detenção, de 1 (um) a 3 (três) anos.

§ 2º Se resulta a morte:

Pena – detenção, de 2 (dois) a 6 (seis) anos.

(1) Objeto jurídico: Tutela-se a segurança do recém-nascido, a sua incolumidade pessoal.

(2) Ação nuclear: Consubstanciam-se nos verbos *expor* ou *abandonar*, isto é, deixar ao desamparo o recém-nascido. O abandono é realizado com o fim de ocultar desonra própria. Trata-se de uma forma privilegiada do crime de abandono de incapaz. É crime de perigo concreto, de forma que, tal como no delito do art. 133, deve-se comprovar no caso concreto o risco efetivo para a vida ou saúde do recém-nascido. Se o abandono do recém-nascido for moral, haverá o crime dos arts. 244 a 247 do CP.

(3) Sujeito ativo: Trata-se de crime próprio, somente podendo ser praticado pela genitora que concebeu o filho fora do matrimônio, isto é, solteira, adúltera, viúva, e que o faz para ocultar desonra própria. No sentido de que o genitor pode praticar o delito em tela para ocultar incesto ou relação adulterina: Nélson Hungria, *Comentários*, cit., v. V, p. 437 e E. Magalhães Noronha, *Direito penal*, cit., v. 2, p. 91. *Em sentido contrário:* Cezar Roberto Bitencourt, *Manual*, cit., p. 274. No caso deverá responder pelo crime do art. 133 do CP. A prostituta, da mesma forma, não comete o delito em tela, mas do art. 133 do CP. O terceiro que concorrer para o crime do art. 134 responderá pelo mesmo na qualidade de coautor ou partícipe, em face da comunicabilidade da condição pessoal entre os participantes (CP, art. 30).

(4) Sujeito passivo: É o recém-nascido. Na doutrina há divergência acerca do exato limite de tempo em que o sujeito passivo se considera recém-nascido.

(5) Elemento subjetivo: É o dolo direto de perigo, acrescido do fim especial de agir "ocultar desonra própria". Não se admite o dolo eventual.

Se houver a vontade de eliminar a vida do recém-nascido ou de lesioná-lo, haverá os crimes de homicídio (ou infanticídio, se presentes os requisitos legais) ou lesão corporal dolosa. O abandono culposo poderá configurar os crimes de homicídio ou lesão corporal culposa, caso ocorra um desses resultados.

(6) Momento consumativo: Consuma-se o abandono, desde que resulte perigo concreto para

o recém-nascido. Trata-se de crime instantâneo de efeitos permanentes. Nada impede, entretanto, que no caso incida o instituto do arrependimento posterior (CP, art. 16).

(7) Tentativa: Somente se admite na modalidade comissiva do crime.

(8) Qualificada: A forma qualificada encontra-se prevista nos §§ 1º e 2º do art. 134. São elas: (a) se do fato resulta lesão corporal de natureza grave (pena – detenção, de 1 a 3 anos); (b) se resulta morte (pena – detenção, de 2 a 6 anos). Cuida-se aqui dos crimes qualificados pelo resultado na modalidade preterdolo. Os resultados agravadores são punidos somente a título de culpa, do contrário, poderemos estar diante de um crime de dano (lesão corporal, homicídio, infanticídio).

(9) Ação penal e procedimento. Lei dos Juizados Especiais Criminais: Trata-se de crime de ação penal pública incondicionada. O crime na forma simples (*caput*) constitui infração de menor potencial ofensivo (cf. Lei n. 10.259, de 12-7-2001, que instituiu os Juizados Especiais Federais, e art. 61 da Lei n. 9.099/95, com a redação determinada pela Lei n. 11.313, de 28-6-2006). Em face das penas previstas no *caput* (detenção, de 6 meses a 2 anos) e no § 1º (detenção, de 1 a 3 anos), é cabível a suspensão condicional do processo (art. 89 da Lei n. 9.099/95).

Omissão de socorro

Art. 135. Deixar de prestar assistência, quando possível fazê-lo sem risco pessoal, à criança abandonada ou extraviada, ou à pessoa inválida ou ferida, ao desamparo ou em grave e iminente perigo; ou não pedir, nesses casos, o socorro da autoridade pública:

Pena – detenção, de 1 (um) a 6 (seis) meses, ou multa.

Parágrafo único. A pena é aumentada de metade, se da omissão resulta lesão corporal de natureza grave, e triplicada, se resulta a morte.

(1) Omissão de socorro: O crime de omissão de socorro é um crime omissivo próprio. Nessa espécie de crime, inexiste a violação de um dever especial de agir imposto pela norma, porque não há comando legal determinando o que deveria ser feito. Ante a inexistência do *quod debeatur*, a omissão perde relevância causal, e o omitente só praticará crime se houver tipo incriminador descrevendo a omissão como infração formal ou de mera conduta. Exemplos: arts. 135 e 269 do CP e art. 304 da Lei n. 9.503/97 (Código de Trânsito Brasileiro).

(2) Objeto jurídico: É o dever de solidariedade, de mútua assistência, a todos imposto para a salvaguarda da vida e da saúde das pessoas.

(3) Ação nuclear: Duas são as condutas típicas: (a) *Deixar de prestar assistência:* constitui elementar do tipo penal a *possibilidade* de prestar a assistência *sem risco pessoal*. Caso o agente deixe de prestar o auxílio imediato por haver risco para sua vida ou saúde, deverá solicitar socorro à autoridade pública. Caso a prestação do socorro acarrete riscos para terceira pessoa, estar-se-á diante do estado de necessidade (CP, art. 24). (b) *Não pedir socorro a autoridade pública:* caso o indivíduo não possa prestar imediato socorro, sem risco pessoal, deverá solicitar auxílio à autoridade pública, sob pena de a conduta caracterizar o crime em estudo. O sujeito não está autorizado a buscar auxílio da autoridade pública se lhe era possível socorrer de forma imediata. Constitui elementar do tipo penal a ausência do risco pessoal. *Em sentido contrário:* E. Magalhães Noronha, para quem, nesse caso, o agente poderá invocar estado de necessidade *(Direito penal,* cit., v. 2, p. 96).

(4) Sujeito ativo: Qualquer pessoa pode praticar o delito em tela, desde que não tenha intencional ou culposamente causado a situação de perigo para a vítima. Dessa forma, se a causação for dolosa, ocorrerá a absorção da omissão pelo crime de dano (homicídio ou lesão corporal). Se for culposa, a omissão posterior ensejará a figura qualificada do homicídio (art. 121, § 4º) ou da lesão corporal-culposa (art. 129, § 7º). Portanto, no crime autônomo de omissão de socorro (CP, art.

135), a pessoa que está obrigada a prestar o socorro não se confunde com quem causou a situação de perigo.

(5) Concurso de pessoas: Vide no art. 29 do CP distinções entre *participação negativa ou conivência* (crimen silenti): *participação por omissão e participação em crime omissivo.*

(6) Sujeito passivo: (a) Criança abandonada: é aquela que não possui autodefesa e foi deixada ao desamparo; (b) criança extraviada: é aquela que se perdeu, não sabendo retornar a sua residência; (c) pessoa inválida: é aquela que não tem condições de defender-se, por razões como doença ou velhice; (d) pessoa ferida: é aquela que teve lesões em sua integridade física, encontrando-se ao desamparo; ou (e) pessoa em grave e iminente perigo. Na hipótese "e", o perigo deve ser apreciado *in concreto*, isto é, cumpre seja demonstrado que a pessoa se encontrava em situação de risco.

(7) Elemento subjetivo: É o dolo de perigo (direto ou eventual). O erro do agente quanto à situação de perigo poderá caracterizar o erro de tipo (CP, art. 20).

(8) Momento consumativo: Por se tratar do crime omissivo puro por excelência, a consumação dá-se no momento da abstenção do comportamento devido. *Nessa linha:* TJRS, RCrim 691057384, 1ª Câmara Criminal, Rel. Guilherme Oliveira de Souza Castro, j. 16-12-1992; TJRJ, Ap. Crim. 2003.050.04098, 2ª Câmara Criminal, Relª Desª Gizelda Leitão Teixeira, j. 18-11-2003; TJSP, Ap. Crim. 925.903.3/7-0000-000, 13ª Câmara Criminal, Rel. Des. Renê Ricupero, j. 16-11-2006; *RT* 563/295.

(9) Tentativa: Tratando-se de crime omissivo puro, a tentativa é inadmissível.

(10) Majorada: De acordo com o parágrafo único: "a pena é aumentada de metade, se da omissão resulta lesão corporal de natureza grave, e triplicada, se resulta a morte". Estamos diante da uma hipótese de crime preterdoloso, pois o resultado agravador deve ser provocado culposamente.

(11) Ação penal. Lei dos Juizados Especiais Criminais: Trata-se de ação penal pública incondicionada. Em face das penas previstas no *caput* (detenção, de 1 a 6 meses, ou multa) e no parágrafo único, 1ª parte (a pena é aumentada de metade, se da omissão resulta lesão corporal de natureza grave), estamos diante de uma infração de menor potencial ofensivo. No § 1º, 2ª parte (a pena é triplicada se resulta morte), também é considerado crime de menor potencial ofensivo. Por fim, é cabível a suspensão condicional do processo (art. 89 da Lei n. 9.099/95) em ambas as modalidades do crime.

(12) Concurso de crimes: Não há concurso de crimes quando a situação foi dolosamente provocada pelo agente. Se culposamente provocada, a figura será a do art. 121, § 4º, ou a do art. 129, § 7º, do CP, sem concurso com o art. 135 do mesmo Código, sob pena de constituir *bis in idem*.

(13) Omissão de socorro e a extinção da punibilidade do crime de lesões corporais ou homicídio culposo: Ao tratar da omissão de socorro como causa de aumento de pena no crime de lesão corporal culposa, já decidiu o STJ no sentido de que "extinta a punibilidade do crime de lesão corporal culposa na direção de veículo, por ausência de representação por parte da vítima, configura constrangimento ilegal o prosseguimento da ação com relação ao crime de omissão de socorro, uma vez que, pelo princípio da consunção, encontra-se absorvido pela conduta delitiva de maior gravidade" (STJ, HC 135611/MG, 5ª T., Rel. Min. Edson Vidigal, j. 21-11-2000, *DJ* 18-12-2000, p. 221).

(14) Morte da vítima. Crime impossível: Caso a vítima faleça no momento do fato, sem que necessite de imediato socorro, discute-se se deveria o agente responder pelo crime de omissão de socorro. Trata-se o caso de crime impossível pela impropriedade absoluta do objeto (CP, art. 17), pois não há falar em socorro sem pessoa que precise ser socorrida. Distanciando-se desse entendimento, o parágrafo único do art. 304 do CTB prevê a configuração do crime de omissão de socorro pelo condutor de veículo, ainda que se trate de vítima "com morte instantânea ou com ferimentos leves". Na mesma linha, o STJ decidiu ser "Irrelevante o fato de a vítima ter falecido

imediatamente, tendo em vista que não cabe ao condutor do veículo, no instante do acidente, supor que a gravidade das lesões resultou na morte para deixar de prestar o devido socorro" (STJ, AgRg no Ag 1140929/MG, 5ª T., Rel. Min. Laurita Vaz, j. 13-8-2009, *DJe* 8-9-2009).

Estatuto do Idoso (Lei n. 10.741, de 1º-10-2003)

(1) Omissão de socorro a idosos: A conduta de deixar de prestar assistência ao idoso, quando possível fazê-lo sem risco pessoal, em situação de iminente perigo, ou recusar, retardar ou dificultar sua assistência à saúde, sem justa causa, ou não pedir, nesses casos, o socorro de autoridade pública, configura crime previsto no art. 97 do Estatuto do Idoso (Lei n. 10.741, de 1º-10-2003), punido com pena de detenção de 6 meses a 1 ano e multa. A pena é aumentada de metade, se da omissão resulta lesão corporal de natureza grave, e triplicada, se resulta a morte (parágrafo único). Trata-se de crime de ação penal pública incondicionada, não se lhe aplicando os arts. 181 e 182 do CP (art. 95 do Estatuto).

Código de Trânsito Brasileiro (Lei n. 9.503/97)

(1) Previsão legal: Dispõe o art. 304 do CTB: "Deixar o condutor do veículo, na ocasião do acidente, de prestar imediato socorro à vítima, ou, não podendo fazê-lo diretamente, por justa causa, deixar de solicitar auxílio da autoridade pública: Pena – detenção, de seis meses a um ano, ou multa, se o fato não constituir elemento de crime mais grave".

(2) Requisitos: (a) Somente o condutor de veículo envolvido em acidente com vítima pode cometer o delito em tela. Se, na mesma oportunidade, motoristas de outros veículos, não envolvidos no acidente, deixam também de prestar socorro, incidem no crime genérico de omissão de socorro descrito no art. 135 do CP. O mesmo ocorre em relação a pessoas que não estejam na condução de veículos automotores. b) O condutor do veículo não pode ter agido de forma culposa; caso o tenha, o crime será de homicídio ou lesões culposas com a pena aumentada (CTB, arts. 302 e 303, parágrafo único, III).

(3) Majorante: Ao contrário do que ocorre na legislação comum, não existe previsão legal de aumento de pena quando, em face da omissão, a vítima sofre lesões graves ou morre.

(4) Socorro por terceiro. Vítima com morte instantânea ou com ferimentos leves: O parágrafo único do art. 304 prevê, por sua vez, que "Incide nas penas previstas neste artigo o condutor do veículo, ainda que a sua omissão seja suprida por terceiros ou que se trate de vítima com morte instantânea ou com ferimentos leves". No caso de morte instantânea, temos aqui a previsão legal de um crime impossível por absoluta impropriedade do objeto, que o torna inaplicável, muito embora o STJ tenha se manifestado pela configuração de crime (AgRg no Ag 1140929/MG, 5ª T., Rel. Min. Laurita Vaz, j. 13-8-2009, *DJe* 8-9-2009). Sobre o tema, *vide* item acima.

Condicionamento de atendimento médico-hospitalar emergencial (*Incluído pela Lei n. 12.653, de 2012*)

Art. 135-A. Exigir cheque-caução, nota promissória ou qualquer garantia, bem como o preenchimento prévio de formulários administrativos, como condição para o atendimento médico-hospitalar emergencial:

Pena – detenção, de 3 (três) meses a 1 (um) ano, e multa.

Parágrafo único. A pena é aumentada até o dobro se da negativa de atendimento resulta lesão corporal de natureza grave, e até o triplo se resulta a morte.

(1) Objeto jurídico: É o dever de solidariedade, de mútua assistência, a todos imposto para a salvaguarda da vida e da saúde das pessoas. Rogério Sanches Cunha advertiu que a tipificação dessa conduta já era esperada, pois o Código de Defesa do Consumidor, desde 1990, preceitua que a exigência da garantia para o atendimento é prática abusiva que expõe o consumidor a desvantagem exagerada, causando desequilíbrio na relação contratual (art. 39). No mesmo espírito, o Código Civil de 2002 garante ser anulável o negócio jurídico por vício resultante de estado de perigo (art. 171, II). A Resolução Normativa n. 44 da Agência Nacional de Saúde Suplementar, por sua vez, desde 2003, no seu art. 1º, já alertava: "Art. 1º Fica vedada, em qualquer situação, a exigência, por parte dos prestadores de serviços contratados, credenciados, cooperados ou referenciados das Operadoras de Planos de Assistência à Saúde e Seguradoras Especializadas em Saúde, de caução, depósito de qualquer natureza, nota promissória ou quaisquer outros títulos de crédito, no ato ou anteriormente à prestação do serviço" (http://atualidadesdodireito.com.br/rogeriosanches/2012/ 05/29/alteracao-do-art-135-a-do-cp-condicionamento-de-atendimento-medico-hospitalar-emergencial/).

(2) Ação nuclear: A conduta típica consiste em exigir cheque-caução, nota promissória ou qualquer outra garantia, bem como o preenchimento prévio de formulários administrativos, como condição para o atendimento médico-hospitalar emergencial. Trata-se de uma nova forma de omissão de socorro. O perigo não precisa ser direto (deve referir-se à pessoa determinada) e iminente (imediato, prestes a se convolar em dano). Trata-se, pois, de infração de perigo abstrato, o qual não precisa ser demonstrado o dano no caso concreto, nem mesmo a ameaça real de dano. O simples fato de exigir a garantia ou o preenchimento prévio de formulários como condição para o atendimento já caracteriza a infração penal, ficando o perigo previamente presumido pelo legislador. *Cheque-caução*: é um título executivo extrajudicial que não serve para pagamento à vista, exercendo a função de garantia de pagamento futuro, sob pena de apresentação do título ao sacado. *Nota promissória*: também integra o rol de títulos de crédito nominados. Trata-se de uma garantia de pagamento futura, já com o montante de eventual dívida expressa na cártula, com data de vencimento futura. Ao adimplir a dívida contraída, o promitente pode resgatar o título e inutilizá-lo. *Outra garantia*: nesse ponto o princípio da taxatividade utilizou-se de uma cláusula aberta, após um rol exemplificativo, como fez nas hipóteses de torpeza no homicídio. A ideia do legislador é abarcar o máximo de hipóteses possíveis, inviabilizando a criatividade do pessoal especializado no atendimento médico-hospitalar, em busca da garantia financeira dos custos do atendimento realizado. Poder-se-ia exemplificar as outras garantias com a letra de câmbio, o documento de um veículo, um relógio raro de alto valor no mercado etc. *Formulários administrativos*: trata-se da famosa "papelada". Não se coaduna com a situação emergencial condicionar o atendimento que pode salvar a vida de um ser humano ao preenchimento de formulários prévios. É correta a atitude da entidade de atendimento médico-hospitalar em exigir o preenchimento em formulário dos dados da pessoa que está sendo atendida e do condutor da pessoa, para todos os fins, mas tal burocracia deve ser feita após ou durante o atendimento, por terceiro responsável pela condução da pessoa já socorrida prontamente.

(3) Especialidade: O crime do art. 135-A é especial em relação à omissão de socorro, prevista no art. 135 do CP. Assim, se praticado delito específico, consistente no condicionamento do atendimento médico-hospitalar emergencial à prestação de qualquer garantia ou ao preenchimento de formulários, a subsunção formal dar-se-á no tipo especial do art. 135-A do CP.

(4) Sujeito ativo: Trata-se de crime próprio, pois exige de seu agente ativo a condição especial de responsável pela gestão do atendimento no setor emergencial, determinando as diretrizes de atendimento, como a condição prévia e absoluta a prestação de garantia ou o burocrático preenchimento de formulários administrativos, em detrimento da saúde ou vida do paciente. Pode ainda ser praticado por prepostos do serviço médico que, por iniciativa própria, condicionam o atendimento, como recepcionistas, enfermeiras, médicos etc.

(5) Sujeito passivo: Qualquer pessoa, desde que seja determinada. Márcio André Lopes faz intrigante observação: "se a exigência de caução foi feita a um parente da pessoa que seria internada, a vítima é apenas a pessoa que seria internada e não o seu parente. Isso porque o bem jurídico protegido é a vida e a saúde da pessoa em estado de emergência. Desse modo, não se trata de crime patrimonial, pouco importando de quem se exigiu a caução". Márcio André Lopes Cavalcante, *Comentários ao novo art. 135-A do Código Penal.* Disponível em: http://www.dizerodireito.com.br. Acesso em: 8-10-2012.

(6) Elemento subjetivo: É o dolo de perigo (direto ou eventual). Se houver *animus necandi* ou *animus laedendi*, o crime será outro (tentativa de homicídio ou lesão dolosa). O fato não é punível a título de culpa.

(7) Consumação: Ocorre com a exigência da garantia ou do preenchimento do formulário, como condição para atender a pessoa que precisa de cuidados médicos emergenciais.

(8) Tentativa: Apesar de a negativa do atendimento ser uma modalidade de omissão de socorro, o ato de exigir é uma conduta comissiva, portanto, em tese, é possível.

(9) Causa de aumento de pena (parágrafo único): A pena é aumentada de até o dobro se da negativa de atendimento resulta lesão corporal de natureza grave, e até o triplo se resulta a morte. Trata-se de causa de aumento preterdolosa, ou seja, há dolo no condicionamento do atendimento médico-hospitalar e culpa no resultado lesão grave ou morte.

(10) Ação penal. Lei dos Juizados Especiais Criminais: Trata-se de crime de ação penal pública incondicionada. Nos moldes da Lei n. 9.099/95, o crime de condicionamento de atendimento médico-hospitalar emergencial (CP, art. 135-A, *caput*) constitui infração de menor potencial ofensivo (cf. Lei n. 10.259, de 12-7-2001, que instituiu os juizados especiais federais, e art. 61 da Lei n. 9.099/95). Em caso de resultar lesão corporal de natureza grave, o delito, por si só, continua sendo de competência do JECRIM, pois com o dobro da pena chegamos ao patamar de 6 meses a 2 anos, e multa. Apenas com o resultado preterdoloso da morte o processamento sairia da esfera de competência da Lei n. 9.099/95, pois atingiria o patamar de 9 meses a 3 anos, não podendo ser caracterizada como infração penal de menor potencial ofensivo. Mesmo assim, seria cabível, na espécie, a suspensão condicional do processo, pois a pena mínima não ultrapassaria 1 ano.

Maus-tratos

Art. 136. Expor a perigo a vida ou a saúde de pessoa sob sua autoridade, guarda ou vigilância, para fim de educação, ensino, tratamento ou custódia, quer privando-a de alimentação ou cuidados indispensáveis, quer sujeitando-a a trabalho excessivo ou inadequado, quer abusando de meios de correção ou disciplina:

Pena – detenção, de 2 (dois) meses a 1 (um) ano, ou multa.

§ 1º Se do fato resulta lesão corporal de natureza grave:

Pena – reclusão, de 1 (um) a 4 (quatro) anos.

§ 2º Se resulta a morte:

Pena – reclusão, de 4 (quatro) a 12 (doze) anos.

§ 3º Aumenta-se a pena de um terço, se o crime é praticado contra pessoa menor de 14 (catorze) anos. *(Acrescentado pela Lei n. 8.069/90)*

(1) Documentos internacionais: De acordo com o art. 5º da Convenção Americana sobre Direitos Humanos (Pacto de São José da Costa Rica), promulgada no Brasil pelo Decreto n. 678, de 6-11-1992, "1. Toda pessoa tem o direito de que se respeite sua integridade física, psíquica e moral. 2. Ninguém deve ser submetido a tortura, nem a penas ou tratos cruéis, desumanos ou degradantes. Toda pessoa privada da liberdade deve ser tratada com o respeito devido à dignidade

inerente ao ser humano". No que se refere à proteção da criança, *vide* Convenção sobre os Direitos da Criança, promulgada em 21-11-1990; Convenção relativa à proteção das crianças e à cooperação em matéria de adoção internacional, promulgada em 21-6-1999. No que se refere à proteção do prisioneiro, a tutela de sua integridade vem prevista na Convenção Americana sobre Direitos Humanos. Outros: Convenção contra a Tortura e Outros Instrumentos ou Penas Cruéis, Desumanas ou Degradantes (1984; assinada em 1984 e ratificada em 28-9-1989; Convenção Interamericana para Prevenir e Punir a Tortura (1965; assinada em 1985 e ratificada em 20-7-1989).

(2) Objeto jurídico: Protege-se a vida e a saúde humana do indivíduo.

(3) Ação nuclear: Consubstancia-se no verbo *expor*, no caso, a vida ou a saúde de outrem, que se encontra sob a autoridade, guarda ou vigilância do agente, mediante a privação de alimentos (a privação absoluta poderá constituir a tentativa do crime de homicídio); a privação de cuidados necessários (ausência de assistência médica, por exemplo); a sujeição a trabalho excessivo ou inadequado; o abuso dos meios de correção ou disciplina (moral ou físico, como, por exemplo, queimar o corpo do indivíduo para que se comporte em sala de aula). O uso do *jus corrigendi* ou *disciplinandi* não é vedado; contudo há de ser exercido sempre de maneira moderada para que seja considerado legítimo. Se os maus-tratos constituem meio vexatório, o crime poderá ser outro: injúria (CP, art. 140). Por exemplo: castigar o filho em público.

(4) Sujeito ativo: Somente pode ser autor a pessoa que tem outra sob sua guarda, autoridade ou vigilância para fins de educação, ensino, tratamento ou custódia, tais como tutores, professores, carcereiros, pais etc. Trata-se, portanto, de crime próprio. Ausente essa vinculação jurídica, o crime será outro (CP, art. 132). É o caso, por exemplo, do esposo que maltrata a mulher. Por ser circunstância que integra o crime, o abuso de autoridade, a teor do *caput* do art. 61, II, *f*, do Código, não agravará genericamente a pena do agente; do contrário haverá *bis in idem*.

(5) Sujeito passivo: As pessoas que se encontram subordinadas aos pais, tutores, professores, carcereiros etc., para fins de educação, ensino, tratamento ou custódia de outra. Se a vítima é descendente ou irmão do agente, não incidirá a agravante do art. 61, II, *e*.

(6) Elemento subjetivo: É o dolo de perigo (direto ou eventual). Se a intenção do agente for causar lesão na vítima ou a sua morte *(animus laedendi* ou *animus necandi)*, o crime será outro (lesão corporal ou homicídio).

(7) Momento consumativo: Dá-se com a exposição do sujeito passivo ao perigo de dano por meio de uma conduta ativa ou omissiva. Trata-se de crime de perigo concreto. A modalidade consistente na *privação de cuidados ou de alimentos* é crime habitual; ao passo que o *abuso de meios de correção ou disciplina* exige uma única ação abusiva para a configuração do crime.

A privação de cuidados ou alimentos e a sujeição a trabalho excessivo ou inadequado constituem crimes permanentes, pois a cessação da situação ilícita depende apenas da vontade do agente. Na forma abuso de meios de correção ou disciplina o crime é instantâneo, ou seja, consuma-se em um dado instante, sem continuidade no tempo.

(8) Tentativa: Admite-se tão somente nas modalidades comissivas (por exemplo, no abuso dos meios de correção e disciplina). Não é possível nas formas omissivas do crime em tela (privação de alimentos ou privação de cuidados indispensáveis).

(9) Forma qualificada: Está prevista nos §§ 1º e 2º. O crime será qualificado quando da exposição resultar: (a) lesão corporal grave (pena – reclusão, de 1 a 4 anos); (b) morte (reclusão, de 4 a 12 anos). Trata-se de crime preterdoloso (dolo no crime antecedente e culpa no consequente). Assim, o resultado qualificador jamais poderá ter sido querido pelo agente. Ressalve-se que a lesão corporal leve é absorvida pelo crime de maus-tratos.

(10) Causa de aumento de pena: Está prevista no § 3º. Este parágrafo foi acrescentado pelo art. 263 da Lei n. 8.069, de 13-7-1990 (ECA). Prevê o aumento de pena de um terço se o crime é praticado contra pessoa menor de 14 anos (*vide* comentários ao crime de homicídio, art. 121). Nessa hipótese, não poderá incidir a agravante genérica prevista no art. 61, II, *h*, do Código Penal.

(11) Ação penal. Lei dos Juizados Especiais Criminais: Trata-se de ação penal pública incondicionada. Em face das penas previstas no *caput* (detenção, de 2 meses a 1 ano, ou multa), o crime se sujeita às disposições da Lei n. 9.099/95, ainda que incida a majorante prevista no § 3º. Por fim, diante das penas previstas no *caput* (detenção, de 2 meses a 1 ano, ou multa), combinado com o § 3º (causa de aumento de pena de 1/3), e no § 1º (pena – reclusão, de 1 a 4 anos), é cabível a suspensão condicional do processo (art. 89 da Lei n. 9.099/95).

Lei de Tortura (Lei n. 9.455/97)

(1) Convenções internacionais contra a tortura: Vide art. 5º da Convenção Americana sobre Direitos Humanos (Pacto de São José da Costa Rica), promulgada, no Brasil, pelo Decreto n. 678, de 6-11-1992; e art. 4º da Convenção contra a Tortura e Outros Tratamentos ou Penas Cruéis, Desumanas e Degradantes (adotada pela Resolução n. 39/46 da Assembleia Geral das Nações Unidas, em 10-12-1984, tendo sido ratificada no Brasil em 28-9-1989).

(2) Fundamento constitucional: Vide art. 5º, incisos III, XLIX e XLIII da CF.

(3) Previsão legal: De acordo com o art. 1º, II, da Lei n. 9.555/97, constitui crime de tortura "submeter alguém, sob sua guarda, poder ou autoridade, com emprego de violência ou grave ameaça, a intenso sofrimento físico ou mental, como forma de aplicar castigo pessoal ou medida de caráter preventivo. Pena: reclusão, de dois a oito anos".

(4) Tortura e maus-tratos: O delito de tortura exige para a sua configuração típica que a vítima sofra intenso sofrimento físico ou mental. Cuida-se, aqui, portanto, de situações extremadas, por exemplo: aplicar ferro em brasa na vítima. O móvel propulsor desse crime é a vontade de fazer a vítima sofrer por sadismo, ódio, e não o *animus corrigendi* ou *disciplinandi*. Nesse sentido: "A tortura refere-se ao flagelo, ao martírio, à maldade, praticados por puro sadismo imotivado ou na expectativa de extorquir notícia, confissão ou informação qualquer, sem se ligar a um sentimento de castigo, de reprimenda, por ato que se repute errôneo, impensado, mal-educado, ao passo que o delito de maus-tratos, diferentemente, diz respeito ao propósito de punir, de castigar para censurar ou emendar – Acórdão do TJSP, Apelação n. 145.497-3/6" (José Ribeiro Borges, ob. cit., p. 149).

(5) Competência: Sobre a federalização das causas relativas aos direitos humanos, bem como acerca da competência do Tribunal Penal Internacional, *vide* comentários ao art. 121 do CP.

Estatuto do Idoso (Lei n. 10.741, de 1º de janeiro de 2003)

(1) Maus-tratos a idosos: A conduta de expor a perigo a integridade e a saúde, física ou psíquica, do idoso, submetendo-o a condições desumanas ou degradantes, privando-o de alimentos e cuidados indispensáveis, quando obrigado a fazê-lo, ou sujeitando-o a trabalho excessivo ou inadequado, configura crime previsto no art. 99 do Estatuto do Idoso (Lei n. 10.741, de 1º-10-2003), punido com pena de detenção de dois meses a um ano e multa. Se do fato resulta lesão corporal de natureza grave: pena de reclusão de um a quatro anos (§ 1º). Se resulta a morte: pena de reclusão de quatro a doze anos (§ 2º). Trata-se de crime de ação penal pública incondicionada, não se lhe aplicando os arts. 181 e 182 do CP (art. 95 do Estatuto do Idoso).

Estatuto da Criança e do Adolescente

(1) Estatuto da Criança e do Adolescente (art. 232): Configura crime previsto no art. 232 do ECA a ação de "submeter criança ou adolescente sob sua autoridade, guarda ou vigilância a vexame ou constrangimento: Pena – detenção de 6 (seis) meses a 2 (dois) anos".

(2) Estatuto da Criança e do Adolescente e Lei de Tortura (art. 233): O art. 233 do ECA, que estabelecia o crime de tortura contra criança e adolescente sob a autoridade, guarda ou vigilância do agente, foi revogado pelo art. 4º da Lei de Tortura.

CAPÍTULO IV
DA RIXA

Rixa

Art. 137. Participar de rixa, salvo para separar os contendores:

Pena – detenção, de 15 (quinze) dias a 2 (dois) meses, ou multa.

Parágrafo único. Se ocorre morte ou lesão corporal de natureza grave, aplica-se, pelo fato da participação na rixa, a pena de detenção, de 6 (seis) meses a 2 (dois) anos.

(1) Rixa: É a luta, a contenda entre três ou mais pessoas, com violência física recíproca. É praticada por cada um dos contendores (rixosos, rixentos) contra os demais, generalizadamente. Pode surgir de forma preordenada ou de improviso.

(2) Objeto jurídico: Tutela-se a vida e a incolumidade física e mental, bem como, de forma mediata, a ordem pública.

(3) Ação nuclear: Consubstancia-se no verbo participar (tomar parte, no caso, de briga, contenda). A atuação deve dar-se mediante a prática de vias de fato ou violência, o que exclui as ofensas verbais. Configura-se o crime ainda que haja o arremesso de objetos, disparo de arma de fogo, sem contato corporal. Nada impede o ingresso do indivíduo no desenrolar da rixa, não sendo necessário que nela ingresse desde o início.

(4) Sujeito ativo: Trata-se de delito plurissubjetivo ou de concurso necessário, de condutas contrapostas. Assim, exigem-se, no mínimo, três participantes, ainda que para a formação desse número mínimo haja um inimputável. A rixa pressupõe confusão, tumulto, de forma que não se possa individualizar a conduta dos participantes. Caso isso seja possível, não há falar no crime em estudo, devendo os participantes ser responsabilizados individualmente pelos crimes praticados.

(5) Concurso de pessoas: Esse crime reclama sempre a coautoria, mas a participação pode ou não ocorrer, sendo, portanto, eventual. Na rixa, dessa forma, além dos três agentes ou mais, pode ainda um terceiro concorrer para o crime, na qualidade de partícipe, criando intrigas, alimentando animosidades entre os rixentos ou fornecendo-lhes armas para a refrega.

(6) Sujeito passivo: Cada rixoso é sujeito ativo e ao mesmo tempo sujeito passivo em face da conduta dos outros rixosos. Pessoas transeuntes ou próximas também podem ser vítimas desse delito. O Estado é vítima mediata.

(7) Elemento subjetivo: É o dolo, consistente na vontade livre e consciente de tomar parte na rixa. É o denominado *animus rixandi*. Não há forma culposa. Conforme o disposto no art. 137, não é participante de rixa quem nela interfere para separar os contendores. É que, nessa hipótese, a intenção pacificadora do agente exclui o *animus rixandi*.

(8) Momento consumativo: Dá-se a consumação, segundo a doutrina, com a prática de vias de fato ou violência recíprocas, momento em que ocorre o perigo abstrato de dano. Trata-se, portanto, de crime instantâneo.

(9) Tentativa: Há duas posições: (a) A tentativa é admissível, como na hipótese de rixa *ex proposito* ou *preordenada*. *Nesse sentido*: Damásio de Jesus, *Código Penal anotado*, cit., p. 458; Nélson Hungria, *Comentários*, cit., v. VI, p. 28. (b) A tentativa é inadmissível. *Nesse sentido:* Julio Fabbrini Mirabete, *Código Penal*, cit., p. 770.

(10) Forma qualificada: Prevê o parágrafo único hipóteses de rixa qualificada, quais sejam: (a) se ocorre morte; (b) se ocorre lesão corporal de natureza grave (pena – detenção de 6 meses a 2 anos). Os resultados agravadores devem necessariamente ser produzidos por uma causa inerente à rixa e serão imputados a todos aqueles que participaram do entrevero, incluindo-se, aqui, o próprio

participante que sofre a lesão grave. A pena também será majorada se forem atingidos terceiros estranhos à rixa. Se, porém, o autor do homicídio ou lesão corporal de natureza grave for identificado, deverá ele responder por esse crime em concurso com a rixa. No sentido de que haverá concurso com a rixa qualificada: Nélson Hungria, *Comentários*, cit., v. VI, p. 24 e Cezar Roberto Bitencourt, *Manual*, cit., v. 2., p. 315. *Em sentido contrário*: Damásio de Jesus, *Código Penal anotado*, cit., p. 459, para quem haverá concurso com a rixa simples, sob pena de *bis in idem*.

Rixa qualificada e crime único: Haverá crime único de rixa qualificada na hipótese de ocorrerem várias mortes, devendo elas ser levadas em consideração no momento da fixação da pena-base (CP, art. 59).

Rixa e legítima defesa: É possível a ocorrência da legítima defesa no crime de rixa quando houver uma possível mudança nos padrões da contenda, ou seja, quando esta passar a assumir maior gravidade. O indivíduo que se valeu da legítima defesa não responderá pelo homicídio, mas pelo crime de rixa na sua forma qualificada. Os demais contendores, igualmente, responderão pela rixa na forma qualificada em decorrência do evento morte.

(11) Concurso de crimes: É possível o concurso de crimes, uma vez que, sendo os contendores identificados, responderão pelos resultados individualmente produzidos. Por exemplo: crime de disparo de arma de fogo (art. 15 da Lei n. 10.826/2003). Caso não haja a intenção de praticar crime mais grave (homicídio ou lesões corporais), deverá responder pelo crime do art. 15 da lei em concurso material com a rixa simples.

(12) Competência por conexão: No crime de rixa ocorre a competência por conexão intersubjetiva. Se forem propostas diversas ações criminais em face dos diversos contendores que participaram de uma mesma rixa, deve-se buscar a junção dos processos, propiciando ao julgador perfeita visão do quadro probatório. São efeitos da conexão: a reunião das ações penais em um mesmo processo e a prorrogação de competência.

(13) Ação penal. Lei dos Juizados Especiais Criminais: Trata-se de crime de ação penal pública incondicionada. As formas simples e qualificadas do crime constituem infrações de menor potencial ofensivo, estando sujeitas às disposições da Lei n. 9.099/95. É cabível a suspensão condicional do processo (art. 89 da Lei n. 9.099/95) nas formas simples e qualificada do crime de rixa (pena – detenção, de 6 meses a 2 anos).

(14) Desclassificação do homicídio para o crime de rixa: Não há rixa quando a posição dos contendores é definida, não havendo falar, nessa hipótese, em descaracterização do homicídio (STJ, APn 35/GO, Corte Especial, Rel. Min. Américo Luz, j. 6-12-1991, *DJ* 9-3-1992, p. 2526). Outrossim, se a tese relativa à desclassificação do crime de homicídio para o de rixa não foi defendida em Plenário do Júri, não poderá ser ela objeto de posterior quesitação (STJ, HC 32004/MG, 5ª T., Rel. Min. José Arnaldo da Fonseca, j. 3-2-2004, *DJ* 25-2-2004, p. 205).

CAPÍTULO V
DOS CRIMES CONTRA A HONRA

Calúnia

Art. 138. Caluniar alguém, imputando-lhe falsamente fato definido como crime:

Pena – detenção, de 6 (seis) meses a 2 (dois) anos, e multa.

§ 1º Na mesma pena incorre quem, sabendo falsa a imputação, a propala ou divulga.

§ 2º É punível a calúnia contra os mortos.

Exceção da verdade

§ 3º Admite-se a prova da verdade, salvo:

> I – se, constituindo o fato imputado crime de ação privada, o ofendido não foi condenado por sentença irrecorrível;
>
> II – se o fato é imputado a qualquer das pessoas indicadas no n. I do art. 141;
>
> III – se do crime imputado, embora de ação pública, o ofendido foi absolvido por sentença irrecorrível.

(1) Documentos internacionais: A Convenção Americana sobre Direitos Humanos (Pacto de São José da Costa Rica), de 22-11-1969, promulgada, no Brasil, por intermédio do Decreto n. 678, de 6-11-1992 (*DOU* 9-11-1992), dispõe em seu art. 11: "1. Toda pessoa tem direito ao respeito de sua honra e ao reconhecimento de sua dignidade. 2. Ninguém pode ser objeto de ingerências arbitrárias ou abusivas em sua vida privada, na de sua família, nem de ofensas ilegais à sua honra ou reputação. 3. Toda pessoa tem direito à proteção da lei contra tais ingerências ou tais ofensas". Sobre a liberdade de expressão no Pacto de São José da Costa Rica, *vide* comentários abaixo à Lei de Imprensa.

(2) Fundamento constitucional: De acordo com o art. 5º, X, da CF, "são invioláveis a intimidade, a vida privada, a honra e a imagem das pessoas, assegurado o direito à indenização pelo dano material ou moral decorrente de sua violação". Aos presos se assegura também o respeito à sua integridade moral (art. 5º, XLIX).

(3) Objeto jurídico: O Código Penal, neste capítulo, tem por objeto os crimes que ofendem bens imateriais da pessoa, qual seja, a sua honra pessoal. No crime de calúnia tutela-se, especificamente, a honra objetiva, que corresponde à reputação do agente, isto é, aquilo que as pessoas pensam a respeito do indivíduo no tocante às suas qualidades físicas, intelectuais, morais etc.

(4) Ações nucleares (caput e § 1º): Consubstanciam-se nos verbos: (a) *caluniar* (imputar, atribuir): o agente atribui a alguém falsamente a prática de fato definido como crime. A falsidade da imputação constitui elemento normativo do crime. O agente atribui a alguém a responsabilidade pela prática de um crime que não ocorreu ou que não foi por ele cometido. Haverá erro de tipo se ele crê erroneamente na veracidade da imputação (CP, art. 20). A imputação de contravenção penal ou de fato atípico (por exemplo: dano culposo) não configura o crime em estudo, podendo perfazer-se outro delito contra a honra. A imputação deve ser de fato determinado, concreto, não podendo ser vaga ou imprecisa; (b) *propalar ou divulgar* (propagar ou tornar público): nas mesmas penas do *caput* incorre quem, sabendo falsa a imputação, levar ao conhecimento de outrem a calúnia de que tenha tomado ciência. Se for o crime cometido na presença de várias pessoas ou por meio que facilite a divulgação da calúnia, haverá a incidência de uma causa especial de aumento de pena (CP, art. 141, III).

Calúnia e imputação de atos que configuram improbidade administrativa: Há precedentes no STJ no sentido de que a atribuição de prática de atos de improbidade administrativa não serve para configurar o crime de calúnia, haja vista a natureza extrapenal daqueles (STJ, APn 390/DF, Corte Especial, Rel. Min. Felix Fischer, j. 1º-6-2005, *DJ* 8-8-2005, p. 175). Nada impede, contudo, que se configure outro delito contra a honra. Convém mencionar que o art. 19 da Lei n. 8.429/92 considera crime "a representação por ato de improbidade contra agente público ou terceiro beneficiário quando o autor da denúncia o sabe inocente. Pena: detenção de seis a dez meses e multa". Sobre a questão da revogação do art. 19 pelo art. 339 do CP (denunciação caluniosa), *vide* comentários ao respectivo crime.

(5) Sujeito ativo: Qualquer pessoa pode praticar o crime em tela.

(6) Sujeito passivo: Qualquer pessoa. Quanto aos doentes mentais e menores de 18 anos, há duas posições na doutrina: (a) os inimputáveis podem ser sujeito passivo. *Nesse sentido:* Nélson Hungria, *Comentários*, cit., v. VI, p. 49 e 50 e Damásio de Jesus, *Código Penal anotado*, cit., p. 461 e 462; (b) para os partidários da doutrina clássica, os inimputáveis não podem ser sujeito passivo,

pois crime é fato típico, ilícito e culpável. N*esse sentido*: E. Magalhães Noronha, *Direito penal*, cit., v. 2, p. 120. Os desonrados também podem ser vítimas desse crime.

Pessoas jurídicas: (a) Para a corrente tradicional, fiel ao brocardo romano *societas delinquere non potest*, a pessoa jurídica não pratica crime. Com base nesse princípio, não pode ser sujeito passivo de crime de calúnia. Assim o STF: "A pessoa jurídica pode ser vítima de difamação, mas não de injúria e calúnia. A imputação da prática de crime a pessoa jurídica gera a legitimidade do sócio-gerente para a queixa-crime por calúnia" (STF, RHC 83091/DF, 1ª T., Rel. Min. Marco Aurélio, j. 5-8-2003, *DJ* 26-9-2003, p. 13). *No mesmo sentido:* STF, Pet-AgR 2491/BA, T. Pleno, Rel. Min. Maurício Corrêa, j. 11-4-2002, *DJ* 14-6-2002, p. 127. É a corrente majoritária. (b) Para uma segunda corrente, com base nos arts. 225, § 3º, e 173, § 5º, da Constituição Federal, passou-se a admitir a responsabilidade penal das pessoas jurídicas nos crimes contra a ordem econômica e financeira, economia popular e meio ambiente, estes regulamentados pela Lei n. 9.065/98 (arts. 3º e 21 a 24). Assim já decidiu a 5ª Turma do STJ, tendo o Ministro Relator Dr. Gilson Dipp, ressaltando que "a responsabilidade penal desta, à evidência, não poderá ser entendida na forma tradicional baseada na culpa, na responsabilidade individual subjetiva, propugnada pela Escola Clássica, mas deve ser entendida à luz de uma nova responsabilidade, classificada como social" (STJ, REsp 564960, 5ª T., Rel. Min. Gilson Dipp) (Fonte: Regina Célia Amaral). É possível a responsabilidade penal de pessoa jurídica por dano ambiental (Brasília, STJ, 3-6-2005. Disponível em: www.stj.gov.br/Notícias/imprimenoticia=14168). *No mesmo sentido:* STJ: "Responsabilização penal da pessoa jurídica. Cabimento. Mitigação do princípio do '*societas delinquere non potest*'. Responsabilidade social. Violação do art. 225, § 3º, da CF/88 e do art. 3º da Lei n. 9.608/98. Possibilidade do ajustamento das sanções penais a serem aplicadas à pessoa jurídica. Necessidade de maior proteção ao meio ambiente" (STJ, HC 43751/ES, 5ª T., Rel. Min. José Arnaldo da Fonseca, j. 15-9-2005, *DJ* 17-10-2005, p. 324). *Em sentido contrário:* STJ, REsp 622.724/SC, Rel. Min. Felix Fischer, j. 18-11-2004.

Calúnia contra os mortos (§ 2º): De acordo com expressa previsão legal, é possível a calúnia contra os mortos. Nesse caso, os sujeitos passivos serão o cônjuge, o ascendente, o descendente ou o irmão do falecido.

(7) Elemento subjetivo: É o dolo de dano. Exige-se que tanto o caluniador como o propalador tenham consciência da falsidade da imputação. O dolo pode ser direto ou eventual na figura do *caput*, e somente direto na figura do § 1º. Além do dolo de dano, segundo parte da doutrina, exige-se um fim especial de agir consubstanciado no *animus injuriandi vel diffamandi*, consistente no ânimo de denegrir, ofender a honra do indivíduo. Assim, não haverá crime contra a honra (calúnia, difamação ou injúria) se este for praticado, por exemplo, com *animus jocandi*, ou seja, com o fim de fazer gracejo, com *animus defendendi* (intenção de se defender em processo), com *animus corrigendi vel disciplinandi* (intenção de corrigir) ou com *animus consulendi* (intenção de aconselhar, de informar acerca dos atributos de determinada pessoa, a qual também exclui o crime). N*esse sentido:* STJ, APn 11/DF, Corte Especial, Rel. Min. Bueno de Souza, j. 6-12-1991, *DJ* 30-3-1992, p. 3954.

Animus defendendi: STF: "Calúnia. Elemento subjetivo. Peças de processo. Descaracterização. Se é certo que magistrados, membros do Ministério Público, advogados e partes devem-se respeito mútuo, não menos correto é que o crime de calúnia pressupõe como elemento subjetivo do tipo o dolo. A veiculação de fatos em peças judiciais, com o intuito de lograr provimento favorável, encerra o *animus narrandi* a excluir a configuração do crime de calúnia" (STF, Inq. 380/DF, T. Pleno, Rel. Min. Marco Aurélio, *DJ* 18-12-1992). STJ: "Ação penal originária. Calúnia. Expressões supostamente ofensivas em peça processual. *Animus defendendi*. Queixa-crime rejeitada. Para que configure o crime de calúnia faz-se necessário tenha o agente agido com o fim de ofender. Não age dolosamente quem é impelido pelo propósito de esclarecimento e de defesa das acusações anteriormente sofridas. Queixa-crime rejeitada" (STJ, APn 198/RO, Corte Especial, Rel.

Min. Peçanha Martins, *DJ* 4-8-2003). STJ: "*Habeas Corpus*. Trancamento de ação penal. Falta de justa causa. Atipicidade do ato. Crime de calúnia. Advogado. Defesa judicial. *Animus caluniandi*. Ausência. Art. 7º, § 2º, do Estatuto da Advocacia. Evidenciado, de pronto, a ausência do intuito do paciente, no exercício da defesa de seu cliente em juízo, em ofender a honra do querelante, mister se faz o trancamento da ação penal, ante a falta do elemento subjetivo imprescindível para a caracterização do delito de calúnia. 'No cumprimento do seu dever de ofício, ou seja, na ação restrita à causa de seu patrocínio, o advogado tem a cobertura de imunidade profissional, em se tratando de crimes contra a honra. (Lei n. 8.906/94, art. 7º, § 2º)' (RHC 11.474/MT). Ordem concedida para trancar a ação penal" (STJ, HC 20482/RS, 6ª T., Rel. Min. Paulo Medina, j. 8-4-2003, *DJ* 17-11-2003, p. 381). STJ: "*Habeas corpus*. Direito Penal e Direito Processual Penal. Crimes de calúnia e difamação imputados a advogado. Ausência de justa causa. 1. Excessos na defesa de interesse patrocinado em juízo, embora distantes da objetividade que deve gravar a atuação profissional do advogado e, por isso, reprováveis, não podem conduzir à afirmação de crime, quando a atipicidade subjetiva do fato se mostra evidente, na inicial de 'ação de indenização por danos materiais e reparação por danos morais', proposta contra juiz de direito, por ato praticado no exercício da jurisdição. 2. Ordem concedida" (STJ, HC 30042/SP, 6ª T., Rel. Min. Hamilton Carvalhido, j. 15-2-2005, *DJ* 11-4-2005, p. 388). *Vide* também STJ, APn 165/DF, Corte Especial, Rel. Min. Luiz Fux, j. 15-12-2004, *DJ* 28-3-2005, p. 173.

Animus narrandi: STF: "*Habeas corpus*. Paciente acusado da prática dos crimes de calúnia e difamação. Imputação delituosa contida em informações prestadas à polícia, em depoimento ou por escrito, notadamente pela vítima dos ilícitos investigados, não configura os crimes irrogados ao paciente, mas, eventualmente, o de denunciação caluniosa ou de falso testemunho, insuscetíveis de ser apurados em ação penal privada. *Habeas corpus* deferido para o fim de determinar-se o arquivamento da ação penal" (STF, HC 81385/DF, 1ª T., Relª Minª Ellen Gracie, j. 2-4-2002, *DJ* 19-12-2002, p. 9). STJ: "A manifestação considerada ofensiva, feita com o propósito de informar possíveis irregularidades, sem a intenção de ofender, descaracteriza o tipo subjetivo nos crimes contra a honra, sobretudo quando o ofensor está agindo no estrito cumprimento de dever legal. Precedentes. As informações levadas ao Corregedor-Regional do Trabalho por ex-ocupante do mesmo cargo, ainda que deselegantes e com possíveis consequências graves, praticadas no exercício regular de um direito sem a intenção de caluniar e injuriar o querelante, não podem ser consideradas típicas, daí por que ausente a justa causa para a ação penal. Queixa-crime rejeitada" (STJ, APn 348/PA, Corte Especial, Rel. Min. Antônio de Pádua Ribeiro, j. 18-5-2005, *DJ* 20-6-2005, p. 111). STJ: "Não pratica crime contra a honra aquele que, nos limites de seu dever funcional, relata irregularidades que estão sendo objeto de apuração em processo disciplinar. Queixa-crime rejeitada" (STJ, APn 342/PA, Corte Especial, Rel. Min. Ari Pargendler, j. 21-9-2005, *DJ* 21-11-2005, p. 11). *Vide* também STJ, Corte Especial, APn 165/DF, Rel. Min. Luiz Fux, j. 15-12-2004, *DJ* 28-3-2005, p. 173.

Exaltação emocional: STF: "Injúria. Comentários com adjetivação verbal exacerbada feitos por candidata durante campanha eleitoral sobre concorrente. Situação tolerável no contexto político em que a linguagem contundente se insere no próprio fervor da refrega eleitoral. 3. Expressões tidas como contumeliosas, pronunciadas em momento de grande exaltação e no calor dos debates; críticas acres ou censura à atuação profissional de outrem, ainda que veementes, agem como fatores de descaracterização do tipo subjetivo peculiar aos crimes contra a honra. Inexistência de *animus injuriandi*. Precedentes. 4. Crimes de calúnia e injúria não configurados. Trancamento da ação penal por falta de justa causa. Ordem de *habeas corpus* deferida" (STF, HC 81885/SP, 2ª T., Rel. Min. Maurício Corrêa, j. 3-9-2002, *DJ* 29-8-2003, p. 36).

Magistrado: STJ: "I – As opiniões emanadas do magistrado em suas decisões, sem o propósito inequívoco de ofender, descaracteriza o tipo subjetivo nos crimes contra a honra" (STJ, EDcI na

APn 360/MG, Corte Especial, Rel. Min. Antônio de Pádua Ribeiro, j. 1º-7-2005, *DJ* 22-8-2005, p. 123). O STF, no entanto, já teve a oportunidade de se manifestar acerca da possibilidade de o magistrado ser responsabilizado penalmente pelos excessos de linguagem no discurso judiciário (STF, QC 501/DF, Pleno, Rel. Min. Celso de Mello, *DJU* 28-11-1997, p. 62222).

(8) Momento consumativo: Consuma-se o crime quando a falsa imputação torna-se conhecida de outrem, que não o sujeito passivo. Se houver consentimento do ofendido, inexiste o crime.

(9) Tentativa: É possível apenas na calúnia praticada por meio escrito. Na calúnia verbal, por ser crime unissubsistente, a tentativa é inadmissível.

(10) Exceção da verdade (Exceptio veritatis, § 3º): A lei penal admite, em regra, que o caluniador prove que a ofensa é verdadeira, afastando, dessa forma, o crime de calúnia. É a chamada *exceção da verdade* (CP, art. 141, § 3º). No entanto, nas hipóteses dos incisos I a III do § 3º, ela será inadmissível. A exceção da verdade segue o procedimento especial previsto no CPP, art. 523. Se não for provada a veracidade da imputação, prevalece a presunção *juris tantum* da falsidade da calúnia. Sobre a competência para julgar a exceção da verdade oposta contra querelante dotado de foro privilegiado (CF, art. 102, I, *b*), *vide* art. 85 do CPP.

(11) Forma majorada: Está prevista no art. 141 do Código Penal.

(12) Calúnia e denunciação caluniosa: Se o agente der causa à instauração de investigação policial, processo judicial, investigação administrativa, inquérito civil ou ação de improbidade administrativa contra alguém, imputando-lhe crime de que o sabe inocente, responderá pelo delito de denunciação caluniosa (CP, art. 339), que atinge os interesses da Administração da Justiça. Ademais, a calúnia só existe quando ocorre imputação falsa de crime, ao passo que a denunciação caluniosa pode referir-se a imputação falsa de crime ou de contravenção. Se tiverem como base os mesmos fatos, a denunciação caluniosa absorve o crime de calúnia. Já decidiu o STJ: "Direito Penal. Calúnia e denunciação caluniosa. Código Penal, arts. 138 e 339. I – quando fundadas no mesmo fato, como no caso, 'calúnia e denunciação caluniosa constituem impetração em que uma é excludente da outra' (STF, HC 59.311, de 26-3-82, p. 2562). II – Queixa rejeitada" (STJ, APn 32/RS, Corte Especial, Rel. Min. Antônio de Pádua Ribeiro, j. 9-4-1992, *DJ* 4-5-1992, p. 5838).

(13) Calúnia (ou difamação) e falso testemunho: Vide julgado constante do item 8. *Elemento subjetivo (*animus narrandi).

(14) Comunicação falsa de infração penal (CP, art. 340). Autoacusação falsa (CP, art. 341): Vide comentários aos respectivos crimes.

(15) Calúnia, difamação e injúria: STF: "Para a caracterização dos crimes de calúnia e difamação requer-se que a imputação verse sobre fato determinado. Embora desnecessários maiores detalhes, essencial é que o fato seja individualizável, tenha existência histórica e possa, assim, ser identificado no tempo e no espaço. Se for criminoso, poderá haver calúnia e, em caso contrário, difamação. Ausente a determinação, configura-se apenas o delito de injúria. Situação concreta em que o denunciado atribuiu qualidades negativas ao ofendido, relacionadas a fatos vagos e imprecisos, o que afasta a possibilidade de enquadramento da conduta como difamação, restando a viabilidade de qualificar a hipótese como crime de injúria (STF, Inq. 1938/BA, T. Pleno, Rel. Min. Maurício Corrêa, j. 15-5-2003, *DJ* 1º-8-2003, p. 105). STJ: "Na injúria não se imputa fato determinado, mas se formulam juízos de valor, exteriorizando-se qualidades negativas ou defeitos que importem menoscabo, ultraje ou vilipêndio de alguém. Ocorre que da leitura dos trechos transcritos na exordial acusatória não se vislumbra a prática de tal delito, porquanto em suas declarações prestadas à Comissão Parlamentar Mista de Inquérito o querelado não formulou conceito ou pensamento ultrajante à pessoa do querelante. Quer dizer, a simples imputação de fato determinado ofensivo à reputação de alguém, quando desacompanhada de qualquer consideração em relação à dignidade ou decoro dessa mesma pessoa, é imprópria para configurar, concomitantemente, os delitos de difamação e injúria. VII – O crime de difamação consiste na imputação de fato que in-

cide na reprovação ético-social, ferindo, portanto, a reputação do indivíduo, pouco importando que o fato imputado seja ou não verdadeiro. Desse modo, os fatos narrados na queixa-crime, a saber, a atribuição ao querelante de que este, a fim de beneficiar interesses particulares, teria agido na concessão da autorização especial prevista na Carta Circular n. 2.677/96 ao Banco Araucárias, em princípio se amoldam à conduta inscrita no tipo acima mencionado" (STJ, APn 390/DF, Corte Especial, Rel. Min. Felix Fischer, j. 1º-6-2005, DJ 8-8-2005, p. 175).

(16) Imunidade parlamentar (Deputados e Senadores): STF: "A inviolabilidade (imunidade material) não se restringe ao âmbito espacial da Casa a que pertence o parlamentar, acompanhando-o muro afora ou *externa corporis*, mas com uma ressalva: sua atuação tem que se enquadrar nos marcos de um comportamento que se constitua em expressão do múnus parlamentar, ou num prolongamento natural desse mister. Assim, não pode ser um predicamento *intuitu personae*, mas rigorosamente *intuitu funcionae*, alojando-se no campo mais estreito, determinável e formal das relações institucionais públicas, seja diretamente, seja por natural desdobramento; e nunca nas inumeráveis e abertas e coloquiais interações que permeiam o dia a dia da sociedade civil. No caso, ficou evidenciado que o acusado agiu exclusivamente na condição de jornalista – como produtor e apresentador do programa de televisão –, sem que de suas declarações pudesse se extrair qualquer relação com o seu mandato parlamentar" (STF, Inq. 2036/PA, T. Pleno, Rel. Min. Carlos Britto, j. 23-6-2004, DJ 22-10-2004, p. 5). E, ainda, STF: "A palavra 'inviolabilidade' significa intocabilidade, intangibilidade do parlamentar quanto ao cometimento de crime ou contravenção. Tal inviolabilidade é de natureza material e decorre da função parlamentar, porque em jogo a representatividade do povo. O art. 53 da Constituição Federal, com a redação da Emenda n. 35, não reeditou a ressalva quanto aos crimes contra a honra, prevista no art. 32 da Emenda Constitucional n. 1, de 1969. Assim, é de se distinguir as situações em que as supostas ofensas são proferidas dentro e fora do Parlamento. Somente nessas últimas ofensas irrogadas fora do Parlamento é de se perquirir da chamada 'conexão com o exercício do mandato ou com a condição parlamentar' (Inqs. 390 e 1.710). Para os pronunciamentos feitos no interior das Casas Legislativas não cabe indagar sobre o conteúdo das ofensas ou a conexão com o mandato, dado que acobertadas com o manto da inviolabilidade. Em tal seara, caberá à própria Casa a que pertencer o parlamentar coibir eventuais excessos no desempenho dessa prerrogativa. No caso, o discurso se deu no plenário da Assembleia Legislativa, estando, portanto, abarcado pela inviolabilidade. Por outro lado, as entrevistas concedidas à imprensa pelo acusado restringiram-se a resumir e comentar a citada manifestação da tribuna, consistindo, por isso, em mera extensão da imunidade material. Denúncia rejeitada" (STF, Inq. 1958/AC, T. Pleno, Rel. Min. Carlos Velloso, j. 29-10-2003, DJ 18-2-2003, p. 6). STF: "A imunidade parlamentar material se estende à divulgação pela imprensa, por iniciativa do congressista ou de terceiros, do fato coberto pela inviolabilidade. 4. A inviolabilidade parlamentar elide não apenas a criminalidade ou a imputabilidade criminal do parlamentar, mas também a sua responsabilidade civil por danos oriundos da manifestação coberta pela imunidade ou pela divulgação dela: é conclusão assente, na doutrina nacional e estrangeira, por quantos se têm ocupado especificamente do tema" (STF, RE 210917/RJ, T. Pleno, Rel. Min. Sepúlveda Pertence, j. 12-8-1998, DJ 18-6-2001, p. 12). *Vide*, ainda, STF, Inq. 1937/DF, T. Pleno, Rel. Min. Joaquim Barbosa, j. 24-9-2003, DJ 27-2-2004, p. 21; Inq. 1944/DF, T. Pleno, Relª Minª Ellen Gracie, j. 1º-10-2003, DJ 21-11-2003, p. 9 e Inq. 2130, T. Pleno, Relª. Minª. Ellen Gracie, j. 13-10-2004, DJ 5-11-2004, p. 2.

Imunidade parlamentar (Deputados e Senadores). CPI: STF: Interpelação judicial.
Pedido de explicações feito a Senador da República. Lei de Imprensa (art. 25) e Código Penal (art. 144). Ofensas proferidas no âmbito de comissão parlamentar de inquérito. Ausência de dubiedade, equivocidade ou ambiguidade. Inexistência de dúvida objetiva em torno do conteúdo moralmente ofensivo das afirmações. Inviabilidade jurídica do ajuizamento da interpelação judicial por falta de interesse processual. Imunidade parlamentar em sentido material. A proteção constitucional do parlamentar. Amplitude da garantia institucional da imunidade parlamentar material. Im-

possibilidade de responsabilização – penal e civil – de membro do Congresso Nacional, 'por quaisquer de suas opiniões, palavras e votos' (cf. art. 53, *caput*), notadamente quando proferidos no âmbito de comissão parlamentar de inquérito. Consequente inadmissibilidade, em tal contexto, de interpelação judicial de Senador da República ou de Deputado Federal. Doutrina. Precedentes. Pedido de explicações a que se nega seguimento" (STF, Pet. 4199/DF, Rel. Min. Celso de Mello, j. 13-12-2007, *Informativo STF* 10 a 14-12-2007, n. 492).

(17) Imunidade parlamentar. Vereador: STF: "A Constituição da República, ao dispor sobre o estatuto político-jurídico dos Vereadores, atribuiu-lhes a prerrogativa da imunidade parlamentar em sentido material, assegurando a esses legisladores locais a garantia indisponível da inviolabilidade, 'por suas opiniões, palavras e votos, no exercício do mandato e na circunscrição do Município' (CF, art. 29, VIII). Essa garantia constitucional qualifica-se como condição e instrumento de independência do Poder Legislativo local, eis que projeta, no plano do direito penal, um círculo de proteção destinado a tutelar a atuação institucional dos membros integrantes da Câmara Municipal. A proteção constitucional inscrita no art. 29, VIII, da Carta Política estende-se – observados os limites da circunscrição territorial do Município – aos atos do Vereador praticados *ratione officii*, qualquer que tenha sido o local de sua manifestação (dentro ou fora do recinto da Câmara Municipal). (...) Trancamento da Ação Penal nos Crimes Contra a Honra. O Vereador, atuando no âmbito da circunscrição territorial do Município a que está vinculado, não pode ser indiciado em inquérito policial e nem submetido a processo penal por atos que, qualificando-se como delitos contra a honra (calúnia, difamação e injúria), tenham sido por ele praticados no exercício de qualquer das funções inerentes ao mandato parlamentar: função de representação, função de fiscalização e função de legislação. A eventual instauração de *persecutio criminis* contra o Vereador, nas situações infracionais estritamente protegidas pela cláusula constitucional de inviolabilidade, qualifica-se como ato de injusta constrição ao *status libertatis* do legislador local, legitimando, em consequência do que dispõe a Carta Política (CF, art. 29, VIII), a extinção, por ordem judicial, do próprio procedimento penal persecutório" (STF, HC 74201/MG, 1ª T., Rel. Min. Celso de Mello, j. 12-11-1996, *DJ* 13-12-1996, p. 50164).

(18) Competência: "O processo e julgamento de crimes praticados contra a honra de funcionário público federal, quando relacionados com o exercício da função, compete à Justiça Federal, conforme enunciado contido na Súmula 147 desta Corte. Precedentes. Recurso desprovido". (STJ, RHC 14074/SP, 5ª T., Rel. Min. Jorge Scartezzini, j. 11-11-2003, *DJ* 19-12-2003, p. 497). STJ: "Compete à Justiça Federal processar e julgar crime de calúnia praticado contra magistrado, independentemente da intenção do agente em atingi-lo nessa qualidade. Recurso improvido" (STJ, RHC 6012/PI, 5ª T., Rel. Min. Cid Flaquer Scartezzini, j. 26-5-1997, *DJ* 3-11-1997, p. 56339). STF: "Competência por prerrogativa de função do Tribunal de Justiça para julgar crime contra a honra de magistrado estadual em função eleitoral, praticado por Juiz de Direito (CF, art. 96, III). Firme a jurisprudência do Supremo Tribunal no sentido de que a única ressalva à competência por prerrogativa de função do Tribunal de Justiça para julgar juízes estaduais, nos crimes comuns e de responsabilidade, é a competência da Justiça eleitoral: precedentes" (STF, RE 398042/BA, 1ª T., Rel. Min. Sepúlveda Pertence, j. 2-12-2003, *DJ* 6-2-2004, p. 38).

(19) Ação penal: Vide comentários ao CP, art. 145.

(20) Procedimento: Os arts. 519 a 523 do CPP preveem procedimento especial para os crimes contra a honra. Convém mencionar, no entanto, que, a partir da entrada em vigor da Lei n. 10.259, de 12-7-2001, que instituiu os Juizados Especiais Federais e, posteriormente, pela alteração expressa do art. 61 da Lei n. 9.099/95, pela Lei n. 11.313, de 28-6-2006), os crimes contra a honra previstos no Código Penal passaram a sujeitar-se ao procedimento dos Juizados Especiais Criminais, qualquer que seja o procedimento previsto. Ressalve-se que apenas os crimes de calúnia majorada (CP, art. 138 c/c o art. 141) e injúria qualificada por preconceito de raça, cor, etnia, religião,

origem ou condição de pessoa idosa ou portadora de deficiência (CP, art. 140, § 3º, com as alterações promovidas pela Lei n. 10.741/2003 – Estatuto do Idoso), por ultrapassarem o limite de pena, não se enquadram no conceito da nova lei. Apenas em três situações a Lei dos Juizados Especiais Criminais exclui as infrações de menor potencial ofensivo do seu procedimento sumaríssimo: (a) "quando não encontrado o acusado para ser citado, o juiz encaminhará as peças existentes ao Juízo comum para adoção do procedimento previsto em lei" (art. 66, parágrafo único). (b) "Se a complexidade ou circunstâncias do caso não permitirem a formulação da denúncia, o Ministério Público poderá requerer ao Juiz o encaminhamento das peças existentes, na forma do parágrafo único do art. 66 desta Lei" (art. 77, parágrafo único). (c) Em razão de conexão ou continência com infração de competência do juízo comum ou do tribunal do júri (art. 60, com a redação determinada pela Lei n. 11.313, de 16-8-2006).

(21) Suspensão condicional do processo e transação penal (Lei n. 9.099/90): No tocante ao cabimento da transação penal e suspensão condicional do processo em crime de ação penal privada, há duas posições: (a) não é cabível em crime de ação penal de iniciativa privada. N*esse sentido:* Damásio de Jesus, *Lei dos Juizados Especiais Criminais anotada*, cit., p. 62. (b) STJ: "I. A Lei dos Juizados Especiais aplica-se aos crimes sujeitos a procedimentos especiais, desde que obedecidos os requisitos autorizadores, permitindo a transação e a suspensão condicional do processo, inclusive nas ações penais de iniciativa exclusivamente privada" (STJ, CC 43886/MG, 3ª S., Rel. Min. Gilson Dipp, j. 13-10-2004, *DJ* 29-11-2004, p. 222). E, ainda, STJ: "Tratando-se de delito que se apura mediante ação penal privada, a proposta de transação penal deve ser feita pelo querelante (Precedentes do STJ)" (STJ, APn 390/DF, Corte Especial, Rel. Min. Felix Fischer, j. 1º-6-2005, *DJ* 8-8-2005, p. 175). Sobre a suspensão condicional do processo, *vide Súmulas* 723 *do STF e* 243 *do STJ.*

(22) Retratação: Vide comentários ao CP, art. 143.

(23) Pedido de explicações: Vide comentários ao CP, art. 144.

(24) Concurso de crimes. Abuso de autoridade e crimes contra a honra: STJ: "A Lei 4.898/65 não pode ser tida como especial em relação aos tipos do Código Penal de difamação e injúria (arts. 139 e 140), porquanto o seu texto não recepcionou todos os casos de agressão à honra das pessoas. O juiz, na condução da causa, pode praticar tanto abuso de autoridade quanto crime contra a honra, já que no ambiente processual transitam vários sujeitos (partes, testemunhas, advogados, serventuários) e a conduta pode atingi-los de forma intencional diversa, ou seja, a objetividade jurídica da ação pode ser enquadrada em mais de um tipo penal" (STJ, REsp 684532/DF, 5ª T., Rel. Min. José Arnaldo da Fonseca, j. 8-3-2005, *DJ* 14-3-2005, p. 241).

Lei de Imprensa (Lei n. 5.250/67)

(1) Convenções internacionais: A Convenção Americana sobre Direitos Humanos (Pacto de São José da Costa Rica), de 22-11-1969, promulgada pelo Decreto n. 678, de 6-11-1992 (*DOU* 9-11-1992), dispõe em seu art. 13: "Toda pessoa tem direito à liberdade de pensamento e expressão. Esse direito compreende a liberdade de buscar, receber e difundir informações e ideias de toda a natureza, sem consideração de fronteiras, verbalmente ou por escrito, ou em forma impressa ou artística, ou por qualquer outro processo de sua escolha. 2. O exercício do direito no inciso precedente não pode estar sujeito a censura prévia, mas a responsabilidades ulteriores, que devem ser expressamente fixadas pela lei a ser necessárias para assegurar: a) o respeito aos direitos ou à reputação das demais pessoas; ou b) a proteção da segurança nacional, da ordem pública, ou da saúde ou da moral pública (...)".

(2) Fundamento constitucional: A liberdade de manifestação do pensamento, de comunicação e de acesso à informação (art. 5º, IV, IX, XIV) sofre restrições em face do disposto no art. 5º, V e X, da CF.

(3) Crimes de imprensa: A prática de um dos crimes contra a honra realizada por intermédio dos meios de informação (serviço de radiodifusão, jornais etc.) configurava uma das figuras típicas previstas na Lei de Imprensa (arts. 20, 21 e 22). No entanto, o Partido Democrático Trabalhista ajuizou Arguição de Descumprimento de Preceito Fundamental (ADPF n. 130), na qual sustentou a não recepção pela Constituição Federal de todo o conjunto de dispositivos da Lei 5.250/67, sob o argumento de que o referido Diploma Legal seria produto de um Estado autoritário, que restringiu violentamente as liberdades civis em geral, e a liberdade de comunicação em particular, e que, portanto, seria incompatível com os tempos democráticos, colidindo com a Constituição (arts. 5º, incisos IV, V, IX, X, XIII e XIV, e 220 a 223) e com a Declaração Universal dos Direitos Humanos (art. XIX). A liminar requerida pelo arguente foi deferida parcialmente, em decisão monocrática, exarada pelo Exmo. Sr. Ministro Carlos Ayres Britto, o qual, valendo-se do art. 5º, § 1º, da Lei n. 9.882/99 (Lei da ADPF), determinou que juízes e tribunais suspendessem o andamento de processos e os efeitos de decisões judiciais, ou de qualquer outra medida que versasse sobre alguns dispositivos do mencionado diploma legal. A concessão da referida liminar foi, posteriormente, por maioria, referendada pelo Plenário da Corte Suprema, nas sessões de 27 e 28 de fevereiro de 2008 (ADPF 130 MC/DF, rel. Min. Carlos Britto, j. 27-2-2008, cf. *Informativo do STF*, n. 496). E, na sessão ocorrida no dia 4 de setembro de 2008, o Tribunal houve por bem prorrogar a eficácia temporal da medida, tendo em vista o encerramento do prazo de 180 dias, fixado pelo Plenário, para o julgamento de mérito da causa. Resolveu-se, assim, Questão de Ordem para estender esse prazo por mais 180 dias (STF, Pleno, ADPF-QO 130/DF, Rel. Min. Carlos Britto, j. 4-9-2008). A suspensão da eficácia dos dispositivos não impediu o curso regular dos processos neles fundamentados, aplicando-se-lhes, contudo, as normas da legislação comum, notadamente, o Código Civil, o Código Penal, o Código de Processo Civil e o Código de Processo Penal, conforme restou decidido na ADPF. Posteriormente, a Corte Suprema, por maioria, em decisão de mérito, julgou procedente o pedido formulado e declarou como não recepcionado pela Constituição Federal todo o conjunto de dispositivos da Lei n. 5.250/67, sendo, portanto, incompatível com a nova ordem constitucional (ADPF 130/DF, rel. Min. Carlos Britto, j. 30-4-2009) (cf. *Informativo do STF* n. 544, Brasília, 27 de abril a 1º de maio de 2009).

(4) Crimes de imprensa e Código Penal (jurisprudência anterior à ADPF 130): O STF já decidiu que, se há a convocação dos jornalistas para dar entrevista, há crime de imprensa, mas, se eles ouviram certa declaração do agente, sem o propósito de dar entrevista nem intenção de divulgá-la, há delito contra a honra, do Código Penal (STF, *RT* 606/424). Da mesma forma, não constituem crimes de imprensa os discursos proferidos por parlamentares nas assembleias legislativas e que são posteriormente divulgados nos meios de comunicação (STF, *RT* 520/486).

(5) Crimes de imprensa e internet (jurisprudência anterior à ADPF 130): Há precedente no STJ no sentido de que a Lei de Imprensa é aplicável também nos casos de calúnia por meio da mídia eletrônica. *Nesse sentido:* "Uma entrevista concedida em um *chat* (sala virtual de bate-papo), disponibilizada de modo 'on line', na *home page* de um jornal virtual, se reveste de publicidade bastante para se subsumir ao art. 12 da Lei n. 5.250/67" (AgRg na APn 442/DF, Corte Especial, Rel. Min. Fernando Gonçalves, j. 7-6-2006, DJ 26-6-2006, p. 81). *Na mesma linha*, já entendeu o Superior Tribunal de Justiça que eventual inaplicabilidade da Lei de Imprensa ao caso constituirá tão somente erro na capitulação legal, não tendo a questão, portanto, o condão de macular a denúncia (STJ, RHC 15688/SP, 5ª T., Rel. Min. Gilson Dipp, j. 28-4-2004, DJ 31-5-2004, p. 329).

(6) Crimes de imprensa e direito de informar (jurisprudência anterior à ADPF 130): STF: "Crime contra a honra. Difamação. Lei de Imprensa. 1. Simples veiculação de fatos, objeto de representação, regularmente formalizada perante a Corregedoria-Geral da Justiça, contra Juíza de Direito não constitui crime contra a honra. Direito de informar garantido pela CF (art. 220). 2.

HC deferido para trancar a ação penal" (STF, HC 85629/RS, 2ª T., Relª Minª Ellen Gracie, j. 6-9-2005, *DJ* 23-9-2005). STF: "O fato de o integrante do Ministério Público, em entrevista jornalística, informar o direcionamento de investigações, considerada suspeita de prática criminosa, cinge-se à narrativa de atuação em favor da sociedade, longe ficando de configurar o crime de calúnia" (STF, RHC 83091/DF, 1ª T., Rel. Min. Marco Aurélio, j. 5-8-2003, *DJ* 26-9-2003, p. 13). A Corte Especial do STJ, na APn 388/DF, Rel. Min. Hamilton Carvalhido, j. 15-6-2005, p. 160, tratou do direito de informar, pelos órgãos jornalísticos e o Ministério Público, e, por outro lado, do direito à informação e a sua natureza relativa diante da proteção constitucional da honra.

(7) Crimes de imprensa e crime militar (CPM, art. 214) (jurisprudência anterior à ADPF/130): STF: "O crime de calúnia é delito militar em sentido impróprio. O delito de calúnia, cometido por militar em atividade contra outro militar em igual situação funcional, qualifica-se, juridicamente, como crime militar em sentido impróprio (CPM, art. 9º, II, *a*), mesmo que essa infração penal tenha sido praticada por intermédio da imprensa, submetendo-se, em consequência, por efeito do que dispõe o art. 124, *caput*, da Constituição da República, à competência jurisdicional da Justiça Castrense" (STF, HC 80249/PE, 2ª T., Rel. Min. Celso de Mello, j. 31-10-2000, *DJ* 7-12-2000, p. 5).

(8) Calúnia contra os mortos: Dispunha o art. 24 da Lei n. 5.250/67 ser punível a calúnia, a difamação e a injúria contra a memória dos mortos.

(9) Exceção da verdade: Era admissível na calúnia, salvo nas hipóteses do art. 20, §§ 2º e 3º, da Lei. No crime de difamação, via de regra, ela não era cabível, salvo nas hipóteses do art. 21, § 1º, da Lei.

(10) Retratação: Na Lei de Imprensa, havia a previsão da retratação nos crimes de calúnia, difamação e injúria (Lei n. 5.250/67, art. 26).

Código Eleitoral (Lei n. 4.737/65)

(1) Crimes eleitorais: No Código Eleitoral (Lei n. 4.737/65) também há a previsão dos crimes de calúnia, difamação e injúria, desde que tais delitos sejam praticados contra alguém, na propaganda eleitoral, ou visando a fins de propaganda (arts. 324, 325 e 326). De acordo com o STF, "Na análise da ocorrência de crime eleitoral contra a honra, há de fazer-se presente o inafastável aprimoramento do Estado Democrático de Direito e o direito dos cidadãos de serem informados sobre os perfis dos candidatos, atendendo-se à política da transparência (STF, Inq. I 884/RS, T. Pleno, Rel. Min. Marco Aurélio, j. 5-5-2004, *DJ* 27-8-2004, p. 52). E, ainda, STF: "2. Injúria. Comentários com adjetivação verbal exacerbada feitos por candidata durante campanha eleitoral sobre concorrente. Situação tolerável no contexto político em que a linguagem contundente se insere no próprio fervor da refrega eleitoral. 3. Expressões tidas como contumeliosas, pronunciadas em momento de grande exaltação e no calor dos debates; críticas acres ou censura à atuação profissional de outrem, ainda que veementes, agem como fatores de descaracterização do tipo subjetivo peculiar aos crimes contra a honra. Inexistência de *animus injuriandi*. Precedentes. 4. Crimes de calúnia e injúria não configurados. Trancamento da ação penal por falta de justa causa. Ordem de *habeas corpus* deferida" (STF, HC 81885/SP, 2ª T., Rel. Min. Maurício Corrêa, j. 3-9-2002, *DJ* 29-8-2003, p. 36).

(2) Competência: STJ: "Processual Penal. Crimes contra a honra. Imprensa. Matéria jornalística que poderia influenciar o pleito eleitoral. Incompetência desta corte para o exame do presente *writ*. Ordem não conhecida. Compete à Justiça Eleitoral o processo e julgamento de suposto crime praticado pela imprensa, às vésperas da eleição, cuja matéria poderia influenciar a opinião dos eleitores. Ordem não conhecida, determinando-se a remessa dos autos ao TSE" (STJ, HC 22622/AL, 5ª T., Rel. Min. Jorge Scartezzini, j. 6-5-2003, *DJ* 18-8-2003, p. 216). STJ: "Processual Penal. Conflito de Com-

petência. Justiça Comum e Justiça Eleitoral. Crimes contra a honra. Caráter eleitoral. Compete à Justiça Eleitoral o processo e julgamento de suposto crime praticado pela imprensa, visando a fins de propaganda eleitoral. Conflito conhecido, competente o juízo da 2ª Zona Eleitoral de Aracaju – SE" (STJ, CC 31342/SE, 3ª S., Rel. Min. Felix Fischer, j. 13-11-2002, *DJ* 19-2-2002, p. 328). STF: "Competência. Paciente denunciado por crime de calúnia contra o Presidente da República, então candidato à reeleição e durante campanha eleitoral. Crime eleitoral: Competência da Justiça Eleitoral" (STF, HC 80383/DF, 1ª T., Rel. Min. Sydney Sanches, j. 7-11-2000, *DJ* 20-4-2001, p. 108).

(3) Ação penal e procedimento: Os crimes contra a honra do Código Eleitoral são de ação penal de iniciativa pública, conforme expressa disposição legal (Código Eleitoral, art. 355). O procedimento a ser seguido é o previsto nos arts. 355 a 364 desse Diploma Legal. De acordo com o posicionamento do TSE: "1. A ação penal privada subsidiária à ação penal pública foi elevada à condição de garantia constitucional, prevista no art. 5º, LIX, da Constituição Federal, constituindo cláusula pétrea. 2. Na medida em que a própria Carta Magna não estabeleceu nenhuma restrição quanto à aplicação da ação penal privada subsidiária, nos processos relativos aos delitos previstos na legislação especial, deve ser ela admitida nas ações em que se apuram crimes eleitorais" (TSE, REspE-21295/SP, Rel. Min. Fernando Neves da Silva, j. 14-8-2003, *DJ* 17-10-2003, p. 131).

Lei de Segurança Nacional

Se, havendo motivação política, for lançada calúnia ou difamação contra o Presidente da República, os Presidentes do Senado Federal, da Câmara dos Deputados e do Supremo Tribunal Federal, constituirá o fato crime contra a Segurança Nacional.

Estatuto da Criança e do Adolescente

Divulgação de procedimento policial, administrativo ou judicial relativo a criança e adolescente: STF: "Ação direta de inconstitucionalidade. Lei federal n. 8.069/90. Liberdade de manifestação do pensamento, de criação, de expressão e de informação. Impossibilidade de restrição. 1. Lei n. 8.069/90. Divulgação total ou parcial por qualquer meio de comunicação, nome, ato ou documento de procedimento policial, administrativo ou judicial relativo à criança ou adolescente a que se atribua ato infracional, publicidade indevida. Penalidade: suspensão da programação da emissora até por dois dias, bem como da publicação do periódico até por dois números. Inconstitucionalidade. A Constituição de 1988 em seu art. 220 estabeleceu que a liberdade de manifestação do pensamento, de criação, de expressão e de informação, sob qualquer forma, processo ou veículo, não sofrerá qualquer restrição, observado o que nela estiver disposto. 2. Limitações à liberdade de manifestação do pensamento, pelas suas variadas formas. Restrição que há de estar explícita ou implicitamente prevista na própria Constituição. Ação direta de inconstitucionalidade julgada procedente" (STF, ADIn 869/DF, T. Pleno, Rel. Min. Ilmar Galvão, j. 4-8-1999, *DJ* 4-6-2004, p. 28).

Lei de Violência Doméstica e Familiar contra a Mulher (Lei n. 11.340/2006)

(1) Calúnia e a violência doméstica e familiar contra a mulher: A Lei n. 11.340/2006, em seu art. 6º, cuidou de enumerar as formas de violência doméstica ou familiar contra a mulher. O conceito é bastante amplo, não se restringindo apenas à violência física (qualquer conduta que ofenda a integridade ou saúde corporal da mulher), mas também abarcando a violência psicológica, sexual, patrimonial e moral. A *violência moral*, segundo a Lei, consiste em qualquer conduta que configure calúnia, difamação ou injúria. Sobre o mencionado Diploma Legal, *vide* maiores comentários constantes do art. 129, § 9º.

Difamação

Art. 139. Difamar alguém, imputando-lhe fato ofensivo à sua reputação:

Pena – detenção, de 3 (três) meses a 1 (um) ano, e multa.

Exceção da verdade

Parágrafo único. A exceção da verdade somente se admite se o ofendido é funcionário público e a ofensa é relativa ao exercício de suas funções.

(1) Documentos internacionais: Vide comentários ao CP, art. 138.

(2) Fundamento constitucional: Vide comentários ao CP, art. 138.

(3) Objeto jurídico: Tutela-se a honra objetiva, isto é, a reputação, a boa fama do indivíduo no meio social.

(4) Ação nuclear: Consubstancia-se no verbo *difamar*, isto é, imputar a alguém fato ofensivo à sua reputação. A difamação atinge o valor social do indivíduo, o respeito que ele goza na sociedade. Ao contrário da calúnia, não importa, para a configuração do crime, que a atribuição do fato seja falsa, de modo que haverá o delito ainda que este seja verdadeiro. Ao contrário do art. 138, o fato imputado não se reveste de caráter criminoso. Assim, a imputação de contravenção penal, de fato atípico (dano culposo, p. ex.) ou ato de improbidade administrativa perfaz o crime em tela. O fato atribuído, contudo, deve ser concreto, determinado, pois a imputação de fatos genéricos, indeterminados, poderá caracterizar o delito de injúria. Outrossim, trata-se de crime de ação livre, o qual pode ser praticado pelos mais variados meios (palavra escrita ou oral, mímica etc.).

(5) Sujeito ativo: Trata-se de crime comum. Qualquer pessoa pode ser sujeito ativo do delito em estudo, inclusive o propalador da difamação, uma vez que realiza nova difamação, muito embora o estatuto penal não o diga expressamente. *Nesse sentido:* Cezar Roberto Bitencourt *(Manual,* cit., v. 2, p. 349).

(6) Sujeito passivo: Qualquer pessoa, desde que seja determinada. Quanto aos menores e doentes mentais, há duas posições: (a) Podem ser sujeitos passivos, pois a honra é um bem inerente à personalidade humana. *Nesse sentido:* Nélson Hungria, *Comentários,* cit., v. VI, p. 49 e 50. (b) Não podem ser sujeitos passivos, pois é necessária a capacidade de entendimento. *Nesse sentido:* Cezar Roberto Bitencourt, *Manual,* cit., v. 2, p. 346. Os desonrados podem ser sujeitos passivos do crime de difamação. No tocante à difamação contra a memória dos mortos, não há previsão legal, ao contrário da calúnia (cf. art. 138, § 2º).

Pessoas jurídicas: Há duas posições: (a) Não pode ser sujeito passivo, pois os crimes contra a honra estão contidos no Título I da Parte Especial, que cuida "Dos crimes contra a pessoa", tendo como vítima, portanto, apenas a pessoa humana. *Nesse sentido:* STJ, AgR 672522/PR, 5ª T., Rel. Min. Felix Fischer, j. 4-10-2005, *DJ* 17-10-2005, p. 335. (b) Pode ser sujeito passivo, pois possui reputação, e a divulgação de fatos desabonadores pode acarretar-lhe dano irreparável. *Nesse sentido:* STF, RHC 83091/DF, 1ª T., Rel. Min. Marco Aurélio, j. 5-8-2003, *DJ* 26-9-2003, p. 13 e STF, Pet-AgR 2491/BA, T. Pleno, Rel. Min. Maurício Corrêa, j. 11-4-2002, *DJ* 14-6-2002, p. 127.

(7) Elemento subjetivo: Vide comentários ao CP, art. 138. Convém notar que no caso dos crimes de difamação e injúria, em algumas hipóteses expressamente elencadas no art. 142 do CP, a ausência do *animus injuriandi vel diffamandi* configurará causa excludente da ilicitude.

(8) Momento consumativo: Consuma-se no instante em que terceiro, que não o ofendido, toma ciência da afirmação que macula a reputação. É prescindível que várias pessoas tomem conhecimento da imputação.

(9) Tentativa: É admissível se a difamação realizar-se pela forma escrita.

(10) Forma majorada: Vide comentários ao CP, art. 141.

(11) Exceção da verdade (parágrafo único): Excepcionalmente, a lei permite a prova da verdade no crime de difamação: quando se tratar de ofensa à reputação de funcionário público, estando este no exercício de suas funções. Para tanto, o fato difamatório deve guardar relação com o exercício do cargo público.

(12) Calúnia, difamação e injúria: Vide comentários ao CP, art. 138.

(13) Calúnia (ou difamação) e falso testemunho: Quanto ao crime contra a honra praticado em depoimento testemunhal, *vide* CP, art. 138.

(14) Imunidade parlamentar (Deputados e Senadores): Vide comentários ao CP, art. 138.

(15) Imunidade parlamentar. Vereador: Vide comentários ao CP, art. 138.

(16) Competência: Vide comentários ao CP, art. 138.

(17) Ação penal: Vide comentários ao CP, art. 145.

(18) Procedimento: Vide CP, art. 138.

(19) Suspensão condicional do processo e transação penal (Lei n. 9.099/95): No tocante ao cabimento de transação penal e suspensão condicional do processo em crime de ação penal privada, *vide* CP, art. 138.

(20) Causas de exclusão da ilicitude: Vide comentários ao CP, art. 142.

(21) Retratação: Vide comentários ao CP, art. 143.

(22) Pedido de explicações: Vide comentários ao CP, art. 144.

(23) Lei de Imprensa (Lei n. 5.250/67), Código Eleitoral (Lei n. 4.737/65), Lei de Segurança Nacional e Lei de Violência Doméstica e Familiar contra a Mulher (Lei n. 11.340/2006): Vide comentários ao CP, art. 138.

Injúria

Art. 140. Injuriar alguém, ofendendo-lhe a dignidade ou o decoro:

Pena – detenção, de 1 (um) a 6 (seis) meses, ou multa.

§ 1º O juiz pode deixar de aplicar a pena:

I – quando o ofendido, de forma reprovável, provocou diretamente a injúria;

II – no caso de retorsão imediata, que consista em outra injúria.

§ 2º Se a injúria consiste em violência ou vias de fato, que, por sua natureza ou pelo meio empregado, se considerem aviltantes:

Pena – detenção, de 3 (três) meses a 1 (um) ano, e multa, além da pena correspondente à violência.

§ 3º Se a injúria consiste na utilização de elementos referentes a raça, cor, etnia, religião, origem ou a condição de pessoa idosa ou portadora de deficiência: *(Redação dada pela Lei n. 10.741/2003)*

Pena – reclusão de 1 (um) a 3 (três) anos e multa. *(Redação dada pela Lei n. 9.459/97)*

(1) Documentos internacionais: Vide comentários ao CP, art. 138. *Vide* também a seguir documentos internacionais relacionados ao crime de racismo.

(2) Fundamento constitucional: Vide comentários ao CP, art. 138.

(3) Objeto jurídico: Tutela-se a honra subjetiva, isto é, o sentimento de cada pessoa acerca de seus atributos morais, intelectuais e físicos, ou seja, a sua dignidade e decoro. No crime de injúria real, previsto no art. 140, § 2º, do Código Penal, por se tratar de um delito complexo, protege-se também a integridade ou incolumidade física do indivíduo.

(4) Ação nuclear: A conduta típica consiste em injuriar, a qual se consubstancia em insultos, xingamentos. É a opinião do agente a respeito dos atributos morais, intelectuais ou físicos do ofendido. Não há, portanto, a imputação de fatos, embora a atribuição de fatos desabonadores de maneira vaga e imprecisa possa configurar o delito em estudo. Trata-se de crime de ação livre, sendo certo que pode ser praticado, inclusive, mediante conduta omissiva; por exemplo, não estender a mão para cumprimentar.

(5) Desacato ou ultraje a culto: Por vezes, a injúria pode configurar desacato (CP, art. 331) ou ultraje a culto (CP, art. 208), isto porque tais crimes também consistem em violação à dignidade ou decoro pessoal.

(6) Sujeito ativo: Trata-se de crime comum.

(7) Sujeito passivo: Qualquer pessoa. Os doentes mentais e menores podem ser injuriados, porém, por se tratar de ofensa à honra subjetiva, a existência do crime deve ser condicionada à capacidade de o sujeito ativo perceber a injúria. A pessoa jurídica não pode ser sujeito passivo desse crime, pois não possui honra subjetiva.

(8) Elemento subjetivo: É o dolo de dano (direto ou eventual). Além do dolo, é necessário um fim especial de agir, consistente na vontade de ofender, denegrir a honra do ofendido. Trata-se do *animus injuriandi*, o qual poderá ser afastado se presente, por exemplo, o ânimo de defesa contra declarações feitas anteriormente pela querelada (STF, Inq. 1937/DF, T. Pleno, Rel. Min. Joaquim Barbosa, j. 24-9-2003, *DJ* 27-2-2004, p. 21). Para melhor compreensão do tema, consulte os comentários ao crime de calúnia. Convém notar que no caso dos crimes de difamação e injúria, em algumas hipóteses expressamente elencadas no art. 142 do CP, a ausência do *animus injuriandi vel diffamandi* configurará causa excludente da ilicitude.

(9) Consumação: O crime consuma-se no momento em que a vítima toma ciência da imputação ofensiva, independentemente de sentir-se ou não atingida em sua honra subjetiva.

(10) Tentativa: É admissível se for praticada por meio escrito.

(11) Forma majorada: Vide comentários ao CP, art. 141.

(12) Perdão judicial. Provocação e retorsão (§ 1º): O Código Penal, em seu art. 140, § 1º, prevê duas hipóteses de perdão judicial (*vide* CP, art. 107, IX). Nesses casos há a configuração do crime de injúria, mas o juiz pode deixar de aplicar a pena: (a) *quando o ofendido, de forma reprovável, provocou diretamente a injúria (inciso I)*: a provocação pode consistir na prática de um crime (difamação, lesões corporais etc.) ou qualquer outra conduta reprovável, isto é, injusta, censurável. (b) *No caso de retorsão imediata, que consista em outra injúria (inciso II)*: nessa hipótese, a provocação consiste em uma injúria, a qual é retorquida de forma imediata, sem intervalo de tempo, com outra injúria.

(13) Injúria real (§ 2º): Caracteriza-se pelo emprego de violência ou vias de fato, que, por sua natureza ou pelo meio empregado, sejam considerados aviltantes (pena – detenção, de 3 meses a 1 ano, e multa, além da pena correspondente à violência). A violência ou as vias de fato devem ser empregadas com o nítido propósito de injuriar (*animus injuriandi*), pois, ausente tal intenção, outro será o delito configurado (lesão corporal, contravenção de vias de fato, crimes de perigo). Haverá concurso de delitos (injúria qualificada + lesão corporal), com aplicação cumulativa das penas.

(14) Injúria qualificada pelo preconceito de raça, cor, etnia, religião, origem ou condição de pessoa idosa ou portadora de deficiência (§ 3º): Mencionada qualificadora foi inserida no Código Penal pelo art. 2º da Lei n. 9.459, de 13-5-1997, que impôs penas de reclusão, de 1 a 3 anos, e multa, se a injúria for cometida mediante "utilização de elementos referentes a raça, cor, religião ou origem". O § 3º, contudo, sofreu acréscimos pelo art. 110 da Lei n. 10.741, de 1º-10-2003 (Estatuto do Idoso), tendo sido inseridas novas circunstâncias qualificadoras ao crime de injúria, quais sejam: a condição de pessoa idosa ou portadora de deficiência (sobre pessoa portadora de deficiência física, *vide* também Lei n. 7.853/89). O tipo penal não fez qualquer referência à idade

cronológica da pessoa ofendida, mas como essa lei, ao tipificar os crimes, considerou como sendo idoso o indivíduo maior de 60 anos, temos que essa é a idade a ser levada em consideração quando da incidência da qualificadora. Criticava-se a previsão da ação penal privada para o crime de injúria qualificada pelo preconceito (CP, art. 145), dada a relevância do bem jurídico protegido. No entanto, a Lei n. 12.033, de 29 de setembro de 2009, acabou por alterar a redação do parágrafo único do art. 145 do Código Penal, tornando pública condicionada a ação penal em tal situação.

Injúria qualificada. Utilizações isoladas de expressões como "negro", "japa", "judeu" etc. Indaga-se na doutrina se o ato de chamar alguém de "negro", "japa", "judeu", "alemão", sem qualquer outra adjetivação, constituiria o crime de injúria por preconceito. Para Christiano Jorge Santos, "ser negro, baiano, judeu ou branco não significa possuir 'qualidade negativa'. Darcy Arruda Miranda, no tópico 'Critério objetivo da injúria', alerta: 'A injúria não deve ficar sob o critério subjetivo daquele que se diz injuriado pelo escrito. Faz-se mister que algo exista, na expressão usada, que possa diminuir o conceito moral em que é tido o ofendido, atingindo-lhe o decoro ou raspando-lhe a dignidade" (*Crimes de preconceito e de discriminação*, São Paulo: Max Limonad, 2001, p. 145-146). *Em sentido contrário:* Damásio de Jesus, *Direito penal*, cit., v. 2, p. 225.

Injúria qualificada e crime de racismo. Art. 20, caput, da Lei n. 7.716/89: Christiano Jorge Santos nos traz importantíssima distinção quanto ao enquadramento da injúria no art. 140, § 3º, do CP ou no art. 20 da Lei n. 7.716/89: "Quando a ofensa se limita estritamente a uma pessoa como referência a um negro que se envolve num acidente banal de trânsito, como 'preto safado', por exemplo, estaremos diante de injúria qualificada do art. 140, § 3º, do Código Penal, em princípio, por somente estarmos a verificar a ofensa à honra da vítima. Se, contudo, no mesmo contexto fático, diz-se: 'Só podia ser coisa de preto, mesmo!', estaria caracterizada a figura típica do art. 20, *caput*, da Lei n. 7.716/89, porque, embora a frase seja dirigida a uma única pessoa, mesmo que seja num momentâneo desentendimento, está revelando inequivocamente um preconceito em relação à raça negra, ou aos que possuam 'cor preta', pois a expressão utilizada contém o raciocínio de que todo negro ou preto faz coisas erradas (tristemente difundido entre nós, aliás, pela infeliz – mas famosa – frase: 'preto quando não caga na entrada, caga na saída')" (*Crimes de preconceito e de discriminação*, cit., p. 126). E, ainda: "O crime de preconceito racial não se confunde com o crime de injúria, na medida em que este protege a honra subjetiva da pessoa, que é o sentimento próprio sobre os atributos físicos, morais e intelectuais de cada pessoa, e aquele é manifestação de um sentimento em relação a uma raça" (TJMG, Ap. Crim. 13.955/5, 2ª Câmara Criminal, Rel. Des. Herculano Rodrigues, *Jurisprudência Mineira*, v. 146, p. 382-389, *apud* Christiano Jorge Santos, ob. cit., p. 128). O enquadramento legal como racismo poderá trazer consequências penais mais gravosas, como a imprescritibilidade e a inafiançabilidade do crime (CF, art. 5º, inciso XLII).

Crime de racismo (impedimento do exercício de direito)

Crime de racismo (impedimento do exercício de direito): Se a hipótese envolver segregação racial, na qual o indivíduo é impedido ou obstado de exercer algum direito em função de sua origem, raça, cor etc., o crime será de racismo (Lei n. 7.716/89). Por exemplo: "impedir ou obstar o acesso de alguém, devidamente habilitado, a qualquer cargo da administração direta ou indireta, bem como das concessionárias de serviços públicos" (art. 3º da lei). *Nesse sentido*, há o seguinte julgado proferido antes do advento da Lei n. 9.459/97: "Racismo. Não caracterização. Vítima chamada de 'negra nojenta', 'urubu' e 'macaca'. Expressões injuriosas. Conduta que configuraria a difamação e injúria. Crime de ação privada. Ausência de discriminação estabelecida no art. 14 da Lei n. 7.716/89 – Recurso não provido" (TJSP, Ap. Crim. 133.180-3, Rel. Celso Limongi, 5-5-1994).

Progressão criminosa: STF: "Queixa-crime – Injúria qualificada *versus* crime de racismo – Arts. 140, § 3º, do Código Penal e 20 da Lei n. 7.716/89. Se a um só tempo o fato consubstancia, de início, a injúria qualificada e o crime de racismo, há a ocorrência de progressão do que assacado contra a vítima, ganhando relevo o crime de maior gravidade, observado o instituto da absorção. Cumpre receber a queixa-crime quando, no inquérito referente ao delito de racismo, haja manifestação irrecusável do titular da ação penal pública pela ausência de configuração do crime. Solução que atende ao necessário afastamento da impunidade" (STF, Inq. 1458/RJ, T. Pleno, Rel. Min. Marco Aurélio, j. 15-10-2003, *DJ* 19-12-2003, p. 50).

Apologia de ideias preconceituosas e discriminatórias: De acordo com o art. 20 da Lei n. 7.716/89, se o agente "praticar, induzir ou incitar a discriminação ou preconceito de raça, cor, etnia, religião ou procedência nacional *(Artigo com a redação determinada pela Lei n. 9.459/97)*: Pena, reclusão de 1 (um) a 3 (três) anos e multa". Se o referido crime for praticado por intermédio dos meios de comunicação social ou publicação de qualquer natureza: "Pena, reclusão de 2 (dois) a 5 (cinco) anos e multa". Decidiu o STF: "*Habeas corpus.* Publicação de livros: antissemitismo. Racismo. Crime imprescritível. Conceituação. Abrangência constitucional. Liberdade de expressão. Limites. Ordem denegada. Escrever, editar, divulgar e comerciar livros 'fazendo apologia de ideias preconceituosas e discriminatórias' contra a comunidade judaica (Lei n. 7.716/89, art. 20, na redação dada pela Lei 8.081/90) constitui crime de racismo sujeito às cláusulas de inafiançabilidade e imprescritibilidade" (STF, HC 82.424, Rel. Min. Maurício Corrêa, *DJ* 19-3-2004).

Preconceito em razão de sexo e estado civil: São hipóteses que hoje não se encontram abarcadas pela Lei n. 7.716/89. No entanto, há entendimento no sentido de que a Lei n. 7.437/85 continua vigente no que pertine ao preconceito de sexo ou estado civil. *Nesse sentido:* Christiano Jorge Santos, *Crimes de preconceito* e *de discriminação*, cit., p. 68, e Valdir Sznivick, *Novos crimes e novas penas no direito penal*, São Paulo: Leud, 1992, p. 132.

Preconceito em razão do homossexualismo: Ao comentar a Lei n. 7.437/85, acima mencionada, afirma Christiano Jorge Santos que, em virtude de ela não adotar a expressão *opção* ou *orientação sexual*, "não está legalmente abarcada em nosso sistema jurídico a defesa penal do homossexual (de qualquer sexo) no que pertine à discriminação ou preconceito, fato que merece a atenção de nossos legisladores, já que se trata de grupo exposto a constantes e explícitas demonstrações de intolerância" *(Crimes de preconceito e de discriminação*, cit., p. 68-69).

Proteção legal contra o racismo: (a) Declaração Universal dos Direitos Humanos (*vide* arts. 1º, 2º e 7º); (b) Convenção sobre a eliminação de todas das formas de discriminação racial, tendo sido promulgada em nosso ordenamento jurídico pelo Decreto n. 65.810, *DOU* de 2-12-1969. (c) Convenção Americana sobre Direitos Humanos (Pacto de São José da Costa Rica), de 22-11-1969, promulgada pelo Decreto n. 678, de 6-11-1992 (*DOU* 9-11-1992), proíbe em seu art. 13 toda apologia ao ódio nacional, racial ou religioso que constitua incitação à discriminação, à hostilidade, ao crime ou à violência. (d) Arts. 3º e 5º, XLI, XLII, da CF proíbem qualquer forma de discriminação. (e) Decreto n. 3.952, de 4-10-2001, dispõe sobre o Conselho Nacional de Combate à Discriminação – CNCD. (f) Lei n. 2.889/56: prevê o crime de genocídio (condutas que visam à destruição total ou parcial de grupo nacional, étnico, racial ou religioso; sobre o tema, *vide* comentários ao crime de homicídio). (g) Lei n. 9.455, de 7-4-1997: prevê o crime de tortura praticado em razão de discriminação racial ou religiosa. (h) Art. 149, § 2º, II, do CP: prevê aumento de pena para o crime de redução a condição análoga à de escravo, por motivo de preconceito de raça, cor, etnia, religião ou origem. (i) *Vide* também: Lei n. 7.170/83, art. 22; Lei n. 8.078/90; art. 37, § 2º e 67; Lei n. 9.029/95, art. 2º.

(15) Exceção da verdade: É inadmissível no crime de injúria, pois não se trata de imputação de fato, mas de qualidade negativa.

(16) Calúnia, difamação e injúria: Vide comentários ao CP, art. 138.

(17) Imunidade parlamentar (Deputados e Senadores): Vide comentários ao CP, art. 138.

(18) Imunidade parlamentar. Vereador: Vide comentários ao CP, art. 138.

(19) Competência: Vide comentários ao CP, art. 138.

(20) Ação penal: Vide comentários ao CP, art. 145.

(21) Procedimento: Vide comentários ao CP, art. 138.

(22) Suspensão condicional do processo e transação penal (Lei n. 9.099/95): No tocante à incidência do instituto da suspensão condicional do processo e transação penal em crime de ação penal privada, *vide* comentários ao CP, art. 138.

(23) Causas de exclusão da ilicitude: Vide comentários ao CP, art. 142.

(24) Retratação: Na sistemática do Código Penal, a retratação não é cabível no crime de injúria, ao contrário do que previa a antiga Lei de Imprensa (Lei n. 5.250/67, art. 26).

(25) Pedido de explicações: Vide comentários ao CP, art. 144.

(26) Lei de Imprensa (Lei n. 5.250/67), Código Eleitoral (Lei n. 4.737/65), Lei de Segurança Nacional e Lei de Violência Doméstica e Familiar contra a Mulher (Lei n. 11.340/2006): Vide comentários ao CP, art. 138.

Estatuto do Idoso (Lei n. 10.741/2003)

(1) A conduta consistente em desdenhar, humilhar, menosprezar ou discriminar pessoa idosa, por qualquer motivo, constitui crime previsto no art. 96, § 1º, do Estatuto do Idoso, sancionado com a pena de reclusão de seis meses a um ano e multa.

(2) A ação de exibir ou veicular, por qualquer meio de comunicação, informações ou imagens depreciativas ou injuriosas à pessoa do idoso configura crime previsto no art. 105 daquele Estatuto, sancionado com a pena de detenção de um a três anos e multa.

Disposições comuns

Art. 141. As penas cominadas neste Capítulo aumentam-se de um terço, se qualquer dos crimes é cometido:

I – contra o Presidente da República, ou contra chefe de governo estrangeiro;

II – contra funcionário público, em razão de suas funções;

III – na presença de várias pessoas, ou por meio que facilite a divulgação da calúnia, da difamação ou da injúria;

IV – contra pessoa maior de 60 (sessenta) anos ou portadora de deficiência, exceto no caso de injúria. *(Acrescentado pela Lei n. 10.741/2003)*

Parágrafo único. Se o crime é cometido mediante paga ou promessa de recompensa, aplica-se a pena em dobro.

(1) Formas majoradas: O Código Penal, em seu art. 141, prevê o aumento de pena para os crimes de calúnia, difamação e injúria. Nas hipóteses dos incisos I, II e III: aumento de 1/3; na hipótese do parágrafo único: a pena será aplicada em dobro.

(2) Contra o Presidente da República, ou contra chefe de governo estrangeiro (inciso I): Constitui delito (previsto no art. 26 da Lei n. 7.170/83), desde que haja motivação política, atentatória à segurança nacional, caluniar ou difamar o Presidente da República, do Senado Federal, da Câmara dos Deputados e do STF. Ausente essa motivação, aplicam-se as disposições do Código Penal. De acordo com Nélson Hungria, "a expressão 'chefe de governo' compreende não só o soberano ou chefe de Estado, como o 'primeiro-ministro' ou 'presidente de conselho', pois a este cabe também a alta direção governamental" *(Comentários,* cit., v. VI, p. 111). *Em sentido contrário:* Cezar Roberto Bitencourt *(Manual,* cit., v. 2, p. 383-384).

(3) Contra funcionário público, em razão de suas funções (inciso II): Devem as ofensas relacionar-se com o exercício do cargo. Se essas forem irrogadas na presença do funcionário poderá se configurar o *crime de desacato* (CP, art. 331). Observe-se que, no delito do art. 331 do CP, prescinde-se que a ofensa diga respeito ao exercício da função pública.

(4) Na presença de várias pessoas ou por meio que facilite a divulgação da calúnia, da difamação ou da injúria (inciso III): Segundo interpretação doutrinária, deve haver pelo menos três pessoas, fora o ofendido, o ofensor e eventual copartícipe, excluindo-se desse cômputo também aquele que não tenha capacidade de compreensão. Deve haver ciência por parte do ofensor da presença de várias pessoas. Quanto aos meios que facilitem a divulgação, são, por exemplo, a palavra escrita em muros e a utilização de alto-falante. Se a divulgação ocorresse por meio de jornais ou revistas, haveria configuração de delito previsto na antiga Lei de Imprensa, a qual, atualmente, foi considerada pelo Supremo Tribunal Federal como não recepcionada pela Constituição Federal de 1988 (ADPF 130).

(5) Contra pessoa maior de 60 (sessenta) anos ou portadora de deficiência, exceto no caso de injúria (inciso IV): Esse inciso foi acrescentado ao Código Penal pelo Estatuto do Idoso. A majorante em estudo não incide sobre a injúria. Isso se explica porque esta, quando cometida contra idoso ou deficiente, é considerada forma qualificada pelo art. 140, § 3º, do Código Penal, com pena elevada de 1 a 3 anos de reclusão.

(6) Se o crime é cometido mediante paga ou promessa de recompensa (parágrafo único): Aplica-se a pena em dobro nessa hipótese. Essa circunstância é também prevista como agravante genérica na Parte Geral do Código Penal (art. 62, VI), porém não se aplicará no crime em estudo, sob pena de *bis in idem*. Trata-se de circunstância de caráter pessoal, que não se comunica ao coautor ou partícipe, nos termos expressos do art. 30.

(7) Lei de Imprensa: O art. 23 da lei prevê aumento de pena de um terço se presente qualquer uma das circunstâncias lá indicadas. Ocorre, entretanto, que, na Arguição de Descumprimento de Preceito Fundamental (ADPF 130), o Supremo Tribunal Federal considerou que o mencionado Diploma Legal não foi recepcionado pela nova ordem constitucional. Sobre o tema, *vide* comentários ao art. 138 do CP.

Exclusão do crime

Art. 142. Não constituem injúria ou difamação punível:

I – a ofensa irrogada em juízo, na discussão da causa, pela parte ou por seu procurador;

II – a opinião desfavorável da crítica literária, artística ou científica, salvo quando inequívoca a intenção de injuriar ou difamar;

III – o conceito desfavorável emitido por funcionário público, em apreciação ou informação que preste no cumprimento de dever do ofício.

Parágrafo único. Nos casos dos ns. I e III, responde pela injúria ou pela difamação quem lhe dá publicidade.

(1) Exclusão do crime: Há discussão na doutrina sobre a natureza jurídica dessas causas previstas no art. 142 do CP: (a) o art. 142 do CP contempla algumas causas excludentes da ilicitude; (b) a hipótese é de inexistência do elemento subjetivo do tipo (consistente no *animus injuriandi vel diffamandi*), afastando-se a tipicidade penal; (c) cuida-se de causas excludentes da punibilidade, restando afastada a aplicação da pena.

(2) Âmbito de incidência: Incidem somente sobre os crimes de difamação e injúria, excluindo o crime de calúnia.

(3) A ofensa irrogada em juízo, na discussão da causa, pela parte ou por seu procurador (inciso I): É a denominada imunidade judiciária. São requisitos: (a) ofensa irrogada em juízo: no tocante ao processo administrativo, já decidiu o STF: "Na hipótese de as expressões tidas por ofensivas serem proferidas em representação penal, na defesa de seu cliente e no exercício de sua profissão, mesmo que em sede de procedimento administrativo, incide a imunidade material do advogado (art. 7º, § 2º, da Lei n. 8.906/94)" (STF, RHC 82033/AM, 2ª T., Rel. Min. Nelson

Jobim, j. 29-10-2002, *DJ* 23-4-2004, p. 40). *No mesmo sentido:* STF, RHC 80536/DF, 1ª T., Rel. Min. Sepúlveda Pertence, j. 4-9-2001, *DJ* 16-11-2001, p. 23; (b) na discussão da causa: deve a ofensa ter nexo com o objeto do litígio, além do que deve ser necessária à realização da defesa. STJ: "Causa, aqui, guarda os limites da divergência levada a juízo, ou seja, da divergência entre a causa de pedir e a contestação. Não se confunde, por isso, com oportunidade consentida para agressões pessoais. 'Na discussão da causa', normativamente exterioriza o limite: desde que necessário para evidenciar as teses opostas. Não enseja, por isso, ocasião para ofensas pessoais, desnecessárias para a decisão judicial" (STJ, RHC 7864/SP, 6ª T., Rel. Min. Luiz Vicente Cernicchiaro, j. 6-10-1998, *DJ* 9-11-1998, p. 173). *No mesmo sentido:* STJ, HC 14789/SP, 6ª T., Rel. Min. Vicente Leal, j. 2-8-2001, *DJ* 3-9-2001, p. 261. (c) Deve ser irrogada pela parte ou seu procurador: parte é o autor, o réu, o oponente, o litisconsorte, o assistente etc. O representante do Ministério Público, sob a ótica processual, também é considerado parte, de modo que a imunidade judiciária também o acoberta (cf. art. 41, V, da Lei n. 8.625/93, a qual prevê a inviolabilidade dos membros do MP). Procurador é a pessoa legalmente habilitada para postular em Juízo em nome da parte (pode ser constituído, dativo ou *ad hoc*).

Imunidade judiciária e calúnia: De acordo com o posicionamento pacífico do STF, "o art. 133 da Constituição Federal, ao estabelecer que o advogado é 'inviolável por seus atos e manifestações no exercício da profissão', possibilitou fosse contida a eficácia desta imunidade judiciária aos 'termos da lei'. 2. Essa vinculação expressa aos 'termos da lei' faz de todo ocioso, no caso, o reconhecimento pelo acórdão impugnado de que as expressões contra terceiro sejam conexas ao tema em discussão na causa, se elas configuram, em tese, o delito de calúnia: é que o art. 142, I, do C. Penal, ao dispor que 'não constituem injúria ou difamação punível (...) A ofensa irrogada em juízo, na discussão da causa, pela parte ou por seu procurador', criara causa de 'exclusão do crime' apenas com relação aos delitos que menciona – injúria e difamação –, mas não quanto à calúnia, que omitira: a imunidade do advogado, por fim, não foi estendida à calúnia nem com a superveniência da L. n. 8.906/94 – o Estatuto da Advocacia e da OAB –, cujo art. 7º, § 2º, só lhe estendeu o âmbito material – além da injúria e da difamação, nele já compreendidos conforme o C. Penal –, ao desacato (tópico, contudo, em que teve a sua vigência suspensa pelo tribunal na ADInMC 1127, 5-10-94, Brossard, *RTJ* 178/67)" (STF, HC 84446/SP, 1ª T., Rel. Min. Sepúlveda Pertence, j. 23-11-2004, *DJ* 25-2-2005, p. 29).

Advogado. Calúnia. Exclusão do elemento subjetivo do tipo: O advogado, quanto ao crime de calúnia, não possui a imunidade judiciária prevista na CF, art. 133, no CP, art. 142, I, e no EAOAB, art. 7º, § 2º. No entanto, presente o *animus defendendi*, já decidiu STJ pela não configuração do crime de calúnia, ante a ausência do elemento subjetivo do tipo *(animus injuriandi vel diffamandi)*, o qual exclui a tipicidade penal. Vejamos: "II. Caracteriza-se a inviolabilidade do advogado se as expressões utilizadas efetivamente eram pertinentes à causa, tendo sido proferidas na sua discussão e relacionando-se com a defesa procedida pelo paciente. III. Mesmo que as expressões caluniosas não sejam abrigadas pela imunidade judiciária, deve ser considerado que a apropriação indébita atribuída ao querelante teria efeito de reconvenção, encontrando-se em discussão em Juízo, razão pela qual é impróprio afirmar-se ter havido 'falsa imputação de crime com o intuito de ofender a honra do ofendido'. IV. Ordem concedida para trancar a ação penal" (STJ, HC 10620/SP, 5ª T., Rel. Min. Gilson Dipp, j. 16-12-1999, *DJ* 8-3-2000, p. 136). *No mesmo sentido:* STJ, RHC 8819/SP, 5ª T., Rel. Min. Gilson Dipp, j. 3-10-2000, *DJ* 30-10-2000, p. 167.

Imunidade judiciária e desacato: O art. 7º, § 2º, da Lei n. 8.906/94 ampliou as hipóteses do art. 142, I, do CP, passando a prever a imunidade penal do advogado não só nos crimes de injúria e difamação, mas, também, no crime de desacato. Tal disposição, contudo, foi objeto de ação direta de inconstitucionalidade, sendo certo que o preceito legal foi suspenso parcialmente no que tange ao crime de desacato (cf. ADInMC 1127, 5-10-1994, Brossard, *RTJ* 178/67).

Imunidade judiciária. Ofensas dirigidas contra o juiz da causa: STF: "O art. 142 do Código Penal, ao dispor que não constitui injúria ou difamação punível a ofensa irrogada em juízo, na discussão da causa, pela parte ou por seu procurador – excluídos, portanto, os comportamentos caracterizadores de calúnia (*RTJ* 92/1118) – estendeu, notadamente ao advogado, a tutela da imunidade judiciária, desde que, como ressalta a jurisprudência dos Tribunais, as imputações contumeliosas tenham relação de pertinência com o '*thema decidendum*' (*RT* 610/426 – *RT* 624/378) e não se refiram ao próprio juiz do processo (*RTJ* 121/157 – 126/628)" (STF, HC 69085/RJ, 1ª T., Rel. Min. Celso de Mello, j. 2-6-1992, *DJ* 26-3-1993, p. 5003). *No mesmo sentido:* STF, HC 80881/SP, 2ª T., Rel. Min. Maurício Corrêa, j. 5-6-2001, *DJ* 24-8-2001, p. 45. STJ: "3. A inviolabilidade do advogado por seus atos e manifestações no exercício da profissão pressupõe trabalho desenvolvido com veemência e vigor, sempre respeitando, no entanto, a reputação, a dignidade e o decoro das pessoas. Ofensas ao magistrado extrapolam os limites traçados pelo legislador quanto ao exercício regular e legítimo da advocacia. 4. Recurso improvido" (STJ, RHC 10769/MT, 6ª T., Rel. Min. Fernando Gonçalves, j. 4-12-2002, *DJ* 18-12-2002, p. 495). *No mesmo sentido:* STJ, EDcl no RHC 8737/DF, 5ª T., Rel. Min. Edson Vidigal, j. 21-10-1999, *DJ* 22-11-1999, p. 164 e STJ, AgRg no REsp 281170/RN, 3ª S., Rel. Min. Nancy Andrighi, j. 7-12-2000, *DJ* 5-2-2001, p. 109. *Em sentido contrário:* STF: "Inviolabilidade do advogado abrange ofensa dirigida ao juiz da causa: STF: Crime contra a honra: imunidade profissional do advogado: compreensão da ofensa a juiz, desde que tenha alguma pertinência à causa. 1. O art. 7º, § 2º, da L. n. 8.906/94 (Estatuto da Advocacia e da OAB) superou a jurisprudência formada sob o art. 142, C. Penal, que excluía do âmbito da imunidade profissional do advogado a injúria ou a difamação do juiz da causa. 2. Sob a lei nova, a imunidade do advogado se estende à eventual ofensa irrogada ao juiz, desde que pertinente à causa que defende. 3. O STF só deferiu a suspensão cautelar, no referido art. 7º, § 2º, EAOAB, da extensão da imunidade à hipótese de desacato: nem um só voto entendeu plausível a arguição de inconstitucionalidade quanto à injúria ou à difamação. 4. A imunidade profissional cobre, assim, manifestação pela imprensa do Advogado Geral da União, que teria utilizado expressão depreciativa a despacho judicial em causa contra ela movida" (STF, Inq. 1674/PA, T. Pleno, Rel. Min. Ilmar Galvão, j. 6-9-2001, *DJ* 1-8-2003, p. 105). *No mesmo sentido:* STF, RHC 80536/DF, 1ª T., Rel. Min. Sepúlveda Pertence, j. 4-9-2001, *DJ* 16-11-2001, p. 23.

Imunidade judiciária. Retorsão contra ofensa de magistrado: STJ: "2. Se as palavras proferidas por advogados, tomadas isoladamente, configuram, em tese, a prática de crime contra a honra de magistrado, contudo, quando contextualizadas, revelam, desenganadamente, retorsão diante das também desonrosas palavras do Juízo, o trancamento da ação penal, porque as partes, em meio à troca de ofensas recíprocas, limitaram-se à discussão da causa, é medida que se impõe. 3. A exclusão da responsabilidade penal não afasta o juízo de reprovação ético-profissional – coibível administrativamente – até porque reveladoras as condutas de total desconhecimento quanto ao dever de zelo recíproco entre magistrados e advogados. 4. Ordem concedida para determinar o trancamento da ação penal" (STJ, HC 19486/PB, 6ª T., Rel. Min. Hamilton Carvalhido, j. 18-12-2001, *DJ* 6-5-2002, p. 326).

Imunidade judiciária. Ofensas dirigidas a pessoas estranhas ao processo: "A doutrina e a jurisprudência só afastam a imunidade judiciária quando a ofensa irrogada, ainda que com referência a terceiro, não tem qualquer relação com a discussão da causa" (STF, RHC 64660/BA, 1ª T., Rel. Min. Moreira Alves, j. 21-8-1987, *DJ* 9-10-1987, p. 217777).

Imunidade judiciária. Ofensas dirigidas ao Promotor de Justiça como custos legis: A ofensa perpetrada contra Promotor de Justiça que atua como *custos legis* não é abarcada pela imunidade judiciária: STF, RHC 65038/PR, 1ª T., Rel. Min. Sydney Sanches, j. 29-5-1987, *DJ* 26-6-1987, p. 13243.

(4) A opinião desfavorável da crítica literária, artística ou científica – salvo quando ine-

quívoca a intenção de injuriar ou difamar (inciso II): O Código Penal autoriza a crítica literária, artística ou científica, ainda que em termos severos. Há, contudo, limites à liberdade de crítica. O próprio dispositivo legal afasta a imunidade quando inequívoca a intenção de injuriar ou difamar, ou seja, quando presente o *animus injuriandi vel diffamandi*. A crítica expendida por intermédio da imprensa (art. 27 da Lei n. 5.520/67) passou também a ser abrangida pelo mencionado dispositivo legal, tendo em vista que, na Arguição de Descumprimento de Preceito Fundamental (ADPF 130), o Supremo Tribunal Federal julgou que o aludido Diploma Legal não foi recepcionado pela nova ordem constitucional. Sobre o tema, *vide* comentários ao art. 138 do CP.

(5) O conceito desfavorável emitido por funcionário público, em apreciação ou informação que preste no cumprimento de dever do ofício (inciso III): Não constitui crime o conceito desfavorável emitido por membros do Ministério Público, magistrado, vereadores, deputados, senadores, Chefe do Poder Executivo etc., no cumprimento do seu dever de ofício, ao fazer relatos, prestar informações, proferir opiniões. O agente, no entanto, responderá pelo crime de injúria ou difamação se presente a intenção de ofender. De acordo com a 5ª Turma do STJ, a imunidade do art. 142, III, do CP, não se aplica ao crime de calúnia (STJ, REsp 613050/SP, 5ª T., Rel. Min. Gilson Dipp, j. 2-9-2004, *DJ* 4-10-2004, p. 338). *Vide*, no entanto, comentários ao CP, art. 138, elemento subjetivo.

(6) Nos casos dos incisos I e III, responde pela injúria ou pela difamação quem lhe dá publicidade (parágrafo único): É possível a responsabilização do agente pelo crime de injúria ou difamação, se der publicidade às ofensas irrogadas em juízo pela parte ou procurador na discussão da causa (inciso I), ou conferir publicidade ao conceito desfavorável emitido por funcionário público (inciso III). No caso de crime previsto na Lei de Imprensa, *vide* item 4.

Retratação

Art. 143. O querelado que, antes da sentença, se retrata cabalmente da calúnia ou da difamação, fica isento de pena.

Parágrafo único. Nos casos em que o querelado tenha praticado a calúnia ou a difamação utilizando-se de meios de comunicação, a retratação dar-se-á, se assim desejar o ofendido, pelos mesmos meios em que se praticou a ofensa. *(Incluído pela Lei n 13.188, de 2015)*

(1) Retratação: Significa retirar o que disse, reconsiderar o que foi afirmado anteriormente.

(2) Âmbito de incidência: Admite-se apenas nos crimes de calúnia e difamação. A retratação na antiga Lei de Imprensa (Lei n. 5.250/67, art. 26) era cabível em todos os crimes contra a honra, inclusive no crime de injúria. No entanto, *vide* comentários ao art. 138 do CP, sobre a não recepção da Lei de Imprensa pela Constituição Federal de 1988 (ADPF 130).

(3) Natureza jurídica: A retratação constitui causa extintiva da punibilidade (CP, art. 107, VI). Há, assim, apenas a extinção do direito de punir por parte do Estado.

(4) Ato unilateral: Trata-se de *ato unilateral* que independe de aceitação do ofendido.

(5) Comunicabilidade: Trata-se de *circunstância subjetiva incomunicável*, de modo que a retratação realizada por um dos coautores não se comunica aos demais.

(6) Querelado: O art. 143 emprega expressamente o vocábulo "querelado"; logo, a retratação é incabível na ação penal pública condicionada à requisição ou representação (CP, art. 145, parágrafo único), uma vez que, nessas hipóteses, há denúncia e não queixa. *Nesse sentido:* STJ, *RT* 751/553 e STF, *RT* 590/449. *Em sentido contrário*: Cezar Roberto Bitencourt, *Manual*, cit., v. 2, p. 401-403.

(7) Forma: De acordo com o dispositivo legal, a retratação deve ser cabal, isto é, deve ser completa, irrestrita, de modo a abranger todas as imputações que configurem o crime de calúnia ou

difamação. Não se exige qualquer formalidade essencial para a sua formulação; basta que ela seja feita pelo ofensor ou seu procurador com poderes especiais e conste por escrito nos autos do processo, de forma expressa, inequívoca. Entretanto, por força da Lei n. 13.188/2015, a vítima da ofensa pode optar, se o crime foi praticado utilizando os meios de comunicação, pela retratação pelos mesmos meios em que se praticou a ofensa.

(8) Momento processual: Só é cabível antes da sentença de 1ª instância.

Art. 144. Se, de referências, alusões ou frases, se infere calúnia, difamação ou injúria, quem se julga ofendido pode pedir explicações em juízo. Aquele que se recusa a dá-las ou, a critério do juiz, não as dá satisfatórias, responde pela ofensa.

(1) Conceito: Trata-se de medida concedida àquele que se julga ofendido em sua honra de ir a Juízo e solicitar esclarecimentos do indivíduo acerca de situações, expressões ou frases equívocas, que podem constituir eventual crime de calúnia, difamação ou injúria. Ausente a equivocidade, a dubiedade da ofensa, a interpelação é inadmissível. *Nesse sentido:* STF: "A interpelação judicial, por destinar-se exclusivamente ao esclarecimento de situações dúbias ou equívocas, não se presta, quando ausente qualquer ambiguidade no discurso contumelioso, a obtenção de provas penais pertinentes a definição da autoria do fato delituoso. O pedido de explicações em juízo não se justifica quando o interpelante não tem dúvida alguma sobre o caráter moralmente ofensivo das imputações que lhe foram dirigidas pelo ofensor" (STF, Pet-QO 851/SE, T. Pleno, Rel. Min. Celso de Mello, j. 8-4-1994, *DJ* 16-9-1994, p. 24278). *No mesmo sentido:* STF: "Interpelação judicial. Pedido de explicações feito a Senador da República. Lei de Imprensa (art. 25) e Código Penal (art. 144). Ofensas proferidas no âmbito de comissão parlamentar de inquérito. Ausência de dubiedade, equivocidade ou ambiguidade. Inexistência de dúvida objetiva em torno do conteúdo moralmente ofensivo das afirmações. Inviabilidade jurídica do ajuizamento da interpelação judicial por falta de interesse processual. Imunidade parlamentar em sentido material. A proteção constitucional do parlamentar. Amplitude da garantia institucional da imunidade parlamentar material. Impossibilidade de responsabilização – penal e civil – de membro do Congresso Nacional, 'por quaisquer de suas opiniões, palavras e votos' (CF, art. 53, *caput*), notadamente quando proferidos no âmbito de comissão parlamentar de inquérito. Consequente inadmissibilidade, em tal contexto, de interpelação judicial de Senador da República ou de Deputado Federal. Doutrina. Precedentes. Pedido de explicações a que se nega seguimento" (STF, Pet. 4199/DF, Rel. Min. Celso de Mello, j. 13-12-2007, *Informativo* STF 10 a 14-12-2007, n. 492).

(2) Natureza jurídica: Trata-se de medida cautelar preparatória e facultativa destinada a instruir a ação penal principal.

(3) Cabimento: É cabível tanto na ação penal privada como na ação penal pública condicionada à representação. Quanto a esta última, cabe ao ofendido realizar a interpelação, já que compete a ele autorizar a propositura de eventual ação penal pelo *Parquet*.

(4) Prazo: Não há um prazo legal fixado; no entanto, como a decadência do direito de queixa ou representação opera-se em seis meses (CPP, art. 38), o pedido de explicações deve ser formulado antes do decurso desse prazo.

(5) Competência: Um dos efeitos do "pedido de explicações" é a fixação da competência da eventual e futura propositura da ação penal por crime contra a honra. Se o interpelado for detentor de foro por prerrogativa de função, o "pedido de explicações" deverá ser formulado a esse juízo privativo, haja vista constituir medida preparatória da futura ação penal por crime contra a honra. *Nesse sentido:* "A competência penal originária do Supremo Tribunal Federal, para processar pedido de explicações em juízo, deduzido com fundamento na Lei de Imprensa (art. 25) ou com apoio no Código Penal (art. 144), somente se concretizará quando o interpelado dispuser, *ratione muneris*, da

prerrogativa de foro, perante a Suprema Corte, nas infrações penais comuns (CF, art. 102, I, *b* e *c*). (STF, Pet-AgR 1249/DF, T. Pleno, Rel. Min. Celso de Mello, j. 20-3-1997, *DJ* 9-4-1999, p. 26).

(6) Procedimento: Não há previsão na legislação penal acerca do rito do "pedido de explicações em juízo", tendo sido adotado o procedimento das "notificações ou interpelações judiciais", previsto no Código de Processo Civil (CPC, arts. 867 a 873).

(7) Análise do pedido de explicações: O juiz que processa o "pedido de explicações" não analisa o mérito da questão nem realiza qualquer valoração dos esclarecimentos prestados, competindo ao juiz da ação principal fazê-lo e, se considerar as explicações insatisfatórias, receber a denúncia ou queixa-crime. *Nesse sentido*: STF: "Crimes contra a honra: tanto no Código Penal, quanto na Lei de Imprensa, interpelado em juízo o autor das declarações equívocas, não cabe ao tribunal competente antecipar-se a propositura da ação penal e declarar não satisfatórias as explicações prestadas: se o fez, a decisão é nula e despida de eficácia" (STF, HC 68129/RS, 1ª T., Rel. Min. Sepúlveda Pertence, j. 2-10-1990, *DJ* 19-10-1990, p. 11487). Finalmente, já decidiu o STF: "Explicações que simplesmente negam a autoria, não convencendo o magistrado, são consideradas insatisfatórias e viabilizam o oferecimento da queixa-crime" (STF, 2ª T., Rel. Min. Maurício Corrêa, j. 28-11-1995, *DJ* 16-2-1996, p. 2998).

(8) Decadência: Por ausência de previsão legal, o pedido de explicações não interrompe nem suspende o prazo decadencial para oferecimento da queixa-crime ou representação.

Lei de Imprensa (Lei n. 5.250/67)

A antiga Lei n. 5.250/67 previa, em seu art. 25, o "pedido de explicações em juízo" na hipótese em que as ofensas equívocas fossem proferidas pelos meios de comunicação. Como, no entanto, a decadência do direito de queixa ou representação operava-se em três meses nos crimes de imprensa, o pedido de explicações devia ser formulado antes do decurso desse prazo. No entanto, vide comentários ao art. 138 do CP, sobre a não recepção da Lei de Imprensa pela Constituição Federal de 1988 (ADPF 130).

> **Art. 145.** Nos crimes previstos neste Capítulo somente se procede mediante queixa, salvo quando, no caso do art. 140, § 2º, da violência resulta lesão corporal.
>
> **Parágrafo único.** Procede-se mediante requisição do Ministro da Justiça, no caso do inciso I do *caput* do art. 141 deste Código, e mediante representação do ofendido, no caso do inciso II do mesmo artigo, bem como no caso do § 3º do art. 140 deste Código. *(Redação dada pela Lei n. 12.033/2009)*

(1) Ação penal privada (caput): É a regra nos três delitos contra a honra. O ofendido ou seu representante legal poderão exercer o direito de queixa dentro do prazo de seis meses, contado do dia em que vierem a saber quem foi o autor do crime (CPP, art. 38). O prazo é decadencial (CP, art. 10), computando-se o dia do começo e excluindo-se o dia do final. Do mesmo modo, não se prorroga em face de domingo, feriado e férias, sendo inaplicável o art. 798, § 3º, do CPP.

Injúria real (CP, art. 140, § 2º): Se da violência empregada resulta lesão corporal (leve, grave ou gravíssima), a ação penal é pública incondicionada, consoante o disposto no art. 145. Contudo, pelo art. 88 da Lei n. 9.099/95, a lesão corporal leve passou a ser crime de ação penal pública condicionada à representação. Desse modo, se da violência empregada advier lesão corporal de natureza leve, a ação penal no crime de injúria real passará a ser condicionada à representação. *Em sentido contrário:* Damásio de Jesus, *Código Penal anotado*, cit., p. 488, e Julio Fabbrini Mirabete, *Código Penal*, cit., p. 819. Na hipótese de a violência empregada resultar vias de fato, a ação penal será de iniciativa privada, pois estas restam absorvidas pelo crime de injúria, que é o delito mais grave.

(2) Ação penal pública condicionada à requisição do Ministro da Justiça (parágrafo único): Será cabível na hipótese de os delitos serem cometidos contra o Presidente da República, ou contra chefe de governo estrangeiro (CP, art. 141, I).

(3) Ação penal pública condicionada à representação do ofendido (parágrafo único): Será cabível essa ação se os delitos forem cometidos contra funcionário público, em razão de suas funções (CP, art. 141, II). Não basta que a ofensa seja irrogada contra o funcionário público ou no seu local de trabalho: exige-se que ela tenha estreita relação com a função por ele exercida. Funcionário público é aquele conceituado no art. 327 do Código Penal. De acordo com a *Súmula 714 do STF*: "É concorrente a legitimidade do ofendido, mediante queixa, e do Ministério Público, condicionada à representação do ofendido, para a ação penal por crime contra a honra de servidor público em razão do exercício de suas funções". Critica-se a previsão da ação penal privada para o crime de injúria qualificada pelo preconceito (CP, art. 145), dada a relevância do bem jurídico protegido. No entanto, a Lei n. 12.033, de 29 de setembro de 2009, acabou por alterar a redação do parágrafo único do art. 145 do Código Penal, tornando pública condicionada a ação penal em tal situação.

(4) Ação penal e Código Eleitoral: Vide comentários ao CP, art. 138.

(5) Sursis e transação penal (Lei n. 9.099/95) nos crimes de ação penal privada: Vide comentários ao CP, art. 138.

Súmula:

Súmula 714 do STF: "É concorrente a legitimidade do ofendido, mediante queixa, e do Ministério Público, condicionada à representação do ofendido, para a ação penal por crime contra a honra de servidor público em razão do exercício de suas funções".

CAPÍTULO VI
DOS CRIMES CONTRA A LIBERDADE INDIVIDUAL

Seção I
Dos crimes contra a liberdade pessoal

Constrangimento ilegal

Art. 146. Constranger alguém, mediante violência ou grave ameaça, ou depois de lhe haver reduzido, por qualquer outro meio, a capacidade de resistência, a não fazer o que a lei permite, ou a fazer o que ela não manda:

Pena – detenção, de 3 (três) meses a 1 (um) ano, ou multa.

Aumento de pena

§ 1º As penas aplicam-se cumulativamente e em dobro, quando, para a execução do crime, se reúnem mais de três pessoas, ou há emprego de armas.

§ 2º Além das penas cominadas, aplicam-se as correspondentes à violência.

§ 3º Não se compreendem na disposição deste artigo:

I – a intervenção médica ou cirúrgica, sem o consentimento do paciente ou de seu representante legal, se justificada por iminente perigo de vida;

II – a coação exercida para impedir suicídio.

(1) Fundamento constitucional: De acordo com o art. 5º, II, da CF, "Ninguém será obrigado a fazer ou deixar de fazer alguma coisa senão em virtude de lei".

(2) Objeto jurídico: A objetividade jurídica tutelada no artigo em comento é a liberdade pessoal, isto é, de autodeterminação, compreendendo a liberdade de pensamento, de escolha, de vontade e de ação.

(3) Ação nuclear: Consubstancia-se no verbo *constranger*, isto é, coagir alguém a fazer ou a deixar de fazer algo, que, por lei, não está obrigado.

São meios de execução: (a) *Coação mediante violência*: é o emprego de força física, a qual pode ser direta ou indireta (contra terceira pessoa ou coisa). (b) *Coação mediante ameaça* (violência moral). É a promessa, oral ou escrita, dirigida a alguém, da prática de um mal, iminente ou futuro, o qual deve ser grave, certo (não pode ser vago), verossímil (possível de ser concretizado), iminente (prestes a acontecer) e inevitável. (c) *Qualquer outro meio que reduza a capacidade de resistência do ofendido*. Por exemplo: a hipnose, os narcóticos, o álcool etc. Exclui-se o emprego de fraude. Se houver erro no tocante às circunstâncias de fato que tornem a ação legítima, ocorrerá o erro de tipo (CP, art. 20). Se houver erro sobre a própria legitimidade da ação, haverá o erro de proibição (CP, art. 21). Convém notar que a ação do agente deve ser ilegítima, do contrário, o crime poderá ser o de exercício arbitrário das próprias razões.

(4) Sujeito ativo: Trata-se de crime comum. Caso o agente seja funcionário público no exercício de suas funções, o fato poderá caracterizar abuso de autoridade (Lei n. 4.898/65). *Vide* também CP, arts. 322 e 350, e a questão atinente à sua revogação pela Lei de Abuso de Autoridade.

(5) Sujeito passivo: Qualquer pessoa pode ser vítima do crime em tela, desde que tenha consciência de que sua liberdade de querer está sendo tolhida. *Nesse sentido:* E. Magalhães Noronha, *Direito penal*, cit., v. 2, p. 150.

(6) Elemento subjetivo: Consubstancia-se no dolo (direto ou eventual), isto é, a vontade livre e consciente de constranger a vítima, mediante o emprego de violência ou grave ameaça. Deve haver a consciência da ilegitimidade da pretensão, do contrário, o erro excluirá o dolo. Exige-se, ainda, um fim especial de agir, consistente na vontade de que a vítima faça o que a lei não determina ou não faça o que ela manda, do contrário, o crime poderá ser outro (ameaça, vias de fato, lesões corporais). Não há previsão legal da modalidade culposa.

(7) Momento consumativo: Trata-se de crime material, consumando-se no momento em que a vítima faz ou deixa de fazer alguma coisa.

(8) Tentativa: A tentativa é perfeitamente admissível. Assim, haverá o *conatus* se o ofendido não se submeter à vontade do agente, apesar da violência, grave ameaça ou qualquer outro meio empregado.

(9) Forma qualificada (§ 1º): As penas aplicam-se cumulativamente e em dobro, quando, para a execução do crime: (a) se reúnem mais de três pessoas: podem ser incluídos nesse cômputo tanto os coautores como os partícipes; ou (b) há emprego de armas: é necessário que a arma (própria ou imprópria) seja utilizada pelo agente para lesionar ou ameaçar, não se configurando o agravamento o seu simples porte. Entretanto, se o porte é ostensivo, usado com o propósito de infundir medo, ocorre a majorante. Incidem aqui os mesmos comentários ao crime do art. 157, § 2º, I (roubo qualificado pelo emprego de arma).

Constrangimento ilegal qualificado e arquivamento do crime de porte de arma de fogo: Já decidiu o STF, quando da vigência da antiga Lei de Arma de Fogo, que o arquivamento de inquérito pela prática de crime de porte de arma de fogo não impede o reconhecimento da causa de aumento de pena prevista no § 1º do art. 146 do CP, pois, enquanto a Lei de Arma de Fogo "define os crimes voltados à repressão do uso e porte de arma de fogo, a majorante do constrangimento ilegal ora em debate refere-se a qualquer arma, desde que ela tenha a capacidade de impingir à vítima a grave ameaça contida no *caput* do art. 146 do Código Penal" (STF, HC 85005/RJ, 2ª T., Rel. Min. Joaquim Barbosa, j. 1º-3-2005, *DJ* 24-6-2005, p. 73).

Constrangimento ilegal e crime de porte ilegal de arma de fogo: O Estatuto do Desarmamento prevê dentre as suas condutas típicas (arts. 14 e 16) a ação de empregar arma de fogo. O emprego não abrange o disparo, na medida em que essa conduta já foi abarcada pelo art. 15 do Estatuto. Assim, o emprego é qualquer forma de utilização da arma, com exceção do disparo. Ocorre que a pena para o crime de emprego de arma de fogo de uso permitido (Pena – reclusão, de dois a quatro anos, e multa) ou restrito (Pena – reclusão, de três a seis anos, e multa) é bem maior que a pena do crime de constrangimento ilegal qualificado pelo emprego de arma de fogo (Pena – detenção, de 6 meses a 2 anos, ou multa). Em virtude dessa falta de critério do legislador na cominação das penas, estranhamente o crime apenado de forma mais severa (arts. 14 e 16) restaria absorvido pelo crime mais leve (art. 146, § 2º). Cremos, no entanto, que o porte ilegal de arma de fogo poderá ser punido autonomamente e em concurso material com o crime de constrangimento ilegal se as condutas se derem em contextos fáticos diversos. Assim, se em contexto diverso, o agente já perambulava pelas ruas com a arma de fogo, e somente depois, em situação bem destacada, realizar o constrangimento ilegal, deverá responder por ambos os crimes.

(10) Concurso de crimes (§ 2º): Por expressa disposição legal, haverá concurso material de crimes, e não o concurso formal, se do emprego de violência para a prática do crime de constrangimento ilegal advier lesão corporal (leve, grave ou gravíssima) ou lesão corporal seguida de morte.

(11) Causas especiais de exclusão da tipicidade (§ 3º): Conforme art. 146, § 3º, do CP, não se compreendem na disposição deste artigo: (I) *a intervenção médica ou cirúrgica, sem o consentimento do paciente ou de seu representante legal, se justificada por iminente perigo de vida:* A intervenção médico-cirúrgica, com o consentimento do paciente, constitui exercício regular de um direito, o que exclui a ilicitude da conduta (pela teoria da imputação objetiva é possível sustentar que o fato é atípico). Contudo, ausente o consentimento e estando o paciente correndo iminente perigo de vida, caracterizado estará o estado de necessidade em favor de terceiro (art. 146, § 3º, I). Inexistente o iminente perigo de vida, a intervenção poderá caracterizar o crime em estudo; (II) *a coação exercida para impedir suicídio:* o fato também será atípico.

(12) Princípio da subsidiariedade: O crime em estudo é subsidiário em relação a todos os delitos cujo constrangimento constitua seu meio ou elemento. Assim, será subsidiário em relação, por exemplo, ao crime de estupro. O mesmo ocorre nos crimes previstos nos arts. 158, 161, II, 216-A etc.

(13) Desistência voluntária: Pode suceder que o agente, na execução de um crime em que haja o emprego de violência ou grave ameaça, desista de seu intento criminoso, como, por exemplo, o agente que emprega violência ou grave ameaça contra a vítima com o fim de subtrair-lhe a carteira, mas desiste de prosseguir na execução do crime, não se apropriando do numerário ante a avançada idade da vítima. Nessa hipótese, o agente responderá pelos atos até então praticados, no caso, o crime subsidiário de constrangimento ilegal.

(14) Ação penal. Lei dos Juizados Especiais Criminais: Trata-se de crime de ação penal pública incondicionada. Por se tratar de infração de menor potencial ofensivo, a forma simples (*caput*) do crime se sujeita às disposições da Lei n. 9.099/95. Da mesma forma, o § 1º (forma qualificada) também constitui infração de menor potencial ofensivo. É cabível a suspensão condicional do processo (art. 89 da Lei n. 9.099/95) no *caput* e § 1º do art. 146.

Lei de Tortura (Lei n. 9.455/97)

(1) Previsão legal: Prevê o art. 1º "Constitui crime de tortura: I – constranger alguém com emprego de violência ou grave ameaça, causando-lhe sofrimento físico ou mental: a) com o fim de obter informação, declaração ou confissão da vítima ou de terceira pessoa; b) para provocar ação ou omissão de natureza criminosa; c) em razão de discriminação racial ou religiosa. Pena – reclusão, de 2 (dois) a 8 (oito) anos".

(2) Ação nuclear: Tal como o crime de constrangimento ilegal (CP, art. 146), a ação nuclear típica consubstancia-se no verbo *constranger*, isto é, forçar, coagir ou compelir. No entanto, a Lei

de Tortura contém um elemento especializante, pois a coação deve ser praticada visando a um dos fins especificados no dispositivo legal, ao contrário do crime de constrangimento ilegal. A diferença essencial entre ambos os delitos, no entanto, reside no fato de que não é qualquer violência ou grave ameaça que configura o crime de tortura. É necessário que a vítima padeça um intenso sofrimento físico ou mental. Cuida-se aqui, portanto, de situações extremadas (por exemplo, queimar a vítima aos poucos utilizando-se de ferro em brasa, aplicar-lhe choques elétricos, realizar breves afogamentos, colocá-la no pau de arara, extrair os seus dentes, obrigar a vítima a presenciar a simulação da execução de um ente familiar etc.). Com efeito, o art. 1º da Convenção contra a Tortura e Outros Tratamentos ou Penas Cruéis, Desumanas e Degradantes expressamente dispõe que o termo "tortura" designa qualquer ato pelo qual dores ou sofrimentos agudos, físicos ou mentais são infligidos à vítima. Ausente esse elemento do tipo penal, o crime poderá transmudar-se em outro, como, por exemplo, constrangimento ilegal.

(3) Lei de Tortura. Concurso de crimes: Prevê a Lei n. 9.455/97, em seu art. 1º, I, *b*, o crime de tortura praticado com a finalidade de provocar ação ou omissão criminosa. É o caso, por exemplo, do agente que tortura a vítima, queimando seu corpo com ferro em brasa, a fim de que ela pratique um homicídio. No caso, a coação física é irresistível, não respondendo o coagido por crime algum, pela ausência total de vontade de praticar o delito (praticou o crime porque se assim não o fizesse o coator não interromperia o suplício contra ele infligido). O coator, por sua vez, responderá pela ação ou omissão criminosa praticada pelo coagido (CP, art. 22) em concurso com o crime de tortura (art. 1º, inciso I, *b*, da Lei n. 9.455/97).

(4) Lei de Tortura. Federalização das causas relativas aos direitos humanos. Tribunal Penal Internacional: Vide comentários ao crime de homicídio.

Estatuto da Criança e do Adolescente (Lei n. 8.069/90)

Se o agente submeter criança ou adolescente, sob sua autoridade, guarda ou vigilância, a vexame ou constrangimento, o fato deverá ser enquadrado no art. 232 do Estatuto da Criança e do Adolescente (Lei n. 8.069/90).

Lei de Segurança Nacional (Lei n. 7.170/83)

A conduta de atentar contra a liberdade pessoal dos Presidentes da República, do Senado Federal, da Câmara dos Deputados ou do Supremo Tribunal Federal constitui crime contra a Segurança Nacional (art. 28 da Lei n. 7.170/83).

Ameaça

Art. 147. Ameaçar alguém, por palavra, escrito ou gesto, ou qualquer outro meio simbólico, de causar-lhe mal injusto e grave:

Pena – detenção, de 1 (um) a 6 (seis) meses, ou multa.

Parágrafo único. Somente se procede mediante representação.

(1) Objeto jurídico: Protege-se a liberdade psíquica, íntima do indivíduo. A ameaça atinge a liberdade interna, na medida em que a promessa da prática de um mal gera temor na vítima, que passa a não agir conforme a sua livre vontade.

(2) Ação nuclear: Consubstancia-se no verbo *ameaçar* (intimidar, anunciar ou prometer castigo ou malefício). A ameaça, conforme a lei, pode ser realizada mediante palavras (p. ex., telefone); escritos (por correspondência, e-mail, fac-símile); gestos (p. ex., apontar arma de fogo); ou qualquer outro meio simbólico (p. ex., enviar um boneco perfurado com agulhas). Segundo a doutrina, pode a ameaça ser *direta ou indireta*, *explícita ou implícita, ou condicional*. Deve o mal

prometido ser: (a) injusto, isto é, sem qualquer apoio legal para realizá-lo, e (b) grave: o dano anunciado deve ser de extrema importância para a vítima, de forma a intimidá-la. Deve, portanto, ser idôneo, o que não acontece na promessa de mal impossível de se realizar. Ausentes esses requisitos, o fato será atípico. Discute-se na doutrina e na jurisprudência se o crime de ameaça exige que o mal prenunciado seja futuro. No sentido de que o mal não necessita ser futuro, podendo ser atual: Damásio de Jesus (*Código Penal comentado*, cit., p. 494). *Em sentido contrário*: Cezar Roberto Bitencourt, *Manual*, cit., v. 2, p. 433.

(3) Sujeito ativo: Qualquer pessoa. Se for funcionário público no exercício de suas funções, a ameaça poderá integrar o crime de abuso de autoridade (art. 3º da Lei n. 4.898/65).

(4) Sujeito passivo: Qualquer pessoa, desde que determinada, que tenha capacidade de entendimento. Inclui-se, portanto, a criança, o louco etc., que seja capaz de sentir a intimidação.

(5) Elemento subjetivo: Consubstancia-se no dolo (direto ou eventual), isto é, na vontade livre e consciente de ameaçar alguém. Exige-se a consciência de que o mal prometido é grave e injusto. O erro exclui o dolo. Se a intenção do agente não for de intimidar, de incutir medo na vítima, sendo a ameaça proferida com *animus jocandi*, não há a configuração do crime em tela. Doutrina e jurisprudência muito divergem acerca da caracterização do aludido delito quando o mal prometido for proferido em momento de ira, cólera, revolta ou em estado de embriaguez. Não há previsão da modalidade culposa do crime em tela.

(6) Momento consumativo: Trata-se de crime formal. Consuma-se no momento em que a vítima toma conhecimento da ameaça, independentemente de sentir-se ameaçada e de vir a ser concretizado o mal prenunciado.

(7) Tentativa: É possível a tentativa na ameaça feita por escrito. Por exemplo, extravio do e-mail com conteúdo ameaçador.

(8) Subsidiariedade: Por se tratar de um crime subsidiário, quando a ameaça for meio para a prática de outros delitos, será por estes absorvida; por exemplo: roubo, constrangimento ilegal, extorsão, estupro.

(9) Ação penal. Lei dos Juizados Especiais Criminais: É crime de ação pública condicionada à representação do ofendido. Por se tratar de infração de menor potencial ofensivo, incidem os institutos da Lei n. 9.099/95, inclusive a suspensão condicional do processo (art. 89).

(10) Crime de imprensa e ameaça (jurisprudência anterior à ADPF 130): STJ: "Hipótese em que o acusado, na condição de apresentador de programa televisivo, teria veiculado entrevista em que dois supostos membros da organização criminosa fizeram ameaças a pessoas públicas, tendo sido denunciado pela prática dos crimes de ameaça, bem como de delitos de imprensa. O STJ denegou o HC impetrado pelo paciente com o fito de trancar a ação penal, pois, segundo ele, a referência à organização criminosa é muito grave, ainda mais "se a divulgação, por meio de entrevista, foi veiculada em programa de audiência considerável, cujo público-alvo é dotado de pessoas de diferentes graus de informação. Resta caracterizada, em princípio, a perturbação da ordem pública ou alarme social, configurando-se, em tese, os requisitos da suposta prática criminosa, que abrange tipos penais autônomos" (STJ, HC 47219/SP, 5ª T., Rel. Min. Arnaldo Esteves Lima, j. 13-12-2005, *DJ* 3-4-2006, p. 379).

Lei de Segurança Nacional (Lei n. 7.170/83)

A ameaça contra os Presidentes da República, do Senado, da Câmara e do Supremo Tribunal Federal constitui crime contra a segurança nacional (art. 28 da Lei n. 7.170/83).

Lei de Violência Doméstica e Familiar contra a Mulher (Lei n. 11.340/2006)

Segundo a Lei n. 11.340/2006, o conceito é bastante amplo, não se restringindo apenas à violência física (qualquer conduta que ofenda a integridade ou saúde corporal da mulher), mas também abarcando a violência psicológica, sexual, patrimonial e moral. A *violência psicológica*, segundo a Lei, consiste em "qualquer conduta que cause dano emocional e diminuição da autoestima da mulher ou que lhe prejudique e perturbe o pleno desenvolvimento, ou que vise degradar ou controlar suas ações, comportamentos, crenças e decisões, mediante ameaça, constrangimento, humilhação, manipulação, isolamento, vigilância constante, perseguição contumaz, insulto, chantagem, ridicularização, exploração e limitação do direito de ir e vir ou qualquer outro meio que lhe cause prejuízo à saúde psicológica e à autodeterminação". Sobre a mencionada lei, *vide* maiores comentários constantes do art. 129, § 9º.

Sequestro e cárcere privado

Art. 148. Privar alguém de sua liberdade, mediante sequestro ou cárcere privado:

Pena – reclusão, de 1 (um) a 3 (três) anos.

§ 1º A pena é de reclusão, de 2 (dois) a 5 (cinco) anos:

I – se a vítima é ascendente, descendente, cônjuge ou companheiro do agente ou maior de 60 (sessenta) anos; *(Redação dada pela Lei n. 11.106/2005)*

II – se o crime é praticado mediante internação da vítima em casa de saúde ou hospital;

III – se a privação da liberdade dura mais de 15 (quinze) dias;

IV – se o crime é praticado contra menor de 18 (dezoito) anos; *(Incluído pela Lei n. 11.106/2005)*

V – se o crime é praticado com fins libidinosos. *(Incluído pela Lei n. 11.106/2005.)*

§ 2º Se resulta à vítima, em razão de maus-tratos ou da natureza da detenção, grave sofrimento físico ou moral:

Pena – reclusão, de 2 (dois) a 8 (oito) anos.

(1) Objeto jurídico: Tutela-se a liberdade física do sujeito passivo, notadamente a liberdade de locomoção.

(2) Ação nuclear: A conduta típica consiste em privar alguém de sua liberdade, mediante sequestro ou cárcere privado. A privação da liberdade pode dar-se mediante *detenção* (levar a vítima para outra casa e prendê-la em um quarto) ou *retenção* (impedir que a vítima saia de casa). Diversos meios podem ser empregados para lograr a privação da liberdade do ofendido (emprego de substâncias entorpecentes, fraude, ameaça, não conceder autorização para liberação de enfermo etc.). Segundo Noronha, o consentimento do ofendido não terá valor se o tempo de privação de liberdade tornar-se perpétuo ou demasiadamente longo ou, ainda, se o indivíduo estiver encerrado em lugar malsão etc., ou sujeito a prestação servil ou de qualquer modo ilícita, sob pena de ferir os princípios de direito público e de moral social (E. Magalhães Noronha, *Direito penal*, cit., p. 162).

(3) Sujeito ativo: Qualquer pessoa pode cometê-lo.

(4) Sujeito passivo: Qualquer pessoa (deficientes físicos, crianças, pessoas inconscientes etc.).

(5) Elemento subjetivo: Consubstancia-se no dolo, isto é, na vontade livre e consciente de privar a vítima de sua liberdade de locomoção. O erro de tipo exclui o dolo e, portanto, o crime.

(6) Subsidiariedade: O sequestro é um crime subsidiário, de forma que, tendo o agente uma finalidade específica, o crime poderá ser outro (arts. 159, 249, 345 etc.).

(7) Momento consumativo: É crime material, que se consuma no momento em que a vítima é privada de sua liberdade de locomoção, ainda que por curto período de tempo. *Nesse sentido:* TJSP, RT 627/291. *Em sentido contrário*, exigindo que a privação perdure por tempo razoável: TJSP, *RT*, 551/324.

(8) Crime permanente. Prescrição: Cuidando-se de delito permanente, perdura a consumação enquanto o ofendido estiver submetido à privação de sua liberdade de locomoção. Dessa for-

ma, a prescrição da pretensão punitiva só começa a correr na data em que se der o encerramento da conduta, ou seja, com o término da permanência (CP, art. 111, III). *Nesse sentido:* STJ, REsp 171156/SP, 6ª T., Rel. Min. Vicente Cernicchiaro, j. 23-2-1999, *DJ* 12-4-1999, p. 203.

(9) Crime permanente. Prisão em flagrante: Autoriza-se a prisão em flagrante do agente enquanto perdurar a privação ou restrição da liberdade de movimento da vítima. *Nesse sentido:* STJ, HC 17611/SP, 5ª T., Rel. Min. José Arnaldo da Fonseca, j. 27-11-2001, *DJ* 25-2-2002, p. 417.

(10) Tentativa: É possível na forma comissiva do delito, se o agente não logra privar a vítima de sua liberdade de locomoção.

(11) Forma qualificada (§ 1º): Vítima ascendente, descendente, cônjuge ou companheiro do agente ou maior de 60 anos (inciso I): Exclui-se dessa qualificadora o padrasto ou genro do sujeito ativo. No tocante ao companheiro (ou companheira), a sua inclusão expressa nesse rol foi operada pela Lei n. 11.106, de 28-3-2005, a qual veio atender ao preceito constitucional constante do art. 226, § 3º, da CF. Vale mencionar que, recentemente, o Plenário do STF reconheceu como entidade familiar a união de pessoas do mesmo sexo (ADPF 132, cf. *Informativo do STF* n. 625, Brasília, 2 a 6 de maio de 2011). No tocante ao descendente, o termo abrange também os filhos adotivos (cf. CF, art. 227, § 6º). No que diz respeito ao maior de 60 anos, referida qualificadora foi incluída no inciso I do § 1º pelo art. 110 da Lei n. 10.741, de 1º-10-2003 (Estatuto do Idoso).

Crime praticado mediante internação da vítima em casa de saúde ou hospital (inciso II): Haverá erro de tipo se o agente supõe que a vítima efetivamente necessite ser internada.

Privação da liberdade superior a quinze dias (inciso III): O prazo deve ser contado de acordo com a regra do art. 10 do CP, isto é, inclui-se o dia do começo.

Crime praticado contra menor de 18 (dezoito) anos (inciso IV): Esse inciso foi acrescido ao § 1º do art. 148 do CP, pela Lei n. 11.106, de 28-3-2005, atendendo ao disposto na Constituição Federal (CF, art. 227, § 4º). A pessoa completa 18 anos no primeiro minuto do dia do seu aniversário, sendo considerada menor até a meia-noite do dia anterior. De acordo com o art. 4º do CP, a idade da vítima deverá ser considerada no momento da conduta. Caso a vítima venha a completar 18 anos no cativeiro, continuará incidindo a majorante, uma vez que, em algum momento do *iter criminis*, a qualificadora ficou caracterizada. Trata-se de *novatio legis in pejus*, não podendo retroagir para alcançar os sequestros cuja permanência cessou antes de sua entrada em vigor. Incide, no caso, a *Súmula 711 do STF*.

Crime praticado com fim libidinoso (inciso V): Esse inciso foi acrescido ao § 1º do art. 148 pela Lei n. 11.106, de 28-3-2005, a qual revogou todos os crimes de rapto (CP, arts. 219 a 222). A partir da entrada em vigor da Lei n. 11.106/2005, a privação, com fim libidinoso, da liberdade de qualquer pessoa será enquadrada no crime de sequestro ou cárcere privado na forma qualificada (CP, art. 148, § 1º, V), e não no revogado crime de rapto. Para a incidência da qualificadora, basta a comprovação do fim libidinoso. A nova lei, no que diz respeito ao art. 219 do CP, não operou *abolitio criminis*, pois o fato continuou sendo considerado criminoso pelo art. 148, § 1º, V, do CP, o qual dispensou tratamento mais rigoroso ao crime. Se a vítima continuou sendo mantida em cativeiro após a incidência da legislação mais severa, como se trata de crime permanente, terá aplicação a nova regra, incidindo a *Súmula 711 do STF*. Se, no entanto, o crime já se havia encerrado, aplica-se a lei anterior mais benéfica (art. 219).

(12) Forma qualificada pelo resultado (§ 2º): O crime será qualificado se resulta à vítima, em razão de maus-tratos (por exemplo: privá-la de alimentos; impedir que durma etc.) ou da natureza da detenção (aqui o sofrimento advém do modo e das condições objetivas da detenção em si mesma, por exemplo, manter a vítima em local insalubre), grave sofrimento físico ou moral. Se resulta lesão corporal ou morte, haverá concurso entre o crime de sequestro na forma simples e a lesão corporal ou homicídio.

(13) Sequestro e roubo (cf. alteração promovida pela Lei n. 9.426/96, que introduziu o inciso V ao § 2º do art. 157): Vide sobre o tema os comentários ao crime de roubo na forma qualificada.

(14) Ação penal. Procedimento. Lei dos Juizados Especiais Criminais: Trata-se de crime de ação penal pública incondicionada. É cabível a suspensão condicional do processo (art. 89 da Lei n. 9.099/95) somente no *caput* do art. 148.

(15) Competência: STJ: "Processual penal. *Habeas corpus.* Aplicação da lei brasileira. Competência jurisdicional. Crime iniciado em território nacional. Sequestro ocorrido em terra. Impossibilidade de reexame probatório. Condução da vítima para território estrangeiro em aeronave. Princípio da territorialidade. Lugar do crime – teoria da ubiquidade. Irrelevância quanto ao eventual processamento criminal pela Justiça Paraguaia. Competência da Justiça Estadual. Ordem denegada. 1. Aplica-se a lei brasileira ao caso, tendo em vista o princípio da territorialidade e a teoria da ubiquidade consagrados na lei penal. 2. Consta da sentença condenatória que o início da prática delitiva ocorreu nas dependências do aeroporto de Tupã/SP, cuja tese contrária exigiria exame profundo do acervo fático-probatório, incabível em sede de *habeas corpus*, sendo assegurado ao acusado o reexame das provas quando do julgamento de recurso de apelação eventualmente interposto, instrumento processual adequado para tal fim. 3. Afasta-se a competência da Justiça Federal, pela não ocorrência de quaisquer das hipóteses previstas no art. 109 da Constituição Federal, mormente pela não configuração de crime cometido a bordo de aeronave. 4. Não existe qualquer óbice legal para a eventual duplicidade de julgamento pelas autoridades judiciárias brasileira e paraguaia, tendo em vista a regra constante do art. 8º do Código Penal. 5. Ordem denegada" (STJ, HC 41892/SP, 5ª T., Rel. Min. Arnaldo Esteves Lima, j. 2-6-2005, *DJ* 22-8-2005, p. 319). STJ: "Conflito positivo de competência. Juízos Federal e Estadual. Penal. Sequestro de gerente da caixa econômica. Praticado por menores. Competência do Juízo da Infância e da Juventude, ou daquele que, na comarca respectiva, exerça tal função. Tratando-se de crime praticado por menores inimputáveis, a competência se estabelece a favor do Juízo da Infância e da Juventude (ou do juiz que, na comarca, exerça tal função). Hipótese que não se subsume ao art. 109, IV, da Constituição Federal, ainda que o crime tenha sido praticado em detrimento da União. Precedente. Conflito conhecido para declarar a competência do Juiz de Direito da 3ª Vara de Matão, o suscitado" (STJ, CC 31709/SP, 3ª S., Rel. Min. José Arnaldo da Fonseca, j. 27-6-2001, *DJ* 3-9-2001, p. 143). *No mesmo sentido:* STJ, CC 31603/SP, 3ª S., Rel. Min. José Arnaldo da Fonseca, j. 11-6-2001, *DJ* 27-8-2001, p. 222. STJ: "Sequestro e cárcere privado. Crime cometido por funcionários públicos federais no exercício das Funções. Competência do juízo federal. Súmula 122/STJ e Jurisprudência pacífica" (STJ, REsp 404161/SP, Rel. Min. José Arnaldo da Fonseca, 5ª T., j. 5-9-2002, *DJ* 7-10-2002, p. 281).

(16) Sequestro. Crime político. Extradição: O sequestro pode configurar crime contra a Segurança Nacional se praticado por inconformismo político ou para obtenção de fundos destinados à manutenção de organizações políticas clandestinas ou subversivas (art. 20 da Lei de Segurança Nacional). De acordo com o art. 76, VII, do Estatuto do Estrangeiro, a extradição não será concedida quando o fato constituir crime político. O § 1º, por sua vez, dispõe que "a exceção do item VII não impedirá a extradição quando o fato constituir, principalmente, infração da lei penal comum, ou quando o crime comum, conexo ao delito político, constituir o fato principal". Caberá exclusivamente ao Supremo Tribunal Federal a apreciação do caráter da infração (§ 2º). Finalmente, "o Supremo Tribunal Federal poderá deixar de considerar crimes políticos os atentados contra Chefes de Estado ou quaisquer autoridades, bem assim os atos de anarquismo, terrorismo, sabotagem, sequestro de pessoa, ou que importem propaganda de guerra ou de processos violentos para subverter a ordem política ou social" (§ 3º). Já decidiu o STF: "Alegação inconsistente de crime político, porque unicamente baseada na condição, de Ministro de Estado, da vítima de sequestro, mediante exigência de paga em dinheiro, sem nenhum outro indício daquela suposta natureza da infração" (STF, Exts. 486/BE, T. Pleno, Rel. Min. Octavio Gallotti, j. 7-3-1990, *DJ* 3-8-1990, p. 1083).

Sequestro. Crime político. Competência da Justiça Federal: Uma vez delineada a natureza política do crime de sequestro, competirá à Justiça Federal o seu processo e julgamento, em consonância com o disposto no art. 109, IV. Já decidiu o STF que as subtrações admitidas pelo art. 77, §§ 1º e 3º, da Lei de Estrangeiros, só se explicam para o efeito limitado de facultar excepcionalmente a extradição e não para efeitos de conceituação de crime político no âmbito do direito interno (STF, RE 160841/SP, T. Pleno, Rel. Min. Sepúlveda Pertence, j. 3-8-1995, *DJ* 22-9-1995, p. 30610).

Sequestro de aeronaves ou embarcações: Vide art. 109, IX, da CF. Se tiver natureza política, *vide* art. 109, IV, da CF. Saliente-se, ainda, que a Convenção para a Repressão ao Apoderamento Ilícito de Aeronaves foi promulgada no Brasil em 24-02-1972.

Lei de Tortura

Sequestro e Lei de Tortura (Lei n. 9.455/97): De acordo com o art. 1º, § 4º, III, da Lei n. 9.455/97, a pena será aumentada de um sexto até um terço se o crime de tortura é cometido mediante sequestro. A lei se refere ao sequestro prolongado, uma vez que aquele que tiver a duração estritamente necessária para a realização da tortura restará por esta absorvido. O torturador não responderá também pelo crime do art. 148 do CP, porque o sequestro já funciona como circunstância majorante no delito de tortura, e a sua punição constituiria *bis in idem*.

Lei de Abuso de Autoridade (Lei n. 4.896/65)

Caso o agente seja autoridade no exercício das suas funções, poderão ocorrer os delitos previstos nos arts. 3º, *a* (atentado contra a liberdade de locomoção), 4º, *a* (ordenar ou executar medida privativa da liberdade individual, sem as formalidades legais ou com abuso de poder), e 4º, *i* (prolongar execução de prisão temporária, de pena ou de medida de segurança, deixando de expedir em tempo oportuno ou de cumprir imediatamente ordem de liberdade), da Lei n. 4.898/65.

Estatuto da Criança e do Adolescente (Lei 8.069/90)

Caso a conduta seja de privar a criança ou o adolescente de sua liberdade, procedendo à sua apreensão sem estar em flagrante de ato infracional ou inexistindo ordem escrita da autoridade judiciária competente, ou ainda, sem observância das formalidades legais, haverá o crime previsto no art. 230 do ECA.

Redução a condição análoga à de escravo

Art. 149. Reduzir alguém a condição análoga à de escravo, quer submetendo-o a trabalhos forçados ou a jornada exaustiva, quer sujeitando-o a condições degradantes de trabalho, quer restringindo, por qualquer meio, sua locomoção em razão de dívida contraída com o empregador ou preposto:

Pena – reclusão, de dois a oito anos, e multa, além da pena correspondente à violência. *(Redação dada pela Lei n. 10.803/2003)*

§ 1º Nas mesmas penas incorre quem:

I – cerceia o uso de qualquer meio de transporte por parte do trabalhador, com o fim de retê-lo no local de trabalho;

II – mantém vigilância ostensiva no local de trabalho ou se apodera de documentos ou objetos pessoais do trabalhador, com o fim de retê-lo no local de trabalho.

§ 2º A pena é aumentada de metade, se o crime é cometido:

I – contra criança ou adolescente;

II – por motivo de preconceito de raça, cor, etnia, religião ou origem. *(Parágrafos acrescentados pela Lei n. 10.803/2003)*

(1) Documentos internacionais: De acordo com o art. 6º da Convenção Americana sobre Direitos Humanos (Pacto de São José da Costa Rica), promulgada, no Brasil, pelo Decreto n. 678, de 6-11-1992, "1. Ninguém pode ser submetido à escravidão ou a servidão, e tanto estas como o tráfico de escravos e o tráfico de mulheres são proibidos em todas as formas". Outros documentos internacionais: Convenção Relativa à Escravidão (assinada em 1953; adesão em 6-1-1966); Convênio Suplementar sobre a Abolição da Escravidão, do Tráfico de Escravos e das Instituições e Práticas Análogas à Escravidão (assinada em 1956; adesão em 6-1-1966); Convenção (n. 105) sobre a Abolição do Trabalho Forçado (1957; ratificação ou adesão em 18-6-1965); Convenção 182 e Recomendação 190 da OIT sobre a Proibição das Piores Formas de Trabalho Infantil e a Ação Imediata para a sua Eliminação (1º-6-1999).

(2) Fundamento constitucional: Constitui um dos fundamentos da República Federativa do Brasil a dignidade da pessoa humana (art. 1º, III) e um de seus objetivos fundamentais a construção de uma sociedade livre, justa e solidária (art. 3º, I), regendo-se em suas relações internacionais pelo princípio da prevalência dos direitos humanos (art. 4º, II). De acordo com o art. 5º, II, "ninguém será obrigado a fazer ou deixar de fazer alguma coisa senão em virtude de lei". O inciso III, por sua vez, dispõe que "ninguém será submetido a tortura nem a tratamento desumano ou degradante". Os arts. 6º e 7º, finalmente, dispõem sobre os direitos sociais dos trabalhadores urbanos e rurais, os quais almejam assegurar a dignidade da pessoa humana.

(3) Objeto jurídico: Protege-se a liberdade individual.

(4) Ação nuclear: A redução a condição análoga à de escravo consiste na submissão total do sujeito passivo ao poder de outrem, suprimindo seu *status libertatis*. A Lei n. 10.803/2003 procurou elencar os modos pelos quais a redução a condição análoga à de escravo pode dar-se: mediante submissão a trabalhos forçados ou a jornada exaustiva, mediante a sujeição a condições degradantes de trabalho, mediante restrição, por qualquer meio, de sua locomoção em razão de dívida contraída com o empregador ou preposto. Todas essas ações (submissão, sujeição ou restrição) podem ser praticadas pelo emprego de fraude, ameaça, violência. Trata-se de crime de ação livre. O consentimento da vítima é irrelevante, pois a submissão do indivíduo a condição análoga à de escravo afronta um dos princípios mais elementares do Estado Democrático de Direito, qual seja, o da dignidade da pessoa humana. Convém notar que esse crime é bastante comum em fazendas no interior dos Estados, bem como em fábricas que contratam mão de obra de imigrantes estrangeiros clandestinos para trabalho em condições desumanas e degradantes.

Redução a condição análoga de escravo em empresa: STJ: "Não se pode afastar, de plano, os indícios de que houve o aliciamento de trabalhadores com falsas promessas, o qual era realizado de forma estável, organizada e estruturada por um grupo de pessoas, e a frustração dos direitos trabalhistas, pois, nitidamente, estes restaram submissos à empresa até a liquidação de seus débitos. 3. Recurso desprovido" (STJ, RHC 17233/RJ, 5ª T., Relª Minª Laurita Vaz, j. 19-5-2005, *DJ* 20-6-2005, p. 297).

(5) Princípio da consunção: Alguns crimes acabam sendo absorvidos pela conduta do art. 149 do CP. É o caso da ameaça, do constrangimento ilegal e do cárcere privado.

(6) Sujeito ativo: Qualquer pessoa pode praticar o delito.

(7) Sujeito passivo: Qualquer pessoa, independente da raça, sexo ou idade.

(8) Elemento subjetivo: É o dolo, consistente na vontade de submeter outrem ao seu poder, de forma a suprimir-lhe a liberdade de fato. Não há previsão da forma culposa do delito.

(9) Momento consumativo: É crime material, de forma que sua consumação se dá no momento em que o sujeito logra reduzir a vítima a condição análoga à de escravo. Por se tratar de crime permanente, é possível o flagrante enquanto perdurar a submissão. O início da contagem do prazo prescricional se dá com a cessação da permanência.

(10) Tentativa: É possível.

(11) Figuras equiparadas (§ 1º): Nas mesmas penas da figura constante do tipo básico incorre quem: (a) cerceia o uso de qualquer meio de transporte por parte do trabalhador, com o fim de retê-lo no local de trabalho; (b) mantém vigilância ostensiva no local de trabalho ou se apodera de documentos ou objetos pessoais do trabalhador, com o fim de retê-lo no local de trabalho.

(12) Aumento de pena: De acordo com o § 2º do art. 149, a pena será aumentada de metade se o crime for cometido: (a) contra criança ou adolescente; (b) por motivo de preconceito de raça, cor, etnia, religião ou origem (sobre as normas que vedam qualquer forma de discriminação, em razão de raça, cor, etnia, religião ou origem; *vide* comentários ao crime de injúria qualificada no CP, art. 140, § 3º).

(13) Pena de multa. Concurso de crimes: A Lei n. 10.803/2003 não modificou os limites de pena do crime, mas a ela acrescentou a pena de multa. Nesse aspecto, a lei é mais grave, não podendo retroagir para prejudicar o réu. Referida lei passou a prever expressamente que o agente deverá responder também pela pena correspondente à violência. Assim, se da redução a condição análoga à de escravo advierem lesões corporais (leve, grave ou gravíssima) ou morte da vítima, o agente deverá responder pelo concurso de crimes, ficando absorvidas as vias de fato.

(14) Ação penal: Cuida-se de crime de ação penal pública incondicionada.

(15) Competência: (a) *Justiça Estadual:* "Compete à Justiça Federal o julgamento dos crimes que ofendam o sistema de órgãos e instituições que preservam coletivamente os direitos do trabalho, e não os crimes que são cometidos contra determinado grupo de trabalhadores. A infringência dos direitos individuais de trabalhadores, inexistindo violação de sistema de órgãos e instituições destinadas a preservar a coletividade trabalhista, afasta a competência da Justiça Federal. Recurso provido, para reformar o acórdão impugnado, anular todos os atos decisórios eventualmente proferidos e declarar competente a Justiça Estadual maranhense, a quem será remetido o feito" (STJ, RHC 1570/MA, 6ª T., Rel. Min. Paulo Medina, j. 21-10-2004, *DJ* 22-11-2004, p. 387). *No mesmo sentido:* STJ, HC 36230/PE, 6ª T., Rel. Min. Nilson Naves, j. 31-8-2005, *DJ* 28-11-2005, p. 337. STJ, CC 23514/MG, 3ª S., Rel. Min. Fernando Gonçalves, j. 13-10-1999, *DJ* 16-11-1999, p. 178. (b) *Justiça Federal:* STJ: "O trabalho prestado em condições subumanas, análogas às de escravo, sem observância das leis trabalhistas e previdenciárias, configura crime federal, pois vai além da liberdade individual. Ordem denegada" (STJ, HC 26832/TO, 5ª T., Rel. Min. José Arnaldo da Fonseca, j. 16-12-2004, *DJ* 21-2-2005, p. 195). STJ: "O delito de redução a condição análoga à de escravo consistente em subjugar alguém, ainda que praticado contra determinado grupo de trabalhadores se enquadra na categoria dos crimes contra a organização do trabalho, de competência da Justiça Federal (art. 109, inciso VI, da CF). (Precedente desta Corte e *Informativo* n. 378 do Pretório Excelso)" (STJ, HC 43381/PA, 5ª T., Rel. Min. Felix Fischer, j. 16-6-2005, *DJ* 29-8-2005, p. 388). (c) *Conexão com crime contra a Previdência Social:* STJ: "1. *In casu*, verifica-se a existência de conexão entre os crimes previstos nos arts. 149 e 203, ambos do Código Penal, e o delito de sonegação de contribuição previdenciária, cuja competência é da Justiça Federal. Incidência da Súmula 122 do STJ. 2. Conflito conhecido para declarar competente o Juízo Federal da 3ª Vara da Seção Judiciária do Estado de Mato Grosso, ora suscitado" (STJ, CC 45793/MT, 3ª S., Relª Minª Laurita Vaz, j. 14-2-2005, *DJ* 7-3-2005, p. 108). Sobre competência, *vide* também art. 109, V-A e § 5º, da CF, que trata do incidente de deslocamento de competência para a Justiça Federal, suscitado pelo Procurador-Geral da República, nas hipóteses de grave violação de direitos humanos.

(16) Aliciamento de trabalhadores para fim de emigração: Vide CP, art. 206.

(17) Aliciamento de trabalhadores de um local para outro do território nacional: Vide CP, art. 207 e Lei n. 6.815/80.

(18) Tráfico de pessoas para retirada de órgãos: Vide art. 15 da Lei n. 9.434, de 4 de fevereiro de 2007.

(19) Tráfico de pessoa para fim de exploração sexual: Vide CP, arts. 231 e 231-A.

(20) *Promoção ou auxílio à efetivação de ato destinado ao envio de criança ou adolescente para o exterior com inobservância das formalidades legais ou com o fito de obter lucro*: Vide ECA, art. 239.

(21) *Estatuto do Estrangeiro*: Vide art. 125, VII e XII.

Seção II
Dos crimes contra a inviolabilidade do domicílio

Violação de domicílio

Art. 150. Entrar ou permanecer, clandestina ou astuciosamente, ou contra a vontade expressa ou tácita de quem de direito, em casa alheia ou em suas dependências:

Pena – detenção, de 1 (um) a 3 (três) meses, ou multa.

§ 1º Se o crime é cometido durante a noite, ou em lugar ermo, ou com o emprego de violência ou de arma, ou por duas ou mais pessoas:

Pena – detenção, de 6 (seis) meses a 2 (dois) anos, além da pena correspondente à violência.

§ 2º Aumenta-se a pena de um terço, se o fato é cometido por funcionário público, fora dos casos legais, ou com inobservância das formalidades estabelecidas em lei, ou com abuso do poder.

§ 3º Não constitui crime a entrada ou permanência em casa alheia ou em suas dependências:

I – durante o dia, com observância das formalidades legais, para efetuar prisão ou outra diligência;

II – a qualquer hora do dia ou da noite, quando algum crime está sendo ali praticado ou na iminência de o ser.

§ 4º A expressão "casa" compreende:

I – qualquer compartimento habitado;

II – aposento ocupado de habitação coletiva;

III – compartimento não aberto ao público, onde alguém exerce profissão ou atividade.

§ 5º Não se compreendem na expressão "casa":

I – hospedaria, estalagem ou qualquer outra habitação coletiva, enquanto aberta, salvo a restrição do n. II do parágrafo anterior;

II – taverna, casa de jogo e outras do mesmo gênero.

(1) *Fundamento constitucional*: "A casa é o asilo inviolável do indivíduo, ninguém nela podendo penetrar sem consentimento do morador, salvo em caso de flagrante delito ou desastre, ou para prestar socorro, ou, durante o dia, por determinação judicial" (art. 5º, XI, CF).

(2) *Objeto jurídico*: Tutela-se a inviolabilidade da casa do indivíduo.

(3) *Ação nuclear*: Consubstancia-se nos verbos *entrar* (ingresso completo) *ou permanecer* (nessa hipótese, o agente já se encontra no interior do domicílio com a permissão do morador, mas, posteriormente, não sendo mais aceita a sua permanência, se recusa a se retirar) em casa alheia ou em suas dependências. Trata-se, portanto, de crime de ação múltipla. A violação de domicílio pode ocorrer mediante a utilização de chave falsa, fraude etc. Se o crime é praticado com o emprego de violência ou de arma, incidirá a qualificadora prevista no § 1º. A entrada ou permanência, segundo o dispositivo legal, pode ser: (a) clandestina (realizada às ocultas); (b) astuciosa (mediante

o emprego de algum artifício para enganar o morador e obter seu consentimento); (c) ostensiva (é realizada contra a vontade expressa ou tácita de quem de direito).

(4) Conceito de casa (§§ 4º e 5º): A entrada ou permanência, segundo o dispositivo legal, deve dar-se *em casa alheia ou em suas dependências.* Os §§ 4º e 5º esclarecem o que se entende por "casa". No tocante às dependências da casa, como os jardins, celeiros, por exemplo, que não estejam cercados ou murados, estes não constituem recinto fechado, e, portanto, não são objeto da proteção penal. *Nesse sentido:* Nélson Hungria, *Comentários,* cit., v. VI, p. 215. Segundo Damásio de Jesus, só haverá crime se for violada casa habitada, ainda que eventualmente seus moradores lá não se encontrem (*Código Penal anotado,* cit., p. 503).

(5) Sujeito ativo: Qualquer pessoa. O proprietário do imóvel, quando a posse estiver legitimamente com terceiro (locação, comodato, arrendamento), também poderá praticar o delito.

(6) Sujeito passivo: Cabe ao morador ou quem o represente o direito de excluir ou admitir alguém em determinado espaço privado. Via de regra, em casa habitada por família, cabe aos cônjuges, em igualdade de condições, exercer o direito de admissão ou exclusão. Na falta destes, incumbe aos seus ascendentes, descendentes, primos, tios, sobrinhos, empregados, ou seja, a qualquer um que os represente, exercer esse direito. Assim, a vítima da violação de domicílio será aquele a quem couber a faculdade de admitir ou não alguém em seu espaço privado.

(7) Elemento subjetivo: Consubstancia-se no dolo, isto é, na vontade livre e consciente de entrar ou permanecer em casa alheia ou suas dependências, sem o consentimento de quem de direito. Exige-se a ciência do agente de que age "contra a vontade expressa ou tácita de quem de direito", bem como que se trata de casa alheia. Do contrário, o erro exclui o dolo, e, portanto, o fato típico.

(8) Subsidiariedade: Trata-se de crime subsidiário. Sempre que a violação de domicílio for meio para executar crime mais grave, restará absorvida pelo crime-fim. Por exemplo: ingressar em casa alheia para cometimento de crime contra o patrimônio, contra a dignidade sexual, contra a vida etc. Se o crime-fim for menos grave, por exemplo, contravenção penal de vias de fato, o agente responderá apenas pelo crime do art. 150.

(9) Momento consumativo: É crime de mera conduta. Consuma-se no momento em que o agente adentra na residência (crime é instantâneo) ou nela permanece (crime permanente). A permanência no imóvel exige certa duração de tempo, não bastando uma momentânea hesitação do agente. *Nesse sentido:* Nélson Hungria, *Comentários,* cit., v. VI, p. 212.

(10) Tentativa: Em tese, é admissível, embora seja de difícil configuração, por se tratar de crime de mera conduta.

(11) Forma qualificada (§ 1º): A pena é a de detenção, de 6 meses a 2 anos, além daquela correspondente à violência, se o crime é cometido: (a) *durante a noite:* noite é o período de obscuridade, caracterizado pela ausência de luz solar. Trata-se de conceito mais amplo que o repouso noturno (CP, art. 155, § 1º); (b) *ou em lugar ermo:* é o habitualmente despovoado, deserto; (c) *ou com o emprego de violência:* trata-se do emprego de violência contra a pessoa ou a coisa, pois a lei não faz qualquer distinção. A lei é omissa quanto à grave ameaça; logo, esta não autoriza o aumento de pena; (d) *ou com o emprego de arma:* cuida-se do emprego de arma própria (arma de fogo, punhal) ou imprópria (p. ex., faca, machado, navalha); (e) *ou por duas ou mais pessoas:* para Cezar Roberto Bitencourt, a lei se refere também à contribuição do partícipe (*Manual,* cit., v. 2, p. 474).

(12) Causa de aumento de pena (§ 2º): "Aumenta-se a pena de um terço, se o fato é cometido por funcionário público, fora dos casos legais, ou com inobservância das formalidades estabelecidas em lei, ou com abuso do poder". *Vide* CPP, arts. 240 e seguintes, que tratam dos requisitos e do procedimento da busca pessoal ou domiciliar, bem como arts. 293 e 294, que tratam da execução do mandado de prisão e da prisão em flagrante. *Vide* também crimes previstos na Lei n. 4.898/65, art. 3º, *b,* e art. 4º, *a.*

(13) Causas de exclusão da ilicitude (§ 3º): Nessas hipóteses, o fato é típico mas não é ilícito, em face da presença de causas excludentes da ilicitude. Não há, portanto, crime de violação de domicílio. O elenco constante do § 3º não afasta as causas gerais de exclusão da ilicitude mencionadas no art. 23 do CP (legítima defesa, estado de necessidade, exercício regular de direito, estrito cumprimento do dever legal). Por exemplo: o indivíduo que invade a residência de terceiros para fugir de um homicida não comete o crime de violação de domicílio, pois age em estado de necessidade. Convém notar que, além das hipóteses do § 3º, o art. 5º, XI, da CF, também autoriza a violação no caso de desastre ou para prestar socorro.

Consentimento do morador: STJ: "1. Se a entrada dos agentes de polícia no local dos fatos se deu mediante consentimento daquele que se apresentou à autoridade policial como sendo o responsável pela empresa no momento da diligência, fica afastada qualquer alusão à arbitrariedade. 2. O simples indiciamento em inquérito policial não caracteriza constrangimento ilegal reparável por via de *habeas corpus*. 3. Ordem denegada" (STJ, HC 43737/SP, 6ª T., Rel. Min. Hélio Quaglia Barbosa, j. 13-9-2005, *DJ* 3-10-2005, p. 341). *No mesmo sentido:* STF, HC 74333/RJ, 2ª T., Rel. Min. Maurício Corrêa, j. 26-11-1996, *DJ* 21-2-1997, p. 2826.

Prisão em flagrante. Crime permanente. Tráfico de drogas: STJ: "1. O tráfico ilícito de drogas é crime permanente, o que enseja o prolongamento no tempo da flagrância delitiva, enquanto durar a permanência. 2. Tratando-se de crime permanente, não há que se falar em ilegalidade por violação de domicílio por ter sido a prisão efetuada no período noturno na residência do paciente, uma vez que a Constituição Federal, em seu art. 5º, inciso XI, autoriza a prisão em flagrante, seja durante o dia, seja durante a noite, independente da expedição de mandado judicial. 3. Ordem denegada" (STJ, HC 31514/MG, 5ª T., Rel. Min. Laurita Vaz, j. 16-3-2004, *DJ* 5-4-2004, p. 296). *No mesmo sentido:* STJ, HC 24478/MG, 6ª T., Rel. Min. Hamilton Carvalhido, j. 18-3-2004, *DJ* 10-5-2004, p. 348. STJ, RHC 13101/SP, 5ª T., Rel. Min. José Arnaldo da Fonseca, j. 11-3-2003, *DJ* 7-4-2003, p. 297. STJ, RHC 10206/MG, 5ª T., Rel. Min. Edson Vidigal, j. 8-8-2000, *DJ* 4-4-2000, p. 171. STJ, RHC 7749/MG, 6ª T., Rel. Min. Vicente Leal, j. 20-8-1998, *DJ* 28-9-1998, p. 120. STF, HC 847772/MG, 2ª T., Relª Minª Ellen Gracie, j. 19-10-2004, *DJ* 12-11-2004, p. 41. STJ: "A intempestividade do mandado de busca e apreensão não invalida a ação dos policiais, pois o delito de tráfico, na modalidade ter em depósito, é de natureza permanente, possibilitando o flagrante em qualquer momento. Ordem denegada" (STJ, HC 32597/DF, Rel. Min. José Arnaldo da Fonseca, j. 20-4-2004, *DJ* 17-5-2004, p. 258).

Prisão em flagrante. Perseguição: "Flagrante impróprio ou quase flagrante. Perseguição caracterizada. (...) II. A perseguição pode ser caracterizada pelo patrulhamento e guarda, visando à prisão do autor do delito, pois a lei não explicita as diligências que a caracterizam, sendo que a única exigência é referente ao início da perseguição, a qual deve se dar logo após a prática do fato. III. Não é ilegal a entrada em domicílio sem o consentimento do autor do delito, que é perseguido, logo após a prática do crime, pela autoridade policial, pois a própria Constituição Federal permite a entrada em casa alheia, mesmo contra a vontade do morador, para fins de prisão em flagrante. IV. Meras irregularidades ocorridas no auto de prisão em flagrante, que não podem ser consideradas essenciais, não autorizam, por si só, a revogação da custódia cautelar. V. Ordem parcialmente conhecida e denegada" (STJ, HC 10899/GO, 5ª T., Rel. Min. Gilson Dipp, j. 13-3-2001, *DJ* 23-4-2001, p. 166).

Agentes fiscais. Apreensão de documentos no domicílio do contribuinte: "Prova: alegação de ilicitude da prova obtida mediante apreensão de documentos por agentes fiscais, em escritório de empresa – compreendido no alcance da garantia constitucional da inviolabilidade do domicílio – e de contaminação das provas daquela derivadas: tese substancialmente correta, prejudicada no caso, entretanto, pela ausência de demonstração concreta de que os fiscais não estavam autorizados a entrar ou permanecer no escritório da empresa, o que não se extrai do acórdão recorrido. 1. Conforme o art. 5º, XI, da Constituição – afora as exceções nele taxativamente previstas ('em caso de flagrante delito ou desastre, ou para prestar socorro') só a 'determinação judicial' autoriza, e durante o dia, a entrada de alguém – autoridade ou não – no domicílio de outrem, sem o consentimento do morador. 2. Em consequência, o poder fiscalizador da administração tributária perdeu, em favor do reforço da garantia constitucional do domicílio, a prerrogativa da auto executoriedade, condicionado, pois, o ingresso dos agentes fiscais em dependência domiciliar do contribuinte, sempre que necessário vencer a oposição do morador, passou a depender de autorização judicial prévia. 3. Mas, é um dado elementar da incidência da garantia constitucional do domicílio o não consentimento do morador ao questionado ingresso de terceiro: malgrado a ausência da autorização judicial, só a entrada *invito domino* a ofende" (STF, RE-AGr 331303/PR, Rel. Min. Sepúlveda Pertence, j. 10-2-2004, *DJ* 12-3-2004, p. 42). *No mesmo sentido:* STF, HC 79512/RJ, T. Pleno, Rel. Min. Sepúlveda Pertence, j. 16-12-1999, *DJ* 16-5-2003, p. 92.

Busca e apreensão de material em habitação coletiva sem autorização judicial. Prova ilícita:
STF: "Prova penal – Banimento constitucional das provas ilícitas (CF, art. 5º, LVI) – Ilicitude (originária e por derivação) – Inadmissibilidade – Busca e apreensão de materiais e equipamentos realizada, sem mandado judicial, em quarto de hotel ainda ocupado – Impossiblidade – Qualificação jurídica desse espaço privado (quarto de hotel, desde que ocupado) como 'casa', para efeito da tutela constitucional da inviolabilidade domiciliar – Garantia que traduz limitação constitucional ao poder do Estado em tema de persecução penal, mesmo em sua fase pré-processual – Conceito de 'casa' para efeito da proteção constitucional (CF, art. 5º, XI e CP,art.150, § 4º, II) – Amplitude dessa noção conceitual, que também compreende os aposentos de habitação coletiva (como, por exemplo, os quartos de hotel, pensão, motel e hospedaria, desde que ocupados): necessidade, em tal hipótese, de mandado judicial (CF, art. 5º, XI). Impossibilidade de utilização, pelo Ministério Público, de prova obtida com transgressão à garantia da inviolabilidade domiciliar – Prova ilícita – Inidoneidade jurídica. Recurso ordinário provido. Busca e apreensão em aposentos ocupados de habitação coletiva (como quartos de hotel) – subsunção desse espaço privado, desde que ocupado, ao conceito de 'casa' – Consequente necessidade, em tal hipótese, de mandado judicial, ressalvadas as exceções previstas no próprio texto constitucional. Para os fins da proteção jurídica a que se refere o art. 5º, XI, da Constituição da República, o conceito normativo de 'casa' revela-se abrangente e, por estender-se a qualquer aposento de habitação coletiva, desde que ocupado (CP, art. 150, § 4º, II), compreende, observada essa específica limitação espacial, os quartos de hotel. Doutrina. Precedentes. – Sem que ocorra qualquer das situações excepcionais taxativamente previstas no texto constitucional (art. 5º, XI), nenhum agente público poderá, contra a vontade de quem de direito (*invito domino*), ingressar, durante o dia, sem mandado judicial, em aposento ocupado de habitação coletiva, sob pena de a prova resultante dessa diligência de busca e apreensão reputar-se inadmissível, porque impregnada de ilicitude originária. Doutrina. Precedentes (STF). Ilicitude da prova – Inadmissibilidade de sua produção em juízo (ou perante qualquer instância de poder). Inidoneidade jurídica da prova resultante da transgressão estatal ao regime constitucional dos direitos e garantias individuais. A ação persecutória do Estado, qualquer que seja a instância de poder perante a qual se instaure, para revestir-se de legitimidade, não pode apoiar-se em elementos probatórios ilicitamente obtidos, sob pena de ofensa à garantia constitucional do *due process of law*, que tem, no dogma da inadmissibilidade das provas ilícitas, uma de suas mais expressivas projeções concretizadoras no plano do nosso sistema de direito positivo. A Constituição da República, em norma revestida de conteúdo vedatório (CF, art. 5º, LVI), desautoriza, por incompatível com os postulados que regem uma sociedade fundada em bases democráticas (CF, art. 1º), qualquer prova cuja obtenção, pelo Poder Público, derive de transgressão a cláusulas de ordem constitucional, repelindo, por isso mesmo, quaisquer elementos probatórios que resultem de violação do direito material (ou, até mesmo, do direito processual), não prevalecendo, em consequência, no ordenamento normativo brasileiro, em matéria de atividade probatória, a fórmula autoritária do *male*

captum, bene retentum. Doutrina. Precedentes. A questão da doutrina dos frutos da árvore envenenada (*fruits of the poisonous tree*): a questão da ilicitude por derivação. – Ninguém pode ser investigado, denunciado ou condenado com base, unicamente, em provas ilícitas, quer se trate de ilicitude originária, quer se cuide de ilicitude por derivação. Qualquer novo dado probatório, ainda que produzido, de modo válido, em momento subsequente, não pode apoiar-se, não pode ter fundamento causal nem derivar de prova comprometida pela mácula da ilicitude originária. – A exclusão da prova originariamente ilícita – ou daquela afetada pelo vício da ilicitude por derivação – representa um dos meios mais expressivos destinados a conferir efetividade à garantia do '*due process of law*' e a tornar mais intensa, pelo banimento da prova ilicitamente obtida, a tutela constitucional que preserva os direitos e prerrogativas que assistem a qualquer acusado em sede processual penal. Doutrina. Precedentes. – A doutrina da ilicitude por derivação (teoria dos 'frutos da árvore envenenada') repudia, por constitucionalmente inadmissíveis, os meios probatórios que, não obstante produzidos, validamente, em momento ulterior, acham-se afetados, no entanto, pelo vício (gravíssimo) da ilicitude originária, que a eles se transmite, contaminando-os, por efeito de repercussão causal. Hipótese em que os novos dados probatórios somente foram conhecidos, pelo Poder Público, em razão de anterior transgressão praticada, originariamente, pelos agentes da persecução penal, que desrespeitaram a garantia constitucional da inviolabilidade domiciliar. Revelam-se inadmissíveis, desse modo, em decorrência da ilicitude por derivação, os elementos probatórios a que os órgãos da persecução penal somente tiveram acesso em razão da prova originariamente ilícita, obtida como resultado da transgressão, por agentes estatais, de direitos e garantias constitucionais e legais, cuja eficácia condicionante, no plano do ordenamento positivo brasileiro, traduz significativa limitação de ordem jurídica ao poder do Estado em face dos cidadãos. – Se, no entanto, o órgão da persecução penal demonstrar que obteve, legitimamente, novos elementos de informação a partir de uma fonte autônoma de prova – que não guarde qualquer relação de dependência nem decorra da prova originariamente ilícita, com esta não mantendo vinculação causal –, tais dados probatórios revelar-se-ão plenamente admissíveis, porque não contaminados pela mácula da ilicitude originária. – A questão da fonte autônoma de prova (*an independent source*) e a sua desvinculação causal da prova ilicitamente obtida. Doutrina – Precedentes do Supremo Tribunal Federal – Jurisprudência comparada (a experiência da Suprema Corte americana): casos Silverthorne Lumber Co. *v.* United States (1920); Segura *v.* United States (1984); Nix *v.* Williams (1984); Murray *v.* United States (1988)', *v. g.*" (STF, RHC 90376/RJ, 2ª T., Rel. Min. Celso de Mello, j. 3-4-2007, *DJ* 18-5-2007).

(14) Ação penal. Lei dos Juizados Especiais Criminais: Trata-se de crime de ação penal pública incondicionada. Por se tratar de infração de menor potencial ofensivo, incidem as disposições da Lei n. 9.099/95 no *caput* (pena: detenção, de 1 a 3 meses, ou multa) e no *caput* combinado com o § 2º (aumento de 1/3). No tocante ao § 1º, importa mencionar que passou a constituir também infração de menor potencial ofensivo. A suspensão condicional do processo (art. 89 da Lei n. 9.099/95) é cabível em todas as hipóteses do art. 150.

Seção III
Dos crimes contra a inviolabilidade de correspondência

Violação de correspondência

Art. 151. Devassar indevidamente o conteúdo de correspondência fechada, dirigida a outrem:
Pena – detenção, de 1 (um) a 6 (seis) meses, ou multa.

(1) Fundamento constitucional: De acordo com o art. 50, XII, "é inviolável o sigilo da

correspondência e das comunicações telegráficas, de dados e das comunicações telefônicas, salvo, no último caso, por ordem judicial, nas hipóteses e na forma que a lei estabelecer para fins de investigação criminal ou instrução processual penal".

(2) Exceções constitucionais: Será possível a violação do sigilo de correspondência na hipótese de estado de sítio (CF, art. 139, III) e estado de defesa (CF, art. 136, § 1º, I, *b* e *c*, 1ª parte).

(3) Revogação: O art. 151, *caput*, do CP, que trata do crime de violação de correspondência, foi tacitamente revogado pelo art. 40 da Lei n. 6.538/78 (dispõe sobre os crimes contra o serviço postal e o serviço de telegrama).

(4) Correspondência: É o objeto material do delito. Correspondência por carta ou epistolar é a comunicação por meio de cartas ou qualquer outro instrumento de comunicação escrita. Telegráfica é a comunicação por telegrama. De acordo com o art. 47 da Lei n. 6.538/78, é "toda comunicação de pessoa a pessoa, por meio de carta, através da via postal, ou por telegrama".

(5) Objeto jurídico: Protege-se a liberdade de manifestação de pensamento, de comunicação.

(6) Ação nuclear: A conduta típica consiste em *devassar* (invadir, tomar conhecimento do conteúdo da correspondência) o conteúdo de correspondência (carta, bilhete etc.). O tipo penal exige que a correspondência esteja fechada. A correspondência deve conter o nome do destinatário e o endereço onde possa ser encontrado; do contrário, não há falar em crime de violação de correspondência. A devassa da correspondência deve ser indevida (elemento normativo do tipo), isto é, sem autorização. O consentimento do remetente ou destinatário exclui o crime. É possível a violação da correspondência do menor ou doente mental, respectivamente, pelo seu responsável e curador. *Nesse sentido:* Luiz Alberto David Araújo e Vidal Serrano Nunes Júnior, *Curso de direito constitucional*, 3. ed., São Paulo: Saraiva, 1999, p. 103 e Damásio de Jesus, *Código Penal anotado*, cit., p. 513. No tocante à mulher que lê a correspondência do marido, sem autorização, e vice-versa, há controvérsia doutrinária.

(7) Violação de correspondência. Hipóteses legais autorizadoras: (a) art. 22, III, *d*, da Lei n. 11.101, de 9-2-2005; (b) CPP, art. 240, § 1º; (c) CPP, art. 243, § 2º; (d) LEP, art. 41, parágrafo único. No tocante à possibilidade de o diretor do estabelecimento prisional, em ato motivado, restringir o direito de correspondência do preso, já decidiu o STF: "A administração penitenciária, com fundamento em razões de segurança pública, de disciplina prisional ou de preservação da ordem jurídica, pode, sempre excepcionalmente, e desde que respeitada a norma inscrita no art. 41, parágrafo único, da Lei n. 7.210/84, proceder à interceptação da correspondência remetida pelos sentenciados, uma vez que a cláusula tutelar da inviolabilidade do sigilo epistolar não pode constituir instrumento de salvaguarda de práticas ilícitas" (STF, HC 70814/SP, 1ª T., Rel. Min. Celso de Mello, j. 1º-3-1994, *DJ* 24-6-1994, p. 16649). *Em sentido contrário*, sustentando a inconstitucionalidade dessas exceções legais: Cezar Roberto Bitencourt, *Manual*, cit., v. 2, p. 494/495.

(8) Sujeito ativo: Qualquer pessoa, com exclusão do remetente e do destinatário.

(9) Sujeito passivo: O remetente e o destinatário (dupla subjetividade passiva). *Vide* art. 11 da Lei n. 6.538/78.

(10) Elemento subjetivo: É o dolo, consistente na vontade de devassar indevidamente a correspondência alheia. Não há crime se o agente abre a correspondência supondo ser ele o destinatário (erro de tipo). Não há previsão da modalidade culposa.

(11) Momento consumativo: Dá-se no instante em que o agente toma conhecimento do conteúdo da correspondência fechada.

(12) Tentativa: É admissível.

(13) Lei dos Juizados Especiais Criminais: Por se tratar de infração de menor potencial ofensivo, incidem as disposições da Lei n. 9.099/95, inclusive a suspensão condicional do processo (art. 89).

(14) Competência: STJ: "Entregue a correspondência no destino, desobriga a União de qual-

quer exigência. Competência da Justiça Estadual para apreciar o delito" (STJ, CC 11676/AM, 3ª S., Rel. Min. Felix Fischer, j. 12-3-1997, *DJ* 12-5-1997, p. 18755). O STJ já decidiu no sentido de que, no crime de violação de correspondência, se presente interesse somente de particulares, a competência é da Justiça Estadual ante a inexistência de prejuízo a bem, serviço ou interesse da União ou mesmo da ECT (STJ, CC 18141/SP, 3ª S., Rel. Min. José Arnaldo da Fonseca, j. 12-3-1997, *DJ* 28-4-1997, p. 15805). *No mesmo sentido:* STJ, CC 4119/RS, 3ª S., Rel. Min. William Patterson, j. 4-9-1995, *DJ* 30-10-1995, p. 367.

(15) Quebra indevida do sigilo e **Habeas Corpus:** STJ: "Tanto esta Corte (*v. g.* RHC 11.338/SP, Rel. Min. Felix Fischer, *DJU* 8-10-2001) quanto o Colendo Supremo Tribunal Federal (*v. g.*, HC 81.294/SC, Relª Minª Ellen Gracie, e HC 79.191/SP, Rel. Min. Sepúlveda Pertence, entre outros) têm entendido que o *habeas corpus* é instrumento idôneo para afastar constrangimento decorrente da quebra de sigilo, uma vez que de tal procedimento pode advir medida restritiva à liberdade de locomoção" (STJ, HC 18060/PR, 5ª T., Rel. Min. Jorge Scartezzini, j. 7-2-2002, *DJ* 26-8-2002, p. 271).

(16) Encomenda contendo cocaína enviada pelo correio. Não se inclui no conceito de correspondência: "1. Correspondência, para os fins tutelados pela Constituição da República (art. 5º, VII) é toda comunicação de pessoa a pessoa, por meio de carta, através da via postal ou telegráfica (Lei n. 6.538/78). 2. A apreensão pelo juiz competente, na agência dos Correios, de encomenda, na verdade tigre de pelúcia com cocaína, não atenta contra a Constituição da República, art. 5º, VII. Para os fins dos valores tutelados, encomenda não é correspondência. 3. Recurso Ordinário conhecido mas não provido" (STJ, RHC 10537/RJ, 5ª T., Rel. Min. Edson Vidigal, j. 13-3-2001, *DJ* 2-4-2001, p. 311).

(17) Talão de cheques enviado pelo correio. Configuração do crime de roubo: STJ: "1. O crime de roubo de talões de cheques, destinados à entrega domiciliar como correspondência, praticado contra empregado da ECT, no exercício de suas funções, atrai a competência da Justiça Federal para o processo e julgamento da ação penal correspondente, a teor da norma do art. 109, IV, da Constituição Federal. 2. Incidência da Súmula 147 do STJ. 3. Precedentes. 4. Ordem concedida para anular o processo desde o início, com sua remessa à Justiça Federal" (STJ, HC 8856/SP, 6ª T., Rel. Min. Fernando Gonçalves, j. 3-8-1999, *DJ* 23-8-1999, p. 151).

(18) E-mail: Decidiu o E. TST que "deve ser repudiada a prática de qualquer ato cujo objetivo seja a violação do e-mail pessoal do empregado, exceto em casos extremos, em que isso se torne indispensável para fins de prova em processo judicial, se for o caso mediante autorização judicial" (TST, RO 00997-2005-030-03-00-6, 4ª T., Rel. Des. Luiz Otávio Linhares Renault, j. 13-5-2006). N*essa linha*, Grinover ressalta que "o objeto da tutela relativa ao sigilo de correspondência, ao qual penso se deva associar o correio eletrônico, é dúplice: de um lado, a liberdade de manifestação de pensamento; de outro lado, o segredo, como expressão do direito à intimidade" (Ada Pellegrini Grinover. *Liberdades públicas e processo penal*, p. 306).

Sonegação ou destruição de correspondência

§ 1º Na mesma pena incorre:

I – quem se apossa indevidamente de correspondência alheia, embora não fechada e, no todo ou em parte, a sonega ou destrói;

(1) Revogação: O delito previsto no art. 151, § 1º, I, do Código Penal, também foi revogado de forma tácita pelo art. 40, § 1º, da Lei n. 6.538/78: "Incorre nas mesmas penas quem se apossa indevidamente de correspondência alheia, embora não fechada, para sonegá-la ou destruí-la, no todo ou em parte".

(2) Ação nuclear: Na conduta típica do § 2º o agente se apossa, isto é, se apodera da corres-

pondência, aberta ou fechada, com o fim de sonegá-la ou destruí-la. Assim, o dispositivo em tela equipara a sonegação ou destruição da correspondência à violação de seu conteúdo. Caso a correspondência tenha conteúdo econômico, poderá configurar-se outro crime (dano, furto etc.). O apossamento deve ser indevido (elemento normativo do tipo), isto é, sem autorização, do contrário, o fato será atípico.

(3) Sujeitos ativo e passivo: Vide os comentários ao *caput* do art. 151.

(4) Elemento subjetivo: Além do dolo, exige a lei um fim especial de agir, consubstanciado na finalidade de sonegar ou destruir a correspondência alheia. Não há previsão da modalidade culposa.

(5) Momento consumativo: Dá-se no instante em que o agente se apodera da correspondência alheia, independentemente de sua sonegação ou destruição, o qual constitui mero exaurimento do crime. Trata-se, portanto, de crime formal.

(6) Tentativa: É admissível.

(7) Lei dos Juizados Especiais Criminais: Trata-se de infração de menor potencial ofensivo, estando sujeita ao procedimento da Lei n. 9.099/95. É cabível o instituto da suspensão condicional do processo (art. 89 da Lei n. 9.099/95).

(8) Concurso de crimes: Se o agente se apossa de correspondência fechada, devassa seu conteúdo e a sonega ou destrói posteriormente, há o crime único de sonegação ou destruição de correspondência, e não concurso material com o crime de violação de correspondência.

Violação de comunicação telegráfica, radioelétrica ou telefônica

II – quem indevidamente divulga, transmite a outrem ou utiliza abusivamente comunicação telegráfica ou radioelétrica dirigida a terceiro, ou conversação telefônica entre outras pessoas;

III – quem impede a comunicação ou a conversação referidas no número anterior;

IV – quem instala ou utiliza estação ou aparelho radioelétrico, sem observância de disposição legal.

Violação de comunicação telegráfica, radioelétrica ou telefônica (inciso II)

(1) Fundamento constitucional: CF, art. 5º, XII.

(2) Objeto material: É a comunicação telegráfica (telégrafo); radioelétrica (rádio e televisão); e a conversação telefônica (telefone).

(3) Interceptação telefônica (art. 10 da Lei n. 9.296/96) e a questão da derrogação do art. 151, § 1º, II, do CP: O artigo em comento não criminaliza a conduta de interceptar comunicação telefônica, como, por exemplo, o emprego de grampo telefônico, mas, sim, a conduta daquele que divulga, transmite a outrem ou utiliza para qualquer fim o conteúdo da conversa. Com a introdução da Lei n. 9.296/96 em nosso sistema legal, a interceptação de comunicações telefônicas, sem autorização legal ou com objetivos não autorizados em lei, bem como a quebra do segredo de Justiça relativo ao procedimento judicial das interceptações pela revelação de seu conteúdo, passaram a ser consideradas condutas criminosas previstas no art. 10 da Lei. Essa previsão legal, no entanto, não derrogou o art. 151, § 1º, II, do CP, pois o art. 10 constitui delito próprio, isto é, somente podem quebrar segredo de Justiça aquelas pessoas autorizadas legalmente a participar do procedimento de interceptação telefônica (juiz, promotor de justiça, delegado de polícia, escrivão, peritos, advogado), ao passo que o crime do art. 151, § 1º, II, do CP é considerado crime comum, podendo ser cometido por qualquer pessoa que ocasionalmente tome conhecimento de uma conversa telefônica alheia ou então, sem ter participado do procedimen-

to da interceptação telefônica, divulgue o seu conteúdo. *Em sentido contrário:* Celso Delmanto e outros, *Código,* cit., p. 303, para quem a última parte do inciso II do § 1º do art. 151 foi tacitamente revogada pela Lei n. 9.296/96.

(4) Ação nuclear: Pune-se aquele que, tomando conhecimento do conteúdo da comunicação telegráfica, radioelétrica dirigida a terceiro ou da conversação telefônica entre outras pessoas, indevidamente (sem autorização), divulga (leva ao conhecimento público), utiliza abusivamente (usa com excessos) ou transmite (dá ciência a outrem) seu conteúdo.

(5) Sujeitos ativo e passivo: Vide comentários no art. 151, *caput.*

(6) Elemento subjetivo: É o dolo, isto é, a vontade de praticar uma das ações nucleares típicas. O dolo deve abranger os elementos normativos do tipo. Não há previsão da modalidade culposa.

(7) Momento consumativo: Consuma-se no momento em que ocorre a divulgação ou transmissão da comunicação a outrem ou a sua utilização abusiva. Trata-se de crime material.

(8) Tentativa: É possível, pois se trata de crime subsistente.

(9) Lei dos Juizados Especiais Criminais: Por se tratar de infração de menor potencial ofensivo, incidem as disposições da Lei n. 9.099/95. É cabível a suspensão condicional do processo (art. 89).

Impedimento de comunicação telegráfica ou radioelétrica ou conversação (inciso III)

Breves noções: Pune-se a conduta daquele que impede (coloca obstáculo, embaraço, interrompe) a comunicação telegráfica ou radioelétrica dirigida a terceiros ou a conversação entre outras pessoas. Assim, pune-se tanto a ação daquele que impede o início da comunicação ou conversação como a daquele que interrompe a comunicação ou conversação já iniciada. Esse inciso não foi revogado pela Lei n. 9.296/96, pois esta pune a conduta de interceptar (por escuta ou grampo) a conversa telefônica, e não a de impedir, colocar obstáculo. Por se tratar de infração de menor potencial ofensivo, são aplicáveis as disposições da Lei n. 9.099/95.

Instalação ou utilização de estação ou aparelho radioelétrico, sem observância de disposição legal (inciso IV)

(1) Revogação: Operou-se a revogação do inciso IV do § 1º do art. 151 pelo art. 70 da Lei n. 4.117/62 (Código Brasileiro de Telecomunicações), cujo teor é o seguinte: "Constitui crime punível com a pena de detenção de um a dois anos, aumentada da metade se houver dano a terceiro, a instalação ou utilização de telecomunicações, sem observância do disposto nesta Lei e nos regulamentos. Parágrafo único. Precedendo ao processo penal, para os efeitos referidos neste artigo, será liminarmente procedida a busca e apreensão da estação ou aparelho ilegal" (redação dada pelo Dec.-lei n. 236, de 28-2-1967).

(2) Breves noções: Pune-se a instalação ou utilização de telecomunicações sem autorização legal. Trata-se de norma penal em branco, pois tais ações devem ser realizadas "sem observância do disposto nesta Lei e nos regulamentos". O Decreto n. 2.615/98 aprovou o Regulamento do Serviço de Radiodifusão Comunitária. É crime formal, pois se consuma independente de haver dano a terceiro. Caso este ocorra, haverá aumento de pena. Exige-se uma condição de procedibilidade para a propositura da ação penal: a busca e apreensão da estação ou aparelho ilegal.

(3) Lei dos Juizados Especiais Criminais: Trata-se de infração de menor potencial ofensivo. É, inclusive, cabível a suspensão condicional do processo (art. 89 da Lei n. 9.099/95). Contudo, se houver dano a terceiro, a pena será aumentada da metade, o que impedirá a incidência da Lei dos Juizados Especiais Criminais.

(4) Competência: Trata-se de crime da competência da Justiça Federal, de acordo com o disposto na CF, art. 109, IV.

(5) Lei n. 9.472/97: Haverá o crime do art. 183 da Lei n. 9.472, de 16-7-1997, se o agente "desenvolver clandestinamente atividades de telecomunicação. Pena: detenção, de 2 a 4 anos, aumentada da metade se houver dano a terceiro, e multa de R$ 10.000,00 (dez mil reais). Parágrafo único. Incorre na mesma pena quem, direta ou indiretamente, concorrer para o crime". O parágrafo único do art. 184, por sua vez, preceitua: "Considera-se clandestina a atividade desenvolvida sem a competente concessão, permissão ou autorização de serviço, de uso de radiofrequência e de exploração de satélite".

Rádio Clandestina: "Os serviços de radiodifusão constituem, por definição, serviços públicos a serem explorados pela União ou mediante concessão ou permissão, sendo crime, de acordo com a Lei n. 9.472/97, desenvolver clandestinamente tais atividades" (STJ, HC 14.356/SP, 5ª T., Rel. Min. Edson Vidigal, j. 6-2-2001, *DJ* 19-3-2001, p. 126; TRF 2ª Região, RSE 1999.51.01.049255-5, 1ª T., j. 27-7-2005). *Nessa linha,* "o funcionamento de estação de rádio sem prévia autorização da autoridade pública competente constitui conduta típica prevista no art. 183 da Lei n. 9.472/97": TRF 2ª Região, Ap. Crim. 2000.50.01.001417-9, 1ª T., Rel. Juiz Sérgio Feltrin Correa, j. 7-12-2005. "A mera irregularidade administrativa, por si só, não configura a prática do crime tipificado no art. 183 da Lei n. 9.472/97, devendo-se verificar no caso concreto a extensão e o escopo do ato" (TRF 2ª Região, Ap. Crim. 1998.51.13.048655-4, 5ª T., Rel. Juiz Alberto Nogueira, j. 21-9-2004). De outra parte, há controvérsia quanto à revogação ou não do art. 70 da Lei n. 4.117/62 pela Lei n. 9.472/97. Entendendo revogado o dispositivo: "comparando ambos os dispositivos, observa-se que, não obstante as redações diferentes, a matéria neles tratada é a mesma, pois as expressões 'instalação' e 'utilização', constantes no diploma de 1962, estão contidas no ato de 'desenvolver clandestinamente atividades de telecomunicação', descrito na lei mais recente" (TRF 4ª Região, RSE 2005.72.04.000387-9, 7ª T., Relª Desª Maria de Fátima Freitas Labarrère, j. 22-11-2005). *Nessa linha,* competirá à Vara da Justiça Federal – e não ao Juizado Especial Federal Criminal – processar e julgar as ações penais envolvendo o funcionamento de emissora de radiodifusão comunitária sem a devida licença do Poder Público. Em sentido oposto, pela não revogação do dispositivo: "por tratar-se de operação não autorizada de rádio clandestina, os Tribunais Superiores, reiteradamente, vêm decidindo que a norma a ser aplicada é a do art. 70 da Lei n. 4.117/62, que prevê a sanção de até dois anos de detenção (...). Sendo assim, a infração imputada ao paciente deve ser, de fato, reconhecida como de menor potencial ofensivo e, assim, submetida a todo o procedimento especial previsto na Lei dos Juizados Especiais" (TRF 2ª Região, HC 2003.02.01.006161-4, 5ª T., Rel. Juiz Raldênio Bonifácio Costa, j. 30-6-2003). *Na mesma linha*: TRF 1ª Região, Ap. Crim. 8000441928, 4ª T., Rel. Juiz Mário César Ribeiro, j. 15-1-2002; HC 10697, TRF 3ª Região, 1ª T., Rel. Juiz Theotônio Costa, j. 5-7-2001.

> § 2º As penas aumentam-se de metade, se há dano para outrem.
>
> § 3º Se o agente comete o crime, com abuso de função em serviço postal, telegráfico, radioelétrico ou telefônico:
>
> Pena – detenção, de 1 (um) a 3 (três) anos.
>
> § 4º Somente se procede mediante representação, salvo nos casos do § 1º, IV, e do § 3º.

(1) Forma majorada (§ 1º): A pena será aumentada de metade, se houver dano (moral ou material) para outrem (qualquer pessoa, que não o remetente ou destinatário da correspondência).

(2) Forma qualificada (§ 2º): O crime será qualificado se cometido com abuso de função em serviço postal, radioelétrico ou telefônico. Para Nélson Hungria, não basta a qualidade de empregado do serviço postal, telegráfico, radioelétrico ou telefônico: é preciso que haja abuso dos poderes inerentes à função própria do agente *(Comentários,* cit., v. VI, p. 243).

(3) Ação penal (§ 3º): A ação penal é pública condicionada à representação do ofendido

(remetente ou destinatário) ou de seu representante legal. Será, no entanto, pública incondicionada nas hipóteses do § 1º, IV (instalação ou utilização de estação ou aparelho radioelétrico) e do § 3º (se o agente comete o crime com abuso de função).

Correspondência comercial

Art. 152. Abusar da condição de sócio ou empregado de estabelecimento comercial ou industrial para, no todo ou em parte, desviar, sonegar, subtrair ou suprimir correspondência, ou revelar a estranho seu conteúdo:

Pena – detenção, de 3 (três) meses a 2 (dois) anos.

Parágrafo único. Somente se procede mediante representação.

(1) Objeto jurídico: Tutela-se o sigilo da correspondência.

(2) Ação nuclear: Consubstancia-se nos verbos *desviar* (dar à correspondência destino diverso), *sonegar* (omitir-se na sua entrega), *subtrair* (retirar, furtar), *suprimir* (eliminar) correspondência, ou *revelar* (divulgar) a estranho o seu conteúdo. Tais ações devem ser praticadas pelo agente, abusando de sua condição de sócio ou empregado de estabelecimento comercial ou industrial, isto é, fazendo uso indevido dela. A prática de mais de uma conduta prevista no tipo penal configura crime único, e não concurso de delitos, pois se trata de crime de ação múltipla.

(3) Objeto material: É a correspondência comercial pertencente ao estabelecimento comercial ou industrial. Se contiver segredo, haverá o crime dos arts. 153 e 154 do Código Penal; ou 13, IV, e 14 da Lei n. 7.170/83. Se disser respeito a questões alheias ao estabelecimento comercial, poderá haver a configuração do delito de violação de correspondência (CP, art. 151).

(4) Sujeito ativo: Somente pode ser praticado pelo sócio ou empregado de estabelecimento comercial ou industrial remetente ou destinatário.

(5) Sujeito passivo: É o estabelecimento comercial ou industrial remetente ou destinatário.

(6) Elemento subjetivo: É o dolo, isto é, a vontade de violar o sigilo da correspondência comercial mediante a prática de uma das condutas constantes do tipo. Não há previsão da modalidade culposa do delito em tela.

(7) Momento consumativo: Dá-se com a concretização de uma das condutas descritas no tipo.

(8) Tentativa: É admissível.

(9) Ação penal e procedimento. Lei dos Juizados Especiais Criminais: Trata-se de crime de ação penal pública condicionada à representação da pessoa jurídica ofendida. O art. 152 é delito de menor potencial ofensivo. É cabível a suspensão condicional do processo (art. 89 da Lei n. 9.099/95).

Seção IV
Dos crimes contra a inviolabilidade dos segredos

Divulgação de segredo

Art. 153. Divulgar alguém, sem justa causa, conteúdo de documento particular ou de correspondência confidencial, de que é destinatário ou detentor, e cuja divulgação possa produzir dano a outrem:

Pena – detenção, de 1 (um) a 6 (seis) meses, ou multa.

§ 1º-A. Divulgar, sem justa causa, informações sigilosas ou reservadas, assim definidas em lei, contidas ou não nos sistemas de informações ou banco de dados da Administração Pública:

Pena – detenção, de 1 (um) a 4 (quatro) anos, e multa. *(Acrescentado pela Lei n. 9.983/2000)*

§ 1º Somente se procede mediante representação. *(Parágrafo único renumerado pela Lei n. 9.983/2000)*

§ 2º Quando resultar prejuízo para a Administração Pública, a ação penal será incondicionada. *(Acrescentado pela Lei n. 9.983/2000)*

(1) Objeto jurídico: Tutela-se a inviolabilidade dos segredos.

(2) Ação nuclear: Consiste em divulgar, isto é, propagar, difundir o conteúdo de documento que possa vir a causar dano a outrem (material ou moral). A divulgação pode ocorrer por intermédio de rádio, televisão etc. Para a maioria da doutrina, a divulgação deve ser realizada para mais de uma pessoa. *Em sentido contrário:* Celso Delmanto e outros, *Código Penal comentado*, cit., p. 307. O objeto material do delito é o conteúdo de documento particular ou o conteúdo de correspondência confidencial. A divulgação de segredo verbal não configura esse delito. A divulgação deve ser realizada sem justa causa (elemento normativo do tipo). Assim, haverá justa causa, por exemplo, na hipótese em que o agente apresenta documento particular ou correspondência confidencial para fazer prova de sua inocência em processo judicial (trata-se de exercício regular de direito), sendo o fato atípico.

(3) Sujeito ativo: É a pessoa destinatária do documento particular ou da correspondência confidencial, assim como o detentor da correspondência.

(4) Sujeito passivo: É o titular do segredo, ainda que não seja autor ou remetente do documento.

(5) Elemento subjetivo: É o dolo, isto é, a vontade livre e consciente de divulgar o segredo de documento. Não há previsão da modalidade culposa desse delito.

(6) Momento consumativo: Trata-se de crime formal, cuja consumação ocorre com a divulgação do segredo a um número indeterminado de pessoas, independentemente da produção de dano a outrem, pois basta a potencialidade lesiva.

(7) Tentativa: É admissível.

(8) Divulgação de informações sigilosas ou reservadas (§ 1º-A): Nesse parágrafo, introduzido pela Lei n. 9.883, de 14-7-2000, passou-se a punir a divulgação, sem justa causa, de informações sigilosas ou reservadas, que assim estiverem definidas em lei, contidas ou não nos sistemas de informações ou banco de dados da Administração Pública. Tutela-se não só a inviolabilidade dos segredos do indivíduo, como também o sigilo das informações da Administração Pública, as quais são divulgadas, sem justa causa (elemento normativo do tipo), isto é, sem autorização. A lei definirá o que se entende por informações sigilosas ou reservadas da Administração Pública. Trata-se, portanto, de norma penal em branco (*vide* Lei n. 8.159/91, art. 23). Convém notar que estamos diante de um crime comum, pois não se exige que o sujeito ativo seja funcionário público. Assim, qualquer pessoa pode ter acesso às informações sigilosas ou reservadas da Administração Pública e divulgá-las.

(9) Outros dispositivos legais: Também resguardam a inviolabilidade do segredo os seguintes artigos: CP, art. 325; Lei n. 8.666/93, art. 94; Lei n. 9.279/96, art. 195: Lei n. 7.170/83, arts. 13 e 21; Lei n. 8.429/92, art. 11, II e VII (improbidade administrativa).

(10) Ação penal (§§ 1º e 2º). Lei dos Juizados Especiais Criminais: Trata-se de crime de ação penal pública condicionada à representação do ofendido ou de seu representante legal (cf. § 1º). Quando resultar prejuízo para a Administração Pública, a ação penal será incondicionada (cf. § 2º). Nos moldes da Lei n. 9.099/95, o art. 153, *caput*, constitui infração penal de menor potencial ofensivo. É possível a aplicação da suspensão condicional do processo (art. 89 da Lei n. 9.099/95) no *caput* e no § 1º-A.

Violação do segredo profissional

Art. 154. Revelar alguém, sem justa causa, segredo, de que tem ciência em razão de função, ministério, ofício ou profissão, e cuja revelação possa produzir dano a outrem:

Pena – detenção, de 3 (três) meses a 1 (um) ano, ou multa.

Parágrafo único. Somente se procede mediante representação.

(1) Objeto jurídico: Tutela-se, agora, a liberdade individual concernente à inviolabilidade do segredo profissional.

(2) Ação nuclear: Consubstancia-se no verbo *revelar*, isto é, transmitir a outrem segredo (aquilo que é oculto, que não pode ser revelado) de que se tem ciência em razão da função, ofício ou profissão e cuja revelação possa produzir dano a outrem. O objetivo material do crime, portanto, é o segredo profissional, que padres, psicólogos, advogados, médicos, tutores, curadores etc. têm conhecimento em função do exercício de suas atividades. Ainda que não mais exerça a função, ministério ou ofício, a pessoa estará obrigada a guardar segredo sobre o fato de que teve ciência. Convém notar que a lei exige que a revelação possa produzir dano a outrem, bastando, portanto, tão somente a possibilidade de ocorrência de dano (moral ou econômico). Se houver justa causa (elemento normativo do tipo) para a revelação, o fato será atípico. São as hipóteses do art. 23 do CP; do art. 207 do CPP (quando houver consentimento do titular do segredo para a sua revelação pelo profissional em depoimento em juízo); do art. 269 do CPP (quando a norma legal impuser a revelação do segredo – comunicação à autoridade, pelo médico, da ocorrência de moléstia contagiosa).

(3) Sujeito ativo: Trata-se de crime próprio. Sujeito ativo é a pessoa que tiver conhecimento de um segredo em razão do exercício de função, ministério, ofício ou profissão. Os auxiliares daqueles que exercem função, ministério, ofício ou profissão também estão obrigados a guardar sigilo dos fatos que tiverem conhecimento em razão do auxílio prestado.

Advogado. Sigilo profissional e depoimento testemunhal: De acordo com o art. 7º, XIX, da Lei n. 8.906/94 (EOAB): "São direitos do advogado: (...) XIX – recusar-se a depor como testemunha em processo no qual funcionou ou deva funcionar, ou sobre fato relacionado com pessoa de quem seja ou foi advogado, mesmo quando autorizado ou solicitado pelo constituinte, bem como sobre fato que constitua sigilo profissional". STJ: "Penal e Processual Penal. Recurso de 'Habeas Corpus'. Inquérito Policial. Advogado. Sigilo profissional. 1. Não pode o advogado negar-se a comparecer e a depor, como testemunha, em inquérito policial, perante a autoridade que expede a intimação, impondo-se-lhe, todavia, o dever de recusar-se a responder às perguntas relativas a pormenores próprios do segredo profissional. 2. Recurso improvido" (STJ, RHC 3946/DF, 6ª T., Rel. Min. Adhemar Maciel, j. 13-12-1994, *DJ* 1º-7-1996, p. 24097).

Advogado. Sigilo profissional e envolvimento em fato criminoso: STJ: "Processual penal. Advogado. Interrogatório. Sigilo profissional. 1. O interrogatório é ato pessoal e se realiza perante o juízo onde proposta a ação penal. Advogado acusado em ação penal de prática de crime não tem direito de ser interrogado na comarca onde tem residência. Demais disso, o paciente já foi interrogado regularmente. 2. O sigilo profissional que acoberta o advogado relaciona-se à qualidade de testemunha como resulta, aliás, do art. 7º, inciso XIX, da Lei n. 8.906, de 4-7-94 c.c. o art. 207, do Código de Processo Penal. 3. Recurso desprovido" (STJ, RHC 3865/SP, 5ª T., Rel. Min. Jesus Costa Lima, j. 24-8-1994, *DJ* 19-9-1994, p. 24705). STJ: "Advogada. Depoimento e acareação em inquérito administrativo conduzido pelo Corregedor Geral da Justiça. Legalidade, em tese, da medida (arts. 155, 158, § 2º, e 157, parágrafo único, da Lei n. 8.112/90), quando se objetive o depoimento da advogada não como tal, mas como indiciada de envolvimento direto no fato criminoso. Resguardo, contudo, do sigilo profissional e do direito ao silêncio sobre fato que a incrimine. Concessão parcial da ordem para ressalvar a paciente advogada: a) ser novamente intimada para a acareação, em data a ser designada pelo Corregedor, ensejando comparecimento espontâneo, pela última vez; b) não estar obrigada a responder perguntas que impliquem violação de sigilo profissional, consignando-se as razões da recusa no termo; c) poder silenciar sobre o que eventualmente a incrimine *(nemo tenetur se detegere)*" (STJ, HC 625/DF, 5ª T., Rel. Min. Assis Toledo, j. 6-5-1991, *DJ* 27-5-1991, p. 6971). STJ: "Não prosperam as alegações relativas a eventual violação da liberdade de exercício profissional do paciente, se sobressai, da fundamentação do acórdão, que a medida foi tomada devido à possível participação do paciente em delito, devido a fatores de ordem familiar e pessoal, e não em função do exercício da advocacia. Ainda que atuasse como advogado, as prerrogativas conferidas aos defensores não podem acobertar delitos, sendo certo que o sigilo profissional não tem natureza absoluta" (STJ, HC 20087/SP, 5ª T., Rel. Min. Gilson Dipp, j. 19-8-2003, *DJ* 29-9-2003, p. 285).

Médico (jurisprudência anterior ao novo Código de Ética Médica aprovado pela Resolução CFM n. 1.931, de 17 de setembro de 2009): STJ: "I. É dever do profissional preservar a intimidade do seu cliente, silenciando quanto a informações que lhe chegaram por força da profissão. 2. O sigilo profissional sofre exceções, como as previstas para o profissional médico, no Código de Ética Médica (art. 102). 3. Hipótese dos autos em que o pedido da Justiça não enseja quebra de sigilo profissional, porque pedido o prontuário para saber da internação de um paciente e do período. 4. Recurso ordinário improvido". (STJ, RMS 14134/CE, 2ª T., Relª Minª Eliana Calmon, j. 25-6-2002, *DJ* 16-9-2002, p. 160). STJ: "Administrativo. Mandado de segurança. 'Quebra de sigilo profissional'. Exibição judicial de 'ficha clínica' a pedido da própria paciente. Possibilidade, uma vez que o 'art. 102 do Código de Ética Médica', em sua parte final, ressalva a autorização. O sigilo é mais para proteger o paciente do que o próprio médico. Recurso ordinário não conhecido" (STJ, RMS 5821/SP, 6ª T., Rel. Min. Adhemar Maciel, j. 15-8-1996, *DJ* 7-10-1996, p. 37687). STJ: "Recurso em Mandado de Segurança. Administrativo e criminal. Requisição de prontuário. Atendimento a cota ministerial. Investigação de 'queda acidental'. Arts. 11, 102 e 105 do Código de Ética. Quebra de sigilo profissional. Não verificação. O sigilo profissional não é absoluto, contém exceções, conforme se depreende da leitura dos respectivos dispositivos do Código de Ética. A hipótese dos autos abrange as exceções, considerando que a requisição do prontuário médico foi feita pelo juízo, em atendimento à cota ministerial, visando apurar possível prática de crime contra a vida. Precedentes análogos. Recurso desprovido" (STJ, RMS 11453/SP, 5ª T., Rel. Min. José Arnaldo da Fonseca, j. 17-6-2003, *DJ* 25-8-2003, p. 324).

Deputados e Senadores: O art. 53, § 5º, da Constituição Federal dispõe, por sua vez, que "Os Deputados e Senadores não serão obrigados a testemunhar sobre informações recebidas ou prestadas em razão do exercício do mandato, nem sobre as pessoas que lhes confiaram ou deles receberam informações" (parágrafo com redação dada pela EC n. 35/2001).

(4) Sujeito passivo: Qualquer pessoa que venha a sofrer dano com a sua divulgação.

(5) Elemento subjetivo: É o dolo, consistente na vontade livre e consciente de revelar o segredo. O agente deve ter conhecimento de que o fato é secreto e que inexiste justa causa para a sua revelação. Não há previsão da modalidade culposa do delito.

(6) Momento consumativo: Dá-se com a revelação do segredo a uma única pessoa, independentemente de ocorrer de fato dano a outrem, pois basta a mera possibilidade de sua ocorrência. Trata-se de crime formal.

(7) Tentativa: É possível, se a revelação for realizada por escrito.

(8) Ação penal. Lei dos Juizados Especiais Criminais: Trata-se de crime de ação penal pública condicionada à representação do ofendido. Nos moldes da Lei n. 9.099/95, constitui infração penal de menor potencial ofensivo. É possível a aplicação da suspensão condicional do processo (art. 89 da Lei n. 9.099/95).

(9) Outros dispositivos legais: Também resguardam a inviolabilidade do segredo os seguintes artigos: CP, art. 325 (violação de sigilo funcional); Lei n. 8.666/93, art. 94 (sigilo de proposta apresentada em procedimento licitatório); Lei n. 9.279/96, art. 195 (crime de concorrência desleal); Lei n. 7.170/83, arts. 13 e 21 (crimes contra a Segurança Nacional); LC n. 105/2001, art. 10 (quebra de sigilo das operações de instituições financeiras) e Decreto n. 3.724, de 10-1-2001 (que regulamenta o art. 6º da Lei Complementar n. 105/2001, relativamente à requisição, acesso e uso, pela Secretaria da Receita Federal, de informações referentes a operações e serviços das instituições financeiras e das entidades a ela equiparadas); Lei n. 9.296/96, art. 10 (crime de violação de sigilo telefônico); Lei n. 7.492/86, art. 18 (violação de operação ou serviço prestado por instituição financeira); Lei n. 11.101/2005, art. 169 (violação de sigilo empresarial).

(10) Lei de lavagem de dinheiro: Geralmente, o crime de lavagem de dinheiro somente é descoberto quando da investigação do crime antecedente. Desse modo, no intuito de detectar prontamente o crime de lavagem de dinheiro, bem como de prevenir a sua prática, a Lei obrigou, em seus arts. 10 e 11 (os arts. 9, 10 e 11 da Lei n. 9.613/98 foram alterados pela Lei n. 12.683/2012), as pessoas mencionadas no art. 9º, por exemplo, as instituições financeiras, a tomarem medidas no sentido da identificação dos seus clientes e manutenção de registro, bem como a obrigação de comunicar operações financeiras às autoridades competentes, prevendo, inclusive, a sua responsabilidade administrativa. Finalmente, o art. 14, § 3º (parágrafo acrescentado pela Lei n. 10.701/2003), dentre outros instrumentos de atuação, autorizou o COAF (Conselho de Controle de Atividades Financeiras) a requerer aos órgãos da Administração Pública as informações cadastrais bancárias e financeiras de pessoas envolvidas em atividades suspeitas.

Invasão de dispositivo informático

Art. 154-A. Invadir dispositivo informático alheio, conectado ou não à rede de computadores, mediante violação indevida de mecanismo de segurança e com o fim de obter, adulterar ou destruir dados ou informações sem autorização expressa ou tácita do titular do dispositivo ou instalar vulnerabilidades para obter vantagem ilícita:

Pena – detenção, de 3 (três) meses a 1 (um) ano, e multa.

(Artigo acrescentado pela Lei n. 12.737/2012)

(1) Objeto jurídico: Tutelam-se a intimidade, a vida privada e o direito ao sigilo de dados constantes de dispositivo informático. Muito embora a infração penal esteja capitulada fora do Título II, da Parte Especial do CP, o tipo penal do art. 154-A tutela também, na figura típica descrita na parte final do *caput*, o patrimônio do titular do dispositivo violado, na medida em que pune o intuito do agente de obter vantagem ilícita, ao praticar o crime de instalar vulnerabilidades no dispositivo da vítima.

(2) Ação nuclear. Objeto material. Elemento normativo do tipo: O núcleo central da conduta típica consubstancia-se no verbo *"invadir"*, isto é, ingressar virtualmente, sem autorização expressa ou tácita do titular do dispositivo. A conduta de invadir traz ínsita a ausência de autorização do proprietário ou usuário do dispositivo, pois não se pode dizer que houve invasão quando o acesso se dá mediante sua aquiescência. Mesmo assim, o tipo penal do art. 154-A, *caput*, do CP, de modo supérfluo, repete ao final a exigência do elemento normativo do tipo *"sem autorização expressa ou tácita do titular do dispositivo"*.

O crime consiste em invadir dispositivo informático alheio (o equipamento *hardware*) utilizado para rodar programas (*softwares*), ou ser conectado a outros equipamentos. Exemplos: computador, *tablet*, *smartphone*, memória externa (HD externo), entre outros. O dispositivo informático deve ser de titularidade de terceiros, podendo ou não estar conectado à *internet*.

A invasão deve se dar por meio de violação indevida de mecanismo de segurança estabelecido pelo usuário do dispositivo. Como exemplos de mecanismos de segurança, podemos citar: *firewall*, antivírus, *antimalware*, *antispyware*, senha restrita para acesso pessoal de usuário etc.

O crime em tela exige também a finalidade especial do agente de buscar a obtenção, a adulteração ou a destruição de dados ou informações. Sem este fim especial, o delito não se aperfeiçoa. Assim, temos a seguinte descrição:

(i) *invadir* (núcleo da ação típica) +

(ii) *dispositivo informático conectado ou não à rede de computadores + alheio + mediante violação indevida de mecanismo de segurança + sem autorização expressa ou tácita do titular do dispositivo* (elementos normativos do tipo) +

(iii) *com o fim de obter, adulterar ou destruir dados ou informações* (elemento subjetivo do tipo = finalidade especial do agente).

Questão polêmica: A segunda figura típica prevista no caput. O art. 154-A do CP, caput, em sua parte final, descreve outra conduta, consistente em *instalar vulnerabilidades para obter vantagem ilícita*. Trata-se da inserção de programas executáveis de captação de senhas e dados alheios, vulgarmente conhecidos como cavalos de Troia. Existem, portanto, *duas descrições* típicas distintas: (a) *invadir dispositivo informático alheio* com o fim de obter, adulterar ou destruir dados ou informações + (b) *instalar vulnerabilidades* para obter vantagem ilícita. No primeiro caso, a consumação se dá no momento da efetiva invasão, independentemente da ocorrência de obtenção, adulteração ou destruição dos dados ou informações (crime formal). No segundo caso, o aperfeiçoamento ocorre com a instalação da vulnerabilidade, não sendo exigível a obtenção da vantagem ilícita (também crime formal). A *redação*, no entanto, é *dúbia*. Com isso, pode surgir também a *interpretação* de que só há um verbo no tipo penal, consistente na ação de *invadir*. Nesta hipótese, a invasão se daria com o fim especial de: (a) *obter, adulterar ou destruir dados*; ou (b) *instalar vulnerabilidades*. Apenas um crime, portanto. E crime formal. A parte final, nessa hipótese, seria apenas mais sobre as finalidades especiais do agente exigidas pelo tipo penal (invadir dispositivo informático com o fim de instalar vulnerabilidades).

Entendemos haver dois crimes. O tipo se compõe de duas partes distintas e identificáveis. Na primeira, o agente invade dispositivo alheio com o fim especial de obter, adulterar ou destruir dados. Na segunda, ele instala vulnerabilidades com o fim especial de obter vantagem ilícita.

O crime de *invasão* possui uma qualificadora prevista no § 3º, não incidente sobre o delito de *instalação* constante da parte final do *caput*. A exigência da finalidade especial de obter vantagem ilícita, restrita à segunda figura típica (*instalar vulnerabilidades*), é equivocada e desvirtua o crime, cujo objeto jurídico é a tutela da intimidade e não do patrimônio, tanto que se encontra fora do título relativo aos crimes contra o patrimônio.

(3) Sujeito ativo: Pode ser qualquer pessoa (crime comum).

(4) Sujeito passivo: É o titular do dispositivo. Porém, se terceiro utiliza computador alheio, com senha própria, a invasão de suas informações digitais pessoais também caracterizará o crime em tela.

(5) Elemento subjetivo: É o dolo e, nessa hipótese, acrescido do elemento subjetivo do injusto consubstanciado no especial fim de obter, adulterar ou destruir dados ou informações do titular do dispositivo, ou instalar vulnerabilidades para obter vantagem ilícita.

(6) Momento consumativo: A conduta de *invadir com o fim de* é formal, não importando que ocorra o resultado naturalístico perseguido pelo agente, no caso, a obtenção, a adulteração ou a destruição dos dados ou informações. Na segunda figura, *instalar vulnerabilidades para obter vantagem ilícita*, o crime também é formal, pois o resultado naturalístico (efetiva obtenção de vantagem ilícita) é irrelevante para a consumação, bastando o comportamento de efetuar a instalação das vulnerabilidades. Igualmente, é possível a tentativa, desde que o agente não consiga efetuar a instalação.

(7) Tentativa: Em ambas as formas, seja na invasão, seja na instalação, é possível a tentativa, desde que, iniciada a conduta, esta não se conclua por circunstâncias alheias à vontade do agente.

(8) Ação penal. Lei dos Juizados Especiais Criminais: O art. 154-A do CP é crime de menor potencial ofensivo, sujeito à competência do Juizado Especial Criminal (art. 61 da Lei n. 9.099/95). A ação penal é condicionada à representação do ofendido, salvo se o crime é cometido contra a administração pública direta ou indireta de qualquer dos Poderes da União, Estados, Distrito Fe-

deral ou Municípios ou contra empresas concessionárias de serviços públicos, nos termos do art. 154-B do Código Penal.

(9) *Delegacias especializadas em crimes virtuais:* A Lei n. 12.735/2012 determinou que os órgãos da polícia judiciária deverão estruturar suas equipes especializadas para combater os delitos informáticos praticados em rede de computadores, dispositivo de comunicação ou sistema informatizado (art. 4º).

Figura equiparada

§ 1º Na mesma pena incorre quem produz, oferece, distribui, vende ou difunde dispositivo ou programa de computador com o intuito de permitir a prática da conduta definida no *caput*.

Também será responsabilizado com pena de detenção, de 3 (três) meses a 1 (um) ano, e multa, quem produz, oferece, distribui, vende ou difunde dispositivo ou programa de computador com o intuito de permitir a invasão de dispositivo informático alheio.

São os programas popularmente chamados de "cavalo de troia", que nada mais são do que *softwares* (programas de computador) utilizados para permitir a invasão do computador alheio. Há programa de computador que funciona como espião, e fica coletando os dados digitados no computador alheio, o que possibilita a violação de informações sigilosas, como senhas de contas e cartões de crédito.

Além dos programas de computador (*softwares*), a lei menciona também outros dispositivos (*hardwares*) destinados à invasão indevida de outros dispositivos informáticos. São os famosos "chupa-cabras", aparelhos utilizados para violar informações digitais de terceiros e, com isso, obter lucro indevido.

Invasão que gera prejuízo econômico

§ 2º Aumenta-se a pena de um sexto a um terço se da invasão resulta prejuízo econômico.

Por razões de localização do dispositivo que aumenta a pena do delito, caso de a invasão resultar prejuízo econômico, essa causa de aumento refere-se exclusivamente ao disposto no *caput* e § 1º do art. 154-A. Não há que ampliar seu alcance para outras condutas, como as expressas no § 3º.

O prejuízo, por força da letra da lei, deve ser econômico, ou seja, tangível, aferido pericialmente. Ausente a comprovação do prejuízo econômico, mas comprovada a invasão de dispositivo informático alheio mediante as condutas previstas no art. 154-A, *caput* e § 1º, o agente responderá sem a causa de aumento.

Invasão qualificada pelo resultado

§ 3º Se da invasão resultar a obtenção de conteúdo de comunicações eletrônicas privadas, segredos comerciais ou industriais, informações sigilosas, assim definidas em lei, ou o controle remoto não autorizado do dispositivo invadido:

Pena – reclusão, de 6 (seis) meses a 2 (dois) anos, e multa, se a conduta não constitui crime mais grave.

O § 3º traz conduta típica qualificada, ou seja, com um preceito secundário exclusivo, diverso do *caput*. Nesse caso, a pena varia de 6 meses a 2 anos de reclusão, mas com a ressalva de sua não incidência em caso de crime mais grave praticado.

Podemos exemplificar as comunicações eletrônicas privadas como *e-mails*, mensagens de texto etc. Além das comunicações eletrônicas privadas, temos ainda como objeto jurídico desse delito os segredos comerciais e industriais e, ainda, as informações sigilosas especificadas em lei.

O tipo penal do § 3º ainda apresenta figura pouco conhecida entre nós, mas de frequente utilização para *hackers*: o controle remoto. Não se trata do aparelho utilizado por todos para alternar os canais de programas televisivos, e sim do acesso remoto com manipulação dos dados presentes em dispositivos informáticos, tudo feito a distância.

Causa de aumento de pena

§ 4º Na hipótese do § 3º, aumenta-se a pena de um a dois terços se houver divulgação, comercialização ou transmissão a terceiro, a qualquer título, dos dados ou informações obtidos.

O § 4º traz uma causa de aumento de exclusiva aplicação para o crime previsto no § 3º do art. 154-A do Código Penal.

Além do crime de conseguir as informações de forma ilícita, aquele que a divulga, comercializa ou transmite a terceiros deverá receber reprimenda mais gravosa, no caso, aumento de um a dois terços.

Causa de aumento de pena

§ 5º Aumenta-se a pena de um terço à metade se o crime for praticado contra:

I – Presidente da República, governadores e prefeitos;

II – Presidente do Supremo Tribunal Federal;

III – Presidente da Câmara dos Deputados, do Senado Federal, de Assembleia Legislativa de Estado, da Câmara Legislativa do Distrito Federal ou de Câmara Municipal; ou

IV – dirigente máximo da administração direta e indireta federal, estadual, municipal ou do Distrito Federal.

O § 5º traz causas de aumento para os casos em que a invasão de dispositivo informático ocorrer contra autoridades expressamente selecionadas pelo legislador. A tutela específica de maior gravame justifica-se por força dos cargos e funções públicas de alta relevância exercidos pelos agentes arrolados no § 5º em comento.

Ação penal

Art. 154-B. Nos crimes definidos no art. 154-A, somente se procede mediante representação, salvo se o crime é cometido contra a administração pública direta ou indireta de qualquer dos Poderes da União, Estados, Distrito Federal ou Municípios ou contra empresas concessionárias de serviços públicos.

(Artigo acrescentado pela Lei n. 12.737/2012)

(1) Ação penal. Lei dos Juizados Especiais Criminais: Trata-se de crime de ação penal pública condicionada à representação do ofendido, exceto para as hipóteses em que o delito é cometido contra a administração direta e indireta de qualquer ente federativo ou, ainda, contra concessionárias de serviços públicos.

TÍTULO II
DOS CRIMES CONTRA O PATRIMÔNIO

CAPÍTULO I
DO FURTO

Furto

Art. 155. Subtrair, para si ou para outrem, coisa alheia móvel:

Pena – reclusão, de 1 (um) a 4 (quatro) anos, e multa.

§ 1º A pena aumenta-se de um terço, se o crime é praticado durante o repouso noturno.

§ 2º Se o criminoso é primário, e é de pequeno valor a coisa furtada, o juiz pode substituir a pena de reclusão pela de detenção, diminuí-la de um a dois terços, ou aplicar somente a pena de multa.

§ 3º Equipara-se à coisa móvel a energia elétrica ou qualquer outra que tenha valor econômico.

Furto simples (*caput*)

(1) Convenção Americana sobre direitos humanos: De acordo com o art. 21 da Convenção Americana sobre Direitos Humanos (Pacto de São José da Costa Rica), promulgada no Brasil pelo Decreto n. 678, de 6-11-1992, "Toda pessoa tem direito ao uso e gozo dos seus bens. A lei pode subordinar esse uso e gozo ao interesse social. Nenhuma pessoa pode ser privada de seus bens, salvo mediante o pagamento de indenização justa, por motivo de utilidade pública ou de interesse social e nos casos e na forma estabelecidos pela lei".

(2) Fundamento constitucional: De acordo com o art. 5º, XXII, da CF, é garantido o direito de propriedade.

(3) Furto: É a subtração, para si ou para outrem, de coisa alheia móvel.

(4) Objeto jurídico: Tutela-se a posse e propriedade da coisa móvel, as quais podem não se confundir em um mesmo titular, por exemplo, locação, usufruto, penhor.

(5) Objeto material: É a coisa alheia móvel, desde que tenha valor econômico. Deve ser passível de mobilização, de forma que as presunções da lei civil aqui não se aplicam. Podem ser objeto do furto, por exemplo: os animais, como o gado (denominado abigeato), os títulos de crédito, as árvores cortadas (se não constituir crime contra o meio ambiente – Lei n. 9.605/98). Se o agente se apropriar de embriões humanos produzidos por fertilização *in vitro* e não utilizados no respectivo procedimento (embriões excedentários), não responderá pelo furto, pois não se trata de coisa. No entanto, se a finalidade for a de praticar um dos procedimentos previstos na Lei de Biossegurança (por exemplo: clonagem humana), responderá por um dos crimes previstos nessa Lei (Lei n. 11.105, de 24-3-2005).

Furto de talonário de cheques: STJ: "O delito, no estágio atual do Estado de Direito Democrático, encerra sempre a conduta. Ação ou omissão, pouco importa. Fundamental, indispensável, porém, o comportamento do homem. Além disso, reclama-se, para efeito de tipicidade, configurar o evento. Não é exaustivo o impacto no plano físico. O conceito, insista-se, é normativo: reclama, por isso, dano, ou perigo ao bem juridicamente tutelado, ao lado do objeto material e do sujeito passivo, entendido como titular do objeto jurídico. O dano pode ser material, ou moral. O perigo, por sua vez, probabilidade (não se confunde com a possibilidade) de dano. Não obedecido esse esquema, o raciocínio passa a ser próprio do mundo da natureza, que não se coaduna, na espécie, com os requisitos jurídicos. O Direito tem seu método. Se não observado, a conclusão, com certeza, será equivocada. O homicídio é crime porque elimina a vida do homem. A calúnia afeta a honra. O furto diminui o patrimônio. A literatura alemã, por influência jurisprudencial, construiu a doutrina da insignificância, cuja divergência é restrita ao seu efeito, ou seja, elimina-se a culpabilidade, ou repercute na própria tipicidade. Aliás, a sensibilidade dos romanos consagrou – *de minimis non curat praetor*. O prejuízo não é qualquer dano material, de que são exemplos o ligeiro corte na cutícula provocado pela manicure, ou o queimar, sem maior importância, as pontas dos cabelos da cliente. Nessa linha, 'Bettiol, Anibal Bruno, Mantovani, Maurach'. O talonário de cheques, dada a insignificância de valor econômico, não se presta a ser objeto material do crime de furto, ou de receptação. Esta conclusão não se confunde com a conduta que se vale do talonário para praticar crime, de que o estelionato e o falso são ilustração" (STJ, REsp 150908/SP, Rel. Min. Anselmo Santiago, j. 18-8-1998, *DJ* 19-10-1998, p. 162 – *JSTJ* 3/400). *No mesmo sentido:* TJRO, *RT* 771/695; *JCAT* 66/541; *RJTACrim* 66/92. Contudo, já decidiu o Tribunal de Justiça do

Rio Grande do Sul que "qualquer bem que possua utilidade para seu proprietário ou possuidor pode ser objeto material do crime de furto. Furto de talonário ou de cheques em branco constituem coisa alheia móvel a que se refere o art. 155 da lei substantiva, vez que neste tipo de delito o que se reclama é que a *res* furtiva seja dotada de alguma qualidade útil, que possa servir às pessoas para satisfazer suas necessidade, uso e prazeres, e o cheque, como coisa móvel, pode ser preenchido e utilizado": Ap. Crim. 70010403608, 8ª Câmara Criminal, Rel. Marco Antônio Ribeiro de Oliveira, j. 23-3-2005. O mesmo Tribunal manifestou-se no sentido de que "seu posterior preenchimento e apresentação para a aquisição de mercadoria ou serviço é desdobramento do crime antecedente (furto). Esta fraude (estelionato) se constitui em *post factum* impunível, porque é o esgotamento da ação delituosa anterior, um fato sucessivo não punível": Ap. Crim. 70010194884, 7ª Câmara Criminal, Rel. Sylvio Baptista Neto, j. 29-12-2004. *No mesmo sentido: JTACRIM* 72/378; 90/241; 35/257. Por outro lado, já decidiu o STF que o furto de talonário de cheque deve ser absorvido pelo crime de estelionato, pois aquele configura crime-meio para a perpetração deste (HC 60.896/RJ, *DJ* 24-6-1983, p. 9743). Nesta mesma senda, TJRS: "Réu que, ao trabalhar no descarregamento de uma mudança, pegou 3 cheques de uma correntista e 1 de outro, os quais estavam no caminhão de transporte utilizado no trabalho contratado. Relatos da ofendida e de testemunha, dando conta das manobras enganosas adotadas pelo acusado, que forneceu informações falsas sobre o cheque, para colocá-lo em circulação. *Animus fraudandi* demonstrado. Delitos de furto antecedentes absorvidos pelo estelionato. Édito condenatório mantido" (Ap. Crim. 70015525918, 8ª Câmara Criminal, TJRS, Relª Fabianne Breton Baisch, j. 27-9-2006). Por fim, importa referir a existência de decisões que admitem o concurso material entre os delitos de furto e estelionato de talonário de cheques: "Furto e estelionato. Cheques furtados que foram utilizados pelos agentes no comércio. Concurso material. Agente que utilizou o produto do furto, talão de cheque, para emitir títulos falsificados no comércio, com o intuito de ludibriar as vítimas. Configurado o concurso material, por se tratar de delitos diversos, não se cuidando de crime-fim e de crime-meio. Concurso material. Negado provimento" (TJRS, Ap. Crim. 699223798, 7ª Câmara Criminal, Rel. Aido Faustino Bertocchi, j. 24-6-1999). *No mesmo sentido: RTJ* 85/78; *RT* 680/333; *RJDTACrim* 29/135; *RT* 688/349; *RT* 746/608. Sobre talonário de cheques, *vide* também art. 151 (violação de correspondência), art. 169, parágrafo único, II (apropriação de coisa achada) e art. 180 (receptação).

Furto de documentos: STJ: "I – O réu e dois outros comparsas tentaram furtar de um veículo uma bolsa com documentos e um porta-fitas com diversas fitas cassetes. O prejuízo material seria, caso o crime se consumasse, pequeno: mais ou menos equivalente a mínimo. II – Os documentos, mais do que o porta-fitas, têm valor para a vítima. A expedição de segunda via é trabalhosa e onerosa. Logo, mesmo que se entendesse, não se poderia aplicar *in casu* o denominado 'princípio da bagatela ou da insignificância'. III – Recurso ordinário improvido" (STJ, RHC 2119/RS, 6ª T., Rel. Min. Luiz Vicente Cernicchiaro, j. 15-3-1993, *DJ* 10-5-1993, p. 8647 – *RSTJ* 53/345; *RT* 703/351).

(6) Elemento normativo: A coisa móvel deve ser alheia. Não pode ser objeto de furto, por não constituir propriedade – nem estar sob a posse de alguém: (a) a *res nullius* – é a coisa sem dono; (b) a *res derelicta* – é a coisa abandonada; (c) a *res deperdita* – é a coisa perdida. Nesta última hipótese, o seu apoderamento por terceiro poderá constituir o crime de apropriação de coisa achada (CP, art. 169, parágrafo único, II). As coisas de uso comum (água, luz, ar), se houver possibilidade de destacamento, podem ser objeto de furto, salvo a hipótese do art. 161, § 1º, I, do CP, que configura apropriação indébita.

(7) Ação nuclear: É o verbo *subtrair*, isto é, retirar de outrem bem móvel, sem a sua permissão, com o fim de assenhoramento definitivo. Trata-se de crime de ação livre ou conteúdo variado. Se houver emprego de violência, grave ameaça ou qualquer outro recurso que diminua a capacidade de resistência da vítima, haverá o crime de roubo (CP, art. 157). Se houver o emprego de fraude, poderá haver a caracterização do crime de estelionato (CP, art. 171).

Cartão de banco clonado: O Tribunal Regional Federal da 2ª Região entendeu que o saque de valores do caixa eletrônico de agência bancária da Caixa Econômica Federal, por meio de cartão clonado, configura delito do art. 171, § 3º, do Código Penal: ACR 200002010143678, 3ª T., Rel. Francisco Pizzolante, j. 9-12-2003.

Furto e apropriação indébita: Na apropriação indébita, a coisa é licitamente entregue pelo dono ao agente, sendo a posse sobre o bem desvigiada. No furto, o agente não tem a posse do bem, apoderando-se deste contra a vontade da vítima, que desconhece a subtração.

(8) Sujeito ativo: Qualquer pessoa. Se o agente for funcionário público, poderá configurar-se o crime do art. 312, § 1º, do CP. Quanto ao proprietário, a doutrina discute se pratica furto na hipótese em que o bem se encontra na posse de terceiros. Entende-se que, na realidade, haverá a configuração do crime do art. 346 do CP se a subtração for de bem deixado como penhor ao credor.

(9) Concurso de pessoas: É possível o concurso de pessoas. Não se exige o prévio ajuste de vontades, ou seja, que os agentes planejem em conjunto e com antecedência, ou concomitantemente, a concretização do desígnio criminoso (*vide* comentários ao art. 29). No entanto, a participação posterior à consumação que não tenha sido previamente ajustada poderá configurar outro crime (receptação ou favorecimento real). Finalmente, é possível a participação por conduta omissiva, desde que o sujeito tenha o dever jurídico de impedir o resultado (CP, art. 13, § 2º), mas se omite intencionalmente, desejando que ocorra a consumação.

(10) Sujeito passivo: É a pessoa física ou jurídica que tem a posse ou a propriedade do bem, e não quem detém sua transitória disposição material, por exemplo, balconista de uma loja.

(11) Elemento subjetivo: É o dolo, isto é, a vontade livre e consciente de efetuar a subtração, acrescido da finalidade específica de assenhoramento definitivo, consubstanciado na expressão "para si ou para outrem". É o denominado *animus furandi* ou *animus rem sibi habendi*. A subtração realizada com o fim de satisfazer pretensão jurídica constitui o delito de exercício arbitrário das próprias razões. Se o agente retirar o bem apenas para seu uso transitório e depois devolvê-lo no mesmo estado e local em que se encontrava, o fato é atípico.

(12) Erro de tipo: Se o agente, por erro, apodera-se de objeto alheio supondo ser próprio, ocorre erro de tipo, excluindo-se o dolo e o fato típico.

(13) Momento consumativo: Há duas posições: (a) O crime se consuma com a retirada do bem da esfera de disponibilidade da vítima, isto é, do domínio de seu proprietário, não se exigindo que tenha a posse tranquila da *res*, posição esta com a qual compartilhamos. *Nesse sentido:* STJ, REsp 765695, 5ª T., Relª Laurita Vaz, j. 7-3-2006; STJ REsp 765610, 5ª T., Relª Laurita Vaz, j. 7-2-2006; TRF 4ª Região, EINACr 200270080005456, Rel. Élcio Pinheiro de Castro, j. 15-12-2005; TJRS, Ap. Crim. 70014550743, 8ª Câmara Criminal, Relª Fabianne Breton Baisch, j. 31-5-2006; TJRS, Ap. Crim. 70012115093, 8ª Câmara Criminal, Relª Fabianne Breton Baisch, j. 12-4-2006. (b) Consuma-se com a retirada da coisa da esfera de disponibilidade da vítima, desde que fique em poder tranquilo do agente, ainda que por curto espaço de tempo. *Nesse sentido*: STJ, REsp 678220, 6ª T., Rel. Hélio Quaglia Barbosa, j. 7-6-2005; STJ, REsp 663900, 6ª T., Rel. Hélio Quaglia Barbosa, j. 16-12-2004; STJ, REsp 325634, 6ª T., Rel. Fernando Gonçalves, j. 21-2-2002.

Furto e sistema de informática: Hoje em dia é muito comum a subtração de valores das instituições financeiras por intermédio do sistema de informática. Assim, com o avanço dos meios tecnológicos, os meios executórios dos crimes estão cada vez mais elaborados e ágeis, não havendo, muitas vezes, sequer a apreensão física da *res*, tal como ocorre com a transferência de numerários pela rede mundial de computadores. Nessa hipótese, reputa-se configurado o crime no momento em que os valores são transferidos para a conta do agente, não havendo que se discutir se há posse tranquila ou não da *res*. Cabe salientar, ainda, que o furto perpetrado não será simples, mas, sim, qualificado pelo emprego de fraude. *Nesse sentido*: TRF da 1ª Região: "Penal. Apelação Criminal. Furto qualificado (art. 155, § 4º, II e IV). Transferências fraudulentas via internet. Participação dos acusados. Materialidade e autoria comprovadas. Condenação mantida. I. Comprovação da transferência fraudulenta por parte dos acusados que participaram efetivamente do delito de furto qualificado. Concurso de pessoas demonstrado. 2. Os acusados tinham pleno conhecimento de que participavam de fraude por meio da internet. 3. Apelações improvidas" (TRF da 1ª Região, Ap.

Crim. 200443000018233, 4ª T., *DJ* 25-7-2005); e TJSC: "Furto qualificado. Fraude. Agentes que, fraudando o sistema de segurança da rede bancária, transferiram importâncias de contas correntes de vários clientes, para suas próprias contas, as quais foram abertas para esse fim, em agências e bancos diversos. Autoria e materialidade comprovadas. Confissão dos agentes corroborada pelas declarações dos gerentes dos estabelecimentos e dos correntistas. Condenação mantida" (TJSC, Ap. Crim. 04.007840-4, Rel. Des. Maurílio Moreira Leite).

(14) Tentativa: A tentativa é perfeitamente possível, pois se trata de um crime material e ocorrerá quando o agente não lograr subtrair a coisa por circunstâncias alheias à sua vontade. Haverá crime impossível se a vítima não possuir o objeto pretendido pelo agente. Divergem os Tribunais acerca da ocorrência, ou não, de crime impossível quando o agente está sendo observado, em loja ou supermercado, por sistema de vigilância. O Superior Tribunal de Justiça pacificou esse entendimento com a Súmula 567: "Sistema de vigilância realizado por monitoramento eletrônico ou por existência de segurança no interior de estabelecimento comercial, por si só, não torna impossível a configuração do crime de furto".

(15) Causa de exclusão da ilicitude. Furto famélico ou necessitado: Não se configura, na hipótese, o crime, desde que preenchidos os requisitos do art. 24 do CP (atualidade do perigo, involuntariedade, inevitabilidade por outro modo e inexigibilidade de sacrifício do direito ameaçado), pois dificuldades financeiras, desemprego, situação de penúria, por si sós, não caracterizam essa descriminante. Já decidiu o Tribunal de Justiça do Estado do Rio Grande do Sul que a "mera alegação de dificuldades financeiras não configura a excludente. O furto famélico só pode ser cogitado se comprovada extrema miséria, o que não se confunde com a situação genérica de pobreza, distinguindo-se o estado de precisão do estado de necessidade": Ap. Crim. 70010355576, 8ª Câmara Criminal, Rel. Luís Carlos Ávila de Carvalho Leite, j. 21-12-2005. *Em sentido semelhante:* TJRS, Ap. Crim. 70015880701, 7ª Câmara Criminal, Rel. Marcelo Bandeira Pereira, j. 19-10-2006. De forma análoga, manifestou-se o Tribunal de Justiça do Distrito Federal ao decidir que "as dificuldades sociais e o desemprego não são aptas a demonstrar a licitude da conduta lesiva a bem alheio. Há furto famélico quando o agente, demonstrando condição de maior indigência, subtrai gêneros alimentícios para satisfazer privação inadiável": 19980710037067APR, 2ª T. Criminal, Relª Eutalia Maciel Coutinho, j. 11-9-2002. Por fim, cita-se decisão do Tribunal de Justiça do Estado do Paraná, o qual decidiu que "para o reconhecimento do furto famélico é necessário que o réu atue com o único intento de saciar a fome, em necessidade extrema, não podendo esperar mais, por ser a situação insuportável e que somente através do ato ilícito consiga resolver o problema da falta de alimento, sendo certo que a simples alegação de falta de recursos financeiros não justifica tal prática": Ap. Crim. 0361145-2, 3ª Câmara Criminal, Rel. Rogério Kanayama, j. 19-10-2006. O estado de necessidade também estará presente no apoderamento de veículo de terceiro com o fim de transportar para o hospital pessoa gravemente enferma, que corre sérios riscos de vida. O Tribunal de Justiça do Estado do Rio Grande do Sul reconheceu o estado de necessidade na situação em que "o agente, diante do estado de saúde de sua namorada, após telefonar para a Brigada Militar, apoderou-se de um automóvel, o qual estava estacionado, com as portas destrancadas, com o intuito de levá-la ao hospital": Ap. Crim. 70012967329, 7ª Câmara Criminal, Rel. Nereu José Giacomolli, j. 10-11-2005.

(16) Concurso de crimes: É possível o concurso de crimes (formal, material e continuado). Por exemplo: se o agente dentro de um ônibus subtrair objetos de diversas pessoas. Com uma só ação, que se divide em vários atos, ele causa prejuízo patrimonial a diversas vítimas, perfazendo o concurso formal de crimes. Não há continuidade delitiva, entretanto, entre os crimes de furto e roubo, por não configurarem crimes da mesma espécie.

(17) Princípio da consunção: Há crimes que constituem meio para a prática do furto, como é ocaso da *violação de domicílio* (CP, art. 150) e do *dano*, quando se tratar de furto qualificado pelo rompimento de obstáculo. Tais crimes serão absorvidos pelo crime de furto. Na hipótese em que há o crime de furto e a posterior venda do bem a terceiro de boa-fé ou a sua destruição, discute-se se os mesmos constituiriam *post factum* impunível ou crime de estelionato ou dano em

concurso material com o furto. Já decidiu o extinto Tribunal de Alçada Criminal de São Paulo que a venda pelo acusado de coisa subtraída é impunível, pois há absorção do estelionato pelo delito de furto: *RT* 578/362. O Tribunal de Justiça do Estado de São Paulo, por sua vez, já decidiu que o agente responde pelo furto e pelo estelionato: *RT* 701/300. Entendemos que a venda nada mais é do que mero exaurimento de uma agressão já consolidada ao bem jurídico. Já a destruição do objeto não constitui novo prejuízo para a vítima, de forma que tais fatos restam impuníveis. Por fim, cumpre analisar o concurso entre o delito de violação de sepultura e furto. Em situação na qual houve o rompimento de urnas funerárias para a subtração de próteses dentárias, incrustações e pinos de ouro, o Tribunal de Justiça do Estado de São Paulo entendeu não configurado o delito de furto, pois inexistiu ofensa ao patrimônio alheio e se trata de coisas fora do comércio: *RT* 619/291. Em outra decisão, contudo, decidiu em sentido contrário e referiu que "se o intuito do réu não era o de violar ou profanar sepultura, porém subtrair ouro existente na arcada dentária de cadáver, o delito cometido é apenas furto, que absorve o art. 11 do CP de 1940": *RT* 598/313.

(18) Competência da Justiça Federal: "A competência da Justiça Federal, expressa no art. 109, IV, da Constituição Federal, restringe-se às hipóteses em que as infrações penais são perpetradas em detrimento de bens, serviços ou interesses da União, ou de suas autarquias ou empresas públicas, na qual se inclui a Caixa Econômica Federal": STJ, HC 34930, 5ª T., Rel. Felix Fischer, j. 28-9-2004. Em sendo o delito cometido em prejuízo de Sociedade de Economia Mista, a competência é da Justiça Comum Estadual: STJ, CC 22358, 3ª S., Rel. Jorge Scartezzini, j. 13-9-2000. O furto de material de propriedade do Tribunal Regional Eleitoral representa ofensa a bens da União, todavia, não atrai a competência da Justiça Federal, em virtude da ressalva do art. 109, IV, da Constituição com relação à competência da Justiça Eleitoral: STJ, CC 33886, 3ª S., Rel. Vicente Leal, j. 11-9-2002. Os delitos de furto e receptação cometidos em detrimento de bens tombados por Estado-Membro também não estão na esfera de competência federal, pois os bens têm, em regra, apenas relevância regional: STJ, CC 56102, 3ª S., Relª Laurita Vaz, j. 13-9-2006. Igualmente não atrai a competência federal "o processo e julgamento de feito que visa à apuração de possível crime de furto consistente na extração de pequena quantidade de areia, a céu aberto, em propriedade particular, não restando demonstrada a existência de eventual lesão a bens, serviços ou interesses da União. Hipótese em que não se verificou a extração de areia de praia em faixa litorânea, nem tampouco do subsolo, até mesmo pelos instrumentos que teriam sido utilizados – 'pás manuais', a céu aberto": STJ, CC 34183, 3ª S., Rel. Gilson Dipp, j. 12-6-2002.

(19) Ação penal: Todas as modalidades do crime de furto são de ação penal pública incondicionada.

(20) Suspensão condicional do processo: Nos moldes do art. 89 da Lei n. 9.099/95, é cabível a suspensão condicional do processo no *caput* (furto simples), sem a incidência da majorante do repouso noturno (§ 1º).

Furto noturno (art. 155, § 1º)

(1) Natureza jurídica: Trata-se de causa especial de aumento de pena (1/3).

(2) Âmbito de incidência: Prevalece o entendimento no sentido de que a majorante se aplica somente ao furto simples, não incidindo sobre a forma qualificada: TJRS, Ap. Crim. 700144/06417, 7ª Câmara Criminal, Rel. Nereu José Giacomolli, j. 30-3-2006; TJRS, Ap. Crim. 70010787414, 8ª Câmara Criminal, Rel. Roque Miguel Fank, j. 30-3-2005; TJRS, Ap. Crim. 70006278188, 8ª Câmara Criminal, Rel. Marco Antônio Ribeiro de Oliveira, j. 27-8-2003; TJRS, Ap. Crim. 70003348836, 6ª Câmara Criminal, Rel. Paulo Moacir Aguiar Vieira, j. 2-10-2003; TJPI, *RT* 775/667; TJSP, *RT* 639/278; TJMG, *RT* 841/604; TJDF, Ap. Crim. 20030650075451, 2ª T. Criminal, Rel. Getulio Pinheiro, j. 9-6-2006, *DJ* 16-8-2006 p. 89; TJDF, Ap. Crim. 1664296, 1ª T. Criminal, Rel. P. A. Rosa de Farias, j. 20-6-1996, *DJ* 11-9-1996 p. 15782.

(3) Repouso noturno: Repouso noturno não se confunde com noite, pois esta é caracterizada pela ausência de luz solar (critério físico-astronômico). Há divergência na doutrina e jurispru-

dência quanto à necessidade ou não de ser a casa habitada ou estarem os moradores repousando para a incidência dessa majorante. Entende o Superior Tribunal de Justiça que, "para a incidência da causa especial de aumento prevista no § 1º do art. 155 do Código Penal, é suficiente que a infração ocorra durante o repouso noturno, período de maior vulnerabilidade para as residências, lojas e veículos. É irrelevante o fato de tratar de estabelecimento comercial ou de residência, habitada ou desabitada, bem como o fato de a vítima estar, ou não, efetivamente repousando": STJ, HC 29153/MS, 5ª T., Rel. Gilson Dipp, j. 2-10-2003. *No mesmo sentido:* STJ, REsp 509590/SP, 5ª T., Rel. Gilson Dipp, j. 9-9-2003; STJ, HC 18787/PB, 5ª T., Rel. Gilson Dipp, j. 5-2-2002; TJRS, Ap. Crim. 70007439227, Câmara Especial Criminal, Rel. Elba Aparecida Nicolli Bastos, j. 16-6-2004. O Tribunal de Justiça do Distrito Federal, contudo, já decidiu que se "o furto se deu em horário em que tanto os moradores da residência quanto os vizinhos se encontravam ativos e vigilantes, afasta-se a causa de aumento de pena prevista no § 1º do art. 155 do Código Penal": Ap. Crim. 20010610044182, 2ª T. Crim., Rel. Romão Oliveira, j. 25-8-2005, *DJ* 24-5-2006, p. 113. *No mesmo sentido:* TJPR, *RT* 540/338; TACrimSP, *RT* 559/358.

Furto privilegiado (art. 155, § 2º)

(1) Furto privilegiado: O § 2º do art. 155 cuida do chamado furto de pequeno valor ou furto mínimo.

(2) Requisitos: (a) *Primariedade:* Primário é todo aquele que não é reincidente (CP, art. 64, I). A presença de maus antecedentes não impede a incidência dessa causa de diminuição de pena. (b) *Pequeno valor da coisa subtraída:* Não se deve confundir o pequeno valor da coisa com o pequeno prejuízo sofrido pela vítima (CP, art. 171, § 2º). Saliente-se que esse valor não deve ser avaliado em função da situação financeira da vítima. A jurisprudência firmou entendimento no sentido de que o furto é mínimo quando a coisa subtraída não alcança o valor correspondente a um salário mínimo vigente à época do fato.

(3) Reconhecimento de furto privilegiado: Trata-se de direito público subjetivo do acusado, uma vez preenchidos os requisitos legais. Assim, deverá o juiz: (a) substituir a pena de reclusão por detenção; (b) diminuir a pena privativa de liberdade de um a dois terços; (c) ou aplicar somente a pena de multa.

(4) Incidência: Prevalece o entendimento no sentido de que o privilégio se aplica ao furto simples e ao praticado durante o repouso noturno, tendo em vista o modo como está disposta a matéria na lei. No tocante ao furto *privilegiado-qualificado*, tínhamos duas posições: (a) É cabível a incidência do privilégio no furto qualificado: STJ, REsp 208344, 6ª T., Rel. Fernando Gonçales, j. 8-8-2000; STJ, REsp 66885, 6ª T., Rel. Vicente Leal, j. 9-11-1999; TJRS, Ap. Crim. 70014741508, 8ª Câmara Criminal, Rel. Roque Miguel Fank, j. 4-12-2006; TJRS, Ap. Crim. 70013669163, 6ª Câmara Criminal, Rel. João Batista Marques Tovo, j. 29-6-2006; TJDF, Ap. Crim. 1701896, 2ª T. Criminal, Relª Sandra de Santis, j. 18-12-1996, *DJ* 17-12-1997, p. 31457. *No mesmo sentido:* Damásio de Jesus, porém exigindo que o agente apresente antecedentes e personalidade capazes de lhe permitir o privilégio (*Código Penal anotado*, cit., p. 536). (b) É impossível a aplicação do privilégio, dada a posição geográfica da minorante. *Nesse sentido:* STJ, REsp 706240, 5ª T., Rel. Gilson Dipp, j. 1º-3-2005; TRF 3ª Região, Ap. Crim. 731, 5ª T., j. 24-6-2003; TJRJ, *RT* 776/660; TACrimSP, *RT* 663/316; TJDF, Ap. Crim.20030410076368, 1ª T. Criminal, Rel. Lecir Manoel da Luz, j. 28-9-2006, *DJ* 1º-11-2006, p. 115. Esta é, também, a posição de Cezar Roberto Bitencourt, *Código Penal*, cit., p. 648. O Superior Tribunal de Justiça editou a Súmula 511, pacificando a questão com o seguinte enunciado: "É possível o reconhecimento do privilégio previsto no § 2º do art. 155 do CP nos casos de crime de furto qualificado, se estiverem presentes a primariedade do agente, o pequeno valor da coisa e a qualificadora for de ordem objetiva".

(5) Furto privilegiado e princípio da insignificância: No furto privilegiado, embora a coisa seja de pequeno valor, há um resultado penalmente relevante, o qual tão somente merece um tratamento penal mais benigno, não deixando de configurar crime. Vejamos algumas hipóteses em que incide o

princípio da insignificância. O Supremo Tribunal Federal aplicou o princípio no furto de um boné no valor de R$ 10,00. Fundamentou que "o sistema jurídico há de considerar a relevantíssima circunstância de que a privação da liberdade e a restrição de direitos do indivíduo somente se justificam quando estritamente necessárias à própria proteção das pessoas, da sociedade e de outros bens jurídicos que lhes sejam essenciais, notadamente naqueles casos em que os valores penalmente tutelados se exponham a dano, efetivo ou potencial, impregnado de significativa lesividade. O Direito Penal não se deve ocupar de condutas que produzam resultado cujo desvalor – por não importar em lesão significativa a bens jurídicos relevantes – não represente, por isso mesmo, prejuízo importante, seja ao titular do bem jurídico tutelado, seja à integridade da própria ordem social": HC 84687/MS, 2ª T., Rel. Min. Celso de Mello, j. 26-10-2004. O Superior Tribunal de Justiça, por sua vez, reconheceu a incidência do princípio em um furto de um pouco mais de um quilo de carne bovina, avaliado em R$ 17,13: ROHC 16890, 6ª T., Rel. Hamilton Carvalhido, j. 6-2-2006. Aplicou, também, em uma tentativa de furto de uma panela de pressão: HC 36947, 5ª T., Relª Laurita Vaz, j. 4-10-2005. O Tribunal de Justiça do Estado do Rio Grande do Sul reconheceu o princípio em um delito de furto de cinco maços de cigarros, avaliados em R$ 11,75: Ap. Crim. 70012683348, 8ª Câmara Criminal, Rel. Roque Miguel Fank, j. 9-11-2005. Reconheceu, também, em uma tentativa de furto de uma barra de chocolate de 200 gramas. Fundamentou-se que "por sua singeleza, o fato não passa de uma 'molecagem', uma travessura, como furtar laranjas do vizinho, fatos tão comuns na infância e adolescência de todos e, quem sabe até, praticado por nós mesmos, nessa época de tão doces lembranças. Jamais se cogitaria, creio, de aplicar medida socioeducativa pela tentativa de furto de laranjas. Se a tal ponto chegar a ortodoxia, em nome de uma retórica finalidade ressocializadora, faltará espaço para o bom-senso, para a 'lógica do razoável', e a vida não valerá a pena" (EI 70011587680, 4º Grupo de Câmaras Cíveis, Rel. Luiz Felipe Brasil Santos, j. 10-6-2005). Também o Tribunal de Alçada Criminal de São Paulo reconheceu a incidência da insignificância em tentativa de furto de barras de chocolate (*RT* 821/590). O Tribunal de Justiça do Estado do Ceará aplicou o princípio em um furto de uma colher de pedreiro, por considerar a "conduta evidentemente atípica em face do valor inexpressivo do objeto furtado" (*RT* 823/632). Sobre o princípio da insignificância, *vide* também comentário ao art. 1º, item n. 7.

(6) Suspensão condicional do processo: Nos moldes do art. 89 da Lei n. 9.099/95, é cabível a suspensão condicional do processo no § 2º (furto privilegiado), bem como no § 2º c.c. o § 1º (para aqueles que entendem que a majorante do repouso noturno aplica-se também ao furto privilegiado).

Furto de energia (art. 155, § 3º)

Furto de energia: O legislador equiparou à coisa móvel a energia elétrica ou qualquer outra que tenha valor econômico. Haverá furto na captação da energia antes de sua passagem pelo aparelho medidor. A alteração do aparelho medidor poderá configurar a fraude do crime de estelionato. Também configura o crime em tela a subtração de energias atômica, térmica, solar etc., dado o valor econômico.

Estatuto do Desarmamento (Lei n. 10.826/2003)

Furto de arma de fogo, acessório ou munição e posse ou porte ilegal dos artefatos: Configura-se, aqui, também, o crime de que tratam os arts. 12 (posse irregular de arma de fogo de uso permitido), 14 (porte ilegal de arma de fogo de uso permitido) ou 16 (posse ou porte ilegal de arma de fogo de uso restrito ou proibido) da Lei n. 10.826, de 22-12-2003 (Estatuto do Desarmamento). Não há que se falar em fato posterior não punível, sob o argumento de que a posse ulterior da arma furtada configuraria mero exaurimento do roubo ou furto anterior. Isto porque há ofensa a bens jurídicos diversos, de modo que a consunção não tem aplicação. O terceiro que adquire ou recebe a arma sabendo de sua procedência criminosa comete o delito mais grave previsto no art. 14 do Estatuto do Desarmamento (ou art. 16, se a arma de fogo, o acessório ou a munição forem de uso restrito; ou art. 17, se a aquisição ou o recebimento forem praticados no exercício de atividade comercial ou industrial).

Súmula 42 do STJ: "Compete à Justiça Comum Estadual processar e julgar as causas cíveis em que é parte sociedade de economia mista e os crimes praticados em seu detrimento".

Furto qualificado

§ 4º A pena é de reclusão de 2 (dois) a 8 (oito) anos, e multa, se o crime é cometido:

I – com destruição ou rompimento de obstáculo à subtração da coisa;

II – com abuso de confiança, ou mediante fraude, escalada ou destreza;

III – com emprego de chave falsa;

IV – mediante concurso de duas ou mais pessoas.

§ 5º A pena é de reclusão de 3 (três) a 8 (oito) anos, se a subtração for de veículo automotor que venha a ser transportado para outro Estado ou para o exterior. *(Acrescentado pela Lei n. 9.426/96)*

Furto qualificado (§ 4º)

(1) Furto qualificado: São as circunstâncias relativas aos modos de execução do crime de furto, imprimindo-lhe um cunho de maior gravidade. São de natureza objetiva, com exceção da prevista no inciso II (abuso de confiança).

(2) Concurso de qualificadoras: Se presente mais do que uma qualificadora, *vide* comentários ao art. 68 do CP.

(3) Com destruição ou rompimento de obstáculo à subtração da coisa (inciso I): É a violência empregada contra obstáculo (janelas, fechaduras, vidros etc.) que dificulte a subtração da coisa. Deve a ação ser praticada antes ou durante o furto, pois a ação posterior poderá configurar o crime de dano em concurso material com o furto simples. Quanto ao obstáculo, há duas posições: (a) É somente aquele exterior à *res furtiva*. Nesse sentido, STJ: "A prática de violência caracterizada pelo rompimento de obstáculo contra o próprio objeto do furto, sendo o empecilho peculiar a coisa, não gera a incidência da qualificadora do art. 155, § 4º, inciso I, do Código Penal" (STJ, REsp 618236/RS, 5ª T., Rela Mina Laurita Vaz, *DJ* 7-3-2005, p. 326); TJRS: "A danificação de parte da própria coisa subtraída – ventarola, trinco, vidro de veículo – não configura a qualificadora, por se tratar de elementos integrantes do automóvel, da própria coisa, e não externos a ela. O desvalor da conduta e o grau da reprovabilidade do agente, no caso em tela, foi menor, na medida em que não subtraiu o veículo, mas tentou apoderar-se do toca-fitas do automóvel, apenas parcela menor do todo" (TJRS, Ap. Crim. 70016386880, 7ª Câmara Criminal, Rel. Nereu José Giacomolli, j. 9-11-2006). *Na mesma linha de raciocínio:* "Furto. Subtração de objetos que se encontravam no interior de automóvel. A danificação de vidro de veículo, para subtrair aparelhos que se encontram em seu interior, não configura a qualificadora de que trata o art. 155, § 4º, I, do CP. Seria paradoxal dispensar tratamento mais rigoroso ao agente que subtrai coisas em tais condições do que o dispensado àquele que furta o próprio veículo, de maior valor e não recuperado, pois é tranquila a jurisprudência no sentido de considerar não ocorrer arrombamento quando o dano é produzido no próprio bem furtado" (TJRS, Ap. Crim. 70007063167, 6ª Câmara Criminal, Rel. Des. Paulo Moacir Aguiar Vieira, j. 11-3-2004). *No mesmo sentido,* TJRS, Ap. Crim. 70016788028, 6ª Câmara Criminal, Rel. João Batista Marques Tovo, j. 14-12-2006; (b) É tudo quanto deva ser destruído ou rompido para que se viabilize a ação delituosa, não cabendo a distinção entre obstáculo inerente e obstáculo não inerente à coisa. *Nesse sentido,* TJRS: "A interpretação do art. 155, § 4º, I, do CP, para efeito de considerar qualificado ou simples o delito, deve ser feita de forma literal, dada a

clareza do dispositivo. O comando legal é taxativo no sentido de qualificar a subtração, quando houver 'destruição ou rompimento de obstáculo à subtração da coisa', sem qualquer distinção em relação ao obstáculo em si, se externo ou não, referentemente à coisa. Quebra do vidro da porta do automóvel, a fim de possibilitar a subtração do rádio do interior do veículo. Rompimento de obstáculo caracterizado" (TJRS, Ap. Crim. 70012967212, 8ª Câmara Criminal, Relª Fabianne Breton Baisch, j. 25-10-2006). *Nesta mesma senda*, TJRS: "Tendo em vista que a palavra *obstáculo* significa aquilo que obsta, impede, dificulta, alguma coisa, caracteriza o furto qualificado pelo inciso I o cometido pelo rompimento da fechadura da porta do veículo. É irrelevante, para o reconhecimento da qualificadora, fazer a distinção entre obstáculo externo à coisa ou a ela inerente. Na hipótese, as portas e os vidros foram colocados para darem conforto ao motorista e os passageiros, mas são trancados para obstaculizar o acesso de estranhos ao interior do automóvel. O seu rompimento, ou quebra, como ocorreu na hipótese, configura a qualificadora referida" (TJRS, Ap. Crim. 70012793097, 7ª Câmara Criminal, Rel. Sylvio Baptista Neto, j. 17-11-2005). *Com o mesmo entendimento*, TACrimSP: "Verifica-se a qualificadora do n. I, do § 4º do art. 155 do CP quando na ocasião do furto ocorre arrombamento, a ruptura, a demolição, a destruição (total ou parcial) de qualquer elemento que vise impedir a ação do ladrão (cadeados, fechaduras, cofres, muros, portões, janelas, tetos etc.), sejam quais forem os expedientes empregados" (RT 535/323).

Prova pericial: Exige-se a prova pericial para a comprovação da qualificadora, podendo, no entanto, de forma supletiva ser suprida pela prova testemunhal. Nesse sentido, TJRS: "Embargos de declaração. Furto qualificado pelo rompimento de obstáculo. Imprescindibilidade da prova pericial a afirmá-lo. Substituição do exame de corpo de delito por prova testemunhal, na forma do art. 167, do Código de Processo Penal só ocorre em situações em que os vestígios desapareceram. Embargos acolhidos. Unânime" (TJRS, EDcl 70016438392, 5ª Câmara Criminal, Rel. Luís Gonzaga da Silva Moura, j. 8-11-2006); e TJRS: "A teor do art. 158 do Código de Processo Penal é necessária a realização de exame pericial nos delitos que deixam vestígios. Não basta a mera vistoria feita por autoridade policial ou por investigador da polícia. O exame do corpo de delito só se supre por prova testemunhal na hipótese do art. 167 do Código de Processo Penal, isto é, quando o exame de corpo de delito resulta impossível por haverem desaparecido os vestígios" (TJRS, Ap. Crim. 70008250698, 5ª Câmara Criminal, Relª Genacéia da Silva Alberton, j. 9-6-2004).

(4) Com abuso de confiança, ou mediante fraude, escalada ou destreza (inciso II)

Abuso de confiança: O agente realiza o furto, abusando de sua relação de amizade, de parentesco ou empregatícia com a vítima. Por exemplo: por conhecer a senha bancária, em razão da relação de confiança com a vítima, transfere todo o numerário desta para a sua conta. Há, assim, uma menor vigilância exercida sobre o bem em virtude desse vínculo. Se a relação for empregatícia, deve-se comprovar o vínculo especial de confiança e lealdade entre o empregador e o empregado, do contrário, resta apenas a incidência da agravante prevista no art. 61, II, *f*, do CP. É qualificadora de natureza subjetiva, não se comunicando aos demais partícipes. Essa figura qualificada não deve ser confundida com o crime de apropriação indébita.

Mediante fraude: Cuida-se aqui do ardil, engodo ou meio enganoso utilizado pelo agente (por exemplo: disfarces de encanador, funcionário da vigilância sanitária etc.) para burlar a vigilância da vítima e se apoderar da coisa, sem o conhecimento dela. Não se confunde com o estelionato, no qual o próprio dono da coisa que, enganado pelo agente, entrega-lhe voluntariamente o bem.

Mediante fraude: furto bancário via internet: A fraude consistente na utilização de programas de computadores, atualmente, é muito empregada na subtração de valores de contas bancárias por meio da internet. STJ: "Hipótese na qual o paciente foi denunciado pela suposta prática dos crimes de furto qualificado, formação de quadrilha e violação de sigilo bancário, pois seria um dos chefes de grupo hierarquicamente organizado com o fim de praticar fraudes por meio da internet, concernentes na subtração de valores de contas bancárias, em detrimento de diversas vítimas e instituições financeiras, entre elas a Caixa Econômica Federal, a partir da utilização de programa de computador denominado Trojan" (STJ, HC 53062/GO, 5ª T., Rel. Min. Gilson Dipp, j. 20-4-2006, DJ 15-5-2006, p. 266). No mesmo sentido: STJ, HC 48255/GO, Rel. Min. Gilson Dipp, j. 6-12-2005, DJ 19-12-2005, p. 462.

Mediante escalada: É o acesso ao local do furto por meio anormal, utilizando-se o agente de instrumentos como corda, escada etc., ou sendo obrigado a empregar um esforço incomum (por exemplo: passar por túnel subterrâneo etc.). É prescindível o exame pericial, pois nem sempre a escalada deixa vestígios.

Mediante destreza: É especial habilidade do agente ou ação dissimulada que lhe permite se apoderar do bem sem que a vítima perceba. Não se pode falar em destreza na subtração de sujeito passivo que está dormindo, que se encontra embriagado ou em qualquer outro estado de inconsciência. Haverá tentativa de furto simples se a vítima, por exemplo, perceber a mão do agente no bolso de seu casaco.

(5) *Com emprego de chave falsa (inciso III)*: É o emprego de qualquer instrumento pelo agente (chave imitada da verdadeira, grampo etc.), desde que não seja a chave verdadeira, que possibilite abrir fechaduras para a prática da subtração. Discute-se se o emprego de chave verdadeira subtraída ou obtida mediante fraude constitui a qualificadora do meio fraudulento. *Nesse sentido*: Cezar Roberto Bitencourt, *Código Penal*, cit., p. 651. *Em sentido contrário*: E. Magalhães Noronha, que equipara a chave falsa à verdadeira furtada: *Direito penal*, cit., v. 2, p. 236.

(6) *Mediante concurso de duas ou mais pessoas (inciso IV)*: Haverá a qualificadora se o furto for realizado por duas ou mais pessoas, ainda que não realizem os atos executórios. *Em sentido contrário*, há posicionamento no sentido de ser necessária a presença *in loco* dos concorrentes, ou seja, a cooperação deles na fase *executiva* do crime (Nélson Hungria, *Comentários*, cit., v. VII, p. 46). Inserem-se, nesse cômputo legal, os inimputáveis e os indivíduos não identificados. É necessário que o agente tenha conhecimento da participação dos demais agentes para que incida a qualificadora. A absolvição do coagente acarreta a desclassificação do crime para a forma simples. Finalmente, sobre o furto qualificado pelo concurso de pessoas e o crime de associação criminosa, *vide* comentários ao art. 288 do CP.

Furto qualificado (§ 5º)

(1) *Furto de veículo automotor (cf. § 5º, acrescentado pela Lei n. 9.426, de 24-12-1996)*: A pena é mais severa para aquele que subtrai veículo automotor (automóveis, ônibus, caminhões, motocicletas, aeronaves, lanchas, *jet-skis* etc.) que venha a ser transportado para outro Estado ou para o exterior. Para existência da qualificadora, é necessário, portanto, a transposição dos limites territoriais. Ao criar o § 5º, a lei nova deixou de cominar a pena de multa, de modo que retroagirá para atingir todos os furtos de veículos automotores que tenham sido transportados para outro Estado ou para o exterior, antes da entrada em vigor da Lei n. 9.426/96. A sanção penal, no entanto, é mais severa, de forma que não alcançará os crimes praticados antes de sua entrada em vigor. *Nesse sentido*: TJDFT: "Consumada a subtração de veículo automotor no Distrito Federal, seu transporte para outro Estado faz incidir a qualificadora do § 5º do art. 155 do Código Penal" (Ap. Crim. 20020410011133APR/DF, 2ª T. Criminal, Rel. Getulio Pinheiro, DJ 16-6-2004, p. 61). *Nessa mesma senda*, o TJSC reconheceu a incidência da qualificadora no caso de subtração de veículo automotor em SC e sua posterior remessa ao RS, salientando que "o veículo que é transportado de um para outro Estado da Federação ou para fora do país torna a recuperação do bem, pela vítima, extremamente dificultosa" (Ap. Crim. 2005.001936-5, Rel. Des. Irineu João da Silva, j. 22-3-2005).

(2) Lei Complementar n. 121, de 9 de fevereiro de 2006: Criou o Sistema Nacional de Prevenção, Fiscalização e Repressão ao Furto e Roubo de Veículos e Cargas e dá outras providências.

Corrupção de menores (ECA)

Coagente inimputável: Prescreve o art. 244-B do ECA, introduzido pela Lei n. 12.015/2009: "Corromper ou facilitar a corrupção de menor de 18 (dezoito) anos, com ele praticando infração penal ou induzindo-o a praticá-la: Pena — reclusão, de 1 (um) a 4 (quatro) anos. § 1º Incorre nas penas previstas no *caput* deste artigo quem pratica as condutas ali tipificadas utilizando-se de quaisquer meios eletrônicos, inclusive salas de bate-papo da internet. § 2º As penas previstas no caput deste artigo são aumentadas de um terço no caso de a infração cometida ou induzida estar incluída no rol do art. 1º da Lei n. 8.072, de 25 de julho de 1990". Mencione-se que o art. 1º da Lei n. 2.252/54, que tratava do aludido delito, foi revogado expressamente pela Lei n. 12.015/2009. Dessa maneira, o agente que usa menor de idade na prática do furto comete o delito de furto qualificado em concurso com o crime de corrupção de menores previsto no ECA. Ao oferecer a denúncia, deve-se instruí-la com a prova da menoridade do inimputável.

Súmulas:

Súmula 442 do STJ: "É inadmissível aplicar, no furto qualificado, pelo concurso de agentes, a majorante do roubo".

Súmula 567 do STJ: "Sistema de vigilância realizado por monitoramento eletrônico ou por existência de segurança no interior de estabelecimento comercial, por si só, não torna impossível a configuração do crime de furto".

Furto de coisa comum

Art. 156. Subtrair o condômino, coerdeiro ou sócio, para si ou para outrem, a quem legitimamente a detém, a coisa comum:

Pena – detenção, de 6 (seis) meses a 2 (dois) anos, ou multa.

§ 1º Somente se procede mediante representação.

§ 2º Não é punível a subtração de coisa comum fungível, cujo valor não excede a quota a que tem direito o agente.

(1) Objeto jurídico: Protege-se a posse legítima ou a propriedade comum.

(2) Objeto material: É a coisa móvel comum.

(3) Ação nuclear: Assim como o furto, a conduta típica consiste em subtrair, no caso, a coisa móvel comum.

(4) Sujeito ativo: É crime próprio, pois somente pode ser praticado por aqueles que compartilham a propriedade ou posse da coisa móvel (condômino, coerdeiro ou sócio). Na hipótese do crime praticado pelo sócio contra sociedade que constitua pessoa jurídica, há posicionamento de que haveria a configuração de crime de furto comum (CP, art. 155). N*esse sentido:* E. Magalhães Noronha, *Direito penal,* cit., v. 2, p. 242. *Em sentido contrário,* entendendo haver o crime do art. 156: Nélson Hungria, *Comentários,* cit., v. VII, p. 49.

(5) Sujeito passivo: É o condômino, coerdeiro ou sócio, ou quem legitimamente detenha a coisa, com exceção do agente.

(6) Elemento subjetivo: É o dolo, isto é, a vontade livre e consciente de subtrair a coisa comum, acrescido do especial fim de agir, consubstanciado na expressão "para si ou para outrem".

(7) Causa de exclusão do crime (§ 2º): Não é punível a subtração de coisa comum fungível, cujo valor não excede a quota a que tem direito o agente. Trata-se de causa excludente da ilicitude.

(8) Ação penal. Procedimento. Lei dos Juizados Especiais Criminais: É crime de ação penal pública condicionada (CP, art. 156, § 1º). Trata-se infração de menor potencial ofensivo, estando sujeita às disposições da Lei n. 9.099/95. É também cabível a suspensão condicional do processo (art. 89 da Lei n. 9.099/95).

CAPÍTULO II
DO ROUBO E DA EXTORSÃO

Roubo

Art. 157. Subtrair coisa móvel alheia, para si ou para outrem, mediante grave ameaça ou violência a pessoa, ou depois de havê-la, por qualquer meio, reduzido à impossibilidade de resistência:

Pena – reclusão, de 4 (quatro) a 10 (dez) anos, e multa.

§ 1º Na mesma pena incorre quem, logo depois de subtraída a coisa, emprega violência contra pessoa ou grave ameaça, a fim de assegurar a impunidade do crime ou a detenção da coisa para si ou para terceiro.

§ 2º A pena aumenta-se de um terço até metade:

I – se a violência ou ameaça é exercida com emprego de arma;

II – se há o concurso de duas ou mais pessoas;

III – se a vítima está em serviço de transporte de valores e o agente conhece tal circunstância;

IV – se a subtração for de veículo automotor que venha a ser transportado para outro Estado ou para o exterior; *(Acrescentado pela Lei n. 9.426/96)*

V – se o agente mantém a vítima em seu poder, restringindo sua liberdade. *(Acrescentado pela Lei n. 9.426/96)*

§ 3º Se da violência resulta lesão corporal grave, a pena é de reclusão, de 7 (sete) a 15 (quinze) anos, além de multa; se resulta morte, a reclusão é de 20 (vinte) a 30 (trinta) anos, sem prejuízo de multa. *(Redação dada pela Lei n. 9.426/96)*

(1) Objeto jurídico: Protege-se o patrimônio (posse e propriedade), a integridade física e a liberdade individual, pois o roubo constitui crime complexo (furto + constrangimento ilegal + lesão corporal leve).

(2) Objeto material: É a coisa alheia móvel (*vide* comentários ao crime de furto) e a pessoa. Convém notar que é incabível a incidência do princípio da insignificância no crime de roubo, a fim de excluir a tipicidade. *Nesse sentido*: STF: "Inaplicável o princípio da insignificância ao delito de roubo (art. 157, CP), por se tratar de crime complexo, no qual o tipo penal tem como elemento constitutivo o fato de que a subtração de coisa móvel alheia ocorra 'mediante grave ameaça ou violência a pessoa', a demonstrar que visa a proteger não só o patrimônio, mas também a inte-

gridade pessoal" (AgR no AgI 557972/MG, Relª Minª Ellen Gracie, *DJ* 31-3-2006, p. 33). N*a mesma linha de raciocínio*, entende o STJ: "Por tutelar bens jurídicos diversos, o patrimônio e a liberdade ou a integridade da pessoa, resta inviável a aplicação do princípio da insignificância ao crime de roubo" (REsp 468998/MG, 5ª T., Rel. Min. Arnaldo Esteves Lima, *DJ* 25-9-2006, p. 298). Da mesma forma, caso o objeto seja de pequeno valor, é inadmissível estender o privilégio do art. 155, § 2º, ao crime de roubo. N*esse sentido*, TJRS: "A privilegiadora do pequeno valor da *res* não é compatível com o crime de roubo, praticado com violência ou grave ameaça a pessoa, circunstâncias impeditivas, também, na forma da lei, da substituição da pena carcerária por restritivas de direitos" (TJRS, Ap. Crim. 70008930018, 7ª Câmara Criminal, Rel. Marcelo Bandeira Pereira, j. 21-10-2004). *No mesmo sentido*: TJRS, Ap. Crim. 70012550679, 8ª Câmara Criminal, Relª Fabianne Breton Baisch, j. 25-10-2006.

(3) Ação nuclear: Assim como no crime de furto, consubstancia-se no verto *subtrair*, isto é, retirar de outrem a coisa alheia móvel, no entanto, trata-se de crime grave, pois a subtração é realizada mediante o emprego de violência ou grave ameaça, ou por qualquer outro meio que reduza a capacidade de resistência da vítima.

Violência (vis corporalis): É a força física empregada contra a vítima, da qual decorrem lesão corporal leve ou vias de fato (a lesão corporal de natureza grave e a morte qualificam o crime), as quais restam absorvidas pelo roubo. Constitui a chamada violência própria. Nesse ínterim, cabe salientar as figuras da "trombada" e do "arrebatamento de objeto preso ao corpo da vítima", as quais, dependendo do caso concreto, poderão configurar o delito de roubo ou caracterizarem o crime de furto qualificado. N*esse sentido*, STJ: "Tendo sido a vítima agredida e derrubada durante a subtração, inclusive com o comprometimento de sua integridade física – lesão corporal – o delito é classificado como roubo, e não como simples furto. Precedentes" (REsp 778800/RS, 5ª T., Relª Minª Laurita Vaz, *DJ* 5-6-2006, p. 313); STJ: "Quando, na subtração de objetos presos ou juntos do corpo da vítima, a ação do agente repercute sobre esta, causando-lhe lesões ou diminuindo a capacidade de oferecer resistência, tem-se configurado o crime de roubo" (REsp 631368/RS, 5ª T., Rel. Min. Arnaldo Esteves Lima, *DJ* 7-11-2005, p. 343); TJRS: "Há crime de roubo, quando a ação do agente tem por escopo tolher uma eventual reação da vítima. No caso em testilha, as subtrações acontecerem após violento tranco ou 'trombada' do apelante que estava na garupa de uma motocicleta. Seu gesto determinou o desequilíbrio das vítimas ou o tolhimento de seus movimentos, impedindo-as de reagir" (TJRS, Ap. Crim. 297021776, 2ª Câmara Criminal, Rel. Sylvio Baptista Neto, j. 11-9-1997); TJRS: "A chamada 'trombada', para fins penais, só é vista como ação não violenta quando tenha como único objetivo fazer com que a vítima relaxe a vigilância sobre seus pertences, pelo tempo suficiente para que o ladrão deles se apodere – a subtração por ela se inicia. Se, porém, ela ocorra após enfrentamento, ainda que breve, entre réu e vítima, e venha em meio a disputa pela posse da *res*, faz aperfeiçoado o tipo do art. 157, do Código Penal" (TARS, Ap. Crim. 297030850, 2ª Câmara Criminal, Rel. Newton Brasil de Leão, j. 20-11-1997). *Em sentido contrário*, na hipótese de violência exercida apenas contra o objeto, TJRS: "Roubo majorado pelo concurso de agentes desclassificado para furto qualificado pelo concurso de agentes. Arrebatamento. Violência dirigida contra o patrimônio e não contra a vítima, que não se amolda na figura típica do roubo. A ação do réu e de seu comparsa dirigiu-se exclusivamente contra o patrimônio da ofendida, a qual sequer chegou a cair ao solo, diante da situação. A ação dos agentes não se dirigiu diretamente contra a pessoa da vítima. Objetivou a subtração da bolsa. Não há prova material de que tenha sofrido lesões corporais. A própria vítima, aliás, disse que nenhuma lesão sofreu" (TJRS, Ap. Crim. 70013078613, 6ª Câmara Criminal, Rel. Paulo Moacir Aguiar Vieira, j. 27-4-2006); TJRS: "O depoimento judicial da ofendida não deixa margem a dúvida: a bolsa não foi disputada, a violência empregada voltou-se contra a coisa e, acidentalmente, produziu pequena lesão em seu braço. Em tais circunstâncias, julgo não seja possível reconhecer o tipo do roubo. Embora admita haver uma zona indefinida de transição entre o furto mediante arrebatamento e o roubo mediante violência, considero que a diferença de sanções não recomenda estender o limite geográfico do fato mais grave e sim, o inverso. Se a violência foi voltada contra a coisa e apenas acidentalmente atingiu a pessoa, então, desclassifico o fato para o tipo do art. 155, caput, combinado com o art. 14, inciso II, do Código Penal" (TJRS, Ap. Crim. 70012635330, 6ª Câmara Criminal, Rel. João Batista Marques Tovo, j. 1º-6-2006); TJRS: "Trombada. Violência ínsita ao empurrão, que não configura a elementar do art. 157 do CP. Desclassificação para furto simples tentado" (TJRS, Ap. Crim. 70014093389, 6ª Câmara Criminal, Rel. Marco Antônio Bandeira Scapini, j. 30-3-2006); *No mesmo sentido*: "Se a trombada só atrapalha a vítima, sem violência corporal, é furto" (TACrimSP, Ap. 303.661, *RT* 574/376); "Simples esbarrão ou toque no corpo não configura roubo" (TACrimSP, Rev. 111.640, *RT* 562/357).

Grave ameaça (vis compulsiva): É a promessa da prática de mal grave (idôneo a atemorizar a vítima) e iminente. O mal prometido pode ser justo ou injusto e pode dirigir-se à vítima ou terceiros (parentes da vítima, amigos etc.). Convém notar que configura a grave ameaça o simples porte ostensivo de arma de fogo, assim como a simulação do porte do referido artefato. O emprego de arma de fogo defeituosa, desmuniciada ou de brinquedo também configuram a grave ameaça.

Qualquer outro meio que reduza à impossibilidade de resistência: Trata-se aqui da chamada *violência imprópria*, por exemplo, fazer a vítima ingerir bebida alcoólica, narcóticos, soníferos ou hipnotizá-la.

(4) Roubo próprio (caput): É a modalidade prevista no *caput* do artigo. Nele, a violência, grave ameaça ou qualquer outro meio que reduza a capacidade de resistência são empregados contra a vítima antes ou durante a subtração do bem, pois se destinam à sua apreensão. Finda essa ação, qualquer grave ameaça ou violência posterior caracterizará o roubo impróprio.

(5) Roubo impróprio (§ 1º): Nele, a violência ou grave ameaça são empregados logo depois da subtração, a fim de assegurar a detenção do bem, para si ou para outrem, ou assegurar a impunidade do crime, isto é, evitar a prisão em flagrante ou a sua identificação. A demora entre a subtração e o emprego da violência ou grave ameaça poderá caracterizar *crime autônomo* (constrangimento ilegal, lesão corporal, homicídio) em concurso com o delito de furto. Mencione-se, ainda, que nem toda violência ou grave ameaça empregada logo depois de subtraída a coisa configurará o crime de roubo impróprio. É preciso que ela seja utilizada com o fim de assegurar a impunidade do crime ou a detenção da coisa para si ou para terceiro.

(6) Sujeito ativo: Qualquer pessoa, com exceção do possuidor ou proprietário do bem.

(7) Sujeito passivo: Pode ser o titular do direito de propriedade ou posse ou terceiro que tenha sofrido a violência ou grave ameaça (p. ex.: o empregado de um banco).

(8) Elemento subjetivo: É o dolo, consubstanciado na vontade de subtrair coisa alheia móvel, acrescido do fim especial de tê-la para si ou para outrem *(animus rem sibi habendi)*. No roubo impróprio, há também a finalidade de assegurar a impunidade do crime ou a detenção da coisa, para si ou para terceiro. Ao contrário do furto, o delito de roubo não admite a possibilidade de descriminalização da conduta do agente pelo uso. *Nesse sentido*: "Roubo de uso: não pode invocar furto de uso quem rouba veículo com violência ou grave ameaça" (TACrimSP – *Julgados* 88/33); e TARS, *RT* 640/344.

(9) Roubo próprio. Momento consumativo e tentativa: No roubo próprio (*caput*), o crime se consuma no momento em que o agente, após o emprego da violência ou grave ameaça, retira o bem da esfera de disponibilidade da vítima, sendo irrelevante se chegou a ter a posse tranquila e desvigiada da *res*. Nesse sentido, vêm-se posicionando os Tribunais Superiores. STF: "Penal. Processual penal. *Habeas corpus*. Crime de roubo: Consumação. A jurisprudência do Supremo Tribunal Federal é no sentido de que o crime de roubo se consuma quando o agente, mediante violência ou grave ameaça, consegue tirar a coisa da esfera de vigilância da vítima, sendo irrelevante a ocorrência de posse tranquila sobre a *res*" (STF, HC 85262/RJ, 2ª T., Rel. Min. Carlos Velloso, *DJ* 1º-4-2005, p. 87). *No mesmo sentido*, o entendimento do STJ: "A jurisprudência

desta Corte, bem como a do Supremo Tribunal Federal, firmaram a orientação no sentido de que se considera consumado o crime de roubo, assim como o de furto, no momento em que, cessada a clandestinidade ou violência, o agente se torna possuidor da *res furtiva*, ainda que por curto espaço de tempo, sendo desnecessário que o bem saia da esfera de vigilância da vítima, incluindo-se, portanto, as hipóteses em que é possível a retomada do bem por meio de perseguição imediata" (STJ, REsp 665363/RS, 5ª T., Rel. Min. Arnaldo Esteves Lima, *DJ* 27-11-2006, p. 311); STJ: "O delito de roubo consuma-se com a simples posse, ainda que breve, da coisa alheia móvel, subtraída mediante violência ou grave ameaça, sendo desnecessário que o bem saia da esfera de vigilância da vítima" (STJ, REsp 828333/RS, 5ª T., Rel. Min. Gilson Dipp, *DJ* 30-10-2006, p. 403); STJ: "O crime de roubo se consuma com a mera posse do bem subtraído, ainda que por um breve período, não se exigindo para a consumação do delito a posse tranquila da *res*" (STJ, REsp 798368/SP, 5ª T., Relª Minª Laurita Vaz, *DJ* 8-5-2006, p. 287). Por fim, TJRS: "Roubo. Consumação. O roubo se consuma no instante em que houve o desapossamento da *res*, mediante violência ou grave ameaça, pouco importando que venha a ser recuperada imediatamente. Apelo ministerial provido" (TJRS, Ap. Crim. 70016896797, 4ª Câmara Criminal, Rel. Constantino Lisbôa de Azevedo, j. 16-11-2006). *Em sentido contrário*, exigindo a posse tranquila da *res*, ainda que por curto espaço de tempo: TJRS: "Roubo. Tentativa. Ocorrência. O delito de roubo, tal como o de furto, somente se consuma quando a coisa sai da esfera de vigilância da vítima e o sujeito ativo tem a posse tranquila da coisa, ainda que por pouco tempo. No caso em testilha, após a subtração violenta das coisas, os agentes foram perseguidos pela vítima e adentraram num prédio. A polícia, alertada, foi ao local e, por indicação do ofendido, conseguiu deter os meliantes com os objetos do primeiro. Ou seja, o apelante e seus comparsas não chegaram a ter a posse tranquila nem desvigiada das coisas. Condenação pela tentativa mantida" (Ap. Crim. 70000576496, 6ª Câmara Criminal, Acórdão de 27-4-2000, Rel. Des. Sylvio Baptista Neto); TJRS: "Roubo. Crime Tentado. Inocorrência de posse tranquila da *res furtiva*. Adoto o entendimento de que para a consumação do delito de roubo é necessário que o bem saia da esfera de vigilância da vítima, bem como tenha o autor a posse tranquila da *res furtiva*, não bastando apenas a ocorrência da violência ou da grave ameaça, elementos do tipo" (TJRS, Ap. Crim. 70007649916, 6ª Câmara Criminal, Rel. Marco Antônio Bandeira Scapini, j. 18-3-2004); TJRS: "Roubo majorado tentado. Condenação. Agentes que não tiveram a posse tranquila da *res*. Foram perseguidos e presos em flagrante. Incidência do art. 14, II, do Código Penal" (TJRS, Ap. Crim. 70008416463, 6ª Câmara Criminal, Rel. Marco Antônio Bandeira Scapini, j. 13-5-2004). A tentativa é perfeitamente possível. Se, após o emprego da violência ou grave ameaça, o agente desistir de subtrair os bens, responderá apenas pelos atos até então praticados.

(10) Roubo impróprio. Consumação e tentativa: No roubo impróprio, a consumação se dá com o emprego da violência ou grave ameaça contra a pessoa, logo em seguida à subtração do bem. No tocante à tentativa, há duas correntes: (a) Não se admite a tentativa. Se o sujeito não empregar a violência – ou grave ameaça contra a pessoa, há furto tentado ou consumado. *Nesse sentido:* Nélson Hungria, *Comentários*, cit., v. VII, p. 61 e 62; E. Magalhães Noronha, *Direito penal*, cit., p. 248; Damásio de Jesus, *Código Penal anotado*, cit., p. 559; (b) É possível a tentativa, quando, ao tentar empregar a violência ou grave ameaça para assegurar a detenção da coisa ou a impunidade do crime, é impedido por terceiros. Convém mencionar que, na hipótese em que a subtração do bem fica na esfera tentada, mas a violência e grave ameaça se consumam, há consenso na doutrina no sentido de que haverá o crime de furto na forma tentada em concurso material com crime contra a pessoa.

(11) Concurso de crimes: É possível o concurso formal quando, por exemplo, em um só contexto (ônibus, residência, agência bancária), o agente subtrai os bens de várias pessoas, ameaçando-as ou submetendo-as a violência. É admissível o crime continuado entre roubos praticados contra vítimas diversas. Podem as ações, contudo, caracterizar a habitualidade criminosa, o que afasta o crime con-

tinuado, pois na continuidade delitiva há sucessão circunstancial de crimes; na habitualidade criminosa, sucessão planejada, indiciária do *modus vivendi* do agente. *Nesse sentido*: STF: "Quem faz do crime sua atividade comercial, como se fosse profissão, incide nas hipóteses de habitualidade, ou de reiteração delitiva, que não se confunde com a da continuidade delitiva. O benefício do crime continuado não alcança quem faz do crime a sua profissão. Precedentes" (STF, HC 74066/SP, Rel. Min. Maurício Corrêa, *DJ* 11-10-1996, p. 38501). Finalmente, não há continuidade delitiva entre os crimes de furto ou extorsão e roubo, assim como não há entre o crime de latrocínio e roubo, pois estes últimos não possuem modo de execução semelhante, o que afasta a continuidade delitiva.

(12) Competência: Se o roubo perpetrado atingir bens ou interesses da União, a competência para o processamento da ação penal será da Justiça Federal, nos termos do art. 109 da CF/88. *Nesse sentido*: STF: "*Habeas corpus* – Crime contra a Caixa Econômica Federal – condenação emanada da justiça local – incompetência absoluta – invalidação do procedimento penal – ordem concedida. Os delitos cometidos contra o patrimônio da Caixa Econômica Federal – que é empresa pública da União – submetem-se à competência penal da Justiça Federal comum ou ordinária. Trata-se de competência estabelecida *ratione personae* pela Constituição da República. É, pois, incompetente a Justiça do Estado-membro para processar e julgar crime de roubo cometido contra a Caixa Econômica Federal. Disso resulta a nulidade absoluta da persecução penal instaurada contra o paciente, a partir da denúncia, inclusive, oferecida pelo Ministério Público local" (STF, HC 68895/SP, Rel. Min. Celso de Mello, *DJ* 21-2-1992, p. 1695). *No mesmo sentido*: STF, HC 71027/RJ, *DJ* 9-9-1994, p. 23442; STF, HC 71849/SP, *DJ* 4-8-1995, p. 22444; e STF, HC 70541/SP, Rel. Min. Sidney Sanches, *DJ* 18-3-1994, p. 5151.

(13) Ação penal: Todas as modalidades do crime de roubo constituem crime de ação penal pública incondicionada.

Causas especiais de aumento de pena (roubo qualificado – § 2º, I a V)

(1) Natureza jurídica: Impropriamente denominado *roubo qualificado*, na realidade, o § 2º, I a V, contém causas especiais de aumento de pena, a incidir na terceira fase de aplicação da pena. Sobre o concurso de causas de aumento de pena, *vide* comentários ao art. 68 do CP.

(2) Emprego de arma (inciso I): Trata-se aqui do emprego efetivo da arma (própria ou imprópria) e fundamenta-se no maior poder intimidatório que esse artefato exerce sobre a vítima. Discute-se se a arma descarregada ou defeituosa ou simulacro de arma (arma de brinquedo) autorizam o aumento de pena. O Superior Tribunal de Justiça chegou a editar a Súmula 174, cujo teor é o seguinte: "No crime de roubo, a intimidação feita com arma de brinquedo autoriza o aumento de pena". Entretanto ela veio a ser cancelada pela 3ª Seção do Superior Tribunal de Justiça em 24-10-2001. A partir desta data, posicionou-se o STJ: "O emprego de arma de brinquedo no delito de roubo não se presta para fazer incidir a causa especial de aumento prevista no Código Penal. Cancelamento da Súmula 174 desta Corte. Deve ser reformado o aresto do Tribunal, afastando-se a causa especial de aumento referente ao emprego de arma" (STJ, REsp 802362/SP, 5ª T., Rel. Min. Gilson Dipp, *DJ* 3-4-2006, p. 414). *No mesmo sentido*: STJ, HC 43390/SP, 6ª T., Rel. Min. Nilson Naves, *DJ* 7-11-2005, p. 393. *Seguindo esta mesma linha de raciocínio*, TJRS: "A arma de brinquedo não possui potencialidade lesiva – perigo concreto –, não podendo, por consequência lógica, configurar a majorante do roubo, sendo hábil, apenas, para a configuração de grave ameaça, estatuída na modalidade simples do delito, consistente na aptidão de reduzir a capacidade de resistência da vítima. Outrossim, a Súmula 174 do STJ – que considerava a arma de brinquedo como sendo causa de aumento nos delitos de roubo – está cancelada desde 24-10-2001, pela 3ª Seção – que reúne a 5ª e a 6ª Turmas – no julgamento do REsp 213.054/SP" (TJRS, Ap. Crim. 70016966665, 8ª Câmara Criminal, Rel. Roque Miguel Fank, j. 22-11-2006); TJRS: "Em face do princípio da legalidade, deve-se considerar arma somente aquilo que pode ser usado como instrumento de

ataque ou defesa. Daí por que arma de brinquedo não serve para majorar o roubo" (TJRS, Ap. Crim. 70014366454, 7ª Câmara Criminal, Rel. Nereu José Giacomolli, j. 20-4-2006). Por fim, TJSP: "Roubo – Caracterização – Emprego de arma de brinquedo – Impossibilidade de comparação à arma verdadeira – Reconhecimento da agravante que necessita do emprego de arma verdadeira, idônea para aumentar a potencialidade ofensiva do agente – Configuração do delito de roubo simples – Recurso não provido" (Ap. Crim. 122.985-3, Rel. Celso Limongi, São Paulo, 27-5-1992); TJSP: "Roubo – Qualificadora – Emprego de arma – Não caracterização – Arma de brinquedo – Inaptidão para configurar o perigo real – Qualificadora objetiva – Recurso parcialmente provido. Se à qualificadora bastasse a intimidação subjetiva da vítima com a arma de brinquedo, coerentemente não se deveria reconhecê-la quando o agente usa arma, mas o ofendido acredita ser ela de brinquedo" (Ap. Crim. 186.367-3, 2ª Câmara Criminal, Rel. Breno Guimarães, Santo André, 4-9-1995). *Em sentido contrário*, majorando o roubo em caso de utilização de arma de brinquedo, o posicionamento anterior do STJ: "Arma de brinquedo. Irrelevância. Nos crimes de roubo, a razão de ser da maior severidade punitiva decorrente do emprego de arma não reside apenas na potencialização do risco à vida e à integridade física da vítima, mas também no maior poder de intimidação do meio executório, resultando que, como na espécie, ainda que a arma empregada seja ineficiente, subsiste a aplicação da qualificadora" (STJ, REsp 178438/SP, 6ª T., Rel. Min. Hamilton Carvalhido, *DJ* 27-8-2001, p. 419). *Nesse mesmo sentido*, já decidiu o TJRS: "Arma de brinquedo. Incidência da majorante. A arma de brinquedo, condição verificada em momento posterior aos fatos, é artefato hábil a configurar a causa de aumento prevista no inciso I do § 2º do art. 157 do CP, tendo em vista que, na linha do entendimento que se direciona a natureza subjetiva dessa majorante, houve efetiva utilização de meio altamente intimidativo, constrangedor, expandindo o poder ofensivo do agente, no imaginário da vítima, impotente, que se sentiu ainda mais ameaçada e incapaz de oferecer qualquer resistência frente ao que acreditou tratar-se de uma arma de fogo" (TJRS, Ap. Crim. 70005724851, Câmara Especial Criminal, Relª Fabianne Breton Baisch, j. 6-6-2003); TJRS: "Como reiteradamente decidido por esta colenda Câmara, não se exige seja verdadeiro o artefato utilizado para que incida a majorante insculpida no inciso I do § 2º do art. 157 do Código Penal. Pune-se mais severamente o agente que intimida a vítima, produz medo, gera pavor, suprimindo, por este meio, sua resistência. O que se deve valorar é o ânimo do sujeito passivo e não a efetiva potencialidade da arma. Assim, configurado o meio apto a intimidar, a subjugar a vítima, assegurando o sucesso da empreitada delitiva, imperiosa a incidência do aumento de pena mencionado" (TJRS, Ap. Crim. 70003808805, Câmara Especial Criminal, Relª Maria da Graça Carvalho Mottin, j. 14-5-2002). Por fim, TJSP: "Revisão Criminal – Roubo qualificado – Desclassificação para a modalidade simples – Uso de arma de brinquedo. Inadmissibilidade – Ocorrência de intimidação pela violência – Vítima que ignorava ser a arma de brinquedo – Revisão indeferida. Não descaracteriza o crime de roubo qualificado ter-se o meliante utilizado de revólver de brinquedo para impor-se à vítima, pois a intimidação pela violência por qualquer sorte ocorreu, eis que ignorava a vítima ser a arma de brinquedo" (RvCrim 160.664-3, Rel. Jarbas Mazzoni, São Paulo, 22-8-1994); TJSP: "Roubo – Emprego de revólver de brinquedo – Agravante do n. I do § 2º do art. 157 do CP configurada – Vítima que se intimidou ante a apresentação da arma, não esboçando qualquer reação – Apelação provida – Voto vencido" (TACrimSP – Ement. *RT* 541/401). De qualquer forma, não deve incidir a causa de aumento se o simulacro for tão evidente que se torne inidôneo até mesmo para intimidar, aplicando-se, neste caso, o art. 17 do CP, que trata do crime impossível. Trata-se de circunstância objetiva que se comunica aos demais agentes. *Nesse sentido*, TRF da 2ª Região: "Roubo – Concurso de pessoas – Utilização de arma de fogo por um dos agentes – Circunstância objetiva que faz com que a causa especial de aumento de pena se estenda a todos os demais" (TRF 2ª Região, *RT* 773/705). A respeito da configuração ou não do crime de posse ou porte de arma de fogo ineficaz para disparo ou desmuniciada, *vide* comentários ao art. 17 do CP.

Roubo mediante emprego de arma e associação criminosa armada (CP, art. 288, parágrafo único): Sobre o tema, *vide* comentários ao art. 288 do CP.

Roubo mediante emprego de arma e laudo pericial do artefato: Existem dois posicionamentos. O primeiro deles, majoritário atualmente na jurisprudência, dispensa a apreensão e a perícia da arma de fogo para a exasperação da pena. N*esse sentido*, STJ: "Havendo depoimento de testemunha (e também da vítima) anunciando que o acusado teria se utilizado de arma de fogo para perpetrar o ilícito do art.157 do CP, irrelevante, para fins de aplicação da qualificadora, a apreensão da arma ou existência de laudo pericial atestando a sua potencialidade lesiva" (STJ, HC 39625/SP, 5ª T., Rel. Min. José Arnaldo da Fonseca, *DJ* 7-3-2005, p. 315); STJ: "Na dicção da douta maioria, não se afigura imprescindível a apreensão da arma de fogo ou a realização da respectiva perícia para fins de caracterização da causa de aumento de pena prevista no art. 157, § 2º, inciso I, do Código Penal, se as provas carreadas aos autos efetivamente comprovam a ocorrência da majorante (Precedentes)" (STJ, REsp 789410/RS, 5ª T., Rel. Min. Felix Fischer, *DJ* 29-5-2006, p. 290); STJ: "A constatação da ausência de potencialidade lesiva de uma das armas e a ausência do laudo pericial de outra, comprovada, por outros elementos dos autos, a utilização de duas armas na prática delitiva, não afasta a majorante prevista no inciso I, do § 2º, do art. 157, do CP" (STJ, REsp 794956/RS, 5ª T., Rel. Min. Gilson Dipp, *DJ* 8-5-2006, p. 286). *Com o mesmo entendimento:* TJRS, Ap. Crim. 70015971799, 5ª Câmara Criminal, Relª Genacéia da Silva Alberton, j. 22-11-2006; TJRS, Ap. Crim. 70016393092, 8ª Câmara Criminal, Rel. Roque Miguel Fank, j. 8-11-2006. Por fim, TJSP: "Roubo – Qualificadora – Ocorrência. Emprego de arma – Alegação de ausência de perícia no revólver apreendido – Irrelevância. Lapso desprovido do condão de elidir o agravamento – Recurso não provido. A ausência de perícia na arma do crime não obsta a atribuição das qualificadoras, uma vez que, para tanto, importa o fator intimidativo de seu uso para o domínio das vítimas" (Ap. Crim. 175.705-3, 3ª Câmara Criminal, Rel. Gonçalves Nogueira, São Paulo, 6-3-1995). *Em sentido contrário*, exigindo a perícia da arma de fogo utilizada para a incidência da majorante no roubo, TJRS: "Sem perícia da arma, impossível afirmar-se, com segurança, que esta era potencialmente ofensiva, pois, em tese, poderia ser de brinquedo, desmuniciada ou ineficaz. Sendo incapaz de lesionar, não pode o acusado receber a mesma sanção penal daquele que pratica o delito com instrumento letal" (TJRS, Ap. Crim. 70017278268, 5ª Câmara Criminal, Rel. Aramis Nassif, j. 8-11-2006); TJRS: "Roubo. Majorante do emprego de arma. Perícia. Necessidade. Prova. Palavra da vítima. A revogação da Súmula 174 do E. STJ, com sua implicação no reconhecimento da exasperante, e, agora, recente decisão do STF, no RHC 81057/SP, julgado em 25-5-2004, que decidiu pela atipicidade do delito de porte de arma (art. 10, Lei n. 9.437/97), à vista dos princípios da disponibilidade e da ofensividade, já que a arma de fogo seria inidônea para a produção de disparo, repercute na majorante do roubo, mormente quando não foi apreendida e periciada a arma empregada, que, se não a desqualifica como ameaça nem retira o seu potencial de intimidação para realização do tipo, sua incerteza sobre sua eficácia lesiva não é plataforma para a majorante do art. 157, § 2º, I, do Código Penal" (TJRS, Ap. Crim. 70008203820, 5ª Câmara Criminal, Rel. Des. Aramis Nassif, j. 3-7-2004); TJRS: "Roubo majorado. Materialidade e autoria comprovadas. Afastamento da causa especial do aumento do emprego de arma. Perícia não realizada. Incerteza quanto à potencialidade lesiva. Grave ameaça, no entanto, mesmo assim, configurada. Apelação parcialmente provida" (TJRS, Ap. Crim. 70008529109, 6ª Câmara Criminal, Rel. Des. Marco Antônio Bandeira Scapini, j. 13-5-2004); TJRS: "Todavia a majorante do emprego de arma vai afastada. Ocorre que esta Unidade Judiciária pacificou entendimento de que, à configuração da majorante do emprego de arma, necessária a perícia que ateste a potencialidade ofensiva do instrumento – se a grave ameaça é elementar do tipo, a pena só pode ser exasperada se comprovada a lesividade da arma empregada.

Assim, afasta-se a majorante do emprego de arma – não apreendida, logo, não periciada" (TJRS, Ap. Crim. 70016734865, 5ª Câmara Criminal, Rel. Amilton Bueno de Carvalho, j. 25-10-2006). Por fim, TJSP: "Roubo qualificado – Arma de fogo – Artefato não submetido a perícia – Pena – Impossibilidade de se reconhecer a majorante prevista no art. 157, § 2º, I, do CP – Necessidade de se averiguar a real capacidade lesiva, apurável mediante prova técnica" – RT 817/666.

Roubo mediante emprego de arma e porte de arma de fogo: Nada impede o concurso de crimes. Assim, se o agente emprega a arma de fogo para realizar o roubo num dia e é surpreendido horas depois perambulando pelas ruas, é cabível o concurso material de crimes, dado que as condutas foram praticadas em contextos fáticos distintos, tendo havido ofensa a objetividades jurídicas diversas, uma vez que o crime de porte de arma de fogo (arts. 14 e 16) tutela a incolumidade pública. Sobre o tema, *vide* Fernando Capez, *Estatuto do Desarmamento*, cit.

(3) Concurso de duas ou mais pessoas (inciso II): Incidem aqui os mesmos comentários relativos ao crime de furto qualificado (art. 155, § 4º, IV). *Vide* art. 244-B do ECA que também se aplica ao agente que corrompe ou facilita a corrupção de menor de 18 anos, com ele praticando infração penal ou induzindo-o a praticá-la.

(4) Transporte de valores (inciso III): O crime é agravado se a vítima (p. ex., caixeiro viajante, empresa de segurança especialmente contratada para o transporte de valores), realiza serviço de transporte de valores (dinheiro, joias etc.). O agente deve ter ciência dessa circunstância.

(5) Roubo de veículo automotor (inciso IV, acrescentado pela Lei n. 9.426, de 24-12-1996): Assim como no crime de furto, a pena é mais severa para aquele que subtrai veículo automotor (automóveis, ônibus, caminhões, motocicletas, aeronaves, lanchas, *jet-skis* etc.) que venha a ser transportado para outro Estado ou para o exterior. Para existência da qualificadora, é necessário, portanto, a transposição dos limites territoriais. N*esse sentido*, TJPR: "Apelação criminal. Roubo quatro vezes majorado. Qualificadora de transporte de veículo para outro Estado. Manutenção. Não importância do representante da empresa ter domicílio no Estado de destino. Licenciamento e roubo no Estado de origem. Recurso conhecido e improvido. Sobre a incidência do inciso IV, do art. 157, deve ser mantida, pois o argumento de que o representante legal da empresa proprietária do veículo é residente em Mato Grosso do Sul não é excludente de tipicidade, isto porque o dispositivo legal pretende punir o mero deslocamento do automóvel produto de roubo de um Estado da Federação ser transportado para outro Estado. Ademais, o Certificado de Registro e Licenciamento de Veículo atesta que o automóvel está licenciado no Estado do Paraná" (TJPR, Ap. Crim. 345.890-2, 3ª Câmara Criminal, *DJ* 28-9-2006, p. 7264). A Lei Complementar n. 121, de 9-2-2006, criou o Sistema Nacional de Prevenção, Fiscalização e Repressão ao Furto e Roubo de Veículos de Cargas e dá outras providências.

(6) Agente que mantém a vítima em seu poder (inciso V): O sequestro praticado como meio de execução do roubo ou contra a ação policial, ainda que haja restrição da liberdade por curto período de tempo, caracterizará a majorante em estudo. STJ: "O crime de sequestro, previsto no art. 148 do Código Penal, pressupõe a vontade livre, consciente e autônoma de privar o ofendido da liberdade de locomoção. Não há falar na incidência do art. 148 do Código Penal, mas, sim, do art. 157, § 2º, inciso V, do mesmo diploma material, se a privação da liberdade da vítima se dá unicamente para a prática do crime de roubo. Tal circunstância, todavia, poderá influir no *quantum* de acréscimo decorrente da aplicação da causa especial de aumento de pena. 2. Recurso conhecido e improvido" (STJ, REsp 265.344/SP, 6ª T., Rel. Min. Hamilton Carvalhido, j. 26-3-2002, *DJ* 19-12-2002, p. 458). STJ: "Denunciado o réu por crime de sequestro e roubo qualificado, em concurso material, a condenação exclusiva por crime de roubo qualificado, com incidência introduzida por lei posterior ao fato (inciso V), não afronta o princípio da irretroatividade penal, por se tratar de norma mais benigna (CF, art. 5º, XL). *Habeas corpus* denegado" (STJ, HC 14362/SP, 6ª T., Rel. Min. Vicente Leal, j. 10-4-2001, *DJ* 28-5-2001, p. 171).

Sequestro e roubo: Poderá haver, dependendo das circunstâncias, o concurso entre o crime de sequestro e roubo, quando o indivíduo, por exemplo, após realizar o roubo, detém a vítima em cárcere privado por longos dias. *Nesse sentido*, STJ: "Recurso especial. Roubo e sequestro. Concurso material. Agente que priva a vítima de sua liberdade de locomoção por tempo superior ao indispensável à subtração. Conceituação que no caso se atende pela autônoma sequência das ações dos agentes" (STJ, REsp 159216/SP, 5ª T., Rel. Min. José Arnaldo da Fonseca, *DJ* 23-11-1998, p. 193); e STJ: "(...) O princípio da consunção pressupõe a existência de um nexo de dependência das condutas ilícitas, para que se verifique a possibilidade de absorção daquela menos grave pela mais danosa. Evidenciado, na hipótese, que os crimes de roubo qualificado, sequestro e cárcere privado, falsidade ideológica e uso de documento falso se afiguram absolutamente autônomos, inexistindo qualquer relação de subordinação entre as condutas, resta inviabilizada a aplicação do princípio da consunção, devendo o réu responder por todas as condutas, em concurso material" (STJ, REsp 509921/PA, 5ª T., Rel. Min. Gilson Dipp, *DJ* 2-8-2004, p. 492).

Roubo qualificado pela lesão corporal de natureza grave (§ 3º, 1ª parte)

(1) Natureza jurídica: Trata-se de crime qualificado pelo resultado (lesões graves), portanto é um crime complexo (roubo + lesões graves). O resultado agravador pode advir de culpa (crime preterdoloso) ou dolo (direto ou eventual). O roubo qualificado pelas lesões corporais de natureza grave não se inclui no rol dos crimes hediondos, previstos na Lei n. 8.072/90, ao contrário do crime de latrocínio.

(2) Lesões graves: Consideram-se como tais a lesão grave e a gravíssima (CP, art. 129, §§ 1º e 2º). Pode ser produzida no titular do direito de propriedade ou em terceiro, isto é, em pessoa diversa da vítima que sofre a espoliação patrimonial. A lesão leve é absorvida pelo crime de roubo.

(3) Incidência: O agravamento da pena aplica-se tanto ao roubo próprio quanto ao impróprio.

(4) Consumação e tentativa: Trata-se de crime material. A consumação ocorre com a subtração da *res* e a produção das lesões corporais graves. Nas hipóteses em que o roubo qualificado é preterdoloso (o evento mais gravoso decorre de culpa), a tentativa é impossível, já que o resultado agravador não era desejado, não sendo possível ao sujeito tentar produzir um evento que não era querido. Já no resultado agravador pretendido a título de dolo, será perfeitamente possível a tentativa, pois o evento mais grave também era almejado pelo agente.

(5) Causas de aumento de pena do § 2º: As causas de aumento do § 2º não incidem sobre as formas qualificadas do § 3º, mas tão somente sobre o roubo na sua forma simples. *Nesse sentido*: Damásio de Jesus, *Código Penal anotado*, cit., p. 561, e Julio Fabbrini Mirabete, *Manual*, cit., v. 2, p. 242. *Nesse sentido*, STJ: "*Habeas Corpus*. Latrocínio. Pena aumentada nos termos do art. 157, § 2º, I e II, do Código Penal. Inaplicabilidade. 1. As causas especiais de aumento de pena previstas no § 2º do art. 157 do Código Penal não são aplicáveis ao crime de latrocínio" (STJ, HC 28625/SP, 6ª T., Rel. Min. Paulo Gallotti, *DJ* 19-12-2005, p. 471). N*a mesma senda:* TJRS, Ap. Crim. 70011668720, 6ª Câmara Criminal, Rel. Aymoré Roque Pottes de Mello, j. 28-7-2005; TJRS, Ap. Crim. 690018213, 1ª Câmara Criminal, Rel. Jorge Alberto de Moraes Lacerda, j. 16-5-1990; TJRS: "Majorante de emprego de arma. Inaplicabilidade. O crime de latrocínio vem definido em tipo penal derivado, e, uma vez caracterizado, não há falar-se em incidência da majorante de emprego de arma, em face do princípio da especialidade" (TJRS, Ap. Crim. 70012677910, 8ª Câmara Criminal, Rel. Marco Antônio Ribeiro de Oliveira, j. 16-11-2005).

(6) Exame pericial: Exige-se o exame de corpo de delito para a constatação das lesões corporais.

Roubo qualificado pelo resultado morte (§ 3º, 2ª parte)

(1) Crime hediondo: O crime de latrocínio é considerado hediondo, de acordo com o art. 1º da Lei n. 8.072/90, estando sujeito ao tratamento mais severo do mencionado diploma legal.

(2) Sanção penal: Com a Lei dos Crimes Hediondos, o preceito sancionatório cominado no § 3º do art. 157 do CP sofreu sério agravamento: o mínimo de pena privativa de liberdade foi majorado de 15 para 20 anos de reclusão, além da multa. Nos termos do art. 9º da Lei n. 8.072/90, se a vítima se enquadrasse em qualquer das hipóteses do art. 224 do CP, a pena seria acrescida de metade, respeitado o limite máximo de 30 anos. No entanto, uma vez que o art. 224 do CP foi revogado expressamente pela Lei n. 12.015/2009 e as condições nele previstas integram tipo autônomo específico (CP, art. 217-A – estupro de vulnerável), que não tem aplicação genérica sobre outros delitos, não há mais que se cogitar na incidência da aludida causa de aumento de pena nos delitos patrimoniais (arts. 157, §3º; 158, § 2º; 159, *caput* e seus §§ 1º, 2º e 3º).

(3) Latrocínio: Trata-se de crime qualificado pelo resultado (morte), portanto, é um crime complexo (roubo + morte). O resultado agravador pode advir de culpa (crime preterdoloso) ou dolo (direto ou eventual). O homicídio deve ser praticado com o fim de assegurar uma das finalidades contidas na lei (apoderar-se da *res*, assegurar a sua posse ou garantir a impunidade do crime), do contrário, não será possível estabelecer um nexo causal entre o roubo e a morte produzida e, portanto, o crime qualificado pelo resultado. Assim, a morte produzida por ciúmes, vingança etc. caracterizará crime autônomo de homicídio em concurso com o roubo. Não importa o número de mortes ocasionadas, o crime de latrocínio será único.

(4) Grave ameaça: Não haverá latrocínio, porém, se a morte advier do emprego de grave ameaça, visto que a lei expressamente afirma "se da *violência* resultar (...)", por exemplo, vítima que, diante da arma de fogo apontada em sua direção, se assusta com a ameaça e morre de ataque de asma.

(5) Sujeito passivo: Aquele que sofre a espoliação patrimonial, bem como aquele que suporta a violência física ocasionadora do óbito, podendo ser terceira pessoa. Discute-se se a morte do coautor ou partícipe acarreta a configuração do latrocínio. Existem duas posições. Para a primeira, a morte do coautor ou do partícipe não configura o delito de latrocínio, pois o resultado atingiu o próprio sujeito ativo do crime, e não o passivo. TJSP, *RT* 702/324, 641/314; *RJTJSP* 117/447, 111/531. *Em sentido contrário*, a segunda corrente entende que a morte do coautor ou partícipe qualifica o crime, configurando o latrocínio, dispensando-se a morte da vítima. *Nesse sentido*: STF, *RTJ* 145/241; TJSP, *RT* 788/585; e TJDFT, *RT* 776/630. Ocorrendo *aberratio ictus*, hipótese em que, por erro de execução, vem a ser atingido o comparsa do agente, haverá latrocínio, pois se considera, no caso, a pessoa mirada pelo agente.

(6) Concurso de pessoas: É possível o concurso de pessoas, sendo certo que não importa que apenas um dos coautores tenha desferido o disparo de arma fogo e ocasionado a morte da vítima. De acordo com a regra do art. 19 do Código Penal, "pelo resultado que agrava especialmente a pena, só responde o agente que o houver causado ao menos culposamente". *Nesse sentido*, STJ: "Na hipótese de concurso de agentes no crime de roubo com resultado morte, o coautor que não efetuou o disparo de arma de fogo causador da morte da vítima também responde pelo delito de latrocínio, consubstanciado no art. 157, § 3º, do Código Penal" (STJ, HC 31169/SP, 6ª T., Rel. Min. Hamilton Carvalhido, *DJ* 6-2-2006, p. 330); STJ: "Paciente que se envolve na prática de roubo qualificado pelo emprego de arma de fogo assume o risco do resultado morte, não havendo que se falar de ausência de liame entre sua conduta e o resultado morte. O coautor, mesmo que não efetue os disparos, responde pelo evento morte, a título de dolo ou culpa" (STJ, HC 39243/RJ, 6ª T., Rel. Min. Hélio Quaglia Barbosa, *DJ* 5-12-2005, p. 381, *RT* 849/510). *Com o mesmo entendimento*, TJRS: "Tendo o réu contribuído decisivamente à prática da infração, desde o seu nascedouro, ainda que não tenha executado diretamente as ações nucleares do tipo penal, deve responder como coautor do delito. Caracterização da divisão de tarefas, todas igualmente relevantes, dirigidas ao fim delituoso, em conjugação de vontades e esforços" (TJRS, Ap. Crim. 70015625841,

8ª Câmara Criminal, Relª Fabianne Breton Baisch, j. 22-11-2006); TJRS: "Latrocínio. Responsabilidade do coautor. Respondem também pelo crime de latrocínio os agentes que sabiam estar os comparsas armados e aceitaram os desdobramentos fáticos do evento, situação ocorrida no caso em julgamento. Suas vontades estavam dirigidas a um resultado com os riscos inerentes. Suas condutas dolosas se orientaram naquela direção. A morte da vítima não foi um acontecimento puramente casual. Apelos defensivos desprovidos. Unânime" (TJRS, Ap. Crim. 70007547854, Câmara Especial Criminal, Rel. Sylvio Baptista Neto, j. 26-4-2005). Contudo, "se a participação for de menor importância, a pena pode ser diminuída de um sexto a um terço" (CP, art. 29, § 1º). *Nesse sentido*, TJRS: "Latrocínio. Participação de menor importância reconhecida para um dos réus, cuja atuação se limitou à colaboração moral alcançada ao corréu. Em relação ao apelante foi reconhecida a participação de menor importância no delito porque a atuação dele no resultado produzido, mediante a colaboração moral alcançada ao corréu, por sua presença física no local, capaz de propiciar a segurança necessária para a ação do outro acusado, não é compatível à conduta do corréu, que se incumbiu diretamente de render a vítima e de desferir os tiros" (TJRS, Ap. Crim. 70010553204, 7ª Câmara Criminal, Rel. Alfredo Foerster, j. 17-3-2005). No entanto, "se algum dos concorrentes quis participar de crime menos grave, ser-lhe-á aplicada a pena deste; essa pena será aumentada até metade, na hipótese de ter sido previsível o resultado mais grave" (CP, art. 29, § 2º). Trata-se da chamada "cooperação dolosamente distinta". *Nesse sentido*, TJRS: "Latrocínio. Materialidade comprovada. Morte da vítima provocada por disparo de arma de fogo desferido por adolescente depois da realização do tipo básico, não para assegurar a posse das coisas pretendidas, que delas já haviam desistido os agentes, nem para garantir a fuga, que não poderia ser evitada, mas por motivo que não soube explicar. Ação de tal forma divorciada da atuação dos réus, que equivale a um desvio subjetivo, uma ruptura da corrente causal. Reconhecimento da cooperação dolosamente distinta (art. 29, § 2º, primeira parte, do CP) condenação dos réus por roubo majorado, crime do qual quiseram participar os concorrentes" (TJRS, Ap. Crim. 70012391538, 6ª Câmara Criminal, Rel. Marco Antônio Bandeira Scapini, j. 29-9-2005).

(7) Consumação e tentativa: É possível no latrocínio cuja morte decorra do dolo (direito ou eventual) do agente. Temos, assim, as seguintes situações, nas quais o que prevalece é a situação em relação à vida: (a) havendo subtração patrimonial consumada e morte consumada, teremos *latrocínio consumado;* (b) havendo subtração patrimonial consumada e morte tentada, teremos *latrocínio tentado* (art. 157, § 3º, 2ª parte, c.c. o art. 14, II); (c) havendo subtração tentada e morte consumada, teremos *latrocínio consumado* (Súmula 610 do STF: "Há crime de latrocínio, quando o homicídio se consuma, ainda que não realize o agente a subtração de bens da vítima); (d) havendo subtração patrimonial tentada e morte tentada, teremos *latrocínio tentado* (art. 157, § 3º, 2ª parte, c.c. o art. 14, II).

(8) Aplicação das causas de aumento de pena do § 2º ao § 3º: Vide comentários ao crime de roubo qualificado pelas lesões corporais de natureza grave.

(9) Competência: É competente o juiz singular para o seu processo e julgamento, e não o Tribunal do Júri. *Nesse sentido:* Súmula 603 do STF.

Lei de Segurança Nacional

(1) Roubo. Crime político. Extradição: O roubo pode configurar crime contra a Segurança Nacional, se praticado por inconformismo político ou para obtenção de fundos destinados à manutenção de organizações políticas clandestinas ou subversivas (art. 20 da Lei de Segurança Nacional). O roubo perpetrado contra estabelecimentos bancários e instituições de crédito deixou de ser considerado delito contra a segurança nacional. *Nesse sentido*, STF: "Roubo a estabelecimento bancário, sem finalidade político-subversiva. Condenação que se justifica em face dos elementos

probatórios constantes dos autos. O STF já firmou jurisprudência no sentido de que, em casos como o da espécie, o delito deixou de ser crime contra a segurança nacional – razão pela qual não pode ser enquadrado em qualquer dos dispositivos da Lei n. 6.620/78 – e voltou a ser crime comum, definido no Código Penal" (STF, RC 1418/PR, *DJ* 21-5-1982, p. 4869); STF: "Roubo a estabelecimento de crédito. Réu condenado de acordo com o DL n. 898/69, art. 27. Delito sem finalidade político-subversiva, que deixou de ser crime contra a segurança nacional, em face da Lei n 6.620/78, e que voltou a ser considerado crime comum, definido no Código Penal" (STF, RC 1388, *DJ* 26-10-1979). De acordo com o art. 76, VII, do Estatuto do Estrangeiro, a extradição não será concedida quando o fato constituir crime político. O § 1º, por sua vez, dispõe que "A exceção do item VII não impedirá a extradição quando o fato constituir, principalmente, infração da lei penal comum, ou quando o crime comum, conexo ao delito político, constituir o fato principal". Caberá, exclusivamente, ao Supremo Tribunal Federal, a apreciação do caráter da infração (§ 2º).

(2) Roubo. Crime político. Competência da Justiça Federal: Uma vez delineada a natureza política do crime de roubo, competirá à Justiça Federal o seu processo e julgamento, em consonância com o disposto no art. 109, IV. Já decidiu o STF que as subtrações admitidas pelo art. 77, §§ 1º e 3º, da Lei de Estrangeiros só se explicam para o efeito limitado de facultar excepcionalmente a extradição e não para efeitos de conceituação de crime político no âmbito do direito interno (STF, RE 160841/SP, T. Pleno, Rel. Min. Sepúlveda Pertence, j. 3-8-1995, *DJ* 22-9-1995, p. 30610).

(3) Roubo de aeronaves ou embarcações: Vide CF, art. 109, IX. Se tiver natureza política, *vide* art. 109, IV, da CF. A competência para o processamento da ação penal no caso de roubo de aeronaves ou embarcações será da Justiça Federal. *Nesse sentido,* STJ: "Processual penal. Roubo de aeronave. Crime comum. Competência da Justiça Federal. A competência para o processo e julgamento de roubo de aeronave que estava na posse da Receita Federal e da Justiça Federal" (STJ, CC 764/MS, 3ª S., *DJ* 5-3-1990, p. 1397); e TRF da 4ª Região: "Processual penal – Apelação criminal – Roubo de aeronave de propriedade da União Federal. Formação ardilosa, rica em indícios testemunhais, envolvendo o roubo de uma aeronave CESSNA, de propriedade da União Federal com imobilização do piloto, através de arma de fogo, e a consequente venda do aparelho, fora do território nacional" (TRF da 4ª Região, Ap. Crim. 9004166793/PR, 2ª T., *DJ* 13-2-1991, p. 1804). *Em sentido contrário,* STJ: "Constitucional – aeronave – roubo – Lei n. 7.170/83 – Competente o juízo comum para processar e julgar roubo de aeronave, ausentes as circunstâncias descritas na Lei n. 7.170/1983" (STJ, CC 18958/PR, 3ª S., Rel. Min. Luiz Vicente Cernicchiaro, *DJ* 25-8-1997, p. 39294).

(4) Invasão de terras visando à reforma agrária e crimes contra o patrimônio: STJ: "A subtração de produtos alimentícios para o próprio consumo, por parte dos chamados trabalhadores rurais 'sem-terra', não caracteriza crime político. Conflito conhecido para declarar competente o MM. Juízo de Direito de Iguatemi-MS" (STJ, CC 22641/MS, 3ª S., Rel. Min. Jorge Scartezzini, j. 22-3-2000, *DJ* 22-5-2000, p. 66, *LEX-STJ* 133/252). STJ: "Conflito Negativo de Competência suscitado por Juízo Federal. 1. Ação de grupo de 'sem-terra' que interdita e saqueia caminhão contendo gêneros alimentícios para o próprio consumo e que não foi orientada nem acompanhada por organização política, não caracteriza crime político. 2. Conflito conhecido e provido para declarar competente o Juízo de Direito da 1ª Vara Cível e Criminal de Rio Brilhante/MS" (STJ, CC 22642/MS, 3ª S., Rel. Min. Fernando Gonçalves, j. 8-9-1999, *DJ* 27-9-1999, p. 40; *JSTJ* 10/320).

Lei de Lavagem de Dinheiro

(1) Crime de lavagem de dinheiro e roubo: O roubo agora pode caracterizar crime antecedente para a aplicação da Lei de Lavagem de Dinheiro (*vide* art. 1º da Lei n. 9.613, de 3-3-1988). Dessa forma, em princípio, é possível a configuração do crime de "Ocultar ou dissimular a natureza, origem, localização, disposição, movimentação ou propriedade de bens, direitos ou valores provenientes, direta ou indiretamente, de infração penal" (redação dada pela Lei n. 12.683, de 2012).

(2) Competência: STJ: "O delito de lavagem de dinheiro não é, por si só, afeto à Justiça Federal, se não sobressai a existência de crime antecedente de competência da justiça federal e se não se vislumbra, em princípio, qualquer lesão ao sistema financeiro nacional, à ordem econômico-financeira, a bens, serviços ou interesses da União, de suas Autarquias ou Empresas Públicas" (STJ, HC 23952/ES, Rel. Min. Gilson Dipp, j. 4-11-2003, *DJ* 1º-12-2003, p. 373).

Súmulas:
Súmula 603 do STF: "A competência para o processo e julgamento de latrocínio é do Juiz singular e não do Tribunal do Júri".
Súmula 610 do STF: "Há crime de latrocínio, quando o homicídio se consuma, ainda que não realize o agente a subtração de bens da vítima".
Súmula 42 do STJ: "Compete à Justiça Comum Estadual processar e julgar as causas cíveis em que é parte sociedade de economia mista e os crimes praticados em seu detrimento".
Súmula 442 do STJ: "É inadmissível aplicar, no furto qualificado, pelo concurso de agentes, a majorante do roubo".
Súmula 443 do STJ: "O aumento na terceira fase de aplicação da pena no crime de roubo circunstanciado exige fundamentação concreta, não sendo suficiente para a sua exasperação a mera indicação do número de majorantes".

Extorsão

Art. 158. Constranger alguém, mediante violência ou grave ameaça, e com o intuito de obter para si ou para outrem indevida vantagem econômica, a fazer, tolerar que se faça ou deixar de fazer alguma coisa:

Pena – reclusão, de 4 (quatro) a 10 (dez) anos, e multa.

§ 1º Se o crime é cometido por duas ou mais pessoas, ou com emprego de arma, aumenta-se a pena de um terço até metade.

§ 2º Aplica-se à extorsão praticada mediante violência o disposto no § 3º do artigo anterior.

§ 3º Se o crime é cometido mediante a restrição da liberdade da vítima, e essa condição é necessária para a obtenção da vantagem econômica, a pena é de reclusão, de 6 (seis) a 12 (doze) anos, além da multa; se resulta lesão corporal grave ou morte, aplicam-se as penas previstas no art. 159, §§ 2º e 3º, respectivamente. *(Incluído pela Lei n. 11.923, de 2009)*

Extorsão (art. 158, *caput*)

(1) Fundamento constitucional: De acordo com o art. 5º, II, da CF, "Ninguém será obrigado a fazer ou deixar de fazer alguma coisa senão em virtude de lei".

(2) Objeto jurídico: Tutela-se a inviolabilidade do patrimônio, a vida, a integridade física e a tranquilidade pessoal.

(3) Objeto material: É a coisa móvel e imóvel.

(4) Ação nuclear: Consiste no verbo *constranger* (coagir, forçar, obrigar). O constrangimento é causado mediante o emprego de violência (física) ou grave ameaça (é a violência moral, consistente no prenúncio da prática de um mal sério e idôneo a intimidar a vítima). O constrangimento visa a obrigar a vítima a fazer, tolerar que se faça ou deixar de fazer alguma coisa, a fim de obter indevida (elemento normativo do tipo) vantagem econômica. Se for devida, haverá o crime do CP, art. 345. Se a vantagem almejada não for de conteúdo econômico, haverá o crime de constrangimento ilegal.

(5) Sujeito ativo: Qualquer pessoa. Se for funcionário público, poderá haver a caracterização do crime do CP, art. 316.

(6) Sujeito passivo: Qualquer pessoa, inclusive aquele que não sofre a violência ou grave ameaça, mas sofre o prejuízo patrimonial.

(7) Elemento subjetivo: É o dolo, isto é, a vontade livre e consciente de constranger, acrescido do fim de especial de obter vantagem econômica indevida, para si ou para outrem.

(8) Momento consumativo: A posição majoritária na doutrina e na jurisprudência é no sentido de que a extorsão é crime formal ou de consumação antecipada, não se exigindo a obtenção da indevida vantagem econômica. Assim, o crime se consuma no momento em que a vítima é coagida a fazer, tolerar que se faça ou a deixar de fazer alguma coisa, independentemente de o agente vir a obter a vantagem econômica. Nesse sentido, é o teor da Súmula 96 do STJ.

Extorsão perpetrada mediante mensagens eletrônicas enviadas pela internet: STJ: "Conflito de competência. Penal. Juízos estaduais. Extorsão via mensagens eletrônicas pela internet. Delito formal. Momento consumativo. Presença dos elementos constitutivos do tipo. Local do recebimento dos *e-mails*. Na hipótese dos autos, houve o momento consumativo perpetrado pelo agente ao praticar o ato de constrangimento (envio dos *e-mails* de conteúdo extorsivo), e o das vítimas, que se sentiram ameaçadas e intimidadas com o ato constrangedor, o que ocasionou a busca da Justiça. Consumação do lugar do recebimento das mensagens eletrônicas. Conflito conhecido, declarando-se a competência do Juízo de Direito da 2ª Vara Criminal de Guarapuava/PR" (CC 40569/SP, 3ª S., Rel. Min. José Arnaldo da Fonseca, *DJ* 5-4-2004, p. 201).

(9) Tentativa: É perfeitamente possível. Se o meio for inidôneo a intimidar, não há que se falar em tentativa.

(10) Concurso de crimes. Roubo e extorsão: Não é possível a continuidade delitiva entre o crime de roubo e extorsão, pois não são crimes da mesma espécie, já que estão previstos em tipos penais diversos. Sobre a possibilidade do concurso material entre os crimes de roubo e extorsão, temos os seguintes posicionamentos do STJ e STF: "*Habeas corpus* – Crimes de roubo e de extorsão – Ilícitos penais que não constituem 'crimes da mesma espécie' – Consequente impossibilidade de reconhecimento, quanto a eles, do nexo de continuidade delitiva – Legitimidade da aplicação da regra pertinente ao concurso material (*quot crimina tot poenae*). Pedido indeferido" (STF, HC 71174/SP, Rel. Min. Celso de Mello, *DJ* 1º-12-2006, p. 75); STJ: "Recurso especial. Penal. Roubo e extorsão. Continuidade delitiva. Crimes de espécies diferentes. Concurso material. Divergência jurisprudencial demonstrada. 1. Não há como reconhecer a continuidade delitiva entre os crimes de roubo e extorsão, pois são infrações penais de espécies diferentes, já que não estão previstos no mesmo tipo fundamental. Precedentes do STJ e STF. 2. Recurso especial conhecido e provido para, reformando o acórdão recorrido, determinar o reconhecimento do concurso material entre o delito de roubo e de extorsão" (STJ, REsp 733151/SP, Relª Minª Laurita Vaz, *DJ* 2-5-2006, p. 376); STJ: "Penal. Roubo e extorsão. Concurso material. Precedentes do STF e do STJ. 1. A jurisprudência desta Corte e do STF entende que incorre nas penas dos crimes de roubo e extorsão, em concurso material, o agente que, ao roubar bens da vítima, a obriga a sacar dinheiro em caixas eletrônicos. Precedentes do STF e do STJ" (STJ, REsp 697622/SP, Relª Minª Laurita Vaz, *DJ* 2-5-2005, p. 404); STJ: "Penal. Art. 157, § 2º, I, II e V e art. 158, § 1º do Código Penal. Delito único. Concurso material. Na linha de precedentes desta Corte e do Pretório Excelso, configuram-se os crimes de roubo e extorsão, em concurso material, se o agente, após subtrair alguns pertences da vítima, obriga-a a entregar o cartão do banco e fornecer a respectiva senha" (STJ, REsp 684423/SP, Rel. Min. Felix Fischer, *DJ* 14-2-2005, p. 239); STF: "*Habeas corpus* – Roubo e extorsão – Concurso material – Causas especiais de aumento de pena – Tratamento penal autônomo – Dupla incidência não configurada – Constrangimento ilegal inocorrente – Ordem denegada. Os delitos de roubo e de extorsão, por não constituírem crimes da mesma espécie, devem ser sancionados autonomamente, aplicando-se-lhes a regra do cúmulo material. A prática de crimes em situação configuradora de concurso material autoriza a aplicação, sobre cada um deles, das causas especiais

de aumento de pena, sem que isso caracterize dupla incidência desses fatores de majoração da sanção penal" (STF, HC 69810/SC, Rel. Min. Celso de Mello, *DJ* 18-6-1993, p. 12112). STF: "Criminal. Concurso material: roubo e extorsão. Embora na mesma ocasião tenha o agente praticado o roubo e a extorsão, em ações subsequentes, aquele com penetração em residência particular, e apropriação de bens, tudo sob ameaça de arma de fogo, e este obrigando, ainda sob ameaça, o dono da casa a assinar dois cheques, que foram descontados, configura-se o concurso material, conforme a jurisprudência que a respeito se tem firmado nesta corte. Apesar de serem o roubo e a extorsão crimes contra o patrimônio e, assim, da mesma natureza, não são eles da mesma espécie, não havendo como conjugá-los em uma só ação. Revisão criminal que se julga improcedente, reformando-se, por isso, o acórdão recorrido" (STF, RE 99468/SP, Rel. Min. Aldir Passarinho, *DJ* 12-8-1983, p. 11766). *Em sentido contrário*, admitindo a continuidade delitiva entre o roubo e a extorsão, STJ: "Penal – Roubo – Extorsão – Crime continuado – O crime continuado evidencia pluralidade de delitos, aproximados, formando unidade jurídica, por serem da mesma espécie e, pelas condições de tempo, lugar, maneira de execução e outro semelhantes, devem ser havidos como continuação do primeiro. Crimes da mesma espécie não se confundem com crimes idênticos (CP, arts. 69 e 70). Basta evidenciarem elementos fundamentais comuns; embora, formalmente (tipo legal de crime) revele diferença, substancialmente, satisfazem a definição do art. 71. É o que acontece com o roubo e a extorsão, cometidos no mesmo contexto temporal" (STJ, REsp 190534/SP, 6ª T., Rel. Min. Luiz Vicente Cernicchiaro, *DJ* 8-3-1999, p. 267); STJ: *RT* 765/567; e TJRS, Ap. Crim. 70013646138, 1ª Câmara Criminal, Rel. Ivan Leomar Bruxel, j. 22-2-2006.

(11) Extorsão qualificada (§ 1º): Trata-se, na realidade, de causa especial de aumento de pena (que é elevada de 1/3 até metade): (a) Se o crime é cometido por duas ou mais pessoas: aqui é indispensável que os coagentes pratiquem atos executórios do crime (coautoria), pois a lei fala em cometimento do crime, não acarretando o aumento de pena a mera tentativa (*vide* comentários aos arts. 155, § 4º, IV, e 157, § 2º, II). (b) Se o crime é cometido com emprego de arma: *vide* comentários ao CP, art. 157, § 2º, I.

(12) Extorsão qualificada (§ 2º): Cuida-se aqui efetivamente de qualificadora. De acordo com o § 2º, aplica-se a extorsão no disposto no § 3º do art. 157: "Se da violência resulta lesão corporal grave, a pena é de reclusão, de 7 (sete) a 15 (quinze) anos, além da multa; se resulta morte, a reclusão é de 20 (vinte) a 30 (trinta) anos, sem prejuízo da multa. Sobre o tema, *vide* comentários ao art. 157, § 3º, do CP. A extorsão qualificada pelo resultado morte foi erigida à categoria de crime hediondo (art. 1º, III, da Lei n. 8.072/90). Nos termos do art. 9º da Lei n. 8.072/90, se a vítima se enquadrasse em qualquer das hipóteses do art. 224 do CP, a pena seria acrescida de metade, respeitado o limite máximo de 30 anos. No entanto, uma vez que o art. 224 do CP foi revogado expressamente pela Lei n. 12.015/2009 e as condições nele previstas integram tipo autônomo específico (CP, art. 217-A – estupro de vulnerável), que não tem aplicação genérica sobre outros delitos, não há mais que se cogitar na incidência da aludida causa de aumento de pena nos delitos patrimoniais (arts. 157, § 3º; 158, § 2º; 159, *caput* e seus §§ 1º, 2º e 3º). Por se tratar de crime hediondo, o agente estará sujeito a todas as regras mais severas do art. 2º da Lei n. 8.072/90. Trata-se de crime de competência do juiz singular, e não do Tribunal do Júri.

(13) Extorsão qualificada (§ 3º): A Lei n. 11.923, de 17 de abril de 2009, acrescentou um § 3º ao art. 158 do CP, segundo o qual, "Se o crime é cometido mediante a restrição da liberdade da vítima, e essa condição é necessária para a obtenção da vantagem econômica, a pena é de reclusão, de 6 (seis) a 12 (doze) anos, além da multa; se resulta lesão corporal grave ou morte, aplicam-se as penas previstas no art. 159, §§ 2º e 3º, respectivamente". Portanto, a partir dessa inovação legal, o "sequestro relâmpago", em que o agente restringe a liberdade de locomoção da vítima, conduzindo-a até caixas eletrônicos, a fim de obrigá-la a entregar-lhe o cartão magnético e a fornecer-lhe a senha, para sacar o numerário, configurará o crime de extorsão na forma qualificada. Mencione-se

que a pena prevista para o sequestro relâmpago é de reclusão, de 6 a 12 anos, além da multa, portanto, maior que a estabelecida para o delito de roubo na forma agravada (em decorrência da privação da liberdade da vítima). Do mesmo modo, o § 3º do art. 158 determina a incidência das penas previstas no art. 159, §§ 2º e 3º, se do crime resultar lesão corporal grave (reclusão, de 16 a 24 anos) ou morte (24 a 30 anos), portanto, superiores às sanções cominadas no art. 157, § 3º, o qual prescreve que, se da violência resulta lesão corporal grave, a pena é de reclusão de 7 a 15 anos, além da multa; se resulta morte, a reclusão é de 20 a 30 anos, sem prejuízo da multa). Dessa forma, se um assaltante, por exemplo, obriga um pedestre a adentrar em seu veículo, a fim de que este o leve à sua residência para realizar o roubo, responde pelo aludido delito, nas condições do art. 157, § 3º, caso advenham aqueles resultados agravadores. Se, no entanto, a privação da liberdade de locomoção visa obrigar a vítima a entregar-lhe o cartão magnético e a fornecer-lhe a senha, para sacar o numerário em agências bancárias, responde pela extorsão nas condições do art. 158, § 3º, caso advenham as consequências mais gravosas. A previsão das sanções, nesse contexto, fere o princípio da proporcionalidade das penas, na medida em que, muito embora sejam crimes autônomos, são praticamente idênticos, pois muito se assemelham pelo modo de execução, além de tutelarem idêntico bem jurídico.

(14) Ação penal: Trata-se de crime de ação penal pública incondicionada.

(15) Outros dispositivos legais: Se houver o emprego de fraude, *vide* CP, art. 171; se a vantagem econômica pretendida for devida, *vide* CP, art. 345; se o agente for funcionário público e a vítima cede em virtude do medo exercido pela autoridade, *vide* art. 316 do CP; se o agente, ao constranger outrem, não almeja vantagem econômica, *vide* CP, art. 146; se a extorsão é mediante sequestro, *vide* art. 159 do CP; se a extorsão for praticada por inconformismo político ou para obtenção de fundos destinados à manutenção de organizações políticas clandestinas ou subversivas, *vide* art. 20 da Lei de Segurança Nacional (consulte comentários a essa Lei no art. 157 do CP).

(16) Crimes de lavagem de dinheiro: A nova redação da Lei de Lavagem de Capitais engloba toda e qualquer infração penal antecedente, inclusive a extorsão: "Ocultar ou dissimular a natureza, origem, localização, disposição, movimentação ou propriedade de bens, direitos ou valores provenientes, direta ou indiretamente, de infração penal" (redação dada pela Lei n. 12.683, de 2012).

(17) Competência: Se o delito atingir bens ou interesses da União, a competência será da Justiça Federal, nos termos do art. 109 da CF. *Nesse sentido*, TRF da 4ª Região: "Processo penal. Recurso criminal em sentido estrito. Extorsão (art. 158, CP) praticada contra comunidade indígena. Lesão a interesse da União. Competência da justiça federal. Art. 109, IV e XI, CF/88. Súmula 140 do STJ. Inaplicabilidade. 1. A Súmula 140 do STJ não esgota plenamente as hipóteses de crimes em que figure indígena como vítima ou autor, devendo ser relativizada quando o delito assume a proporção da transindividualidade, pondo em risco a cultura e a estrutura de uma comunidade inteira. 2. Restando caracterizada, *in casu*, prática delituosa dirigida ao povo aborígene, cuja proteção é de interesse da União – em especial, da FUNAI – isto, por si só, já atrai a competência federal, como estatui o art. 109, IV, da CF/88. 3. Se não bastasse, a extorsão foi praticada em desfavor de uma considerável parcela da população indígena (idosos e mulheres grávidas), buscando os recorridos tomar-lhes o numerário que auferiam a título de aposentadoria e auxílio-maternidade, o que atinge o agrupamento silvícola residente na reserva do Guarita como um todo, fazendo incidir o inciso XI do dispositivo constitucional supracitado. 4. Recurso provido, firmando a Competência da 2ª Vara Federal de Santo Ângelo para processar e julgar o feito" (TRF 4ª Região, RSE 2002.04.0/1.050790-2/RS, 8ª T., *DJU* 23-4-2003, p. 400); TRF 4ª Região: "Penal. Extorsão. Ex-funcionário. Uso da carteira funcional. Competência da Justiça Federal. Pena-base reduzida. 1– As provas colhidas demonstram que os réus, ex-servidores da Receita Federal, utilizando-se de carteira funcional, abordaram a vítima e, depois de tê-la conduzida de carro a local distante

e ermo, exigiram para si a mercadoria estrangeira que a vítima portava. 2 – Competência da Justiça Federal em razão da ameaça ter sido feita com uso da carteira funcional, recebida pelos réus quando estavam no exercício da função. 3 – Reduz-se a pena-base para o mínimo legal, tendo em vista as circunstâncias judiciais amplamente favoráveis. Mantida a majorante especial do art. 153, § 1º, CP. 4 – Apelação parcialmente provida" (TRF 4ª Região, Ap. Crim. 96.04.59375-7/PR, 2ª T., *DJU* 4-4-2001, p. 586); e TRF da 4ª Região: "Indígenas. Competência federal. 1. Denúncia por extorsão e cárcere privado contra indígenas que causaram conflito, com resultado morte, ao buscar cobrar percentual sobre plantio em terra cultivada dentro da reserva indígena. Caso em que se vislumbra condutas violentas provocadoras de instabilidade e utilização incorreta de áreas da Reserva, afetando os interesses de toda aquela comunidade indígena. 2. Competência Federal para processar e julgar o feito, nos termos dos arts. 109, IV e XI, e 231, da CF, visto a obrigação da União em proteger e fazer respeitar todos os bens dos indígenas" (TRF 4ª Região, RSE 2002.04.0 l.041639-8/SC, 8ª T., *DJU* 16-7-2003, p. 371). *Em sentido contrário*, fixando a competência da Justiça Estadual para o processamento da ação penal, STJ: "Conflito positivo de competência. Penal. Juízos estadual e federal. Crime de extorsão praticado por servidora pública. Condenação proferida pelo juízo estadual. Âmbito estadual. A ré, ao praticar o delito do qual já foi inclusive condenada pelo juízo estadual, estava atuando no exercício de cargo em comissão na esfera estadual. Infundadas as alegações trazidas pelo d. juízo federal suscitante. Conflito conhecido declarando-se a competência do Juízo Estadual envolvido" (STJ, CC 45282/MG, 3ª S., Rel. Min. José Arnaldo da Fonseca, *DJ* 3-11-2004, p. 132); STJ: "Conflito de competência. Prática em tese de crimes (extorsão e roubo) imputados a integrantes de entidade privada – Inpama. Associados que se arvoram na condição de funcionários públicos federais, portando carteiras similares às utilizadas por autoridades Públicas (c/ brasão semelhante ao da República Federativa do Brasil). Bens, interesses e serviços da União, autarquias e empresas públicas (CF, art. 109, IV) não lesados, mas sim de particulares. Competência da justiça estadual. 1. Não obstante os associados de entidade privada, acusados pela prática em tese de roubo e extorsão, se fazerem passar por funcionários públicos federais, portando inclusive carteiras com brasão semelhante ao da República Federativa do Brasil, não há no caso bens, serviços ou interesses da União a justificar a competência da Justiça Federal. 2. Competência da Justiça Comum Estadual" (STJ, CC 26849/SP, 3ª S., Rel. Min. Edson Vidigal, *DJ* 8-10-2001, p. 160); STJ: "Conflito de competência. Inquérito policial. Crime de extorsão. Funcionário público federal fora de suas atribuições funcionais. Inocorrência de prejuízo ao erário. Competência da justiça estadual. 1. Compete à justiça estadual apreciar inquérito policial instaurado para apurar crime de extorsão praticado por funcionário público federal fora de suas atribuições funcionais e sem prejuízo aos cofres públicos" (STJ, CC 19179/PE, 3ª S., Rel. Min. Hamilton Carvalhido, *DJ* 19-6-2000, p. 107); e STJ: "Penal. Processual. Policial federal. Extorsão. Prisão preventiva. Competência. *Habeas corpus*. Recurso. 1. Policial federal que comete crime de extorsão contra particular, não configurando-se qualquer lesão a bens, serviços ou interesses da União ou de suas entidades, é processado e julgado pela Justiça Comum estadual e não pela Justiça Federal" (STJ, RHC 1562/SP, 5ª T., Rel. Min. Edson Vidigal, *DJ* 30-3-1992, p. 3995).

(18) **Roubo e extorsão. Distinção:** STJ: "Penal. Roubo. Extorsão. Diferença. No roubo e na extorsão, o agente emprega violência, ou grave ameaça a fim de submeter a vontade da vítima. No roubo, o mal é 'iminente' e o proveito 'contemporâneo'; na extorsão, o mal prometido é 'futuro' e 'futura' a vantagem a que se visa (Carrara). No roubo, o agente toma a coisa, ou obriga a vítima (sem opção) a entregá-la. Na extorsão, a vítima pode optar entre acatar a ordem ou oferecer resistência. Hungria escreveu: 'no roubo, há *contrectatio*; na extorsão, *traditio*'" (REsp 90097/PR, 6ª T., Rel. Min. Luiz Vicente Cernicchiaro, *DJ* 25-2-1998, p. 127). *No mesmo sentido*, TJRS: "Distinção entre roubo e extorsão. Não há distinção entre alguém, sob ameaça, ter o bem tomado pelo me-

liante ou entregá-lo diante da ordem deste. A diferença situa-se em permitir a extorsão alguma opção à vítima, o que não se viabiliza no roubo, bem como, naquela, ser o proveito futuro e incerto, o que, no roubo, inocorre, diante da indispensável contemporaneidade entre a ação e a vantagem" (TJRS, Ap. Crim. 70000743351, 7ª Câmara Criminal, Rel. Luís Carlos Ávila de Carvalho Leite, j. 23-3-2000); e TJRS: "Extorsão. Roubo. Imediatidade do Constrangimento. Dispensabilidade da conduta da vítima. Distinção. Tratando-se de ação imediata à subjugação da vítima pelo emprego de arma, o constrangimento de entregar a *res* e a dispensabilidade da conduta da vítima para a subtração da *res*, o delito que se configura é o de roubo e não extorsão" (TJRS, Ap. Crim. 70010503563, 5ª Câmara Criminal, Rel. Aramis Nassif, j. 16-8-2006).

Súmula:

Súmula 96 do STJ: "O crime de extorsão consuma-se independentemente de obtenção da vantagem indevida".

Extorsão mediante sequestro

Art. 159. Sequestrar pessoa com o fim de obter, para si ou para outrem, qualquer vantagem, como condição ou preço do resgate:

Pena – reclusão, de 8 (oito) a 15 (quinze) anos. *(Redação dada pela Lei n. 8.072/90)*

§ 1º Se o sequestro dura mais de 24 (vinte e quatro) horas, se o sequestrado é menor de 18 (dezoito) ou maior de 60 (sessenta) anos, ou se o crime é cometido por bando ou quadrilha: *(Redação dada pela Lei n. 10.741/2003)*

Pena – reclusão, de 12 (doze) a 20 (vinte) anos. *(Redação dada pela Lei n. 8.072/90)*

§ 2º Se do fato resulta lesão corporal de natureza grave:

Pena – reclusão, de 16 (dezesseis) a 24 (vinte e quatro) anos. *(Redação dada pela Lei n. 8.072/90)*

§ 3º Se resulta a morte:

Pena – reclusão, de 24 (vinte e quatro) a 30 (trinta) anos. *(Redação dada pela Lei n. 8.072/90)*

§ 4º Se o crime é cometido em concurso, o concorrente que o denunciar à autoridade, facilitando a libertação do sequestrado, terá sua pena reduzida de um a dois terços. *(Redação dada pela Lei n. 9.269/96)*

Extorsão mediante sequestro *(caput)*

(1) Crime hediondo: A extorsão mediante sequestro, nos termos do art. 1º da Lei n. 8.072/90, é considerada crime hediondo, tanto em sua forma simples *(caput)*, quanto na sua forma qualificada (§§ 1º a 3º), estando sujeita ao tratamento mais severo da mencionada Lei.

(2) Objeto jurídico: Tutela-se a inviolabilidade patrimonial, a liberdade de locomoção e a integridade física do indivíduo, pois se trata de crime complexo (extorsão + sequestro ou cárcere privado).

(3) Ação nuclear: Está consubstanciada no verbo *sequestrar*, isto é, privar a vítima de sua liberdade de locomoção; no entanto, ao contrário do crime do art. 148 do CP, exige-se uma finalidade específica: a obtenção de vantagem, para si ou para outrem, como condição ou preço do resgate. Embora haja polêmica na doutrina, entendemos que a vantagem econômica pretendida deve ser patrimonial. Ao contrário do crime de extorsão, a lei não prevê se a vantagem almejada é devida ou indevida: (a) Para Nélson Hungria, se for devida, haverá o crime de exercício arbitrário das próprias razões em concurso formal com o sequestro *(Comentários,* cit., v. VII, p. 72). (b) Para Damásio de Jesus, a vantagem pode ser devida ou indevida *(Código Penal anotado.* cit., p. 579).

(4) Sujeito ativo: Qualquer pessoa.

(5) Sujeito passivo: É a pessoa que sofre a lesão patrimonial, bem como a que sofre a privação da liberdade mediante sequestro.

(6) Elemento subjetivo: É o dolo, consubstanciado na vontade livre e consciente de sequestrar a vítima, acrescido da finalidade especial de obter, para si ou para outrem, qualquer vantagem, como condição ou preço do resgate. Se a privação da liberdade da vítima se der com fins libidinosos, haverá a configuração do sequestro qualificado (CP, art. 148, § 1º, V).

(7) Momento consumativo: Consuma-se com o sequestro, ainda que por curto espaço de tempo. Independe, por conseguinte, da obtenção da vantagem econômica. Trata-se, portanto, de crime formal ou de consumação antecipada. *Nesse sentido:* STJ: "Extorsão mediante sequestro. Crime permanente. – Consumação. Reiterado entendimento pretoriano sobre operar-se tal crime no local do sequestro da vítima, e não no da entrega do resgate" (STJ, EDcl no HC 5826/CE, 5ª T., Rel. Min. José Dantas, j. 18-11-1997, *DJ* 15-12-1997, p. 66461). É também crime permanente. A prisão em flagrante, portanto, pode ser realizada a qualquer momento.

(8) Tentativa: É possível. Dessa forma, se o agente não logra privar a vítima de sua liberdade de locomoção por circunstâncias alheias à sua vontade, provada a sua intenção específica de obter vantagem econômica, haverá o crime de tentativa de extorsão mediante sequestro.

(9) Causa especial de aumento de pena: Nos termos do art. 9º da Lei dos Crimes Hediondos, no caso do *caput* e seus §§ 1º a 3º, se a vítima se enquadrasse em qualquer das hipóteses do art. 224 do CP, a pena seria acrescida de metade, respeitado o limite máximo de 30 anos. No entanto, uma vez que o art. 224 do CP foi revogado expressamente pela Lei n. 12.015/2009 e as condições nele previstas integram tipo autônomo específico (CP, art. 217-A – estupro de vulnerável), que não tem aplicação genérica sobre outros delitos, não há mais que se cogitar na incidência da aludida causa de aumento de pena nos delitos patrimoniais (arts. 157, § 3º; 158, § 2º; 159, *caput* e seus §§ 1º, 2º e 3º).

(10) Pena: A Lei n. 8.072/90 aumentou a sanção penal mínima das penas do *caput* e dos §§ 1º a 3º, contudo, omitiu a referência à pena pecuniária, ocorrendo verdadeira *abolitio poena*. Nesse aspecto a nova regra é mais benéfica, devendo retroagir para alcançar todos os crimes de extorsão mediante sequestro praticados anteriormente, levando à extinção imediata de todos os processos de execução das multas aplicadas a esses delitos.

(11) Comutação de penas: STJ: "A comutação, espécie do gênero indulto, não pode ser concedida ao condenado por extorsão mediante sequestro, ante a expressa vedação do art. 7º, inciso I, do Decreto 3.226/99. Tratando-se de indulto parcial, devem ser observadas as restrições impostas ao instituto mais abrangente. Precedente. Irresignação que merece ser provida para cassar o benefício concedido, restabelecendo-se a decisão de primeiro grau de jurisdição. Recurso conhecido e provido" (STJ, REsp 510018/RJ, 5ª T., Rel. Min. Gilson Dipp, j. 12-8-2003, *DJ* 29-9-2003, p. 336).

(12) Ação penal: Todas as modalidades do crime em estudo são de ação penal pública incondicionada.

(13) Competência: STJ: "Para que a conduta ilícita de policial federal enseje a competência da Justiça Federal, é imperativo que guarde estrita relação com o exercício da função policial. 2. O uso de determinados apetrechos policiais em ações criminosas por quem de direito não poderia deles dispor, ainda que policial, pode revelar, tão somente, a prática independente do crime de peculato. 3. Além disso, o crime de extorsão mediante sequestro foi praticado contra particular, sem qualquer consequência danosa para o corpo policial. 5. Ordem denegada" (STJ, HC 41193/RJ, 5ª T., Rel. Min. Arnaldo Esteves Lima, j. 19-5-2005, *DJ* 15-8-2005, p. 339). *No mesmo sentido:* STF, HC 8737600, 1ª T., Rel. Min. Eros Grau, j. 7-3-2006, *DJ* 24-3-2006, p. 36. STJ: "1. Tão somente os crimes militares, cuja definição é dada pelo art. 9º, do Código Penal Militar, quando cometidos por agentes militares, poderão ser julgados pela Justiça Castrense. 2. Na hipótese dos autos o paciente

policial militar, juntamente com outros corréus, em tese, praticou os delitos de formação de quadrilha e extorsão mediante sequestro qualificado contra civil. Assim, evidenciado o cometimento dos referidos crimes fora do exercício da função militar do envolvido, em razão de interesse alheio à sua atividade de policial militar, sobressai a competência da Justiça Comum para o julgamento do feito. *Habeas corpus* denegado" (STJ, HC 46257/SP, 5ª T., Rel. Min. Felix Fischer, j. 7-3-2006, *DJ* 2-5-2006, p. 347). Por fim, se o crime atingir bens, interesses ou serviços da União, a competência para o processamento da ação penal será da Justiça Federal. N*esse sentido*, STJ: "Processual penal. Competência da Justiça Federal. Afeta interesse direto da União Federal, porque conspurca sua imagem e prejudica seu serviço, o sequestro e posterior homicídio de cidadão estrangeiro, recém-chegado ao país em voo procedente do Exterior, por agentes federais que se encontravam em plantão no aeroporto internacional do Rio de Janeiro, inclusive usando jaquetas com o emblema da Polícia Federal" (CC 1679/RJ, 3ª S., Rel. Min. Jesus Costa Lima, *DJ* 13-5-1991, p. 6069).

Competência. Prevenção: STJ: "Eventual dificuldade de se definir o lugar do crime implica a aplicação do art. 71 do Código de Processo Penal, que preceitua: 'Tratando-se de infração continuada ou permanente, praticada em território de duas ou mais jurisdições, a competência firmar-se-á pela prevenção'. De acordo com o art. 83 do Código de Processo Penal, torna-se prevento o juiz quando, concorrendo dois ou mais juízes igualmente competentes ou com jurisdição cumulativa, um deles tiver antecedido aos outros na prática de algum ato do processo ou medida a este relativa, ainda que anterior ao oferecimento da denúncia. Essa é a hipótese vertente. Ordem denegada" (STJ, HC 16777/RJ, 5ª T., Rel. Min. Jorge Scartezzini, j. 16-10-2001, *DJ* 8-4-2002, p. 243). *No mesmo sentido:* STJ, RHC 10630/CE, 5ª T., Rel. Min. Jorge Scartezzini, j. 17-4-2001, *DJ* 20-8-2001, p. 490.

Extorsão mediante sequestro – Forma qualificada (§ 1º)

(1) Crime hediondo: A forma qualificada prevista no § 1º constitui crime hediondo, nos termos do art. 1º, IV, da Lei n. 8.072/90. A pena será de reclusão, de doze a vinte anos, se presentes algumas das circunstâncias previstas.

(2) Hipóteses: (a) *Sequestro por mais de 24 horas:* (vide art. 148, § 1º, III, o qual se refere ao sequestro que dura mais de 15 dias); (b) *Sequestro de menor de 18 ou maior de 60 anos:* Cuidava-se aqui da vítima menor de 18 anos e maior de 14 anos, uma vez que o art. 9º da Lei n. 8.072/90 previa um aumento de pena de metade se a vítima não fosse maior de 14 anos de idade (CP, art. 224, *a*). No entanto, uma vez que o art. 224 do CP foi revogado expressamente pela Lei n. 12.015/2009 e as condições nele previstas integram tipo autônomo específico (CP, art. 217-A — estupro de vulnerável), que não tem aplicação genérica sobre outros delitos, não há mais que se cogitar da incidência da aludida causa de aumento de pena nos delitos patrimoniais (arts. 157, § 3º; 158, § 2º; 159, *caput* e seus §§ 1º, 2º e 3º). Desse modo, a qualificadora em estudo passou a abranger também a vítima com idade igual ou inferior a 14 anos. No tocante ao sequestrado maior de 60 anos, referida qualificadora foi incluída no § 1º pelo art. 110 da Lei n. 10.741, de 1º de outubro de 2003 (Estatuto do Idoso). (c) *Sequestro praticado por associação criminosa:* É a associação do art. 288 do CP (reunião permanente de três ou mais pessoas para cometer crimes). Apesar da menção expressa ao crime de quadrilha ou bando, a Lei n. 12.850 modificou o nome do crime para associação criminosa, modificando, também, o número mínimo de integrantes para três.

Concurso material entre sequestro praticado por associação criminosa e o crime do art. 288: Há duas posições: (1ª) Configura *bis in idem*. *Nesse sentido:* TRF da 1ª Região: "Penal e processo penal. Formação de quadrilha (art. 288 do CP) e quadrilha da extorsão mediante sequestro (§ 1º, parte final, art. 159 do CP). Cumulação: *bis in idem*. A configuração do crime de quadrilha ou bando exige uma associação de forma permanente e estável, o que difere da associação na codelinquência que tem caráter momentâneo. *In casu*, temos a hipótese de mero concurso de agentes. Mesmo que o delito de quadrilha estivesse comprovado, não seria possível aplicar também a qualificadora prevista no crime de extorsão mediante sequestro (§ 1º, parte final, art. 159 do CP), pois isso redundaria em flagrante e inconstitucional *bis in idem*" (TRF da 1ª Região, Ap. Crim. 2000.01.00.038608l/PI, 3ª T., *DJ* 13-6-2003, p. 58); e TJSP: "Quadrilha ou bando – Condenação concomitante com o crime de extorsão mediante sequestro qualificado pela prática por quadrilha – Inadmissibilidade – *Bis in idem* – Redução das penas – Recurso parcialmente provido" (Ap. Crim. 395.545-3/5-00 – Praia Grande, 1ª Câmara Criminal, Rel. Salles Abreu, j. 22-10-2003, *v.u.*). (2ª) Não há *bis in idem*, pois os momentos consumativos e as objetividades jurídicas são diversas. *Nesse sentido*: STJ: "Admite-se a possibilidade de coexistência entre os crimes de quadrilha ou bando e o de extorsão mediante sequestro qualificado pelo concurso de pessoas, porquanto os bens jurídicos tutelados são distintos e autônomos os delitos. Precedentes do STJ" (STJ, HC 29400/RJ, 5ª T., Rel. Min. Laurita Vaz, *DJ* 10-10-2005, p. 398); e TJSP: "Quadrilha ou bando. Condenação concomitante com extorsão mediante sequestro praticada por bando e qualificada pelo tempo (art. 159, § 1º, do Código Penal). Admissibilidade. *Bis in idem*. Não caracterização. Recurso provido" (TJSP, Ap. Crim. 397.278-3/0 – São Paulo, 6ª Câmara Criminal, Rel. Ribeiro dos Santos, 13-11-2003, *v.u.*).

Apesar da menção expressa ao crime de quadrilha ou bando, a Lei n. 12.850 modificou o nome do crime para associação criminosa, modificando, também, o número mínimo de integrantes para três.

(3) Causa especial de aumento de pena: Vide comentários constantes do item 9.

Extorsão mediante sequestro, qualificada pela lesão corporal de natureza grave ou morte (§§ 2º e 3º).

(1) Crime hediondo: A extorsão mediante sequestro, qualificada pela lesão corporal de natureza grave ou morte, constitui crime hediondo, nos termos do art. 1º, IV, da Lei n. 8.072/90.

(2) Natureza jurídica: Trata-se de crime qualificado pelo resultado. A lesão corporal grave ou morte deve ser causada culposa ou dolosamente. Entende-se que o resultado agravador deve ser provocado na vítima do sequestro e não em terceira pessoa.

(3) Causa especial de aumento de pena: Vide comentários constantes do item 9.

(4) Pena: Na hipótese da lesão corporal grave, a pena será de reclusão, de 16 a 24 anos. Na hipótese de morte, a pena será de reclusão, de 24 a 30 anos. É a pena mais elevada do Código Penal.

Causa de diminuição de pena. Delação eficaz ou premiada (§ 4º)

(1) Causa de diminuição de pena. Delação eficaz ou premiada: Foi criada pela *Lei dos Crimes Hediondos* (art. 7º) especificamente para o crime de extorsão mediante sequestro praticado em concurso. A Lei n. 9.269/96, posteriormente, deu ao § 4º do art. 159 do CP a seguinte redação: "§ 4º Se o crime é cometido em concurso, o concorrente que o denunciar à autoridade, facilitando a libertação do sequestrado, terá a sua pena reduzida de um a dois terços". São necessários os seguintes pressupostos para a sua aplicação: (a) prática de um crime de extorsão mediante sequestro; (b) cometido em concurso; (c) delação feita por um dos coautores ou partícipes à autoridade; (d) eficácia da delação (a efetiva libertação do ofendido e o nexo causal entre esta e a delação). Não confundir essa figura com a traição benéfica (art. 8º da Lei n. 8.072/90).

Espontaneidade da denúncia: Já decidiu o STJ que a delação não traz como requisito a espontaneidade da denúncia, sendo de incidência obrigatória, quando preenchidos os requisitos legais (STJ, HC 23479/RJ, 5ª T., Rel. Min. José Arnaldo da Fonseca, j. 18-2-2003, *DJ* 24-3-2003, p. 250).

Liberação da vítima antes do pagamento do resgate: STJ: "1. A libertação da vítima de sequestro por corréu, antes do recebimento do resgate, é causa de diminuição de pena, conforme previsto no art. 159, § 4º, do Código Penal, com a redação dada pela Lei n. 9.269/96, que trata da delação premiada. 2. Mesmo que o delito tenha sido praticado antes da edição da Lei n. 9.269/96, aplica-se o referido dispositivo legal, por se tratar de norma de direito penal mais benéfica. 3. Ordem concedida" (STJ, HC 40633/SP, 5ª T., Rel. Min. Arnaldo Esteves Lima, j.

1-9-2005, *DJ* 26-9-2005, p. 417). Por outro lado, já decidiu o STJ que a liberação da vítima após o pagamento do resgate não autoriza o benefício da delação (STJ, REsp 223364/PR, 6ª T., Rel. Min. Hélio Quaglia Barbosa, j. 30-6-2005, *DJ* 22-8-2005, p. 349).

(2) Lei de proteção a vítimas e testemunhas ameaçadas, bem como a acusados ou condenados que tenham voluntariamente prestado efetiva colaboração à investigação policial e ao processo criminal (Lei n. 9.807, de 13-7-1999): A delação eficaz prevista nos arts. 13 e 14 da Lei de Proteção a Testemunhas é mais abrangente do que a contemplada no art. 7º da Lei dos Crimes Hediondos, pois a Lei n. 9.807/99, no art. 13, prevê a possibilidade de aplicar o perdão judicial, e não apenas a redução da pena. Além disso, a lei em questão é aplicável genericamente a todos os delitos, hediondos ou não, e não só ao crime de extorsão mediante sequestro praticado em concurso de agentes. Quanto ao art. 14, embora também preveja mera diminuição de pena, sua incidência não se restringe aos delitos enunciados na Lei dos Crimes Hediondos, e não exige efetivo resultado na delação, mas apenas e tão somente a cooperação voluntária do criminoso.

Lei de Lavagem de Dinheiro

Crimes de lavagem de dinheiro: Constitui crime de lavagem de dinheiro a conduta de "ocultar ou dissimular a natureza, origem, localização, disposição, movimentação ou propriedade de bens, direitos ou valores provenientes, direta ou indiretamente, de infração penal" (redação dada pela Lei n. 12.683, de 2012). Sobre a competência nos crimes de lavagem de dinheiro, *vide* comentários a essa lei no crime de roubo.

Lei de Segurança Nacional

Crimes contra a Segurança Nacional: Se a extorsão mediante sequestro for praticada por inconformismo político ou para obtenção de fundos destinados à manutenção de organizações políticas clandestinas ou subversivas, *vide* art. 20 da Lei de Segurança Nacional (consulte comentários a essa lei no art. 157 do CP).

Interceptação telefônica

Escuta telefônica: STJ: "Extorsão mediante sequestro. Prova. Escuta telefônica. Autorização judicial. Lei n. 9.296/96. Não contamina de nulidade o processo penal instaurado com base em prova obtida por meio de interceptação de linha telefônica, realizada com autorização judicial deferida após a edição da Lei n. 9.296/96, que regulamentou o inciso XII do art. 5º da Carta Magna. Em sede de investigação do crime de extorsão mediante sequestro, em face da imensa dificuldade de sua apuração, é de se admitir a escuta telefônica como meio de prova para identificação da autoria. *Habeas corpus* denegado" (STJ, HC 7869/SP, 6ª T., Rel. Min. Vicente Leal, j. 13-10-1998, *DJ* 9-11-1998, p. 174).

Extorsão indireta

Art. 160. Exigir ou receber, como garantia de dívida, abusando da situação de alguém, documento que pode dar causa a procedimento criminal contra a vítima ou contra terceiro:

Pena – reclusão, de 1 (um) a 3 (três) anos, e multa.

(1) Objeto jurídico: Tutela-se o patrimônio e a liberdade individual.

(2) Ação nuclear: Consubstancia-se nos verbos: *exigir* (reclamar, obrigar), como garantia de dívida, documento que possa dar causa a procedimento criminal contra a vítima ou terceiro; ou *receber*, isto é, aceitar, como garantia de dívida, documento daquela natureza fornecido por iniciativa da própria vítima. Não é necessário que o procedimento criminal seja efetivamente instaurado contra o devedor, basta que tenha potencialidade lesiva para tanto. Exige o tipo penal que o agen-

te abuse da situação da vítima, isto é, se valha de sua situação de premente necessidade, de desespero, para extorquir-lhe garantias ilícitas em troca da prestação econômica.

(3) Objeto material: É o documento que possa dar causa a procedimento criminal. Há julgado do STJ no sentido de que "Para a configuração do delito de extorsão indireta, é necessário que o documento exigido ou recebido pelo credor se preste a instauração de procedimento criminal viável contra o devedor, o que não ocorre com o cheque pré-datado, dado em garantia de dívida, porquanto a sua emissão, em tais condições, não constitui crime" (STJ, REsp 1094/RJ, 6ª T., Rel. Min. Costa Leite, j. 12-12-1989, *DJ* 5-2-1990, p. 463).

(4) Sujeito ativo: Qualquer pessoa pode praticar o delito em tela.

(5) Sujeito passivo: É a pessoa que cede à exigência, como o terceiro contra o qual pode ser instaurado o procedimento criminal.

(6) Elemento subjetivo: É o dolo, isto é, a vontade livre e consciente de exigir ou receber documento que pode dar causa a procedimento criminal, acrescido do fim específico de obter o documento como garantia de dívida (o chamado dolo de aproveitamento).

(7) Momento consumativo: Dá-se com a simples exigência do documento (crime formal) ou com o seu efetivo recebimento (crime material).

(8) Tentativa: Na modalidade *exigir*, a tentativa somente será possível se a exigência for realizada por escrito e não chegar ao conhecimento da vítima por circunstâncias alheias à vontade do agente. Na modalidade *receber*, a tentativa é perfeitamente possível.

(9) Ação penal. Lei dos Juizados Especiais Criminais: Trata-se de crime de ação penal pública incondicionada. É perfeitamente cabível a suspensão condicional do processo, de acordo com o art. 89 da Lei n. 9.099/95.

(10) Crime contra a economia popular. Crime de usura (art. 4º da Lei n. 1.521/51): De acordo com o art. 4º, *b*, da Lei, constitui crime de *usura* a ação de "obter, ou estipular, em qualquer contrato, abusando da premente necessidade, inexperiência ou leviandade de outra parte, lucro patrimonial que exceda o quinto do valor corrente ou justo da prestação feita ou prometida. Pena: detenção, de 6 (seis) meses a 2 (dois) anos, e multa de cinco mil a vinte mil cruzeiros". *Vide* também art. 21 do Pacto de São José da Costa Rica, o qual reprime a usura. STJ: "O crime de usura não foi revogado pelo texto constitucional, sendo-lhe do contexto a conduta de empréstimo acima de 12% a.a. entre particulares. Ordem denegada" (STJ, HC 19471/SP, 5ª T., Rel. Min. José Arnaldo da Fonseca, j. 8-10-2002, *DJ* 4-11-2002, p. 220). STJ: "1. Verificando-se ter havido, na espécie, operações de empréstimos a juros exorbitantes, realizadas de particular para particular, sem intermediação de instituição financeira, afigurando-se, pois, como típico crime de usura, descrito no art. 4º da Lei de Economia Popular. 2. Nesse contexto, por não se tratar de crime contra o Sistema Financeiro Nacional, em face da inexistência de lesão a bens e serviços da União, o suposto crime em tela deverá ser processado e julgado pela Justiça Estadual (Súmula 498, do STF). 3. Conflito conhecido, declarando-se competente o Juízo de Direito do Departamento de Inquéritos Policiais e Polícia Judiciária de São Paulo – DIPO, ora suscitado" (STJ, CC 39744/SP, 3ª S., Rel. Minª Laurita Vaz, j. 23-6-2004, *DJ* 23-6-2004, p. 298). *No mesmo sentido:* STJ, CC 29933/SP, 3ª S., Rel. Min. Jorge Scartezzini, j. 24-3-2004, *DJ* 1-7-2004, p. 172; STJ, CC 3601/RS, 3ª S., Rel. Min. Vicente Leal, j. 25-9-2002, *DJ* 16-6-2002, p. 258. STJ: "O crime de usura é instantâneo e formal consumando-se com a mera exigência de juros exorbitantes, acima do permitido legalmente. A prática reiterada de agiotagem contra a mesma vítima configura hipótese de crime continuado. Assim, a prescrição conta-se a partir da data de consumação de cada uma das condutas delituosas" (STJ, HC 17943/SP, 5ª T., Rel. Min. Jorge Scartezzini, j. 23-3-2004, *DJ* 24-5-2004, p. 295). STJ: "RHC Pena. Usura. Economia Popular. O fato delituoso integra 'conduta' e 'resultado' (sentido jurídico do termo). O bem jurídico – economia popular – relaciona-se com número indeterminado de pessoas, visa ao interesse do povo, notadamente do ponto de vista econômico. O crime pode

consumar-se com uma só operação, no entanto, imprescindível voltar-se para pessoas indeterminadas. O objeto jurídico possui característica difusa, supraindividual, socialmente danosa, afetando pluralidade de direitos" (STJ, RHC 1663/SP, 6ª T., Rel. Min. Luiz Vicente Cernicchiaro, j. 17-3-1992, *DJ* 6-4-1992, *LEX-STJ*, 36/292 e *RT* 685/370).

CAPÍTULO III
DA USURPAÇÃO

Alteração de limites

Art. 161. Suprimir ou deslocar tapume, marco, ou qualquer outro sinal indicativo de linha divisória, para apropriar-se, no todo ou em parte, de coisa imóvel alheia:

Pena – detenção, de 1 (um) a 6 (seis) meses, e multa.

(1) Convenção Americana sobre Direitos Humanos: De acordo com o art. 21 da Convenção Americana sobre Direitos Humanos (Pacto de São José da Costa Rica), promulgada no Brasil pelo Decreto n. 678, de 6-11-1992, "toda pessoa tem direito ao uso e gozo dos seus bens. A lei pode subordinar esse uso e gozo ao interesse social. Nenhuma pessoa pode ser privada de seus bens, salvo mediante o pagamento de indenização justa, por motivo de utilidade pública ou de interesse social e nos casos e na forma estabelecidos pela lei".

(2) Fundamento constitucional: De acordo com o art. 5º, XXII, da CF, é garantido o direito de propriedade.

(3) Objeto jurídico: Tutela-se de forma direta a posse, e indireta, a propriedade dos bens imóveis.

(4) Ação nuclear: São duas as ações nucleares típicas: *suprimir*, isto é, fazer desaparecer ou *deslocar*, isto é, transferir para outro local, no caso a linha divisória da propriedade como tapume (por ex.: cercas de arame, de madeira etc.), marco (por ex.: árvores, pedras etc.) ou qualquer outro sinal indicativo de linha divisória (por ex.: cursos d'água etc.).

(5) Sujeito ativo: Há duas posições: (a) Para Nélson Hungria, somente o confinante do imóvel pode praticar o crime em estudo *(Comentários,* cit., v. VII, p. 89). (b) Para E. Magalhães Noronha, o futuro comprador do imóvel também pode ser sujeito ativo *(Direito penal,* cit., v. 2, p. 284).

(6) Sujeito passivo: O proprietário ou possuidor do bem imóvel.

(7) Elemento subjetivo: É o dolo, isto é, a vontade livre e consciente de alterar os sinais indicativos da linha divisória da propriedade imóvel, acrescido do fim especial de apropriar-se, no todo ou em parte, de coisa alheia móvel. Se a intenção do agente não for a de apossar-se do imóvel para seu uso e fruição, o crime poderá ser outro: dano (CP, art. 163), exercício arbitrário das próprias razões (CP, art. 345), fraude processual (CP, art. 347). Se, logo em seguida à alteração de limites, houver invasão da propriedade mediante o emprego de violência ou grave ameaça, ou mediante o concurso de pessoas, haverá a configuração do crime de esbulho possessório (art. 161, § 1º, II).

(8) Momento consumativo: Trata-se de crime formal, pois a consumação ocorre com a supressão ou deslocamento dos sinais indicativos da linha divisória da propriedade, desde que provada a intenção de se apossar do bem, embora na doutrina haja posicionamento no sentido de tratar-se de infração material.

(9) Tentativa: É possível.

(10) Concurso de crimes (§ 2º): Se houver emprego de violência (física) contra a pessoa, haverá o concurso entre os crimes de lesão corporal (as vias de fato são absorvidas) ou morte e de alteração de limites.

(11) Ação penal. Lei dos Juizados Especiais Criminais: A ação penal será, via de regra, de iniciativa privada, se a propriedade for particular e não houver o emprego de violência. Se, entre-

tanto, a propriedade não for particular ou houver emprego de violência, a ação penal será pública. Trata-se de infração de menor potencial ofensivo, estando sujeita às disposições da Lei n. 9.099/95. A suspensão condicional do processo e a transação penal são cabíveis nos crimes de ação penal pública incondicionada. Sobre a possibilidade de esses institutos incidirem nos crimes de ação penal privada, *vide* comentários ao art. 138 do CP.

§ 1º Na mesma pena incorre quem:

Usurpação de águas

I – desvia ou represa, em proveito próprio ou de outrem, águas alheias;

(1) Noções gerais: O inciso em estudo tutela a posse das águas consideradas patrimônio imobiliário. O Código de Águas (Decreto n. 24.643/34) nos traz o conceito de água pública ou particular. Pune-se o desvio (mudança do curso) e o represamento (impedimento do curso) da água alheia (pública ou particular). Sujeito passivo do crime é o proprietário ou possuidor da água desviada ou represada. Além da vontade de praticar a conduta típica, exige-se o fim especial de obter proveito próprio ou alheio, do contrário, poderá haver o crime do art. 163 ou 345 do CP. Trata-se de crime formal, pois se consuma no ato de desviar ou represar a água, sendo desnecessário alcançar o proveito para si ou para outrem. Poderá, por vezes, apresentar-se como crime permanente. A tentativa é perfeitamente possível.

(2) Concurso de crimes. Ação penal e Lei dos Juizados Especiais Criminais: Vide comentários acima.

Esbulho possessório

II – invade, com violência a pessoa ou grave ameaça, ou mediante concurso de mais de duas pessoas, terreno ou edifício alheio, para o fim de esbulho possessório.

§ 2º Se o agente usa de violência, incorre também na pena a esta cominada.

§ 3º Se a propriedade é particular, e não há emprego de violência, somente se procede mediante queixa.

(1) Noções gerais: O crime em estudo tutela a inviolabilidade patrimonial, sobretudo a posse do bem imóvel. Tutela-se também a integridade física e a liberdade da vítima. Pune-se, assim, a invasão de terreno ou edifício alheio, a qual é realizada com o emprego de violência (física) ou grave ameaça (promessa de mal sério e idôneo a intimidar) contra a pessoa (e não contra coisa) ou mediante o concurso de mais de duas pessoas. Discute-se se esse número mínimo seria composto de três (incluído o autor) ou quatro pessoas (o autor e mais três participantes). A invasão é para o fim de esbulho possessório (elemento subjetivo do tipo), do contrário, o crime poderá ser outro (violação de domicílio, exercício arbitrário das próprias razões). O objeto material do crime é o terreno ou edifício alheio. Qualquer pessoa pode praticar o crime em tela, com exceção do proprietário do bem. Se este invadir bem seu que se encontra na posse de outrem (locação), entende Hungria que não há o perfazimento do citado delito (Nélson Hungria, *Comentários*, cit., v. VII, p. 92). No caso do condomínio *pro diviso*, entende Noronha que pode ocorrer o crime em estudo (*Direito penal*, cit., v. 2, p. 295). Sujeito passivo é o indivíduo que legitimamente detém a posse do bem imóvel. A consumação se dará com a invasão da propriedade. A tentativa é perfeitamente possível.

(2) Concurso de crimes. Ação penal e Lei dos Juizados Especiais Criminais: Além de a violência funcionar como elemento constitutivo do crime, o agente responderá pelo concurso material de delitos se dela advier lesão corporal ou morte (as vias de fato restam absorvidas). Sobre a ação penal e Lei dos Juizados Especiais Criminais, *vide* comentários ao *caput* do art. 161.

(3) Ilícito civil e ilícito penal: STF: "Esbulho possessório. Não se confundem o ilícito civil com o criminal. Para que este se configure é necessário que haja invasão do terreno alheio. Não basta ataque a posse. O art. 161, II, exige que a afronta seja contra a propriedade. Discussão no juízo civil em que o paciente e o outro litigante discutem a posse invocando ambos a qualidade de proprietários. Inadequação da justiça criminal para dirimir a controvérsia. Falta de justa causa para a instauração da ação penal. Recurso provido para conceder o *habeas corpus*" (STF, RHC 55857/SP, 1ª T., Rel. Min. Soares Munoz, j. 8-11-1977, *DJ* 2-12-1977).

(4) Competência: STJ: "Conflito de competência. Direito Processual Penal. Esbulho possessório em imóveis de propriedade da Caixa Econômica Federal. Competência da Justiça Federal. 1. Configurada a prática de delito em detrimento de bem de empresa pública federal, compete à Justiça Federal o processo e julgamento da respectiva ação penal (art. 109, inciso IV, da Constituição da República)" (STJ, CC 47687/SP, 3ª S., Rel. Min. Hamilton Carvalhido, j. 24-8-2005, *DJ* 28-11-2005, p. 185). STJ: "Criminal. Conflito de competência. Invasão de fazenda pertencente à família do Exmo. Sr. Presidente da República, perpetrada por membros do 'movimento dos sem-terra' – MST. Inocorrência de lesão a bens, serviços ou interesses da União. Lesão restrita a patrimônio pessoal. Competência da Justiça Estadual (STJ, CC 36617/DF, 3ª S., Rel. Min. Gilson Dipp, j. 26-2-2003, *DJ* 22-4-2003, p. 195). Já decidiu o STJ que se a invasão de terras não é fato atentatório à ordem política e social, ocorrendo apenas conflito fundiário, a competência é da Justiça Estadual: STJ, CC 1111/RS, 3ª S., Rel. Min. José Cândido de Carvalho Filho, j. 17-5-1990, *DJ* 4-6-1990, p. 5052. Sobre competência, *vide*, ainda, Súmula 42 do STJ.

(5) Esbulho possessório e reforma agrária: STF: "(...) O esbulho possessório – mesmo tratando-se de propriedades alegadamente improdutivas – constitui ato revestido de ilicitude jurídica. Revela-se contrária ao direito, porque constitui atividade à margem da lei, sem qualquer vinculação ao sistema jurídico, a conduta daqueles que – particulares, movimentos ou organizações sociais – visam, pelo emprego arbitrário da força e pela ocupação ilícita de prédios públicos e de imóveis rurais, a constranger, de modo autoritário, o Poder Público a promover ações expropriatórias, para efeito de execução do programa de reforma agrária. O processo de reforma agrária, em uma sociedade estruturada em bases democráticas, não pode ser implementado pelo uso arbitrário da força e pela prática de atos ilícitos de violação possessória, ainda que se cuide de imóveis alegadamente improdutivos, notadamente porque a Constituição da República – ao amparar o proprietário com a cláusula de garantia do direito de propriedade (CF, art. 5º, XXII) – proclama que 'ninguém será privado (...) de seus bens, sem o devido processo legal' (art. 5º, LIV). O respeito à lei e à autoridade da Constituição da República representa condição indispensável e necessária ao exercício da liberdade e à prática responsável da cidadania, nada podendo legitimar a ruptura da ordem jurídica, quer por atuação de movimentos sociais (qualquer que seja o perfil ideológico que ostentem), quer por iniciativa do Estado, ainda que se trate da efetivação da reforma agrária, pois, mesmo esta, depende, para viabilizar-se constitucionalmente, da necessária observância dos princípios e diretrizes que estruturam o ordenamento positivo nacional. O esbulho possessório, além de qualificar-se como ilícito civil, também pode configurar situação revestida de tipicidade penal, caracterizando-se, desse modo, como ato criminoso (CP, art. 161, § 1º, II; Lei n. 4.947/66, art. 20). Os atos configuradores de violação possessória, além de instaurarem situações impregnadas de inegável ilicitude civil e penal, traduzem hipóteses caracterizadoras de força maior, aptas, quando concretamente ocorrentes, a infirmar a própria eficácia da declaração expropriatória. Precedentes. O respeito à lei e a possibilidade de acesso à jurisdição do Estado (até mesmo para contestar a validade jurídica da própria lei) constituem valores essenciais e necessários à preservação da ordem democrática. A necessidade de respeito ao império da lei e a possibilidade de invocação da tutela jurisdicional do Estado – que constituem valores essenciais em uma sociedade democrática, estruturada sob a égide do princípio da liberdade – devem representar o sopro inspirador da harmonia social,

além de significar um veto permanente a qualquer tipo de comportamento cuja motivação derive do intuito deliberado de praticar gestos inaceitáveis de violência e de ilicitude, como os atos de invasão da propriedade alheia e de desrespeito à autoridade das leis da República. Reconhecimento, em juízo de delibação, da legitimidade constitucional da MP n. 2.027-38/2000, reeditada, pela última vez, como MP n. 2.183-56/2001. Não é lícito ao Estado aceitar, passivamente, a imposição, por qualquer entidade ou movimento social organizado, de uma agenda político-social, quando caracterizada por práticas ilegítimas de invasão de propriedades rurais, em desafio inaceitável à integridade e à autoridade da ordem jurídica. O Supremo Tribunal Federal não pode validar comportamentos ilícitos. Não deve chancelar, jurisdicionalmente, agressões inconstitucionais ao direito de propriedade e à posse de terceiros. Não pode considerar, nem deve reconhecer, por isso mesmo, invasões ilegais da propriedade alheia ou atos de esbulho possessório como instrumentos de legitimação da expropriação estatal de bens particulares, cuja submissão, a qualquer programa de reforma agrária, supõe, para regularmente efetivar-se, o estrito cumprimento das formas e dos requisitos previstos nas leis e na Constituição da República. As prescrições constantes da MP n. 2.027-38/2000, reeditada, pela última vez, como MP n. 2.183-56/2001, precisamente porque têm por finalidade neutralizar abusos e atos de violação possessória, praticados contra proprietários de imóveis rurais, não se mostram eivadas de inconstitucionalidade (ao menos em juízo de estrita delibação), pois visam, em última análise, a resguardar a integridade de valores protegidos pela própria Constituição da República. O sistema constitucional não tolera a prática de atos, que, concretizadores de invasões fundiárias, culminam por gerar – considerada a própria ilicitude dessa conduta – grave situação de insegurança jurídica, de intranquilidade social e de instabilidade da ordem pública. Ação direta de inconstitucionalidade e dever processual de fundamentar a impugnação. O Supremo Tribunal Federal, no desempenho de sua atividade jurisdicional, não está condicionado às razões de ordem jurídica invocadas como suporte da pretensão de inconstitucionalidade deduzida pelo autor da ação direta. Tal circunstância, no entanto, não suprime, à parte, o dever processual de motivar o pedido e de identificar, na constituição, em obséquio ao princípio da especificação das normas, os dispositivos alegadamente violados pelo ato normativo que pretende impugnar. Impõe-se, ao autor, no processo de controle concentrado de constitucionalidade, sob pena de não conhecimento (total ou parcial) da ação direta, indicar as normas de referência – que, inscritas na Constituição da República, revestem-se, por isso mesmo, de parametricidade –, em ordem a viabilizar a aferição da conformidade vertical dos atos normativos infraconstitucionais. Precedentes (*RTJ* 179/35-37, *v. g.*)" (STF, ADIn-MC 2213/DF, T. Pleno, Rel. Min. Celso de Mello, j. 4-4-2002, *DJ* 23-4-2004, p. 7). *Em sentido contrário*: STJ: "Movimento popular visando a implantar a reforma agrária não caracteriza crime contra o patrimônio. Configura direito coletivo, expressão da cidadania, visando a implantar programa constante da Constituição da República. A pressão popular é própria do Estado de Direito Democrático" (STJ, HC 5574/SP, 6ª T., Rel. Min. William Pattterson, j. 8-4-1997, p. 37916, *RT* 747/608).

(6) Invasão de terras e crime contra o patrimônio: STJ: "Furto – Invasão de terras MLST – Prisão preventiva – Garantia da ordem pública – Necessidade – Ausência de provas de participação dos acusados – Inviabilidade de exame – Bons antecedentes e primariedade. Inexistência de constrangimento ilegal. Um dos pacientes, após solto em razão do relaxamento de prisão em flagrante, voltou a delinquir, liderando, juntamente com João Batista da Fonseca, a invasão à sede da Fazenda Tangará pelo MLST, apropriando-se de diversos equipamentos, armas e utensílios, utilizando-se, para tanto, de extrema violência (alguns membros estavam encapuzados e fortemente armados). Em decorrência disso, no dia 21 de março do corrente ano, foi determinada novamente a prisão dos acusados. Destarte, a prisão cautelar, no caso, motivou-se nos pressupostos do art. 312, do CPP (...)" (STJ, RHC 11542/MG, 5ª T., Rel. Min. Jorge Scartezzini, j. 9-10-2001, *DJ* 20-5-2002, p. 166). O STJ já se manifestou no sentido de que a subtração de produtos alimentícios para o próprio consumo, por parte dos chamados trabalhadores rurais 'sem-terra',

não caracteriza crime político (STJ, CC 22641/MS, 3ª S., Rel. Min. Jorge Scartezzini, j. 22-3-2000, *DJ* 22-5-2000, p. 66).

(7) Esbulho possessório e crimes contra o meio ambiente: É possível o concurso do crime de esbulho possessório com outros crimes, como contra o meio ambiente, se a invasão, por exemplo, atingir o ecossistema. N*esse sentido:* STJ, RHC 12970/TO, 5ª T., Rel. Min. Jorge Scartezzini, j. 17-12-2002, *DJ* 24-3-2003, p. 240.

(8) Lei n. 4.947/66 (art. 20): STJ: "A Lei n. 4.947, que fixa normas de Direito Agrário, dispõe sobre o sistema de organização e funcionamento do Instituto Brasileiro de Reforma Agrária e dá outras providências, data de 6 de abril de 1966. Ora, segundo apontam os laudos técnicos, datados de 1992, a invasão das terras se deu em 1909 e 1936. Assim sendo, no momento da edição da Lei, a conduta dos pacientes já tinha sido efetivada. Destarte, não há como aplicar, portanto, o dispositivo legal em questão para criminalizar a conduta dos acusados sob pena de violar o princípio constitucional da irretroatividade da lei penal. Logo não pode o paciente responder pelo crime previsto no seu art. 20, ali descrito como 'invadir, com intenção de ocupá-las, terras da União, dos Estados e dos Municípios'. Como bem salientado pelo *Parquet* federal, o núcleo do tipo é invadir, ou seja, entrar à força, penetrar, fazer incursão, dominar, tomar, usurpar terra que sabe pertencer à União, Estados ou Municípios. Guarda semelhança, quanto ao núcleo, com o esbulho possessório (art. 161, § 1º, II, do Código Penal), que também se caracteriza pela invasão de terreno ou edifício alheio. Diferencia-se daquele apenas pelo fato de não exigir violência contra a pessoa ou grave ameaça, ou concurso de agentes. Ambos, todavia, têm como dolo especial o fim de ocupação. Consuma-se, pois, com a invasão" (STJ, RHC 1279/TO, 5ª T., Rel. Min. Jorge Scartezzini, j. 17-12-2002, *DJ* 24-3-2003, p. 240). STJ: "I – Os delitos de alienação de coisa alheia como própria (CP, art. 171, I) e esbulho de bem da União (Lei n. 4.947/66, art. 20) absorvem, a teor do princípio da consunção, o crime de loteamento clandestino (Lei n. 6.766/79, art. 50, I, parágrafo único, I e II), pois este se constitui em fase de preparação das infrações anteriores. II – Configurada a prática de delito em detrimento de bem da União, compete à Justiça Federal, *ex vi* art. 109, IV, da CF, o processo e julgamento da respectiva ação penal" (STJ, CC 36122/DF, 3ª S., Rel. Min. Felix Fischer, j. 13-11-2002, *DJ* 19-12-2002, p. 330).

(9) Invasão de imóvel objeto de financiamento pelo Sistema Financeiro de Habitação: Vide art. 9º da Lei n. 5.741/71.

(10) Ação penal e Lei dos Juizados Especiais Criminais: Vide comentários ao *caput* do art. 161.
Súmula:
Súmula 42 do STJ: "Compete à Justiça Comum Estadual processar e julgar as causas cíveis em que é parte sociedade de economia mista e os crimes praticados em seu detrimento".

Supressão ou alteração de marca em animais

Art. 162. Suprimir ou alterar, indevidamente, em gado ou rebanho alheio, marca ou sinal indicativo de propriedade:

Pena – detenção, de 6 (seis) meses a 3 (três) anos, e multa.

(1) Noções gerais: O tipo penal em estudo tutela a posse ou propriedade do semovente (gado ou rebanho). Pune, assim, a supressão (eliminação) ou alteração (modificação) da marca ou sinal indicativo da propriedade do bem (gado ou rebanho alheio), a qual deve ser indevida (elemento normativo do tipo). Qualquer pessoa pode praticar o delito em tela, sendo vítima o proprietário do gado ou rebanho marcados. O elemento subjetivo do crime é o dolo. Para Magalhães Noronha, é necessário o escopo específico de apoderar-se dos semoventes (*Direito penal*, cit., v. 2, p. 301). Mirabete assinala que o fim específico é o de estabelecer dúvida acerca da propriedade do animal (*Manual*, cit., v. 2,

p. 301). O crime se consuma no momento da supressão ou alteração da marca ou sinal distintivo, ainda que realizado em um único animal. A tentativa é perfeitamente possível.

(2) Tentativa: É admissível.

(3) Ação penal e Lei dos Juizados Especiais Criminais: Trata-se de crime de ação penal pública incondicionada. É cabível a suspensão condicional do processo (art. 89 da Lei n. 9.099/95).

CAPÍTULO IV
DO DANO

Dano

Art. 163. Destruir, inutilizar ou deteriorar coisa alheia:

Pena – detenção, de 1 (um) a 6 (seis) meses, ou multa.

(1) Objeto jurídico: Tutela-se a propriedade e a posse de coisas móveis e imóveis.

(2) Ação nuclear: Consubstancia-se nos verbos *destruir* (eliminar, desmanchar, extinguir), *inutilizar* (tornar imprestável, inadequado à sua finalidade) ou *deteriorar* (estragar, reduzir o valor da coisa), no caso, a coisa alheia móvel (inclusive a perdida pelo dono). O crime tanto pode ser praticado por ação como por omissão. O emprego de fogo ou água poderá colocar em risco a incolumidade pública e, portanto, configurar outros crimes mais graves (CP, arts. 250 e 254).

(3) Sujeito ativo: Qualquer pessoa, exceto o proprietário; do contrário, poderá estar caracterizada a conduta do art. 346 do CP.

(4) Sujeito passivo: Em regra, o proprietário; do objeto danificado. Excepcionalmente, porém, o possuidor.

(5) Elemento subjetivo: É o dolo, isto é, a vontade livre e consciente de destruir, inutilizar ou deteriorar o bem. Discute-se acerca da exigência ou não de um fim especial de agir, consubstanciado na vontade de causar prejuízo *(animus nocendi)*, para a configuração do crime. Para aqueles que exigem o *animus nocendi*, a destruição de cela pelo preso não configura o crime em estudo, pois a finalidade do agente é a de alcançar a liberdade e não a de destruir o patrimônio do Estado. *Nesse sentido:* STJ, HC 48284/MS, 6ª T., Rel. Min. Hélio Quaglia Barbosa, j. 21-2-2006, *DJ* 13-3-2006, p. 383. *No mesmo sentido:* STJ, REsp 661904/RS, 6ª T., Rel. Min. Paulo Medina, j. 11-4-2006, *DJ* 22-5-2006, p. 256; STJ, HC 25658/SP, 5ª T., Rel. Min. Jorge Scartezzini, j. 12-8-2003, *DJ* 28-10-2003, p. 310. Não há previsão da modalidade culposa do crime, exceto no CPM.

(6) Momento consumativo: Consuma-se com a ocorrência, total ou parcial, do dano. Exige-se o exame de corpo de delito para a sua comprovação.

(7) Tentativa: É admissível.

(8) Concurso de crimes: Trata-se de crime subsidiário, de forma que, se constituir meio para a prática de delito mais grave, restará absorvido, por exemplo, furto qualificado mediante rompimento de obstáculo.

(9) Outros dispositivos legais: Vide arts. 208, 210 e 305 do CP.

(10) Princípio da insignificância: STJ: "Não configura o crime de dano a conduta do preso que destrói, inutiliza ou deteriora os obstáculos materiais à consecução da fuga, porque ausente o elemento subjetivo do injusto, o fim especial de agir, ou seja, o propósito de causar prejuízo ao titular do objeto material do crime – *animus nocendi*. Precedentes da 5ª e 6ª T. O injusto penal, como fato típico e ilícito, exige a congruência do desvalor da ação e do desvalor do resultado. O desvalor do resultado consiste na lesão ou perigo de lesão ao bem jurídico protegido. Inexistindo o desvalor do resultado, porque ausente ou ínfima a lesão ou perigo de lesão ao bem jurídico prote-

gido, o que se evidencia no dano ao Estado avaliado em R$ 10,00 (dez reais), não há injusto penal, não há tipicidade. Aplicação do princípio da insignificância. O resultado do *habeas corpus* aproveita ao corréu quando fundado em motivos que não sejam de caráter exclusivamente pessoal (CPP, art. 580). Ordem concedida, para absolver o paciente, estendendo-a ao corréu" (STJ, HC 25657/SP, 6ª T., Rel. Min. Paulo Medina, j. 4-12-2003, *DJ* 23-8-2004, p. 276). Sobre o princípio da insignificância, *vide* também comentários ao art. 1º, item 7.

(11) Ação penal: Há duas regras: (a) É cabível ação penal privada, de acordo com o art. 167 do Código Penal, no crime de dano simples *(caput)* e no qualificado (somente na hipótese do inciso IV do parágrafo único). (b) É cabível a ação penal pública incondicionada nas demais hipóteses do art. 167 do CP.

(12) Lei dos Juizados Especiais Criminais: O crime de dano simples *(caput)* constitui infração penal de menor potencial ofensivo; sobre a possibilidade da incidência do benefício da suspensão condicional do processo nos crimes de ação penal privada, *vide* comentários ao art. 138 do CP. O crime de dano qualificado (parágrafo único, I a III), porém, não constitui infração de menor potencial ofensivo, mas admite a suspensão condicional do processo (art. 89 da Lei n. 9.099/95).

Dano qualificado

Parágrafo único. Se o crime é cometido:

I – com violência à pessoa ou grave ameaça;

II – com emprego de substância inflamável ou explosiva, se o fato não constitui crime mais grave;

III – contra o patrimônio da União, Estado, Município, empresa concessionária de serviços públicos ou sociedade de economia mista; *(Redação dada pela Lei n. 5.346/67)*

IV – por motivo egoístico ou com prejuízo considerável para a vítima:

Pena – detenção, de 6 (seis) meses a 3 (três) anos, e multa, além da pena correspondente à violência.

(1) Com violência ou grave ameaça à pessoa (inciso I): Cuida-se aqui da violência física ou moral empregada contra a vítima ou terceira pessoa, a fim de assegurar a destruição, inutilização ou deterioração do bem.

(2) Com emprego de substância inflamável ou explosiva, se o fato não constitui crime mais grave (inciso II): O uso dessas substâncias qualifica o dano, se o fato não constitui crime mais grave por colocar em risco a incolumidade pública (CP, arts. 250 ou 251). Trata-se de crime expressamente subsidiário.

(3) Contra o patrimônio da União, do Estado, do Município e de empresa concessionária de serviços públicos ou sociedade de economia mista (inciso III): Engloba bens de uso comum do povo e os de uso especial, excluindo-se os bens particulares alugados pelo Poder Público.

(4) Por motivo egoístico ou com prejuízo considerável para a vítima (inciso IV): Motivo egoístico, segundo Hungria, é "a expectativa de um ulterior *proveito* pessoal *indireto*, seja econômico, seja moral" (*Comentários*, cit., v. VII, p. 111). O prejuízo considerável para a vítima que qualifica o dano deve ser aferido em relação à situação econômica do ofendido.

(5) Competência: STJ: "Conflito de Competência. Crime de esbulho e dano. Interesse do INCRA. Competência federal. 1. Compete à Justiça Federal processar e julgar ação criminal em que há interesse de Autarquia Federal. 2. Conflito de Competência conhecido, reconhecida a competência do Juízo Suscitante" (STJ, CC 47358/MT, 3ª S., Rel. Min. Hélio Quaglia Barbosa, j. 27-4-2005, *DJ* 9-5-2005, p. 294). STJ: "Conflito de Competência. Penal. Crime de dano contra empresa concessionária de serviço de telefonia. Inexistência de prejuízo a bens ou interesses da União. Competência da Justiça

Estadual. 1. Compete à Justiça Estadual Comum julgar e processar crime de dano cometido contra empresas concessionárias de serviços públicos, por inexistente prejuízo da União. Precedentes. 2. Conflito de competência conhecido para declarar competente o Juízo de Direito da Quinta Vara Criminal de Campina Grande/PB, o suscitado" (STJ, CC 40865/PB, 3ª S., Rel. Min. Hamilton Carvalhido, j. 25-2-2004, *DJ* 19-4-2004, p. 152). *No mesmo sentido:* STJ, CC 37751/DF, 3ª S., Rel. Min. Paulo Medina, j. 14-5-2003, *DJ* 16-6-2003, p. 259. STJ: "1 – É competência da Justiça Castrense o julgamento de crime cometido por civis em local que se encontra sob a administração militar, especialmente se existem indícios de dano ao patrimônio da instituição castrense. 2 – Conflito conhecido para declarar a competência do Juízo Auditor da 1ª Auditoria Militar da 1ª Circunscrição Militar do Rio de Janeiro, o Suscitado" (STJ, CC 33037/RJ, 3ª S., Rel. Min. Gilson Dipp, j. 27-2-2002, *DJ* 25-3-2002, p. 175). Sobre competência, *vide*, ainda, Súmula 42 do STJ.

(6) Ação penal e Lei dos Juizados Especiais Criminais: *Vide* comentários ao *caput* do art. 163.

(7) Concurso de crimes: Segundo o disposto no preceito secundário da norma, a pena será de detenção, de 6 meses a 3 anos, e multa, além da pena correspondente à violência. Assim, se o agente empregar violência contra a vítima para assegurar a concretização do dano, haverá o crime qualificado do parágrafo único em concurso material com o crime contra a pessoa (lesão corporal ou morte).

(8) Crimes de dano ao meio ambiente (Lei n. 9.605/98): Quando houver dano contra a fauna, flora ou contra o ordenamento urbano e o patrimônio cultural, *vide*, dentre outros dispositivos legais, os arts. 29, II, 38, 39, 40, 49, 50, 62, 63 e 65, todos da Lei n. 9.605/98.

Súmula:

Súmula 42 do STJ: "Compete à Justiça Comum Estadual processar e julgar as causas cíveis em que é parte sociedade de economia mista e os crimes praticados em seu detrimento".

Introdução ou abandono de animais em propriedade alheia

Art. 164. Introduzir ou deixar animais em propriedade alheia, sem consentimento de quem de direito, desde que do fato resulte prejuízo:

Pena – detenção, de 15 (quinze) dias a 6 (seis) meses, ou multa.

(1) Noções gerais: Tutela-se a inviolabilidade da propriedade e da posse do bem imóvel. Pune-se a introdução ou abandono de animais em propriedade alheia (área urbana ou rural), sem o consentimento (elemento normativo do tipo) do proprietário, possuidor ou quem tenha qualidade para responder em nome destes. Para a consumação do crime, exige-se que tais ações acarretem prejuízo ao bem, por exemplo, destruição das plantações. A tentativa é possível, caso os prejuízos não advenham. Qualquer pessoa pode praticar esse crime. Para E. Magalhães Noronha, inclusive o proprietário *(Direito penal,* cit., v. 2, p. 315). *Em sentido contrário:* Nélson Hungria, *Comentários,* cit., v. VII, p. 113. O elemento subjetivo é o dolo. Se o agente, por erro, supuser a presunção do consentimento do ofendido, haverá erro de tipo, o que exclui o dolo.

(2) Ação penal. Lei dos Juizados Especiais Criminais: De acordo com o art. 167, trata-se de crime de ação penal privada. Consoante a Lei n. 9.099/95, o crime é de menor potencial ofensivo, estando sujeito ao procedimento da referida lei. Sobre a possibilidade de suspensão condicional do processo em crime de ação penal privada, *vide* comentários ao art. 138 do CP.

Dano em coisa de valor artístico, arqueológico ou histórico

Art. 165. Destruir, inutilizar ou deteriorar coisa tombada pela autoridade competente em virtude de valor artístico, arqueológico ou histórico:

Pena – detenção, de 6 (seis) meses a 2 (dois) anos, e multa.

(1) Fundamento constitucional: A proteção constitucional do patrimônio cultural brasileiro se encontra no art. 216 da CF.

(2) Revogação: A Lei n. 9.605, de 12-2-1998, que dispõe sobre as sanções penais e administrativas derivadas de condutas e atividades lesivas ao meio ambiente, e dá outras providências, revogou tacitamente citada disposição legal ao prever, no inciso I do art. 62, a seguinte conduta criminosa: "Destruir, inutilizar ou deteriorar: I – bem especialmente protegido por lei, ato administrativo ou decisão judicial; II – arquivo, registro, museu, biblioteca, pinacoteca, instalação científica ou similar protegido por lei, ato administrativo ou decisão judicial: Pena – reclusão, de um a três anos, e multa. Parágrafo único. Se o crime for culposo, a pena é de seis meses a um ano de detenção, sem prejuízo da multa". O inciso I do art. 62 acabou por revogar o art. 165 do CP, por ser mais abrangente. O dispositivo em estudo tutela o meio ambiente cultural. O sujeito passivo imediato é a coletividade, e o mediato é o proprietário do bem público ou particular.

(3) Outras condutas típicas envolvendo bem tombado: O art. 65 da Lei dos Crimes Ambientais prevê a conduta típica de "pichar, grafitar ou por outro meio conspurcar edificação ou monumento urbano: Pena – detenção, de três meses a um ano, e multa. Parágrafo único. Se o ato for realizado em monumento ou coisa tombada em virtude do seu valor artístico, arqueológico ou histórico, a pena é de seis meses a um ano de detenção, e multa". A conduta de "pichar" muros e paredes era enquadrada pelos tribunais no Código Penal como crime de dano por deterioração; contudo, com o advento da Lei n. 9.605, de 12-2-1998, tal conduta passou a ser regulada pelo seu art. 65.

(4) Competência: STJ: "Processual Penal. Crime de incêndio. Bens tombados. Carência de transcrição imobiliária. Competência. Cabe à Justiça Federal o processo-crime contra bens tombados pelo Instituto do Patrimônio Histórico e Artístico Nacional, sem relevância obstativa à falta de inscrição no registro imobiliário" (STJ, CC 19157/MG, 3ª S., Rel. Min. José Dantas, j. 27-3-1998, *DJ* 3-8-1998, p. 74); e STJ: "Conflito negativo de competência. Furto e receptação. Bens tombados por estado-membro. Barras de trilho da ferrovia Perus-Pirapora. Competência da justiça estadual. 1. Se os bens foram tombados por Estado-membro, em regra, possuem somente relevância regional, não ensejando a competência da Justiça Federal. 2. Competência da Justiça Comum Estadual" (CC 56102/SP, 3ª S., Rel. Min. Laurita Vaz, *DJ* 23-10-2006, p. 256).

(5) Furto de bem tombado: STJ: "CC. Crime de furto. Imagem sacra. Tombamento municipal. Tendo a *res furtiva* – imagem sacra – sido tombada pelo Patrimônio municipal e não pelo IBPC (Instituto Brasileiro do Patrimônio Cultural) do Ministério da Cultura, não há que se falar em lesão a bens, serviços ou interesses da União para que se desloque a competência para a Justiça Federal. Competência do Juízo de Direito da Vara Criminal, o suscitado" (STJ, CC 15475/MG, 3ª S., Rel. Min. Cid Flaquer Scartezzini, j. 28-2-1996, *DJ* 15-4-1996, p. 11489; *RT* 731/536). *Em sentido contrário*, TFR: "A subtração (e não danificação) de bem móvel tombado, como imagem religiosa antiga, não tipifica o art. 165 do CP, mas, sim, o de furto, da competência da Justiça Federal (TFR, *RTFR* 63/218).

(6) Lei n. 3.924, de 26 de julho de 1961 (dispõe sobre os monumentos arqueológicos e pré-históricos): De acordo com o art. 5º da lei: "Qualquer ato que importe na destruição ou mutilação dos monumentos a que se refere o art. 2º desta lei, será considerado crime contra o Patrimônio Nacional e, como tal, punível de acordo com o disposto nas leis penais". O art. 7º, por sua vez, prevê que: "As jazidas arqueológicas ou pré-históricas de qualquer natureza, não manifestadas e registradas na forma dos arts. 4º e 6º desta lei, são consideradas, para todos os efeitos, bens patrimoniais da União".

(7) Dano em bem imóvel tombado em estado precário: TRF da 3ª Região: "O agente que, livre e conscientemente, destrói bem imóvel tombado por seu valor histórico e pertencente ao patrimônio cultural da humanidade, alterando o aspecto visual do local especialmente protegido, sem autorização dos órgãos competentes, pratica os crimes dos artigos 165 e 166 do CP, sendo irrelevante a alegação de que se encontrava em estado precário" (TRF da 3ª Região, *RT* 785/727).

(8) Destruição de imóvel construído irregularmente nas proximidades de bem tombado: TRF da 4ª Região: "Direito constitucional. Administrativo. Ambiental. Bem tombado. Construção irregular no entorno. CF. Art. 5º, XXII e XXIII. Decreto-lei n. 25/37, art. 18, e Lei n. 3.924/61, art. 1º e art. 2º. A construção irregular, em área próxima de bem tombado em razão de suas características históricas e arquitetônicas, justifica a decisão judicial de destruição, pois o interesse individual do proprietário deve ceder diante do interesse social do poder público na preservação do bem cultural" (TRF 4ª Região, Ap. Cív. 91.04.01871-0/RS, 1ª T., Rel. Vladimir Passos de Freitas, *DJ* 2-12-1992, p. 40557).

Alteração de local especialmente protegido

Art. 166. Alterar, sem licença da autoridade competente, o aspecto de local especialmente protegido por lei:

Pena – detenção, de 1 (um) mês a 1 (um) ano, ou multa.

Revogação: O art. 63 da Lei n. 9.605/98 operou a revogação tácita do mencionado dispositivo legal, cujo teor é o seguinte: "Alterar o aspecto ou a estrutura de edificação ou local especialmente protegido por lei, ato administrativo ou decisão judicial, em razão de seu valor paisagístico, ecológico, turístico, artístico, histórico, cultural, religioso, arqueológico, etnográfico ou monumental, sem autorização da autoridade competente ou em desacordo com a concedida: Pena – reclusão, de um a três anos, e multa". Mais uma vez, tutela-se o meio ambiente cultural.

Ação penal

Art. 167. Nos casos do art. 163, do n. IV do seu parágrafo e do art. 164, somente se procede mediante queixa.

Vide comentários constantes dos arts. 163 e 164 do Código Penal.

CAPÍTULO V
DA APROPRIAÇÃO INDÉBITA

Apropriação indébita

Art. 168. Apropriar-se de coisa alheia móvel, de que tem a posse ou a detenção:

Pena – reclusão, de 1 (um) a 4 (quatro) anos, e multa.

(1) Objeto jurídico: Tutela-se a inviolabilidade do patrimônio, o direito de propriedade sobre ele.

(2) Ação nuclear: Apropriar-se consiste em *tomar para si, mudar o título de posse* ou *detenção desvigiada,* comportando-se como se dono fosse. Na apropriação indébita não existe a subtração do bem contra a vontade da vítima (como no furto ou roubo), nem o emprego de fraude (como no estelionato) para obter a posse ou detenção do bem. O agente detém a posse ou detenção legitimamente, que lhe são entregues livre e conscientemente pelo proprietário do bem, mas, em momento posterior, inverte esse título, passando a agir como se dono fosse. Ao contrário dos demais crimes patrimoniais, a vontade de se apropriar é posterior à aquisição da posse ou detenção do bem. O objeto material é a coisa móvel alheia (*vide* comentários ao art. 155) de que o agente tem a posse (por ex.: locação, usufruto, mandato etc.) ou detenção (somente a detenção desvigiada, por exemplo, a exercida pelo caixeiro viajante; pois a detenção vigiada, como a exercida por funcionário de uma loja, poderá caracterizar o furto). Segundo a doutrina, as coisas fungíveis, como o dinheiro,

dadas em depósito ou em empréstimo, com obrigação de restituição da mesma espécie, qualidade e quantidade, não podem ser objeto material de apropriação indébita. *Em sentido contrário*: "A coisa fungível pode ser objeto material do crime de apropriação indébita. Precedentes do STJ e do STF" (STJ, REsp 647708/RS, Relª Minª Laurita Vaz, j. 6-4-2006, *DJ* 2-5-2006, p. 370).

Prestação de contas: STJ: "É inexigível a prévia prestação de contas para a caracterização do crime de apropriação indébita. Precedentes do STJ e do STF" (STJ, REsp 780319/RS, 5ª T., Relª Minª Laurita Vaz, j. 4-4-2006, *DJ* 15-5-2006, p. 282). STJ: "Consoante pacífico entendimento desta Corte, é inexigível a prévia prestação de contas para a caracterização do delito de apropriação indébita. (Precedentes)" (STJ, HC 34400/MG, 5ª T., Rel. Min. Felix Fischer, j. 28-9-2004, *DJ* 3-11-2004, p. 214). Há situações, no entanto, em que ela é exigida: STJ: "Não comete o crime tipificado no art. 168, § 1º, inciso III, do Código Penal, o advogado que, ainda no exercício do mandato e sem chamamento à prestação de contas, retém honorários advocatícios calculados em base legal, sobre numerário recebido em condenação. Precedente do STF. Recurso provido" (STJ, RHC 14642/SP, 6ª T., Rel. Min. Paulo Medina, j. 4-5-2004, *DJ* 7-6-2004, p. 283).

(3) Sujeito ativo: Aquele que tem a posse ou detenção lícita do bem. O condômino, sócio ou coerdeiro podem praticar o crime em tela, no momento em que tornam sua a coisa comum.

(4) Sujeito passivo: É a pessoa física ou jurídica, titular do direito patrimonial diretamente atingido pela ação criminosa ou o possuidor do bem (usufrutuário, locatário etc.).

(5) Elemento subjetivo: É o dolo, isto é, a vontade livre e consciente de apropriar-se da coisa alheia móvel, pressupondo o propósito de assenhorear-se dela definitivamente, ou seja, de não restituir, agindo como se dono fosse, ou de desviá-la do fim para que foi entregue. É o denominado *animus rem sibi habendi*. Uma das formas de execução do crime em tela é a não restituição do bem e a recusa em devolvê-lo. No entanto, a simples demora na restituição do bem ou a sua recusa a tanto pode não denotar o propósito de apropriar-se do bem, configurando, muitas vezes, um mero ilícito civil. Segundo a doutrina, a apropriação indébita para uso, nos mesmos moldes do crime de furto, não configura o crime em tela. Não há previsão da modalidade culposa.

(6) Momento consumativo: Consuma-se no momento em que o agente transforma a *posse* ou *detenção* sobre o objeto em *domínio*, ou seja, quando passa a agir como se fosse dono da coisa (venda, doação, locação etc.) ou com a negativa de restituição, uma vez vencido o prazo para sua entrega, sendo certo que, na ausência de prazo, a interpelação, notificação ou o protesto não constituem formalidades essenciais para a propositura da ação penal.

(7) Tentativa: Tratando-se de crime material, em tese, ela seria possível. O *conatus*, porém, não seria admissível na hipótese de negativa de restituição.

(8) Reparação do dano: Incide a regra do art. 16 do CP, não havendo que se falar em extinção da punibilidade. STJ: "Diz a jurisprudência que a devolução da coisa alheia móvel antes do recebimento da denúncia não extingue a punibilidade. Agravo regimental improvido" (STJ, AgRg no EREsp 684412/SP, Rel. Min. Nilson Naves, j. 8-3-2006, *DJ* 2-5-2006, p. 248). Se a reparação do dano ocorrer após o oferecimento da denúncia, incidirá a atenuante genérica prevista no art. 65, III, *b*, do CP.

(9) Ilícito penal e ilícito civil: STJ: "O ilícito civil se caracteriza pelo inadimplemento sem justa causa de uma obrigação (STJ, RHC 6.791/RJ, 6ª T.) e não se confunde com o penal que reclama conduta dolosa (STF, HC 75.500/RJ, 1ª T.)" (STJ, RHC 7723/MG, 6ªT., Rel. Min. Fernando Gonçalves, j. 25-8-1998, *DJ* 14-9-1998, p. 139). STJ: "Apropriação indébita. Valor recebido para constituição de uma firma. Negócio não concretizado. Novação com surgimento de contrato de mútuo. Falta de pagamento de uma parcela. Dívida civil. Não caracterização de ilícito penal. No contrato de mútuo, o mutuante dá a coisa ao mutuário para que a use ou consuma (art. 1.257 do CC). Impossível, pois, nessa hipótese, falar-se em apropriação indébita. E não descrevendo a denúncia alguma fraude, mas um negócio malsucedido, não se caracterizou, no caso, qualquer crime. Recurso especial do Ministério Público pelas letras *a* e *c* do permissivo constitucional não

conhecido" (STJ, REsp 12602/RJ, 5ª T., Rel. Min. Assis Toledo, j. 23-10-1991, *DJ* 25-11-1991, p. 17083; *RSTJ* 32/369). STF: "Apropriação indébita de honorários. Não configuração. Trancamento por falta de justa causa. Conduta atípica. Para se caracterizar o delito em tese, é necessário haver a apropriação da coisa alheia móvel de que o agente tem posse ou detenção do objeto. Não houve apropriação indébita de honorários, mas, sim, eventual descumprimento de obrigação contratual por parte do Banco do Brasil. Conduta atípica do advogado e do gerente de contas e, portanto, falta de justa causa para o inquérito policial. *Habeas corpus* conhecido e deferido" (STF, HC 83166/MG, 2ª T., Rel. Min. Nelson Jobim, j. 28-10-2003, *DJ* 12-3-2004, p. 52).

(10) Apropriação indébita e falsidade documental: STJ: "O crime de falsidade ideológica, quando utilizado como meio para cometimento do crime de apropriação indébita (crime fim), é por este absorvido. Recurso desprovido" (STJ, REsp 300103/SE, 5ª T., Rel. Min. José Arnaldo da Fonseca, j. 3-2-2004, *DJ* 25-2-2004, p. 206). *No mesmo sentido:* STJ, REsp 318395/SE, 5ª T., Rel. Min. José Arnaldo da Fonseca, j. 18-12-2003, *DJ* 16-2-2004, p. 285. STJ: "Apropriação indébita e uso de papel público falsificado. Falsidade grosseira. II – A adulteração reconhecida como grosseira não configura, por si, o *falsum* (ou o crime de uso do *falsum*), podendo, isto sim, ser meio ou instrumento para a prática de outro crime. Writ parcialmente concedido" (STJ, HC 24853/BA, 5ª T., Rel. Min. Felix Fischer, j. 16-12-2003, *DJ* 9-2-2004, p. 194; *RSTJ* 180/492; *RT* 824/543). Sobre o tema, *vide*, ainda, Súmula 17 do STJ, que trata do crime de falso e estelionato.

(11) Princípio da insignificância: STJ: "Art. 168 do Código Penal. Princípio da insignificância. Inaplicabilidade. I – Para efeito da aplicação do princípio da insignificância é imprescindível a distinção entre ínfimo (ninharia) e pequeno valor. Aquele implica na atipia conglobante (dada a mínima gravidade). II – A interpretação deve considerar o bem jurídico tutelado e o tipo de injusto. III – Ainda que se considere o delito como de pouca gravidade, tal não se identifica com o indiferente penal se, como um todo, observado o binômio tipo de injusto/bem jurídico, deixou de se caracterizar a sua insignificância. Recurso provido" (STJ, REsp 735723/RS, 5ª T., Rel. Min. Felix Fischer, j. 18-10-2005, *DJ* 20-3-2006, p. 342). STJ: "Furto e apropriação indébita. Princípio da insignificância. Inaplicabilidade. Conduta relevante. Repercussão social. Reiteração na prática criminosa. Precedentes do STJ. 1. O valor da *res furtiva* não pode ser considerado ínfimo, uma vez que se trata de vítima humilde e a lesão sofrida pela mesma correspondia quase a um salário mínimo da época. 2. Como é sabido, o pequeno valor da *res furtiva* não se traduz, automaticamente, na aplicação do princípio da insignificância. Há que se conjugar a importância do objeto material para a vítima, levando-se em consideração a sua condição econômica, bem como as circunstâncias e o resultado do crime, tudo de modo a determinar se houve relevante lesão jurídica. Precedentes. 3. Ademais, falta na hipótese, ainda, a reduzida periculosidade social da conduta, porquanto não se trata de fato isolado na vida do acusado, que pratica reiteradamente delitos de pequena gravidade. Assim, certamente a impunidade iria estimular a delinquência, ainda que não existisse especial relevo na materialidade do tipo penal, isoladamente considerado. 4. Recurso provido" (STJ, REsp 772437/RS, 5ª T., Rel. Min. Laurita Vaz, j. 18-4-2006, *DJ* 15-5-2006, p. 281). Sobre o princípio da insignificância, *vide* também comentários ao art. 1º, item 7.

(12) Apropriação indébita privilegiada: Se a coisa for de pequeno valor, configurar-se-á o crime de apropriação indébita privilegiada (CP, art. 170 c.c. o art. 155, § 2º). *Vide* comentários ao art. 155, § 2º, do CP, para melhor compreensão do tema.

(13) Apropriação indébita e peculato: Se o agente for funcionário público e apropriar-se de qualquer bem móvel, público ou particular, de que tem a posse em razão do cargo, responderá pelo crime de peculato-apropriação (CP, art. 312, *caput*). Contudo, se o bem particular não estiver sob a guarda ou custódia da administração e o funcionário público dele se apropriar, responderá por apropriação indébita. Se o agente for Prefeito Municipal, *vide* art. 1º do Decreto-lei n. 201/67 (crimes de responsabilidade); Súmulas 208 e 209 do STJ; e Súmula 703 do STF.

(14) Apropriação indébita e leasing: STJ: "RHC. Apropriação indébita. *Leasing*. Ação penal. Trancamento. 1. Mostra-se aberrante a aceitação pura e simples da possibilidade de prisão por dívida fora dos casos previstos e expressos na Constituição Federal, que não podem ser dilargados. A execução do inadimplemento do *leasing* deve ser feita sobre o patrimônio do devedor e não por via de ação penal por apropriação indébita. O entendimento pretoriano, a propósito da característica básica do *leasing* é ser predominantemente uma operação financeira, onde a posse é deferida com o pagamento das prestações. O bem, neste caso, é entregue não para guarda, mas em decorrência do financiamento. Difere a hipótese da alienação fiduciária porque nela, ao contrário do *leasing*, o legislador, como exagerada garantia do credor, incluiu a figura do depositário. 2. O descumprimento do contrato pelo arrendatário (REsp 155999/MG) permite a propositura de ação de reintegração de posse que, uma vez julgada procedente, não se encontrando o bem, resolve-se em perdas e danos. 3. Ordem concedida" (STJ, HC 17794/SP, 6ª T., Rel. Min. Fernando Gonçalves, j. 13-11-2001, *DJ* 18-2-2002, p. 513; *RSTJ* 156/543). *No mesmo sentido:* STJ, RHC 7913/SP, 6ª T., Rel. Min. Fernando Gonçalves, j. 15-4-1999, *DJ* 10-5-1999, p. 230; *LEXSTJ* 122/261.

(15) Crime contra o Sistema Financeiro Nacional: STJ: "Ressalvada a competência da Justiça Militar e da Justiça Eleitoral, compete à Justiça Federal julgar as infrações penais praticadas em detrimento de bens, serviços ou interesse da União ou de suas entidades autárquicas ou empresas públicas, excluídas as contravenções. A apropriação ilícita de dinheiro, título, valor ou qualquer outro bem móvel e, bem assim, a negociação desautorizada de direito, título ou qualquer outro bem móvel ou imóvel, praticada por dirigentes de instituições financeiras – incluídas as administradoras de consórcio – configura o delito tipificado no art. 5º da Lei n. 7.492/86" (STJ, HC 29327/RS, 6ª T., Rel. Min. Paulo Medina, j. 19-2-2004, *DJ* 15-3-2004, p. 305; *RSTJ* 179/544). STJ: "1. Instituição financeira, para os fins da Lei n. 7.492/86, é toda e qualquer pessoa jurídica de direito público ou privado que, como atividade principal ou acessória, custodie, emita, distribua, negocie, intermedeie, administre valores mobiliários, capte, ou aplique recursos financeiros de terceiros, a ela se equiparando a pessoa jurídica que capte ou administre seguros, câmbio, consórcio, capitalização ou qualquer tipo de poupança ou recursos de terceiros, e a pessoa natural que exerça quaisquer das atividades referidas, ainda que de forma eventual. 2. O que caracteriza, para os fins da Lei n. 7.492/86, a instituição financeira, de natureza pública ou privada é, essencialmente, que a sua atividade, principal ou acessória, tenha por objeto valores mobiliários ou recursos financeiros, por ela, *sensu lato*, captados ou administrados. 3. A entidade fechada de previdência privada, que capta e administra recursos destinados ao pagamento de benefícios de seus associados, equipara-se a instituição financeira para fins de incidência da Lei n. 7.492/86" (STJ, HC 26288/SP, 6ª T., Rel. Min. Hamilton Carvalhido, j. 3-2-2005, *DJ* 11-4-2005, p. 385). STJ: "Comprovado que os fatos imputados ao paciente e demais denunciados foram supostamente praticados contra a Caixa Econômica do Estado de Goiás, quando esta não mais era uma instituição financeira, não resta configurado qualquer crime contra o Sistema Financeiro Nacional" (STJ, HC 9704/GO, 5ª T., Rel. Min. Edson Vidigal, j. 10-8-1999, *DJ* 11-10-1999, p. 78; *JSTJ* 11/362 e *RSTJ* 127/389). STJ: "Criminal. REsp. Gestão fraudulenta. Apropriação e desvio de dinheiro, título, valor ou outro bem. Conflito aparente de normas. Inocorrência. Diversidade de objetos jurídicos. Concurso formal configurado. Recurso conhecido e provido. I – O art. 4º da Lei 7.492/86 descreve o crime de gestão fraudulenta de instituição financeira, tutelando o Sistema Financeiro Nacional e sua credibilidade pública. Já o art. 5º da mesma lei protege a relação de confiança dos negócios jurídicos desta área e o patrimônio dos investidores. II – Se os dispositivos tutelam objetos jurídicos diversos, não há que se falar em conflito aparente de normas, mas de concurso formal, caso em que o agente, mediante uma só ação ou omissão, pratica dois ou mais crimes. III – Recurso conhecido e provido, nos termos do voto do relator" (STJ, REsp 585770/RS, 5ª T., Rel. Min. Gilson Dipp, j. 7-10-2004, *DJ* 16-11-2004, p. 313, *RT* 833/503).

(16) Estatuto do Idoso (Lei n. 10.741/2003): A conduta de apropriar-se ou de desviar bens, proventos, pensão ou qualquer outro rendimento do idoso, dando-lhes aplicação diversa da de sua

finalidade, constitui crime previsto no art. 102 do Estatuto do Idoso (Lei n. 10.741, de 1º-10-2003), punido com pena de reclusão de um a quatro anos e multa. Trata-se de crime de ação penal pública incondicionada, não se lhe aplicando os arts. 181 e 182 do CP (art. 95 do Estatuto).

(17) Competência: (a) "Constatada a ausência de lesão a bem ou interesse da União na conduta praticada em detrimento de particular, afirma-se a competência da Justiça Estadual para processar e julgar o delito de apropriação indébita" (STJ, CC 32413/SP, 3ª S., Rel. Min. Paulo Gallotti, j. 14-8-2002, *DJ* 2-12-2002, p. 219; *LEXSTJ* 162/243). (b) *Entidades sindicais:* STJ: "Peculato por equiparação. Art. 552 da CLT. Entidade sindical. Inexistência de ofensa a bens, serviços ou interesse da União. Competência da Justiça Estadual" (STJ, CC 31354/SP, 3ª S., Rel. Min. Arnaldo Esteves Lima, j. 13-12-2004, *DJ* 1º-2-2005, p. 403. (c) *Instituições de ensino:* STJ: "Constatada a ausência de lesão a bem ou interesse direto da União na conduta tipificada como apropriação indébita de documentos eventualmente praticada por professor em detrimento de instituição particular de ensino superior, a competência é da Justiça Estadual para processar e julgar o aludido delito" (STJ, CComp 37379/MG, 3ª S., Rel. Min. Arnaldo Esteves Lima, j. 27-10-2004, *DJ* 29-11-2004, p. 222). (d) *Fundação de direito privado:* STJ: "Compete à Justiça Estadual Comum julgar e processar suposto delito cometido contra fundação de direito privado, pois não se evidencia lesão a serviços, bens ou interesses da União ou Entidades Federais" (STJ, CC 40378/GO, 3ª S., Rel. Min. Paulo Medina, j. 26-5-2004, *DJ* 1º-7-2004, p. 175). (e) *Recolhimento de FGTS:* STJ: "A Justiça Federal é a competente para apurar eventual delito em sede de não recolhimento do FGTS. Conflito conhecido, declarando-se competente a Justiça Federal" (STJ, CC 32376/SP, 3ª S., Rel. Min. Felix Fischer, j. 27-2-2002, *DJ* 25-3-2002, p. 173). (f) *Banco do Brasil (sociedade de economia mista):* Súmula 42 do STJ. (g) *Competência do foro:* STJ: "*Habeas corpus.* Apropriação indébita. Competência do foro. Verificação do lugar onde se inverteu o título de posse do numerário. Necessidade de aprofundado exame de provas. Impossibilidade. Não conhecimento" (STJ, HC 44460/MG, 5ª T., Rel. Min. José Arnaldo da Fonseca, j. 15-12-2005, *DJ* 13-3-2006, p. 341). (h) STJ: "Em sede de ação penal proposta contra contador que ao efetuar o recolhimento de tributos federais, falsificava a autenticação mecânica em guias de arrecadação e se apropriava do numerário correspondente ao pagamento que dizia efetuar, deve ser reconhecida a competência da Justiça Estadual, à míngua de prejuízo para bens da União. Conflito conhecido. Competência do Juízo Estadual" (STJ, CC 30308/MG, 3ª S., Rel. Min. Vicente Leal, j. 18-2-2002, *DJ* 18-3-2002, p. 170).

(18) Ação penal. Lei dos Juizados Especiais Criminais: Trata-se de crime de ação penal pública incondicionada. A suspensão condicional do processo (art. 89 da Lei n. 9.099/95) somente é cabível na forma simples do crime de apropriação indébita *(caput)*, sem, portanto, a incidência da causa de aumento de pena do § 1º.

Aumento de pena

§ 1º A pena é aumentada de um terço, quando o agente recebeu a coisa:

I – em depósito necessário;

II – na qualidade de tutor, curador, síndico, liquidatário, inventariante, testamenteiro ou depositário judicial;

III – em razão de ofício, emprego ou profissão.

(1) Em depósito necessário (inciso I): A doutrina diverge acerca da abrangência dessa causa especial de aumento de pena: (a) O dispositivo alcança apenas o depósito miserável (efetuado por ocasião de alguma calamidade, como incêndio, inundação, naufrágio ou saque, cf. art. 647 do CC), não estando incluído o depósito legal (aquele que se faz em virtude de uma obrigação legal), que configurará o crime de peculato. *Nesse sentido:* Nélson Hungria, *Comentários,* cit., v. VII, p.

147 e 148. (b) O dispositivo compreende o depósito legal, miserável e por equiparação (as bagagens dos viajantes ou hóspedes nas hospedarias onde estiverem, cf. art. 649 do CC). *Nesse sentido:* E. Magalhães Noronha, *Direito penal,* cit., v. 2, p. 339 e 340.

(2) Na qualidade de tutor, curador, síndico, liquidatário, inventariante, testamenteiro ou depositário judicial (inciso II): A enumeração legal é taxativa e não abrange, por conseguinte, pessoa que desempenhe função diversa das mencionadas. Convém mencionar que, atualmente, a Lei n. 11.101, de 9-2-2005 – que regula a recuperação judicial, a extrajudicial e a falência do empresário e da sociedade empresária –, prevê a figura do administrador judicial, tendo abolido a figura do síndico da massa falida.

(3) Em razão de ofício, emprego ou profissão (inciso III): Faz-se necessário que o agente tenha recebido a posse ou detenção do objeto material em razão do ofício, devendo, portanto, existir um nexo de causalidade entre a relação de trabalho e o recebimento do bem. Comete o crime em tela a funcionária de agência bancária que, por meios de informática, transfere valores das contas correntes de seus clientes, por ela administradas, para a sua conta bancária. Se houver o emprego de manobra fraudulenta, o crime passa a ser outro (CP, art. 171).

Transferência bancária de valores mediante emprego de ardil (alteração de senha): TACrimSP: "Estelionato – Funcionário que, mediante ardil na área de informática da empresa empregadora, altera senha de acesso de gerente, possibilitando a transferência bancária de valores para sua conta corrente – Configuração – Apropriação indébita – Não ocorrência: Pratica estelionato, e não apropriação indébita, o funcionário que, mediante ardil na área de informática da empresa empregadora, altera senha de acesso de gerente, possibilitando a transferência bancária de valores para sua conta corrente. A apropriação indébita pressupõe a anterior posse lícita do bem pelo agente, o qual, em dado momento, dele se apossa como se dono fosse, sendo desnecessário, para tanto, o ardil" (Ap. 1.362.011/3 – São Caetano do Sul, 12ª Câmara, Rel. Luis Ganzerla, 22-3-2004, *v. u.* (voto n. 6.485).

Apropriação indébita previdenciária

Art. 168-A. Deixar de repassar à previdência social as contribuições recolhidas dos contribuintes, no prazo e forma legal ou convencional: *(Artigo acrescentado pela Lei n. 9.983/2000)*
Pena – reclusão, de 2 (dois) a 5 (cinco) anos, e multa.

(1) Fundamento constitucional: Arts. 194 e 195 da Constituição Federal.

(2) Lei n. 8.212/91: Foram editados vários diplomas legais com o fim de regulamentar o art. 194 da CF. São eles: Leis ns. 8.080/90, 8.212/91, 8.213/91 e 8.742/93. A Lei n. 8.212, de 24-7-1991, que dispunha sobre a organização da Seguridade Social e instituía Plano de Custeio e dava outras providências, previa nas alíneas *a* a *i* do art. 95 vários crimes contra a Seguridade Social, os quais foram expressamente revogados pelo art. 3º da Lei n. 9.983/2000, publicada no *DOU*, Seção I, no dia 17-7-2000, p. 4, tendo entrado em vigor no dia 15-10-2000, isto é, noventa dias após a sua publicação. Mencione-se que o revogado art. 95, apesar de formalmente descrever em suas alíneas condutas criminosas, isto é, de possuir o preceito primário da norma, não tinha preceito secundário, ou seja, a cominação de sanção penal. Salvavam-se somente as alíneas *d* e *f*, pois eram as únicas a possuir o preceito sancionatório conforme o estabelecido na alínea *l* do art. 95, por isso, os autores sustentavam que somente elas poderiam ser consideradas crimes. A figura constante do *caput* do art. 168-A assemelha-se à figura do revogado art. 95, *d*, da Lei n. 8.212/91.

Abolitio criminis: Relativamente à tipificação, o Supremo Tribunal Federal decidiu que "o art. 3º da Lei n. 9.983/2000 apenas transmudou a base legal da imputação do crime da alínea *d* do art. 95 da Lei n. 8.212/91 para o art. 168-A do Código Penal, sem alterar o elemento subjetivo do tipo, que é o dolo genérico. Daí a improcedência da alegação de *abolitio criminis* ao argumento de que a lei mencionada teria alterado o elemento subjetivo, passando a exigir o *animus rem sibi habendi*" (STF, HC 86478/AC, 1ª T., Rel. Min. Cármen Lúcia, j. 21-11-2006, *DJ* 7-12-2006, p. 51). Ainda nesse sentido, decidiu o Pretório Excelso: "A Lei n. 9.983/2000, que incluiu o art. 168-A ao Código Penal, não descriminalizou o tipo penal do art. 95, alínea *d*, da Lei n. 8.212/91, nem tampouco promoveu qualquer solução de continuidade na incriminação da conduta, mantida a essência da figura típica antes existente. Precedentes" (STF, RHC 87303/SP, 2ª T., Rel. Min. Joaquim Barbosa, j. 11-4-2006, *DJ* 19-12-2006, p. 60). E, ainda: STF, HC 84021/SC, 2ª T., Rel. Min. Celso de Mello, j. 4-5-2004, *DJ* 20-4-2006, p. 36. *No mesmo sentido*: STJ: "Esta Corte já decidiu, por diversas vezes, que a conduta de deixar de recolher as contribuições previdenciárias sempre foi típica, pois, embora revogado o dispositivo pertinente da Lei n. 8.212/91, acrescentou-se ao Código Penal, no seu artigo 168-A, essa figura delituosa, não tendo ocorrido a pretendida *abolitio criminis*" (STJ, HC 27898/MG, 6ª T., Rel. Min. Paulo Gallotti, j. 7-10-2004, *DJ* 20-3-2006, p. 354). STJ: "5. Este Superior Tribunal já consolidou posicionamento o sentido de que a Lei n. 9.983/2000, ao acrescentar o art. 168-A, § 1º, ao Código Penal, revogando no art. 95 da Lei n. 8.212/91, manteve a figura típica anterior no seu aspecto substancial, não fazendo desaparecer o delito em questão ou configurando aplicação de lei mais gravosa; 6. Recurso de que se conhece parcialmente e a que, nessa extensão, se nega provimento" (STJ, REsp 510742/RS, 6ª T., Rel. Min. Hélio Quaglia Barbosa, j. 9-12-2005, *DJ* 13-2-2006, p. 855).

(3) Objeto jurídico: Protege-se o patrimônio de todos os cidadãos que fazem parte do sistema previdenciário. *Nesse sentido*: Antônio Lopes Monteiro, *Crimes contra a Previdência Social*, São Paulo, Saraiva, 2000, p. 31.

(4) Ação nuclear: Pune-se a conduta de não transferir ou não repassar à Previdência Social (INSS – autarquia federal) as contribuições recolhidas dos contribuintes, no prazo e forma legal ou convencional. Para o STJ, trata-se de crime omissivo próprio: STJ, REsp 629091/CE, 5ª T., Rel. Min. Arnaldo Esteves Lima, j. 9-3-2006, *DJ* 24-4-2006, p. 438; e STJ, AgRg no REsp 765892/PB, 5ª T., Rel. Min. Arnaldo Esteves Lima, j. 4-4-2006, *DJ* 24-4-2006, p. 452. *Em sentido contrário*, entendendo tratar-se de crime comissivo-omissivo: Luiz Flávio Gomes, *Crimes previdenciários*, São Paulo, Revista dos Tribunais, 2001, p. 32. Cuida-se, finalmente, de norma penal em branco.

(5) Objeto material: É a contribuição previdenciária e qualquer acessório.

(6) Sujeito ativo: Trata-se de crime próprio, pois somente pode ser cometido pelo responsável tributário, isto é, aquele que tem o dever legal de repassar à Previdência Social as contribuições recolhidas dos contribuintes. Sobre a questão da denúncia nos crimes societários, *vide* comentários ao art. 29 do CP (itens 2 e 5).

(7) Sujeito passivo: É o Estado, em especial o órgão da Previdência Social, que é o responsável pelo recolhimento das contribuições.

(8) Elemento subjetivo: Há duas posições: (1) STJ: "1. O dolo do crime de apropriação indébita previdenciária é a consciência e a vontade de não repassar à Previdência, dentro do prazo e na forma da lei, as contribuições recolhidas, não se exigindo a demonstração de especial fim de agir ou o dolo específico de fraudar a Previdência Social como elemento essencial do tipo penal. 2. Ao contrário do que ocorre na apropriação indébita comum, não se exige o elemento volitivo consistente no *animus rem sibi habendi* para a configuração do tipo inscrito no art. 168-A do Código Penal" (STJ, REsp 629091/CE, 5ª T., Rel. Min. Arnaldo Esteves Lima, j. 9-3-2006, *DJ* 24-4-2006, p. 438). *No mesmo sentido*: STJ, AgRg no REsp 765892/PB, 5ª T., Rel. Min. Arnaldo Esteves Lima, j. 4-4-2006, *DJ* 24-4-2006, p. 452; STJ, REsp 510742/RS, 6ª T., Rel. Min. Hélio Quaglia Barbosa, j. 9-12-2005, *DJ* 13-2-2006, p. 855. STF: "O art. 3º da Lei n. 9.983/2000 apenas transmudou a base legal da imputação do crime da alínea *d* do art. 95 da Lei n. 8.212/1991 para o art. 168-A do Código Penal, sem alterar o elemento subjetivo do tipo, que é o dolo genérico. Daí a improcedência da

alegação de *abolitio criminis* ao argumento de que a lei mencionada teria alterado o elemento subjetivo, passando a exigir o *animus rem sibi habendi*" (STF, RHC 86072/PR, 1ª T., Rel. Min. Eros Grau, j. 16-8-2005, *DJ* 28-10-2005, p. 51). *No mesmo sentido*: STF, HC 84589/PR, 2ª T., Rel. Min. Carlos Velloso, j. 23-11-2004, *DJ* 10-12-2004, p. 53. (2) "É indispensável o elemento subjetivo especial do injusto, representado pelo fim especial de apropriar-se dos valores pertencentes à previdência social, isto é, o agente se apossa com a intenção de não restituí-los" (Cezar Roberto Bitencourt, *Código Penal*, cit., p. 737).

(9) Consumação: Consuma-se no momento em que é ultrapassado o prazo legal ou convencional para o repasse das contribuições recolhidas ao INSS, apropriando-se o agente dos valores.

(10) Tentativa: A tentativa é inadmissível. *Em sentido contrário*: Cezar Roberto Bitencourt, *Código Penal*, cit., p. 738.

(11) Apropriação indébita privilegiada: Está prevista no art. 170 do Código Penal. Incide sobre as figuras simples e assemelhadas acima mencionadas.

(12) Compensação de créditos: STJ: "2. A existência de crédito junto ao INSS não comprova, *de per si*, a inexistência da apropriação indébita ou, tampouco, que a compensação deferida em sede de mandado de segurança é suficiente para quitar todas as contribuições previdenciárias devidas. 3. O acolhimento da alegação de ausência de justa causa para a pretensão punitiva da denúncia requer um exame acurado do conjunto fático-probatório, incabível na via estreita do *habeas corpus*, porquanto os valores dos créditos e débitos pendem de efetiva liquidação. 4. Recurso desprovido" (STJ, RHC 16183/PR, 5ª T., Rel. Min. Laurita Vaz, j. 27-9-2005, *DJ* 7-11-2005, p. 309).

(13) Causa excludente da culpabilidade. Inexigibilidade de conduta diversa: STJ: "5. Para que reste configurada a causa supralegal de exclusão da culpabilidade do omitente, que não faz o recolhimento devido a problemas econômicos ou financeiros, é necessário que o julgador vislumbre a sua plausibilidade, de acordo com os fatos concretos revelados nos autos, cujo reexame seria inviável em sede de recurso especial, a teor do que dispõe o enunciado sumular 7 do Superior Tribunal de Justiça" (STJ, REsp 558180/RS, 5ª T., Rel. Min. Arnaldo Esteves Lima, j. 17-11-2005, *DJ* 10-4-2006, p. 266). STJ: "Mostrava-se desnecessária a prova pericial no caso em apreço, para demonstração das dificuldades financeiras sofridas pela empresa, eis que outros elementos de prova puderam ser produzidos e exibidos pela defesa formando o convencimento do juiz; além disso, aplicável à espécie o princípio de que não há nulidade sem a demonstração do prejuízo, previsto no art. 563 do Código de Processo Penal, pois a ausência da perícia contábil não enseja o reconhecimento de nulidade diante do teor da documentação que já se encontrava nos autos, não restando comprovado o prejuízo sofrido pela parte. (...) 3. A alegação de que a empresa passava por uma série de dificuldades financeiras, motivo pelo qual não foi possível repassar a contribuição previdenciária recolhida dos empregados implicaria, no caso, o reexame de provas, inviável em sede de recurso especial, por esbarrar no óbice imposto pelo enunciado sumular 7 desta Corte" (STJ, REsp 510742/RS, 6ª T., Rel. Min. Hélio Quaglia Barbosa, j. 9-12-2005, *DJ* 13-2-2006, p. 855).

(14) Ação penal: Trata-se de crime de ação penal pública incondicionada.

(15) Processo administrativo-fiscal e condição de procedibilidade para propositura da ação penal (art. 83 da Lei n. 9.430/96): Vide comentários ao art. 100 do CP.

(16) Competência: Vide CF, art. 109, I. STJ: "Conflito negativo de competência. Apropriação indébita de contribuições previdenciárias. Se o delito cometido, em tese, lesa interesse ou bem de autarquia federal, competente para o processamento do feito é a Justiça Federal. Conflito conhecido, competente a Justiça Federal, o suscitante" (STJ, CC 32036/MG, 3ª S., Rel. Min. Felix Fischer, j. 13-10-2001, *DJ* 18-2-2002, p. 234). STJ: "1. Não importa em lesão a bens, serviços ou interesses da União, de suas autarquias ou empresas públicas a apropriação indébita de valores devidos ao INSS e ao Fisco, a título de tributos e contribuições previdenciárias, se a empresa providencia o pagamento

dos débitos, suportando o prejuízo provocado pelo desvio do numerário" (STJ, CC 29743/SP, 3ª S., Rel. Min. Fernando Gonçalves, j. 10-4-2002, *DJ* 29-4-2002, p. 159). No mesmo sentido: STJ, CC 26303/RJ, 3ª S., Rel. Min. José Arnaldo da Fonseca, j. 14-6-2000, *DJ* 28-8-2000, p. 54.

> § 1º Nas mesmas penas incorre quem deixar de:
>
> I – recolher, no prazo legal, contribuição ou outra importância destinada à previdência social que tenha sido descontada de pagamento efetuado a segurados, a terceiros ou arrecadada do público;
>
> II – recolher contribuições devidas à previdência social que tenham integrado despesas contábeis ou custos relativos à venda de produtos ou à prestação de serviços;
>
> III – pagar benefício devido a segurado, quando as respectivas cotas ou valores já tiverem sido reembolsados à empresa pela previdência social.

(1) Figuras equiparadas: "As figuras descritas no § 1º destinam-se ao *contribuinte-empresário*, que deve recolher a contribuição que arrecadou do contribuinte" (Cezar Roberto Bitencourt, *Código Penal comentado*, cit., p. 737).

(2) Recolher, no prazo legal, contribuição ou outra importância destinada à Previdência Social que tenha sido descontada de pagamento efetuado a segurados, a terceiros ou arrecadada do público (I): (*vide* o revogado art. 95, *d*, da Lei n. 8.212/91).

(3) Recolher contribuições devidas à Previdência Social que tenham integrado despesas contábeis ou custos relativos à venda de produtos ou à prestação de serviços (II): (*vide* o revogado art. 95, *e*, da Lei n. 8.212/91).

(4) Pagar benefício devido a segurado, quando as respectivas cotas ou valores já tiverem sido reembolsados à empresa pela Previdência Social (III): (*vide* o revogado art. 95, *f*, da Lei n. 8.212/91).

> § 2º É extinta a punibilidade se o agente, espontaneamente, declara, confessa e efetua o pagamento das contribuições, importâncias ou valores e presta as informações devidas à previdência social, na forma definida em lei ou regulamento, antes do início da ação fiscal.

(1) Causa extintiva da punibilidade (Lei n. 9.983/2000): Essa causa extintiva da punibilidade foi introduzida pela Lei n. 9.983/2000, ao acrescentar o art. 168-A ao CP. O termo final para o pagamento, agora, passou a ser o início da ação fiscal, e não mais o recebimento da denúncia ou queixa (*vide* Lei n. 9.249, de 26-12-1995, art. 34 e jurisprudência abaixo). Caso o pagamento se realize após o início da ação fiscal e antes de oferecida a denúncia, poderá incidir o § 3º (perdão judicial ou pena de multa). Se efetuado após o oferecimento da denúncia, mas antes do seu recebimento, incidirá o art. 16 do CP (arrependimento posterior). Finalmente, se ele for feito após o recebimento da denúncia, incidirá a circunstância atenuante prevista no art. 65 do CP.

Causa extintiva da punibilidade e art. 337-A, § 1º: A Lei n. 9.983/2000 dispensou tratamento diverso para o crime de sonegação previdenciária, na medida em que não exigiu o pagamento do débito previdenciário, contentando-se com a mera declaração e confissão da dívida, antes do início da ação fiscal, ao contrário do disposto no § 2º do art. 168-A. Sobre o tema, *vide* comentários ao art. 337-A, § 1º. *Início da ação fiscal:* Há diversos posicionamentos na doutrina, porém, de acordo com Cezar Roberto Bitencourt, considera-se iniciada a ação fiscal a partir da cientificação pessoal do contribuinte acerca de sua instauração (*Código Penal comentado*, cit., p. 739), e não da formalização do TIAF (Termo de Início de Ação Fiscal) (cf. Luiz Flávio Gomes, *Crimes previdenciários*, cit., p. 59).

(2) Parcelamento e pagamento do débito tributário e seus efeitos na esfera penal. Lei n. 12.382, de 25 de fevereiro de 2011: No tocante ao parcelamento e pagamento do débito tributário

e seus efeitos na esfera penal, a Lei n. 12.382, de 25 de fevereiro de 2011, acabou por propiciar contornos mais rígidos à matéria. A partir de agora, somente se admitirá a extinção da punibilidade se o pedido de parcelamento de créditos oriundos de tributos e seus acessórios for formalizado anteriormente ao recebimento da denúncia criminal (cf. nova redação determinada ao art. 83, § 2º, da Lei n. 9.430/94). Antes, no regime da Lei n. 10.684/2003, que instituiu o parcelamento especial (PAES), a qualquer tempo o contribuinte poderia realizar o pedido de parcelamento (inquérito, fase processual ou fase recursal), momento em que se operava a suspensão da pretensão punitiva estatal e da prescrição, até o pagamento integral do débito, quando então sucedia a extinção da punibilidade do agente. Agora, a partir do novo regime legal, só mesmo até antes do recebimento da denúncia, o pedido de parcelamento surtirá efeitos na esfera criminal (suspensão da pretensão punitiva e suspensão da prescrição), com a consequente extinção da punibilidade pelo pagamento integral (art. 83, § 4º). Note-se, ainda, que, de acordo com a nova redação do art. 83, § 1º, da Lei n. 9.430/96, na hipótese de concessão de parcelamento do crédito tributário, a representação fiscal para fins penais somente será encaminhada ao Ministério Público após a exclusão da pessoa física ou jurídica do parcelamento. E, de acordo com a nova redação do § 6º do art. 83: "as disposições contidas no *caput* do art. 34 da Lei n. 9.249, de 26 de dezembro de 1995, aplicam-se aos processos administrativos e aos inquéritos e processos em curso, desde que não recebida a denúncia pelo juiz", isto é, o pagamento do tributo ou contribuição social, inclusive acessórios, até o recebimento da denúncia, extinguirá a punibilidade (Lei n. 9.249/95, art. 34). O novo diploma legal acabou por alargar a pretensão punitiva estatal, na medida em que, se antes não havia qualquer marco temporal para formular o pedido de parcelamento, a fim de trazer os benefícios da extinção da punibilidade pelo pagamento na esfera criminal, agora, só poderá ser postulado até antes do recebimento da denúncia. Por essa razão, trata-se de *novatio legis in pejus*, não podendo retroagir para alcançar fatos praticados antes de sua entrada em vigor. Finalmente, faz-se mister mencionar que a nova disciplina traz consigo uma grave mácula relativa ao seu procedimento legislativo, pois veiculou num mesmo texto legislativo matéria atinente a salário mínimo e crimes tributários, portanto, objetos completamente diversos, com explícita ofensa à Lei Complementar n. 95/98, a qual prescreve em seu art. 7º que cada norma tratará de um único objeto e não conterá matéria estranha a seu objeto ou a este vinculda por afinidade, pertinência ou conexão.

Lei n. 10.684/2003 (PAES): A Lei n. 10.684, de 30 de maio de 2003, a qual instituiu o parcelamento especial (PAES) previu, em seu art. 9º, a suspensão da pretensão punitiva do Estado, referente aos crimes previstos nos arts. 1º e 2º da Lei n. 8.137/90 e nos arts. 168-A e 337-A do CP, durante o período em que a pessoa jurídica estivesse incluída no regime de parcelamento. A prescrição criminal não correria durante o período de suspensão da pretensão punitiva (art. 9º, § 1º), e a punibilidade seria extinta quando fosse efetuado o pagamento integral dos débitos oriundos de tributos e contribuições sociais, inclusive acessórios (art. 9º, § 2º). Com isso, surgiu posicionamento no sentido de que, como a referida lei nada falou a respeito, não haveria mais o limite temporal para tal parcelamento, não havendo mais necessidade de que ele se efetivasse antes do recebimento da denúncia, podendo ocorrer a qualquer momento da persecução penal (nesse sentido: Heloísa Estellita, *IBCCrim* n. 130, setembro de 2003, p. 2). Referido posicionamento veio a ser acolhido pelos tribunais: STF, 1ª T., HC 81.929-0/RJ, Rel. Min. Sepúlveda Pertence, j. 16-12-2003; TRF, 1ª Região, RCCrim 200438010023996, 3ª T., Rel. Des. Cândido Ribertio, j. 1º-9-2004; TRF, 4ª Região, HC 200504010396870, Rel. Des. Luiz Fernando Wowk Penteado, j. 26-10-2005, embora a Procuradoria-Geral da República tenha ingressado com uma ação direta de inconstitucionalidade (ADIn 3.002) do art. 9º da Lei n. 10.684/2003, cuja liminar foi indeferida.

Lei n. 10.684/2003 (PAES) e incidência sobre o art. 168-A: STF: "As regras referentes ao parcelamento são dirigidas à autoridade tributária. Se esta defere a faculdade de parcelar e quitar as contribuições descontadas dos empregados, e não repassadas ao INSS, e o paciente cumpre a respectiva obrigação, deve ser beneficiado pelo que dispõe o art. 9º, § 2º, da citada Lei n. 10.684/2003. Este preceito, que não faz distinção entre as contribuições previdenciárias descontadas dos empregados e as patronais, limita-se a autorizar a extinção da punibilidade referente aos crimes ali relacionados. Nada importa se o parcelamento foi deferido antes ou depois da vigência das leis que o proíbe: se de qualquer forma ocorreu, deve incidir o mencionado art. 9º. O paciente obteve o parcelamento e cumpriu a obrigação. Podia fazê-lo, à época, antes do recebimento da denúncia, mas assim não procedeu. A nova lei permite que o faça depois, sendo, portanto, *lex mitior*, cuja retroação deve operar-se por força do art. 5º, XL, da Constituição do Brasil. Ordem deferida. Extensão a paciente que se encontra em situação idêntica" (STF, HC 85452/SP, 1ª T., Rel. Min. Eros Grau, j. 17-5-2005, *DJ* 3-6-2005, p. 45). STJ: "Campo do direito penal, não importa verificar a legalidade da concessão do parcelamento dos débitos relativos às contribuições previdenciárias descontadas dos empregados, mas apenas o seu eventual deferimento pela autoridade administrativa, circunstância, por si só, suficiente para fazer surgir o direito ao referido benefício da suspensão da pretensão punitiva (Lei n. 10.684/2003, art. 9º, *caput*) e da prescrição (Lei n. 10.684/2003, art. 9º, § 1º), ou da extinção da punibilidade (Lei n. 10.684/2003, art. 9º, § 2º), independentemente da data do recebimento da denúncia. 2. Portanto, obtido o parcelamento, perante a autoridade administrativa, dos débitos previdenciários oriundos das contribuições descontadas dos empregados – não obstante a vedação contida no art. 7º da Lei n. 10.666/2003, deve-se reconhecer o direito do réu de ver suspensa a pretensão punitiva estatal ou mesmo a suspensão da pretensão executória, se for o caso, que daquela decorre como consequência natural e lhe é muito mais gravosa" (STJ, HC 43982/SP, 5ª T., Rel. Min. Arnaldo Esteves Lima, j. 6-4-2006, *DJ* 2-5-2006, p. 344). STJ: "Com a edição da Lei n. 10.684/2003, deu-se nova disciplina aos efeitos penais do pagamento do tributo, nos casos dos crimes previstos nos arts. 1º e 2º da Lei n. 8.137, de 27-12-1990, e 168-A e 337-A do Código Penal, não mais se aplicando o disposto no art. 34 da Lei n. 9.249/95. 3. Comprovado o pagamento integral dos débitos oriundos da falta de recolhimento de contribuições sociais, ainda que efetuado posteriormente ao recebimento da denúncia, extingue-se a punibilidade, nos termos do art. 9º, § 2º, da Lei 10.684/2003, aplicável, ao caso, retroativamente, por ser mais benéfica ao réu. 4. Recurso especial parcialmente conhecido e, nessa parte, improvido" (STJ, REsp 453776/ES, 5ª T., Rel. Min. Arnaldo Esteves Lima, j. 6-12-2005, *DJ* 3-4-2006, p. 388). STJ: "3. O eventual parcelamento do débito previdenciário não extingue a punibilidade, que depende da total satisfação da obrigação assumida, que só ocorre após o pagamento da última parcela acordada" (Lei n. 10.684/2003, art. 9º, §§ 1º e 2º). 4. A exclusão da empresa do Programa de Recuperação Fiscal devolve ao Estado a pretensão punitiva. 5. Ordem denegada" (STJ, HC 39672/RJ, 5ª T., Rel. Min. Arnaldo Esteves Lima, j. 17-11-2005, *DJ* 10-4-2006, p. 237).

Lei n. 10.684/2003 (PAES) e a não incidência sobre o art. 168-A: STJ: "1. É vedada a inclusão de débitos relativos às contribuições previdenciárias descontadas dos empregados e não repassadas ao INSS no parcelamento previsto na Lei n. 10.684/2003. Precedentes. 2. Recurso especial a que se nega provimento" (STJ, REsp 799205/SC, Rel. Min. Teori Albino Zavascki, j. 21-3-2006, *DJ* 3-4-2006, p. 286). STJ: "1. Não se aplica o art. 15 da Lei n. 9.964/2000, que prevê a suspensão da pretensão punitiva do Estado mediante a inclusão da pessoa jurídica no REFIS, se a adesão ao regime de parcelamento foi feito depois do recebimento da denúncia. 2. Sendo dos empregados, e não patronais as contribuições previdenciárias recolhidas e não repassadas à Previdência Social, não há falar em suspensão da pretensão punitiva, porquanto não incide o art. 9º, *caput*, da Lei n. 10.684/2003, em razão do veto presidencial ao § 2º do art. 5º da referida lei e do art. 7º da Lei n. 10.666/2003. Precedentes. 3. Ordem denegada" (STJ, HC 21640/SP, 6ª T., Rel. Min. Hamilton Carvalhido, j. 31-5-2005, *DJ* 6-2-2006, p. 321). STJ: "1. Os débitos decorrentes de contribuições previdenciárias não são passíveis de inclusão em parcelamento, por expressa vedação contida no art. 7º da Lei n. 10.666/2003. 2. Assim, não assiste ao recorrente o benefício da suspensão da pretensão punitiva estatal contida no art. 9º da Lei n. 10.684/2003, pois não poderia o seu débito previdenciário ter sido objeto do Parcelamento Especial – PAES. 3. O disposto no art. 9º da Lei n. 10.684/2003 somente seria aplicado no caso de o débito previdenciário ter sido preteritamente incluído no Programa de Recuperação Fiscal – REFIS e ter migrado para o Parcelamento Especial – PAES durante sua inclusão naquele programa, o que não ocorreu" (STJ, RHC 17176/PR, 5ª T., Rel. Min. Arnaldo Esteves Lima, j. 19-5-2005, *DJ* 15-8-2005, p. 333).

> § 3º É facultado ao juiz deixar de aplicar a pena ou aplicar somente a de multa se o agente for primário e de bons antecedentes, desde que:
>
> I – tenha promovido, após o início da ação fiscal e antes de oferecida a denúncia, o pagamento da contribuição social previdenciária, inclusive acessórios; ou
>
> II – o valor das contribuições devidas, inclusive acessórios, seja igual ou inferior àquele estabelecido pela previdência social, administrativamente, como sendo o mínimo para o ajuizamento de suas execuções fiscais.

(1) Perdão judicial ou pena de multa: O legislador previu no mencionado dispositivo legal a aplicação alternativa pelo juiz do perdão judicial ou uma sanção penal menos rigorosa (incidência exclusiva da pena de multa), desde que o agente, sendo primário e portador de bons antecedentes (requisito subjetivo), preencha um dos requisitos legais (objetivos). Uma vez satisfeitas as condições do § 3º (subjetivos e objetivos), o réu tem o direito público subjetivo de ser contemplado com o perdão judicial ou a pena de multa.

(2) Tenha promovido, após o início da ação fiscal e antes de oferecida a denúncia, o pagamento da contribuição social previdenciária, inclusive acessórios (inciso I): Uma vez oferecida a denúncia, o pagamento realizado antes do seu recebimento poderá configurar o arrependimento posterior (CP, art. 16). *Vide*, no entanto, nos comentários ao *caput* do art. 168-A, a questão relativa aos efeitos do pagamento e parcelamento do débito tributário antes do recebimento da denúncia.

(3) O valor das contribuições devidas, inclusive acessórios, seja igual ou inferior àquele estabelecido pela previdência social, administrativamente, como sendo o mínimo para o ajuizamento de suas execuções fiscais (inciso II): A Portaria que estabelece o valor mínimo para o ajuizamento das execuções fiscais pela Previdência Social era a Portaria MPAS n. 4.943, de 4 de janeiro de 1999, com redação dada pela Portaria MPS n. 1.013 de 2003 que, em seu art. 4º, assim dispõe: "A Dívida Ativa do INSS de valor até R$ 5.000,00 (cinco mil reais), considerada por devedor, não será ajuizada, exceto quando, em face do mesmo devedor, existirem outras dívidas que somadas superem esse montante". Convém mencionar que o valor constante do art. 4º da Portaria n. 4.943/99 acabou sendo ampliado, passando-se a autorizar "o não ajuizamento das execuções fiscais de dívida ativa do INSS de valor até R$ 10.000,00 (dez mil reais), considerada por devedor, exceto quando, em face da mesma pessoa, existirem outras dívidas que, somadas, superem esse montante" (cf. Portaria MPS n. 296, de 8-8-2007, *DOU* 9-8-2007). Em 2012, houve nova alteração. O Ministério da Fazenda publicou a Portaria MF n. 75/2012, que estabeleceu novos limites para inscrição de débitos fiscais na dívida ativa da União. Determina a não inscrição na dívida ativa de débito de um mesmo devedor de valor consolidado igual ou inferior a R$ 1.000 (um mil reais) e o não ajuizamento de execuções fiscais de débitos com a Fazenda Nacional, cujo valor consolidado seja igual ou inferior a R$ 20.000,00 (vinte mil reais). Mas cuidado: esses limites não se aplicam quando se tratar de débitos decorrentes de aplicação de multa criminal.

Princípio da insignificância: Em face da previsão do § 3º, inciso II, indaga-se na doutrina se o legislador teria afastado por completo a incidência do princípio da insignificância nos crimes de apropriação previdenciária. O princípio da insignificância, uma vez incidente, excluiria a própria tipicidade penal, ao contrário das hipóteses contempladas no § 3º (perdão judicial, em que o juiz deixa apenas de aplicar a pena, ou a incidência exclusiva da pena de multa), em que subsiste a tipicidade penal. Sobre o tema, *vide* Luiz Flávio Gomes *(Crimes previdenciários,* cit., p. 65), Cezar Roberto Bitencourt *(Código Penal comentado,* cit., p. 1128) e Damásio de Jesus *(Direito penal,* cit., v. 4, p. 262).

Princípio da insignificância e Lei n. 9.441/97: "I – A Portaria n. 1.105/2002 do MPAS apenas alterou o patamar anteriormente previsto na Portaria n. 4.910/99 para o ajuizamento da ação de execução ou arquivamento sem baixa das já ajuizadas, não ocorrendo, pois, tal como na Lei n. 9.441/97, a extinção do crédito, daí não se poder invocar tais dispositivos normativos para regular o valor do débito caracterizador do crime de bagatela. II – Verificando-se que a importância que deixou de ser recolhida aos cofres do INSS é superior ao patamar estabelecido no dispositivo legal que determina a extinção dos créditos oriundos de contribuições sociais (art. 10, inciso I, da Lei n. 9.441/97), deve ser afastada a aplicação do princípio da insignificância. Recurso desprovido" (STJ, REsp 686564/SC, 5ª T., Rel. Min. José Arnaldo da Fonseca, j. 4-8-2005, *DJ* 5-9-2005, p. 469). "Se a própria Lei n. 9.441/97 considera pouco significativa dívida previdenciária de valor inferior a R$ 1.000,00, tanto que impede sua cobrança, aplicável na ação penal instaurada contra o devedor o princípio da insignificância para afastar a incidência da norma incriminadora, o art. 95, alínea *d* da Lei n. 8.212/91" (TRF da 1ª Região, AC 01.00.008575-0, 3ª T., Rel. Osmar Tognolo, j. 30-6-1998, *DJU* 14-8-1998, p. 138).

Princípio da insignificância e Portaria MPAS n. 4.943/99, modificada pela Portaria MPAS n. 1.013/03: O Tribunal Regional Federal da 2ª Região, ao tratar do crime de apropriação indébita previdenciária, assim se manifestou sobre a temática: "1. O princípio da insignificância atende às características do Direito Penal mínimo e fragmentário, de modo a excluir a tipicidade material do fato, ainda que formalmente típico, que acarrete ofensa mínima ao bem jurídico tutelado, em face do resultado jurídico penalmente irrelevante. 2. Os parâmetros fixados pelo Ministério da Previdência Social, através de Portarias, para a não propositura de execuções fiscais em razão do valor do débito, possibilitam a aplicação do princípio da insignificância, vez que atendem à disposição expressa em lei. O inciso II, § 3º, do art. 168-A do CP autorizou a sua fixação pela Previdência Social na via administrativa. Tampouco consta de tal dispositivo legal a exigência de que o patamar a ser utilizado para a caracterização da bagatela deve ser aquele que foi fixado para a extinção do crédito tributário. (...) 5. O parágrafo único do art. 4º da Portaria MPAS n. 4.943/99, modificada pela Portaria MPAS n. 1.013/2003, excetua os créditos originários de crime, estabelecendo que o ajuizamento da competente ação de execução fiscal independe do valor. Tal determinação contraria frontalmente o disposto em lei – no art. 168-A, § 2º, II, do CP, norma hierarquicamente superior à Portaria Ministerial – não devendo ser observada. Ao dispensar o ajuizamento de execução fiscal de débitos até o valor de R$ 5.000,00, a Administração Pública está a afirmar que tal montante é para ela insignificante e não justificador da movimentação do aparato judicial, o que demonstra a irrelevância de tais valores também para o Direito Penal" (TRF 2ª Região, RSE 1541, 2ª T. Esp., Relª Liliane Roriz, j. 5-12-2006, *DJU* 12-12-2006, p. 65). Importante notar que o valor constante da art. 4º da Portaria n. 4.943/99 acabou sendo novamente modificado pela Portaria MPS n. 296, de 8-8-2007, *DOU* 9-8-2007 (sobre o tema, *vide* item n. 3).

Princípio da insignificância. Inaplicabilidade aos crimes previdenciários: "O crime de não recolhimento de contribuições previdenciárias *é omissivo próprio*. O dolo exigido é o genérico, consistindo na consciência e vontade de deixar de repassar ao INSS os valores descontados dos salários dos empregados a título de contribuição previdenciária, de modo que, a omissão, por si só, já configura o delito preconizado no art. 168-A do Código Penal, pois este, consoante iterativo entendimento jurisprudencial, prescinde da fraude material e do *animus rem sibi habendi* para sua caracterização. II – Não há que se falar em aplicação do princípio da bagatela ou insignificância. O crime omissivo em tela não exige sequer a posse física do numerário, cuja retenção indevida, via de regra, é meramente escritural, e isso se dá exatamente porque o bem jurídico tutelado não é somente o patrimônio (erário), mas também o interesse no adequado e tempestivo funcionamento do sistema previdenciário" (TRF 2ª Região, Ap. Crim. 4802, 1ª T. Esp., Rel. Abel Gomes, j. 16-8-2006, *DJU* 31-8-2006, p. 175). Sobre o princípio da insignificância, *vide* também comentários ao art. 1º, item 7.

Apropriação de coisa havida por erro, caso fortuito ou força da natureza

Art. 169. Apropriar-se alguém de coisa alheia vinda ao seu poder por erro, caso fortuito ou força da natureza:

Pena – detenção, de 1 (um) mês a 1 (um) ano, ou multa.

(1) Noções gerais: Trata-se de mais uma espécie de crime de apropriação indébita, com uma diferença: o bem é havido por erro, caso fortuito ou força da natureza, isto é, a posse não decorre da voluntária e consciente transferência do bem pelo proprietário. O erro poderá incidir *sobre a pessoa* ("error in persona"); *sobre a identidade, a qualidade, ou a quantidade da coisa* ("error in substantia"), por exemplo, funcionário de agência bancária que, por erro, transfere valor maior do que o devido para a conta do correntista, recusando-se este a devolver o valor. Se o agente provocar o erro em que incidiu a vítima, haverá o crime de estelionato. Qualquer pessoa pode praticar o crime em tela. A pessoa induzida em erro nem sempre será o proprietário do bem, podendo sê-lo terceira pessoa incumbida, por exemplo, de fazer a entrega de uma mercadoria em nome daquele. O elemento subjetivo é o dolo, devendo o agente ter ciência de que o bem veio ao seu poder por erro, caso fortuito ou força da natureza, do contrário, o fato é atípico. Quanto ao elemento subjetivo, *vide* mais comentários ao art. 168, *caput*. Quanto à consumação e tentativa, *vide* também comentários ao art. 168, *caput*, do CP.

Apropriação de coisa alheia e estelionato: STF: "Estando em jogo a competência – de vara criminal ou juizado especial –, impõe-se a imediata definição do tipo penal, não cabendo aguardar o desenrolar do processo e, portanto, a instrução. Apropriação de coisa alheia e havida por erro e estelionato. Revelando os fatos constantes da denúncia a feitura espontânea de depósito, fora dos parâmetros da relação jurídica, seguindo-se a retenção do valor, tem-se a configuração do crime do art. 169 – *apropriação de coisa alheia havida por erro* – e não o do art. 171 – *estelionato* –, ambos do Código Penal, pouco importando a recusa na devolução da quantia ao argumento de que efetuado corretamente o depósito" (STF, HC 84610/RJ, 1ª T., Rel. Min. Marco Aurélio, j. 17-5-2005, *DJ* 19-8-2005, p. 46).

(2) Forma privilegiada: Está prevista no art. 170 c.c. o art. 155, § 2º.

(3) Ação penal. Lei dos Juizados Especiais Criminais: Trata-se de crime de ação penal pública incondicionada, sujeita ao procedimento sumaríssimo da Lei n. 9.099/95. É cabível a suspensão condicional do processo (art. 89 da Lei n. 9.099/95).

Parágrafo único. Na mesma pena incorre:

Apropriação de tesouro

I – quem acha tesouro em prédio alheio e se apropria, no todo ou em parte, da quota a que tem direito o proprietário do prédio;

Apropriação de coisa achada

II – quem acha coisa alheia perdida e dela se apropria, total ou parcialmente, deixando de restituí-la ao dono ou legítimo possuidor ou de entregá-la à autoridade competente, dentro no prazo de 15 (quinze) dias.

(1) Apropriação de tesouro (parágrafo único, I): Cuida-se, aqui, de mais uma espécie de crime de apropriação indébita, contudo o objeto material é o tesouro que se encontra em prédio alheio. O art. 1.264 do novo CC define tesouro como "o depósito antigo de coisas preciosas, oculto e de cujo dono não haja memória (...)". De acordo com esse mesmo dispositivo legal, o tesouro "será dividido por igual entre o proprietário do prédio e o que achar o tesouro casualmente". Incrimina-se, assim, a conduta do inventor que se apropria da quota-parte que caberia ao proprietário do prédio em que aquele foi encontrado. Sujeito passivo é o proprietário do prédio em que foi encontrado o tesouro. Quanto ao elemento subjetivo, consumação e tentativa, *vide* comentários ao art. 168, *caput*, do CP. Quanto à forma privilegiada, *vide* art. 170 c.c. o art. 155, § 2º. Quanto à ação penal e Lei dos Juizados Especiais Criminais, *vide* comentários ao *caput* do art. 169 do CP.

(2) Apropriação de coisa achada (parágrafo único, II): O objeto material, nesse crime, é a coisa perdida. Não se consideram coisa perdida a *res derelicta* (coisa abandonada) e a *res nullius* (coisa que nunca teve proprietário ou possuidor). Não basta achar a coisa perdida para que o crime se configure; é preciso que o agente deixe de restituir a coisa achada ao legítimo possuidor, caso o agente o conheça, ou deixe de entregar o bem à autoridade competente no prazo de 15 dias (*vide* CC, arts. 1.233 e 1.170). Sujeito passivo do crime é o proprietário ou legítimo possuidor da coisa perdida. Quanto ao elemento subjetivo, consumação e tentativa, *vide* os comentários ao art. 168, *caput*. Quanto à forma privilegiada, *vide* art. 170 c.c. o art. 155, § 2º. Quanto à ação penal e Lei dos Juizados Especiais Criminais, *vide* comentários ao *caput* do art. 169 do CP.

Apropriação de coisa achada (talonário de cheques) e competência: "Criminal. Conflito de Competência. Apropriação de coisa achada. Envelope com o emblema da Empresa Nacional de Correios e Telégrafos contendo quatro talões de cheques. Proprietário da coisa. Instituição bancária. Competência da Justiça Estadual" (STJ, CC 40525/SC, 3ª S., Rel. Min. Gilson Dipp, j. 10-3-2004, *DJ* 5-4-2004, p. 201). Sobre talonário de cheques (furto), *vide* também comentários ao art. 155, *caput*, do CP.

Art. 170. Nos crimes previstos neste Capítulo, aplica-se o disposto no art. 155, § 2º.

Sobre o tema, *vide* comentários ao art. 155, § 2º.

CAPÍTULO VI
DO ESTELIONATO E OUTRAS FRAUDES

Estelionato

Art. 171. Obter, para si ou para outrem, vantagem ilícita, em prejuízo alheio, induzindo ou mantendo alguém em erro, mediante artifício, ardil, ou qualquer outro meio fraudulento:

Pena – reclusão, de 1 (um) a 5 (cinco) anos, e multa.

§ 1º Se o criminoso é primário, e é de pequeno valor o prejuízo, o juiz pode aplicar a pena conforme o disposto no art. 155, § 2º.

(1) Objeto jurídico: Tutela-se a inviolabilidade do patrimônio.

(2) Ação nuclear: Pune-se, neste artigo, a ação de induzir ou manter alguém em erro. Os meios empregados para tal ação são: o artifício (é fraude no sentido material, por exemplo, disfarces, documentos falsificados), o ardil (é fraude no sentido imaterial, utilizando-se o agente de sua astúcia para convencer a vítima) ou qualquer meio fraudulento (interpretação analógica). A ação é praticada com o fim de obter, para si ou para outrem, vantagem ilícita em prejuízo alheio. Dessa forma, o agente, mediante estratagemas, sua astúcia, seus artifícios, leva a vítima a ter um falsa percepção da realidade ou a mantém nesse erro, obtendo, com isso, a vantagem econômica ilícita almejada. A fraude deve ser meio apto a iludir a vítima, a obter o seu consentimento viciado. Se inidônea, por exemplo, falsificação grosseira de documento, o fato é atípico. Há, dessa forma, quatro momentos no crime de estelionato: (a) o *do emprego da fraude pelo agente*; (b) *o do erro em que incidiu a vítima*; (c) o *da vantagem ilícita obtida pelo agente*; (d) o *do prejuízo sofrido pela vítima*.

(3) Sujeito ativo: Qualquer pessoa. Nada impede a coautoria ou participação. Assim, pratica estelionato não só aquele que induz a vítima em erro, como aquele que obtém a vantagem ilícita. Ambos, no caso, são considerados coautores. Aquele que induziu ou instigou o agente a praticar o crime responderá como partícipe do crime de estelionato.

(4) Sujeito passivo: Dois podem ser os sujeitos passivos: a pessoa induzida ou mantida em erro e terceira pessoa que sofre a lesão patrimonial. Deve ser pessoa determinada; do contrário, poderá haver, por exemplo, crime contra as relações de consumo; além do que, deve ter capacidade para ser iludida; do contrário, poderá haver crime de abuso de incapazes (art. 173) ou furto (art. 155).

(5) Momento consumativo: Dá-se com a obtenção da vantagem ilícita indevida, em prejuízo alheio, ou seja, quando o agente aufere o proveito econômico, causando dano à vítima. É crime material, portanto. *Vide* Súmula 48 do STJ, acerca do estelionato cometido mediante falsificação de cheque.

(6) Reparação do dano: Há três situações: (a) No crime de estelionato, com exceção da hipótese prevista no § 2º, VI, do art. 171, a reparação do dano antes do recebimento da denúncia configura arrependimento posterior (CP, art. 16), causa geral de diminuição de pena. (b) No crime de estelionato, na forma do § 2º, VI, do art. 171, a reparação do dano antes do recebimento da denúncia acarreta a extinção da punibilidade (Súmula 554 do STF). (c) No estelionato, em qualquer de suas modalidades, depois do recebimento da denúncia e antes da sentença, a reparação do dano autoriza a incidência de circunstância atenuante genérica (CP, art. 65, III, *d*).

(7) Tentativa: Caso o agente não obtenha a vantagem indevida por circunstâncias alheias à sua vontade, haverá o *conatus*.

(8) Elemento subjetivo: É o dolo, representado pela vontade livre e consciente de induzir ou manter outrem em erro mediante a conduta fraudulenta, acrescido do fim específico de obter a vantagem ilícita para si ou para outrem.

(9) Ilícito penal e ilícito civil: Simples inadimplemento de compromisso comercial não é suficiente, por si só, para caracterizar o crime. Só há crime quando o dolo haja atuado desde o início da formação do contrato, ou seja, se já havia a intenção de frustrar a execução quando da criação do ajuste.

Ilícito civil: STJ: "II – O mero inadimplemento contratual, consubstanciado no descumprimento de obrigação por parte de um dos contratantes, não caracteriza, por si, o crime de estelionato, por ausência do elemento subjetivo do tipo. Fato comprovado por declaração da vítima de que não viu na conduta do paciente, quando deixou de honrar com sua obrigação, nenhuma má-fé ou malícia. *Writ* concedido" (STJ, HC 20637/SP, 5ª T., Rel. Min. Felix Fischer, j. 20-8-2002, *DJ* 30-9-2002, p. 274 – *RT* 809/544). STJ: "REsp – Penal – Ilícito penal – Ilícito civil – Estelionato – O ilícito penal não se confunde com o ilícito civil; distinguem-se ontologicamente. Inadmissível infração penal somente pelo inadimplemento contratual. Possível, porém, o delito se a celebração da avença e expediente (fraudulento) para atrair a vítima, provocando dano patrimonial" (STJ, REsp 119879/SP, 6ª T., Rel. Min. Luiz Vicente Cernicchiaro, j. 10-6-1997, *DJ* 4-8-1997, p. 34917 – *RSTJ* 99/398). STJ: "Processual Penal. *Habeas corpus*. Estelionato. Trancamento de ação penal. Promessa de compra e venda de imóvel desfeita. Não devolução do 'sinal'. Ilícito civil e não penal. Precedente do STJ, Recurso ordinário provido" (STJ, RHC 4713/RJ, 6ª T., Rel. Min. Adhemar Maciel, j. 4-12-1995, *DJ* 4-12-1995, p. 4088). STF: "Estelionato: para a configuração do estelionato, a fraude empregada pelo agente há de ser antecedente e causal do erro ou persistência no erro do lesado e da consequente disposição patrimonial em favor do sujeito ativo ou de terceiro: logo, não cabe inferir o emprego de meio fraudulento e o erro do lesado da circunstância posterior de não lhe haver o agente prestado os serviços profissionais de advocacia contratados, nem do seu prejuízo, decorrente de transação com terceiro cessionário da cambial que emitira em pagamento do advogado. V. Deferimento do *habeas corpus*, dada a atipicidade do fato, não obstante os indícios da infração ético-profissional de captação de clientela, para apuração da qual se remete cópia dos autos à OAB" (STF, RHC 80411/ES, 1ª T., Rel. Min. Sepúlveda Pertence, j. 21-11-2000, *DJ* 2-3-2001, p. 18).

Ilícito penal: STJ: "*In casu*, existem fortes indícios de que os fatos imputados não configuram, apenas, descumprimento contratual, uma vez que, aparentemente, o réu agiu ardilosamente, mediante fraude, a fim de obter vantagem indevida em detrimento de pessoas, o que consubstancia não só ilícito civil, mas, também, o crime de estelionato – no caso *sub judice*, a peça vestibular descreve, com clareza, conduta típica em tese, propiciando o exercício da ampla defesa do réu. Precedentes. Recurso desprovido" (STJ, RHC 14819/SP, 5ª T., Rel. Min. Jorge Scartezzini, j. 23-3-2004, *DJ* 24-5-2004, p. 289). STJ: "Embora a jurisprudência se incline para caracterizar como mero ilícito civil o inadimplemento contratual, havendo indícios de dolo e premeditação do ato, não há que se falar em trancamento dos inquéritos policiais por atipicidade da conduta, uma vez que a mesma configura, em tese, o delito de estelionato. Ausência de prova inequívoca e pré-constituída de que o paciente não agiu com dolo e estava de boa-fé" (STJ, RHC 12095/SP, Rel. Min. José Arnaldo da Fonseca, j. 11-12-2001, *DJ* 4-3-2002, p. 274 – *RSTJ* 165/478). STJ: "A cláusula contratual pela qual o paciente se obrigou ao pagamento das dívidas anteriores à venda da sociedade comercial não tem o condão, por si só, de afastar o ilícito penal, até porque, como acertadamente decidido pela Corte Estadual, a disposição contratual reforça a afirmação do dolo do paciente, potencializando a indução dos compradores em erro, levando-os a crer, como declarado no contrato, que se fazia a venda de forma livre e desembaraçada de quaisquer ônus, responsabilidades ou dívidas, inclusive fiscais, com o propósito de obter um indevido proveito patrimonial. 5. *Habeas corpus* não conhecido" (STJ, HC 12507/SP, 6ª T., Rel. Min. Hamilton Carvalhido, j. 20-2-2001, *DJ* 20-2-2001, p. 277).

(10) *Torpeza bilateral (fraude bilateral)*: Nessa hipótese, a vítima da fraude também age de má-fé, pois há a intenção de obter proveito mediante um negócio ilícito ou imoral. Indaga-se se a má-fé da vítima tem o condão de excluir o crime de estelionato praticado pelo agente: (a) não existe crime de estelionato. É o entendimento de Nélson Hungria, *Comentários*, cit., v. VII, p. 192. (b) Existe estelionato, não importando a má-fé do ofendido. *Nesse sentido*: E. Magalhães Noronha, *Direito penal*, cit., v. 2, p. 375, e Julio Fabbrini Mirabete, *Manual*, cit., v. 2, p. 303.

(11) *Jogos de azar: Estelionato. Crime contra a Economia Popular*: STF: "No estelionato o meio de ataque ao patrimônio é a astúcia, o engodo e a fraude. No jogo de azar a fraude, eliminando o fator sorte, tira ao sujeito passivo toda a possibilidade de ganho. O jogo torna-se, então, simples roupagem, para 'mise-en-scène', destinada a ocultar o expediente de que se serve o criminoso para iludir a vítima (Desembargador Manoel da Costa Leite *in Manual das contravenções penais*). O jogo da chapinha, ou o 'jogo do pinguim' são formas do estelionato e não mera contravenção do art. 50 da Lei das Contravenções Penais. Recurso conhecido e provido" (STF, RE 87812/PR, 2ª T., Rel. Min. Cordeiro Guerra, j. 15-12-1977, *DJ* 17-3-1978; *RTJ* 85-03/1050). STJ: "1). A utilização de máquinas de videopôquer, com programação fraudada, de sorte a restringir ao mínimo as chances de ganhos aos usuários, constitui, em tese, o crime do art. 2º, IX, da Lei de Economia Popular. 2). Não exclui o crime a circunstância de haver a autoridade administrativa licenciado a utilização de tais máquinas por algum tempo. 3). Não é indispensável, para o oferecimento de denúncia, a existência de laudo de exame de corpo de delito, prova esta que pode ser feita na instrução e até ser suprida indiretamente pelas demais provas (arts. 158 e 167, CPP)" (STJ, REsp 2712/RJ, 6ª T., Rel. Min. Dias Trindade, j. 21-8-1990, *DJ* 10-9-1990, p. 9134).

(12) Forma privilegiada: Se o criminoso é primário, e é de pequeno valor o prejuízo, o juiz pode aplicar a pena conforme o disposto no art. 155, § 2º. Ao contrário do crime de furto privilegiado, exige-se, agora, que seja pequeno o valor do prejuízo e não o do objeto material do crime. Esse valor deve ser aferido no momento da consumação. Prevalece o entendimento no sentido de que pequeno prejuízo é aquele que não ultrapassa um salário mínimo. Nesse sentido: STJ, REsp 604338/SP, 5ª T., Rel. Min. Gilson Dipp, j. 25-5-2004, *DJ* 2-8-2004, p. 540.

Forma privilegiada e princípio da insignificância: STJ: "Estelionato. Pequeno prejuízo e pequeno valor. Avaliação. Reincidência. Princípio da insignificância. I – As situações, em termos de momento de avaliação, entre o pequeno valor no furto privilegiado e pequeno prejuízo no estelionato privilegiado se identificam. As proibições inseridas nos tipos objetiva a proteção do patrimônio como bem jurídico. No furto, em relação a bens móveis (pequeno valor da *res*) e, no estelionato, em relação a bens móveis e imóveis (pequeno prejuízo). II – O 'pequeno prejuízo', que pode ser, em regra, até um salário mínimo, é o verificado por ocasião da realização do crime e, na *conatus* (tentativa), é aquele que adviria da pretendida consumação. Tudo isso, sob pena de se transformar toda tentativa de estelionato em tentativa de estelionato privilegiado. III – A reincidência impede a aplicação do § 1º do art. 171 do C. Penal. IV – O princípio da insignificância diz com a afetação ínfima, irrisória, do bem jurídico, sendo causa de exclusão da tipicidade penal. Nem todo estelionato privilegiado permite a incidência do referido princípio, pois pequeno prejuízo não implica, necessariamente, prejuízo irrisório. *Writ* indeferido" (STJ, HC 9199/MG, 5ª T., Rel. Min. Felix Fischer, j. 17-6-1999, *DJ* 16-8-1999, p. 84; *RSTJ* 126/370).

Princípio da insignificância: STJ: "Há que se aplicar o princípio da insignificância quanto ao estelionato praticado, em tese, para a obtenção de vantagem de valor monetário ínfimo. (Precedente)" (STJ, HC 34626/MG, 5ª T., Rel. Min. Felix Fischer, j. 15-6-2004, *DJ* 2-8-2004, p. 464). STJ: "Considera-se como delito de bagatela o estelionato praticado, em tese, para a obtenção de vantagem de ínfimo valor monetário, consistente em apenas R$ 3,00 (três reais) – hipótese dos autos. Ordem concedida para determinar o trancamento da ação penal instaurada em desfavor do paciente, por ausência de justa causa" (STJ, HC 18314/RJ, 5ª T., Rel. Min. Gilson Dipp, j. 4-6-2002, *DJ* 1º-7-2002, p. 361). STJ: "Em sede de estelionato, não se pode considerar ínfimo, irrisório, o valor de R$ 1.178,00" (STJ, RHC 14838/SC, 5ª T., Rel. Min. Felix Fischer, j. 4-11-2003, *DJ* 15-12-2003, p. 325). Sobre o princípio da insignificância, *vide* também comentários ao art. 1º, item n. 7.

(13) Concurso de crimes. Estelionato e falsidade documental: Há quatro correntes: (a) *Súmula 17 do STJ*: "Quando o falso se exaure no estelionato, sem mais potencialidade lesiva, é por este absorvido". Se, pelo contrário, a falsidade for apta à prática de outros crimes, afasta-se a incidência da súmula mencionada, havendo o concurso de crimes, por exemplo, utilização de carteira de identidade falsa. E, ainda, *Súmula 73 do STJ*: "A utilização de papel-moeda grosseiramente falsificado configura, em tese, o crime de estelionato, da competência da Justiça Estadual". (b) Há concurso formal de crimes, pois atingem bens jurídicos diversos. *Nesse sentido*: STF: "Se a falsidade é meio para o estelionato, aplica-se o concurso formal, não a absorção. Precedentes do STF"

(STF, RHC 83990/MG, 1ª T., Rel. Min. Eros Grau, j. 10-8-2004, *DJ* 22-10-2004, p. 18, *LEXSTF*, v. 27. n. 314, 2005, p. 336/344). E, ainda: STF: "A jurisprudência desta Corte não admite a absorção do crime de uso de documento falso pelo delito de estelionato" (STF, HC 77721/SP, 1ª T., Rel. Min. Moreira Alves, j. 14-12-1998, *DJ* 6-8-1999, p. 6). (c) Há concurso material. (d) O crime de falso (aqui a falsidade deve ser de documento público, cuja pena é superior à do crime de estelionato) prevalece sobre o estelionato.

(14) Estelionato e falso documental. Exame grafotécnico: STJ: "A jurisprudência do Supremo Tribunal Federal é pacífica no sentido de que a falta de exame grafotécnico no documento falsificado utilizado para perpetrar a fraude não descaracteriza o delito de estelionato, desde que outros elementos sejam suficientes para configurá-lo. – Precedentes do STF. – Recurso ordinário desprovido" (STJ, RHC 10282/RJ, 6ª T., Rel. Min. Vicente Leal, j. 4-9-2001, *DJ* 1º-10-2001, p. 246). STJ: "A inexistência de exame grafotécnico de assinatura lançada em cheque não constitui, por si, obstáculo à deflagração da *persecutio criminis in juditio,* se presentes outros elementos de prova do estelionato" (STJ, HC 37024/BA, 6ª T., Rel. Min. Paulo Medina, j. 6-10-2005, *DJ* 21-11-2005, p. 305).

(15) Estelionato e moeda falsa: STF: "1. O crime de moeda falsa exige, para sua configuração, que a falsificação não seja grosseira. A moeda falsificada há de ser apta à circulação como se verdadeira fosse. 2. Se a falsificação for grosseira a ponto de não ser hábil a ludibriar terceiros, não há crime de estelionato. 3. A apreensão de nota falsa com valor de cinco reais, em meio a outras notas verdadeiras, nas circunstâncias fáticas da presente impetração, não cria lesão considerável ao bem jurídico tutelado, de maneira que a conduta do paciente é atípica. 4. *Habeas corpus* deferido, para trancar a ação penal em que o paciente figura como réu" (STF, HC 83526/CE, 1ª T., Rel. Min. Joaquim Barbosa, j. 16-3-2004, *DJ* 7-5-2004, p. 25).

(16) Estelionato e furto de talonário de cheques: Vide jurisprudência nos comentários ao crime do art. 155, *caput.*

(17) Estelionato. Fraudes realizadas por intermédio da rede mundial de computadores (Internet): STJ: "Conflito negativo de competência. Processual Penal. Fraudes realizadas por intermédio da *internet.* Prejuízo ao Banco do Brasil. Sociedade de economia mista. Incidência do verbete sumular 42 do STJ. 1. A suposta prática de estelionato em desfavor de correntista do Banco do Brasil, por intermédio da rede mundial de computadores, não altera a competência da Justiça Estadual, nos termos da Súmula 42 do STJ. 2. Conflito conhecido para declarar competente o Juízo de Direito da 1ª Vara Criminal da Comarca de Jundiaí/SP" (STJ, CC 46559/SP, 3ª S., Rel. Min. Laurita Vaz, j. 24-11-2004, *DJ* 13-12-2004, p. 215). STJ: "Fraudes por meio da internet. Prisão preventiva. Gravidade do crime. Necessidade da custódia demonstrada. Presença dos requisitos autorizadores. Condições pessoais favoráveis. Irrelevância. Hipótese em que o paciente foi denunciado pela suposta prática dos crimes de estelionato e formação de quadrilha, pois seria integrante de grupo hierarquicamente organizado com o fim de praticar fraudes por meio da Internet, concernentes na subtração de valores de contas bancárias, em detrimento de diversas vítimas e instituições financeiras do Brasil e do exterior. O réu ocupava, em tese, a função de programador, responsável técnico pelo *software* e pelos *e-mails* por onde circulavam grande quantidade de informações bancárias" (STJ, HC 34965/PA, 5ª T., Rel. Min. Gilson Dipp, j. 10-8-2004, *DJ* 20-9-2004, p. 315; *RSTJ* 186/500).

(18) Distinções: (a) *estelionato e apropriação indébita: vide* comentários ao delito de apropriação indébita; (b) *estelionato e furto de energia: vide* comentários ao delito de furto; (c) *estelionato e furto mediante fraude: vide* comentários ao crime de furto qualificado; (d) *estelionato e extorsão:* em ambos a entrega da coisa é feita pela vítima, contudo, na extorsão, a coisa é entregue mediante o emprego de violência ou grave ameaça pelo agente; já no estelionato, há o emprego de fraude, e a vítima, iludida, entrega a coisa livremente.

(19) Ação penal. Lei dos Juizados Especiais Criminais: Trata-se de crime de ação penal pública incondicionada. É cabível a suspensão condicional do processo (art. 89 da Lei n. 9.099/95) no *caput* e no § 2º, desde que não incida a majorante prevista no § 3º.

(20) Competência: STJ: "Conflito de competência. Estelionato. Consumação. Comarcas diversas. Prevenção. Inocorrência. Competência do juízo que mais facilita o desenvolvimento da investigação e do processo. 1. 'A competência será, de regra, determinada pelo lugar em que se consumar a infração, ou, no caso de tentativa, pelo lugar em que for praticado o último ato de execução.' (Código de Processo Penal, art. 70). 2. O estelionato, tipificado no art. 171, *caput*, do Código Penal, se consuma, di-lo Heleno Cláudio Fragoso (in *Lições de direito penal*, v. 2, Ed. J. Bushatsky, 2. ed., São Paulo, 1962, p. 349), 'com a obtenção da vantagem ilícita em prejuízo alheio', o que ocorre, no caso de pagamento por cheque do lesado ao agente, efetuado mediante depósito bancário pelo sistema de compensação, no momento e lugar em que numerário, a crédito, ingressa na sua conta corrente. 3. Em se cuidando de crime único, consumado em comarcas diversas e outras que não as dos juízos suscitado e suscitante, sem que haja prevenção de qualquer deles, é de se declarar competente o juízo que mais facilita o desenvolvimento da investigação e do processo. 4. Conflito conhecido, para declarar competente o Juízo de Direito de uma das Varas Criminais de Curitiba/PR"(STJ, CC 47682/SP, 3ª S., Rel. Min. Hamilton Carvalhido, j. 27-4-2005, *DJ* 29-6-2005, p. 207). STJ: "Para a fixação da competência, basta a indicação do lugar em que se deu a consumação do delito em tese, ou seja, o local onde foi obtida a vantagem patrimonial – o exame acerca da ilicitude dessa vantagem é objeto da ação penal condenatória. Benefício patrimonial obtido mediante saques realizados diretamente no caixa de banco situado na cidade do Rio de Janeiro: lugar da consumação. Ordem denegada" (STJ, HC 36760/RJ, 6ª T., Rel. Min. Paulo Medina, j. 1º-3-2005, *DJ* 18-4-2005, p. 396). STJ: "Processual penal. Tentativa de estelionato. Apresentação de documento falso. Saque. Depósitos sob a guarda da Caixa Econômica Federal. Competência. Justiça Federal. 1 – Se o numerário a que buscava o paciente sacar, por meio de apresentação de documento falso, estava depositado na Caixa Econômica Federal e, portanto, sob a guarda e responsabilidade de empresa pública da União, exsurge a competência da Justiça Federal, a teor do disposto no art. 109, inciso IV, da Constituição Federal. 2 – Ordem denegada" (STJ, HC 11906/RJ, 6ª T., Rel. Min. Fernando Gonçalves, j. 27-6-2000, *DJ* 21-8-2000, p. 173, *RT* 788/534). STJ: "Estelionato – Tentativa – Saque do FGTS no Banco do Estado de Minas Gerais – Lesão da CEF – Inocorrência. 1. Se da ação delituosa atribuída aos acusados não ocorreu lesão a bens, serviços, ou interesses da CEF, não há que se falar, no caso, em competência da Justiça Federal para processar e julgar a ação penal. 2. Conflito conhecido, declarado competente o Juízo de Direito da Comarca de Inhapim-MG, o suscitante" (STJ, CC 19778/MG, 3ª S., Rel. Min. Anselmo Santiago, j. 23-9-1998, *DJ* 18-12-1998. p. 285). STJ: "1. Compete à Justiça Comum Estadual processar e julgar a prática de delito de estelionato quando não configurada lesão à organização geral do trabalho, mas a trabalhadores individualmente considerados. 2. Conflito conhecido e declarada a competência do Juízo de Direito da Central de Inquéritos de Curitiba-PR, o suscitado" (STJ, CC 26945/PR, 3ª S., Rel. Min. Fernando Gonçalves, j. 14-6-2000, *DJ* 1º-8-2000, p. 189). STF: "O estelionato e a falsidade de documentos, quando cometidos em detrimento de empresa pública federal, são da competência da Justiça Federal (CF, art. 109, IV). Precedentes" (STF, RHC 82059/PR, 2ª T., Rel. Min. Nelson Jobim, j. 3-9-2002, *DJ* 25-10-2002, p. 73). STF: "Crime de estelionato. Saque em conta bancária, mediante uso de senha e de cartão magnético. Competência de foro. *Habeas corpus*. 1. O paciente não precisou ir a Recife para sacar dinheiro da conta da vítima, naquela Capital, pois o retirou no próprio local, de onde fizera a movimentação eletrônica, com o uso da senha e do cartão magnético que lhe foram confiados, ou seja, em São Gabriel da Cachoeira, no Estado do Amazonas. 2. Constatado que, nessas circunstâncias, a atuação do réu e o proveito indevido, em detrimento da vítima, ocorreram em São Gabriel da Ca-

choeira, Amazonas, e não em Recife, Pernambuco, à Auditoria Militar da 12ª CJM de Manaus é que compete o processo e julgamento da denúncia, como determinou o aresto do Superior Tribunal Militar. 3. HC indeferido" (STF, HC 78969/AM, 1ª T., Rel. Min. Sydney Sanches. J. 1º-6-1999, *DJ* 18-2-2000, p. 55). *Súmula 73 do STJ*: "A utilização de papel-moeda grosseiramente falsificado configura, em tese, o crime de estelionato, da competência da Justiça Estadual". *Súmula 107 do STJ*: "Compete à Justiça Comum Estadual processar e julgar crime de estelionato praticado mediante falsificação de guias de recolhimento das contribuições previdenciárias, quando não ocorrente lesão à autarquia federal". *Vide* também *Súmulas 246, 521 e 554 do STF*.

(21) Crimes contra o Sistema Financeiro Nacional (Lei n. 7.492/86) e estelionato: STJ: "1. Nos termos do art. 25 da Lei n. 7.492/86, os sujeitos ativos para o cometimento de crimes contra o sistema financeiro nacional serão os controladores e os administradores de instituição financeira, assim considerados os diretores e gerentes. 2. Na hipótese vertente, o acusado é corretor de uma empresa de previdência privada, sem poderes de gerência ou administração, restando afastada a imputação do art. 3º da Lei n. 7.492/86. 3. A conduta delituosa em tese perpetrada se subsume ao art. 171 do Código Penal, pois o acusado mantinha os clientes em erro, denegrindo a imagem da empresa onde antes trabalhava, obtendo vantagem patrimonial, em virtude de receber um percentual pelos novos contratos, e gerando prejuízo para a empresa concorrente difamada. 4. 'No crime de estelionato pode haver um sujeito passivo, que é enganado e outro que sofre o prejuízo patrimonial' (RHC 2265/DF, 5ª T., Rel. Min. Costa Lima, *DJ* 30-11-1992). 5. Conflito conhecido para declarar competente o Juízo de Direito do Departamento de Inquéritos Policiais e Polícia Judiciária de São Paulo-DIPO" (STJ, CC 37215/SP, 3ª S., Rel. Min. Laurita Vaz, j. 28-9-2005, *DJ* 24-10-2005, p. 169). STJ: "Estelionato. Captação de recursos de particular. 1. A conduta de captar valores de particulares mediante a falsa promessa de restituição com incidência de juros superiores aos praticados pelas instituições financeiras, atingindo tão somente o patrimônio daqueles, caracteriza, em tese, o crime de estelionato previsto no art. 171 do Código Penal" (STJ, CC 38935/SP, 3ª S., Rel. Min. Paulo Gallotti, j. 13-10-2004, *DJ* 17-8-2005, p. 164).

Crimes contra o Sistema Financeiro Nacional (Lei n. 7.492/86): STJ: "O uso de meio fraudulento para a obtenção de financiamento nas instituições financeiras caracteriza o delito previsto no art. 19, da Lei n. 7.492/86 (Crimes Contra o Sistema Financeiro), de competência da Justiça Federal. Conflito conhecido para declarar competente o Juízo Federal Criminal de Novo Hamburgo/RS, o suscitado" (STJ, CC 30427/RS, 3ª S., Rel. Min. Jorge Scartezzini, j. 24-10-2001, *DJ* 20-5-2002, p. 99 – *RT* 806/512). STJ: "Crimes contra o sistema financeiro nacional. Atos praticados em consórcio contra o patrimônio de particulares. Competência da Justiça Federal. Recente posicionamento da 3ª Seção desta Corte. Consórcio equiparado à instituição financeira. I. Posicionamento anterior do Relator revisto, tendo em vista o precedente da 3ª Seção desta Corte, que recentemente alterou o entendimento sobre a questão, a fim de fixar a competência da Justiça Federal para o processo e julgamento dos delitos cometidos por meio de consórcio. II. Os consórcios são equiparados a instituição financeira, sendo que o objeto jurídico tutelado é garantia da própria solvência da instituição financeira, assim como a credibilidade dos agentes do sistema e, não, tão somente, o fundo mútuo constituído pelas prestações dos consorciados" (STJ, REsp 573399/RS, 5ª T., Rel. Min. Gilson Dipp, j. 16-9-2004, *DJ* 3-11-2004, p. 226). *No mesmo sentido:* STJ, HC 32733/RS, 5ª T., Rel. Min. Gilson Dipp, j. 6-5-2004, *DJ* 7-6-2004, p. 255. *Em sentido contrário*, havia o seguinte posicionamento da 3ª Seção do Superior Tribunal de Justiça, que acabou por ser reformulado: STJ: "Inocorrendo lesão a serviços, bens ou interesses da União ou Entidades Federais, mas, tão somente, a particulares, os atos praticados por consórcio em prejuízo do patrimônio de particulares não se caracterizam como crime contra o Sistema Financeiro Nacional, ante a inexistência de lesão à União ou a Entidades Federais. A lei só considera como crime financeiro, relativamente ao consórcio, o seu funcionamento sem autorização legal. Precedentes. Posicionamento firmado na 3ª Seção desta Corte" (STJ, HC 27777/RS, 5ª T., Rel. Min. Gilson Dipp, j. 24-6-2003, *DJ* 25-8-2003, p. 345).

(22) Crimes contra as relações de consumo (Lei n. 8.137/90): (a) *Plano de saúde:* STJ: "Crime contra as relações de consumo. Plano de saúde. Indução de consumidores a erro. (...) O núcleo do tipo do crime do art. 7º, inciso VII, da Lei n. 8.137/90, é a conduta comissiva de induzir, que pode se realizar por qualquer meio, inclusive mediante omissão, como na espécie, em que a sonegação de informações foi o que levou os consumidores a erro. (...). Impossível a desclassificação da conduta dos pacientes para o crime de estelionato em razão do princípio da especialidade, que determina que a aplicação da lei especial preponderará sobre a lei geral. 6. *Writ* denegado" (STJ, HC 43078/MG, 5ª T., Rel. Min. Laurita Vaz, j. 2-2-2006, *DJ* 20-3-2006, p. 313). (b) *Adulteração de combustível:* STJ: "Conflito de competência. Processual Penal. Art. 7º, inciso II, da Lei n. 8.137/90. *Dumping* e adulteração de combustível. Inexistência de interesse da União. Justiça Comum Estadual. 1. A Lei n. 8.137/90 não previu a competência diferenciada para os crimes elencados contra a ordem tributária, econômica e contra as relações de consumo. Dessa forma, evidencia-se a competência da Justiça Comum Estadual, *ex vi* do art. 109, inciso VI, da Constituição Federal. 2. Ademais, na hipótese vertente, a possível prática de *dumping* ou adulteração de combustível não demonstrou qualquer lesão a bens, serviços ou interesses da União, nos termos do art. 109, inciso IV, da Carta Magna. 3. Conflito conhecido para declarar competente o Juízo da Vara Criminal de Londrina/PR, ora suscitante" (STJ, CC 42957/PR, 3ª S., Relª Minª Laurita Vaz, j. 9-6-2004, *DJ* 2-8-2004, p. 299). N*o mesmo sentido:* STJ, HC 38580/SP, Rel. Min. Gilson Dipp, j. 4-8-2005, *DJ* 29-8-2005, p. 376.

(23) Crimes contra a ordem tributária (Lei n. 8.137/90): STJ: "RHC – Processual Penal Tributário – Lei n. 8.137/90 art. 1º e art. 2º, I – Distinção – A Lei n. 8.137/90 – define crimes contra a ordem tributária, econômica e contra as relações de consumo. No art. 1º, visa a preservar a formação do crédito tributário; o art. 2º, I, por sua vez, encerra condutas fraudulentas visando ao não pagamento do tributo, ou pagamento a menor" (STJ, RHC 5123/SP, 6ª T., Rel. Min. Adhemar Maciel, j. 17-6-1996, *DJ* 17-3-1997, p. 7554).

(24) Outras leis: Vide também Crimes contra a Economia Popular (Lei n. 1.521/51) e Código de Defesa do Consumidor (Lei n. 8.078/90) e Lei de Falência (Lei n. 11.101/2005, art. 168).

Súmulas:
Súmula 246 do STF: "Comprovado não ter havido fraude, não se configura o crime de emissão de cheque sem fundos".

Súmula 521 do STF: "O foro competente para o processo e julgamento dos crimes de estelionato, sob a modalidade da emissão dolosa de cheque sem provisão de fundos, é o do local onde se deu a recusa do pagamento pelo sacado".

Súmula 554 do STF: "O pagamento de cheque emitido sem provisão de fundos, após o recebimento da denúncia, não obsta ao prosseguimento da ação penal".

Súmula 17 do STJ: "Quando o falso se exaure no estelionato, sem mais potencialidade lesiva, é por este absorvido".

Súmula 73 do STJ: "A utilização de papel-moeda grosseiramente falsificado configura, em tese, o crime de estelionato, da competência da Justiça Estadual".

Súmula 107 do STJ: "Compete à justiça comum estadual processar e julgar crime de estelionato praticado mediante falsificação de guias de recolhimento das contribuições previdenciárias, quando não ocorrente lesão à autarquia federal".

§ 2º Nas mesmas penas incorre quem:

Disposição de coisa alheia como própria

I – vende, permuta, dá em pagamento, em locação ou em garantia coisa alheia como própria;

(1) Figura equiparada: Pune a lei a conduta daquele que pratica uma das ações nucleares (vende, permuta, dá em pagamento, em locação ou em garantia) tendo por objeto coisa alheia (bem móvel ou imóvel) como própria. Desse modo, o devedor que dá em garantia bem alheio como se fosse próprio comete o crime em tela. A constituição de outros direitos reais sobre bem alheio (p. ex., *usufruto*) configura o crime de estelionato em sua figura fundamental (art. 171, *caput*), pois a enumeração do dispositivo legal é taxativa. Se o agente tiver a posse ou detenção do bem e praticar uma dessas ações típicas, incorrerá no crime de apropriação indébita. Sujeito passivo é o terceiro de boa-fé que adquire bem e, ainda, para Cezar Roberto Bitencourt, o proprietário do bem *(Código Penal comentado,* cit., p. 752).

(2) Concurso de crimes: STJ: "Penal. Crimes contra o patrimônio. Apropriação indébita seguida de alienação do bem. Concurso aparente de normas. Princípio da subsidiariedade. *Post factum* impunível. Não há concurso material de crimes na hipótese em que o agente pratica a apropriação indébita do bem e o aliena em seguida, pois a segunda conduta não configura disposição de coisa alheia como própria, mas consubstancia fato posterior irrelevante ou *post factum* impunível. Ocorrendo duas condutas tipificadas como crimes contra o patrimônio em que uma é mera sequência da outra, dirigida ao aproveitamento econômico, ocorre somente o crime principal, segundo o princípio da subsidiariedade. – Recurso especial conhecido e provido" (STJ, REsp 112509/SP, 6ª T., Rel. Min. Vicente Leal, j. 12-5-1998, *DJ* 15-6-1998, p. 172; *LEXSTJ,* 110/331; *RSTJ* 110/432; *RT* 755/587). Sobre a existência ou não de concurso material de crimes na hipótese em que o agente vende a outrem o bem furtado, apropriado etc., *vide* posicionamentos constantes do art. 155 do CP.

(3) Esbulho de área da União e loteamento e alienação clandestinos: STJ: "I – Os delitos de alienação de coisa alheia como própria (CP, art. 171, I) e esbulho de bem da União (Lei n. 4.947/66, art. 20) absorvem, a teor do princípio da consunção, o crime de loteamento clandestino (Lei n. 6.766/79, art. 50, I, parágrafo único, I e II), pois este constitui fase de preparação das infrações anteriores. II – Configurada a prática de delito em detrimento de bem da União, compete à Justiça Federal, *ex vi* art. 109, IV, da CF, o processo e julgamento da respectiva ação penal. Conflito conhecido para declarar a competência do Juízo Federal da 10ª Vara da Seção Judiciária do Distrito Federal" (STJ, CC 36122/DF, 3ª S., Rel. Min. Felix Fischer, j. 13-11-2002, *DJ* 19-12-2002, p. 330). *No mesmo sentido:* STJ, CC 35634/DF, 3ª S., Rel. Min. Hélio Quaglia Barbosa, j. 8-9-2004, *DJ* 20-9-2004, p. 183; STJ, CC 36079/DF, 3ª S., Rel. Min. Felix Fischer, j. 13-11-2002, *DJ* 19-12-2002, p. 330; STJ, CC 35744/DF, 3ª S., Rel. Min. Gilson Dipp, j. 9-10-2002, *DJ* 28-10-2002, p. 217.

(4) Alienação fiduciária (Lei n. 4.728/65): De acordo com o art. 66-B, § 2º (incluído pela Lei n. 10.931/2004), da Lei n. 4.728/65: "O devedor que alienar, ou der em garantia a terceiros, coisa que já alienara fiduciariamente em garantia, ficará sujeito à pena prevista no art. 171, § 2º, I, do Código Penal". STJ: "Constitucional. Penal. Competência. Estelionato. Venda de bem sob alienação fiduciária. Agente financeiro: Caixa Econômica Federal. Crime praticado contra interesse particular. Justiça Estadual. A prática de estelionato consubstanciada em venda de veículo adquirido mediante contrato de alienação fiduciária celebrado com a Caixa Econômica Federal não justifica, por si só, o deslocamento da competência para a Justiça Federal, sem prova de lesão a bem ou interesse da citada empresa pública federal. Nos termos do art. 109, IV, CF/88, somente se firma a competência da Justiça Federal, quando o crime afeta diretamente bens, serviços ou interesses da União ou suas autarquias ou empresas públicas, o que não ocorre na hipótese de mero interesse reflexo ou hipotético dessas entidades federais. Conflito de competência conhecido. Competência do juízo estadual, o suscitado" (STJ, CC 15196/GO, 3ª S., Rel. Min. Vicente Leal, j. 23-10-1996, DJ 25-11-1996, p. 46139).

(5) Imóvel financiado pelo Sistema Financeiro de Habitação: STJ: "Competência. Estelionato. Disposição de coisa alheia como própria, tendo por objeto imóvel financiado pelo SFH. Irrelevante, para fins de fixação de competência, tratar-se de imóvel financiado pelo SFH. Em sendo o delito praticado contra o patrimônio do mutuário, declara-se a competência da Justiça Comum Estadual. Conflito conhecido (STJ, CC 16441/PA, 3ª S., Rel. Min. William Patterson, j. 23-4-1997, *DJ* 2-6-1997, p. 23754).

Alienação ou oneração fraudulenta de coisa própria

II – vende, permuta, dá em pagamento ou em garantia coisa própria inalienável, gravada de ônus ou litigiosa, ou imóvel que prometeu vender a terceiro, mediante pagamento em prestações, silenciando sobre qualquer dessas circunstâncias;

(1) Figura equiparada: Pune-se, agora, a prática de uma das ações nucleares envolvendo coisa própria que, por impedimento (por exemplo: venda de bem gravado com hipoteca ou que é objeto de reinvindicação judicial), não pode ser objeto de disposição. É necessário que no ato de disposição o agente silencie sobre qualquer das circunstâncias, enganando, assim, a vítima. O elemento subjetivo é o dolo, consubstanciado na vontade livre e consciente de praticar uma das ações enumeradas no inciso, ciente da existência dos ônus ou encargos que pesam sobre o bem móvel ou imóvel.

(2) Ignorância do lesado: STJ: "Penal. Estelionato. Oneração fraudulenta de coisa própria. A fraude de que cogita o art. 171, § 2º, II, do Código Penal, pressupõe ignorância do lesado sobre a condição da coisa dada em garantia. Recurso não conhecido" (STJ, REsp 906/RS, 6ª T., Rel. Min. Costa leite, j. 21-8-1990, *DJ* 17-9-1990, p. 9520; *RSTJ* 13/259).

Defraudação de penhor

III – defrauda, mediante alienação não consentida pelo credor ou por outro modo, a garantia pignoratícia, quando tem a posse do objeto empenhado;

(1) Figura equiparada: O inciso III incrimina a defraudação da garantia pignoratícia mediante alienação (venda, doação etc.) ou por outro modo (destruição, abandono, ocultação etc.). A defraudação pode ser parcial ou total. Se, no entanto, houver o consentimento do credor (CC/2002, art. 1.445), não há a configuração do crime. O objeto material do crime é a coisa móvel dada em penhor. O sujeito ativo é o devedor que conserva em seu poder o bem empenhado. É necessário que o agente tenha consciência de que a coisa é objeto de penhor. A vítima do crime é o credor que, tendo sua dívida assegurada pelo objeto empenhado, sofre dano patrimonial com a sua alienação, destruição ou abandono etc., pelo devedor. Consuma-se o delito com a efetiva defraudação da garantia pignoratícia.

(2) Elemento subjetivo e dificuldades financeiras: STJ: "Não se tipifica o delito de defraudação de garantia pignoratícia se o devedor, premido por dificuldades financeiras promove a alienação do bem (coisa fungível) sem o consentimento do credor, mas repõe o produto empenhado e, no tempo devido, quita a obrigação, sem qualquer dano ou prejuízo para aquele. Nesta hipótese falta, à tipificação do delito, o elemento subjetivo consistente na efetiva defraudação da garantia. 2. Recurso não conhecido" (STJ, REsp 143243/RS, 6ª T., Rel. Min. Fernando Gonçalves, j. 15-9-1998, *DJ* 13-10-1998, p. 194; *RSTJ* 117/548).

(3) Penhor agrícola: STF: "*Habeas corpus*. No caso de penhor rural, sob a modalidade de penhor agrícola, como sucede na espécie, não há penhor de coisa fungível (penhor irregular), mas,

sim, penhor de coisa tida para o efeito do empenhamento como infungível, o que afasta a questão de se saber se há, ou não, a possibilidade de prisão civil em depósito irregular que é o depósito de coisa fungível assim considerada a coisa empenhada. E por isso mesmo não há poder de disposição da coisa pelo seu proprietário depositário sem o consentimento do credor, havendo o crime de estelionato em sua modalidade de defraudação de penhor se o devedor pignoratício, quando tem a posse do objeto empenhado, 'defrauda, mediante alienação não consentida pelo credor ou por outro modo, a garantia pignoratícia' (art. 171, III, do Código Penal), e, no campo civil, cabendo a prisão civil, que é técnica processual de coerção aplicável ao depositário infiel para a execução na ação de depósito. *Habeas corpus* indeferido" (STF, HC 75904/SP, 1ª T., Rel. Min. Sepúlveda Pertence, j. 23-6-1998, *DJ* 25-6-1999, p. 3).

Fraude na entrega de coisa

IV – defrauda substância, qualidade ou quantidade de coisa que deve entregar a alguém;

(1) Figura equiparada: A ação incriminada consiste em *defraudar* (espoliar, adulterar, privar fraudulentamente) substância, qualidade ou quantidade de coisa que deve entregar a alguém. Exige o tipo penal que haja uma obrigação que vincule o agente à vítima, de forma que aquele tenha o dever de entregar algo a esta última. Tal obrigação pode decorrer de lei, contrato ou ordem judicial. A entrega de coisa defraudada a título gratuito não configura o crime em tela, por ausência de dano patrimonial àquele que a recebe. Sujeito ativo é aquele que tem a obrigação de entregar a coisa a outrem e a defrauda. A vítima é o credor da obrigação. Não basta a defraudação da coisa para que o crime se consuma, pois exige o tipo penal a efetiva entrega dela ao destinatário.

Fraude para recebimento de indenização ou valor de seguro

V – destrói, total ou parcialmente, ou oculta coisa própria, ou lesa o próprio corpo ou a saúde, ou agrava as consequências da lesão ou doença, com o intuito de haver indenização ou valor de seguro;

(1) Figura equiparada: Pune-se aqui a conduta daquele que destrói, total ou parcialmente, ou oculta coisa própria, ou lesa o próprio corpo ou a saúde, ou agrava as consequências da lesão ou doença, com o intuito de haver indenização ou valor de seguro. O Código Penal, em face do princípio da alteridade não incrimina a autolesão, contudo, quando esta for meio para a obtenção de indevida vantagem econômica, restará punida. Na ação de agravar as consequências da lesão ou doença, estas não foram provocadas pelo agente, mas este, com o propósito de obter maior indenização, agrava-lhe as consequências. É crime de ação múltipla, de modo que, ainda que o agente pratique todas as condutas descritas no tipo, responderá por um só crime, em face do princípio da alternatividade. Sujeito ativo do crime é o proprietário da coisa que a destrói, total ou parcialmente, ou a oculta, ou lesa o próprio corpo ou a saúde, ou agrava as consequências da lesão ou doença. Nada impede o concurso de pessoas. Segundo Noronha, na hipótese da provocação de lesões ou agravamento de suas consequências, o terceiro deverá responder também pelo crime de lesões corporais *(Direito penal,* cit., v. 2, p. 401). Sujeito passivo é o segurador. O elemento subjetivo é o dolo, acrescido da finalidade específica de obter a indenização ou valor do seguro (elemento subjetivo do tipo).

(2) Momento consumativo e tentativa: Trata-se de crime formal, pois se faz desnecessário que o agente receba a indenização ou o valor do seguro. Se ocorrer, haverá mero exaurimento do cri-

me. A competência, dessa forma, é do local da conduta e não do local onde o segurado obteve a vantagem ilícita. A tentativa e perfeitamente possível.

(3) Concurso de crimes: Segundo Hungria *(Comentários,* cit., v. VII) e Noronha *(Direito penal,* cit., v. 2, p. 405), se da conduta típica resultar risco para a incolumidade pública, haverá apenas a configuração do crime de estelionato (§ 2º, V), pois nos crimes previstos, por exemplo, nos arts. 250, § 1º, I; 251, § 2º; 261, § 2º, há a previsão da finalidade de obtenção de vantagem pecuniária, de forma que a responsabilização do sujeito ativo por ambos os delitos constituiria verdadeiro *bis in idem.*

Fraude no pagamento por meio de cheque

VI – emite cheque, sem suficiente provisão de fundos em poder do sacado, ou lhe frustra o pagamento.

(1) Figura assemelhada: Pune-se, nesse inciso, o pagamento fraudulento por meio do cheque. Tal se dá com duas ações: (a) *emitir* cheque sem suficiente provisão de fundos: o agente preenche, assina e coloca o cheque em circulação sem ter numerário suficiente na instituição bancária (banco sacado) para cobrir o valor quando da apresentação do título pelo tomador; (b) *frustrar:* nessa hipótese o agente obsta o pagamento do cheque, retirando todo o numerário depositado na instituição bancária ou apresenta uma contraordem de pagamento. Se houver justa causa para a efetivação dessa contraordem de pagamento não haverá a ocorrência do crime em estudo, por exemplo, sustar o pagamento de um cheque furtado ou roubado.

Fraude e Súmula 246 do STF: "Comprovado não ter havido fraude, não se configura o crime de emissão de cheque sem fundos". Dessa forma, o fato somente passa a ter conotação criminal se ficar comprovada *ab initio* a má-fé do emitente, ou seja, o conhecimento da ausência ou insuficiência de fundos, denotando o propósito de não realizar o pagamento.

Emissão de cheque pós-datado ou pré-datado. Não configuração do crime do § 2º, II: A data posterior aposta na cártula o transforma em documento de dívida, não configurando o crime em tela. STJ: "(...) percebe-se, conforme pacífica jurisprudência desta Corte, que a emissão de cheque pré-datado descaracteriza a cártula de um título de pagamento à vista, transformando-a numa garantia de dívida. Atipicidade da conduta. 2. Recurso conhecido para conceder, de ofício a ordem, para trancar a ação penal" (STJ, RHC 16880/PB, 6ª T., Rel. Min. Hélio Quaglia Barbosa, j. 6-10-2005, *DJ* 24-10-2005, p. 381). STJ: "Não se caracteriza, em princípio, o injusto penal quando o quadro fático evidencia, claramente, não ter sido o cheque dado como ordem de pagamento à vista. (Precedentes do Pretório Excelso e do STJ.) *Habeas corpus* concedido" (STJ, HC 34631/PA, 5ª T., Rel. Min. Felix Fischer, j. 24-8-2004, *DJ* 20-9-2004, p. 314).

Emissão de cheque pós-datado ou pré-datado. Configuração do crime de estelionato na forma fundamental (art. 171, caput): STJ: "VII – O fato de se utilizar de cheque pré-datado não descaracteriza o delito de estelionato se o mesmo foi objeto de furto. VIII – A emissão de cheques como garantia de dívida (pré-datados), e não como ordem de pagamento à vista, afasta a fraude específica prevista no art. 171, § 2º, inciso VI, do Código Penal e não aquela tomada em sua forma fundamental. IX – Recurso provido, nos termos do voto do Relator" (STJ, REsp 693804/RS, 5ª T., Rel. Min. Gilson Dipp, j. 15-3-2005, *DJ* 4-4-2005, p. 347). STJ: "Recurso em *habeas corpus.* Trancamento de ação penal. Estelionato. Atipicidade. Ausência de justa causa. 1. Embora induvidoso que a utilização de cheque como garantia de dívida o descaracteriza como ordem de pagamento à vista, afastando a incidência do inciso VI do § 2º do art. 171 do Código Penal, tal instrumento de pagamento, assim descaracterizado, com sustação subsequente de pagamento, pode se constituir meio de execução do crime de estelionato, na sua forma teórica. 2. Reclamando a alegação de inexistência de fraude criminal ou outro delito, o exame do conjunto da prova, a questão faz-se estranha à via augusta do *habeas corpus*. 3. Recurso improvido" (STJ, RHC 9039/MG, 6ª T., Rel. Min. Hamilton Carvalhido, j. 7-12-2000, *DJ* 27-8-2001, p. 408; *RT* 796/551).

Emissão de cheque para pagamento de dívida preexistente: STJ: "REsp – Penal – Emissão de cheque sem fundo (CP, art. 171, § 2º, VI) cumpre distinguir-se a emissão do cheque como contraprestação, da emissão relativa à dívida pré-constituída. Na primeira hipótese, configurados o dolo e o prejuízo patrimonial, haverá o crime. Na segunda, não. A explicação é lógica e simples, pois falta o *dano patrimonial*. O estelionato é crime contra o patrimônio. Se a dívida já existia, a emissão da cártula, ainda que não honrada, não provoca prejuízo algum ao credor" (STJ, REsp 118.008/RS, 6ª T., Rel. Min. Luiz Vicente Cernicchiaro, j. 26-5-1997, *DJ* 25-8-1997, p. 39416; *RSTJ* 102/491). STJ: "Penal. *Habeas corpus*. Estelionato. Trancamento do inquérito policial. Atipicidade da conduta. Cheque dado em garantia de dívida. Pré-datado. Devolvido sem fundos. Precedentes. 1. A emissão de cheques como garantia de dívida (pré-datados), e não como ordem de pagamento à vista, não constitui crime de estelionato, na modalidade prevista no art. 171, § 2º, inciso VI, do Código Penal. Precedentes do Superior Tribunal de Justiça. 2. Recurso provido" (STJ, RHC 13793/SP, 5ª T., Rel. Min. Laurita Vaz, j. 2-12-2003, *DJ* 19-12-2003, p. 496). *No mesmo sentido:* STJ, HC 39056/SP, 6ª T., Rel. Min. Paulo Galotti, j. 14-2-2006, *DJ* 6-3-2006, p. 447.

Emissão de cheque especial: Se o agente emitir o título com valor acima do contratual, não haverá a tipificação do crime em tela, ante a ausência de má-fé, da fraude configuradora do estelionato (*vide* Súmula 246 do STF). *Nesse sentido:* Cezar Roberto Bitencourt, *Código Penal comentado*, cit., p. 754.

Emissão de cheque sem fundos para pagamento de jogos ilícitos: Há duas posições: (a) Não há crime, pois o Direito Civil não protege o patrimônio do jogador, com exceção da hipótese em que o cheque é transmitido a terceiro de boa-fé, por simples tradição ou endosso. *Nesse sentido:* E. Magalhães Noronha, *Direito penal*, cit., v. 2, p. 421. (b) Na hipótese de pagamento de dívida de jogo ilícito ou fraudado, o crime não deixa de existir. *Nesse sentido:* Nélson Hungria, *Comentários*, cit., v. VII, p. 250.

Emissão de cheque e anterior encerramento de conta corrente. Caracterização do crime do art. 171 caput: STJ: "Processual Penal. Competência. Emissão de cheque sem provisão de fundos. 1. 'Em havendo emissão de cheque após encerrada a conta bancária, fixa-se a competência, considerando, em tese, crime definido no art. 171, *caput*, do Código Penal' (STJ, CC 3389/RJ). 2. Precedente" (STJ, CC 11387/PR, 3ª S., Rel. Min. Anselmo Santiago, j. 21-11-1995, *DJ* 6-5-1996, p. 14366). STJ: "Tratando-se de transações efetuadas por meio da emissão de cheques, devolvidos em função do encerramento das contas correntes, resta caracterizado, em princípio, o delito do art. 171, *caput*, do CP, firmando-se a competência do juízo do local onde se deu a obtenção da vantagem ilícita em prejuízo alheio, sendo inaplicável o entendimento da Súmula 521/STF. Precedentes. Conflito conhecido para declarar a competência do Juízo de Direito do Departamento de Inquéritos Policiais e Polícia Judiciária de São Paulo – DIPO, o Suscitado" (STJ, CC 23536/PR, 3ª S., Rel. Min. Gilson Dipp, j. 22-11-2000, *DJ* 13-8-2001, p. 49). *No mesmo sentido:* STJ, CC 9772/SC, 3ª S., Rel. Min. Pedro Acioli, j. 16-2-1995, *DJ* 27-3-1995, p. 7132; *RT* 729/504.

(2) Sujeito ativo: É o titular da conta bancária. Assim, comete o delito na forma do estelionato simples o agente que subtrai talonário de cheques, falsifica a assinatura de seu titular e coloca-o em circulação; da mesma forma, se efetua o pagamento com cheque de terceiros, ciente da insuficiência de fundos. Se o beneficiário do cheque endossá-lo a terceiro, ciente da ausência de provisão de fundos, discute-se se pratica o crime em tela: (a) Não, pois o endosso não é considerado nova

emissão de cheque. *Nesse sentido*: Damásio de Jesus, *Código Penal anotado*, cit., p. 623. (b) O endosso equivale a nova emissão de cheque. *Nesse sentido*: Nélson Hungria, *Comentários*, cit., p. 248 e 249 e E. Magalhães Noronha, *Direito penal*, cit., v. 2, p. 407.

Cheque subtraído: A subtração de cheque de terceiro com a posterior falsificação e colocação em circulação caracteriza o crime de estelionato na forma simples. *Nesse sentido*: STJ: "Ação penal. Subprocuradora-Geral da Justiça Militar. Subtração de cheque. Falsificação. Estelionato. Denúncia. Art. 171, *caput*, do Código Penal. 1. Provada a autoria, o prejuízo e a materialidade, condena-se a denunciada pela prática do crime de estelionato (art. 171, *caput*, do Código Penal), decorrente, aqui, da subtração de cheque de terceiro, seguida da falsificação de assinatura mediante decalque e do saque na respectiva agência bancária. 2. Afastada a tese da defesa de ausência de prejuízo da vítima. Na hipótese, o prejuízo restou caracterizado no momento em que descontado o cheque, sendo irrelevante o posterior depósito efetivado pelo banco, ciente de sua responsabilidade pelo indevido pagamento do cheque" (STJ, Apn 185/DF, Corte Especial, Rel. Min. Edson Vidigal, j. 19-5-2004, *DJ* 11-10-2004, p. 211; *RSTJ* 188/21). STJ: "VII – O fato de se utilizar de cheque pré-datado não descaracteriza o delito de estelionato se o mesmo foi objeto de furto. VIII – A emissão de cheques como garantia de dívida (pré-datados), e não como ordem de pagamento à vista, afasta a fraude específica prevista no art. 171, § 2º, inciso VI, do Código Penal e não aquela tomada em sua forma fundamental. IX – Recurso provido, nos termos do voto do Relator" (STJ, REsp 693804/RS, 5ª T., Rel. Min. Gilson Dipp, j. 15-3-2005, *DJ* 4-4-2005, p. 347).

Cheques de contas abertas em nome da vítima (art. 171, caput): Se o agente, mediante falsidade documental, abrir uma conta bancária em nome da vítima, com a posterior utilização de cheques provenientes dessa conta, haverá a configuração do crime de estelionato na forma simples (*caput*). STJ: "Estelionatos. Crime continuado. Caracterização. Tratando-se de fraudes praticadas com o mesmo meio (talonários de cheques de contas abertas em nome da vítima), em condições de tempo semelhantes (num intervalo de cerca de trinta dias) e tendo todos os delitos sido praticados na mesma cidade, resta caracterizada a continuidade delitiva. Recurso provido" (STJ, REsp 298436/DF, 5ª T., Rel. Min. Felix Fischer, j. 10-4-2001, *DJ* 4-6-2001, p. 233).

Cheques e falsidade documental. Concurso de crimes: Já decidiu o STJ: "Criminal. HC. Estelionato. Uso de documento falso. Concurso material. Cheque. Alteração dos valores constantes da cártula. Consumação do estelionato. Exaurimento da potencialidade lesiva. Súmula 17/STJ (...) II. No momento em que foi compensado o cheque pelo banco sacado, consumando-se o crime de estelionato, a falsificação constante do título exaure-se, cessando sua potencialidade lesiva. Incidência da Súmula 17 desta Corte" (STJ, HC 38384/SP, 5ª T., Rel. Min. Gilson Dipp, j. 16-12-2004, *DJ* 21-2-2005, p. 201). STJ: "Competência. Falsificação e uso de documento público falsificado. Estelionato. Lesão a particulares. Princípio da consunção. Na tentativa de aquisição de mercadorias, com particulares, mediante a utilização de cheques e documentos falsificados, o que sobreleva é o crime de estelionato, que absorve o *falsum*, segundo o princípio da consunção, inexistindo, assim, crime contra bens, serviços ou interesse da União, suas autarquias ou empresas públicas, suscetível de atrair a competência da Justiça Federal. Conflito conhecido. Competência do Juízo Estadual" (STJ, CC 32196/RS, 3ª S., Rel. Min. Vicente Leal, j. 10-4-2002, *DJ* 6-5-2002, p. 240). *Vide*, sobre o tema, comentários ao *caput*, do art. 171. STF: "Se a falsidade é meio para o estelionato, aplica-se o concurso formal, não a absorção. Precedentes do STF. Todavia não é o caso dos autos, já que restou evidenciado o acerto do juiz ao aplicar o concurso material, considerando que o paciente pagou dívidas com cheques próprios e de terceiros, que sabia sem fundos ou de contas encerradas. Consumaram-se, aí, os crimes de estelionato. Posteriormente, em circunstâncias de tempo e modo distintas, e valendo-se de sua condição de policial, inseriu dados falsos na representação de extravio utilizada por um dos emitentes dos cheques para elidir sua responsabilidade com a instituição financeira, configurando-se o crime do art. 299 do Código Penal. Ordem denegada" (STF, RHC 83990/MG, 1ª T., Rel. Min. Eros Grau, j. 10-8-2004, *DJ* 22-10-2004, p. 18, *LEXSTF*, v. 27, n. 314, 2005, p. 336/344).

(3) Sujeito passivo: É o tomador, isto é, o beneficiário do cheque.

(4) Elemento subjetivo: É o dolo. Não basta a mera emissão do cheque para que o crime se configure; é preciso comprovar que o emitente, desde o início, tinha conhecimento da insuficiência de fundos na conta bancária.

(5) Momento consumativo: Consuma-se no momento e no local em que o banco sacado recusa o pagamento, pois só nesse momento ocorre o prejuízo (trata-se de crime material). Esse é o teor da Súmula 521 do STF: "O foro competente para o processo e julgamento dos crimes de estelionato, sob a modalidade da emissão dolosa de cheque sem provisão de fundos, é o do local onde se deu a recusa do pagamento pelo sacado".

Arrependimento. Súmula 554 do STF: Arrependendo-se o agente antes da apresentação do título pelo beneficiário no banco sacado, e depositando o numerário necessário para cobrir a quantia constante do cheque, haverá arrependimento eficaz, não respondendo ele por crime algum. Se, por outro lado, o agente arrepender-se somente após a consumação do crime, ou seja, após a recusa do pagamento pelo banco sacado, incidirá a Súmula 554 do STF: "O pagamento de cheque emitido sem provisão de fundos, após o recebimento da denúncia, não obsta ao prosseguimento da ação penal". Assim, o pagamento do cheque antes do recebimento da denúncia extingue a punibilidade do agente. Se o pagamento ocorrer após o recebimento da denúncia e antes da sentença de 1ª instância, incidirá a atenuante genérica prevista no art. 65, III, *b*, do CP.

Súmula 554 do STF e estelionato (art. 171, caput): STJ: "A orientação contida na Súmula 554, do Supremo Tribunal Federal, é restrita ao crime de estelionato na modalidade de emissão de cheques sem fundos, prevista no art. 171, § 2º, inciso VI, do Código Penal. Assim, o ressarcimento do prejuízo antes do recebimento da denúncia não exclui o crime de estelionato cometido na sua forma fundamental (art. 171, *caput*, do CP), apenas influindo na fixação da pena, nos termos do art. 16, do Estatuto Repressivo. Recurso provido" (STJ, REsp 664095/RS, 5ª T., Rel. Min. José Arnaldo da Fonseca, j. 9-11-2004, *DJ* 6-12-2004, p. 360; *RT* 835/534). *No mesmo sentido*: STJ, RHC 16275/SP, 5ª T., Rel. Min. Laurita Vaz, j. 19-10-2004, *DJ* 29-11-2004, p. 350.

(6) Crime impossível: STJ: "Afasta-se a hipótese de crime impossível, se o meio empregado mostrou-se idôneo, na medida em que o cheque foi devidamente recebido pela vítima, demonstrando sua aptidão para enganar e induzir alguém ao erro" (STJ, REsp 693804/RS, 5ª T., Rel. Min. Gilson Dipp, j. 15-3-2005, *DJ* 4-4-2005, p. 347).

(7) Tentativa: É admissível. *Nesse sentido:* Damásio de Jesus, *Código Penal anotado*, cit., p. 171.

§ 3º A pena aumenta-se de um terço, se o crime é cometido em detrimento de entidade de direito público ou de instituto de economia popular, assistência social ou beneficência.

(1) Causa especial de aumento de pena: São entidades de direito público, além da União, Estado, Município e Distrito Federal, também as autarquias e entidades paraestatais. Essa causa de aumento de pena incidirá sobre o *caput* e as figuras equiparadas do § 2º.

(2) Estelionato contra a Previdência Social: STF: "Estelionato: caracterização: percepção indevida de aposentadoria por invalidez, após cessada sua causa: caso em que, além da omissão de comunicá-lo ao INPS – o que poria em causa a relevância jurídica da omissão – o acórdão condenatório também atribui ao réu ações positivas configuradoras de dissimulação e ardil" (STF, HC 80491/RS, 1ª T., Rel. Min. Sepúlveda Pertence. j. 31-10-2000, *DJ* 7-12-2000, p. 6). STF: "2. Estelionato. Fraude na percepção de benefício previdenciário. 3. Crime permanente. Contagem de

lapso prescricional a partir da cessação da permanência. 4. Prescrição retroativa não configurada. 5. *Habeas corpus* indeferido" (STF, HC 83252/GO, 2ª T., Rel. Min. Gilmar Mendes. j. 28-10-2003, *DJ* 14-11-2003, p. 35) STF: "Pensão recebida após o falecimento da pensionista. Recursos sob a administração militar. Competência da Justiça Militar. Estelionato. Sujeito passivo. Estelionato praticado por pessoa que, mediante assinatura falsa, se fez passar por pensionista falecida para continuar recebendo os proventos de pensão militar depositados no Banco do Brasil. Recursos sob a administração militar. Competência da Justiça Militar para processar e julgar a respectiva ação penal (art. 9º, III, *a*, do Código Penal Militar). A jurisprudência do Supremo Tribunal Federal é pacífica no sentido de que o sujeito passivo, no crime de estelionato, tanto pode ser a pessoa enganada quanto a prejudicada, ainda que uma seja ente público. Ordem denegada" (STF, HC 84735/PR, 1ª T., Rel. Min. Eros Grau, j. 17-5-2005, *DJ* 3-6-2005, p. 44).

Súmulas:
Súmula 24 do STJ: "Aplica-se ao crime de estelionato, em que figure como vítima entidade autárquica da Previdência Social, a qualificadora do § 3º do art. 171 do Código Penal".
Súmula 107 do STJ: "Compete à Justiça Comum Estadual processar e julgar crime de estelionato praticado mediante falsificação de guias de recolhimento das contribuições previdenciárias, quando não ocorrente lesão à autarquia federal".

Estelionato contra idoso

§ 4º Aplica-se a pena em dobro se o crime for cometido contra idoso. *(Incluído pela Lei n. 13.228, de 2015)*

(1) Causa especial de aumento de pena: A tutela específica da condição da pessoa idosa – com 60 anos de idade completos – ganhou novo destaque normativo. Quando o delito patrimonial de estelionato tiver como vítima pessoa idosa, a pena do crime deverá ser aplicada em dobro. Por ser causa especial de aumento de pena, o acréscimo deverá ser feito pelo magistrado na última fase de dosimetria da pena. A Lei n. 10.741/2003 assim define a pessoa idosa: "Art. 1º É instituído o Estatuto do Idoso, destinado a regular os direitos assegurados às pessoas com idade igual ou superior a 60 (sessenta) anos". Tal acréscimo justifica-se, em regra, pela maior vulnerabilidade da pessoa idosa em ser ludibriada, como, por exemplo, quando o estelionatário se utiliza de argumentos tecnológicos para aplicar um golpe.

Duplicata simulada

Art. 172. Emitir fatura, duplicata ou nota de venda que não corresponda à mercadoria vendida, em quantidade ou qualidade, ou ao serviço prestado.

Pena – detenção, de 2 (dois) a 4 (quatro) anos, e multa. *(Caput com redação dada pela Lei n. 8.137/90)*

Parágrafo único. Nas mesmas penas incorrerá aquele que falsificar ou adulterar a escrituração do Livro de Registro de Duplicatas. *(Acrescentado pela Lei n. 5.474/68)*

(1) Objeto jurídico: Tutela-se o patrimônio.
(2) Ação nuclear: É o verbo *emitir*, havendo duas correntes quanto ao seu significado: (a) significa produzir, preencher, criar o documento (Fernando Capez, Emissão fraudulenta de duplicata na compra e venda mercantil: fato típico ou atípico? *Revista do Ministério Público Paulista*, p. 11/12, agosto de 1996, e Julio Fabbrini Mirabete, *Manual*, cit., v. 2, p. 325); (b) significa colocá-lo em circulação. *Nesse sentido:* Celso Delmanto, *Código Penal comentado*, cit., p. 371, e Damásio

de Jesus, *Código Penal anotado*, cit., p. 630. Na hipótese de emissão de fatura, duplicata ou nota de venda sem que tenha havido a venda de qualquer mercadoria, discute-se se haveria o crime em tela: (a) o tipo penal exige que tenha havido a efetiva venda de mercadoria, devendo, portanto, haver um negócio subjacente. Na ausência deste, o crime será outro (arts. 171 e 299 do CP, art. 1º, III, da Lei n. 8.137/90) (Fernando Capez, Emissão fraudulenta, cit.); (b) o tipo penal também pune a conduta mais grave de emitir fatura, duplicata ou nota de venda sem qualquer venda efetuada (Celso Delmanto e outros, *Código Penal comentado*, cit., p. 371).

Duplicata simulada. Venda inexistente: STF: "Duplicata Simulada – Venda inexistente – Art. 172 do Código Penal – Alcance. A Lei n. 8.137, de 28 de dezembro de 1990, não expungiu do cenário jurídico, como fato glosado no campo penal, a emissão de fatura, duplicata ou nota que não corresponda a uma venda ou prestação de serviços efetivamente realizados, conduta que se mostra tão punível quanto aquelas que encerrem simulação relativamente à qualidade ou quantidade dos produtos comercializados" (STF, HC 72538/RS, 2ª T., Rel. Min. Marco Aurélio, j. 27-6-1995, *DJ* 18-8-1995, p. 24898).

(3) Objeto material: É a fatura, duplicata ou nota de venda que não corresponda à mercadoria vendida, em quantidade ou qualidade, ou ao serviço prestado. A fatura ou nota de venda foram incluídas na redação do art. 172 pela Lei n. 8.137, de 27-12-1990.

Duplicata simulada. Falta de assinatura: STF: "Duplicata simulada: inexistência, à falta de assinatura do sacador. A existência de duplicata – cujo similar não é a nota promissória, mas a letra de câmbio – pode existir sem o aceite, mas não sem o saque, que só a assinatura do vendedor-emitente materializa: logo, não realiza o crime do art. 172 do CP (cf. Lei n. 8.137/90) a remessa ao sacado de duplicata não assinada pelo sacador" (STF, RHC 79784/GO, 1ª T., Rel. Min. Sepúlveda Pertence, j. 14-12-1999, *DJ* 3-3-2000, p. 99).

(4) Sujeito ativo: Aquele que emite a fatura, duplicata ou nota de venda. Quanto ao endossatário ou avalista, há duas correntes: (a) não pode ser sujeito ativo do crime em tela. *Nesse sentido:* Damásio de Jesus, *Código Penal anotado*, cit., p. 629. (b) Pode ser sujeito ativo do crime. *Nesse sentido:* E. Magalhães Noronha, *Direito penal*, cit., v. 2, p. 428.

(5) Sujeito passivo: Quem realiza o desconto da duplicata, bem como o sacado (comprador), ou seja, a pessoa contra quem é emitida a fatura, duplicata ou nota de venda. Deve este último estar agindo de boa-fé.

(6) Elemento subjetivo: É o dolo, consubstanciado na vontade livre e consciente de emitir fatura, duplicata ou nota de venda que não corresponda à mercadoria vendida, em quantidade ou qualidade, ou ao serviço prestado.

(7) Momento consumativo: É predominante o posicionamento no sentido de que: STJ: "'A consumação do delito previsto no art. 172 do Código Penal se dá com a simples e efetiva colocação da duplicata em circulação, independentemente do prejuízo' (CC 27.049/PE, Rel. Min. Felix Fischer, *DJ* 14-8-2000, p. 135), que deve ser considerado quando da fixação da pena-base, como uma das circunstâncias judiciais (consequências do crime)" (STJ, HC 35236/PR, 5ª T., Rel. Min. Arnaldo Esteves Lima, j. 9-11-2004, *DJ* 17-12-2004, p. 585). STJ: "II – O delito de duplicata simulada não exige para a sua caracterização, conquanto delito formal, a demonstração da ocorrência do resultado naturalístico, ou seja, o efetivo prejuízo suportado pela vítima" (STJ, RHC 15761/RS, 5ª T., Rel. Min. Felix Fischer, j. 28-9-2004, *DJ* 8-11-2004, p. 249). STJ: "O crime de emissão de fatura, que tem como núcleo o ato de emitir títulos que não guardam correspondência com a venda mercantil efetivamente realizada, consuma-se no momento em que os documentos são colocados em circulação, não se exigindo a efetividade do proveito econômico pela oposição do aceite do sacado. Perfaz-se o tipo com o envio do título feito diretamente pelo sacador ou por ins-

tituição financeira, suficiente para ensejar a omissão da vítima em aceitar o título em detrimento de seu patrimônio. Não procede a alegação de crime impossível, sob invocação de falta de circulação da duplicata, se esta é emitida sem correspondência com a venda realizada e é levada a protesto por falta de aceite do sacado" (STJ, HC 8957/GO, 6ª T., Rel. Min. Vicente Leal, j. 19-8-1999, *DJ* 27-9-1999, p. 122; *LEXSTJ* 126/295; *RT* 772/543). STJ: "O delito do art. 172 do CP sempre foi, na antiga e na atual redação, crime de natureza formal. Consuma-se com a expedição da duplicata simulada, antes mesmo do desconto do título falso perante a instituição bancária. O eventual concurso de pessoas não exclui a antijuridicidade da conduta criminosa de quem anteriormente expediu duplicatas simuladas" (STJ, REsp 147507/RS, 5ª T., Rel. Min. José Arnaldo da Fonseca, j. 3-8-2000, *DJ* 18-9-2000, p. 147; *LEXSTJ* 136/201; *RT* 784/576). STF: "I. Duplicata simulada (CP, art. 172, cf. Lei 8.137/90). Formado o título pelo saque, basta à consumação do crime que dele faça qualquer uso o sacador, como o de confiá-lo à instituição bancária para cobrança e protesto, mesmo sem endossá-lo" (STF, RHC 79784/GO, 1ª T., Rel. Min. Sepúlveda Pertence, j. 14-12-1999, *DJ* 3-3-2000, p. 99).

(8) Tentativa: A tentativa é inadmissível, pois se trata de crime unissubsistente.

(9) Forma equiparada (parágrafo único): Nas mesmas penas incorrerá aquele que falsificar ou adulterar a escrituração do Livro de Registro de Duplicatas. A falsificação só restará punida se não for expedida a duplicata simulada; do contrário, o falso restará absorvido. Se o falso for posterior à emissão da duplicata, também será impunível. *Nesse sentido:* Júlio Fabbrini Mirabete, *Manual*, cit., v. 2, p. 327/328.

(10) Ação penal: Trata-se de crime de ação pública incondicionada.

(11) Laudo pericial: STJ: "A realização de laudo pericial de duplicata reputada simulada não é condição de procedibilidade da ação penal, uma vez que a referida prova pode ser produzida no curso da instrução criminal. Precedente" (STJ, RHC 12659/SP, 5ª T., Rel. Min. Gilson Dipp, j. 6-3-2003, *DJ* 22-4-2003, p. 238).

(12) Competência: "A consumação do delito previsto no art. 172 do CP, crime formal e unissubsistente, dá-se com a simples e efetiva colocação da duplicata em circulação, independentemente do prejuízo. Demonstrado que a emissão dos títulos de crédito foi efetuada na cidade de Franca/SP, consoante documentos acostados aos autos, a competência para o processamento e julgamento do feito é do Juízo Comum Estadual daquela Comarca, lugar em que ocorrida a infração. Recurso a que se dá provimento, para declarar competente para o feito o Juízo da Comarca de Franca/SP" (STJ, RHC 16053/SP, 6ª T., Rel. Min. Paulo Medina, j. 2-8-2005, *DJ* 12-9-2005, p. 368). STJ: "Constitucional. Penal. Conflito de competência. Crime de duplicata simulada. Lesão a empresa pública. Compete à Justiça Federal processar e julgar infrações penais susceptíveis de causar lesão direta a bens, serviços ou interesses da União, suas entidades autárquicas e empresas públicas, 'ex vi', do que dispõe o art. 109, IV da Constituição Federal. Conflito conhecido. Competência do Juízo Federal, o suscitado" (STJ, CC 21.673/RS, 3ª S., Rel. Min. Vicente Leal, j. 25-11-1998, *DJ* 17-2-1999, p. 117).

Abuso de incapazes

Art. 173. Abusar, em proveito próprio ou alheio, de necessidade, paixão ou inexperiência de menor, ou da alienação ou debilidade mental de outrem, induzindo qualquer deles à prática de ato suscetível de produzir efeito jurídico, em prejuízo próprio ou de terceiro:

Pena – reclusão, de 2 (dois) a 6 (seis) anos, e multa.

(1) Objeto jurídico: Tutela-se o patrimônio.

(2) Ação nuclear: Pune-se a conduta de abusar, em proveito próprio ou alheio: (a) de necessidade, paixão ou inexperiência de menor; ou (b) da alienação ou debilidade mental de ou-

trem. O agente se aproveita dessas condições da vítima para induzi-la (convencê-la, persuadi-la) à prática de ato suscetível de produzir efeito jurídico, em prejuízo dela própria ou de terceiro. Na ausência de qualquer induzimento por parte do agente, se o incapaz pratica o ato por livre e espontânea vontade, não há que se falar no crime em estudo. O ato a que essas pessoas elencadas no tipo são induzidas a praticar deve ser idôneo a produzir efeitos jurídicos. Por se tratar de crime contra o patrimônio, o prejuízo a que se refere a lei deve ser patrimonial.

(3) Sujeito ativo: Qualquer pessoa.

(4) Sujeito passivo: É o incapaz, isto é, o menor (aquele cuja idade é inferior a 18 anos), alienado ou débil mental. Cuida-se de enumeração taxativa. O emancipado não pode ser sujeito passivo do crime em tela.

(5) Elemento subjetivo: É o dolo, isto é, a vontade livre e consciente de induzir o incapaz à prática do ato, abusando de necessidade, paixão ou inexperiência de menor, ou da alienação ou debilidade mental de outrem. Exige-se um fim especial de agir consubstanciado na vontade de obter proveito próprio ou alheio. O desconhecimento do agente, no tocante às condições da vítima, pode levar à caracterização do crime de estelionato, se houver o emprego de meio fraudulento, ou tornar o fato atípico (CP, art. 20).

(6) Momento consumativo: Trata-se de crime formal. Consuma-se com a efetiva prática do ato potencialmente lesivo a que ele foi induzido, independentemente da obtenção de proveito em seu favor ou de terceiro.

(7) Tentativa: É admissível.

(8) Ação penal: Trata-se de crime de ação pública incondicionada.

Induzimento à especulação

Art. 174. Abusar, em proveito próprio ou alheio, da inexperiência ou da simplicidade ou inferioridade mental de outrem, induzindo-o à prática de jogo ou aposta, ou à especulação com títulos ou mercadorias, sabendo ou devendo saber que a operação é ruinosa:

Pena – reclusão, de 1 (um) a 3 (três) anos, e multa.

(1) Objeto jurídico: Tutela-se o patrimônio.

(2) Ação nuclear: Assim como no crime precedente, pune-se o abuso, pela ação de induzir. O agente se vale da inexperiência, simplicidade ou inferioridade mental de outrem para induzi-lo ao jogo, aposta ou especulação com títulos ou mercadorias.

(3) Sujeito ativo: Qualquer pessoa.

(4) Sujeito passivo: A pessoa inexperiente, simples ou mentalmente inferior.

(5) Elemento subjetivo: É a vontade livre e consciente de induzir a vítima à prática de jogo, aposta ou a especulação com títulos ou mercadorias, acrescido do fim especial de obter proveito próprio ou alheio. De acordo com o tipo penal, se o induzimento for para que a vítima especule com títulos ou mercadorias, é necessário que o agente proceda "sabendo ou devendo saber que a operação é ruinosa", admitindo-se, assim, nesta última figura, o dolo direto e o eventual.

(6) Momento consumativo: Trata-se de crime formal. Consuma-se o crime com a prática do jogo, aposta ou com a especulação com títulos ou mercadorias, independentemente de o agente obter proveito para si ou para terceiro. Ainda que a vítima venha a se beneficiar, o crime reputa-se configurado. *Nesse sentido:* Nélson Hungria, *Comentários*, cit., v. VII, p. 271, e Damásio de Jesus, *Código Penal anotado*, cit., p. 635.

(7) Tentativa: É admissível.

(8) Ação penal. Lei dos Juizados Especiais Criminais: Trata-se de crime de ação penal pública incondicionada. É cabível a suspensão condicional do processo (art. 89 da Lei n. 9.099/95).

Fraude no comércio

Art. 175. Enganar, no exercício de atividade comercial, o adquirente ou consumidor:

I – vendendo, como verdadeira ou perfeita, mercadoria falsificada ou deteriorada;

II – entregando uma mercadoria por outra:

Pena – detenção, de 6 (seis) meses a 2 (dois) anos, ou multa.

§ 1º Alterar em obra que lhe é encomendada a qualidade ou o peso de metal ou substituir, no mesmo caso, pedra verdadeira por falsa ou por outra de menor valor; vender pedra falsa por verdadeira; vender, como precioso, metal de outra qualidade:

Pena – reclusão, de 1 (um) a 5 (cinco) anos, e multa.

§ 2º É aplicável o disposto no art. 155, § 2º.

(1) Objeto jurídico: Tutela-se o patrimônio, assim como a moralidade do comércio.

(2) Ação nuclear: Consubstancia-se no verbo enganar, isto é, iludir, no exercício de atividade comercial, o adquirente ou consumidor: (a) *vendendo, como verdadeira ou perfeita, mercadoria falsificada ou deteriorada (inciso I)*: a permuta ou a dação em pagamento de tais mercadorias configuram o crime de estelionato (CP, art. 171). (b) *entregando uma mercadoria por outra (inciso II)*: aqui o agente entrega mercadoria diversa da que se obrigou.

(3) Objeto material: É a coisa móvel ou semovente, no caso, a mercadoria fraudada. Se o objeto material do crime for substância alimentícia ou medicinal que acarrete perigo para a saúde pública, o crime poderá ser outro: arts. 272, § 1º, 273, § 1º, 276, ou 280 do Código Penal.

(4) Sujeito ativo: Somente o comerciante ou comerciário, pois a atividade comercial pressupõe continuidade, habitualidade e profissionalidade. Se o agente não se reveste de tal qualidade, o crime será outro: "fraude na entrega de coisa" (art. 171, § 2º, IV). *Nesse sentido:* Nélson Hungria, *Comentários,* cit., v. VII, p. 272/273. *Em sentido contrário:* E. Magalhães Noronha, *Direito penal,* cit., v. 2, p. 446.

(5) Sujeito passivo: Qualquer pessoa pode ser sujeito passivo, desde que determinada.

(6) Elemento subjetivo: É o dolo. O erro do agente quanto às condições da mercadoria exclui o dolo e, portanto, o tipo penal (erro de tipo).

(7) Consumação: Com a tradição da coisa ao adquirente ou consumidor.

(8) Tentativa: A tentativa é admissível, pois se trata de crime plurissubsistente.

(9) Fraude no comércio de metais ou pedras preciosas (§ 1º): Comina-se pena mais grave para as seguintes condutas: (a) alterar em obra que lhe é encomendada a qualidade ou o peso de metal; ou (b) substituir, no mesmo caso, pedra verdadeira por falsa ou por outra de menor valor; (c) vender pedra falsa por verdadeira; (d) vender, como precioso, metal de outra qualidade.

(10) Privilegiada (§ 2º): Incide no crime de fraude no comércio o disposto no art. 155, § 2º.

(11) Ação penal. Lei dos Juizados Especiais Criminais: Trata-se de crime de ação penal pública incondicionada. O crime de fraude no comércio na sua forma simples *(caput)* enquadra-se no conceito de infração de menor potencial ofensivo, estando, portanto, sujeito ao procedimento especial da Lei n. 9.099/95. É cabível a suspensão condicional do processo (art. 89 da Lei n. 9.099/95) no *caput* (pena – detenção, de 6 meses a 2 anos, ou multa) e no § 1º (pena – reclusão, de 1 a 5 anos, e multa) do art. 175 do CP.

(12) Crimes contra as Relações de Consumo (Lei n. 8.137/90, art. 7º, III e IX): Há quem entenda que o art. 175, inciso I, do CP, foi revogado pelo art. 7º, III e IX, da Lei n. 8.137/90. *Nesse sentido:* Marco Antonio Zanellato, Apontamentos sobre crimes contra as relações de consumo e contra a economia popular, *Cadernos de Doutrina e Jurisprudência*, São Paulo, Associação Paulista do Ministério Público, 1991, n. 5, p. 57.

Mercadoria com prazo de validade vencido (Lei n. 8.137/90, art. 7º, IX): STJ: "Penal e Processual Penal. Recurso Especial. Art. 7º, inciso IX da Lei n. 8.137/90 e art. 18, § 6º, inciso I, do Código de Defesa do Consumidor. Exame pericial. Desnecessidade. A conduta do comerciante que expõe à venda a matéria-prima ou mercadoria, com o prazo de validade vencido, configura, em princípio, a figura típica do art. 7º, inciso IX da Lei n. 8.137/90 c.c o art. 18, § 6º da Lei n. 8.078/90, sendo despicienda, para tanto, a verificação pericial, após a apreensão do produto, de ser este último realmente impróprio para o consumo. O delito em questão é de perigo presumido (Precedentes do STJ e do Pretório Excelso). Recurso provido" (STJ, REsp 620237/PR, 5ª T., Rel. Min. Felix Fischer, j. 21-10-2004, *DJ* 16-11-2004, p. 315). STJ: "1. Consoante jurisprudência consolidada nesta Egrégia Corte, o delito tipificado no art. 7º, inciso IX, da Lei n. 8.137/90 é um crime formal e de perigo abstrato, ou seja, que não exige lesão ou dano, contentando-se com a mera potencialidade lesiva. 3. Recurso especial não conhecido" (STJ, REsp 476340/PR, 5ª T., Relª Minª Laurita Vaz, j. 18-12-2003, *DJ* 16-12-2004, p. 295). *No mesmo sentido:* STJ, REsp 204284/PR, 5ª T., Rel. Min. Edson Vidigal, j. 13-6-2000, *DJ* 1º-8-2000, p. 295; *RT* 783/607. STJ, REsp 620237/PR, 5ª T., Rel. Min. Felix Fischer, j. 21-10-2004, *DJ* 16-11-2004, p. 315.

(13) Outras leis especiais: Pode ainda o fato configurar crime contra a economia popular (art. 2º, III e V, da Lei n. 1.521, de 26-12-1951) e crime previsto no Código de Defesa do Consumidor (arts. 66 a 70 da Lei n. 8.078/90).

Outras fraudes

Art. 176. Tomar refeição em restaurante, alojar-se em hotel ou utilizar-se de meio de transporte sem dispor de recursos para efetuar o pagamento:

Pena – detenção, de 15 (quinze) dias a 2 (dois) meses, ou multa.

Parágrafo único. Somente se procede mediante representação, e o juiz pode, conforme as circunstâncias, deixar de aplicar a pena.

(1) Objeto jurídico: Tutela-se o patrimônio.

(2) Ação nuclear: Punem-se as condutas de (a) *tomar refeição em restaurante* (bares, boates, lanchonetes, cafeterias etc.); (b) *alojar-se em hotel* (hospedarias, pensões, albergues, motéis, etc.); (c) *utilizar-se de meio de transporte* (ônibus, táxi etc., excluindo-se os meios de transporte cujo pagamento é anterior, por exemplo, avião, navio, metrô etc.), sem dispor de recursos para efetuar o pagamento. Não basta a ausência de numerário para que se configure o crime, pois é necessária a fraude, consistente em o agente dispor dos serviços sem ter recursos para tanto, agindo como se o tivesse. Convém notar que não haverá a configuração do crime em tela na hipótese em que a refeição é encomendada para entrega em domicílio. E, ainda, ressalva Noronha que na hipótese de passageiro clandestino, isto é, que se introduz sub-repticiamente no veículo de transporte, ou seja, às ocultas, haverá a configuração do crime de estelionato (art. 171, *caput*).

(3) Sujeito ativo: Qualquer pessoa.

(4) Sujeito passivo: A pessoa física ou jurídica que presta o serviço e sofre o prejuízo, bem como a pessoa que foi enganada, por exemplo, o garçom do restaurante.

(5) Elemento subjetivo: É o dolo, devendo o agente ter ciência de que não dispõe de numerário para arcar com as despesas do serviço prestado. No sentido de que se exige o dolo específico

(elemento subjetivo do tipo) consistente na vontade de obter vantagem ilícita: E. Magalhães Noronha, *Direito penal*, cit., v. 2, p. 456. Se o agente, por exemplo, usufruir os serviços prestados e constatar posteriormente que esqueceu o dinheiro em casa ou perdeu a sua carteira, não haverá a configuração do crime em tela. Da mesma forma, na hipótese de "pindura", em que estudantes de Direito tomam refeições em restaurantes, tendo numerário suficiente para o pagamento, e se recusam a efetuá-lo, há mero ilícito civil.

(6) Momento consumativo: Consuma-se com a tomada da refeição, com o alojamento em hotel ou com a utilização de meio de transporte.

(7) Tentativa: É admissível.

(8) Perdão judicial (parágrafo único): O juiz, conforme as circunstâncias, pode deixar de aplicar a pena. Sobre os efeitos do perdão judicial, *vide* comentários ao art. 107, IX, do CP.

(9) Estado de necessidade: No caso de o indivíduo ingerir refeição por se encontrar em estado de necessidade (estado famélico), presentes os requisitos dessa excludente da ilicitude, o crime não se configura.

(10) Concurso de crimes: Caso o agente se utilize de bilhete falsificado, haverá o crime de estelionato (CP, art. 171). Sobre a possibilidade do concurso de crimes de falsidade documental e estelionato, *vide* comentários ao art. 171, *caput*, do CP. Se o pagamento do restaurante se der mediante cheque sem provisão de fundos ou houver sua sustação posterior, haverá o crime do art. 171, § 2º, VI, do CP.

(11) Ação penal. Lei dos Juizados Especiais Criminais: Trata-se de crime de ação penal pública condicionada à representação (cf. parágrafo único). Por se tratar de infração de menor potencial ofensivo, incidem plenamente no crime em estudo os institutos da Lei n. 9.099/95.

Fraudes e abusos na fundação ou administração de sociedade por ações

Art. 177. Promover a fundação de sociedade por ações, fazendo, em prospecto ou em comunicação ao público ou à assembleia, afirmação falsa sobre a constituição da sociedade, ou ocultando fraudulentamente fato a ela relativo:

Pena – reclusão, de 1 (um) a 4 (quatro) anos, e multa, se o fato não constitui crime contra a economia popular.

(1) Subsidiariedade: O art. 177, *caput* e parágrafos, cuida de crimes praticados desde a fundação da sociedade por ações até a sua liquidação. É um crime expressamente subsidiário, pois somente poderá ser enquadrado nesse tipo penal se não constituir delito contra a economia popular (art. 30, VI a X, da Lei n. 1.521, de 26-12-1951). O bem jurídico nos crimes contra a economia popular relaciona-se com um número indeterminado de pessoas, pois as infrações lá previstas visam a tutelar o interesse do povo, especialmente do ponto de vista econômico. Tem, portanto, natureza difusa, supraindividual. Tal não ocorre nas figuras contempladas no art. 177, as quais atingem o patrimônio de um número pequeno e definido de pessoas. Se o crime for contra o Sistema Financeiro Nacional, *vide* Lei n. 7.492/86 e jurisprudência, mais adiante.

(2) Noções gerais: Neste dispositivo penal, pune-se a ação de *promover* a fundação de sociedade por ações, isto é, criar uma sociedade: (a) *fazendo afirmação falsa sobre a constituição da sociedade*, em prospecto ou em comunicação ao público ou à assembleia; (b) *ou ocultando fraudulentamente fato a ela relativo*: trata-se aqui de modalidade omissiva do crime. A fraude visa a atrair o maior número de interessados na aquisição das ações. A informação falsa deve recair sobre fato relevante, que tenha potencialidade danosa. Sujeito ativo do crime é aquele que promove a fundação da sociedade por ações. Qualquer pessoa pode ser vítima do crime. O elemento subjetivo é o dolo, consistente na vontade livre e consciente de fazer afirmação falsa sobre a constituição da

sociedade, ou ocultar fraudulentamente fato a ela relativo. É crime formal, pois se consuma com a afirmação falsa ou com a ocultação de fatos relativos à sociedade por ações, independentemente do efetivo prejuízo. A tentativa é de difícil ocorrência, pois ou é feita a publicação ou comunicação contendo a afirmação falsa ou a ocultação de fatos, e o crime se consuma; ou ela não é realizada, e o crime não se configura.

(3) *Ação penal. Lei dos Juizados Especiais Criminais:* Trata-se de crime de ação pública incondicionada. É cabível a suspensão condicional do processo (art. 89 da Lei n. 9.099/95).

> § 1º Incorrem na mesma pena, se o fato não constitui crime contra a economia popular:
>
> I – o diretor, o gerente ou o fiscal de sociedade por ações, que, em prospecto, relatório, parecer, balanço ou comunicação ao público ou à assembleia, faz afirmação falsa sobre as condições econômicas da sociedade, ou oculta fraudulentamente, no todo ou em parte, fato a elas relativo;
>
> II – o diretor, o gerente ou o fiscal que promove, por qualquer artifício, falsa cotação das ações ou de outros títulos da sociedade;
>
> III – o diretor ou o gerente que toma empréstimo à sociedade ou usa, em proveito próprio ou de terceiro, dos bens ou haveres sociais, sem prévia autorização da assembleia geral;
>
> IV – o diretor ou o gerente que compra ou vende, por conta da sociedade, ações por ela emitidas, salvo quando a lei o permite;
>
> V – o diretor ou o gerente que, como garantia de crédito social, aceita em penhor ou em caução ações da própria sociedade;
>
> VI – o diretor ou o gerente que, na falta de balanço, em desacordo com este, ou mediante balanço falso, distribui lucros ou dividendos fictícios;
>
> VII – o diretor, o gerente ou o fiscal que, por interposta pessoa, ou conluiado com acionista, consegue a aprovação de conta ou parecer;
>
> VIII – o liquidante, nos casos dos ns. I, II, III, IV, V e VII;
>
> IX – o representante da sociedade anônima estrangeira, autorizada a funcionar no País, que pratica os atos mencionados nos ns. I e II, ou dá falsa informação ao Governo.

(1) *Fraude sobre as condições econômicas da sociedade (inciso I):* Ao contrário da figura prevista no *caput*, a conduta aqui incriminada se refere à sociedade já constituída e em atividade. Pune-se a conduta do diretor, gerente ou fiscal de sociedade por ações (trata-se de crime próprio), que faz afirmação falsa, agora, sobre as condições econômicas da sociedade, ou oculta fraudulentamente, no todo ou em parte, fato a ela relativo. As afirmações falsas podem ocorrer em prospecto, relatório, parecer, balanço ou comunicação ao público ou à assembleia. A falsidade deve recair sobre dados relevantes. A respeito dos demais aspectos do crime, *vide* comentários ao *caput* do artigo.

(2) *Falsa cotação de ações ou títulos da sociedade (inciso II):* Incrimina-se aqui a conduta do diretor, gerente ou do fiscal (trata-se de crime próprio) que promove, por qualquer artifício, falsa cotação das ações ou de outros títulos da sociedade. A fraude aqui visa ao aumento ou à diminuição da cotação das ações ou títulos da sociedade. Trata-se de crime formal. Consuma-se com a promoção da falsa cotação das ações ou títulos, independentemente da causação de prejuízo. A tentativa é admissível.

(3) *Empréstimo ou uso indevido de bens ou haveres da sociedade (inciso III):* Pune-se, aqui, a conduta do diretor ou do gerente (trata-se de crime próprio) que toma empréstimo à sociedade

ou usa dos bens (móveis ou imóveis) ou haveres sociais (dinheiro etc.), sem prévia autorização da assembleia geral. A autorização desta exclui o crime. Exige o tipo penal o dolo, consistente na vontade livre e consciente de emprestar ou usar bens ou haveres da sociedade, acrescido do fim especial consubstanciado na expressão "em proveito próprio ou de terceiro". Trata-se de crime formal, pois se consuma com o uso ou empréstimo, independentemente da ocorrência de prejuízo à sociedade ou seus acionistas. É possível a tentativa.

(4) Compra e venda de ações emitidas pela sociedade (inciso IV): Incrimina-se aqui a conduta do diretor ou gerente (trata-se de crime próprio) que compra ou vende, por conta da sociedade, ações por ela emitidas, salvo quando a lei o permite. A Lei das Sociedades Anônimas (Lei n. 6.404/76, com as alterações promovidas pela Lei n. 10.303/2001), em seu art. 30, *caput*, expressamente dispõe que "a companhia não poderá negociar com as próprias ações". Não haverá crime, no entanto, se a própria lei permitir a venda (*vide* art. 30, §§ 1º a 5º, da Lei das Sociedades Anônimas). O elemento subjetivo é o dolo. O crime se consuma com a compra ou venda das ações, independentemente da ocorrência de prejuízo.

(5) Penhor ou caução de ações da sociedade (inciso V): Pune o Código Penal a conduta do diretor ou do gerente (trata-se de crime próprio) que aceita, como garantia de crédito social, em penhor ou caução, ações da própria sociedade. Nessa figura criminosa, a sociedade tem um crédito em que figura como devedor o seu acionista ou terceiro, e esses oferecem ações da própria sociedade credora como garantia. Veda-se, portanto, que a sociedade figure simultaneamente como credora e fiadora. Nesse sentido dispõe o art. 30, § 3º, da Lei n. 6.404/76 (com as alterações promovidas pela Lei n. 10.303/2001): "A companhia não poderá receber em garantia as próprias ações, salvo para assegurar a gestão dos seus administradores".

(6) Distribuição de lucros ou dividendos fictícios (inciso VI): O inciso em estudo pune o diretor ou o gerente (trata-se de crime próprio) que, na falta de balanço, em desacordo com este, ou mediante balanço falso, distribui lucros ou dividendos fictícios, isto é, inexistentes ou superiores ao lucro ou dividendos reais. A consumação do crime se dá com a distribuição dos lucros ou dividendos fictícios aos acionistas, independentemente da obtenção de vantagem pessoal pelo gerente ou diretor. Na hipótese de concurso entre o crime de falsidade documental e o art. 177, *vide* comentários ao art. 171 do CP.

(7) Conluio para aprovação de conta ou parecer (inciso VII): Pune-se aqui o diretor, gerente ou o fiscal (trata-se de crime próprio) que, por interposta pessoa (testa de ferro), ou com acionista conluiado (de má-fé, aliciado ou subornado), consegue a aprovação de conta ou parecer. As contas ou os pareceres devem estar em contraste com a verdade, de forma que a sua aprovação acarrete lesão ou perigo de lesão à sociedade ou a terceiros (cf. Nélson Hungria, *Comentários*, cit., v. VII, p. 292). O elemento subjetivo é o dolo. Trata-se de crime formal. Consuma-se com a aprovação das contas ou pareceres. Finalmente, para Cezar Roberto Bitencourt, o acionista conluiado e o testa de ferro serão considerados coautores (*Código Penal comentado*, cit., p. 784). Para Celso Delmanto, serão considerados partícipes.

(8) Crimes do liquidante (inciso VIII): Incorrem na mesma pena o liquidante, nos casos dos incisos I, II, III, IV, V e VII. Com a dissolução da sociedade por ações, o liquidante passa a assumir as funções dos sócios-gerentes ou administradores.

(9) Crimes do representante de sociedade anônima estrangeira (inciso IX): Estende-se a incriminação dos incisos I e II ao representante da sociedade anônima estrangeira, autorizada a funcionar no país; de igual modo, incide nas penas cominadas no *caput* o representante da sociedade que der falsa informação ao governo, isto é, informação inverídica. Trata-se de crime formal. Consuma-se com a prestação da falsa informação. No tocante ao concurso entre os crimes de falsidade documental e o crime em estudo, *vide* comentários ao *caput* do art. 171 (falsidade documental e estelionato).

Sistema Financeiro Nacional

(1) Crimes contra o Sistema Financeiro: Se a sociedade por ações for instituição financeira (pessoa jurídica de direito público ou privado), *vide* Lei n. 7.492/86, especialmente os arts. 6º, 10 e 17, II.

(2) Instituição financeira: STJ: "1. Instituição financeira, para os fins da Lei n. 7.492/86, é toda e qualquer pessoa jurídica de direito público ou privado que, como atividade principal ou acessória, custodie, emita, distribua, negocie, intermedeie, ou administre valores mobiliários; ou capte, intermedeie, ou aplique recursos financeiros de terceiros, a ela se equiparando a pessoa jurídica que capte ou administre seguros, câmbio, consórcio, capitalização ou qualquer tipo de poupança ou recursos de terceiros, e a pessoa natural que exerça quaisquer das atividades referidas, ainda que de forma eventual. 2. O que caracteriza, para os fins da Lei n. 7.492/86, a instituição financeira, de natureza pública ou privada é, essencialmente, que a sua atividade, principal ou acessória, tenha por objeto valores mobiliários ou recursos financeiros, por ela, *sensu lato*, captados ou administrados. 3. A entidade fechada de previdência privada, que capta e administra recursos destinados ao pagamento de benefícios de seus associados, equipara-se à instituição financeira para fins de incidência da Lei n. 7.492/86" (STJ, HC 26288/SP, 6ª T., Rel. Min. Hamilton Carvalhido, j. 3-2-2005, *DJ* 11-4-2005, p. 385). Sobre crimes contra o sistema financeiro nacional, *vide* também jurisprudência nos comentários ao art. 168 do CP.

§ 2º Incorre na pena de detenção, de 6 (seis) meses a 2 (dois) anos, e multa, o acionista que, a fim de obter vantagem para si ou para outrem, negocia o voto nas deliberações de assembleia geral.

(1) Noções gerais: O art. 118 da Lei n. 6.404/76 (com a redação dada pela Lei n. 10.303/2001) permite o acordo de acionistas quanto ao exercício do direito de voto. Dessa forma, para E. Magalhães Noronha, o mencionado dispositivo legal encontra-se revogado. Para Mirabete *(Manual*, cit., v. 2, p. 346), sua aplicação no momento restringe-se à hipótese em que a negociação não esteja revestida das formalidades legais ou que contrarie o dispositivo expresso da lei. O tipo penal, além do dolo, exige a finalidade específica de obter vantagem para si ou para outrem. Se a negociação for realizada com o fito de obter a aprovação de conta ou parecer, o crime será o previsto no inciso VII do § 1º do art. 177. O crime se consuma com a negociação.

(2) Ação penal. Lei dos Juizados Especiais Criminais: Trata-se de crime de ação pública incondicionada. O § 2º, por sua vez, enquadra-se no conceito de infração de menor potencial ofensivo, estando, portanto, sujeito ao procedimento especial da Lei n. 9.099/95. É cabível a suspensão condicional do processo (art. 89 da Lei n. 9.099/95).

Emissão irregular de conhecimento de depósito ou *warrant*

Art. 178. Emitir conhecimento de depósito ou *warrant*, em desacordo com disposição legal:
Pena – reclusão, de 1 (um) a 4 (quatro) anos, e multa.

(1) Conhecimento de depósito ou **warrant:** O art. 1º do Decreto n. 1.102, de 21-11-1903, conceitua as *empresas de armazéns gerais* como sendo aquelas que têm por fim "a guarda e conservação de mercadorias e a emissão de títulos especiais que a representem". O art. 15 dispõe que os armazéns gerais emitirão, quando lhes for pedido pelo depositante, dois títulos unidos, mas separáveis à vontade, denominados "conhecimento de depósito" e *warrant*. O § 1º, por sua vez, dispõe os requisitos que deverão conter os títulos. O seu art. 18, finalmente, dispõe que: "O conhecimento do depósito e o *warrant* podem ser transferidos, unidos ou separados, por endosso. § 1º O endosso pode ser em branco: neste caso confere ao portador do título os direitos de cessionário. § 2º O endosso dos títulos unidos confere ao cessionário o direito de livre disposição da mercadoria depositada; o do *warrant* separado do conhecimento de depósito o direito de penhor sobre a mesma mercadoria e do conhecimento de depósito a faculdade de dispor da mercadoria, salvo os direitos do credor, portador do *warrant*".

(2) Noções gerais: O dispositivo legal tutela mais uma vez o patrimônio, pois pune a emissão do título em desacordo com disposição legal (elemento normativo do tipo). Trata-se de norma penal em branco, cujo complemento deve ser buscado no Decreto n. 1.102. Qualquer pessoa pode praticar o delito em tela. Em regra é sujeito ativo o depositário da mercadoria. A vítima é o portador ou endossatário dos títulos. O elemento subjetivo do crime é o dolo. Deve o agente ter ciência da irregularidade da emissão. Trata-se de crime formal, o qual se consuma com a emissão do título, independentemente da causação do prejuízo. Por se tratar de crime unissubsistente, a tentativa é inadmissível.

(3) Ação penal. Lei dos Juizados Especiais Criminais: Trata-se de crime de ação penal pública incondicionada. É cabível a suspensão condicional do processo (art. 89 da Lei n. 9.099/95).

Fraude à execução

Art. 179. Fraudar execução, alienando, desviando, destruindo ou danificando bens, ou simulando dívidas:

Pena – detenção, de 6 (seis) meses a 2 (dois) anos, ou multa.

Parágrafo único. Somente se procede mediante queixa.

(1) Objeto jurídico: Tutela-se o patrimônio.

(2) Ação nuclear: Consiste em fraudar a execução. É necessário, assim, que haja uma sentença a ser executada ou uma ação executiva (cf. Damásio de Jesus, *Código Penal anotado*, cit., p. 650). A fraude se dá pela prática da alienação, do desvio, da destruição ou da danificação dos bens, bem como pela simulação de dívidas. É necessário que tais ações tornem o devedor *insolvente*, prejudicando, assim, o credor, que não dispõe mais do patrimônio do devedor como garantia do pagamento do débito.

(3) Sujeito ativo: É o devedor que está sendo demandado judicialmente. Se comerciante e tiver sido decretada a sua falência, os atos por ele praticados contra o seu patrimônio poderão ser considerados crime falimentar (*vide* art. 168 da Lei n. 11.101, de 9-2-2005).

(4) Sujeito passivo: É o credor.

(5) Elemento subjetivo: É o dolo, consistente na vontade livre e consciente de alienar, desviar, destruir ou danificar bens, ou simular dívidas, acrescido do fim especial de fraudar a execução. É necessária a consciência de que o bem é objeto de ação judicial.

(6) Consumação: Consuma-se com a prática de uma das ações (alienação, desvio etc.) que tornem o devedor insolvente.

(7) Tentativa: É admissível.

(8) Ação penal. Lei dos Juizados Especiais Criminais: De acordo com o art. 179, parágrafo único, do Código Penal, o crime em tela somente se apura mediante queixa. No entanto, quando o crime for praticado em detrimento do patrimônio ou de interesse da União, Estado e Município, a ação penal será pública incondicionada (art. 24, § 2º, do CPP, com a redação determinada pela Lei n. 8.699, de 27-8-1993). Trata-se de delito que se enquadra no novo conceito de infração de menor potencial ofensivo, estando, portanto, sujeito ao procedimento especial da Lei n. 9.099/95.

CAPÍTULO VII
DA RECEPTAÇÃO

Receptação

Art. 180. Adquirir, receber, transportar, conduzir ou ocultar, em proveito próprio ou alheio, coisa que sabe ser produto de crime, ou influir para que terceiro, de boa-fé, a adquira, receba ou oculte:

Pena – reclusão, de 1 (um) a 4 (quatro) anos, e multa. *(caput e §§ 1º a 4º com redação dada pela Lei n. 9.426/96)*

(1) Objeto jurídico: Tutela-se a inviolabilidade do patrimônio.

(2) Objeto material: É o produto do crime, isto é, a coisa procedente de anterior delito contra o patrimônio. A receptação é, portanto, um delito acessório, em que o objeto material deve ser produto de crime antecedente, chamado de *delito pressuposto*. O delito antecedente não necessita ser patrimonial. Se o fato antecedente for contravenção, não haverá receptação, tornando-se atípica a conduta. O bem receptado deve ser móvel. Para que um bem seja considerado móvel perante o Direito Penal, basta a possibilidade de seu deslocamento físico. O bem imóvel não pode ser receptado, pois receptar é o mesmo que "dar esconderijo", ocultar. Em sentido contrário: Julio Fabbrini Mirabete, *Manual*, cit. v. 2, p. 355 e 356.

Talonário de cheques e cartão de crédito: STJ: "1. Talonário de cheques e cartão de crédito não podem ser objeto de receptação, por não possuírem, em si, o valor econômico indispensável à caracterização de crime contra o patrimônio. Precedentes. 2. Recurso provido, com o trancamento da ação penal por ausência de justa causa" (STJ, RHC 17596/DF, 6ª T., Rel. Min. Hélio Quaglia Barbosa, j. 8-11-2005, *DJ* 28-11-2005, p. 336). *No mesmo sentido:* STJ, REsp 602113/SP, 5ª T., Relª. Minª. Laurita Vaz, j. 6-9-2005, *DJ* 3-10-2005, p. 314 e STJ, REsp 150908/SP, 6ª T., Rel. Min. Anselmo Santiago, j. 18-8-1998, *DJ* 19-10-1998, p. 162; *JSTJ* 3/400. Sobre o tema, *vide* também arts. 155 e 171 do CP.

Arma de fogo: Vide abaixo comentários ao Estatuto do Desarmamento.

Madeira, lenha, carvão e outros produtos de origem vegetal: Vide abaixo comentários à Lei dos Crimes Ambientais.

(3) Ações nucleares: Na receptação própria (*caput*, 1ª parte), a conduta típica consiste em: *adquirir* (aquisição do domínio de forma onerosa ou gratuita); *receber* (aquisição a qualquer título); *transportar* (levar, deslocar o bem de um local para outro); *conduzir* (dirigir qualquer meio de transporte) ou *ocultar* (esconder) coisa que saiba ser produto de crime. Nas modalidades transportar, conduzir e ocultar, o crime é permanente, admitindo-se a prisão em flagrante a qualquer momento. Na receptação imprópria (*caput*, 2ª parte), a conduta típica consiste em "influir para que terceiro, de boa-fé, a adquira, receba ou oculte". É necessário que o terceiro influenciado esteja de boa-fé; se estiver de má-fé, será autor da receptação própria.

(4) Sujeito ativo: Qualquer pessoa, salvo o autor, coautor ou partícipe do delito antecedente, poderá praticá-lo. Com efeito, aquele que antes ou durante a prática de um crime de furto, roubo etc. promete, por exemplo, ocultá-lo, é considerado partícipe e não autor do crime autônomo de receptação.

(5) Sujeito passivo: É o sujeito passivo do crime antecedente, do qual adveio o bem receptado.

(6) Elemento subjetivo: É o dolo, consubstanciado na vontade livre e consciente de adquirir, receber, transportar, conduzir ou ocultar a coisa, ou de influir para que terceiro de boa-fé a adquira, receba ou oculte. Não basta o dolo eventual, exigindo a lei o dolo direto. É necessário também um fim especial de agir, consubstanciado na expressão "em proveito próprio ou alheio". Não se admite o dolo posterior (*dolo subsequens*) ao recebimento do objeto. *Nesse sentido:* E. Magalhães Noronha, *Direito penal*, cit., v. 2, p. 493. *Em sentido contrário:* Nélson Hungria, *Comentários*, cit., v. VII, p. 306 e 307.

(7) Momento consumativo: Na receptação própria (*caput*, 1ª parte), o crime se consuma com a prática de uma das ações nucleares (aquisição, recebimento, transporte etc.). É crime material. Na receptação imprópria (*caput*, 2ª parte), o crime se consuma com o simples ato de "influenciar", não sendo necessário que o terceiro de boa-fé efetivamente adquira, receba ou oculte a coisa produto de crime. Trata-se, portanto, de crime formal.

(8) Tentativa: Na receptação própria (*caput*, 1ª parte), é perfeitamente admissível. Na receptação imprópria (*caput*, 2ª parte), não se admite, pois o crime é unissubsistente.

(9) Receptação privilegiada: Vide § 5º.

(10) Receptação de bens e instalações do patrimônio público: Vide § 6º.

(11) Favorecimento real: Se o ocultamento da coisa for realizado com o fim de favorecer o autor do crime antecedente, haverá o crime de favorecimento real.

(12) Contrabando: A aquisição, recebimento ou ocultamento, no exercício de atividade comercial ou industrial, de mercadoria de procedência estrangeira, desacompanhada de documentação legal, ou acompanhada de documentos que sabem serem falsos, configura o crime do art. 334, § 1º, *d*, de competência da Justiça Federal (STJ, CC 50972/GO, 3ª S., Rel. Min. Felix Fischer, j. 8-2-2006, *DJ* 2-5-2006, p. 248). Se o objeto material for arma de fogo (acessórios ou munições), *vide* abaixo comentários ao Estatuto do Desarmamento.

(13) Ação penal. Lei dos Juizados Especiais Criminais: A ação penal é pública incondicionada. É cabível a suspensão condicional do processo no *caput* (desde que não incida a majoração de pena prevista no § 6º).

(14) Competência: Por força da conexão processual, a competência para o processo e julgamento do crime de receptação é, via de regra, do local onde se consumou o crime precedente.

Crime anterior ocorrido no estrangeiro: STJ: "Penal. Conflito de competência. Receptação. Furto ocorrido no estrangeiro. Hipótese não prevista no art. 109 da CF/88. Competência da Justiça Estadual" (STJ, CComp 22566/SP, 3ª Seção, Rel. Min. Fernando Gonçalves, j. 14-2-2001, *DJ* 12-3-2001, p. 86; *LEXSTJ* 142/245).

Crime anterior de competência da Justiça Federal (roubo contra empresa pública federal): "Processual. Roubo de bens confiados à EBCT. Autoria desconhecida. Receptação. Autoria conhecida. Competência. Para aferição da competência da Justiça Federal há considerar-se igualmente afetados pela receptação serviço e interesse da empresa pública federal, sem importar ao caso o fato do desconhecimento da autoria do roubo de bens confiados à dita empresa" (STJ, CC 21571/RJ, 3ª S., Rel. Min. José Dantas, j. 12-8-1998, *DJ* 8-9-1998, p. 21).

Crime anterior. Autoria desconhecida. Local da consumação da receptação: STJ: "Sendo desconhecida a autoria do crime de roubo, o foro competente para o processo e julgamento do feito é o do local onde se consumaram os crimes de receptação e de adulteração de chassi do veículo. Precedentes do STJ" (STJ, CAt 159/SP, 3ª S., Rel. Min. José Arnaldo da Fonseca, j. 9-3-2005, *DJ* 21-3-2005, p. 212). *No mesmo sentido:* STJ, HC 21732/SP, 6ª T., Rel. Min. Hamilton Carvalhido, j. 20-6-2002, *DJ* 17-2-2003, p. 374. STJ: "Ignorada a autoria do furto, o conflito deve ser solucionado, na espécie, pela prevenção, tendo em conta o local onde primeiro se conheceu dos fatos relacionados à receptação. Precedentes análogos. Conflito conhecido declarando-se a competência do Juízo de Direito de Foz do Iguaçu/PR" (STJ, CC 41637/RS, 3ª S., Rel. Min. José Arnaldo da Fonseca, j. 23-6-2004, *DJ* 30-8-2004, p. 198).

Receptação na forma permanente. Prevenção: STJ: "1. O crime de receptação, caracterizado na conduta típica do núcleo conduzir, é forma permanente do ilícito, alcançando, enquanto dura, como sede do delito, os lugares em que toca. 2. Se o *locus delicti commissi* tanto é no Estado do Rio de Janeiro como no Estado de São Paulo, deve a questão ser deslindada pela prevenção (art. 71, combinado com o art. 83, do Código de Processo Penal), pois ignorada a autoria do delito originário. 3. Conflito conhecido, para declarar competente o Juízo de Direito da 5ª Vara Criminal de Guarulhos/SP, onde aconteceu o inquérito e o flagrante" (STJ, CC 46165/RJ, 3ª S., Rel. Min. Hamilton Carvalhido, j. 27-10-2004, *DJ* 15-12-2004, p. 172).

(15) Adulteração de sinal identificador de veículo automotor (CP, art. 311): STJ: "1. A aquisição de motocicleta 'com a gravação do chassi raspada e sem seus documentos' autoriza, em tese, imputação de crime de receptação" (STJ, RHC 16625/SC, 6ª T., Rel. Min. Hamilton Carvalhido, j. 16-11-2004, *DJ* 1º-2-2005, p. 611). Na hipótese em que o agente recepta um veículo automotor e depois adultera o seu sinal identificador, não há que se falar em continuidade delitiva, pois não são crimes da mesma espécie. *Nesse sentido:* STJ, REsp 731381/RS, 5ª T., Rel. Min.

José Arnaldo da Fonseca, j. 28-9-2005, *DJ* 7-11-2005, p. 370. Há, nessa situação, concurso material: STJ, HC 39884/SP, 5ª T., Rel. Min. Arnaldo Esteves Lima, j. 24-5-2005, *DJ* 1º-7-2005, p. 577. Importa, contudo, referir que há decisão do STJ no sentido de que "I – Se o agente, após receptar o veículo, proceder a adulterações em suas características (alterações no número do chassi, do motor, placas etc.) a fim de possibilitar sua posterior venda, cometerá o delito de estelionato (Precedente do STF)" (STJ, REsp 671195/RS, Rel. Min. Felix Fischer, j. 7-4-2005, *DJ* 23-5-2005, p. 335). Sobre a adulteração de sinal identificador de arma de fogo, *vide* abaixo comentários ao Estatuto do Desarmamento.

Estatuto do Desarmamento (Lei n. 10.826/2003)

(1) Arma de fogo de uso permitido ou restrito: Na hipótese em que o agente *adquire, recebe, transporta* ou *oculta* arma de fogo (acessório ou munição), de uso permitido, de procedência ilícita, comete o delito mais grave previsto no art. 14 da Lei n. 10.826, de 22-12-2003, cuja pena varia de dois a quatro anos de reclusão, sem prejuízo da multa, sendo infração inafiançável. Se for de uso restrito, o crime será o previsto no art. 16, *caput*, cuja pena é de reclusão de três a seis anos e multa, sendo insuscetível de liberdade provisória (art. 21). Trata-se de infração específica e mais severamente apenada (*vide* Fernando Capez, *Estatuto do Desarmamento*, cit.). *No mesmo sentido*: "O novo Estatuto do Desarmamento parece prevalecer sobre o crime patrimonial em razão da especialidade da conduta e da pena expressiva" (Lei n. 10.826 de 22-12-2003. William Terra de Oliveira – http://www.apmp.com.br/avisos/lei10826-03-desarma_william.htm). Convém mencionar que o Plenário do Supremo Tribunal Federal declarou, na data de 2-5-2007, a inconstitucionalidade de três dispositivos do Estatuto do Desarmamento, na ADI 3112. Por maioria de votos, os ministros anularam dois dispositivos do Estatuto que proibiam a concessão de liberdade, mediante o pagamento de fiança, no caso de porte ilegal de arma (parágrafo único do art. 14) e disparo de arma de fogo (parágrafo único do art. 15). Também foi considerado inconstitucional o art. 21 do Estatuto, que negava liberdade provisória aos acusados de posse ou porte ilegal de arma de uso restrito, comércio ilegal de arma e *tráfico internacional de arma*. A maioria dos ministros considerou que o dispositivo viola os princípios da presunção de inocência e do devido processo legal (ampla defesa e contraditório).

(2) Arma de fogo e exercício de atividade comercial: Se tais condutas forem praticadas no exercício de atividade comercial ou industrial, o agente deverá responder pelo crime previsto no art. 17, cuja pena é mais grave que a prevista para a receptação qualificada (CP, art. 180, § 1º). No caso de a arma de fogo, acessório ou munição ser de uso proibido ou restrito, a pena é aumentada de metade (art. 19) (*vide* Fernando Capez, *Estatuto do Desarmamento*, cit.).

(3) Arma de fogo. Figuras equiparadas (parágrafo único do art. 16): Nas mesmas penas do art. 16, *caput*, incorre quem: "I – suprimir ou alterar, numeração ou qualquer sinal de identificação de arma de fogo ou artefato; II – modificar as características de arma de fogo, de forma a torná-la equivalente a arma de fogo de uso proibido ou restrito ou para fins de dificultar ou de qualquer modo induzir a erro autoridade policial, perito ou juiz; III – (...); IV – portar, possuir, adquirir, transportar ou fornecer arma de fogo com numeração, marca ou qualquer outro sinal de identificação raspado, suprimido ou adulterado". O mencionado parágrafo se refere a arma de fogo de uso permitido ou restrito (sobre o tema, *vide* Fernando Capez, *Estatuto do Desarmamento*, cit.).

(4) Arma de fogo. Tráfico internacional: O art. 18 prevê a conduta de "importar, exportar, favorecer a entrada ou a saída do território nacional, a qualquer título, de arma de fogo, acessório ou munição, sem autorização da autoridade competente: Pena – reclusão de 4 (quatro) a 8 (oito) anos, e multa". Trata-se de delito específico em relação ao crime de contrabando, pois se refere somente a arma de fogo, acessório ou munição. É crime de competência da Justiça Federal. Assim,

aquele que adquirir, receber, ocultar, transportar arma de fogo, acessório ou munição de procedência estrangeira, uma vez estabelecida a conexão com o anterior crime de tráfico internacional de armas, deverá ser julgado e processado perante a Justiça Federal.

Lei dos Crimes Ambientais
Receptação ilegal de madeira, lenha, carvão ou outros produtos de origem vegetal (art. 46): STJ: "Crime contra a fauna e a flora. Art. 46, *caput*, c.c. parágrafo único; art. 29, *caput*, c.c. § 1º, III, ambos da Lei n. 9.605/98. Mata atlântica. Não demonstração de lesão a bem, interesse ou serviço da União. Competência da Justiça Estadual" (STJ, HC 27093/SC, 5ª T., Rel. Min. Felix Fischer, j. 26-8-2003, *DJ* 28-10-2003, p. 324). Por outro lado, já decidiu o STJ pela competência da Justiça Federal na hipótese de crime de receptação ilegal de madeira extraída de reserva indígena (STJ, RHC 17504/MT, 5ª T., Rel. Min. Gilson Dipp, j. 17-5-2005, *DJ* 6-6-2005, p. 347).

Lei de lavagem de dinheiro
(1) Previsão legal: Constitui crime de lavagem de dinheiro, previsto no art. 1º da Lei n. 9.613/98, a conduta de "ocultar ou dissimular a natureza, origem, localização, disposição, movimentação ou propriedade de bens, direitos ou valores provenientes, direta ou indiretamente, de infração penal" (redação dada pela Lei n. 12.683, de 2012). Segundo a doutrina, pode ser sujeito ativo desse crime o autor, coautor ou partícipe do crime antecedente, não constituindo a lavagem de dinheiro *post factum* impunível, afastando-se, assim, a incidência do princípio da consunção. Deverá o agente, no caso, responder pelo concurso material de crimes, dado que, além de as condutas serem praticadas em momentos distintos, ofendem bens jurídicos diversos.

(2) Lavagem de dinheiro e competência: STJ: "O delito de lavagem de dinheiro não é, por si só, afeto à Justiça Federal, se não sobressai a existência de crime antecedente de competência da justiça federal e se não se vislumbra, em princípio, qualquer lesão ao sistema financeiro nacional, à ordem econômico-financeira, a bens, serviços ou interesses da União, de suas Autarquias ou Empresas Públicas" (STJ, HC 23952/ES, Rel. Min. Gilson Dipp, j. 4-11-2003, *DJ* 1º-12-2003, p. 373).

Lei de Falência (Lei n. 11.101/2005)
De acordo com o art. 174 da Lei n. 11.101, de 9-2-2005, que regula a recuperação judicial, a falência e a recuperação extrajudicial do empresário e da sociedade empresária constitui crime: "Adquirir, receber, usar, ilicitamente, bem que sabe pertencer à massa falida ou influir para que terceiro, de boa-fé, o adquira, receba ou use: Pena – reclusão, de 2 (dois) a 4 (quatro) anos, e multa".

Receptação qualificada

§ 1º Adquirir, receber, transportar, conduzir, ocultar, ter em depósito, desmontar, montar, remontar, vender, expor à venda, ou de qualquer forma utilizar, em proveito próprio ou alheio, no exercício de atividade comercial ou industrial, coisa que deve saber ser produto de crime:

Pena – reclusão de 3 (três) a 8 (oito) anos, e multa.

§ 2º Equipara-se à atividade comercial, para efeito do parágrafo anterior, qualquer forma de comércio irregular ou clandestino, inclusive o exercido em residência.

(1) Ação nuclear: Várias são as condutas típicas: adquirir, receber, transportar, conduzir, ocultar (condutas estas já previstas no *caput* do art. 180), ter em depósito, desmontar, montar, remontar, vender, expor à venda, ou de qualquer forma utilizar, em proveito próprio ou alheio, no exer-

cício de atividade comercial ou industrial, coisa que deve saber ser produto de crime. É um tipo misto alternativo, pois a prática das várias condutas previstas no mesmo tipo penal caracteriza crime único e não a continuidade delituosa.

(2) Sujeito ativo: Somente pode ser praticado por aquele que desempenha atividade comercial ou industrial. É crime próprio.

(3) Elemento subjetivo: O § 1º pune o comerciante ou industrial que comete receptação, empregando a expressão "que deve saber ser produto de crime". Entende a doutrina que o § 1º trata do dolo eventual, pois a modalidade culposa já está prevista no § 3º. Na hipótese em que o comerciante sabe (pleno conhecimento) da origem criminosa, discute-se se a sua conduta deveria ser enquadrada no *caput* do art. 180 ou no § 1º. Há duas correntes: 1ª) O § 1º tanto prevê as condutas de quem sabe (dolo direto) quanto as de quem deve saber (dolo eventual), corrente esta com a qual compartilhamos o entendimento; 2ª) a lei tipificou apenas o comportamento de quem deve saber a origem criminosa, sendo vedada a analogia em face do princípio da reserva legal.

(4) Consumação: Consuma-se com a prática de uma das ações previstas no tipo (aquisição, recebimento, transporte etc.), desde que no exercício de atividade comercial ou industrial.

(5) Tentativa: É admissível.

(6) Atividade comercial: O § 2º equipara "à atividade comercial, para efeito do parágrafo anterior, qualquer forma de comércio irregular ou clandestino, inclusive o exercido em residência".

Desmanche: Segundo o Tribunal de Justiça do Estado do Rio Grande do Sul, "a receptação deixou de ser um crime artesanal de décadas passadas, em que o agente era procurado em casa pelo autor do furto e se deixava levar, pela tentação do lucro, a adquirir o bem, e passou a se desenvolver como atividade lucrativa, normalmente organizada e estabelecida com ânimo perene. A receptação de veículos furtados voltada para o desmanche é negócio altamente lucrativo, que demanda sigilo, rapidez e agilidade(...)" (Ap. Crim. 70003959046, 8ª Câmara Criminal, Rel. Tupinambá Pinto de Azevedo, j. 23-10-2002). O mesmo Tribunal alerta que "(...) não basta, para caracterizar o delito de receptação qualificada, a qualidade de comerciante ou industrial do agente. É indispensável que a aquisição, o recebimento, a venda, o depósito etc. seja de mercadorias ou bens utilizados pelo autor em seu comércio ou indústria. Tanto assim que a jurisprudência, aceitando a forma qualificada, impõe a condenação mais grave do receptador que, pela experiência de comerciante ou industrial, tem a obrigação de saber que a coisa oferecida vem de origem ilícita, trata-se de produto de um crime, pela falta de uma identificação oficial, uma nota fiscal ou qualquer outro documento relacionado com a aquisição(...)" (Ap. Crim. 70013116637, 7ª Câmara Criminal, Rel. Sylvio Baptista Neto, j. 19-1-2006). O Tribunal de Justiça do Distrito Federal já decidiu que "estando o réu a responder por receptação qualificada, formação de quadrilha e adulteração de sinal identificador automotor, imputando-se-lhe a acusação de compor organização criminosa especializada em desmanche, remonte, ocultação e comercialização de automóveis furtados e roubados e de peças desses, constata-se que a sua liberdade ameaça ordem pública, sendo, pois, manifestamente pertinente o decreto prisional" (HC 20010020029367, Rel. Nívio Gonçalves, j. 18-7-2001, *DJ* 23-8-2001, p. 9). *No mesmo sentido,* já decidiu o Superior Tribunal de Justiça: "A prisão preventiva do paciente se faz necessária, porquanto é acusado de, reiteradamente, como meio de vida, fomentar um esquema delituoso concebido para receber, adquirir, ter em depósito e desmontar, em proveito próprio e alheio, em exercício de atividade comercial irregular e clandestina, veículos automotores. Precedentes do STJ. Ordem denegada" (STJ, HC 44310/SP, 5ª T., Relª Minª Laurita Vaz, j. 11-10-2005, *DJ* 14-11-2005, p. 357).

(7) Receptação qualificada. Constitucionalidade: STJ: "1. O reconhecimento da forma qualificada do crime de receptação e a aplicação da pena prevista para o tipo básico não encontra amparo na legislação pátria, bem como não se vislumbra inconstitucionalidade na previsão de sanção mais

rigorosa na hipótese de receptação para fins comerciais ou industriais, cuja especificidade ensejou tutela específica, com maior rigor na cominação da pena privativa de liberdade, conforme preceito trazido pela Lei n. 9.426/96. 2. A redação do § 1º do art. 180 do Código Penal, embora não prime pela congruência dos elementos subjetivos do tipo penal em relação à forma simples do *caput*, é inequívoca em apenar mais gravemente a hipótese de receptação para fins comerciais ou industriais quando haja dolo, considerada a maior necessidade de repressão a estas formas especiais de receptação, por opção legislativa" (STJ, REsp 704312/SP, Rel. Min. Arnaldo Esteves Lima, j. 6-9-2005, *DJ* 10-10-2005, p. 424). *No mesmo sentido:* STJ, REsp 753760/RS, 5ª T., Rel. Min. Gilson Dipp, j. 2-2-2006, *DJ* 6-3-2006, p. 435. STJ: 1. O ilícito tipificado no § 1º do art. 180 do Código Penal substancia forma qualificada de receptação, por função não do tipo subjetivo, que se aperfeiçoa já com o dolo eventual, mas sim da sua prática no exercício de atividade comercial ou industrial. 2. E quando assim não se entenda, tratar-se-á de delito próprio, independente do tipificado no art. 180, *caput*, do Código Penal, o que reforça a constitucionalidade da norma penal em questão. 3. Incabível, para afirmar existente inconstitucionalidade, falar-se em culpa em sentido estrito, relativamente ao tipo do § 1º do art. 180 do Código Penal. 4. Ordem denegada" (STJ, HC 28493/SP, 6ª T., Rel. Min. Hamilton Carvalhido, j. 27-9-2005, *DJ* 6-2-2006, p. 326).

§ 3º Adquirir ou receber coisa que, por sua natureza ou pela desproporção entre o valor e o preço, ou pela condição de quem a oferece, deve presumir-se obtida por meio criminoso:

Pena – detenção, de 1 (um) mês a 1 (um) ano, ou multa, ou ambas as penas.

(1) Receptação culposa: Pune-se a aquisição ou o recebimento de coisa que, por sua natureza ou desproporção entre o valor e o preço, ou pela condição de quem a oferece, deve presumir-se obtida por meio criminoso. Dessa forma, três são os indícios reveladores de culpa: a) natureza do objeto material (por exemplo: relíquia histórica); b) desproporção entre o valor e o preço (joia com preço irrisório); c) condição de quem oferece (por exemplo: venda de objeto por quem exerce comércio irregular). *Nesse sentido:* TJDF, Ap. Crim. 20030810038006, Rel. João Egmont, 2ª T. Recursal dos Juizados Especiais Cíveis e Criminais do DF, j. 26-5-2004, *DJ* 7-6-2004, p. 80; TRF 4ª Região, Ap. Crim. 200304010132352, 2ª T., Rel. Maria de Fátima Freitas Labarrère, j. 18-11-2003. Se o conhecimento da origem criminosa do bem for posterior, não haverá configuração do crime em tela.

Receptação de automóvel: Não caracterização do delito de receptação de automóvel: TJRS: "Embora o réu tenha comprado o referido automóvel, não há prova inequívoca nos autos de que tivesse ciência da origem criminosa do veículo que estava adquirindo. Os documentos acostados aos autos dão conta de que a realização da compra e venda do automóvel foi realizada normalmente, não sendo possível vislumbrar qualquer aparência de ilicitude quanto a procedência do bem adquirido, nem acerca da ciência dessa procedência, na medida em que o vendedor trouxe procuração do proprietário do veículo, além do que, a data de expedição do documento do automóvel é de 8 de janeiro de 2002, data esta anterior ao próprio registro da ocorrência da subtração do veículo, 13 de fevereiro de 2002. Ou seja, não há como presumir que o acusado tenha ciência de que estava adquirindo um veículo produto de crime. A acusação tem a carga de descobrir hipóteses e provas, e a defesa tem o direito (não o dever) de contradizer com contra-hipóteses e contraprovas. O juiz, que deve ter como hábito profissional a imparcialidade e a dúvida, tem a tarefa de analisar todas as hipóteses, aceitando a acusatória somente se estiver provada e, não a aceitando, se desmentida ou, ainda que não desmentida, não restar suficientemente provada. Ao lado da presunção de inocência, como critério pragmático de solução da incerteza (dúvida) judicial, o princípio do *in dubio pro reo* corrobora a atribuição da carga probatória do acusador. A única certeza exigida pelo processo penal refere-se à prova da autoria e da materialidade, necessária para que se prolate uma sentença condenatória. Do contrário, em não sendo alcançado esse grau de convencimento, a absolvição é imperativa" (TJRS, Ap. Crim. 70015449838, 7ª Câmara Criminal, Rel. Nereu José Giacomolli, j. 5-10-2006). STJ: "Não se tem como caracterizado o delito de receptação, sequer na forma culposa, se não houve comprovação da procedência ilícita do automóvel, que tem documentação aparentemente regular, sem qualquer registro de furto ou roubo" (STJ, CC 32702/PR, 3ª S., Rel. Min. Gilson Dipp, j. 13-12-2001, *DJ* 4-3-2002, p. 179; *RT* 801/506).

(2) *Elemento subjetivo:* É a culpa, a qual é informada pela quebra do dever objetivo de cuidado.

(3) *Consumação:* Consuma-se com a aquisição ou recebimento do objeto.

(4) *Tentativa:* É inadmissível.

(5) *Ação penal. Lei dos Juizados Especiais Criminais:* Trata-se de crime de ação penal pública incondicionada. É crime de menor potencial ofensivo, estando sujeito ao procedimento da Lei n. 9.099/95. É cabível a suspensão condicional do processo (art. 89 da lei).

(6) *Perdão judicial:* Vide § 5º, 1ª parte.

> § 4º A receptação é punível, ainda que desconhecido ou isento de pena o autor do crime de que proveio a coisa. *(Acrescentado pela Lei n. 5.346/67 e alterado pela Lei n. 9.426/96)*

(1) *Autonomia da receptação (§ 4º):* Por ser crime autônomo, basta a prova da existência de crime anterior, sem necessidade da demonstração cabal de sua autoria. Assim, a receptação será punida, ainda que desconhecido ou isento de pena o autor do crime anterior. Essa regra é aplicável tanto à receptação dolosa quanto à culposa.

(2) *Absolvição do autor do crime pressuposto:* A absolvição do autor do crime pressuposto não impede a condenação do receptador quando o decreto absolutório for fundado nas seguintes hipóteses do art. 386 do CPP, com a redação determinada pela Lei n. 11.690, de 9 de junho de 2008: estar provado que o réu não concorreu para a infração penal (inciso IV); não existir prova de ter o réu concorrido para a infração penal (inciso V); existir circunstância que isente o réu de pena ou se houver fundada dúvida sobre sua existência (inciso VI); não existir prova suficiente para a condenação (inciso VII). No entanto, impede a condenação do receptador a absolvição do autor do crime antecedente por estar provada a inexistência do fato (inciso I); não haver prova da existência do fato criminoso anterior (inciso II); não constituir o fato infração penal (inciso III); existir circunstância que exclua o crime (inciso VI).

(3) *Extinção da punibilidade do crime pressuposto:* A extinção da punibilidade do crime antecedente não opera efeitos sobre o crime de receptação (CP, art. 108).

> § 5º Na hipótese do § 3º, se o criminoso é primário, pode o juiz, tendo em consideração as circunstâncias, deixar de aplicar a pena. Na receptação dolosa aplica-se o disposto no § 2º do art. 155.
>
> § 6º Tratando-se de bens e instalações do patrimônio da União, Estado, Município, empresa concessionária de serviços públicos ou sociedade de economia mista, a pena prevista no *caput* deste artigo aplica-se em dobro. *(§§ 5º e 6º acrescentados pela Lei n. 9.426/96)*

(1) *Perdão judicial (§ 5º, 1ª parte):* "Se o criminoso é primário, pode o juiz, tendo em consideração as circunstâncias, deixar de aplicar a pena". O perdão judicial só se aplica à receptação culposa. Presentes os requisitos legais, o juiz está obrigado a conceder esse benefício legal. Sobre perdão judicial, *vide* art. 107, IX, do CP.

(2) *Receptação privilegiada (§ 5º, 2ª parte):* Trata-se do mesmo benefício do art. 155, § 2º. Tal benefício é aplicado às formas dolosas descritas no *caput* do art. 180 (não se aplica ao tipo qualificado).

(3) *Receptação e bens e instalações do patrimônio público (§ 6º):* Se o crime for praticado em detrimento de bens e instalações do patrimônio da União, Estado, Município, empresa con-

cessionária de serviços públicos ou sociedade de economia mista, a pena prevista no *caput* deste artigo aplica-se em dobro (§ 6º do art. 180, acrescentado pela Lei n. 9.426/96).

CAPÍTULO VIII
DISPOSIÇÕES GERAIS

Art. 181. É isento de pena quem comete qualquer dos crimes previstos neste título, em prejuízo:

I – do cônjuge, na constância da sociedade conjugal;

II – de ascendente ou descendente, seja o parentesco legítimo ou ilegítimo, seja civil ou natural.

(1) Natureza jurídica: Trata-se da chamada *imunidade penal absoluta*, também conhecida como *escusa absolutória*, incidente sobre os crimes contra o patrimônio, previstos no Título II da Parte Especial do Código Penal. Constitui causa extintiva da punibilidade, tornando impuníveis os delitos patrimoniais não violentos cometidos entre cônjuges ou parentes próximos, por razões de política criminal. Não incide nas hipóteses previstas no art. 183 do CP.

(2) Cônjuge na constância do casamento (sociedade conjugal) (inciso I): É isento de pena quem comete um dos crimes contra o patrimônio contra o cônjuge na constância do casamento. Excluem-se, assim, os divorciados e os separados judicialmente. Extingue-se a sociedade conjugal também pela sua nulidade ou anulação e pela separação judicial (CC, art. 1.571, II e III). Vale mencionar que a Emenda Constitucional n. 68, de 13 de julho de 2010, a qual modificou a redação do § 6º do art. 226 da Constituição da República, suprimiu a parte relativa à necessidade da prévia separação judicial por mais de um ano nos casos expressos em lei, ou comprovada separação de fato por mais de dois anos para a concessão do divórcio. Quanto ao separado de fato, este continua casado e na constância da sociedade conjugal, tendo, por essa razão, direito à escusa absolutória. No tocante à união estável, a qual foi equiparada ao casamento pela Constituição Federal de 1988 (art. 226, § 3º), incide a mencionada escusa absolutória. *No mesmo sentido:* Damásio de Jesus, *Código penal*, cit., p. 364. Vale mencionar que, recentemente, o Plenário do STF reconheceu como entidade familiar a união de pessoas do mesmo sexo (ADPF 132, cf. *Informativo do STF n. 625*, Brasília, 2 a 6 de maio de 2011).

(3) De ascendente ou descendente, seja o parentesco legítimo ou ilegítimo, seja civil ou natural (inciso II): É isento de pena quem comete um dos crimes contra o patrimônio contra parentes em linha reta, como ascendentes (pai, mãe, avô, avó, bisavós etc.) ou descendentes (filho, neto, bisneto etc.), seja o parentesco legítimo ou ilegítimo, civil ou natural, em face do disposto no art. 227, § 6º, da CF. Excluem-se os parentes afins (sogros, genros, noras).

Art. 182. Somente se procede mediante representação, se o crime previsto neste título é cometido em prejuízo:

I – do cônjuge desquitado ou judicialmente separado;

II – de irmão, legítimo ou ilegítimo;

III – de tio ou sobrinho, com quem o agente coabita.

(1) Natureza jurídica: Trata-se de imunidade penal relativa ou processual. Ao contrário da imunidade penal absoluta, não constitui causa extintiva da punibilidade, mas condição objetiva de

procedibilidade. Dessa forma, o autor do crime não é isento de pena, mas os crimes de ação penal pública incondicionada passam a ser condicionados à representação do ofendido. Não abrange, portanto, os crimes contra o patrimônio de iniciativa privada, por exemplo, dano simples. Convém notar que a referida imunidade não incidirá nas hipóteses do art. 183 do CP.

(2) Hipóteses: Somente se procede mediante representação, se o crime é cometido: (a) em prejuízo do cônjuge desquitado ou separado judicialmente *(inciso I)*: não abrange, portanto, o divorciado. O termo desquitado já estava excluído desde a promulgação da Lei do Divórcio (cf. art. 2º, III, da Lei n. 6.515, de 26-12-1977). No tocante ao separado judicialmente, *vide* Emenda Constitucional n. 68, de 13 de julho de 2010. No caso de cônjuge separado de fato, incide o disposto no art. 181 do CP; (b) em prejuízo de irmão legítimo ou ilegítimo *(inciso II)*: o art. 227, § 6º, da CF, proíbe quaisquer designações discriminatórias relativas à filiação; (c) em prejuízo de tio ou sobrinho, com quem o agente coabita *(inciso III)*. A coabitação transitória afasta a imunidade.

Art. 183. Não se aplica o disposto nos dois artigos anteriores:

I – se o crime é de roubo ou de extorsão, ou, em geral, quando haja emprego de grave ameaça ou violência à pessoa;

II – ao estranho que participa do crime;

III – se o crime é praticado contra pessoa com idade igual ou superior a 60 (sessenta) anos. *(Acrescentado pela Lei n. 10.741/2003)*

(1) Hipóteses de inaplicabilidade da imunidade absoluta e relativa: (a) *Se o crime é cometido mediante o emprego de violência ou grave ameaça (inciso I)*: Não incide a imunidade absoluta ou relativa se o crime é de roubo ou de extorsão, direta ou indireta, ou, em geral, quando haja emprego de grave ameaça ou violência à pessoa (somente a violência real). (b) *Ao estranho que participar do crime (inciso II)*: Não se estende a imunidade ao terceiro que comete o crime em concurso com o agente beneficiado, pois não se comunicam as circunstâncias de caráter pessoal, salvo quando elementares do crime (CP, art. 30). A imunidade absoluta ou relativa não constitui elementar dos crimes patrimoniais. (c) *Crimes cometidos contra pessoa com idade igual ou superior a sessenta anos (cf. acréscimo operado pelo art. 110 da Lei n. 10.741, de 1º-10-2003 – Estatuto do Idoso) (inciso III)*: Na hipótese em que o filho furta objetos de seu pai, com 60 anos de idade, não incidirá a imunidade penal absoluta constante do inciso II do art. 181, isto é, o réu não ficará isento de pena. A idade da vítima deve ser considerada no momento da conduta (CP, art. 4º).

TÍTULO III
DOS CRIMES CONTRA A PROPRIEDADE IMATERIAL

CAPÍTULO I
DOS CRIMES CONTRA A PROPRIEDADE INTELECTUAL

Violação de direito autoral

Art. 184. Violar direitos de autor e os que lhe são conexos:

Pena – detenção, de 3 (três) meses a 1 (um) ano, ou multa. *(Redação dada pela Lei n. 10.695/2003)*

(1) Objeto jurídico: Tutela-se o interesse econômico e moral do autor sobre o fruto de sua criação (*vide* art. 22 da Lei n. 9.610/98). Além dos direitos autorais, a Lei n. 10.695/2003 acrescentou a proteção também aos direitos conexos àqueles, entendendo-se como tais os dos intérpretes ou executantes da obra ou música, dos produtores fonográficos da obra do autor intelectual e das empresas de radiodifusão sobre os titulares dos bens imateriais incluídos em sua programação (Lei n. 9.610/98, arts. 90 a 95).

(2) Ação nuclear: Pune-se a violação (transgressão, ofensa) do direito do autor. Viola-se o direito do autor publicando, reproduzindo ou modificando a sua obra. É a chamada contrafação. Trata-se de norma penal em branco, pois o Código não conceitua "direitos autorais", entendendo-se que abrangem as obras literárias, científicas e artísticas. De acordo com a Lei n. 9.610/98, abrange igualmente os direitos conexos (v. arts. 89 a 96). V*ide* arts. 46 a 48 da Lei n. 9.610/98, os quais dispõem sobre as limitações aos direitos autorais.

(3) Sujeito ativo: Qualquer pessoa, sendo admissível o concurso de pessoas.

(4) Sujeito passivo: É o autor, pessoa física criadora da obra literária, artística ou científica violada, seus herdeiros ou sucessores (*vide* CF, art. 5º, XXVII). O autor da obra não está obrigado a registrá-la (*v*. art. 18 da Lei n. 9.610/98). São também sujeito passivo os detentores dos direitos conexos à propriedade intelectual. Finalmente, pode ser sujeito passivo a pessoa jurídica de direito público ou privado (a respeito da possibilidade de transferência dos direitos de autor sobre a obra, *v*. arts. 49 a 52 da Lei n. 9.610/98).

(5) Elemento subjetivo: É o dolo, isto é, a vontade livre e consciente de violar o direito autoral. Prescinde-se da finalidade de obtenção de lucro.

(6) Consumação: Dá-se com a violação do direito autoral, isto é, com a reprodução, modificação ou alteração da obra literária, artística ou científica.

(7) Tentativa: É admissível.

(8) Efeitos da sentença condenatória: V*ide* art. 530-G do CPP, introduzido pela Lei n. 10.695/2003, o qual dispõe sobre a destruição dos bens ilicitamente produzidos ou reproduzidos e o perdimento dos equipamentos apreendidos.

(9) Proteção da propriedade intelectual de programa de computador (software) *(Lei n. 9.609/98):* Violar direitos de autor de programa de computador é crime específico regulado pela Lei n. 9.609, de 19-2-1998 (art. 12), a qual, em seu art. 16, revogou expressamente a Lei n. 7.646, de 18-12-1987.

(10) Ação penal. Procedimento: V*ide* comentários ao art. 186.

(11) Competência. Contrabando ou descaminho e propriedade intelectual: STJ: "Competência. Descaminho/propriedade intelectual (conexão). Justiça Federal/estadual. Determinação (Súmula 122). 1. Havendo indicações da relação entre os apontados fatos criminosos – descaminho e violação de direito autoral (mercadorias de origem estrangeira. entre as quais 'CDs gravados') –, há, em consequência, conexão, isto é, trata-se de crimes conexos. 2. Caso, pois, em que tem aplicação a Súmula 122: 'Compete à Justiça Federal o processo e julgamento unificado dos crimes conexos de competência federal e estadual, não se aplicando a regra do art. 78, II, *a*, do Código de Processo Penal'. 3. Conflito de atribuições do qual se conheceu como conflito de competência, tendo a Seção proclamado competente a Justiça Federal para, também, processar e julgar a indicada violação de direito autoral" (STJ, CAt 180/RS, 3ª S., Rel. Min. Nilson Naves, j. 23-11-2005, *DJ* 6-3-2006, p. 148). STJ: "Conflito de competência. Penal. Apreensão de CDs falsificados. Ausência de configuração do crime de descaminho ou contrabando. Indícios da prática do crime de violação de direito autoral. Competência da justiça estadual. 1. O simples fato de haver o indiciado confessado que adquiriu os CDs apreendidos pela autoridade policial no Paraguai não caracteriza, por si só, o delito de contrabando ou descaminho previsto no art. 334 do Código Penal. 2. Configurado, em princípio, o crime de violação de direito autoral previsto no art. 184, § 2º, do Código Penal, é de se reconhecer a competência da Justiça Estadual relativamente

ao inquérito policial. 3. Conflito conhecido para declarar competente o Juízo de Direito da 1ª Vara Criminal de Belo Horizonte/MG, suscitado" (STJ, CC 30107/MG, 3ª S., Rel. Min. Hamilton Carvalhido, j. 26-6-2002, *DJ* 10-2-2003, p. 169; *RT* 818/547). STJ: "Processual Penal. Conflito de competência. Reprodução não autorizada de fitas de vídeo. Pirataria. 1. À Justiça Estadual compete processar e julgar delito de violação de direito autoral, uma vez que ausentes indícios de lesão a bens, serviços e interesses da União. 2. Conflito conhecido para declarar a competência do Juízo de Direito de Andira/PR" (STJ, CC 18346/PR, 3ª S., Rel. Min. Fernando Gonçalves, j. 26-2-1997, *DJ* 14-4-97, p. 12684; *LEXSTJ* 97/264).

> § 1º Se a violação consistir em reprodução total ou parcial, com intuito de lucro direto ou indireto, por qualquer meio ou processo, de obra intelectual, interpretação, execução ou fonograma, sem autorização expressa do autor, do artista intérprete ou executante, do produtor, conforme o caso, ou de quem os represente: Pena – reclusão, de 2 (dois) a 4 (quatro) anos, e multa.
>
> § 2º Na mesma pena do § 1º incorre quem, com o intuito de lucro direto ou indireto, distribui, vende, expõe à venda, aluga, introduz no País, adquire, oculta, tem em depósito, original ou cópia de obra intelectual ou fonograma reproduzido com violação do direito de autor, do direito de artista intérprete ou executante ou do direito do produtor de fonograma, ou, ainda, aluga original ou cópia de obra intelectual ou fonograma, sem a expressa autorização dos titulares dos direitos ou de quem os represente.
>
> § 3º Se a violação consistir no oferecimento ao público, mediante cabo, fibra ótica, satélite, ondas ou qualquer outro sistema que permita ao usuário realizar a seleção da obra ou produção para recebê-la em um tempo e lugar previamente determinados por quem formula a demanda, com intuito de lucro, direto ou indireto, sem autorização expressa, conforme o caso, do autor, do artista intérprete ou executante, do produtor de fonograma, ou de quem os represente:
>
> Pena – reclusão, de 2 (dois) a 4 (quatro) anos, e multa. *(§§ 1º a 3º com redação dada pela Lei n. 10.695/2003)*
>
> § 4º O disposto nos §§ 1º, 2º e 3º não se aplica quando se tratar de exceção ou limitação ao direito de autor ou os que lhe são conexos, em conformidade com o previsto na Lei n. 9.610, de 19 de fevereiro de 1998, nem a cópia de obra intelectual ou fonograma, em um só exemplar, para uso privado do copista, sem intuito de lucro direto ou indireto. *(Acrescentado pela Lei n. 10.695/2003)*

(1) Forma qualificada (§ 1º): Pune-se mais severamente a *reprodução*, isto é, a cópia, total ou parcial, por qualquer meio, de obra intelectual, interpretação, execução ou fonograma, sem autorização expressa do autor ou de quem os represente (elemento normativo do tipo). Deve a reprodução ser realizada com intuito de lucro direto ou indireto (elemento subjetivo do tipo). Com o advento da Lei n. 10.695/2003, a expressão videofonograma foi substituída por fonograma (som gravado em fitas, discos, cds etc.). Os antigos videocassetes, bem como os DVDs, por exemplo, passaram a se enquadrar em uma nova definição jurídica. Assim, os videofonogramas passaram a ser chamados de "obra audiovisual" (Lei n. 9.610/98, art. 7º, VI) e constituem espécie do gênero "obra intelectual".

(2) Forma qualificada (§ 2º): Nas mesmas penas do § 1º incorre aquele que, não tendo participado da produção ou reprodução da obra intelectual ou fonograma com violação de direito autoral, distribui, vende, expõe à venda, aluga, introduz no País, adquire, oculta, tem em depósito, original ou cópia da referida obra intelectual ou fonograma, ou, ainda, aluga original ou cópia de

obra intelectual ou fonograma, sem a expressa autorização dos titulares dos direitos ou de quem os represente. Trata-se de tipo misto alternativo. A prática das diversas condutas típicas configura crime único, salvo se inexistir qualquer nexo entre os comportamentos. Exige-se o intuito de lucro direto ou indireto (elemento subjetivo do tipo). As condutas de expor à venda, ocultar ou ter em depósito constituem crime permanente. Além do direito autoral, constituem objeto material, desta forma qualificada, os direitos conexos.

(3) Forma qualificada (§ 3º): "Se a violação consistir no oferecimento ao público, mediante cabo, fibra óptica, satélite, ondas ou qualquer outro sistema que permita ao usuário realizar a seleção da obra ou produção para recebê-la em um tempo e lugar previamente determinados por quem formula a demanda, com intuito de lucro, direto ou indireto, sem autorização expressa, conforme o caso, do autor, do artista intérprete ou executante, do produtor de fonograma, ou de quem os represente", a pena será de reclusão de dois a quatro anos e multa.

(4) Não incidência do disposto nos §§ 1º, 2º e 3º: O disposto nos §§ 1º, 2º e 3º não se aplica quando se tratar de exceção ou limitação ao direito de autor ou os que lhe são conexos, em conformidade com o previsto na Lei n. 9.610, de 19-2-1998, nem a cópia de obra intelectual ou fonograma, em um só exemplar, para uso privado do copista, sem intuito de lucro direto ou indireto.

(5) Ação penal. Procedimento: Vide comentários ao art. 186 do CP.

(6) Competência: Vide comentários ao *caput* do art. 184.

Usurpação de nome ou pseudônimo alheio

Art. 185. *(Dispositivo revogado expressamente pelo art. 4º da Lei n. 10.695/2003)*

Art. 186. Procede-se mediante: *(Artigo com redação dada pela Lei n. 10.695/2003)*

I – queixa, nos crimes previstos no *caput* do art. 184;

II – ação penal pública incondicionada, nos crimes previstos nos §§ 1º e 2º do art. 184;

III – ação penal pública incondicionada, nos crimes cometidos em desfavor de entidades de direito público, autarquia, empresa pública, sociedade de economia mista ou fundação instituída pelo Poder Público;

IV – ação penal pública condicionada à representação, nos crimes previstos no § 3º do art. 184.

(1) Ação penal: (a) *Ação penal privada:* Nas hipóteses do *caput* do art. 184 (CP, art. 186, I, acrescentado pela Lei n. 10.695/2003). (b) *Ação penal pública incondicionada:* Em qualquer das formas, quando o crime tiver sido cometido em detrimento de entidades de direito público, autarquia, empresa pública, sociedade de economia mista ou fundação instituída pelo Poder Público (CP, art. 186, III, introduzido pelo novo diploma), bem como quando o crime for qualificado (§§ 1º e 2º). (c) *Ação penal pública condicionada à representação:* Na forma qualificada do § 3º, a ação penal será pública condicionada à representação do ofendido (CP, art. 186, IV, também incluído pela nova lei).

(2) Procedimento: Sendo o caso de ação penal privada (CP, art. 184, *caput*, salvo quando cometido contra entidades de direito público, autarquia, empresa pública, sociedade de economia mista ou fundação instituída pelo Poder Público), aplicar-se-á o procedimento ordinário previsto nos arts. 396 a 405 do CPP, com as modificações operadas pela Lei n. 11.719/2008, incidindo, também, as regras dos arts. 524 a 530 do CPP (cf. CPP, art. 530-A, acrescentado pela Lei n. 10.695/2003). Ocorrendo qualquer das formas qualificadas (§§ 1º, 2º e 3º do art. 184 do CP) ou quando o delito for cometido em detrimento de uma daquelas pessoas elencadas no inciso III do art. 186 do Código Penal, o procedimento será também o ordinário, aplicando-se, ainda, as regras dos arts. 530-B, 530-C, 530-D, 530-E, 530-F, 530-G e 530-H (cf. CPP, art. 530-I, acrescentado pela Lei n. 10.695/2003).

(3) Lei dos Juizados Especiais Criminais: A partir da entrada em vigor da Lei n. 10.259, de 12-7-2001, que instituiu os Juizados Especiais Federais e, posteriormente, pela alteração expressa do art. 61 da Lei n. 9.099/95, pela Lei n. 11.313, de 28-6-2006, os crimes cuja pena máxima prevista seja igual ou inferior a dois anos, independentemente do procedimento previsto, passaram a se sujeitar ao procedimento dos Juizados Especiais Criminais. Assim, temos o seguinte quadro: (a) *Conciliação penal:* Cabe no *caput* do art. 184 (CP, art. 186, I, acrescentado pela Lei n. 10.695/2003), se se tratar de crime de ação penal de iniciativa privada e desde que a infração não tenha deixado vestígios, quando então será desnecessária a diligência de busca e apreensão do objeto que constitua o corpo de delito para o fim de ser realizado exame pericial (CPP, arts. 524 a 530-A). (b) *Transação penal:* Cabe no *caput* do art. 184 (CP, art. 186, I, acrescentado pela Lei n. 10.695/2003), se se tratar de crime de ação penal de iniciativa pública (cf. art. 186, II, acrescentado pela Lei n. 10.695/2003) e desde que a infração não tenha deixado vestígios, quando então será desnecessária a diligência de busca e apreensão para o fim de realização de perícia (CPP, arts. 530-B e seguintes). Quanto à possibilidade da transação penal (e suspensão condicional do processo) em crime de ação penal privada, há duas posições: (I) Não é cabível em crime de ação penal de iniciativa privada. *Nesse sentido:* Damásio de Jesus, *Lei dos Juizados Especiais Criminais anotada,* cit., p. 62. (II) É cabível em crime de ação penal privada. *Nesse sentido:* STJ, CC 43886/MG, 3ª S., Rel. Min. Gilson Dipp, j. 13-10-2004, *DJ* 29-11-2004, p. 222, e STJ, APn 390/DF, Corte Especial, Rel. Min. Felix Fischer, j. 1º-6-2005, *DJ* 8-8-2005, p. 175. Sobre a suspensão condicional do processo, *vide* Súmulas 723 do STF e 243 do STJ.

CAPÍTULO II
DOS CRIMES CONTRA O PRIVILÉGIO DE INVENÇÃO

Arts. 187 a 191 *(Revogados pela Lei n. 9.279/96)*

CAPÍTULO III
DOS CRIMES CONTRA AS MARCAS DE INDÚSTRIA E COMÉRCIO

Arts. 192 a 195 *(Revogados pela Lei n. 9.279/96)*

CAPÍTULO IV
DOS CRIMES DE CONCORRÊNCIA DESLEAL

Art. 196 *(Revogado pela Lei n. 9.279/96)*

Sobre a revogação dos arts. 187 a 196 *vide* arts. 186 a 206 da Lei n. 9.279/96.

TÍTULO IV
DOS CRIMES CONTRA A ORGANIZAÇÃO DO TRABALHO

Atentado contra a liberdade de trabalho

Art. 197. Constranger alguém, mediante violência ou grave ameaça:

I – a exercer ou não exercer arte, ofício, profissão ou indústria, ou a trabalhar ou não trabalhar durante certo período ou em determinados dias:

Pena – detenção, de 1 (um) mês a 1 (um) ano, e multa, além da pena correspondente à violência;

II – a abrir ou fechar o seu estabelecimento de trabalho, ou a participar de parede ou paralisação de atividade econômica:

Pena – detenção, de 3 (três) meses a 1 (um) ano, e multa, além da pena correspondente à violência.

(1) Organização do trabalho: A Organização Internacional do Trabalho (OIT) foi fundada em 1919 com o objetivo de promover a justiça social. No Brasil, tem mantido representação desde 1950. Uma de suas funções mais importantes é o estabelecimento e a adoção de normas internacionais de trabalho na forma de convenções ou de recomendações. Em sendo tais normas ratificadas pelos Estados-membros, passam a integrar a legislação nacional. Em 1998, foi adotada a Declaração da OIT sobre os Princípios e Direitos Fundamentais no Trabalho e seu seguimento. Trata-se de uma reafirmação da comunidade internacional de respeitar, promover e aplicar um patamar mínimo de princípios e direitos do trabalho que são reconhecidamente fundamentais para os trabalhadores. Esses princípios e direitos fundamentais estão em oito convenções que cobrem quatro áreas básicas: liberdade sindical e direito à negociação coletiva, erradicação do trabalho infantil, eliminação do trabalho forçado e não discriminação no emprego ou ocupação (informações extraídas do *site* www.oitbrasil.org.br).

(2) Organização do trabalho. Fundamento constitucional: De acordo com o art. 5º, XIII, da CF, "é livre o exercício de qualquer trabalho, ofício ou profissão, atendidas as qualificações profissionais que a lei estabelecer". A Constituição Federal em seu art. 7º consagra os direitos sociais dos trabalhadores urbanos e rurais. O art. 8º assegura, especialmente, a liberdade de associação profissional ou sindical e o art. 9º, o direito de greve "competindo aos trabalhadores decidir sobre a oportunidade de exercê-lo e sobre os interesses que devam por meio dele defender. § 1º: A lei definirá os serviços ou atividades essenciais e disporá sobre o atendimento das necessidades inadiáveis da comunidade. § 2º: Os abusos cometidos sujeitam os responsáveis às penas da lei".

(3) Crimes contra a organização do trabalho. Competência: STJ: "Conflito de Competência. Direito Processual Penal. Delitos dos arts. 203 e 207 do Código Penal. Inexistência de ofensa à organização do trabalho. Competência da Justiça Estadual. Nos termos da Súmula 115 do Tribunal Federal de Recursos, compete à Justiça Federal processar e julgar os crimes contra a organização do trabalho, quando tenham por objeto a organização geral do trabalho ou direitos dos trabalhadores considerados coletivamente. A infringência dos direitos individuais de trabalhadores, inexistindo violação de sistema de órgãos e instituições destinadas a preservar a coletividade trabalhista, afasta a competência da Justiça Federal. Declara a competência do Juízo Estadual da 2ª Vara Criminal de Barretos" (STJ, CC 33505/SP, 3ª S., Rel. Min. Paulo Medina, j. 12-11-2003, *DJ* 9-12-2003, p. 208). STJ: "1. A despeito do significativo número de trabalhadores eventualmente lesionados em seus direitos trabalhistas, todos pertencentes a uma mesma empresa, não se verifica ofensa a órgãos ou instituições responsáveis por zelar pelo direito dos trabalhadores, nem a organização geral do trabalho ou direitos dos trabalhadores considerados coletivamente. 2. *In casu*, as condutas delituosas (arts. 203 e 207, do CP), objeto de investigação criminal, atentaram contra direito individual daqueles trabalhadores envolvidos, o que atrai a competência da Justiça Estadual para processar e julgar a causa. 3. Conflito conhecido para declarar competente o Juízo Estadual de primeiro grau, o suscitado" (STJ, CC 34424/SP, 3ª S., Relª Minª Laurita Vaz, j. 14-5-2003, *DJ* 16-6-2003, p. 258). Sobre a competência nos crimes de redução a condição análoga à de escravo, *vide* comentários ao art. 149 do CP.

(4) Objeto jurídico: Tutela-se a liberdade da pessoa no que concerne ao trabalho.

(5) Revogação: A segunda parte do inciso II (parede ou paralisação) foi tacitamente revogada

pelo art. 29, VII, da Lei n. 4.330/64. Esta lei, por sua vez, foi revogada expressamente pela Lei n. 7.783/89 (Lei de Greve).

(6) Noções gerais: A conduta típica consiste em *constranger* (*vide* comentários ao crime de constrangimento ilegal), isto é, compelir a vítima, mediante o emprego de violência física ou moral: (a) a exercer ou não exercer arte, ofício, profissão ou indústria (inciso I); (b) ou a trabalhar ou não trabalhar durante certo período ou em determinados dias (inciso I); (c) abrir ou fechar seu estabelecimento de trabalho (inciso II). A coação, dessa forma, atinge a liberdade de trabalho do indivíduo. Qualquer pessoa pode praticar o delito em tela. Sujeito passivo na conduta criminosa prevista no inciso II é o proprietário do estabelecimento. Elemento subjetivo é o dolo, isto é, a vontade livre e consciente de constranger a vítima a realizar uma das condutas previstas no tipo penal. Dá-se a consumação no momento em que a vítima, constrangida, exerce, ou não, arte, ofício, profissão ou indústria (inciso I); trabalha, ou não, durante certo período ou em determinados dias (inciso I); abre ou fecha seu estabelecimento de trabalho (inciso II). Admite-se a tentativa.

(7) Concurso de crimes: Se do emprego de violência contra a pessoa advierem lesões corporais ou morte da vítima, haverá concurso material de crimes.

(8) Ação penal. Lei dos Juizados Especiais Criminais: É crime de ação penal pública incondicionada. Por se tratar de infração de menor potencial ofensivo, está sujeita às disposições da Lei dos Juizados Especiais Criminais, inclusive o instituto da suspensão condicional do processo (art. 89 da Lei n. 9.099/95).

Atentado contra a liberdade de contrato de trabalho e boicotagem violenta

Art. 198. Constranger alguém, mediante violência ou grave ameaça, a celebrar contrato de trabalho, ou a não fornecer a outrem ou não adquirir de outrem matéria-prima ou produto industrial ou agrícola:

Pena – detenção, de 1 (um) mês a 1 (um) ano, e multa, além da pena correspondente à violência.

(1) Organização do trabalho: Vide comentários ao art. 197 do CP.

(2) Organização do trabalho. Fundamento constitucional: Vide comentários ao art. 197 do CP.

(3) Crimes contra a organização do trabalho. Competência: Vide comentários ao art. 197 do CP.

(4) Objeto jurídico: Tutela-se a liberdade da pessoa no que concerne ao trabalho.

(5) Ação nuclear: (a) *Atentado contra a liberdade de contrato de trabalho (1ª parte):* Assim como o crime precedente, a conduta típica consiste em *constranger* alguém, mediante o emprego de violência física ou moral, a celebrar contrato de trabalho. Se o indivíduo for constrangido a não realizar contrato de trabalho, haverá o crime do art. 146 do CP; (b) *boicotagem violenta (2ª parte):* Aqui o agente compele a vítima a não fornecer a outrem ou a não adquirir de outrem matéria-prima ou produto industrial ou agrícola. Essa conduta visa a provocar o isolamento econômico de outrem.

(6) Sujeito ativo: Qualquer pessoa pode praticar o delito em tela.

(7) Sujeito passivo: Pode ser aquele que sofre a violência ou grave ameaça, bem como o que celebra o contrato (1ª parte) ou sofre o isolamento econômico (2ª parte).

(8) Consumação: Dá-se a consumação com a celebração do contrato, ou seja, com a sua assinatura (1ª parte). Se verbal o contrato, a consumação ocorre com o consentimento da vítima. Admite-se a tentativa. No crime de boicotagem violenta (2ª parte), consuma-se no momento em que a vítima, coagida, não fornece a outrem ou não adquire de outrem matéria-prima ou produto industrial ou agrícola.

(9) Tentativa: É admissível.

(10) Concurso de crimes: Se do emprego de violência física advier o resultado morte ou lesões corporais, incide a regra do concurso material de crimes.

(11) Ação penal. Lei dos Juizados Especiais Criminais: Vide comentários ao art. 197 do Código Penal.

Atentado contra a liberdade de associação

Art. 199. Constranger alguém, mediante violência ou grave ameaça, a participar ou deixar de participar de determinado sindicato ou associação profissional:

Pena – detenção, de 1 (um) mês a 1 (um) ano, e multa, além da pena correspondente à violência.

(1) Organização do trabalho: Vide comentários ao art. 197 do CP.
(2) Organização do trabalho. Fundamento constitucional: Vide comentários ao art. 197 do CP.
(3) Crimes contra a organização do trabalho. Competência: Vide comentários ao art. 197 do CP.
(4) Objeto jurídico: Protege-se a liberdade de associação profissional ou sindical (CF, art. 5º, XVII).
(5) Noções gerais: Pune-se, aqui, o constrangimento, isto é, a ação de forçar, compelir outrem, mediante violência física ou moral, a integrar ou não sindicato ou associação profissional. Qualquer pessoa pode praticar o delito em estudo. A vítima é a pessoa compelida a participar ou deixar de participar do sindicato ou associação profissional, podendo ser também terceira pessoa que venha a sofrer a violência. O elemento subjetivo é o dolo. Dá-se a consumação no instante em que a vítima, coagida, passa a integrar ou não determinado sindicato ou associação profissional. É admissível a tentativa.
(6) Concurso de crimes: Se houver emprego de violência contra a pessoa, responderá o agente pelo crime em estudo em concurso material com um dos delitos contra a pessoa (homicídio, lesões corporais).
(7) Ação penal. Lei dos Juizados Especiais Criminais: Vide comentários ao art. 197 do CP.

Paralisação de trabalho, seguida de violência ou perturbação da ordem

Art. 200. Participar de suspensão ou abandono coletivo de trabalho, praticando violência contra pessoa ou contra coisa:

Pena – detenção, de 1 (um) mês a 1 (um) ano, e multa, além da pena correspondente à violência.

Parágrafo único. Para que se considere coletivo o abandono de trabalho é indispensável o concurso de, pelo menos, três empregados.

(1) Organização do trabalho: Vide comentários ao art. 197 do CP.
(2) Organização do trabalho. Fundamento constitucional: Vide comentários ao art. 197 do CP.
(3) Crimes contra a organização do trabalho. Competência: Vide comentários ao art. 197 do CP.
(4) Objeto jurídico: Tutela-se, mais uma vez, a liberdade de trabalho.
(5) Ação nuclear: Pune-se a conduta de participar de suspensão de trabalho *(lockout,* isto é, abandono do trabalho pelos empregadores) ou abandono coletivo de trabalho (é a greve realizada pelos empregados), praticando, no seu curso, violência contra a pessoa ou contra a coisa. Pouco importa para a punição do crime que a greve seja lícita ou ilícita.
(6) Sujeito ativo: São os empregados que, participando do movimento, praticam o ato violento ou concorrem para ele. É indispensável o concurso de, pelo menos, três empregados para que

se considere coletivo o abandono do trabalho (cf. parágrafo único). No caso de suspensão de trabalho *(lockout)*, são sujeitos ativos os empregadores. Neste caso, a lei não exige o número mínimo de três pessoas, mas, conforme a doutrina, o verbo *participar* pressupõe pluralidade de pessoas.

(7) Sujeito passivo: No caso de violência contra a pessoa, a vítima é a pessoa física. A pessoa jurídica também pode ser sujeito passivo no caso de dano a ela causado.

(8) Elemento subjetivo: É o dolo.

(9) Consumação: Dá-se com a prática do ato violento pelo empregado ou empregador durante o movimento.

(10) Tentativa: É admissível.

(11) Concurso de crimes: Se houver emprego de violência contra a pessoa, responderá o agente pelo crime em estudo em concurso material com um dos crimes contra a pessoa (homicídio, lesões corporais). Inclui-se aqui a violência contra a coisa.

(12) Ação penal. Lei dos Juizados Especiais Criminais: Vide comentários ao art. 197 do CP.

Paralisação de trabalho de interesse coletivo

Art. 201. Participar de suspensão ou abandono coletivo de trabalho, provocando a interrupção de obra pública ou serviço de interesse coletivo:

Pena – detenção, de 6 (seis) meses a 2 (dois) anos, e multa.

(1) Organização do trabalho: Vide comentários ao art. 197 do CP.

(2) Organização do trabalho. Fundamento constitucional: Vide comentários ao art. 197 do CP.

(3) Crimes contra a organização do trabalho. Competência: Vide comentários ao art. 197 do CP.

(4) Objeto jurídico: Tutela-se o interesse da coletividade.

(5) Ação nuclear: Pune-se a conduta de participar de suspensão *(lockout)* ou de abandono coletivo (greve) de trabalho, provocando a interrupção de obra pública ou serviço de interesse coletivo (serviço de iluminação, transporte, limpeza etc.). Em face do disposto no art. 9º, *caput*, e § 1º, da CF e da Lei de Greve (Lei n. 7.783/89), que admite a greve em serviços ou atividades essenciais, entende Delmanto que esse dispositivo legal se tornou inaplicável *(Código Penal comentado*, cit., p. 400). Para Mirabete, entretanto, diante do disposto nos arts. 1º, 2º e 3º da Lei de Greve, o dispositivo legal continua em vigor, sendo necessário que a obra pública se caracterize serviço ou atividade essencial *(Manual*, cit., v. 2, p. 384).

(6) Sujeito ativo: Qualquer pessoa.

(7) Sujeito passivo: É a coletividade. Trata-se, portanto, de crime vago.

(8) Elemento subjetivo: É o dolo.

(9) Consumação: Consuma-se com a efetiva interrupção de obra pública ou de serviço de interesse coletivo.

(10) Tentativa: É admissível.

(11) Ação penal. Lei dos Juizados Especiais Criminais: Vide comentários ao art. 197 do CP.

Invasão de estabelecimento industrial, comercial ou agrícola. Sabotagem

Art. 202. Invadir ou ocupar estabelecimento industrial, comercial ou agrícola, com o intuito de impedir ou embaraçar o curso normal do trabalho, ou com o mesmo fim danificar o estabelecimento ou as coisas nele existentes ou delas dispor:

Pena – reclusão, de 1 (um) a 3 (três) anos, e multa.

(1) Organização do trabalho: Vide comentários ao art. 197 do CP.

(2) Organização do trabalho. Fundamento constitucional: Vide comentários ao art. 197 do CP.

(3) Crimes contra a organização do trabalho. Competência: Vide comentários ao art. 197 do CP.

(4) Objeto jurídico: Tutela-se a organização do trabalho.

(5) Ação nuclear: (a) Invasão de estabelecimento industrial, comercial ou agrícola (art. 202,1ª parte): Pune-se a invasão (entrada à força) ou ocupação (apossamento arbitrário, indevido), de estabelecimento industrial, comercial ou agrícola, com o fim de impedir ou embaraçar o curso normal do trabalho. (b) *Sabotagem* (art. 202, 2ª parte): A sabotagem é realizada mediante as seguintes ações: (a) danificar o estabelecimento; (b) danificar as coisas nele existentes; (c) dispor (vender, locar etc.) das coisas existentes no estabelecimento.

(6) Sujeito ativo: Qualquer pessoa.

(7) Sujeito passivo: É o empregador que mantenha estabelecimento industrial, comercial ou agrícola, bem como a coletividade.

(8) Elemento subjetivo: É o dolo, acrescido da finalidade específica de obstar ou perturbar o curso normal do trabalho. Trata-se do elemento subjetivo do tipo. Aliás, é esse fim especial de agir que diferencia esse delito daquele previsto nos arts. 161, II, ou 163 do Código Penal.

(9) Consumação: Dá-se com a efetiva invasão ou ocupação do estabelecimento (1ª parte) ou com a efetiva danificação ou disposição, independentemente da concretização do fim do agente. Trata-se, portanto, de crime formal.

(10) Tentativa: A tentativa é admissível.

(11) Ação penal. Lei dos Juizados Especiais Criminais: É crime de ação penal pública incondicionada. É cabível a suspensão condicional do processo (art. 89 da Lei n. 9.099/95).

Frustração de direito assegurado por lei trabalhista

Art. 203. Frustrar, mediante fraude ou violência, direito assegurado pela legislação do trabalho:

Pena – detenção, de 1 (um) ano a 2 (dois) anos, e multa, além da pena correspondente à violência. *(Redação dada pela Lei n. 9.777/98)*

§ 1º Na mesma pena incorre quem:

I – obriga ou coage alguém a usar mercadorias de determinado estabelecimento, para impossibilitar o desligamento do serviço em virtude de dívida;

II – impede alguém de se desligar de serviços de qualquer natureza, mediante coação ou por meio da retenção de seus documentos pessoais ou contratuais. *(§ 1º acrescentado pela Lei n. 9.777/98)*

§ 2º A pena é aumentada de 1/6 (um sexto) a 1/3 (um terço) se a vítima é menor de 18 (dezoito) anos, idosa, gestante, indígena ou portadora de deficiência física ou mental. *(Parágrafo acrescentado pela Lei n. 9.777/98)*

(1) Organização do trabalho: Vide comentários ao art. 197 do CP.

(2) Organização do trabalho. Fundamento constitucional: Vide comentários ao art. 197 do CP.

(3) Crimes contra a organização do trabalho. Competência: Vide comentários ao art. 197 do CP.

(4) Objeto jurídico: Tutelam-se as leis trabalhistas.

(5) Frustração de direito assegurado por lei trabalhista (caput): Nessa conduta criminosa,

o agente priva o titular de direitos trabalhistas do uso, exercício ou gozo desses direitos, mediante o emprego de fraude (engodo, ardil que induz ou mantém a vítima em erro) ou violência (é o emprego de força física), excluindo-se, portanto, a grave ameaça. Trata-se de norma penal em branco, cujo conteúdo deve ser preenchido pela Consolidação das Leis do Trabalho e legislação complementar (segurança no trabalho, salário mínimo, descanso, férias etc.).

(6) Sujeito ativo: É o empregador, empregado ou terceira pessoa, não havendo necessidade de relação de emprego.

(7) Sujeito passivo: É o titular dos direitos assegurados pela legislação trabalhista.

(8) Elemento subjetivo: É o dolo, isto é, a vontade livre e consciente de frustrar, mediante fraude ou violência, direito assegurado pela legislação do trabalho.

(9) Consumação: Dá-se no instante em que a vítima é impedida de exercer, usar ou gozar o direito assegurado pela legislação do trabalho.

(10) Tentativa: A tentativa é admissível.

(11) Figuras equiparadas (§ 1º): Nas mesmas penas incorre quem: (a) obriga ou coage alguém a usar mercadorias de determinado estabelecimento, para impossibilitar o desligamento do serviço em virtude de dívida (inciso I): O crime se consuma com o ato de obrigar ou coagir o empregado a usar mercadorias de determinado estabelecimento. Não é necessário que o empregado não se desligue do emprego. Aliás, essa finalidade específica constitui o elemento subjetivo do tipo. A tentativa é perfeitamente possível. (b) Impede alguém de se desligar de serviços de qualquer natureza, mediante coação (física ou moral) ou por meio da retenção de seus documentos pessoais ou contratuais (inciso II). Aqui, o crime se consuma no momento em que a vítima é efetivamente impedida de se desligar do serviço.

(12) Causa de aumento de pena (§ 2º): "A pena é aumentada de um sexto a um terço se a vítima é menor de dezoito anos, idosa, gestante, indígena ou portadora de deficiência física ou mental". Quanto ao idoso, para Damásio (*Código Penal anotado*, cit., p. 683), o reconhecimento da circunstância depende da análise do caso concreto, isto é, que a vítima, sendo fisicamente fraca, não possui capacidade de resistência à agressão de seus direitos. *No mesmo sentido*: Mirabete (*Manual*, cit., v. 2, p. 388), ressalvando que, se a vítima for maior de 70 anos, o reconhecimento é obrigatório, considerando outros dispositivos legais (CP, arts. 77, § 2º, e 115).

(13) Concurso de crimes: Se houver emprego de violência contra a pessoa, responderá o agente pelo crime em estudo em concurso material com um dos crimes contra a pessoa (homicídio, lesões corporais).

(14) Ação penal. Lei dos Juizados Especiais Criminais: Vide comentários ao art. 197 do CP. Quanto à suspensão condicional do processo (art. 89 da Lei n. 9.099/95), é cabível no *caput* e no § 1º, sem a incidência da causa de aumento de pena prevista no § 2º.

Frustração de lei sobre a nacionalização do trabalho

Art. 204. Frustrar, mediante fraude ou violência, obrigação legal relativa à nacionalização do trabalho:

Pena – detenção, de 1 (um) mês a 1 (um) ano, e multa, além da pena correspondente à violência.

(1) Organização do trabalho: Vide comentários ao art. 197 do CP.

(2) Organização do trabalho. Fundamento constitucional: Vide comentários ao art. 197 do CP.

(3) Crimes contra a organização do trabalho. Competência: Vide comentários ao art. 197 do CP.

(4) Considerações gerais: Pune-se a ação de *frustrar*, mediante o emprego de fraude (engodo, ardil) ou violência (física). As normas legais impõem a contratação de mão de obra brasileira e, por consequência, limitam o acesso de estrangeiros nos serviços públicos e particulares. Trata-se de nor-

ma penal em branco. Tem-se sustentado que passaram a ser incompatíveis com a Carta Magna as obrigações legais relativas à nacionalização do trabalho, tornando inócuo o dispositivo em estudo. Nesse sentido: Julio Fabbrini Mirabete, *Manual*, cit., v. 2, p. 389. Sujeito ativo é, em geral, o empregador, empregado ou qualquer outra pessoa. Sujeito passivo é o Estado. O elemento subjetivo é o dolo. A consumação ocorre com a efetiva frustração da obrigação legal. A tentativa é admissível.

(5) Concurso de crimes: Caso haja o emprego de violência contra a pessoa, responderá o agente pelo crime em estudo em concurso material com um dos crimes contra a pessoa (homicídio, lesões corporais).

(6) Ação penal. Lei dos Juizados Especiais Criminais: Vide comentários ao art. 197. É cabível a suspensão condicional do processo (art. 89 da Lei n. 9.099/95).

Exercício de atividade com infração de decisão administrativa

Art. 205. Exercer atividade, de que está impedido por decisão administrativa:

Pena – detenção, de 3 (três) meses a 2 (dois) anos, ou multa.

(1) Organização do trabalho: Vide comentários ao art. 197 do CP.
(2) Organização do trabalho. Fundamento constitucional: Vide comentários ao art. 197 do CP.
(3) Crimes contra a organização do trabalho. Competência: Vide comentários ao art. 197 do CP.
(4) Objeto jurídico: Tutela-se o cumprimento das decisões administrativas relativas ao exercício de atividade, trabalho.
(5) Considerações gerais: Pune-se o desempenho de atividade com infração à ordem administrativa (emanada de qualquer órgão da Administração Pública) que veda tal exercício. É também crime próprio, pois somente pode ser praticado por aquele que está impedido de exercer a atividade. Sujeito passivo é o Estado. O elemento subjetivo é o dolo. Deve o agente ter ciência de que está proibido de exercer a atividade. Por se tratar de crime habitual, consuma-se com o desempenho contínuo, habitual da atividade. A tentativa é inadmissível.
(6) Distinção: A desobediência à ordem judicial poderá configurar o delito previsto no art. 359 do CP (crime de desobediência a decisão judicial sobre perda ou suspensão de direito). O exercício ilegal de função pública configura o crime previsto no art. 324 do CP.
(7) Ação penal. Lei dos Juizados Especiais Criminais: Trata-se de crime de ação penal pública incondicionada. Por constituir infração de menor potencial ofensivo, está sujeita às disposições da Lei n. 9.099/95. É cabível a suspensão condicional do processo (art. 89 da Lei n. 9.099/95).

Aliciamento para o fim de emigração

Art. 206. Recrutar trabalhadores, mediante fraude, com o fim de levá-los para território estrangeiro:

Pena – detenção, de 1 (um) a 3 (três) anos, e multa. *(Redação determinada pela Lei n. 8.683/93)*

(1) Organização do trabalho: Vide comentários ao art. 197 do CP.
(2) Organização do trabalho. Fundamento constitucional: Vide comentários ao art. 197 do CP.
(3) Crimes contra a organização do trabalho. Competência: Vide comentários ao art. 197 do CP.
(4) Objeto jurídico: Protege-se o interesse estatal em manter seus trabalhadores em território nacional.

(5) Noções gerais: Pune-se o recrutamento fraudulento (mediante o emprego de meio enganoso, falsas promessas) de trabalhadores com o fim de levá-los para território estrangeiro. A lei usa o termo *trabalhadores* no plural, de modo que se discute na doutrina qual o número mínimo de trabalhadores que devem ser recrutados. Esse crime pode ser praticado por qualquer pessoa, não se exigindo qualquer qualidade especial. Sujeito passivo principal é o Estado e, secundariamente, os trabalhadores recrutados. O elemento subjetivo é o dolo, acrescido do fim especial de levar os trabalhadores para território estrangeiro. Por ser crime formal, para sua consumação basta o recrutamento fraudulento, sendo prescindível a saída dos trabalhadores do território nacional. A tentativa é possível, embora difícil a sua ocorrência.

(6) Tráfico internacional de pessoas para fim de exploração sexual: Vide CP, art. 231.

(7) Tráfico de pessoas para retirada de órgãos: Vide art. 15 da Lei n. 9.434, de 4 de fevereiro de 2007.

(8) Promoção ou auxílio à efetivação de ato destinado ao envio de criança ou adolescente para o exterior com inobservância das formalidades legais ou com o fito de obter lucro: Vide ECA, art. 239.

(9) Estatuto do Estrangeiro: Vide art. 125, VII e XII.

(10) Ação penal. Lei dos Juizados Especiais Criminais: Trata-se de crime de ação penal pública incondicionada. E cabível a suspensão condicional do processo (art. 89 da Lei n. 9.099/95).

Aliciamento de trabalhadores de um local para outro do território nacional

Art. 207. Aliciar trabalhadores, com o fim de levá-los de uma para outra localidade do território nacional:

Pena – detenção de 1 (um) a 3 (três) anos, e multa. *(Pena cominada de acordo com a Lei n. 9.777/98)*

§ 1º Incorre na mesma pena quem recrutar trabalhadores fora da localidade de execução do trabalho, dentro do território nacional, mediante fraude ou cobrança de qualquer quantia do trabalhador, ou, ainda, não assegurar condições do seu retorno ao local de origem. *(Parágrafo acrescentado pela Lei n. 9.777/98)*

§ 2º A pena é aumentada de 1/6 (um sexto) a 1/3 (um terço) se a vítima é menor de 18 (dezoito anos, idosa, gestante, indígena ou portadora de deficiência física ou mental. *(Parágrafo acrescentado pela Lei n. 9.777/98)*

(1) Organização do trabalho: Vide comentários ao art. 197 do CP.

(2) Organização do trabalho. Fundamento constitucional: Vide comentários ao art. 197 do CP.

(3) Crimes contra a organização do trabalho. Competência: Vide comentários ao art. 197 do CP.

(4) Considerações gerais (caput): Objetiva-se proteger o interesse do Estado em manter os trabalhadores em seus locais de origem. Pune-se o *aliciamento*, isto é, a conduta de seduzir, convencer, induzir trabalhadores, a fim de levá-los para outro Estado ou Município. Não há o emprego de fraude, ao contrário do crime do artigo anterior. A doutrina discute qual seria o número mínimo de trabalhadores. Qualquer pessoa pode praticar o delito em estudo. Sujeito passivo é o Estado. Elemento subjetivo é o dolo, isto é, a vontade de aliciar trabalhadores, acrescido do fim especial de levá-los de uma para outra localidade do território nacional. Trata-se de crime formal, de modo que se consuma com o mero aliciamento dos trabalhadores, independentemente da efetiva transferência destes de uma localidade para outra. A tentativa é admissível.

(5) Forma equiparada: Pune-se com a mesma pena do *caput* quem recrutar trabalhadores fora da localidade de execução do trabalho, dentro do território nacional, mediante fraude ou cobrança de qualquer quantia do trabalhador ou, ainda, não assegurando condições de retorno ao seu local de origem. Esta última hipótese constitui crime omissivo, sendo certo que o crime se configura ainda que o trabalhador consiga por meios próprios retornar à sua localidade de origem.

(6) Causa de aumento de pena: A pena é aumentada de um sexto a um terço se a vítima é menor de dezoito anos, idosa, gestante, indígena ou portadora de deficiência física ou mental.

(7) Redução à condição análoga à de escravo: Vide CP, art. 148.

(8) Tráfico interno de pessoas para fim de exploração sexual: Vide CP, art. 231-A.

(9) Tráfico de pessoas para retirada de órgãos: Vide art. 15 da Lei n. 9.434, de 4 de fevereiro de 2007.

(10) Ação penal. Lei dos Juizados Especiais Criminais: Trata-se de crime de ação penal pública incondicionada. É cabível a suspensão condicional do processo (art. 89 da Lei n. 9.099/95), na forma prevista no *caput* e no § 1º, sem o aumento de pena do § 2º.

TÍTULO V
DOS CRIMES CONTRA O SENTIMENTO RELIGIOSO E CONTRA O RESPEITO AOS MORTOS

CAPÍTULO I
DOS CRIMES CONTRA O SENTIMENTO RELIGIOSO

Ultraje a culto e impedimento ou perturbação de ato a ele relativo

Art. 208. Escarnecer de alguém publicamente, por motivo de crença ou função religiosa; impedir ou perturbar cerimônia ou prática de culto religioso; vilipendiar publicamente ato ou objeto de culto religioso:

Pena – detenção, de 1 (um) mês a 1 (um) ano, ou multa.

Parágrafo único. Se há emprego de violência, a pena é aumentada de um terço, sem prejuízo da correspondente à violência.

(1) Documentos internacionais: De acordo com o art. 12 da Convenção Americana sobre Direitos Humanos (Pacto de São José da Costa Rica), promulgada no Brasil pelo Decreto n. 678, de 6-11-1992, "1. Toda pessoa tem direito à liberdade de consciência e de religião. Esse direito implica liberdade de conservar sua religião ou suas crenças, bem como a liberdade de professar e divulgar sua religião ou suas crenças, individual ou coletivamente, tanto em público como em privado. 2. Ninguém pode ser objeto de medidas restritivas que possam limitar sua liberdade de conservar sua religião ou suas crenças, ou de mudar de religião ou de crenças. 3. A liberdade de manifestar a própria religião e as próprias crenças estão sujeitas unicamente às limitações prescritas pelas leis e que sejam necessárias para proteger a segurança, a ordem, a saúde ou morais públicas ou os direitos ou liberdade das demais pessoas. 4. Os pais e, quando for o caso, os tutores têm o direito a que seus filhos ou pupilos recebam a educação religiosa e moral que esteja acorde com suas próprias convicções".

(2) Fundamento constitucional: De acordo com o art. 5º, VI, da CF: "é inviolável a liberdade de consciência e de crença assegurado o livre exercício dos cultos religiosos e garantida, na forma da lei, a proteção aos locais de culto e as suas liturgias".

(3) Objeto jurídico: O dispositivo em estudo tutela: (a) a liberdade individual do homem de ter uma crença; (b) a liberdade de exercer o ministério religioso; (c) a religião contra o escárnio.

(4) Escárnio de alguém publicamente por motivo de crença ou função religiosa (caput, 1ª parte): *Escárnio* significa zombar, ridicularizar, de forma a ofender alguém, em virtude de crença (fé na doutrina religiosa) ou função religiosa (é a exercida por padres, pastores etc.) O escárnio, o qual deve ser necessariamente público, pode ser praticado por diversas formas: oral, escrita, simbólica etc. Se não for público, poderá configurar outro crime, como, por exemplo, a injúria. Trata-se de crime comum, o qual pode ser praticado por qualquer pessoa. O sujeito passivo deve ser pessoa determinada, pois o escárnio da crença ou função religiosa deve ofender alguém. O elemento subjetivo é o dolo, consistente na vontade livre e consciente de escarnecer de alguém, por motivo de crença ou função religiosa. Ausente essa motivação, outro crime poderá configurar-se, por exemplo, injúria. O crime se consuma com o ato de escarnecer publicamente, sendo inadmissível a tentativa na forma verbal.

(5) Impedimento ou perturbação de cerimônia ou prática de culto (caput, 2ª parte): A Constituição Federal assegura o livre exercício dos cultos religiosos e garante, na forma da lei, a proteção aos locais de culto e as suas liturgias. Obviamente que se protege a liberdade de culto que não atente contra a moral ou os bons costumes. O dispositivo também protege a ordem pública. Pune-se, assim, a ação de *impedir*, isto é, não permitir o início ou prosseguimento da cerimônia (missa, casamento, batizado, procissão) ou prática de culto religioso (sermão, oração, novena); ou *perturbar*, isto é, atrapalhar, tumultuar a cerimônia ou culto religioso. Qualquer pessoa pode praticar o delito em estudo, ainda que não esteja participando da cerimônia ou do culto religioso. Sujeitos passivos são os fiéis que participam da cerimônia ou prática de culto religioso, bem como aqueles que realizam a sua celebração. Elemento subjetivo é o dolo, isto é, a vontade livre e consciente de impedir ou perturbar a cerimônia ou prática de culto religioso. Admite-se o dolo eventual. O crime se consuma com o efetivo impedimento ou perturbação da cerimônia ou prática de culto religioso. A tentativa é admissível.

(6) Vilipêndio público de ato ou objeto de culto religioso (caput, última parte): Como a Constituição Federal garante a liberdade individual de crença e de culto religioso, incrimina-se a ação de vilipendiar (desprezar, ultrajar), por palavras, gestos ou meio escrito, ato ou objeto de culto religioso. O vilipêndio deve ser praticado na presença de várias pessoas e no decorrer do ato religioso (cerimônia ou prática de culto religioso) ou diretamente sobre ou contra a coisa objeto do culto religioso (imagem de santo, por exemplo). O elemento subjetivo do crime é o dolo. O crime se consuma com a prática do ato ultrajante. A tentativa não será possível na hipótese em que o delito for praticado mediante ofensas verbais.

(7) Causa de aumento de pena e concurso de crimes (parágrafo único): Se há o emprego de violência física contra a pessoa ou coisa que possa resultar por si só em algum crime, haverá o concurso de crimes. O concurso, nessa hipótese, dar-se-á com a forma majorada dos crimes contra o sentimento religioso em virtude do emprego de violência.

(8) Ação penal. Lei dos Juizados Especiais Criminais: Trata-se de crime de ação penal pública incondicionada. Por se cuidar de infração de menor potencial ofensivo, incidem as disposições da Lei n. 9.099/95, ainda que haja a incidência da majorante (1/3). A suspensão condicional do processo (art. 89 da Lei n. 9.099/95) é cabível no *caput* e no parágrafo único.

CAPÍTULO II
DOS CRIMES CONTRA O RESPEITO AOS MORTOS

Impedimento ou perturbação de cerimônia funerária

Art. 209. Impedir ou perturbar enterro ou cerimônia funerária:

Pena – detenção, de 1 (um) mês a 1 (um) ano, ou multa.

Parágrafo único. Se há emprego de violência, a pena é aumentada de um terço, sem prejuízo da correspondente à violência.

(1) Objeto jurídico: Tutela-se o sentimento de respeito aos mortos.

(2) Considerações gerais: Punem-se, com esse dispositivo legal, as condutas de *impedir* ou *perturbar* enterro ou cerimônia fúnebre (embalsamamento, velório, honras fúnebres). Esse crime, em razão das ações nucleares, se assemelha ao previsto no art. 208, 2ª parte, porém cuida este último da cerimônia de caráter religioso. Assim, se a cerimônia tiver caráter religioso, o crime será o previsto no art. 208 do CP. *Nesse sentido:* E. Magalhães Noronha, *Direito penal*, cit., v. 3, p. 83. Qualquer pessoa pode praticar o delito em tela. Estamos diante de um crime vago, de forma que sujeito passivo do crime é a coletividade, a família, os amigos do morto. O elemento subjetivo é o dolo. O crime se consuma com o efetivo impedimento ou perturbação do enterro ou cerimônia funerária. Se, empregados todos os meios idôneos, não se logra a concretização desses resultados, estamos diante da modalidade tentada do crime em estudo.

(3) Causa de aumento de pena (parágrafo único): "Se há emprego de violência, a pena é aumentada de um terço, sem prejuízo da correspondente à violência". *Vide* comentários ao art. 208, parágrafo único.

(4) Ação penal. Lei dos Juizados Especiais Criminais: Trata-se de crime de ação penal pública incondicionada. Por se tratar de infração de menor potencial ofensivo, incidem as disposições da Lei n. 9.099/95, ainda que haja a incidência da majorante (1/3) prevista no parágrafo único do artigo. É cabível a suspensão condicional do processo (art. 89 da Lei n. 9.099/95) no *caput* e na forma majorada do parágrafo único.

Violação de sepultura

Art. 210. Violar ou profanar sepultura ou urna funerária:

Pena – reclusão, de 1 (um) a 3 (três) anos, e multa.

(1) Objeto jurídico: Tutela-se o sentimento de respeito aos mortos.

(2) Considerações gerais: Incriminam-se as ações de violar (devassar, destruir etc.) ou profanar (ultrajar, macular, tratar com desprezo etc.) sepultura (é o local onde se encontra enterrado o cadáver humano ou suas partes, abrangendo, segundo Noronha, os adornos fixados, a lápide, as inscrições) ou urna funerária (caixa ou vaso que contém as cinzas ou ossos). Qualquer pessoa pode praticar o delito em tela. Considera-se sujeito passivo desse crime a coletividade, a família e os amigos do falecido. Trata-se de crime vago. É o dolo, consubstanciado na vontade livre e consciente de violar ou profanar sepultura ou urna funerária. Na doutrina há uma discussão se é necessário o elemento subjetivo do tipo (dolo específico na doutrina tradicional). Sobre o tema, *vide* E. Magalhães Noronha, *Direito penal*, cit., v. 3, p. 83; Nélson Hungria, *Comentários*, cit., v. VIII, p. 7. Celso Delmanto e outros, *Código Penal comentado*, cit., p. 410; Damásio de Jesus, *Código Penal anotado*, cit., p. 694, e Julio Fabbrini Mirabete, *Manual*, cit., v. 2, p. 403. O crime se consuma com a violação ou profanação de sepultura ou urna funerária. É cabível a tentativa.

(3) Calúnia contra os mortos (art. 138, § 2º): Se a profanação constituir calúnia contra o morto haverá concurso formal entre os citados crimes.

(4) Subtração ou destruição de cadáver (art. 211): A violação de sepultura constitui meio necessário para a prática do crime do art. 211, além do que atinge a mesma objetividade jurídica.

(5) Furto de objetos da sepultura (art. 155): Se o agente violar a sepultura e subtrair objetos (p. ex., joias, dinheiro) que foram enterrados juntos ao corpo do falecido, a violação será absorvida

pelo furto, sendo aplicável o princípio da consunção. Se o cadáver for vilipendiado (por exemplo: jogar excrementos nele), haverá concurso material de delitos, uma vez que, para se subtraírem objetos de uma sepultura, não é necessário vilipendiar o cadáver.

Furto de próteses dentárias, incrustações e pinos de ouro: Vide comentários ao art. 155 do CP.

(6) Exumação de cadáver e autorização judicial: É possível a exumação do cadáver para exame cadavérico (CPP, art. 163). A lei processual não menciona a autorização judicial para tanto. Contudo, a sua ausência poderá caracterizar um dos crimes dos arts. 210 a 212 do CP. *Nesse sentido:* Francisco de Assis do Rêgo Monteiro Rocha, *Curso de direito processual penal*, Rio de Janeiro: Forense, 1999. Vide também art. 67 da LCP.

(7) Ação penal. Lei dos Juizados Especiais Criminais: Trata-se de crime de ação penal pública incondicionada. É cabível a suspensão condicional do processo (art. 89 da Lei n. 9.099/95).

Destruição, subtração ou ocultação de cadáver

Art. 211. Destruir, subtrair ou ocultar cadáver ou parte dele:

Pena – reclusão, de 1 (um) a 3 (três) anos, e multa.

(1) Objeto jurídico: Tutela-se o sentimento de respeito aos mortos.

(2) Considerações gerais: Pune-se a ação de *destruir* (tornar a coisa insubsistente; não é necessária, contudo, a sua destruição total), *subtrair* (tirar o cadáver do local onde se encontra) ou *ocultar* (esconder). A ocultação somente pode ocorrer antes do sepultamento, ao contrário da subtração, que se pode dar antes ou depois do sepultamento. O objeto material do crime é o cadáver, isto é, o corpo que ainda conserve a forma humana (não se inclui o esqueleto humano ou suas cinzas) ou parte dele (não se incluem, conforme Noronha, as partes amputadas de corpo vivo). No conceito de cadáver, é abrangido o natimorto, porém se exclui o feto. Qualquer pessoa pode praticar o crime em estudo. Trata-se de crime vago, de forma que o sujeito passivo é a coletividade, a família e os amigos do falecido. O elemento subjetivo é o dolo. Consuma-se o delito com a destruição total ou parcial do cadáver, com a subtração ou ocultação do cadáver. Na modalidade ocultar, o crime é permanente. É admissível a tentativa.

(3) Concurso de crimes: Se o agente matar a vítima e depois destruir ou ocultar o seu cadáver (CP, arts. 121 e 211), ocorrerá concurso material de crimes. Se o agente para destruir ou subtrair o cadáver tiver de violar a sua sepultura (CP, art. 210), haverá delito único.

(4) Ação penal. Lei dos Juizados Especiais Criminais: Trata-se de crime de ação penal pública incondicionada. É cabível a suspensão condicional do processo (art. 89 da Lei n. 9.099/95).

(5) Remoção de órgãos, tecidos e partes do corpo humano para fins de transplante e tratamento (Lei n. 9.434/97): "A disposição gratuita de tecidos, órgãos e partes do corpo humano, em vida ou *post mortem*, para fins de transplante e tratamento, é permitida na forma desta Lei" (art. 1º). Vide arts. 14 a 20 da Lei n. 9.434/97, os quais preveem condutas criminosas relacionadas à disposição de órgãos e partes do corpo humano em desacordo com seus preceitos.

Vilipêndio a cadáver

Art. 212. Vilipendiar cadáver ou suas cinzas:

Pena – detenção, de 1 (um) a 3 (três) anos, e multa.

(1) Objeto jurídico: Tutela-se o sentimento de respeito aos mortos.

(2) Considerações gerais: Incrimina-se a ação de *vilipendiar* (ultrajar, tratar com desprezo) cadáver (*vide* conceito no art. 211) ou as suas cinzas (resíduos decorrentes do corpo cremado ou em combustão). Segundo Noronha, é também objeto material do crime o esqueleto. A ação cri-

minosa deve se dar sobre ou junto ao cadáver ou às suas cinzas. *Nesse sentido*: Nelson Hungria, *Comentários*, cit., v. VIII, p. 74. Qualquer pessoa pode praticar o delito em tela. Por se tratar de crime vago, sujeito passivo é a coletividade, a família e os amigos do falecido. Elemento subjetivo é o dolo. Consuma-se o crime com a prática do ato configurador do vilipêndio. Não se admite a tentativa na hipótese de vilipêndio oral, pois se trata de crime unissubsistente.

(3) Distinção: O crime em estudo difere do previsto no art. 208, pois neste o vilipêndio atinge ato ou objeto de culto religioso.

(4) Ação penal. Lei dos Juizados Especiais Criminais: Trata-se de crime de ação penal pública incondicionada. É cabível a suspensão condicional do processo (art. 89 da Lei n. 9.099/95)

TÍTULO VI
DOS CRIMES CONTRA A DIGNIDADE SEXUAL *(Título VI com denominação determinada pela Lei n. 12.015/2009)*

(1) Modificações operadas pela Lei n. 12.015, de 7 de agosto de 2009: (a) alterou o Título VI da Parte Especial do Decreto-Lei n. 2.848, de 7 de dezembro de 1940 – Código Penal; (b) modificou o art. 1º da Lei n. 8.072, de 25 de julho de 1990, que dispõe sobre os crimes hediondos, nos termos do inciso XLIII do art. 5º da Constituição Federal; (c) acrescentou novo dispositivo legal à Lei n. 8.069, de 13 de julho de 1990; (d) revogou a Lei n. 2.252, de 1º de julho de 1954, que trata de corrupção de menores.

(2) Objeto jurídico em face da Lei n. 12.015/2009: O Título VI, com as modificações operadas pela Lei n. 12.015, de 7 de agosto de 2009, passou a tratar dos delitos contra a dignidade sexual, substituindo a expressão "Dos crimes contra os costumes". Mudou-se, portanto, o foco da proteção jurídica. Não se tem em vista, agora, em primeiro plano, a moral média da sociedade, o resguardo dos bons costumes, isto é, o interesse de terceiros, como bem mais relevante a ser protegido, mas a tutela da dignidade do indivíduo, sob o ponto de vista sexual. Desse modo, o que se tutela é a dignidade da pessoa humana, sob o aspecto sexual, e os direitos a ela inerentes, como a sua liberdade, sua integridade física, sua vida ou sua honra etc. Ao lado disso, busca-se a proteção também da moralidade pública sexual, cujos padrões devem pautar a conduta dos indivíduos, de molde a que outros valores de grande valia para o Estado não sejam sobrepujados.

CAPÍTULO I
DOS CRIMES CONTRA A LIBERDADE SEXUAL

Estupro

Art. 213. Constranger alguém, mediante violência ou grave ameaça, a ter conjunção carnal ou a praticar ou permitir que com ele se pratique outro ato libidinoso.

Pena – reclusão, de 6 (seis) a 10 (dez) anos. *(Redação dada pela Lei n. 12.015/2009)*

§ 1º Se da conduta resulta lesão corporal de natureza grave ou se a vítima é menor de 18 (dezoito) ou maior de 14 (catorze) anos:

Pena – reclusão, de 8 (oito) a 12 (doze) anos.

§ 2º Se da conduta resulta morte:

Pena – reclusão, de 12 (doze) a 30 (trinta) anos. *(§§ 1º e 2º acrescentados pela Lei n. 12.015/2009)*

(1) Antiga redação: "Constranger mulher à conjunção carnal, mediante violência ou grave ameaça: Pena – reclusão, de 6 (seis) a 10 (dez) anos. Parágrafo único. *Parágrafo acrescentado pela Lei n. 8.069/90 e revogado pela Lei n. 9.281/96*".

(2) Documentos internacionais: 1. Convenção sobre a Eliminação de Todas as Formas de Discriminação contra a Mulher (CEDAW): adotada pela Resolução n. 34/180 da Assembleia das Nações Unidas, em 18-12-1979, e aprovada pelo Decreto Legislativo n. 93, de 14-11-1983. Ratificada pelo Brasil em 1º-2-1984 (com reservas) e promulgada pelo Decreto n. 89.406, de 20-3-1984. Posteriormente, o Decreto n. 26, de 23-6-1994, suspendeu as reservas interpostas pelo governo brasileiro à assinatura da Convenção, sendo que em 2002 restou aprovado o Protocolo Facultativo. Este protocolo foi assinado pelo Brasil em 13-3-2001, aprovado pelo Congresso Nacional em 6-6-2002 (Decreto Legislativo n. 107) e promulgado em 28-9-2002 (Decreto n. 4.316); 2. Convenção Interamericana para Prevenir, Punir e Erradicar a Violência contra a Mulher, também chamada de "Convenção de Belém do Pará": adotada pela Assembleia Geral da Organização dos Estados Americanos em 6-6-1994. Ratificada pelo Brasil em 27-11-1995 e promulgada pelo Decreto n. 1.973, de 1º-10-1996. Esta Convenção define a violência contra a mulher e estabelece sua dimensão: "(...) entender-se-á por violência contra a mulher qualquer ato ou conduta baseada no gênero, que cause morte, dano ou sofrimento físico, sexual ou psicológico à mulher, tanto na esfera pública como na esfera privada" (art. 1º); 3. Declaração e Programa de Ação de Viena (1993): o documento resultante da Conferência foi assinado por 171 nações, dentre as quais o Brasil, e declara que "os direitos humanos de mulheres e meninas são parte indivisível, integral e inalienável dos direitos humanos universais. A violência baseada em gênero e todas as formas de exploração e abuso sexual, incluindo as resultantes de preconceito cultural e tráfico internacional, são incompatíveis com a dignidade e o valor da pessoa humana e devem ser eliminadas"; 4. Declaração de Beijing – IV Conferência Mundial sobre as Mulheres (1995); 5. Convenção Americana sobre Direitos Humanos – Pacto de São José da Costa Rica: adotada e aberta à assinatura na Conferência Especializada Interamericana sobre Direitos Humanos, em São José da Costa Rica, em 22-11-1969; 6. Declaração Universal dos Direitos Humanos.

(3) Fundamento constitucional: De acordo com o art. 5º, II, da CF: "ninguém será obrigado a fazer ou deixar de fazer alguma coisa senão em virtude de lei".

(4) Objeto jurídico: Com a nova epígrafe do delito em estudo, passou-se a tipificar a ação de constranger qualquer pessoa (homem ou mulher) a ter conjunção carnal ou a praticar ou a permitir que com ele se pratique outro ato libidinoso. Desse modo, ações que antes configuravam crime de atentado violento ao pudor (CP, art. 214), atualmente revogado pela Lei n. 12.015/2009, passaram a integrar o delito de estupro, sem importar em *abolitio criminis*. Houve uma atipicidade meramente relativa, com a passagem de um tipo para outro (em vez de atentado violento ao pudor, passou a configurar também estupro, com a mesma pena). Conclui-se, portanto, que o estupro passou a abranger a prática de qualquer ato libidinoso, conjunção carnal ou não, ampliando a sua tutela legal, para abarcar não só a liberdade sexual da mulher, mas também a do homem.

(5) Ação nuclear (caput)*:* Pune-se a ação de constranger (forçar, compelir, coagir) alguém a: (a) conjunção carnal; ou (b) praticar ou permitir que com ele se pratique outro ato libidinoso.

Conjunção carnal: É a cópula vagínica, ou seja, a penetração efetiva do membro viril na vagina. A antiga redação do art. 213 do CP somente abarcava esse ato sexual, sendo as demais práticas lascivas abrangidas pelo art. 214 do CP, atualmente revogado pela Lei n. 12.015, de 7 de agosto de 2009.

Ato libidinoso: Compreende outras formas de realização do ato sexual, que não a conjunção carnal. São os coitos anormais (por exemplo, a cópula oral e anal), os quais constituíam o crime autônomo de atentado violento ao pudor (CP, antigo art. 214). Pode-se afirmar que ato libidinoso é aquele destinado a satisfazer a lascívia, o apetite sexual. Cuida-se de conceito bastante abrangente, na medida em que compreende qualquer atitude com conteúdo sexual que tenha por finalidade a satisfação da libido. Não se incluem nesse conceito as palavras, os escritos com conteúdo erótico, pois a lei se refere a ato, ou seja, realização física concreta.

Ato libidinoso e beijo lascivo: Há discussão na doutrina se o beijo lascivo, os "amassos", e os toques nas regiões pudendas configurariam atos libidinosos diversos da conjunção carnal, que perfazem o novo delito de estupro, ou mera contravenção penal. Para Cezar Roberto Bitencourt, a partir da Lei dos Crimes Hediondos, falta a eles a danosidade proporcional. Segundo o autor, quando ocorrer em lugar público ou acessível ao público, deve desclassificar-se para a contravenção do art. 61 da LCP (*Código Penal Comentado*, cit., p. 859). Para Luiz Flávio Gomes, também haverá a contravenção do art. 61 da LCP (*Claus Roxin no Brasil*, disponível em: www.ielf.com.br). Em sentido contrário: Damásio E. de Jesus, *Direito penal*: parte especial, 14. ed., São Paulo: Saraiva, 1999, v. 3, p. 103-104, para quem haveria o revogado crime de atentado violento ao pudor (atual delito de estupro). E, ainda: STJ: "1. 'Referindo-se a lei a ato libidinoso diverso da conjunção carnal, inclui no tipo toda ação atentatória ao pudor praticada com o propósito lascivo, seja sucedâneos da conjunção carnal ou não. É considerado libidinoso o beijo aplicado de modo lascivo ou com fim erótico' (Júlio Fabbrini Mirabete, in *Código Penal interpretado*: Atlas, 1999, p. 1262). 2. Daí por que mostra-se prematura a desclassificação operada, com a consequente remessa dos autos ao Juizado Especial Criminal, para instrução e julgamento de eventual contravenção penal. 3. Recurso especial provido" (STJ, REsp 578169/RS, 6ª T., Rel. Min. Hamilton Carvalhido, j. 26-5-2004, *DJ* 2-8-2004, p. 603). No mesmo sentido: STJ: "II – Em nosso sistema, atentado violento ao pudor engloba atos libidinosos de diferentes níveis, inclusive, os contatos voluptuosos e os beijos lascivos. A revaloração da prova delineada no próprio decisório recorrido, suficiente para a solução do caso, é, ao contrário do reexame, permitida no recurso especial. (Precedentes)" (STJ, REsp 765593/RS, 5ª T., Rel. Min. Felix Fischer, j. 3-11-2005, *DJ* 19-12-2005, p. 468).

Ato libidinoso e desnudamento da vítima (jurisprudência anterior à Lei n. 12.015/2009): STJ: "Recurso Especial. Penal. Agente que constrange a vítima a praticar ato libidinoso diverso da conjunção carnal. Atentado violento ao pudor configurado. Irrelevância de não ter havido o desnudamento. Recurso conhecido" (STJ, REsp 249595/SP, 6ª T., Rel. Min. Hamilton Carvalhido, j. 16-4-2002, *DJ* 23-6-2003, p. 451).

(6) **Meios executórios:** O tipo penal se refere ao emprego de violência ou grave ameaça.

Violência: O tipo penal se refere à violência real, isto é, o emprego de força física contra a vítima (coação física).

Grave ameaça: É aquela que age no psíquico da vítima, anulando a sua capacidade volitiva (violência moral). O mal prometido deve ser grave. Pode ser direto (dirigido contra a vítima) ou indireto (dirigido contra terceiro), justo ou injusto. Deve ser avaliado de acordo com as condições individuais da vítima.

Violência presumida: A lei, em seu art. 224, presumia a violência da vítima: (a) de 14 anos ou menos; (b) alienada ou débil mental, se o agente conhecesse esta circunstância; (c) quando ela não pudesse, por qualquer outra causa, oferecer resistência. Nessas hipóteses, considerava-se, por ficção legal, ter havido conjunção carnal mediante constrangimento, sendo irrelevante o consentimento da vítima, cuja vontade era totalmente desconsiderada, ante sua incapacidade para assentir. O estupro com violência real ou presumida integrava o mesmo tipo incriminador, com penas idênticas. Com o advento da Lei n. 12.015/2009, o estupro cometido contra pessoa sem capacidade ou condições de consentir, com violência ficta, deixou de integrar o art. 213 do CP para configurar crime autônomo, previsto no art. 217-A, sob o nome de "estupro de vulnerável", com a pena mais severa de reclusão de 8 a 15 anos, quando na forma simples. O § 1º do mencionado art. 217-A pune com a mesma pena do *caput* os atos libidinosos contra pessoa, cuja enfermidade ou deficiência mental lhe retire o discernimento ou a capacidade de resistência. No seu § 3º (o § 2º foi vetado), há uma qualificadora: se da conduta resultar lesão corporal de natureza grave, pena de reclusão, de 10 a 20 anos. Finalmente, no § 4º, se resulta morte, pena de reclusão, de 12 a 30 anos.

Fraude: Se o agente tiver conjunção carnal ou praticar outro ato libidinoso com alguém, mediante fraude ou outro meio que impeça ou dificulte a livre manifestação de vontade da vítima, o crime será o previsto no art. 215 do CP, com a nova redação determinada pela Lei n. 12.015/2009. Sobre o tema, *vide* comentários ao art. 215 do CP.

(7) Sujeito ativo: Na antiga redação do art. 213 do CP, a mulher não podia ser autora imediata do estupro, ante a sua impossibilidade física de praticar o coito comissivamente. Podia, no entanto, ser autora mediata, quando, por exemplo, constrangesse um homem a praticar conjunção carnal com uma mulher, mediante violência ou, o que é mais comum, grave ameaça. Com as modificações introduzidas pela Lei n. 12.015/2009, o tipo penal passou a abarcar não só a prática de conjunção carnal, mas também qualquer outro ato libidinoso, possibilitando, assim, que a mulher também se torne sujeito ativo desse crime.

Mulher como coautora: É perfeitamente possível. Cite-se como exemplo a mulher que constrange a vítima mediante o emprego de arma de fogo ou procura segurar-lhe o corpo, mediante violência física, para que o seu comparsa realize a conjunção carnal. Mencione-se que, com o advento da Lei n. 12.015/2009, a mulher tanto poderá ser coautora e partícipe do crime de estupro como também autora, em virtude de o tipo penal, a partir de agora, abranger os atos libidinosos diversos da conjunção carnal.

Marido como autor. A questão da violência doméstica e familiar contra a mulher (Lei n. 11.340, de 7-8-2006): Marido que, mediante o emprego de violência ou grave ameaça, constrange a mulher à prática de relações sexuais comete crime de estupro. A mulher tem direito à inviolabilidade de seu corpo, de forma que jamais poderão ser empregados meios ilícitos, como a violência ou grave ameaça, para constrangê-la à prática de qualquer ato sexual. Isso veio a ser reforçado com a edição da Lei n. 11.340/2006, que criou mecanismos para coibir e prevenir a violência doméstica e familiar contra a mulher; dispôs sobre a criação dos Juizados de Violência Doméstica e Familiar contra a mulher; estabeleceu medidas de assistência e proteção às mulheres em situação de violência doméstica e familiar. *Nesse sentido*, TJRS: "Exercício regular de direito. Não configuração. Não age ao amparo do exercício regular de direito o marido que constrange sua esposa à cópula *intra matrimonium*, tendo em vista que a recusa injustificada aos deveres do casamento constitui causa para a separação judicial e não autorização normativa para a prática de crimes sexuais. Desclassificação do fato para constrangimento ilegal. Inviabilidade. Demonstrado que a violência física dirigiu-se à conjunção carnal, incide, na espécie, o tipo penal definido no art. 213 do Código Penal, não se cogitando da desclassificação do fato para constrangimento ilegal, diante do princípio da especialidade. Apelo improvido" (TJRS: Ap. Crim. 70009102377, 8ª Câmara Criminal, Rel. Marco Antônio Ribeiro de Oliveira, j. 29-9-2004).

(8) Sujeito passivo: Atualmente, tanto o homem quanto a mulher podem ser sujeitos passivos do crime em exame. Na antiga redação do art. 213 do CP, somente a mulher podia ser vítima de estupro, pois apenas esta poderia ser obrigada a realizar cópula vagínica. Não se exclui da proteção legal a prostituta.

Vítima menor de 14 anos: Se o agente realizar conjunção carnal ou praticar ato libidinoso com vítima menor de 14 anos, haverá o delito previsto no art. 217-A (estupro de vulnerável), não havendo mais que se falar na presunção de violência prevista no revogado art. 224 do CP.

Vítima menor de 18 e maior de 14 anos: Haverá a configuração do crime na forma qualificada (§ 1º). Note-se que o legislador incorreu em grave equívoco, na medida em que se o crime for praticado contra a vítima no dia do seu 14º aniversário, não haverá o delito do art. 217-A, nem a qualificadora do art. 213 do CP. Poderá haver, no caso, o estupro na forma simples, se houver o emprego de violência ou grave ameaça. Se houver o consentimento do ofendido, o fato será atípico, sendo a lei, nesse ponto, benéfica para o agente, devendo retroagir para alcançá-lo.

(9) Elemento subjetivo: É o dolo, consubstanciado na vontade de constranger alguém à conjunção carnal ou a praticar ou permitir que com ele se pratique outro ato libidinoso, mediante o emprego de violência ou grave ameaça.

(10) Consumação: Consuma-se o delito com a introdução completa ou incompleta do pênis na cavidade vaginal da mulher, independentemente da ejaculação do agente ou da ruptura do hímen da vítima durante o evento, na hipótese desta ser virgem, ou com a prática de qualquer outro ato libidinoso. A satisfação sexual do agente não é exigida para a consumação.

(11) Tentativa: É possível. Se o agente emprega violência ou grave ameaça, que são atos executórios do crime, mas não consegue, por circunstâncias alheias a sua vontade, realizar a conjunção carnal ou os atos libidinosos diversos, há crime tentado. Mencione-se que, no caso da tentativa da conjunção carnal, se for constatada a prática anterior de atos libidinosos diversos (por exemplo, coito oral), o crime será considerado consumado, pois, com o advento da Lei n. 12.015/2009, tais atos passaram a perfazer o delito de estupro.

(12) Desistência voluntária: Caso o agente não tenha realizado qualquer contato físico com a vítima, mas tenha empregado grave ameaça contra ela, levando-a a tirar suas vestes, vindo, no entanto, a desistir voluntariamente de seu desiderato, deverá responder pelo crime de *constrangimento ilegal* (CP, art. 146), uma vez que, pela regra da desistência voluntária, o sujeito ativo apenas responde pelos atos até então praticados (CP, art. 15). *Nesse sentido*, TJRS: "Embargos infringentes. Estupro tentado. Desistência voluntária. Quando o agente, após puxar o cobertor e a calça comprida da vítima, sem êxito, de agarrá-la e beijá-la, sem tentar tirar-lhe a calcinha, levanta-se e vai embora, desiste voluntariamente de prosseguir no *iter criminis*. Vítima que diz, expressamente, que o réu 'desistiu de incomodá-la por conta própria'. Responsabilização criminal pelo delito residual que, em face da proporcionalidade, é o de constrangimento ilegal. Embargos acolhidos por maioria" (TJRS, EI 70010310480, 4º Grupo de Câmaras Criminais, Rel. Nereu José Giacomolli, j. 22-3-2005).

(13) Prova: Se "a infração deixar vestígios, será indispensável o exame de corpo de delito, direto ou indireto, não podendo supri-lo a confissão do acusado", conforme estatui o art. 158 do CPP. Essa regra legal excepciona o princípio da livre apreciação da prova pelo juiz (CPP, art. 155, com a redação determinada pela Lei n. 11.690/2008), bem como o da verdade real. Há, porém, uma tendência da jurisprudência no sentido de abrandar os rigores dessa regra, sob o argumento de que, não sendo ilícitas, as demais provas podem ser valoradas pelo juiz como admissíveis. *Nesse sentido:* STF: "A nulidade decorrente da falta de realização do exame do corpo de delito não tem sustentação frente à jurisprudência do Supremo Tribunal Federal, que não considera imprescindível a perícia, desde que existentes outros elementos de prova" (STF, HC 76.265-3/RS, 1ª T., Rel. Min. Ilmar Galvão, *DJU* 18-10-1996, p. 39847). Na mesma senda, STJ: "A configuração do crime de estupro prescinde da realização do exame de corpo de delito, sendo suficiente a manifestação inequívoca e segura da vítima, quando em consonância com os demais elementos probatórios delineados ao bojo da ação penal" (STJ, HC 8.720/RJ, 6ª T., Rel. Min. Vicente Leal, *DJU*, 29-11-1999, p. 126).

Estupro com grave ameaça ou violência presumida (cf. hipóteses do revogado art. 224 do CP): STF: "Nos crimes contra a liberdade sexual cometidos mediante grave ameaça ou com violência presumida, não se impõe, necessariamente, o exame de corpo de delito direto, porque tais infrações penais, quando praticadas nessas circunstâncias (com violência moral ou com violência ficta), nem sempre deixam vestígios materiais. O exame de corpo de delito indireto, fundado em prova testemunhal idônea e/ou em outros meios de prova consistentes (CPP, art. 167), revela-se legítimo (*RTJ* 63/836; *RTJ* 81/110; *RT* 528/311), desde que, por não mais subsistirem vestígios sensíveis do fato delituoso, não se viabilize a realização do exame direto. Precedentes" (STF, HC

69591/SE, Rel. Min. Celso de Mello, j. 10-11-1992, *DJ* 29-9-2006, p. 46). Atualmente, o crime de estupro com violência presumida configura a nova modalidade delitiva do art. 217-A (estupro de vulnerável).

Laudos de conjunção carnal e de espermatozoides negativos: STF: "O fato de os laudos de conjunção carnal e de espermatozoides resultarem negativos não invalida a prova do estupro, dado que é irrelevante se a cópula vagínica foi completa ou não, e se houve ejaculação. Existência de outras provas. Precedentes do STF" (STF, HC 74.246-SP, 2ª T., Rel. Min. Carlos Velloso, *DJ* 13-12-1996, p. 50165). Ressalve-se que, a partir da Lei n. 12.015/2009, a mera prática de atos libidinosos diversos da conjunção carnal já configura o crime de estupro.

Palavra da vítima (jurisprudência anterior à Lei n. 12.015/2009): STF: "1. Em se tratando de delito contra os costumes, a palavra da ofendida ganha especial relevo. Aliada aos exames periciais, elide o argumento da negativa de autoria" (STF, RHC 79788/MG, 2ª T., Rel. Min. Nelson Jobim, j. 2-5-2000, *DJ* 17-8-2001, p. 52). STJ: "A palavra da vítima, em sede de crime de estupro, ou atentado violento ao pudor, em regra, é elemento de convicção de alta importância, levando-se em conta que estes crimes, geralmente, não têm testemunhas, ou deixam vestígios. II – Para efeito de apreciação em sede de *writ*, a autoria do delito pelo qual os pacientes restaram condenados está suficientemente demonstrada com base nas provas produzidas. *Writ* denegado" (STJ, HC 46597/MG, 5ª T., Rel. Min. Felix Fischer, j. 6-12-2005, *DJ* 13-2-2006, p. 838). STJ: "I. Hipótese em que o Juízo sentenciante se valeu, primordialmente, da palavra da vítima – menina de apenas 8 anos de idade, à época do fato –, e do laudo psicológico, considerados coerentes em seu conjunto, para embasar o decreto condenatório. II. Nos crimes de estupro e atentado violento ao pudor, a palavra da vítima tem grande validade como prova, especialmente porque, na maior parte dos casos, esses delitos, por sua própria natureza, não contam com testemunhas e sequer deixam vestígios. Precedentes. III. Recurso provido, nos termos do voto do Relator" (STJ, REsp 700800/RS, 5ª T., Rel. Min. Gilson Dipp, j. 11-3-2005, *DJ* 18-4-2005, p. 384). Por fim, TJRS: "Prova. Crime contra os costumes. Palavra da vítima. Valor. Como se tem decidido, nos crimes contra os costumes, cometidos às escondidas, a palavra da vítima assume especial relevo, pois, via de regra, é a única. E ela prepondera sobre a do réu. Esta preponderância resulta do fato de que uma pessoa, sem desvios de personalidade, não irá acusar desconhecido da autoria de um delito, quando isto não ocorreu. E quem é acusado, em geral, procura fugir da responsabilidade de seu ato. Tratando-se de pessoa idônea, sem qualquer animosidade contra o agente, não se poderá imaginar que ela vá mentir em Juízo, acusando um inocente. No caso, as declarações da vítima informam e convencem sobre a tentativa de estupros sofrida por ela e seu autor, o apelante. Apelo defensivo desprovido. Por maioria" (TJRS, Ap. Crim. 70010755536, 7ª Câmara Criminal, Rel. Sylvio Baptista Neto, j. 14-4-2005).

(14) Concurso de crimes. Estupro e o revogado atentado violento ao pudor: Na antiga sistemática do Código Penal, os delitos de estupro e atentado violento ao pudor eram reputados crimes distintos, previstos em tipos autônomos. Assim, havia dois crimes, sem a possibilidade de aplicação do benefício do crime continuado, dada a diversidade de espécies entre os dois delitos. Esse era o entendimento majoritário dos Tribunais Superiores. Com o advento da Lei n. 12.015/2009, o crime de estupro passou a abarcar também os atos libidinosos diversos da conjunção carnal, de forma que, a partir de agora, será possível sustentar a continuidade delitiva em tais casos. Desse modo, se o agente, por diversas ocasiões, constranger a vítima, mediante o emprego de violência ou grave ameaça, a com ele praticar conjunção carnal e qualquer outro ato libidinoso diverso do coito vagínico, há continuidade delitiva (CP, art. 71). Nesse sentido, tem decidido o STF: "Estupro e atentado violento ao pudor. Mesmas circunstâncias de tempo, modo e local. Crimes da mesma espécie. Continuidade delitiva. Reconhecimento. Possibilidade. Superveniência da Lei n. 12.015/09. Retroatividade da lei penal mais benéfica. Art. 5º, XL, da Constituição Federal. HC concedido.

Concessão de ordem de ofício para fins de progressão de regime. A edição da Lei n. 12.015/09 torna possível o reconhecimento da continuidade delitiva dos antigos delitos de estupro e atentado violento ao pudor, quando praticados nas mesmas circunstâncias de tempo, modo e local e contra a mesma vítima". Contrariamente a esse entendimento, a 5ª Turma do STJ manteve posicionamento no sentido de que, mesmo diante da nova lei, é impossível reconhecer-se a continuidade delitiva entre as condutas que tipificavam o estupro e o atentado violento ao pudor, hoje previstas apenas como estupro, posto que segundo o Ministro Felix Fischer, constranger alguém à conjunção carnal não será o mesmo que constranger à prática de outro ato libidinoso de penetração, como o sexo oral ou anal. Segundo ainda a interpretação da Turma Julgadora, mesmo inseridas dentro de um mesmo tipo penal, estaríamos diante de um tipo misto cumulativo, cujo modo de execução das condutas seria distinto (STJ, HC 104.724-MS, Rel. originário Min. Jorge Mussi, Rel. para acórdão Min. Felix Fischer, julgado em 22-6-2010).

Concurso de crimes. Vários estupros contra a mesma vítima na mesma ocasião: Haverá um só crime, ainda que o agente tenha mantido mais de uma relação sexual ou praticado atos libidinosos diversos com a mesma vítima, na mesma ocasião. *Nesse sentido*, TJRS: "Estupro. Prova. Palavra da ofendida ajustada a circunstâncias outras postas nos autos. Réu que mantém mais de uma vez relações sexuais com a ofendida. Crime único. Réu, primo da ofendida, e que admite o relacionamento sexual, apenas negando violência. A prática, em uma mesma ocasião, de relações sexuais com duas ejaculações não corresponde ao cometimento de dois crimes, que possa render ensejo à continuidade delitiva. Ato delituoso único" (TJRS, Ap. Crim. 698052057, 2ª Câmara Criminal, Rel. Marcelo Bandeira Pereira, j. 30-4-1998).

Concurso de crimes. Vários estupros contra a mesma vítima em ocasiões diversas: STJ: "I. Hipótese na qual ao paciente foi atribuído o atentado violento ao pudor praticado em desfavor de sua própria filha, desde que esta tinha 8 anos de idade. II. Descabida a pretensão de afastamento da continuidade delitiva, pois os argumentos trazidos na impetração, corroborados por julgados desta Corte, não se amoldam ao caso dos autos, sendo que ao paciente não foi imputado o estupro, tampouco o atentado violento ao pudor a ele atribuído foi praticado contra vítimas diversas" (STJ, HC 47623/PB, 5ª T., Rel. Min. Gilson Dipp, j. 13-12-2005, *DJ* 1º-2-2006, p. 583). TJRS: "Apelação-crime. Estupro. Materialidade e autoria. Comprovação. A palavra da vítima, dando conta detalhadamente das investidas libidinosas do acusado, corroborada pelos relatos de sua mãe, sua tia e sua avó, determinam a condenação do réu, sobremodo quando a versão exculpatória apresentada figura inconsistente. A comprovação da materialidade de delitos de estupro prescinde de constatação das práticas sexuais por exame de corpo de delito, haja vista que não deixam necessariamente vestígios. Estupros. Lapso temporal. Continuidade delitiva. Reconhecimento. Viabilidade. Viável o reconhecimento da continuidade delitiva quando evidenciado nos autos ter o acusado perseguido objetivo único, buscando o congresso carnal com a vítima durante quase um ano, não tendo sido interrompida a cadeia delitiva até o alcançar do fim colimado pelo agente" (TJRS, Ap. Crim. 70015908056, 8ª Câmara Criminal, Rel. Roque Miguel Fank, j. 1º-11-2006).

Concurso de crimes. Estupro contra vítimas diversas: STJ: "I. Esta Corte, seguindo orientação do Supremo Tribunal Federal, já decidiu pela impossibilidade de reconhecimento da continuidade delitiva em crimes contra a liberdade sexual contra vítimas diversas, hipótese em que se incide a regra do concurso material" (STJ, REsp 806429/RS, 5ª T., Rel. Min. Gilson Dipp, j. 25-4-2006, *DJ* 22-5-2006, p. 247). Em sentido contrário, TJRS: "Revisão Criminal. Estupro em continuidade delitiva. Pedido acolhido para, tão somente, reduzir a fração da continuidade delitiva, por serem dois os crimes, praticados na mesma ocasião, no mesmo lugar, com idêntico modo de execução, contra duas adolescentes" (TJRS, RvCrim 70001053966, 3º Grupo de Câmaras Criminais, Rel. Paulo Moacir Aguiar Vieira, j. 21-5-2004).

Concurso de crimes. Estupro e contágio de moléstia venérea. A Lei n. 12.015/2009 criou duas novas causas de aumento de pena, incidentes sobre os capítulos do Título VI. Assim, de acordo com o art. 234-A, a pena será aumentada de metade: (a) se do crime resultar gravidez: basta, desse modo, que da prática, por exemplo, do estupro, resulte a aludida consequência para a vítima. Não é necessário que a gravidez seja abrangida pelo dolo do agente; (b) se o agente transmite à vítima doença sexualmente transmissível de que sabe (dolo direto) ou deveria saber (dolo eventual) ser portador. Na hipótese, não há mais que se falar no concurso formal impróprio entre o crime contra a dignidade sexual e o delito do art. 131 do CP (perigo de contágio de moléstia venérea), constituindo a transmissão da doença uma circunstância majorante.

Concurso de crimes. Estupro e sequestro ou cárcere privado: A partir da entrada em vigor da Lei n. 11.106, de 28-3-2005, a privação, com fim libidinoso, da liberdade de qualquer pessoa será enquadrada no crime de sequestro ou cárcere privado na forma qualificada (CP, art. 148, § 1º, V).

(15) Competência: O estupro cometido dentro de uma embarcação ou aeronave passa a ser crime de competência da Justiça Federal para o seu julgamento e processamento.

(16) Ação penal: Vide comentários ao art. 225 do CP, com a redação determinada pela Lei n. 12.015/2009.

(17) Identificação criminal: De acordo com o art. 3º da revogada Lei n. 10.054, de 7-12-2000, "o civilmente identificado será submetido à identificação criminal no caso de indiciamento ou acusação por homicídio doloso, crime contra o patrimônio mediante violência ou grave ameaça, crime de receptação qualificada, crimes contra a liberdade sexual e falsificação de documento público", dentre outras hipóteses. A Lei n. 10.054/2000, porém, acabou por ser revogada pela Lei n. 12.037, de 1º de outubro de 2009, a qual passou a regulamentar o art. 5º, LVIII, da Constituição Federal. Dessa forma, ao contrário do antigo Diploma legal, não há mais qualquer menção à identificação criminal no caso de indiciamento ou acusação por tais crimes. Assim, o sujeito não mais será submetido à identificação criminal apenas pelo fato de estar sendo indiciado por este ou aquele crime, sem qualquer circunstância que justifique a cautela. No entanto, a lei, no inciso IV, possibilitou que, diante da prática de qualquer delito, a autoridade judicial em despacho decida acerca da essencialidade da identificação criminal, mediante representação da autoridade policial, Ministério Público, defesa ou de ofício.

(18) Formas qualificadas: As formas qualificadas pelo resultado estão previstas nos §§ 1º (1ª parte) e 2º, do art. 213, conforme modificações operadas pela Lei n. 12.015/2009. Estavam antes contempladas no art. 223 do CP, o qual foi expressamente revogado pelo aludido Diploma Legal. Desse modo, o crime será qualificado pelo resultado: (a) se da conduta resulta lesão corporal de natureza grave (cf. § 1º, 1ª parte). Trata-se de situação já prevista no revogado art. 223 do CP, não tendo ocorrido *abolitio criminis*. Note-se que a pena do artigo revogado foi mantida pela Lei n. 12.015/2009, qual seja, a de reclusão, de 8 a 12 anos. Mencione-se que, ao falar em lesão corporal de natureza grave, a lei se refere às de natureza grave e gravíssima, o que significa que a expressão está empregada em sentido lato; (b) se da conduta resulta morte (§ 2º): cuida-se de hipótese igualmente prevista no revogado art. 223 do CP, com uma diferença: a anterior pena de reclusão, de 12 a 25 anos, foi modificada, passando o limite máximo a ser de 30 anos de reclusão, constituindo, portanto, hipótese de *novatio legis in pejus*.

Crime complexo: Verifica-se a ocorrência do chamado crime complexo, uma vez que aos delitos sexuais em questão somam-se as lesões corporais culposas de natureza grave ou o homicídio culposo.

Elemento subjetivo: Convém ressaltar que todas as hipóteses do art. 213 são preterdolosas, nelas existindo dolo no antecedente (estupro) e culpa no resultado agravador consequente (lesões graves ou morte). Se houver dolo nas lesões ou no homicídio, estarão configurados dois delitos autônomos em concurso material: estupro e lesões graves dolosas, ou o mencionado delito sexual mais o homicídio doloso, devendo, neste último caso, ambos ser julgados pelo júri popular. Assim, se o agente, após estuprar a vítima, resolver lesioná-la ou matá-la, incidirá a regra do concurso material de crimes. Entendimento diverso levaria a uma situação injusta, já que o estupro qualificado na forma do art. 213 do CP recebe pena menor do que a resultante da soma dos delitos dolosos autonomamente praticados. Sobre o tema: TJRS: "Apelação-crime. Estupro e lesões corporais. Materialidade e autoria. Comprovação. A palavra firme e coerente da vítima, que reconheceu o réu como autor dos delitos descritos na peça inicial e narrou pormenorizadamente o desenrolar dos fatos delituosos, roborada pelo depoimento de uma testemunha, que identificou o acusado como sendo aquele que adentrou a residência da vítima na ocasião dos fatos, é suficiente para a condenação nos termos dos artigos 129, *caput* e 213, ambos do Código Penal, quando ausentes nos autos elementos que demonstrem deseje incriminar falsamente o denunciado. Lesões corporais e estupro. Continuidade delitiva. Consunção. Inviabilidade. Não há falar em continuidade delitiva entre os crimes de lesões corporais e estupro, porquanto nem mesmo são da mesma natureza. Além disso, a consunção entre os fatos delituosos, no caso, é inviável, pois os crimes foram cometidos mediante desígnios autônomos, já que o réu lesionou a vagina da vítima com uma faca depois de tê-la estuprado, não tendo sido tal violência empregada, desta forma, para consecução do delito contra a liberdade sexual" (Apelação Crime n. 70010837029, 8ª Câmara Criminal, Rel. Des. Roque Miguel Fank, j. 27-4-2005).

Lesões corporais leves: Se em decorrência do estupro advierem lesões corporais leves, estas serão absorvidas pelo estupro, em virtude do princípio da consunção, pois são consideradas meios necessários para a cópula vagínica. Na presença de vias de fato, serão elas também absorvidas pelo estupro. Nesse sentido, STJ: "*Habeas corpus.* Penal. Estupro com lesões corporais leves. O estupro absorve as lesões corporais leves decorrentes do constrangimento, ou da conjunção carnal, não havendo, pois, como separar estas daquele, para se exigir a representação prevista no artigo 88, da Lei n. 9.099/95" (HC 21423/SP, 5ª T., Rel. Min. José Arnaldo da Fonseca, 5ª T., j. 25-6-2002, *DJ* 26-8-2002, p. 279).

Lesão ou morte provocada em terceiro: Se as lesões culposas ou o homicídio culposo forem provocados em terceiros, e não na própria vítima, como consequência da violência empregada na prática sexual, não estará tipificada a forma qualificada do art. 213 do CP, devendo o agente responder pelas infrações em concurso material.

Tentativa: Ocorrida a hipótese de crime preterdoloso, ficará afastada a possibilidade da tentativa, de modo que, consumando-se as lesões graves ou a morte, a título de culpa, o crime complexo previsto no art. 213, §§ 1º (1ª parte) e 2º, estará consumado, aplicando-se por analogia a solução dada ao latrocínio pela Súmula 610 do STF: "Há crime de latrocínio quando o homicídio se consuma, ainda que não realize o agente a subtração de bens da vítima".

Vítima menor de 18 ou maior de 14 anos: Interessante notar que a Lei n. 12.015/2009 acrescentou uma nova qualificadora ao delito de estupro, de forma que a pena será de reclusão, de 8 a 12 anos, se a vítima é menor de 18 anos ou maior de 14 (catorze) anos (CP, art. 213, § 1º, 2ª parte). Portanto, considerando a idade da ofendida, o legislador optou por agravar a reprimenda penal quando o estupro for praticado contra adolescente. Não se trata de hipótese de delito qualificado pelo resultado, muito embora conste do § 1º do art. 213 do CP. Note-se que a qualificadora não incidirá se o crime for praticado na data em que a vítima completa seu 14º aniversário.

Natureza hedionda: Tais crimes qualificados são considerados hediondos, consoante expresso teor do art. 1º, V, da Lei n. 8.072/90 (com as modificações operadas pela Lei n. 12.015/2009). Note-se que o estupro praticado contra vítima menor de 18 anos ou maior de 14 também passou a sujeitar-se ao regime mais drástico da Lei n. 8.072/90.

Lei dos Crimes Hediondos

(1) Crime hediondo: Previa o art. 1º da Lei n. 8.072/90 que eram considerados crimes hediondos o estupro (art. 213 e sua combinação com o art. 223, *caput* e parágrafo único) e o atentado

violento ao pudor (art. 214 e sua combinação com o art. 223, *caput* e parágrafo único). Com as modificações introduzidas pela Lei n. 12.015/2009, o art. 214 do CP foi revogado e as condutas lá previstas passaram a ser abarcadas pelo delito de estupro (CP, art. 213). Do mesmo modo, foi revogado o art. 223, *caput* e parágrafo único, do CP, e as formas qualificadas pelo resultado lá contempladas foram inseridas no art. 213, §§ 1º (1ª parte) e 2º, do CP. Diante de tais mudanças, o art. 1º, V, da Lei n. 8.072/90, dispôs expressamente que é considerado crime hediondo o estupro na forma simples (art. 213, *caput*) e qualificada (§§ 1º e 2º). A Lei n. 12.015/2009 também passou a considerar hediondo o delito de estupro de vulnerável, em sua forma simples (CP, art. 217-A e § 1º) e qualificada (CP, art. 217, §§ 3º e 4º) (cf. modificações introduzidas na Lei n. 8.072/90, art. 1º, VI), não havendo mais qualquer discussão sobre se o antigo delito de estupro com violência presumida teria natureza hedionda (sobre o tema, *vide* comentários ao art. 217-A).

(2) Causa de aumento de pena: O art. 9º da Lei n. 8.072/90 prevê que as penas fixadas para os crimes capitulados nos arts. 213, *caput*, e sua combinação com o art. 223, *caput* e parágrafo único, 214 e sua combinação com o art. 223, *caput* e parágrafo único, são acrescidas de metade, respeitando o limite superior de 30 anos de reclusão, estando a vítima em qualquer das hipóteses referidas no art. 224 também do Código Penal. Sucede que, com o advento da Lei n. 12.015/2009, os arts. 214, 223 e 224 do CP foram expressamente revogados. Assim, as formas qualificadas do delito de estupro (antes previstas no art. 223) passaram a integrar os §§ 1º (1ª parte) e 2º do art. 213 do CP. As hipóteses do art. 224 do CP (violência presumida), de outro lado, passaram a constituir tipo penal autônomo (CP, art. 217-A), com a previsão de formas qualificadas pelo resultado. Sobre o tema, *vide* comentários ao art. 9º da Lei n. 8.072/90 no tópico relativo às "Disposições Gerais".

(3) Estupro e progressão de regime: *Vide* comentários ao art. 33 do CP.

(4) Estupro e penas restritivas de direitos: *Vide* comentários ao art. 44 do CP.

(5) Estupro e sursis: *Vide* comentários aos arts. 77 e 44 do CP.

Lei das Contravenções Penais (Decreto-Lei n. 3.688/41)

(1) Importunação ofensiva ao pudor: De acordo com o art. 61 da LCP, "Importunar alguém, em lugar público ou acessível ao público, de modo ofensivo ao pudor: Pena – multa". Exemplo: encostão de frente, sem violência ou grave ameaça, passar rapidamente a mão nas pernas da vítima que está sentada em um trem. *Vide*, no item "4", a questão relativa ao beijo lascivo.

Atentado violento ao pudor

Art. 214. *(Revogado pela Lei n. 12.015, de 2009)*

(1) Revogação: De acordo com o art. 7º da Lei n. 12.015/2009, "Revogam-se os arts. 214, 216, 223, 224 e 232 do Decreto-Lei n. 2.848, de 7 de dezembro de 1940 – Código Penal, e a Lei n. 2.252, de 1º de julho de 1954".

(2) Considerações gerais: Consoante a nova redação determinada pela Lei n. 12.015, de 7 de agosto de 2009, ao art. 213 do CP, constitui crime de estupro a ação de "Constranger alguém, mediante violência ou grave ameaça, a ter conjunção carnal ou a praticar ou permitir que com ele se pratique outro ato libidinoso" (art. 213, com a nova redação determinada pela Lei n. 12.015, de 7 de agosto de 2009). O novel dispositivo legal, portanto, estranhamente, abarcou diversas situações que não se enquadrariam na acepção originária do crime de estupro, o qual sempre tutelou, sobretudo, a liberdade sexual da mulher, ou seja, a liberdade de dispor de seu corpo, de não ser forçada violentamente a manter conjunção carnal com outrem. Portanto, a nota característica do crime de estupro sempre foi o constrangimento da mulher à conjunção carnal, representada esta pela introdução do pênis em sua cavidade vaginal. A liberdade sexual do homem jamais foi prote-

gida pelo tipo penal em estudo. Com a nova epígrafe do delito em exame, entretanto, passou-se a tipificar a ação de constranger qualquer pessoa (homem ou mulher) a ter conjunção carnal, ou a praticar ou permitir que com ele se pratique outro ato libidinoso. Portanto, ações que antes configuravam crime de atentado violento ao pudor (CP, art. 214), atualmente revogado pela Lei n. 12.015/2009, passaram a integrar o delito de estupro, sem importar em *abolitio criminis*. Houve uma atipicidade meramente relativa com a passagem de um tipo para outro (em vez de atentado violento ao pudor, passou a configurar também estupro, com a mesma pena). Sobre o tema, *vide* comentários ao art. 213 do CP.

Violação sexual mediante fraude *(Rubrica com denominação determinada pela Lei n. 12.015/2009)*

Art. 215. Ter conjunção carnal ou praticar outro ato libidinoso com alguém, mediante fraude ou outro meio que impeça ou dificulte a livre manifestação de vontade da vítima: *(Artigo com redação dada pela Lei n. 12.015, de 2009)*

Pena – reclusão, de 2 (dois) a 6 (seis) anos.

Parágrafo único. Se o crime é cometido com o fim de obter vantagem econômica, aplica-se também multa.

(1) Antiga redação: "Ter conjunção carnal com mulher, mediante fraude: *(Redação dada pela Lei n. 11.106/2005)* Pena – reclusão, de 1 (um) a 3 (três) anos. Parágrafo único. Se o crime é praticado contra mulher virgem, menor de 18 (dezoito) e maior de 14 (catorze) anos: Pena – reclusão, de 2 (dois) a 6 (seis) anos". O dispositivo em estudo havia sido alterado pela Lei n. 11.106, de 28 de março de 2005, que entrou em vigor no dia 29 de março de 2005, data de sua publicação, e que acabou por excluir da redação do artigo o elemento normativo "*honesta*".

(2) Objeto jurídico: A partir das modificações operadas pela Lei n. 12.015/2009, tutela-se aqui a liberdade sexual de qualquer pessoa, homem ou mulher, ou seja, a liberdade de dispor de seu corpo, de consentir na prática da conjunção carnal ou outro ato libidinoso, sem que essa anuência seja obtida mediante fraude ou outro meio que impeça ou dificulte a livre manifestação de vontade da vítima.

(3) Ação nuclear: Antes da promulgação da Lei n. 12.015/2009, punia-se a ação de ter cópula vagínica com mulher, mediante fraude. O tipo penal não abarcava a prática de atos libidinosos diversos da conjunção carnal, mediante engano, ardil, cuja previsão estava contida no art. 216 do CP. A partir da edição da Lei n. 12.015/2009, o tipo penal passou a reprimir a conduta de ter cópula vagínica *ou praticar outro ato libidinoso com alguém*, mediante a obtenção fraudulenta de seu consentimento *ou outro meio que impeça ou dificulte a livre manifestação de vontade da vítima*. Diante disso, o crime de atentado ao pudor mediante fraude (CP, art. 216) acabou por ser revogado expressamente pela Lei n. 12.015/2009.

(4) Meio executório: O delito em estudo tem como nota característica o emprego de fraude, o que leva a doutrina a denominá-lo de "estelionato sexual". Ao contrário do crime de estupro, o agente obtém a prestação sexual mediante o uso de meio enganoso, ou seja, meio iludente da vontade da vítima e não com a utilização de violência ou grave ameaça, motivo pelo qual ele é considerado delito de menor gravidade. Deve o meio empregado ser idôneo a viciar a vontade da vítima, do contrário, não haverá crime. Na análise da idoneidade do meio utilizado, devem ser levadas em conta as condições da vítima. Cite-se, como exemplo desse crime, a ação do curandeiro que obtém a posse sexual de mulher rústica sob o argumento de que somente o ato sexual a livrará dos males que sofre. Além desse meio executório, consistente no emprego de fraude, o tipo penal passou a contemplar uma fórmula genérica, consubstanciada na expressão: *outro meio que*

impeça ou dificulte a livre manifestação de vontade da vítima. Certamente, se a vítima estiver impossibilitada de oferecer resistência por motivos como embriaguez completa, narcotização, o crime será o de estupro de vulnerável (CP, art. 217-A), cuja pena é muito mais gravosa que a do delito em estudo.

(5) Sujeito ativo: Assim como no reformulado crime de estupro, tanto o homem quanto a mulher podem praticar o delito em tela, pois o tipo penal faz expressa referência à conjunção carnal ou outro ato libidinoso.

(6) Sujeito passivo: Tanto o homem quanto a mulher podem ser sujeito passivo do crime em questão. Não se exige que a vítima seja honesta, sob o ponto de vista da moral sexual.

Vítima menor de 18 e maior de 14 anos: O revogado parágrafo único do art. 215 considerava como qualificado (Pena – reclusão de 2 a 6 anos) o crime praticado contra mulher virgem, menor de 18 e maior de 14 anos. Deviam estar presentes as duas condições para que se configurasse a qualificadora, pois o tipo penal não possuía a conjunção alternativa "ou". A Lei n. 12.015/2009 aboliu referida qualificadora.

Vítima menor de 14 anos: Haverá o crime de estupro de vulnerável (CP, art. 217-A, que constituía o antigo crime de estupro com violência presumida – CP, art. 213 c.c. o 224, *a*).

(7) Elemento subjetivo: É o dolo, consubstanciado na vontade livre e consciente de ter conjunção carnal ou praticar outro ato libidinoso com alguém, mediante fraude ou outro meio que impeça ou dificulte a livre manifestação de vontade da vítima. Se o crime é cometido com o fim de obter vantagem econômica, aplica-se também multa (CP, art. 215, parágrafo único).

(8) Consumação: Assim como no crime de estupro, consuma-se com a introdução completa ou incompleta do pênis na cavidade vaginal da mulher, no caso de conjunção carnal, ou com a prática de atos libidinosos diversos.

(9) Tentativa: A tentativa é perfeitamente possível. Assim, o crime será tentado se, por exemplo, um curandeiro, ao solicitar os favores sexuais de mulher rústica sob o argumento de que curará seus males, é surpreendido no momento em que está prestes a introduzir seu órgão genital na vagina da mulher.

(10) Forma qualificada: Está contemplada no parágrafo único do art. 215, com a nova redação determinada pela Lei n. 12.015/2009: "Se o crime é cometido com o fim de obter vantagem econômica, aplica-se também multa". Nesse aspecto, a lei agravou a situação do réu, pois não havia qualquer previsão legal sobre a pena de multa, se existente a finalidade econômica. Mencione-se que não é necessária a efetiva obtenção da vantagem econômica para que se configure o delito, bastando que se comprove tal finalidade.

(11) Ação penal: Sobre a ação penal, *vide* comentários ao art. 225 do CP, com as suas exceções.

Atentado ao pudor mediante fraude
Art. 216. *(Revogado pela Lei n. 12.015, de 2009)*

(1) Revogação: De acordo com o art. 7º da Lei n. 12.015/2009, "Revogam-se os arts. 214, 216, 223, 224 e 232 do Decreto-Lei n. 2.848, de 7 de dezembro de 1940 – Código Penal, e a Lei n. 2.252, de 1º de julho de 1954".

(2) Considerações gerais: O art. 216 do Código Penal acabou por ser revogado expressamente pela Lei n. 12.015/2009. Não se trata, contudo, de *abolitio criminis*, pois os elementos do aludido tipo penal acabaram por ser abarcados pelo crime do art. 215 do CP, o qual passou a reprimir a conduta de: "Ter conjunção carnal ou praticar outro ato libidinoso com alguém, mediante fraude ou outro meio que impeça ou dificulte a livre manifestação de vontade da vítima: Pena – reclusão, de 2 (dois) a 6 (seis) anos. Parágrafo único. Se o crime é cometido com o fim de obter vantagem econômica, aplica-se também multa". Dentre as modificações legais, destaca-se que: (a) o crime

de violação sexual mediante fraude (antigo delito de posse sexual mediante fraude) se perfazerá não só com a obtenção fraudulenta da cópula vagínica, mas também de qualquer outro ato libidinoso diverso; (b) a qualificadora do parágrafo único foi abolida (se a vítima é menor de 18 e maior de 14 anos); (c) foi inserida a pena de multa quando existente o fim de obter vantagem econômica. Sobre o tema, *vide* comentários ao art. 215 do CP.

Assédio sexual

Art. 216-A. Constranger alguém com o intuito de obter vantagem ou favorecimento sexual, prevalecendo-se o agente da sua condição de superior hierárquico ou ascendência inerentes ao exercício de emprego, cargo ou função.

Pena – detenção, de 1 (um) a 2 (dois) anos. *(Acrescentado pela Lei n. 10.224/2001)*

Parágrafo único. (Vetado)

§ 2º A pena é aumentada em até 1/3 (um terço) se a vítima é menor de 18 (dezoito) anos. *(A Lei n. 12.015/2009 acrescenta o § 2º sem mencionar ou renumerar o parágrafo único)*

(1) Lei penal no tempo: O art. 216-A foi introduzido no Código Penal pela Lei n. 10.224, de 15-5-2001, publicada em 16-5-2001, data em que entrou em vigor, não se aplicando, portanto, aos fatos cometidos antes dessa data. Por se tratar de norma incriminadora, é irretroativa.

(2) Objeto jurídico: Tutela-se mais uma vez a liberdade sexual do indivíduo, bem como a sua tranquilidade e paz de espírito, impedindo que o exercício de sua atividade se torne um constante embaraço ou suplício.

(3) Ação nuclear: Consubstancia-se no verbo *constranger*. O constrangimento visa a obter vantagem ou favorecimento sexual. Não se trata do emprego de violência ou grave ameaça. A utilização destes meios de execução configura crime mais grave (estupro), embora não haja consenso na doutrina. Na realidade, o agente abusa de sua condição de superior hierárquico ou ascendência inerentes ao exercício de emprego, cargo ou função para intimidar, importunar, embaraçar a vítima e, com isso, obter a vantagem de natureza sexual de seu subordinado. A vítima, por sua vez, cede, ante o temor de represálias. O assédio sexual pode ser praticado verbalmente, por escrito ou por gestos.

(4) Elemento normativo: Pune-se o assédio decorrente da relação de trabalho ("assédio laboral"). Deve o crime ser praticado por agente que se prevaleça de sua condição hierarquicamente superior ou de sua ascendência, qualquer delas inerente ao exercício de emprego, cargo ou função. Refere-se a lei, portanto, às relações privadas e públicas. Não basta, contudo, que o assédio seja praticado no ambiente de trabalho. É necessário que o agente efetivamente se valha de sua superioridade hierárquica para constranger a vítima. A ausência desse elemento normativo poderá caracterizar a contravenção penal de importunação ofensiva ao pudor, se for praticada em lugar público ou acessível ao público (LCP, art. 61). O tipo penal não abrange as relações domésticas, de coabitação ou de hospitalidade. A empregada doméstica, no entanto, encontra-se protegida pelo dispositivo penal, pois há relação empregatícia. Finalmente, o tipo penal também não abarca o assédio praticado com abuso ou violação de dever inerente a ofício ou ministério (é aquele exercido por padres, freiras, pastores).

(5) Sujeito ativo: Trata-se de crime próprio, pois somente pode ser praticado pelo agente que se prevaleça da sua condição de superior hierárquico ou ascendência inerentes ao exercício de emprego, cargo ou função. Se for praticado por qualquer outra pessoa de nível hierárquico igual ou inferior ao da vítima, não haverá o crime em tela. Essa hipótese é chamada de *assédio ambiental*.

(6) Sujeito passivo: É o homem ou a mulher que se encontra numa posição hierarquicamente inferior à do agente.

(7) Elemento subjetivo: É o dolo, consubstanciado na vontade livre e consciente de constranger a vítima, acrescido de uma finalidade especial consistente em obter vantagem ou favorecimento sexual. A vantagem almejada pode destinar-se ao próprio agente ou a outrem.

(8) Consumação: Trata-se de crime formal. Consuma-se com a prática de um único ato de assédio, independentemente da obtenção da vantagem ou favorecimento sexual. A efetiva obtenção desta constitui mero exaurimento do crime.

(9) Tentativa: Em tese, é admissível.

(10) Causa de aumento de pena (CP, art. 216-A, § 2º): De acordo com a nova causa de aumento de pena, acrescentada pela Lei n. 12.015/2009, a sanção é aumentada em até um terço se a vítima é menor de 18 anos. Trata-se de *novatio legis in pejus*, não podendo retroagir para alcançar fatos praticados antes de sua entrada em vigor. Mencione-se que a lei incorreu em uma impropriedade técnica, pois, sem que houvesse a previsão de um anterior § 1º, introduziu um § 2º. Na realidade, a previsão legal deveria constar de um parágrafo único.

(11) Causa de aumento de pena (CP, art. 226): Vide comentários ao art. 226, com as modificações operadas pela Lei n. 11.106/2005. Convém aqui mencionar que: (a) a majorante prevista no inciso I (se o crime é cometido com o concurso de duas ou mais pessoas) é aplicável ao assédio sexual; (b) a majorante prevista no inciso II (se o agente é ascendente, padrasto ou madrasta, tio, irmão, cônjuge, companheiro, tutor, curador, preceptor ou empregador da vítima ou por qualquer outro título tem autoridade sobre ela) é aplicável ao delito em tela, mas somente em parte, pois a figura do preceptor ou empregador se insere na condição de superior hierárquico ou ascendência, inerentes ao exercício de emprego, cargo ou função (elemento normativo do tipo). Do contrário, estaríamos diante de um verdadeiro *bis in idem*; (c) a majorante prevista no inciso III foi revogada pela Lei n. 11.106/2005, e previa que a pena seria aumentada se o agente fosse casado. Tal majorante era perfeitamente aplicável ao crime de assédio sexual. Por se tratar de *novatio legis in mellius*, retroage para beneficiar o agente.

(12) Causa de aumento de pena (art. 234-A): Vide comentários constantes no capítulo "Disposições gerais".

(13) Ação penal e Lei dos Juizados Especiais Criminais: Sobre a ação penal, *vide* comentários ao art. 225 do CP, com as suas exceções. Trata-se de crime de menor potencial ofensivo, estando sujeito às disposições da Lei n. 9.099/95.

CAPÍTULO II
DOS CRIMES SEXUAIS CONTRA VULNERÁVEL *(Capítulo II com denominação determinada pela Lei n. 12.015/2009)*

O Capítulo II do Código Penal dispunha acerca dos crimes de sedução (CP, art. 217) e corrupção de menores (CP, art. 218). O crime de sedução acabou por ser revogado pela Lei n. 11.106, de 28 de março de 2005, atendendo aos reclamos da doutrina que não via, na prática, a viabilidade da aplicação desse dispositivo penal. Subsistiu, portanto, o crime de corrupção de menores, o qual dispunha a conduta de "Corromper ou facilitar a corrupção de pessoa maior de catorze e menor de dezoito anos, com ela praticando ato de libidinagem, ou induzindo-a a praticá-lo ou presenciá-lo: Pena — reclusão, de um a quatro anos".

Com o advento da Lei n. 12.015/2009, significativas alterações foram operadas no Capítulo II do Código Penal, o qual recebeu a rubrica de "crimes sexuais contra vulneráveis", passando a contemplar inúmeros outros delitos, tais como: estupro de vulnerável (CP, art. 217-A); a mediação de menor de 14 (catorze) anos para satisfação da lascívia de outrem (CP, art. 218, sem nomenclatura legal); satisfação de lascívia mediante presença de criança ou adolescente (art. 218-A); e favorecimento da prostituição ou de outra forma de exploração sexual de criança ou adolescente ou de vulnerável (CP, art. 218-B).

Sedução

Art. 217. *(Revogado pela Lei n. 11.106/2005)*

Estupro de vulnerável

Art. 217-A. Ter conjunção carnal ou praticar outro ato libidinoso com menor de 14 (catorze) anos:

Pena – reclusão, de 8 (oito) a 15 (quinze) anos. *(Artigo incluído pela Lei n. 12.015/2009)*

§ 1º Incorre na mesma pena quem pratica as ações descritas no *caput* com alguém que, por enfermidade ou deficiência mental, não tem o necessário discernimento para a prática do ato, ou que, por qualquer outra causa, não pode oferecer resistência.

§ 2º (*Vetado*)

§ 3º Se da conduta resulta lesão corporal de natureza grave:

Pena – reclusão, de 10 (dez) a 20 (vinte) anos.

§ 4º Se da conduta resulta morte:

Pena – reclusão, de 12 (doze) a 30 (trinta) anos.

(1) Considerações gerais: Previa o art. 224 três hipóteses em que se presumia a violência para a configuração dos crimes contra a dignidade sexual. Se a vítima: (a) não fosse maior de catorze anos; (b) fosse alienada ou débil mental, e o agente conhecia esta circunstância; (c) não pudesse, por qualquer outra causa, oferecer resistência. Era a chamada violência ficta. Tinha em vista o legislador circunstâncias em que a ofendida não possuía capacidade para consentir validamente ou para oferecer resistência. Com base na presença dessas circunstâncias, criou-se uma presunção legal do emprego de violência, pois, se não havia capacidade para consentir ou para resistir, presumia-se que o ato foi violento. Diferia da violência real, pois nesta havia efetiva coação física ou moral. Assim, o Código Penal, considerando as peculiares condições da vítima, por ficção legal, reputava, por exemplo, que a conjunção carnal havia sido realizada com o emprego de violência, ainda que com o seu consentimento para a prática do ato sexual. Em resumo: mesmo que inexistisse a violência e que houvesse o consentimento da ofendida, presumia-se a prática do crime de estupro se o ato sexual fosse realizado estando presente qualquer das condições acima citadas. O estupro com violência real ou presumida integrava, portanto, o mesmo tipo incriminador, com penas idênticas. Com o advento da Lei n. 12.015/2009, o estupro cometido contra pessoa sem capacidade ou condições de consentir, com violência ficta, deixou de integrar o art. 213 do CP para configurar crime autônomo, previsto no art. 217-A, sob a nomenclatura "estupro de vulnerável". Dessa forma, as condições acima aludidas passaram a integrar o tipo penal do art. 217-A, com sanções próprias, distintas das reprimendas impostas ao crime sexual praticado com violência real. Antes, o operador do direito necessitava lançar mão da ficção legal contida no art. 224 do CP para lograr enquadrar o agente nas penas do art. 213 ou do revogado art. 214 do CP. Agora, a subsunção típica do fato será direta no art. 217-A do CP. Mencione-se que a criação do art. 217-A do CP foi acompanhada, no entanto, pela revogação expressa do art. 224 do CP pela Lei n. 12.015/2009, mas, como veremos mais adiante, de uma forma ou de outra, como regra, todas as condições nele

contempladas passaram a integrar o novo dispositivo legal, que não mais se refere à presunção de violência, mas às condições de vulnerabilidade da vítima, daí a rubrica "estupro de vulnerável".

(2) Objeto jurídico: Tutela-se a dignidade sexual do indivíduo menor de 14 anos ou daquele que, por enfermidade ou deficiência mental, não tem o necessário discernimento para a prática do ato, ou que, por qualquer outra causa, não pode oferecer resistência.

(3) Ação nuclear: A conduta típica consiste em ter conjunção carnal ou praticar outro ato libidinoso com menor de 14 anos. Sobre o conceito de ato libidinoso e conjunção carnal, *vide* comentários ao art. 213 do CP. De acordo com o § 1º, incorre na mesma pena quem pratica as ações descritas no *caput* com alguém que, por enfermidade ou deficiência mental, não tem o necessário discernimento para a prática do ato, ou que, por qualquer outra causa, não pode oferecer resistência.

Distinção: Se o agente constranger *alguém, mediante violência ou grave ameaça,* a ter conjunção carnal *ou a praticar ou permitir que com ele se pratique outro ato libidinoso,* haverá o crime de estupro (CP, art. 213). No caso de o agente manter conjunção carnal ou praticar outro ato libidinoso com alguém, mediante fraude ou outro meio que impeça ou dificulte a livre manifestação de vontade da vítima, o crime será o previsto no art. 215 do CP, com a nova redação determinada pela Lei n. 12.015/2009, que passou a ter nova nomenclatura: "violação sexual mediante fraude".

(4) Sujeito ativo: Com as modificações introduzidas pela Lei n. 12.015/2009, o tipo penal passou a abarcar não só a prática de conjunção carnal, mas também de qualquer outro ato libidinoso, possibilitando, assim, que a mulher também seja sujeito ativo desse crime. Sobre o tema, *vide* mais comentários constantes do art. 213 do CP.

(5) Sujeito passivo: É o indivíduo menor de 14 anos ou aquele que, por enfermidade ou deficiência mental, não tem o necessário discernimento para a prática do ato, ou que, por qualquer outra causa, não pode oferecer resistência. São circunstâncias legais de onde se depreende a vulnerabilidade da vítima. Atualmente, tanto o homem quanto a mulher podem ser sujeitos passivos do crime em exame. Sobre o tema, *vide* comentários constantes do art. 213 do CP.

(6) Vítima com idade inferior a 14 anos: O art. 224 do CP considerava que a violência era presumida se a vítima tivesse idade igual ou inferior a 14 anos, o que não mais ocorre, agora, tendo em vista que se considera apenas o menor de 14 anos. O legislador incorreu em grave equívoco, na medida em que se o crime for praticado contra a vítima no dia do seu 14º aniversário, não haverá o delito do art. 217-A, nem a qualificadora do art. 213 do CP. Poder-se-á configurar, no caso, o estupro na forma simples, havendo o emprego de violência ou grave ameaça. Se houver o consentimento do ofendido, o fato será atípico, sendo a lei, nesse ponto, benéfica para o agente, devendo retroagir para alcançá-lo.

Presunção relativa. Entendimento anterior à Lei n. 12.015/2009: Vale notar que a tendência da doutrina era emprestar valor relativo a essa presunção (*juris tantum*). Nesse sentido: E. Magalhães Noronha, *Direito penal,* cit., v. 3, p. 221-8; Nélson Hungria, *Comentários,* cit., v. 8, p. 230; Celso Delmanto e outros, *Código Penal,* cit., p. 431; Julio Fabbrini Mirabete, *Manual,* cit., v. 2, p. 446.

Presunção absoluta. Entendimento anterior à Lei n. 12.015/2009: No sentido de que a presunção de violência seria absoluta quando o crime fosse praticado contra vítima menor de idade (*juris et de jure*), não se confundindo, no entanto, com o erro de tipo, o qual exclui o crime, uma vez que neste o agente desconhece a idade da vítima, ignorando, assim, a existência da elementar típica: STF: "Crimes sexuais mediante violência ou grave ameaça (CP, arts. 213 e 214): presunção de violência, se a vítima não é maior de 14 anos (CP, art. 224, *a*): caráter absoluto da presunção, que não é inconstitucional, visto não se tratar de presunção de culpabilidade do agente, mas de afirmação da incapacidade absoluta de menor de até 14 anos para consentir na prática sexual: análise da jurisprudência do STF — após a decisão isolada do HC 73.662, em sentido contrário — conforme julgados posteriores de ambas as Turmas (HC 74.286, 1ª Turma, 22-10-1996, Sanches, RTJ 163/291; HC 75.608, 10-2-1998, Jobim, *DJ* 27-3-1998): orientação jurisprudencial, entretanto, que não elide a exigência, nos crimes referidos, do dolo do sujeito ativo, erro justificado quanto à idade da vítima pode excluir" (HC 81268-DF, 1ª T., Rel. Min. Sepúlveda Pertence, j. 16-10-2001, *DJ* 16-11-2002, p. 8). STF: "(...) 2. O erro quanto à idade da ofendida é o que a doutrina chama de erro de tipo, ou seja, o erro quanto a um dos elementos integrantes do erro do tipo. A jurisprudência do tribunal reconhece a atipicidade do fato somente quando se demonstra que a ofendida aparenta ter idade superior a 14 (quatorze) anos. Precedentes. No caso, era do conhecimento do réu que a ofendida tinha 12 (doze) anos de idade. 3. Tratando-se de menor de 14 (quatorze) anos, a violência, como elemento do tipo, é presumida. Eventual experiência anterior da ofendida não tem força para descaracterizar essa presunção legal. Precedentes. Ademais, a demonstração de comportamento desregrado de uma menina de 12 (doze) anos implica em revolver o contexto probatório. Inviável em *Habeas*. 4. O casamento da ofendida com terceiro, no curso da ação penal, é causa de extinção da punibilidade (CP, art. 107, VIII). Por analogia, poder-se-ia admitir, também, o concubinato da ofendida com terceiro. Entretanto, tal alegação deve ser feita antes do trânsito em julgado da decisão condenatória. O recorrente só fez após o trânsito em julgado. Negado provimento ao recurso" (STF, HC 79788-MG, 2ª T., Rel. Min. Nelson Jobim, j. 2-5-2000, *DJ* 17-8-2001, p. 52).

Presunção de violência — vítima menor de 14 anos — caráter absoluto, o qual não é elidido pela anterior experiência da ofendida nem pelo seu consentimento para a prática de ato sexual: STF: "Recurso em *Habeas Corpus*. Paciente condenada por atentado violento ao pudor com presunção de violência por ser a vítima menor de 14 anos de idade (art. 214 c/c art. 224, *a*, do CP). Alegação de ausência de correlação entre a denúncia e a decisão condenatória e pretensão de afastar-se a incidência da presunção de violência pelo comportamento da menor. Inexistência da alegada ofensa ao princípio da correlação, porquanto foi a recorrente condenada pela conduta descrita na denúncia contra ela ofertada, não sendo suficiente para ilidir essa conclusão a simples menção, pelo acórdão mantenedor da sentença, à alínea *c* do art. 224 do CP, mas sem qualquer alteração na condenação, que se deu pela alínea *a* do referido dispositivo. Hipótese que, de resto, se harmoniza com a orientação desta Corte no sentido de que o consentimento de menor de quatorze anos para a prática de relações sexuais e sua experiência anterior não afastam a presunção de violência para a caracterização do estupro ou do atentado violento ao pudor. Recurso desprovido" (STF, RHC 80.613-SP, 1ª T., Rel. Min. Ilmar Galvão, j. 6-3-2001, *DJ* 18-5-2001, p. 9). No mesmo sentido: STJ, EREsp 1.152.864, 6ª T., Rel. Min. Rogerio Schietti Cruz, j. 26-8-2014.

(7) Vítima que, por enfermidade ou deficiência mental, não tem o necessário discernimento para a prática do ato: O art. 224, *b*, do CP, fazia menção à vítima alienada ou débil mental, e exigia que o agente devesse conhecer essa circunstância. O art. 217-A, § 1º, do CP, abrangeu a referida hipótese, mas também incluiu a vítima enferma, que, na realidade, já era tutelada pelo art. 224, *c*, do CP. Deve-se provar, no caso concreto, que, em virtude de tais condições, ela não tem o necessário discernimento para a prática do ato. Cumpre, portanto, que sejam comprovadas mediante laudo pericial, sob pena de não restar atestada a materialidade do crime, por se tratar de elementar, a qual integra o fato típico. Vejam que, pela própria redação do tipo penal, não há como não se exigir uma análise concreta acerca da caracterização ou não da situação de vulnerabilidade da vítima. Na antiga redação do art. 224, *b*, exigia-se a comprovação de que o agente tivesse efetivo conhecimento do estado anormal da vítima, não sendo, assim, suficiente o dolo eventual. Essa ressalva legal, entretanto, foi proscrita.

(8) Vítima que, por qualquer outra causa, não pode oferecer resistência: Trata-se de hipótese que já constava do art. 224, *c*, do CP. Por vezes, a vítima não é menor de idade nem tem enfermidade ou deficiência mental, mas por outros motivos está impossibilitada de oferecer resistência. Exemplos: embriaguez completa, narcotização etc. A presunção aqui também era relativa e devia ser provada a completa impossibilidade de a vítima oferecer resistência. Cremos que, com as mo-

dificações legais, tal necessidade permanece, pois não há como não se exigir a comprovação no caso concreto de que a vítima não tem condições de oferecer qualquer oposição.

(9) Elemento subjetivo: É o dolo, consubstanciado na vontade de ter conjunção carnal ou praticar outro ato libidinoso com indivíduo nas condições previstas no *caput* ou § 1º do artigo. Não é exigida nenhuma finalidade especial, sendo suficiente a vontade de submeter a vítima à prática de relações sexuais.

(10) Consumação. Tentativa: Sobre o tema, *vide* comentários constantes do art. 213 do CP.

(11) Formas qualificadas: Estão contempladas no § 3º: "Se da conduta resulta lesão corporal de natureza grave: Pena – reclusão, de 10 (dez) a 20 (vinte) anos" e no § 4º: "Se da conduta resulta morte: Pena – reclusão, de 12 (doze) a 30 (trinta) anos" (CP, art. 217-A).

(12) Causa de aumento de pena (art. 234-A): *Vide* comentários constantes do capítulo "Disposições Gerais".

Lei dos Crimes Hediondos

(1) Crime hediondo: De acordo com a nova redação do art. 1º, inciso VI, da Lei n. 8.072/90, o estupro de vulnerável, na forma simples e qualificada (art. 217-A, *caput*, e §§ 1º a 4º), é considerado crime hediondo. Antes de tais modificações legais, muito se discutiu se os crimes sexuais (estupro e o revogado atentado violento ao pudor) com violência presumida seriam hediondos, sendo certo que os Tribunais Superiores vinham se manifestando no sentido afirmativo da hediondez de tais delitos.

(2) Causa de aumento de pena (art. 9º): Conforme o teor do art. 9º, as penas fixadas para os crimes capitulados no *art. 214 e sua combinação com o art. 223, caput e parágrafo único, todos do Código Penal,* seriam acrescidas de metade, respeitado o limite superior de 30 anos de reclusão, estando a vítima em qualquer das hipóteses referidas no *art. 224 também do CP.* Como já estudado, o crime de atentado violento ao pudor foi expressamente revogado, mas os seus elementos foram abarcados pela figura do estupro (CP, art. 213). O art. 223 do CP, por sua vez, foi revogado e as formas qualificadas do delito de estupro (antes previstas neste art. 223) passaram a integrar os §§ 1º (1ª parte) e 2º do art. 213 do CP. Finalmente, o art. 224 do CP, que presumia a violência em alguns delitos, também foi expressamente revogado, tendo sido criado o tipo autônomo denominado "estupro de vulnerável", de modo que não há mais que se falar em violência presumida e, portanto, na incidência da causa de aumento de pena do art. 9º da Lei n. 8.072/90. Preceitua, ainda, o art. 9º que as penas dos aludidos delitos, acrescidas de metade, deveriam respeitar o limite superior de 30 anos de reclusão, estando a vítima em qualquer das hipóteses referidas no art. 224 também do CP. Ora, referida prescrição legal, igualmente, perdeu o sentido, na medida em que não se cogita mais da incidência da causa de aumento de pena em estudo.

Art. 218. Induzir alguém menor de 14 (catorze) anos a satisfazer a lascívia de outrem:
Pena – reclusão, de 2 (dois) a 5 (cinco) anos. *(Redação dada pela Lei n. 12.015/2009)*
Parágrafo único. (*Vetado*). *(Incluído pela Lei n. 12.015/2009)*

(1) Considerações gerais: O art. 218 do CP dispunha acerca do delito de corrupção de menores, agora, com a inovação legislativa, sem qualquer nomenclatura legal, passou a tratar da mediação de menor de 14 anos para satisfação da lascívia de outrem, antes, previsto genericamente no art. 227 do CP. Percebam que o dispositivo não se refere à vítima com idade igual a 14 anos, de onde se extrai a conclusão de que, nessa hipótese, haverá a configuração do crime do art. 227, *caput*, do CP.

(2) Documentos internacionais: 1. Declaração Universal dos Direitos da Criança (1959); 2. Convenção das Nações Unidas Sobre os Direitos da Criança (1989); 3. Declaração pelo Direito da

Criança à Sobrevivência, à Proteção e ao Desenvolvimento (1990); 4. Declaração Universal dos Direitos Humanos; 5. Pacto Internacional de Direitos Humanos, Sociais e Culturais; 6. Pacto Internacional de Direitos Civis e Políticos; 7. 45ª Sessão da Assembleia Geral das Nações Unidas; 8. Convenção de Nova York sobre os Direitos da Criança.

(3) Constituição Federal: De acordo com o art. 227 da CF: "É dever da família, da sociedade e do Estado assegurar à criança, ao adolescente e ao jovem com absoluta prioridade, o direito à vida, à saúde, à alimentação, à educação, ao lazer, à profissionalização, à cultura, à dignidade, ao respeito, à liberdade e à convivência familiar e comunitária, além de colocá-los a salvo de toda forma de negligência, discriminação, exploração, violência, crueldade e opressão".

(4) Estatuto da Criança e do Adolescente: De acordo com o art. 3º da Lei 8.069/90: "A criança e o adolescente gozam de todos os direitos fundamentais inerentes à pessoa humana, sem prejuízo da proteção integral de que trata esta Lei, assegurando-se-lhes, por lei ou por outros meios, todas as oportunidades e facilidades, a fim de lhes facilitar o desenvolvimento físico, mental, moral, espiritual e social, em condições de liberdade e dignidade".

(5) Objeto jurídico: O crime em estudo resguarda, principalmente, a dignidade sexual do menor de 14 anos que é levado a satisfazer a lascívia de outrem. A moral média da sociedade, em segundo plano, também é foco da proteção jurídica, pois o tipo penal incrimina um estágio que podemos considerar inicial ao estímulo da prostituição, qual seja, o de induzir alguém a satisfazer a lascívia de pessoa(s) determinada(s).

(6) Ação nuclear: Consubstancia-se no verbo *induzir*, que significa persuadir, aliciar, levar o menor, por qualquer meio, a praticar uma ação para satisfazer a lascívia de outrem, ou seja, atender o desejo erótico de terceiro, por exemplo, convencer o menor a desnudar-se. Lascívia diz com a sensualidade, libidinagem.

Distinção: Tal delito não deve ser confundido com o previsto no art. 218-A (satisfação de lascívia mediante presença de criança ou adolescente), pois neste caso: (a) o agente pratica o ato ou induz o menor apenas a presenciar a ação, de forma que não há qualquer conduta realizada pelo menor, ao contrário do delito do art. 218; (b) o ato é especificamente a conjunção carnal (cópula vagínica) ou outro ato libidinoso (coito oral, anal etc.); (c) o ato pode visar satisfazer a lascívia do próprio agente, ao contrário do art. 218 em estudo.

(7) Sujeito ativo: Qualquer pessoa pode praticar o delito em tela, homem ou mulher. O destinatário do lenocínio, ou seja, aquele que satisfaz a sua lascívia com a ação da vítima, por qual crime responde? Conforme a doutrina, não poderá ser coautor do crime em tela, pois não realiza qualquer mediação para satisfazer a lascívia alheia. Note-se que, caso a vítima, menor de 14 anos, seja induzida a praticar conjunção carnal ou ato libidinoso com outrem, o indutor poderá responder na qualidade de partícipe do crime do art. 217-A (estupro de vulnerável), de forma que, conforme assinala Rogério Sanches Cunha, o tipo penal do art. 218 "limita-se, portanto, às práticas sexuais meramente contemplativas, como por exemplo, induzir alguém menor de 14 anos a vestir-se com determinada fantasia para satisfazer a luxúria de alguém" (Luiz Flávio Gomes; Rogério Sanches Cunha; Valério de Oliveira Mazzuoli. *Comentários à Reforma Criminal de 2009 e à Convenção de Viena sobre o Direito dos Tratados*. São Paulo: Revistas dos Tribunais, 2009, p. 53).

(8) Sujeito passivo: Qualquer pessoa, homem ou mulher. O agente deve induzir a vítima a satisfazer a lascívia de outrem, isto é, de pessoa(s) determinada(s), ou seja, de pessoas certas, pois, se a leva a atender a lascívia de um número indeterminado, impreciso, de indivíduos, o crime passará a ser outro: o de favorecimento da prostituição ou outra forma de exploração sexual de criança ou adolescente ou de vulnerável (CP, art. 218-B, com rubrica legal dada pela Lei n. 12.978/2014). Será qualificado o crime se o agente é seu ascendente, descendente, cônjuge ou companheiro, irmão, tutor ou curador ou pessoa a que esteja confiada para fins de educação, de tratamento ou de guarda (§ 1º, 2ª parte).

(9) Elemento subjetivo: É o dolo, consubstanciado na vontade livre e consciente de induzir a vítima a satisfazer a lascívia alheia, devendo o agente ter ciência de que pratica a conduta em face de menor de 14 anos.

(10) Consumação. Tentativa: Não se trata de crime habitual. Consuma-se com a prática de qualquer ato pela vítima destinado a satisfazer a lascívia de outrem. Não se exige efetiva satisfação sexual desse terceiro, a tentativa é perfeitamente possível.

(11) Ação penal. Procedimento: Vide art. 225, do CP, e art. 394 do CPP.

Estatuto da Criança e do Adolescente *(Lei n. 8.069/90)*

(1) Conceito de criança e adolescente: Criança, segundo o Estatuto da Criança e do Adolescente (ECA), é a pessoa com até doze anos de idade, e adolescente é a pessoa entre doze e dezoito anos de idade (art. 1º do ECA).

(2) Aliciamento de criança, com o fim de praticar ato libidinoso: De acordo com o art. 241-D, acrescentado pela Lei n. 11.829, de 25 de novembro de 2008, constitui crime a conduta de "Aliciar, assediar, instigar ou constranger, por qualquer meio de comunicação, criança, com o fim de com ela praticar ato libidinoso: Pena – reclusão, de 1 (um) a 3 (três) anos, e multa. Parágrafo único. Nas mesmas penas incorre quem: I – facilita ou induz o acesso à criança de material contendo cena de sexo explícito ou pornográfica com o fim de com ela praticar ato libidinoso; II – pratica as condutas descritas no *caput* deste artigo com o fim de induzir criança a se exibir de forma pornográfica ou sexualmente explícita". Segundo o art. 241-E, acrescentado pela Lei n. 11.829/2008, "Para efeito dos crimes previstos nesta Lei, a expressão 'cena de sexo explícito ou pornográfica' compreende qualquer situação que envolva criança ou adolescente em atividades sexuais explícitas, reais ou simuladas, ou exibição dos órgãos genitais de uma criança ou adolescente para fins primordialmente sexuais".

(3) Representação artística e a utilização de criança ou adolescente em cena de sexo explícito ou pornográfica: A Lei n. 11.829, de 25 de novembro de 2008, alterou o ECA, a fim de aprimorar o combate à produção, venda e distribuição de pornografia infantil, bem como criminalizar a aquisição e a posse de tal material e outras condutas relacionadas à pedofilia na internet. Desse modo, o art. 240 passou a ter a seguinte redação: "Produzir, reproduzir, dirigir, fotografar, filmar ou registrar, por qualquer meio, cena de sexo explícito ou pornográfica, envolvendo criança ou adolescente: Pena — reclusão, de 4 (quatro) a 8 (oito) anos, e multa. § 1º Incorre nas mesmas penas quem agencia, facilita, recruta, coage, ou de qualquer modo intermedeia a participação de criança ou adolescente nas cenas referidas no *caput* deste artigo, ou ainda quem com esses contracena. § 2º Aumenta-se a pena de 1/3 (um terço) se o agente comete o crime: I – no exercício de cargo ou função pública ou a pretexto de exercê-la; II – prevalecendo-se de relações domésticas, de coabitação ou de hospitalidade; ou III – prevalecendo-se de relações de parentesco consanguíneo ou afim até o terceiro grau, ou por adoção, de tutor, curador, preceptor, empregador da vítima ou de quem, a qualquer outro título, tenha autoridade sobre ela, ou com seu consentimento". *Vide* também art. 241 da lei, com a redação determinada pela Lei n. 11.829/2008.

(4) Divulgação ou publicação de fotografias ou imagens com pornografia ou cenas de sexo explícito envolvendo criança ou adolescente: O art. 241-A, com a redação determinada pela Lei n. 11.829, de 25 de novembro de 2008, passou a prever que constitui crime: "Oferecer, trocar, disponibilizar, transmitir, distribuir, publicar ou divulgar por qualquer meio, inclusive por meio de sistema de informática ou telemático, fotografia, vídeo ou outro registro que contenha cena de sexo explícito ou pornográfica envolvendo criança ou adolescente: Pena – reclusão, de 3 (três) a 6 (seis) anos, e multa. § 1º Nas mesmas penas incorre quem: I – assegura os meios ou serviços para o armazenamento das fotografias, cenas ou imagens de que trata o *caput* deste artigo; II – assegura,

por qualquer meio, o acesso por rede de computadores às fotografias, cenas ou imagens de que trata o *caput* deste artigo.§ 2º As condutas tipificadas nos incisos I e II do § 1º deste artigo são puníveis quando o responsável legal pela prestação do serviço, oficialmente notificado, deixa de desabilitar o acesso ao conteúdo ilícito de que trata o caput deste artigo". *Vide* também arts. 241-B e 241-C, acrescentados pela Lei n. 11.829/2008.

Pedofilia: Atualmente, tornou-se prática muito comum a divulgação de fotos ou a gravação de vídeos pelo pedófilo, onde crianças e adolescentes aparecem em cenas de sexo explícito pela rede mundial de computadores (internet). Tal divulgação é punida pelo art. 241-A do ECA.

Pedofilia e Documentos Internacionais: 1. Declaração Universal dos Direitos da Criança (1959); 2. Convenção das Nações Unidas Sobre os Direitos da Criança (1989); 3. Declaração pelo Direito da Criança à Sobrevivência, à Proteção e ao Desenvolvimento (1990); 4. 45ª Sessão da Assembleia Geral das Nações Unidas; 5. Convenção de Nova York sobre os Direitos da Criança: 6. *Convention on Cybercrimes* (2001): elaborada no final de 2001, pelo Conselho da Europa, a Convenção dispõe que a produção, a oferta, a distribuição, transmissão, procura ou posse de material pornográfico envolvendo menores de 18 anos devem ser caracterizadas criminalmente nos textos das legislações domésticas dos países da Europa.

Pedofilia. Competência: A competência para o processamento da ação penal é da Justiça Federal. Nesse sentido, TRF da 4ª Região: "Processual penal. *Habeas corpus*. Pedofilia. Art. 241 do ECA. Competência da Justiça Federal. Prisão preventiva. Pressupostos. I – É competente a Justiça Federal para o processo e julgamento de eventual conduta tipificada no art. 241 do Estatuto da Criança e do Adolescente, pois o Congresso Nacional, por meio do Decreto Legislativo n. 28, de 14 de setembro de 1990, e o Poder Executivo, pelo Decreto n. 99.710, de 21 de novembro de 1990, respectivamente, aprovaram e promulgaram o texto da Convenção sobre os Direitos da Criança, adotada pela Assembleia Geral das Nações Unidas, o que implica a incidência do inciso V do art. 109 da Constituição Federal. 2 – Ausentes os requisitos do art. 312 do Código de Processo Penal, indevida a manutenção da prisão preventiva do paciente. 3 – Ordem concedida" (TRF da 4ª Região, HC 2006.04.00.006100-3/RS, 8ª T., Rel. Luiz Fernando Wowk Penteado, *DJU* 26-4-2006, p. 1231). *No mesmo sentido:* "A divulgação de fotos pornográficas de menores na internet é crime previsto em convenção internacional, o que firma a competência da Justiça Federal para o seu processamento independente do resultado ter ou não ocorrido no estrangeiro (art. 109, V, da Constituição Federal" (STJ, HC 24858/GO, 6ª T., Rel. Paulo Medina, j. 18-11-2003, *DJ* 6-9-2004, p. 311).

Pedofilia. Competência. Consumação do crime no ato da publicação das imagens: STJ: "Competência. Pornografia. Pedofilia. *Internet*. A consumação do crime previsto no art. 241 do ECA (publicar cena pornográfica que envolva criança ou adolescente), para fins de fixação de competência, dá-se no ato da publicação das imagens. Essa é a solução que mais se coaduna com o espírito do legislador insculpido no art. 70 do CPP. Dessarte, é irrelevante, para tal fixação, a localização do provedor de acesso à *Internet* onde as imagens estavam armazenadas ou mesmo o local da efetiva visualização pelos usuários (CC 29.886-SP, Relª Minª Maria Thereza de Assis Moura, j. 12-12-2007 (cf. *Informativo* n. 0342 *do STJ*, 10 a 14-12-2007).

Pedofilia. Desnecessidade de identificação da criança ou do adolescente para a configuração do delito do art. 241: STJ: "Criminal. REsp. Publicar cena de sexo explícito ou pornográfica envolvendo criança e adolescente via internet. Atipicidade da conduta. Análise dos termos publicar e divulgar. Identificação das crianças e adolescentes para a configuração do delito. Desnecessidade. ECA. Destinatários. Crianças e adolescentes como um todo. (...) V. Hipótese em que o Tribunal *a quo* afastou a tipicidade da conduta dos réus, sob o fundamento de que o ato de divulgar não é sinônimo de publicar, pois 'nem todo aquele que divulga, publica', entendendo que os réus divulgavam o material, 'de forma restrita, em comunicação pessoal, utilizando a internet', concluindo que não estariam, desta forma, publicando as imagens. VI. Se os recorridos trocaram fotos pornográficas envolvendo crianças e adolescentes pela internet, resta caracterizada a conduta descrita no tipo penal previsto no art. 241 do Estatuto da Criança e do Adolescente, uma vez que permitiram a difusão da imagem para um número indeterminado de pessoas, tornando-as públicas, portanto. VII. Para a caracterização do disposto no art. 241 do Estatuto da Criança e do Adolescente, 'não se exige dano individual efetivo, bastando o potencial. Significa não se exigir que, em face da publicação, haja dano real à imagem, respeito à dignidade etc. de alguma criança ou adolescente, individualmente lesados. O tipo se contenta com o dano à imagem abstratamente considerado'. VIII. O Estatuto da Criança e do Adolescente garante a proteção integral a todas as crianças e adolescentes, acima de qualquer individualização" (STJ, REsp 617221/RJ, 5ª T., Rel. Min. Gilson Dipp, j. 19-10-2004, DJ 9-2-2005, p. 214).

Corrupção de menores (ECA)

(1) Previsão legal: Prescreve o art. 244-B do ECA, introduzido pela Lei n. 12.015/2009: "Corromper ou facilitar a corrupção de menor de 18 (dezoito) anos, com ele praticando infração penal ou induzindo-o a praticá-la: Pena – reclusão, de 1 (um) a 4 (quatro) anos. § 1º Incorre nas penas previstas no *caput* deste artigo quem pratica as condutas ali tipificadas utilizando-se de quaisquer meios eletrônicos, inclusive salas de bate-papo da internet. § 2º As penas previstas no *caput* deste artigo são aumentadas de um terço no caso de a infração cometida ou induzida estar incluída no rol do art. 1º da Lei n. 8.072, de 25 de julho de 1990". Mencione-se que o art. 1º da Lei n. 2.252/54 que tratava do aludido delito foi revogado expressamente pela Lei n. 12.015/2009.

(2) Crime formal (jurisprudência anterior à Lei n. 12.015/2009): "1. O delito previsto no art. 1º, da Lei n. 2.252/54, é crime formal, que prescinde da efetiva corrupção do menor, bastando, para sua configuração, a prova de participação do inimputável em empreitada criminosa junto com maior de 18 anos. 2. Recurso provido" (STJ, REsp 753271/PR, 5ª T., Rel. Min. Laurita Vaz, j. 6-12-2005, DJ 1º-2-2006, p. 601). STJ: "1 – Segundo precedentes deste STJ o delito previsto no art. 1º da Lei n. 2.252/54, por ser formal, prescinde da efetiva prova da corrupção do menor (adolescente), sendo suficiente apenas a sua participação em empreitada criminosa junto com um sujeito penalmente imputável (maior de 18 anos). 2 – A legislação visa, em última *ratio*, à degradação da personalidade do menor, com repetidos aliciamentos para o crime, sendo, pois, irrelevante a constatação de ter sido, em data anterior, autor de ato infracional. 3 – Recurso conhecido e provido" (STJ, REsp 445633/DF, 6ª T., Rel. Min. Fernando Gonçalves, j. 22-10-2002, DJ 4-8-2003, p. 462). No mesmo sentido: STJ, HC 45082/ES, 5ª T., Rel. Min. Gilson Dipp, j. 17-11-2005, DJ 12-12-2005, p. 405. Em sentido contrário: STJ: "Recurso Especial. Crime contra criança e adolescentes. Filmagem de cenas eróticas ou pornográficas. Corrupção de menores. Art. 240, parágrafo único, do ECA, e 1º da Lei n. 2.252/54. "O crime previsto no artigo 1º da Lei nº 2.252/54 é material, pois há resultado: a presença da corrupção, caracterizada nos termos da lei, pela conduta de facilitar: considerações" (STJ, REsp 264233/RO, 5ª T., Rel. Min. José Arnaldo da Fonseca, j. 18-12-2003, DJ 16-2-2004, p. 285, LEXSTJ 176/303).

Satisfação de lascívia mediante presença de criança ou adolescente *(Incluído pela Lei n. 12.015, de 2009)*

Art. 218-A. Praticar, na presença de alguém menor de 14 (catorze) anos, ou induzi-lo a presenciar, conjunção carnal ou outro ato libidinoso, a fim de satisfazer lascívia própria ou de outrem: *(Incluído pela Lei n. 12.015, de 2009)*

Pena – reclusão, de 2 (dois) a 4 (quatro) anos. *(Incluído pela Lei n. 12.015, de 2009)*

(1) Documentos internacionais: Vide comentários ao art. 218 do CP.
(2) Constituição Federal: Vide comentários ao art. 218 do CP.
(3) Estatuto da Criança e do Adolescente: Vide comentários ao art. 218 do CP.
(4) Objeto jurídico: O revogado art. 218 do CP (corrupção de menores) tutelava a moral sexual dos maiores de 14 e menores de 18 anos de idade. O atual dispositivo legal protege a dignidade sexual e a moral sexual do menor de 14 anos, incriminando a conduta daquele que o expõe aos atos de libidinagem. Com isso, no tocante às condutas do antigo art. 218 do CP que visem à vítima maior de 14 e menor de 18 anos, operou-se verdadeira *abolitio criminis*, devendo a lei alcançar os fatos praticados antes de sua entrada em vigor.
(5) Ação nuclear: O tipo penal pune a ação de *praticar*, na presença de alguém menor de 14 anos, *ou induzi-lo* (convencê-lo, persuadi-lo, aliciá-lo, levá-lo) a presenciar, conjunção carnal ou outro ato libidinoso, a fim de satisfazer lascívia própria ou de outrem. Em ambas as condutas típicas, não há qualquer contato corporal do menor com o agente ou com outrem. Deve-se comprovar no caso que o agente determinou a vontade do menor. Nesse sentido: Nélson Hungria, *Comentários*, cit., v. 8, p. 186. Basta o cometimento de um único ato libidinoso para que o crime se configure. Finalmente, caso o agente induza o menor de 14 anos a ter com ele conjunção carnal ou praticar outro ato libidinoso, portanto, a satisfazer a lascívia própria, terá a sua conduta enquadrada no art. 217-A (estupro de vulnerável).
(6) Sujeito ativo: Trata-se de crime comum. Tanto o homem quanto a mulher pode praticá-lo.
(7) Sujeito passivo: É a pessoa menor de 14 anos, ainda que corrompida. Ao contrário da antiga redação do art. 218 do CP, deixou a lei de tutelar os maiores de 14 e menores de 18 anos de idade que são induzidos a presenciar a prática da conjunção carnal ou de atos libidinosos diversos. Da mesma forma, a lei não tutela a vítima com idade igual a 14 anos, isto é, se o crime for praticado no dia do 14º aniversário dela, não há que se falar no delito em estudo.
(8) Elemento subjetivo: É o dolo, consubstanciado na vontade livre e consciente de praticar, na presença de alguém menor de 14 anos, ou induzi-lo a presenciar, conjunção carnal ou outro ato libidinoso, com o fim especial de satisfazer lascívia própria ou de outrem (elemento subjetivo do tipo). Lascívia diz com a sensualidade, libidinagem. O agente deve ter ciência a respeito da idade da vítima, pois, do contrário, poderá haver erro de tipo (CP, art. 20).
(9) Consumação. Tentativa: Consuma-se o crime com a prática, na presença de alguém menor de 14 anos, da conjunção carnal ou outro ato libidinoso. No ato de induzir, o crime se consuma no instante em que o menor é efetivamente convencido, levado pelo agente a presenciar o ato sexual. A tentativa é perfeitamente admissível em ambas as modalidades delituosas.
(10) Ação penal. Procedimento: Vide art. 225, com as modificações operadas pela Lei n. 12.015/2009, e art. 394 do CPP, com as alterações promovidas pela Lei n. 11.719/2008.

Favorecimento da prostituição ou de outra forma de exploração sexual de criança ou adolescente ou de vulnerável *(Incluído pela Lei n. 12.015, de 2009, com redação dada pela Lei n. 12.978, de 2014)*

Art. 218-B. Submeter, induzir ou atrair à prostituição ou outra forma de exploração sexual alguém menor de 18 (dezoito) anos ou que, por enfermidade ou deficiência mental, não tem o necessário discernimento para a prática do ato, facilitá-la, impedir ou dificultar que a abandone: *(Incluído pela Lei n. 12.015, de 2009)*

Pena – reclusão, de 4 (quatro) a 10 (dez) anos. *(Incluído pela Lei n. 12.015, de 2009)*

§ 1º Se o crime é praticado com o fim de obter vantagem econômica, aplica-se também multa. *(Incluído pela Lei n. 12.015, de 2009)*

§ 2º Incorre nas mesmas penas: *(Incluído pela Lei n. 12.015, de 2009)*

I – quem pratica conjunção carnal ou outro ato libidinoso com alguém menor de 18 (dezoito) e maior de 14 (catorze) anos na situação descrita no *caput* deste artigo; *(Incluído pela Lei n. 12.015, de 2009)*

II – o proprietário, o gerente ou o responsável pelo local em que se verifiquem as práticas referidas no *caput* deste artigo. *(Incluído pela Lei n. 12.015, de 2009)*

§ 3º Na hipótese do inciso II do § 2º, constitui efeito obrigatório da condenação a cassação da licença de localização e de funcionamento do estabelecimento. *(Incluído pela Lei n. 12.015, de 2009)*

(1) Considerações iniciais: A Lei n. 12.978/2014 modificou o nome do delito do art. 218-B para especificar a vulnerabilidade de crianças ou adolescentes como sujeitos passivos deste delito. O art. 244-A do ECA já incriminava a submissão de criança ou adolescente, tais como definidos no *caput* do art. 2º desta lei (a pessoa até 12 anos de idade incompletos, e adolescente entre 12 e 18 anos de idade), à prostituição ou à exploração sexual. O art. 228, § 1º, do CP, por sua vez, tipificava as ações de induzir ou atrair maior de 14 e menor de 18 à prostituição, ou facilitar ou impedir que a abandone.

(2) Documentos Internacionais: Vide art. 3º do Protocolo Adicional à Convenção das Nações Unidas contra o Crime Organizado Transnacional Relativo à Prevenção, Repressão e Punição do Tráfico de Pessoas, em Especial Mulheres e Crianças (promulgado pelo Decreto n. 5.017, de 12-3-2004).

(3) Constituição Federal: Vide comentários ao art. 218 do CP.

(4) Estatuto da Criança e do Adolescente: Vide comentários ao art. 218 do CP.

(5) Objeto jurídico: Com a nova nomenclatura, o crime em estudo tutela, principalmente, a dignidade sexual de criança ou adolescente, ou vulnerável, que são levados à prostituição ou outra forma de exploração sexual. Mudou-se, portanto, o foco da proteção jurídica.

(6) Ação nuclear: As ações nucleares típicas consubstanciam-se nos verbos: *a) submeter*: sujeitar, entregar; *b) induzir*: persuadir, isto é, atuar sobre o convencimento da vítima, criando-lhe na mente a ideia de se prostituir ou de ser explorada sexualmente; *c) atrair*: seduzir, fascinar, chamar a atenção da vítima para o fato de se prostituir; entretanto não há uma atuação persistente e continuada no sentido de fazê-la mudar de ideia e iniciar a prostituição. Importa em atividade de menor influência psicológica do que a indução, pois o agente propaga a ideia, sem atuar tão decisiva e diretamente sobre a mente da pessoa; *c) facilitar*: favorecer o meretrício, prestar qualquer forma de auxílio, por exemplo, arranjando cliente; *d) impedir o abandono*: significa obstar, obstruir, não consentir, proibir, tornar impraticável a saída da vítima do prostíbulo. Aqui a vítima já exerce o meretrício e é impedida de abandonar essa função; *e) dificultar que alguém a abandone*: significa tornar difícil ou custoso de fazer; pôr impedimentos, por exemplo, condicionar a saída da prostituta do meretrício ao pagamento de dívidas que ela possua com o seu aliciador. A Lei n. 12.015/2009 faz referência a qualquer outra forma de exploração sexual, que não só a prostituição. É possível a prática do crime por omissão, desde que o agente tenha o dever jurídico de impedir o resultado. Se o delito for cometido com emprego de violência ou grave ameaça, não haverá a configuração de crime qualificado por ausência de previsão legal, mas apenas o concurso de delitos pela violência empregada.

(7) Sujeito ativo: Trata-se de crime comum. Qualquer pessoa pode praticar o delito em análise.

(8) Sujeito passivo: É o menor de 18 anos ou que, por enfermidade ou deficiência mental, não tem o necessário discernimento para a prática do ato, até mesmo a própria prostituta, pois o tipo penal prevê a conduta de facilitar a prostituição ou outra forma de exploração sexual, ou impedir ou dificultar que alguém a abandone.

(9) Elemento subjetivo: É o dolo, consubstanciado na vontade livre e consciente de submeter, induzir ou atrair o menor de 18 anos ou que, por enfermidade ou deficiência mental, não tem o necessário discernimento para a prática do ato, à prostituição ou outra forma de exploração sexual, facilitá-la, impedir ou dificultar que alguém a abandone. Se o crime é praticado com o fim de obter vantagem econômica, aplica-se também multa (cf. § 1º).

(10) Consumação. Tentativa: O crime se consuma no momento em que a vítima passa a se dedicar habitualmente à prostituição, após ter sido submetida, induzida, atraída ou ter facilitada tal atuação pelo agente, ou ainda quando já se dedica usualmente a tal prática, tenta dela se retirar, mas se vê impedida pelo autor. Convém ressaltar que não se exige habitualidade das condutas previstas no tipo do art. 218-B, bastando seja praticada uma única ação de induzir, atrair etc. Deve-se consignar, no entanto, que, para a consumação, será necessário que a pessoa induzida passe a se dedicar habitualmente à prática do sexo mediante contraprestação financeira, não bastando que, em razão da indução ou facilitação, venha a manter, eventualmente, relações sexuais negociadas. Assim, o que deve ser habitual não é a realização do núcleo da ação típica, mas o resultado dessa atuação, qual seja, a prostituição da ofendida. Não havendo habitualidade no comportamento da induzida, o crime ficará na esfera da tentativa. A tentativa é perfeitamente admissível em todas as hipóteses. Importa mencionar que esse crime não é reputado delito habitual, de modo que basta que o agente favoreça uma única vez a prostituição para que haja a configuração desse tipo penal.

(11) Forma equiparada: De acordo com o § 2º, incorre nas mesmas penas: (a) quem pratica conjunção carnal ou outro ato libidinoso com alguém menor de 18 e maior de 14 anos na situação descrita no *caput* do artigo (inciso I). Se a vítima for menor de 14 anos, ou por enfermidade ou deficiência mental, não tem o necessário discernimento para a prática do ato, ou que, por qualquer outra causa, não pode oferecer resistência, haverá o delito de estupro de vulnerável. (b) o proprietário, o gerente ou o responsável pelo local em que se verifiquem as práticas referidas no *caput* o artigo (inciso II). Obviamente que eles devem ter ciência que isso ocorre dentro do seu estabelecimento. Nessa última hipótese, constitui efeito obrigatório da condenação a cassação da licença de localização e de funcionamento do estabelecimento (§ 3º).

(12) Forma majorada (CP, art. 234-A): Vide comentários ao art. 234-A, acrescentado pela Lei n. 12.015/2009.

(13) Ação penal. Procedimento: Vide art. 225 do CP, com as modificações introduzidas pela Lei n. 12.015/2009 e art. 394 do CPP, com as alterações promovidas pela Lei n. 11.719/2008.

CAPÍTULO III
DO RAPTO

Rapto violento ou mediante fraude
Art. 219. *(Revogado pela Lei n. 11.106/2005)*

Rapto consensual
Art. 220. *(Revogado pela Lei n. 11.106/2005)*

Diminuição de pena
Art. 221. *(Revogado pela Lei n. 11.106/2005)*

Concurso de rapto e outro crime

Art. 222. *(Revogado pela Lei n. 11.106/2005)*

(1) Revogação: A Lei n. 11.106/2005 revogou todas as modalidades de crime de rapto previstas nos arts. 219 a 222 do *Codex*.

(2) Rapto violento ou mediante fraude (CP, art. 219): A partir da entrada em vigor da Lei n. 11.106/2005, a privação, com fim libidinoso, da liberdade de qualquer pessoa, homem ou mulher, será enquadrada no crime de sequestro ou cárcere privado na forma qualificada (CP, art. 148, § 1º, V). Convém lembrar que o revogado art. 219 somente protegia a liberdade sexual da mulher honesta.

Abolitio criminis: (a) Não houve *abolitio criminis*, pois o fato previsto no art. 219 continuou sendo considerado criminoso pelo art. 148, § 1º, V, do CP. Diante disso, duas situações poderão ocorrer: se o crime já se havia encerrado, aplica-se a lei anterior mais benéfica ultrativamente, pois a lei penal não pode retroagir para prejudicar o agente (CF, art. 5º, XL); se a vítima continuou sendo mantida em cativeiro, após a incidência da legislação mais severa, como se trata de crime permanente, terá aplicação a nova regra, aplicando-se a Súmula 711 do STF; (b) se o agente já mantinha em sequestro ou cárcere privado, antes da entrada em vigor da nova lei, prostituta ou pessoa do sexo masculino, com fim libidinoso, a consequência será a mesma da hipótese anterior: se o crime já se havia encerrado, responderá apenas pelo sequestro em sua forma simples, ficando impossibilitada a retroatividade da lei penal mais grave; se a vítima continuar sendo mantida em sequestro, mesmo após a incidência da nova lei, será o agente alcançado pela inovação legislativa *in pejus*, à luz do que dispõe a Súmula 711 do STF.

(3) Rapto consensual (CP, art. 220): Com o advento da Lei n. 11.106/2005, referido dispositivo legal foi expressamente revogado pelo seu art. 5º.

Abolitio criminis: Trata-se de verdadeira *abolitio criminis*. Como o comportamento deixou de constituir infração penal, o Estado perde a pretensão de impor ao agente qualquer pena, razão pela qual se opera a extinção da punibilidade, nos termos do art. 107, III, do Código Penal.

CAPÍTULO IV
DISPOSIÇÕES GERAIS

Formas qualificadas
Art. 223. *(Revogado pela Lei n. 12.015/2009)*

(1) Revogação: De acordo com o art. 7º da Lei n. 12.015/2009, "Revogam-se os arts. 214, 216, 223, 224 e 232 do Decreto-Lei n. 2.848, de 7 de dezembro de 1940 – Código Penal, e a Lei n. 2.252, de 1º de julho de 1954". Atualmente, as formas qualificadas pelo resultado estão previstas nos §§ 1º (1ª parte) e 2º, do art. 213, conforme modificações operadas pela Lei n. 12.015/2009. Estavam antes contempladas no art. 223 do CP, o qual foi expressamente revogado pelo aludido Diploma Legal. Sobre o tema, *vide* comentários constantes do art. 213 do CP.

(2) Considerações gerais: O disposto no art. 223 somente se aplica aos crimes previstos nos arts. 213 (estupro) e 214 (atentado violento ao pudor), uma vez que eram os únicos em que do emprego da violência poderia resultar morte ou lesão corporal grave.

Presunção de violência
Art. 224. *(Revogado pela Lei n. 12.015/2009)*

(1) Revogação: De acordo com o art. 7º da Lei n. 12.015/2009, "Revogam-se os arts. 214, 216, 223, 224 e 232 do Decreto-Lei n. 2.848, de 7 de dezembro de 1940 – Código Penal, e a Lei n. 2.252, de 1º de julho de 1954".

(2) Considerações gerais: Previa o art. 224 três hipóteses em que se presumia a violência para a configuração dos crimes, atualmente, contra a dignidade sexual. Se a vítima: (a) não fosse maior de 14 anos; (b) fosse alienada ou débil mental, e o agente conhecia esta circunstância; (c) não pudesse, por qualquer outra causa, oferecer resistência. Era a chamada violência ficta. Tinha em vista o legislador circunstâncias em que a ofendida não possuía capacidade para consentir validamente ou para oferecer resistência. Com base na presença dessas circunstâncias, criou-se uma presunção legal do emprego de violência, pois, se não havia capacidade para consentir ou para resistir, presumia-se que o ato foi violento. Diferia da violência real, pois nesta havia efetiva coação física ou moral. Com o advento da Lei n. 12.015/2009, sob a nomenclatura "estupro de vulnerável", o *Codex* passou a reprimir em tipo penal autônomo a conduta de "Ter conjunção carnal ou praticar outro ato libidinoso com menor de 14 (catorze) anos: Pena – reclusão, de 8 (oito) a 15 (quinze) anos. § 1º Incorre na mesma pena quem pratica as ações descritas no *caput* com alguém que, por enfermidade ou deficiência mental, não tem o necessário discernimento para a prática do ato, ou que, por qualquer outra causa, não pode oferecer resistência. § 2º (Vetado). § 3º Se da conduta resulta lesão corporal de natureza grave: Pena – reclusão, de 10 (dez) a 20 (vinte) anos. § 4º Se da conduta resulta morte: Pena – reclusão, de 12 (doze) a 30 (trinta) anos" (CP, art. 217-A). Sobre o tema, *vide* comentários ao art. 217-A do CP.

(3) Causa de aumento de pena prevista no art. 9º da Lei dos Crimes Hediondos: Conforme o teor do art. 9º da Lei n. 8.072/90, as penas fixadas para os crimes capitulados no art. 214 e sua combinação com o art. 223, *caput* e parágrafo único, todos do Código Penal, seriam acrescidas de metade, respeitado o limite superior de 30 anos de reclusão, estando a vítima em qualquer das hipóteses referidas no art. 224 também do CP. Como já estudado, o crime de atentado violento ao pudor foi expressamente revogado, mas os seus elementos foram abarcados pela figura do estupro (CP, art. 213). O art. 223 do CP, por sua vez, foi revogado e as formas qualificadas do delito de estupro (antes previstas no art. 223) passaram a integrar os §§ 1º (1ª parte) e 2º do art. 213 do CP. Finalmente, o art. 224 do CP, que presumia a violência em alguns delitos, também foi expressamente revogado, tendo sido criado o tipo autônomo denominado "estupro de vulnerável", de modo que não há mais que se falar em violência presumida e, portanto, na incidência da causa de aumento de pena do art. 9º da Lei n. 8.072/90. Preceitua, ainda, o art. 9º que as penas dos aludidos delitos, acrescidas de metade, deveriam respeitar o limite superior de 30 anos de reclusão, estando a vítima em qualquer das hipóteses referidas no art. 224 também do CP. Ora, referida prescrição legal, igualmente, perdeu o sentido, na medida em que não se cogita mais da incidência da causa de aumento de pena em estudo.

(4) Causa de aumento de pena prevista no art. 9º da Lei n. 8.072/90 (jurisprudência anterior à Lei n. 12.015/2009): O art. 9º da Lei dos Crimes Hediondos previa uma causa obrigatória de aumento de pena, no caso de a vítima encontrar-se em qualquer das hipóteses do art. 224 do CP. Sucede que, no caso do estupro e do atentado violento ao pudor, definidos no art. 213 e no revogado art. 214 do CP, o art. 224 podia assumir também a função de presumir a violência. O aludido art. 224 poderia, então, assumir nesses crimes dupla função: presumir a violência e aumentar a pena de metade, o que pode gerar situações extremamente injustas. Assim, havia duas posições na jurisprudência: (a) a majorante só se aplica quando resultar morte ou lesão corporal grave, sob pena de ocorrência de *bis in idem*. *Nesse sentido:* STJ: "1. Não incide a causa de aumento da pena prevista no art. 9º da Lei n. 8.072/90, nos casos em que a condenação por estupro ou atentado violento ao pudor funda-se apenas na presunção legal de emprego de força física ou intimidação moral (CP, art. 224), sem que haja reconhecimento da existência de violência real na prática desses ilícitos" (STJ, HC 46929/SP, 5ª T., Rel. Min. Arnaldo Esteves Lima, j. 11-4-2006, *DJ* 8-5-2006, p. 244). *No mesmo sentido:* STJ, REsp 784107/RJ, Rel. Min. Felix

Fischer, j. 16-5-2006, *DJ* 26-6-2006, p. 195. STJ, REsp 692188/RS, 5ª T., Rel. Min. Arnaldo Esteves Lima, j. 23-5-2006, *DJ* 19-6-2006, p. 182; (b) mesmo o estupro ou atentado com violência presumida sofrem o aumento de metade da pena, não havendo *bis in idem* (STF, HC 7478000, 2ª T., Rel. Min. Maurício Corrêa, j. 11-11-1997, *DJ* 6-2-1998, p. 3).

Causa de aumento de pena prevista no art. 9º da Lei n. 8.072/90 e limite de pena: Mencionada regra legal trouxe um limite de pena. Assim, em hipótese alguma a aplicação da causa de aumento de metade pode fazer com que a pena exceda a 30 anos.

Ação penal

Art. 225. Nos crimes definidos nos Capítulos I e II deste Título, procede-se mediante ação penal pública condicionada à representação. *(Redação dada pela Lei n. 12.015/2009)*

Parágrafo único. Procede-se, entretanto, mediante ação penal pública incondicionada se a vítima é menor de 18 (dezoito) anos ou pessoa vulnerável. *(Incluído pela Lei n. 12.015/2009)*

(1) Ação penal pública condicionada: Prevê o art. 225, com as modificações introduzidas pela Lei n. 12.015/2009, "Nos crimes definidos nos Capítulos I e II deste Título, procede-se mediante ação penal pública condicionada à representação". Portanto, a ação penal nos crimes contra a dignidade sexual não é mais de iniciativa privada, tal como defluía da antiga regra legal. A ação penal pública condicionada à representação, que era exceção, cabível apenas se a vítima ou seus pais não pudessem prover as despesas do processo sem se privarem dos recursos indispensáveis à manutenção própria ou da família (§ 1º, I, c/c o § 2º do art. 225 do CP), passou a ser a regra com a nova sistemática do Código Penal.

Estupro praticado mediante violência real: Não mais incide a Súmula 608 do STF (no crime de estupro, praticado mediante violência real, a ação penal é pública incondicionada). A partir de agora, como regra, a ação penal é publica condicionada à representação. No mesmo sentido: STJ, HC 215.460/SC, 5ª T., Rel. Min. Gilson Dipp, j. 1º-12-2011, *DJe* 13-12-2011.

Estupro com resultado lesão corporal grave, gravíssima ou morte: Como regra, a ação penal é pública condicionada à representação.

(2) Ação penal pública incondicionada: Vítima menor de 18 anos. No caso de crime cometido a partir da zero hora do dia em que a vítima completa 18 anos, a ação já passa a ser pública condicionada à representação.

(3) Ação penal pública incondicionada: Se a vítima é pessoa vulnerável. Vulnerável é qualquer pessoa em situação de fragilidade ou perigo. A lei não se refere aqui à capacidade para consentir ou à maturidade sexual da vítima, mas ao fato de se encontrar em situação de maior fraqueza moral, social, cultural, fisiológica, biológica etc. Uma jovem menor, sexualmente experimentada e envolvida em prostituição, pode atingir às custas desse prematuro envolvimento um amadurecimento precoce. Não se pode afirmar que seja incapaz de compreender o que faz. No entanto, é considerada vulnerável, dada a sua condição de menor sujeita à exploração sexual. Não se confundem vulnerabilidade e presunção de violência da legislação anterior. São vulneráveis os menores de 18 anos, mesmo que tenham maturidade prematura. Não se trata de presumir incapacidade e violência. A vulnerabilidade é um conceito novo muito mais abrangente, que leva em conta a necessidade de proteção do Estado em relação a certas pessoas ou situações. Incluem-se no rol de vulnerabilidade, casos de doença mental, embriaguez, hipnose, enfermidade, idade avançada, pouca ou nenhuma mobilidade de membros, perda momentânea de consciência, deficiência intelectual, má formação cultural, miserabilidade social, sujeição a situação de guarda, tutela ou curatela, temor reverencial, enfim, qualquer caso de evidente fragilidade.

(4) Irretroatividade da norma: Por força de a Lei n. 12.015/2009 ter ampliado o poder punitivo estatal, ao privar o acusado dos institutos benéficos inerentes à ação penal privada, que davam causa à extinção da punibilidade, não há dúvida de que estamos diante de uma *novatio legis in pejus*, não podendo, portanto, retroagir para atingir fatos praticados antes de sua entrada em vigor.

(5) Casamento do agente com a vítima. Efeitos sobre o inquérito policial ou ação penal: vide comentários aos incisos VII e VIII do art. 107 do CP, os quais foram revogados pela Lei n. 11.106, de 28-3-2005. Por se tratar de lei penal mais severa, não pode retroagir para prejudicar o réu. *Nesse sentido:* STJ, HC 45346/SC, 5ª T., Rel. Min. Arnaldo Esteves Lima, j. 6-12-2005, DJ 5-6-2006, p. 297.

Súmula:

Súmula 608 do STF: "No crime de estupro, praticado mediante violência real, a ação penal é pública incondicionada".

Aumento de pena

Art. 226. A pena é aumentada: *(Caput e incisos I e II com redação dada pela Lei n 11.106/2005)*

I – de quarta parte, se o crime é cometido com o concurso de 2 (duas) ou mais pessoas;

II – de metade, se o agente é ascendente, padrasto ou madrasta, tio, irmão, cônjuge, companheiro, tutor, curador, preceptor ou empregador da vítima ou por qualquer outro título tem autoridade sobre ela;

III – *(Revogado pela Lei n. 11.106/2005)*

(1) Se o crime é cometido com o concurso de 2 (duas) ou mais pessoas: O aumento de pena de quarta parte, que era genericamente previsto para todas as hipóteses do artigo, passou a incidir somente para a hipótese do inciso I (cf. modificação determinada pela Lei n. 11.106, de 28-3-2005, que entrou em vigor em 29-3-2005, data de sua publicação). Para a incidência dessa causa de aumento de pena, os sujeitos podem atuar em coautoria ou participação.

(2) Se o agente é ascendente, padrasto ou madrasta, tio, irmão, cônjuge, companheiro, tutor, curador, preceptor ou empregador da vítima ou por qualquer outro título tem autoridade sobre ela: Nesse caso, a pena será aumentada de metade (cf. alteração determinada pela Lei n. 11.106/2005) e não mais de quarta parte, constituindo, portanto, a Lei n. 11.106/2005 *novatio legis in pejus*, não podendo retroagir para prejudicar o réu. Mencionada lei, além do que, fez menção à qualidade de madrasta, tio, cônjuge ou companheiro da vítima. Quanto a essas modificações operadas pela nova lei, estamos, novamente, diante de uma *reformatio in pejus*, uma vez que ampliou o rol de pessoas que se sujeitarão ao aumento de pena previsto no inciso II, não podendo, por mais esse motivo, retroagir para prejudicar o réu. Cumpre consignar que, no tocante aos companheiros, recentemente, o Plenário do STF reconheceu como entidade familiar a união de pessoas do mesmo sexo (ADPF 132, cf. *Informativo do STF n.* 625, Brasília, 2 a 6 de maio de 2011).

(3) Se o agente é casado: O inciso III foi revogado pela Lei n. 11.106, de 28-3-2005. Por se tratar de *novatio legis in mellius*, retroage para beneficiar o agente. *Nesse sentido:* STJ: "1. O art. 5º da Lei n. 11.103/2005 revogou o art. 226, inciso III, do Código Penal, assim, em virtude do princípio da retroatividade da *lex mitior*, previsto no art. 2º, parágrafo único, do estatuto penal, deve ser excluída a majoração pelo agente ser casado" (STJ, REsp 735970/RS, 5ª T., Relª Minª Laurita Vaz, j. 2-2-2006, DJ 20-3-2006, p. 342).

Estatuto do Índio (Lei n. 6.001/73)

(4) Causa de aumento de pena: De acordo com o art. 59 do Estatuto do Índio, "no caso de crimes contra a pessoa, o patrimônio ou os costumes, em que o ofendido seja índio não integrado ou comunidade indígena, a pena será agravada de 1/3 (um terço)".

CAPÍTULO V
DO LENOCÍNIO E DO TRÁFICO DE PESSOA PARA FIM DE PROSTITUIÇÃO OU OUTRA FORMA DE EXPLORAÇÃO SEXUAL *(Capítulo V com denominação dada pela Lei n. 12.015/2009)*

Mediação para servir a lascívia de outrem

Art. 227. Induzir alguém a satisfazer a lascívia de outrem:

Pena – reclusão, de 1 (um) a 3 (três) anos.

§ 1º Se a vítima é maior de 14 (catorze) e menor de 18 (dezoito) anos, ou se o agente é seu ascendente, descendente, cônjuge ou companheiro, irmão, tutor ou curador ou pessoa a quem esteja confiada para fins de educação, de tratamento ou de guarda:

Pena – reclusão, de 2 (dois) a 5 (cinco) anos. *(Parágrafo com redação dada pela Lei n. 11.106/2005)*

§ 2º Se o crime é cometido com emprego de violência, grave ameaça ou fraude:

Pena – reclusão, de 2 (dois) a 8 (oito) anos, além da pena correspondente à violência.

§ 3º Se o crime é cometido com o fim de lucro, aplica-se também multa.

(1) Objeto jurídico: Tutela-se, principalmente, a dignidade sexual do indivíduo que é levado a satisfazer a lascívia de outrem. Mudou-se, portanto, o foco da proteção jurídica. O valor da pessoa humana passa a ser o objeto jurídico dos delitos contemplados nos Capítulos IV e V. Procura-se, no entanto, também, com esse amparo legal, impedir o desenvolvimento desenfreado da prostituição, o qual é, comumente, estimulado pela ação de terceiros que exploram o "comércio carnal". A moral média da sociedade, portanto, em segundo plano, também é foco da proteção jurídica.

(2) Ação nuclear: Pune-se a ação de induzir (persuadir, aliciar etc.) alguém, por qualquer meio, a satisfazer a lascívia de outrem, isto é, o desejo sexual de pessoa determinada. Se o agente induz a vítima a satisfazer a lascívia de um número indeterminado de pessoas, haverá o crime previsto no art. 228 do CP, com a redação determinada pela Lei n. 12.015/2009, ou o delito do art. 228-B, acrescentado pela mesma lei, se o induzido for menor de 18 anos ou que, por enfermidade ou deficiência mental, não tem o necessário discernimento para a prática do ato.

(3) Sujeito ativo: Qualquer pessoa, homem ou mulher.

(4) Sujeito passivo: Qualquer pessoa. Exclui-se o inteiramente corrompido, pois, no caso, não há necessidade de induzir, persuadir aquele para satisfazer a lascívia de outrem. O crime será qualificado e o agente é seu ascendente, descendente, cônjuge ou companheiro, irmão, tutor ou curador ou pessoa a que esteja confiada para fins de educação, de tratamento ou de guarda (§ 1º, 2ª parte, com redação determinada pela Lei n. 11.106, de 28-3-2005).

Vítima maior de 14 anos e menor de 18 anos: Incide a qualificadora prevista no § 1º.

Vítima menor de 14 anos: Poderá haver a participação no crime do art. 218 do CP, com a nova redação determinada pela Lei n. 12.015/2009. Antes das modificações operadas pela Lei n. 12.015/2009, se a vítima não fosse maior de 14 anos (o que incluía aquela com idade igual a 14 anos), era caso de se presumir a violência nos termos do art. 232 c/c o art. 224, *a*. A sanção era mais severa: reclusão, de 2 a 8 anos, além da pena correspondente à violência. Com o advento do novo Diploma Legal, os arts. 224 e 232 foram expressamente revogados, não havendo mais que se falar em violência presumida para o delito do art. 227 do CP. Agora, o agente que induzir vítima menor de 14 anos a satisfazer a lascívia de outrem responderá pela participação no crime do art. 218 do CP, com a nova redação legal, cuja pena é mais branda (reclusão, de 2 a 5 anos).

Vítima com idade igual a 14 anos: O art. 218 do CP não se refere à vítima com idade igual a 14 anos, de onde se extrai a conclusão de que, nessa hipótese, haverá a configuração do delito do art. 227 do CP, absurdamente, sem a incidência da qualificadora do §1º.

(5) Elemento subjetivo: É o dolo, consubstanciado na vontade livre e consciente de induzir a vítima a satisfazer a lascívia alheia.

(6) Consumação e tentativa: Consuma-se com a prática pela vítima de atos destinados a satisfazer a lascívia de outrem. Basta a realização de um único ato, pois não se trata de crime habitual. A tentativa é perfeitamente admissível.

(7) Forma qualificada (§ 1º, 1ª parte): "Se a vítima é maior de catorze e menor de dezoito anos". Sobre o tema, *vide* item 4.

(8) Forma qualificada (§ 1º, 2ª parte): "Se o agente é seu ascendente, descendente, *cônjuge* ou *companheiro*, irmão, tutor ou curador ou pessoa a quem esteja confiada para fins de educação, de tratamento ou de guarda. Pena — reclusão, de dois a cinco anos". Com a edição da Lei n. 11.106, de 28 de março de 2005, que alterou a 2ª parte do § 1º do art. 227, a expressão "marido" foi substituída por "cônjuge", passando, portanto, também a abranger a esposa, bem como houve a inclusão da figura do companheiro nesse rol legal, o qual é taxativo. Trata-se de lei penal que agrava a situação do réu, sendo, portanto, irretroativa. Cumpre consignar que, no tocante ao companheiro, recentemente, o Plenário do STF reconheceu como entidade familiar a união de pessoas do mesmo sexo (ADPF 132, cf. *Informativo do STF n. 625*, Brasília, 2 a 6 de maio de 2011).

(9) Forma qualificada (§ 2º): "Se o crime é cometido com emprego de violência, grave ameaça ou fraude: Pena – reclusão, de dois a oito anos, além da pena correspondente à violência". Esse parágrafo não só prevê mais uma forma qualificada do crime em estudo, como também menciona a regra do concurso material de crimes (art. 227, § 2º, e lesão corporal, p. ex.).

(10) Lenocínio questuário (§ 3º): "Se o crime é cometido com o fim de lucro, aplica-se também multa". Não é necessário que ele efetivamente obtenha a vantagem econômica.

(11) Forma majorada (CP, art. 234-A): Vide comentários ao art. 234-A, acrescentado pela Lei n. 12.015/2009.

(12) Ação penal: Trata-se de crime de ação penal incondicionada. É cabível o instituto da suspensão condicional do processo (art. 89 da Lei n. 9.099/95).

Favorecimento da prostituição ou outra forma de exploração sexual *(Rubrica com denominação determinada pela Lei n. 12.015/2009)*

Art. 228. Induzir ou atrair alguém à prostituição ou outra forma de exploração sexual, facilitá-la, impedir ou dificultar que alguém a abandone:

Pena – reclusão, de 2 (dois) a 5 (cinco) anos, e multa. *(Redação dada pela Lei n. 12.015, de 2009)*

§ 1º Se o agente é ascendente, padrasto, madrasta, irmão, enteado, cônjuge, companheiro, tutor ou curador, preceptor ou empregador da vítima, ou se assumiu, por lei ou outra forma, obrigação de cuidado, proteção ou vigilância:

Pena – reclusão, de 3 (três) a 8 (oito) anos. *(Redação dada pela Lei n. 12.015/2009)*

§ 2º Se o crime é cometido com emprego de violência, grave ameaça ou fraude:

Pena – reclusão, de 4 (quatro) a 10 (dez) anos, além da pena correspondente à violência.

§ 3º Se o crime é cometido com o fim de lucro, aplica-se também multa.

(1) Documentos internacionais: 1. Convenção sobre a Eliminação de Todas as Formas de Discriminação contra a Mulher (CEDAW); 2. Convenção Interamericana para Prevenir, Punir e Erradicar a Violência contra a Mulher, também chamada de "Convenção de Belém do Pará"; 3.

Declaração e Programa de Ação de Viena (1993): o documento resultante da Conferência foi assinado por 171 nações, entre as quais o Brasil, e declarava que "os direitos humanos de mulheres e meninas são parte indivisível, integral e inalienável dos direitos humanos universais. A violência baseada em gênero e todas as formas de exploração e abuso sexual, incluindo as resultantes de preconceito cultural e tráfico internacional, são incompatíveis com a dignidade e o valor da pessoa humana e devem ser eliminadas"; 4. Declaração de Beijing – IV Conferência Mundial sobre as Mulheres (1995); 5. Convenção Americana sobre Direitos Humanos – Pacto de São José da Costa Rica; 6. Declaração Universal dos Direitos Humanos; 7. Declaração Universal dos Direitos da Criança (1959); 8. Convenção das Nações Unidas sobre os Direitos da Criança (1989); 9. Protocolo Facultativo à Convenção sobre os Direitos da Criança (promulgado pelo Decreto n. 5.007/2004, referente à venda de crianças, à prostituição infantil e à pornografia infantil); 10. Declaração pelo Direito da Criança à Sobrevivência, à Proteção e ao Desenvolvimento (1990); 11. Pacto Internacional de Direitos Humanos, Sociais e Culturais; 12. 45ª Sessão da Assembleia Geral das Nações Unidas; 13. Convenção de Nova York sobre os Direitos da Criança; 9. Convenção Interamericana sobre Tráfico Internacional de Menores;

(2) Objeto jurídico: Com a nova nomenclatura, o crime em estudo tutela, principalmente, a dignidade sexual do indivíduo, que é levado à prostituição ou outra forma de exploração sexual. Mudou-se, portanto, o foco da proteção jurídica. Em segundo plano, protege-se a moral média da sociedade, os bons costumes.

(3) Ação nuclear: Três são as ações nucleares típicas: (a) induzir (persuadir); (b) atrair (seduzir, chamar a atenção da vítima para o fato de se prostituir, por exemplo, levando-a a um prostíbulo); (c) facilitar (prestar qualquer forma de auxílio, por exemplo, arranjando cliente); (d) impedir o abandono (obstar que a vítima deixe o meretrício). É possível a prática do crime por omissão, desde que o agente tenha o dever jurídico de impedir o resultado; e (e) *dificultar que alguém a abandone*: trata-se de conduta típica acrescentada pela Lei n. 12.015/2009. Significa tornar difícil ou custoso de fazer; pôr impedimentos, por exemplo, condicionar a saída da prostituta do meretrício ao pagamento de dívidas que ela possua com o seu aliciador. Note-se que essa conduta acabava sendo abarcada pela outra ação nuclear típica, consistente em: "impedir o abandono" da prostituição.

(4) Sujeito ativo: Qualquer pessoa pode praticar o delito em tela.

(5) Sujeito passivo: Qualquer pessoa pode ser vítima do crime em estudo (homem ou mulher), não se excluindo a prostituta, pois se pune a ação de impedir que alguém abandone a prostituição. O favorecimento da prostituição ou outra forma de exploração sexual de criança ou adolescente ou de vulnerável caracterizará o crime do art. 218-B.

(6) Elemento subjetivo: É o dolo, consubstanciado na vontade livre e consciente de induzir ou atrair alguém à prostituição ou outra forma de exploração sexual, facilitá-la, impedir ou dificultar que alguém a abandone. Prevê o § 3º que se o crime é cometido com o fim de lucro, aplica-se também multa. Sucede, no entanto, que, com a Lei n. 12.015/2009, a pena de multa passou a integrar o preceito secundário do *caput* do art. 228 do CP, não se exigindo mais a finalidade lucrativa para a sua incidência.

(7) Consumação: O crime se consuma no momento em que a vítima passa a se dedicar habitualmente à prostituição ou ainda quando já se dedica usualmente a tal prática, mas se vê impedida de se retirar dela. Ressalve-se que não se exige habitualidade das condutas previstas no tipo do art. 227 do CP, bastando seja praticada uma única ação de induzir, atrair etc.

(8) Tentativa: Não havendo habitualidade no comportamento da induzida, o crime ficará na esfera da tentativa. Frise-se que o crime em estudo não é habitual, pois basta o agente favorecer uma única vez a prostituição para que haja a configuração desse tipo penal.

(9) Formas qualificadas: Incidiam as hipóteses do § 1º do art. 227 do CP. Com o advento da Lei n. 12.015/2009, o art. 228 passou a prever detalhadamente em seu § 1º os casos em que o delito será qualificado. Assim, algumas modificações legais foram introduzidas: (a) não há mais qualquer referência, no dispositivo legal, a vítima maior de 14 e menor de 18 anos, pois o fato poderá, agora, configurar crime previsto no art. 218-B (favorecimento da prostituição ou outra forma de exploração sexual de criança ou adolescente ou de vulnerável: Pena – reclusão, de 4 a 10 anos); (b) a nova regra legal afastou a qualificadora na hipótese de crime praticado por descendente; (c) foram inseridas as figuras do padrasto, madrasta, enteado, preceptor ou empregador da vítima; (d) foi substituída a frase: "pessoa a que esteja confiada para fins de educação, de tratamento ou de guarda" por "se assumiu, por lei ou outra forma, obrigação de cuidado, proteção ou vigilância".

(10) Formas qualificadas (art. 232 c/c o art. 223): Cumpre lembrar que o art. 232, que previa a incidência dos arts. 223 (se da violência resulta lesão corporal de natureza grave: Pena — reclusão, de 8 a 12 anos. Se do fato resulta morte: Pena — reclusão, de 12 a 25 anos) foi revogado expressamente pela Lei n. 12.015/2009.

(11) Presunção de violência (art. 232 c/c o art. 224): As hipóteses de presunção de violência contempladas no art. 224 do CP foram expressamente revogadas pela Lei n. 12.015/2009.

(12) Forma majorada (CP, art. 234-A): Vide comentários ao art. 234-A, acrescentado pela Lei n. 12.015/2009.

(13) Ação penal: Trata-se de crime de ação penal pública incondicionada.

(14) Distinções: Se o agente induz a vítima a satisfazer a lascívia de pessoa determinada, haverá o crime do art. 227 do CP, pois a prostituição diz com a satisfação da lascívia de um número indeterminado de pessoas. Se o agente facilita o meretrício de pessoa determinada haverá o crime do art. 228; se, no entanto, o agente mantiver um local destinado ao meretrício de forma genérica, haverá o crime do art. 229 (casa de prostituição).

Casa de prostituição

Art. 229. Manter, por conta própria ou de terceiro, estabelecimento em que ocorra exploração sexual, haja, ou não, intuito de lucro ou mediação direta do proprietário ou gerente:

Pena – reclusão, de 2 (dois) a 5 (cinco) anos, e multa. *(Redação dada pela Lei n. 12.015/2009)*

(1) Objeto jurídico: Com a nova rubrica do Capítulo V, mudou-se o foco da proteção jurídica. Tem-se em vista, agora, principalmente, a proteção da dignidade do indivíduo, sob o ponto de vista sexual. Secundariamente, protegem-se também os bons costumes.

(2) Ação nuclear: Consubstancia-se no verbo manter (conservar) estabelecimento em que ocorra exploração sexual, haja, ou não, o intuito de lucro ou mediação direta do proprietário ou gerente. Tendo em vista o verbo empregado pelo tipo penal, *manter*, estamos diante de um crime habitual e permanente.

Estabelecimento em que ocorra exploração sexual: A Lei n. 12.015/2009 acabou por ampliar a tutela jurídica dos crimes contemplados no Capítulo V, ao mencionar qualquer outra forma de exploração sexual, que não só a prostituição, em consonância, inclusive, com os documentos internacionais. Desse modo, o título do crime "Casa de Prostituição" é inadequado, por não revelar a atual amplitude do delito. O tipo penal não exige mais que o lugar seja destinado especificamente a encontros para fim libidinoso, que tenha a única finalidade favorecer o lenocínio, bastando-se a comprovação de que no local ocorra a exploração sexual. Pune-se, portanto, o proprietário de qualquer estabelecimento, destinado ou não à prostituição, em cujo interior ocorra a exploração sexual, por exemplo, indivíduo que possui um restaurante, mas que em sua edícula permite encontro de clientes com prostitutas. O mesmo ocorre com a manutenção de casas de massagem, banho, ducha, *relax*. Caso se comprove que no interior haja a exploração sexual, haverá o enquadramento típico. Note-se que tais locais, antes da Lei n. 12.015/2009, quando não destinados única e exclusivamente ao favorecimento da prostituição, não se enquadravam no tipo penal em estudo. Nesse sentido: Celso Delmanto e outros, *Código Penal*, cit., p. 440/441.

Tolerância da sociedade e dos órgãos policiais: STJ: "Recurso especial. Penal. Apelação. Casa de prostituição. Tolerância. Atividade policial. Tipicidade (art. 229 do CP). Concurso material. Condutas delituosas com repercussão e clamor público. Garantia da ordem pública. A eventual tolerância ou indiferença na repressão criminal, bem assim o pretenso desuso não se apresentam, em nosso sistema jurídico-penal, como causa de atipia. O enunciado legal (art. 229 e art. 230) é taxativo e não tolera incrementos jurisprudenciais. Os crimes em comento estão gerando grande comoção social, em face da repercussão, existindo uma mobilização nacional de proteção dos menores. Recurso conhecido e provido (STJ, REsp 585750/RS, 5ª T., Rel. Min. José Arnaldo da Fonseca, j. 10-2-2004, *DJ* 15-3-2004, p. 295). *Em sentido contrário*, em face do princípio da adequação social: TJRS: "Casa de prostituição. Atipicidade. Rejeição da denúncia mantida. À sociedade civil é reconhecida a prerrogativa de descriminalização do tipo penal configurado pelo legislador. A eficácia da norma penal nos casos de casa de prostituição mostra-se prejudicada em razão do anacronismo histórico, ou seja, a manutenção da penalização em nada contribui para o fortalecimento do Estado Democrático de Direito, e somente resulta num tratamento hipócrita diante da prostituição institucionalizada com rótulos como 'acompanhantes', 'massagistas', motéis, etc., que, ainda que extremamente publicizada, não sofre qualquer reprimenda do poder estatal, haja vista que tal conduta, já há muito tolerada com grande sofisticação, e divulgada diariamente pelos meios de comunicação, não é crime, bem assim não será a de origem mais modesta. Recurso Ministerial Improvido" (TJRS, Ap. Crim. 70014768873, 5ª Câmara Criminal, Rel. Aramis Nassif, j. 9-8-2006); e TJRS: "Apelação crime. Manter casa de prostituição. Atipicidade da conduta. O delito previsto no art. 229 do CP – casa de prostituição passa por processo de descriminalização em nossa sociedade, conforme entendimento já firmado na jurisprudência, razão pela qual, no caso, deve ser considerada atípica a conduta" (TJRS, Ap. Crim. 70015134950, 8ª Câmara Criminal, Rel. Marco Antônio Ribeiro de Oliveira, j. 23-8-2006).

Erro de proibição: A manutenção de estabelecimento em que ocorra exploração sexual, mediante licença da autoridade policial ou pagamento de impostos ou taxas, poderá configurar o erro de proibição (CP, art. 21), pois há erro sobre a ilicitude do fato. Nenhuma autoridade está autorizada por lei a conceder licença ou cobrar qualquer tipo de taxa para o funcionamento de tais locais, porém o agente, por desconhecer a lei, supõe ser lícito o fato.

Prova da habitualidade: STJ: "Recurso em *Habeas Corpus*. Casa de prostituição. Art. 229, do CP. Trancamento da ação penal. Falta de justa causa. Inocorrência. Prova da habitualidade. Prescinde de sindicância prévia, podendo ser demonstrada por outros elementos probatórios. Descrevendo a denúncia crime em tese, descabe trancá-la sob o argumento de falta de justa causa, não se evidenciando, *in casu*, inépcia da denúncia, atipicidade da conduta ou extinção da punibilidade. No delito do art. 229, do CP, a prova da habitualidade prescinde de sindicância prévia podendo ser demonstrada por outros meios, inclusive depoimentos de testemunhas. Recurso desprovido" (STJ, RHC 11.853/RJ, 5ª T., Rel. Min. José Arnaldo da Fonseca, *DJ* 25-2-2002). *No mesmo sentido*. TJRS: "Apelação crime. Casa de prostituição. Art. 229 do CP. Decreto condenatório. Manutenção. Materialidade e autoria suficientemente comprovadas pela prova produzida. Contexto probatório que revela a existência de comércio sexual na boate de propriedade pelo réu. Habitualidade demonstrada pelos relatos das testemunhas inquiridas no curso do feito. Inaplicabilidade do princípio da adequação social, no caso concreto. Ação policial desenvolvida, a partir do recebimento de denúncias anônimas ao Conselho Tutelar, evidenciando a intolerância da comunidade e das autoridades locais com tal conduta, sobretudo diante da notícia do envolvimento de adolescentes, situação que, sem dúvida, exacerba ainda mais a reprovabilidade da ação, e com a qual o Estado não se pode compadecer. Condenação que se impunha. Apelação improvida" (TJRS, Ap. Crim. 70010799500, 8ª Câmara Criminal, Relª Fabianne Breton Baisch, j. 22-6-2005).

(3) Sujeito ativo: Qualquer pessoa (homem ou mulher) que mantenha estabelecimento em que ocorra exploração sexual, haja, ou não, intuito de lucro ou a intermediação direta deles. Como não é crime prostituir-se, a meretriz que mantém uma casa com esse intuito não comete o crime em tela, a não ser que mantenha a casa para que outras prostitutas exerçam o meretrício.

(4) Sujeito passivo: É a vítima (homem ou mulher) da exploração sexual. A coletividade, secundariamente, também é sujeito passivo desse crime, pois há ofensa à moralidade pública e aos bons costumes. Para Rogério Sanches Cunha, a coletividade também poderia ser ofendida, mas nesse caso remotamente, pois, para ele, temos de evitar essa tendência moralizante do direito penal (Luiz Flávio Gomes; Rogério Sanches Cunha; Valério de Oliveira Mazzuoli. *Comentários à Reforma Criminal de 2009 e à Convenção de Viena sobre o Direito dos Tratados*. São Paulo: Revista dos Tribunais, 2009, p. 70).

(5) Elemento subjetivo: É o dolo, consistente na vontade livre e consciente de manter estabelecimento em que ocorra a exploração sexual. O intuito lucrativo é irrelevante.

(6) Consumação: Ocorre a consumação com o início de manutenção do estabelecimento em que ocorra a exploração sexual. Não é necessária a prática de qualquer ato sexual.

Casa de prostituição e prisão em flagrante: STJ: "O crime de manutenção de casa de prostituição tipifica objetivamente uma conduta permanente, pouco importando o momento da fiscalização do poder público e a comprovação de haver, no instante da prisão, relacionamento sexual das aliciadas. Ordem denegada" (STJ, HC 42995/RJ, 5ª T., Rel. Min. José Arnaldo da Fonseca, j. 27-9-2005, *DJ* 24-10-2005, p. 354).

(7) Tentativa: É inadmissível.

(8) Formas qualificadas (art. 232 c/c o art. 223): Cumpre lembrar que o art. 232, que previa a incidência dos arts. 223 (se da violência resulta lesão corporal de natureza grave: Pena — reclusão, de 8 a 12 anos. Se do fato resulta morte: Pena — reclusão, de 12 a 25 anos) foi revogado expressamente pela Lei n. 12.015/2009.

(9) Presunção de violência (art. 232 c/c o art. 224): O art. 224 que previa as hipóteses de violência presumida foi expressamente revogado pela Lei n. 12.015/2009.

(10) Forma majorada (CP, art. 234-A): Vide comentários ao art. 234-A, acrescentado pela Lei n. 12.015/2009.

(11) Ação penal: Trata-se de crime de ação penal pública incondicionada.

(12) Distinções: Vide comentários ao art. 228 do CP.

Rufianismo

Art. 230. Tirar proveito da prostituição alheia, participando diretamente de seus lucros ou fazendo-se sustentar, no todo ou em parte, por quem a exerça:

Pena – reclusão, de 1 (um) a 4 (quatro) anos, e multa.

§ 1º Se a vítima é menor de 18 (dezoito) e maior de 14 (catorze) anos ou se o crime é cometido por ascendente, padrasto, madrasta, irmão, enteado, cônjuge, companheiro, tutor ou curador, preceptor ou empregador da vítima, ou por quem assumiu, por lei ou outra forma, obrigação de cuidado, proteção ou vigilância:

Pena – reclusão, de 3 (três) a 6 (seis) anos, e multa. *(Redação dada pela Lei n. 12.015/2009)*

§ 2º Se o crime é cometido mediante violência, grave ameaça, fraude ou outro meio que impeça ou dificulte a livre manifestação da vontade da vítima:

Pena – reclusão, de 2 (dois) a 8 (oito) anos, sem prejuízo da pena correspondente à violência. *(Redação dada pela Lei n. 12.015/2009)*

(1) Objeto jurídico: Tutela-se a dignidade sexual da prostituta, vítima da exploração do rufião, ou seja, aquele que procura tirar proveito do exercício da prostituição alheia.

(2) Ação nuclear: Pune-se a ação de: (a) tirar proveito da prostituição alheia, participando diretamente de seus lucros: nessa hipótese, deve haver uma entrega continuada de lucros para o rufião; ou (b) fazer-se sustentar, no todo ou em parte, por quem a exerça: deve o sustento perdurar por algum tempo. Não basta que a meretriz pague uma única refeição.

Participação direta nos lucros: TJRS: "Apelação crime. Crimes contra os costumes. Rufianismo. Autoria. Insuficiência de provas. Absolvição. Inviabilidade. Demonstrado que os apelantes auferiam lucro de forma direta da prostituição, a manutenção da condenação pelo delito de rufianismo se apresenta adequada" (TJRS, Ap. Crim. 70012498242, 8ª Câmara Criminal, Rel. Roque Miguel Fank, j. 9-11-2005). TJRS: "Rufianismo. Crime não caracterizado. Determina o art. 230 do Código Penal que só existirá o crime de rufianismo quando o agente participar dos lucros da prostituta em decorrência da profissão desta. Não foi o que ocorreu no caso em julgamento. As duas menores, arroladas como vítimas da recorrente, informaram que elas recebiam o dinheiro diretamente do cliente e ficavam com ele. Posteriormente, havia um 'acerto' entre a acusada e o cliente. Ou seja, o lucro pelos programas sexuais era delas; não havia divisão ou participação como exige o tipo penal". Decisão: Apelo defensivo provido. Unânime (TJRS, Ap. Crim. 70013386750, 7ª Câmara Criminal, Rel. Sylvio Baptista Neto, j. 5-1-2006).

(3) Sujeito ativo: Qualquer pessoa (homem ou mulher).

(4) Sujeito passivo: É pessoa que exerce a prostituição (homem ou mulher).

(5) Elemento subjetivo: É o dolo, consistente na vontade livre e consciente de tirar proveito da prostituição alheia, participando dos seus lucros, ou ser por ela sustentado, ainda que em parte. Não se exige nenhuma finalidade específica.

(6) Momento consumativo: Trata-se de crime permanente e habitual. O crime se consuma com a participação reiterada do rufião no recebimento dos lucros, bem como da sua manutenção à custa da prostituta. Há necessidade de habitualidade.

(7) Tentativa: É inadmissível, pois se trata de crime habitual.

(8) Formas qualificadas (§ 1º): Incidiam as hipóteses do § 1º do art. 227 do CP, o qual prescrevia que: "Se a vítima é maior de catorze e menor de dezoito anos ou se o agente é seu ascendente, descendente, cônjuge ou companheiro, irmão, tutor ou curador ou pessoa a quem esteja confiada para fins de educação, de tratamento ou de guarda. Pena — reclusão, de 3 (três) a 6 (seis) anos, além da multa". Com o advento da Lei n. 12.015/2009, o art. 230 passou a prever detalhadamente em seu § 1º os casos em que o delito será qualificado. Assim, algumas modificações legais foram introduzidas: (a) a nova regra legal afastou a qualificadora na hipótese de crime praticado por descendente; (b) foram inseridas as figuras do padrasto, madrasta, enteado, preceptor ou empregador da vítima; (c) foi substituída a frase: "pessoa a que esteja confiada para fins de educação, de tratamento ou de guarda" por "quem assumiu, por lei ou outra forma, obrigação de cuidado, proteção ou vigilância".

(9) Formas qualificadas (§ 2º): Com as modificações introduzidas pela Lei n. 12.015/2009, o emprego de fraude tornou-se meio executório apto a qualificar o delito, ao contrário da antiga redação do § 2º. Note-se, também, que a pena de multa foi abolida pelo novo Diploma Legal. Finalmente, as penas serão somadas se da violência empregada advier lesão corporal.

(10) Formas qualificadas (art. 232 c/c o art. 223): Cumpre lembrar que o art. 232, que previa a incidência dos arts. 223 (se da violência resulta lesão corporal de natureza grave: Pena — reclusão, de 8 a 12 anos. Se do fato resulta morte: Pena — reclusão, de 12 a 25 anos), foi revogado expressamente pela Lei n. 12.015/2009.

(11) Presunção de violência (art. 232 c/c o art. 224): O art. 224, que previa as hipóteses de violência presumida, foi expressamente revogado pela Lei n. 12.015/2009.

(12) Forma majorada (CP, art. 234-A): Vide comentários ao art. 234-A, acrescentado pela Lei n. 12.015/2009.

(13) Ação penal Lei dos Juizados Especiais Criminais: Trata-se de crime de ação penal pública incondicionada. É cabível o instituto da suspensão condicional do processo (art. 89, *caput*, da Lei n. 9.099/90).

Tráfico internacional de pessoa para fim de exploração sexual *(Rubrica com denominação determinada pela Lei n. 12.015/2009)*

Art. 231. Promover ou facilitar a entrada, no território nacional, de alguém que nele venha a exercer a prostituição ou outra forma de exploração sexual, ou a saída de alguém que vá exercê-la no estrangeiro. *(Artigo com redação dada pela Lei n. 12.015/2009)*

Pena – reclusão, de 3 (três) a 8 (oito) anos.

§ 1º Incorre na mesma pena aquele que agenciar, aliciar ou comprar a pessoa traficada, assim como, tendo conhecimento dessa condição, transportá-la, transferi-la ou alojá-la.

§ 2º A pena é aumentada da metade se:

I – a vítima é menor de 18 (dezoito) anos;

II – a vítima, por enfermidade ou deficiência mental, não tem o necessário discernimento para a prática do ato;

III – se o agente é ascendente, padrasto, madrasta, irmão, enteado, cônjuge, companheiro, tutor ou curador, preceptor ou empregador da vítima, ou se assumiu, por lei ou outra forma, obrigação de cuidado, proteção ou vigilância; ou

IV – há emprego de violência, grave ameaça ou fraude.

§ 3º Se o crime é cometido com o fim de obter vantagem econômica, aplica-se também multa. *(Redação dada pela Lei n. 12.015, de 2009)*

(1) Documentos internacionais: 1. Convenção Americana sobre Direitos Humanos (Pacto de São José da Costa Rica), promulgada, no Brasil, pelo Decreto n. 678, de 6-11-1992. Preconiza o art. 22 da referida Convenção que "2. Toda pessoa tem o direito de sair livremente de qualquer país, inclusive do próprio. 3. O exercício dos direitos acima mencionados não pode ser restringido senão em virtude de lei, na medida indispensável, numa sociedade democrática, para prevenir infrações penais ou para proteger a segurança nacional, a segurança ou a ordem públicas, a moral ou a saúde públicas, ou os direitos e liberdades das demais pessoas". 4. Convenção Interamericana sobre Tráfico Internacional de Menores, promulgada pelo Brasil através do Decreto n. 2.740, de 20-8-1998. Estabelece o art. 7º deste Tratado que "os Estados-Partes comprometem-se a adotar, em conformidade com seu direito interno, medidas eficazes para prevenir e sancionar severamente a ocorrência de tráfico internacional de menores definido nesta Convenção". 5. Convenção Interamericana para Prevenir, Punir e Erradicar a Violência contra a Mulher, também chamada de "Convenção de Belém do Pará". Este tratado, por seu turno, em seu art. 2º, § 2º, rege que "Entender-se-á que violência contra a mulher inclui violência física, sexual e psicológica que tenha ocorrido na comunidade e seja perpetrada por qualquer pessoa e que compreende, entre outros, violação, abuso sexual, tortura, maus-tratos de pessoas, tráfico de mulheres, prostituição forçada, sequestro e assédio sexual no lugar de trabalho". 4. Convenção sobre a Eliminação de Todas as Formas de Discriminação contra a Mulher (CEDAW). Art. 6º: "Os Estados-Membros tomarão as

medidas apropriadas, inclusive de caráter legislativo, para suprimir todas as formas de tráfico de mulheres e exploração de prostituição da mulher". 5. Declaração e Programa de Ação de Viena (1993): o documento resultante da Conferência foi assinado por 171 nações, dentre as quais o Brasil, e declarava que "os direitos humanos de mulheres e meninas são parte indivisível, integral e inalienável dos direitos humanos universais. A violência baseada em gênero e todas as formas de exploração e abuso sexual, incluindo as resultantes de preconceito cultural e tráfico internacional, são incompatíveis com a dignidade e o valor da pessoa humana e devem ser eliminadas"; 6. Declaração de Beijing – IV Conferência Mundial sobre as Mulheres (1995); 7. Declaração Universal dos Direitos Humanos; 8. Declaração Universal dos Direitos da Criança (1959); 9. Convenção das Nações Unidas sobre os Direitos da Criança (1989); 10. Declaração pelo Direito da Criança à Sobrevivência, à Proteção e ao Desenvolvimento (1990); 11. Pacto Internacional de Direitos Humanos, Sociais e Culturais; 12. 45ª Sessão da Assembleia Geral das Nações Unidas; 13. Convenção de Nova York sobre os Direitos da Criança; 14. Convenção sobre Cooperação Internacional e Proteção de Crianças e Adolescentes em Matéria de Adoção Internacional.

(2) Modificações legislativas: A Lei n. 11.106/2005 modificou a nomenclatura do art. 231 de "Tráfico de Mulheres" para "Tráfico Internacional de Pessoas", uma vez que sua nova redação, antes restrita às pessoas do sexo feminino, traz como sujeito passivo desse delito também o indivíduo do sexo masculino. O qualificativo internacional se justifica porque a nova Lei criou o art. 231-A, intitulado "Tráfico Interno de Pessoas". Assim, passamos a ter duas espécies de tráfico de pessoas: o internacional e o interno. Posteriormente, a Lei n. 12.015/2009 trouxe uma nova rubrica ao delito em estudo: "tráfico internacional de pessoa para fim de exploração sexual"; além do que modificou a redação do *caput* do artigo, ao excluir o verbo "intermediar" e acrescentar algumas condutas equiparadas em seu § 1º.

(3) Objeto jurídico: Com a nova nomenclatura, o tipo penal em estudo tutela, principalmente, a dignidade sexual. Secundariamente, a moral média da sociedade, os bons costumes (*Vide* Fernando Capez; Stela Prado. Tráfico de pessoa e o bem jurídico em face da Lei n. 12.015, de 07 de agosto de 2009. In: Tráfico de pessoas. MARZAGÃO, Laerte (coord.). São Paulo: Quartier Latin, 2010).

(4) Ação nuclear: Duas são as ações nucleares típicas previstas no *caput* do dispositivo legal, consubstanciadas nos verbos *promover* (dar causa, executar, organizar, realizar, tornar possível, fazer acontecer) ou *facilitar* (tornar mais fácil, remover obstáculos, ajudar a superar dificuldades), no caso, a entrada ou a saída de alguém que aqui venha exercer a prostituição ou outra forma de exploração sexual ou que vá exercê-la no estrangeiro.

Ações nucleares acrescentadas pela Lei n. 12.015/2009: Segundo o § 1º, introduzido pelo aludido Diploma Legal, incorre na mesma pena aquele que *agenciar* (negociar, contratar, ajustar), *aliciar* (atrair, recrutar) ou *comprar* (adquirir) a pessoa traficada, assim como, tendo conhecimento dessa condição, *transportá-la* (é o ato de levar de um local para outro, utilizando um meio de deslocamento ou locomoção), *transferi-la* (é a mudança de local e, normalmente, antecede o transporte) ou *alojá-la* (é a ação de abrigar em algum local). Com a nova redação do art. 231 do CP, não há mais qualquer referência à ação de *intermediar* o tráfico internacional de pessoa, cujo verbo havia sido introduzido pela Lei n. 11.106, de 28 de março de 2005. Nesse caso, indaga-se: teria ocorrido *abolitio criminis*? Fundamentalmente, *intermediar* significa intervir, interceder, colocar-se entre as partes para viabilizar tráfico. O intermediário, no caso, é o negociante, o qual exerce suas atividades colocando-se entre aquele que promove a venda das mulheres, homens ou crianças de um determinado país e o comprador ou consumidor, isto é, o indivíduo de outro país que adquire as "mercadorias" para o meretrício. Podemos afirmar que são os verdadeiros mercadores do meretrício. Desse modo, houve mera substituição do verbo "intermediar" por "agenciar", não tendo ocorrido *abolitio criminis*.

Consentimento da vítima: Ao contrário do Protocolo Adicional à Convenção das Nações Unidas contra o Crime Organizado Transnacional Relativo à Prevenção, Repressão e Punição do Tráfico de Pessoas, em Especial Mulheres e Crianças, o qual, ao trazer a primeira definição internacionalmente aceita de tráfico de seres humanos, pune apenas o tráfico de adultos, quando ausente o consentimento destes, o nosso Código Penal prevê a majoração da pena, quando o delito for praticado mediante violência, ameaça ou fraude, o que pressupõe que considera crime, no *caput* do art. 231, o tráfico de adultos realizado com o seu consentimento.

(5) Sujeito ativo: Qualquer pessoa (homem ou mulher).

(6) Sujeito passivo: O crime em questão, em sua forma simples, pressupõe que a vítima seja homem ou mulher com idade igual ou superior a 18 anos. Se a ofendida é menor de 18 anos, a pena é aumentada da metade (art. 231, § 2º, I, com as alterações promovidas pela Lei n. 12.015/2009). Na realidade, na antiga sistemática do Código Penal, caso ela fosse maior de 14 e menor de 18, configurava-se a forma qualificada, que era contemplada no revogado § 1º do art. 231 do Código Penal, elevando-se a pena de 3 a 8 anos de reclusão para 4 a 10 anos de reclusão. Se a vítima tivesse 14 anos ou menos, o crime era o de lenocínio na forma qualificada (CP, art. 231, § 2º), uma vez que estaria presente a violência presumida (CP, art. 232 c.c. art. 224). Entretanto, a partir da Lei n. 12.015/2009, em todas as hipóteses acima aludidas incidirá a majorante prescrita no art. 231, § 2º, I, do CP.

(7) Elemento subjetivo: É o dolo, consistente na vontade livre e consciente de promover ou facilitar a entrada, no território nacional, de alguém que nele venha a exercer a prostituição ou outra forma de exploração sexual, ou a saída de alguém que vá exercê-la no estrangeiro. Nas modalidades previstas no § 1º, o agente deve ter ciência da condição da vítima, isto é, de que esta é objeto do tráfico de pessoas. Se o crime é cometido com o fim de obter vantagem econômica, aplica-se também multa (§ 3º). Sobre aliciamento para fim de emigração, *vide* comentários ao art. 206 do CP.

(8) Consumação: Nas figuras previstas no *caput*, dá-se a consumação com a entrada ou saída da pessoa do território nacional para o exercício da prostituição. O efetivo exercício desta constitui mero exaurimento do crime.

TRF: "Penal. Tráfico internacional de mulheres. Art. 231 do Código Penal. Crime consumado. Autoria e materialidade comprovadas. 1. Incide no delito capitulado no art. 231 do Código Penal quem promove ou facilita a saída de mulher para o exterior a fim de exercer a prostituição. 2. Comprovada a participação em procedimento de encaminhamento de brasileiras para exercerem a prostituição no exterior, faz-se mister a condenação por tráfico internacional de mulheres. 3. Resta incabível a devolução dos dólares apreendidos, considerando que o dinheiro estava sendo utilizado pelas apelantes para fins de prática do delito capitulado no art. 231 do Código Penal Brasileiro. 4. Apelação improvida" (TRF, 1ª Região, Ap. Crim. 200034000190460/DF, 4ª T., Rel. Des. Fed. Hilton Queiroz, *DJ* 30-10-2006, p. 160). No tocante às ações nucleares previstas no §1º, reputa-se consumado o delito com o agenciamento, aliciamento ou a compra da pessoa traficada, assim como com o seu transporte, transferência ou alojamento.

(9) Tentativa: A tentativa *é* admissível.

TRF: "Penal – Processo Penal – Penal – Tráfico de mulheres (art. 231 do CP) – Provas – Forma tentada – Caracterizada – Pena reduzida – Apelo parcialmente provido. 1 – A consumação do crime de tráfico de mulheres só ocorre com a efetiva entrada ou saída de mulheres no território nacional, o que não é o caso dos autos, uma vez as rés foram detidas antes do embarque para o exterior. 2 – Pena reduzida ante a desclassificação do delito para a forma tentada art. 14, parágrafo único, CP. 3 – Apelo parcialmente provido" (TRF, 3ª Região, Ap. Crim. 96030877220/SP, 1ª T., Rel. Roberto Haddad, *DJ* 18-11-97, p. 98210).

(10) Formas majoradas (§ 2º): O art. 231, em seu § 1º, previa expressamente a incidência do art. 227, § 1º, do CP, o qual prescrevia que: "Se a vítima é maior de catorze e menor de dezoito anos ou se o agente é seu ascendente, descendente, cônjuge ou companheiro, irmão, tutor ou curador ou pessoa a quem esteja confiada para fins de educação, de tratamento ou de guarda. Pena — reclusão, de 3 (três) a 6 (seis) anos, além da multa". Com o advento da Lei n. 12.015/2009, algumas inovações legais foram introduzidas pelo aludido Diploma Legal. O art. 231 passou a contemplar detalhadamente em seu § 2º os casos em que o delito terá a pena aumentada. Assim, a pena é aumentada da metade se: *I – a vítima é menor de 18 (dezoito) anos*: a Lei em sua antiga redação se referia a vítima maior de catorze e menor de dezoito anos. Agora, ampliou o seu campo de proteção, alcançando os que possuam idade inferior a 18 anos; *II – a vítima, por enfermidade ou deficiência mental, não tem o necessário discernimento para a prática do ato*: essa condição da vítima foi acrescentada pela nova Lei. Podia, no entanto, funcionar como hipótese configuradora da violência presumida (CP, art. 232 c.c. art. 224, atualmente revogados). Agora, ocasionará o aumento da pena. *III – se o agente é ascendente, padrasto, madrasta, irmão, enteado, cônjuge, companheiro, tutor ou curador, preceptor ou empregador da vítima, ou se assumiu, por lei ou outra forma, obrigação de cuidado, proteção ou vigilância*: (a) a nova regra legal afastou o aumento de pena na hipótese de crime praticado por descendente; (b) foram inseridas as figuras do padrasto, madrasta, enteado, preceptor ou empregador da vítima; (d) foi substituída a frase: "pessoa a que esteja confiada para fins de educação, de tratamento ou de guarda" por "quem assumiu, por lei ou outra forma, obrigação de cuidado, proteção ou vigilância". *IV – há emprego de violência, grave ameaça ou fraude*". Essa hipótese constituía isoladamente uma qualificadora prevista no antigo § 2º do art. 231, cuja pena era de reclusão, de 5 (cinco) a 12 (doze) anos, e multa, além da pena correspondente à violência. Agora, integra um dos incisos no novo § 2º e a pena do *caput* será aumentada de metade. TRF: "Penal. Tráfico de mulheres. Artigo 231, § 1º e 3º do CPB. Nulidade. Autodeterminação das vítimas. Impossibilidade. Não ilisão da conduta do agente. Consuma-se o crime de tráfico de mulheres com a conduta do agente que promove a saída de duas jovens mulheres, menores de dezoito anos, residentes em cidade do interior de Santa Catarina, para o exterior, no caso Hernandarias, no Paraguai, onde elas passaram a exercer a prostituição" (TRF, 4ª Região, Apelação Criminal n. 200004011424242/SC, 7ª Turma, Rel. Vladimir Passos de Freitas, *DJU* 27/03/2002, p. 333).

Emprego de fraude: TRF: "Penal. Tráfico de mulheres. Código Penal, art. 231, §§ 2º e 3º. Prova suficiente da prática delituosa, pela ré. Sentença condenatória mantida. Pena fixada sem exagero. Regime de cumprimento adequado. 1. Responde pela prática do delito capitulado no art. 231, §§ 2º e 3º, quem, com o propósito de submeter mulheres à prostituição, promove a ida delas a outro país, prometendo-lhes que trabalharão como babás em casas de família. 2. Sendo três as vítimas, todas sobrinhas da ré, justifica-se a aplicação da pena-base acima do mínimo legal, porquanto maior a facilidade para a prática delituosa e mais intensa a censurabilidade da conduta. 3. Calculada a pena privativa de liberdade em 6 (seis) anos de reclusão, não há ilegalidade em fixar-se o regime semiaberto para o início do cumprimento da pena" (TRF, 3ª Região, Ap. Crim. 97030523110/SP, 2ª T., Rel. Nelton dos Santos, *DJU* 4-2-2005, p. 910). TRF: "Penal – Tráfico de mulheres mediante fraude. Quadrilha. 1. Conquanto inserido sob a rubrica 'tráfico de mulheres', o art. 231 do CP prevê como crime promover ou facilitar a saída do território nacional de mulher que vá exercer prostituição no estrangeiro, bastando, por conseguinte, para a configuração do crime (simples ou qualificado), a promoção da saída de apenas uma mulher. 2. O elemento normativo fraude, circunstância qualificadora prevista no § 2º do art. 231 do CP, deve ser compreendido como o ardil empregado pelo agente para ludibriar a vítima de tal forma que, se não tivesse sido utilizado, não haveria a concordância em deixar o território nacional. 3. Provado que o réu não é um simples coautor do crime previsto no art. 231, § 2º, do CP, sob a forma continuada, mas sim membro de uma associação estável e permanente, composta por mais de três pessoas, com o propósito de explorar o crime de tráfico de mulheres, deve ser reconhecido o crime de quadrilha, em concurso material com o tráfico" (TRF, 2ª Região, Ap. Crim. 200102010062828/RJ, 1ª T., Rel. Luiz Paulo S. Araujo Filho, *DJU* 5-2-2003, p. 66). TRF: "Penal. Tráfico internacional de mulheres. Art. 231, § 2º, do Código Penal. Crime consumado. Autoria e materialidade comprovadas. 1. Incide no delito capitulado no art. 231, § 2º, do Código Penal quem promove ou facilita a saída de mulher para o exterior, a fim de exercer a prostituição, fazendo falsas promessas de emprego honesto. 2. Apelação improvida" (TRF, 1ª Região, Ap. Crim. 200001000155463/PA, 4ª T., Rel. Des. Fed. Hilton Queiroz, *DJ* 3-10-2006, p. 58).

(11) Forma majorada (CP, art. 234-A): Vide comentários ao art. 234-A, acrescentado pela Lei n. 12.015/2009.

(12) Forma qualificada (§ 3º): Finalmente, o § 3º, introduzido pela Lei n. 12.015/2009, prevê que, se o crime é cometido com o fim de obter vantagem econômica, aplica-se também multa. Antes, a pena de multa integrava o preceito secundário do *caput* do art. 231, incidindo automaticamente. Não era necessário provar a finalidade de obter vantagem econômica para sua aplicação. Agora que foi retirada do *caput* do artigo e passou a constituir qualificadora, deverá ser comprovado o fim especial de obter lucro.

(13) Qualificadas previstas no art. 232 c/c o art. 223: Cumpre lembrar que o art. 232, que previa a incidência do art. 223 (se da violência resulta lesão corporal de natureza grave: Pena — reclusão, de 8 a 12 anos. Se do fato resulta morte: Pena — reclusão, de 12 a 25 anos) foi revogado expressamente pela Lei n. 12.015/2009, assim como o art. 224 (hipóteses de presunção de violência).

(14) Competência. Ação penal: Tratando-se de crime internacional, a competência é da Justiça Federal (CF/88, art. 109, V). Cuida-se de crime de ação penal pública incondicionada.

Competência. Consumação: TRF: "Processual Penal. Competência pelo lugar da infração. Tráfico de mulheres. 1. Dispõe o art. 70, *caput*, do Código de Processo Penal, que 'A competência será, de regra, determinada pelo lugar em que se consumar a infração, ou, no caso de tentativa, pelo lugar em que for praticado o último ato de execução'. 2. O crime de tráfico de mulheres é de natureza instantânea e se consuma com a entrada, no território nacional, de mulher que nele venha exercer a prostituição, ou com a saída de mulher que vá exercê-la no estrangeiro (art. 231 – CP), não passando o aliciamento (e condutas quejandas) de ato de preparação. 3. Conflito de competência julgado procedente. Competência do Juízo suscitado 10ª Vara Federal/DF" (TRF, 1ª Região, CC 200101000459115/GO, 2ª Seção, Rel. Des. Fed. Olindo Menezes, *DJ* 19-5-2004, p. 1).

Competência. Crime cometido por estrangeiro em território nacional: TRF: "Penal e Processo Penal. Tráfico internacional de mulheres. Art. 231 do CP. Tentativa. Convenção Internacional. Competência da Justiça Federal. Territorialidade de lei penal. Autoria e materialidade comprovada. Pena de reclusão. Necessidade de reconhecer antecedentes criminais ocorridos no exterior. Impossibilidade de substituição por pena restritiva de direito ou de suspensão condicional da pena. Estrangeiro transitoriamente no país. Regime fechado. Sentença mantida. 1. Sendo o Brasil signatário de convenção internacional para a repressão ao tráfico de mulheres, competente é a Justiça Federal. Art. 109, V, da Constituição Federal de 1988. 2. Crime cometido por estrangeiro em território nacional, aplica-se a lei brasileira, salvo tratado, convenção ou regra de direito internacional dispondo em sentido diverso. 3. Autoria e materialidade fartamente comprovada. 4. Antecedentes criminais são todos os fatos e episódios da vida pregressa do réu que possam interessar à avaliação subjetiva do crime. Certidão de Interpol tem aptidão para comprová-los. 5. Impossível substituição da pena privativa de liberdade por restritiva de direito. Desfavoráveis os requisitos do inciso III do art. 44 do CP. 6. Impossível concessão de *sursis*. Desfavoráveis os requisitos do inciso II do art. 77 do CP. 7. Ao estrangeiro em regime transitório pelo país não é juridicamente possível o cumprimento da pena em regime semiaberto. Precedentes. 8. Apelações improvidas. Sentença mantida" (TRF, 1ª Região, Ap. Crim. 200001000302026/GO, 4ª T., Rel. Des. Fed. Carlos Olavo, *DJ* 4-6-2004, p. 37).

Competência. Atos preparatórios ocorridos no Brasil: "Ementa: Extradição. Crimes de tráfico de pessoas humanas e lenocínio (tráfico de mulheres e proxenetismo), segundo a lei alemã: condutas que podem corresponder, em tese, segundo a lei brasileira, aos crimes de redução a condição análoga à de escravo (CP, art. 149), mediação para servir à lascívia de outrem (CP, art. 227), favorecimento da prostituição (CP, art. 229) e rufianismo qualificado (CP, art. 230, § 2º). 1. A defesa do extraditando só pode versar sobre a identidade da pessoa reclamada, defeito de forma dos documentos apresentados e ilegalidade da extradição (art. 85, § 1º, da Lei n. 6.815/80). Quanto à legalidade da extradição: (a) não a impede a circunstância de ser o extraditando casado com brasileira ou ter filho brasileiro (Súmula 421); (b) é competente a justiça alemã, em cujo território o crime foi planejado e consumado, pois ocorreram no Brasil, apenas, atos preparatórios; (c) o fato de que as vítimas já eram prostitutas no Brasil é irrelevante em face dos arts. 149 e 230 do Código Penal e, também, do art. 228 do mesmo Código, porque entre os tipos nele previstos está o de facilitar a prostituição, suficiente para nele incidir o extraditando mesmo no caso em que as vítimas já fossem prostitutas. 2. Declarada a legalidade e julgado procedente o pedido de extradição" (STF, Extr. 725, RFA – República Federal da Alemanha, Min. Maurício Correa, *v.u.*, Resultado: Deferido, *DJ* 25-9-1998, p. 11, N.PP.:(10). Análise: (RCO). Revisão: (JBM/AAF). Inclusão: 15-10-1998, (SVF).

(15) Proibição de deixar o território nacional: TRF: "Processo Penal. *Habeas corpus*. Tráfico internacional de pessoas. Brasileira. Proibição de expedição de passaporte. Inclusão na lista de pessoas impedidas de deixar o país. Possibilidade. 1. Ainda que inocorrentes os requisitos da prisão preventiva (CPP, art. 312), é possível, a depender do fato concreto, a proibição judicial para o acusado deixar o país. 2. Acusada de tráfico internacional de mulheres (atualmente, pela Lei n. 11.106, de 28-3-2005, com o *nomen iuris* de tráfico internacional de pessoas), ao recepcionar mulheres para prostituição, na Suíça, que pede autorização para visitar uma 'comadre' naquele País, e afirma da sua boa intenção de retornar ao Brasil, dizendo que compareceu espontaneamente, em Juízo, em razão de, poucos dias antes, na Polícia, onde fora providenciar documentação para revalidar o passaporte, ter sido informada que a autoridade judiciária a tinha proibido de sair do País. Intenção manifesta de ludibriar a Justiça" (TRF, 1ª Região, HC 2005.01.00.020549-7/MG, 3ª T., Rel. Des. Fed. Tourinho Neto, *DJ* 29-7-2005, p.30).

Estatuto da Criança e do Adolescente

(1) Documentos internacionais: Declaração Universal dos Direitos da Criança (1959), Convenção dos Direitos da Criança (1989), 45ª Sessão da Assembleia Geral das Nações Unidas, Declaração pelo Direito da Criança à Sobrevivência, à Proteção e ao Desenvolvimento (1990), Convenção de Nova York sobre os Direitos da Criança e Convenção Interamericana sobre Tráfico Internacional de Menores, Convenção sobre Cooperação Internacional e Proteção de Crianças e Adolescentes em Matéria de Adoção Internacional.

(2) Promoção ou auxílio na efetivação de ato destinado ao envio de criança ou adolescente ao exterior: O art. 239 do ECA prevê a conduta de "Promover ou auxiliar a efetivação de ato destinado ao envio de criança ou adolescente para o exterior com inobservância das formalidades legais ou com o fito de obter lucro: Pena – reclusão de 4 (quatro) a 6 (seis) anos, e multa. Parágrafo único. Se há o emprego de violência, grave ameaça ou fraude: (Acrescentado pela Lei n. 10.764/2003). *Vide* também art. 242, § 2º, do CP. STJ: "*Habeas corpus*. Estatuto da Criança e do Adolescente. Envio de menor ao exterior. Realização das formalidades legais. Consumação do delito. Ordem denegada. I. A promoção ou auxílio na prática de ato destinado ao envio de criança

ou adolescente ao exterior, com inobservância das formalidades legais, é crime formal, do qual a obtenção do passaporte ou mesmo auxílio para a sua obtenção são apenas formas, entre múltiplas outras, do seu cometimento. 2. Ordem denegada" (STJ, HC 39332/RJ, 6ª T., Rel. Min. Nilson Naves, j. 9-12-2005, *DJ* 20-2-2006, p. 368). TRF, 2ª Região: "Penal e Processual Penal. Art. 242 do CP. Art. 239 da Lei n. 8069/90. Concurso de pessoas. Autoria e materialidade devidamente comprovadas. Dos elementos carreados aos autos verifica-se de forma inequívoca a conduta delituosa dos acusados, utilizando registro de nascimento de recém-nascido como meio para obter passaporte para deixar o País, concorrendo, de forma eficaz, providenciando as medidas cabíveis e facilitando o registro e obtenção de passaporte em nome do recém-nascido, demonstrando, assim, cooperação numa ação comum. Aplica-se a figura privilegiada do parágrafo único, do art. 242 do CP, quando estreme de dúvidas a nobreza de sentimentos dos acusados em proceder de tal forma. Não há que se falar em erro de proibição quando há ação consciente e voluntária para a prática do ilícito. Somente é cabível o erro de proibição quando ao agente é impossível o conhecimento acerca da antijuridicidade do fato. O conjunto probatório mostra, pelo contexto dos elementos carreados, que os corréus efetivamente promoveram e auxiliaram na prática de ato ilícito tendente ao envio de criança ao exterior, inobservando as formalidades legais, ou seja, os casos permitidos de adoção. Aplicação do art. 239 do Estatuto da Criança e do Adolescente. Configurando-se o delito do art. 239 da Lei n. 8.069/90 como de mera conduta, ou seja, não exige qualquer resultado naturalístico, consuma-se apenas com a ação do agente, não importando se o menor não saiu do País" (TRF, 2ª Região, Ap. Crim. 9702460727/RJ, 4ª T., Rel. Benedito Gonçalves, *DJU* 13-2-2001).

(3) *Tráfico de menores e a Convenção de Haia Sobre os Aspectos Civis do Sequestro Internacional de Menores de 25-10-1980:* Na hipótese em que o menor é sequestrado e levado para o exterior para a sua venda, por exemplo, para adoção, discute-se se o crime é da competência da Justiça Federal ou Estadual. A Convenção sobre os Aspectos Civis do Sequestro Internacional de Crianças foi aprovada pelo Congresso Nacional através do Decreto Legislativo n. 79, de 15-9-1999, e posteriormente promulgada pelo Decreto Executivo n. 3.413, de 14-4-2000. Assim sendo, em virtude da ratificação feita pelo Brasil ao Tratado Internacional em análise, a competência para o processamento da ação penal passou a ser da Justiça Federal, nos termos do art. 109, inciso V, da Constituição Federal. Além disso, o Brasil ratificou, em 1990, a Convenção Internacional sobre Direitos da Criança, fixando a competência da Justiça Federal para a análise do tráfico internacional de menores. *Nesse sentido*, TRF da 5ª Região: "Apelação criminal. Tráfico internacional de crianças. Art. 239 do ECA. Quanto à preliminar de incompetência da Justiça Federal, para o julgamento do delito de tráfico internacional de menores, previsto no art. 239 do ECA, não merece prosperar. Isto porque o Brasil é signatário da Convenção Internacional sobre Direitos da Criança, texto que foi ratificado pelo Congresso Nacional em 26 de janeiro de 1990. O tipo em questão pode ser praticado por qualquer pessoa, seja o pai, a mãe, o tutor ou ainda outra pessoa qualquer, ainda que nenhuma relação jurídica mantenha com a criança ou adolescente, bastando que promova ou auxilie seu envio para o exterior com inobservância das formalidades legais ou com o intuito de lucro. Restou devidamente comprovado nos autos que a apelante, com o auxílio de sua advogada, promoveu a saída da menor do país munida de passaporte falso, obtido com registro de nascimento também irregular. Evidenciado, outrossim, o dolo da acusada, o que se pode inferir claramente dos depoimentos das testemunhas arroladas, que declararam ter conhecimento de que a denunciada sempre quis levar a menor para a Itália. Da mesma forma, quanto à causídica Maria do Socorro Sousa. A norma pune qualquer forma de participação, tanto na promoção direta, como no auxílio a quem efetivamente promove o envio da criança ou do adolescente mediante pagamento em dinheiro. A participação desta deu-se pela prática de diversos atos, com destaque para a falsificação do registro de nascimento da menor, e no requerimento do passaporte, ato no qual restou comprovada a ajuda da ora denunciada. Por fim, impende esclarecer que, encontrando o Juízo motivo suficiente para fundar a sua decisão, não está obrigado a responder a todas as alegações das partes, nem tampouco a ater-se aos fundamentos indicados e responder, um a um, todos os seus argumentos. Apelações a que se nega provimento" (Ap. Crim. 200205000201417/CE, 3ª T., Rel. Des. Federal Élio Wanderley de Siqueira Filho, *DJ* 7-11-2005, p. 481). *Em sentido contrário*, fixando a competência da Justiça Estadual, STJ: "Constitucional e Processual Penal. Tráfico de menores. Competência da Justiça Comum dos Estados. A Constituição consagra a família como base da sociedade e objeto de especial proteção do Estado, cabendo-lhe defender a criança e o adolescente. O tráfico de crianças brasileiras para o exterior está a se repetir, o que interessa à União reprimir, tanto quanto os delitos contra a vida e os sequestros. Contudo, apesar dos estudos realizados e do empenho neste sentido, o Brasil ainda não assinou a "Convenção de Haia Sobre os Aspectos Civis do Sequestro Internacional de Menores", de 25-10-1980. Assim, por força do disposto no inciso V, do art. 109, da Constituição, a Justiça Federal ainda não tem competência para processar e julgar essa espécie de delito, cabendo à Justiça Comum dos Estados fazê-lo" (STJ, CC 198900071599/PR, 3ª S., *DJ* 11-9-1989, p. 14364; *RSTJ* v. 3, p. 705, Min. Jesus Costa Lima). *Nesse sentido*, Alexandre de Moraes, *Constituição do Brasil interpretada*, 5. ed., Ed. Atlas, p. 1554.

Lei de Lavagem de Dinheiro

(1) ***Lavagem de dinheiro e tráfico internacional de pessoa***: A conduta de "ocultar ou dissimular a natureza, origem, localização, disposição, movimentação ou propriedade de bens, direitos ou valores provenientes, direta ou indiretamente, de infração penal" (redação dada pela Lei n. 12.683, de 2012) ampliou o leque de abrangência da Lei de Lavagem de Capitais e admite, como crime antecedente, qualquer infração penal, incluindo-se o tráfico de pessoas, seja interno ou internacional. Sobre o conceito de organização criminosa, *vide* art. 2º da Lei n. 12.694/2012: "Para os efeitos desta Lei, considera-se organização criminosa a associação, de 3 (três) ou mais pessoas, estruturalmente ordenada e caracterizada pela divisão de tarefas, ainda que informalmente, com objetivo de obter, direta ou indiretamente, vantagem de qualquer natureza, mediante a prática de crimes cuja pena máxima seja igual ou superior a 4 (quatro) anos ou que sejam de caráter transnacional".

Lei n. 9.434/95 (Tráfico internacional de órgãos)

(1) ***Tráfico internacional de órgãos***: TRF: "Penal. Processo Penal. *Habeas corpus* liberatório. Réu preso preventivamente (garantia da ordem pública e aplicação da lei penal) durante toda a instrução criminal. Sentença condenatória proferida na ação penal. Pena – reclusão de 6 anos e 7 meses em regime fechado. Crime de tráfico internacional de órgãos (modalidade intermediar transplante de órgãos humanos ilegalmente) em concurso com formação de quadrilha. Artigo 15, parágrafo único, da Lei n. 9.434/95 c.c. art. 288 do CPB. Manutenção da prisão preventiva. Efeito do decreto condenatório. Reconhecimento do cumprimento da pena no regime semiaberto. Impossibilidade. Análise das circunstâncias judiciais (CP, art. 59) e por disposição expressa do art. 10 da Lei n. 9.034/97 – Condenação por crimes decorrentes de organização criminosa – Êxito da atividade da organização criminosa. Improcedência do *writ*. 1 - Improcede o pleito dos impetrantes de reconhecer-se à Paciente o direito de iniciar o cumprimento da pena no regime semiaberto, quando se tem, na espécie, que a condenação, que redundou na aplicação de 6 anos e 7 meses de reclusão, a ser cumprido inicialmente no regime fechado, em face da ocorrência dos crimes de quadrilha (art. 288 do CPB) e de tráfico de órgãos, este último decorrente do êxito da atividade da organização criminosa – art. 10 da Lei n. 9.034/95 – o que retira a alegação de constrangimento ilegal. 2 - É certo que o art. 59 do CP prevê, no seu inciso III, que o juiz atendendo à culpabilidade, aos antecedentes, à conduta social, à personalidade do agente, aos motivos, às circunstâncias e consequências do crime, bem como ao comportamento da vítima, estabelecerá conforme seja necessário e suficiente para reprovação do crime o regime inicial de cumprimento da pena. 3 - Por

outro lado, o art. 33, § 2º, *b*, do CPB prevê que o condenado não reincidente, cuja pena seja superior a 4 (quatro) anos e não exceda a 8 (oito), poderá, desde o princípio, cumpri-la em regime semiaberto. 4 - Acontece, todavia, que a ora Paciente foi condenada a uma pena em regime fechado em face de o crime de tráfico de órgãos ter sido decorrente do êxito da atividade da organização criminosa, da qual a Paciente era, segundo a denúncia, e conforme comprovação ao final da instrução criminal, 'uma das diretoras do esquema de tráfico, tendo ficado evidenciado que o grupo delinquente possuía uma estrutura definida, com pessoas encarregadas de atividades específicas (como o 'diretor', a 'tesoureira', o 'caixa'), pelo que se impõe a manutenção do regime inicial do cumprimento da pena no fechado, por disposição expressa do art. 10 da Lei n. 9.034/95 que assim dispõe: 'os condenados por crimes decorrentes de organização criminosa iniciarão o cumprimento da pena em regime fechado'. 5 - Ordem de *Habeas Corpus* denegada" (TRF, 5ª Região, HC 200505000158367/PE, 2ª T., Rel. Petrucio Ferreira, *DJ* 30-6-2005, p. 603). TRF: "Penal e Processual Penal. *Habeas corpus* liberatório. Crimes, em tese, de aliciamento de pessoas para venda de órgãos humanos em concurso com o crime de quadrilha (arts. 15 e 16 da Lei n. 9.434/97 c.c. art. 288 do CPB). Denúncia que narra, em tese, existência de crime. Presentes os requisitos do art. 41 do CPPB. Ausentes as circunstâncias do art. 43 do CPPB. Inépcia da denúncia. Inexistência. Prisão preventiva. Manutenção. Garantia da ordem pública. Arts. 311 e 312 do CPPB. Trancamento de ação penal. Impossibilidade. Via inidônea ao exame das provas. Improcedência do *writ*. I – Segundo noticia a denúncia, ofertada pelo Ministério Público Federal, o Paciente é apontado como o principal diretor do esquema no tráfico internacional de órgãos humanos, ou seja, agenciador de doadores levados ao israelense G.T. – que era o chefe da quadrilha neste País – elo com a África do Sul. Acrescenta o *Parquet* Federal que, nesta função de diretor, era o paciente – Capitão Ivan – quem providenciava as requisições de exames preliminares e levava os aliciados para fazê-los, pagando as contas do laboratório e auxiliando-os a providenciar os documentos indispensáveis à viagem ao exterior (por exemplo, o passaporte), pagando as taxas correspondentes; acompanhava-os ao aeroporto, dando-lhes US$ 500,00 (quinhentos dólares) a título de adiantamento de despesas; por fim, ao retornarem ao país, pagava-lhes o montante anteriormente acordado. Exercia, ainda, o paciente, Capitão Ivan, a função de intérprete – quando não podia viajar à África do Sul, enviava em seu lugar a sua esposa – Sra. Eldênia –, também denunciada pelo MPF. 2 – O Magistrado, ao apreciar a denúncia, deve, nessa medida, estar atento não só para a presença das condições da ação, como também para o aspecto formal da petição inicial, cujos requisitos mínimos vêm estabelecidos pelo art. 41 do CPP. A errônea classificação do crime na denúncia não acarretará sua rejeição se os fatos estiverem bem descritos. Como é cediço, o réu se defende dos fatos articulados na denúncia e não da classificação do crime dada pelo Ministério Público, até porque o Juiz pode dar ao fato definição jurídica diversa (art. 383, CPP). 3 – Não há falar-se em trancamento de ação penal, seja pela inépcia da denúncia ou ilegalidade ou abuso de poder por parte do ato praticado pela autoridade coatora. Ademais, a gravidade dos crimes, em tese, apontados ao paciente é daquela que, inclusive, nos termos do art. 312 do CPPB, autorizam a manutenção da Prisão Preventiva, já decretada e mantida pela Juíza *a quo*, não só por conveniência da instrução criminal ou para assegurar a aplicação da lei penal, principalmente em relação aos estrangeiros, como e principalmente, em razão de tratar-se de crime cuja prática afeta a garantia da ordem pública, por ofender a própria dignidade humana e o nome do país que, não bastando o constrangimento de ter entre os seus filhos escravas sexuais levadas para os países ricos europeus, sofre agora a ignomínia de ver brasileiros miseráveis sendo levados para o exterior para vender órgãos de seu corpo. Ademais, não vejo, como em termos de *habeas corpus*, trancar a ação. Por que relaxar a prisão preventiva decretada se estou diante, em tese, de um crime cuja punição é um reclamo internacional? 4 – Ordem de *Habeas Corpus* denegada" (TRF, 5ª Região, HC 200405000101213/PE, 2ª T., Rel. Des. Fed. Petrucio Ferreira, *DJ* 4-6-2004, p. 812).

Observação: A Lei n. 9.034/95 foi expressamente revogada pela Lei n. 12.850/2013, que trata das organizações criminosas no Brasil.

Tráfico interno de pessoa para fim de exploração sexual *(Redação dada pela Lei n. 12.015/2009)*

Art. 231-A. Promover ou facilitar o deslocamento de alguém dentro do território nacional para o exercício da prostituição ou outra forma de exploração sexual:

Pena – reclusão, de 2 (dois) a 6 (seis) anos.

§ 1º Incorre na mesma pena aquele que agenciar, aliciar, vender ou comprar a pessoa traficada, assim como, tendo conhecimento dessa condição, transportá-la, transferi-la ou alojá-la.

§ 2º A pena é aumentada da metade se:

I – a vítima é menor de 18 (dezoito) anos;

II – a vítima, por enfermidade ou deficiência mental, não tem o necessário discernimento para a prática do ato;

III – se o agente é ascendente, padrasto, madrasta, irmão, enteado, cônjuge, companheiro, tutor ou curador, preceptor ou empregador da vítima, ou se assumiu, por lei ou outra forma, obrigação de cuidado, proteção ou vigilância; ou

IV – há emprego de violência, grave ameaça ou fraude.

§ 3º Se o crime é cometido com o fim de obter vantagem econômica, aplica-se também multa. *(Parágrafos acrescentados pela Lei n. 12.015/2009)*

(1) Modificações legais: A Lei n. 11.106, de 28 de março de 2005, criou o art. 231-A, intitulado "Tráfico Interno de Pessoas", de forma que passamos a ter duas espécies de tráfico de pessoas: o internacional, previsto no art. 231, e o interno. No entanto, a Lei n. 12.015/2009 trouxe uma nova rubrica ao dispositivo legal: "tráfico interno de pessoa para fim de exploração sexual". Dentre as modificações operadas, deixou de se referir ao tráfico interno de pessoa, no singular. Isso porque, para a configuração típica, não se exige uma pluralidade de vítimas. Em segundo lugar, inseriu na nova nomenclatura a finalidade do tráfico para exploração sexual. Em terceiro lugar, a pena, que era a mesma do tráfico internacional de pessoa (reclusão, de 3 a 8 anos, e multa), foi diminuída: reclusão, de 2 a 6 anos, devendo retroagir para beneficiar o réu.

(2) Objeto jurídico: Com a nova nomenclatura, o tipo penal em estudo tutela principalmente a dignidade sexual, secundariamente, a moral média da sociedade, os bons costumes.

(3) Ação nuclear: O *caput* prevê duas ações nucleares típicas: *(a) promover:* é organizar, realizar, tornar possível, concretizar, fazer acontecer; ou *(b) facilitar:* é remover as dificuldades, pavimentar o caminho para a prostituição.

Ações nucleares acrescentadas pela Lei n. 12.015/2009: O § 1º passou a descrever algumas condutas equiparadas. Desse modo, incorre na mesma pena aquele que agenciar (negociar, contratar, ajustar), aliciar (atrair, recrutar), vender ou comprar (adquirir) a pessoa traficada, assim como, tendo conhecimento dessa condição, transportá-la (é o ato de levar de um local para outro, utilizando um meio de deslocamento ou locomoção), transferi-la (é a mudança de local e, normalmente, antecede o transporte) ou alojá-la (é a ação de abrigar em algum local). Todas essas condutas já eram previstas no *caput* do dispositivo penal. No tocante ao novo verbo "agenciar", também não sucedeu qualquer inovação, pois o *caput* do artigo já previa conduta equivalente, qual seja, *intermediar* (colocar-se entre fornecedor e consumidor, prestando todo o auxílio necessário à concretização do negócio carnal), não tendo ocorrido *novatio legis incriminadora*. Esclareça-se que a promoção ou facilitação do recrutamento (seleção, separação e ordenamento das pessoas cuja prostituição se quer explorar) ou acolhimento (o recebimento da pessoa em seu próprio lar, local de trabalho ou recinto) de tais pessoas não deixou de ser típica, pois se encontram abarcadas pelas condutas de *aliciar e alojar*, não tendo, portanto, sucedido *abolitio criminis*.

(4) Sujeito ativo: Qualquer pessoa. Em sendo os mesmos autores os responsáveis pelo tráfico internacional e, depois, pelo interno, incidirá o princípio da consunção, configurando os atos posteriores mero exaurimento, desde que, é claro, estejam todos dentro do mesmo contexto fático.

(5) Sujeito passivo: Qualquer pessoa pode ser vítima do crime em tela (homem ou mulher). Em sua forma simples, o delito pressupõe que o sujeito passivo seja homem ou mulher com idade igual ou superior a 18 anos. Se a vítima é menor de 18 anos; ou por enfermidade ou deficiência mental, não tem o necessário discernimento para a prática do ato; a pena é aumentada de metade (cf. § 2º).

(6) Elemento subjetivo: É o dolo, consubstanciado na vontade livre e consciente de praticar uma das ações nucleares típicas.

(7) Consumação: Basta a prática de uma das ações nucleares para a consumação do crime. Não se exige que a vítima efetivamente seja explorada sexualmente.

(8) Tentativa: É possível, pois se cuida de crime plurissubsistente.

(9) Formas majoradas: De acordo com o antigo parágrafo único do art. 231-A, aplicava-se ao crime de tráfico interno de pessoas o disposto nos §§ 1º e 2º do art. 231 do Código Penal. Com o advento da Lei n. 12.015/2009, o art. 231-A passou a contemplar detalhadamente em seu § 2º os casos em que o delito terá a pena aumentada. Sobre o tema, *vide* comentários ao art. 231 do CP, os quais são plenamente aqui incidentes.

(10) Formas qualificadas (art. 232 c/c o art. 223): O art. 232, que previa a incidência do art. 223 (se da violência resulta lesão corporal de natureza grave: Pena — reclusão, de 8 a 12 anos. Se do fato resulta morte: Pena — reclusão, de 12 a 25 anos), foi revogado expressamente pela Lei n. 12.015/2009.

(11) Majorada (CP, art. 234-A): Vide comentários ao art. 234-A, acrescentado pela Lei n. 12.015/2009.

(12) Presunção de violência (art. 232 c/c o art. 224): O art. 224 que previa as hipóteses de violência presumida foi expressamente revogado pela Lei n. 12.015/2009.

(13) Competência. Ação penal: Trata-se de crime de competência da Justiça Estadual, no entanto, se já houver a instauração de ação penal por anterior crime de tráfico internacional de pessoas, o qual é da competência da Justiça Federal, deverá incidir a Súmula 122 do STJ: "Compete à Justiça Federal o processo e julgamento unificado dos crimes conexos de competência federal e estadual, não se aplicando a regra do art. 78, II, *a*, do Código de Processo Penal".

Art. 232. *(Revogado pela Lei n. 12.015/2009)*

(1) Revogação: De acordo com o art. 7º da Lei n. 12.015/2009: "Revogam-se os arts. 214, 216, 223, 224 e 232 do Decreto-Lei n. 2.848, de 7 de dezembro de 1940 – Código Penal, e a Lei n. 2.252, de 1º de julho de 1954".

CAPÍTULO VI
DO ULTRAJE PÚBLICO AO PUDOR

Ato obsceno

Art. 233. Praticar ato obsceno em lugar público, ou aberto ou exposto ao público:

Pena – detenção, de 3 (três) meses a 1 (um) ano, ou multa.

(1) Objeto jurídico: Protege-se o pudor público.

(2) Ação nuclear: Pune-se a prática de ato obsceno, isto é, de ato de cunho sexual capaz de ofender o pudor médio da sociedade, por exemplo, andar desnudo, praticar conjunção carnal em um parque etc. O senso de pudor da coletividade deve ser avaliado de acordo com o lugar e a época em que foi praticado. Consigne-se que nem todo ato de conteúdo sexual é obsceno, por exemplo, o nu artístico. O ato obsceno deve ser praticado em lugar público (p. ex., ruas, praças), ou aberto ou exposto ao público (cujo acesso é livre ou condicionado, por exemplo, metrô, cinema, museu, teatro) ou exposto ao público (é o local privado visível para quem se encontra num lugar público ou aberto ao público, p. ex.: varanda de um apartamento ou o interior de um automóvel). De acordo com Noronha, a publicidade se refere ao lugar e não à presença de pessoas, podendo estas estar ausentes. A publicidade pode deixar de existir, para os efeitos legais, por determinadas circunstâncias, por exemplo, terreno ermo e longínquo, ou local cuja escuridão impossibilite de ver o ato. Se houver absoluta impossibilidade de o ato ser visto, de modo a tornar impossível a ofensa ao pudor da coletividade, o fato será atípico por força do art. 17 do CP, tendo em vista a ineficácia absoluta do meio empregado.

(3) Sujeito ativo: Qualquer pessoa pode praticar o delito em tela (homem ou mulher).

(4) Sujeito passivo: Sujeito passivo é a coletividade atingida em seu pudor, pois estamos diante de um crime vago. Nada impede que concomitantemente seja ofendido o pudor de pessoa determinada na hipótese em que ela presencia o ato.

(5) Elemento subjetivo: É o dolo, consubstanciado na vontade livre e consciente de praticar o ato obsceno, ciente de que o local é público, aberto ou exposto ao público. Não se exige qualquer finalidade específica consistente em satisfazer a lascívia, pois o ato poderá ser praticado por outros motivos, por exemplo, para causar constrangimento na vizinhança.

(6) Consumação: Dá-se a consumação com a efetiva prática do ato, independentemente da presença de pessoas ou de alguém se sentir ofendido. Trata-se de crime de perigo.

(7) Tentativa: É inadmissível.

(8) Ação penal. Lei dos Juizados Especiais Criminais: Cuida-se de crime de ação penal pública incondicionada. Por se tratar de infração de menor potencial ofensivo, está sujeita às disposições da Lei n. 9.099/95. É cabível a suspensão condicional do processo (art. 89 da Lei dos Juizados Especiais Criminais).

(9) Lei das Contravenções Penais: O tipo penal não abarca a palavra obscena ou o gesto obsceno, podendo estes constituir o crime contra a honra ou contravenção penal de importunação ofensiva ao pudor (LCP, art. 61). Poderá haver a contravenção penal de perturbação da tranquilidade (LCP, art. 65) se o agente praticar o ato obsceno em um local privado, visível de outro local privado (p. ex., quintal de residência que somente é visível para quem se encontra na residência vizinha).

Escrito ou objeto obsceno

Art. 234. Fazer, importar, exportar, adquirir ou ter sob sua guarda, para fim de comércio, de distribuição ou de exposição pública, escrito, desenho, pintura, estampa ou qualquer objeto obsceno:

Pena – detenção, de 6 (seis) meses a 2 (dois) anos, ou multa.

Parágrafo único. Incorre na mesma pena quem:

I – vende, distribui ou expõe à venda ou ao público qualquer dos objetos referidos neste artigo;

II – realiza, em lugar público ou acessível ao público, representação teatral, ou exibição cinematográfica de caráter obsceno, ou qualquer outro espetáculo, que tenha o mesmo caráter;

III – realiza, em lugar público ou acessível ao público, ou pelo rádio, audição ou recitação de caráter obsceno.

(1) Objeto Jurídico: Tutela-se o pudor público.

Princípio da adequação social: STJ: "Penal. Recurso ordinário em *habeas corpus*. Art. 234, parágrafo único, I, do CP. Tipicidade. Princípio da adequação social. Inaplicabilidade ao caso concreto. I – O princípio da adequação social não pode ser usado como neutralizador, *in genere*, da norma inserta no art. 234 do Código Penal. II – Verificado, *in casu*, que a recorrente vendeu a duas crianças revista com conteúdo pornográfico, não há se falar em atipicidade da conduta afastando-se, por conseguinte, o pretendido trancamento da ação penal. Recurso desprovido" (STJ, RHC 15093/SP, 5ª T., Rel. Min. Laurita Vaz, j. 16-3-2006, *DJ* 12-6-2006, p. 499). Para Delmanto, incide o princípio da adequação social em tais casos, de forma a excluir a tipicidade (*Código Penal Comentado*, cit., p. 446-447).

(2) Ação nuclear: Várias são as ações nucleares típicas: *fazer, importar, exportar, adquirir, ou ter sob sua guarda*, no caso, escrito, desenho, pintura, estampa, ou qualquer objeto obsceno. Por exemplo, revistas, jornais, esculturas, filmes, livro etc. Trata-se de tipo misto alternativo. A prática de duas ou mais condutas descritas é irrelevante, consistindo crime único. Todas essas condutas devem ser praticadas com o fim de comércio, distribuição ou de exposição pública. Não exige o tipo penal que efetivamente os objetos sejam comercializados, distribuídos ou expostos ao público; basta a finalidade. O inciso I do art. 234, por sua vez, pune a conduta daquele que concretiza esse fim. Importante mencionar.

(3) Sujeito ativo: Qualquer pessoa pode praticar o delito em tela.

(4) Sujeito passivo: É a coletividade ofendida em seu pudor e, se houver, também será vítima a pessoa diretamente atingida pelo escrito ou objeto obsceno.

(5) Elemento subjetivo: É o dolo, consubstanciado na vontade livre e consciente de praticar uma das condutas típicas, acrescido do fim especial do agente (para comércio, distribuição ou exposição pública).

(6) Consumação: Dá-se com a prática de uma das ações típicas (fazer, importar, exportar, adquirir, ter sob sua guarda). Cuida-se aqui de crime de perigo; portanto é dispensável que haja a efetiva ofensa ao pudor público.

(7) Tentativa: Por se tratar de delito plurissubsistente, é cabível a tentativa.

(8) Figuras assemelhadas (parágrafo único): Estão descritas no parágrafo único.

(9) Ação penal. Lei dos Juizados Especiais Criminais: Trata-se de crime de ação penal pública incondicionada. Em virtude da pena prevista, trata-se de infração de menor potencial ofensivo. É cabível o instituto da suspensão condicional do processo (art. 89 da Lei dos Juizados Especiais Criminais).

(10) Distinção: Se a importação tiver por objeto revista ou filme pornográfico, configurar-se-á o crime em estudo, e não os de contrabando ou descaminho previstos nos arts. 334 e 334-A do CP, pois estamos diante de um crime específico.

(11) Imunidade parlamentar e ato obsceno: STJ: "I – Se o gesto deseducado do vereador, na Câmara, em meio a desentendimento, é, hoje em dia, algo que dificilmente poderia ofender o sentimento médio de pudor, não há que se falar de ato obsceno. II – A exteriorização do pensar, em meio a atrito, no exercício da atividade, faz incidir a inviolabilidade prevista na Carta Magna. III – O evento não poderia ter adentrado à esfera penal. *Habeas corpus* concedido" (STJ, HC 7332/SP, 5ª T., Rel. Min. Felix Fischer, j. 18-2-1999, *DJ* 18-2-1999, p. 165).

Estatuto da Criança e do Adolescente (Lei n. 8.069/90)

Vide arts. 240, 241, 241-A, 241-B, 241-C e 241-E, com as modificações introduzidas pela Lei

n. 11.829, de 25 de novembro de 2008, que alterou o ECA, a fim de aprimorar o combate à produção, venda e distribuição de pornografia infantil, bem como criminalizar a aquisição e a posse de tal material e outras condutas relacionadas à pedofilia na internet.

CAPÍTULO VII
DISPOSIÇÕES GERAIS *(Incluído pela Lei n. 12.015/2009)*

Aumento de pena

Art. 234-A. Nos crimes previstos neste Título a pena é aumentada: *(Artigo incluído pela Lei n. 12.015/2009)*

I – *(Vetado)*;

II – *(Vetado)*;

III – de metade, se do crime resultar gravidez; e

IV – de um sexto até a metade, se o agente transmite à vítima doença sexualmente transmissível de que sabe ou deveria saber ser portador.

(1) Comentários: A Lei n. 12.015/2009 criou duas novas causas de aumento de pena, incidentes sobre os capítulos do Título VI. Assim, a pena será aumentada de metade: (a) se do crime resultar gravidez: basta, desse modo, que da prática, por exemplo, do estupro, resulte a aludida consequência para a vítima. Não é necessário que a gravidez seja abrangida pelo dolo do agente; (b) se o agente transmite à vitima doença sexualmente transmissível de que sabe (dolo direto) ou deveria saber (dolo eventual) ser portador. Na hipótese, não há mais que se falar no concurso formal impróprio entre o crime contra a dignidade sexual e o delito do art. 131 do CP (perigo de contágio de moléstia venérea), constituindo a transmissão da doença uma circunstância majorante.

Art. 234-B. Os processos em que se apuram crimes definidos neste Título correrão em segredo de justiça. *(Incluído pela Lei n. 12.015/2009)*

Art. 234-C. *(Vetado)*. *(Incluído pela Lei n. 12.015/2009)*

(1) Comentários: O princípio da publicidade do processo constitui garantia de independência, imparcialidade, autoridade e responsabilidade do juiz. Encontra exceção nos casos em que o decoro ou o interesse social aconselhem que eles não sejam divulgados (CPC, art. 155, I e II; CPP, arts. 485, § 5º, com a redação determinada pela Lei n. 11.689/2008, e 792, § 1º). Esta é a chamada *publicidade restrita*, segundo a qual os atos são públicos só para as partes e seus procuradores, ou para um reduzido número de pessoas. A restrição se baseia no art. 5º, LX, da CF, consoante o qual "a lei só poderá restringir a publicidade dos atos processuais quando a defesa da intimidade ou o interesse social o exigirem". O art. 93, IX, da CF, com a redação conferida pela Emenda Constitucional n. 45, prevê que "todos os julgamentos dos órgãos do Poder Judiciário serão públicos... podendo a lei limitar a presença, em determinados atos, às próprias partes e a seus advogados, ou somente a estes, em casos nos quais *a preservação do direito à intimidade do interessado no sigilo não prejudique o interesse público à informação*". Assim, o Poder Judiciário somente poderá restringir o número de pessoas em julgamento quando o direito público à informação não for prejudicado. Sopesam-se os dois bens jurídicos: direito à intimidade e direito público à informação. O art. 234-B constitui, dessa maneira, mais uma exceção ao princípio da publicidade, pois os processos em que se apuram crimes definidos neste Título correrão em segredo de justiça, dado que a exposição da vítima pode lhe causar graves constrangimentos.

TÍTULO VII
DOS CRIMES CONTRA A FAMÍLIA

CAPÍTULO I
DOS CRIMES CONTRA O CASAMENTO

Bigamia

Art. 235. Contrair alguém, sendo casado, novo casamento:

Pena – reclusão, de 2 (dois) a 6 (seis) anos.

§ 1º Aquele que, não sendo casado, contrai casamento com pessoa casada, conhecendo essa circunstância, é punido com reclusão ou detenção, de 1 (um) a 3 (três) anos.

§ 2º Anulado por qualquer motivo o primeiro casamento, ou o outro por motivo que não a bigamia, considera-se inexistente o crime.

(1) Documentos internacionais: De acordo com o art. 17 da Convenção Americana sobre Direitos Humanos (Pacto de São José da Costa Rica), promulgada, no Brasil, pelo Decreto n. 678, de 6-11-1992, "A família é o elemento natural e fundamental da sociedade e deve ser protegida pela sociedade e pelo Estado". *No mesmo sentido*, a Declaração dos Direitos Humanos de 1948, em seu art. XVI: "3. A família é o núcleo natural e fundamental da sociedade e tem direito à proteção da sociedade e do Estado". Nos termos do art. 10 do Pacto Internacional dos Direitos Econômicos, Sociais e Políticos (1966), "1. Deve-se conceder à família, que é o núcleo natural e fundamental da sociedade, a mais ampla proteção e assistência possíveis, especialmente para a sua constituição e enquanto ela for responsável pela criação e educação dos filhos".

(2) Fundamento constitucional: De acordo com o art. 226: "A família, base da sociedade, tem especial proteção do Estado. § 1º O casamento é civil, e gratuita, a celebração. § 2º O casamento religioso tem efeito civil, nos termos da lei".

(3) Objeto jurídico: Protege-se a instituição do casamento e a organização familiar que dele decorre, estrutura fundamental do Estado, que são colocados em risco com as novas núpcias.

(4) Ação nuclear. Pressuposto do delito: Pune-se aquele que contrai, isto é, assume novo casamento. É, assim, pressuposto do delito que o agente já seja casado de acordo com as disposições da lei civil (CC, arts. 1.525 a 1.542) e que o mesmo se encontre vigente ao tempo da segunda celebração. Ainda que ele seja nulo ou anulável, é considerado vigente até que tais vícios sejam declarados em ação competente. Uma vez feita essa declaração, reputa-se o crime de bigamia inexistente, consoante o disposto no § 2º do art. 235 do Código Penal. Caso o segundo casamento seja anulado por outro motivo que não a bigamia, não há que se falar no crime do art. 235. Haverá, no entanto o crime: (a) se o agente for separado judicialmente; (b) se o seu divórcio ou o falecimento de seu cônjuge ocorrerem após o segundo casamento; (c) se o casamento religioso tiver sido realizado nos termos do art. 226, § 2º, da Constituição Federal; do contrário, não haverá crime. Vale mencionar que a Emenda Constitucional n. 66/2010 alterou a redação do art. 226, § 6º, e passou a dispor que "O casamento civil pode ser dissolvido pelo divórcio", não fazendo, portanto, mais qualquer menção aos requisitos da prévia separação judicial por mais de um ano ou a comprovada separação de fato por mais de dois anos.

Ação declaratória de nulidade de casamento e prescrição: STJ: "A ação proposta com a finalidade de declarar-se a nulidade absoluta do casamento, por bigamia, imprescritível. Recurso especial não conhecido" (STJ, REsp 85794/SP, 4ª T., Rel. Min. Barros Monteiro, j. 5-10-1999, *DJ* 17-12-1999, p. 371; *LEXSTJ* 129/64).

Casamento no estrangeiro e a introdução da lei do divórcio no Brasil: STJ: "Civil. Direito de família. Casamento no exterior. Ato anterior à introdução do divórcio no Brasil. Se, ao tempo do casamento realizado no exterior, havia impedimento dirimente absoluto, segundo a lei brasileira, e por isso mesmo o ato não era apto a produzir efeitos no país, na conformidade do disposto no art. 17 da LICC, não se há de admitir, por razão de boa lógica jurídica que, desaparecido o impedimento, em razão da superveniência da lei do divórcio, haja se tornado eficaz, pois tanto implicaria reconhecer possível a simultaneidade de casamentos, visto que, no divórcio, a sentença só põe termo ao casamento e aos seus efeitos civis *ex nunc*. Recurso conhecido e provido" (STJ, REsp 34093/RJ, 3ª Seção, Rel. Min. Paulo da Costa Leite, j. 21-2-1995, *DJ* 27-3-1995, p. 7155; *LEXSTJ* 73/226; *RSTJ* 69/309; *RT* 716/313).

(5) Sujeito ativo: Estamos diante de um crime de concurso necessário. Sujeito ativo é o homem ou a mulher que contrai novas núpcias. É admissível a participação (auxílio, instigação, induzimento).

(6) Sujeito passivo: É o Estado e o cônjuge do primeiro casamento. O cônjuge do segundo matrimônio também poderá ser vítima, caso ele desconheça o estado de casado do outro contraente.

(7) Elemento subjetivo: É o dolo, consistente na vontade livre e consciente de contrair novo matrimônio enquanto vige o primeiro. Se o agente não estiver ciente da existência do impedimento para contrair o casamento, haverá erro de tipo (CP, art. 20), o qual exclui o dolo e, portanto, o crime. Estaremos diante do erro de proibição (CP, art. 21) se um aldeão rústico, por exemplo, supuser que a simples separação judicial autoriza a assunção de um novo vínculo matrimonial. (*Vide* EC n. 66/2010).

(8) Consumação: Estamos diante de um crime instantâneo de efeitos permanentes. Dá-se a consumação no momento em que o segundo casamento é celebrado, ou seja, com o consentimento formal dos nubentes. A lavratura do assento no livro de registro (CC, art. 1.536) constitui mera formalidade legal, a qual serve como meio de prova da celebração do matrimônio.

(9) Tentativa: Há duas posições: (a) os atos praticados antes da celebração do casamento são preparatórios e não atos de execução. *Nesse sentido:* Romão Côrtes Lacerda; (b) até a consumação, os atos são preparatórios, como o processo de habilitação, ou executivos, os quais se iniciam com o ato de celebração. *Nesse sentido:* E. Magalhães Noronha.

(10) Questão prejudicial (§ 2º): De acordo com § 2º do art. 235, "anulado por qualquer motivo o primeiro casamento ou o outro por motivo que não a bigamia, considera-se inexistente o crime". Estamos diante de uma questão prejudicial ao julgamento da ação penal. Incide no caso a regra prevista no art. 92 do Código de Processo Penal. STJ: "HC – Processual Penal – Processual Civil – Prejudicial – Eventualmente as sentenças cíveis podem ser prejudiciais de ações penais. Exemplo: nulidade do casamento anterior, em relação ao crime de bigamia. O fato, porém, deve restar exuberantemente demonstrado" (STJ, HC 2859/RJ, 6ª T., Rel. Min. Luiz Vicente Cernicchiaro, j. 28-11-1994, *DJ* 19-12-1994, p. 35329).

(11) Concurso de crimes. Poligamia: Cuida-se da assunção de mais de um matrimônio enquanto ainda vige o primeiro. Deverá o agente responder pelo concurso material de crimes (CP, art. 69).

(12) Concurso de crimes. Falsidade documental e bigamia: STJ: "1. O delito de bigamia exige para se consumar a precedente falsidade, isto é, a declaração falsa, no processo preliminar de habilitação do segundo casamento, de que inexiste impedimento legal. 2. Constituindo-se a falsidade ideológica (crime-meio) etapa da realização da prática do crime de bigamia (crime-fim), não há concurso do crime entre estes delitos. 3. Assim, declarada anteriormente a atipicidade da conduta do crime de bigamia pela Corte de origem, não há como, na espécie, subsistir a figura delitiva da falsidade ideológica, em razão do princípio da consunção. 4. Ordem concedida para determinar a extensão dos efeitos quanto ao trancamento da ação penal do crime de bigamia,

anteriormente deferido pelo Tribunal *a quo*, à figura delitiva precedente da falsidade ideológica" (STJ, HC 39583/MS, 5ª T., Rel. Min. Laurita Vaz, j. 8-3-2005, *DJ* 11-4-2005, p. 346).

(13) Prescrição da pretensão punitiva: Vide art. 111, IV, do CP. STJ: "Criminal. Bigamia. Prescrição pela pena em concreto. Data inicial do prazo. Jurisprudência assentada sobre que o prazo começa a correr a partir da *notitia criminis* levada ao conhecimento das autoridades públicas" (STJ, RHC 7206/RJ, 5ª T., Rel. Min. José Dantas, j. 28-4-1998, *DJ* 25-5-1998, p. 124).

(14) Ação penal. Lei dos Juizados Especiais Criminais: Trata-se de crime de ação penal pública incondicionada, que independe de representação da vítima ou de seu representante legal. O § 1º do art. 235, em face da pena mínima cominada (detenção, de 1 a 3 anos), admite a suspensão condicional do processo (art. 89 da Lei n. 9.099/95).

Induzimento a erro essencial e ocultação de impedimento

Art. 236. Contrair casamento, induzindo em erro essencial o outro contraente, ou ocultando-lhe impedimento que não seja casamento anterior:

Pena – detenção, de 6 (seis) meses a 2 (dois) anos.

Parágrafo único. A ação penal depende de queixa do contraente enganado e não pode ser intentada senão depois de transitar em julgado a sentença que, por motivo de erro ou impedimento, anule o casamento.

(1) Objeto jurídico: Tutela-se mais uma vez a regular organização da família.

(2) Ação nuclear: Incrimina-se a ação de *contrair* (assumir) vínculo matrimonial: (a) *induzindo* em erro essencial o outro contraente: trata-se de forma comissiva do delito. O art. 1.557 do Código Civil define o erro essencial. Para a configuração do crime é imprescindível que o contraente desconheça os defeitos do outro cônjuge, pois, do contrário, não há induzimento em erro essencial; (b) *ou ocultando-lhe* impedimento que não seja casamento anterior. Consoante a doutrina, não basta o simples ocultamento, sendo necessária uma ação no sentido de esconder o impedimento. Encontram-se os impedimentos expressamente elencados no art. 1.521, I a VII, do novo Código Civil (art. 183, I a XVI, do antigo). Para a configuração do crime em estudo, o impedimento não pode ser relativo a casamento anterior (inciso VI do art. 1.521 do novo Código), havendo na hipótese o perfazimento do delito de bigamia. Se o outro contraente conhecia o impedimento, não se configura o crime.

Erro essencial. Modificações operadas pelo Código Civil de 2002: Como o defloramento da mulher, ignorado pelo marido (inciso IV do art. 219 do antigo Código), já não constitui erro essencial, não há mais a configuração típica do art. 236, tendo havido, nesse aspecto, *abolitio criminis*. O mesmo ocorre com a hipótese do inciso II do art. 219 do antigo Código Civil. Por outro lado, passou a configurar erro essencial "a ignorância, anterior ao casamento, de doença mental grave que, por sua natureza, torne insuportável a vida em comum ao cônjuge enganado". Com relação a isso, operou-se uma *novatio legis* incriminadora.

Impedimentos. Modificações operadas pelo Código Civil de 2002: Encontram-se os impedimentos expressamente elencados no art. 1.521, I a VII, do novo Código Civil (art. 183, I a XVI, do antigo). Os incisos VII e IX a XVI do anterior diploma não possuem dispositivo correspondente na nova legislação civil. Com isso, operou-se *abolitio criminis* com relação a essas situações, havendo a extinção da punibilidade retroativa a todas as condutas anteriormente praticadas.

(3) Sujeito ativo: Qualquer pessoa pode ser sujeito ativo desse delito. Nada impede que ambos os contraentes o pratiquem; basta que um engane o outro simultaneamente.

(4) Sujeito passivo: É o Estado, bem como o outro contraente que esteja de boa-fé, ou seja,

desconheça o erro essencial sobre a pessoa do cônjuge ou qualquer impedimento à celebração do casamento.

(5) Elemento subjetivo: É o dolo, consubstanciado na vontade livre e consciente de contrair matrimônio induzindo o outro contraente em erro essencial ou lhe ocultando impedimento.

(6) Consumação e tentativa: Dá-se a consumação no momento da celebração do casamento. A tentativa, de acordo com a doutrina, é juridicamente inadmissível, em razão do parágrafo único do art. 236, o qual constitui condição de procedibilidade para a instauração da ação penal.

(7) Ação penal. Lei dos Juizados Especiais Criminais: É de crime de ação penal privada de iniciativa exclusiva do contraente enganado (é a chamada ação personalíssima). Somente pode ser instaurada mediante queixa do cônjuge ofendido, após o trânsito em julgado da sentença que decretou a nulidade do matrimônio (condição de procedibilidade). Em face da pena máxima cominada (detenção, de 6 meses a 2 anos), trata-se de infração de menor potencial ofensivo, sujeita ao procedimento sumaríssimo da Lei n. 9.099/95.

(8) Prescrição: A contagem do prazo prescricional inicia-se no dia do trânsito em julgado da sentença que, por motivo de erro ou impedimento, anule o casamento.

Conhecimento prévio de impedimento

Art. 237. Contrair casamento, conhecendo a existência de impedimento que lhe cause a nulidade absoluta:

Pena – detenção, de 3 (três) meses a 1 (um) ano.

(1) Objeto jurídico: Tutela-se mais uma vez a regular organização da família.

(2) Ação nuclear: Pune-se a ação de *contrair* (assumir) casamento, no caso, conhecendo a existência de impedimento que lhe cause a nulidade absoluta. Trata-se de norma penal em branco em sentido lato, cujo conteúdo carece de complementação por outra lei, no caso, o art. 1.521, I a VII, do novo diploma (art. 183, I a VIII, do antigo Código). São os chamados impedimentos dirimentes absolutos ou públicos. Exclui-se o inciso VI desse rol, pois sua presença perfaz o crime de bigamia. Consoante a doutrina, basta que o cônjuge não declare o obstáculo à assunção do matrimônio para que se repute configurado o delito.

Impedimentos. Modificações operadas pelo Código Civil de 2002: O novo Código Civil não repetiu um dos impedimentos previstos no diploma anterior, qual seja, o casamento do cônjuge adúltero com o corréu condenado por esse crime (Código de 1916, art. 183, VII). À vista disso, operou-se verdadeira *abolitio criminis*, que retroage em benefício dos agentes.

(3) Sujeito ativo: Qualquer pessoa. Nada impede que ambos os contraentes sejam coautores, se tiverem ciência do impedimento.

(4) Sujeito passivo: É o Estado, bem como o outro contraente de boa-fé, isto é, desde que desconheça o impedimento.

(5) Elemento subjetivo: É o dolo direto, consubstanciado na vontade livre e consciente de contrair casamento, conhecendo a existência de impedimento que lhe cause nulidade. Não se admite o dolo eventual. No caso de erro quanto à existência de impedimento, haverá erro de tipo, o qual exclui o dolo e, portanto, o crime (CP, art. 20).

(6) Consumação e tentativa: Trata-se de crime instantâneo de efeitos permanentes. Consuma-se no momento em que o segundo casamento é celebrado, ou seja, com o consentimento formal dos nubentes. Quanto à tentativa, *vide* comentários ao crime de bigamia.

(7) Ação penal. Lei dos Juizados Especiais Criminais: É crime de ação penal pública incondicionada. Em face da pena máxima prevista (detenção, de 3 meses a 1 ano), trata-se de infração

de menor potencial ofensivo, estando sujeita ao procedimento sumaríssimo da Lei n. 9.099/95. É cabível a suspensão condicional do processo (art. 89 da lei), em virtude da pena mínima prevista.

Simulação de autoridade para celebração de casamento

Art. 238. Atribuir-se falsamente autoridade para celebração de casamento:

Pena – detenção, de 1 (um) a 3 (três) anos, se o fato não constitui crime mais grave.

(1) Objeto jurídico: Tutela-se o matrimônio, a proteção da disciplina jurídica do casamento.

(2) Ação nuclear. Elemento normativo do tipo: Incrimina-se a ação de *atribuir-se*, isto é, imputar a si, falsamente (elemento normativo do tipo), a qualidade de autoridade para celebrar casamento. O agente, então, simula, finge ser juiz de paz, para presidir a cerimônia de matrimônio civil.

(3) Sujeito ativo: É o particular. Também pode sê-lo o funcionário público que não tenha atribuição para celebrar casamento. É possível a participação.

(4) Sujeito passivo: É o Estado, bem como os cônjuges de boa-fé.

(5) Elemento subjetivo: Consubstancia-se no dolo, isto é, na vontade livre e consciente de atribuir-se falsamente autoridade para a celebração de casamento. Faz-se necessário que o agente tenha efetivo conhecimento de sua falta de atribuição para presidir esse ato. O erro quanto a tal circunstância exclui o dolo e, portanto, o crime em questão (CP, art. 20).

(6) Consumação e tentativa: Por se tratar de crime formal, consuma-se com o ato de o agente atribuir-se falsa autoridade, independentemente da efetiva realização do casamento. A tentativa será possível nas hipóteses em que o crime não se perfaz em um único ato.

(7) Distinção: O crime em estudo é uma forma específica do delito de usurpação de função pública (CP, art. 328). É de natureza subsidiária, somente incidindo se o fato não constituir delito mais grave. Assim, se for praticado com vista à obtenção de vantagem, a figura penal incidente será a do art. 328 do Código Penal, cuja pena prevista é de reclusão de 2 a 5 anos, portanto mais grave.

(8) Ação penal. Lei dos Juizados Especiais Criminais: A ação penal é pública incondicionada. Não se exige condição de procedibilidade para seu exercício. Incide o instituto da suspensão condicional do processo previsto no art. 89 da Lei n. 9.099/95, em face da pena mínima cominada (detenção, de 1 a 3 anos).

Simulação de casamento

Art. 239. Simular casamento mediante engano de outra pessoa:

Pena – detenção, de 1 (um) a 3 (três) anos, se o fato não constitui elemento de crime mais grave.

(1) Objeto jurídico: Tutela-se mais uma vez o matrimônio.

(2) Ação nuclear. Elemento normativo do tipo: Incrimina-se a ação de simular (fingir) casamento mediante engano de outrem. O engano (elemento normativo do tipo) consiste no emprego de fraude e se dá quando, por exemplo, o cônjuge contrata alguém que se atribui falsamente autoridade para celebrar o casamento. Não havendo o engano de outrem (cônjuge ou seu representante legal), não há a configuração do crime.

(3) Sujeito ativo: Para Romão C. Lacerda, somente um dos contraentes ou ambos podem ser autores do delito em estudo. Para Noronha, não só os nubentes podem ser sujeitos ativos do crime, por exemplo, o magistrado e o oficial do Registro Civil.

(4) Sujeito passivo: É o Estado, bem como o cônjuge ou os cônjuges enganados.

(5) Elemento subjetivo: É o dolo, consistente na vontade livre e consciente de praticar a conduta típica. Por se tratar de crime subsidiário, se a finalidade do agente for a de obter fraudulentamente a posse sexual da mulher, o crime poderá ser outro (CP, art. 215).

(6) Consumação e tentativa: Consuma-se com a simulação da celebração do casamento. A tentativa é admissível.

(7) Ação penal. Lei dos Juizados Especiais Criminais: Trata-se de crime de ação penal pública incondicionada. Tendo em vista a pena mínima prevista, detenção de um ano, é cabível a suspensão condicional do processo (art. 89 da Lei n. 9.099/95).

Adultério

Art. 240. *(Revogado pela Lei n. 11.106/2005)*

(1) Previsão legal: Dispunha o art. 240 do Código Penal: "Cometer adultério: Pena – detenção de quinze dias a seis meses". O § 1º, por sua vez, dispunha: "Incorre na mesma pena o corréu".

(2) Revogação: A Lei n. 11.106, de 28-3-2005, cuidou de revogar o art. 240 do Código Penal, retirando-o do ordenamento jurídico. Operou-se verdadeira *abolitio criminis*, dado que o fato passou a ser considerado atípico. Como o comportamento deixou de constituir infração penal, o Estado perde a pretensão de impor ao agente qualquer pena, razão pela qual se opera a extinção da punibilidade, nos termos do art. 107, III, do Código Penal. O adultério, dessa forma, a partir do advento da Lei n. 11.106/2005, passou a gerar efeitos apenas na esfera cível, sendo uma das causas que justifica a separação judicial, não surtindo mais qualquer efeito na esfera penal. Sobre separação judicial, *vide* a Emenda Constitucional n. 66/2010, que alterou a redação do art. 226, § 6º, e passou a dispor que "O casamento civil pode ser dissolvido pelo divórcio", não fazendo, portanto, mais qualquer menção aos requisitos da prévia separação judicial por mais de um ano ou a comprovada separação de fato por mais de dois anos.

(3) Ação penal: Com a revogação do art. 240, subsiste, em nosso ordenamento jurídico, apenas um único crime de ação penal privada, de natureza personalíssima: art. 236 (induzimento a erro essencial e ocultação de impedimento).

CAPÍTULO II
DOS CRIMES CONTRA O ESTADO DE FILIAÇÃO

Registro de nascimento inexistente

Art. 241. Promover no registro civil a inscrição de nascimento inexistente:

Pena – reclusão, de 2 (dois) a 6 (seis) anos.

(1) Objeto jurídico: Tutela-se, neste capítulo, especificamente, o estado de filiação, bem como a fé pública dos documentos inscritos no registro civil.

(2) Ação nuclear: Incrimina-se a ação de *promover* (provocar, diligenciar, requerer) a inscrição no registro civil de nascimento inexistente. Assim, é considerado inexistente, por exemplo, o nascimento de filho quando a mulher não o deu à luz (dar alguém à luz) ou quando declara que o natimorto nasceu vivo.

(3) Sujeito ativo: Qualquer pessoa pode praticar o delito. Trata-se de crime comum. Nada impede a coautoria.

(4) Sujeito passivo: É o Estado, bem como o indivíduo que venha a ser prejudicado com o registro.

(5) Elemento subjetivo: Consiste no dolo, consubstanciado na vontade livre e consciente de praticar a conduta típica. Prescinde-se de qualquer finalidade específica (elemento subjetivo do tipo). O erro do agente quanto à existência do nascimento exclui o dolo e, portanto, o tipo penal (CP, art. 20).

(6) Consumação e tentativa: Constitui delito instantâneo de efeitos permanentes, consumando-se com a efetiva inscrição do nascimento inexistente no registro civil. Se o oficial do registro civil não realiza a inscrição, por circunstâncias alheias à vontade do agente, haverá a tentativa do crime.

(7) Ação penal. Procedimento: É crime de ação penal pública incondicionada.

(8) Prescrição: De acordo com o art. 111, IV, do Código Penal, a prescrição, antes de transitar em julgado a sentença final, começa a correr nos crimes de falsificação ou alteração de assentamento do registro civil da data em que o fato se tornou conhecido. Portanto trata-se de exceção à regra de que a prescrição se inicia no dia em que o crime se consumou.

(9) Distinção: O crime previsto no art. 241 é especial em relação ao falso documental, pois se refere especificamente à declaração falsa em registro de nascimento.

Parto suposto. Supressão ou alteração de direito inerente ao estado civil de recém-nascido

Art. 242. Dar parto alheio como próprio; registrar como seu o filho de outrem; ocultar recém-nascido ou substituí-lo, suprimindo ou alterando direito inerente ao estado civil:

Pena – reclusão, de 2 (dois) a 6 (seis) anos. *(Artigo com redação dada pela Lei n. 6.898/81)*

Parágrafo único. Se o crime é praticado por motivo de reconhecida nobreza:

Pena – detenção, de 1 (um) a 2 (dois) anos, podendo o juiz deixar de aplicar a pena.

(1) Objeto jurídico: Tutela-se mais uma vez o estado de filiação, bem como a fé pública dos documentos inscritos no registro civil.

(2) Dar parto alheio como próprio (caput, 1ª *figura):* A primeira figura do artigo consiste em *dar parto alheio como próprio:* significa atribuir a si a maternidade de uma criança alheia. Não se exige a inscrição do nascimento no registro civil. A conduta de dar parto próprio como alheio não se enquadra nessa figura típica. Estamos diante de um crime próprio, pois somente a mulher pode praticar essa modalidade delituosa. Nada impede o concurso de pessoas (por exemplo: obstetra, familiares); inclusive a própria mãe verdadeira pode ser sujeito ativo desse crime. Para Noronha, é vítima a pessoa prejudicada pela perda de direito que teria não fosse a existência desse filho, ou seja, os herdeiros do sujeito ativo *(Direito penal,* cit., v. 3, p. 318). Admite-se apenas o dolo, consubstanciado na vontade livre e consciente de dar parto alheio como próprio. O tipo penal não requer o chamado elemento subjetivo do tipo. Prevalece na doutrina o entendimento no sentido de que a finalidade específica, consubstanciada na expressão "suprimindo ou alterando direito inerente ao estado civil", não se refere a todas as modalidades criminosas, mas tão somente à ocultação ou substituição do recém-nascido, tendo em vista a presença de ponto e vírgula. O crime se consuma "no momento em que é criada uma situação que importe alteração do estado civil do recém-nascido" (Damásio de Jesus, *Direito penal,* cit., v. 3, p. 220). A tentativa é perfeitamente admissível.

(3) Registrar como seu o filho de outrem (caput, 2ª *figura):* A segunda figura típica pune a ação de *registrar como seu o filho de outrem.* É a denominada adoção à brasileira. Na hipótese, a

criança efetivamente existe, ao contrário do delito previsto no art. 241 (registro de nascimento inexistente). Se a fictícia mãe realizar o registro, responderá por essa modalidade de conduta criminosa, pois o parto suposto resta absorvido. Trata-se de crime comum, de forma que qualquer pessoa pode praticá-lo. O sujeito passivo principal, em todas as figuras, é sempre o Estado. Na figura em estudo, também são sujeitos passivos os indivíduos lesados com o registro. O elemento subjetivo, por sua vez, é o dolo, consubstanciado na vontade livre e consciente de registrar como seu o filho de outrem. Não se exige qualquer finalidade específica. Finalmente, consuma-se no momento em que é realizada a inscrição do infante alheio no registro civil. É possível a tentativa.

(4) Tentativa: É admissível.

(5) Ocultar recém-nascido, suprimindo ou alterando direito inerente ao estado civil (caput, 3ª figura): Nessa modalidade criminosa, houve o nascimento de uma criança, mas ela é ocultada, isto é, escondida, encoberta, de forma que seu nascimento não se torne conhecido. Com a não apresentação da criança, acarreta-se a supressão ou alteração de direito relativo ao estado de família. É o que ocorre, por exemplo, quando a criança, em decorrência de seu ocultamento, não é habilitada na qualidade de herdeira no inventário da mãe falecida. Qualquer pessoa pode ser sujeito ativo do crime. Sujeito passivo é o recém-nascido ocultado que tem seus direitos inerentes ao estado civil suprimidos ou alterados. Elemento subjetivo é o dolo, consistente na vontade livre e consciente de ocultar recém-nascido, acrescido da finalidade específica de suprimir ou alterar direito inerente ao estado civil do neonato (elemento subjetivo do tipo). Consuma-se com a supressão ou alteração do direito inerente ao estado civil do neonato. Se em consequência do ocultamento não se logra suprimir ou alterar direito inerente ao recém-nascido, há mera tentativa do crime.

(6) Substituir recém-nascido, suprimindo ou alterando direito inerente ao estado civil (caput, 4ª figura): Nessa modalidade delituosa há troca material dos recém-nascidos, a qual provoca a alteração no estado civil dos infantes, que passam a integrar família diversa da sua, sendo certo que, com isso, os direitos inerentes ao estado de filiação lhe são suprimidos, pois passam a ser exercidos pelo outro neonato. Não há necessidade de se operar a inscrição do recém-nascido no registro civil. Qualquer pessoa pode praticar o delito em estudo. Em todas as modalidades delituosas o sujeito passivo principal é sempre o Estado. É também vítima o neonato substituído que tem seus direitos inerentes ao estado civil suprimidos ou alterados. Além do dolo, exige-se também o chamado *elemento subjetivo do tipo*, consistente no fim de suprimir ou alterar direito inerente ao estado civil do neonato. A consumação dá-se nos mesmos moldes da ocultação de recém-nascido. Ressalva Noronha que a troca ou substituição de crianças que, ato contínuo ou imediatamente, vem a ser descoberta não traduz, por si, consumação, sendo uma tentativa do crime *(Direito penal*, cit., v. 3, p. 321).

(7) Forma privilegiada e perdão judicial (parágrafo único): "Se o crime é praticado por motivo de reconhecida nobreza: Pena – detenção, de um a dois anos, podendo o juiz deixar de aplicar a pena". Por exemplo: registrar o filho de outrem em virtude de sua miserabilidade. Poderá o juiz, em vez de diminuir a pena, conceder o perdão judicial, o qual constitui direito subjetivo do réu, uma vez preenchido o pressuposto legal para sua concessão.

(8) Ação penal: É crime de ação penal pública incondicionada.

(9) Prescrição: Na modalidade *registrar como seu filho de outrem*, de acordo com o art. 111, IV, do Código Penal, a prescrição, antes de transitar em julgado a sentença final, começa a correr nos crimes de falsificação ou alteração de assentamento do registro civil da data em que o fato se tornou conhecido. Nas demais modalidades, a prescrição inicia-se no dia em que o crime se consumou.

STJ: "Criminal. HC. Subtração de incapaz. Supressão ou alteração de direito inerente ao estado civil de recém-nascido. Prescrição dos delitos de dar parto alheio como próprio e registrar como seu filho de outrem. Inocorrência. Incidência do art. 111, inc. IV, do CP. Não se vislumbra a ocorrência da prescrição em relação aos delitos previstos no art. 242 do Código Penal, se não transcorrido o prazo previsto para tanto. A partir da data em que os fatos se tornaram públicos, tem início a contagem do prazo prescricional da pretensão punitiva, a teor do art. 111, inc. IV, do mesmo Diploma de Lei" (STJ, HC 31077/GO, 5ª T., Rel. Min. Gilson Dipp, j. 4-12-2003, *DJ* 25-2-2004, p. 203).

(10) Lei dos Juizados Especiais Criminais: A forma privilegiada (parágrafo único), em face da pena máxima prevista (detenção, de 1 a 2 anos), constitui infração de menor potencial ofensivo, sujeita ao procedimento sumaríssimo da Lei n. 9.099/95, sendo, inclusive, cabível o instituto da suspensão condicional do processo (art. 89 da lei), em virtude da pena mínima prevista.

Estatuto da Criança e do Adolescente

Dispõe o art. 229 do Estatuto da Criança e do Adolescente (Lei n. 8.069/90): "Deixar o médico, enfermeiro ou dirigente de estabelecimento de atenção à saúde de gestante de identificar corretamente o neonato e a parturiente, por ocasião do parto, bem como deixar de proceder aos exames referidos no art. 10 desta Lei: Pena – detenção, de seis meses a dois anos. Parágrafo único. Se o crime é culposo: Pena detenção, de dois a seis meses, ou multa".

Sonegação de estado de filiação

Art. 243. Deixar em asilo de expostos ou outra instituição de assistência filho próprio ou alheio, ocultando-lhe a filiação ou atribuindo-lhe outra, com o fim de prejudicar direito inerente ao estado civil:

Pena – reclusão, de 1 (um) a 5 (cinco) anos, e multa.

(1) Objeto jurídico: Tutela-se mais uma vez o estado de filiação.

(2) Ação nuclear: Incrimina-se a ação de *deixar* (abandonar, largar, desamparar) filho próprio ou alheio em asilo de expostos ou outra instituição de assistência, *ocultando-lhe* a filiação ou *atribuindo-lhe* outra. Há, assim, omissão da filiação ou declaração falsa de outra. O abandono deve necessariamente ser realizado nos locais indicados pelo dispositivo legal, seja o local público ou particular; do contrário, poderá caracterizar-se outro crime (CP, arts. 133 e 134 – abandono de incapaz ou exposição ou abandono de recém-nascido).

(3) Sujeito ativo: Na conduta de *deixar filho próprio*, somente os pais do infante podem praticar esse crime. Já na conduta de *deixar filho alheio*, qualquer pessoa pode cometer o delito.

(4) Sujeito passivo: É o Estado, bem como o menor, que são lesados em seus direitos inerentes ao estado civil.

(5) Elemento subjetivo: É o dolo, consubstanciado na vontade livre e consciente de deixar a criança em asilo de expostos ou outra instituição de assistência, ocultando-lhe a filiação ou atribuindo-lhe outra. Exige-se também o chamado elemento subjetivo do tipo, consistente no fim de prejudicar direito inerente ao estado civil do menor.

(6) Consumação e tentativa: Consuma-se com o abandono da criança em asilo de expostos ou outra instituição de assistência, havendo a ocultação de sua filiação ou atribuição de outra. Trata-se de crime material, portanto a tentativa é perfeitamente possível.

(7) Ação penal: É crime de ação penal pública incondicionada, portanto independe de representação do ofendido ou de seu representante legal.

(8) Lei dos Juizados Especiais Criminais: Em virtude da pena mínima cominada, reclusão, de 1 a 5 anos, é cabível o instituto da suspensão condicional do processo (art. 89 da Lei n. 9.099/95).

CAPÍTULO III
DOS CRIMES CONTRA A ASSISTÊNCIA FAMILIAR

Abandono material

Art. 244. Deixar, sem justa causa, de prover a subsistência do cônjuge, ou de filho menor de 18 (dezoito) anos ou inapto para o trabalho, ou de ascendente inválido ou maior de 60 (sessenta) anos, não lhes proporcionando os recursos necessários ou faltando ao pagamento de pensão alimentícia judicialmente acordada, fixada ou majorada; deixar, sem justa causa, de socorrer descendente ou ascendente, gravemente enfermo: *(Redação dada pela Lei n. 10.741/2003)*

Pena – detenção, de 1 (um) a 4 (quatro) anos e multa, de uma a dez vezes o maior salário mínimo vigente no País. *(Redação dada pela Lei n. 5.478/68)*

Parágrafo único. Nas mesmas penas incide quem, sendo solvente, frustra ou ilide, de qualquer modo, inclusive por abandono injustificado de emprego ou função, o pagamento de pensão alimentícia judicialmente acordada, fixada ou majorada. *(Parágrafo acrescentado pela Lei n. 5.478/68)*

(1) Fundamento constitucional: Prevê o art. 229 da Constituição Federal: "Os pais têm o dever de assistir, criar e educar os filhos menores, e os filhos maiores têm o dever de ajudar e amparar os pais na velhice, carência e enfermidade". O art. 230, por sua vez, menciona: "A família, a sociedade e o Estado têm o dever de amparar as pessoas idosas, assegurando sua participação na comunidade, defendendo sua dignidade e bem-estar e garantindo-lhes o direito à vida" (*vide* também o art. 227 da CF).

(2) Objeto jurídico: Tutela-se a família, especialmente no que diz respeito ao amparo material (alimentos, remédios, vestes, habitação etc.), devido reciprocamente por seus membros.

(3) Ações nucleares. Elemento normativo: Duas são as condutas típicas: (1) *Deixar de prover*, sem justa causa, isto é, deixar de atender, sem motivo justo, à subsistência de cônjuge; ou de seu filho menor de 18 anos ou inapto para o trabalho; ou de ascendente inválido ou maior de 60 anos: (a) *não lhe proporcionando os recursos necessários*; (b) *ou faltando ao pagamento de pensão alimentícia judicialmente acordada, fixada ou majorada*. Trata-se aqui da pensão alimentícia fixada em ação de alimentos proposta nos termos da lei civil. (2) *Deixar de socorrer*, sem justa causa, descendente ou ascendente, gravemente enfermo. Cuida-se aqui da falta de cuidados pessoais, da falta de assistência (recursos médicos) para com o portador de enfermidade grave, seja ele ascendente (pai, mãe, avô, avó, bisavô, bisavó), seja ele descendente (filho, neto, bisneto). Se houver justo motivo para a conduta, o fato é atípico.

(4) Sujeitos ativos: Na hipótese em que são sujeitos passivos o cônjuge e o filho menor de 18 anos ou inapto para o trabalho, são, respectivamente, sujeitos ativos, o cônjuge e o ascendente (pai e mãe), não se incluindo o avô, bisavô etc. *Nesse sentido*: Romão C. Lacerda, *Comentários*, v. 8, cit., p. 423. Na hipótese em que o sujeito passivo é o *ascendente inválido ou maior de 60 anos* (cf. redação determinada pela Lei n. 10.741/2003), sujeito ativo é o descendente, isto é, filho, neto, bisneto. A redação anterior ao Estatuto do Idoso fazia referência expressa ao ascendente inválido e ao valetudinário; agora, faz menção ao ascendente inválido e ao idoso maior de 60 anos, excluindo, portanto, o idoso com idade igual a 60 anos. Como aludido Estatuto, em grande parte das disposições penais, considerou idoso o indivíduo com idade igual ou superior a 60 anos, para Damásio de Jesus, em consonância com a Constituição Federal, que determina proteção especial ao idoso, o conceito que mais favorece o sujeito passivo do crime é o referente

à idade *igual* ou superior a 60 (sessenta) anos (Damásio de Jesus. Conceito de idoso na legislação penal brasileira. *Phoenix*, Órgão Informativo do Complexo Damásio de Jesus, n. 4, mar. 2004). Na modalidade *deixar de socorrer descendente ou ascendente, gravemente enfermo* (sujeito passivo), sujeito ativo é o ascendente (pai, mãe, avó, avô, bisavô) ou descendente (filho, neto, bisneto), desde que gravemente enfermo.

(5) Elemento subjetivo: É o dolo, consistente na vontade livre e consciente de praticar uma das condutas previstas no tipo penal. Não basta o mero inadimplemento das prestações alimentícias fixadas judicialmente para que o crime se configure, sendo necessária a comprovação de que o agente, propositadamente, possuindo recursos para arcar com a pensão, frustra ou ilide seu pagamento.

(6) Consumação e tentativa: Ocorre a consumação no instante em que o agente deixa de proporcionar os recursos necessários ou falta ao pagamento de pensão alimentícia judicialmente acordada, fixada ou majorada, ou deixa de prestar socorro. Trata-se de crime omissivo permanente, logo, a tentativa é inadmissível.

(7) Frustração de pagamento de pensão alimentícia (parágrafo único): O parágrafo único do artigo, por sua vez, prevê que "nas mesmas penas incide quem, sendo solvente, *frustra* ou *ilide*, de qualquer modo, inclusive por abandono injustificado de emprego ou função, o pagamento de pensão alimentícia judicialmente acordada, fixada ou majorada". Assim, por exemplo, pratica esse crime o pai que, tendo condições econômicas de prestar os alimentos judicialmente fixados ao filho menor de idade, deixa de fazê-lo, continuadamente, de forma propositada.

(8) Prisão civil por falta de pagamento de dívida de alimentos: Vide art. 733, § 1º, do CPC; art. 19 da Lei n. 5.478/68 (Lei de Alimentos); e art. 5º, LXVII, da Constituição Federal.

(9) Ação penal. Lei dos Juizados Especiais Criminais: É crime de ação penal pública incondicionada. É cabível o instituto da suspensão condicional do processo (art. 89 da Lei n. 9.099/95).

(10) Estatuto do Idoso: Vide arts. 97 a 99 da Lei n. 10.741/2003.

Entrega de filho menor a pessoa inidônea

Art. 245. Entregar filho menor de 18 (dezoito) anos a pessoa em cuja companhia saiba ou deva saber que o menor fica moral ou materialmente em perigo:

Pena – detenção, de 1 (um) a 2 (dois) anos.

§ 1º A pena é de 1 (um) a 4 (quatro) anos de reclusão, se o agente pratica delito para obter lucro, ou se o menor é enviado para o exterior.

§ 2º Incorre, também, na pena do parágrafo anterior quem, embora excluído o perigo moral ou material, auxilia a efetivação de ato destinado ao envio de menor para o exterior, com o fito de obter lucro. *(Parágrafos acrescentados pela Lei n. 7.251/84)*

(1) Documentos internacionais: 1. Declaração Universal dos Direitos da Criança (1959); 2. Convenção das Nações Unidas sobre os Direitos da Criança (1989); 3. Declaração pelo Direito da Criança à Sobrevivência, à Proteção e ao Desenvolvimento (1990); 4. Declaração Universal dos Direitos Humanos; 5. Pacto Internacional de Direitos Humanos, Sociais e Culturais; 6. 45ª Sessão da Assembleia Geral das Nações Unidas; 7. Convenção de Nova York sobre os Direitos da Criança; 8. Convenção Interamericana sobre Tráfico Internacional de Menores; 9. Convenção sobre Cooperação Internacional e Proteção de Crianças e Adolescentes em Matéria de Adoção Internacional. 10. Art. 19 da Convenção Americana sobre Direitos Humanos (Pacto de São José da Costa Rica), promulgada no Brasil pelo Decreto n. 678, de 6 de novembro de 1992: "Toda criança tem direito às medidas de proteção que a sua condição de menor requer por parte da sua família, da sociedade e do Estado".

(2) Fundamento constitucional: Consoante o art. 229 da Constituição Federal, "Os pais têm o dever de assistir, criar e educar os filhos menores (...)".

(3) Objeto jurídico: Protege-se o direito dos filhos menores à devida assistência, criação e educação prestada pelos pais.

(4) Ação nuclear: Pune-se a entrega de filho menor de 18 anos a pessoa em cuja companhia o agente saiba ou deva saber que o menor fica moral (p. ex., entregá-lo a uma prostituta) ou materialmente (p. ex., entregá-lo a um alcoólatra) em perigo. Assim, não basta a simples entrega do menor a outrem, pois é necessária a caracterização dessa situação de perigo.

(5) Sujeito ativo: Somente os pais do menor, excluindo-se, portanto, o tutor.

(6) Sujeito passivo: É o filho menor de 18 anos de idade.

(7) Elemento subjetivo: É o dolo, consubstanciado na vontade e consciente de praticar a conduta típica. Quando a lei emprega a expressão: "*ou deva saber*", não se trata de dolo eventual, mas de anômala previsão de figura culposa.

(8) Consumação e tentativa: Consuma-se com a entrega do menor à pessoa inidônea. Trata-se, portanto, de crime instantâneo. Por se tratar de crime plurissubsistente, é cabível a tentativa.

(9) Forma qualificada: Está prevista no § 1º do artigo. A pena é de 1 a 4 anos de reclusão, se o agente pratica delito: (a) *para obter lucro.* Cuida-se aqui do chamado elemento subjetivo do tipo; (b) *ou se o menor é enviado para o exterior.* Essa conduta é considerada mais grave em razão do maior perigo a que o menor está exposto, pois, além de estar sujeito aos cuidados de pessoa inidônea, ele é retirado de seu país de origem.

(10) Figura equiparada: Está prevista no § 2º: "Incorre, também, na pena do parágrafo anterior quem, embora excluído o perigo moral ou material, auxilia a efetivação de ato destinado ao envio de menor para o exterior, com o fito de obter lucro". Aqui o crime se consuma com a prestação do auxílio. A competência para o processamento da ação penal é da Justiça Federal. *Nesse sentido*, TRF da 1ª Região: "Penal – Envio de menor para o exterior – Art. 245, § 2º, do Código Penal – Materialidade e autoria comprovadas – Competência da Justiça Federal – Nulidades rejeitadas. Desde o Decreto 28/90, que aprovou a convenção internacional sobre os direitos da criança, competente para processar e julgar o crime de que trata o art. 245, § 2º, do Código Penal é a Justiça Federal. O delito do art. 245, § 2º, do Código Penal, é autônomo, sendo irrelevante, para sua consumação, que tenha também ocorrido o crime do *caput* do artigo ou que tenham sido punidos os pais da criança que seria enviada para o exterior" (Ap. Crim. 96.01.25435-8/MG, 3ª T., Rel. Juiz Osmar Tognolo, *DJ* 18-12-1998, p. 1309).

(11) Tráfico internacional de pessoa: Se a ação visar à promoção ou à facilitação da entrada de menor ou adolescente, no território nacional, que venha a exercer a prostituição ou outra forma de exploração sexual, ou a sua saída para exercê-la no estrangeiro, haverá a configuração do crime de tráfico internacional de pessoa (CP, art. 231).

(12) Ação penal. Lei dos Juizados Especiais Criminais: É crime de ação penal pública incondicionada. A forma simples *(caput)*, em face da máxima prevista (detenção, de 1 a 2 anos), constitui infração de menor potencial ofensivo, sujeita ao procedimento sumaríssimo da Lei n. 9.099/95, sendo, também, cabível o instituto da suspensão condicional do processo (art. 89 da lei). O art. 89 da Lei n. 9.099/95 também é aplicável aos §§ 1º e 2º (reclusão, de 1 a 4 anos) do art. 245.

Estatuto da Criança e do Adolescente (Lei n. 8.069/90)

(1) De acordo com o art. 238 do ECA, constitui crime: "Prometer ou efetivar a entrega de filho ou pupilo a terceiro, mediante paga ou recompensa: Pena – reclusão de 1 (um) a 4 (quatro) anos, e multa. Parágrafo único. Incide nas mesmas penas quem oferece ou efetiva a paga ou recompensa".

(2) De acordo com o art. 239 do ECA, constitui crime: "Promover ou auxiliar a efetivação de ato destinado ao envio de criança ou adolescente para o exterior com inobservância das formalidades legais ou com o fito de obter lucro: Pena – reclusão de quatro a seis anos, e multa. Parágrafo único. Se há emprego de violência, grave ameaça ou fraude: Pena – reclusão, de 6 (seis) a 8 (oito) anos, além da pena correspondente à violência".

Abandono intelectual

Art. 246. Deixar, sem justa causa, de prover à instrução primária de filho em idade escolar:

Pena – detenção, de 15 (quinze) dias a 1 (um) mês, ou multa.

(1) Documentos internacionais: 1. Declaração Universal dos Direitos Humanos; 2. Convenção Sobre os Direitos da Criança (adotada pela Resolução L.44 (XLIV) da Assembleia Geral das Nações Unidas, em 20-11-1989 – ratificada pelo Brasil em 24-9-1990); 3. Declaração Universal dos Direitos da Criança (1959); 4. Declaração pelo Direito da Criança à Sobrevivência, à Proteção e ao Desenvolvimento (1990); 5. Pacto Internacional de Direitos Humanos, Sociais e Culturais; 6. 45ª Sessão da Assembleia Geral das Nações Unidas; 7. Convenção de Nova York sobre os Direitos da Criança.

(2) Fundamento constitucional: De acordo com o art. 229 da Constituição Federal, é direito dos filhos menores que os pais lhes propiciem educação.

(3) Objeto jurídico: Tutela-se o direito de os filhos menores receberem a instrução primária.

(4) Ação nuclear. Elemento normativo do tipo: Incrimina-se a conduta consistente em *deixar de prover*, isto é, não providenciar a instrução primária de filho em idade escolar. É, portanto, crime omissivo próprio. Deve a omissão se dar *sem justa causa* (elemento normativo do tipo), isto é, sem motivo justificável. Haverá justa causa se, por exemplo, a escola, pela distância e ausência de meios de locomoção, for inacessível.

(5) Sujeito ativo: O crime somente pode ser praticado pelos genitores, excluindo-se, portanto, o tutor.

(6) Sujeito passivo: É o filho menor em idade escolar, isto é, dos 7 aos 14 anos de idade.

(7) Elemento subjetivo: É o dolo, consubstanciado na vontade livre e consciente de deixar de prover a instrução primária de filho menor.

(8) Consumação e tentativa: Dá-se a consumação no momento em que o filho em idade escolar deixa de ser matriculado ou, embora estando matriculado, para de frequentar definitivamente a escola. A tentativa é inadmissível: ou os pais deixam de prover a instrução primária ou não.

(9) Ação penal. Lei dos Juizados Especiais Criminais: Trata-se de crime de ação penal pública incondicionada: independe, portanto, de representação do ofendido ou de seu representante legal. Em virtude da pena máxima cominada (detenção, de 15 dias a 1 mês), trata-se de infração de menor potencial ofensivo, estando sujeita às disposições da Lei n. 9.099/95. É cabível a suspensão condicional do processo (art. 89 da Lei).

Art. 247. Permitir alguém que menor de 18 (dezoito) anos, sujeito a seu poder ou confiado à sua guarda ou vigilância:

I – frequente casa de jogo ou mal-afamada, ou conviva com pessoa viciosa ou de má vida;

II – frequente espetáculo capaz de pervertê-lo ou de ofender-lhe o pudor, ou participe de representação de igual natureza;

III – resida ou trabalhe em casa de prostituição;

IV – mendigue ou sirva a mendigo para excitar a comiseração pública:

Pena – detenção, de 1 (um) a 3 (três) meses, ou multa.

(1) Documentos Internacionais: Vide art. 245 do CP.
(2) Fundamento constitucional: Vide art. 245 do CP.
(3) Objeto jurídico: Protege-se a educação, o amparo moral do menor de 18 anos de idade, como forma de prevenir a delinquência juvenil.
(4) Ação nuclear: Incrimina-se a ação de *permitir* (consentir, tolerar) que menor de 18 anos, sujeito ao poder do agente ou confiado a sua guarda ou vigilância, pratique uma das ações previstas nos incisos acima epigrafados. Assim, configura o crime em tela: (a) permitir que menor de dezoito anos frequente cassinos, casas de jogo do bicho, bordéis ou conviva com traficantes, rufiões, viciados em substâncias entorpecentes ou alcoólicas; (b) permitir que o menor frequente espetáculo capaz de pervertê-lo, isto é, corrompê-lo, ou de ofender-lhe o pudor, como os espetáculos pornográficos. Pune-se também a conduta de permitir que o menor participe de representação de igual natureza; (c) permitir que o menor resida ou trabalhe, por exemplo, como garçom, em casa de prostituição; (d) permitir que menor de 18 anos mendigue, isto é, passe a pedir esmolas, ou sirva a mendigo.
(5) Sujeito ativo: É aquele que tem o menor de 18 anos sujeito a seu poder (pai, mãe, tutor) ou confiado a sua guarda ou vigilância (por exemplo: diretor de colégio).
(6) Sujeito passivo: É o menor de 18 anos que se encontra sob o poder ou confiado à guarda ou vigilância de outrem.
(7) Elemento subjetivo: É o dolo, consubstanciado na vontade livre e consciente de permitir que o menor pratique uma das ações previstas no tipo penal. Somente se exige o elemento subjetivo do tipo no inciso IV *(para fim de excitar a comiseração pública,* isto é, provocar a compaixão, piedade alheia).
(8) Consumação e tentativa: (a) Para E. Magalhães Noronha, "consuma-se o delito quando, caracterizados os hábitos ou ações malsãos do menor e deles sabendo o responsável, não toma providência para coibi-los, mantendo-se inerte ou inativo e com isso permitindo-os. Nesse momento e lugar completa-se o crime" (ob. cit., p. 339). A tentativa, segundo o autor, é inadmissível. (b) Para Cezar Roberto Bitencourt, "consuma-se o crime quando o menor pratica quaisquer das condutas previstas, no caso de permissão anterior. Se a permissão for posterior à prática, a consumação dá-se com o assentimento. Admite-se a tentativa, em princípio, somente se a permissão for antes da prática da conduta" *(Código Penal comentado,* cit., p. 948). É imprescindível para a consumação que a permissão se dê em face de uma conduta habitual do menor e não episódica ou eventual.
(9) Ação penal. Lei dos Juizados Especiais Criminais: É crime de ação penal pública incondicionada, portanto independe de representação do ofendido ou de seu representante legal. Em virtude da pena máxima cominada (detenção, de 1 a 3 meses, ou multa), trata-se de infração de menor potencial ofensivo, estando sujeita às disposições da Lei n. 9.099/95.

Estatuto da Criança e do Adolescente (Lei n. 8.090/90)

Representação artística e a utilização de criança ou adolescente em cena de sexo explícito ou pornográfica: Se o agente produzir, reproduzir, dirigir, fotografar, filmar ou registrar, por qualquer meio, cena de sexo explícito ou pornográfica, envolvendo criança ou adolescente, terá sua conduta enquadrada no art. 240 da Lei n. 8.090/90, com a redação determinada pela Lei n. 11.829, de 25 de novembro de 2008. O § 1º, por sua vez, prevê que incorre na mesma pena quem agencia, facilita, recruta, coage, ou de qualquer modo intermedeia a participação de criança ou adolescente nas cenas referidas no *caput* deste artigo, ou ainda quem com esses contracena. O § 2º prevê o aumento de 1/3 da pena se presentes umas das circunstâncias descritas em seus incisos.

Lei das Contravenções Penais (Decreto-lei n. 3.688/41)
O art. 60 do LCP foi revogado pela Lei n. 11.983/2009. Assim, aquele que mendiga em companhia de menor de 18 anos não mais pratica a antiga contravenção penal prevista no art. 60, parágrafo único, *c*, do Decreto-lei n. 3.688/41.

CAPÍTULO IV
DOS CRIMES CONTRA O PÁTRIO PODER, TUTELA OU CURATELA

Induzimento a fuga, entrega arbitrária ou sonegação de incapazes

Art. 248. Induzir menor de 18 (dezoito) anos, ou interdito, a fugir do lugar em que se acha por determinação de quem sobre ele exerce autoridade, em virtude de lei ou de ordem judicial; confiar a outrem sem ordem do pai, do tutor ou do curador algum menor de 18 (dezoito) anos ou interdito, ou deixar, sem justa causa, de entregá-lo a quem legitimamente o reclame:

Pena – detenção, de 1 (um) mês a 1 (um) ano, ou multa.

(1) Objeto jurídico: O dispositivo em estudo busca tutelar os direitos e deveres do genitor, tutor ou curador, visando à educação e à formação do filho, tutelado ou curatelado, bem como aos interesses destes.

(2) Código Civil de 2002: Com o advento do novo Código Civil o termo "pátrio poder" foi substituído por "poder familiar" (arts. 1.630 a 1.638), competindo, pois, a ambos os genitores o exercício dos direitos e deveres relativos à prole. A tutela encontra-se atualmente prevista nos arts. 1.728 a 1.766 e a curatela nos arts. 1.767 a 1.783 do diploma civil.

(3) Ação nuclear. Elemento normativo: Pune-se a ação de: (a) *induzir* (persuadir) menor de 18 anos, ou interdito, a fugir do lugar em que se acha por determinação de quem sobre ele exerce autoridade, em virtude de lei ou de ordem judicial. Se o indivíduo for maior de 18 anos ou não estiver interditado, não há o crime em tela. Para a configuração do crime é necessário que a vítima realize a fuga; (b) *confiar* a outrem, sem ordem do pai, tutor ou curador, algum menor de 18 anos ou interdito: aqui o agente, sem autorização do responsável, entrega arbitrariamente a vítima a outrem; (c) *deixar, sem justa causa, de entregá-lo* a quem legitimamente (em decorrência de lei ou decisão judicial) o reclame: cuida-se aqui do crime de *sonegação de incapaz*. O tipo penal exige o elemento normativo consubstanciado na expressão *sem justa causa*.

(4) Sujeito ativo: Qualquer pessoa pode praticar o delito em tela.

(5) Sujeito passivo: São o pai, a mãe, o tutor ou o curador, assim como, também, o menor de 18 anos e o interdito, sujeitos passivos mediatos.

(6) Elemento subjetivo: É o dolo, consubstanciado na vontade livre e consciente de praticar uma das ações previstas no tipo.

(7) Consumação e tentativa: No ato de induzir, a consumação dá-se com a efetiva fuga. No ato de confiar a outrem, com a efetiva entrega. No ato de deixar de entregar, consuma-se no momento da recusa, sem justa causa. Somente nesta última hipótese é inadmissível a tentativa, pois se trata de crime omissivo puro.

(8) Ação penal. Lei dos Juizados Especiais Criminais: É crime de ação penal pública incondicionada: independe, portanto, de representação do ofendido ou de seu representante legal. Em virtude da pena máxima cominada (detenção, de 1 mês a 1 ano, ou multa), trata-se de infração de menor potencial ofensivo, sujeita às disposições da Lei n. 9.099/95.

(9) Distinção: Se o menor for subtraído, haverá o crime do art. 249 do CP (*subtração de incapazes*). Na modalidade *sonegação de incapazes*, o pai, tutor ou curador do menor ou do interdito que tenha sido destituído ou temporariamente privado do pátrio poder (poder familiar), tutela ou curatela, caso venha a se recusar a entregar o incapaz, segundo Romão C. Lacerda, comete o crime de desobediência (CP, art. 359), cuja pena é mais grave (*Comentários*, cit., v. 8, p. 474). Para Delmanto, o art. 359 se refere à decisão penal, e não civil (*Código Penal comentado*, cit., p. 465).

Subtração de incapazes

Art. 249. Subtrair menor de 18 (dezoito) anos ou interdito ao poder de quem o tem sob sua guarda em virtude de lei ou de ordem judicial:

Pena – detenção, de 2 (dois) meses a 2 (dois) anos, se o fato não constitui elemento de outro crime.

§ 1º O fato de ser o agente pai ou tutor do menor ou curador do interdito não o exime de pena, se destituído ou temporariamente privado do pátrio poder, tutela, curatela ou guarda.

§ 2º No caso de restituição do menor ou do interdito, se este não sofreu maus-tratos ou privações, o juiz pode deixar de aplicar pena.

(1) Objeto jurídico: É o mesmo do artigo antecedente.
(2) Ação nuclear: O tipo penal incrimina a ação de subtrair (retirar) menor de 18 anos ou interdito do poder de quem o tem sob sua guarda em virtude de lei ou ordem judicial. O consentimento do incapaz na subtração é irrelevante. Se o indivíduo for maior de 18 anos ou se for louco ou débil mental, sem estar interditado, não se configura esse delito. *Nesse sentido*: Romão C. Lacerda, *Comentários*, cit., v. 8, p. 477.
(3) Sujeito ativo: Trata-se de crime comum. Qualquer pessoa pode praticá-lo. Dispõe o § 1º que "o fato de ser agente pai ou tutor do menor ou curador do interdito não o exime de pena, se destituído ou temporariamente privado do pátrio poder, tutela, curatela ou guarda".
(4) Sujeito passivo: É o genitor, tutor ou curador. É também sujeito passivo, mediato, o incapaz.
(5) Elemento subjetivo: É o dolo, consubstanciado na vontade livre e consciente de subtrair o incapaz, ciente de que este se encontra sob o poder de outrem em virtude de lei ou decisão judicial.
(6) Consumação e tentativa: Consuma-se com a efetiva retirada do menor do poder de quem o tem sob guarda. A tentativa é perfeitamente admissível.
(7) Subsidiariedade: Esse crime é de natureza subsidiária, conforme expressa disposição legal, podendo haver a configuração de outro crime: sequestro (CP, art. 148); extorsão mediante sequestro (CP, art. 159); induzimento à fuga (CP, art. 248); tráfico internacional de pessoa (CP, art. 231). *Vide* abaixo art. 237 do ECA.
(8) Perdão judicial (§ 2º): Prevê o § 2º do artigo comentado: "No caso de restituição do menor ou do interdito, se este não sofreu maus-tratos ou privações, o juiz pode deixar de aplicar a pena".
(9) Ação penal. Lei dos Juizados Especiais Criminais: É crime de ação penal pública incondicionada; independe, portanto, de representação do ofendido ou de seu representante legal. Em virtude da pena máxima prevista (detenção, de 2 meses a 2 anos), trata-se de infração de menor potencial ofensivo, sujeita às disposições da Lei n. 9.099/95, sendo, inclusive, cabível o instituto da suspensão condicional do processo (art. 89 da lei), em face da pena mínima prevista.

Estatuto da Criança e do Adolescente (Lei n. 8.069/90)

(1) Subtração para colocação em lar substituto: Se o agente subtrair criança ou adolescente ao poder de quem o tem sob sua guarda em virtude de lei ou ordem judicial, com o fim de coloca-

ção em lar substituto, haverá a configuração do art. 237 do ECA, cuja pena é de reclusão de 2 (dois) a 6 (seis) anos, e multa.

(2) Subtração de incapaz, sequestro etc. e transporte irregular de menores. Medidas administrativas preventivas: STJ: "Administrativo. Estatuto da Criança e do Adolescente. Viagem. Menor de 12 anos. Vínculo materno. Comprovação posterior. Ilícito administrativo. Caráter pedagógico. Multa antecedente. Reincidência. Transportadora. 1. A viagem de criança para fora da comarca onde reside depende, em regra, de autorização judicial. A intervenção do Judiciário somente não é exigida quando: (a) o deslocamento for para comarca contígua, desde que na mesma unidade da Federação ou na mesma região metropolitana; (b) a criança esteja acompanhada de ascendente ou colateral maior, até o terceiro grau, comprovado documentalmente o parentesco, ou de pessoa maior, expressamente autorizada pelo pai, mãe ou responsável. Inteligência do art. 83 do ECA. 2. A empresa de ônibus que transporta criança acompanhada de ascendente sem a prova documental do parentesco, ainda que comprovado o vínculo materno após o desembarque ou na instrução do processo, comete o ilícito administrativo previsto no art. 251 do ECA. 3. O fato típico aí descrito consuma-se no momento do transporte da criança, por qualquer meio, sem observar as prescrições dos arts. 83, 84 e 85 do ECA. É irrelevante se, em momento posterior ao transporte, se verifica que o menor de 12 anos estava realmente acompanhado de ascendente ou colateral maior, até o terceiro grau. 4. As normas encartadas nos arts. 83, 84, 85 e 251 da Lei n. 8.069/90 têm finalidade muito mais pedagógica do que repressiva. Não encerram um fim em si mesmas. Objetivam, sobretudo, evitar o transporte irregular de crianças e, assim, conter o tráfico, sequestro e outros crimes perpetrados em desfavor desses menores. Daí por que, na espécie, a comprovação posterior da maternidade não elide o descumprimento das normas protetivas. 5. O montante da multa administrativa não resultou de reincidência que, se comprovada, autorizaria a aplicação em dobro da sanção, e sim da dosagem da pena, dentro dos lindes legais, considerando outras imputações por fatos análogos à empresa de transporte. 6. Recurso especial improvido" (STJ, REsp 568807/RJ, 2ª T., Rel. Min. Castro Meira, j. 4-5-2006, *DJ* 17-5-2006, p. 115).

TÍTULO VIII
DOS CRIMES CONTRA A INCOLUMIDADE PÚBLICA

CAPÍTULO I
DOS CRIMES DE PERIGO COMUM

Incêndio

Art. 250. Causar incêndio, expondo a perigo a vida, a integridade física ou o patrimônio de outrem:

Pena – reclusão, de 3 (três) a 6 (seis) anos, e multa.

(1) Objeto jurídico: Protege-se a incolumidade pública.

(2) Ação nuclear: Pune-se a ação de provocar *incêndio*. Deve a propagação do fogo expor a perigo a vida, a integridade física ou patrimônio de um número indeterminado de pessoas, uma vez que se trata de crime de perigo comum e não individual. O crime pode ser praticado mediante ação ou omissão, desde que neste último caso o agente tenha o dever jurídico de agir.

Crime de perigo concreto: Trata-se de crime de perigo concreto, isto é, deve ser comprovado no caso concreto que coisas ou pessoas sofreram riscos com o incêndio. *Nesse sentido:* STJ: "O crime de incêndio é material (resultado natural ou material) e de perigo concreto (resultado jurídico)" (STJ, REsp 498839/SP, 5ª T., Rel. Min. Felix Fischer, j. 5-8-2003, *DJ* 1º-9-2003, p. 315; *RSTJ* 173/411).

(3) Sujeito ativo: Qualquer pessoa.

(4) Sujeito passivo: Sujeito passivo primário é a coletividade.

(5) Elemento subjetivo: É o dolo, consistente na vontade livre e consciente de provocar o incêndio. É necessária a ciência de que este poderá ocasionar perigo comum. Admite-se a modalidade culposa.

(6) Consumação e tentativa: Dá-se a consumação no instante em que o incêndio provoca a situação de perigo comum. Por tratar-se de crime plurissubsistente, a tentativa é perfeitamente possível.

(7) Desistência voluntária ou arrependimento eficaz: Se o agente, após o emprego dos meios aptos a provocar o incêndio, impede que se produza, apagando o fogo que se inicia, sem que tenha resultado qualquer perigo comum. Responderá nesse caso pelos atos já praticados (por exemplo, crime de dano qualificado).

(8) Incêndio qualificado pelo resultado: Vide comentários ao art. 258 do CP.

(9) Distinção: Se o incêndio atingir o patrimônio de pessoa determinada, sem expor a perigo a incolumidade pública, poderá haver o crime de dano qualificado (CP, art. 163, parágrafo único, II). Se o agente causar incêndio com o intuito de satisfazer pretensão legítima, poderá haver o crime de exercício arbitrário das próprias razões. Se o agente causar incêndio em seu próprio patrimônio, sem expor a perigo a incolumidade pública, não há a configuração do crime em tela, porém, se a intenção for a de obter pagamento de indenização ou valor de seguro, poderá haver o crime de estelionato (CP, art. 171, § 2º, V). Se, no entanto, houver perigo para a incolumidade pública e o intuito for econômico, *vide* art. 250, § 1º, inciso I, do CP. Se a intenção do agente, através do incêndio, for a de matar ou lesionar alguém, *vide* art. 121, § 2º, III, ou art. 129, § 1º, c.c. o art. 61, II, *d.* Se o incêndio acarretar perigo à vida ou saúde de pessoa determinada, poderá ocorrer o delito previsto no art. 132 do Código Penal. Esse crime não abarca a hipótese de perigo ao patrimônio individual.

(10) Responsabilidade penal objetiva: STJ: "*Habeas corpus* substitutivo. Constrangimento ilegal, crime de incêndio e lesões corporais praticados em rebelião em unidade da Febem. Alegação de falta de fundamentação da sentença condenatória e ausência de individualização das condutas praticadas. Inocorrência. Exame aprofundado de provas incabível na via estreita do *writ*. Tendo o Magistrado de primeiro grau externado as razões pelas quais condenava os pacientes, individualizando as condutas dos mesmos diretamente ou na forma do art. 29, do CP, atestando, com base em prova testemunhal, as condutas dos réus, ainda que na forma de participação, não há que se cogitar de falta de fundamentação ou aplicação da responsabilidade penal objetiva. A irresignação ante as razões de decidir do Magistrado não se confunde com falta de fundamentação do édito condenatório. Descabe, nesta via, exame do mérito da condenação por demandar aprofundado exame de provas. Ordem denegada" (STJ, HC 18401/SP, 5ª T., Rel. Min. José Arnaldo da Fonseca, j. 18-12-2001, *DJ* 4-3-2002, p. 281).

(11) Competência: Vide comentários ao § 1º do art. 250.

(12) Ação penal: Trata-se de crime de ação penal pública incondicionada.

Estatuto do Desarmamento (Lei n. 10.826/2003)

Emprego de artefato explosivo ou incendiário: O art. 16, parágrafo único, III, da Lei n. 10.826/2003 prevê dentre as suas ações nucleares típicas o *emprego de artefato explosivo ou incendiário*, sem autorização ou em desacordo com determinação legal ou regulamentar.

Lei de Segurança Nacional (Lei n. 7.170/83)
A conduta incendiar por inconformismo político constitui o crime previsto no art. 20 da Lei de Segurança Nacional (Lei n. 7.170/83).

Aumento de pena
§ 1º As penas aumentam-se de um terço:

I – se o crime é cometido com intuito de obter vantagem pecuniária em proveito próprio ou alheio;

II – se o incêndio é:

a) em casa habitada ou destinada a habitação;

b) em edifício público ou destinado a uso público ou a obra de assistência social ou de cultura;

c) em embarcação, aeronave, comboio ou veículo de transporte coletivo;

d) em estação ferroviária ou aeródromo;

e) em estaleiro, fábrica ou oficina;

f) em depósito de explosivo, combustível ou inflamável;

g) em poço petrolífero ou galeria de mineração;

h) em lavoura, pastagem, mata ou floresta.

(1) Se o crime é cometido com intuito de obter vantagem pecuniária em proveito próprio ou alheio (inciso I): Presente essa finalidade específica, a pena será majorada em face dessa causa de aumento de pena. A vantagem almejada não pode constituir em preço do crime. Não é necessário que o agente efetivamente obtenha a vantagem. Se a finalidade for a de receber indenização ou o valor do seguro, uma vez comprovado o perigo comum, configurar-se-á essa forma majorada do crime de incêndio e não aquela prevista no art. 171, § 10, V.

(2) Se o incêndio é: (a) *em casa habitada* (local utilizado por alguém para morar) *ou destinada a habitação* (embora construída para servir de habitação, ninguém nela habita). A expressão abrange as edificações que sirvam de habitação, ainda que eventualmente. *Nesse sentido:* STJ, REsp 109867/DF, 5ª T., Rel. Min. Gilson Dipp, j. 4-12-2001, *DJ* 25-3-2002, p. 301; *LEXSTJ* 153-332; (b) *em edifício público* (bem pertencente à União, Estados e Municípios) *ou destinado a uso público* (cinemas, museus, teatros etc.), *ou a obra de assistência social* (creches, hospitais, asilos etc.) *ou de cultura* (biblioteca, colégio etc.); (c) *em embarcação, aeronave, comboio ou veículo de transporte coletivo;* (d) *em estação ferroviária ou aeródromo* (não se incluem aqui as construções portuárias e as estações rodoviárias); (e) *em estaleiro, fábrica ou oficina;* (f) *em depósito de explosivo* (dinamite etc.), *combustível* (carvão, lenha etc.) *ou inflamável* (álcool, petróleo etc.); (g) *em poço petrolífero ou galeria de mineração;* (h) *em lavoura, pastagem, mata ou floresta* (vide abaixo art. 41 da Lei n. 9.605/98).

(3) Competência. Bens tombados: STJ: "Processual penal. Crime de incêndio. Bens tombados. Carência de transcrição imobiliária. Competência. Cabe à Justiça Federal o processo-crime contra bens tombados pelo instituto do patrimônio histórico e artístico nacional, sem relevância obstativa a falta de inscrição no registro imobiliário" (STJ, CC 19157/MG, 3ª S., Rel. Min. José Dantas, j. 27-3-1998, *DJ* 3-8-1998, p. 74).

Bens da União: TRF da 1ª Região: "Penal. Crime de incêndio – Competência – Materialidade – Autoria. 1. O bem jurídico protegido com a criminalização do incêndio não é apenas a incolumidade coletiva, mas o patrimônio lesionado. 2. A identificação do bem jurídico protegido define a competência da Justiça Federal, porque o imóvel era de propriedade da União. 3. Materialidade comprovada pelo perigo levado aos moradores do edifício. 4. Autoria cuja negativa não encontra respaldo na prova dos autos. 5. Apelo improvido" (TRF, 1ª Região, Ap. Crim. 199701000238488/DF, 4ª T., Relª Eliana Calmon, *DJ* 23-4-1999, p. 274).

Propriedade particular do Presidente da República. Invasão pelo MST: STJ: "Criminal. Conflito de competência. Invasão de fazenda pertencente à família do Exmo. Sr. Presidente da República, perpetrada por membros do 'Movimento dos Sem-Terra' – MST. Inocorrência de lesão a bens, serviços ou interesses da União. Lesão restrita a patrimônio pessoal. Competência da Justiça Estadual. I – Evidenciado que os fatos tidos como delituosos, em tese perpetrados por membros do 'MST', ocorreram no Estado de Minas Gerais, em uma fazenda particular – ainda que de propriedade da família do Sr. Presidente da República, Fernando Henrique Cardoso, sobressai a competência da Justiça Estadual para o processo e julgamento do feito. II – Inocorrência, em princípio, de lesão ou ameaça de lesão a bens, serviços ou interesses da União, de suas Autarquias ou Empresas Públicas. III – Conflito conhecido para declarar a competência do Juízo de Direito de Buritis/MG, o Suscitado" (STJ, CC 36617/DF, 3ª S., Rel. Min. Gilson Dipp, *DJ* 22-4-2003, p. 95).

Bens de sociedade de economia mista: Vide Súmula 42 do STJ.

Súmula 42 do STJ: "Compete à Justiça Comum Estadual processar e julgar as causas cíveis em que é parte sociedade de economia mista e os crimes praticados em seu detrimento".

Lei dos Crimes Ambientais (Lei n. 9.605/98)

(1) Incêndio em mata ou floresta: A conduta provocar incêndio em mata ou floresta constitui crime ambiental, que se encontra preceituada no art. 41 da Lei n. 9.605/98, cuja pena é de reclusão, de 2 a 4 anos, e multa. O parágrafo único, por sua vez, prevê que, se o crime é culposo, a pena é de detenção, de 6 meses a 1 ano, e multa.

Competência. Inocorrência de lesão a bens ou interesses da União: STJ: "Processual Penal. Crime contra o meio ambiente. Provocação de incêndio em mata de propriedade particular. Competência. Compete à Justiça Estadual processar e julgar o feito destinado a apurar a prática de delito contra o meio ambiente, quando não se vislumbra a ocorrência de efetiva lesão a bens, serviços ou interesses da União ou de suas entidades autárquicas ou empresas públicas. Conflito conhecido, para declarar-se a competência do Juízo de Direito da 1ª Vara Criminal de Campos de Goytacazes/RJ" (STJ, CC 47079/RJ, 3ª S., Rel. Min. Paulo Medina, j. 11-5-2005, *DJ* 13-6-2005, p. 167; *LEXSTJ* 191-246). *No mesmo sentido*, STJ: "Recurso especial. Penal. Crime contra o meio ambiente. Queimada. Art. 41, da Lei n. 9.605/98. Inexistência de lesão a bens, serviços ou interesses da União. Competência Justiça Comum Estadual. 1. Esta Corte já firmou o entendimento de que compete à Justiça Comum Estadual, de regra, o processamento e o julgamento dos feitos que visem à apuração de crimes ambientais. 2. A competência da Justiça Federal será atraída, tão somente, naqueles casos em que se evidenciar a existência de eventual lesão a bens, serviços ou interesses da União, o que não ocorre no caso em tela. 3. Recurso não conhecido" (STJ, REsp 480373/TO, 5ª T., Rel. Minª Laurita Vaz, j. 18-12-2003, *DJ* 16-2-2004, p. 296).

Competência. Interesse do IBAMA: TRF da 1ª Região: "Processo Penal. Recurso em sentido estrito. Crime ambiental. Competência da Justiça Federal. I – É a Justiça Federal competente para processamento e julgamento do feito cujo fato ensejador da persecução penal foi a constatação do IBAMA de que o acusado não observou regulamentos administrativos daquele órgão. II – Recurso provido" (TRF, 1ª Região, RCrim 200143000020334/TO, 3ª T., Rel. Candido Ribeiro, *DJ* 25-1-2002, p. 183). TRF da 2ª Região: "Constitucional e Penal. Crime ambiental. Competência da Justiça Federal. Possível lesão a bens, serviços ou interesses da União ou de suas autarquias e empresas públicas. Em se tratando de crimes ambientais, a regra é a competência da Justiça Estadual, exceto se praticados em detrimento de bens, serviços ou interesses da União ou de suas entidades autárquicas e empresas públicas, nos moldes do art. 109, IV, da Constituição Federal de 1988. Havendo interesse do IBAMA em virtude do repasse das atribuições de administração e fiscalização que inicialmente cabiam à Secretaria Especial do Meio Ambiente (SEMA), força da Lei n. 7.735/89, no tocante à Área de Relevante Interesse Ecológico (ARTE, conforme definição dada pelo Decreto n. 89.336/84) denominada Reserva Florestal da Cicuta, assim declarada pelo Decreto n. 90.792/85, e sendo este o local da conduta em tese delituosa, incêndio decorrente de ação pessoal, compete à Justiça Federal o controle da legalidade no inquérito policial instaurado por requisição do Ministério Público Federal. Recurso provido. Decisão reformada" (TRF, 2ª Região, RCrim 1176/RJ, 2ª T., Rel. Sergio Feltrin Correa, *DJU* 3-12-2002, p. 432).

(2) Incêndio provocado por balões: A conduta de fabricar, vender, transportar ou soltar balões que possam provocar incêndios nas florestas e demais formas de vegetação, em áreas urbanas ou qualquer tipo de assentamento humano, constitui crime contra o meio ambiente (art. 42 da Lei n. 9.605/98).

Incêndio culposo

§ 2º Se culposo o incêndio, a pena é de detenção, de 6 (seis) meses a 2 (dois) anos.

(1) Incêndio culposo (§ 2º): A pena é de detenção, de 6 meses a 2 anos, se o agente der causa ao incêndio por imprudência, negligência ou imperícia. TRF da 4ª Região: "Criminal. Incêndio em ilha oceânica, crime culposo. Criadouro natural de aves. Destruição de 95% (noventa e cinco por cento) da flora e fauna existentes. Palito de fósforo atirado à mata. 1. Ato imprudente e negligente de conduta, trazendo perigo suscetível de ser previsto pelo homem comum: expôs a perigo a vida e integridade física de quatorze pessoas e causou efetivo dano ao patrimônio da União. 2. Apelação parcialmente provida" (TRF, 4ª Região, Ap. Crim. 9004120866/SC, 1ª T., Rel. Hadad Vianna, *DJ* 15-7-1992, p. 21043).

(2) Incêndio culposo qualificado pelo resultado: Vide comentários ao art. 258 do CP.

(3) Ação penal e Lei dos Juizados Especiais Criminais: Trata-se de crime de ação penal pública incondicionada. O incêndio culposo (§ 2º), em face da pena máxima cominada (detenção, de 6 meses a 2 anos), constitui infração de menor potencial ofensivo, sujeito às disposições da Lei n. 9.099/95, sendo, inclusive, cabível o instituto da suspensão condicional do processo (art. 89 da Lei), em virtude da pena mínima prevista.

Explosão

Art. 251. Expor a perigo a vida, a integridade física ou o patrimônio de outrem, mediante explosão, arremesso ou simples colocação de engenho de dinamite ou de substância de efeitos análogos:

Pena – reclusão, de 3 (três) a 6 (seis) anos, e multa.

(1) Objeto jurídico: Tutela-se a incolumidade pública.

(2) Ação nuclear: Trata-se de crime de conduta vinculada. Pune-se a conduta de expor a perigo a integridade física ou o patrimônio de outrem, mediante: (a) explosão (estourar), (b) arremes-

so (lançar a distância), ou (c) colocação (pôr em algum lugar), de engenho de dinamite ou de substância de efeitos análogos. Caberá à perícia atestar se a substância é ou não explosiva. É crime de perigo comum e concreto, tal como o delito precedente.

(3) Sujeito ativo: Qualquer pessoa.

(4) Sujeito passivo: Sujeito passivo primário é a coletividade em geral.

(5) Elemento subjetivo: É o dolo, consistente na vontade livre e consciente de provocar a explosão, de arremessar ou colocar engenho de dinamite ou substância de efeitos análogos, de forma a causar perigo comum. É prevista também a modalidade culposa desse crime.

(6) Consumação e tentativa: Dá-se com a explosão, com o arremesso ou com a mera colocação de engenho de dinamite ou de substância de efeitos análogos, desde que tais ações provoquem uma situação de perigo concreto à coletividade. A tentativa é admissível.

(7) Distinções: Vide comentários ao crime precedente.

(8) Explosão qualificada pelo resultado: Vide comentários ao art. 258 do CP.

(9) Ação penal. Lei dos Juizados Especiais Criminais: Trata-se de crime de ação penal pública incondicionada.

Estatuto do Desarmamento (Lei n. 10.826/2003)

Emprego de artefato explosivo ou incendiário: O art. 16, parágrafo único, III, da Lei n. 10.826/2003 prevê dentre as suas ações nucleares típicas o *emprego de artefato explosivo ou incendiário*, sem autorização ou em desacordo com determinação legal ou regulamentar.

Lei de Segurança Nacional (Lei n. 7.170/83)

O ato de provocar explosão por inconformismo político constitui crime contra a Segurança Nacional (art. 20 da Lei n. 7.710/83).

Lei dos Crimes Ambientais (Lei n. 9.605/98)

(1) Pesca mediante utilização de explosivos: Constitui crime previsto no art. 35 da Lei n. 9.605/98 a ação de pescar mediante a utilização de: I – explosivos ou substâncias que, em contato com a água produzam efeito semelhante. Pena reclusão de 1 (um) a 5 (cinco) anos.

(2) Pesca com dinamite. Ausência de perigo punível (julgados anteriores à Lei n. 9.605/98): TRF da 1ª Região: "Penal. Pesca com dinamite. Crime de explosão. Inexistência. 1. Pesca com dinamite, no mar, que causou a morte de diversos peixes. Denúncia por crime de explosão (CP, art. 251). 2. Não se trata de crime de dano ou de resultado, sendo elemento essencial o expor a perigo um número indefinido de pessoas ou seus bens, devendo esse perigo ser demonstrado em concreto. 3. Insuficiente é, portanto, dizer que a dinamite, por si só, expõe a perigo a incolumidade pública, pois é evidente que a sua explosão em um deserto, por exemplo, não tem a mínima possibilidade de provocar tal risco. 4. Não comprovado o perigo punível, inexiste o referido delito. 5. Incomprovado, também, o dolo, consistente na vontade livre e consciente de causar explosão, com conhecimento de perigo comum" (TRF, 1ª Região, Ap. Crim. 9301158477/BA, 4ª T., Relª Eliana Calmon, *DJ* 20-10-1994, p. 60003). *Em sentido contrário*, TRF, 1ª Região: "Criminal. Art. 251, § 1º, do CP. Pesca predatória. DL 221/67. I. Quem, mediante explosão de bombas tipo caseira ou pólvora pratica pescaria predatória, mesmo nos mares, em faixa litorânea, expõe a perigo a incolumidade pública, a coletividade no seu patrimônio público de natureza ecológica. 2. Apelo desprovido" (TRF, 1ª Região, Ap. Crim. 8901221101/BA, 4ª T., Rel. Nelson Gomes da Silva, *DJ* 23-4-1990).

§ 1º Se a substância utilizada não é dinamite ou explosivo de efeitos análogos:

Pena – reclusão, de 1 (um) a 4 (quatro) anos, e multa.

(1) Forma privilegiada: A pena é minorada se a substância explosiva empregada não é dinamite ou explosivo de efeitos análogos. Leva-se aqui em consideração o menor perigo causado pelo emprego de explosivos que não sejam tão violentos quanto a dinamite, por exemplo, a pólvora.

(2) Ação penal. Lei dos Juizados Especiais Criminais: Trata-se de crime de ação penal pública incondicionada. É cabível a suspensão condicional do processo no § 1º, sem a causa de aumento de pena do § 2º.

Aumento de pena

§ 2º As penas aumentam-se de um terço, se ocorre qualquer das hipóteses previstas no § 1º, I, do artigo anterior, ou é visada ou atingida qualquer das coisas enumeradas no n. II do mesmo parágrafo.

(1) Forma majorada: Incidem aqui os comentários ao crime do art. 250 do CP.

(2) Colocação de explosivo em aeronave: TRF da 3ª Região: "Direito Penal e Processual Penal. Colocação de explosivo em aeronave de voo de carreira. Se o artefato explosivo internado na aeronave não continha dinamite ou outras substâncias de efeitos análogos, incide o réu no tipo previsto pelo Código Penal, art. 251, § 1º. Se o crime foi cometido com o intuito de obtenção de vantagem pecuniária, bem como com o escopo de que a explosão se desse dentro da aeronave, concorre na hipótese a causa de aumento de pena prevista no Código Penal, art. 250, § 1º, I, II, letra *c*. Recurso a que se dá parcial provimento" (TRF, 3ª Região, Ap. Crim. 89030267567/SP, 2ª T., Rel. Souza Pires, *DOE* 13-10-1992, p. 152).

Modalidade culposa

§ 3º No caso de culpa, se a explosão é de dinamite ou substância de efeitos análogos, a pena é de detenção, de 6 (seis) meses a 2 (dois) anos; nos demais casos, é de detenção, de 3 (três) meses a 1 (um) ano.

(1) Forma culposa: A modalidade culposa somente é admissível no ato de provocar explosão, excluindo-se as demais situações (arremesso e a colocação de dinamite). Na hipótese em que a explosão culposa se dá mediante a utilização de outras substâncias que não a dinamite ou explosivo de efeitos análogos, a pena é minorada.

(2) Explosão e responsabilidade penal objetiva: STJ: "Penal. *Habeas corpus*. Ação penal. Trancamento. Lesão corporal explosão de caldeira. Responsabilidade criminal. O princípio da responsabilidade penal subjetiva, que preconiza a máxima do *nullum crimen sine culpa*, afasta a possibilidade de atribuir-se a prática de crime a dirigentes de estabelecimento industrial em face de ferimentos provocados em operários pela explosão de uma caldeira. Recurso provido" (STJ, RHC 4263/SP, 6ª T., Rel. Min. Anselmo Santiago, j. 26-2-1996, *DJ* 7-10-1996, p. 37685; *LEXSTJ*, v. 91, p. 312).

(3) Explosão qualificada pelo resultado: Vide comentários ao art. 258 do CP.

(4) Ação penal. Lei dos Juizados Especiais Criminais: Trata-se crime de ação penal pública incondicionada. As modalidades culposas do crime de explosão (§ 3º) constituem infração de menor potencial ofensivo, estando sujeitas às disposições da Lei n. 9.099/95. É cabível o instituto da suspensão condicional do processo (art. 89 da Lei).

Uso de gás tóxico ou asfixiante

Art. 252. Expor a perigo a vida, a integridade física ou o patrimônio de outrem, usando de gás tóxico ou asfixiante:

Pena – reclusão, de 1 (um) a 4 (quatro) anos, e multa.

(1) Documentos internacionais: 1. Protocolo de Genebra de 1925 (proíbe o emprego de gases tóxicos, asfixiantes e similares em guerras, além de métodos de guerra bacteriológica); 2. Convenção de 1972 sobre a proibição de armas bacteriológicas e sobre sua destruição (o regulamento anexo à Convenção da Haia de 1907 (n. IV) proíbe empregar veneno ou armas envenenadas como meio de fazer a guerra); 3. Convenção de 1993 sobre a Proibição de Desenvolvimento, Produção, Armazenagem e Utilização de Armas Químicas e sua Destruição.

(2) Objeto jurídico: Tutela-se a incolumidade pública.

(3) Ação nuclear: Pune-se a ação de expor a vida, a integridade física ou o patrimônio de outrem, mediante o emprego de gás tóxico (provoca envenenamento) ou asfixiante (provoca sufocação). Mais uma vez, trata-se aqui de crime de perigo comum e concreto. *Nesse sentido*, TJSP: "Crime de perigo comum – Uso de gás tóxico ou asfixiante – Descaracterização. Acusado que detona ampola de gás lacrimogêneo no interior de discoteca – Baixa toxicidade do produto – Inocorrência de perigo para as pessoas presentes – Absolvição decretada – Inteligência do art. 252 do CP" (TJSP, RT 624/310). *Na mesma senda*, "Uso de gás tóxico ou asfixiante – Não caracterização – Veículo adaptado para uso de gás de cozinha – Perigo *in concreto* não indicado pela acusação – Rejeição da denúncia" (JTJ 120/491).

(4) Sujeito ativo: Qualquer pessoa.

(5) Sujeito passivo: Sujeito passivo primário é a coletividade em geral.

(6) Elemento subjetivo: É o dolo, consistente na vontade livre e consciente de usar gás tóxico ou asfixiante, de modo a expor a vida, a integridade física ou o patrimônio de outrem. Pune-se também a conduta culposa.

(7) Consumação e tentativa: Consuma-se com o uso do gás tóxico ou asfixiante, desde que provoque uma situação de perigo concreto para a coletividade. A tentativa é admissível.

(8) Forma qualificada pelo resultado: Vide comentários ao art. 258 do CP.

(9) Distinção: Se o agente usar gás tóxico ou asfixiante com o fim de expor a perigo a vida ou saúde de pessoa determinada, configurar-se-á o crime de perigo individual (CP, art. 132). Caso o agente queira matar ou lesionar alguém mediante o emprego de tais gases, *vide* CP, art. 121, § 2º, III, ou art. 129, § 1º, c.c. o art. 61, II, *d*.

(10) Ação penal. Lei dos Juizados Especiais Criminais: Trata-se de crime de ação penal pública incondicionada. É cabível a suspensão condicional do processo (art. 89).

(11) Uso de gás tóxico ou lacrimogêneo em ações policiais. Estrito cumprimento do dever legal: As ações de força, por parte de policiais, muitas vezes são necessárias, principalmente para o restabelecimento da ordem pública em determinadas situações. *Nesse sentido*, TJRS: "*Habeas Corpus*. Policiais militares. Ação de controle de tumulto. Excesso de força. As ações de força, desenvolvidas pelos policiais, fazem parte do necessário ao controle de tumulto, mormente quando se trata de grupo volumoso de manifestantes, sobre movimentada rodovia" (TJRS, HC 70013416151, 3ª Câmara Criminal, Rel. Elba Aparecida Nicolli Bastos, j. 10-11-2005). *Nessa senda*, a utilização de gás lacrimogêneo, balas de borracha ou bombas de efeito moral é plenamente possível, desde que a situação fática assim exija e o policial não faça uso desproporcional de tais artifícios. Caso o policial militar atue dentro dos limites legais, através dos meios moderados e adequados, estará ele amparado pela excludente de antijuridicidade do estrito cumprimento do dever legal, tipificada no art. 23, inciso III, do CP, a qual inviabiliza, inclusive, a responsabilidade

civil do Estado perante o particular atingido pela ação policial. Nesse ínterim, TJRS: "Responsabilidade civil do Estado. Ação policial. Tumulto na via pública em frente a clube recreativo. Restabelecimento da ordem. Dever da força pública. Resistência imotivada e desarrazoada a ordem policial. Uso moderado e equilibrado da força. Cumprimento do dever legal. Legalidade. Inexiste responsabilidade civil do Estado, em razão de ação policial realizada em período noturno para restabelecer a ordem na via pública e em frente à sociedade recreativa, onde ocorria tumulto e quebra-quebra, se pessoa que se encontrava no local resiste a ordem policial e obriga a polícia uso dos meios necessários moderados para atingir o seu intento, com as consequências daí resultantes. Ação policial no estrito cumprimento do dever legal. Legalidade. Prevalência do interesse público sobre o individual. As consequências danosas, na espécie, derivam do proceder exclusivo da vítima que resistiu a ordem policial, sem motivo justo e razoável. Sentença reformada. Apelação provida, prejudicado o reexame necessário" (TJRS, Ap. Cív. 594186793, 1ª Câmara Cível, Rel. Salvador Horácio Vizzotto, j. 22-2-1995); e TJRS: "Apelação Cível. Responsabilidade civil. Ente público. Ação de indenização por danos morais. Tumulto em estádio de futebol. Choque entre torcedores e policiais militares. Exercício regular do poder-dever de polícia. Inocorrência de excesso. Culpa exclusiva da vítima no evento danoso. No caso presente, observa-se que a culpa exclusiva do autor pelo evento danoso mostra-se bem delineada, porquanto, em face dos violentos protestos da torcida e das manifestações exaltadas que estavam ocorrendo na saída da partida de futebol, deveria o autor ter obrado com redobrada cautela no trato da situação, pois é cediço que em episódios como estes, que envolvem um número expressivo de pessoas, quando os ânimos ficam mais exaltados e onde a polícia tem o dever de conter a violência e a depredação, a previsibilidade de confusão e o perigo que se pode originar da situação recomendam o afastamento do tumulto, o mais rápido possível. Porém, no caso, assim não procedeu o autor. De qualquer forma, restou comprovado no feito que o Estado-réu, por seus agentes, não causou qualquer ato lesivo ou injusto ao autor, motivo pelo qual não se pode condenar o demandado a indenizar o demandante. Negaram provimento à apelação" (TJRS, Ap. Cív. 70005464680, 9ª Câmara Cível, Rel. Adão Sérgio do Nascimento Cassiano, j. 10-12-2003). Por outro lado, havendo excesso em seu agir, o policial responderá criminalmente por sua exacerbação, nos termos do parágrafo único do art. 23, e o Estado poderá ser condenado na esfera cível por seus atos: "Responsabilidade civil. Estado do Rio Grande do Sul. Agressões por parte de policiais militares em partida de futebol. Ato ilícito verificado. Desproporcionalidade da conduta adotada pelos agentes públicos. O Estado é responsável pelos excessos praticados pelos seus agentes nesta condição. No caso, restou comprovada a desnecessidade das agressões praticadas pelos policiais para a contenção da situação. Responsabilidade objetiva do ente público. Incidência do art. 37, § 6º, da CF" (TJRS, Ap. e RNec 70017323171, 5ª Câmara Cível, Rel. Paulo Sérgio Scarparo, j. 29-11-2006).

Lei dos Crimes Ambientais (Lei n. 9.605/98)

(1) Emissão de poluentes: O art. 54 da Lei n. 9.605/98 pune a conduta de "causar poluição de qualquer natureza em níveis tais que resultem ou possam resultar em danos à saúde humana, ou que provoquem a mortandade de animais ou a destruição significativa da flora. Pena – reclusão, de 1 a 4 anos, e multa. § 1º Se o crime é culposo: Pena – detenção, de 6 meses a um ano, e multa. Se o crime ocorrer por lançamento de resíduos sólidos, líquidos ou gasosos, ou detritos, óleos ou substâncias oleosas em desacordo com as exigências estabelecidas em leis ou regulamentos: Pena – reclusão, de 1 a 5 anos". *Vide* também o art. 56 da Lei dos Crimes Ambientais. STJ: "Crime ambiental. Poluição hídrica. Trancamento da ação penal. Falta de justa causa. Atipicidade da conduta. Ausência de perigo ou dano à saúde humana, à fauna ou à flora. Elemento essencial ao tipo. Constrangimento ilegal evidenciado. Recurso provido. Só é punível a emissão de poluentes efetivamente perigosa ou danosa para a saúde humana, ou que provoque a matança de animais

ou a destruição significativa da flora, não se adequando ao tipo penal a conduta de poluir, em níveis incapazes de gerar prejuízos aos bens juridicamente tutelados, como no presente caso" (STJ, 5ª T., RHC 17429/GO, Rel. Min. Gilson Dipp, j. 28-6-2005, *DJ* 1º-8-2005, p. 476).

Modalidade culposa

Parágrafo único. Se o crime é culposo:

Pena – detenção, de 3 (três) meses a 1 (um) ano.

(1) Forma culposa: Nessa modalidade, a incolumidade pública é exposta a perigo pelo uso do gás tóxico ou asfixiante em virtude da inobservância do dever objetivo de cuidado (CP, art. 18, III).

(2) Forma qualificada: Vide comentários ao art. 258 do CP.

(3) Ação penal. Lei dos Juizados Especiais Criminais: Trata-se de infração de menor potencial ofensivo em face da pena prevista (detenção, de 3 meses a 1 ano), por isso, sujeita-se às disposições da Lei n. 9.099/95. É cabível o instituto da suspensão condicional do processo (art. 89 da Lei).

Fabrico, fornecimento, aquisição, posse ou transporte de explosivos ou gás tóxico, ou asfixiante

Art. 253. Fabricar, fornecer, adquirir, possuir ou transportar, sem licença da autoridade, substância ou engenho explosivo, gás tóxico ou asfixiante, ou material destinado à sua fabricação:

Pena – detenção, de 6 (seis) meses a 2 (dois) anos, e multa.

(1) Estatuto do Desarmamento e substância ou engenho explosivo: O art. 16, parágrafo único, III, da Lei n. 10.826/2003, de 22-12-2003, publicada no *Diário Oficial da União* de 23-12-2003, prevê figura semelhante: "Nas mesmas penas (reclusão, de 3 a 6 anos, e multa) incorre quem: III – *possuir, detiver, fabricar* ou empregar artefato explosivo ou incendiário, sem autorização ou em desacordo com determinação legal ou regulamentar". Do art. 253 do estatuto penal faltaram as condutas fornecer, adquirir ou transportar. No entanto, para fornecer ou transportar, é necessário, antes, deter ou pelo menos possuir o objeto, ainda que momentaneamente. No que tange à aquisição, não resta dúvida de que quem adquire possui, e quem tenta adquirir tenta possuir. Diante do exposto, todas as figuras do art. 253 do Código Penal foram alcançadas pela nova lei. Estamos diante de uma *novatio legis in pejus*, não podendo retroagir para prejudicar o réu, na medida em que a sanção penal cominada é mais severa (*Nesse sentido*: Fernando Capez, *Estatuto do Desarmamento*, São Paulo: Saraiva).

(2) Estatuto do Desarmamento e gás tóxico ou asfixiante: O art. 253 foi apenas derrogado pela Lei da Arma de Fogo (antiga Lei n. 9.437/97, revogada pela Lei n. 10.826/2003), pois o fabrico, o fornecimento, a aquisição, a posse ou o transporte de gás tóxico ou asfixiante sem autorização da autoridade competente continua a ser por ele incriminado.

(3) Objeto jurídico: Tutela-se a incolumidade pública, pois se trata de crime de perigo comum. TJSP: "Crime de perigo comum – Fabrico, fornecimento, aquisição, posse ou transporte de explosivos ou gás tóxico, ou asfixiante – Armazenamento de fogos de artifício para venda sem licença de autoridade – Resultado lesivo que não é aguardado pela lei, que se antecipa e sanciona a conduta do infrator mesmo nos atos preparatórios – Inteligência do art. 253 do CP" (TACrimSP) *RT* 771/611.

(4) Ação nuclear. Elemento normativo: Estamos diante de um crime de ação múltipla ou conteúdo variado, pois, se o agente praticar qualquer das condutas típicas, haverá delito único. Punem-se, assim, as ações *de fabricar (produzir), fornecer* (entregar a título oneroso ou gratuito), *adquirir* (obter a título oneroso ou gratuito), *possuir* (ter sob a guarda ou disposição) ou *transportar*

(levar, remover), sem licença da autoridade (elemento normativo do tipo), gás tóxico ou asfixiante, ou material destinado a sua fabricação. Presente a autorização, o fato é atípico.

Transporte de gás tóxico ou asfixiante em aeronave: TRF da 1ª Região: "Criminal. Arts. 252, 253 e 261, § 3º, do CP. Crimes na modalidade culposa. Atipicidade. 1. O mero transporte, em aeronave, de hidróxido de amônia, não tipifica o crime de uso de gás tóxico ou asfixiante, quer na modalidade dolosa, quer na culposa. 2. Também não ocorre a tipificação do crime contra a segurança de transporte marítimo, fluvial ou aéreo previsto no art. 261, do CP, se o agente transportador do gás tóxico ou asfixiante ou substância explosiva não agia com o intuito de colocar em perigo a aeronave. A modalidade culposa desse delito é afastada pela ausência do sinistro. 3. O fato de transportar, sem licença da autoridade competente, substância explosiva ou gás tóxico ou asfixiante, configuraria o crime previsto no art. 253, do CP, se agente transportador tinha consciência do perigo a que expunha os passageiros da aeronave. Não é o fato punível pela modalidade culposa. 4. Recurso improvido" (TRF, 1ª Região, RCrim 9101064126/PA, 4ª T., Rel. Nelson Gomes da Silva, *DJ* 3-8-1992, p. 22364).

(5) Sujeito ativo: Qualquer pessoa.

(6) Sujeito passivo: É a coletividade em geral.

(7) Elemento subjetivo: É o dolo, consubstanciado na vontade livre e consciente de praticar uma das ações típicas, ciente de que causa perigo para a incolumidade pública. Não há previsão da modalidade culposa.

(8) Consumação e tentativa: Ao contrário dos crimes precedentes, estamos diante de um crime de perigo abstrato, isto é, não é necessário comprovar no caso concreto o risco à coletividade provocado pelas ações típicas. A tentativa é inadmissível.

(9) Forma qualificada: Vide comentários ao art. 258 do CP.

(10) Gás tóxico ou asfixiante e criança e adolescente: Se o agente fornece, vende ou entrega gás tóxico ou asfixiante a menor, incorrerá ele no art. 242 do Estatuto da Criança e do Adolescente.

(11) Ação penal. Lei dos Juizados Especiais Criminais: Trata-se de crime de ação penal pública incondicionada. Em face da pena máxima prevista (detenção, de 6 meses a 2 anos, e multa), trata-se de infração de menor potencial ofensivo, sujeita às disposições da Lei n. 9.099/95. É cabível o instituto da suspensão condicional do processo (art. 89 da lei), em virtude da pena mínima prevista.

(12) Competência. Aquisição de gás lacrimogêneo privativo das Forças Armadas. Inexistência de crime contra a Segurança Nacional: TRF da 5ª Região: "Processual e Penal, art. 253 do Código Penal. Aquisição de gás lacrimogêneo privativo das Forças Armadas. Intuito comercial do agente. Inexistência de crime contra a Segurança Nacional. Ausência de interesse da União. Competência da Justiça Estadual. Nulidade da sentença. Remessa dos autos à justiça competente. O art. 109, IV, da Constituição exige que a conduta delituosa atinja os interesses da União Federal de forma direta e específica, sendo insuficiente a presença de um interesse genérico. A fiscalização do comércio de gases tóxicos de uso privativo das Forças Armadas pelo Ministério do Exército não configura interesse da União passível de ensejar a competência da Justiça Federal – Ausente a motivação política e o não preenchimento dos requisitos estatuídos nos arts. 1º e 2º da Lei de Segurança Nacional, competente é a Justiça Estadual para o processamento e julgamento da ação penal relativa à aquisição de gás tóxico ou asfixiante de uso privativo das Forças Armadas – art. 253 do CP. Nulidade da sentença em face da incompetência absoluta da Justiça Federal. Precedentes do STJ. Remessa dos autos para a Justiça Estadual" (TRF, 5ª Região, Ap. Crim. 4056/CE, 3ª T., Rel. Des. Fed. Ridalvo Costa, *DJ* 22-6-2005, p. 1102).

Estatuto do Desarmamento

(1) Artefato explosivo ou incendiário: Como já vimos, o art. 16, III, da Lei n. 10.826/2003 pune a posse, a detenção, o fabrico ou o emprego de artefato explosivo ou incendiário. Assim,

aquele que pretender fornecer artefato incendiário para criança ou adolescente ou para maior de idade, poderá ser responsabilizado pela detenção ou posse do referido artefato.

(2) Produção ou reciclagem de munição e explosivo: O art. 16, VI, da Lei n. 10.826/2003 pune a ação de produzir, recarregar ou reciclar, sem autorização legal, ou adulterar, de qualquer forma, munição ou explosivo.

(3) Entrega ou venda de explosivo a criança e adolescente: Se o agente fornece, entrega ou vende, ainda que gratuitamente, explosivo a criança ou adolescente, comete o delito previsto no art. 16, V, do Estatuto do Desarmamento (Lei n. 10.826/2003).

Lei de Segurança Nacional

(1) Artefato explosivo e crime político. Competência: STJ: "Competência. Penal. Crime contra Segurança Nacional. Inexistência. Porte de granada. O porte de granada não pode configurar crime contra a Segurança Nacional se a motivação não era de natureza política. Competência da Justiça Comum Estadual. Precedentes do STJ (CC 16.294/RJ, CC 16.737/RJ, CC 16.472/RJ) e STF (HC 73.451). Conflito conhecido" (STJ, CC 20376/RJ, 3ª S., Rel. Min. William Patterson, j. 22-10-1997, *DJ* 10-11-1997, p. 57700 – *RT* 748-577). STF: "*Habeas corpus.* Crime contra a Segurança Nacional. Armamento militar fabricado para exportação com autorização da autoridade federal competente: extravio que não caracteriza crime contra a Segurança Nacional por inexistência do elemento subjetivo consubstanciado na motivação política. Crime político: configura-se somente quando presentes os pressupostos cristalizados no art. 2º da Lei n. 7.170/83: a motivação política e a lesão real ou potencial aos bens juridicamente tutelados. Falsidade ideológica: falta de consistência; crime-meio: absorção pelo crime-fim não político. Incompetência da Justiça Federal porquanto não tipificado o crime político. Trancamento da ação penal por inépcia da denúncia. 1. Subsume-se inconcebível a configuração de crime contra a Segurança Nacional e a ordem política e social quando ausente o elemento subjetivo que se traduz no dolo específico: motivação política e objetivos do agente. 2. É de repelir-se, no caso concreto, a existência de crime político, dado que não demonstrada a destinação de atentar, efetiva ou potencialmente, contra a soberania nacional e a estrutura política brasileira. 3. O disposto no parágrafo único do art. 12 da Lei n. 7.170/83 só pode ser compreendido com o elastério que lhe dá o art. 1º, complementado pelo art. 2º da mesma Lei. 4. Não se vislumbrando qualificação de crime de natureza política, ante os fatos pelos quais os pacientes foram acusados e que se resumem no extravio de material bélico fabricado exclusivamente para exportação, denota-se implicitamente contrariedade ao art. 109, IV, da Constituição Federal. 5. Ainda que admitido o crime de falsidade ideológica pelo pedido, à autoridade competente, para exportar material bélico a país diverso do real destinatário, seria o caso de absorção do crime-meio pelo crime-fim, que não é de natureza política. 6. *Habeas Corpus* deferido" (STF, HC 73451/RJ, 2ª T., Rel. Min. Maurício Corrêa, j. 8-4-1997, *DJ* 6-6-1997, p. 24868). STJ: "Penal e Processual Penal – Perseguição e fuga – Emprego de artefato de uso militar – Granada de mão – Homicídio tentado – Conflito de competência da Justiça Federal e Justiça Comum Estadual – Lei de Segurança Nacional – Inocorrência de ofensa – Competência da Justiça Comum. 1. Sempre que o uso de artefato militar tenha por objetivo exclusivo rechaçar perseguição policial tendente a capturar o agente, como no caso concreto, não há que se falar em ofensa à Lei de Segurança Nacional. 2. Trata-se de crime comum, sujeito à jurisdição estadual. 3. Conflito conhecido para declarar competente o juízo suscitado, da 1ª Vara Criminal de Santa Cruz – RJ" (STJ, CC 16294/RJ, 3ª S., Rel. Min. Anselmo Santiago, *DJ* 26-5-1997, p. 22469).

Lei n. 6.453/77 (responsabilidade decorrente de atividade nuclear)

(1) O art. 22 da Lei n. 6.453/77 (dispõe sobre a responsabilidade civil por danos nucleares e a

responsabilidade criminal por atos relacionados com atividades nucleares) pune a conduta daquele que "possuir, adquirir, transferir, transportar, guardar ou trazer consigo material nuclear sem a necessária autorização". O art. 26, por sua vez, pune aquele que "deixar de observar as normas de segurança ou de proteção relativas à instalação nuclear ou ao uso, transporte, posse e guarda de material nuclear, expondo a perigo a vida, a integridade física ou o patrimônio de outrem".

(2) Acidente radiológico com a bomba de Césio 137: TRF da 1ª Região: "1. Embora o acidente com os radioisótopos de utilização médica tenham sido expressamente excluídos da disciplina da Lei n. 6.453/77, que dispõe sobre a responsabilidade civil sobre danos nucleares, o dano ambiental por ser de ordem pública é indisponível e insuscetível de prescrição enquanto seus efeitos nefastos continuam a produzir lesão. (...) 8. O césio não é substância nuclear e sim um radioisótopo e, em consequência, o acidente ocorrido em Goiânia não foi um acidente nuclear, mas radiológico em proporção gigantesca. (...)" (TRF, 1ª Região, Ap. Cív. 2001010001 43712/GO, 5ª T., Rel. Des. Fed. Selene Maria de Almeida, *DJ* 15-8-2005, p. 45). *Vide* também: TRF, 1ª Região, Ap. Cív. 199835000124970/GO, 5ª T., Relª Desª Fed. Selene Maria de Almeida, *DJ* 16-12-2003, p. 6).

Inundação

Art. 254. Causar inundação, expondo a perigo a vida, a integridade física ou o patrimônio de outrem:

Pena – reclusão, de 3 (três) a 6 (seis) anos, e multa, no caso de dolo, ou detenção, de 6 (seis) meses a 2 (dois) anos, no caso de culpa.

(1) Objeto jurídico: Tutela-se a incolumidade pública.

(2) Ação nuclear: Pune-se a ação de *causar inundação*, isto é, provocar o alagamento de determinado local, criando perigo de dano à vida, integridade física ou o patrimônio de um número indeterminado de pessoas. Ausente o perigo comum, o crime poderá ser outro (art. 161, § 1º, I, do CP ou art. 163). É crime de perigo concreto, isto é, o risco à coletividade deve ser provado caso a caso.

(3) Sujeito ativo: Qualquer pessoa pode praticá-lo, inclusive o proprietário do imóvel inundado.

(4) Sujeito passivo: É a coletividade em geral.

(5) Elemento subjetivo: É o dolo, consubstanciado na vontade livre e consciente de causar inundação, ciente de que com tal conduta causa perigo para a coletividade. Há previsão da modalidade culposa. Se a inundação constituir meio para a prática de um crime de homicídio, *vide* também CP, art. 121, § 2º, III.

(6) Consumação e tentativa: Dá-se com a efetiva inundação, que provoque uma situação de perigo concreto para a coletividade. A tentativa é admissível.

(7) Forma culposa: Está prevista no preceito secundário da norma. A pena é de detenção, de 6 meses a 2 anos, se o agente der causa à inundação por imperícia, negligência ou imprudência.

(8) Forma qualificada pelo resultado: Vide comentários ao art. 258.

(9) Ação penal. Lei dos Juizados Especiais Criminais: Trata-se de crime de ação penal pública incondicionada. A modalidade culposa do crime constitui infração de menor potencial ofensivo em face da pena máxima cominada (detenção, de 6 meses a 2 anos), sujeita às disposições da Lei n. 9.099/95, sendo, inclusive, cabível o instituto da suspensão condicional do processo (art. 89 da Lei).

Perigo de inundação

Art. 255. Remover, destruir ou inutilizar, em prédio próprio ou alheio, expondo a perigo a vida, a integridade física ou o patrimônio de outrem, obstáculo natural ou obra destinada a impedir inundação:

Pena – reclusão, de 1 (um) a 3 (três) anos, e multa.

(1) Objeto jurídico: Tutela-se mais uma vez a incolumidade pública.

(2) Considerações gerais: Nessa figura típica, pune-se a ação de *remover* (deslocar), *destruir* (fazer desaparecer) ou *inutilizar* (tornar imprestável, inservível) obstáculo natural ou obra destinada a impedir inundação. O tipo penal contenta-se com o mero perigo da inundação provocado pela prática de uma das ações típicas. Trata-se de crime de perigo concreto. Qualquer pessoa pode praticar esse delito, inclusive o proprietário do prédio em que se encontra o obstáculo natural ou a obra destinada a impedir a inundação. Sujeito passivo é a coletividade. O elemento subjetivo é o dolo, consistente na vontade livre e consciente de praticar uma das ações típicas, ciente o agente de que causa o perigo de inundação. Note-se que nessa figura criminosa o agente não quer causar a inundação, mas apenas a possibilidade de sua ocorrência. O crime se consuma com a prática de uma das ações previstas no tipo penal, desde que surja a efetiva situação de perigo de inundação. A tentativa é inadmissível.

(3) Ação penal. Lei dos Juizados Especiais Criminais: Trata-se de crime de ação penal pública incondicionada. É cabível o instituto da suspensão condicional do processo, previsto no art. 89 da Lei n. 9.099/95.

Desabamento ou desmoronamento

Art. 256. Causar desabamento ou desmoronamento, expondo a perigo a vida, a integridade física ou o patrimônio de outrem:

Pena – reclusão, de 1 (um) a 4 (quatro) anos, e multa.

Modalidade culposa

Parágrafo único. Se o crime é culposo:

Pena – detenção, de 6 (seis) meses a 1 (um) ano.

(1) Objeto jurídico: Protege-se a incolumidade pública.

(2) Noções gerais: Pune-se a ação de *causar* (provocar) *desabamento* (queda de casas, edifícios), ou *desmoronamento* (de morro, barranco, pedreira). Devem tais ações expor a perigo a incolumidade pública. Trata-se de crime de perigo concreto. Qualquer pessoa pode praticar esse crime. Sujeito passivo é a coletividade em geral. O elemento subjetivo é o dolo, consistente na vontade livre e consciente de causar o desabamento ou desmoronamento, ciente de que causa perigo comum. A consumação se dá com o efetivo desabamento ou desmoronamento, ainda que parcial, de forma que se crie uma situação de perigo comum. A tentativa é admissível.

(3) Forma culposa: Está prevista no parágrafo único. A pena é de detenção, de 6 meses a 1 ano, se o agente der causa ao desabamento ou desmoronamento por imperícia, negligência ou imprudência.

(4) Forma qualificada pelo resultado: Vide comentários ao art. 258 do CP.

(5) Ação penal. Lei dos Juizados Especiais Criminais: Trata-se de crime de ação penal pública incondicionada. A modalidade culposa constitui infração de menor potencial ofensivo em virtude da pena máxima prevista (detenção, de 6 meses a 1 ano), de forma que está sujeita aos institutos e ao procedimento sumaríssimo da Lei n. 9.099/95. A modalidade dolosa do crime *(caput)* somente admite o instituto da suspensão condicional do processo (art. 89 da lei).

(6) Lei das Contravenções Penais: Dispõe o art. 29 da LCP: "Provocar o desabamento de construção ou por erro no projeto ou na execução, dar-lhe causa: Pena – multa, se o fato não constitui crime contra a incolumidade pública". O art. 30 da referida lei, por sua vez, prevê o crime de perigo de desabamento: "Omitir alguém a providência reclamada pelo estado ruinoso de construção que lhe pertence ou cuja conservação lhe incumbe: Pena – multa".

Subtração, ocultação ou inutilização de material de salvamento

Art. 257. Subtrair, ocultar ou inutilizar, por ocasião de incêndio, inundação, naufrágio, ou outro desastre ou calamidade, aparelho, material ou qualquer meio destinado a serviço de combate ao perigo, de socorro ou salvamento; ou impedir ou dificultar serviço de tal natureza:

Pena – reclusão, de 2 (dois) a 5 (cinco) anos, e multa.

(1) Objeto jurídico: Tutela-se a incolumidade pública.

(2) Considerações gerais: Punem-se as ações de: (a) *subtrair* (apoderar-se), *ocultar* (esconder) ou *inutilizar* (tornar inservível ao fim a que se destina) aparelho, material ou qualquer meio destinado a serviço de combate ao perigo, de socorro ou salvamento (extintor de incêndio, salva-vidas, escada, ambulância etc.) ou (b) *impedir* (obstar, frustrar) ou *dificultar* (criar embaraços) serviço de tal natureza, isto é, de combate ao perigo, de socorro ou salvamento, condutas estas que podem ser praticadas mediante o emprego de violência ou fraude. É possível o crime ser praticado mediante omissão, se ao omitente incumbia o dever legal de agir. Trata-se de crime comum, de forma que qualquer pessoa pode praticá-lo, inclusive o proprietário do aparelho, material ou qualquer meio destinado a serviço de combate ao perigo, de socorro ou salvamento. Sujeito passivo é a coletividade em geral. Elemento subjetivo é o dolo, consistente na vontade livre e consciente de praticar uma das condutas típicas. Na figura constante da letra *a*, o crime se consuma com as ações de subtrair, ocultar ou inutilizar; na figura constante da letra *b*, o crime se consuma com o efetivo impedimento ou embaraço. Trata-se de crime de perigo abstrato.

(3) Concurso de crimes: Caso o agente provoque o desastre ou calamidade e em seguida pratique uma das ações constantes no tipo penal em estudo, haverá concurso de crimes. Da mesma forma, se o agente danificar, furtar etc. material ou aparelho alheio.

(4) Ação penal: É crime de ação penal pública incondicionada.

Formas qualificadas de crime de perigo comum

Art. 258. Se do crime doloso de perigo comum resulta lesão corporal de natureza grave, a pena privativa de liberdade é aumentada de metade; se resulta morte, é aplicada em dobro. No caso de culpa, se do fato resulta lesão corporal, a pena aumenta-se de metade; se resulta morte, aplica-se a pena cominada ao homicídio culposo, aumentada de um terço.

(1) Natureza jurídica: Cuida-se aqui de duas modalidades de crime qualificado pelo resultado; (a) *dolo no crime antecedente* (crime de perigo comum) e *culpa no crime consequente* (lesão corporal grave ou morte). Nessa modalidade o agente quer provocar o incêndio, inundação, desabamento etc., de forma a causar perigo comum, mas dessa conduta sobrevém resultado mais grave (lesão corporal de natureza grave e homicídio). Esse resultado jamais poderá ser querido pelo agente, pois, do contrário, poderá haver outro crime: homicídio qualificado (CP, art. 121, § 2º, III) ou lesão corporal grave (CP, art. 129, § 1º, c.c. o art. 61, II, *d*). (b) *Resultado agravador decorrente de conduta culposa:* nessa modalidade, o agente causa o incêndio por imprudência, negligência ou imperícia, e dessa conduta culposa advém um dos resultados agravadores.

(2) Tentativa: Admite-se a tentativa na hipótese da letra *a*, se o incêndio não se consumar, isto é, não assumir as proporções devidas para a configuração do crime, mas alguém vier a morrer ou se lesionar em decorrência do início dele.

(3) Crime único: Na hipótese de o crime de perigo comum causar várias mortes ou várias lesões corporais, haverá crime único, e não concurso formal de crimes.

Difusão de doença ou praga

Art. 259. Difundir doença ou praga que possa causar dano a floresta, plantação ou animais de utilidade econômica:

Pena – reclusão, de 2 (dois) a 5 (cinco) anos, e multa.

Modalidade culposa

Parágrafo único. No caso de culpa, a pena é de detenção, de 1 (um) a 6 (seis) meses, ou multa.

(1) Revogação: Esse artigo encontra-se tacitamente revogado pelo art. 61 da Lei dos Crimes Ambientais (Lei n. 9.605/98), cujo teor é o seguinte: "Disseminar doença ou praga ou espécies que possam causar dano à agricultura, à pecuária, à fauna, à flora ou aos ecossistemas: Pena – reclusão, de um a quatro anos, e multa".

(2) Lei de Biossegurança e liberação de organismos geneticamente modificados no meio ambiente: STJ: "Cuidando-se de conduta de liberação, no meio ambiente, de organismo geneticamente modificado – sementes de soja transgênica – em desacordo com as normas estabelecidas pelo órgão competente, caracteriza-se, em tese, o crime descrito no art. 13, inc. V, da Lei de Biossegurança, que regula manipulação de materiais referentes à biotecnologia e à engenharia genética. Os eventuais efeitos ambientais decorrentes da liberação de organismos geneticamente modificados não se restringem ao âmbito dos Estados da Federação em que efetivamente ocorre o plantio ou descarte, sendo que seu uso indiscriminado pode acarretar consequências a direitos difusos, tais como a saúde pública. Evidenciado o interesse da União no controle e regulamentação do manejo de sementes de soja transgênica, inafastável a competência da Justiça Federal para o julgamento do feito. Conflito conhecido para declarar a competência o Juízo Federal da Vara Criminal de Passo Fundo" (STJ, CC 41301/RS, 3ª S., Rel. Min. Gilson Dipp, j. 12-5-2004, *DJ* 17-5-2004, p. 104; *RSTJ* 186-469). *No mesmo sentido:* STJ: "1 – Tendo os denunciados praticado, em tese, crime de liberação, no meio ambiente, de organismos geneticamente modificados – plantação de soja transgênica, safra 2001 (art. 13, V, da Lei n. 8974/95) –, verifica-se, consoante legislação federal específica, prejuízo a interesses da União, porquanto há reflexos concretos da utilização desta tecnologia de plantio na Política Agrícola Nacional e na Balança Comercial de Exportação de nosso País. 2 – Outrossim, a Lei n. 8.974/95 estabeleceu "normas de segurança e mecanismos de fiscalização no uso das técnicas de engenharia genética na construção, cultivo, manipulação, transporte, comercialização, consumo, liberação e descarte de organismo geneticamente modificado (OGM), visando proteger a vida e a saúde do homem, dos animais e das plantas, bem como o meio ambiente" (art. 1º do citado diploma legal). No mesmo diapasão, o legislador ordinário federal atribuiu aos órgãos de fiscalização do Ministério da Saúde, do Ministério da Agricultura, do Abastecimento e da Reforma Agrária e do Ministério do Meio Ambiente e da Amazônia Legal, dentro do campo de suas competências, observado o parecer técnico conclusivo da Comissão Técnica Nacional de Biossegurança, órgão consultivo e de assessoramento do Governo Federal, o poder de fiscalizar as empresas, pessoas físicas e instituições que façam uso da biotecnologia dos transgênicos. 3 – Por fim, o Colendo Supremo Tribunal Federal assentou, no tocante à legislação pertinente aos Organismos Geneticamente Modificados, ser a competência dos Estados apenas residual, já que há lei federal expressa (Lei n. 8.974/95) (cf. Tribunal Pleno, MC em ADIn 3.035/PR, Rel. Min. Gilmar Mendes, *DJU* 12-3-2004). 4 – Conflito conhecido e provido para declarar competente o D. Juízo Federal da Vara Criminal de Passo Fundo/RS, ora suscitado" (STJ, CC 41279/RS, 3ª S., Rel. Min. Jorge Scartezzini, j. 28-4-2004, *DJ* 1º-7-2004, p. 175; *LEXSTJ* 181-230).

CAPÍTULO II
DOS CRIMES CONTRA A SEGURANÇA DOS MEIOS DE COMUNICAÇÃO E TRANSPORTE E OUTROS SERVIÇOS PÚBLICOS

Perigo de desastre ferroviário

Art. 260. Impedir ou perturbar serviço de estrada de ferro:

I – destruindo, danificando ou desarranjando, total ou parcialmente, linha férrea, material rodante ou de tração, obra de arte ou instalação;

II – colocando obstáculo na linha;

III – transmitindo falso aviso acerca do movimento dos veículos ou interrompendo ou embaraçando o funcionamento de telégrafo, telefone ou radiotelegrafia;

IV – praticando outro ato de que possa resultar desastre:

Pena – reclusão, de 2 (dois) a 5 (cinco) anos, e multa.

(1) Objeto jurídico: Protege-se a incolumidade pública.

(2) Ação nuclear: O tipo penal incrimina as ações de *impedir* (obstruir) ou *perturbar* (atrapalhar, desorganizar etc.) serviço de estrada de ferro (conforme o § 3º, compreende qualquer via de comunicação em que circulem veículos de tração mecânica, em trilhos ou por meio de cabo aéreo). Trata-se necessariamente de transporte coletivo, pois estamos diante de um crime contra a incolumidade pública. Pode esse crime ser praticado mediante os meios executórios indicados nos incisos I a IV. O inciso IV contém uma fórmula genérica, pois engloba outros meios provocadores do perigo de desastre que não os descritos expressamente no tipo penal. Ressalve-se que as condutas acima descritas apenas acarretam o perigo de desastre ferroviário e não o desastre em si mesmo, uma vez que o § 1º deste artigo já contempla tal modalidade criminosa. Segundo a doutrina, a ação do agente, obviamente, deve acarretar a possibilidade concreta de dano a um número indeterminado de pessoas e coisas.

(3) Sujeito ativo: Trata-se de crime comum. Qualquer pessoa pode praticá-lo.

(4) Sujeito passivo: É a coletividade em geral.

(5) Elemento subjetivo: É o dolo, consubstanciado na vontade livre e consciente de praticar uma das ações típicas, ciente de que causa o perigo de desastre.

(6) Consumação e tentativa: Consuma-se no momento em que o agente cria a situação de perigo de desastre. A tentativa é admissível.

(7) Forma qualificada pelo resultado: Prevê o art. 263: "Se de qualquer dos crimes previstos nos arts. 260 a 262, no caso de desastre ou sinistro, resulta lesão corporal ou morte, aplica-se o disposto no art. 258". Sobre o tema, *vide* comentários ao art. 258 do CP.

(8) Ação penal: Trata-se de crime de ação penal pública incondicionada.

(9) Legislação penal especial: Se há o fim político, o art. 15 da Lei de Segurança Nacional (Lei n. 7.170/83) pune a prática de sabotagem contra meios e vias de transporte. Caso o agente se utilize de espécies da fauna silvestre para impedir ou perturbar o serviço de estrada de ferro, responderá o agente também pelo crime previsto no art. 29 da Lei dos Crimes Ambientais (Lei n. 9.605/98).

Desastre ferroviário

§ 1º Se do fato resulta desastre:

Pena – reclusão, de 4 (quatro) a 12 (doze) anos, e multa.

(1) Desastre: Pune-se aqui o advento do resultado mais gravoso, qual seja, o efetivo desastre. O resultado mais grave que é imputado ao agente a título de culpa, uma vez que o efetivo dano era previsível. Trata-se, portanto, de evento atribuído ao agente a título de preterdolo.

(2) Consumação e tentativa: Consuma-se o crime com o efetivo desastre do qual resulte o perigo comum. A tentativa é impossível, pois estamos diante de um delito preterdoloso.

> § 2º No caso de culpa, ocorrendo desastre:
> Pena – detenção, de 6 (seis) meses a 2 (dois) anos.

(1) Forma culposa: Prevê o § 2º: "No caso de culpa, ocorrendo desastre: Pena – detenção, de seis meses a dois anos". Pune-se somente o desastre culposo, e não o perigo de desastre culposo. É o desastre provocado por imprudência ou negligência, geralmente dos agentes ferroviários.

(2) Forma qualificada pelo resultado: Vide art. 263 c.c. art. 258 do CP.

(3) Lei dos Juizados Especiais Criminais: Em face da pena máxima prevista (detenção, de 6 meses a 2 anos), a modalidade culposa constitui infração de menor potencial ofensivo, sujeita às disposições da Lei n. 9.099/95, sendo, inclusive, cabível o instituto da suspensão condicional do processo (art. 89 da lei), em virtude da pena mínima prevista.

> § 3º Para os efeitos deste artigo, entende-se por estrada de ferro qualquer via de comunicação em que circulem veículos de tração mecânica, em trilhos ou por meio de cabo aéreo.

Atentado contra a segurança de transporte marítimo, fluvial ou aéreo

Art. 261. Expor a perigo embarcação ou aeronave, própria ou alheia, ou praticar qualquer ato tendente a impedir ou dificultar navegação marítima, fluvial ou aérea:

Pena – reclusão, de 2 (dois) a 5 (cinco) anos.

(1) Objeto jurídico: Protege-se a incolumidade pública.

(2) Ação nuclear: Duas são as condutas típicas: (a) *expor* a perigo embarcação (navio, lancha, barco ou qualquer outra construção destinada à navegação, que vise ao transporte coletivo) ou aeronave (avião, helicóptero, balão etc., que também vise ao transporte coletivo), própria ou alheia. Trata-se de crime de ação livre, uma vez que pode ser praticado por diversos modos; ou (b) *praticar* qualquer ato tendente a impedir (obstruir, atravancar) ou dificultar (tornar mais difícil) navegação marítima, fluvial ou aérea. É crime de perigo concreto.

Transporte de gás tóxico ou asfixiante em aeronave: TRF da 1ª Região: "Criminal. Arts. 252, 253 e 261, § 3º, do CP. Crimes na modalidade culposa. Atipicidade. 1. O mero transporte, em aeronave, de hidróxido de amônia, não tipifica o crime de uso de gás tóxico ou asfixiante, quer na modalidade dolosa, quer na culposa. 2. Também não ocorre a tipificação do crime contra a segurança de transporte marítimo, fluvial ou aéreo previsto no art. 261, do CP, se o agente transportador do gás tóxico ou asfixiante ou substância explosiva não agia com o intuito de colocar em perigo a aeronave. A modalidade culposa desse delito é afastada pela ausência do sinistro. 3. O fato de transportar, sem licença da autoridade competente, substância explosiva ou gás tóxico ou asfixiante, configuraria o crime previsto no art. 253, do CP, se agente transportador tinha consciência do perigo a que expunha os passageiros da aeronave. Não é o fato punível pela modalidade culposa. 4. – Recurso improvido" (TRF, 1ª Região, RCrim 9101064126/PA, 4ª T., Rel. Nelson Gomes da Silva, *DJ* 3-8-1992, p. 22364).

(3) Sujeito ativo: Qualquer pessoa pode praticá-lo, inclusive o proprietário da embarcação ou da aeronave.

(4) Sujeito passivo: É a coletividade em geral.

(5) Elemento subjetivo: É o dolo, consubstanciado na vontade livre e consciente de expor a perigo embarcação ou aeronave, própria ou alheia, ou praticar qualquer ato tendente a impedir ou dificultar navegação marítima, fluvial ou área. É sempre necessária a ciência do agente quanto à provocação do perigo comum.

(6) Consumação e tentativa: Dá-se a consumação com a prática dos atos que exponham efetivamente a perigo embarcação ou aeronave, própria ou alheia. Trata-se de crime de perigo concreto. A tentativa é admissível.

(7) Forma qualificada pelo resultado: Prevê o art. 263: "Se de qualquer dos crimes previstos nos arts. 260 a 262, no caso de desastre ou sinistro, resulta lesão corporal ou morte, aplica-se o disposto no art. 258". Sobre o tema, *vide* comentário ao crime art. 258 do CP.

(8) Ação penal: Trata-se de crime de ação penal pública incondicionada.

(9) Competência: STJ: "Penal – Constitucional – Crime contra a segurança de transporte marítimo – Competência. Compete à Justiça Federal processar e julgar os crimes cometidos a bordo de navios, incluídos os praticados contra a segurança do transporte marítimo. Inteligência do art. 109, IX, da Constituição Federal. Recurso provido" (STJ, ROHC 1386/RJ, 5ª T., Rel. Min. Edson Vidigal, *DJ* 9-12-1991, p. 18044).

(10) Legislação penal especial: (a) Caso haja motivação política, o crime poderá ser o previsto no art. 15 da Lei de Segurança Nacional (Lei n. 7.170/83). (b) Caso o agente conduza embarcação ou aeronave após consumo de drogas, expondo a dano potencial a incolumidade de outrem, haverá o crime do art. 39 da Lei n. 11.343/2006 (Lei de Drogas). A pena, nesse caso, será de detenção, de 6 (seis) meses a 3 (três) anos, além da apreensão do veículo, cassação da habilitação respectiva ou proibição de obtê-la, pelo mesmo prazo da pena privativa de liberdade aplicada, e pagamento de 200 (duzentos) a 400 (quatrocentos) dias-multa. Parágrafo único. As penas de prisão e multa, aplicadas cumulativamente com as demais, serão de 4 (quatro) a 6 (seis) anos e de 400 (quatrocentos) a 600 (seiscentos) dias-multa, se o veículo referido no *caput* deste artigo for *de transporte coletivo de passageiros*. (c) Caso o agente se entregue, na prática de aviação, a acrobacias ou a voos baixos, fora da zona em que a lei o permite, ou faça descer aeronave fora dos lugares destinados a esse fim, haverá a contravenção penal de abuso na prática da aviação, prevista no art. 35 da Lei das Contravenções Penais.

Sinistro em transporte marítimo, fluvial ou aéreo

§ 1º Se do fato resulta naufrágio, submersão ou encalhe de embarcação ou a queda ou destruição de aeronave:

Pena – reclusão, de 4 (quatro) a 12 (doze) anos.

(1) Sinistro em transporte marítimo, fluvial ou aéreo: Pune-se aqui a ocorrência do evento danoso. Há a provocação dolosa de uma situação de perigo de desastre da qual resulta o naufrágio (perda do navio), a submersão (afundamento total ou parcial) ou o encalhe (a navegação é impedida ante a presença de obstáculos como, por exemplo, recifes) da embarcação ou a queda (projeção ao solo ou água) ou destruição (despedaçamento) da aeronave. Esses resultados mais graves são imputados ao agente a título de culpa. Trata-se assim de modalidade preterdolosa.

Prática do crime com o fim de lucro

§ 2º Aplica-se, também, a pena de multa, se o agente pratica o crime com intuito de obter vantagem econômica, para si ou para outrem.

(1) Prática do crime com fim de lucro: Se presente a finalidade específica de obtenção de lucro (elemento subjetivo do tipo), incidirá também a pena de multa. Para a configuração da majorante prescinde-se da efetiva obtenção de vantagem por parte do agente.

(2) Incidência: O § 2º incide sobre o *caput* e o § 1º do art. 261.

Modalidade culposa

§ 3º No caso de culpa, se ocorre o sinistro:

Pena – detenção, de 6 (seis) meses a 2 (dois) anos.

(1) Modalidade culposa: Admite-se somente a modalidade culposa quando efetivamente ocorrer o sinistro e não quando apenas houver o perigo de sinistro.

Culpa consciente: TRF da 4ª Região: "Criminal. Atentado contra a segurança de transporte marítimo. Modalidade culposa. Autoria e materialidade comprovadas. 1. Pela prova dos autos a conduta do réu revela a materialidade, a autoria e a culpabilidade pelo crime de atentado contra a segurança de transporte marítimo. 2. Manutenção da decisão que condenou o réu nas penas do art. 261, 3º, do Código Penal, pois houve culpa consciente. O capitão agiu com negligência e imperícia ao decidir levar o navio até o porto de desembarque e tentar evitar o resultado danoso, que foi o naufrágio/encalhe. 3. Improcedente a irresignação da defesa quanto aos critérios de fixação da pena. 4. Apelações improvidas" (TRF, 4ª Região, Ap. Crim. 199804010945043/RS, 1ª T., Rel. Amir Sarti, *DJ* 14-7-1999, p. 223).

(2) Forma qualificada pelo resultado: Vide art. 263 c.c. art. 258 do CP.

(3) Lei dos Juizados Especiais Criminais: Em face da pena máxima prevista (detenção, de 6 meses a 2 anos), a modalidade culposa (§ 2º) constitui crime de menor potencial ofensivo, sujeita às disposições da Lei n. 9.099/95. É cabível a suspensão condicional do processo (art. 89 da Lei n. 9.099/95).

Atentado contra a segurança de outro meio de transporte

Art. 262. Expor a perigo outro meio de transporte público, impedir-lhe ou dificultar-lhe o funcionamento:

Pena – detenção, de 1 (um) a 2 (dois) anos.

(1) Objeto jurídico: Tutela-se a incolumidade pública.

(2) Considerações gerais: Tal como no crime antecedente, pune-se a ação de expor a perigo o meio de transporte, impedir-lhe ou dificultar-lhe o funcionamento, com a diferença que as condutas aqui praticadas visam a qualquer outro meio de transporte público, por exemplo, ônibus, embarcações lacustres etc. Deve o transporte ser necessariamente coletivo, ainda que pertencente a particular. Qualquer pessoa pode praticar o delito em tela. Sujeito passivo é a coletividade em geral. O elemento subjetivo é o dolo, isto é, a vontade livre e consciente de expor a perigo o transporte coletivo, ou praticar qualquer ato tendente a impedir ou dificultar seu funcionamento. É sempre necessária a ciência do agente quanto à provocação do perigo comum. O crime se consuma com a prática dos atos que exponham efetivamente a perigo a coletividade. Trata-se, assim, de crime de perigo concreto. A tentativa é admissível.

(3) Forma qualificada pelo resultado: Prevê o art. 263: "Se de qualquer dos crimes previstos nos arts. 260 a 262, no caso de desastre ou sinistro, resulta lesão corporal ou morte, aplica-se o disposto no art. 258". Sobre o tema, *vide* comentários ao art. 258 do CP.

(4) Ação penal. Lei dos Juizados Especiais Criminais: Trata-se de crime de ação penal pública incondicionada. Constitui infração de menor potencial ofensivo, incidindo sobre ele os institutos e o procedimento da Lei n. 9.099/95.

(5) Legislação Penal Especial: (a) Poderá configurar-se o crime previsto no art. 15 da Lei de Segurança Nacional (Lei n. 7.170/83) se houver motivação política. (b) O ato de impedir ou dificultar o funcionamento de instalação nuclear ou o transporte de material nuclear configurará o delito com previsão no art. 27 da Lei n. 6.358/78, que dispõe sobre a responsabilidade civil por danos nucleares e a responsabilidade criminal por atos relacionados com atividades nucleares.

§ 1º Se do fato resulta desastre, a pena é de reclusão, de 2 (dois) a 5 (cinco) anos.

(1) Desastre: Essa modalidade está prevista no § 1º: "Se do fato resulta desastre, a pena é de reclusão, de dois a cinco anos". Trata-se de modalidade preterdolosa. O agente quer causar uma situação de perigo, no entanto acaba por provocar o resultado mais grave (desastre), o qual lhe é imputado a título de culpa.

(2) Consumação e tentativa: O crime se consuma com a ocorrência do desastre. A tentativa é inadmissível.

§ 2º No caso de culpa, se ocorre desastre:

Pena – detenção, de 3 (três) meses a 1 (um) ano.

(1) Forma culposa: Admite-se somente a modalidade culposa quando efetivamente ocorrer o desastre e não quando apenas houver o perigo de desastre.

(2) Lei dos Juizados Especiais Criminais: Trata-se de infração de menor potencial ofensivo, estando sujeita às disposições da Lei n. 9.099/95. É cabível o instituto da suspensão condicional do processo (art. 89 da Lei).

Forma qualificada

Art. 263. Se de qualquer dos crimes previstos nos arts. 260 a 262, no caso de desastre ou sinistro, resulta lesão corporal ou morte, aplica-se o disposto no art. 258.

Vide comentários ao art. 258 do CP.

Arremesso de projétil

Art. 264. Arremessar projétil contra veículo, em movimento, destinado ao transporte público por terra, por água ou pelo ar:

Pena – detenção, de 1 (um) a 6 (seis) meses.

Parágrafo único. Se do fato resulta lesão corporal, a pena é de detenção, de 6 (seis) meses a 2 (dois) anos; se resulta morte, a pena é a do art. 121, § 3º, aumentada de um terço.

(1) Objeto jurídico: Tutela-se a incolumidade pública.

(2) Ação nuclear: Pune-se a conduta de *arremessar* (lançar, atirar, de forma violenta) projétil. Este consiste no corpo contundente que, ao ser lançado, é apto a causar perigo de dano a pessoas ou coisas. É necessário que o projétil seja lançado contra veículo destinado a transporte público e que esteja em movimento, pois nessas circunstâncias o dano pode ser muito maior.

(3) Sujeito ativo: Qualquer pessoa pode praticá-lo.

(4) Sujeito passivo: É a coletividade em geral.

(5) Elemento subjetivo: É o dolo, consistente na vontade livre e consciente de arremessar projétil contra veículo, em movimento, ciente de que causa perigo à incolumidade pública.

(6) Consumação e tentativa: O crime se consuma com o arremesso do projétil, não sendo necessário que este atinja o veículo. Trata-se de crime de perigo abstrato, isto é, presumido. A tentativa é inadmissível, pois o crime é unissubsistente.

(7) Forma qualificada pelo resultado: Determina o parágrafo único: "Se do fato resulta lesão corporal, a pena é de detenção, de seis meses a dois anos; se resulta morte, a pena é a do art. 121, § 3º, aumentada de um terço". Trata-se de crime preterdoloso.

(8) Ação penal: Trata-se de crime de ação penal pública incondicionada. O *caput* (pena – detenção, de 1 a 6 meses) e a 1ª parte do parágrafo único (pena – detenção, de 6 meses a 2 anos) do art. 265 constituem infração de menor potencial ofensivo, estando sujeitos às disposições da Lei n. 9.099/95, sendo, inclusive, cabível o instituto da suspensão condicional do processo (art. 89 da Lei), em face da pena mínima prevista.

Estatuto do Desarmamento

Disparo de arma de fogo: Se o agente, mediante o emprego de arma de fogo, disparar projéteis contra veículo de transporte coletivo que se encontra em via pública, o fato poderá enquadrar-se no art. 15 da Lei n. 10.826/2003, cujo teor é o seguinte: "Disparar arma de fogo ou acionar munição em local habitado ou em suas adjacências, em via pública ou em direção a ela, desde que essa conduta não tenha como finalidade a prática de outro crime". Trata-se também de crime de perigo coletivo, cuja pena é mais grave: de 2 a 4 anos de reclusão e multa.

Atentado contra a segurança de serviço de utilidade pública

Art. 265. Atentar contra a segurança ou o funcionamento de serviço de água, luz, força ou calor, ou qualquer outro de utilidade pública:

Pena – reclusão, de 1 (um) a 5 (cinco) anos, e multa.

Parágrafo único. Aumentar-se-á a pena de um terço até a metade, se o dano ocorrer em virtude de subtração de material essencial ao funcionamento dos serviços. *(Acrescentado pela Lei n. 5.346/67)*

(1) Objeto jurídico: Tutela-se a incolumidade pública.

(2) Ação nuclear: A conduta consiste em *atentar* contra a segurança ou o funcionamento dos serviços públicos (serviço de água, luz, força ou calor, gás, limpeza). O agente, com sua conduta, coloca em risco a prestação do serviço público. Não é necessário que haja sua efetiva paralisação. Trata-se de crime de perigo abstrato, isto é, presumido. Se o agente empregar fogo ou explosivo, o crime será outro: arts. 250 ou 251 do Código Penal.

Ausência de perigo: TJSP: "A obstrução de entrada e saída de funcionários e veículos de empresa de ônibus por grevistas não constitui o crime deste art. 265, posto que tal conduta não criou qualquer perigo ao transporte coletivo" (TJSP, *RTJSP* 174/302). TJSC: "O comportamento dos acusados, que apenas desligaram os aparelhos retransmissores em determinado momento, importa em interrupção do serviço, figura não ajustada ao art. 265 do CP, que requer ato atentatório que resulte ao menos em perigo presumido" (TJSC, *RT* 697/332).

(3) Sujeito ativo: Trata-se de crime comum. Qualquer pessoa pode praticá-lo.

(4) Sujeito passivo: É a coletividade em geral.

(5) Elemento subjetivo: É o dolo, consubstanciado na vontade livre e consciente de atentar contra a segurança ou o funcionamento de serviço de água, luz, força ou calor, ou qualquer outro de utilidade pública. Por se tratar de crime de perigo comum, é necessário que o agente tenha ciência de que provoca essa situação de risco para a coletividade.

Interrupção de fornecimento por parte de empresa em virtude de inadimplência do órgão público: TRF da 1ª Região: "*Habeas corpus.* Trancamento de inquérito policial – Falta de justa causa. 1. A interrupção de fornecimento por parte da empresa, em decorrência da inadimplência do órgão público, se reprovável e merecedora de sanção na esfera administrativa, não se configura como crime. 2. Inexistindo dolo na conduta do agente, afasta-se a tipicidade dos arts. 265 e 345 do Código Penal. 3. *Habeas corpus* concedido" (TRF, 1ª Região, HC 8901111608/DF, 4ª T., Relª Eliana Calmon, *DJ* 12-2-1990).

Interrupção de fornecimento em virtude de incapacidade de executar tarefa: TFR: "Incapacidade do funcionário de executar a tarefa é ilícito administrativo e não o ilícito penal deste art. 265" (TFR, Ap. 3.892, *DJ* 7-11-1989, p. 8331).

Furto de fios telefônicos: "Ainda que interfira na normalidade das comunicações não configura o crime do art. 265 do CP, mas o do art. 155, se o agente não teve o objetivo de atentar contra o funcionamento do serviço" (TFR, *RTFR* 69/216).

(6) Consumação e tentativa: Dá-se a consumação com o atentado contra a segurança ou o funcionamento do serviço público. Não é necessário que haja a efetiva paralisação do serviço. Em tese, a tentativa é possível.

(7) Causa de aumento de pena: Está prevista no parágrafo único: "Aumentar-se-á a pena de um terço até a metade, se o dano ocorrer em virtude de subtração de material essencial ao funcionamento dos serviços". Cuida-se aqui do furto de peças, maquinários etc. essenciais ao funcionamento do serviço.

(8) Ação penal. Lei dos Juizados Especiais Criminais: Trata-se de crime de ação penal pública incondicionada. Somente é cabível a suspensão condicional do processo (art. 89 da Lei n. 9.099/95) na forma simples, em face da pena mínima prevista (reclusão, de 1 a 5 anos, e multa).

(9) Legislação penal especial: (a) Se a motivação for política, o crime poderá ser outro: art. 15 da Lei de Segurança Nacional (Lei n. 7.170/83). (b) Se o agente impedir ou dificultar o funcionamento de instalação nuclear ou o transporte de material nuclear, o fato poderá ser enquadrado no art. 27 da Lei n. 6.453/77.

Interrupção ou perturbação de serviço telegráfico, telefônico, informático, telemático ou de informação de utilidade pública

Art. 266. Interromper ou perturbar serviço telegráfico, radiotelegráfico ou telefônico, impedir ou dificultar-lhe o restabelecimento:

Pena – detenção, de 1 (um) a 3 (três) anos, e multa.

§ 1º Incorre na mesma pena quem interrompe serviço telemático ou de informação de utilidade pública, ou impede ou dificulta-lhe o restabelecimento. (*Parágrafo acrescentado pela Lei n. 12.737/2012*)

§ 2º Aplicam-se as penas em dobro, se o crime é cometido por ocasião de calamidade pública.

(1) Objeto jurídico: Protege-se o funcionamento dos serviços de telecomunicações, cuja interrupção ou perturbação pode causar perigo comum, embora nem sempre isso ocorra.

(2) Ação nuclear: Duas são as modalidades de condutas típicas: (a) *interromper* (paralisar, fazer cessar o serviço) ou *perturbar* (desorganizar, atrapalhar) serviço telegráfico, radiotelegráfico ou telefônico; ou (b) *impedir* (não permitir) ou *dificultar-lhe* (tornar difícil) o restabelecimento. O rol é taxativo, de forma que não podem ser abrangidos outros serviços que não os expressamente descritos no

tipo penal: serviço telegráfico, radiotelegráfico ou telefônico. Não se admite, portanto, a analogia. Contudo, os serviços telegráficos e radiotelegráficos do *caput* estão ultrapassados. Hoje, o deslocamento de dados e informações acontece praticamente em tempo real pela internet. Para atualizar o dispositivo e revigorar a tutela penal em questão, acrescentou-se o § 1º ao art. 266 do CP.

Pratica o crime do § 1º do art. 266 do CP quem interromper serviço telemático; ou serviço de informação de utilidade pública.

Se o serviço telemático ou de informação de utilidade pública já estiver interrompido, será também considerado crime a conduta de impedir ou dificultar o seu restabelecimento, como expresso na parte final do dispositivo. É imprescindível que da prática das ações típicas possa vir a causar perigo a todo o sistema de telecomunicação, pois se trata de crime de perigo comum. Caso haja o impedimento de comunicação ou conversação entre duas pessoas, o crime será outro (*vide* art. 151, § 1º, III, do CP).

(3) Sujeito ativo: Trata-se de crime comum. Qualquer pessoa pode praticá-lo.

(4) Sujeito passivo: É a coletividade em geral.

(5) Elemento subjetivo: É o dolo, consubstanciado na vontade livre e consciente de interromper ou perturbar serviço telegráfico, radiotelegráfico ou telefônico, impedir ou dificultar-lhe o restabelecimento, ciente de que pode vir a causar perigo comum.

Trote telefônico: TJRS: "Perturbação de serviço telefônico. O agente que liga para o número 190, a fim de passar um trote, ofendendo os policiais militares que lá trabalham, não comete o crime previsto no art. 266 do CP, que exige a presença do dolo específico, qual seja, a vontade livre e consciente de perturbar o serviço telefônico. Absolvição decretada" (TJRS, Ap. Crim. 70008081531, 4ª Câmara Criminal, Rel. Constantino Lisbôa de Azevedo, j. 6-5-2004).

(6) Consumação e tentativa: Consuma-se com a prática dos atos que interrompam, perturbem o serviço ou que impeçam ou dificultem seu restabelecimento. Cuida-se aqui mais uma vez de crime de perigo abstrato, isto é, presumido. A tentativa é admissível.

(7) Forma majorada: Prevista no § 2º: "Aplicam-se as penas em dobro, se o crime é cometido por ocasião de calamidade pública". É que a interrupção ou perturbação do serviço provocada pelo agente por ocasião de incêndio, inundação ou outra catástrofe acarreta maior perigo para a coletividade.

(8) Ação penal. Lei dos Juizados Especiais Criminais: Trata-se de crime de ação penal pública incondicionada. É cabível a suspensão condicional do processo (art. 89 da Lei n. 9.099/95) na forma simples, em face da pena mínima prevista (reclusão, de 1 a 3 anos, e multa).

(9) Roubo e interrupção do serviço telefônico: TJPR: "Ação de Revisão Criminal – Roubo majorado pelo emprego de arma e concurso de pessoas combinado com interrupção de serviço telefônico. Unidade de fato – Princípio da consunção – Pleito parcialmente procedente. O crime de interrupção de serviço telefônico, com o delimitado propósito de reduzir à impossibilidade de resistência da vítima, para a prática do delito de roubo, deve ser por este absorvido, em homenagem ao princípio da consunção. Não obstante a incursão do agente em mais de uma figura típica, é patente a unidade de vontade nas condutas perpetradas, e o afastamento da condenação quanto ao delito do art. 266 do Código Penal, é medida de rigor. Revisão parcialmente procedente, com extensão dos efeitos aos corréus, nos termos do art. 580 do Código de Processo Penal" (TJPR, RvCrim 0326750-1, 5ª Câmara Criminal em composição integral, Rel. Jorge Wagih Massad, j. 11-5-2006).

(10) Legislação penal especial: (a) Caso na interrupção ou perturbação do serviço haja motivação política, o crime poderá ser outro (art. 15 da Lei de Segurança Nacional); (b) Na hipótese de interceptação telefônica, *vide* art. 10 da Lei n. 9.296/96. TJSP: "Ação penal – Justa causa – Inexistência – Crime contra a incolumidade pública na modalidade de interrupção ou perturbação de serviço telefônico descaracterizado – Acusado que intercepta comunicação telefônica entre duas pessoas – Conduta que não se enquadra no tipo do art. 266 do CP, que pressupõe ação contra o sistema de telecomunicações – Trancamento do feito determinado" (TACrimSP, *RT* 635/370). (c) No caso de correspondência postal, *vide* art. 40, § 1º, da Lei n. 6.538/78.

CAPÍTULO III
DOS CRIMES CONTRA A SAÚDE PÚBLICA

Epidemia

Art. 267. Causar epidemia, mediante a propagação de germes patogênicos:

Pena – reclusão, de 10 (dez) a 15 (quinze) anos. *(Redação dada pela Lei n. 8.072/90)*

(1) Fundamento constitucional: De acordo com o art. 196 da CF: "A saúde é direito de todos e dever do Estado, garantindo mediante políticas sociais e econômicas que visem à redução do risco de doença e de outros agravos e ao acesso universal e igualitário às ações e serviços para sua promoção, proteção e recuperação". E, de acordo com o art. 200: "Ao sistema único de saúde compete, além de outras atribuições, nos termos da lei: (...) II – executar as ações de vigilância sanitária e epidemiológica, bem como as de saúde do trabalhador".

(2) Objeto jurídico: Tutela-se a saúde pública, isto é, a proteção das condições saudáveis de subsistência de toda a coletividade.

(3) Ação nuclear: Pune-se a causação (provocação) de epidemia mediante o ato de propagar (difundir) germes patogênicos, os quais são capazes de produzir doenças infecciosas. Conceitua-se epidemia como "o surto de doença infecciosa que atinge grande número de pessoas na mesma cidade, localidade ou região" (E. Magalhães Noronha, *Direito penal*, cit., v. 4, p. 5). Temos, assim, a epidemia de febre amarela, difteria etc. Trata-se de crime de ação livre, o qual pode ser praticado mediante ação ou omissão. Trata-se também de crime de perigo concreto.

(4) Sujeito ativo: Qualquer pessoa, inclusive o portador da doença infecciosa.

(5) Sujeito passivo: É a coletividade, bem como as pessoas que forem infectadas.

(6) Elemento subjetivo: É o dolo, consubstanciado na vontade livre de propagar os germes patogênicos de forma a causar epidemia. Se a intenção do agente for a de contaminar pessoa determinada, *vide* art. 131 do CP (perigo de contágio de moléstia grave).

(7) Consumação e tentativa: Consuma-se quando várias pessoas são infectadas pelo germe patogênico, o que demonstra a difusão da moléstia e, portanto, a epidemia. A tentativa é admissível.

(8) Ação penal: Trata-se de crime de ação penal pública incondicionada.

§ 1º Se do fato resulta morte, a pena é aplicada em dobro.

(1) Forma qualificada pelo resultado: Trata-se de crime preterdoloso. Há dolo no crime antecedente (epidemia) e culpa no crime consequente (morte). Basta a morte de uma única pessoa para que o crime se qualifique.

(2) Crime hediondo: O art. 1º, VII, da Lei n. 8.072/90 considera hediondo o crime de epidemia com resultado morte, estando, portanto, sujeito às disposições mais gravosas da referida Lei.

§ 2º No caso de culpa, a pena é de detenção, de 1 (um) a 2 (dois) anos, ou, se resulta morte, de 2 (dois) a 4 (quatro) anos.

(1) Forma culposa: Nessa modalidade, o agente, por inobservância das regras objetivas de cuidado, propaga os germes patogênicos, de forma a provocar a epidemia. Caso resulte morte, a pena será de 2 a 4 anos.

(2) Lei dos Juizados Especiais Criminais: Em face da pena máxima prevista (detenção, de 1 a 2 anos), a modalidade culposa (§ 2º, 1ª parte) constitui infração de menor potencial ofensivo, estando sujeita às disposições da Lei n. 9.099/95, sendo, inclusive, cabível a suspensão condicional do processo (art. 89 da Lei), em face da pena mínima prevista.

Infração de medida sanitária preventiva

Art. 268. Infringir determinação do poder público, destinada a impedir introdução ou propagação de doença contagiosa:

Pena – detenção, de 1 (um) mês a 1 (um) ano, e multa.

Parágrafo único. A pena é aumentada de um terço, se o agente é funcionário da saúde pública ou exerce a profissão de médico, farmacêutico, dentista ou enfermeiro.

(1) Objeto jurídico: Tutela-se a saúde pública. Trata-se de crime contra a incolumidade pública, isto é, que atinge um número indeterminado de pessoas.

(2) Ação nuclear: Nessa figura típica, pune-se a ação de *infringir* (violar, transgredir) determinação do Poder Público destinada a impedir a introdução ou propagação de doença contagiosa. Trata-se de norma penal em branco, pois seu complemento se encontra em determinação do Poder Público (lei, decreto, portaria, regulamento), destinada a evitar os surtos epidêmicos. É crime de perigo abstrato ou presumido.

Bancos de sangue e Lei n. 7.649, de 25 de janeiro de 1998: De acordo com o art. 1º: "Os bancos de sangue, os serviços de hemoterapia e outras entidades afins ficam obrigados a proceder ao cadastramento dos doadores e a realizar provas de laboratório, visando a prevenir a propagação de doenças transmissíveis através do sangue ou de suas frações". E, consoante o art. 3º: "As provas de laboratório referidas no art. 1º desta Lei incluirão, obrigatoriamente, aquelas destinadas a detectar as seguintes infecções: Hepatite B, Sífilis, Doença de Chagas, Malária e Síndrome de Imunodeficiência Adquirida (AIDS). Parágrafo único: O Ministério da Saúde, através de portarias, determinará a inclusão de testes laboratoriais para outras doenças transmissíveis, sempre que houver necessidade de proteger a saúde das pessoas e os testes forem disponíveis". Finalmente, "A inobservância das normas desta Lei configurará o delito previsto no art. 268 do Código Penal" (art. 9º).

(3) Sujeito ativo: Qualquer pessoa pode praticar esse crime.

(4) Sujeito passivo: É a coletividade, bem como as pessoas que vierem a ser atingidas pela doença contagiosa.

(5) Elemento subjetivo: É o dolo, consistente na vontade livre e consciente de infringir determinação do Poder Público, destinada a impedir a introdução ou propagação de doença contagiosa. Não há previsão da modalidade culposa.

(6) Consumação e tentativa: Dá-se com a mera infração da determinação do Poder Público, não sendo necessário que ocorra a propagação da doença contagiosa. A tentativa, em tese, é admissível.

(7) Causa de aumento de pena: Prevista no parágrafo único do artigo: "A pena é aumentada de um terço, se o agente é funcionário da saúde pública ou exerce a profissão de médico, farmacêutico, dentista ou enfermeiro".

(8) Forma qualificada pelo resultado: Vide art. 285 c.c. art. 258 do CP.

(9) Ação penal. Lei dos Juizados Especiais Criminais: Trata-se de crime de ação penal pública incondicionada. A forma simples do crime (*caput*), ainda que incida a causa de aumento de pena (parágrafo único), constitui infração de menor potencial ofensivo, estando sujeita às disposições da Lei n. 9.099/95. É cabível a suspensão condicional do processo (art. 89 da lei), em face da pena mínima prevista.

Omissão de notificação de doença

Art. 269. Deixar o médico de denunciar à autoridade pública doença cuja notificação é compulsória:

Pena – detenção, de 6 (seis) meses a 2 (dois) anos, e multa.

(1) Objeto jurídico: Tutela-se a saúde pública.

(2) Ação nuclear: Estamos diante de um crime omissivo próprio. Pune-se o médico que *deixa de denunciar* (não comunica), à autoridade pública competente (autoridade sanitária, geralmente), doença cuja notificação é compulsória (cólera, febre amarela, varíola, difteria etc.). Trata-se de crime de perigo abstrato ou presumido.

Norma penal em branco: Trata-se de norma penal em branco, pois incumbe à lei ou ato administrativo complementá-la. Por exemplo: Portaria n. 1.100/96 do Ministério de Estado da Saúde: "Art. 1º Para os efeitos da disposição da Lei n. 6.259, de 30 de outubro de 1975, e de sua regulamentação, constituem objeto de notificação compulsória as doenças a seguir relacionadas: I – Em todo o território nacional: cólera, coqueluche, dengue, difteria, doença meningocócica e outras meningites, doença de Chagas (casos agudos), febre amarela, febre tifoide, hanseníase, leishmaniose tegumentar e visceral, oncocercose, peste, poliomielite, raiva humana, rubéola e síndrome de rubéola congênita, sarampo, sífilis congênita, síndrome de imunodeficiência adquirida (AIDS), tétano, tuberculose, varíola. II – Em áreas específicas: esquistossomose (exceto nos Estados do Maranhão, Piauí, Ceará, Rio Grande do Norte, Paraíba, Alagoas, Pernambuco e Sergipe), filariose (exceto em Belém e Recife) e malária (exceto na região da Amazônia legal). Art. 2º Outras doenças poderão ser consideradas de notificação compulsória, no âmbito da unidade federada que assim as considerem, mediante prévia justificativa, submetidas ao Ministério da Saúde".

(3) Sujeito ativo: Trata-se de crime próprio, pois somente o médico pode ser autor desse delito.

(4) Sujeito passivo: É a coletividade.

(5) Elemento subjetivo: É o dolo, consistente na vontade livre e consciente de não denunciar à autoridade pública doença cuja notificação é compulsória.

(6) Consumação e tentativa: O crime se consuma no instante em que se esgota o prazo regulamentar ou, na sua ausência, com a prática de ato incompatível com a obrigação de denunciar. A tentativa é inadmissível.

(7) Forma qualificada pelo resultado: Vide art. 285 c.c. art. 258 do CP.

(8) Ação penal. Lei dos Juizados Especiais Criminais: Trata-se de crime de ação penal pública incondicionada. Em face da pena máxima prevista (detenção, de 6 meses a 2 anos, e multa), a modalidade simples (*caput*) constitui infração de menor potencial ofensivo, sujeita às disposições da Lei n. 9.099/95. É cabível a suspensão condicional do processo (art. 89 da Lei).

(9) Segredo profissional: É vedado ao médico, conforme art. 73 do Código de Ética Médica (Resolução n. 1.931/2009), "Revelar fato de que tenha conhecimento em virtude do exercício de sua profissão, salvo por motivo justo, dever legal ou consentimento, por escrito, do paciente. Parágrafo único. Permanece essa proibição: a) mesmo que o fato seja de conhecimento público ou o paciente tenha falecido; b) quando de seu depoimento como testemunha. Nessa hipótese, o médico comparecerá perante a autoridade e declarará seu impedimento; c) na investigação de suspeita de crime, o médico estará impedido de revelar segredo que possa expor o paciente a processo penal". Quando a norma legal impuser a revelação do segredo (comunicação à autoridade, pelo médico, da ocorrência de moléstia contagiosa), tal conduta não configurará o crime do art. 154 do CP (violação de segredo profissional), uma vez que age com justa causa, o que exclui o fato típico.

Envenenamento de água potável ou de substância alimentícia ou medicinal

Art. 270. Envenenar água potável, de uso comum ou particular, ou substância alimentícia ou medicinal destinada a consumo:

Pena – reclusão, de 10 (dez) a 15 (quinze) anos. *(Redação dada pela Lei n. 8.072/90)*

(1) Documentos Internacionais: 1. Declaração Universal dos Direitos da Água: publicada na Conferência Internacional sobre Água e o Meio Ambiente, celebrada em Dublin, em 22-3-1992; 2.

Declaração de Estocolmo: foi um dos primeiros documentos a reconhecer como direito fundamental à vida em um meio ambiente de qualidade e a obrigação de preservar os recursos naturais, incluindo expressamente a água para as gerações presentes e futuras; 3. Convenção Sobre os Direitos da Criança (1989): estabelece, em seu art. 24, 2, *c*, que "os Estados reconhecem à criança o direito a gozar do melhor estado de saúde possível e a se beneficiar de serviços médicos e de reeducação", sendo que uma das medidas a ser adotada é "combater as doenças e a desnutrição, dentro do contexto dos cuidados básicos de saúde mediante, *inter alia*, a aplicação de tecnologia disponível e o fornecimento de alimentos nutritivos e de água potável, tendo em vista os perigos e riscos da poluição ambiental"; 4. Protocolo I Adicional à Convenção de Genebra, de 12-8-1949: protege as vítimas dos conflitos armados internacionais, estabelecendo em seu art. 54, 2, que "é proibido atacar, destruir, remover ou inutilizar os bens indispensáveis a sobrevivência da população civil, tais como instalações e reservas de água potável e obras de irrigação". 5. Convenção sobre a Eliminação de Todas as Formas de Discriminação contra a Mulher: prevê no art. 14, n. l, *h*, o direito das mulheres de "gozar de condições de vida adequadas, particularmente no que diz respeito à habitação, saneamento, fornecimento de eletricidade e abastecimento de água, transportes e comunicações". 6. Regras Mínimas para o Tratamento dos Reclusos, adotada pelo Primeiro Congresso das Nações Unidas sobre Prevenção do Crime e o Tratamento dos Delinquentes: de acordo com o art. 20 "todo preso deverá ter a possibilidade de dispor de água potável quando dela necessitar". 7. Declaração Universal dos Direitos Humanos; 8. Pacto Internacional sobre Direitos Econômicos, Sociais e Culturais; e 9. Pacto Internacional de Direitos Civis e Políticos: embora tais tratados não façam qualquer menção sobre a água potável em suas redações, o direito à água está previsto de forma implícita em vários dos direitos protegidos por esses instrumentos, tais como o direito à vida, saúde, bem-estar humano, proteção contra doenças, acesso a uma alimentação adequada, entre outros.

(2) Objeto jurídico: Tutela-se a saúde pública.

(3) Ação nuclear: Consubstancia-se no verbo *envenenar* (lançar veneno): (a) água potável, de uso comum ou particular: é aquela destinada a consumo. Se imprópria para esse fim, por conter, por exemplo, substâncias químicas, não é considerada potável. Pode ser destinada ao uso comum ou particular. Por se tratar de crime de perigo comum, deve o envenenamento ocorrer em água, ainda que particular, destinada ao uso de pessoas indeterminadas, pois, se determinadas, o crime poderá ser outro: homicídio tentado ou consumado qualificado pelo emprego de veneno; ou (b) substância alimentícia destinada a consumo (sólida ou líquida); ou (c) substância medicinal destinada a consumo (comprimidos, xaropes etc.)

(4) Sujeito ativo: Qualquer pessoa pode praticar o delito em estudo.

(5) Sujeito passivo: É a coletividade.

(6) Elemento subjetivo: É o dolo, consistente na vontade livre e consciente de envenenar a água potável ou a substância alimentar ou medicinal. Com o envenenamento o agente quer, na realidade, apenas criar uma situação de perigo, e não o evento letal.

(7) Consumação e tentativa: Trata-se de crime de perigo abstrato ou presumido. Consuma-se com o envenenamento da água potável ou da substância alimentícia ou medicinal. Não é necessário que pessoas venham efetivamente a tomar a água ou consumir as substâncias envenenadas. A tentativa é admissível.

(8) Crime impossível: O veneno empregado deve ser idôneo a provocar malefícios à saúde das pessoas; do contrário, se o meio empregado for absolutamente inidôneo, poderá haver crime impossível.

(9) Forma qualificada pelo resultado: Prevista no art. 285: "Aplica-se o disposto no art. 258 aos crimes previstos neste Capítulo, salvo quanto ao definido no art. 267". Trata-se do crime de envenenamento de água potável ou de substância alimentícia ou medicinal com resultado morte. O art. 270 c.c. o art. 285 do CP, antes das alterações promovidas pela Lei n. 8.930/94 ao art. 10 da Lei n. 8.072/90,

constava do elenco original dos crimes hediondos. Com o advento da Lei n. 8.930/94, foi excluído desse rol legal. Essa inovação, por ser medida mais benéfica, retroage a todos os casos anteriores.

(10) Ação penal: Trata-se de crime de ação penal pública incondicionada.

Genocídio (Lei n. 2.889/56)

(1) Genocídio: Art. 1º "Quem, com a intenção de destruir, no todo ou em parte, grupo nacional, étnico, racial ou religioso, como tal: (...) c) submeter intencionalmente o grupo a condições de existência capazes de ocasionar-lhe a destruição física total ou parcial. Será punido com as penas do art. 270 [do Código Penal], no caso da letra *c*". Sobre genocídio, *vide* comentários ao art. 121 do CP.

(2) Crime hediondo: De acordo com o parágrafo único do art. 10 da Lei n. 8.072/90, o crime de genocídio (arts. 1º, 2º e 3º da Lei n. 2.889/56) é considerado hediondo.

> § 1º Está sujeito à mesma pena quem entrega a consumo ou tem em depósito, para o fim de ser distribuída, a água ou a substância envenenada.

(1) Forma equiparada: Duas são as condutas típicas: (a) entregar a consumo e (b) ter em depósito para o fim de ser distribuída (elemento subjetivo do tipo), a água ou substância envenenada. Se aquele que realizou o envenenamento também praticar essas ações posteriores, responderá apenas pelo *caput* do artigo, pois se trata de hipótese de crime progressivo. O crime é de perigo abstrato. Consuma-se tão só com a entrega a consumo ou com o depósito, constituindo este último delito permanente. É necessário que o agente tenha ciência de que a água ou substância se encontram envenenadas.

Modalidade culposa

§ 2º Se o crime é culposo:

Pena – detenção, de 6 (seis) meses a 2 (dois) anos.

(1) Forma culposa: Nessa hipótese, o envenenamento ocorre em virtude da quebra do dever objetivo de cuidado.

(2) Forma qualificada pelo resultado: Vide arts. 285 e 258 do CP.

(3) Lei dos Juizados Especiais Criminais: Em virtude da pena máxima cominada (detenção, de 6 meses a 2 anos), a modalidade culposa constitui infração de menor potencial ofensivo, sujeita às disposições da Lei n. 9.099/95. Em face da pena mínima prevista, é cabível a suspensão condicional do processo (art. 89 da Lei).

Corrupção ou poluição de água potável

Art. 271. Corromper ou poluir água potável, de uso comum ou particular, tornando-a imprópria para consumo ou nociva à saúde:

Pena – reclusão, de 2 (dois) a 5 (cinco) anos.

Modalidade culposa

Parágrafo único. Se o crime é culposo:

Pena – detenção, de 2 (dois) meses a 1 (um) ano.

(1) Documentos internacionais: Vide art. 270 do CP.
(2) Objeto jurídico: Tutela-se a saúde pública.
(3) Ação nuclear: Pune-se aquele que corrompe (estraga, desnatura) ou polui (conspurca,

suja) água potável (destinada ao consumo), de uso comum ou particular, de forma a torná-la imprópria para o consumo, isto é, não potável, ou nociva à saúde. Se a água já estiver corrompida ou poluída não há a tipificação do crime em tela.

(4) Sujeito ativo: Qualquer pessoa pode praticar o delito em estudo.

(5) Sujeito passivo: É a coletividade.

(6) Elemento subjetivo: É o dolo, consubstanciado na vontade livre e consciente de corromper ou poluir água potável, ciente de que causa perigo para um número indeterminado de indivíduos.

(7) Consumação e tentativa: O crime se consuma com a efetiva corrupção ou poluição da água, de forma a torná-la imprópria ao consumo ou nociva à saúde, independentemente da ocorrência de danos às pessoas. Trata-se de crime de perigo abstrato ou presumido. A tentativa é, em tese, admissível.

(8) Forma culposa: Prevista no parágrafo único: "Se o crime é culposo: Pena – detenção, de dois meses a um ano".

(9) Forma qualificada pelo resultado: Vide arts. 285 e 258 do CP.

(10) Ação penal. Lei dos Juizados Especiais Criminais: Trata-se de crime de ação penal pública incondicionada. Em virtude da pena máxima cominada (detenção, de 2 meses a 1 ano), a modalidade culposa constitui infração de menor potencial ofensivo, estando sujeita às disposições da Lei n. 9.099/95. Em face da pena mínima prevista, é cabível a suspensão condicional do processo (art. 89 da Lei).

Lei dos Crimes Ambientais

(1) Poluição hídrica: De acordo com o art. 54: "Causar poluição de qualquer natureza em níveis tais que resultem ou possam resultar em danos à saúde humana ou que provoquem a mortandade de animais ou a destruição significativa da flora: Pena – reclusão, de um a quatro anos, e multa. § 1º Se o crime é culposo: Pena – detenção, de seis meses a um ano, e multa. § 2º Se o crime: (...) III – causar poluição hídrica que torne necessária a interrupção do abastecimento público de água de uma comunidade; (...) Pena – reclusão, de um a cinco anos. § 3º Incorre nas mesmas penas previstas no parágrafo anterior quem deixar de adotar, quando assim o exigir a autoridade competente, medidas de precaução em caso de risco de dano ambiental grave ou irreversível".

(2) Poluição hídrica. Ausência de perigo ou dano à saúde humana, à fauna ou à flora: STJ: "Criminal. RHC. Crime ambiental. Poluição hídrica. Trancamento da ação penal. Falta de justa causa. Atipicidade da conduta. Ausência de perigo ou dano à saúde humana, à fauna ou à flora. Elemento essencial ao tipo. Constrangimento ilegal evidenciado. Recurso provido. Só é punível a emissão de poluentes efetivamente perigosa ou danosa para a saúde humana, ou que provoque a matança de animais ou a destruição significativa da flora, não se adequando ao tipo penal a conduta de poluir, em níveis incapazes de gerar prejuízos aos bens juridicamente tutelados, como no presente caso. Não resta configurada a poluição hídrica, pois, mesmo que o rompimento do talude da lagoa de decantação tenha gerado a poluição dos córregos referidos na denúncia, não se pode ter como ilícita a conduta praticada, pois o ato não foi capaz de gerar efetivo perigo ou dano para a saúde humana, ou provocar a matança de animais ou a destruição significativa da flora, elementos essenciais ao tipo penal. Deve ser cassado o acórdão recorrido, determinando-se o trancamento da ação penal instaurada em desfavor dos pacientes. Recurso provido, nos termos do voto do Relator" (STJ, RHC 17429/GO, 5ª T., Rel. Min. Gilson Dipp, j. 28-6-2005, *DJ* 1º-8-2005, p. 476).

Falsificação, corrupção, adulteração ou alteração de substância ou produtos alimentícios

Art. 272. Corromper, adulterar, falsificar ou alterar substância ou produto alimentício destinado a consumo, tornando-o nocivo à saúde ou reduzindo-lhe o valor nutritivo:

Pena – reclusão, de 4 (quatro) a 8 (oito) anos, e multa. *(Caput com redação dada pela Lei n. 9.677/98)*

(1) Objeto jurídico: Tutela-se a saúde pública.

(2) Ação nuclear: Pune-se a ação de corromper (desnaturar, alterar a essência), adulterar (modificar para pior), falsificar (contrafazer) ou alterar (transformar, modificar), substância ou produto alimentício destinado a consumo (objeto material), no caso, de pessoas indeterminadas, pois se trata de crime de perigo comum. Deve a ação criminosa torná-los nocivos à saúde ou reduzir-lhes o valor nutritivo, do contrário, não há crime.

(3) Sujeito ativo: Qualquer pessoa; não é necessário que seja comerciante.

(4) Sujeito passivo: É a coletividade.

(5) Elemento subjetivo: É o dolo, consubstanciado na vontade livre e consciente de corromper, adulterar, falsificar ou alterar substância ou produto alimentício destinado a consumo, tornando-o nocivo à saúde ou reduzindo-lhe o valor nutritivo.

(6) Consumação e tentativa: Dá-se a consumação com a criação da situação de perigo comum, isto é, quando o agente, ao corromper, adulterar, falsificar ou alterar substância ou produto alimentício destinado a consumo de um número indeterminado de pessoas, torne-a nociva à saúde ou lhe reduza o valor nutritivo. Não é necessário que a substância ou produto chegue a ser comercializado ou consumido. A tentativa é possível. STJ: "Conflito positivo de competência. Processual Penal. Falsificação de medicamentos. Venda. Universidade Federal. Condutas apuradas – crimes contra a saúde pública – que se encontram tipificadas no art. 272 do CP na redação anterior à Lei n. 9.677/98, as quais se consumam no momento em que a substância se torna nociva à saúde. Ou seja, já no momento da fabricação e comercialização a competência se encontrava definida. A circunstância de que uma, dentre as várias partidas de medicamentos, foi vendida para uma Universidade Federal não tem o condão, por si só, de atrair a competência da Justiça Federal para o caso. Conflito conhecido e declarado competente o Juízo de Direito da 4ª Vara Criminal de São Paulo" (STJ, CC 29480/SP, 3ª Seção, Rel. Min. Felix Fischer, j. 13-12-2001, *DJ* 18-2-2002, p. 230). STJ: "Conflito negativo de competência. Processual Penal. Falsificação de medicamentos. Condutas apuradas – Crimes contra a saúde pública – que se encontram tipificadas no art. 272 do CP, na redação anterior à Lei n. 9.677/98, as quais se consumam no momento em que a substância se torna nociva à saúde. Ou seja, já no momento da fabricação e comercialização a competência se encontrava definida. Conflito conhecido e declarado competente o Juízo de Direito da 4ª Vara Criminal de São Paulo (Juízo Suscitante)" (STJ, CC 34540/SP, 3ª Seção, Rel. Min. Felix Fischer, j. 26-6-2002, *DJ* 23-9-2003, p. 221).

(7) Forma qualificada pelo resultado: Vide arts. 285 e 258 do CP.

(8) Ação penal: Trata-se de crime de ação penal pública incondicionada.

§ 1º-A. Incorre nas penas deste artigo quem fabrica, vende, expõe à venda, importa, tem em depósito para vender ou, de qualquer forma, distribui ou entrega a consumo a substância alimentícia ou o produto falsificado, corrompido ou adulterado. *(Acrescentado pela Lei n. 9.677/98)*

(1) Forma equiparada: Foi acrescentada ao art. 272 pela Lei n. 9.677/98. Somente poderá ser responsabilizado por esse crime aquele que não praticou qualquer das ações previstas no *caput* do artigo, pois, caso tenha corrompido, adulterado, falsificado ou alterado o produto ou substância alimentícia e depois praticado uma das ações previstas nesse parágrafo, haverá a chamada progressão criminosa, devendo o agente responder pelo *caput* do artigo. As condutas *expor à venda* e *ter em depósito para venda* constituem delito permanente.

(2) Crime único: Trata-se de crime de ação múltipla, de forma que, se o sujeito importa e tem em depósito a substância ou produto alimentício, o crime é único.

(3) Forma qualificada pelo resultado e ação penal: Vide comentários ao *caput* do artigo.

§ 1º Está sujeito às mesmas penas quem pratica as ações previstas neste artigo em relação a bebidas, com ou sem teor alcoólico. *(Redação dada pela Lei n. 9.677/98)*

(1) Forma equiparada: Consta do § 1º, com a redação determinada pela Lei n. 9.677/98: "Está sujeito às mesmas penas quem pratica as ações previstas neste artigo em relação a bebidas, com ou sem teor alcoólico".

(2) Competência. Falsificação de bebidas e falsificação de selos (CP, art. 293): STJ: "Penal. Conflito de competência. Crimes de falsificação de bebidas e de sonegação de tributo federal. Conexão. Arquivamento quanto ao delito de competência da Justiça Federal. Competência da Justiça Estadual para o crime remanescente. Em se tratando de crimes conexos, um de competência originária da Justiça Federal e outro da Justiça Estadual, arquivado o delito de competência da Justiça Federal, deve ser reconhecida a competência da Justiça Estadual para apurar o delito remanescente. Conflito conhecido. Competência da Justiça Estadual para apurar o crime de falsificação de bebidas" (STJ, CC 32758/SP, 3ª Seção, Rel. Min. Vicente Legal, j. 18-2-2002, *DJ* 18-3-2002, p. 172). STJ: "Penal. Conflito de competência. Crimes de falsificação de bebidas e de selo do IPI. Competência da Justiça Estadual. Inocorrência de prejuízos a bens e interesses da União. Nos termos do art. 109, IV, da CF, somente se afirma a competência da Justiça Federal, quando o crime afeta diretamente bens, serviços ou interesses da União ou suas autarquias ou empresas públicas. Na hipótese, embora usando falsos selos do IPI, não tinham os agentes a intenção de fraudar o fisco, mas apenas comercializar bebidas alcoólicas falsificadas, sendo os referidos selos meio de assemelhar a embalagem à original e induzir o consumidor em erro, não constitui crime de competência da Justiça Federal. Conflito conhecido. Competência da Justiça Estadual" (STJ, CC 32253/SP, 3ª Seção, Rel. Min. Vicente Leal, j. 10-4-2002, *DJ* 1º-7-2002, p. 209). STJ: "Conflito de competência. Falsificação de uísque e de selos de IPI. Inexistência de prejuízo a bens ou interesses da União ou de fato gerador de IPI. Competência da Justiça Estadual. Não demonstrado eventual prejuízo em detrimento de bens ou interesses da união, e inexistindo fato gerador de IPI capaz de caracterizar delito de natureza fiscal, evidencia-se somente a produção falsa de bebida estrangeira para a posterior comercialização, eis que a contrafação de selos do IPI constitui-se em simples meio para enganar o consumidor. Conflito conhecido para declarar a competência do Juízo de Direito da 1ª Vara Criminal Regional de Santana/SP, o Suscitado" (STJ, CC 16815/SP, 3ª Seção, Rel. Min. Gilson Dipp, j. 16-12-1998, *DJ* 17-2-1999, p. 112).

(3) Forma qualificada pelo resultado e ação penal: Vide comentários ao *caput* do artigo.

Modalidade culposa

§ 2º Se o crime é culposo:

Pena – detenção, de 1 (um) a 2 (dois) anos, e multa. *(Redação dada pela Lei n. 9.677/98)*

(1) Forma culposa: Conforme a doutrina, a modalidade culposa não abrange as condutas *falsificar*, prevista no *caput*, e *fabricar*, prevista no § 1º-A, do art. 272.

(2) Forma qualificada pelo resultado: Vide arts. 285 e 258 do CP.

(3) Ação penal. Lei dos Juizados Especiais Criminais: Trata-se de crime de ação penal pública incondicionada. Em virtude da pena máxima cominada (detenção, de 1 mês a 2 anos), a modalidade culposa constitui infração de menor potencial ofensivo, estando sujeita às disposições da Lei n. 9.099/95. Em face da pena mínima prevista, é cabível a suspensão condicional do processo (art. 89 da lei).

Falsificação, corrupção, adulteração ou alteração de produto destinado a fins terapêuticos ou medicinais

Art. 273. Falsificar, corromper, adulterar ou alterar produto destinado a fins terapêuticos ou medicinais:

Pena – reclusão, de 10 (dez) a 15 (quinze) anos, e multa. *(Redação dada pela Lei n. 9.677/98)*

(1) Crime hediondo: A Lei n. 9.695, de 20-8-1998, incluiu o delito do art. 273, *caput* e §§ 1º, 1º-A e 1º-B, no rol dos crimes hediondos (cf. art. 1º, VII-B, da Lei n. 8.072/90).

(2) Objeto jurídico: Tutela-se a saúde pública.

(3) Ação nuclear: Estamos diante de um crime de ação múltipla. As ações nucleares são as mesmas previstas no delito antecedente (CP, art. 272), quais sejam: *falsificar, corromper, adulterar* ou *alterar*. Difere, no entanto, quanto ao objeto material: *produto destinado a fins terapêuticos ou medicinais*, isto é, aquele destinado à prevenção, melhora ou cura de doenças.

(4) Sujeito ativo: Qualquer pessoa pode praticar o delito em estudo.

(5) Sujeito passivo: É a coletividade.

(6) Elemento subjetivo: É o dolo, consubstanciado na vontade livre e consciente de corromper, adulterar, falsificar ou alterar produto destinado a fins terapêuticos ou medicinais.

(7) Consumação e tentativa: Consuma-se com o ato de corromper, adulterar, falsificar ou alterar produto destinado a fins terapêuticos ou medicinais. Presume-se o perigo à coletividade com a alteração do produto para fins medicinais ou terapêuticos. Trata-se, portanto, de crime de perigo abstrato. Não é necessário que o produto chegue a ser comercializado ou consumido. A tentativa é admissível.

(8) Princípio da ofensividade e crimes de perigo abstrato: Sobre a constitucionalidade dos crimes de perigo abstrato, *vide* comentários ao art. 1º do CP.

(9) Forma qualificada pelo resultado: Vide arts. 285 e 258 do CP.

(10) Ação penal: Trata-se de crime de ação penal pública incondicionada.

§ 1º Nas mesmas penas incorre quem importa, vende, expõe à venda, tem em depósito para vender ou, de qualquer forma, distribui ou entrega a consumo o produto falsificado, corrompido, adulterado ou alterado. *(Redação dada pela Lei n. 9.677/98)*

(1) Crime hediondo: A Lei n. 9.695, de 20-8-98, incluiu o delito do art. 273, *caput* e §§ 1º, 1º-A e 1º-B, no rol dos crimes hediondos (cf. art. 1º, VII-B, da Lei n. 8.072/90).

(2) Forma equiparada: Aplicam-se aqui os comentários feitos ao crime antecedente (CP, art. 272).

(3) Forma qualificada pelo resultado: Vide arts. 285 e 258 do CP.

(4) Ação penal: Trata-se de crime de ação penal pública incondicionada.

§ 1º-A. Incluem-se entre os produtos a que se refere este artigo os medicamentos, as matérias-primas, os insumos farmacêuticos, os cosméticos, os saneantes e os de uso em diagnóstico. *(Parágrafo acrescentado pela Lei n. 9.677/98)*

(1) Crime hediondo: A Lei n. 9.695, de 20-8-1998, incluiu o delito do art. 273, *caput* e §§ 1º, 1º-A e 1º-B, no rol dos crimes hediondos (cf. art. 1º, VII-B, da Lei n. 8.072/90).

(2) Outros produtos: O § 1º inclui outros produtos dentre aqueles a que se refere o art. 273 do CP. Critica-se a inclusão dos cosméticos (destinados ao embelezamento) e os saneantes (destinados à higienização e à desinfecção ambiental), argumentando-se que a mesma fere o princípio da proporcionalidade. *Nesse sentido:* Celso Delmanto, *Código Penal*, cit., p. 496.

§ 1º-B. Está sujeito às penas deste artigo quem pratica as ações previstas no § 1º em relação a produtos em qualquer das seguintes condições: *(Parágrafo e incisos acrescentados pela Lei n. 9.677/98)*

I – sem registro, quando exigível, no órgão de vigilância sanitária competente;

II – em desacordo com a fórmula constante do registro previsto no inciso anterior;

III – sem as características de identidade e qualidade admitidas para a sua comercialização;

IV – com redução de seu valor terapêutico ou de sua atividade;

V – de procedência ignorada;

VI – adquiridos de estabelecimento sem licença da autoridade sanitária competente.

(1) Crime hediondo: A Lei n. 9.695, de 20-8-1998, incluiu o delito do art. 273, *caput* e §§ 1º, 1º-A e 1º-B, no rol dos crimes hediondos (cf. art. 1º, VII-B, da Lei n. 8.072/90).

(2) Forma equiparada: Está sujeito às penas deste artigo quem importa, vende, expõe à venda, tem em depósito para vender ou, de qualquer forma, distribui ou entrega a consumo produto: I – sem registro, quando exigível, no órgão de vigilância sanitária competente; II – em desacordo com a fórmula constante do registro previsto no inciso anterior; III – sem as características de identidade e qualidade admitidas para a sua comercialização; IV – com a redução de seu valor terapêutico ou de sua atividade; V – de procedência ignorada: VI – adquiridos de estabelecimento sem licença da autoridade sanitária competente".

(3) Forma qualificada pelo resultado: Vide arts. 285 e 258 do CP.

(4) Ação penal: Trata-se de crime de ação penal pública incondicionada.

Modalidade culposa

§ 2º Se o crime é culposo:

Pena – detenção, de 1 (um) a 3 (três) anos, e multa. *(Redação dada pela Lei n. 9.677/98)*

(1) Forma culposa: Consoante a doutrina, a modalidade culposa não abrange a conduta de *falsificar*, prevista no *caput* do artigo.

(2) Forma qualificada pelo resultado: Vide arts. 285 e 258 do CP.

(3) Ação penal. Lei dos Juizados Especiais Criminais: Trata-se de crime de ação penal pública incondicionada. É cabível a suspensão condicional do processo (art. 89 da Lei n. 9.099/95) na modalidade culposa, em virtude da pena mínima prevista.

Emprego de processo proibido ou de substância não permitida

Art. 274. Empregar, no fabrico de produto destinado a consumo, revestimento, gaseificação artificial, matéria corante, substância aromática, antisséptica, conservadora ou qualquer outra não expressamente permitida pela legislação sanitária:

Pena – reclusão, de 1 (um) a 5 (cinco) anos, e multa. *(Redação dada pela Lei n. 9.677/98)*

(1) Objeto jurídico: Tutela-se a saúde pública.

(2) Ação nuclear: Pune-se aqui o emprego (utilização) no fabrico de produto destinado a consumo (objeto material) de um número indeterminado de pessoas, revestimento, gaseificação artificial, matéria corante, substância aromatizada, antisséptica, conservadora ou qualquer outra não expressamente permitida pela legislação sanitária. Trata-se de norma penal em branco, pois seu complemento depende das disposições sanitárias (leis, decretos, regulamentos). E, ainda, estamos diante de um crime de perigo abstrato, isto é, presume-se o perigo à coletividade com a prática da ação típica.

(3) Sujeito ativo: Qualquer pessoa pode praticar o delito em estudo.

(4) Sujeito passivo: É a coletividade.

(5) Elemento subjetivo: É o dolo, consubstanciado na vontade livre e consciente de empregar, no fabrico de produto destinado a consumo, revestimento, gaseificação artificial, matéria corante, substância aromatizada, antisséptica, conservadora ou qualquer outra não expressamente permitida pela legislação sanitária.

(6) Consumação e tentativa: O crime se consuma com o emprego, no fabrico de produto, de revestimento, gaseificação artificial, matéria corante etc. não permitida pela legislação sanitária. É considerado, portanto, crime instantâneo. A tentativa é admissível.

(7) Forma qualificada pelo resultado: Vide arts. 285 e 258 do CP.

(8) Ação penal. Lei dos Juizados Especiais Criminais: Trata-se de crime de ação penal pública incondicionada. É cabível a suspensão condicional do processo (art. 89 da Lei n. 9.099/95), em virtude da pena mínima prevista (reclusão, de 1 a 5 anos, e multa).

(9) Distinção: Se o agente vender, expuser à venda, tiver em depósito para vender ou, de qualquer forma, entregar a consumo produto nas condições dos arts. 274, haverá o crime do art. 276 do CP.

Invólucro ou recipiente com falsa indicação

Art. 275. Inculcar, em invólucro ou recipiente de produtos alimentícios, terapêuticos ou medicinais, a existência de substância que não se encontra em seu conteúdo ou que nele existe em quantidade menor que a mencionada: *(Artigo com redação dada pela Lei n. 9.677/98)*

Pena – reclusão, de 1 (um) a 5 (cinco) anos, e multa.

(1) Objeto jurídico: Tutela-se a saúde pública.

(2) Ação nuclear: Pune-se a ação de *inculcar* (indicar ou apregoar), em invólucro (rótulo, bula) ou recipiente (lata, frasco etc.) de produtos alimentícios, terapêuticos ou medicinais (objeto material), a existência de substância que na verdade não se encontra em seu conteúdo ou que nele existe em quantidade menor que a mencionada. O crime é, portanto, praticado mediante o emprego de fraude.

(3) Sujeito ativo: Qualquer pessoa.

(4) Sujeito passivo: É a coletividade.

(5) Elemento subjetivo: É o dolo, consistente na vontade livre e consciente de indicar falsamente em invólucro ou recipiente de produtos alimentícios, terapêuticos ou medicinais a existên-

cia de substância que não se encontra em seu conteúdo ou que nele existe em quantidade menor que a mencionada.

(6) Consumação e tentativa: Trata-se de crime de perigo abstrato. Consuma-se tão só com a indicação falsa no invólucro ou recipiente. A tentativa é admissível.

(7) Forma qualificada pelo resultado: Vide comentários aos arts. 285 e 258 do CP.

(8) Ação penal. Lei dos Juizados Especiais Criminais: Trata-se de crime de ação penal pública incondicionada. É cabível a suspensão condicional do processo (art. 89 da Lei n. 9.099/95), em virtude da pena mínima prevista (reclusão, de 1 a 5 anos, e multa).

(9) Distinção: Se o agente vender, expuser à venda, tiver em depósito para vender ou, de qualquer forma, entregar a consumo produto nas condições do art. 275, haverá o crime do art. 276 do CP.

Código de Defesa do Consumidor (Lei n. 8.078/90)

(1) Art. 66 do CDC: "Fazer afirmação falsa ou enganosa, ou omitir informação relevante sobre a natureza, característica, qualidade, quantidade, segurança, desempenho, durabilidade, preço ou garantia de produtos ou serviços: Pena – detenção de 3 (três) meses a 1 (um) ano, e multa. § 1º Incorrerá nas mesmas penas quem patrocinar a oferta. § 2º Se o crime é culposo: Pena – detenção de 1 (um) a 6 (seis) meses, ou multa".

Produto ou substância nas condições dos dois artigos anteriores

Art. 276. Vender, expor à venda, ter em depósito para vender ou, de qualquer forma, entregar a consumo produto nas condições dos arts. 274 e 275:

Pena – reclusão, de 1 (um) a 5 (cinco) anos, e multa. *(Redação dada pela Lei n. 9.677/98)*

(1) Objeto jurídico: Tutela-se a saúde pública.

(2) Ação nuclear: Consubstancia-se nos verbos: *vender, expor à venda, ter em depósito para vender* ou, de qualquer forma, *entregar a consumo* produto nas condições dos arts. 274 e 275 (objeto material). Pune-se, dessa forma, a conduta daquele que, sem praticar as ações típicas previstas nos artigos precedentes, comercializa os produtos nas condições indicadas pelos referidos dispositivos. É crime de perigo abstrato, isto é, a lei presume a criação do perigo para a coletividade com a prática de apenas uma das condutas típicas.

(3) Sujeito ativo: Qualquer pessoa, não necessitando ser comerciante. Obviamente, exclui-se o agente que praticou as ações delitivas previstas nos arts. 274 e 275, uma vez que a comercialização posterior dos produtos constitui *post factum* impunível.

(4) Sujeito passivo: É a coletividade.

(5) Elemento subjetivo: É o dolo, consistente na vontade livre e consciente de praticar as ações previstas no dispositivo penal, tendo como objeto os produtos indicados nos arts. 274 e 275. Na modalidade *ter em depósito para vender* há também o chamado elemento subjetivo do tipo "*para a venda*".

(6) Consumação e tentativa: Dá-se a consumação com a prática de uma das ações nucleares. O crime é instantâneo nas modalidades *vender* e *entregar a consumo*; já nas modalidades *expor à venda* e *ter em depósito para vender:* o delito é permanente. A tentativa é admissível.

(7) Forma qualificada pelo resultado: Vide comentários aos arts. 285 e 258 do CP.

(8) Ação penal. Lei dos Juizados Especiais Criminais: Trata-se de crime de ação penal pública incondicionada. É cabível a suspensão condicional do processo (art. 89 da Lei n. 9.099/95), em virtude da pena mínima prevista (reclusão, de 1 a 5 anos, e multa).

Substância destinada à falsificação

Art. 277. Vender, expor à venda, ter em depósito ou ceder substância destinada à falsificação de produtos alimentícios, terapêuticos ou medicinais:

Pena – reclusão, de 1 (um) a 5 (cinco) anos, e multa. *(Redação dada pela Lei n. 9.677/98)*

(1) Objeto jurídico: Tutela-se a saúde pública.

(2) Ação nuclear: Várias são as ações nucleares típicas: *vender, expor à venda, ter em depósito* ou *ceder* (transferir a outrem). O objeto material do crime é a substância destinada à falsificação de produtos alimentícios, terapêuticos ou medicinais. Na doutrina, questiona-se se a substância destinada à falsificação abrange também aquelas que eventualmente tenham essa finalidade, ou somente as que tenham esse fim exclusivo. No sentido de que abrange as substâncias exclusiva ou eventualmente destinadas à falsificação: E. Magalhães Noronha, ob. cit., v. 4, p. 41; Damásio de Jesus, *Direito penal*, cit., v. 3, p. 372. No sentido de que abrange somente as substâncias exclusivamente destinadas àquele fim: Celso Delmanto, *Código Penal*, cit., p. 500. Finalmente, é crime de perigo abstrato; logo, o risco à incolumidade pública não necessita ser provado.

(3) Sujeito ativo: Qualquer pessoa pode praticá-lo. Trata-se, portanto, de crime comum.

(4) Sujeito passivo: É a coletividade.

(5) Elemento subjetivo: É o dolo, consubstanciado na vontade livre e consciente de praticar uma das ações típicas. É necessário que o agente tenha ciência de que a substância se destina à falsificação.

(6) Consumação. Tentativa: Consuma-se com a venda, exposição à venda, depósito ou cessão da substância destinada à falsificação de produtos alimentícios, terapêuticos ou medicinais. Nas modalidades *expor à venda* e *ter em depósito* o delito é permanente. A tentativa é admissível. Não é necessário que haja a efetiva utilização das substâncias destinadas à falsificação dos produtos alimentícios, terapêuticos ou medicinais.

(7) Forma qualificada pelo resultado: Vide arts. 285 e 258 do CP.

(8) Ação penal. Lei dos Juizados Especiais Criminais: Trata-se de crime de ação penal pública incondicionada. É cabível a suspensão condicional do processo (art. 89 da Lei n. 9.099/95), em virtude da pena mínima prevista (reclusão, de 1 a 5 anos, e multa).

Outras substâncias nocivas à saúde pública

Art. 278. Fabricar, vender, expor à venda, ter em depósito para vender ou, de qualquer forma, entregar a consumo coisa ou substância nociva à saúde, ainda que não destinada à alimentação ou a fim medicinal:

Pena – detenção, de 1 (um) a 3 (três) anos, e multa.

Modalidade culposa

Parágrafo único. Se o crime é culposo:

Pena – detenção, de 2 (dois) meses a 1 (um) ano.

(1) Objeto jurídico: Tutela-se a saúde pública.

(2) Ações nucleares: Consubstanciam-se nos verbos *fabricar, vender, expor à venda, ter em depósito para vender* ou, de qualquer forma, *entregar a consumo*. Exclui-se a substância alimentícia ou medicinal, como objeto material desse crime, pois ambas se encontram abrangidas pelos crimes capitulados nos arts. 272 e 273. Assim, o tipo penal abrange coisa ou substância que seja des-

tinada ao consumo de um número indeterminado de pessoas e que por algum motivo seja nociva à saúde daqueles que venham a utilizá-la (cigarro, cola, tinta etc.). Trata-se de crime de perigo concreto, pois é necessária a prova da nocividade da coisa ou substância.

(3) Sujeito ativo: Qualquer pessoa pode praticá-lo.

(4) Sujeito passivo: É a coletividade.

(5) Elemento subjetivo: É o dolo, consistente na vontade livre e consciente de praticar uma das condutas típicas. Na conduta *ter em depósito para vender* há o chamado *elemento subjetivo do tipo* consistente na finalidade de venda. Se o crime, no entanto, é culposo, a pena será de detenção, de dois meses a um ano (parágrafo único).

(6) Consumação e tentativa: Dá-se a consumação com a prática de uma das ações típicas; não é necessário, contudo, o efetivo consumo da coisa ou substância nociva. A tentativa é possível. Nas modalidades *expor à venda* e *ter em depósito para vender* o crime é permanente.

(7) Forma qualificada pelo resultado: Vide arts. 285 e 258 do CP.

(8) Ação penal. Lei dos Juizados Especiais Criminais: Trata-se de crime de ação penal pública incondicionada. É cabível a suspensão condicional do processo (art. 89 da Lei n. 9.099/95), no *caput*, em virtude da pena mínima prevista (detenção, de 1 a 3 anos, e multa). A modalidade culposa constitui infração de menor potencial ofensivo, estando sujeita às disposições da Lei dos Juizados Especiais Criminais, sendo, inclusive, cabível a suspensão condicional do processo.

(9) Falsificação de cigarro e falsificação de selos (CP, art. 293): STJ: "Penal. Conflito de competência. Falsificação de cigarros e de selos de IPI. 1. A falsificação de selo de IPI não configura delito de natureza fiscal se a intenção do agente não é fraudar o fisco, mas conferir autenticidade à embalagem do produto comercializado. 2. Conflito conhecido; competência da Justiça Estadual Comum. Precedente" (STJ, CC 30349/MG, 3ª Seção, Rel. Min. Edson Vidigal, j. 9-5-2001, *DJ* 25-6-2001, p. 102; *LEXSTJ* 146/288).

Substância avariada

Art. 279. *(Revogado pela Lei n. 8.137/90.)*

(1) Revogação: Previa o art. 279 do Código Penal: "Vender, ter em depósito para vender ou expor à venda ou, de qualquer forma, entregar a consumo substância alimentícia ou medicinal avariada". Mencionado dispositivo legal, no entanto, foi revogado pelo art. 7º, IX, da Lei n. 8.137/90 (crimes contra a ordem tributária e as relações de consumo), cujo teor é o seguinte: "Constitui crime contra as relações de consumo: vender, ter em depósito para vender ou expor à venda ou, de qualquer forma, entregar matéria-prima ou mercadoria, em condições impróprias ao consumo: Pena – detenção, de dois a cinco anos, ou multa". O parágrafo único, por sua vez, pune a modalidade culposa, reduzindo a pena de detenção de um terço ou a de multa à quinta parte.

(2) Mercadoria com prazo de validade vencido: STJ: "I – A própria conceituação de dolo mostra que não há necessariamente incompatibilidade entre o fato de um crime ser de perigo presumido e a exigência, no campo penal, da responsabilidade subjetiva e pessoal. Da mesma forma, inocorre a pretensa ausência de compatibilidade com a norma penal em branco, mormente de complementação homóloga (de igual instância legislativa). II – A conduta do comerciante que expõe à venda matéria-prima ou mercadoria, com o prazo de validade vencido, configura, em princípio, a figura típica do art. 7º, inciso IX da Lei n. 8.137/90 c.c. o art. 18, § 6º, da Lei n. 8.078/90, sendo despicienda, para tanto, a verificação pericial, após a apreensão do produto, de ser este último realmente impróprio para o consumo. O delito em questão é de perigo

presumido (Precedentes). *Writ* indeferido" (STJ, HC 9768/SP, 5ª T., Rel. Min. Felix Fischer, j. 4-11-1999, *DJ* 13-12-1999, p. 163; *RT* 776/551). *No mesmo sentido:* STJ, RHC 8578/TO, 5ª T., Rel. Min. Felix Fischer, j. 3-2-2000, *DJ* 28-2-2000, p. 93, *RSTJ* 135/563).

(3) Mercadoria com prazo de validade vencido não destinada ao consumo humano: STJ: "Hipótese na qual o paciente está sendo investigado pela suposta prática de crime contra as relações de consumo, pois, em tese, teriam sido encontrados em seu estabelecimento comercial 18 sacos de ração para cavalos com a data de validade ultrapassada, os quais seriam destinados à venda. A Exposição de Motivos n. 88, de 28 de março de 1990, referente ao Projeto de Lei posteriormente convertido na Lei n. 8.137/90, que 'define crimes contra a administração tributária, de abuso de poder econômico e dá outras providências', motiva a criação da norma fazendo referência à legislação protetora da economia popular. Com a tipificação das condutas descritas na Lei n. 1.521/51, bem como em qualquer outro Diploma Legal relativo à defesa da economia popular, como a Lei n. 8.137/90, por exemplo, pretende-se proteger o consumo do povo, ou seja, o consumo do ser humano. Evidenciado que a Lei n. 8.137/90 foi criada com a finalidade de proteger a economia popular e realizar a efetiva defesa do consumidor, não há possibilidade de extensão da configuração penal atribuída ao paciente para abarcar qualquer espécie de mercadorias, senão aquelas reservadas ao consumo humano. Deve ser trancado o inquérito policial, bem como eventual ação penal instaurada em desfavor do paciente, diante da inequívoca atipicidade do fato praticado. Determinado o trancamento do procedimento investigativo instaurado em desfavor do acusado, resta superado o argumento de ilegitimidade da Autoridade Policial que lavrou o flagrante. Ordem concedida, nos termos do voto do Relator" (STJ, HC 45796/PR, 5ª T., Rel. Min. Gilson Dipp, j. 18-5-2006, *DJ* 12-6-2006, p. 508).

(4) Sujeito ativo. Pessoa jurídica: STJ: "1. Desprovida de vontade real, nos casos de crimes em que figure como sujeito ativo da conduta típica, a responsabilidade penal somente pode ser atribuída ao homem, pessoa física que, como órgão da pessoa jurídica, a presentifique na ação qualificada como criminosa ou concorra para a sua prática. 2. Ordem concedida" (STJ, HC 38511/GO, 6ª T., Rel. Min. Hamilton Carvalhido, j. 28-6-2005, *DJ* 6-2-2006, p. 341).

(5) Competência: STJ: "Não tendo as Leis n. 8.137/90 e 8.176/91 disposto expressamente sobre a competência da Justiça Federal para o processo e o julgamento dos crimes nelas previstos, nos termos do inciso VI do art. 109 da CF, não há que se falar na incompetência do Juízo singular estadual para conduzir o feito instaurado contra os pacientes. Ordem parcialmente conhecida e denegada" (STJ, HC 38580/SP, 5ª T., Rel. Min. Gilson Dipp, j. 4-8-2005, *DJ* 29-8-2005, p. 376).

Lei n. 8.137/90 (Art. 7º, inciso II)

(1) Adulteração de combustível: De acordo com o inciso II do art. 7º da Lei, "constitui crime contra as relações de consumo: vender ou expor à venda mercadoria cuja embalagem, tipo, especificação, peso ou composição esteja em desacordo com as prescrições legais, ou que não corresponda à respectiva classificação oficial". STJ: "Conflito de competência. Processual Penal. Art. 7º, inciso II, da Lei n. 8.137/90. *Dumping* e adulteração de combustível. Inexistência de interesse da União. Justiça comum estadual. 1. A Lei n. 8.137/90 não previu a competência diferenciada para os crimes elencados contra a ordem tributária, econômica e contra as relações de consumo. Dessa forma, evidencia-se a competência da Justiça Comum Estadual, *ex vi* do art. 109, inciso VI, da Constituição Federal. 2. Ademais, na hipótese vertente, a possível prática de *dumping* ou adulteração de combustível não demonstrou qualquer lesão a bens, serviços ou interesses da União, nos termos do art. 109, inciso IV, da Carta Magna. 3. Conflito conhecido para declarar competente o Juízo da Vara Criminal de Londrina/PR, ora suscitante" (STJ, CC 42957/PR, 3ª S., Relª Minª Laurita Vaz, j. 9-6-2004, *DJ* 2-8-2004, p. 299).

Medicamento em desacordo com receita médica

Art. 280. Fornecer substância medicinal em desacordo com receita médica:

Pena – detenção, de 1 (um) a 3 (três) anos, ou multa.

Modalidade culposa

Parágrafo único. Se o crime é culposo:

Pena – detenção, de 2 (dois) meses a 1 (um) ano.

(1) Objeto jurídico: Tutela-se a saúde pública.

(2) Ação nuclear: Consubstancia-se no verbo *fornecer* (entregar, vender), no caso, substância medicinal (objeto material) que esteja em desacordo com a receita médica (elemento normativo do tipo). Não se inclui aqui a receita exarada por dentista. Há, assim, a substituição do medicamento prescrito pelo médico por outro de qualidade, espécie e quantidade diversa. Ainda que benéfica essa substituição, há crime, pois visa a lei justamente evitar arbitrariedades no fornecimento de medicamentos pelos farmacêuticos. *Nesse sentido:* Cezar Roberto Bitencourt, *Direito penal*, cit., p. 1011. *Em sentido contrário:* E. Magalhães Noronha, *Direito penal*, cit., v. 4, p. 51.

(3) Sujeito ativo: Há duas posições na doutrina: (a) qualquer pessoa (farmacêutico, balconista etc.); (b) somente o farmacêutico, pois se trata de crime próprio.

(4) Sujeito passivo: É a coletividade, bem como o eventual usuário do medicamento.

(5) Elemento subjetivo: É o dolo, consubstanciado na vontade livre e consciente de fornecer substância medicinal em desacordo com a receita médica. Se o crime é culposo, a pena será de detenção, de dois meses a um ano (cf. parágrafo único). Em decorrência da quebra do dever objetivo de cuidado, o agente fornece medicamento em desacordo com a prescrição médica.

(6) Consumação e tentativa: Consuma-se com a entrega da substância medicinal que esteja em desacordo com a prescrição médica. Trata-se de crime de perigo presumido. A tentativa é perfeitamente admissível.

(7) Forma qualificada pelo resultado: Vide arts. 285 e 258 do CP.

(8) Ação penal. Lei dos Juizados Especiais Criminais: Trata-se de crime de ação penal pública incondicionada. É cabível a suspensão condicional do processo (art. 89 da Lei n. 9.099/95), no *caput*, em virtude da pena mínima prevista (detenção, de 1 a 3 anos, ou multa). A modalidade culposa constitui infração de menor potencial ofensivo, estando sujeita às disposições da Lei dos Juizados Especiais Criminais. Em face da pena mínima prevista, é inclusive cabível a suspensão condicional do processo.

Art. 281. *(Redação dada pela Lei n. 5.726/71 e revogado pela Lei n. 6.368/76)*

(1) Revogação: O art. 281 foi revogado pela Lei n. 6.368, de 21-10-1976 (antiga Lei de Tóxicos), que dispunha sobre medidas de prevenção e repressão ao tráfico ilícito e uso indevido de substâncias entorpecentes ou que determinassem dependência física ou psíquica, e dava outras providências. Mencione-se que, atualmente, a Lei n. 6.368/76 se encontra revogada expressamente pela Lei n. 11.343, publicada em 24-8-2006, que entrou em vigor 45 dias após a sua publicação.

Exercício ilegal da medicina, arte dentária ou farmacêutica

Art. 282. Exercer, ainda que a título gratuito, a profissão de médico, dentista ou farmacêutico, sem autorização legal ou excedendo-lhe os limites:

Pena – detenção, de 6 (seis) meses a 2 (dois) anos.

Parágrafo único. Se o crime é praticado com o fim de lucro, aplica-se também multa.

(1) Objeto jurídico: Tutela-se a saúde pública.

(2) Ação nuclear: Pune-se a ação de *exercer* (praticar), ainda que a título gratuito, a profissão de médico, dentista ou farmacêutico: (a) *sem autorização legal* (*elemento normativo do tipo*: aqui o desempenho da profissão ocorre sem que o agente possua o título que o habilite ou sem o registro deste na repartição competente; (b) *ou excedendo-lhe os limites (norma penal em branco)*: aqui o agente possui diploma devidamente registrado, no entanto, excede os limites da autorização para o exercício da profissão, por exemplo, farmacêutico que prescreve medicamento. Os limites a que se refere o artigo são aqueles previstos nas leis que regulam especificamente as profissões. Trata-se de crime de perigo abstrato ou presumido.

(3) Sujeito ativo: Na primeira modalidade, trata-se de crime comum, pois pode ser praticado por qualquer pessoa, não se exigindo qualquer qualidade especial. Na segunda modalidade o crime é próprio, pois somente o médico, farmacêutico ou dentista pode cometê-lo.

(4) Sujeito passivo: É a coletividade, bem como a pessoa que venha a ser tratada pelo profissional.

(5) Elemento subjetivo: É o dolo, consubstanciado na vontade livre e consciente de exercer a profissão, ciente de que o faz sem autorização legal ou excedendo-lhe os limites. Não há previsão da modalidade culposa.

(6) Consumação e tentativa: Trata-se de crime habitual, de forma que a consumação se dá com o exercício habitual da profissão. Não basta a prática de apenas um ato. A tentativa é inadmissível.

(7) Forma qualificada: Prevista no parágrafo único: "Se o crime é praticado com o fim de lucro, aplica-se também multa". Não é necessário que ele efetivamente obtenha a vantagem econômica.

*(8) Forma qualificada pelo resultado: V*ide arts. 285 e 258 do CP.

(9) Ação penal. Lei dos Juizados Especiais Criminais: Trata-se de crime de ação penal pública incondicionada. Em virtude da pena máxima cominada, as formas simples *(caput)* e qualificada (parágrafo único) constituem infração de menor potencial ofensivo, estando sujeitas às disposições da Lei n. 9.099/95. Em face da pena mínima prevista, é cabível a suspensão condicional do processo (art. 89 da lei).

(10) Exercício ilegal da medicina e curandeirismo. Concurso de crimes: STJ: "*Habeas corpus*. Exercício ilegal de arte farmacêutica e curandeirismo. Laudo pericial. Exigência. Princípio do livre convencimento motivado (art. 158 c.c. 167, CPP). Diversidade, independência e autonomia de condutas denunciadas. *Bis in idem*. Concurso de crimes e consunção, não configuração. 'A falta de exame de corpo de delito direto não implica nulidade de processo penal, visto que, nos termos do art. 158, c.c. o art. 167, do Código de Processo Penal, pode ele ser suprido pelo indireto, sendo certo, ainda, que em atenção ao princípio do livre convencimento e do mandamento constitucional que abomina apenas as provas obtidas por meios ilícitos, não se pode priorizar a perícia como único meio de comprovar a materialidade de crimes relacionados ao exercício ilegal de profissão da área da saúde. Embora o curandeirismo seja prática delituosa típica de pessoa rude, sem qualquer conhecimento técnico-profissional da medicina e que se dedica a prescrever substâncias ou procedimentos com o fim de curar doenças, não se pode descartar a possibilidade de existência do concurso entre tal crime e o de exercício ilegal de arte farmacêutica, se o agente também não tem habilitação profissional específica para exercer tal atividade. Reconhecida a prática de duas condutas distintas e independentes, não há como se proclamar ilegal a condenação por cada uma delas, não se mostrando, *in casu*, ter havido *bis in idem* ou indevida atribuição de concurso de crimes, não cabendo, ainda, aplicação da consunção entre os delitos, tanto mais na estreita via

do *habeas corpus*, por demandar incursão profunda e valorativa em seara fático-probatória'. *Habeas corpus* denegado" (STJ, HC 36244/DF, 5ª T., Rel. Min. José Arnaldo da Fonseca, j. 22-2-2005, DJ 11-4-2005, p. 339).

(11) Exercício ilegal da medicina e infração de decisão administrativa (CP, art. 205). Distinção: STF: "1. A conduta imputada ao paciente e pela qual foi condenado é exatamente a prevista no art. 205 do Código Penal: 'exercer atividade com infração de decisão administrativa'. 2. Era competente a Justiça Federal para o processo e julgamento, por se tratar de crime, senão contra a organização do trabalho propriamente dita (art. 109, inc. VI, da CF), ao menos em detrimento de interesses de autarquia federal, como é o Conselho Regional de Medicina, que impusera ao réu a proibição de exercer a profissão (inc. IV do mesmo art. 109 da CF). 3. A conduta típica prevista no art. 205, por ser específica, exclui a do art. 282, que trata do exercício ilegal de medicina. E, no caso, o que houve foi o exercício da profissão, já obstado, anteriormente, por decisão administrativa, que vem a ser descumprida. 4. Também não se cogita da desobediência genérica à ordem legal de funcionário público (art. 330), pois não há simples ordem a ser cumprida, mas decisão administrativa de cassação de registro, que antes possibilitava o exercício da medicina, mas que com ela se tornou eficaz. 5. Igualmente não se trata da desobediência à decisão judicial, de que cogita o art. 359 do CP. 6. Basta um ato de desobediência à decisão administrativa, para que se configure o delito em questão (art. 205)" (STF, HC 74826/SP, 1ª T., Rel. Min. Sydney Sanches, j. 11-3-93, DJ 29-8-97, p. 40217).

(12) Exercício ilegal da medicina e desobediência (CP, art. 359): Caso o agente continue a desempenhar a profissão de médico, farmacêutico ou dentista, desobedecendo à decisão judicial que o havia privado ou suspenso de seu exercício, o crime será outro: art. 359 do CP (desobediência à decisão judicial sobre perda ou suspensão de direito).

(13) Exercício ilegal da medicina e charlatanismo (CP, art. 283): Se o agente inculcar ou anunciar cura de doença por método secreto e infalível, ciente da sua falsidade, isto é, da ineficácia dos meios de cura apregoados, poderá haver o crime de charlatanismo.

(14) Exercício ilegal da medicina e Lei de Drogas (Lei n. 11.343/2006). Concurso de crimes: É possível o concurso formal dos crimes do art. 282 do CP e do art. 38 da nova Lei de Drogas (Lei n. 11.343/2006) (prescrição de medicação que cause dependência física e/ou psíquica). É desnecessária a prova da efetiva dependência física ou psíquica da vítima, por ser crime de perigo abstrato, além de não ser elemento constitutivo do tipo. *Nesse sentido:* STJ, HC 9126/00, 6ª T., Rel. Min. Hamilton Carvalhido, j. 5-12-2000, *LEXSTJ* 147/251; *RT* 795/541.

(15) Competência: TRF da 1ª Região: "Penal e Processual Penal. Recurso em sentido estrito. Exercício ilegal da medicina (art. 282 do CP). Falta de interesse da União. Competência. Justiça Estadual. I – Não havendo interesse do Poder Público Federal, não se aplica a regra do art. 109, IV, da CF/88. II – Tendo sido o suposto crime de exercício ilegal da medicina cometido por médicos recrutados pela Secretaria Municipal de Saúde e pela Secretaria de Saúde do Estado do Acre para trabalharem nos hospitais existentes na localidade, tem-se que o prejuízo é sofrido pela coletividade e pela pessoa em relação à qual tiver sido exercida ilegalmente a profissão de médico, e não pela União, não se configurando, então, a competência da Justiça Federal para atuar no feito. Nesse caso, tem-se que a competência é da Justiça Estadual. Precedente do STF. III – Recurso desprovido" (TRF, 1ª Região, RCrim 200230000002812/AC, 3ª T., Rel. Des. Fed. Cândido Ribeiro, DJ 14-11-2003, p. 14). TRF da 1ª Região: "Penal. Processual Penal. Recurso Criminal. Exercício ilegal da medicina. Competência da Justiça Estadual. Recurso improvido. 1. A circunstância de os Conselhos Federal e Regionais de Medicina, autarquias federais, desempenharem a função de 'fiscalizar o exercício da profissão de médico' (art. 15, *c*, do Decreto n. 44.045), não tem o condão de, por si só, fixar a competência da Justiça Federal para o processamento e julgamento da respectiva ação penal, já que não há interesse direto e específico do Conselho Regional de Medi-

cina, pois o delito em tese cometido afeta a saúde pública de um modo geral. 2. Competência da Justiça Estadual para processar e julgar ação penal que apura o delito de exercício ilegal da medicina. Precedentes do eg. Supremo Tribunal Federal e desta Corte Regional Federal. 3. Recurso criminal improvido" (TRF, 1ª Região, RCrim 200441000004741/RO, 4ª T., Rel. Des. Fed. Italo Fioravanti Sabo Mendes, *DJ* 3-11-2004, p. 46).

Lei das Contravenções Penais

(1) Art. 47 da Lei das Contravenções Penais: "Exercer profissão ou atividade econômica ou anunciar que a exerce, sem preencher as condições a que por lei está subordinado o seu exercício. Pena – prisão simples, de quinze dias a três meses, ou multa (...)". Essa contravenção penal refere-se ao exercício ilegal de qualquer outra profissão que não seja a de médico, farmacêutico ou dentista.

Charlatanismo

Art. 283. Inculcar ou anunciar cura por meio secreto ou infalível:

Pena – detenção, de 3 (três) meses a 1 (um) ano, e multa.

(1) Objeto jurídico: Tutela-se a saúde pública.

(2) Ação nuclear: Pune-se as ações de *inculcar* (sugerir, aconselhar, propor etc.) ou *anunciar* (divulgar por intermédio de rádio, televisão, panfletos, cartazes etc.), cura de doenças por meio secreto ou infalível, isto é, mediante o uso de remédios ou processos de que somente a pessoa tem conhecimento ou então que se diz infalível. A ineficácia dos meios de cura apregoados é de conhecimento do agente que se utiliza desse embuste para, geralmente, obter vantagens.

(3) Sujeito ativo: Qualquer pessoa pode praticar esse delito, inclusive o médico, caso anuncie a cura por meio secreto ou infalível.

(4) Sujeito passivo: É a coletividade, bem como a pessoa que venha a ser enganada pelo charlatão.

(5) Elemento subjetivo: É o dolo, consubstanciado na vontade livre e consciente de inculcar ou anunciar cura por meio secreto ou infalível. É necessário que o agente tenha ciência da falsidade, da ineficácia dos meios de cura apregoados, pois aí reside a fraude. Não há modalidade culposa do crime em questão.

(6) Consumação e tentativa: Dá-se a consumação com o mero ato de inculcar ou de divulgar a cura de doença por meio secreto ou infalível. Não se trata de crime habitual. Não se exige que algum incauto seja objeto do tratamento anunciado. É crime de perigo abstrato, pois a lei presume o risco à coletividade com o mero anúncio da falsa cura. A tentativa é admissível.

(7) Forma qualificada pelo resultado: Vide arts. 285 e 258 do CP.

(8) Ação penal. Lei dos Juizados Especiais Criminais: Trata-se de crime de ação penal pública incondicionada. Em virtude da pena máxima cominada (detenção, de 3 meses a 1 ano, e multa), trata-se de infração de menor potencial ofensivo, sujeita às disposições da Lei n. 9.099/95. Em face da pena mínima prevista, é cabível a suspensão condicional do processo (art. 89 da lei).

(9) Charlatanismo e estelionato: Se o charlatão obtiver vantagem econômica em prejuízo das vítimas, por meio da cobrança de consultas, haverá concurso de crimes, charlatanismo e estelionato, pois há ofensa a dois bens jurídicos distintos: o patrimônio individual e a saúde pública.

(10) Charlatanismo e curandeirismo: O curandeirismo é a atividade de pessoas ignorantes, sem habilitação técnico-profissional, que se dispõem a debelar doenças. O charlatanismo, no entanto, admite-se que seja praticado pelo próprio médico que anuncia métodos secretos e infalíveis de cura.

(11) Liberdade de culto: A Constituição Federal, em seu art. 5º, VI, protege a inviolabilidade da "liberdade de consciência e de crença, sendo assegurado o livre exercício dos cultos religiosos e garantida, na forma da lei, a proteção aos locais de culto e as suas liturgias". STJ: "HC – Penal –

Processual Penal – Liberdade de culto – Charlatanismo – Curandeirismo – Denúncia – Inépcia. A denúncia deve descrever o fato delituoso com todas suas circunstâncias, de modo a ensejar o exercício do direito de defesa. O charlatanismo e o curandeirismo integram o rol dos crimes contra a saúde pública, ou seja, praticados contra número indeterminado de pessoas. Crimes de perigo concreto (probabilidade de dano). O Direito Penal da culpa é incompatível com o perigo abstrato, hipótese ocorrente no plano hipotético. O homem responde pelo que fez ou deixou de fazer. Refute-se a simples suposição. Dessa forma, a denúncia precisa indicar o resultado (sentido normativo). Caso contrário, será inepta. A liberdade de culto é garantia constitucional, com proteção do local e da liturgia" (STJ, HC 1498/RJ, 6ª T., Rel. Min. Luiz Vicente Cernicchiaro, *DJ* 16-8-1993, p. 15994). *No mesmo sentido*: STJ: "Ação penal – Justa causa – Inexistência – Crime contra a saúde pública – Charlatanismo e curandeirismo – Delitos atribuídos a líder de seita religiosa. Denúncia que não descreve sequer que as condutas atribuídas teriam produzido a probabilidade de dano – Inépcia reconhecida. Liberdade de culto, ademais, assegurada constitucionalmente – Trancamento determinado. '*Habeas corpus*' concedido" – Voto vencido (STJ) *RT* 699/376.

Curandeirismo

Art. 284. Exercer o curandeirismo:

I – prescrevendo, ministrando ou aplicando, habitualmente, qualquer substância;

II – usando gestos, palavras ou qualquer outro meio;

III – fazendo diagnósticos:

Pena – detenção, de 6 (seis) meses a 2 (dois) anos.

Parágrafo único. Se o crime é praticado mediante remuneração, o agente fica também sujeito à multa.

(1) Objeto jurídico: Tutela-se a saúde pública.

(2) Ação nuclear: Pune-se aqui o exercício do curandeirismo, isto é, da atividade de pessoas ignorantes, sem habilitação técnico-profissional, que se dispõem a curar doenças dos indivíduos. Trata-se de crime de conduta vinculada. Assim, o crime ocorre mediante a conduta habitual de: (a) prescrever (receitar), ministrar (ato de entregar a consumo) ou aplicar (é o ato de empregar), qualquer substância (nociva ou não para a saúde); (b) usar gestos (por exemplo: passes), palavras (por exemplo: benzeduras, rezas etc.) ou qualquer outro meio; (c) fazer diagnósticos: aqui o agente determina qual a doença que acometeu a vítima por meio da análise dos sintomas. É crime de perigo abstrato, uma vez que a lei presume o perigo causado à saúde pública com a prática reiterada de uma das ações típicas. Em razão disso, ainda que o tratamento dispensado tenha sido bem-sucedido, o crime configura-se.

Curandeirismo e liberdade de culto: Os atos que integram o ritual religioso, como os passes dados na religião espírita, na umbanda, as benzeduras ou o exorcismo realizados pelo padre católico, uma vez que constituem atos de fé e não geram efeitos prejudiciais à saúde pública, não constituem crime. Tal não sucede se há a utilização dos rituais religiosos para o fim de tratamento de moléstias, como a prescrição de remédios e a realização de diagnósticos. É que tais ações não podem ser enquadradas como meros atos de fé, ou seja, não podem ficar circunscritas à questão da liberdade de religião, pois causam perigo à saúde pública. *Vide* também jurisprudência no art. 283 do CP.

Curandeirismo. Crime de perigo: STJ: "1. O curandeirismo ficou comprovado com a habitualidade com que o réu ministrava os "passes" e obrigava, adultos e menores, a ingerirem sangue de animais e bebida alcoólica, colocando em perigo a saúde e levando os adolescentes à dependência do álcool" (STJ, REsp 50426/MG, 5ª T., Rel. Min. Jesus Costa Lima, j. 10-8-1994, *DJ* 29-8-1994, p. 22211).

(3) Sujeito ativo: Qualquer pessoa que não possua conhecimentos médicos pode praticar esse delito, não se exigindo qualidade especial.

(4) Sujeito passivo: É a coletividade, bem como a pessoa que venha a ser tratada pelo curandeiro.

(5) Elemento subjetivo: É o dolo, consubstanciado na vontade livre e consciente de exercer o curandeirismo por meio de um dos modos de execução previstos no tipo penal. Se houver a finalidade de lucro, incidirá o parágrafo único, que prevê a aplicação cumulativa da pena de multa. Não é necessário que o agente efetivamente obtenha a remuneração.

(6) Consumação e tentativa: Consuma-se com a prática de um dos atos previstos no tipo penal, desde que de forma reiterada. Trata-se, portanto, de crime habitual. Por se tratar de crime habitual, a tentativa é inadmissível.

(7) Forma qualificada: Prevista no parágrafo único: "Se o crime é praticado mediante remuneração, o agente fica também sujeito à multa".

(8) Forma qualificada pelo resultado: Vide arts. 285 e 258 do CP.

(9) Curandeirismo e exercício ilegal da medicina: Vide art. 282 do CP.

(10) Curandeirismo e charlatanismo: Vide comentários ao art. 283 do CP.

(11) Curandeirismo e estelionato: O curandeiro é o indivíduo ignorante que acredita poder debelar os males do corpo por meio do tratamento por ele dispensado. Já o estelionatário é o indivíduo esperto que, utilizando-se da ignorância do povo, faz promessa falsa de cura com o intuito de obter vantagens ilícitas.

(12) Ação penal. Lei dos Juizados Especiais Criminais: Trata-se crime de ação penal pública incondicionada. Em virtude da pena máxima cominada, as formas simples *(caput)* e qualificada (parágrafo único) constituem infração de menor potencial ofensivo, sujeitas às disposições da Lei n. 9.099/95. Em face da pena mínima prevista, é cabível a suspensão condicional do processo (art. 89 da lei).

Forma qualificada

Art. 285. Aplica-se o disposto no art. 258 aos crimes previstos neste Capítulo, salvo quanto ao definido no art. 267.

Vide comentários ao art. 258 do CP.

TÍTULO IX
DOS CRIMES CONTRA A PAZ PÚBLICA

Incitação ao crime

Art. 286. Incitar, publicamente, a prática de crime:

Pena – detenção, de 3 (três) a 6 (seis) meses, ou multa.

(1) Objeto jurídico: Tutela-se a paz pública. Antes que haja qualquer ofensa à vida, à integridade física ou ao patrimônio de outrem, o legislador antecipa-se a tais práticas criminosas, punindo a conduta daquele que estimula genericamente as ações delituosas. Trata-se de verdadeira ressalva à regra contida no art. 31 do Código Penal, que dispõe que "o ajuste, a determinação ou instigação e o auxílio, salvo disposição expressa em contrário, não são puníveis, se o crime não chega, pelo menos, a ser tentado".

(2) Ação nuclear: Pune-se a ação de *incitar* (instigar, induzir, excitar, provocar), por qualquer meio (palavras, gestos, escritos etc.), a prática imediata ou futura de crime. Exclui-se, portanto, a contravenção penal. Não basta a incitação genérica para delinquir. É preciso que o agente estimule outras pessoas a praticar fato criminoso determinado. Não é necessário apontar os meios de execução ou a pessoa contra quem o crime deve ser praticado. Exige-se que a incitação à prática de crime seja pública, ou seja, destinada a um número indeterminado de pessoas, pois do contrário não há que se falar em ofensa à paz pública.

(3) Sujeito ativo: Qualquer pessoa, pois se trata de crime comum.

(4) Sujeito passivo: É a coletividade. Trata-se, portanto, de crime vago.

(5) Elemento subjetivo: É o dolo, isto é, a vontade livre e consciente de incitar à prática de crime. Exige-se que o agente tenha ciência de que um número indeterminado de pessoas está tomando conhecimento da incitação no momento de sua prática.

(6) Consumação e tentativa: Trata-se de crime formal, pois se consuma com a prática da incitação, desde que esta seja percebida por indeterminado número de pessoas, não sendo necessário que alguém venha a praticar o crime incitado. A tentativa será impossível se a incitação for oral.

(7) Ação penal. Lei dos Juizados Especiais Criminais: Trata-se de crime de ação penal pública incondicionada. Em virtude da pena máxima cominada (detenção, de 3 a 6 meses, ou multa), constitui infração de menor potencial ofensivo, sujeita às disposições da Lei n. 9.099/95. Em face da pena mínima prevista, é cabível a suspensão condicional do processo (art. 89 da lei).

(8) Concurso de crimes: Se alguém vier a efetivamente praticar o crime incitado, poderá o agente responder em concurso por esse delito tentado ou consumado, na modalidade participação, e o crime do art. 286.

(9) Outros delitos: (a) *genocídio:* Se houver incitação, direta e pública, à prática de crime de genocídio: art. 3º da Lei n. 2.889/56; (b) *crime de imprensa:* se houvesse incitação pelos meios de informação (televisão, jornais, rádio): art. 19 da Lei n. 5.250/67; O STF, no entanto, na ADPF 130 julgou que a Lei de Imprensa não foi recepcionada pela nova ordem constitucional. (c) *Segurança Nacional:* se houver incitação à prática de crime contra a Segurança Nacional: art. 23, IV, da Lei n. 7.170/83; (d) *incitação ao suicídio:* se houver incitação à prática de suicídio: art. 122 do CP; (e) *incitação à prostituição:* se houver incitação à satisfação da lascívia alheia ou à prática da prostituição: arts. 227 e 228 do Código Penal; (f) *incitação ao uso ou tráfico de substância entorpecente:* art. 12, § 2º, III, da Lei n. 6.368/76, que previa esse crime, acabou por ser revogado pela Lei n. 11.343/2006; (g) *incitação à discriminação:* se houver induzimento ou incitação à discriminação ou preconceito de raça, cor, etnia, religião ou procedência nacional: art. 20 da Lei n. 7.716/89 (preconceito de raça ou cor). Já decidiu o STJ sobre o racismo: "Criminal. *Habeas corpus.* Prática de racismo. Edição e venda de livros fazendo apologia de ideias preconceituosas e discriminatórias. Pedido de afastamento da imprescritibilidade do delito. Considerações acerca de se tratar de prática de racismo, ou não. Argumento de que os judeus não seriam raça. Sentido do termo e das afirmações feitas no acórdão. Impropriedade do *writ.* Legalidade da condenação por crime contra a comunidade judaica. Racismo que não pode ser abstraído. Prática, incitação e induzimento que não devem ser diferenciados para fins de caracterização do delito de racismo. Crime formal. Imprescritibilidade que não pode ser afastada. Ordem denegada" (STJ, HC 15155/RS, 5ª T., Rel. Min. Gilson Dipp, j. 18-12-2001, *DJ* 18-3-2002, p. 277; *LEXSTJ* 157/260; *RSTJ* 156/446). Sobre racismo, *vide* mais comentários aos crimes contra a honra.

Apologia de crime ou criminoso

Art. 287. Fazer, publicamente, apologia de fato criminoso ou de autor de crime:

Pena – detenção, de 3 (três) a 6 (seis) meses, ou multa.

(1) Objeto jurídico: Tutela-se, mais uma vez, a paz pública.

(2) Ação nuclear: Pune-se a ação de fazer apologia (louvar, elogiar, enaltecer) de fato criminoso ou de autor de crime. Trata-se, aqui, de uma incitação indireta, implícita, à prática de crime. Não abrange o fato contravencional, culposo ou imoral. Exige-se que a apologia seja praticada publicamente. Sem essa condição, o crime não se configura. O tipo penal pune, assim, a: (a) *apologia de fato criminoso:* é o previsto no Código Penal ou na legislação penal esparsa, excluindo-se o contravencional, culposo ou imoral. Necessariamente o fato criminoso deve ser determinado e já deve ter ocorrido, pois não há apologia de fato criminoso futuro, ao contrário do art. 286 do CP; (b) *apologia de autor de crime:* pouco importa se ele já foi condenado ou não, ou se há ação penal proposta contra ele. *Nesse sentido:* Nélson Hungria, *Comentários,* cit., v. 9, p. 173. *Em sentido contrário:* Celso Delmanto, *Código Penal,* cit., p. 510, o qual exige sentença penal condenatória transitada em julgado.

"Marcha da maconha": O Supremo Tribunal Federal, na Arguição de Descumprimento de Preceito Fundamental (ADPF) 187, em decisão unânime, excluiu do campo de incidência da norma do art. 287 as manifestações em favor da descriminalização de substâncias psicotrópicas, em especial, a denominada "marcha da maconha", por estar acobertada pelos direitos constitucionais de reunião e de livre expressão do pensamento. Afirma o Ministro Celso de Mello em seu voto que o "princípio da liberdade de expressão repudia a instauração de órgãos censórios pelo poder público e a adoção de políticas discriminatórias contra determinados pontos de vista. Os delitos de opinião têm um viés profundamente suspeito, se analisados sob essa perspectiva, já que impedem a emissão livre de ideias. A possibilidade de questionar políticas públicas ou leis consideradas injustas é essencial à sobrevivência e ao aperfeiçoamento da democracia".

(3) Sujeito ativo: Qualquer pessoa, pois se trata de crime comum.

(4) Sujeito passivo: É a coletividade. Trata-se de crime vago.

(5) Elemento subjetivo: É o dolo, consubstanciado na vontade livre e consciente de praticar a apologia, consciente da publicidade.

(6) Consumação e tentativa: Consuma-se com a apologia, independentemente de pessoas virem a repetir o fato criminoso exaltado. Trata-se, portanto, de crime formal. Admite-se a tentativa, desde que a apologia não seja oral.

(7) Ação penal. Lei dos Juizados Especiais Criminais: Trata-se de crime de ação penal pública incondicionada. Em virtude da pena máxima cominada (detenção, de 3 a 6 meses, ou multa), trata-se de infração de menor potencial ofensivo, sujeita às disposições da Lei n. 9.099/95. Em face da pena mínima prevista, é cabível a suspensão condicional do processo (art. 89 da lei).

(8) Legislação Penal Especial: (a) Se a apologia for cometida por meio de imprensa: art. 19, § 2º, da Lei n. 5.250/67. O STF, no entanto, na ADPF 130, julgou que a Lei de Imprensa não foi recepcionada pela nova ordem constitucional; (b) Se a apologia é de crime contra a Segurança Nacional: art. 22, IV, da Lei n. 7.170, de 14-12-1983.

Associação Criminosa

Art. 288. Associarem-se 3 (três) ou mais pessoas, para o fim específico de cometer crimes:

Pena – reclusão, de 1 (um) a 3 (três) anos.

Parágrafo único. A pena aumenta-se até a metade se a associação é armada ou se houver a participação de criança ou adolescente.

(1) Objeto jurídico: Tutela-se, mais uma vez, a paz pública.

(2) Ação nuclear: Pune-se a associação (reunião) de três ou mais pessoas para o fim específico de cometer crimes, o que exclui as contravenções penais. Exige-se um vínculo associativo entre os membros da organização criminosa, que seja permanente e não eventual, esporádico, do contrário, poderá haver mero concurso de agentes. A associação deve ser composta por três ou mais pessoas,

incluindo-se, nesse cômputo, o inimputável, os integrantes que não foram identificados ou que foram mortos no confronto policial. Ainda que venham a integrar a associação após a sua formação, o crime se configura, pois tem natureza permanente. Finalmente, a associação deve ser formada para a prática de crimes indeterminados. Se a reunião for para o cometimento de crimes determinados, haverá apenas coautoria ou participação nas infrações praticadas.

Associação e crime continuado: Há duas posições: (a) nada impede que uma associação criminosa estável e permanente pratique uma pluralidade de crimes, que, pelas semelhantes condições de tempo, lugar e modo de execução, configure a continuidade delitiva. *Nesse sentido:* Damásio de Jesus, *Direito penal*, cit., v. 3, p. 414; (b) a associação para a prática de um crime continuado não basta para a tipificação do art. 288. *Nesse sentido:* Celso Delmanto, *Código Penal*, cit., p. 512.

Associação e extinção da punibilidade: A extinção da punibilidade em relação a um dos integrantes da associação criminosa não tem o condão de interferir na tipificação do crime, pois a extinção é da pena e não da figura criminosa, que subsiste.

Associação e absolvição: Nessa hipótese, de absolvição de um dos agentes, o crime de associação criminosa somente subsistirá se ainda restarem, no mínimo, três integrantes da associação criminosa. Caso isso não aconteça, o fato será considerado atípico por ausência de elementar atípica.

(3) Sujeito ativo: Qualquer pessoa, pois se trata de crime comum. Estamos aqui diante de um delito coletivo, plurisubjetivo ou de concurso necessário, pois o tipo penal exige que no mínimo três pessoas integrem a associação criminosa. É possível a participação de terceiros na associação criminosa, mediante auxílio, induzimento ou instigação.

(4) Sujeito passivo: É a coletividade.

(5) Elemento subjetivo: É o dolo, isto é, a vontade de o agente se associar a outras pessoas com a finalidade de cometer crimes (esse fim específico constitui o elemento subjetivo do tipo).

(6) Consumação: Dá-se no instante em que a associação criminosa é formada, independentemente da prática de qualquer delito. Ainda que um dos integrantes se retire da associação após a sua formação, o crime, ainda assim, considera-se consumado. Trata-se de delito permanente. O prazo prescricional começa a correr na data em que se der o encerramento da conduta, isto é, com o término da associação.

(7) Tentativa: A tentativa é inadmissível.

(8) Causa de aumento de pena: De acordo com o parágrafo único, a pena aumenta-se até a metade se a associação é armada ou se houver a participação de criança ou adolescente. A lei refere-se tanto à arma própria (revólver, por exemplo), quanto à imprópria (por exemplo: faca, navalha). Ainda que somente um dos integrantes esteja armado, a qualificadora se configura. Discute-se se poderia haver concurso entre os crimes de associação criminosa armada e furto (ou roubo) majorado pelo emprego de armas. Em relação à presença de criança ou adolescente, a inserção de infantes em atividades criminosas, de forma habitual para o fim de cometer crimes, justifica reprimenda maior por parte do Estado.

(9) Concurso de crimes: Se os integrantes da associação criminosa praticarem algum crime (furto, roubo, sequestro), haverá concurso material entre este e o delito de associação criminosa. Aquele que não colaborou para a prática delitiva, responderá pelo crime do art. 288. Discute-se se poderia haver concurso entre associação criminosa e furto ou roubo qualificado pelo concurso de pessoas. Há duas posições: (a) é possível, não se configurando *bis in idem*. O crime de associação criminosa já se consumou pela simples associação; nesse momento, a paz pública foi colocada em risco. A posterior prática de crime contra o patrimônio colocará em risco bem diverso, de natureza individual. Assim, os momentos consumativos e as objetividades jurídicas são distintas. Esta é a posição atualmente adotada pelo STF e pelo STJ. *Nesse sentido*: STJ: "Criminal. Recurso Especial. Roubo qualificado pelo concurso de agentes. Formação de quadrilha. Causa de aumento excluída pelo Tribunal *a quo*. Impropriedade. Inocorrência de *bis in idem*. Recurso provido. Hipóte-

se na qual o Tribunal *a quo* deu parcial provimento ao recurso de apelação interposto pelos réus para excluir a incidência do inc. II, do § 2º, do art. 157, do CP, por entender que a condenação pela prática de roubo em concurso de pessoas e pelo crime de formação de quadrilha representaria *bis in idem*. *Bis in idem* que não se caracteriza, na condenação por crime de quadrilha armada e roubo qualificado pelo uso de armas e concurso de pessoas, tendo em vista a autonomia e independência dos delitos. Precedentes do STJ e do STF. Recurso que merece ser provido para determinar o restabelecimento da decisão monocrática quanto à aplicação da causa de aumento. Recurso conhecido e provido" (STJ, REsp 819773/TO, 5ª T., Rel. Min. Rel. Gilson Dipp, *DJ* 11-9-2006, p. 343). *No mesmo sentido:* STF: "Roubo qualificado por concurso de pessoas e uso de arma e formação de quadrilha armada. Inocorrência de *bis in idem*. Fixação da pena. Circunstâncias pessoais de corréus não aproveitam aos demais. Excesso na dosimetria da pena. Progressão de regime. Questão não submetida às instâncias inferiores. Pedido de *habeas corpus* conhecido em parte e deferido quanto à dosimetria da pena. Entende o Supremo Tribunal Federal que é válida a cumulação dos crimes dos arts. 288, parágrafo único, e 157, § 2º e incisos, do Código Penal (cf. HC 76.213, Rel. Min. Sepúlveda Pertence, *DJ* 14-4-1998)" (STF, HC 84669/SP, Rel. Min. Joaquim Barbosa, *DJ* 17-6-2005, p. 74); e STF, HC 70395/RJ: "A qualificadora do concurso de agentes prescinde da presença física dos coautores na fase executória do roubo, desde que tenham cumprido missões específicas, visando a tornar coberta de êxito a empreitada criminosa. É lícito o reconhecimento dessa qualificadora, a par da acusação pela prática do delito de bando ou quadrilha, dada sua diversa objetividade jurídica" (Rel. Min. Paulo Brossard, *DJ* 6-5-1994, p. 10469); (b) configura *bis in idem*, pois o concurso de pessoas já foi devidamente sancionado no crime de associação criminosa. Desse modo, deverá o agente responder pelo furto simples em concurso com o crime de associação criminosa. Os mesmos fundamentos se aplicam para o crime de associação criminosa armada e furto (ou roubo) qualificado pelo emprego de arma e os delitos de associação criminosa e extorsão mediante sequestro qualificada pela circunstância de o crime ter sido cometido por associação criminosa. *Nesse sentido*, o entendimento anterior do STF: HC 6185900, Rel. Min. Soares Muñoz, *DJ* 10-8-1984, p. 12445. *Na mesma senda*, STF, HC 62564/RJ, Rel. Min. Néri da Silveira, *DJ* 28-6-1985, p. 10678).

(10) Competência: Tendo em vista essa natureza permanente, se o crime de associação criminosa for praticado em território de mais de uma jurisdição, a competência será firmada pelo juiz que primeiro atuar no processo.

(11) Prisão em flagrante: Dado que estamos diante de um crime de natureza permanente, a prisão em flagrante é possível enquanto houver o vínculo associativo entre os integrantes.

(12) Ação penal. Lei dos Juizados Especiais Criminais: Trata-se de crime de ação penal pública incondicionada. É cabível a suspensão condicional do processo (art. 89 da Lei n. 9.099/95), na forma simples do delito (art. 288, *caput*).

(13) Alteração legislativa: a Lei n. 12.850/2013 ampliou os patamares mínimo e máxima da pena privativa de liberdade prevista para o *caput* do art. 342 do CP: passou da pena de 1 a 3 anos para uma pena de reclusão de 2 a 4 anos, eliminando a possibilidade de aplicação da suspensão condicional do processo (art. 89 da Lei n. 9.099/95).

Genocídio (Lei n. 2.889/56)

(1) Associação criminosa e genocídio: A associação de mais de três pessoas para a prática do crime de genocídio, mencionado no art. 10 da Lei, configura o crime previsto no art. 2º da Lei n. 2.889/56. Sobre genocídio, *vide* mais comentários ao art. 121 do CP.

Lei dos Crimes Hediondos (Lei n. 8.072/90)

(1) Quadrilha ou bando especial: O art. 8º da Lei n. 8.072/90 criou uma nova espécie de quadrilha ou bando formada com a finalidade específica de cometer qualquer um dos delitos na-

quela previstos. Essa nova quadrilha ou bando é composta dos seguintes elementos: (1) reunião permanente de quatro ou mais agentes; (2) com a finalidade de praticar reiteradamente; (3) os crimes de tortura, terrorismo, tráfico de drogas e hediondos. A pena para o crime dessa quadrilha com fins específicos passa a ser de 3 a 6 anos, contados em dobro, se o grupo é armado. Atenção para não confundir com o art. 288 do CP. A Lei n. 12.850/2013 modificou o delito de quadrilha ou bando, passando a denominá-lo associação criminosa.

(2) Delação premiada (traição benéfica): O parágrafo único do art. 8º da Lei n. 8.072/90 instituiu a figura da delação premiada, reduzindo a pena de um a dois terços para o partícipe (do crime) ou associado (da quadrilha ou bando, atual associação criminosa) que denunciar à autoridade o bando ou quadrilha, formado com a finalidade de praticar um dos crimes de que trata a Lei n. 8.072/90, possibilitando, necessariamente, seu desmantelamento.

(3) Alcance da diminuição de pena: Discute-se se a diminuição de pena restringe-se ao crime de associação criminosa ou se comunica aos crimes praticados pela associação. Há duas posições: (a) atinge ambos os crimes; (b) só atinge a pena da associação criminosa. *Participante* quer dizer partícipe do crime de associação criminosa, enquanto *associado* se refere aos coautores. Em momento algum a lei faz menção aos crimes praticados pela associação criminosa. A vingar a primeira posição, o instituto da delação eficaz (art. 7º, § 4º) seria inútil, pois bastaria denunciar a associação criminosa para que a pena de ambos os crimes fosse diminuída. Se a lei se preocupou em criar um instituto para a redução da pena do crime praticado pela associação criminosa (no caso, a extorsão mediante sequestro), é justamente porque a traição benéfica não o alcança; afinal, na lei não devem existir regras inúteis.

Crime Organizado (Lei n.12.850/2013)

(1) Objeto da lei: Esta lei define organização criminosa e dispõe sobre a investigação criminal, os meios de obtenção da prova, infrações penais correlatas e o procedimento criminal a ser aplicado.

(2) Âmbito de incidência da lei: a lei tutela a paz pública contra organização criminosa, que caracteriza a associação de quatro ou mais pessoas estruturalmente ordenada e caracterizada pela divisão de tarefas, ainda que informalmente, com objetivo de obter, direta ou indiretamente, vantagem de qualquer natureza, mediante a prática de infrações penais cujas penas máximas sejam superiores a 4 anos, ou que sejam de caráter transnacional.

(3) O conceito de organização criminosa: Considera-se organização criminosa a associação de quatro ou mais pessoas estruturalmente ordenada e caracterizada pela divisão de tarefas, ainda que informalmente, com objetivo de obter, direta ou indiretamente, vantagem de qualquer natureza, mediante a prática de infrações penais cujas penas máximas sejam superiores a 4 anos, ou que sejam de caráter transnacional. Respeitado o princípio da legalidade pelo próprio texto legal da Lei n. 12.850, mostra-se desnecessário buscar outros conceitos, como o conceito da Convenção de Palermo.

(4) O conceito de organização criminosa, segundo a Lei n. 12.694, de 24-7-2012: A Lei n. 12.694/2012 dispõe sobre o processo e o julgamento colegiado em primeiro grau de jurisdição de crimes praticados por organizações criminosas. Tal conceito será utilizado, apenas, para a aplicação dos dispositivos da Lei n. 12.694, que assim a define: "*Para os efeitos desta Lei*, considera-se organização criminosa a associação de 3 (três) ou mais pessoas, estruturalmente ordenada e caracterizada pela divisão de tarefas, ainda que informalmente, com objetivo de obter, direta ou indiretamente, vantagem de qualquer natureza, mediante a prática de crimes cuja pena máxima seja igual ou superior a 4 (quatro) anos ou que sejam de caráter transnacional". Referido conceito foi formulado para o fim de permitir ao juiz decidir pela formação de colegiado, visando a prática de qualquer ato processual, com o claro propósito legal de preservar a integridade física e psicológica do julgador na prática de atos processuais. Tanto que a definição de organização criminosa, no art.

2º da Lei n. 12.694/2012, começa com a expressão: "*Para os efeitos desta Lei...*". Assim, sua finalidade é nitidamente processual, consistente em permitir a constituição de um colegiado para a prática de atos processuais, tais como a decretação de prisão ou de medidas assecuratórias, a concessão de liberdade provisória, a sentença e a execução da pena (Lei n. 12.694/2012, art. 1º).

(5) Alcance da Lei n. 12.850/2013: Esta lei se aplica também às infrações penais previstas em tratado ou convenção internacional quando, iniciada a execução no País, o resultado tenha ou devesse ter ocorrido no estrangeiro, ou reciprocamente; e às organizações terroristas internacionais, reconhecidas segundo as normas de direito internacional, por foro do qual o Brasil faça parte, cujos atos de suporte ao terrorismo, bem como os atos preparatórios ou de execução de atos terroristas, ocorram ou possam ocorrer em território nacional. A aplicação dessa lei abarca, inclusive, a utilização dos métodos de investigação específicos, comentados na sequência.

(6) Perdão judicial, causa de diminuição de pena e substituição da reprimenda: O juiz poderá, a requerimento das partes, conceder o perdão judicial, reduzir em até 2/3 (dois terços) a pena privativa de liberdade ou substituí-la por restritiva de direitos daquele que tenha colaborado efetiva e voluntariamente com a investigação e com o processo criminal, desde que dessa colaboração advenha um ou mais dos seguintes resultados: I – a identificação dos demais coautores e partícipes da organização criminosa e das infrações penais por eles praticadas; II – a revelação da estrutura hierárquica e da divisão de tarefas da organização criminosa; III – a prevenção de infrações penais decorrentes das atividades da organização criminosa; IV – a recuperação total ou parcial do produto ou do proveito das infrações penais praticadas pela organização criminosa; V – a localização de eventual vítima com a sua integridade física preservada. Todo esse tratamento normativo deve ser aplicado por juiz de Direito, após analisar a personalidade do colaborador, a natureza, as circunstâncias, a gravidade e a repercussão social do fato criminoso e a eficácia da colaboração. Especial atenção deve ser reservada para a discordância entre a opinião do Ministério Público e do juiz no tocante à concessão de perdão judicial ao colaborador, agora resolvido valendo-se do art. 28, do CPP, ou seja, a última palavra é do Chefe da Instituição Ministério Público.

(7) Competência: STJ: "Conflito de competência. Tráfico internacional de drogas. Lavagem de dinheiro, sonegação fiscal etc. Conexidade entre os crimes. Competência da Justiça Federal. Criação de vara especializada. Redistribuição dos feitos. Competência em razão da matéria, portanto, absoluta. 1. Entre os vários delitos perpetrados, evidencia-se o liame entre os agentes, pretensamente integrantes de uma organização criminosa, dedicada primordialmente ao tráfico internacional de drogas, o que enseja a competência da Justiça Federal" (STJ, CC 57838/MS, 3ª S., Relª Minª Laurita Vaz, j. 26-4-2006, *DJ* 15-5-2006, p. 157).

Lei de Lavagem de Dinheiro

Organização criminosa e lavagem de dinheiro: O art. 1º da Lei de Lavagem de Capitais trazia um rol de crimes antecedentes que incluía, entre eles, a receita oriunda das atividades ilícitas de organizações criminosas. As condutas consistiam em punir aquele que oculta ou dissimula a natureza, origem, fiscalização, disposição, movimentação ou propriedade de bens, direitos ou valores provenientes, direta ou indiretamente, de crime: "(...) VII – praticado por organização criminosa". A Lei n. 12.683/2012 alterou substancialmente a Lei n. 9.613/98 eliminando o rol de crimes antecedentes de seu bojo e ampliando o alcance de seus dispositivos ao prever: "Art. 1º Ocultar ou dissimular a natureza, origem, localização, disposição, movimentação ou propriedade de bens, direitos ou valores provenientes, direta ou indiretamente, de infração penal" (redação dada pela Lei n. 12.683, de 2012). Assim a amplitude da lei ganhou os mesmos limites objetivos de toda e qualquer previsão típica do ordenamento jurídico-penal, em outras palavras, qualquer infração penal (incluindo as contravenções penais) poderá ser considerada como fonte de receita para a lavagem de capitais.

Lei de Execução Penal

Regime disciplinar diferenciado: O art. 52 da LEP, com a redação determinada pela Lei n. 10.792, de 1º de dezembro de 2003, estabeleceu o chamado regime disciplinar diferenciado, para condenado definitivo e o preso provisório que cometerem crime doloso capaz de ocasionar subversão da ordem e disciplina internas. Aplica-se também esse regime ao condenado ou preso provisório, nacional ou estrangeiro, que apresente alto risco para a ordem e a segurança do estabelecimento penal ou da sociedade, ou, ainda, sobre os quais recaiam fundadas suspeitas de envolvimento com organizações criminosas, quadrilha ou bando (cf. art. 52, §§ 1º e 2º, da LEP, com a redação determinada pela Lei n. 10.792/2003). A Lei n. 12.850/2013 modificou o nome do crime quadrilha ou bando para associação criminosa, mas não foi cuidadosa para modificar todas as *menções* do crime de quadrilha ou bando em outras leis, dentre elas, a Lei de Execução Penal. Embora haja quem entenda que o regime disciplinar diferenciado é inconstitucional (Maurício Kuehne, *Direito penal e processual penal, Revista Magister*, ano I, n. 2, out./nov. 2004, Porto Alegre: Ed. Magister, p. 10), já decidiu a 5ª T. do STJ em sentido contrário: "1. Considerando-se que os princípios fundamentais consagrados na Carta Magna não são ilimitados (princípio da relatividade ou convivência das liberdades públicas), vislumbra-se que o legislador, ao instituir o Regime Disciplinar Diferenciado, atendeu ao princípio da proporcionalidade. 2. Legítima a atuação estatal, tendo em vista que a Lei n. 10.792/2003, que alterou a redação do art. 52 da LEP, busca dar efetividade à crescente necessidade de segurança nos estabelecimentos penais, bem como resguardar a ordem pública, que vem sendo ameaçada por criminosos que, mesmo encarcerados, continuam comandando ou integrando facções criminosas que atuam no interior do sistema prisional – liderando rebeliões que não raro culminam com fugas e mortes de reféns, agentes penitenciários e/ou outros detentos – e, também, no meio social" (STJ, HC 40300/RJ, 5ª T., Rel. Min. Arnaldo Esteves Lima, j. 7-6-2005, *DJ* 22-8-2005, p. 312; *RT* 843/549).

Constituição de milícia privada *(Incluído pela Lei n. 12.720, de 2012)*

Art. 288-A. Constituir, organizar, integrar, manter ou custear organização paramilitar, milícia particular, grupo ou esquadrão com a finalidade de praticar qualquer dos crimes previstos neste Código:

Pena – reclusão, de 4 (quatro) a 8 (oito) anos.

(1) Objeto jurídico: Tutela-se a paz pública.

(2) Ação nuclear: O núcleo, isto é, o verbo do tipo, compreende *a constituição, a organização, a manutenção, a integração ou o custeio* (de organização paramilitar, milícia particular, grupo ou esquadrão, com a finalidade de praticar qualquer crime previsto no CP). Pratica o delito qualquer pessoa que forma, organiza, mantém, integra ou arca com as despesas de criação ou manutenção de organização, esquadrão, grupo ou milícia. Trata-se de crime formal, cuja consumação se efetiva com a mera realização da conduta que compõe o núcleo do tipo, sendo irrelevante a eventual e futura prática de algum crime pelo grupo.

A ação nuclear (constituir, organizar, integrar, manter ou custear) recai sobre:

Organização paramilitar: Trata-se de um agrupamento maior, muito hierarquizado e estruturado, com divisão de tarefas e estrutura piramidal, e obediência irrestrita dos membros subordinados aos seus superiores. Sua finalidade é o treinamento de seus integrantes para finalidades bélicas, o que implica necessariamente o uso, manejo ou armazenamento de armas, ainda que isso ocorra eventualmente. A natureza paramilitar exige que, pelo menos em algum momento, haja armamentos mais ou menos complexos. Em regra, o grupo é uniformizado, embora este não seja um requisito essencial. O mesmo se diga quanto à nomenclatura de postos, requisito não imprescindível para a organização paramilitar, embora frequente.

Esquadrão: De modo geral, compreende uma divisão ou seção específica de um regimento. Cuida-se, aqui, de um grupo menor se comparado à organização paramilitar, mais selecionado e altamente treinado para executar ações criminosas específicas com precisão. O vocábulo vem sendo usado para designar qualquer grupo que exerça atividades militares ou policiais (*Enciclopédia Saraiva do Direito,* v. 33, Comissão de Redação). Denota, assim, um agrupamento mais coeso e menos estruturado do ponto de vista hierárquico. Caracteriza-se por uma maior perícia e eficiência no exercício de missões de natureza criminosa. Assim, trata-se de um grupo de elite na consecução de objetivos criminosos, sendo, por essa razão, de grande periculosidade.

Grupo: Reunião de pessoas, civis ou militares, que atua de forma menos estruturada se comparado a uma organização paramilitar e que não chega a ter o treinamento, a eficiência e a coesão de um esquadrão. Tal agrupamento é normalmente formado por matadores, autodenominados justiceiros, que se valem da ausência, omissão ou leniência do Poder Público para proceder à eliminação generalizada de pessoas supostamente etiquetadas como marginais ou perigosas. Sem a estrutura e a hierarquização de uma organização, sem o treinamento e com uma ação menos coordenada que um esquadrão, o grupo normalmente objetiva o extermínio puro e simples de pessoas. Forma-se com mais facilidade e frequência, daí decorrendo sua perniciosidade.

Milícia particular: Entende-se como tal o grupo de pessoas (civis ou não), armado, cuja finalidade anunciada é a de garantir segurança e restaurar a ordem em comunidades mais carentes, desprovidas da ação do Poder Público. Ocupa o espaço territorial mediante o emprego de coação física ou moral exercida sobre a população indefesa e sem outra opção, assumindo o papel de um Estado paralelo. Caracteriza-se como uma força policial paralela ao Poder Público e objetiva o julgamento e a execução sumária de pessoas que violam seu código de condutas.

(3) *Sujeito ativo:* Qualquer pessoa, tratando-se de crime comum. Quanto ao concurso de agentes, a infração se classifica como delito coletivo, plurisubjetivo ou de concurso necessário, o qual somente pode ser praticado por mais de um agente em concurso.

Qual o número mínimo necessário para a configuração desse crime? O legislador foi omisso e deixou de especificar a quantidade mínima de agentes necessária para a caracterização do delito. Surgirão, pelo menos, *três posições*: (a) diante da omissão do legislador, bastam duas pessoas para a configuração do crime; (b) aplica-se o conceito de organização criminosa, definido no § 1º do art. 1º da Lei n. 12.850, de 2 de agosto de 2013, ou seja, são exigidas pelo menos três pessoas; (c) aplica-se, por analogia, a norma mais próxima à do art. 288-A do CP, que é a do art. 288 do mesmo Diploma Legal, a qual define o delito de associação criminosa, sendo necessárias, da mesma forma, pelo menos três pessoas.

Entendemos ser incompatível com a noção de organização, grupo, esquadrão ou milícia a existência de apenas dois componentes. Tal ideia confronta com a própria *mens legis* de combater agrupamentos mais ou menos organizados voltados ao cometimento de delitos. Por outro lado, em respeito ao princípio da reserva legal, do qual decorre a exigência de taxatividade, necessário se faz buscar um parâmetro comparativo com as figuras típicas assemelhadas já existentes. Qualquer outra solução que delegasse ao operador do direito a tarefa de fixar aleatoriamente o número mínimo necessário de agentes colidiria com o princípio constitucional da legalidade e frustraria sua mais importante missão, que é a contenção do poder punitivo estatal. Desse modo, considerando que a analogia é o meio de integração do direito, segundo o qual se aplica ao fato não regulado por lei a norma reguladora do fato semelhante, entendemos ser aplicável, para suprir a omissão do delito definido pelo art. 288-A do CP, a norma mais próxima a ele, qual seja a do art. 288 do mesmo Diploma Legal, que define o delito de associação criminosa e exige um número mínimo de 3 (três) pessoas para sua configuração.

Quanto à aplicação analógica do conceito de organização criminosa definido pelo art. 2º da Lei n. 12.694/2012, em razão de sua própria definição legal, ele somente tem incidência para fins processuais, não podendo ser invocado em matéria penal (tal vedação não existe para a Lei n. 12.850/2013). Preenchidos todos os seus requisitos, estaria o juiz autorizado a constituir um colegiado para a prática de atos processuais, tais como decretação de prisão e sentença. Seu intuito foi o de proteger a vida e a integridade do juiz ao se deparar com o julgamento de organizações criminosas, cuja metodologia quase sempre compreende a difusão do medo e da intimidação. Pode ocorrer, no entanto, que a organização paramilitar ou a milícia particular, que são agrupamentos mais estruturados que o esquadrão e o grupo e possuem maior probabilidade de constituírem organizações criminosas, venham a preencher as características típicas dessa organização, tais como estruturação de caráter piramidal + hierarquia verticalizada + ordenação e subdivisão de tarefas + objetivo de cometer crimes com pena máxima igual ou superior a 4 anos ou que sejam de caráter transnacional. Nessa hipótese, estando caracterizada a figura típica do art. 288-A como organização criminosa, entendemos que deverá ser seguido o conceito previsto no art. 2º da Lei n. 12.694, de 24 de julho de 2012, que definiu seu conceito legal, exigindo um mínimo de 3 (três) pessoas. Aplica-se, assim, por analogia, em regra, o art. 288 do CP, sendo necessário um mínimo de 3 (três) pessoas.

(4) Sujeito passivo: É a coletividade.

(5) Elemento subjetivo: O crime somente pode ser cometido a título de dolo, inexistindo a forma culposa. Consiste na vontade do agente de constituir, organizar, integrar, manter ou custear a organização paramilitar, a milícia particular, o grupo ou esquadrão. O tipo exige, além do dolo, como elementar expressa, o fim especial do agente, sendo imprescindível, portanto: a vontade de realizar o verbo da figura típica + a finalidade de praticar qualquer dos crimes previstos no CP. Diferentemente do delito de associação criminosa, não se exige a finalidade de cometer crimes, no plural, bastando que o objetivo que levou à reunião das pessoas seja o cometimento de um único delito.

Exige-se, no entanto, que a reunião seja estável e de caráter permanente, não se confundindo com o concurso ocasional e eventual de agentes.

(6) Consumação: Trata-se de crime formal, cuja consumação ocorre no momento em que os agentes constituem, organizam, integram, mantêm ou custeiam organização, milícia, esquadrão ou grupo, com o objetivo de cometer qualquer dos crimes previstos no CP. Não é necessário que o crime que se pretende praticar venha efetivamente a ser realizado.

No instante em que se completa a criação ou a estruturação (organização) do grupo, atinge-se a consumação. A manutenção e a integração são crimes permanentes, cuja consumação se protrai no tempo, de maneira que, enquanto o agente estiver mantendo ou integrando a milícia, o momento consumativo vai se renovando. Quanto ao custeio, pode se dar de modo permanente ou instantâneo, conforme ocorra em um só instante ou se prolongue no tempo. Não se admite o arrependimento eficaz, pois, uma vez realizada a ação, a infração já estará consumada, sendo ineficaz a mudança de ideia por parte do sujeito.

(7) Tentativa: A tentativa é inadmissível: ou o agente constitui, integra, mantém, organiza ou custeia o agrupamento ou não existe crime. Qualquer ato nesse sentido já implica a consumação do crime.

(8) Concurso de crimes: Se os integrantes da organização paramilitar, milícia particular, grupo ou esquadrão praticarem algum crime previsto no Código Penal, haverá concurso material entre este e o delito do art. 288-A. Aquele que não colaborou para a prática delitiva responderá apenas por integrar a milícia privada em sentido lato. A mesma discussão sobre a possibilidade de concurso entre associação criminosa e furto ou roubo qualificado pelo concurso de pessoas pode ser aplicada aqui.

(9) Ação Penal: Trata-se de crime de ação penal pública incondicionada. Não é cabível nenhum dos benefícios da Lei n. 9.099/95, nem a suspensão condicional do processo (art. 89 da Lei n. 9.099/95), pois os patamares mínimo e máximo da pena vão de 4 a 8 anos de reclusão.

TÍTULO X
DOS CRIMES CONTRA A FÉ PÚBLICA

CAPÍTULO I
DA MOEDA FALSA

Moeda falsa

Art. 289. Falsificar, fabricando-a ou alterando-a, moeda metálica ou papel-moeda de curso legal no país ou no estrangeiro:

Pena – reclusão, de 3 (três) a 12 (doze) anos, e multa.

(1) Objetividade jurídica: Tutela-se a fé pública.

(2) Ação nuclear: Pune-se a falsificação (reprodução, imitação fraudulenta) de moeda metálica ou papel-moeda de curso legal no País ou no estrangeiro (seu poder liberatório é imposto por lei). A falsificação pode ser realizada por dois modos: (a) *fabricando* a moeda metálica ou papel-moeda (contrafação). Aqui ocorre a reprodução integral do objeto verdadeiro; ou (b) *alterando-a*: aqui a moeda metálica ou papel-moeda já existia integralmente, mas se realizam nela modificações de forma a aparentar valor superior, por exemplo, alterar as letras e os números indicativos do valor da nota. É da essência do delito que a falsificação seja apta a iludir a vítima, isto é, a causar engano. Se for grosseira, inidônea a esse fim, não se perfaz o crime em tela. Convém lembrar que "a utilização de papel-moeda grosseiramente falsificado configura, em tese, o crime de estelionato, da competência da Justiça Estadual", conforme entendimento da Súmula 73 do STJ (*vide* jurisprudência abaixo).

Estelionato e falsificação grosseira: STJ: "Ainda que o Judiciário e o Ministério Público não estejam vinculados ao laudo pericial, no caso em apreço, ele só vem a corroborar o que se detecta *primo ictu oculi*: as cédulas falsificadas, por si sós, não têm o condão de ludibriar o homem mediano. A textura do papel, a cor, a qualidade de impressão são precários. A chance de sucesso na empreitada criminosa dependeria, nessas circunstâncias, do uso de algum artifício ou ardil, de modo a iludir a vítima, mantendo-a em erro. Como disse o laudo, trata-se de 'FALSIFICAÇÃO GROSSEIRA, através do sistema de IMPRESSÃO A JATO DE TINTA, não possuindo atributos para iludir a média do homem comum, enganando somente cidadãos incautos'. Tanto que, na primeira tentativa de usá-las, a pretensa vítima não se deixou enganar. 3. Incidência da Súmula n. 73 do STJ, *in verbis*: 'A utilização de papel-moeda grosseiramente falsificado configura, em tese, o crime de estelionato, de competência da Justiça Estadual'. 4. Conflito de atribuição recebido como conflito de competência, com a declaração de ser o Juízo da 1ª Vara Criminal de Colatina/ES o competente para o processamento do feito, devendo os autos serem encaminhados para a Promotoria de Justiça Criminal de Colatina/ES, a fim de que, diante dos elementos de informação disponíveis, proceda como entender de direito para a apuração do eventual crime de tentativa de estelionato, restando afastada a configuração do delito de moeda falsa" (STJ, CAt 175/ES, 3ª S., Relª Minª Laurita Vaz, j. 28-9-2005, *DJ* 24-10-2005, p. 167). STJ: "1. A doutrina e a jurisprudência são uníssonas no sentido de que, para a ocorrência do delito previsto no art. 289, § 1º, do Código Penal (circulação de moeda falsa), é indispensável que o produto utilizado apresente semelhança com o verdadeiro, podendo ser confundido com o autêntico, vale dizer, capaz de ofender a fé pública. 2. A despeito do laudo pericial haver concluído que se tratava de falsificação de má qualidade, mas capaz de 'iludir ao cidadão comum, pouco afeto ao trato com cédulas', duas das três testemunhas que tiveram contato com as cédulas falsificadas foram convictas em afirmar que se tratava de 'dinheiro nitidamente falso'. 3. Incidência da Súmula desta Corte, enunciado n. 73, *in verbis*: 'A utilização de papel-moeda grosseiramente falsificado configura, em tese, o crime de estelionato, da competência da Justiça Estadual'. 4. Conflito conhecido para declarar a competência do Juízo de Direito de Itapagipe/MG, o suscitante" (STJ, CC 34277/MG, 3ª S., Rel. Min. Hamilton Carvalhido, j. 26-6-2002, *DJ* 10-2-2003, p. 169). No *mesmo sentido*: STJ, CC 27327/SP, 3ª S., Rel. Min. Hamilton Carvalhido, j. 22-11-2000, *DJ* 19-2-2001, p. 135.

Moeda falsa e desclassificação: "Penal. Processual Penal. *Habeas Corpus.* Crime contra a fé pública (arts. 289 a 311, do Código Penal). Moeda falsa (art. 289 do CP). Denúncia oferecida perante a Justiça Comum Estadual, que capitula posse de moeda falsa, grosseiramente falsificada como infração ao art. 289, § 1º do CP. Alegação de incompetência da Justiça Estadual para julgar o feito. Improcedência. Cometimento do delito do art. 171, impossibilitando o trancamento da ação penal. Possibilidade de, na fase do art. 383 do CPP, dar, o juiz, nova capitulação aos fatos, daí ratificando sua competência, a teor da Súmula 73/STJ, para processar e julgar a ação penal. 'Ordem denegada'" (STJ, HC 30118/CE, 5ª T., Rel. Min. José Arnaldo da Fonseca, j. 19-2-2004, *DJ* 22-3-2004, p. 334).

(3) Sujeito ativo: Qualquer pessoa, pois constitui de crime comum.

(4) Sujeito passivo: É o Estado, a coletividade, haja vista que se trata de crime contra a fé pública. É também vítima a pessoa física ou jurídica individualmente prejudicada.

(5) Elemento subjetivo: É o dolo, consubstanciado na vontade livre e consciente de falsificar a moeda metálica ou papel-moeda, fabricando-a ou alterando-a. Não se exige a finalidade específica de obtenção de lucro ou de colocar a moeda em circulação.

(6) Consumação e tentativa: Consuma-se com a efetiva falsificação. Por se tratar de crime formal, prescinde-se da causação de qualquer prejuízo a alguém. Também não é necessário que o objeto seja colocado em circulação. A tentativa é admissível.

(7) Desistência voluntária: Caso o agente desista voluntariamente de realizar a falsificação, pode responder pelo crime previsto no art. 291 do CP (petrechos para fabricação de moeda).

(8) Ação penal: Trata-se de crime de ação penal pública incondicionada.

(9) Competência: É da Justiça Federal, pois o crime em tela ofende os interesses da União, já que a esta compete, por intermédio do Banco Central, emitir moeda (CF, art. 164). *Vide*, no entanto, *Súmula 73 do STJ.*

Competência. Conexão: STJ: "1. Restando dúvida quanto à qualidade da falsificação, bem como havendo conexão com o crime do art. 291 do Código Penal, a competência é da Justiça Federal. 2. Conflito conhecido para declarar competente o Juízo Federal, o suscitado" (STJ, CC 30147/RS, 3ª S., Rel. Min. Hélio Quaglia Barbosa, j. 24-8-2005, *DJ* 12-9-2005, p. 206). STJ: "Conflito negativo de competência entre os juízos estadual e federal. Penal. Falsificação de moeda cometido em concurso com o de substância entorpecente. Competência da Justiça Federal. Aplicação da Súmula 122 do STJ. Outros delitos cometidos pelo mesmo autor em tempo, modo e lugar distintos. Violação de bens jurídicos da União. Inocorrência. O crime de moeda falsa praticado em concurso com uso de substância entorpecente devem ser julgados pela Justiça Federal a teor do art. 77, II do CPP. Prevalece a competência da Justiça Estadual para julgar outros delitos cometidos pelo mesmo autor em condições de tempo, modo e lugar distintos da primeira série delitiva. Inexistindo lesão a bens e interesses da União, não há que se falar em competência da Justiça Federal. Conflito conhecido para determinar o juízo federal o julgamento do delito de moeda falsa em concurso com o uso de entorpecente e, ao juízo comum estadual o julgamento dos demais delitos" (STJ, CC 38245/RS, 3ª S., Rel. Min. Paulo Medina, j. 11-5-2005, *DJ* 1º-8-

2005, p. 317; *LEXSTJ* 193/288). STJ: "Criminal. HC. Tráfico de entorpecentes. Moeda falsa. Conexão probatória ou instrumental. Inocorrência. (Ordem denegada). I. Não resta evidenciada, em princípio, a ligação entre os crimes de moeda falsa e tráfico de drogas ou se as moedas seriam falsificadas para a comercialização da droga. II. O simples fato de a substância entorpecente e a suposta moeda falsa terem sido apreendidas no mesmo ato pelos policiais não significa a ocorrência de conexão probatória ou instrumental. III. Maiores incursões no campo fático-probatório que são inviáveis na via eleita. IV. Ordem denegada" (STJ, HC 23955/RS, 5ª T., Rel. Min. Gilson Dipp, j. 18-9-2003, *DJ* 20-10-2003, p. 286).

Competência. Juízo da Infância e da Juventude e crime praticado em detrimento da União: STJ: "Processual Penal. Conflito negativo de Competência. Fato praticado por menor. Crime de moeda falsa. Competência do Juízo da Infância e da Juventude. Compete ao Juízo da Vara da Infância e da Juventude processar e julgar o ato infracional cometido por menor inimputável, ainda que a infração tenha ocorrido em detrimento da União (Precedentes). Conflito conhecido, competente o Juízo de Direito da Vara da Infância e da Juventude da Comarca de Teófilo Otoni--MG (Juízo suscitado)" (STJ, CC 33349/MG, 3ª S., Rel. Min. Felix Fischer. j. 18-2-2002, *DJ* 11-3-2002, p. 164).

(10) Crime único: Haverá se, em um mesmo contexto de ação, o agente fabricar ou alterar uma pluralidade de moedas.

(11) Princípio da insignificância: Vide comentários ao art. 1º, item 7: "Conteúdo material do princípio da reserva legal".

Súmulas:

Súmula 73 do STJ: "A utilização de papel-moeda grosseiramente falsificado configura, em tese, o crime de estelionato, da competência da Justiça Estadual".

Súmula 17 do STJ: "Quando o falso se exaure no estelionato, sem mais potencialidade lesiva, é por este absorvido".

Súmula 122 do STJ: "Compete à Justiça Federal o processo e julgamento unificado dos crimes conexos de competência federal e estadual, não se aplicando a regra do art. 78, II, *a*, do Código de Processo Penal".

> § 1º Nas mesmas penas incorre quem, por conta própria ou alheia, importa ou exporta, adquire, vende, troca, cede, empresta, guarda ou introduz na circulação moeda falsa.

(1) Forma equiparada: Pune-se aquele que, por conta própria ou alheia, importa ou exporta, adquire, vende, troca, cede, empresta, guarda ou introduz na circulação moeda falsa. Trata-se de crime de ação múltipla. A prática das diversas ações típicas constitui delito único. Somente pode ter sua conduta enquadrada nesse parágrafo aquele que não realizou a falsificação da moeda metálica ou do papel-moeda. Caso seja o falsificador quem pratique uma dessas condutas, constituirá ela *post factum* impunível. A consumação ocorre no momento da prática de uma das ações típicas. Trata-se de crime instantâneo, com exceção da modalidade *guarda*, em que o crime é permanente. A tentativa é admissível.

(2) Sistema Financeiro Nacional e crime de evasão de divisas: "Se a moeda for verdadeira, aquele que promove, sem autorização legal, a sua saída para o exterior, ou nela mantém depósitos não declarados à repartição federal competente, comete o delito do art. 22, parágrafo único, da Lei n. 7.492/86 (evasão de divisas). Já decidiu o STJ: 'Administrativo. Entrada de moeda estrangeira no país. Apreensão pelo fisco. Impossibilidade. Violação ao art. 22, parágrafo único, da Lei n. 7.492/86. Não ocorrência'. 1. O art. 17 do Decreto n. 42.820/57 autoriza a entrada de moeda estrangeira no país. 2. A mera conduta de ingressar no território nacional com moeda estrangeira não configura o delito a que se refere o art. 22, parágrafo único, da Lei n. 7.492/86. 3. Recurso não provido"

(STJ, REsp 189144/PR, 2ª T., Rel. Min. João Otávio de Noronha, j. 17-2-2005, p. 302). O crime de evasão de divisas, segundo a jurisprudência, tem também como objeto material o ouro (STJ, HC 8133/RS, 6ª T., Rel. Min. Vicente Leal, j. 19-9-2000, *DJ* 12-2-2001, p. 145; *LEXSTJ* 141/294; *RSTJ* 145/573) e os cheques sacados contra bancos nacionais (STJ, EDcl no HC 10329/PR, 5ª T., Rel. Min. Edson Vidigal, j. 21-10-1999, p. 171; *LEXSTJ* 127/339).

> § 2º Quem, tendo recebido de boa-fé, como verdadeira, moeda falsa ou alterada, a restitui à circulação, depois de conhecer a falsidade, é punido com detenção, de 6 (seis) meses a 2 (dois) anos, e multa.

(1) Forma privilegiada: Pune-se de forma mais branda a conduta daquele que, tendo recebido a moeda falsa, sem a consciência da sua falsidade, repassa-a à circulação ao ter ciência dela. É, portanto, pressuposto do delito a boa-fé daquele que recebeu a moeda. Deve o agente ter certeza da falsidade da moeda, não se admitindo o dolo eventual. Esse conhecimento deve preceder a restituição da moeda à circulação. Caso o agente desconheça a falsidade da moeda e a restitua à circulação, não se configurará o delito. Se ele tiver ciência da falsidade no momento do recebimento da moeda, ou seja, se *ab initio* estiver de má-fé, sua conduta deverá ser enquadrada no § 1º. Consuma-se o crime no instante em que a moeda falsa é restituída à circulação. A tentativa é perfeitamente admissível.

(2) Ação penal. Lei dos Juizados Especiais Criminais: Em face da pena máxima prevista (detenção, de 6 meses a 2 anos, e multa), a forma privilegiada do crime (§ 2º) constitui infração de menor potencial ofensivo, sujeita às disposições da Lei n. 9.099/95, sendo, inclusive, cabível o instituto da suspensão condicional do processo, em virtude da pena mínima prevista (art. 89 da lei).

> § 3º É punido com reclusão, de 3 (três) a 15 (quinze) anos, e multa, o funcionário público ou diretor, gerente, ou fiscal de banco de emissão que fabrica, emite ou autoriza a fabricação ou emissão:
>
> I – de moeda com título ou peso inferior ao determinado em lei;
>
> II – de papel-moeda em quantidade superior à autorizada.

Forma qualificada: Trata-se de crime próprio, pois somente pode ser praticado pelas pessoas mencionadas no tipo penal. Quanto ao conceito de funcionário público, *vide* comentários ao art. 327 do Código Penal. No inciso I, o título ou peso da moeda deve ser inferior ao determinado em lei, pois, se superior, o fato será penalmente atípico. No inciso II, exige-se que seja fabricado ou emitido papel-moeda em quantidade superior à autorizada, pois, se inferior, o fato também será atípico. No tocante ao elemento subjetivo, consubstancia-se na vontade livre e consciente de praticar uma das ações típicas, ciente de que se trata de moeda com título ou peso inferior ao determinado em lei ou de papel-moeda em quantidade superior à autorizada. Consuma-se o delito com a fabricação, emissão ou autorização, sendo prescindível neste último caso que se siga a efetiva fabricação ou emissão da moeda ou papel-moeda. Na doutrina há divergências quanto a ser esse crime formal ou material. A tentativa é admissível.

> § 4º Nas mesmas penas incorre quem desvia e faz circular moeda, cuja circulação não estava ainda autorizada.

Forma qualificada: Nessa hipótese, a moeda é verdadeira e fabricada nos limites da lei, o agente desvia e faz a moeda circular antecipadamente, isto é, a coloca em circulação antes da autorização da pessoa competente para esse fim. Trata-se de crime comum, isto é, pode ser praticado por qualquer pessoa. Não se exige qualquer finalidade de obtenção de lucro. O crime consuma-se com a efetiva circulação da moeda. Se o agente, ao desviá-la, é impedido de colocá-la em circulação, há tentativa.

Crimes assimilados ao de moeda falsa

Art. 290. Formar cédula, nota ou bilhete representativo de moeda com fragmentos de cédulas, notas ou bilhetes verdadeiros; suprimir, em nota, cédula ou bilhete recolhidos, para o fim de restituí-los à circulação, sinal indicativo de sua inutilização; restituir à circulação cédula, nota ou bilhete em tais condições, ou já recolhidos para o fim de inutilização:

Pena – reclusão, de 2 (dois) a 8 (oito) anos, e multa.

Parágrafo único. O máximo da reclusão é elevado a 12 (doze) anos e o da multa a Cr$ 40.000,00 (quarenta mil cruzeiros), se o crime é cometido por funcionário que trabalha na repartição onde o dinheiro se achava recolhido, ou nela tem fácil ingresso, em razão do cargo.

(1) Objeto jurídico: Tutela-se a fé pública que recai sobre o papel-moeda.

(2) Ação nuclear: Várias são as ações típicas: (a) formar cédula, nota ou bilhete representativo de moeda com fragmentos de cédulas, notas ou bilhetes verdadeiros: aqui é criada uma nova cédula com aparência de verdadeira. Na hipótese em que o agente apõe números e letras recortadas de notas ou cédulas verdadeiras em outras, para aparentar maior valor, deverá responder pelo delito previsto no art. 289. Cuida-se, no caso, de mera alteração da nota verdadeira, que lhe confere maior valor; (b) suprimir, em nota, cédula ou bilhete recolhidos, para o fim de restituí-los à circulação, sinal indicativo de sua inutilização: aqui o agente utiliza o expediente fraudulento de retirar o sinal indicativo de inutilização da cédula, a fim de colocá-la novamente em circulação; (c) restituir à circulação cédula, nota ou bilhete em tais condições, ou já recolhidos para o fim de inutilização: aqui o agente se limita a colocar o papel-moeda, naquelas condições acima referidas, em circulação, não havendo o emprego de qualquer expediente fraudulento.

(3) Sujeito ativo: Qualquer pessoa pode praticar esse delito. Aquele que formou a nova cédula ou suprimiu o sinal indicativo de inutilização, caso venha a colocá-la em circulação, responderá por delito único.

(4) Sujeito passivo: É o Estado, a coletividade, bem como a pessoa física ou jurídica individualmente prejudicada.

(5) Elemento subjetivo: Nas modalidades *formar* e *restituir*, temos que o elemento subjetivo é o dolo, consubstanciado na vontade livre e consciente de realizar as ações incriminadas. Na restituição, é necessário que o agente tenha ciência das condições em que se encontra a cédula, nota ou bilhete. Na modalidade *suprimir*, exige-se o fim especial de agir (elemento subjetivo do tipo), consistente na vontade de restituir à circulação.

(6) Consumação e tentativa: Consuma-se com a formação da nota, cédula ou bilhete; ou com a supressão do sinal indicativo de inutilização ou com a sua restituição à circulação nas condições referidas no artigo. É admissível a tentativa.

(7) Forma qualificada: Prevista no parágrafo único: A pena de multa será aplicada cumulativamente com a pena privativa de liberdade, não mais nos limites traçados pelo artigo comentado, e sim pelo art. 49 do CP, em face da Lei n. 7.209/84. Trata-se de crime próprio, pois somente o funcionário público pode praticá-lo *(vide* o conceito de funcionário público no art. 327 do CP).

(8) Ação penal. Competência: Trata-se de crime de ação penal pública incondicionada. No tocante à competência para o julgamento desse crime, *vide* comentários no art. 289 do CP.

Petrechos para falsificação de moeda

Art. 291. Fabricar, adquirir, fornecer, a título oneroso ou gratuito, possuir ou guardar maquinismo, aparelho, instrumento ou qualquer objeto especialmente destinado à falsificação de moeda:

Pena – reclusão, de 2 (dois) a 6 (seis) anos, e multa.

(1) Objeto jurídico: Tutela-se a fé pública que recai sobre a moeda.
(2) Ação nuclear: Várias são as condutas típicas: fabricar, adquirir, fornecer, a título oneroso ou gratuito, possuir ou guardar maquinismo, aparelho, instrumento ou qualquer objeto especialmente destinado à falsificação de moeda: O objeto material do crime é o maquinismo, aparelho, instrumento ou qualquer objeto especialmente destinado à falsificação de moeda. Cumpre ao juiz, pois, verificar com exatidão se realmente o objeto material, de forma inequívoca, era destinado à falsificação. *Nesse sentido:* Damásio de Jesus, *Direito penal*, cit., v. 4, p. 24. Trata-se de crime eminentemente subsidiário, pois a efetiva falsificação da moeda acarreta a absorção do delito em tela.
(3) Sujeito ativo: Trata-se de crime comum, pois qualquer pessoa pode praticar esse delito.
(4) Sujeito passivo: É o Estado, a coletividade, haja vista que se trata de crime contra a fé pública.
(5) Elemento subjetivo: É o dolo, consubstanciado na vontade livre e consciente de praticar uma das ações típicas, ciente de que os objetos se destinam, especialmente, à falsificação de moeda.
(6) Consumação e tentativa: Consuma-se com a fabricação, aquisição, fornecimento, posse ou guarda do objeto destinado à falsificação de moeda. Nas condutas típicas *possuir* e *guardar* o delito é permanente, sendo possível a prisão em flagrante enquanto não cessar a permanência. A tentativa é admissível; contudo, no que diz respeito à modalidade fornecer, difícil será a ocorrência do conatus.
(7) Ação penal: Trata-se de crime de ação penal pública incondicionada.
(8) Competência: A competência é da Justiça Federal. *Vide* também comentários ao art. 289, *caput*, do CP. STJ: "Conflito de competência. Penal e Processual. Crimes de moeda falsa e petrechos para sua fabricação. Competência da Justiça Federal. 1. Restando dúvida quanto à qualidade da falsificação, bem como havendo conexão com o crime do art. 291 do Código Penal, a competência é da Justiça Federal. 2. Conflito conhecido para declarar competente o Juízo Federal, o suscitado" (STJ, CC 30147/RS, 3ª S., Rel. Min. Hélio Quaglia Barbosa, j. 24-8-2005, *DJ* 12-9-2005, p. 2006). STJ: "Processual Penal – Competência – Petrechos para falsificação de moeda (art. 291 do CP). 1. Se os petrechos ou instrumentos apreendidos não se prestam apenas para a contrafação da moeda, já que podem ser utilizados para a prática de outras fraudes, como, por exemplo, o 'conto do paco', a competência para conhecer da ação penal é da Justiça Estadual. 2. Conflito conhecido e declarado competente o juízo suscitado" (STJ, CC 7682/SP, Rel. Min. Anselmo Santiago, j. 16-6-1994, *DJ* 5-12-1994, p. 33519; *RSTJ* 69/66).

Emissão de título ao portador sem permissão legal

Art. 292. Emitir, sem permissão legal, nota, bilhete, ficha, vale ou título que contenha promessa de pagamento em dinheiro ao portador ou a que falte indicação do nome da pessoa a quem deva ser pago:

Pena – detenção, de 1 (um) a 6 (seis) meses, ou multa.

Parágrafo único. Quem recebe ou utiliza como dinheiro qualquer dos documentos referidos neste artigo incorre na pena de detenção, de 15 (quinze) dias a 3 (três) meses, ou multa.

(1) Objeto jurídico: Tutela-se mais uma vez a fé pública.

(2) Ação nuclear: Consubstancia-se no verbo *emitir* (colocar em circulação), no caso, nota, bilhete, ficha, vale ou título que contenha promessa de pagamento em dinheiro ao portador ou a que falte indicação do nome da pessoa a quem deva ser pago *(objeto material)*. No título ao portador, o credor não é identificado na cártula, de forma que a transferência do crédito pode ser feita por mera tradição do instrumento. Por não identificar o credor, pode ser transferido a inúmeras pessoas, funcionando como verdadeira moeda de troca. Tal emissão abusiva de títulos, sem dúvida, concorre com a moeda emitida pelo Estado. Ressalve-se que é somente a promessa de pagamento em dinheiro que configura esse delito. A emissão deve ser realizada sem autorização legal (elemento normativo do tipo), do contrário, o fato é atípico, por exemplo, emissão de cheque, de letra de câmbio etc.

(3) Sujeito ativo: Trata-se de crime comum. Qualquer pessoa pode praticar esse delito.

(4) Sujeito passivo: É o Estado, a coletividade, haja vista que se trata de crime contra a fé pública, bem como o indivíduo que sofre o dano pelo não pagamento, pelo emitente, do crédito consignado no título.

(5) Elemento subjetivo: É o dolo, consubstanciado na vontade livre e consciente de emitir o título, ciente de que não possui permissão legal para que ele circule.

(6) Consumação e tentativa: Consuma-se com a emissão do título ao portador, isto é, quando é colocado em circulação. É necessária, assim, sua efetiva entrega a terceiro. A tentativa é perfeitamente admissível.

(7) Forma privilegiada (parágrafo único): Pune-se aqui, de forma mais branda, aquele que recebe o título, isto é, o tomador, ou que o utiliza como dinheiro.

(8) Ação penal. Lei dos Juizados Especiais Criminais: Trata-se de crime de ação penal pública incondicionada. Ambas as formas, simples *(caput* do art. 292) e privilegiada (parágrafo único do art. 292), constituem infração de menor potencial ofensivo, estando sujeitas às disposições da Lei n. 9.099/92, inclusive o *sursis* processual (art. 89 da Lei).

CAPÍTULO II
DA FALSIDADE DE TÍTULOS E OUTROS PAPÉIS PÚBLICOS

Falsificação de papéis públicos

Art. 293. Falsificar, fabricando-os ou alterando-os:

I – selo destinado a controle tributário, papel selado ou qualquer papel de emissão legal destinado à arrecadação de tributo; *(Redação dada pela Lei n. 11.035/2004)*

II – papel de crédito público que não seja moeda de curso legal;

III – vale postal;

IV – cautela de penhor, caderneta de depósito de caixa econômica ou de outro estabelecimento mantido por entidade de direito público;

V – talão, recibo, guia, alvará ou qualquer outro documento relativo a arrecadação de rendas públicas ou a depósito ou caução por que o poder público seja responsável;

VI – bilhete, passe ou conhecimento de empresa de transporte administrada pela União, por Estado ou por Município:

Pena – reclusão, de 2 (dois) a 8 (oito) anos, e multa.

(1) Objeto jurídico: Tutela-se a fé pública.

(2) Ação nuclear: Pune-se a falsificação (imitação, reprodução fraudulenta) de papel público, mediante a fabricação (contrafação, criação) ou alteração (modificação). Os objetos materiais do crime são os seguintes: (I) *selo destinado a controle tributário* (cf. redação determinada pela Lei n. 11.035/2004); (II) *papel de crédito público que não seja moeda de curso legal* (são os títulos da dívida pública, por exemplo, apólices, letras do Tesouro etc. Podem ser ao portador ou nominativos, bem como emitidos pela União, Estados ou Municípios); (III) *vale postal* (esse inciso foi revogado pelo art. 36 da Lei n. 6.438/78); (IV) *cautela de penhor, caderneta de depósito de caixa econômica ou de outro estabelecimento mantido por entidade de direito público;* (V) *talão, recibo, guia, alvará ou qualquer outro documento relativo à arrecadação de rendas públicas ou a depósito ou caução por que o Poder Público seja responsável;* (VI) *bilhete, passe ou conhecimento de empresa de transporte administrada pela União, por Estado ou por Município.*

Falsificação de guia DARF: STJ: "Criminal. REsp. Falsificação de papéis públicos. Configuração. Falsificação de guia de DARF. Inserção de autenticação. Recurso parcialmente conhecido e desprovido. Hipótese em que o recorrente foi denunciado como incurso nas sanções do art. 293, V, do Código Penal, porque teria falsificado guias de arrecadação da Receita Federal (DARFs), através da inserção de autenticação, como forma de comprovação do recolhimento dos tributos. O inciso V do art. 293 do CP refere-se à guia, isto é, impresso para pagamento de tributos, depósitos etc., ou qualquer outro documento relativo à arrecadação de rendas públicas, denotando sua especialidade com relação ao tipo penal previsto no art. 299 do CP. IV. Recurso parcialmente conhecido e desprovido" (STJ, REsp 705288/PR, 5ª T., Rel. Min. Gilson Dipp, j. 4-8-2005, *DJ* 29-8-2005, p. 426).

Falsificação de selo destinado a controle tributário e falsificação de bebida: Vide art. 272, § 1º.

Falsificação de selo destinado a controle tributário e falsificação de cigarro: Vide art. 278.

Falsificação grosseira: STJ: "A adulteração reconhecida como grosseira não configura, por si, o *falsum* (ou o crime de uso do *falsum*), podendo, isto sim, ser meio ou instrumento para a prática de outro crime. Writ parcialmente concedido" (STJ, HC 24853/BA, 5ª T., Rel. Min. Felix Fischer, j. 16-12-2003, *DJ* 9-2-2004, p. 194; *RSTJ* 180/492; *RT* 824/543).

(3) Sujeito ativo: Trata-se de crime comum. Qualquer pessoa pode praticar esse delito.

(4) Sujeito passivo: É o Estado, a coletividade, haja vista que se trata de crime contra a fé pública, bem como o indivíduo que venha a sofrer algum prejuízo.

(5) Elemento subjetivo: É o dolo, consubstanciado na vontade livre e consciente de falsificar os papéis públicos mencionados no tipo penal.

(6) Consumação e tentativa: Consuma-se com a falsificação, mediante fabricação ou alteração. É admissível a tentativa.

(7) Ação penal: Trata-se de crime de ação penal pública incondicionada.

(8) Concurso de crimes. Falsidade de papel público e estelionato: STJ: "Criminal. HC. Falsificação de papel público. Estelionato. Hipótese em que se trata de paciente que, em tese, teria utilizado guia de recolhimento (DARF) falsa perante a Alfândega do Porto de Santos e se apropriado de valores referentes ao recolhimento de tributos referentes a importações realizadas por empresa que contratou seus serviços de despachante aduaneiro. É imprópria a alegação de ausência de justa causa para o prosseguimento da ação penal, se evidenciada, nos autos, a presença de indícios suficientes para a possível configuração de crimes de falsificação de papel público e esteliona-

to, bem como a participação, em tese, da paciente na atividade" (STJ, RHC 18001/SP, 5ª T., Rel. Min. Gilson Dipp, j. 3-11-2005, *DJ* 21-11-2005, p. 261). Sobre o crime de estelionato e falso documental, *vide*, ainda, comentários ao art. 171 do CP.

(9) Competência: STJ: "Penal. Competência. Falsificação de papéis públicos. Lesão a particular. Inexistindo lesão direta a bens, serviços ou interesses da União Federal, compete à Justiça Estadual processar e julgar crime de falsificação de papéis públicos, praticado mediante falsificação de guias de recolhimento de seguro obrigatório (DPVAT) e falsificação de guias de recolhimento de taxas e impostos sobre propriedade de veículos automotores (IPVA). Conflito conhecido. Competência do Juízo Estadual, o suscitado" (STJ, CC 201447/SP, 3ª S., Rel. Min. Vicente Leal, j. 10-3-99, *DJ* 12-4-99, p. 94).

(10) Exame de corpo de delito: STJ: "Processual Penal. Falsificação de papéis públicos (guia de ICM). Corpo de delito. Perícia desnecessária *in casu*. Inteligência do art. 158 do CPP. Falta de alegação no momento azado (CPP, art. 499). Recurso especial não conhecido. I – O paciente e outros comparsas foram condenados por falsificação de papéis públicos (CP, art. 293, V). Os corréus confessaram o crime. Na fase do art. 499 do CPP, ele nada requereu. Apelou. Como preliminar, levantou a nulidade do processo por falta de perícia técnica (CPP, art. 158). Seu apelo foi improvido. Daí o recurso especial com base na alínea *a* do autorizativo constitucional. II – O art. 158 do CPP não pode ser interpretado *ad litteram*. No caso concreto, a perícia seria inócua diante da confissão dos corréus e de outras provas documentais. Ademais, na fase do art. 499 do CPP, o paciente nada requereu. III – Recurso especial não conhecido" (STJ, REsp 49506/RO, 6ª T., Rel. Min. Adhemar Maciel, j. 23-8-94, *DJ* 12-9-1994, p. 23792; LEXSTJ 69/370).

(11) Ação penal: Trata-se de crime de ação penal pública incondicionada.

(12) Causa de aumento de pena: Vide art. 295 do CP.

Lei n. 8.137/90

(1) Tributo ou contribuição social: Dispõe o art. 1º, III, da Lei n. 8.137/90: "Constitui crime contra a ordem tributária suprimir ou reduzir tributo, ou contribuição social e qualquer acessório, mediante as seguintes condutas: (...) III – falsificar ou alterar nota fiscal, fatura, duplicata, nota de venda, ou qualquer outro documento relativo à operação tributável".

> § 1º Incorre na mesma pena quem: *(Redação dada pela Lei n. 11.035/2004)*
>
> I – usa, guarda, possui ou detém qualquer dos papéis falsificados a que se refere este artigo;
>
> II – importa, exporta, adquire, vende, troca, cede, empresta, guarda, fornece ou restitui à circulação selo falsificado destinado a controle tributário;
>
> III – importa, exporta, adquire, vende, expõe à venda, mantém em depósito, guarda, troca, cede, empresta, fornece, porta ou, de qualquer forma, utiliza em proveito próprio ou alheio, no exercício de atividade comercial ou industrial, produto ou mercadoria:
>
> a) em que tenha sido aplicado selo que se destine a controle tributário, falsificado;
>
> b) sem selo oficial, nos casos em que a legislação tributária determina a obrigatoriedade de sua aplicação. *(Incisos e alíneas acrescentados pela Lei n. 11.035/2004)*

(1) Forma equiparada e "novatio legis" incriminadora: A antiga redação do art. 293, § 1º, do CP se restringia a prever apenas a conduta de usar qualquer dos papéis falsificados a que se refere este artigo. A Lei n. 11.035/2004 criou inúmeras novas condutas envolvendo os papéis falsificados.

Trata-se de "*novatio legis* incriminadora", a qual não poderá retroagir para prejudicar o agente. Assim, além do uso, foram incluídas a guarda, posse, detenção de qualquer um dos papéis falsificados elencados no texto legal (selo, papel de crédito público, cautela de penhor, talão, recibo, guia, alvará, bilhete, passe etc.), de forma que tais ações afastam a configuração do crime de receptação ou favorecimento real, por força do princípio da especialidade. Convém notar que, se aquele que falsificar os papéis e posteriormente os utilizar, guardar etc., responderá apenas pela falsificação, constituindo as ações posteriores *post factum* impunível. O inciso III constitui uma norma penal em branco, pois incumbirá à legislação tributária determinar os casos em que o selo oficial deverá ser obrigatório.

(2) Atividade comercial: De acordo com o § 5º, acrescido ao art. 293 pela Lei n. 11.035/2004, "equipara-se à atividade comercial, para os fins do inciso III do § 1º, qualquer forma de comércio irregular ou clandestino, inclusive o exercido em vias, praças ou outros logradouros públicos ou em residências".

> § 2º Suprimir, em qualquer desses papéis, quando legítimos, com o fim de torná-los novamente utilizáveis, carimbo ou sinal indicativo de sua inutilização:
>
> Pena – reclusão, de 1 (um) a 4 (quatro) anos, e multa.

(1) Supressão de carimbo ou sinal de inutilização de papéis públicos: Aqui os papéis públicos acima mencionados são verdadeiros. Contudo há neles carimbo ou sinal indicativo de sua inutilização, e o agente o suprime, isto é, remove, elimina, com o fim de tornar os papéis novamente utilizáveis (elemento subjetivo do tipo).

(2) Lei dos Juizados Especiais Criminais: É cabível a suspensão condicional do processo (art. 89 da Lei n. 9.099/95), sem a causa de aumento do art. 295 do CP.

> § 3º Incorre na mesma pena quem usa, depois de alterado, qualquer dos papéis a que se refere o parágrafo anterior.

(1) Uso de papéis públicos com carimbo ou sinal de inutilização suprimidos: Pune-se aqui o uso dos papéis públicos, que tiveram o carimbo ou sinal indicativo de inutilização neles apostos suprimido. Se aquele que suprimir o carimbo ou sinal de inutilização dos papéis públicos posteriormente os usar, responderá apenas pela figura prevista no § 2º, constituindo o uso fato *post factum* impunível.

> § 4º Quem usa ou restitui à circulação, embora recebido de boa-fé, qualquer dos papéis falsificados ou alterados, a que se referem este artigo e o seu § 2º, depois de conhecer a falsidade ou alteração, incorre na pena de detenção, de 6 (seis) meses a 2 (dois) anos, ou multa.

(1) Restituição à circulação (figura privilegiada): É o mesmo tratamento dispensado ao crime de moeda falsa (§ 2º do art. 289). Aplicam-se aqui os mesmos comentários lá expendidos.

(2) Lei dos Juizados Especiais Criminais: Trata-se de infração de menor potencial ofensivo. É cabível a suspensão condicional do processo, ainda que incida a causa de aumento do art. 295 do CP.

> § 5º Equipara-se a atividade comercial, para os fins do inciso III do § 1º, qualquer forma de comércio irregular ou clandestino, inclusive o exercido em vias, praças ou outros logradouros públicos e em residências. *(Acrescentado pela Lei n. 11.035/2004)*

Petrechos de falsificação

Art. 294. Fabricar, adquirir, fornecer, possuir ou guardar objeto especialmente destinado à falsificação de qualquer dos papéis referidos no artigo anterior:

Pena – reclusão, de 1 (um) a 3 (três) anos, e multa.

(1) Petrechos de falsificação: Similarmente ao crime de moeda falsa, pune-se o que seria mero ato preparatório da falsificação de papéis públicos. Trata-se de crime eminentemente subsidiário, pois a efetiva falsificação dos papéis acarreta a absorção do delito em tela. Aplicam-se aqui todos os comentários expendidos acerca do crime previsto no art. 291 (petrechos para falsificação de moeda), inclusive no que diz respeito à qualificadora do art. 295 do CP.

(2) Concurso de crimes: STJ: "Penal. Crimes contra a fé pública. Falsificação de papéis públicos. Petrechos de falsificação. Concurso aparente de normas. *Ante factum* impunível. Não há concurso material de crimes na hipótese em que o agente fabrica, adquire, fornece, possui ou guarda objetos destinados à falsificação de papéis públicos, pois a segunda consubstancia mero ato preparatório ou *ante factum* impunível. – *Habeas corpus* concedido" (STJ, HC 11799/SP, 6ª T., Rel. Min. Vicente Leal, j. 16-5-2000, *DJ* 29-5-2000, p. 188; *RT* 781/533).

(3) Ação penal. Lei dos Juizados Especiais Criminais: Trata-se de crime de ação penal pública incondicionada. É cabível o instituto da suspensão condicional do processo (art. 89 da Lei n. 9.099/95), caso não incida a causa de aumento de pena prevista no art. 295 do CP.

Art. 295. Se o agente é funcionário público e comete o crime prevalecendo-se do cargo, aumenta-se a pena de sexta parte.

Forma majorada: Para a incidência dessa majorante não basta que o sujeito ativo seja funcionário público. É necessário que ele efetivamente se prevaleça do cargo para a prática do delito.

CAPÍTULO III
DA FALSIDADE DOCUMENTAL

Falsificação do selo ou sinal público

Art. 296. Falsificar, fabricando-os ou alterando-os:

I – selo público destinado a autenticar atos oficiais da União, de Estado ou de Município;

II – selo ou sinal atribuído por lei a entidade de direito público, ou a autoridade, ou sinal público de tabelião:

Pena – reclusão, de 2 (dois) a 6 (seis) anos, e multa.

(1) Objeto jurídico: Tutela-se a fé pública do selo ou sinal público.

(2) Ação nuclear: A conduta típica consiste em *falsificar*, fabricando (contrafação, criação), ou alterando (modificando) selo ou sinal público. O objeto material do crime é, portanto: (I) o selo público destinado a autenticar atos oficiais da União, de Estado ou de Município; (II) selo ou sinal atribuído por lei a entidade de direito público (entidades paraestatais, autarquias) ou a autoridade, ou sinal público de tabelião.

(3) Sujeito ativo: Trata-se de crime comum. Qualquer pessoa pode praticar esse delito.

(4) Sujeito passivo: É o Estado, a coletividade.

(5) Elemento subjetivo: É o dolo, consubstanciado na vontade livre e consciente de falsificar o selo ou sinal público, mediante sua fabricação ou alteração, ciente de que ele se destina a autenticar documentos oficiais do Estado.

(6) Consumação e tentativa: Consuma-se com a efetiva falsificação do selo ou sinal público. É admissível a tentativa.

(7) Ação penal: Trata-se de crime de ação penal pública incondicionada.

> § 1º Incorre nas mesmas penas:
>
> I – quem faz uso do selo ou sinal falsificado;
>
> II – quem utiliza indevidamente o selo ou sinal verdadeiro em prejuízo de outrem ou em proveito próprio ou alheio;
>
> III – quem altera, falsifica ou faz uso indevido de marcas, logotipos, siglas ou quaisquer outros símbolos utilizados ou identificadores de órgãos ou entidades da Administração Pública. *(Acrescentado pela Lei n. 9.983/2000)*

(1) Figura equiparada: Pune-se com a mesma pena aquele que: (a) utiliza o selo ou sinal público falsificado, isto é, emprega-o na autenticação dos documentos públicos. Se aquele que falsificou o selo ou sinal posteriormente o utilizar, responderá apenas pela conduta prevista no *caput* do artigo, constituindo o uso *post factum* não punível; (b) utiliza indevidamente o selo ou sinal verdadeiro em prejuízo de outrem ou em proveito próprio ou alheio: se a utilização for devida, o fato é atípico. A tentativa é inadmissível; (c) altera, falsifica ou faz uso indevido de marcas, logotipos, siglas ou quaisquer outros símbolos utilizados ou identificadores de órgãos ou entidades da Administração Pública: esse inciso foi introduzido no § 1º pela Lei n. 9.983, de 14-7-2000. A tentativa é possível na conduta *alterar ou falsificar*. Já na modalidade *fazer uso indevido* a tentativa é inadmissível.

> § 2º Se o agente é funcionário público, e comete o crime prevalecendo-se do cargo, aumenta-se a pena de sexta parte.

Forma majorada: Para a incidência dessa majorante, não basta que o sujeito ativo seja funcionário público. É necessário que ele efetivamente se prevaleça do cargo para a prática do delito.

Falsificação de documento público

Art. 297. Falsificar, no todo ou em parte, documento público, ou alterar documento público verdadeiro:

Pena – reclusão, de 2 (dois) a 6 (seis) anos, e multa.

(1) Objeto jurídico: Tutela-se a fé pública dos documentos de natureza pública.

(2) Ações nucleares: Estamos diante de um crime de falsidade material. Assim, incriminam-se as condutas de falsificar (formar, criar), total ou parcialmente, documento público ou *alterar* (modificar) o documento. Na hipótese o documento é verdadeiro, e o agente substitui seu conteúdo, isto é, frases, palavras que alterem sua essência, incidindo, portanto, sobre aspectos relevantes do documento.

Falsificação grosseira: Poderá constituir crime impossível ou o delito de estelionato (*vide* comentários ao art. 289 do CP).

(3) Documento público: O tipo penal refere-se ao documento público. O conceito de documento público é trazido pela doutrina. Divide-se em: (a) *documento formal e substancialmente*

público, por exemplo: documentos emanados de atos do Executivo, Legislativo e Judiciário, bem como qualquer outro, expedido por funcionário público, desde que represente interesses do Estado. É o caso do CPF/MF (Cadastro de Pessoas Físicas do Ministério da Fazenda), CNH (Carteira Nacional de Habilitação), Carteira de Trabalho, CRV (Certificado de Registro de Veículo), título de eleitor, RG etc.; (b) *documento formalmente público, mas substancialmente privado*, por exemplo, uma escritura pública de transferência de propriedade imóvel, cujo interesse envolvido é particular. Mencione-se que são considerados documentos públicos: *o original, a cópia (translado e certidões), o documento emitido por autoridade estrangeira, e os documentos legalmente equiparados ao público* (cf. § 2º).

(4) Sujeito ativo: Qualquer pessoa. Sendo funcionário público, prevalecendo-se do cargo, incide o aumento de pena de 1/6 previsto no § 1º. Admite-se o concurso de pessoas.

Concurso de pessoas: STJ: "Caracteriza o crime de Falsificação de Documento Público quando o agente concorre com outrem para a composição ilegal de passaporte. O crime não se confunde com o uso de documento falso (art. 304). Na hipótese, a concorrência se deu com o fornecimento de retrato para ser colocado no passaporte. Houve, pois, participação na composição do falso. Recurso especial conhecido e provido" (STJ, REsp 327460/RJ, 5ª T., Rel. Min. José Arnaldo da Fonseca, j. 3-8-2004, *DJ* 6-9-2004, p. 290).

(5) Sujeito passivo: É o Estado (sujeito passivo principal) e o terceiro eventualmente lesado pela conduta delitiva (sujeito passivo secundário).

(6) Elemento subjetivo: É o dolo, consistente na vontade livre e consciente de praticar uma das condutas típicas.

(7) Consumação e tentativa: Consuma-se com a falsificação ou alteração do documento, sendo prescindível o uso efetivo deste. A tentativa é admissível.

Aptidão lesiva da falsificação: STJ: "Falsificação de documento público. Diploma universitário. Aptidão lesiva. Produção do resultado pretendido. Objeto apropriado à configuração do crime. Recurso não conhecido. 1. Para a caracterização do crime previsto no art. 297 do Código Penal, basta que a falsificação tenha aptidão para lesionar a fé pública, sendo dispensável, assim, a comprovação de efetivo dano. 2. Na hipótese, o documento falsificado pelo acusado não só era hábil a ofender a fé pública, como efetivamente o fez, logrando o agente obter o resultado que pretendia com a falsificação, uma vez que o falso diploma de farmacêutico lhe propiciou a retirada da Carteira de Identificação Profissional. 3. Dessa forma, não há falar em crime impossível por impropriedade absoluta do objeto na espécie, sendo inaplicável o disposto no art. 17 do Código Penal. 4. Recurso não conhecido" (STJ, REsp 702525/PR, 5ª T., Rel. Min. Arnaldo Esteves Lima, j. 6-6-2006, *DJ* 26-6-2006, p. 190).

(8) Exame de corpo de delito: Dispõe o art. 159 do CPP, com a redação determinada pela Lei n. 11.690/2008, que "o exame de corpo de delito e outras perícias serão realizados por perito oficial, portador de diploma de curso superior. § 1º Na falta de perito oficial, o exame será realizado por 2 (duas) pessoas idôneas, portadoras de diploma de curso superior preferencialmente na área específica, dentre as que tiverem habilitação técnica relacionada com a natureza do exame. § 2º Os peritos não oficiais prestarão o compromisso de bem e fielmente desempenhar o encargo". Antes da reforma processual penal, exigia-se que o exame de corpo de delito e outras perícias fossem feitos por dois peritos oficiais e, na falta destes, por duas pessoas idôneas.

Exame grafotécnico: Outra perícia possível de ser realizada nos crimes de falso é o exame grafotécnico. Destina-se a apurar, por meio da comparação dos padrões gráficos, se o falsário foi realmente o autor do documento (assinatura e conteúdo). Nessa hipótese, deverá ele fornecer padrões gráficos de próprio punho, que serão comparados com o documento falsificado. Sobre o tema, *vide* comentários ao art. 171 do CP.

(9) Concurso de crimes. Falsidade documental como meio para a prática do estelionato: Vide comentários ao art. 171 do CP.

(10) Concurso de crimes. Falsidade documental praticada após crime contra o patrimônio: STJ: "Não há que se falar em consunção do crime de falsificação de documento público e apropriação indébita, quando constado que o primeiro delito só fora praticado após transcorrido todo o *iter criminis*, estando o tipo objetivo totalmente realizado. 3. Ordem denegada" (STJ, HC 45306/SC, 6ª T., Rel. Min. Hélio Quaglia Barbosa, j. 4-4-2006, *DJ* 26-6-2006, p. 205). Haverá no caso concurso material de crimes, pois estamos diante de crimes autônomos, que ofendem objetividades jurídicas diversas (patrimônio e fé pública), não se podendo jamais falar em progressão criminosa (*post factum* impunível).

(11) Concurso de crimes. Falso documental e uso (CP, art. 304): Na hipótese em que o próprio falsário faz uso do documento falsificado, o uso constitui fato posterior não punível (uma das subespécies da chamada progressão criminosa), não havendo falar em concurso de crimes.

(12) Ação penal: Trata-se de crime de ação penal pública incondicionada.

(13) Competência: Se não há efetiva lesão a bens, serviços ou interesses da União, de suas entidades autárquicas ou empresas públicas, a competência é da Justiça Estadual. *Nesse sentido:* STJ, CC 47901/MG, 3ª S., Rel. Min. Paulo Medina, j. 23-8-2006, *DJ* 25-9-2006, p. 231; STJ, CC 45243/SC, 3ª S., Rel. Min. Hamilton Carvalhido, j. 24-8-2005, *DJ* 28-11-2005, p. 185.

Falsidade documental. Uso de documento falso. Local da infração desconhecido. Local do uso conhecido. STJ: "I. Documentos supostamente falsos que teriam sido apresentados perante policiais civis do Estado do Rio de Janeiro lesa interesse estadual. II. Constatada a falsificação grosseira, não se reconhece potencialidade lesiva a bens, serviços ou interesses da União. III. Desconhecendo-se o local da confecção do documento falsificado, compete ao Juízo do local em que este foi utilizado processar e julgar o feito. Precedentes. IV. Conflito conhecido, declarando-se a competência do Juízo de Direito da 2ª Vara Criminal de Itaboraí/RJ, o Suscitado" (STJ, CC 36624/RJ, 3ª S., Rel. Min. Gilson Dipp, j. 13-8-2003, *DJ* 22-9-2003, p. 257).

Falsidade documental (CPF): STJ: "O documento de CPF é expedido pela Secretaria da Receita Federal, órgão do Ministério da Fazenda, pertencente à estrutura da União Federal, configurando-se, pois, a hipótese prevista no art. 109, inciso IV, da Constituição Federal de 1988, a atrair a competência da Justiça Federal para o julgamento do processo. Tendo a ação penal relativa ao delito de falsificação de documento de CPF sido julgada pela Justiça estadual, evidencia-se a nulidade processual, decorrente da incompetência absoluta do Juízo processante, passível de ser declarada a qualquer tempo e em qualquer grau jurisdicional. Precedente" (STJ, HC 44701/SP, 5ª T., Rel. Min. Gilson Dipp, j. 6-12-2005, *DJ* 19-12-2005, p. 452).

Falsidade documental (CPF falso) como crime-meio para a prática do estelionato contra banco privado. Competência: STJ: "Penal. Processual. Saque em banco privado, com CPF falso, de restituição do imposto de renda. Estelionato. Competência. Conflito. 1. Quando as falsidades documentais não passam de crimes-meio realizando-se, ao final, só o estelionato, como neste caso, contra banco privado, não se justifica a competência da Justiça Federal para o processo e julgamento. 2. Conflito conhecido; Competência do suscitado" (STJ, CC 11.734/SP, 3ª S., Rel. Min. Edson Vidigal, j. 4-9-1995, *DJ* 30-10-1995, p. 36709; *LEXSTJ* 79/325).

Falsidade documental. Uso de documento falso perante banco privado: STJ: "1. Compete à Justiça Estadual processar e julgar ação penal que cuida de crime de uso de documento público falso perante instituição bancária de natureza privada, uma vez inexistente o prejuízo a bens, serviços ou interesses federais. 2. Ordem concedida" (STJ, HC 28240/SP, 6ª T., Rel. Min. Hamilton Carvalhido, j. 18-9-2003, *DJ* 22-11-2004, p. 389).

Falsidade documental e órgão sujeito à administração militar: STJ: "1. Comete crime militar o civil não só quando realiza ação típica prevista no Código Penal Militar e definida de modo diverso na lei penal comum, ou nela não previsto, mas também quando pratica ilícito penal contra as instituições militares, que compreendem os crimes previstos de igual maneira na lei penal militar e na lei penal comum, nos casos previstos no inciso III do art. 9º do Código Penal Militar. 2. A falsificação de Certificado de Saúde (CCF), emitido pelo Centro de Medicina Aeroespacial da Aeronáutica (CEMAL), e sua utilização perante o Departamento de Aviação Civil (DAC), ambos os órgãos que compõem a estrutura básica do Ministério da Aeronáutica, constituem crimes militares. 3. Conflito conhecido para declarar competente o Juízo Auditor da 1ª Auditoria da 1ª Circunscrição Judiciária Militar, suscitante" (STJ, CC 37893/RJ, 3ª S., Rel. Min. Hamilton Carvalhido, j. 9-6-2004, p. 131; *RSTJ* 184/400).

Falsidade documental. Uso de documento falso. Passaporte adulterado: STJ: "1. Não sendo apresentados elementos que comprovem o autor *do falsum*, evidencia-se apenas o respectivo uso. 2. O crime de uso de documento falso consuma-se no momento e lugar em que o agente efetivamente utiliza o documento, consciente da falsidade. 3. No embarque *é* imperativa a apresentação do passaporte, consumando-se nesse ato o delito de uso de documento falso, ainda que a verificação da falsidade somente ocorra no estrangeiro e haja posterior deportação e reingresso do nacional. 4. Conflito conhecido para declarar a competência do Juízo Federal da 3ª Vara Criminal da Seção Judiciária do Estado do Rio de Janeiro, suscitado" (STJ, CC 46728/SP, 3ª S., Rel. Min. Arnaldo Esteves Lima, j. 24-8-2005, *DJ* 26-9-2005, p. 172). *No mesmo sentido:* STJ, CC 36360/SP, 3ª S., Rel. Min. Felix Fischer, j. 13-11-2002, *DJ* 19-12-2002, p. 330. "*Vide*" *Súmula 200 do STJ.* Sobre o uso, como próprio, de passaporte alheio, *vide* comentários ao art. 308 do CP.

Falsidade documental. Uso de documento falso. Crime contra Sociedade de Economia Mista: STJ: "1 – Por se tratar de Inquérito Policial instaurado em decorrência do uso de documento falso (CIC), com a finalidade de se obter cartão magnético e efetuar saque em conta corrente recém-aberta no Banco do Brasil, inocorre efetivo prejuízo a bens, serviços ou interesses da União. Há, no caso concreto, suposto delito cometido em detrimento de Sociedade de Economia Mista, sendo aplicável à espécie, portanto, a Súmula 42 desta Corte. 2 – Precedentes (CC ns. 21.891/PB e 39.868/BA). 3 – Conflito conhecido e provido para declarar competente o D. Juízo de Direito da 2ª Vara de Araruama/RJ, ora suscitado" (STJ, CC 27515/RJ, 3ª S. Rel. Min. Jorge Scartezzini, j. 28-4-2004, *DJ* 1º-7-2004, p. 172). "*Vide*" *Súmula 42 do STJ.*

Falsidade documental. Uso de documento falso (certidão de débitos estaduais falsa) perante o Tribunal Regional Eleitoral: Competência da Justiça Federal para o julgamento do feito. *Nesse sentido:* STJ, REsp 508476/SC, 5ª T., Rel. Min. Gilson Dipp, j. 5-10-2004, *DJ* 16-11-2004, p. 313.

Falsidade documental. Uso de documento falso perante empresa pública federal: STF: "O tema relativo à incompetência da Justiça Federal para julgar os crimes de estelionato e falsidade de documentos, em detrimento de empresa pública federal, pode ser examinado de ofício, ante a possibilidade de ocorrer nulidade. O estelionato e a falsidade de documentos quando cometidos em detrimento de empresa pública federal são da competência da Justiça Federal (CF, art. 109, IV). Precedentes. O silêncio da defesa, ante a declaração de prevenção do Juiz Federal para julgar referidos crimes, leva à preclusão da matéria. Recurso não provido" (STF, RHC 82059/PR, 2ª T., Rel. Min. Nelson Jobim, j. 3-9-2002, *DJ* 25-10-2002, p. 73).

Falsidade documental. Uso de documento falso com o intuito de burlar a fiscalização realizada pelos agentes da Polícia Rodoviária Federal, que constitui serviço da União: Competência do Juízo Federal. STJ, CC 41195/RS, 3ª S., Rel. Min. Arnaldo Esteves Lima, j. 27-4-2005, *DJ* 22-6-2005, p. 222; *LEXSTJ* 191/238; *RSTJ* 193/478.

(14) **Distinção:** Se houver a falsificação de *chassi ou qualquer sinal de identificador de veículo automotor e falsificação de documento público*: não configura crime de falsidade material (CP, art. 297), mas o previsto no art. 311 do CP. Se o agente simplesmente rasura ou cancela palavra ou frase do texto sem realizar qualquer substituição, haverá o crime previsto no art. 305 do CP.

(15) Identificação criminal: A Lei n. 12.037, de 1º de outubro de 2009, passou a regulamentar o art. 5º, LVIII, da Constituição Federal, disciplinando as hipóteses de identificação criminal. O art. 3º da aludida lei previu que, embora apresentado documento de identificação, poderá ocorrer identificação criminal quando: (I) o documento apresentar rasura ou tiver indício de falsificação; (II) o documento apresentado for insuficiente para identificar cabalmente o indiciado; (III) o indiciado portar documentos de identidade distintos, com informações conflitantes entre si; (IV) a identificação criminal for essencial às investigações policiais, segundo despacho da autoridade judiciária competente, que decidirá de ofício ou mediante representação da autoridade policial, do Ministério Público ou da defesa; (V) constar de registros policiais o uso de outros nomes ou diferentes qualificações; (VI) o estado de conservação ou a distância temporal ou da localidade da expedição do documento apresentado impossibilite a completa identificação dos caracteres essenciais.

Código Eleitoral

Se a falsificação do documento público for para fins eleitorais, o fato deverá ser enquadrado no art. 348 do Código Eleitoral (Lei n. 4.737/65). O uso do documento falso, por sua vez, está previsto no art. 353 do Código. Pune-se também aquele que obtém, para uso próprio ou de outrem, documento público falso para fins eleitorais (art. 354).

Legislação tributária (Lei n. 8.137/90)

Falso documental e sonegação fiscal: Alguns crimes de sonegação fiscal, como os previstos nos arts. 1º e 2º, I, da Lei n. 8.137/90, têm como seu elemento constitutivo o falso documental (ideológico, material ou de uso de documento falso). STJ: "I – 'a sonegação fiscal absorve a falsidade, quando esta é o meio fraudulento empregado para a prática do delito tributário' (RHC 1.506/SP, Rel. Min. Carlos Thibau). II – A extinção da punibilidade do réu, no tocante ao crime de sonegação fiscal, porque efetuado o pagamento do tributo, é decisão que motiva o trancamento da ação penal, por falta de justa causa, relativamente aos corréus que se utilizavam do crime de falso para realização do delito tributário. III – Ordem concedida" (STJ, HC 4547/RJ, 6ª T., Rel. Min. Anselmo Santiago, j. 16-12-96, DJ 7-4-1997, p. 11162). STJ: "2. O tipo do art. 1º, inc. I, da Lei n. 8.137/90 é crime especial, que engloba a falsidade cometida unicamente com a intenção de suprimir ou reduzir tributo. A falsidade ideológica tem, em princípio, existência própria e volta-se contra a fé pública, fazendo-se necessária incursão na seara probatória, impossível na via estreita do *habeas corpus*, para reconhecê-la como crime-meio do delito de sonegação fiscal. 3. *In casu*, extinta a punibilidade do crime de sonegação fiscal, e havendo indícios de que persiste a materialidade lesiva da falsidade ideológica, torna-se possível o indiciamento do Paciente, já que as excepcionais circunstâncias que o impedem não se evidenciam de plano. 4. Recurso desprovido" (STJ, RHC 14635/PR, 5ª T., Relª Minª Laurita Vaz, j. 22-3-2005, DJ 2-5-2005, p. 378). STF: "Penal. Processual Penal. *Habeas corpus*. Crime de uso de documento falso. Código Penal, art. 304 c.c. art. 297, parágrafo único, e art. 92, I, Lei n. 8.137/90, art. 2º, I. I – Inquérito STJ n. 300: ação penal STJ n. 238/SP: uso de documento falso. Inquérito STJ n. 281: apuração de eventual enriquecimento ilícito no exercício do cargo. II – O documento falso foi apresentado numa investigação que poderia resultar, em tese, em mais de um delito: o delito contra a ordem tributária e possível ou possíveis delitos decorrentes de enriquecimento ilícito no exercício de cargo público. O pagamento do tributo não elide o crime de falso, por isso que, da investigação, em que o documento falso teria sido apresentado, poderia originar-se outro ou outros delitos, decorrentes de enriquecimento ilícito, que o pagamento do tributo não elidiria. III – Prematuro concluir, ademais, no julgamento do *habeas corpus*, que o crime de falso não pode ser tratado como crime autônomo. IV – Exame de provas: impossibilidade no processo de *habeas corpus*. V – HC indeferido" (STF, HC 83115/SP, 2ª T., Rel. Min. Gilmar Mendes, j. 4-5-2004, *DJ* 18-3-2005, p. 74).

Súmulas:
Súmula 17 do STJ: "Quando o falso se exaure no estelionato, sem mais potencialidade ofensiva, é por este absorvido".
Súmula 42 do STJ: "Compete à Justiça Comum Estadual processar e julgar as causas cíveis em que é parte sociedade de economia mista e os crimes praticados em seu detrimento".
Súmula 62 do STJ: "Compete à Justiça Estadual processar e julgar o crime de falsa anotação na Carteira de Trabalho e Previdência Social, atribuído a empresa privada".
Súmula 104 do STJ: "Compete à Justiça Estadual o processo e julgamento dos crimes de falsificação e uso de documento falso relativo a estabelecimento particular de ensino".
Súmula 107 do STJ: "Compete à Justiça Comum Estadual processar e julgar crime de estelionato praticado mediante falsificação das guias de recolhimento das contribuições previdenciárias, quando não ocorrente lesão à autarquia federal".
Súmula 200 do STJ: "O Juízo Federal competente para processar e julgar acusado de crime de uso de passaporte falso é o do lugar onde o delito se consumou".

§ 1º Se o agente é funcionário público, e comete o crime prevalecendo-se do cargo, aumenta-se a pena de sexta parte.

(1) Forma majorada: Para a incidência dessa majorante não basta que o sujeito ativo seja funcionário público. É necessário que ele efetivamente se prevaleça do cargo para a prática do delito.

(2) Procedimento dos arts. 513 e seguintes do CPP: STJ: "I. O procedimento para a apuração dos crimes praticados por funcionários públicos aplica-se apenas em relação aos crimes previstos nos arts. 312 a 326 do Código Penal. Precedentes. II. Tendo a paciente sido denunciada pela prática do delito de falsificação de documento público, não tem aplicação o rito previsto nos arts. 513 e seguintes do CPP, ainda que o delito tenha sido agravado pelo aumento de pena decorrente da condição de funcionária pública por ela ostentada, previsto no parágrafo único do referido tipo penal" (STJ, HC 44749/MS, 5ª T., Rel. Min. Gilson Dipp, j. 13-12-2005, *DJ* 1º-2-2006, p. 577).

§ 2º Para os efeitos penais, equiparam-se a documento público o emanado de entidade paraestatal, o título ao portador ou transmissível por endosso, as ações de sociedade comercial, os livros mercantis e o testamento particular.

(1) Documento público por equiparação: São os emanados de autarquias, empresas públicas, sociedade de economia mista, fundações instituídas pelo Poder Público e os serviços sociais autônomos. São também documentos públicos por equiparação os cheques, letras de câmbio, duplicatas, *warrant* etc., assim como as ações de sociedade comercial, os livros mercantis e o testamento particular.

§ 3º Nas mesmas penas incorre quem insere ou faz inserir: *(Parágrafo e incisos acrescentados pela Lei n. 9.983/2000)*

I – na folha de pagamento ou em documento de informações que seja destinado a fazer prova perante a previdência social, pessoa que não possua a qualidade de segurado obrigatório;

II – na Carteira de Trabalho e Previdência Social do empregado ou em documento que deva produzir efeito perante a previdência social, declaração falsa ou diversa da que deveria ter sido escrita;

III – em documento contábil ou em qualquer outro documento relacionado com as obrigações da empresa perante a previdência social, declaração falsa ou diversa da que deveria ter constado.

(1) Forma equiparada. Falsificação de documento público previdenciário: A Lei n. 9.983, de 17-7-2000, que entrou em vigor em 15-12-2000, inseriu o § 3º no art. 297. As condutas aqui previstas, na realidade, assemelham-se às alíneas *g, h* e *i* do art. 95 da Lei Orgânica da Seguridade Social (Lei n. 8.212/91), as quais não se encontram mais vigentes. A falsidade contemplada no delito em exame é a ideológica, ao contrário da modalidade prevista no *caput* do art. 297, que é a material. Assim, no momento da elaboração, da criação do documento, ele é formalmente verdadeiro, contudo, o seu conteúdo, a ideia nele contida, é falsa. O agente, diretamente, insere, isto é, introduz no documento formalmente verdadeiro declaração falsa ou diversa da que deveria ter sido escrita; ou, então, indiretamente, incentiva terceiro a inserir a declaração no documento.

(2) Falsidade documental e INSS: STJ: "Processual penal. Conflito negativo de competência. Falsidade documental. INSS. Prejuízo. Se existe ofensa a bens ou interesses da União, como no caso, com a possível caracterização, em tese, de estelionato praticado em detrimento dos interesses e serviços da CEF, a competência é da Justiça Federal. Conflito conhecido declarando-se competente o juízo suscitado" (STJ, CC 22998/RS, 3ª S., Rel. Min. Felix Fischer, j. 23-6-1999, *DJ* 23-8-1999, p. 72). STJ: "Processual Penal. Competência. Falsidade documental. 1. É da competência da Justiça Comum Estadual processar e julgar infração penal de falsidade documental, se a contrafração não foi dirigida ao INSS, ainda que esse fosse o propósito do agente, não houve, nesse âmbito, perigo ao bem jurídico, que atrai a competência da Justiça Federal. 2. Conflito conhecido, declarado competente o Juízo de Direito de Capelinha-MO" (STJ, CC 10083/MG, 3ª S., Rel. Min. Anselmo Santiago, j. 8-6-1995, *DJ* 2-10-1995, p. 32316). STJ: "Processual penal. *Habeas corpus*. Competência jurisdicional. Crime de uso de documento falso. Utilização em ação judicial contra o INSS. Interesse da autarquia federal. Competência da Justiça Federal. Ordem parcialmente concedida. I. Não se deve confundir, *prima facie*, juízo competente para apreciar o crime de uso de documento falso e o juízo que julgava a causa previdenciária, onde o documento falso instruiu o feito, cuja regra de competência subsume-se ao disposto no art. 109, § 3º, da Carta da República. 2. O uso de documento falso tinha por escopo obter benefício previdenciário em prejuízo do INSS, autarquia federal, impondo-se a competência da Justiça Federal, nos termos do art. 109, inciso IV, da Constituição da República. Ordem parcialmente concedida para anular os atos decisórios praticados pelo Juízo da Comarca de Paraguaçu Paulista/SP, nos autos do Processo n. 530/03, e determinar a sua remessa para a Justiça Federal com jurisdição no lugar da prática da infração penal" (STJ, HC 39713/SP, 5ª T., Rel. Min. Arnaldo Esteves Lima, j. 14-6-2005, *DJ* 22-8-2005, p. 310).

(3) Súmulas: Vide *Súmulas 62 e 107 do STJ*.

(4) Estelionato em detrimento de instituto de assistência social ou beneficência: Vide comentários ao art. 171, § 3º, do CP.

§ 4º Nas mesmas penas incorre quem omite, nos documentos mencionados no § 3º, nome do segurado e seus dados pessoais, a remuneração, a vigência do contrato de trabalho ou de prestação de serviços. *(Parágrafo acrescentado pela Lei n. 9.983/2000)*

(1) Forma equiparada: A Lei n. 9.983, de 14-7-2000, inseriu o § 4º no art. 297. Trata-se de delito que se assemelha à parte final da alínea *i* do art. 95 da Lei n. 8.212/91. É delito omissivo puro. Nessa hipótese, a empresa deixa de inserir nos documentos mencionados no § 3º (folha de pagamento, CPTS etc.) as informações acima citadas. Cuida-se aqui também de falso ideológico. O crime se consuma no momento em que o agente não realiza a inserção das informações nos documentos mencionados no parágrafo anterior. A tentativa é inadmissível.

(2) Lei dos Juizados Especiais Criminais: O § 4º admite a suspensão condicional do processo (art. 89 da Lei n. 9.099/95).

Falsificação de documento particular

Art. 298. Falsificar, no todo ou em parte, documento particular ou alterar documento particular verdadeiro:

Pena – reclusão, de 1 (um) a 5 (cinco) anos, e multa.

Parágrafo único. Para fins do disposto no *caput*, equipara-se a documento particular o cartão de crédito ou débito. *(Parágrafo acrescentado pela Lei n. 12.737/2012)*

(1) Objeto jurídico: Tutela-se a fé pública no que se refere aos documentos de natureza privada.

(2) Ações nucleares: O delito em estudo, assim como o precedente, pune *a falsidade material*, ou seja, aquela que diz respeito à forma do documento. Assim, as ações nucleares típicas consubstanciam-se nos verbos falsificar ou alterar, no caso, documento particular.

Falsificação grosseira: Poderá constituir crime impossível ou o delito de estelionato (*vide* comentários ao art. 289 do CP).

(3) Documento particular: É todo aquele formado "sem a intervenção de oficial ou funcionário público, ou de pessoa investida de fé pública", por exemplo, um contrato de promessa de compra e venda ou de locação, um instrumento particular de doação, uma carta em que se confessa uma dívida, um recibo de venda etc. Cópias não autenticadas de documento não são consideradas documentos para efeitos penais. O documento deve ser um papel escrito, com a identificação do autor, e deve ter relevância jurídica. Não pode constituir objeto material do crime em tela o documento inócuo, cujo conteúdo não gere qualquer consequência na esfera jurídica.

(4) Cartão de crédito ou débito – equiparação: A alteração no art. 298 inclui os cartões de crédito ou débito, para fins penais, como documentos particulares.

Pela Súmula 17 do STJ, se o sujeito faz a clonagem do cartão de crédito ou débito e com ele realiza compras, pratica estelionato (art. 171 do CP). Nesse caso, se esgotada a potencialidade lesiva do cartão falsificado, o falso fica absorvido.

Já o ato de efetuar saques em caixas eletrônicos com o cartão falsificado representa furto mediante fraude (art. 155, § 4º, II, do CP). No caso, o agente que falsifica o cartão e depois efetua saques deve responder por concurso material de delitos, pois são condutas independentes, com bens jurídicos tutelados diversos (fé dos documentos e patrimônio alheio).

Concurso de crimes. Clonagem de cartão de crédito e estelionato: STJ: "*Habeas corpus.* Processual Penal. Crimes de falsificação de documento particular ('clonagem' de cartões de crédito) e estelionato. (...) O maquinário utilizado pelo paciente para reproduzir cartões de crédito de terceiros continuava apto a cometer novos crimes, ao reter informações de crédito e identificação particulares, persistindo assim a sua eficácia para atos futuros, não se aplicando, assim, o disposto no enunciado da Súmula 17, do Superior Tribunal de Justiça. 4. Ordem denegada" (STJ, HC 43952/RJ, 5ª T., Relª Minª Laurita Vaz, j. 15-8-2006, *DJ* 11-9-2006, p. 317).

(5) Sujeito ativo: Trata-se de crime comum, pois qualquer pessoa pode praticá-lo.

(6) Sujeito passivo: É o Estado (sujeito passivo principal) e o terceiro eventualmente lesado pela conduta delitiva (sujeito passivo secundário).

(7) Elemento subjetivo: É o dolo, consubstanciado na vontade livre e consciente de falsificar, no todo ou em parte, documento particular ou alterar documento particular verdadeiro. Não se exige qualquer finalidade específica.

(8) Consumação e tentativa: O crime consuma-se com a falsificação ou alteração do documento, sendo prescindível o uso efetivo deste. A tentativa é perfeitamente possível, pois há um *iter criminis* que pode ser fracionado.

(9) Concurso de crimes: Vide comentários ao art. 297 do Código Penal, os quais aqui se aplicam.

(10) Exame de corpo de delito: Vide comentários ao crime de falsificação de documento público, os quais também incidem aqui (CP, art. 297).

(11) Ação penal. Lei dos Juizados Especiais Criminais: Trata-se de crime de ação penal pública incondicionada. Em face da pena mínima prevista (reclusão de 1 a 5 anos e multa), é cabível o instituto da suspensão condicional do processo.

(12) Competência: Se a falsificação ofender bens, serviços ou interesses da União, o crime será de competência da Justiça Federal. Sendo impossível identificar-se o lugar da falsificação, fixa-se a competência pelo local do uso do documento falso. *Vide* jurisprudência nos comentários ao art. 297 do CP.

Código Eleitoral

(1) Falsificação de documento particular para fins eleitorais: Reza o art. 349 do Código Eleitoral (Lei n. 4.737/65): "Falsificar, no todo ou em parte, documento particular ou alterar documento particular verdadeiro, para fins eleitorais: Pena – reclusão até cinco anos e pagamento, de três a dez dias-multa". O uso do documento falso, por sua vez, está previsto no art. 353 do Código. Pune-se também aquele que obtém, para uso próprio ou de outrem, documento particular falso para fins eleitorais (art. 354).

Legislação tributária

(1) Redução ou supressão de tributo mediante falsificação de documento particular: Dispõe o art. 1º da Lei n. 8.137/90: "Constitui crime contra a ordem tributária suprimir ou reduzir tributo, ou contribuição social e qualquer acessório, mediante as seguintes condutas: (...) III – falsificar ou alterar nota fiscal, fatura, duplicata, nota de venda, ou qualquer outro documento relativo à operação tributável; IV – elaborar, distribuir, fornecer, emitir ou utilizar documento que saiba ou deva saber falso ou inexato. Pena – reclusão, de dois a cinco anos, e multa". *Vide* jurisprudência no artigo precedente.

Súmulas:

Súmula 17 do STJ: "Quando o falso se exaure no estelionato, sem mais potencialidade ofensiva, é por este absorvido".

Súmula 42 do STJ: "Compete à Justiça Comum Estadual processar e julgar as causas cíveis em que é parte sociedade de economia mista e os crimes praticados em seu detrimento".

Súmula 104 do STJ: "Compete à Justiça Estadual o processo e julgamento dos crimes de falsificação e uso de documento falso relativo a estabelecimento particular de ensino".

Falsidade ideológica

Art. 299. Omitir, em documento público ou particular, declaração que dele devia constar, ou nele inserir ou fazer inserir declaração falsa ou diversa da que devia ser escrita, com o fim de prejudicar direito, criar obrigação ou alterar a verdade sobre fato juridicamente relevante:

Pena – reclusão, de 1 (um) a 5 (cinco) anos, e multa, se o documento é público, e reclusão de 1 (um) a 3 (três) anos, e multa, se o documento é particular.

Parágrafo único. Se o agente é funcionário público, e comete o crime prevalecendo-se do cargo, ou se a falsificação ou alteração é de assentamento de registro civil, aumenta-se a pena de sexta parte.

(1) Falsidade material e ideológica: Diferentemente dos delitos precedentes, estamos agora diante do chamado falso ideológico, aquele em que o documento é formalmente perfeito, sendo, no entanto, falsa a ideia nele contida. O sujeito tem legitimidade para emitir o documento, mas acaba por inserir nele um conteúdo sem correspondência com a realidade dos fatos. No falso material, ao contrário, a questão não se cinge à veracidade da ideia, mas à adulteração da forma, de modo que seu aspecto externo é forjado. Por conseguinte, se ocorre adulteração da assinatura do legítimo emitente, ou emissão falsa de assinatura, ou ainda rasuras em seu conteúdo, apenas para ficar em alguns exemplos, opera-se a falsidade material. Entretanto, se tal pessoa, embora legitimada a lançar a declaração, o faz de modo inverídico quanto ao conteúdo, haverá a falsidade ideológica.

(2) Objeto jurídico: Tutela-se a fé pública quanto ao conteúdo dos documentos públicos ou particulares.

(3) Ação nuclear: Punem-se as ações de: (a) omitir (não mencionar) declaração que deveria constar do documento: trata-se de crime omissivo puro; (b) nele inserir declaração falsa ou diversa da que devia ser escrita: aqui o agente diretamente introduz a informação; ou (c) fazer inserir declaração falsa ou diversa da que devia ser escrita: nessa modalidade o agente induz terceiro a inserir a declaração falsa ou diversa no documento. É imprescindível que a falsidade diga respeito a elemento essencial do documento público ou particular, isto é, a fato juridicamente relevante, sob pena de o fato ser atípico.

Falsidade ideológica em laudo técnico: STJ: "I. Mesmo que a conduta descrita na denúncia não possa constituir o crime de falsa perícia, tendo em vista que o paciente não fora designado perito do Juízo, não é possível o trancamento da ação penal, pois a eventual falsidade consignada no laudo técnico por ele subscrito poderia configurar, em tese, o delito de *falsidade ideológica*, autorizando, portanto, a *emendatio libeli*. II. Laudo técnico constitui documento hábil a configurar o delito de *falsidade ideológica*. III. Para a caracterização do delito de falsidade ideológica não é necessária a efetiva ocorrência de prejuízos, sendo suficiente a potencialidade de um evento danoso" (STJ, HC 42727/DF, 5ª T., Rel. Min. Gilson Dipp, j. 2-6-2005, *DJ* 20-6-2005, p. 326).

Falsidade ideológica e atestado de pobreza para obter assistência judiciária gratuita: STJ: "1. É típica, a princípio, a conduta da pessoa que assina declaração de 'pobreza' para obter os benefícios da assistência judiciária gratuita e, todavia, apresenta evidentes condições de arcar com as despesas e custas do processo judicial. 2. A denúncia, ora atacada, é formal e materialmente correta, ou seja, satisfaz as exigências do art. 41, do Código de Processo Penal. Encontra-se, ainda, a exordial acompanhada de um mínimo de prova a amparar a acusação, a qual, no curso da instrução criminal, deverá ser provada e assegurado à paciente o exercício da ampla defesa e do contraditório. 3. Ordem denegada" (STJ, HC 37395/SP, 5ª T., Relª Minª Laurita Vaz, j. 3-3-2005, *DJ* 4-4-2005, p. 330; *RT* 837/538).

(4) Sujeito ativo: Trata-se de crime comum. Qualquer pessoa pode praticá-lo. Caso seja funcionário público, incidirá a causa de aumento prevista no parágrafo único do artigo.

(5) Sujeito passivo: É o Estado (sujeito passivo principal) e, secundariamente, o indivíduo que venha a sofrer o dano com a falsidade ideológica.

(6) Elemento subjetivo: Consubstancia-se no dolo, isto é, na vontade livre e consciente de praticar uma das condutas típicas. Exige-se também o chamado elemento subjetivo do tipo, consistente na finalidade especial de lesar direito, criar obrigação ou alterar a veracidade sobre o fato juridicamente relevante. Ausente esse fim específico, o fato é atípico.

(7) Consumação e tentativa: Reputa-se o crime consumado com a omissão ou a inserção da declaração falsa ou diversa da que deveria constar. Trata-se de crime formal; prescinde-se, portanto, da ocorrência efetiva do dano, bastando a capacidade de lesar terceiro. A tentativa é perfeitamente possível nas modalidades comissivas do crime *(inserir* e *fazer inserir).* É, contudo, inadmissível na conduta omissiva *(omitir).*

(8) Causa de aumento de pena (parágrafo único): Aumenta-se a pena de sexta parte: (a) Se o agente é funcionário público, comete o crime prevalecendo-se do cargo *(vide* comentários ao art. 297 do CP), ou (b) se a falsificação ou alteração é de assentamento de registro civil. *Vide* arts. 241 e 242 do CP.

(9) Concurso de crimes. Falsidade ideológica e uso (CP, art. 304): O art. 304 prevê o delito de uso de documento falso. Na hipótese em que o próprio falsário faz uso do documento ideologicamente falso, tal utilização constitui fato posterior não punível (uma das subespécies da chamada progressão criminosa).

(10) Concurso de crimes. Falsidade documental (ideológica) e estelionato: Vide arts. 171 e 297 do CP. STJ: "Penal. *Habeas corpus.* Art. 299 do Código Penal. Anotações falsas em Carteira de Trabalho e Previdência Social. Crime formal. Potencialidade lesiva. Trancamento da ação penal. I – O trancamento de ação por falta de justa causa, na via estreita do *writ,* somente é viável desde que se comprove, de plano, a atipicidade da conduta, a incidência de causa de extinção da punibilidade ou ausência de indícios de autoria ou de prova sobre a materialidade do delito, hipóteses não ocorrentes na espécie (Precedentes). II – À luz do enunciado nº 17 da Súmula do Superior Tribunal de Justiça, persistindo a potencialidade lesiva, não é o falso absorvido pelo crime de estelionato (Precedentes). III – Inviável, ante as peculiaridades do caso concreto, o reconhecimento do princípio da insignificância. *Writ* denegado" (STJ, HC 47865/SC, 5ª T., Rel. Min. Felix Fischer, j. 14-3-2006, *DJ* 2-5-2006, p. 351).

(11) Concurso de crimes. Falso documental (ideológico) praticado para encobrir outro crime: Incidem aqui os comentários expendidos no crime de falsificação de documento público.

(12) Concurso de crimes. Falso documental e bigamia: STJ: "1. O delito de bigamia exige para se consumar a precedente falsidade, isto é: a declaração falsa, no processo preliminar de habilitação do segundo casamento, de que inexiste impedimento legal. 2. Constituindo-se a falsidade ideológica (crime-meio), etapa da realização da prática do crime de bigamia (crime-fim), não há concurso do crime entre estes delitos. 3. Assim, declarada anteriormente a atipicidade da conduta do crime de bigamia pela Corte de origem, não há como, na espécie, subsistir a figura delitiva da falsidade ideológica, em razão do princípio da consunção. 4. Ordem concedida para determinar a extensão dos efeitos quanto ao trancamento da ação penal do crime de bigamia, anteriormente deferido pelo Tribunal *a quo,* à figura delitiva precedente da falsidade ideológica" (STJ, HC 39583/MS, 5ª T., Relª Minª Laurita Vaz, j. 8-3-2005, *DJ* 11-4-2005, p.346).

(13) Simulação: As hipóteses de simulação encontram-se previstas no art. 167, § 1º, do CC brasileiro: A simulação implica afirmação ideologicamente falsa inserida em um documento formalmente perfeito. Ressalve-se que há hipóteses em que a simulação fraudulenta, desde que haja a vantagem ilícita, constituirá crime específico contra o patrimônio, por exemplo, duplicata simulada (CP, art. 172), fraude à execução (CP, art. 179) etc. Nesse sentido: Nélson Hungria, *Comentários*, cit., v. 9, p. 284.

(14) Folha assinada em branco: Há duas situações distintas, de acordo com a doutrina: (a) a folha em branco foi confiada ao signatário, que a preenche de forma abusiva, configurando o *crime de falso ideológico*. Heleno Cláudio Fragoso lembra ainda que, havendo a revogação do mandato ou extinção da obrigação ou faculdade de preencher o papel, o agente deverá responder pelo delito de falsidade material; (b) a folha em branco foi tomada pelo agente ou obtida de forma ilícita (furto, roubo, apropriação indébita, receptação etc.), configurando, nesse caso, o falso material.

(15) Competência: STJ: "Se a falsidade ideológica foi cometida em autos de processo, em tramitação perante a Justiça Federal, competente esta Justiça para o processo e julgamento da ação penal" (STJ, RHC 17800/RJ, 6ª T., Rel. Min. Hélio Quaglia Barbosa, j. 9-12-2005, *DJ* 6-2-2006, p. 318). Sobre competência, *vide* comentários aos arts. 297 e 298 do CP.

(16) Exame de corpo de delito: STJ "1 – Faz-se desnecessária a prova pericial para se demonstrar a falsidade ideológica, na medida em que o falso recai sobre o conteúdo das ideias, podendo a comprovação se dar por outros meios. (Precedentes)" (STJ, HC 35447/MG, 5ª T., Rel. Min. Felix Fischer, j. 28-9-2004, *DJ* 25-10-2004, p. 371).

(17) Ação penal. Lei dos Juizados Especiais Criminais: Trata-se de crime de ação penal pública incondicionada. Em face da pena mínima prevista (reclusão, de 1 a 5 anos, e multa, se o documento é público, e de 1 a 3 anos, e multa, se o documento é particular), é cabível o instituto da suspensão condicional do processo, desde que não incida a causa de aumento de pena prevista no parágrafo único do artigo.

Código Eleitoral (Lei n. 4.737/65)

(1) O art. 350 do Código Eleitoral pune a falsidade ideológica praticada com fins eleitorais. STJ: "1. O crime de falsidade ideológica prescrito no art. 350 do Código Eleitoral exige finalidade eleitoral para que reste configurado. 2. Sendo o crime de falsidade ideológica praticado por pessoa não diretamente interessada nas eleições, sem fins evidentes de obter vantagem eleitoral, resta afastada a figura típica especial do art. 350 do Código Eleitoral e subsiste o tipo penal previsto no art. 299 do Código Penal. 3. No caso presente, tem-se que as falsidades, tanto ideológica quanto testemunhais, foram praticadas contra a administração da Justiça Eleitoral, mantida pela União, ensejando a competência da Justiça Federal. 4. Conflito conhecido para declarar a competência do Juízo Federal da Subseção Judiciária de Londrina/PR, suscitante" (STJ, CC 39519/PR, 3ª S., Rel. Min. Arnaldo Esteves Lima, j. 14-2-2005, *DJ* 2-3-2005, p. 182).

(2) O art. 353 pune o uso do documento ideologicamente falsificado e o art. 354 pune aquele que obtém, para uso próprio ou de outrem, o documento falso para fins eleitorais.

Estatuto do Estrangeiro (Lei n. 6.815/80)

(1) Declaração falsa: Pune o art. 125, XIII, do Estatuto do Estrangeiro a ação de "fazer declaração falsa em processo de transformação de visto, de registro, de alteração de assentamentos, de naturalização, ou para a obtenção de passaporte para estrangeiro, *laissez-passer*, ou, quando exigido, visto de saída: Pena – reclusão de 1 (um) a 5 (cinco) anos e, se o infrator for estrangeiro, expulsão". Sobre o tema, *vide* mais comentários ao art. 309 do CP.

(2) Expulsão de estrangeiro. Filho nascido e registrado após a prática do fato criminoso: Vide comentários ao art. 309 do CP. Sobre expulsão, *vide* também arts. 65, parágrafo único, *a* e 75 do Estatuto do Estrangeiro, bem como *Súmula 1 do STF*.

Outras Leis
(1) Crime contra o Sistema Financeiro Nacional (Lei n. 7.492/86): Dispõe o art. 9º da citada lei: "Fraudar a fiscalização ou o investidor, inserindo ou fazendo inserir, em documento comprobatório de investimento de títulos ou valores imobiliários, declaração falsa ou diversa da que dele deveria constar: Pena – reclusão, de um a cinco anos, e multa".
Outros crimes específicos: art. 171 da Lei n. 11.101, de 9-12-2005 (regula a recuperação judicial, a extrajudicial e a falência do empresário e da sociedade empresária); art. 49, I e V, da CLT; art. 66 da Lei dos Crimes Ambientais (Lei n. 9. 605/98).
Súmulas:
Súmula 17 do STJ: "Quando o falso se exaure no estelionato, sem mais potencialidade ofensiva, é por este absorvido".
Súmula 42 do STJ: "Compete à Justiça Comum Estadual processar e julgar as causas cíveis em que é parte sociedade de economia mista e os crimes praticados em seu detrimento".
Súmula 62 do STJ: "Compete à Justiça Estadual processar e julgar o crime de falsa anotação na Carteira de Trabalho e Previdência Social, atribuído a empresa privada".
Súmula 104 do STJ: "Compete à Justiça Estadual o processo e julgamento dos crimes de falsificação e uso de documento falso relativo a estabelecimento particular de ensino".
Súmula 107 do STJ: "Compete à Justiça Comum Estadual processar e julgar crime de estelionato praticado mediante falsificação das guias de recolhimento das contribuições previdenciárias, quando não ocorrente lesão à autarquia federal".
Súmula 200 do STJ: "O Juízo Federal competente para processar e julgar acusado de crime de uso de passaporte falso é o do lugar onde o delito se consumou".

Falso reconhecimento de firma ou letra

Art. 300. Reconhecer, como verdadeira, no exercício de função pública, firma ou letra que não o seja:

Pena – reclusão, de 1 (um) a 5 (cinco) anos, e multa, se o documento é público; e de 1 (um) a 3 (três) anos, e multa, se o documento é particular.

(1) Objeto jurídico: Tutela-se a fé pública, especialmente no que diz respeito à autenticação da firma ou letra dos documentos.
(2) Ação nuclear: Consiste em *reconhecer* (atestar), como verdadeira, firma (assinatura por extenso ou abreviada) ou letra (manuscrito) que não o seja. O funcionário público, portanto, reconhece como verdadeiras a firma ou a letra, quando na realidade são falsas.
(3) Sujeito ativo: Trata-se de crime próprio, pois somente os tabeliães, agentes consulares etc., isto é, os funcionários públicos especialmente incumbidos de reconhecer firma ou letra de documentos, podem praticá-lo. Caso aquele que realize o reconhecimento de firma seja um particular, o qual falsifica a assinatura do funcionário público com atribuição para tanto, o crime será outro (CP, arts. 297 ou 298). É possível o concurso de pessoas. Finalmente, se aquele que apresenta o documento ao oficial é o próprio falsário, não há falar em concurso entre o crime de falsidade (arts. 297 ou 298) e o delito do art. 300, pois a apresentação do documento constitui o seu uso, havendo, no caso, a chamada progressão criminosa, devendo o falsário responder apenas pela falsificação.
(4) Sujeito passivo: É o Estado (sujeito passivo principal) e o terceiro eventualmente lesado pela conduta delitiva (sujeito passivo secundário).
(5) Elemento subjetivo: É o dolo, consubstanciado na vontade livre e consciente de reconhecer como verdadeira firma ou letra que não o seja. É necessária a ciência de que o manuscrito ou a firma sejam falsos, pois, do contrário, haverá erro de tipo, o qual exclui o dolo e, portanto, o tipo penal. Não há previsão da modalidade culposa.

(6) Consumação e tentativa: Consuma-se com reconhecimento de firma ou letra. Trata-se de crime formal. Assim, prescinde-se que o documento venha a ser utilizado ou que venha a causar prejuízo a terceiro. A tentativa é admissível.

(7) Ação penal. Lei dos Juizados Especiais Criminais: Trata-se de crime de ação penal pública incondicionada. Em face da pena mínima prevista (reclusão, de 1 a 5 anos, e multa, se o documento é público, e de 1 a 3 anos, e multa, se o documento é particular), é cabível o instituto da suspensão condicional do processo.

Código Eleitoral

Se a finalidade do reconhecimento, como verdadeiro, de firma ou letra que não o sejam, for para fins eleitorais, o crime passa a ser o previsto no art. 352 do Código Eleitoral (Lei n. 4.737/65).

Certidão ou atestado ideologicamente falso

Art. 301. Atestar ou certificar falsamente, em razão de função pública, fato ou circunstância que habilite alguém a obter cargo público, isenção de ônus ou de serviço de caráter público, ou qualquer outra vantagem:

Pena – detenção, de 2 (dois) meses a 1 (um) ano.

(1) Objeto jurídico: Tutela-se a fé pública dos atestados ou certidões emitidos por funcionários públicos.

(2) Ação nuclear: Consubstancia-se nos verbos *atestar* ou *certificar*. Nessa modalidade de crime o atestado ou certificado é elaborado pelo funcionário público com atribuição para tal mister; contudo, o seu conteúdo, a declaração nele contida é falsa. Exige-se, assim, o chamado *elemento normativo do tipo*, consistente *na falsidade* da circunstância ou fato atestado ou certificado.

(3) Objeto material: O falso ideológico incide sobre os documentos especificamente destinados a atestar fato ou circunstância que habilite alguém a obter cargo público, isenção de ônus ou de serviço de caráter público, ou qualquer outra vantagem. O atestado ou certidão deve, portanto, ser apto a habilitar o agente a obter uma das vantagens de natureza pública expressamente descritas no tipo penal, por exemplo, atestado de miserabilidade para obtenção de justiça gratuita. A expressão *"qualquer outra vantagem"* deve ser interpretada de acordo com as demais hipóteses expressamente descritas, cuja natureza é pública.

(4) Sujeito ativo: Trata-se de crime próprio, pois somente o funcionário público, em razão da função, pode cometê-lo.

(5) Sujeito passivo: É o Estado.

(6) Elemento subjetivo: É o dolo, consubstanciado na vontade livre e consciente de praticar uma das ações típicas. O agente deve ter conhecimento de que o fato ou a circunstância atestada ou certificada são falsos, do contrário o fato é atípico. Deve também ter consciência da potencialidade do documento para habilitar o destinatário a obter uma das vantagens previstas no tipo penal.

(7) Consumação e tentativa: Consuma-se com a entrega do atestado ou certidão falsa a terceiro (destinatário ou interessado) e não com a mera formação do documento pelo funcionário público, embora haja divergência na doutrina. Trata-se de crime formal, isto é, sua consumação independe da obtenção de uma das vantagens previstas na lei pelo destinatário do atestado ou certidão. A tentativa é admissível.

(8) Falsificação de certificado ou diploma de conclusão de curso: Embora haja várias divergências doutrinárias e jurisprudenciais, entendemos que o fato não se enquadra na figura típica em estudo. Desse modo, havendo falsidade ideológica (documento com conteúdo falso), o fato deverá enquadrar-se no art. 299 do CP; se material a adulteração, o crime estará previsto nos arts. 297 e 298 do Estatuto Repressivo.

(9) Ação penal. Lei dos Juizados Especiais Criminais: Trata-se de crime de ação penal pública incondicionada. Em virtude da pena máxima prevista (detenção, de 2 meses a 1 ano), constitui infração de menor potencial ofensivo, estando sujeito às disposições da Lei n. 9.099/95.

Falsidade material de atestado ou certidão

§ 1º Falsificar, no todo ou em parte, atestado ou certidão, ou alterar o teor de certidão ou de atestado verdadeiro, para prova de fato ou circunstância que habilite alguém a obter cargo público, isenção de ônus ou de serviço de caráter público, ou qualquer outra vantagem:

Pena – detenção, de 3 (três) meses a 2 (dois) anos.

(1) Natureza jurídica: Ao contrário da modalidade prevista no *caput* do artigo, que é crime de falsidade ideológica, estamos aqui diante de um delito de falsidade material.

(2) Atestado e certidão ideologicamente falsos: Pune-se a contrafação total ou parcial do atestado ou certidão ou alteração do documento verdadeiro, para a prova de fato ou circunstância que habilite alguém a obter uma das vantagens descritas no tipo. Ao contrário do *caput* do artigo, qualquer pessoa pode praticar o delito em estudo.

(3) Certidão ou atestado falso e uso (CP, art. 304): Na hipótese em que o particular falsifica o atestado ou certidão (falsidade material prevista no § 1º), utilizando-a posteriormente, responderá apenas pelo delito previsto no art. 301, § 1º, uma vez que, sendo ele o próprio falsário, o uso posterior do documento constitui fato posterior não punível.

(4) Lei dos Juizados Especiais Criminais: Trata-se de infração de menor potencial ofensivo, estando sujeita às disposições da Lei n. 9.099/95. É cabível a suspensão condicional do processo (art. 89 da lei).

§ 2º Se o crime é praticado com o fim de lucro, aplica-se, além da pena privativa de liberdade, a de multa.

Forma qualificada: Incide nas modalidades previstas no *caput* e no § 1º. Ausente o especial fim de agir consistente na obtenção de lucro, a qualificadora não se configura. Não é necessária a efetiva obtenção de lucro para sua incidência.

Falsidade de atestado médico

Art. 302. Dar o médico, no exercício da sua profissão, atestado falso:

Pena – detenção, de 1 (um) mês a 1 (um) ano.

Parágrafo único. Se o crime é cometido com o fim de lucro, aplica-se também multa.

(1) Objeto jurídico: Tutela-se a fé pública dos atestados médicos.

(2) Ação nuclear: Consubstancia-se no verbo *dar* (fornecer) o médico, no exercício de sua profissão, atestado falso. O atestado, portanto, deve necessariamente relacionar-se às atividades médicas. Deve a falsidade recair sobre fato juridicamente relevante. Se recair sobre circunstâncias secundárias ou acidentais, não haverá a configuração do crime em estudo.

(3) Sujeito ativo: Trata-se de crime próprio, pois somente o médico pode praticá-lo. Estão excluídos, portanto, o dentista, o psicólogo etc. O fornecimento de atestado falso por essas pessoas configura o delito previsto no art. 299 do CP, cuja pena é muito mais severa. É perfeitamente possível o concurso de pessoas.

(4) Sujeito passivo: É o Estado (sujeito passivo principal) e o terceiro eventualmente lesado pela conduta delitiva (sujeito passivo secundário).

(5) Elemento subjetivo: É o dolo, consubstanciado na vontade livre e consciente de fornecer o atestado falso. É necessário que o médico tenha ciência da falsidade daquilo que atesta. Não há previsão da modalidade culposa.

STJ: "Penal. *Habeas corpus.* Policial militar. Incapacidade. Laudo médico. Atestado médico. Denúncia por falsidade ideológica. Ausência de justa causa. Em sede de direito penal não se admite a incidência da responsabilidade objetiva, em consonância com o princípio expresso no brocardo latino *nullum crimen, nulla poena sine culpa.* Se o recorrente, na condição de tenente-coronel médico de corporação militar, atestou a incapacidade de soldados com base em laudos médicos, desconhecendo a falsidade destes, não pode ser responsabilizado penalmente pela má-fé de terceiros. Recurso ordinário provido. *Habeas corpus* concedido" (STJ, RHC 11119/PI, 6ª T., Rel. Min. Fontes de Alencar, j. 3-10-2002, *DJ* 12-5-2003, p. 358; *RT* 818/528).

(6) Consumação. Tentativa: Consuma-se com a entrega do falso atestado a outrem. A tentativa é perfeitamente possível.

(7) Forma qualificada (parágrafo único): Pune-se o fornecimento de atestados falsos com o fim de obter vantagem econômica (elemento subjetivo do tipo). Não é necessário o efetivo recebimento da vantagem indevida.

(8) Ação penal. Lei dos Juizados Especiais Criminais: Trata-se de crime de ação penal pública incondicionada. Em face da pena máxima prevista (detenção de 1 mês a 1 ano), esse delito constitui infração de menor potencial ofensivo, estando sujeito às disposições da Lei n. 9.099/95.

(9) Distinção: Se o médico é funcionário público, e o fornecimento de atestado falso se dá com o fim de habilitar alguém a obter vantagem de natureza pública, haverá o crime do art. 301 do CP.

(10) Uso de documento falso: O interessado que obtém o atestado médico falso e o utiliza pratica o crime do art. 304, o qual prevê o delito de uso de documento falso.

(11) Competência. Uso de atestado médico falso: STJ: "Processual Penal. Crime de uso de documento falso. Atestado médico. Funcionário civil de instituição militar. Lesão à administração militar. Competência. Justiça militar. A falsificação de atestado médico com a finalidade de abonar faltas injustificadas ao serviço em organização militar do Exército constitui crime militar, à luz do disposto no art. 9º, III, *a*, do mesmo Estatuto, uma vez que o mesmo afeta a ordem administrativa militar. Conflito conhecido. Competência do Juízo Auditor da 2ª Auditoria da 1ª Circunscrição da Justiça Militar de Niterói/RJ" (STJ, CC 31735/RJ, 3ª S., Rel. Min. Vicente Leal, j. 11-9-2002, *DJ* 21-10-2002, p. 272). STJ: "Processual Penal. Competência. Crime em tese de falsidade ideológica. Cometido em detrimento de particular, inexistindo lesão a bens, serviços e interesses da União. 1. A apresentação de atestado médico falsificado com o objetivo de justificar falta ao trabalho em empresa privada não causa lesão aos interesses da União, recaindo a competência na Justiça Comum Estadual. 2. Conflito conhecido, declarado competente o Juízo de Direito da 1ª Vara Criminal de Joinville-SC, suscitado" (STJ, CC 20372/SC, Rel. Min. Anselmo Santiago, j. 25-11-1998, *DJ* 15-3-1999, p. 90; *RT* 765/553). STJ: "Constitucional. Penal. Crime de *falsum* em peça de processo trabalhista. Competência. Justiça Federal. Súmula 165/STJ. – O crime de falsificação de documento ou uso de documento falso, consubstanciado na justificativa de falta com atestado médico falso, inserido em processo em curso na Justiça do Trabalho, deve ser processado e julgado pelo Juízo Federal. Inteligência da Súmula 165/STJ. Conflito conhecido. Competência do Juízo Federal, o suscitante" (STJ, CC 20477/SP, 3ª S., Rel. Min. Vicente Leal, j. 24-6-1998, *DJ* 8-9-1998, p. 19). STJ: "Processual Penal. Conflito de competência. Falsificação documental e uso de documento falso. I – Cabe à Justiça Estadual processar e julgar a ação por falsificação e uso de documento falso lavrados em papel timbrado do INSS quando o comportamento delituoso visa justificar faltas de emprego ao empregador particular. II – Conflito conhecido, declarando-se competente o juízo suscitado" (STJ, CC 16868/SP, 3ª S., Rel. Min. Felix Fischer, j. 22-10-1997, *DJ* 17-11-1997, p. 59403).

Reprodução ou adulteração de selo ou peça filatélica

Art. 303. Reproduzir ou alterar selo ou peça filatélica que tenha valor para coleção, salvo quando a reprodução ou a alteração está visivelmente anotada na face ou no verso do selo ou peça:

Pena – detenção, de 1 (um) a 3 (três) anos, e multa.

Parágrafo único. Na mesma pena incorre quem, para fins de comércio, faz uso do selo ou peça filatélica.

(1) Modificação legislativa: O dispositivo legal em estudo foi revogado pelo art. 39 da Lei n. 6.538/78 (Lei dos Serviços Postais), contudo, os preceitos primários de ambas as normas são semelhantes, sendo apenas diversas as sanções penais (preceito secundário). Com efeito, dispõe o art. 39, *caput*, da referida lei: "Reproduzir ou alterar selo ou peça filatélica de valor para coleção, salvo quando a reprodução ou alteração estiver visivelmente anotada na face ou no verso do selo ou peça: Pena – detenção de até dois anos e pagamento de três a dez dias-multa". O parágrafo único, por sua vez, prevê: "Incorre nas mesmas penas quem, para fins de comércio, faz uso de selo ou peça filatélica de valor para coleção, ilegalmente reproduzidos ou alterados".

(2) Objeto jurídico: Tutela-se a fé pública dos selos e peças filatélicas.

(3) Ação nuclear: Consiste em *reproduzir* (imitar, copiar) o selo (selo de correio) ou peça filatélica verdadeira (destina-se exclusivamente a coleção, por exemplo, carimbos comemorativos) ou *alterar* (modificar, adulterar) suas características. É preciso que o selo ou peça filatélica tenham valor para coleção (elemento normativo do tipo). Não se configurará o tipo penal se a reprodução ou alteração estiver visivelmente anotada na face ou no verso do selo ou peça, consoante o teor do próprio dispositivo penal.

(4) Sujeito ativo: Trata-se de crime comum, pois qualquer pessoa pode praticá-lo.

(5) Sujeito passivo: É o Estado (sujeito passivo principal) e o terceiro eventualmente lesado pela conduta delitiva (sujeito passivo secundário).

(6) Elemento subjetivo: É o dolo, consubstanciado na vontade livre e consciente de reproduzir ou alterar selo ou peça filatélica de valor para coleção.

(7) Consumação e tentativa: Consuma-se com a efetiva reprodução ou alteração do selo ou peça filatélica. Admite-se a tentativa.

(8) Forma equiparada: Nas mesmas penas incorre quem, para fins de comércio, faz uso de selo ou peça filatélica de valor para coleção, ilegalmente reproduzidos ou alterados. Ausente o fim específico de comércio, não se pune o uso. Se o próprio falsário faz uso comercial do selo ou peça filatélica, haverá um só crime. Para a configuração do crime, não é necessário que o agente efetivamente realize a venda do selo ou peça.

(9) Ação penal. Lei dos Juizados Especiais Criminais: Trata-se de crime de ação penal pública incondicionada. Admite-se suspensão condicional do processo (art. 89 da Lei n. 9.099/95).

Uso de documento falso

Art. 304. Fazer uso de qualquer dos papéis falsificados ou alterados, a que se referem os arts. 297 a 302:

Pena – a cominada à falsificação ou à alteração.

(1) Objeto jurídico: Tutela-se, mais uma vez, a fé pública.

(2) Ação nuclear: Consiste em *fazer uso* (utilizar) de documento, público ou particular, falso. Para uma parte da doutrina, o uso se dá quando o documento é utilizado de acordo com o fim a que ele se destina, não bastando, assim, que saia da esfera individual do agente, de forma a iniciar uma relação com outra pessoa, embora o tema não seja pacífico. Mencione-se que a simples posse

do documento não configura o crime em tela, sendo necessária a sua efetiva utilização. Enquanto este não é apresentado pelo agente a terceiros, encontrando-se guardado, por exemplo, em sua residência, não há falar em uso e, portanto, em ofensa ao bem protegido pela norma penal. No tocante à Carteira Nacional de Habilitação, há controvérsia, havendo entendimento no sentido de que, por força do Código de Trânsito Brasileiro, que impõe o porte do documento para condução de veículo, o mesmo já configuraria o uso em potencial.

Apresentação espontânea e solicitação da autoridade: STJ: "Penal. Uso de documento falsificado. Carteira Nacional de Habilitação. Tipicidade. Posse. I – A simples posse de documento falso não basta à caracterização do delito previsto no art. 304 do Código Penal, sendo necessária sua utilização visando atingir efeitos jurídicos. O fato de ter consigo documento falso não é o mesmo que fazer uso deste. II – Se o acusado em nenhum momento usou ou exibiu a documentação falsificada, tendo a autoridade policial tomado conhecimento de tal documento após despojá-lo de seus pertences, não se configura o crime descrito no art. 304 do Código Penal. Recurso desprovido" (STJ, REsp 256181/SP, 5ª T., Rel. Min. Felix Fischer, j. 19-2-2002, *DJ* 1º-4-2002, p. 193; *LEXSTJ* 152/341; *RSTJ* 156/495). STJ: "Reiterada jurisprudência desta Corte e do STF no sentido de que há crime de uso de documento falso ainda quando o agente o exibe para a sua identificação em virtude de exigência por parte de autoridade policial. Hipótese em que o recorrido exibiu espontaneamente CNH falsa aos policiais, durante procedimento investigatório de tráfico de entorpecentes. Recurso conhecido e provido" (STJ, REsp 193210/DF, 5ª T., Rel. Min. José Arnaldo da Fonseca, j. 20-4-1999, *DJ* 24-5-1999). STJ: "Penal. Documento falso. Carteira Nacional de Habilitação. Uso. Solicitação por autoridade. Por força do Código Nacional de Trânsito, o simples portar a carteira de habilitação já implica uso em potencial. A falsidade do documento exibido por solicitação de policial tipifica a ação prevista no art. 304 do Código Penal. Recurso especial conhecido e provido para restabelecimento da sentença condenatória do primeiro grau. Precedentes do STF e do STJ" (STJ, REsp 4655/SP, 5ª T., Rel. Min. Edson Vidigal, j. 26-9-1990, *DJ* 22-10-1990, p. 11672). STF: "I. Sentença: fundamentação: não é omissa a sentença que explicita as premissas de fato e de direito da decisão e, ao fazê-lo, afirma tese jurídica contrária à aventada pela parte, ainda que não o mencione. II. Uso de documento falso (CP, art. 304): não o descaracterizam nem o fato de a exibição de cédula de identidade e de carteira de habilitação terem sido exibidas ao policial por exigência deste e não por iniciativa do agente, pois essa é a forma normal de utilização de tais documentos –, nem o de, com a exibição, pretender-se inculcar falsa identidade, dado o art. 307 C. Pen. é um tipo subsidiário" (STF, HC 70179/SP, 1ª T., Rel. Min. Sepúlveda Pertence, j. 1º-3-1994, *DJ* 24-6-1994, p. 16635). STF: "*Habeas corpus.* Atipicidade. Uso de documento falso. Precedentes. A exibição espontânea de carteira de habilitação falsa, mesmo mediante solicitação da autoridade de trânsito, configura o tipo penal do uso de documento falso. O porte do documento necessário para direção de veículo importa em uso. *Habeas corpus* conhecido, mas indeferido" (STF, HC 70813/RJ, 2ª T., Rel. Min. Paulo Brossard, j. 8-2-1994, *DJ* 10-6-1994, p. 14766).

(3) *Objeto material:* O objeto material do crime é qualquer dos documentos a que se referem os arts. 297 a 302 do CP, desde que tenham potencialidade ofensiva, não constituindo falso grosseiro.

(4) *Sujeito ativo:* Qualquer pessoa pode praticá-lo, com exceção do próprio falsificador, pois o uso posterior constituiria *post factum* impunível (progressão criminosa).

(5) *Sujeito passivo:* É o Estado (sujeito passivo principal) e o terceiro prejudicado com o uso do documento falso (sujeito passivo secundário).

(6) *Elemento subjetivo:* É o dolo, consubstanciado na vontade livre e consciente de fazer uso de qualquer dos papéis falsificados ou alterados, a que se referem os arts. 297 a 302. É necessário que o agente tenha ciência da falsidade do documento, do contrário o fato é atípico por ausência de dolo. Se o agente, no momento da utilização do documento, desconhecer sua falsidade, responderá pelo crime em tela caso continue a usar o documento após ter ciência da falsidade.

(7) Consumação e tentativa: Consuma-se com o efetivo uso do documento falso. Basta que o agente se utilize dele uma única vez para que o crime se repute consumado. Não é necessária a obtenção de qualquer vantagem econômica ou a causação de prejuízo a outrem. Não se admite a tentativa.

(8) Prescrição: Trata-se de crime instantâneo de efeitos permanentes, de forma que o prazo prescricional começa a correr a partir da primeira utilização do documento falso.

(9) Concurso de crimes. Uso de documento falso e estelionato: Vide comentários ao crime de falsificação de documento público (CP, art. 297).

(10) Concurso de crimes. Falso documental e uso: Na hipótese em que o próprio falsário faz uso do documento falsificado, o uso constitui fato posterior não punível (uma das subespécies da chamada progressão criminosa).

(11) Ação penal: Trata-se de crime de ação penal pública incondicionada.

(12) Competência: É a do lugar em que se deu a falsificação, nos termos do art. 70 do CPP. Se desconhecido, a competência será fixada pelo local em que se deu o uso do documento falso. Se o uso do documento falso não colocar em risco bens, interesses ou serviços da União, a competência será da Justiça Estadual. Sobre jurisprudência no caso de uso de documento falso, *vide* crimes precedentes.

(13) Identificação criminal: Sobre o tema, *vide* comentários ao art. 297, *caput*, item 15.

Legislação Especial

a) Crime tributário (Lei n. 8.137/90): Está previsto no art. 1º, IV, da referida lei: "Constitui crime contra a ordem tributária suprimir ou reduzir tributo, ou contribuição social e qualquer acessório, mediante as seguintes condutas: (...) IV – elaborar, distribuir, fornecer, emitir ou utilizar documento que saiba ou deva saber falso ou inexato".

b) Crime contra o Sistema Financeiro Nacional (Lei n. 7.492/86): Está previsto nos arts. 7º e 14 da referida lei. O art. 14 prevê: "Apresentar, em liquidação extrajudicial, ou em falência de instituição financeira, declaração de crédito ou reclamação falsa, ou juntar a elas título falso ou simulado".

c) Crime falimentar (Lei n. 11.101, de 9-2-2005 – regula a recuperação judicial, a extrajudicial e a falência do empresário e da sociedade empresária): Está previsto no art. 175: "Apresentar, em falência, recuperação judicial ou recuperação extrajudicial, relação de créditos, habilitação de créditos ou reclamação falsas, ou juntar a elas título falso ou simulado: Pena – reclusão, de 2 (dois) a 4 (quatro) anos, e multa".

Súmulas:

Súmula 17 do STJ: "Quando o falso se exaure no estelionato, sem mais potencialidade ofensiva, é por este absorvido".

Súmula 42 do STJ: "Compete à Justiça Comum Estadual processar e julgar as causas cíveis em que é parte sociedade de economia mista e os crimes praticados em seu detrimento".

Súmula 62 do STJ: "Compete à Justiça Estadual processar e julgar o crime de falsa anotação na Carteira de Trabalho e Previdência Social, atribuído a empresa privada".

Súmula 104 do STJ: "Compete à Justiça Estadual o processo e julgamento dos crimes de falsificação e uso de documento falso relativo a estabelecimento particular de ensino".

Súmula 107 do STJ: "Compete à Justiça Comum Estadual processar e julgar crime de estelionato praticado mediante falsificação das guias de recolhimento das contribuições previdenciárias, quando não ocorrente lesão à autarquia federal".

Súmula 200 do STJ: "O Juízo Federal competente para processar e julgar acusado de crime de uso de passaporte falso é o do lugar onde o delito se consumou".

Súmula Vinculante 36: "Compete à Justiça Federal comum processar e julgar civil denunciado pelos crimes de falsificação e de uso de documento falso quando se tratar de falsificação da Caderneta de Inscrição e Registro (CIR) ou de Carteira de Habilitação de Amador (CHA), ainda que expedidas pela Marinha do Brasil".

Supressão de documento

Art. 305. Destruir, suprimir ou ocultar, em benefício próprio ou de outrem, ou em prejuízo alheio, documento público ou particular verdadeiro, de que não podia dispor:

Pena – reclusão, de 2 (dois) a 6 (seis) anos, e multa, se o documento é público, e reclusão, de 1 (um) a 5 (cinco) anos, e multa, se o documento é particular.

(1) Objeto jurídico: Tutela-se mais uma vez a fé pública.

(2) Ação nuclear: As ações incriminadas consubstanciam-se nos verbos: (a) *destruir* (eliminar); (b) *suprimir* (fazer desaparecer, sem que se destrua ou oculte); e (c) *ocultar* (esconder, de forma que não possa ser encontrado).

(3) Objeto material: O objeto material do crime é o documento público ou particular. Exige o tipo penal que o documento seja verdadeiro; se for falso, o fato é atípico, podendo a destruição, supressão ou ocultamento constituir, por exemplo, o crime de favorecimento pessoal (CP, art. 348) etc. É também requisito do tipo penal que o agente não possa dispor do documento, pois, se puder, a destruição, supressão ou ocultamento não configura crime. No caso de cópias autênticas de documento original, traslados, certidões, o delito em estudo não se perfaz, podendo configurar-se outro crime (CP, arts. 155 ou 163 etc.).

STF: "No que concerne, porém, à imputação de prática de crime de supressão de documento, como definido no art. 305 do Código Penal, é de se reconhecer a falta de justa causa para a ação penal, no caso, pois as peças rasgadas pela paciente – o termo de audiência e dois mandados de intimação – haviam sido reproduzidos por cópias, constantes dos autos. E mesmo os originais, por ela inutilizados, foram recompostos, a partir dos fragmentos. 4. Se as cópias foram preservadas e as originais recompostas, não se pode cogitar de crime contra a fé pública, em face da doutrina e da jurisprudência lembradas na inicial e no parecer do Ministério Público federal, sobretudo diante do precedente do Plenário do STF no mesmo sentido (*RTJ* 135/911). 5. 'HC' deferido, em parte, ou seja, apenas para ficar trancada a ação penal, no ponto em que atribui à paciente a prática de crime de supressão de documento (art. 305 do Código Penal). 6. 1ª T.: decisão unânime" (STF, HC 75078/SC, 1ª T., Rel. Min. Sydney Sanches, j. 6-5-1997, *DJ* 29-8-1997, p. 40218). STF: "1. Imputação de crime de supressão de documento público (art. 305 do Código Penal) afastada, por falta de tipicidade, visto não se referir a peça original, nem a cópia de problemática ou impossível reprodução, sem achar-se, portanto, afetada a fé pública" (STF, Rel. Min. Octavio Gallotti, T. Pleno, j. 8-3-1991, *DJ* 12-4-1991, p. 4258).

Violação de painel do Senado. Alteração de programa de informática: STF: "Supressão de documento (CP, art. 305). Violação do painel do Senado. A obtenção do extrato de votação secreta, mediante alteração nos programas de informática, não se amolda ao tipo penal previsto no art. 305 do CP, mas caracteriza o crime previsto no art. 313-B da Lei n. 9.989, de 14-7-2000. Impossibilidade de retroação da norma penal a fatos ocorridos anteriormente a sua vigência (CF, art. 5º, XL). Extinção da punibilidade em relação ao crime de violação de sigilo funcional (CP, art. 325). Denúncia rejeitada por atipicidade de conduta. Inquérito 1879" (STF, Inq. 1879/DF, T. Pleno, Relª Minª Ellen Gracie, j. 10-9-2003, *DJ* 7-5-2004, p. 8).

Cheque: Constitui documento por equiparação para fins penais (CP, art. 297, § 2º).

(4) Sujeito ativo: Qualquer pessoa pode praticá-lo, inclusive o titular do documento, se dele não podia dispor.

(5) Sujeito passivo: É o Estado (sujeito passivo principal) e o terceiro prejudicado com a supressão do documento (sujeito passivo secundário).

(6) Elemento subjetivo: É o dolo, consubstanciado na vontade livre e consciente de praticar uma das ações descritas no tipo. Exige-se também o elemento subjetivo do tipo *(em benefício próprio ou de outrem, ou em prejuízo alheio)*. Ausente essa finalidade específica, o crime poderia ser outro, por exemplo, dano.

(7) Consumação. Tentativa: Trata-se de crime formal. Consuma-se o delito com a destruição, supressão ou ocultação do documento público ou particular, independentemente de o agente obter qualquer benefício para si ou para outrem, ou de causar qualquer prejuízo alheio. A tentativa é admissível.

(8) Distinção: O crime de sonegação de papel ou objeto de valor probatório (CP, art. 356) constitui crime contra a administração da justiça e somente pode ser praticado por advogado ou procurador. A destruição de documento a pretexto de exercitar abusivamente direito configura o crime de exercício arbitrário das próprias razões (CP, art. 345).

(9) Ação penal. Lei dos Juizados Especiais Criminais: Trata-se de crime de ação penal pública incondicionada. Se o documento é particular, a pena é de reclusão, de 1 a 5 anos, e multa, sendo, em face da pena mínima, cabível o instituto da suspensão condicional do processo previsto no art. 89 da Lei n. 9.099/95.

Código Eleitoral
O art. 339 do Código Eleitoral prevê o crime de destruir, suprimir ou ocultar urna contendo votos, ou documentos relativos à eleição.

CAPÍTULO IV
DE OUTRAS FALSIDADES

Falsificação do sinal empregado no contraste de metal precioso ou na fiscalização alfandegária, ou para outros fins

Art. 306. Falsificar, fabricando-o ou alterando-o, marca ou sinal empregado pelo poder público no contraste de metal precioso ou na fiscalização alfandegária, ou usar marca ou sinal dessa natureza, falsificado por outrem:

Pena – reclusão, de 2 (dois) a 6 (seis) anos, e multa.

Parágrafo único. Se a marca ou sinal falsificado é o que usa a autoridade pública para o fim de fiscalização sanitária, ou para autenticar ou encerrar determinados objetos, ou comprovar o cumprimento de formalidade legal:

Pena – reclusão ou detenção, de 1 (um) a 3 (três) anos, e multa.

(1) Objeto jurídico: Tutela-se a fé pública das marcas ou sinais empregados pelo Poder Público no contraste de metal precioso ou na fiscalização alfandegária, ou sanitária, ou para autenticar ou encerrar determinados objetos, ou comprovar o cumprimento de formalidade.

(2) Ação nuclear: Trata-se de crime de falsidade material. As condutas típicas consistem em *falsificar* e *usar*. Assim como nos delitos precedentes, deve a falsificação ser apta a iludir terceiros. O uso da marca ou sinal falsificado consiste em sua utilização por outrem que não o próprio falsário.

(3) Objeto material: É a marca ou sinal empregado pelo Poder Público, isto é, pela autoridade pública municipal, estadual ou federal, no contraste de metal precioso ou na fiscalização alfandegária, ou na fiscalização sanitária, ou para autenticar ou encerrar determinados objetos, ou comprovar o cumprimento de formalidade legal.

(4) Sujeito ativo: Qualquer pessoa. Na hipótese de uso da marca ou sinal falsificado, somente terceiro, que não o falsário, poderá ser sujeito ativo do crime.

(5) Sujeito passivo: É o Estado (sujeito passivo primário) e terceira pessoa lesada pela conduta típica (sujeito passivo secundário).

(6) Elemento subjetivo: É o dolo, consubstanciado na vontade livre e consciente de falsificar ou usar marca ou sinal falsificado, devendo neste último caso o agente ter ciência da falsidade da marca ou sinal.

(7) Consumação e tentativa: O crime reputa-se consumado com a falsificação da marca ou sinal, isto é, com sua fabricação ou alteração. A tentativa é perfeitamente admissível. Na modalidade *uso*, o crime se consuma com o primeiro ato de utilização da marca ou sinal. A tentativa é inadmissível.

(8) Ação penal. Lei dos Juizados Especiais Criminais: Trata-se de crime de ação penal pública incondicionada. É cabível a suspensão condicional do processo (art. 89 da Lei n. 9.099/95), na modalidade do parágrafo único, cuja pena é de reclusão ou detenção, de 1 a 3 anos, e multa.

(9) Competência. Falsificação de sinal identificador de aeronave: TRF da 3ª R.: "*Habeas corpus*. Falsificação de sinal identificador (art. 306, parágrafo único do CP). Adulteração do registro de aeronave. Competência. Violação a bens e interesses da União Federal. Inteligência do art. 21, XII, *c*, da CF e art. 12 do Código Brasileiro de Aeronáutica (Lei n. 7.565/86). Competência *ratione materiae* da Justiça Federal. Prevalência sobre a Justiça Comum estadual, ainda que no exercício de jurisdição federal delegada, por imperativo do critério da especialidade. Ordem denegada. Hipótese em que a denúncia veiculou a imputação, em concurso material com o tráfico de entorpecentes, do delito de falsificação de sinal identificador, previsto no art. 306, parágrafo único, do Código Penal, em razão da adulteração dos dados oficiais identificadores da aeronave pilotada pelo paciente, *in casu*, a matrícula da aeronave no registro aeronáutico brasileiro. III – A Constituição Federal, em seu art. 21, inciso XII, alínea *c*, estabelece competir à União explorar diretamente, mediante autorização, concessão ou permissão, a navegação aérea, tendo o Código Brasileiro de Aeronáutica estabelecido competir ao Ministério da Aeronáutica o controle e a fiscalização das aeronaves, a teor do disposto em seu art. 12 e incisos da Lei n. 7.565, de 19-12-1986. IV– O delito do art. 306, parágrafo único do CP, ao atingir bens e interesses da União, desloca *ratione materiae* a competência para a Justiça Federal, que prevalece sobre a Justiça Comum estadual, ainda que no exercício de jurisdição federal delegada, por imperativo do critério da especialidade. V – Ordem denegada" (TRF, HC 9125/SP, 3ª R., 1ª T., Rel. Oliveira Lima, *DJU* 27-6-2000, p. 528).

Falsa identidade

Art. 307. Atribuir-se ou atribuir a terceiro falsa identidade para obter vantagem, em proveito próprio ou alheio, ou para causar dano a outrem:

Pena – detenção, de 3 (três) meses a 1 (um) ano, ou multa, se o fato não constitui elemento de crime mais grave.

(1) Objeto jurídico: Tutela-se a fé pública no que se refere à identidade pessoal. Trata-se aqui da chamada falsidade pessoal, isto é, a que recai "não sobre a pessoa física, mas sobre sua identidade, estado, qualidade ou condição" (Nélson Hungria, *Comentários*, cit., v. 9, p. 305). Trata-se de crime expressamente subsidiário.

(2) Ação nuclear: A conduta típica consiste em atribuir (imputar) a si ou a terceiro falsa identidade, isto é, no que se refere ao nome, prenome, idade, nacionalidade, estado civil, profissão etc. *Em sentido contrário*, para quem o dispositivo se limita à identidade física: Celso Delmanto, *Código Penal comentado*, cit., p. 547. A identidade que o agente se atribui pode ser de outrem, isto é, de pessoa real ou, en-

tão, de pessoa fictícia. Tanto pratica o crime aquele que, por exemplo, preenche um formulário com qualificação falsa como aquele que a declara verbalmente. Exige-se que a falsa atribuição de identidade seja apta a iludir alguém, pois, do contrário, não há fato típico, mas crime impossível (CP, art. 17).

(3) Sujeito ativo: Trata-se de crime comum, pois qualquer pessoa pode praticá-lo.

(4) Sujeito passivo: É o Estado (sujeito passivo primário), bem como o terceiro eventualmente prejudicado pode também ser vítima desse delito (sujeito passivo secundário).

(5) Elemento subjetivo: É o dolo, consubstanciado na vontade livre e consciente de atribuir-se ou atribuir a terceiro falsa identidade, acrescido do fim especial de obter vantagem, em proveito próprio ou alheio, ou de causar dano a outrem. A vantagem a que se refere a lei pode ser de qualquer ordem: moral, patrimonial etc.

(6) Consumação e tentativa: O crime reputa-se consumado com o ato de atribuir-se ou atribuir a outrem falsa identidade. Trata-se de crime formal, de maneira que o delito se perfaz independentemente da obtenção da vantagem ou da produção de dano a terceiro. A tentativa somente será admissível se a atribuição da identidade se der por escrito.

Crime formal: STJ: "O crime de falsa identidade é formal, aperfeiçoando-se com a falsa atribuição de identidade, independentemente da obtenção da vantagem ou da ocorrência do dano pretendido pelo agente, não configurando impossibilidade absoluta para sua consumação a colheita de impressões digitais. Recurso conhecido e provido" (STJ, REsp 666003, 5ª T., Rel. Min. José Arnaldo da Fonseca, j. 22-3-2005, *DJ* 18-4-2005, p. 379).

(7) Ação penal. Lei dos Juizados Especiais Criminais: Trata-se de crime de ação penal pública incondicionada. Trata-se de crime de menor potencial ofensivo, em face da pena máxima prevista (detenção, de 3 meses a 1 ano), estando, portanto, sujeito às disposições da Lei n. 9.099/95.

(8) Falsa identidade e direito à autodefesa: STJ: "Penal. REsp. Falsa identidade. Não configuração. Autodefesa. Entendimento do acórdão recorrido em consonância com posicionamento reiterado desta Corte. Incidência da Súmula n. 83/STJ. Recurso não conhecido. I – Esta Corte possui entendimento reiterado no sentido de que não comete o delito previsto no art. 307 do Código Penal o réu que, diante da autoridade policial, se atribui falsa identidade, em atitude de autodefesa, porque amparado pela garantia constitucional de permanecer calado, *ex vi* do art. 5º, LXIII, da CF/88. Precedentes. II – Incidência da Súmula 83/STJ. III – Recurso não conhecido" (STJ, REsp 818748/DF, 5ª T., Rel. Min. Gilson Dipp, j. 17-8-2006, *DJ* 4-9-2006, p. 323). *No mesmo sentido:* STJ, HC 35309/RJ, 6ª T., Rel. Min. Paulo Medina, j. 6-10-2005, *DJ* 21-11-2005, p. 304. STJ: "A atribuição de falsa identidade perante a autoridade policial, pelo preso em flagrante, com o objetivo de ocultar-lhe seus antecedentes penais, não configura o crime tipificado no art. 307 do Código Penal, por constituir hipótese de autodefesa, amparado pelo art. 5º, inciso LXIII, da Constituição Federal. Precedentes do STJ" (STJ, EDcl no HC 21202/SP, 6ª T., Rel. Min. Hamilton Carvalhido, j. 9-2-2006, *DJ* 13-3-2006, p. 374). *Em sentido contrário:* STJ: "Recurso Especial. Penal. Processo Penal. Falsa identidade. Objetivo de omitir maus antecedentes. O Supremo Tribunal Federal, ao apreciar questão semelhante, compreendeu restar tipificado o crime de falsa identidade, quando o agente, ao ser preso, identifica-se com nome falso, com o objetivo de esconder seus maus antecedentes (HC 72377/SP, Rel. Min. Carlos Velloso, *DJ* 30-6-1995). (STJ, REsp 666003, 5ª T., Rel. Min. José Arnaldo da Fonseca, j. 22-3-2005, *DJ* 18-4-2005, p. 379). STJ: "Recurso Especial. Penal. Processo Penal. Falsa identidade. Objetivo de omitir maus antecedentes. O Supremo Tribunal Federal, ao apreciar questão semelhante, compreendeu restar tipificado o crime de falsa identidade, quando o agente, ao ser preso, identifica-se com nome falso, com o objetivo de esconder seus maus antecedentes (HC 72377/SP, Rel. Min.Carlos Velloso, *DJ* de 30-6-1995). Recurso conhecido e provido" (STJ, REsp 453777/DF, 5ª T., Rel. Min. José Arnaldo da Fonseca, j. 25-3-2003, *DJ* 22-4-2003, p. 263).

(9) Falsa identidade e estelionato: STJ: "Falsificação de documento particular, falsa identidade e estelionato (arts. 298, 307 e 171 do Código Penal). Concurso de crimes. Sistema de absorção. Praticados os três crimes em concurso material ou formal, como querem também as correntes que divergem sobre o tema, nada impede sejam adotadas as regras do crime progressivo (os dois primeiros crimes são meios necessários ou normal fase de preparação ou execução do terceiro), podendo operar-se absorção com base no princípio da consunção, capítulo do concurso aparente de normas penais. Se o estelionato era a meta a ser atingida pelo agente, em ação dirigida para esse fim, nenhum empecilho pode ocorrer à absorção dos crimes meios. Confirmada a decisão do Tribunal *a quo*. Recurso especial improvido" (STJ, REsp 542/PR, 6ª T., Rel. Min. José Candido de Carvalho Filho, j. 27-3-1990, *DJ* 16-4-1990, p. 2881). *Vide* Súmula 17 do STJ e comentários ao art. 171 do CP.

(10) Competência: STJ: "Constitucional. Penal. Competência. Particular que se passa por policial rodoviário federal. Estelionato. Falsa identidade e documento falso. Crime praticado contra interesse particular. Justiça Estadual. A prática de estelionato praticado por particular que se passa por policial rodoviário federal não justifica, por si só, o deslocamento da competência para a Justiça Federal, sem prova de lesão a bem ou interesse da União Federal. Nos termos do art. 109, IV, da CF/1988, somente se firma a competência da Justiça Federal, quando o crime afeta diretamente bens, serviços ou interesses da União ou suas autarquias ou empresas públicas, o que não ocorre na hipótese em que as vítimas são todas particulares. Conflito de competência conhecido. Competência do juízo estadual, o suscitado" (STJ, CC 12227/SC, 3ª S., Rel. Min. Vicente Leal, j. 11-12-1996, *DJ* 24-2-1997, p. 3284). *No mesmo sentido:* STF, HC 59109/SP, 1ª T., Rel. Min. Rafael Mayer, j. 6-10-1981, *DJ* 3-11-1981, p. 10936. STF: "Crime de estelionato praticado em detrimento de casas comerciais, induzidas em erro pelos agentes que se apresentaram como fiscais da Fazenda Federal. Competência da Justiça Comum, pois o sujeito passivo da infração foram as firmas lesadas e não a União. Precedente: CJ 6.167-SP. Recurso desprovido" (STF, RHC 58828/RJ, 1ª T., Rel. Min. Soares Muñoz, j. 28-4-1981, *DJ* 15-5-1981, p. 4430).

(11) Distinção: Se o agente utilizar como próprio documento de identidade verdadeiro, mas pertencente a terceiro, comete o delito previsto no art. 308 do CP. Se o agente finge ser funcionário público, a infração penal passa a ser outra: art. 45 da LCP. Dispõe o art. 68 da LCP: "Recusar à autoridade, quando por esta justificadamente solicitados ou exigidos, dados ou indicações concernentes à própria identidade, estado, profissão, domicílio e residência. Pena – multa". O parágrafo único, por sua vez, dispõe: "Incorre na pena de prisão simples, de um a seis meses, e multa, se o fato não constitui infração penal mais grave, quem, nas mesmas circunstâncias, faz declarações inverídicas a respeito de sua identidade pessoal, estado, profissão, domicílio e residência". Assim, se o indivíduo fornecer dados falsos relativos à sua identidade sem a intenção de obter qualquer vantagem econômica, moral etc., ou de causar dano a outrem, incidirá nas penas do art. 68 da LCP, infração esta expressamente subsidiária.

(12) Falsificação de documento público e uso: Por se tratar de crime expressamente subsidiário, no caso de falsificação de documento público ou particular e o seu uso, *vide* comentários aos arts. 297, 298, 299 e 304.

(13) Habeas corpus: STJ: "Criminal. Atribuição de falsa identidade. Sentença condenatória. Prisão do terceiro, legítimo portador do nome usado. *Habeas corpus*. Sua serventia para socorro de quem assim foi indevidamente preso, embora preso também tenha sido o réu, de quem, afinal esclareceu-se o verdadeiro nome" (STJ, RHC 5166/RJ, 5ª T., Rel. Min. José Dantas, j. 27-2-1996, p. 8592; *RSTJ* 85/314).

(14) Identificação criminal: Sobre o tema, *vide* comentários ao art. 297, item 15.

Súmulas:
Súmula 17 do STJ: "Quando o falso se exaure no estelionato, sem mais potencialidade ofensiva, é por este absorvido".
Súmula 42 do STJ: "Compete à Justiça Comum Estadual processar e julgar as causas cíveis em que é parte sociedade de economia mista e os crimes praticados em seu detrimento".
Súmula 104 do STJ: "Compete à Justiça Estadual o processo e julgamento dos crimes de falsificação e uso de documento falso relativo a estabelecimento particular de ensino".
Súmula 200 do STJ: "O Juízo Federal competente para processar e julgar acusado de crime de uso de passaporte falso é o do lugar onde o delito se consumou".

Art. 308. Usar, como próprio, passaporte, título de eleitor, caderneta de reservista ou qualquer documento de identidade alheia ou ceder a outrem, para que dele se utilize, documento dessa natureza, próprio ou de terceiro:

Pena – detenção, de 4 (quatro) meses a 2 (dois) anos, e multa, se o fato não constitui elemento de crime mais grave.

(1) Objeto jurídico: Tutela-se fé pública que recai sobre a identidade das pessoas. Trata-se de subespécie do crime de falsa identidade.

(2) Ação nuclear: Incriminam-se as ações de usar (empregar, utilizar), como próprio, passaporte, título de eleitor, caderneta de reservista ou qualquer documento de identidade alheia ou ceder (fornecer onerosa ou gratuitamente) a outrem, documento dessa natureza, próprio ou de terceiro. Considera-se também como documento de identidade o RG, a carteira profissional (carteira da OAB, por exemplo) etc.

(3) Sujeito ativo: Trata-se de crime comum, pois qualquer pessoa pode praticá-lo.

(4) Sujeito passivo: É o Estado (sujeito passivo primário) e o terceiro eventualmente prejudicado (sujeito passivo secundário).

(5) Elemento subjetivo: É o dolo, consubstanciado na vontade livre e consciente de praticar uma das condutas típicas. Não se exige qualquer finalidade específica, como a de obter alguma vantagem econômica, moral etc.

(6) Consumação e tentativa: Consuma-se com o uso pelo agente ou com a entrega do documento a terceiro, sendo prescindível que este o utilize, pois se trata de crime formal. Para Noronha, na modalidade ceder, admite-se a tentativa (ob. cit., v. 4, p. 188).

(7) Distinção: Caso o documento utilizado pelo agente seja falso, haverá crime mais grave, qual seja, o uso de documento falso (CP, art. 304). O art. 308 constitui crime de natureza subsidiária.

(8) Ação penal. Lei dos Juizados Especiais Criminais: Trata-se de crime de ação penal pública incondicionada. É crime de menor potencial ofensivo, em face da pena máxima prevista (pena – detenção, de 4 meses a 2 anos, e multa), estando, portanto, sujeito às disposições da Lei n. 9.099/95.

(9) Competência: STJ: "Penal. Uso de passaporte alheio. Processo-crime. Competência da Justiça Federal do lugar onde, no território nacional, foi usado o documento, embora que somente constatada a adulteração no país estrangeiro a que destinado o visto" (STJ, CC 12680/MG, 3ª S., Rel. Min. José Dantas, j. 6-4-1995, *DJ* 8-5-1995, p. 12298; *LEXSTJ* 74/316; *RSTJ* 101/503). STJ: "Penal. Passaporte. Uso. Juízo competente. O uso do passaporte alheio ocorreu na cidade do Rio de Janeiro, local onde o crime se consumou, sendo competente o juízo federal da quarta vara" (STJ, CC 7287/MG, 3ª S., Rel. Min. Jesus da Costa Lima, j. 17-3-1994, *DJ* 4-4-1994, p. 6625; *RSTJ* 64/37).

Fraude de lei sobre estrangeiros

Art. 309. Usar o estrangeiro, para entrar ou permanecer no território nacional, nome que não é o seu:

Pena – detenção, de 1 (um) a 3 (três) anos, e multa.

Parágrafo único. Atribuir a estrangeiro falsa qualidade para promover-lhe a entrada em território nacional:

Pena – reclusão, de 1 (um) a 4 (quatro) anos, e multa. *(Acrescentado pela Lei n. 9.426/96)*

(1) Objeto jurídico: Tutela-se a política de imigração do Estado, bem como a fé pública que recai sobre a identidade das pessoas. A entrada e permanência de estrangeiros em território nacional é regulada pela Lei n. 6.815/80, com as alterações determinadas pela Lei n. 6.964/81.

(2) Ação nuclear: Incrimina-se a ação de usar (empregar, utilizar) o estrangeiro nome que não é seu, isto é, falso. Há assim a utilização de nome fictício com o fim de entrar ou permanecer em território nacional, o qual engloba o espaço terrestre, marítimo e aéreo.

(3) Sujeito ativo: Trata-se de crime próprio, pois somente o estrangeiro pode praticá-lo.

(4) Sujeito passivo: É o Estado (sujeito passivo primário) e o terceiro eventualmente prejudicado (sujeito passivo secundário).

(5) Elemento subjetivo: É o dolo, consubstanciado na vontade livre e consciente de usar nome falso, acrescido do fim especial de entrar ou permanecer em território nacional (elemento subjetivo do tipo).

(6) Consumação e tentativa: Consuma-se tão só com o uso do nome falso, independentemente de o agente lograr entrar ou permanecer em território nacional. Por se tratar de crime de mera conduta, a tentativa é inadmissível.

(7) Atribuição de falsa qualidade a estrangeiro: No parágrafo único há a previsão de uma figura autônoma consistente em atribuir (imputar) a estrangeiro falsa qualidade (profissão, estado civil etc.), com o fim de que este entre em território nacional (elemento subjetivo do tipo). A atribuição pode dar-se por escrito ou oralmente. A consumação ocorre com a atribuição falsa da qualidade. A tentativa será possível se a atribuição for por escrito. Qualquer pessoa pode cometer esse delito autônomo.

(8) Ação penal. Lei dos Juizados Especiais Criminais: Trata-se de crime de ação penal pública incondicionada. Em virtude de a pena mínima ser de 1 ano de detenção, será cabível a suspensão condicional do processo (art. 89 da Lei n. 9.099/95).

Estatuto do Estrangeiro

(1) Falsidade documental: Pune o art. 125, XIII, do Estatuto do Estrangeiro a ação de "fazer declaração falsa em processo de transformação de visto, de registro, de alteração de assentamentos, de naturalização, ou para a obtenção de passaporte para estrangeiro, *laissez-passer*, ou, quando exigido, visto de saída: Pena – reclusão de 1 (um) a 5 (cinco) anos e, se o infrator for estrangeiro, expulsão".

(2) Expulsão de estrangeiro: De acordo com o art. 65, parágrafo único, *a*, do Estatuto, é possível a expulsão de estrangeiro que pratique fraude a fim de obter a sua entrada ou permanência no Brasil.

(3) Expulsão de estrangeiro. Filho nascido e registrado após a prática do fato criminoso: STJ: "*Habeas corpus*. Expulsão. Filho nascido e registrado após o fato criminoso. Lei n. 6.815/80, art. 75, § 1º. Dependência socioafetiva. Fator impeditivo. 1. O ordenamento constitucional, de natureza pós-positivista e principiológica, tutela a família, a infância e a adolescência, tudo sob o pálio da dignidade da pessoa humana, fundamento jus político da República. 2. Deveras, entre-

vendo a importância dos laços socioafetivos incorporou a família estável, fruto de união espontânea. 3. Destarte, inegável que a família hoje está assentada na paternidade socioafetiva por isso que, absolutamente indiferente para a manutenção do filho junto ao pai alienígena, a eventual dependência econômica; posto se sobrepor a dependência moral-afetiva. 4. Deveras, é assente na Corte que: 'A vedação a que se expulse estrangeiro que tem filho brasileiro atende, não apenas o imperativo de manter a convivência entre pai e filho, mas um outro de maior relevo, qual seja, do de manter o pai ao alcance da cobrança de alimentos. Retirar o pai do território brasileiro é dificultar extremamente eventual cobrança de alimentos, pelo filho' (HC 22446/RJ, Rel. Min. Humberto Gomes de Barros, 1ª S., *DJ* 31-3-2003). 5. Nesse sentido, a leitura principiológica da Súmula 1 do E. STF e da Lei n. 6.815/80, exsurgente em ambiente ideologicamente diverso daquele que norteou a Carta Magna de 1988. 6. Deveras, a Corte, a partir do HC 38.946/DF, julgado em 11-5-2005, publicado em 27-6-2005, exteriorizou: 'Quando do julgamento do HC 31449/DF, o eminente Ministro Teori Albino Zavascki, inaugurou uma interpretação mais ampliativa ao tema em face da legislação superveniente (Constituição Federal e ECA), concluindo pela proibição do afastamento de estrangeiro, não apenas quanto à questão de ordem material e econômica, mas sobretudo ante a prevalência do interesse da criança em dispor da assistência afetiva e moral, assim dispondo: 'A norma transcrita foi introduzida pela Lei 6.964, de 9-12-1981 e deve ser interpretada em consonância com a legislação superveniente, especialmente com a CF/88, a Lei 8.069 (ECA), de 13-7-1990, bem como, as convenções internacionais recepcionadas por nosso ordenamento jurídico. A partir dessas inovações legislativas, a infância e a juventude passaram a contar com proteção integral, que as insere como prioridade absoluta, garantindo, entre outros, o direito à identidade, à convivência familiar e comunitária, à assistência pelos pais'. Ainda que existência de filho brasileiro havido posteriormente ao ato delituoso e ao decreto expulsório, como no caso em exame, em face da nova interpretação mais avançada acerca do tema, importa em reconhecer a preservação da tutela do interesse da criança, tudo em consonância com o que dispõe o ECA e a Constituição Federal. Restringir-se à limitação temporal do § 1º do art. 75 do Estatuto do Estrangeiro é fazer tábua rasa do ordenamento jurídico vigente em que se pauta pela preservação do interesse não apenas econômico, mas, sobretudo, afetivo da criança. 7. Outrossim, na ponderação dos interesses em tensão, há sempre de prevalecer a hodierna doutrina do *best interest of the child*. 8. *In casu*, há provas nos autos de que o impetrante é pai de filha brasileira, fruto de união estável com mulher de mesma nacionalidade, por isso que o imputado já cumpriu a pena imposta pelo delito motivador do pleito de expulsão. 9. Ordem concedida para determinar a extinção do processo de expulsão, bem como para determinar a imediata soltura do paciente" (STJ, HC 43604/DF, 1ª S., Rel. Min. Luiz Fux, j. 10-8-2005, *DJ* 29-8-2005, p. 139). *No mesmo sentido*: STJ, HC 38946/DF, 1ª S., Rel. Min. José Delgado, j. 11-5-2005, *DJ* 27-6-2005, p. 205. *Em sentido contrário*: STF: "A existência de filha brasileira só constitui causa impeditiva da expulsão de estrangeiro, quando sempre a teve sob sua guarda e dependência econômica, mas desde que a tenha reconhecido antes do fato que haja motivado a expedição do decreto expulsório" (STF, HC 82893/SP, T. Pleno, Rel. Min. Cezar Peluso, j. 17-12-2004, *DJ* 8-4-2005, p. 7). *Sobre expulsão*, vide *também art.* 75 do Estatuto do Estrangeiro, bem como Súmula 1 do STF.

Art. 310. Prestar-se a figurar como proprietário ou possuidor de ação, título ou valor pertencente a estrangeiro, nos casos em que a este é vedada por lei a propriedade ou a posse de tais bens:

Pena – detenção, de 6 (seis) meses a 3 (três) anos, e multa. *(Redação dada pela Lei n. 9.426/96)*

(1) Objeto jurídico: Tutela a norma penal os interesses de natureza econômica e política do

Estado, os quais são colocados em risco com a intervenção indevida de estrangeiros. Tutela-se também a fé pública que recai sobre a identidade das pessoas.

(2) Ação nuclear: Pune-se a ação de *prestar-se* a figurar como proprietário ou possuidor de ação, título ou valor pertencente a estrangeiro, nos casos em que a este é vedada por lei a propriedade ou a posse de tais bens. Assim, o agente funciona como um verdadeiro "testa de ferro", fraudando assim a lei brasileira, que veda a posse ou propriedade de determinados bens por estrangeiros.

(3) Sujeito ativo: Qualquer pessoa, desde que tenha nacionalidade brasileira.

(4) Sujeito passivo: É o Estado.

(5) Elemento subjetivo: É o dolo, consubstanciado na vontade livre e consciente de prestar-se a figurar como proprietário ou possuidor de ação, título ou valor pertencente a estrangeiro. É necessário que o agente tenha ciência de que é vedada por lei a propriedade ou a posse de tais bens por estrangeiros.

(6) Consumação e tentativa: Consuma-se no momento em que o brasileiro passar a figurar como proprietário ou possuidor de ação, título ou valor pertencente a estrangeiro. A tentativa é perfeitamente admissível, pois se trata de crime material.

(7) Ação penal. Lei dos Juizados Especiais Criminais: Trata-se de crime de ação penal pública incondicionada. Em virtude da pena mínima prevista (pena – detenção, de 6 meses a 3 anos, e multa), é cabível a suspensão condicional do processo (art. 89 da Lei n. 9.099/95).

(8) Propriedade de empresas jornalística e de radiodifusão: Vide art. 222 da CF, com a redação dada ao artigo pela Emenda Constitucional n. 36/2002.

Adulteração de sinal identificador de veículo automotor

Art. 311. Adulterar ou remarcar número de chassi ou qualquer sinal identificador de veículo automotor, de seu componente ou equipamento:

Pena – reclusão, de 3 (três) a 6 (seis) anos, e multa. *(Redação dada pela Lei n. 9.426/96)*

(1) Objeto jurídico: Tutela-se a fé pública, que recai sobre o número do chassi ou qualquer sinal identificador de veículo automotor, de seu componente ou equipamento. Secundariamente, tutela-se a identificação do veículo. *Nesse sentido:* Damásio de Jesus, *Direito penal*, cit., v. 4, p. 110.

(2) Ação nuclear: Duas são as ações incriminadas: adulterar (modificar) ou *remarcar* (implica inserção de nova sequência de códigos no espaço em que havia a numeração correta) o número de chassi. Segundo o *Dicionário Aurélio*, chassi é "estrutura de aço sobre a qual se monta toda a carroceria de veículo motorizado". Sobre tal estrutura de aço se insere um código para identificação do veículo. É também objeto material do crime qualquer sinal identificador de veículo automotor, de seu componente ou equipamento (placa de automóvel numeração do motor, câmbio etc.).

(3) Sujeito ativo: Qualquer pessoa pode praticar o delito em tela.

(4) Sujeito passivo: É o Estado (sujeito passivo principal) e o terceiro prejudicado com a adulteração ou remarcação (sujeito passivo secundário).

(5) Elemento subjetivo: É o dolo, consubstanciado na vontade livre e consciente de praticar uma das ações típicas.

(6) Consumação e tentativa: Consuma-se com a efetiva adulteração ou remarcação do número de chassi ou qualquer sinal identificador de veículo automotor, de seu componente ou equipamento. A tentativa é admissível.

(7) Ação penal: Trata-se de crime de ação penal pública incondicionada.

(8) Concurso de crimes: Na hipótese de adulteração de chassi com o fim de prestar auxílio a autor de crime, tornando seguro o proveito do crime (favorecimento real) ou auxiliando-o a subtrair-se à ação da autoridade (favorecimento pessoal), há uma só conduta, a qual se subsume dois tipos distintos (CP, arts. 311 e 347 ou 311 e 348), devendo incidir apenas um deles, no caso, o do art. 311 do CP, diante de sua maior gravidade, aplicando-se o princípio da subsidiariedade.

Estatuto do Desarmamento

(1) Adulteração de arma de fogo, acessório ou munição: Qualquer forma de adulteração de arma de fogo, acessório ou munição, no exercício de atividade comercial ou industrial, configura o crime previsto no art. 17 da lei. Assim, enquadram-se nessa figura típica, desde que vinculadas ao exercício do comércio, as seguintes ações: (a) suprimir ou alterar marca, numeração ou qualquer sinal de identificação; (b) modificar as características da arma de fogo. Ausente o elemento normativo do tipo, qual seja, exercício de atividade comercial ou industrial, as ações poderão ser enquadradas nos incisos I e II do parágrafo único do art. 16. Convém notar que a alteração de munição, sem qualquer nexo com atividade comercial ou industrial, está prevista no art. 16, parágrafo único, VI, do Estatuto (cf. Fernando Capez, *Estatuto do Desarmamento*, cit., p. 154-155).

> § 1º Se o agente comete o crime no exercício da função pública ou em razão dela, a pena é aumentada de um terço. *(Acrescentado pela Lei n. 9.426/96)*

(1) Forma majorada: A pena é agravada na hipótese em que o agente comete o crime no desempenho de função pública ou em razão dessa qualidade.

> § 2º Incorre nas mesmas penas o funcionário público que contribui para o licenciamento ou registro do veículo remarcado ou adulterado, fornecendo indevidamente material ou informação oficial. *(Acrescentado pela Lei n. 9.426/96)*

(1) Forma equiparada: Pune-se, nos mesmos moldes do *caput*, o funcionário público que contribui para o licenciamento ou registro do veículo remarcado ou adulterado, mediante a conduta de fornecer indevidamente material ou informação oficial. Trata-se de uma forma especial de participação, consubstanciada na modalidade auxílio. É crime próprio, pois somente o funcionário público pode praticá-lo. Ressalve-se que o fornecimento deve ser *indevido* (elemento normativo do tipo). Se o agente tinha o dever funcional de fornecer o material ou informação, o fato é atípico.

CAPÍTULO V
DAS FRAUDES EM CERTAMES DE INTERESSE PÚBLICO

Fraudes em certames de interesse público (introduzido pela Lei n. 12.550/ 2011)

Art. 311-A. Utilizar ou divulgar, indevidamente, com o fim de beneficiar a si ou a outrem, ou de comprometer a credibilidade do certame, conteúdo sigiloso de:

I – concurso público;

II – avaliação ou exame públicos;

III – processo seletivo para ingresso no ensino superior; ou

IV – exame ou processo seletivo previstos em lei:

Pena – reclusão, de 1 (um) a 4 (quatro) anos, e multa.

§ 1º Nas mesmas penas incorre quem permite ou facilita, por qualquer meio, o acesso de pessoas não autorizadas às informações mencionadas no *caput*.

§ 2º Se da ação ou omissão resulta dano à administração pública:

Pena – reclusão, de 2 (dois) a 6 (seis) anos, e multa.

§ 3º Aumenta-se a pena de 1/3 (um terço) se o fato é cometido por funcionário público.

(1) Objeto jurídico: Protege-se aqui a inviolabilidade dos certames, a fé pública que os cerca, a sua credibilidade, isto é, a confiança geral em sua legitimidade, em seu regular e normal funcionamento. Com a nova modalidade delitiva, introduzida no Código Penal pela Lei n. 12.550, de 15-12-2011, busca-se também evitar os graves prejuízos para os participantes e para aqueles, particular ou Administração Pública, que promovem o concurso, avaliação, exame etc.

(2) Ações nucleares: Consubstanciam-se nos seguintes verbos: a) *utilizar* o conteúdo sigiloso: nesta modalidade típica, o agente faz uso das informações sigilosas; b) *divulgar* o conteúdo sigiloso: nesta modalidade, o agente leva ao conhecimento de outrem o conteúdo sigiloso de que tenha tomado ciência. É o relato por qualquer meio. Basta a divulgação para uma única pessoa, não sendo necessário que um número indeterminado de indivíduos tenha notícia do fato.

(3) Elemento normativo do tipo: A utilização ou divulgação deve ser realizada de maneira indevida (elemento normativo do tipo), do contrário, não haverá fato típico.

(4) Objeto material: É o conteúdo sigiloso de: (a) concurso público; (b) avaliação ou exame públicos; (c) processo seletivo para ingresso no ensino superior; ou (d) exame ou processo seletivo previstos em lei. Não se trata de segredo funcional, ou seja, de informação de que o agente tenha conhecimento em razão do cargo que ocupa, de suas atribuições, pois comete o crime qualquer pessoa, funcionário público ou particular, ainda que não responsável pelo certame, que tenha acesso ao conteúdo sigiloso e o utilize ou divulgue. Ressalve-se que o conteúdo sigiloso aqui tutelado é o de interesse público, ao contrário do crime do art. 154; contudo, nada impede que concomitantemente interesse a um particular. Se o conteúdo sigiloso for relativo à proposta de concorrência pública, a norma aplicável é a da Lei das Licitações — art. 94 da Lei n. 8.666/93.

(5) Sujeito ativo: Não se trata de crime próprio, podendo ser praticado por qualquer pessoa, ainda que não responsável pelo certame. Se o delito for cometido por funcionário público, a pena aumenta-se de 1/3 (um terço). Admite-se o concurso de pessoas.

(6) Sujeito passivo: É o Estado, a coletividade, haja vista que se trata de um crime contra a fé pública. É também vítima a pessoa física ou jurídica prejudicada com a fraude no certame público.

(7) Elemento subjetivo: É o dolo, isto é, a vontade livre e consciente de utilizar ou divulgar, indevidamente, conteúdo sigiloso de certame. O agente deve ter consciência de que o fato deve ser mantido em sigilo. Não há previsão da modalidade culposa. Exige o tipo penal um fim especial de agir, consubstanciado na vontade de o agente "beneficiar a si ou a outrem" ou de "comprometer a credibilidade do certame", sem o qual o crime não se perfaz.

(8) Consumação e tentativa: Consuma-se o crime com a utilização ou divulgação do conteúdo sigiloso, independentemente de esta vir a beneficiar o próprio agente ou outrem ou comprometer a credibilidade do certame. Tratando-se, portanto, de crime formal, o perfazimento do delito independe da ocorrência de dano efetivo, bastando que haja dano potencial. Se, no entanto, da ação ou omissão resultar dano à Administração Pública, ocorrerá a incidência da qualificadora prevista no § 2º (Pena: reclusão, de 2 a 6 anos, e multa). É possível o *conatus*.

(9) Figuras equiparadas (§ 1º): Nas mesmas penas incorre quem permite ou facilita, por qualquer meio, o acesso de pessoas não autorizadas às informações mencionadas no *caput*. O

agente, que tem acesso liberado ao conteúdo sigiloso do certame, autoriza ou auxilia *pessoas não autorizadas (elemento normativo do tipo)* a ter acesso a esses dados. O acesso desses terceiros se dá por qualquer meio, por exemplo, o fornecimento e o empréstimo de senha. Vejam que nessa modalidade o indivíduo não utiliza ou divulga a informação, mas possibilita que outrem tenha acesso a esta. Importa notar que o terceiro que teve acesso às informações sigilosas responderá na forma do *caput* do artigo, caso utilize ou divulgue, indevidamente, o conteúdo sigiloso, com o fim de beneficiar a si ou a outrem, ou de comprometer a credibilidade do certame. É possível a tentativa.

(10) Forma qualificada (§ 2º): "Se da ação ou omissão resulta dano à Administração Pública, a pena será de reclusão, de dois a seis anos, e multa". Na hipótese, a conduta típica não só viola o regular e normal funcionamento da atividade administrativa, como também acaba por lhe acarretar prejuízos de ordem patrimonial.

(11) Forma majorada: Se o fato é cometido por funcionário público, aumenta-se a pena de 1/3.

(12) Ação penal. Lei dos Juizados Especiais Criminais: Trata-se de crime de ação penal pública incondicionada. A forma simples (*caput*), sem o aumento de pena do § 3º, admite a suspensão condicional do processo (art. 89 da Lei n. 9.099/95).

(13) Interdição temporária de direitos: Proibição de inscrever-se em concurso, avaliação ou exames públicos. Essa nova espécie de interdição temporária de direitos, prevista no inciso V do art. 47 do CP, foi acrescentada pela Lei n. 12.550, de 15-12-2011, tendo em vista a também nova modalidade criminosa contemplada no art. 311-A. Em tais situações, poderá ser imposta a proibição de o agente inscrever-se em concurso, avaliação ou exames públicos.

TÍTULO XI
DOS CRIMES CONTRA A ADMINISTRAÇÃO PÚBLICA

CAPÍTULO I
DOS CRIMES PRATICADOS POR FUNCIONÁRIO PÚBLICO CONTRA A ADMINISTRAÇÃO EM GERAL

Peculato

Art. 312. Apropriar-se o funcionário público de dinheiro, valor ou qualquer outro bem móvel, público ou particular, de que tem a posse em razão do cargo, ou desviá-lo, em proveito próprio ou alheio:

Pena – reclusão, de 2 (dois) a 12 (doze) anos, e multa.

(1) Documentos internacionais: Vide art. 317 do CP.

(2) Fundamento constitucional: De acordo com o art. 37 da CF, "A administração pública direta e indireta de qualquer dos Poderes da União, dos Estados, do Distrito Federal e dos Municípios obedecerá aos princípios de legalidade, impessoalidade, moralidade, publicidade e eficiência (...)".

(3) Administração Pública e objeto jurídico: O Título XI do Código Penal tipifica condutas criminosas praticadas por funcionário público (*intranei*) ou por particular (*extranei*) que afetam o regular funcionamento da Administração Pública, entendida esta em sentido amplo. Assim, protege-se o desenvolvimento regular das atividades da Administração Pública dentro de regras da dignidade, probidade e eficiência. *Nesse sentido:* E. Magalhães Noronha, *Direito penal*, cit., v. 4, p. 198.

(4) Ilícito penal e administrativo: Embora as instâncias penal e administrativa sejam autônomas, se ficar provada na Justiça Criminal a inexistência material do fato (cf. CPP, art. 66) ou a atuação do funcionário no estrito cumprimento do dever legal (cf. CPP, art. 65), não há como subsistir a condenação administrativa. Por outro lado, se a absolvição criminal foi proferida em face da atipicidade do fato, nada impedirá a imposição da sanção administrativa, uma vez que pode suceder que um fato não criminoso seja residualmente falta disciplinar (CP, art. 67, III), por exemplo, embora não configurado o crime de prevaricação pela ausência da satisfação de interesse ou sentimento pessoal, poderá haver a falta administrativa dos arts. 241, III, e 253 da Lei n. 10.261, de 28-10-1968 (Estatuto dos Funcionários Públicos Civis do Estado de São Paulo). *Nesse sentido:* E. Magalhães Noronha, *Direito penal*, cit., v. 4, p. 200.

(5) Independência de instâncias: STJ: "Administrativo. Policiais federais. Peculato e improbidade administrativa. Ação penal e processo disciplinar. Independência das instâncias. Demissão. Mandado de Segurança. 1. Doutrina e jurisprudência são unânimes quanto à independência das esferas penal e administrativa; a punição disciplinar não depende de processo civil ou criminal a que se sujeite o servidor pela mesma falta, nem obriga a Administração Pública a aguardar o desfecho dos mesmos. 2. Segurança denegada" (STJ, MS 7138, 3ª S., Rel. Min. Edson Vidigal, j. 28-2-2001, *DJ* 19-3-2001, p. 74). STJ: "É firme o entendimento doutrinário e jurisprudencial no sentido de que as esferas criminal e administrativa são independentes, estando a Administração vinculada apenas à decisão do juízo criminal que negar a existência ou a autoria do crime" (STJ, RMS 15585/RS, 5ª T., Rel. Min. Arnaldo Esteves Lima, j. 6-12-2005, *DJ* 3-4-2006, p. 367). STF: "Responsabilidade administrativa e penal. As esferas são independentes, somente repercutindo na primeira o pronunciamento formalizado no processo-crime quando declarada a inexistência do fato ou da autoria. Processo administrativo. Improbidade. Pena. Apurada a improbidade administrativa, fica o servidor sujeito à pena de demissão – art. 132, inciso IV, da Lei n. 8.112/90" (STF, RMS 24293/DF, 1ª T., Rel. Min. Marco Aurélio, j. 4-10-2005, *DJ* 28-10-2005, p. 50). STF: "Constitucional. Administrativo. Servidor público: cassação de aposentadoria: improbidade administrativa. Ilícito administrativo e ilícito penal: instância administrativa: autonomia. III – Ilícito administrativo que constitui, também, ilícito penal: o ato de demissão ou de cassação da aposentadoria, após procedimento administrativo regular, não depende da conclusão da ação penal, tendo em vista a autonomia das instâncias. Precedentes do STF: os MS 23.401/DF e 23.242/SP, Min. Carlos Velloso, Plenário, 18-3-2002 e 10-4-2002; MS 21.294/DF, Min. Sepúlveda Pertence, *DJ* 21-9-2001; MS 21.293/DF, Min. Octavio Gallotti, *DJ* 28-11-1997; os MS 21.545/SP, 21.113/SP e 21.321/DF, Min. Moreira Alves, *DJ* de 2-4-1993, 13-3-1992 e 18-9-1992; MS 22.477/AL, Min. Carlos Velloso, *DJ* 14-11-1997. IV – RMS improvido" (STF, RMS 24791/DF, 2ª T., Rel. Min. Carlos Velloso, j. 25-5-2004, *DJ* 11-6-2004, p. 17). *No mesmo sentido:* STF, MS 23401/DF, T. Pleno, Rel. Min. Carlos Velloso, j. 18-3-2002, *DJ* 12-4-2002, p. 55.

(6) Ilícito penal e ilícito administrativo. Contagem do prazo prescricional: STJ: "Consoante entendimento deste Superior Tribunal de Justiça, havendo regular apuração criminal, deve ser aplicada a legislação penal para o cômputo da prescrição no processo administrativo. Precedentes" (STJ, RMS 18093/PR, 5ª T., Rel. Min. Gilson Dipp, j. 4-11-2004, *DJ* 13-12-2004, p. 384). STJ: "1. Nos termos do art. 142, § 2º, da Lei n. 8.112/90, aplicam-se às infrações disciplinares capituladas também como crime, os prazos prescricionais previstos na lei penal. Precedentes. 2. O prazo para a Administração aplicar a pena de demissão ao servidor faltoso é de 5 (cinco) anos, a teor do que dispõe o art. 142, inciso I, da Lei n. 8.112/90. Entretanto, havendo regular apuração criminal, o prazo de prescrição no processo administrativo disciplinar será regulado pela legislação penal, que, *in casu*, consoante o art. 316 c.c. o art. 109, inciso III, do Código Penal, é de 12 (doze) anos. 3. Na hipótese, a contagem do prazo prescricional foi interrompida com a instauração de novo PAD em

4-9-2003, voltando a correr por inteiro em 21-1-2004, após o transcurso de 140 (cento e quarenta) dias (prazo máximo para a conclusão do processo – art. 152, *caput*, c.c. o art. 169, § 2º, ambos da Lei n. 8.112/90). Desse modo, tendo sido expedida a Portaria Demissionária da Impetrante em 19-5-2004, constata-se, à toda evidência, a não ocorrência da prescrição da pretensão punitiva da Administração" (STJ, MS 9772/DF, 3ª S., Relª Minª Laurita Vaz, j. 14-9-2005, *DJ* 26-10-2005, p. 73; *LEXSTJ* 196/24).

(7) Peculato e objeto jurídico: Tutela-se, principalmente, a moralidade da Administração Pública, bem como seu patrimônio. Protege-se, eventualmente, o patrimônio do particular quando este estiver sob a guarda daquela.

(8) Peculato próprio: O art. 312, *caput*, do CP, cuida do peculato próprio. Constitui uma apropriação indébita, só que praticada por funcionário público com violação do dever funcional.

(9) Ação nuclear: (a) Pune-se a apropriação pelo funcionário público de dinheiro, valor ou qualquer outro bem móvel, público ou particular, de que tem a posse em razão do cargo. É o denominado *peculato-apropriação*. O agente tem a posse (ou detenção) lícita do bem móvel, público ou particular, e inverte esse título, pois passa a comportar-se como se dono fosse, isto é, consome-o, aliena-o etc. É necessário que a posse decorra do cargo *(ratione officii)*, isto é, que os bens lhe sejam confiados em razão do ofício. (b) Pune-se na segunda parte do dispositivo o *peculato-desvio*. Nessa modalidade, o agente tem a posse da coisa e lhe dá destinação diversa da exigida por lei, agindo em proveito próprio ou de terceiro. Se o desvio for em proveito da própria Administração, haverá o crime do art. 315 do CP (emprego irregular de verbas ou rendas públicas).

STJ: "Penal. Denúncia. Peculato-desvio. Rejeição. 1. Não se configura o delito de peculato-desvio quando o agente público destina verba pública para outro elemento que o determinado por Lei. 2. Verba para o FUNDEF que foi emprestada ao Estado para resolver déficit de caixa. 3. Ausência de configuração do tipo previsto na parte final do art. 312 do CP. 4. Denúncia rejeitada" (STJ, CE, APn 391/MS, Rel. Min. José Delgado, j. 16-8-2006, *DJ* 25-9-2006, p. 197).

(10) Objeto material: É o dinheiro, valor (por exemplo: letras de câmbio, apólices, notas promissórias etc.) ou qualquer bem móvel (veículo, computador, máquina de escrever etc.), de natureza pública ou privada, de que tem o funcionário público a posse em razão do cargo. A apropriação de bens particulares por funcionário público configura o denominado peculato-malversação.

Princípio da insignificância: Vide comentários ao art. 1º, item 7 "Conteúdo material do princípio da reserva legal".

(11) Sujeito ativo: Trata-se de crime próprio. Somente o funcionário público (CP, art. 327, *caput*) e as pessoas a ele equiparadas legalmente (CP, art. 327, §§ 1º e 2º) podem praticar o delito em estudo. É possível o concurso de pessoas, dada a comunicabilidade da elementar do crime (CP, art. 30). O tutor, curador, inventariante judicial, liquidatário, testamenteiro ou depositário judicial, nomeado pelo juiz, que se apropria dos valores que lhe são confiados, responde pelo crime de apropriação indébita majorada (CP, art. 168, § 1º, II).

Crimes funcionais impróprios: A ausência da qualidade de funcionário público não torna o fato atípico, pois poderá constituir outro crime (atipicidade relativa). Assim, se o agente, ao tempo da prática delitiva, estava exonerado do serviço público, o crime delituoso por ele cometido contra a Administração Pública poderá configurar um dos delitos contra o patrimônio (CP, arts. 155 ou 180).

(12) Sujeito passivo: É o Estado. Secundariamente, o particular poderá ser sujeito passivo, na hipótese em que seus bens forem apropriados ou desviados pelo funcionário público.

(13) Elemento subjetivo: É o dolo, consubstanciado na vontade livre e consciente de apropriar-se da coisa móvel, pública ou particular, ou desviá-la. Há, assim, a intenção de apode-

rar-se da *res* definitivamente, ou seja, de não a restituir, agindo como se dono fosse, ou de desviá-la do fim para que foi entregue. É o denominado *animus rem sibi habendi*. Exige-se um elemento subjetivo do tipo: "em proveito próprio ou alheio".

Peculato de uso. Coisas fungíveis: O bem fungível é objeto material do delito, por exemplo, dinheiro e comida, havendo, portanto, a configuração do peculato, pouco importando a intenção de restituir o bem.

Peculato de uso. Coisas infungíveis: No sentido de que a utilização momentânea do bem infungível, com a sua devolução no mesmo estado e local em que foi retirado, configura fato atípico: Nélson Hungria, *Comentários*, cit., v. 9, p. 336. STJ: "O peculato consuma-se no momento em que o funcionário público, em razão do cargo que ocupa, dá destino diverso ao dinheiro, valor ou qualquer outro bem móvel, empregando-os com fins que não os próprios ou regulares, sendo irrelevante que o agente ou terceiro obtenha vantagem com a prática do delito. Precedentes. Evidenciado que a máquina retroescavadeira não chegou a ser devolvida ao órgão público, tendo sido apreendida em razão de mandado judicial, no momento da realização do preparo do terreno particular, não resta demonstrado o ânimo dos acusados em restituir o bem. A brusca interrupção do feito, conforme pleiteado, não se faz possível em sede de *habeas corpus*, pois o enquadramento da conduta do acusado ao tipo descrito na denúncia pode ser modificado durante a instrução processual, sob o pálio do contraditório e da ampla defesa. V. Ordem denegada" (STJ, HC 37202/RJ, 5ª T., Rel. Min. Gilson Dipp, j. 3-3-2005, DJ 28-3-2005, p. 298). O Prefeito Municipal que se utilizar, indevidamente, em proveito próprio ou alheio, de bens, rendas ou serviços públicos, comete o delito previsto no art. 1º, II, do Decreto-lei n. 201/67.

(14) Consumação. Tentativa: Trata-se de crime material. O crime peculato-desvio se consuma no momento em que o agente transforma a posse ou detenção do bem em domínio, passando a agir como se dono fosse. O peculato-desvio, por sua vez, se consuma no instante em que o funcionário público dá à coisa destino diverso do previsto em lei. A tentativa é perfeitamente admissível (*vide* comentários ao art. 168).

(15) Arrependimento posterior: O ressarcimento do dano ou a restituição da coisa apropriada, em se tratando de peculato doloso, não extingue a punibilidade, podendo apenas influir na aplicação da pena. Se a reparação do dano for anterior ao recebimento da denúncia, constituirá causa de diminuição da pena, nos termos do art. 16 do CP. Se posterior ao recebimento da denúncia e antes do julgamento, constituirá atenuante genérica (art. 65, III, *b*). Finalmente, caso a reparação do dano ocorra em instância recursal, poderá eventualmente incidir a atenuante inominada prevista no art. 66 do CP.

(16) Causa de aumento de pena: Vide art. 327, § 2º, do CP.

(17) Ação penal: Trata-se de crime de ação penal pública incondicionada.

(18) Competência: STJ: "Crime de responsabilidade de ex-prefeito. Desvio de verbas públicas e fraude em licitação. Convênio firmado entre o Ministério da Saúde e o Município. Participação da União na compra de equipamento hospitalar para o SUS. Fiscalização do TCU. Competência da Justiça Federal. Súmula 208 do STJ. Nulidade configurada. 1. O enunciado 208 da Súmula desta Corte Superior determina que 'compete à Justiça Federal processar e julgar prefeito municipal por desvio de verba sujeita à prestação de contas perante órgão federal'; 2. As verbas para compra do equipamento possuíam origens diversas: uma grande parte pertencente à União e o restante à municipalidade; a União tinha o dever de supervisionar execução do convênio; o Município tinha o dever de prestar contas; na hipótese de não execução do convênio, deveriam os recursos repassados ser reembolsados à União; 3. Não houve incorporação ao patrimônio do Município da verba destinada à compra do equipamento especificado, fato que, aliado

à necessária prestação de contas perante órgão da União Federal, determina ser a Justiça Federal a competente para processar e julgar o feito; 4. Ordem parcialmente concedida" (STJ, HC 35648/SP, 6ª T., Rel. Min. Hélio Quaglia Barbosa, j. 15-3-2005, *DJ* 4-4-2005, p. 356; *RSTJ* 192/630). *No mesmo sentido*: STJ, HC 35996/RJ, 5ª T., Rel. Min. Arnaldo Esteves Lima, j. 4-11-2004, *DJ* 6-12-2004, p. 345; STJ, CAt 98/RJ, 3ª S., Rel. Min. José Arnaldo da Fonseca, j. 13-12-2000, *DJ* 5-3-2001, p. 120.

Vide *também súmulas a seguir.*

(19) Distinção: Se a apropriação de dinheiro, título, valor ou de qualquer outro bem móvel de que tem a posse for realizada por controlador e administradores de instituições financeiras, assim considerados os diretores e gerentes e equiparados *(caput* e § 1º do art. 25), haverá crime contra o Sistema Financeiro Nacional (art. 5º da Lei n. 7.492/86).

(20) Efeitos da condenação: Vide art. 92, I, do CP. STJ: "Os efeitos específicos da condenação não são automáticos, devendo ser motivadamente declarados na sentença. *In casu*, ainda que, em princípio, presentes os requisitos do art. 92, I, *a* do Código Penal, a sentença condenatória, neste ponto, se mostra deficiente de fundamentação. Recurso não conhecido" (STJ, REsp 539351/SP, 5ª T., Rel. Min. Felix Fischer, j. 3-2-2004, *DJ* 25-2-2004, p. 215).

Crimes de responsabilidade de Prefeito Municipal (Decreto-lei n. 201/67)

(1) Prefeitos municipais: Respondem pelo crime previsto no art. 1º, I, do Decreto-lei n. 201, de 27-2-1967: "São crimes de responsabilidade dos Prefeitos Municipais, sujeitos ao julgamento do Poder Judiciário, independentemente do pronunciamento da Câmara dos Vereadores: I – Apropriar-se de bens ou rendas públicas, ou desviá-los em proveito próprio ou alheio". Embora a conduta seja a mesma, o fato deverá ser enquadrado nessa lei específica, e não no art. 312 (peculato-apropriação ou peculato-desvio). A única modalidade de peculato do Código Penal a que poderão estar sujeitos é a prevista no § 1º (peculato-furto), pois referido decreto não prevê essa ação típica. STJ: "1. Afigura-se acertada a decisão do Tribunal *a quo* que recebeu a denúncia ofertada em desfavor dos ora Recorrentes, dentre eles o Prefeito Municipal de São José Piranhas/PB, na tipificação do art. 1º, inciso I, do Decreto-lei n. 201/67, ao invés da capitulação prevista no art. 312, do Código Penal, uma vez que o dinheiro, em tese, desviado, ao contrário do alegado nas razões do recurso, era público, já que destinado ao pagamento dos servidores municipais. 2. O delito previsto no art. 1º, inciso I, do Decreto-lei n. 201/67, é comum, podendo se comunicar aos coautores e partícipes, como no crime de peculato, porquanto não existe diferenciação típica entre eles. (...)" (STJ, REsp 647457/PB, 5ª T., Relª Minª Laurita Vaz, j. 14-12-2004, *DJ* 28-2-2005, p. 360). STJ: "1. Não há diferenciação típica entre os delitos previstos no art. 1º, I, do Decreto-lei n. 201/67 e no art. 312 do Código Penal. Ambos tratam da apropriação pelo funcionário público ou pessoa a ele equiparada de dinheiro de que tem a posse em razão do cargo (peculato-apropriação) ou do seu desvio em proveito próprio ou alheio (peculato-desvio). 2. A Prefeita Municipal foi denunciada pela Procuradoria de Justiça do Estado, perante o Tribunal de Justiça, como incursa nas penas do art. 1º, I, do Decreto-lei n. 201/67, sendo, no ponto, a denúncia rejeitada por decisão transitada em julgado. O Conselheiro do Tribunal de Contas, pelo mesmo fato, em participação, foi denunciado pela Subprocuradoria-Geral da República, junto ao Superior Tribunal de Justiça, pelo delito do art. 312 do Código Penal. 3. Segundo pacífico entendimento doutrinário, dirige-se o concurso de agentes a um resultado comum, sendo, então, o crime um só, ou seja, não há 'crime para partícipe, mas um crime único com partícipes diversos'. 4. Neste contexto, não se pode fugir à inelutável conclusão de que rejeitada a denúncia em relação ao Prefeito Municipal, a

quem imputada a apropriação ou desvio de dinheiro público (fato principal) necessariamente não se pode cogitar de delito pelo mesmo fato, em participação (fato acessório). 5. Denúncia rejeitada" (STJ, APn 358/MT, CE, Rel. Min. Fernando Gonçalves, j. 3-11-2004, *DJ* 22-11-2004, p. 259; *RSTJ* 188/83). STJ: "Recurso em *Habeas corpus* – Crime de responsabilidade dos prefeitos. Coautoria e participação. Possibilidade. Nos crimes de responsabilidade dos Prefeitos Municipais previstos no art. 1º do Decreto-lei 201/67, admite-se a coautoria e participação de terceiros. Precedente do STF. – Recurso desprovido" (STJ, RHC 8927/RS, 5ª T., Rel. Min. Jorge Scartezzini, j. 2-3-2000, *DJ* 24-4-2000, p. 60).

(2) *Crimes de responsabilidade. Julgamento por órgão fracionário do tribunal:* STJ: "*Habeas corpus*. Peculato. Prefeito Municipal. Julgamento realizado por órgão fracionário. Legalidade. Duplo grau de jurisdição não violado. A atribuição, a um dos órgãos fracionários do Tribunal de Justiça, para julgamento dos Prefeitos Municipais não afronta a competência conferida pela Constituição Federal. Precedentes. O duplo grau de jurisdição obrigatório não se aplica às decisões nas ações penais de competência originária dos Tribunais" (STJ, HC 21072/RS, 5ª T., Rel. Min. José Arnaldo da Fonseca, j. 18-6-2002, *DJ* 5-8-2002, p. 368).

(3) *Crimes de responsabilidade. Afastamento temporário das funções:* STJ: "Não há ilegalidade na decisão de afastamento do paciente do cargo de Prefeito realizada nos termos do art. 2º, II, do Decreto-lei n. 201/67. XI. O afastamento cautelar, de natureza provisória, perdura somente durante a instrução do feito, não implicando perda do cargo, tampouco dos vencimentos, determinação que eventualmente só ocorrerá após trânsito em julgado da sentença condenatória, em respeito aos ditames constitucionais e legais. XII. Ordem denegada" (STJ, HC 36274/MA, 5ª T., Rel. Min. Gilson Dipp, j. 8-3-2005, *DJ* 28-3-2005, p. 296).

Associações ou entidades sindicais (CLT)

Peculato e associações ou entidades sindicais: Dispõe o art. 552 da CLT: "Os atos que importem em malversação ou dilapidação do patrimônio das associações ou entidades sindicais ficam equiparados ao crime de peculato julgado e punido na conformidade da legislação penal" (redação determinada pelo Decreto-lei n. 925, de 10-10-69). STJ: "1. Os atos que importem em malversação ou dilapidação do patrimônio das associações ou entidades sindicais ficam equiparados ao crime de peculato julgado e punido na conformidade da legislação penal. 2. Não é pelo fato de encontrar-se a tipificação do crime de peculato inserida no Título dos Crimes Contra a Administração da Justiça, no Código Penal, que haverá a incidência da regra constitucional que define a competência da Justiça Federal. 3. O simples fato da necessidade de registro dos sindicatos no Ministério do Trabalho não aponta o mínimo interesse da União na ação penal para o processo e o julgamento dos crimes contra eles praticados. 4. Inexiste ofensa a bens, serviços ou interesse da União, de suas entidades autárquicas ou empresas públicas, restando afastada a competência da Justiça Federal. 5. Conflito conhecido para declarar a competência do Juízo de Direito da 1ª Vara Criminal da Comarca de Ituverava/SP, suscitado" (STJ, CC 31354/SP, 3ª S., Rel. Min. Arnaldo Esteves Lima, j. 13-12-2004, *DJ* 1º-2-2005, p. 403).

Lei de Improbidade Administrativa (Lei n. 8.429/92)

(1) Lei de Improbidade Administrativa e crimes de responsabilidade. Cumulação de penalidades. **Bis in idem**: STJ: "Administrativo. Ação civil pública. Ex-prefeito. Conduta omissiva. Caracterização de infração político-administrativa. Decreto-lei n. 201/67. Ato de improbidade administrativa. Lei n. 8.429/92. Coexistência. Impossibilidade. Manutenção do acórdão recorrido. Voto divergente do relator. (...) Politicamente, a Constituição Federal inadmite o concurso de regimes

de responsabilidade dos agentes políticos pela Lei de Improbidade e pela norma definidora dos Crimes de Responsabilidade, posto inaceitável *bis in idem*. A submissão dos agentes políticos ao regime jurídico dos crimes de responsabilidade, até mesmo por suas severas punições, torna inequívoca a total ausência de uma suposta 'impunidade' deletéria ao Estado Democrático de Direito. Voto para divergir do e. Relator e negar provimento ao recurso especial do Ministério Público do Estado de Minas Gerais, mantendo o acórdão recorrido por seus fundamentos" (STJ, REsp 456649/MG, 1ª T., Rel. Min. Francisco Falcão, j. 5-9-2006, *DJ* 5-10-2006, p. 237).

(2) Imposição de penalidades. Competência: STF: "Ato de improbidade: a aplicação das penalidades previstas na Lei n. 8.429/92 não incumbe à Administração, uma vez que privativa do Poder Judiciário. Verificada a prática de atos de improbidade no âmbito administrativo, caberia representação ao Ministério Público para ajuizamento da competente ação, não a aplicação da pena de demissão. Recurso ordinário provido" (STF, RMS 24699/DF, 1ª T., Rel. Min. Eros Grau, j. 30-11-2004, *DJ* 1º-7-2005, p.56).

(3) Improbidade administrativa. Foro por prerrogativa de função: STF: "Agravo regimental no agravo de instrumento. Constitucional. Processual Penal. Lei n. 10.628/2002, que acrescentou os §§ 1º e 2º ao art. 84 do Código de Processo Penal. Foro por prerrogativa de função. Inconstitucionalidade. ADI n. 2.797 e ADI n. 2.860. 1. O Plenário do Supremo, ao julgar a ADI n. 2.797 e a ADI n. 2.860, Relator o Ministro Sepúlveda Pertence, Sessão de 15-9-2005, declarou a inconstitucionalidade da Lei n. 10.628/2002, que acrescentou os §§ 1º e 2º ao art. 84 do Código de Processo Penal. 2. Orientação firmada no sentido de que inexiste foro por prerrogativa de função nas ações de improbidade administrativa. Agravo regimental a que nega provimento" (STF, AgI-AgR 538389/SP, 2ª T., Rel. Min. Eros Grau, j. 29-8-2006, *DJ* 29-9-2006, p. 57).

Lei de Lavagem de Dinheiro

(1) Crime de "lavagem de dinheiro": De acordo com a antiga redação do art. 1º, V, da Lei n. 9.613/98, por força do rol de crimes antecedentes da lei, constitui crime de "lavagem de dinheiro": "Ocultar ou dissimular a natureza, origem, localização, disposição, movimentação ou propriedade de bens, direitos ou valores provenientes, direta ou indiretamente, de crime contra a Administração Pública, inclusive a exigência, para si ou para outrem, direta ou indiretamente, de qualquer vantagem, como condição ou preço para a prática ou omissão de atos administrativos". E, consoante o § 4º, "A pena será aumentada de um a dois terços, se os crimes definidos nesta Lei forem cometidos de forma reiterada ou por intermédio de organização criminosa...". A Lei n. 12.683/2012 alterou substancialmente a Lei n. 9.613/98 eliminando o rol de crimes antecedentes de seu bojo e ampliando o alcance de seus dispositivos ao prever: "Art. 1º Ocultar ou dissimular a natureza, origem, localização, disposição, movimentação ou propriedade de bens, direitos ou valores provenientes, direta ou indiretamente, de infração penal" (redação dada pela Lei n. 12.683, de 2012). Assim a amplitude da lei ganhou os mesmos limites objetivos de toda e qualquer previsão típica do ordenamento jurídico-penal, em outras palavras, qualquer infração penal (incluindo as contravenções penais) poderá ser considerada como fonte de receita para a lavagem de capitais.

Súmulas:

Súmula 301 do STF: "Por crime de responsabilidade, o procedimento penal contra Prefeito Municipal fica condicionado ao seu afastamento do cargo por *impeachment*, ou à cessação do exercício por outro motivo".

Súmula 703 do STF: "A extinção do mandato do Prefeito não impede a instauração de processo pela prática dos crimes previstos no art. 1º do DL 201/67".

Súmula 704 do STF: "Não viola as garantias do juiz natural, da ampla defesa e do devido processo legal a atração por continência ou conexão do processo do corréu ao foro por prerrogativa de função de um dos denunciados".

Súmula 722 do STF: "São da competência legislativa da União a definição dos crimes de responsabilidade e o estabelecimento das respectivas normas de processo e julgamento".

Súmula 164 do STJ: "O prefeito municipal, após a extinção do mandato, continua sujeito a processo por crime previsto no art. 1º do Decreto-lei n. 201, de 27-2-67".

Súmula 208 do STJ: "Compete à Justiça Federal processar e julgar prefeito municipal por desvio de verba sujeita a prestação de contas perante órgão federal".

Súmula 209 do STJ: "Compete à Justiça Estadual processar e julgar prefeito por desvio de verba transferida e incorporada ao patrimônio municipal".

§ 1º Aplica-se a mesma pena, se o funcionário público, embora não tendo a posse do dinheiro, valor ou bem, o subtrai, ou concorre para que seja subtraído, em proveito próprio ou alheio, valendo-se de facilidade que lhe proporciona a qualidade de funcionário.

(1) Peculato-furto: Estamos aqui diante do chamado peculato impróprio, pois, na realidade, pune-se aqui não uma forma de apropriação, mas de furto, só que praticado por funcionário público, que se vale dessa qualidade para cometê-lo. O funcionário público, no caso, não tem a posse ou detenção do bem, mas se beneficia das facilidades que o cargo lhe proporciona para subtrair ou concorrer para que outrem subtraia bens da Administração Pública. Obviamente que se o agente é obrigado a se utilizar, por exemplo, de chave falsa para adentrar no recinto e realizar a subtração, não se há de falar em peculato-furto, mas em furto qualificado mediante o emprego de chave falsa. Na hipótese de concorrência para a subtração, é necessário que o particular tenha ciência da qualidade de funcionário público do participante. Do contrário, a elementar do crime de peculato jamais poderia comunicar-se a eles.

(2) Consumação e tentativa: Vide comentários ao crime de furto (CP, art. 155).

(3) Elemento subjetivo: É o dolo, consistente na vontade livre e consciente de subtrair ou concorrer para que seja subtraído dinheiro, valor ou bem da Administração Pública. É necessária a ciência do agente de que se vale da facilidade que lhe proporciona a qualidade de funcionário público. Exige-se também o chamado elemento subjetivo do tipo, consubstanciado na expressão "em proveito próprio ou alheio".

(4) Causa de aumento de pena: Vide art. 327, § 2º, do CP.

Peculato culposo

§ 2º Se o funcionário concorre culposamente para o crime de outrem:

Pena – detenção, de 3 (três) meses a 1 (um) ano.

(1) Peculato culposo: Nessa modalidade típica, pune-se o funcionário público que por negligência, imprudência ou imperícia concorre para a prática de crime de outrem. Pode esse terceiro ser um particular ou outro funcionário público. Assim, pode o funcionário público contribuir culposamente para a prática de um delito de peculato-apropriação, peculato-desvio ou peculato-furto por outro funcionário público. Obviamente que o agente que realizou um desses crimes deve ter se aproveitado das facilidades proporcionadas pelo comportamento culposo do funcionário, do contrário este não responderá por crime algum. O funcionário público somente poderá responder por essa modalidade culposa se o crime doloso praticado por terceiro consumar-se.

(2) Causa de aumento de pena: Vide art. 327, § 2º, do CP.

(3) Lei dos Juizados Especiais Criminais: Trata-se de infração de menor potencial ofensivo,

estando sujeita às disposições da Lei n. 9.099/95. É cabível a suspensão condicional do processo, ainda que incida a causa de aumento de pena do art. 327, § 2º, do CP.

> § 3º No caso do parágrafo anterior, a reparação do dano, se precede à sentença irrecorrível, extingue a punibilidade; se lhe é posterior, reduz de metade a pena imposta.

(1) Extinção da punibilidade no peculato culposo: Se a reparação do dano (restituição do bem ou indenização do valor) precede à sentença irrecorrível, poderá haver a extinção da punibilidade. Deve ser completa e não exclui eventual sanção administrativa contra o funcionário. A extinção da punibilidade somente aproveita o funcionário, autor do peculato culposo.

(2) Causa de diminuição de pena no peculato culposo: Encontra-se descrita na segunda parte do § 3º. No crime culposo, se a reparação do dano é posterior à sentença irrecorrível, isto é, transitada em julgado, haverá a redução de metade da pena imposta.

(3) Causa de diminuição de pena no peculato doloso: Vide comentários ao *caput* do artigo.

Peculato mediante erro de outrem

Art. 313. Apropriar-se de dinheiro ou qualquer utilidade que, no exercício do cargo, recebeu por erro de outrem:

Pena – reclusão, de 1 (um) a 4 (quatro) anos, e multa.

(1) Fundamento constitucional: Vide comentários ao art. 312 do CP.

(2) Objeto jurídico: Tutela-se a Administração Pública.

(3) Ilícito penal. Ilícito administrativo: Vide art. 312 do CP.

(4) Ação nuclear: Segundo a doutrina, estamos diante do chamado *peculato-estelionato*. Contudo, nessa espécie de delito, o funcionário não induz a vítima em erro como no estelionato, mas se aproveita do erro em que ela sozinha incidiu para apropriar-se do bem. Trata-se, assim, de mais um crime em que o funcionário público se apropria de um bem no exercício do cargo; contudo, a posse do agente, agora, decorre de erro de outrem. O erro em que incidiu a vítima deve ser espontâneo e não provocado pelo agente. Se houver induzimento, o crime passa a ser outro: estelionato (CP, art. 171).

(5) Objeto material: É o dinheiro ou qualquer utilidade que tenha recebido no exercício do cargo. Deve a utilidade necessariamente ser uma coisa móvel de natureza patrimonial. Frise-se que a figura criminosa em estudo somente se configurará se o agente receber o bem no exercício do cargo, pois, do contrário, o crime será outro: apropriação de coisa havida por erro (CP, art. 169, 1ª parte).

(6) Sujeito ativo: Trata-se de crime próprio. Somente o funcionário público pode praticá-lo. Admite-se, no entanto, a participação do particular.

(7) Sujeito passivo: É o Estado (sujeito passivo principal) e também o indivíduo que sofreu a lesão patrimonial (sujeito passivo secundário).

(8) Elemento subjetivo: É o dolo, consistente na vontade livre e consciente de se apropriar do dinheiro ou de qualquer outra utilidade, que recebeu por erro de outrem. O funcionário público deve ter ciência do erro em que incidiu a vítima, pois, do contrário, não haverá o crime em tela. Haverá, no entanto, a tipificação se, ao descobrir o erro, continuar na posse do bem.

(9) Consumação. Tentativa: Dá-se no momento em que o funcionário público se apodera da coisa, agindo como se dono fosse. A tentativa é admissível.

(10) Causa de aumento de pena: Vide art. 327, § 2º, do CP.

(11) Ação penal. Lei dos Juizados Especiais Criminais: Trata-se de crime de ação penal pública incondicionada. É cabível a suspensão condicional do processo em face da pena mínima prevista: reclusão, de 1 a 4 anos, e multa (art. 89 da Lei n. 9.099/95), desde que não incida a causa de aumento de pena prevista no § 2º do art. 327.

(12) Efeitos da condenação: Vide art. 312 do CP.

Inserção de dados falsos em sistema de informações

Art. 313-A. Inserir ou facilitar, o funcionário autorizado, a inserção de dados falsos, alterar ou excluir indevidamente dados corretos nos sistemas informatizados ou bancos de dados da Administração Pública com o fim de obter vantagem indevida para si ou para outrem ou para causar dano:

Pena – reclusão, de 2 (dois) a 12 (doze) anos, e multa. *(Artigo acrescentado pela Lei n. 9.983/2000)*

(1) Fundamento constitucional: Vide comentários ao art. 312 do CP.

(2) Novatio legis incriminadora: O art. 313-A foi acrescentado ao Código Penal pela Lei n. 9.983/2000, que foi publicada no *DOU*, Seção I, no dia 17-7-2000, p. 4, tendo entrado em vigor 90 dias após a sua publicação, isto é, em 15-10-2000.

(3) Objeto jurídico: Tutela-se a Administração Pública, em especial a segurança de suas informações constantes dos sistemas informatizados ou bancos de dados.

(4) Ilícito penal. Ilícito administrativo: Vide comentários ao art. 312 do CP.

(5) Ação nuclear: Incriminam-se as ações nucleares consubstanciadas nos verbos *inserir* (introduzir) *ou facilitar* (auxiliar, tornar fácil) a inserção de dados falsos; *alterar* (modificar) ou *excluir* (eliminar), *indevidamente (elemento normativo do tipo)*, dados corretos nos sistemas informatizados ou de banco de dados da Administração Pública. A alteração ou exclusão devida de dados, isto é, legalmente permitida, torna o fato atípico.

(6) Objeto material: São os dados, isto é, informações pertencentes à Administração Pública, as quais constam ou devam constar nos sistemas informatizados ou bancos de dados.

(7) Sujeito ativo: É o funcionário público (CP, art. 327) autorizado a realizar as operações nos sistemas de informatização ou de banco de dados da Administração Pública. Trata-se de crime funcional próprio. Admite-se o concurso de pessoas dado que a condição de funcionário público, a despeito de possuir caráter pessoal, subjetivo, é elementar, comunicando-se, nos termos do art. 30 do CP. Caso o agente não tenha autorização para realizar as operações, poderá haver a configuração do crime de prevaricação, uma vez comprovada a intenção de satisfazer interesse ou sentimento pessoal (CP, art. 319).

(8) Sujeito passivo: É o Estado. Nada impede que o particular também seja vítima desse crime, se a conduta do agente público lhe acarretar algum prejuízo.

(9) Elemento subjetivo: É o dolo, consistente na vontade livre e consciente de praticar uma das condutas típicas, acrescido do fim específico de obter vantagem indevida para si ou para outrem ou para causar dano.

(10) Consumação e tentativa: Consuma-se com a inserção, alteração ou a exclusão de dados corretos nos sistemas informatizados ou bancos de dados da Administração Pública, independentemente de o funcionário público obter vantagem para si ou para outrem ou causar dano. Trata-se, portanto, de crime formal. A tentativa é admissível.

(11) Causa de aumento de pena: Vide art. 327, § 2º, do CP.

(12) Ação penal: Trata-se de crime de ação penal pública incondicionada.
(13) Efeitos da condenação: Vide art. 312 do CP.

Lei n. 9.504/97
(1) Art. 72 da Lei: De acordo com o disposto no art. 72 da Lei, "Constituem crimes, puníveis com reclusão, de 5 (cinco) a 10 (dez) anos: I – obter acesso a sistema de tratamento automático de dados usado pelo serviço eleitoral, a fim de alterar a apuração ou a contagem de votos; II – desenvolver ou introduzir comando, instrução, ou programa de computador capaz de destruir, apagar, eliminar, alterar, gravar ou transmitir dado, instrução ou programa ou provocar qualquer outro resultado diverso do esperado em sistema de tratamento automático de dados usados pelo serviço eleitoral; III – causar, propositadamente, dano físico ao equipamento usado na votação ou na totalização de votos ou a suas partes".

Modificação ou alteração não autorizada de sistema de informações

Art. 313-B. Modificar ou alterar, o funcionário, sistema de informações ou programa de informática sem autorização ou solicitação de autoridade competente: *(Artigo acrescentado pela Lei n. 9.983/2000)*

Pena – detenção, de 3 (três) meses a 2 (dois) anos, e multa.

Parágrafo único. As penas são aumentadas de um terço até a metade se da modificação ou alteração resulta dano para a Administração Pública ou para o administrado.

(1) Fundamento constitucional: Vide comentários ao art. 312 do CP.
(2) Novatio legis incriminadora: O art. 313-B foi acrescentado ao Código Penal pela Lei n. 9.983/2000, que foi publicada no *DOU*, Seção I, no dia 17-7-2000, p. 4, tendo entrado em vigor 90 dias após a sua publicação, isto é, em 15-10-2000.
(3) Objeto jurídico: Tutela-se a Administração Pública, em particular a segurança de seus sistemas de informações e programas de informática.
(4) Ilícito penal. Ilícito administrativo: Vide comentários ao art. 312 do CP.
(5) Ação nuclear: Pune-se a modificação ou alteração, no caso, do sistema de informações ou programa de informática. As condutas devem ser praticadas "sem autorização ou solicitação da autoridade competente" (elemento normativo do tipo). Havendo tal autorização ou solicitação, competente, o fato é atípico.

Violação de painel do Senado. Alteração de programa de informática: STF: "Supressão de documento (CP, art. 305). Violação do painel do Senado. A obtenção do extrato de votação secreta, mediante alteração nos programas de informática, não se amolda ao tipo penal previsto no art. 305 do CP, mas caracteriza o crime previsto no art. 313-B da Lei n. 9.989, de 14-7-2000. Impossibilidade de retroação da norma penal a fatos ocorridos anteriormente a sua vigência (CF, art. 5º, XL). Extinção da punibilidade em relação ao crime de violação de sigilo funcional (CP, art. 325). Denúncia rejeitada por atipicidade de conduta. Inquérito 1879" (STF, Inq. 1879/DF, T. Pleno, Relª Minª Ellen Gracie, j. 10-9-2003, *DJ* 7-5-2004, p. 8).

(6) Objeto material: É o sistema de informações ou programa de informática da Administração Pública.
(7) Sujeito ativo: É o funcionário público. Não há necessidade que esteja devidamente autorizado a trabalhar com a informatização ou sistema de dados da Administração Pública. *Nesse sentido:* Cezar Roberto Bitencourt, *Código Penal comentado*, cit., p. 1079.

(8) Sujeito passivo: É o Estado. O particular também pode ser sujeito passivo desse crime se a conduta do agente público lhe acarretar algum dano.

(9) Elemento subjetivo: É o dolo, consubstanciado na vontade livre e consciente de modificar ou alterar o sistema de informações ou programa de informática. Deve ele ter ciência de que o faz "sem autorização ou solicitação de autoridade competente". Não se exige nenhum fim específico (elemento subjetivo do tipo).

(10) Consumação e tentativa: Consuma-se com a modificação ou alteração (parcial ou total) do sistema de informações ou programa de informática. Trata-se de crime formal, pois ação típica pode acarretar dano à Administração, embora isso seja irrelevante para a consumação. A ocorrência efetiva do dano, na realidade, constituirá uma causa de aumento de pena (parágrafo único). *Em sentido contrário:* Damásio de Jesus, para quem estamos diante de um crime de mera conduta (*Direito penal*, cit., v. 4, p. 142). Por se tratar de crime formal, a tentativa é admissível.

(11) Causa especial de aumento de pena: Prevista no parágrafo único: "As penas são aumentadas de um terço até a metade se da modificação ou alteração resultar dano para a Administração Pública ou para o administrado".

(12) Causa de aumento de pena: Vide art. 327, § 2º, do CP.

(13) Ação penal. Lei dos Juizados Especiais Criminais: Trata-se de crime de ação penal pública incondicionada. A forma simples *(caput)*, sem o aumento de pena acima mencionado, está sujeita às disposições da Lei n. 9.099/95. A suspensão condicional do processo (art. 89 da lei) é cabível tanto na forma simples como na majorada (parágrafo único).

(14) Distinção. Arts. 313-A e 313-B: "No primeiro, o computador é o meio utilizado. No segundo será ele próprio o objeto material. Aquele é conhecido como crime de informática comum, enquanto este seria o crime de informática autêntico, visto que o computador é essencial para a existência do delito" (Antonio Lopes Monteiro, *Crimes contra a Previdência Social*, São Paulo: Saraiva, 2000, p. 47-48).

(15) Efeitos da condenação: Vide comentários ao art. 312 do CP.

(16) Lei n. 9.504/97 (art. 72): Sobre o tema, *vide* art. 313-A do CP.

Extravio, sonegação ou inutilização de livro ou documento

Art. 314. Extraviar livro oficial ou qualquer documento, de que tem a guarda em razão do cargo; sonegá-lo ou inutilizá-lo, total ou parcialmente:

Pena – reclusão, de 1 (um) a 4 (quatro) anos, se o fato não constitui crime mais grave.

(1) Fundamento constitucional: Vide comentários ao art. 312 do CP.

(2) Objeto jurídico: Protege-se o regular desenvolvimento da atividade administrativa.

(3) Ilícito penal. Ilícito administrativo: Vide comentários ao art. 312 do CP.

(4) Ação nuclear: Três são as ações nucleares típicas: (a) *extraviar* (desviar, dar destino diverso do devido); (b) *sonegar* (não apresentar, relacionar ou mencionar quando isso é devido): consiste na ocultação intencional ou fraudulenta do objeto material. A mera negligência poderá apenas caracterizar infração disciplinar; (c) *inutilizar* (tornar imprestável, inútil para o fim a que se destina, ainda que não ocorra a destruição completa do livro ou documento). É necessário que as ações sejam praticadas pelo funcionário público no exercício de seu cargo, ou seja, que ele esteja incumbido da guarda do livro ou documento.

(5) Objeto material: É o livro ou documento sobre o qual o funcionário público tem o dever de custódia em razão do cargo. Pode o objeto ser público ou particular. O processo judicial também pode ser objeto material desse crime.

(6) Sujeito ativo: Trata-se de crime próprio. Sujeito ativo é o funcionário público incumbido da guarda do livro ou documento. Caso não tenha o dever de guarda, ou seja, um particular, o crime será outro (CP, art. 337).

(7) Sujeito passivo: É o Estado (sujeito ativo principal) e também pode ser o particular nas hipóteses em que o livro ou documento lhe pertença (sujeito passivo secundário).

(8) Elemento subjetivo: É o dolo, consubstanciado na vontade livre e consciente de praticar uma das condutas típicas, ciente de que tem a guarda do livro ou documento, não sendo possível a punição a título de culpa, tendo em vista a falta de previsão legal nesse sentido.

(9) Consumação e tentativa: Reputa-se o crime consumado com a prática de uma das condutas típicas, independentemente da causação de qualquer prejuízo para a Administração Pública. A tentativa é possível. Na modalidade *sonegação*, o crime se consuma no momento em que o funcionário, tendo o dever jurídico de apresentar, relacionar ou mencionar o livro ou o documento, deixa de fazê-lo. A tentativa, nessa hipótese, é inadmissível.

(10) Causa de aumento de pena: Vide art. 327, § 2º, do CP.

(11) Ação penal. Lei dos Juizados Especiais Criminais: Trata-se de crime de ação penal pública incondicionada. É cabível a suspensão condicional do processo (art. 89 da Lei n. 9.099/95).

(12) Outros delitos: Se o sujeito ativo for advogado ou procurador e inutilizar, total ou parcialmente, ou deixar de restituir autos, documento ou objeto de valor probatório, que recebeu nessa qualidade, cometerá o delito do art. 356 do Código Penal. Se o sujeito ativo for particular e destruir, inutilizar ou deteriorar patrimônio da União, Estado, Município, empresa concessionária de serviços públicos ou sociedade de economia mista, haverá o crime do art. 163, III, do CP (dano qualificado). Na hipótese em que o funcionário público solicita ou recebe, para si ou para outrem, vantagem indevida, ou aceita promessa de tal vantagem, a fim de extraviar, sonegar ou inutilizar livro ou documento, comete o delito de corrupção passiva (CP, art. 317), que é mais grave.

(13) Subsidiariedade: O crime previsto no art. 314 é expressamente subsidiário.

(14) Efeitos da condenação: Vide comentários ao art. 312 do CP.

Lei dos Crimes Ambientais

(1) Dano em coisa de valor artístico, arqueológico ou histórico (CP, art. 165, revogado pelo art. 62 da Lei n. 9.605/98): De acordo com o art. 62 da Lei, "Destruir, inutilizar ou deteriorar: I – bem especialmente protegido por lei, ato administrativo ou decisão judicial; II – arquivo, registro, museu, biblioteca, pinacoteca, instalação científica ou similar protegido por lei, ato administrativo ou decisão judicial: Pena – reclusão, de um a três anos, e multa. Parágrafo único. Se o crime for culposo, a pena é de seis meses a um ano de detenção, sem prejuízo da multa".

Crimes contra a ordem tributária (Lei n. 8.137/90)

(1) Extravio, sonegação ou inutilização de documento fiscal: De acordo com o art. 3º, "Constitui crime funcional contra a ordem tributária, além dos previstos no Decreto-lei n. 2.848, de 7 de dezembro de 1940 – Código Penal (Título XI, Capítulo I): I – extraviar livro oficial, processo fiscal ou qualquer documento, de que tenha a guarda em razão da função; sonegá-lo, ou inutilizá-lo, total ou parcialmente, acarretando pagamento indevido ou inexato de tributo ou contribuição social".

Emprego irregular de verbas ou rendas públicas

Art. 315. Dar às verbas ou rendas públicas aplicação diversa da estabelecida em lei:
Pena – detenção, de 1 (um) a 3 (três) meses, ou multa.

(1) Fundamento constitucional: Vide comentários ao art. 312 do CP.

(2) Objeto jurídico: Tutela-se a regularidade da atividade da Administração Pública, especialmente no que diz respeito ao emprego de verbas ou rendas públicas.

(3) Ilícito penal. Ilícito administrativo: Vide art. 312 do CP.

(4) Ação nuclear: A ação nuclear consiste em *dar* às verbas ou rendas públicas (objeto material) aplicação diversa da estabelecida em lei. Na hipótese, o numerário é empregado na própria Administração Pública, na satisfação de interesses públicos, só que em desacordo com as determinações legais. Não há, portanto, a apropriação do numerário pelo agente, para favorecimento próprio ou alheio. É necessário que haja lei prévia regulando a aplicação do dinheiro público, isto é, das despesas públicas. Para Celso Delmanto, a lei a que se refere o artigo deve ser entendida em seu sentido estrito, não podendo ter o seu significado ampliado para alcançar decretos ou outros provimentos administrativos *(Código Penal comentado,* cit., p. 559).

Exigência de lei formal: STJ: "(...) Art. 315, do CP. Requisito indispensável. Lei formal. Aplicação. (...) IV – A Lei da Organização Judiciária do Estado destinou as verbas do FUNAJURIS – art. 302, Lei n. 4.964/85 – ao apoio do Poder Judiciário estadual e destacou a sua finalidade. Essa lei referida não estabeleceu a sua aplicação. A lei apenas disse da sua finalidade, apenas destinou as verbas ao apoio do Poder Judiciário, não disse do orçamento para a aplicação dessa verba. Aliás, a própria Lei de Organização Judiciária é que estabeleceu no art. 306 – fl. 586 – que 'o programa anual de aplicação dos recursos do fundo' será regulamentado pela resolução do Conselho da Magistratura. Falta do requisito indispensável para a tipificação do delito previsto no art. 315, do CP, qual seja, a lei no sentido formal que estabelece a 'aplicação' da verba do fundo. V – Denúncia rejeitada. Unânime" (STJ, Inq. 34/MT, CE, Rel. Min. Pedro Acioli, j. 23-6-1992, *DJ* 26-10-1992, p. 18990; *LEXSTJ* 47/288).

(5) Sujeito ativo: É o funcionário público que tem o poder de dispor de verbas ou rendas públicas. Trata-se, portanto, de crime próprio.

(6) Sujeito passivo: É o Estado, assim como a entidade de direito público prejudicada pelo desvio do numerário.

(7) Elemento subjetivo: É o dolo, consubstanciado na vontade livre e consciente de empregar irregularmente as verbas ou rendas públicas. Não há necessidade do intuito de lucro.

(8) Consumação e tentativa: Consuma-se com a aplicação das verbas ou rendas públicas de forma diversa da estabelecida em lei, isto é, com o efetivo emprego irregular das mesmas, sendo prescindível que ocorra dano ao erário. É admissível a tentativa.

(9) Causa de aumento de pena: Vide § 2º do art. 327 do CP.

(10) Ação penal. Lei dos Juizados Especiais Criminais: Trata-se de crime de ação penal pública incondicionada. Em face da pena prevista (detenção, de 1 a 3 meses, ou multa), constitui infração de menor potencial ofensivo, sujeita, portanto, às disposições da Lei n. 9.099/95. É cabível a suspensão condicional do processo, ainda que incidente a causa de aumento de pena do art. 327, § 2º, do CP.

(11) Concurso de crimes: STJ: "Recurso ordinário em *habeas corpus*. Emprego irregular de verbas públicas. Aplicação do princípio da consunção. Impossibilidade. 1. O princípio da consunção pode ser aplicado quando um delito serve como fase preparatória ou de execução para um crime mais grave, restando absorvido por este. 2. Na hipótese vertente, não se observa que o crime previsto no art. 315 do Código Penal possa absorver crimes mais graves como os tipificados nos

arts. 89 e 90 da Lei n. 8.666/93, bem como os descritos nos arts. 288 e 299, parágrafo único, ambos do Código Penal, sendo, pois, inaplicável o princípio da consunção. 3. Recurso desprovido" (STJ, RHC 10870/SE, 5ª T., Relª Minª Laurita Vaz, j. 17-2-2005, *DJ* 14-3-2005, p. 382).

(12) Efeitos da condenação: Vide comentários ao art. 312 do CP.

Crimes de responsabilidade

(1) Prefeito Municipal: Se o agente for prefeito municipal, haverá o delito de responsabilidade previsto no inciso III do art. 1º do Decreto-lei n. 201/67 e não a infração do art. 315 do CP. Assim, constitui crime de responsabilidade de Prefeito Municipal a conduta de desviar, ou aplicar indevidamente, rendas ou verbas públicas. STJ: "Recurso especial. Penal. Crimes de responsabilidade. Ex-prefeito. Desvio de verbas públicas. Não é necessário, para o recebimento da denúncia do crime previsto no art. 1º, inciso III, do DL 201/67, que o Ministério Público aponte em que teria sido aplicada a verba pública desviada, bastando que demonstre a sua não aplicação conforme a previsão legal. A possibilidade de extinção da punibilidade pelo pagamento de débito, antes do recebimento da denúncia, somente se aplica aos crimes definidos na Lei n. 8.137/90 e aos crimes tributários, não sendo extensível à espécie dos autos, porquanto não há previsão legal. Recurso conhecido, mas desprovido" (STJ, REsp 495928/MG, 5ª T., Rel. Min. José Arnaldo da Fonseca, j. 4-12-2003, *DJ* 2-2-2004, p. 347). STJ: "Agravo Regimental em Recurso Especial. Crimes praticados por Prefeitos. Desvio de verba referente a parcelas do fundo de participação dos municípios já incorporadas. Competência. Justiça comum estadual. Súmula n. 209/ST. Agravo improvido. 1. 'Não compete ao Tribunal Regional Federal o processo e julgamento originário de ação penal contra prefeito Municipal por má aplicação de verbas federais repassadas ao patrimônio da municipalidade, pois seu desvio ou emprego irregular é crime contra o Município, em cujo patrimônio as verbas já haviam se incorporado e, portanto, a competência é do próprio Tribunal de Justiça' (Alexandre de Moraes, in *Direito Constitucional*, Atlas, 2002, p. 277). 2. 'Compete à Justiça Estadual processar e julgar prefeito por desvio de verba transferida e incorporada ao patrimônio municipal' (Súmula do STJ, Enunciado n. 209). 3. Agravo regimental improvido" (STJ, AgRg no REsp 307098/CE, 6ª T., Rel. Min. Hamilton Carvalhido, j. 23-3-2004, *DJ* 17-5-2004, p. 293). *Vide súmulas abaixo.*

Prefeito Municipal. Realização de despesas sem existência de lei autorizadora. Decreto n. 201/67 e LC n. 101/2000: Se houver a realização de despesa sem a existência de prévia lei autorizando-a, poderá haver o crime de responsabilidade previsto no art. 1º, V, do Decreto n. 201/67. STJ: "Penal e Processual Penal. Recurso Especial. Prefeito. Decreto-lei n. 201/67. Lei Complementar n. 101/2000. Denúncia. Recebimento. Inaplicabilidade do princípio da insignificância ao presente caso porque não se pode ter como insignificante o desvio de bens públicos levado a cabo por Prefeito Municipal, que, no exercício de suas funções, deve obediência aos mandamentos legais e constitucionais, notadamente ao princípio da moralidade pública. A realização pelo Prefeito de despesas com doações a pessoas físicas sem, contudo, lei específica que autorizasse tal ato contraria o disposto no art. 26 da LC n. 101/2000 e constitui, em tese, crime de responsabilidade. Recurso provido". STJ, REsp 677159/PE, 5ª T., Rel. Min. José Arnaldo da Fonseca, j. 22-2-2005, *DJ* 21-3-2005, p. 432. STJ: "Penal e Processual Penal. Recurso Especial. Prefeito. Decreto-lei n. 201/67. Lei Complementar n. 101/2000. Denúncia. Recebimento. Constitui, em tese, crime, a realização pelo Prefeito de despesas com doações a pessoas físicas, sem, contudo, lei específica que autorizasse tal ato, o que contraria o disposto no art. 26 da LC n. 101/2000. Recurso provido" (STJ, REsp 617491/PE, 5ª T., Rel. Min. Felix Fischer, j. 21-10-2004, *DJ* 16-11-2004, p. 315).

Prefeito municipal. Julgamento por órgão fracionário. Afastamento cautelar das funções: Vide comentários ao art. 312 do CP.

(2) Presidente da República ou Ministros de Estado, Ministros do Supremo Tribunal Federal, Procurador-Geral da República, Governadores de Estado e Secretários: O art. 11 da Lei n. 1.079/50 define os crimes contra a guarda e legal emprego dos dinheiros públicos.

Súmulas:

Súmula 301 do STF: "Por crime de responsabilidade, o procedimento penal contra Prefeito Municipal fica condicionado ao seu afastamento do cargo por *impeachment*, ou à cessação do exercício por outro motivo".

Súmula 703 do STF: "A extinção do mandato do Prefeito não impede a instauração de processo pela prática dos crimes previstos no art. 1º do DL 201/67".

Súmula 722 do STF: "São da competência legislativa da União a definição dos crimes de responsabilidade e o estabelecimento das respectivas normas de processo e julgamento".

Súmula 164 do STJ: "O prefeito municipal, após a extinção do mandato, continua sujeito a processo por crime previsto no art. 1º do Decreto-lei n. 201, de 27-2-67".

Súmula 208 do STJ: "Compete à Justiça Federal processar e julgar prefeito municipal por desvio de verba sujeita a prestação de contas perante órgão federal".

Súmula 209 do STJ: "Compete à Justiça Estadual processar e julgar prefeito por desvio de verba transferida e incorporada ao patrimônio municipal".

Concussão

Art. 316. Exigir, para si ou para outrem, direta ou indiretamente, ainda que fora da função ou antes de assumi-la, mas em razão dela, vantagem indevida:

Pena – reclusão, de 2 (dois) a 8 (oito) anos, e multa.

(1) Documentos internacionais: Vide comentários ao art. 317 do CP.

(2) Fundamento constitucional: Vide comentários ao art. 312 do CP.

(3) Objeto jurídico: Tutela-se a Administração Pública.

(4) Ilícito penal. Ilícito administrativo: Vide art. 312 do CP.

(5) Ação nuclear: Incrimina-se a ação de *exigir* (ordenar, reivindicar, impor como obrigação). O funcionário solicita a vantagem, e a vítima cede por *metus publicae potestatis*. A exigência da vantagem pode ser para si ou para terceira pessoa. Admite-se que seja realizada direta, isto é, na presença da vítima, ou indiretamente, isto é, por interposta pessoa (particular ou não). Pode também a exigência ser explícita ou implícita. Na primeira hipótese, funcionário público abertamente ordena o pagamento de vantagem indevida; na segunda hipótese, o funcionário público utiliza-se de velada pressão: sem qualquer pedido expresso de vantagem ou promessa explícita de represália, leva a vítima a oferecê-la. Segundo o próprio tipo penal, a exigência pode ser formulada pelo funcionário público ainda que fora da função ou antes de assumi-la, mas sempre em razão dela. Assim, ainda que o agente se encontre fora do exercício da função pública, isto é, esteja de licença, ou em férias, ou, embora nomeado, ainda não tenha tomado posse, a exigência de vantagem feita, em função de sua autoridade pública, configura o crime em tela. Deve a vantagem exigida ser *indevida*, isto é, ilícita, não autorizada por lei. Caso o funcionário público abuse de seu poder para exigir o pagamento de vantagem devida, poderá ocorrer o delito de abuso de autoridade (art. 4º, *h*, da Lei n. 4.898/65) e não concussão.

(6) Objeto material: É a vantagem (presente ou futura) indevida. No sentido de que a lei visa a qualquer vantagem, que não necessariamente patrimonial: Bento Faria, *Código Penal Brasileiro*, 2. ed., Rio de Janeiro: Record, 1959, v. 7, p. 99 e Julio Fabbrini Mirabete, *Manual*, cit., v. 3, p.

320. *Em sentido contrário*: Damásio de Jesus, *Direito penal*, cit., v. 4, p. 155; Nélson Hungria, *Comentários*, cit., v. 9, p. 361; E. Magalhães Noronha, *Direito penal*, cit., v. 4, p. 239; Celso Delmanto, *Código Penal comentado*, cit., p. 316; Cezar Roberto Bitencourt, *Código Penal anotado*, cit., p. 1084.

(7) Sujeito ativo: É o funcionário público, ainda que esteja de licença, férias, ou, embora nomeado, não tenha tomado posse. Admite-se o concurso de pessoas (participação ou coautoria, CP, art. 30). Prescreve o art. 445 do CPP que "O jurado, no exercício da função ou a pretexto de exercê-la, será responsável criminalmente nos mesmos termos em que o são os juízes togados" (Redação dada pela Lei n. 11.689, de 2008).

(8) Sujeito passivo: É o Estado (sujeito passivo principal) e o particular (sujeito passivo secundário), uma vez que se protege seu patrimônio e sua liberdade individual.

(9) Elemento subjetivo: É o dolo, consistente na vontade livre e consciente de exigir, em razão da função, vantagem indevida, acrescido do fim específico consubstanciado na expressão "para si ou para outrem". Se a vantagem for para a Administração, poderá haver o delito de excesso de exação (CP, art. 316, § 1º). É necessário que o agente tenha ciência de que a vantagem exigida não é autorizada por lei, do contrário, poderá haver erro de tipo (CP, art. 20).

(10) Consumação. Tentativa: Reputa-se o crime consumado com a mera exigência da vantagem indevida, independentemente de sua efetiva obtenção. Se esta sobrevém, há mero exaurimento do crime. Trata-se, portanto, de crime formal. A devolução posterior da vantagem à vítima configura o chamado arrependimento posterior (CP, art. 16), uma vez que o crime já se consumou com o simples ato de exigir. É admissível a tentativa na hipótese em que a exigência não seja praticada por meio verbal.

Prisão em flagrante: O flagrante do pagamento (momento em que o crime se exaure) realizado pelos policiais, cuja intervenção se deu por aviso da vítima, não induz à aplicação da Súmula 145 do STF, visto que o crime já se consumara com a mera exigência da vantagem. Logo, na espécie há flagrante esperado, mas não preparado.

(11) Causa de aumento de pena: Vide art. 327, § 2º, do CP.

(12) Ação penal: Trata-se de crime de ação penal pública incondicionada.

(13) Distinção: (a) *Concussão e corrupção ativa:* No delito de corrupção ativa, pressupõe-se que o particular livremente ofereça ou prometa a vantagem, o que não ocorre no delito de concussão, pois o particular é constrangido a entregar a vantagem. (b) *Concussão e corrupção passiva.* Na corrupção passiva, em sua primeira figura, o núcleo do tipo penal é o verbo *solicitar*, isto é, pedir vantagem indevida. A vítima, no caso, cede livremente ao pedido do funcionário público, podendo, inclusive, obter algum benefício em troca da vantagem prestada. Na concussão, pelo contrário, o agente *exige*, isto é, impõe à vítima determinada obrigação, e esta cede por temer represálias.

(14) Competência. SUS: STJ: "Compete à Justiça Estadual processar e julgar o feito destinado a apurar crime de concussão consistente na cobrança de honorários médicos ou despesas hospitalares a paciente do SUS por se tratar de delito que acarreta prejuízo apenas ao particular, sem ofensa a bens, serviços ou interesse da União" (STJ, CC 36081/RS, 3ª S., Rel. Min. Arnaldo Esteves Lima, j. 13-12-2004, *DJ* 1º-2-2005, p. 403). *No mesmo sentido:* STJ, HC 30859/RS, 5ª T., Relª Minª Laurita Vaz, j. 5-10-2004, *DJ* 8-11-2004, p. 254. STJ: "Recurso Especial. Penal e Processual Penal. Conexão probatória. Crimes de concussão e estelionato praticado contra o SUS e seus usuários. Competência da Justiça Federal. Súmula 122 do STJ. 1. O crime de concussão consistente na cobrança de diárias, exames, honorários médicos e medicamentos de pacientes do SUS, por causarem prejuízos apenas a particulares, não causando danos a bens, serviços ou interesses da União, é da competência da Justiça Estadual. Precedentes. 2. No entanto, na hipótese vertente, vislumbra-se a competência da Justiça Federal, em razão da existência de conexão probatória (art.

76, inciso III, do Código de Processo Penal) com os delitos de bando e estelionato praticados contra o próprio Sistema Único de Saúde – SUS – enquadrando-se, portanto, dentre as hipóteses previstas no art. 109, inciso V, da Constituição Federal. Aplicação da Súmula n. 122 do STJ. 3. Recurso especial conhecido e provido, para determinar a competência da Justiça Federal" (STJ, REsp 515045/RS, 5ª T., Relª Minª Laurita Vaz, j. 23-6-2004, *DJ* 23-8-2004, p. 265). STJ: "A jurisprudência desta Corte, efetivamente, firmou entendimento, através da e. 3ª Seção, de que em se tratando de crime de concussão praticado contra particulares conveniados com o SUS/INAMPS, a competência para o julgamento é da Justiça Comum Estadual. Entretanto, no caso *sub judice*, o paciente é acusado de lesar, também, a Previdência Social. Nesse particular a exordial acusatória é clara ao afirmar que a conduta do paciente causou prejuízo financeiro da ordem de Cr$ 568.289,66 (quinhentos e sessenta e oito mil, duzentos e oitenta e nove cruzeiros e sessenta e seis centavos) à Previdência. Destarte, evidencia-se pela denúncia, a conexão entre os crimes ali descritos, o que atrai a competência da Justiça Federal, consoante art. 76, do Código de Processo Penal, para o processamento e julgamento do feito. Ordem denegada" (STJ, HC 14652/SP, 5ª T., Rel. Min. Jorge Scartezzini, j. 14-11-2000, *DJ* 19-2-2001, p. 190).

Competência. Policiais civis e militares: STJ: "Processual Penal. Conflito positivo de competência. Crime de concussão cometido por policiais militares em concurso com policiais civis. Código Penal Militar, arts. 9º, inciso II, alínea *c*, e 305. Continência. Separação dos processos. I – Por previsão expressa nos arts. 9º, inciso II, alínea *c*, e 305 do Código Penal Militar, compete à Justiça Castrense processar e julgar os policiais militares indiciados pela prática do delito de concussão. II – Tendo sido os policiais militares e civis denunciados pelo crime de concussão na forma do art. 29 do Código Penal a competência para processar e julgar o feito será determinada pelos arts. 77, inciso I, e 79, inciso I, ambos do Código de Processo Penal (Precedentes). Conhecido o conflito, competente o Juízo de Direito da Primeira Auditoria Militar de São Paulo para processar e julgar o policial militar, cabendo ao Juízo de Dircito da Décima Segunda Vara Criminal de São Paulo processar e julgar os demais acusados não militares" (STJ, CC 31052/SP, 3ª S., Rel. Min. Felix Fischer, j. 18-2-2002, *DJ* 11-3-2002, p. 163; *LEXSTJ* 152/238).

Competência. Conexão. Súmula 122 do STJ: STJ: "*Habeas corpus* substitutivo. Processo Penal. Conexão probatória ou instrumental. Tráfico internacional de drogas e concussão/peculato praticado por policiais. Delitos de esfera federal e estadual. Competência da Justiça Federal, a teor da Súmula 122, desta Corte. Ocorre conexão probatória ou instrumental quando policiais civis são acusados de concussão e peculato, por não terem autuado em flagrante delito supostos traficantes, exigindo entre outras vantagens (veículos e dinheiro) a droga apreendida em poder dos mesmos. Prova de um feito que pode, em princípio, influir no outro processo. Inexistência de mero liame circunstancial entre os delitos. Verificada a ocorrência da referida conexão, envolvendo crimes de esfera federal e estadual, compete à Justiça Federal o julgamento de ambos, a teor do disposto na Súmula 122/STJ. Ordem denegada" (STJ, HC 16534/RJ, 5ª T., Rel. Min. José Arnaldo da Fonseca, j. 4-10-2002, p. 433; *LEXSTJ* 153/270).

(15) Efeitos da condenação: Vide comentários ao art. 312 do CP.

Crimes contra a ordem tributária (Lei n. 8.137/90)

(1) Crime contra a ordem tributária: Se o crime for praticado por funcionário público que exerça a função de fiscal de rendas, haverá a tipificação de delito contra a ordem tributária (art. 3º, II, da Lei n. 8.137/90).

Lei de Lavagem de Dinheiro

(1) Crime de "lavagem de dinheiro": De acordo com a antiga redação do art. 1º, V, da Lei n.

9.613/98, por força do rol de crimes antecedentes da lei, constitui crime de "lavagem de dinheiro": "Ocultar ou dissimular a natureza, origem, localização, disposição, movimentação ou propriedade de bens, direitos ou valores provenientes, direta ou indiretamente, de crime contra a Administração Pública, inclusive a exigência, para si ou para outrem, direta ou indiretamente, de qualquer vantagem, como condição ou preço para a prática ou omissão de atos administrativos". E, consoante o § 4º, "A pena será aumentada de um a dois terços, se os crimes definidos nesta Lei forem cometidos de forma reiterada ou por intermédio de organização criminosa". A Lei n. 12.683/2012 alterou substancialmente a Lei n. 9.613/98 eliminando o rol de crimes antecedentes de seu bojo e ampliando o alcance de seus dispositivos ao prever: "Art. 1º Ocultar ou dissimular a natureza, origem, localização, disposição, movimentação ou propriedade de bens, direitos ou valores provenientes, direta ou indiretamente, de infração penal" (redação dada pela Lei n. 12.683, de 2012). Assim a amplitude da lei ganhou os mesmos limites objetivos de toda e qualquer previsão típica do ordenamento jurídico-penal, em outras palavras, qualquer infração penal (incluindo as contravenções penais) poderá ser considerada como fonte de receita para a lavagem de capitais.

Vide *também:* Art. 71 da Lei n. 8.078/90 (Código de Defesa do Consumidor) e art. 4º, *f*, da Lei n. 4.898/65 (Lei de Abuso de Autoridade).

Excesso de exação

§ 1º Se o funcionário exige tributo ou contribuição social que sabe ou deveria saber indevido, ou, quando devido, emprega na cobrança meio vexatório ou gravoso, que a lei não autoriza: *(Redação dada pela Lei n. 8.137/90)*

Pena – reclusão, de 3 (três) a 8 (oito) anos, e multa.

(1) Excesso de exação: Pune-se: (a) a exigência de tributo ou contribuição social que sabe ou deveria saber indevido (elemento normativo do tipo), isto é, seu valor já foi quitado ou é superior ao devido por imposição legal; (b) a exigência de tributo ou contribuição social que seja devida, porém, com o emprego na cobrança de meio vexatório (humilhante, vergonhoso, que atente contra a dignidade do indivíduo) ou gravoso (acarreta maiores despesas) não autorizado por lei (elemento normativo do tipo). O objeto material é o *tributo* (imposto, taxa ou contribuição de melhoria) ou *contribuição social*.

(2) Elemento subjetivo: Na primeira parte do dispositivo exige-se que o funcionário saiba (dolo direto) ou deva saber (dolo eventual) que o tributo ou contribuição é indevido. *Em sentido contrário*, para quem a segunda expressão refere-se à culpa: Julio Fabbrini Mirabete, *Manual*, cit., v. 3, p. 323. Na segunda modalidade, pune-se o dolo direto.

(3) Consumação e tentativa: Na primeira modalidade típica, consuma-se com a exigência do tributo ou contribuição social, independente do efetivo recebimento. Já na segunda modalidade consuma-se com o emprego do meio vexatório ou gravoso na cobrança. A tentativa é admissível.

(4) Outros aspectos do crime: Vide comentários ao *caput* do artigo.

§ 2º Se o funcionário desvia, em proveito próprio ou de outrem, o que recebeu indevidamente para recolher aos cofres públicos:

Pena – reclusão, de 2 (dois) a 12 (doze) anos, e multa.

(1) Forma qualificada do excesso de exação: Pune-se de forma mais gravosa a conduta do funcionário público que, em vez de recolher o tributo ou contribuição social, indevidamente exigido (§ 1º) para os cofres públicos, desvia-o em proveito próprio ou alheio. Assim, tem-se que, na

figura prevista no § 1º, o funcionário público exige o tributo ou contribuição social e o encaminha aos cofres públicos. No § 2º, após recebê-lo, o funcionário público o desvia, em proveito próprio ou alheio. O tipo penal em tela exige o chamado *elemento subjetivo do tipo*, consubstanciado na expressão "em proveito próprio ou de outrem". A consumação ocorre com o efetivo desvio daquilo que foi recebido indevidamente. A tentativa é admissível.

(2) Distinção: O desvio dos valores deve ser realizado antes de entrar para os cofres públicos, pois, uma vez integrando-os, o desvio do dinheiro em favor do agente ou de outrem constituirá o crime de peculato.

(3) Outros aspectos do crime: V*ide* comentários ao *caput* do artigo.

Corrupção passiva

Art. 317. Solicitar ou receber, para si ou para outrem, direta ou indiretamente, ainda que fora da função ou antes de assumi-la, mas em razão dela, vantagem indevida, ou aceitar promessa de tal vantagem:

Pena – reclusão, de 2 (dois) a 12 (doze) anos, e multa. *(Redação dada pela Lei n. 10.763/2003)*

(1) Documentos internacionais: Segundo o Preâmbulo da Convenção das Nações Unidas contra a Corrupção (2003): "Para a estabilidade e segurança das sociedades, ao socavar as instituições e os valores da democracia, da ética e da justiça e ao comprometer o desenvolvimento sustentável e o império da lei; preocupados, também, pelos vínculos entre a corrupção e outras formas de delinquência, em particular o crime organizado e a corrupção econômica, incluindo a lavagem de dinheiro convencidos de que a corrupção deixou de ser um problema local para converter-se em um fenômeno transnacional que afeta todas as sociedades e economias, faz-se necessária a cooperação internacional para preveni-la e lutar contra ela; preocupados, ainda, pelos casos de corrupção que penetram diversos setores da sociedade, os quais podem comprometer uma proporção importante dos recursos dos Estados e que ameaçam a estabilidade política e o desenvolvimento sustentável dos mesmos; convencidos, também, de que se requer um enfoque amplo e multidisciplinar para prevenir e combater eficazmente a corrupção; convencidos, ainda, de que a disponibilidade de assistência técnica pode desempenhar um papel importante para que os Estados estejam em melhores condições de poder prevenir e combater eficazmente a corrupção, entre outras coisas, fortalecendo suas capacidades e criando instituições; convencidos de que o enriquecimento pessoal ilícito pode ser particularmente nocivo para as instituições democráticas, as economias nacionais e o império da lei; decididos a prevenir, detectar e dissuadir com maior eficácia as transferências internacionais de ativos adquiridos ilicitamente e a fortalecer a cooperação internacional para a recuperação destes ativos; (...)", chegou-se ao acordo de que "a finalidade da presente Convenção é: promover e fortalecer as medidas para prevenir e combater mais eficaz e eficientemente a corrupção; promover, facilitar e apoiar a cooperação internacional e a assistência técnica na prevenção e na luta contra a corrupção, incluída a recuperação de ativos; promover a integridade, a obrigação de render contas e a devida gestão dos assuntos e dos bens públicos". Antes da Convenção das Nações Unidas contra a Corrupção, em 2003, o Brasil já havia aprovado, pelo Decreto Legislativo n. 152 de 2002, e promulgado em face do Decreto Presidencial n. 4.410, também de 2002, a Convenção Interamericana contra a Corrupção (OEA) firmada em 29-3-1996. No preâmbulo da convenção seguem os motivos pelos quais os países participantes a adotaram: "Preâmbulo: Os Estados-Membros da Organização dos Estados Americanos, convencidos de que a corrupção solapa a legitimidade das instituições públicas e atenta contra a sociedade, a ordem moral e a justiça, bem como contra o desenvolvimento integral dos povos; considerando que a democracia representativa, condição indispensável para a estabilidade, a paz e o desenvolvimento

da região, exige, por sua própria natureza, o combate a toda forma de corrupção no exercício das funções públicas e aos atos de corrupção especificamente vinculados a seu exercício; (...) reconhecendo que, muitas vezes, a corrupção é um dos instrumentos de que se serve o crime organizado para concretizar os seus fins: convencidos da importância de gerar entre a população dos países da região uma consciência em relação à existência e à gravidade desse problema e da necessidade de reforçar a participação da sociedade civil na prevenção e na luta contra a corrupção; (...) profundamente preocupados com os vínculos cada vez mais estreitos entre a corrupção e as receitas do tráfico ilícito de entorpecentes, que ameaçam e corroem as atividades comerciais e financeiras legítimas e a sociedade, em todos os níveis; tendo presente que, para combater a corrupção, é responsabilidade dos Estados erradicar a impunidade e que a cooperação entre eles é necessária para que sua ação neste campo seja efetiva; e decididos a envidar todos os esforços para prevenir, detectar, punir e erradicar a corrupção no exercício das funções públicas e nos atos de corrupção especificamente vinculados a seu exercício, convieram em assinar a seguinte Convenção Interamericana contra a Corrupção". Tal convenção tem como propósitos, explicitados em seu art. 2º, "1. promover e fortalecer o desenvolvimento, por cada um dos Estados-Partes, dos mecanismos necessários para prevenir, detectar, punir e erradicar a corrupção; e 2. promover, facilitar e regular a cooperação entre os Estados-Partes, a fim de assegurar a eficácia das medidas e ações adotadas para prevenir, detectar, punir e erradicar a corrupção no exercício das funções públicas, bem como os atos de corrupção especificamente vinculados a seu exercício". O Brasil, ainda, havia aprovado e promulgado, em 2000, pelo Decreto Legislativo n. 125 e pelo Decreto Presidencial n. 3.678, a Convenção sobre o Combate da Corrupção de Funcionários Públicos Estrangeiros em Transações Comerciais Internacionais, que visa, sobretudo, a adotar medidas, de forma efetiva e coordenada entre os Estados-Partes, para prevenir e reprimir a corrupção de funcionários públicos estrangeiros na esfera das transações comerciais internacionais. *Vide* também art. 337-B.

(2) Fundamento constitucional: *Vide* comentários ao art. 312 do CP.

(3) Objeto jurídico: Tutela-se o regular funcionamento da Administração Pública.

(4) Ilícito penal. Ilícito administrativo: *Vide* art. 312 do CP.

(5) Ações nucleares: Punem-se, alternativamente, as ações de: (a) *solicitar* (pedir, manifestar que deseja algo): aqui não há o emprego de qualquer ameaça explícita ou implícita. O funcionário *(intraneus)* solicita a vantagem, e a vítima *(extraneus)* cede por deliberada vontade, não por *metus publicae potestatis*. Aqui não há a necessidade da caracterização do anterior crime de corrupção ativa; ou (b) *receber* (aceitar, entrar na posse): aqui a proposta parte de terceiros *(extraneus)* e a ela adere o funcionário *(intraneus)*, havendo, portanto, a necessidade da caracterização do anterior crime de corrupção ativa. Frise-se aqui que o crime de corrupção passiva se configura, ainda que o particular que ofereceu a vantagem seja penalmente incapaz; ou (c) *aceitar a promessa de recebê-la*: aqui há uma proposta formulada por terceiros *(extraneus)*, à qual adere o funcionário, mediante a aceitação de receber a vantagem. É necessária a configuração de anterior crime de corrupção ativa. A solicitação ou o recebimento da vantagem pode ser feito direta ou indiretamente, isto é, por interposta pessoa. Finalmente as ações típicas devem ser realizadas pelo funcionário público em razão da função (ainda que fora dela ou antes de assumi-la).

Ato de ofício: STJ: "(...) 5. Imprescindível para a configuração do delito tipificado no art. 317, do CP, não é a 'realização ou a omissão' de ato de ofício, bastando a solicitação, recebimento ou aceitação da promessa de vantagem indevida, ainda que não efetivamente praticado, omitido ou retardado ato da esfera de atribuição do funcionário. A efetiva realização do ato é exigência típica constante do § 1º do mesmo artigo e não do *caput*. 6. O acórdão recorrido que não dispensa a relação de causa e efeito entre o recebimento de vantagem e o *status* funcional do corrompido, ou seja, a situação em que este se encontra de poder praticar, omitir ou retardar algum ato, no âmbito de sua atribuição funcional, conforme o interesse do corruptor, sabendo que a isso, evidentemente, se destina a vantagem aceita. 7. O 'ato de ofício', presente expressamente no tipo penal do art. 333 e integrante também da definição do art. 317, é um ato da competência do *intraneus*, ato que guarda relação com a função, e que assim deverá ser identificado. Essa é a identificação que requer o tipo: ato que guarda relação com o ofício, a função ('ainda que fora dela ou antes de assumi-la o funcionário público'). Não é preciso identificar o específico ato de ofício de interesse do corruptor, para o efeito do disposto no *caput* do art. 317, CP. 8. O que importa para a figura típica do art. 317, CP, é a mercancia da função, demonstrada de maneira satisfatória, prescindindo-se da necessidade de apontar e demonstrar um ato específico da função, dentro do âmbito dos atos possíveis de realização pelo funcionário. A oferta da vantagem indevida, como corretamente entendeu o Tribunal recorrido, não teria aqui outra causa senão a de 'predispor o funcionário a atuar de modo favorável aos interesses do corruptor nas situações concretas que se venham a configurar'. Improcedente, assim, a alegação de inépcia da denúncia" (STJ, REsp 440106/RJ, 6ª T., Rel. Min. Paulo Medina, j. 24-2-2005, DJ 9-10-2006, p. 367).

(6) *Objeto material:* É a vantagem indevida (patrimonial, moral, sentimental, sexual etc.). *Em sentido contrário:* Nélson Hungria, para quem a vantagem deve ser de cunho patrimonial *(Comentários*, cit., v. 9, p. 370). A vantagem deve ser indevida (elemento normativo do tipo), isto é, não autorizada legalmente, do contrário, o fato será atípico. Nem toda aceitação de vantagem por parte do funcionário público configura o crime de corrupção passiva, como, por exemplo, as gratificações usuais de pequena monta por serviço extraordinário (não se tratando de ato contrário à lei) e pequenas doações ocasionais, como as costumeiras "Boas Festas" de Natal ou Ano-Novo. *Nesse sentido:* Nélson Hungria. *Comentários,* cit., v. 9, p. 369-70.

(7) *Sujeito ativo:* É crime próprio, de forma que só pode ser cometido por funcionário público em razão da função (ainda que esteja fora dela ou antes de assumi-la). Nada impede a participação do particular, ou de outro funcionário, mediante induzimento, instigação ou auxílio. O particular que oferece ou promete vantagem indevida ao funcionário público responde pelo crime de corrupção ativa (CP, art. 333) e não pela participação no crime em estudo. Trata-se de exceção à regra prevista no art. 29 do CP. Finalmente, de acordo com o art. 445 do CPP, "O jurado, no exercício da função ou a pretexto de exercê-la, será responsável criminalmente nos mesmos termos em que o são os juízes togados" (Redação dada pela Lei n. 11.689, de 2008).

(8) *Sujeito passivo:* É o Estado e a pessoa prejudicada.

(9) *Elemento subjetivo:* É o dolo, consubstanciado na vontade livre e consciente de praticar uma das ações típicas. É necessário que o funcionário tenha ciência de que a vantagem, objeto do crime, não lhe é devida. Exige-se, também, uma finalidade específica contida na expressão "para si ou para outrem".

(10) *Consumação. Tentativa:* É crime formal, de modo que a consumação se dá com o ato de solicitar, receber ou aceitar a promessa de vantagem indevida. O tipo penal não exige que o funcionário pratique ou se abstenha da prática do ato funcional. Se isso suceder, haverá mero exaurimento do crime, o qual constitui condição de maior punibilidade (causa de aumento de pena prevista no § 1º do art. 317). Na doutrina, discute-se se é possível a tentativa. Para E. Magalhães Noronha ela é possível, se houver um *iter criminis* a ser cindido (ob. cit., v. 4, p. 252). *Em sentido contrário:* Nélson Hungria, *Comentários,* cit., v. 9, p. 371.

Prisão em flagrante: O flagrante do recebimento pelo funcionário da vantagem indevida (momento em que o crime se exaure) realizado pelos policiais, cuja intervenção se deu por aviso da vítima, não induz à aplicação da Súmula 145 do STF, visto que o crime já se consumara anteriormente com a solicitação da vantagem. Logo, na espécie há flagrante esperado, mas não preparado.

(11) Causa de aumento de pena: Vide o art. 327, § 2º, do CP.

(12) Ação penal: Trata-se de crime de ação penal pública incondicionada.

(13) Distinção: (a) O falso testemunho ou falsa perícia, realizada mediante suborno, em processo judicial, policial ou administrativo, ou em juízo arbitral, configura o delito do art. 342, § 2º, do CP. O indivíduo que deu, ofereceu ou prometeu o dinheiro ou outra vantagem àquelas pessoas responde pelo crime previsto no art. 343 do CP. (b) No crime de prevaricação, o funcionário público retarda ou deixa de praticar, indevidamente, ato de ofício, ou pratica-o contra disposição expressa de lei, para satisfazer interesse ou sentimento pessoal. Ele não é movido pelo interesse de receber qualquer vantagem indevida por parte de terceiro.

(14) Corrupção própria ou imprópria: Na corrupção passiva própria, o funcionário, em troca de alguma vantagem, pratica ou deixa de praticar ato de ofício ilegítimo, ilícito ou injusto. Se o ato for legítimo, lícito, justo, haverá a chamada *corrupção imprópria* (vide § 1º do art. 317).

(15) Competência: STJ: "1. Nas formas de 'dar' e 'receber' – como também de 'prometer' e 'aceitar promessa' –, os tipos penais da corrupção ativa e passiva são interdependentes, ainda que o legislador tenha definido cada conduta em figura autônoma. Trata-se de hipótese de concurso necessário – diz-se necessário porque integra a própria definição típica, diferentemente do concurso eventual do art. 29 do CP. 2. Verificado o concurso necessário, impõe-se a reunião dos processos, pela continência. 3. Se um dos codenunciados, na hipótese de haver continência entre as ações atribuídas, é detentor de foro especial por prerrogativa de função, o processo e o julgamento de todos será perante o Tribunal competente (precedente Ação Penal 307-3/DF, Supremo Tribunal Federal).(...)" (STJ, REsp 440106/RJ, 6ª T., Rel. Min. Paulo Medina, j. 24-2-2005, *DJ* 9-10-2006, p. 367). STJ: "Competência. Processual Penal. Crime não previsto na legislação eleitoral. Tipificação no Código Penal. Corrupção. Prevaricação. Justiça Comum. 1. Em se tratando de conduta criminosa não tipificada nas leis eleitorais, mas prevista na lei penal comum, a competência para julgá-lo é da Justiça Comum Estadual. 2. Conflito conhecido para declarar a competência do Juízo de Direito da 2ª Vara de Bacabal – MA" (STJ, CC 28736/MA, 3ª S., Rel. Min. Fernando Gonçalves, j. 28-6-2000, *DJ* 14-8-2000, p. 136; *LEXSTJ* 135/264). STJ: "Conflito de competência. Militar. Corrupção passiva. Art. 317/CP. 1. Compete à Justiça Comum processar e julgar crime de corrupção passiva, praticado por militar, ante a ausência de previsão desta conduta no Código Penal Militar. 2. Conflito conhecido para declarar a competência do Juízo de Direito da 1ª Vara Criminal de Campo Grande/MS" (STJ, CC 18555/MS, 3ª S., Rel. Min. Fernando Gonçalves, j. 28-5-1997, *DJ* 23-6-1997, p. 29045). STJ: "Ação penal. Corrupção ativa praticada por civil. Competência. Independentemente da competência da jurisdição castrense para o processo por corrupção passiva do policial militar, compete à Justiça Comum Estadual o processo por corrupção ativa praticada por civil" (STJ, CC 7331/MG, 3ª S., Rel. Min. José Dantas, j. 27-11-1996, *DJ* 3-2-1997, p. 662; *RSTJ* 95/350).

(16) Efeitos da condenação: Vide comentários ao art. 312 do CP.

(17) Afastamento cautelar do cargo: STJ: "Ação penal. Subprocurador-Geral da República. Corrupção passiva. Agente de Polícia Federal. Corrupção ativa. Afastamento do exercício das funções. I – Os elementos coligidos pelo Ministério Público Federal demonstram a existência de fortes indícios da prática dos fatos descritos na denúncia, imputando ao Subprocurador-Geral da República o crime descrito no art. 317, do Código Penal, e ao Agente de Polícia Federal aquele exposto no art. 333, do mesmo Diploma Legal. II – 'A gravidade do fato justifica o afastamento do exercício das funções do seu cargo, sem prejuízo da remuneração e vantagens, até o julgamento definitivo' (APN n. 244/DF, Rel. Min. Ruy Rosado de Aguiar, *DJ* 6-10-2003, p. 196). III – Denúncia recebida" (STJ, APn 306/DF, CE, Rel. Min. Francisco Falcão, j. 1º-9-2004, *DJ* 27-6-2005, p. 203). *No mesmo sentido*: STJ, APn 331PI, CE, Rel. Min. José Arnaldo da Fonseca, j. 15-12-2004, *DJ* 15-8-2005, p. 207.

Crimes contra a Ordem Tributária

(1) Fiscal de rendas: Caso o fiscal de rendas *exija, solicite ou receba* vantagem indevida, ou aceite promessa de tal vantagem, para deixar de lançar ou cobrar tributo ou contribuição social, ou cobrá-los parcialmente, pratica o delito específico previsto no art. 3º, II, da Lei n. 8.137/90.

Lei de Lavagem de Dinheiro

(1) Crime de "lavagem de dinheiro": De acordo com a antiga redação do art. 1º, V, da Lei n. 9.613/98, por força do rol de crimes antecedentes da lei, constitui crime de "lavagem de dinheiro": "Ocultar ou dissimular a natureza, origem, localização, disposição, movimentação ou propriedade de bens, direitos ou valores provenientes, direta ou indiretamente, de crime contra a Administração Pública, inclusive a exigência, para si ou para outrem, direta ou indiretamente, de qualquer vantagem, como condição ou preço para a prática ou omissão de atos administrativos". E, consoante o § 4º, "A pena será aumentada de um a dois terços, se os crimes definidos nesta Lei forem cometidos de forma reiterada ou por intermédio de organização criminosa. A pena será aumentada de um a 2/3 (dois terços), nos casos previstos nos incisos I a IV do *caput* deste artigo, se o crime for cometido de forma habitual ou por intermédio de organização criminosa". A Lei n. 12.683/2012 alterou substancialmente a Lei n. 9.613/98 eliminando o rol de crimes antecedentes de seu bojo e ampliando o alcance de seus dispositivos ao prever: "Art. 1º Ocultar ou dissimular a natureza, origem, localização, disposição, movimentação ou propriedade de bens, direitos ou valores provenientes, direta ou indiretamente, de infração penal" (redação dada pela Lei n. 12.683, de 2012). Assim a amplitude da lei ganhou os mesmos limites objetivos de toda e qualquer previsão típica do ordenamento jurídico-penal, em outras palavras, qualquer infração penal (incluindo as contravenções penais) poderá ser considerada como fonte de receita para a lavagem de capitais.

§ 1º A pena é aumentada de um terço, se, em consequência da vantagem ou promessa, o funcionário retarda ou deixa de praticar qualquer ato de ofício ou o pratica infringindo dever funcional.

(1) Causa de aumento de pena: Estamos diante de uma forma majorada do crime de corrupção passiva. Aqui a conduta do funcionário vai além do recebimento da vantagem indevida, pois ele efetivamente: (a) retarda a prática do ato, isto é, desrespeita o prazo para sua execução; (b) deixa de praticar o ato, isto é, abstém-se de sua prática; (c) pratica infringindo dever funcional, isto é, a ação é contrária a seu dever de ofício. As letras *a* e *b* constituem a chamada corrupção imprópria (prática de ato lícito); a letra *c* contém a chamada *corrupção passiva própria* (ato ilícito). Constituem, na realidade, hipóteses de exaurimento do crime, mas que acabam por funcionar como causa de aumento de pena.

§ 2º Se o funcionário pratica, deixa de praticar ou retarda ato de ofício, com infração de dever funcional, cedendo a pedido ou influência de outrem:
Pena – detenção, de 3 (três) meses a 1 (um) ano, ou multa.

(1) Forma privilegiada: Cuida-se aqui de uma forma privilegiada do crime de corrupção passiva. O agente pratica, deixa de praticar ou retarda o ato de ofício, não em virtude do recebimento de vantagem indevida, mas cedendo a pedido ou influência de outrem, isto é, para satisfazer interesse de terceiros ou para agradar ou bajular pessoas influentes. Difere do crime de *prevaricação* (CP, art. 319), na medida em que, na prevaricação, o funcionário não cede a pedido ou influência de outrem, mas é movido por interesse ou sentimento pessoal.

(2) Lei dos Juizados Especiais Criminais: Em face da pena máxima prevista (detenção, de 3 meses a 1 ano, ou multa), está sujeita às disposições da Lei n. 9.099/95, uma vez que constitui infração de menor potencial ofensivo, ainda que incida a causa de aumento de pena do art. 327, § 2º, do CP.

Facilitação de contrabando ou descaminho

Art. 318. Facilitar, com infração de dever funcional, a prática de contrabando ou descaminho (art. 334):

Pena – reclusão, de 3 (três) a 8 (oito) anos, e multa. *(Redação dada pela Lei n. 8.137/90)*

(1) Objeto jurídico: Tutela-se a Administração Pública. Para E. Magalhães Noronha, protege-se também a saúde, a moral, a ordem pública, quando os produtos forem de importação ou exportação proibida (contrabando) (*Direito penal*, cit., v. 4, p. 327).

(2) Exceção à teoria monista: O dispositivo pune como autor autônomo o funcionário público que, em tese, seria mero partícipe do crime dos arts. 334 e 334-A do CP. Cuida-se, aqui, de exceção pluralística à teoria unitária ou monista adotada pelo CP.

(3) Ação nuclear: Incrimina-se a ação de *facilitar* (auxiliar, tornar fácil, remover obstáculos), com infração do dever funcional (elemento normativo do tipo), a prática do contrabando ou descaminho. Sem a transgressão do dever funcional, o funcionário público será considerado partícipe do delito previsto nos arts. 334 e 334-A, ambos do CP. Pode o auxílio se dar de forma ativa ou omissiva.

(4) Sujeito ativo: Por se tratar de crime próprio, somente o funcionário público com dever funcional de repressão ao contrabando ou descaminho pode praticá-lo. O funcionário público será partícipe do crime previsto nos arts. 334 e 334-A, ambos do CP, se facilitar o contrabando ou descaminho sem infringir dever funcional. Se, contudo, um funcionário auxiliar outro funcionário, que tem o dever funcional, a facilitar o contrabando ou descaminho, o primeiro deverá responder como partícipe do crime previsto no art. 318. *Nesse sentido:* Damásio de Jesus, *Direito penal*, cit., v. 4, p. 170.

(5) Sujeito passivo: É o Estado.

(6) Elemento subjetivo: É o dolo, isto é, a vontade livre e consciente de facilitar o contrabando ou descaminho. Deve o agente ter consciência de que está violando o dever funcional (elemento normativo do tipo). Ausente essa consciência, deverá ele responder como partícipe do crime de contrabando ou descaminho (CP, arts. 334 e 334-A). TRF: "Penal. Facilitação de contrabando ou descaminho. Art. 318. Policial Civil. Competência. Flagrante Delito. I – As autoridades policiais civis têm o dever funcional de reprimir o ilícito penal previsto no art. 334 do CP, ainda que não seja de sua competência, quando se deparam com agentes em flagrante delito, situação em que os infratores deverão ser conduzidos a quem de direito. II – Embargos infringentes não providos" (TRF, EINACr, Processo 1998.04.01.063624-1/PR, 4ª S., Rel. Des. Fed. Luiz Fernando Wowk Penteado, *DJU* 15-10-2003, p. 678).

(7) Consumação e tentativa: Por se tratar de crime formal, consuma-se com a facilitação, independentemente da prática efetiva do contrabando ou descaminho. A tentativa é admissível somente na conduta comissiva.

(8) Causa de aumento de pena: Vide o art. 327, § 2º, do CP.

(9) Ação penal: Trata-se de crime de ação penal pública incondicionada.

(10) Competência: É da Justiça Federal, ainda que o funcionário seja estadual. A Súmula 151 do STJ dispõe que: "A competência para o processo e julgamento por crime de contrabando ou descaminho define-se pela prevenção do Juízo Federal do lugar da apreensão dos bens". "(...) 2. O delito de facilitação de contrabando ou descaminho (art. 318 do Código Penal), em razão de seu caráter formal, consuma-se no momento em que ocorre o ato de facilitação, pelo que, no caso em

apreço, em tese, ocorreu com a simples anuência em tornar fácil a prática do delito, portanto, antes mesmo da abordagem policial e ainda que não se dê por exaurido o contrabando ou descaminho, de modo que não é caso de aplicação da Súmula n. 145 do C. Supremo Tribunal Federal, pois não há que se falar tenha a intervenção policial tornado impossível a consumação do delito. 3. Não se registra, ademais, a incompetência do juízo, por onde tramita a ação penal na atualidade, uma vez que, anteriormente, fora por esse mesmo juízo determinada a interceptação telefônica, medida essa que previne a competência para eventuais processos posteriores, nos termos do art. 83 do Código de Processo Penal" (TRF, HC 21335/SP, 5ª T., Relª Desª Fed. Suzana Camargo, *DJU* 10-9-2005, p. 303).

(11) Efeitos da condenação: Vide comentários ao art. 312 do CP.

Estatuto do Desarmamento

(1) Facilitação de contrabando e descaminho e o Estatuto do Desarmamento: Com o advento do Estatuto do Desarmamento (Lei n. 10.826/2003), o contrabando de arma de fogo, acessório ou munição já não configura o crime do art. 334-A, mas tráfico internacional de arma de fogo, previsto no art. 18 da lei: *"Importar, exportar, favorecer a entrada ou saída do território nacional, a qualquer título, de arma de fogo, acessório ou munição, sem autorização da autoridade competente: Pena – reclusão, de 4 a 8 anos, e multa"*. Com isso, na hipótese específica da facilitação, pelo funcionário público, de contrabando de arma de fogo, acessório ou munição, não mais incidirá o tipo penal do art. 318 do CP. Assim, nessa hipótese, deverá o funcionário responder pelo crime de tráfico internacional de armas, conforme dispõe o art. 18 do Estatuto do Desarmamento, o qual expressamente prevê a conduta de favorecer a entrada ou saída de arma de fogo, acessório ou munição do território nacional. Quanto ao descaminho de arma de fogo, acessório ou munição, porém, continua vigente o art. 318 do CP, já que o art. 18 do Estatuto do Desarmamento só trata do contrabando e não do descaminho de armas de fogo (cf. Fernando Capez, *Estatuto do Desarmamento*, cit.).

(2) Documentos internacionais: O Brasil é signatário da "Convenção Interamericana contra a Fabricação e o Tráfico Ilícitos de Armas de Fogo, Munições, Explosivos e outros Materiais Correlatos", concluída em Washington em 14-11-1997 e promulgada por meio do Decreto Presidencial n. 3.229, de 29-10-1999. Seu escopo é "impedir, combater e erradicar a fabricação e o tráfico ilícitos de armas de fogo, munições, explosivos e outros materiais correlatos". *No mesmo sentido*, o Brasil é, outrossim, signatário do "Protocolo contra a Fabricação e o Tráfico Ilícito de Armas de Fogo, suas peças, componentes e munições", o qual complementa a Convenção das Nações Unidas contra o Crime Organizado Transnacional, assinada pelo Brasil em 11-7-2001. A promulgação do referido protocolo se deu por meio do Decreto n. 5.941, de 26-10-2006, prestando vigência ao protocolo que se propõe a, segundo seus próprios termos, "promover, facilitar e fortalecer a cooperação entre os Estados-Partes a fim de prevenir, combater e erradicar a fabricação e o tráfico ilícitos de armas de fogo, suas peças e componentes e munições".

(3) Tráfico de armas e liberdade provisória: O Plenário do Supremo Tribunal Federal declarou, em 2-5-2007, a inconstitucionalidade de três dispositivos do Estatuto do Desarmamento, na ADI 3.112. Por maioria de votos, os ministros anularam dois dispositivos do Estatuto que proibiam a concessão de liberdade, mediante o pagamento de fiança, no caso de porte ilegal de arma (parágrafo único do art. 14) e disparo de arma de fogo (parágrafo único do art. 15). Também foi considerado inconstitucional o art. 21 do Estatuto, que negava liberdade provisória aos acusados de posse ou porte ilegal de arma de uso restrito, comércio ilegal de arma e tráfico internacional de arma. A maioria dos ministros considerou que o dispositivo viola os princípios da presunção de inocência e do devido processo legal (ampla defesa e contraditório).

Súmulas:
Súmula 122 do STJ: "Compete à Justiça Federal o processo e julgamento unificado dos crimes conexos de competência federal e estadual, não se aplicando a regra do art. 78, II, *a*, do Código de Processo Penal".
Súmula 151 do STJ: "A competência para o processo e julgamento por crime de contrabando ou descaminho define-se pela prevenção do Juízo Federal do lugar da apreensão dos bens".

Prevaricação

Art. 319. Retardar ou deixar de praticar, indevidamente, ato de ofício, ou praticá-lo contra disposição expressa de lei, para satisfazer interesse ou sentimento pessoal:

Pena – detenção, de 3 (três) meses a 1 (um) ano, e multa.

(1) Documentos Internacionais: Vide comentários ao art. 317 do CP.
(2) Fundamento constitucional: Vide comentários ao art. 312 do CP.
(3) Objeto jurídico: Tutela-se o regular funcionamento da Administração Pública.
(4) Ilícito penal. Ilícito administrativo: Vide art. 312 do CP.
(5) Ação nuclear: Punem-se as ações de: (a) *retardar* (atrasar, adiar, deixar de praticar o ato de ofício dentro do prazo estabelecido): trata-se de crime omissivo; ou (b) *deixar de praticar*: ao contrário da conduta precedente, aqui há o ânimo definitivo de não praticar o ato de ofício. Trata-se, também, de modalidade omissiva. Tanto o retardamento como a omissão devem ser indevidos (injusto, ilegal); ou (c) *praticar* (contra disposição expressa de lei): cuida-se aqui de conduta comissiva. Deve haver uma lei expressamente vedando a prática do ato. Não se considera *expressa* a norma legal que suscite interpretações dúbias em face de sua obscuridade ou ambiguidade. *Nesse sentido:* Nélson Hungria, *Comentários*, cit., v. 9, p. 378; E. Magalhães Noronha, *Direito penal*, cit., v. 4, p. 258.

Exploração e funcionamento de máquinas e caça-níqueis e prevaricação: STJ: "Constitui prática contravencional a exploração e funcionamento das máquinas 'caça-níqueis', em qualquer uma de suas espécies. 8. Cumpre ao Ministério Público e à Polícia Militar de Minas Gerais desempenharem suas funções institucionais, e dentre estas se inclui, de maneira clara, o combate, de ofício, ao crime e à contravenção, sob pena de prevaricação, sendo lídima a ação para obstacularizar o funcionamento das máquinas 'caça-níqueis'. 4. Recurso da empresa improvido" (STJ, RMS 15593/MG, 1ª T., Rel. Min. José Delgado, j. 6-5-2003, *DJ* 2-6-2003, p. 184, *RSTJ* 168/105).

(6) Objeto material: É o ato de ofício. Não há falar, portanto, em prevaricação se o ato praticado, omitido ou retardado não se insere no âmbito de atribuição ou competência funcional do funcionário público. O tipo penal abrange tanto o ato administrativo como o judicial. *Nesse sentido:* E. Magalhães Noronha, *Direito penal*, cit., v. 4, p. 258. Para Mirabete também abrange o ato legislativo *(Manual*, cit., v. 3, p. 333).

Ato de ofício e edição de Medida Provisória: STJ: "REsp – Penal – Prefeito Municipal – Medida Provisória – Prevaricação – A medida provisória, inspirada nos 'Provvedimenti Provvisori' da Itália, é privativa do Presidente da República (Constituição, art. 62 c.c. art. 84, XXVI). O governador e o prefeito não podem expedi-la. Se o fizerem, não cometem crime de prevaricação, não obstante, porém, para os efeitos penais, funcionários públicos (CP, art. 327). O referido delito encerra elemento normativo – atos de ofício. Se, as atribuições do cargo de prefeito não encerram expedir medida provisória, o alcaide não praticou ato de expedir medida provisória, o alcaide não praticou ato de ofício, seja contrariando a legalidade como a moralidade administrativa. Além disso, o crime definido no art. 319 do Código Penal é crime de dano. Está superada pela melhor doutrina a clássica capitulação – crime de mera conduta prescindindo pelo menos, de perigo para o bem juridicamente tutelado. E mais, banido o chamado crime de perigo abstrato, impõe-se dano, ou perigo (concreto) ao objeto jurídico" (STJ, REsp 78425/RS, 6ª T., Rel. Min. Luiz Vicente Cernicchiaro, *DJU* 8-9-1997, p. 42611).

(7) Sujeito ativo: Trata-se de crime próprio, pois somente pode ser cometido por funcionário público. Admite-se a participação de terceiro. De acordo com o art. 445 do CPP (cf. Lei n. 11.689/2008), os jurados serão responsáveis criminalmente, nos mesmos termos em que o são os juízes togados. O mesmo se aplica aos jurados suplentes (CPP, art. 446).

(8) Sujeito passivo: Sujeito passivo principal é o Estado. O particular, secundariamente, também pode ser vítima do delito em tela, caso venha a sofrer algum dano em face de conduta criminosa do funcionário público.

(9) Elemento subjetivo: É o dolo, isto é, a vontade livre e consciente de retardar ou deixar de praticar, indevidamente, ato de ofício, ou praticá-lo contra disposição expressa de lei. É imprescindível que o agente tenha consciência de que a omissão é indevida ou de que o ato praticado é contrário à lei. Ausente essa consciência, o fato é atípico. Exige-se também o elemento subjetivo do tipo, consistente na vontade de satisfazer interesse ou sentimento pessoal. O interesse, que consiste na obtenção de uma vantagem, pode ser patrimonial ou moral. No crime de prevaricação a obtenção de vantagem patrimonial pelo funcionário não deve estar ligada a qualquer oferecimento ou entrega de vantagem pelo particular em troca da ação ou omissão funcional, do contrário, poderá haver outro crime. A lei também se refere ao sentimento pessoal, que abrange o espírito de vingança, amizade, piedade, caridade, ódio, despeito, o prazer de mandar, prepotência etc.

Dificuldades burocráticas: STJ: "O retardo na prestação jurisprudencial advindo de dificuldades burocráticas não caracteriza o crime de prevaricação. Demonstrado nos autos que o magistrado, ao substituir a expressão 'amigo íntimo' para 'bastante amigo', não teve intenção de omitir a amizade íntima entre as testemunhas, de modo a beneficiar qualquer das partes do processo, igualmente não se verifica a conduta tipificada no art. 319 do Código Penal" (STJ, NC 333/PB, CE, Rel. Min. Francisco Peçanha Martins, j. 2-8-2004, *DJ* 6-9-2004, p. 153; *LEXSTJ* 183/329; *RT* 831/545).

Descrição do elemento subjetivo na denúncia: STJ: "O delito prevaricação exige, para sua configuração, dolo específico, consistente no intuito de satisfazer interesse ou sentimento pessoal (art. 319, última parte, CP). A denúncia conterá a exposição do fato criminoso com todas as suas circunstâncias (art. 41 do CPP). A ausência de descrição de qualquer elementar do tipo penal mutila a acusação, cerceia o exercício do direito de defesa e torna inepta a denúncia. Precedentes do STJ e do STF. Ordem concedida, para anular a decisão que recebeu a denúncia, impondo o trancamento da ação penal e a revogação do afastamento do paciente do cargo de Prefeito Municipal de Jaicós, imposto pela Câmara Criminal" (STJ, HC 3079/PI, 6ª T., Rel. Min. Paulo Medina, j. 25-11-2003, *DJ* 15-12-2003, p. 408).

(10) Consumação e tentativa: Consuma-se o crime com o retardamento, a omissão ou a prática do ato. As condutas omissivas não admitem a tentativa. Na modalidade comissiva, a tentativa é perfeitamente possível.

(11) Causa de aumento de pena: Vide art. 327, § 2º.

(12) Distinção: (a) *Prevaricação e corrupção passiva: Vide* comentários ao art. 318 do CP. (b) *Prevaricação e desobediência:* STJ: "I – A autoridade coatora, mormente quando destinatária específica e de atuação necessária, que deixa de cumprir ordem judicial proveniente de mandado de segurança pode ser sujeito ativo do delito de desobediência (art. 330 do CP). A determinação, aí, não guarda relação com a vinculação – interna – de cunho funcional-administrativo e o seu descumprimento ofende, de forma penalmente reprovável, o princípio da autoridade (objeto da tutela jurídica). II – A recusa da autoridade coatora em cumprir a ordem judicial pode, por força de atipia relativa (se restar entendido, como dedução evidente, a de satisfação de interesse ou senti-

mento pessoal), configurar, também, o delito de prevaricação (art. 319 do CP). Só a atipia absoluta, de plano detectável, é que ensejaria o reconhecimento da falta de justa causa. Recurso desprovido" (STJ, RHC 12780/MS, 5ª T., Rel. Min. Felix Fischer, j. 27-5-2003, *DJ* 30-6-2003, p. 266).

(13) Ação penal. Lei dos Juizados Especiais Criminais: Trata-se de crime de ação penal pública incondicionada. Por se tratar de infração de menor potencial ofensivo, está sujeita às disposições da Lei n. 9.099/95.

(14) Competência: STJ: "Conflito de competência. Justiça Militar. Competência da Justiça Comum. Conflito de competência conhecido. 1. A desobediência a norma que não adveio da Justiça Militar não se coaduna com delito militar. 2. No caso de prevaricação praticada por policial militar, a competência é da Justiça Comum. 3. Conflito conhecido para declarar a competência do Juízo suscitado" (STJ, CC 36278/MG, 3ª S., Rel. Min. Hélio Quaglia Barbosa, j. 27-4-2005, *DJ* 9-5-2005, p. 293).

Legislação especial

(1) Crime eleitoral: Haverá a configuração do delito previsto no art. 345 do Código Eleitoral (Lei n. 4.737/65) se a autoridade judiciária, ou qualquer funcionário dos órgãos da Justiça Eleitoral, não cumprir, nos prazos legais, os deveres impostos no Código Eleitoral, não estando a infração sujeita a outra penalidade.

(2) Crime contra o Sistema Financeiro Nacional: Haverá o crime previsto no art. 23 da Lei n. 7.492/86 se "omitir, retardar ou praticar, o funcionário público, contra disposição expressa de lei, ato de ofício necessário ao regular funcionamento do sistema financeiro nacional, bem como a preservação dos interesses e valores de ordem econômico-financeira".

(3) Lei de Improbidade Administrativa: Dispõe o art. 11 da Lei n. 8.429/92: "Constitui ato de improbidade administrativa que atenta contra os princípios da administração pública qualquer ação ou omissão que viole os deveres de honestidade, imparcialidade, legalidade, e lealdade às instituições, e notadamente: I – praticar ato visando a fim proibido em lei ou regulamento ou diverso daquele previsto, na regra de competência; II – *retardar ou deixar de praticar, indevidamente, ato de ofício*". A omissão ou retardamento do ato por mera indolência, simples desleixo ou negligência do funcionário público, sem o intuito de satisfazer interesse ou sentimento pessoal, não configura o crime de prevaricação, mas, sim, ato de improbidade administrativa. A lei não reclama, para a constituição do ato de improbidade, que o agente público tenha por meta satisfazer interesse ou sentimento pessoal, como o reclama a lei penal (art. 319, do CP). Na hipótese, estará o funcionário público sujeito às sanções previstas na referida lei especial, em seu art. 12, III, por exemplo: ressarcimento integral do dano, se houver, perda da função pública, suspensão dos direitos políticos de 3 a 5 anos etc. "(...) 1. Não está o juiz vinculado à capitulação do delito feita pelo órgão do Ministério Público Federal, pois, ainda que os atos não apresentem contornos de prevaricação, poderão configurar improbidade administrativa (art. 11, II, da Lei n. 8.429/92), que não reclama elemento subjetivo consistente no objetivo de satisfazer interesse ou sentimento pessoal. (...)" (TRF/SP, HC 8920, 2ª T., Relª Desª Fed. Marisa Santos, *DJU* 20-9-2001, p. 246). TRF: "Trabalhista: Justa causa. Comprovação. Princípio da ampla defesa. Improbidade administrativa. I – A sindicância regularmente processada tem eficácia probatória suficiente para ensejar a demissão por justa causa. II – Satisfeito o princípio da ampla defesa, se à sindicada foi facultada a apresentação da defesa e a oportunidade para requerer a produção de provas. III – Não se descaracteriza o ato de improbidade configurado de acordo com a lei trabalhista a circunstância de ter havido o arquivamento do inquérito policial respectivo. IV – Recurso Improvido" (TRF/SP, RO, 2ª T., Relª Desª Fed. Alice Amaral, *DJU* 27-9-1995, p. 65329).

(4) Crimes contra a economia popular: Vide o art. 10, § 4º, da Lei n. 1.521/51.

Art. 319-A. Deixar o Diretor de Penitenciária e/ou agente público, de cumprir seu dever de vedar ao preso o acesso a aparelho telefônico, de rádio ou similar, que permita a comunicação com outros presos ou com o ambiente externo.

Pena – detenção, de 3 (três) meses a 1 (um) ano. *(Incluído pela Lei n. 11.466, de 28-3-2007)*

(1) Considerações gerais: Na atualidade, a combinação da ausência de medidas administrativas efetivas que impedissem a entrada do telefone móvel nos presídios, com a inexistência de uma punição efetiva para aqueles que permitissem a sua entrada e para aqueles que o utilizassem, trouxe um resultado bombástico: a atuação vertiginosa e descontrolada da criminalidade organizada por todo o País. A nossa Lei de Execução Penal não considerava o uso dessa tecnologia como falta grave. Na realidade, quando da edição da LEP, o legislador sequer cogitava da existência do telefone celular. A Lei n. 11.466/2007, portanto, foi criada com o intuito de suprir a omissão legal, trazendo duas inovações.

(2) Posse de telefone celular e falta grave: A nova lei incluiu o inciso VII no art. 50 da LEP, passando a considerar falta grave no caso de o condenado à pena privativa de liberdade que "tiver em sua posse, utilizar ou fornecer aparelho telefônico, de rádio ou similar, que permita a comunicação com outros presos ou com o ambiente externo". A partir de agora, a consideração da posse do telefone celular como falta grave acarretará ao condenado uma série de consequências, como a perda de 1/3 dos dias remidos, a impossibilidade da concessão do livramento condicional, a impossibilidade da progressão de regime, bem como possibilitará a regressão de regime. Além disso, conforme o art. 53 da LEP, será possível aplicar as sanções de suspensão ou restrição de direitos (art. 41, parágrafo único, da LEP), isolamento ou inclusão no regime disciplinar diferenciado. Ressalte-se que, embora o art. 50 se refira ao condenado à pena privativa de liberdade, os presos provisórios também se sujeitarão às sanções disciplinares, compatíveis com a sua situação, em decorrência do cometimento, no caso, de falta grave, pois, de acordo com o art. 44, parágrafo único, da Lei de Execução Penal, "Estão sujeitos à disciplina o condenado à pena privativa de liberdade ou restritiva de direitos e o preso provisório". Mencione-se, ainda, que, de acordo com a Súmula 716 do STF, "Admite-se a progressão de regime de cumprimento da pena ou a aplicação imediata de regime menos severo nela determinada, antes do trânsito em julgado da sentença condenatória". Dessa forma, será possível decretar a regressão de regime no caso de preso provisório que for flagrado na posse de telefone celular.

Posse de telefone celular antes da Lei n. 11.466/2007: STJ: "1. A posse de aparelho celular ou seus componentes pelo apenado não caracteriza falta disciplinar de natureza grave, pois, consoante o disposto no art. 49, da Lei de Execução Penal, compete ao legislador local tão somente especificar as faltas leves e médias. Precedentes do STJ. 2. Ordem concedida para que seja retirada da folha de antecedentes e do roteiro de penas do Paciente a anotação de falta grave em razão da posse de aparelho de telefone celular no interior do presídio" (STJ, HC 69581/SP, 5ª T., Relª Minª Laurita Vaz, j. 5-12-2006, *DJ* 5-2-2007, p. 320). STJ: I – Hipótese em que o impetrante alega a ocorrência de constrangimento ilegal, em face da violação do princípio da legalidade, uma vez que a posse de telefone celular não está elencada no rol das faltas graves previsto no art. 50 da Lei de Execuções Penais. II – A Resolução da Secretaria da Administração Penitenciária, ao definir como falta grave o porte de aparelho celular e de seus componentes e acessórios, ultrapassou os limites do art. 49 da Lei de Execuções Penais, o qual dispõe que a atuação do Estado deve restringir-se à especificação das faltas leves e médias. III – Se a hipótese dos autos não configura falta grave, resta caracterizado constrangimento ilegal decorrente da imposição de sanções administrativas ao paciente. IV – O Projeto de Lei que altera o art. 50 da Lei de Execução Penal, para prever como falta disciplinar grave a utilização de telefone celular pelo preso, ainda está tramitando no Congresso Nacional. V – Deve ser cassado o acórdão recorrido, bem como a decisão monocrática que reconheceu a prática de falta disciplinar grave pelo apenado e determinou a sua regressão ao regime fechado de cumprimento da pena. VI – Ordem concedida, nos termos do voto do Relator (STJ, HC 64584/SP, 5ª T., Rel. Min. Gilson Dipp, j. 24-10-2006, *DJ* 20-11-2006, p. 355).

(3) Posse de telefone celular e crime praticado por Diretor de Penitenciária ou agente público: A nova Lei acrescentou o art. 319-A ao Código Penal, tipificando a conduta daquele que, tendo o dever legal de impedir o acesso do preso ao aparelho telefônico, rádio ou similar, torna-se omisso. Não se pune criminalmente, portanto, no caso, o preso que utiliza o aparelho telefônico, rádio ou similar, mas tão somente o diretor de penitenciária ou agente público (por exemplo: carcereiro) que deixa de cumprir o dever de vedar ao preso o acesso ao aparelho. O criminoso, frise-se, apenas comete falta grave. Mencione-se que o crime se consuma no momento em que há o descumprimento do dever legal pelo diretor ou agente público, possibilitando o acesso do preso ao aparelho, independentemente de o mesmo vir a lograr a comunicação com outros presos ou com o ambiente externo. Se o ingresso, promoção, intermediação, auxílio ou facilitação da entrada do aparelho se der por ação de particular, por exemplo, familiares dos presos, haverá a configuração do crime do art. 349-A (introduzido pela Lei n. 12.012/2009).

(4) Ação penal. Lei dos Juizados Especiais Criminais: Trata-se de crime de ação penal pública incondicionada. Em virtude da pena cominada, estamos diante de uma infração de menor potencial ofensivo, sujeita aos institutos e procedimento da Lei dos Juizados Especiais Criminais.

Condescendência criminosa

Art. 320. Deixar o funcionário, por indulgência, de responsabilizar subordinado que cometeu infração no exercício do cargo ou, quando lhe falte competência, não levar o fato ao conhecimento da autoridade competente:

Pena – detenção, de 15 (quinze) dias a 1 (um) mês, ou multa.

(1) Documentos internacionais: Vide comentários ao art. 317 do CP.
(2) Fundamento constitucional: Vide comentários ao art. 312 do CP.
(3) Objeto jurídico: Tutela-se o regular desenvolvimento da atividade administrativa.
(4) Ilícito penal. Ilícito administrativo: Vide art. 312 do CP.
(5) Ação nuclear: Pune-se a conduta de: (a) *deixar* o funcionário público, por indulgência (tolerância), *de responsabilizar* subordinado que cometeu infração no exercício do cargo. (b) quando lhe falte competência, *não levar o fato ao conhecimento da autoridade competente*. Ambas as modalidades são crimes omissivos puros. É pressuposto do delito que haja anteriormente a prática de infração pelo funcionário subordinado, compreendendo aquela tanto as faltas disciplinares, previstas em estatutos do funcionalismo público, como o cometimento de crimes. A infração deve necessariamente estar ligada ao exercício do cargo.

(6) Sujeito ativo: Por se tratar de crime próprio, somente o funcionário público pode praticar o delito em tela. Deve o agente ser necessariamente superior hierárquico do funcionário público infrator.

(7) Sujeito passivo: É o Estado.

(8) Elemento subjetivo: É o dolo, isto é, a vontade livre e consciente de praticar uma das condutas típicas. Exige-se também o elemento subjetivo do tipo, contido na expressão "por indulgência". Não há previsão da modalidade culposa.

(9) Consumação e tentativa: Dá-se a consumação com a simples omissão, ou seja, ciente da infração, o agente não toma qualquer providência para responsabilizar o funcionário, ou não comunica o fato à autoridade competente, se não tiver atribuição para fazê-lo. A tentativa é inadmissível.

(10) Causa de aumento de pena: Vide art. 327, § 2º.

(11) Ação penal. Lei dos Juizados Especiais Criminais: Trata-se de crime de ação penal pública incondicionada. Por se tratar de infração de menor potencial ofensivo, está sujeita às disposições da Lei n. 9.099/95.

(12) Distinção: Haverá crime de prevaricação se o agente se omitir para atender sentimento ou interesse pessoal. Se o fim for a obtenção de vantagem indevida, o crime será o de corrupção passiva.

Crime de responsabilidade (Lei n. 1.079/50)

(1) Dispõe o art. 9º, n. 3, da Lei n. 1.079/50 (crimes de responsabilidade) que "são crimes de responsabilidade contra a probidade na administração: não tornar efetiva a responsabilidade dos seus subordinados, quando manifesta em delitos funcionais ou na prática de atos contrários à Constituição".

Advocacia administrativa

Art. 321. Patrocinar, direta ou indiretamente, interesse privado perante a administração pública, valendo-se da qualidade de funcionário:

Pena – detenção, de 1 (um) a 3 (três) meses, ou multa.

Parágrafo único. Se o interesse é ilegítimo:

Pena – detenção, de 3 (três) meses a 1 (um) ano, além da multa.

(1) Documentos internacionais: Vide comentários ao art. 317 do CP.
(2) Fundamento constitucional: Vide comentários ao art. 312 do CP.
(3) Objeto jurídico: Tutela-se a Administração Pública.
(4) Ilícito penal. Ilícito administrativo: Vide art. 312 do CP.
(5) Ação nuclear: Consubstancia-se no verbo *patrocinar* (advogar, favorecer), no caso, interesse privado perante os órgãos da Administração Pública. O patrocínio não necessariamente deve ocorrer no órgão em que o funcionário está lotado, podendo ser em setor diverso da Administração Pública. O patrocínio pode ocorrer direta (sem intermediário) ou indiretamente (por intermédio de um "testa de ferro"). É necessário que o funcionário, ao patrocinar os interesses alheios, se valha das facilidades que a função lhe proporciona. O interesse patrocinado deve necessariamente ser particular e alheio, podendo ser legítimo ou ilegítimo. A ilegitimidade do interesse acarreta apenas a majoração da pena (parágrafo único).
(6) Sujeito ativo: Somente o funcionário público, pois se trata de crime próprio. É possível a participação de particular mediante induzimento, instigação ou auxílio secundário.
(7) Sujeito passivo: É o Estado.
(8) Elemento subjetivo: É o dolo, isto é, a vontade livre e consciente de patrocinar interesse privado perante a Administração Pública. Não importa o fim específico do agente na prática do delito (amizade ou qualquer outro interesse).
(9) Consumação e tentativa: Reputa-se o crime consumado com o primeiro ato inequívoco de patrocínio, independentemente da obtenção do resultado pretendido. Trata-se, portanto, de crime formal. A tentativa é admissível, embora de difícil ocorrência.
(10) Forma qualificada: A pena é majorada se o interesse patrocinado é ilícito. O agente deve ter conhecimento da ilegitimidade do interesse, do contrário, a majorante será afastada.
(11) Causa de aumento de pena: Vide o § 2º do art. 327 do CP.
(12) Ação penal. Lei dos Juizados Especiais Criminais: Trata-se de crime de ação penal pública incondicionada. Por se tratar de crime de menor potencial ofensivo, está sujeito às disposições da Lei n. 9.099/95, ainda que incida a causa de aumento de pena acima mencionada.

Crimes contra a ordem tributária, econômica e contra as relações de consumo

(1) Se o patrocínio de interesse privado se der perante a administração fazendária, haverá a configuração do crime previsto no art. 3º, III, da Lei n. 8.137 /90 (crimes contra a ordem tributária, econômica e contra as relações de consumo).

Lei de Licitações

(1) Se o patrocínio de interesse privado se der perante a Administração, dando causa à instauração de licitação ou à celebração de contrato cuja invalidação vier a ser decretada pelo Poder Judiciário, o crime será o do art. 91 da Lei n. 8.666/93 (Lei de Licitações).

Violência arbitrária

Art. 322. Praticar violência, no exercício de função ou a pretexto de exercê-la:

Pena – detenção, de 6 (seis) meses a 3 (três) anos, além da pena correspondente à violência.

(1) Revogação: Tendo em vista que sua matéria foi integralmente tratada pelo art. 3º, *i*, da Lei n. 4.898/65, a qual tipificou essa conduta como abuso de autoridade, entendemos que o art. 322 do CP foi revogado tacitamente pela mencionada lei especial. Esse é, inclusive, o posicionamento que prevalece na doutrina, embora na jurisprudência haja corrente em sentido contrário. Vejamos: "Violência arbitrária (CP, art. 322 – Lei do Abuso de Autoridade e Exercício Arbitrário de Poder, Lei n. 4.898/65) – Inexistência de derrogação tácita ou revogação – Recurso provido – Prescrição – Extinção da Punibilidade – Reconhecimento de Ofício – Extinção da punibilidade pela prescrição da pretensão punitiva. (...)" (TJMG, Ap. Crim. n. 1.0024.98.085532-4/001, Rel. Des. Sérgio Braga, data do acórdão 30-11-2004, data da publicação 23-11-2004). O Supremo Tribunal Federal tem precedente no mesmo sentido: "O crime de violência arbitrária, previsto no art. 322 do Código Penal, não foi revogado pela Lei n. 4.898, de 1965" (*RT* 449/504). Também o extinto Tribunal de Alçada Criminal de São Paulo já se manifestou *no mesmo sentido:* "O art. 322 do CP de 1940, que cogita do crime de violência arbitrária, não foi revogado pela Lei n. 4.898/65" (*RT* 609/344). Contrariando esse entendimento, já se decidiu que o art. 322 do CP não foi revogado pela Lei n. 4.898/65: "Abuso de autoridade – Competência – Delito previsto nos arts. 3º e 40 da Lei n. 4.898/65, que revogou o art. 322 do CP – Julgamento de apelação afeto ao Tribunal de Justiça – Inteligência do art. 15, § 1º, II, da Res. 2/76, daquele Tribunal (TACrimSP – Ement.)" (*RT* 533/365).

(2) Lei de Abuso de Autoridade: Dispõe o art. 3º, *i*, da Lei n. 4.898/65: "Constitui abuso de autoridade qualquer atentado à incolumidade física do indivíduo", e a sanção penal consistirá em multa, detenção de dez dias a seis meses e perda do cargo, com inabilitação para qualquer função pública pelo prazo de até três anos (cf. art. 6º, § 3º, da lei).

Abandono de função

Art. 323. Abandonar cargo público, fora dos casos permitidos em lei:

Pena – detenção, de 15 (quinze) dias a 1 (um) mês, ou multa.

(1) Fundamento constitucional: Vide comentários ao art. 312 do CP.
(2) Objeto jurídico: Tutela-se a Administração Pública.
(3) Ilícito penal. Ilícito administrativo: Vide art. 312 do CP.
(4) Ação nuclear: Pune-se a ação de *abandonar* (afastar-se, largar) cargo público. Exige-se que o abandono se dê por tempo juridicamente relevante, pois o que caracteriza o delito é a pro-

babilidade de dano ou prejuízo para a Administração Pública. Se o abandono se der por tempo ínfimo, poderá haver tão somente falta disciplinar, sujeita às sanções administrativas. Também inexiste o crime na hipótese do abandono do cargo pelo funcionário a que segue sua substituição automática por seu substituto legal. *Nesse sentido*: E. Magalhães Noronha, ob. cit., v. 4, p. 275. A lei contém um elemento normativo: abandonar cargo público *"fora dos casos permitidos em lei"*. Assim, não há abandono nos casos permitidos em lei (por exemplo: em caso de guerra, prisão etc.). Se o agente deixar o cargo antes do deferimento do pedido de demissão ou aposentadoria, haverá o crime em estudo.

Greve: No caso de suspensão ou abandono coletivo do cargo, isto é, greve dos funcionários públicos, para aqueles que entendem que o art. 201 do Código Penal não foi revogado, deverá o funcionário responder pelo delito mencionado. Contudo, para aqueles que sustentam sua revogação, o fato é atípico (*vide* comentários ao art. 201 do CP).

(5) Sujeito ativo: Trata-se de crime próprio, portanto somente pode ser cometido por funcionário público.

(6) Sujeito passivo: É o Estado.

(7) Elemento subjetivo: É o dolo, isto é, a vontade livre e consciente de abandonar o cargo. Deve o agente ter consciência de que o abandono não é legalmente permitido e de que há probabilidade de causar prejuízo à Administração Pública.

(8) Consumação e tentativa: Dá-se a consumação com o abandono do cargo público por tempo juridicamente relevante, de forma a criar probabilidade de dano ou prejuízo à Administração Pública. Não é necessária a efetiva causação de dano à Administração Pública. Caso o abandono provoque prejuízo público, incidirá a qualificadora do § 1º. Por se tratar de delito omissivo próprio, não admite a forma tentada.

(9) Causa de aumento de pena: Vide art. 327, § 2º, do CP.

(10) Ação penal. Lei dos Juizados Especiais Criminais: Trata-se de crime de ação penal pública incondicionada. Constitui infração de menor potencial ofensivo, estando sujeita às disposições da Lei n. 9.099/95.

Código Eleitoral

(1) Constitui crime previsto no art. 344 do Código Eleitoral a conduta de "Recusar ou abandonar o serviço eleitoral sem justa causa".

§ 1º Se do fato resulta prejuízo público:

Pena – detenção, de 3 (três) meses a 1 (um) ano, e multa.

(1) Forma qualificada pelo prejuízo: O prejuízo, no caso, constitui exaurimento do crime, o qual foi erigido em condição de maior punibilidade. Por exemplo: falta d'água à população, paralisação do serviço postal.

(2) Lei dos Juizados Especiais Criminais: Trata-se de crime de menor potencial ofensivo, ainda que incida a majorante do § 2º do art. 327 do CP.

§ 2º Se o fato ocorre em lugar compreendido na faixa de fronteira:

Pena – detenção, de 1 (um) a 3 (três) anos, e multa.

(1) Forma qualificada: Dispõe o art. 22, § 2º, da Constituição Federal: "A faixa de até cento e cinquenta quilômetros de largura, ao longo das fronteiras terrestres, designada como *faixa de fronteira*, é considerada fundamental para defesa do território nacional, e sua ocupação e utilização serão regulamentadas em lei". A Lei n. 6.634/79 disciplinou a matéria.

(2) Lei dos Juizados Especiais Criminais: Quanto à forma qualificada prevista no § 2º, incide apenas o art. 89 da Lei n. 9.099/95, sem a causa de aumento de pena do art. 327, § 2º, do CP.

Exercício funcional ilegalmente antecipado ou prolongado

Art. 324. Entrar no exercício de função pública antes de satisfeitas as exigências legais, ou continuar a exercê-la, sem autorização, depois de saber oficialmente que foi exonerado, removido, substituído ou suspenso:

Pena – detenção, de 15 (quinze) dias a 1 (um) mês, ou multa.

(1) Fundamento constitucional: Vide comentários ao art. 312 do CP.

(2) Objeto jurídico: Tutela-se a Administração Pública.

(3) Ilícito penal. Ilícito administrativo: Vide art. 312 do CP.

(4) Ação nuclear: Incriminam-se as ações de: (a) *entrar* no exercício de função pública antes de satisfeitas as *exigências legais* (elemento normativo do tipo). Dessa forma, se o funcionário nomeado passar a exercer a função pública antes de tomar posse ou sem que comprove uma das exigências legais, previstas nos respectivos estatutos legais, haverá o crime em tela. Trata-se de norma penal em branco; (b) ou *continuar* a exercê-la, sem autorização, depois de saber oficialmente que foi exonerado, removido, substituído ou suspenso. Há, contudo, uma hipótese em que essa comunicação oficial é prescindível: no caso de aposentadoria compulsória, quando o agente completa 70 anos. Delmanto, no entanto, entende que a aposentadoria não foi arrolada entre os casos expressos do artigo. Essa segunda conduta típica contém um elemento normativo: "*sem autorização*", pois, presente esta, o fato será atípico. Poderá estar presente, no entanto, hipótese de estado de necessidade, o qual exclui a ilicitude da conduta.

(5) Sujeito ativo: Somente funcionário público, pois se trata de crime próprio. Se o particular entrar no exercício da função pública, haverá a configuração do delito de usurpação de função pública (CP, art. 328).

(6) Sujeito passivo: É o Estado.

(7) Elemento subjetivo: É o dolo, consubstanciado na vontade livre e consciente de entrar no exercício da função pública antes de satisfeitas as exigências legais ou de continuar em seu exercício sem autorização. É necessário que o agente tenha ciência de que não preenche os requisitos legais para entrar no exercício da função pública. Na segunda modalidade, exige o tipo penal que o agente saiba oficialmente que não mais poderá continuar no exercício daquela.

(8) Consumação. Tentativa: Reputa-se consumado o crime com o primeiro ato de ofício indevido. É possível a tentativa.

(9) Causa de aumento de pena: Vide art. 327, § 2º, do CP.

(10) Ação penal. Lei dos Juizados Especiais Criminais: Trata-se de crime de ação penal pública incondicionada. Constitui infração de menor potencial ofensivo, estando sujeita às disposições da Lei n. 9.099/95, ainda que incidente a causa de aumento de pena acima mencionada.

Violação de sigilo funcional

Art. 325. Revelar fato de que tem ciência em razão do cargo e que deva permanecer em segredo, ou facilitar-lhe a revelação:

Pena – detenção, de 6 (seis) meses a 2 (dois) anos, ou multa, se o fato não constitui crime mais grave.

(1) Fundamento constitucional: Vide art. 312 do CP.

(2) Objeto jurídico: Tutela-se o regular funcionamento da Administração Pública.

(3) Ação nuclear: Incriminam-se as ações de: (a) *revelar* (transmitir, comunicar) a terceiro fato que deveria ser mantido em sigilo. Não é necessária a comunicação a um número indeterminado de pessoas. Basta a revelação a um único indivíduo para que o crime se repute configurado; ou (b) *facilitar* a revelação do segredo (revelação indireta): nesta modalidade o funcionário auxilia terceiro (por exemplo: deixa aberto o cofre) para que ele descubra o segredo.

(4) Objeto material: É o s*egredo funcional,* ou seja, o agente tem conhecimento dele em razão do cargo que ocupa, de suas atribuições. O segredo aqui tutelado é o de interesse público, ao contrário do crime do art. 154; contudo, nada impede que o interesse seja que concomitante ao de um particular. A sigilosidade do segredo não necessita ser perpétua; pode ser temporária, de forma que sua revelação nesse período de tempo perfaz o delito em estudo.

(5) Sujeito ativo: Por se tratar de crime próprio, somente o funcionário público pode praticá-lo. Admite-se o concurso de pessoas, porém, aquele que tomou conhecimento do segredo, se não participou do crime, não responde por delito algum. Para a maior parte da doutrina a norma também alcança o funcionário aposentado ou posto em disponibilidade, pois, embora não exerça mais as funções, continua a ser funcionário público. *Nesse sentido:* E. Magalhães Noronha, *Direito penal,* cit., v. 4, p. 285; Julio Fabbrini Mirabete, *Manual,* cit., v. 3, p. 348; Damásio de Jesus, *Direito penal,* cit., v. 4, p. 198; Nélson Hungria, *Comentários,* cit., v. 9, p. 397; Cezar Roberto Bitencourt, *Código Penal comentado,* cit., p. 1099.

(6) Sujeito passivo: É o Estado, podendo sê-lo também o particular quando a revelação lhe for prejudicial.

(7) Elemento subjetivo: É o dolo, isto é, a vontade livre e consciente de revelar o segredo funcional ou facilitar-lhe a revelação. O agente deve ter consciência de que o fato deve ser mantido em sigilo. Não há previsão da modalidade culposa.

(8) Consumação. Tentativa: Consuma-se o crime com a revelação do segredo, isto é, quando terceiro toma ciência dele. Tratando-se de crime formal, a consumação do delito independe da ocorrência de dano efetivo à Administração Pública, bastando que haja dano potencial. É possível a tentativa, salvo se a revelação for verbal.

(9) Causas excludentes da ilicitude: Pode ocorrer que seja praticada a efetiva violação, ou seja, a divulgação do sigilo fora das hipóteses legais. Nesse caso, a ação será típica, subsistindo, no entanto, a possibilidade de alegar estado de necessidade, em casos extremos.

(10) Ação penal. Lei dos Juizados Especiais Criminais: Trata-se de crime de ação penal pública incondicionada. A forma simples *(caput)* constitui infração de menor potencial ofensivo, sujeita, portanto, às disposições da Lei n. 9.099/95, desde que não incida a causa de aumento de pena do art. 327, § 2º, do CP.

(11) Causa de aumento de pena: Vide art. 327, § 2º, do CP.

(12) Prova ilícita: STJ: "Administrativo. Mandado de Segurança. Delegado de Polícia Civil. Processo administrativo disciplinar. Demissão. Quebra de sigilo funcional. Prova ilícita. Invalidade. O direito constitucional-penal inscrito na Carta Política de 1988 e concebido num período de reconquista das franquias democráticas consagra os princípios do amplo direito de defesa, do devido processo legal, do contraditório e da inadmissibilidade da prova ilícita (CF, art. 50, LIV, LV e LVI). O processo administrativo disciplinar que impôs a Delegado de Polícia Civil a pena de demissão com fundamento em informações obtidas com quebra de sigilo funcional, sem a prévia autorização judicial, é desprovido de vitalidade jurídica, porquanto baseado em prova ilícita. Sendo a prova ilícita realizada sem a autorização da autoridade judiciária competente, é desprovida de qualquer eficácia, eivada de nulidade absoluta e insusceptível de ser sanada por força da preclusão. Recurso ordinário provido. Segurança concedida" (STJ, RMS 8327/MG, 6ª T., Rel. Min. Vicente Leal, j. 24-6-1999, *DJ* 23-8-1999, p. 148; *JSTJ* 10/407; *LEXSTJ* 125/93).

(13) Violação do painel do Senado: STF: "Supressão de documento (CP, art. 305). Violação do painel do Senado. A obtenção do extrato de votação secreta, mediante alteração nos programas de informática, não se amolda ao tipo penal previsto no art. 305 do CP, mas caracteriza o crime previsto no art. 313-B da Lei n. 9.989, de 14-7-2000. Impossibilidade de retroação da norma penal a fatos ocorridos anteriormente a sua vigência (CF, art. 5º, XL). Extinção da punibilidade em relação ao crime de violação de sigilo funcional (CP, art. 325). Denúncia rejeitada por atipicidade de conduta. Inquérito 1.879" (STF, Inq. 1.879/DF, Pleno, Relª Minª Ellen Gracie, j. 10-9-2003, *DJ* 7-5-2004, p. 8).

(14) Inquérito policial. Sigilo: A autoridade assegurará no inquérito o sigilo necessário à elucidação do fato ou exigido pelo interesse da sociedade (CPP, art. 20). O direito genérico de obter informações dos órgãos públicos, assegurado no art. 5º, XXXIII, da Constituição Federal, pode sofrer limitações por imperativos ditados pela segurança da sociedade e do Estado, como salienta o próprio texto normativo. O sigilo não se estende ao representante do Ministério Público, nem à autoridade judiciária. No caso do advogado, pode consultar os autos de inquérito, mas, caso seja decretado judicialmente o sigilo na investigação, não poderá acompanhar a realização dos atos procedimentais (Lei n. 8.906/94, art. 7º, XIII a XV, e § 1º – Estatuto da OAB). No tocante a este último, visando pôr fim a qualquer discussão sobre o tema, os Ministros da Corte Suprema, em sessão realizada em 2-2-2009, aprovaram, por 9 votos a 2, a Súmula Vinculante 14, restando consignado que: "É direito do defensor, no interesse do representado, ter acesso amplo aos elementos de prova que, já documentados em procedimento investigatório realizado por órgão com competência de polícia judiciária, digam respeito ao exercício do direito de defesa". Trata-se de publicidade que não se afigura plena e irrestrita, uma vez que se admite, apenas, a consulta a elementos já colhidos, não se permitindo o acesso às demais diligências em trâmite.

Inquérito policial. Sigilo. Jurisprudência anterior à Súmula Vinculante 14: STJ: "I – Os princípios do contraditório e da ampla defesa não se aplicam ao inquérito policial, que é mero procedimento administrativo de investigação inquisitorial. II – A restrição à liberdade profissional de advogado só se configuraria se demonstrada a iminência de medidas destinadas à restrição da liberdade física ou patrimonial do seu cliente, a demandar a efetiva ação do profissional do direito – o que não ocorreu *in casu*. III – Não há ilegalidade na decisão que, considerando estar o inquérito policial gravado de sigilo, negou fundamentadamente, vista dos autos inquisitoriais ao advogado. IV – Sendo o sigilo imprescindível para o desenrolar das investigações, configura-se a prevalência do interesse público sobre o privado. V – Recurso desprovido" (STJ, RHC 13360/PR, 5ª T., Rel. Min. Gilson Dipp, j. 27-5-2003, *DJ* 4-8-2003, p. 327; *RSTJ* 184/455). *No mesmo sentido:* STJ, RMS 12754/PR, 2ª T., Rel. Min. Franciulli Neto, j. 11-3-2003, *DJ* 23-6-2003, p. 296. Em sentido contrário: STF: "Advogado. Investigação sigilosa do Ministério Público Federal. Sigilo inoponível ao patrono do suspeito ou investigado. Intervenção nos autos. Elementos documentados. Acesso amplo. Assistência técnica ao cliente ou constituinte. Prerrogativa profissional garantida. Resguardo da eficácia das investigações em curso ou por fazer. Desnecessidade de constarem dos autos do procedimento investigatório. HC concedido. Inteligência do art. 5º, LXIII, da CF, art. 20 do CPP, art. 7º, XIV, da Lei n. 8.906/94, art. 16 do CPPM, e art. 26 da Lei n. 6.368/76. Precedentes. É direito do advogado, suscetível de ser garantido por *habeas corpus*, o de, em tutela ou no interesse do cliente envolvido nas investigações, ter acesso amplo aos elementos que, já documentados em procedimento investigatório realizado por órgão com competência de polícia judiciária ou por órgão do Ministério Público, digam respeito ao constituinte" (STF, HC 88190/RJ, 2ª T., Rel. Min. Cezar Peluso, j. 29-8-2006, *DJ* 6-10-2006, p. 67). STF: "(...) III – Inquérito policial: inoponibilidade ao advogado do indiciado do direito de vista dos autos do inquérito policial. 1. Inaplicabilidade da garantia constitucional do contraditório e da ampla defesa ao inquérito policial, que não é processo, porque não destinado a decidir litígio algum, ainda que na esfera administrativa; existência, não obstante, de direitos fundamentais do indiciado no curso do inquérito, entre os quais o de fazer-se assistir por advogado, o de não se incriminar e o de manter-se em silêncio. 2. Do plexo de direitos dos quais é titular o indiciado – interessado primário no procedimento administrativo do inquérito policial –, é corolário e instrumento a prerrogativa do advogado de acesso aos autos respectivos, explicitamente outorgada pelo Estatuto da Advocacia (L. 8.906/94, art. 7º, XIV), da qual – ao contrário do que previu em hipóteses assemelhadas – não se excluíram os inquéritos que correm em sigilo: a irrestrita amplitude do preceito legal resolve em favor da prerrogativa do defensor o eventual conflito dela com os interesses do sigilo das investigações, de modo a fazer impertinente o apelo ao princípio da proporcionalidade. 3. A oponibilidade ao defensor constituído esvaziaria uma garantia constitucional do indiciado (CF, art. 5º, LXIII), que lhe assegura, quando preso, e pelo menos lhe faculta, quando solto, a assistência técnica do advogado, que este não lhe poderá prestar se lhe é sonegado o acesso aos autos do inquérito sobre o objeto do qual haja o investigado de prestar declarações. 4. O direito do indiciado, por seu advogado, tem por objeto as informações já introduzidas nos autos do inquérito, não as relativas à decretação e às vicissitudes da execução de diligências em curso (cf. L. 9.296, atinente às interceptações telefônicas, de possível extensão a outras diligências); dispõe, em consequência a autoridade policial de meios legítimos para obviar inconvenientes que o conhecimento pelo indiciado e seu defensor dos autos do inquérito policial possa acarretar à eficácia do procedimento investigatório. 5. *Habeas corpus* de ofício deferido, para que aos advogados constituídos pelo paciente se faculte a consulta aos autos do inquérito policial e a obtenção de cópias pertinentes, com as ressalvas mencionadas" (STF, HC 87827/RJ, 1ª T., Rel. Min. Sepúlveda Pertence, j. 25-4-2006, *DJ* 23-6-2006, p. 53). *No mesmo sentido:* STF, HC 82354/PR, 1ª T., Rel. Min. Sepúlveda Pertence, j. 10-8-2004, *DJ* 24-9-2004, p. 42.

(15) Outros dispositivos legais: Também resguardam a inviolabilidade do segredo os seguintes artigos: CP, art. 154; CP, art. 311-A (fraudes em certames de interesse público – introduzido pela Lei n. 12.550/2011); Lei n. 8.666/93, art. 94 (sigilo de proposta apresentada em procedimento licitatório); Lei n. 9.279/96, art. 195 (crime de concorrência desleal); Lei n. 7.170/83, arts. 13, 14 e 21 (crimes contra a Segurança Nacional); LC n. 105/2001, art. 10 (quebra de sigilo das operações de instituições financeiras) e Decreto n. 3.724, de 10-1-2001 (que regulamenta o art. 6º da Lei Complementar n. 105/2001, relativamente à requisição, acesso e uso, pela Secretaria da Receita Federal, de informações referentes a operações e serviços das instituições financeiras e das entidades a ela equiparadas); Lei n. 9.296/96, art. 10 (crime de violação de sigilo telefônico); Lei n. 7.492/86, arts. 18 e 29 (violação de operação ou serviço prestado por instituição financeira); Lei n. 11.101/2005, art. 169 (violação de sigilo empresarial); se há violação de sigilo funcional pela autoridade fiscal dos Ministérios da Economia, Fazenda ou Planejamento que proceda ao exame de documentos, livros e registros das bolsas de valores, de mercadorias, de futuros e assemelhados, incide a Lei n. 8.021/90, que, em seu art. 7º, § 3º, manda aplicar o art. 325 do CP ao servidor que revelar as informações obtidas; se há transmissão ilícita de informações sigilosas concernentes à energia nuclear, aplica-se o art. 23 da Lei n. 6.453/77; a Lei n. 9.613/98 (Lei de Lavagem de Dinheiro), por sua vez, em seus arts. 10 e 11, obrigou as pessoas mencionadas no art. 9º, por exemplo, as instituições financeiras, a tomarem medidas no sentido da identificação dos seus clientes e manutenção de registro, bem como a obrigação de comunicar operações financeiras às autoridades competentes, prevendo, inclusive, a sua responsabilidade administrativa. Finalmente, o art. 14, § 3º (parágrafo acrescentado pela Lei n. 10.701/2003), dentre outros instrumentos de atuação, autorizou o COAF (Conselho de Controle de Atividades Financeiras) a requerer aos órgãos da Administração Pública as informações cadastrais bancárias e financeiras de pessoas envolvidas em atividades suspeitas.

Lei Complementar n. 105/2001. Obrigatoriedade de o Banco Central fornecer informações sobre operações que envolvam recursos provenientes de prática criminosa: STJ: "Penal e Processual.

Crimes contra a Ordem Tributária e o Sistema Financeiro. Lavagem de Dinheiro. Investigação criminal. Diligências preliminares. Informações protegidas por sigilo. Fornecimento ao Ministério Público Federal. LC n. 105/2001. Sigilo bancário. Quebra. Decisão judicial. Legalidade. Compete ao Ministério Público, no exercício de suas funções, em defesa do interesse público, requisitar diligências investigatórias e, ainda, a instauração de inquérito policial, indicados os fundamentos jurídicos de suas manifestações processuais (art. 129, inciso VIII, da Constituição Federal). É obrigação do Banco Central do Brasil comunicar, às autoridades competentes, a prática de ilícitos penais ou administrativos, abrangendo o fornecimento de informações sobre operações que envolvam recursos provenientes de qualquer prática criminosa, sem que tal mister importe em quebra de sigilo (art. 9º da Lei Complementar n. 105/2001). Os sigilos bancário e fiscal não constituem direito absoluto e devem ceder quando razões de interesse público, devidamente fundamentadas, demonstrarem a conveniência de sua quebra, mediante ordem judicial. O *habeas corpus* constitui ação constitucional destinada ao resguardo do direito do paciente quanto a ir, vir e permanecer, desde que ameaçados por coação ilegal ou abuso de poder. Precedentes do STJ. Na espécie, os informes requeridos pela Procuradoria Regional da República em Pernambuco decorrem de autorização legal, foram fornecidas *ex lege* e o sigilo bancário foi quebrado por decisão judicial devidamente fundamentada. Ordem denegada" (STJ, HC 24577/PE, 6ª T., Rel. Min. Paulo Medina, j. 19-12-2003, *DJ* 1º-3-2004, p. 198).

Súmula:

Súmula Vinculante 14: "É direito do defensor, no interesse do representado, ter acesso amplo aos elementos de prova que, já documentados em procedimento investigatório realizado por órgão com competência de polícia judiciária, digam respeito ao exercício do direito de defesa".

§ 1º Nas mesmas penas deste artigo incorre quem: *(Parágrafo e incisos acrescentados pela Lei n. 9.983/2000)*

I – permite ou facilita, mediante atribuição, fornecimento e empréstimo de senha ou qualquer outra forma, o acesso de pessoas não autorizadas a sistemas de informações ou banco de dados da Administração Pública;

II – se utiliza, indevidamente, do acesso restrito.

(1) Figuras equiparadas: Protege-se aqui, em especial, o sigilo do sistema de informações ou banco de dados da Administração Pública. Nas duas primeiras modalidades típicas *(permitir ou facilitar)*, o funcionário público, que tem acesso liberado ao banco de informações ou dados, autoriza ou auxilia *pessoas não autorizadas (elemento normativo do tipo)* a ter acesso a esse sistema. O acesso desses terceiros se dá mediante a atribuição, o fornecimento e o empréstimo de senha pelo funcionário. Na terceira modalidade típica (inciso II), é o próprio funcionário público quem se utiliza, *indevidamente (elemento normativo do tipo)*, do acesso restrito. O terceiro que teve acesso ao sistema de informações ou banco de dados não responde por esse delito.

§ 2º Se da ação ou omissão resulta dano à Administração Pública ou a outrem:

Pena – reclusão, de 2 (dois) a 6 (seis) anos, e multa. *(Parágrafo acrescentado pela Lei n. 9.983/2000)*

(1) Forma qualificada: Na hipótese, a conduta típica não só viola o regular e normal funcionamento da atividade administrativa, como também acaba por lhe acarretar prejuízos de ordem patrimonial. A qualificadora também abrange o prejuízo provocado a qualquer particular.

Violação do sigilo de proposta de concorrência

Art. 326. Devassar o sigilo de proposta de concorrência pública, ou proporcionar a terceiro o ensejo de devassá-lo:

Pena – detenção, de 3 (três) meses a 1 (um) ano, e multa.

(1) Revogação: Referido preceito legal foi revogado tacitamente pelo art. 94 da Lei de Licitações (Lei n. 8.666/93), que dispõe: "Devassar o sigilo de proposta apresentada em procedimento licitatório, ou proporcionar a terceiro o ensejo de devassá-lo: Pena – detenção, de 2 (dois) a 3 (três) anos, e multa". Trata-se de norma penal mais abrangente, uma vez que se refere genericamente ao procedimento licitatório, o qual engloba outras modalidades licitatórias que não só a concorrência pública.

Funcionário público

Art. 327. Considera-se funcionário público, para os efeitos penais, quem, embora transitoriamente ou sem remuneração, exerce cargo, emprego ou função pública.

(1) Conceito de funcionário público: "Considera-se funcionário público, para os efeitos penais, quem, embora transitoriamente ou sem remuneração, exerce cargo (vínculo estatutário), emprego (vínculo contratual sob a regência da CLT) ou função pública. Alcança, assim, todas as espécies de agentes públicos, pois o que importa para o CP é o exercício, pela pessoa, de uma função de natureza e interesse público. Não importa se o servidor é ocupante de cargo ou se foi apenas investido no exercício de uma função. Do mesmo modo, é irrelevante se seu vínculo com a Administração é remunerado ou não, definitivo ou transitório (por exemplo: jurado – CPP, art. 439). São denominados funcionários públicos todos os que desempenham, de algum modo, função na administração direta ou indireta do Estado. A administração indireta faz com que sejam compreendidos todos os agentes que desempenhem funções em autarquias, empresas públicas, sociedades de economia mista, fundações e agências reguladoras. Para fins penais, *são funcionários públicos:* "o Presidente da República, os do Congresso e os dos Tribunais; os senadores, deputados e vereadores; os jurados (CPP, art. 439); os serventuários da justiça; as pessoas contratadas, diaristas ou extranumerárias, etc." (Celso Delmanto, *Código Penal comentado*, cit., p. 577). Não exercem função pública os tutores, os curadores, os inventariantes judiciais. Estes, na realidade, exercem *múnus público*, o qual não se confunde com função pública. O conceito ora exarado é aplicável a todos os crimes previstos no Código Penal envolvendo funcionário público, e não somente aos delitos que integram o Título XI do mesmo diploma legal.

(2) Concurso de pessoas: Em virtude do disposto no art. 30 do CP, o particular, estranho à Administração Pública, que colabore de qualquer forma para o crime cometido por funcionário público, por ele responderá na qualidade de coautor ou partícipe, embora não detenha o atributo especial de funcionário público. Obviamente o particular deve ter conhecimento dessa condição pessoal do coagente, isto é, o dolo deve abranger a elementar do tipo penal.

(3) Crimes funcionais próprios: A função pública é elemento essencial do crime. A ausência da qualidade de funcionário público torna o fato atípico (atipicidade absoluta), por exemplo, crime de prevaricação (CP, art. 319), condescendência criminosa (CP, art. 320), abandono de função (CP, art. 323), isto é, todos os delitos que integram o Capítulo I do Título XI.

(4) Crimes funcionais impróprios: Nessa hipótese, a ausência da qualidade de funcionário público não torna o fato atípico, pois poderá constituir outro crime (atipicidade relativa), por exemplo, o delito de peculato nada mais é que um crime de apropriação indébita ou furto, praticado por funcionário público em razão do cargo.

(5) Crimes funcionais. Procedimento: O procedimento especial previsto no art. 514 do CPP aplica-se a todos os crimes funcionais, isto é, praticados por funcionário público, desde que afiançáveis, ficando excluídos, portanto, os inafiançáveis. Os dois únicos inafiançáveis eram o excesso de exação (CP, art. 316, § 1º) e a facilitação de contrabando ou descaminho (CP, art. 318). Isso porque o art. 323, I, do CPP vedava a concessão da fiança aos crimes punidos com reclusão em que a pena mínima cominada fosse superior a 2 (dois) anos. No entanto, com o advento da Lei n. 12.403/2011, que modificou o instituto da prisão e da liberdade provisória, essa proibição deixou de existir em tais casos, sendo cabível, a partir de agora, a concessão de fiança, e, por derradeiro, poderão tais delitos sujeitar-se ao procedimento especial, abaixo comentado.

Crimes funcionais. Condição de funcionário como majorante ou qualificadora. Procedimento: STJ: "Fuga de pessoa presa e majorada (art. 351 §§ 3º e 4º do CP). Defesa preliminar. Inquérito. Prejuízo. Delito especial impróprio. Precedentes. I – A providência prevista no art. 514 do CPP diz com os delitos funcionais próprios em que a condição de funcionário é elementar do tipo (delito especial próprio) não tendo aplicação quando se trata de delito funcional impróprio (delito especial impróprio) no qual a condição de funcionário atua como majorante ou qualificadora (*v. g.* arts. 150, § 2º, 151, § 3º, e 295 do CP)" (STJ, REsp 271937/SP, 5ª T., Rel. Min. Felix Fischer, j. 23-4-2002, *DJ* 20-5-2002, p. 174; *RT* 809/560).

Notificação para o oferecimento da defesa: Oferecida a denúncia ou queixa, o juiz, antes de recebê-la, não só determinará sua autuação como também mandará notificar o agente para apresentar sua defesa preliminar no prazo de 15 dias.

Fase da defesa inicial escrita de acordo com a Lei n. 11.719/2008: Nos procedimentos ordinário e sumário, oferecida a denúncia ou queixa, o juiz: (a) analisará se não é caso de rejeição liminar (deverá avaliar todos os requisitos do art. 395: condição da ação, possibilidade jurídica do pedido etc.); (b) se não for caso de rejeição liminar, recebê-la-á e ordenará a citação do acusado para responder à acusação, por escrito, no prazo de dez dias (*v.* também CPP, art. 406, com a nova redação determinada pela Lei n. 11.689/2008). Importante mencionar que o Código prevê expressamente a incidência dos arts. 395 a 398 (menção ao art. 398 é incorreta, pois este foi revogado) a todos os procedimentos penais de primeiro grau, ainda que por ele não regulados (CPP, art. 394, § 4º, com a redação determinada pela Lei n. 11.719/2008). Contudo, há procedimentos específicos, como o dos crimes funcionais, que contemplam a defesa preliminar, cuja função é impedir o próprio recebimento da denúncia ou queixa, ao contrário da defesa prevista no art. 396, a qual é posterior a este ato e visa à absolvição sumária, fato este que suscitará inúmeros questionamentos quanto à incidência do art. 394, § 4º.

Defesa preliminar. Crimes funcionais e não funcionais: STJ: "1. A jurisprudência do Supremo Tribunal Federal assentou o entendimento de que, tendo a denúncia imputado ao paciente crimes funcionais e não funcionais, não se aplica o art. 514 do Código de Processo Penal, que trata da defesa preliminar. 2. O fundamental, contudo, é que a resposta prévia do réu não constitui privilégio outorgado ao funcionário público, mas, ao contrário, um sucedâneo da restrição que lhe impõe a lei em obséquio do Poder Público, permitindo ao *parquet* o ofertamento até de denúncia nua, incompatível, por certo, com a nova ordem constitucional (art. 513 do Código de Processo Penal). (STJ, HC 20.887/SP, 6ª T., Rel. Min. Hamilton Carvalhido, j. 25-6-2002, *DJ* 10-3-2003, p. 314; *RT* 815/526). STJ: "1. Não se podendo oferecer fiança, por ter a soma das penas mínimas cominadas, em concurso material, ultrapassado dois anos de reclusão, inexiste constrangimento ilegal pelo não oferecimento de prazo para apresentar resposta preliminar à denúncia. 2. Imputando a denúncia crimes funcionais e não funcionais, não se aplica o rito previsto para o processamento dos crimes de responsabilidade do funcionário público, o que afasta a determinação do art. 514 do Código de Processo Penal" (STJ, REsp 670739/RJ, 5ª T., Rel. Min. Laurita Vaz, j. 26-4-2005, *DJ* 23-5-2005, p. 335).

Defesa preliminar. Ausência: STJ: "É firme a jurisprudência do STJ no sentido de que a defesa preliminar, prevista no art. 514 do CPP, é peça facultativa, cuja falta pode configurar nulidade relativa e, como tal, suscetível de preclusão e dependente de comprovação de prejuízo, sobretudo quando se trata de ação penal precedida de inquérito policial. Nenhum ato será declarado nulo, se da nulidade não resultar prejuízo comprovado para a acusação ou para a defesa. *Habeas corpus* não conhecido" (STJ, 6ª T., HC 28814/SP, Rel. Min. Paulo Medina, j. 26-5-2004, *DJ* 1º-7-2004, p. 279). No mesmo sentido: STJ: "A nulidade por inobservância do art. 514 do Código de Processo Penal é relativa, devendo, pois, ser arguida em momento oportuno, concomitantemente com a demonstração do prejuízo sofrido pela parte. 4. Recurso provido" (STJ, 5ª T., REsp 670739/RJ, Rel. Min. Laurita Vaz, j. 26-4-2005, *DJ* 23-5-2005, p. 335). STJ: "1. Sendo a pena mínima cominada ao crime descrito em tese na denúncia superior a dois anos de reclusão, afastada está a regra contida no art. 514 do CPP, aplicável somente aos crimes funcionais próprios ou impróprios, afiançáveis. 2. O aludido dispositivo do diploma penal adjetivo é prescindível para o recebimento da denúncia, quando esta for lastreada por inquérito policial e sindicância. Precedentes" (STJ, RHC 17135/CE, 5ª T., Rel. Min. Arnaldo Esteves Lima, j. 17-5-2005, *DJ* 20-6-2005, p. 297). *No mesmo sentido:* STJ, REsp 124077/TO, 5ª T., Rel. Min. Gilson Dipp, j. 19-2-2002, *DJ* 25-3-2002, p. 301 e STJ, REsp 279681/RN, 5ª T., Rel. Min. Arnaldo Esteves Lima, j. 9-3-2006, *DJ* 24-4-2006, p. 432. *Vide* Súmula 330 do STJ.

Em sentido contrário: STF: "(...) Nulidade processual: inobservância do rito processual específico no caso de crimes inafiançáveis imputados a funcionários públicos. Necessidade de notificação prévia (CPP, art. 514). 1. É da jurisprudência do Supremo Tribunal (*v. g.* HC 73.099, 1ª T., Moreira, 3-10-1995, *DJ* 17-5-1996) que o procedimento previsto nos arts. 513 e seguintes do CPP se reserva aos casos em que a denúncia veicula tão somente crimes funcionais típicos (CP, arts. 312 a 326). 2. No caso, à luz dos fatos descritos na denúncia, o paciente responde pelo delito de concussão, que configura delito funcional típico e o corréu, pelo de favorecimento real (CP, art. 349). 3. Ao julgar o HC 85.779, Gilmar, *Inf. STF* 457, o plenário do Supremo Tribunal, abandonando entendimento anterior da jurisprudência, assentou, como *obter dictum*, que o fato de a denúncia se ter respaldado em elementos de informação colhidos no inquérito policial não dispensa a obrigatoriedade da notificação prévia (CPP, art. 514) do acusado. 4. *Habeas corpus* deferido, em parte, para, tão somente quanto ao paciente, anular o processo a partir da decisão que recebeu a denúncia, inclusive, a fim de que se obedeça ao procedimento previsto nos arts. 514 e ss. do CPP e, em caso de novo recebimento da denúncia, que o seja apenas pelo delito de concussão" (STF, HC 89686/SP, 1ª T., Rel. Min. Sepúlveda Pertence, j. 12-6-2007, *DJ* 17-8-2007, p. 58). STF: *Habeas Corpus*. Processual Penal. Necessidade de defesa prévia. Art. 514 do CPP. Denúncia que imputa ao paciente, além de crimes funcionais, crimes de quadrilha e de usurpação de função pública. Procedimento restrito aos crimes funcionais típicos. Ordem denegada. I – A partir do julgamento do HC 85.779/RJ, passou-se a entender, nesta Corte, que é indispensável a defesa preliminar nas hipóteses do art. 514 do Código de Processo Penal, mesmo quando a denúncia é lastreada em inquérito policial (Informativo 457/STF). II – O procedimento previsto no referido dispositivo da lei adjetiva penal cinge-se às hipóteses em que a denúncia veicula crimes funcionais típicos, o que não ocorre na espécie. Precedentes. III – *Habeas corpus* denegado" (STF, 1ª T., HC 95969/SP, Rel. Min. Ricardo Lewandowski, j. 12-5-2009, *DJe* 12-6-2009). No mesmo sentido: STF, 2ª T., HC 95402/SP, Rel. Min. Eros Grau, j. 31-3-2009, *DJe* 8-5-2009 e STF, 1ª T., HC 95542/SP, Rel. Min. Ricardo Lewandowski, j. 9-12-2008, *DJe* 29-5-2009.

Súmula:
Súmula 330 do STJ: "É desnecessária a resposta preliminar de que trata o art. 514 do Código de Processo Penal, na ação penal instruída por inquérito policial".

§ 1º Equipara-se a funcionário público quem exerce cargo, emprego ou função em entidade paraestatal, e quem trabalha para empresa prestadora de serviço contratada ou conveniada para a execução de atividade típica da Administração Pública. *(Parágrafo único renumerado pela Lei n. 6.799/80 e alterado pela Lei n. 9.983/2000)*

(1) Funcionário público por equiparação legal: Consideram-se funcionários públicos por equiparação legal os agentes públicos que: (a) *exercem cargo, emprego ou função pública em entidade paraestatal (ou terceiro setor):* compreendem os serviços sociais autônomos, entidades de apoio e organizações não governamentais, as chamadas ONGs. Cite-se como exemplo: o SESC, o SENAI e o SESI. (b) *Trabalham para empresa prestadora de serviço contratada ou conveniada para a execução de atividade típica da Administração Pública:* essa segunda parte do § 1º foi acrescentada pela Lei n. 9.983/2000. A lei primeiro se refere àqueles que trabalham em empresa prestadora de serviço contratada para a execução de atividade típica da Administração Pública (por exemplo: serviço de iluminação, hospitalar, segurança, coleta de lixo etc.). A lei também se refere àqueles que trabalham em empresa prestadora de serviço conveniada para a execução de atividade típica da Administração Pública. Ressalva Damásio de Jesus: "A norma faz referência a contratos e convênios administrativos firmados ou celebrados com o fim de execução de atividades da Administração e não com a finalidade de exercício de atividades para a Administração (consumo interno da Administração). Com isso, exclui os funcionários de empresas contratadas para a execução de obras ou serviços de interesse da própria Administração Pública, como a construção ou reforma de um edifício público" (*Direito penal*, cit., v. 4, p. 121).

(2) Alcance da equiparação: Segundo a doutrina, a equiparação constante do § 1º somente se aplica às hipóteses em que os indivíduos sejam sujeito ativo dos crimes funcionais e não sujeito passivo. *Nesse sentido:* E. Magalhães Noronha, *Direito penal*, cit., p. 208; Nélson Hungria, *Comentários*, cit., v. 9, p. 404. *Em sentido contrário:* Julio Fabbrini Mirabete, *Manual*, cit., v. 3, p. 300, para quem a equiparação se aplica aos sujeitos ativo e passivo.

(3) Sociedade de economia mista: STJ: "*Habeas corpus.* Direito Penal. Peculato. Funcionário público. Banco do Brasil. Sociedade de economia mista. Equiparação. 1. Os empregados das empresas de sociedade de economia mista são equiparados a funcionários públicos para efeitos penais, podendo ser responsabilizados pelo crime de peculato. 2. Ordem denegada" (STJ, HC 22611/CE, 6ª T., Rel. Min. Hamilton Carvalhido, j. 16-12-2004, *DJ* 6-2-2006, p. 322). STJ: "São considerados funcionários públicos para efeitos penais os empregados de sociedade de economia mista, entendimento esposado pela jurisprudência pretoriana mesmo antes do advento da Lei n. 9.983/2000, que inseriu no Código Penal a referida equiparação. Precedentes" (STJ, HC 19902/RS, 5ª T., Rel. Min. Gilson Dipp, j. 17-12-2002, *DJ* 10-3-2003, p. 256).

§ 2º A pena será aumentada da terça parte quando os autores dos crimes previstos neste Capítulo forem ocupantes de cargos em comissão ou de função de direção ou assessoramento de órgão da administração direta, sociedade de economia mista, empresa pública ou fundação instituída pelo poder público. *(Acrescentado pela Lei n. 6.799/80)*

(1) Causa de aumento de pena: Haverá a incidência do aumento de pena, se os autores dos crimes previstos nos arts. 312 a 326 do CP forem ocupantes de cargos em comissão ou de função de direção ou assessoramento de órgão da Administração direta, sociedade de economia mista, empresa pública ou fundação instituída pelo Poder Público.

CAPÍTULO II
DOS CRIMES PRATICADOS POR PARTICULAR CONTRA A ADMINISTRAÇÃO EM GERAL

Usurpação de função pública

Art. 328. Usurpar o exercício de função pública:

Pena – detenção, de 3 (três) meses a 2 (dois) anos, e multa.

Parágrafo único. Se do fato o agente aufere vantagem:

Pena – reclusão, de 2 (dois) a 5 (cinco) anos, e multa.

(1) Objeto jurídico: Tutela-se o regular e normal funcionamento da atividade administrativa.

(2) Ação nuclear: Incrimina-se a ação de *usurpar* (tomar, apoderar-se), o exercício de função pública. Há, portanto, a execução ilegítima de atos de ofício pelo particular, sem que tenha sido legalmente investido na função pública.

(3) Sujeito ativo: Qualquer pessoa pode praticá-lo, inclusive o funcionário público, no caso em que exerça função estranha à sua.

(4) Sujeito passivo: É o Estado (sujeito passivo primário) e, eventualmente, o particular (sujeito passivo secundário).

(5) Elemento subjetivo: É o dolo, consubstanciado na vontade livre e consciente de praticar a ação típica. Deve o agente ter ciência de que exerce ilegitimamente a função pública.

(6) Consumação. Tentativa: Não basta a atribuição da qualidade de funcionário público, pois o crime somente se consuma com a prática de algum ato de ofício, como se fosse legítimo funcionário. A tentativa é admissível.

(7) Forma qualificada: Se do fato o agente aufere vantagem (material ou moral) para si ou para outrem, a pena será majorada.

(8) Distinção: Se o agente entrar no exercício da função pública antes de satisfeitas todas as exigências legais, poderá haver o crime previsto no art. 324 (exercício funcional ilegalmente antecipado). Se praticar ato de ofício após ser suspenso da função pública por decisão judicial, haverá o delito previsto no art. 359 do CP (desobediência à decisão judicial sobre perda ou suspensão de direito).

(9) Ação penal. Lei dos Juizados Especiais Criminais: Trata-se de crime de ação penal pública incondicionada. A forma simples *(caput)* constitui infração de menor potencial ofensivo, sujeita às disposições da Lei n. 9.099/95.

(10) Competência: TRF: "I – Além da perpetração de estelionatos contra particular, foi imputada ao acusado a prática de crime de usurpação de função pública federal (art. 328 do CP), bem como lhe foi atribuída a falsificação de mandado de citação, penhora e avaliação junto à 3ª V.F./RJ, que, sem dúvida, são crimes de competência federal. Em razão disto, perpetua-se a jurisdição federal aos demais crimes por ele perpetrados, conforme estabelece o art. 81, *caput*, do Código de Processo Penal" (TRF/RJ, Ap. Crim. 3416, 2ª T., Rel. Des. Fed. Antônio Cruz Netto, *DJU* 22-4-2005, p. 173).

(11) Lei das Contravenções Penais: A mera atribuição da qualidade de funcionário público configura o delito do art. 45 da Lei das Contravenções Penais.

Resistência

Art. 329. Opor-se à execução de ato legal, mediante violência ou ameaça a funcionário competente para executá-lo ou a quem lhe esteja prestando auxílio:

Pena – detenção, de 2 (dois) meses a 2 (dois) anos.

§ 1º Se o ato, em razão da resistência, não se executa:

Pena – reclusão, de 1 (um) a 3 (três) anos.

§ 2º As penas deste artigo são aplicáveis sem prejuízo das correspondentes à violência.

(1) Objeto jurídico: Tutela-se a autoridade e o prestígio da função pública, imprescindíveis para o desempenho regular da atividade administrativa.

(2) Ação nuclear: Incrimina-se a ação de *opor-se* o particular à execução de ato legal mediante o emprego de violência ou ameaça. Somente se admite a violência dirigida contra o funcionário público ou seu auxiliar e não contra a coisa (por exemplo: viatura policial). *Nesse sentido:* Celso Delmanto, *Código Penal comentado*, cit., p. 580; Julio Fabbrini Mirabete, *Manual*, cit., v. 3, p. 362. Damásio de Jesus, *Direito penal*, cit., v. 4, p. 214. *Em sentido contrário:* Nélson Hungria, *Comentários*, cit., v. 9, p. 412. Admite-se também o emprego de ameaça *(vis compulsiva)*, a qual pode ser *real* ou *verbal*. A ameaça deve revestir-se de poder intimidatório, não necessitando, contudo, ser grave. A resistência passiva não configura o crime em tela, podendo haver o crime de desobediência (CP, art. 330). A resistência deve ser contra execução de ato formal e materialmente legal, do contrário, o fato é atípico. Se o ato for legal, mas injusto, ainda assim poderá haver o crime de resistência.

(3) Sujeito ativo: Qualquer pessoa, inclusive terceiro, alheio à execução do ato legal.

(4) Sujeito passivo: É o Estado (sujeito passivo primário) e também o funcionário público competente para a execução do ato legal ou o terceiro que o auxilia.

(5) Elemento subjetivo: É o dolo, consubstanciado na vontade livre e consciente de empregar violência ou grave ameaça contra o funcionário público ou seu auxiliar. É necessário que o agente tenha ciência da competência do funcionário para a prática do ato e da legalidade deste. Prevalece o entendimento no sentido de que o tipo penal exige uma finalidade específica, consistente no fim de opor-se à execução de ato legal.

(6) Consumação. Tentativa: Consuma-se com o emprego da violência ou ameaça contra o funcionário. Tratando-se de crime formal, não se exige que o agente efetivamente impeça a execução do ato legal. É admissível a tentativa.

(7) Forma qualificada: O legislador previu como qualificadora o que seria mero exaurimento do crime.

(8) Concurso de crimes: Prevê o § 2º a regra do concurso material entre o crime de resistência e aqueles que resultarem do emprego de violência contra o funcionário, como a lesão corporal (leve, grave ou gravíssima) ou o homicídio. As vias de fato são absorvidas pela resistência. A violência praticada em face de mais de um funcionário configura crime único, uma vez que é o Estado que figura como sujeito passivo principal do crime em estudo.

(9) Ação penal. Lei dos Juizados Especiais Criminais: Trata-se de crime de ação penal pública incondicionada. A forma simples do crime de resistência *(caput)* constitui infração de menor potencial ofensivo, sujeita às disposições da Lei n. 9.099/95. A forma qualificada (§ 1º), contudo, somente admite a suspensão condicional do processo (art. 89 da Lei n. 9.099/95).

(10) Distinção: Não perfaz o crime de resistência o ato de rogar pragas contra o funcionário, cuspir sobre ele ou atirar-lhe urina, fazer gestos ultrajantes, xingá-lo. Até mesmo as vias de fato ultrajantes, por exemplo, dar uma leve bofetada na face do oficial de justiça, não configuram esse delito. São todas hipóteses caracterizadoras do crime de desacato (CP, art. 331). Se o emprego da violência ou ameaça for anterior ou posterior à execução do ato funcional, outro crime poderá configurar-se (ameaça, lesão corporal). Se a violência for empregada com o fim de fuga, após a prisão ter sido efetuada, o crime será aquele do art. 352 do CP.

(11) Resistência e prisão em flagrante: "Flagrante. Legalidade. Testemunhas. Indeferimento. (...) III – A resistência do acusado à ordem de prisão, com agressão aos policiais que efetivaram a medida constritiva, demonstra a sua insubordinação à ordem pública, o que por si só, justificaria a manutenção da custódia" (TJBA, HC 34270-4/2004, 2ª C. Crim., Rel. Des. Benito A. de Figueiredo, j. 16-12-2004). "Custódia Preventiva. Crime Hediondo. Paciente preso em flagrante quando se punha em fuga do distrito da culpa, após a prática delituosa, em decorrência de perseguição empreendida imediatamente pela polícia, tendo ainda havido resistência à captura, fato que bem delineia presente o permissivo da necessidade de garantia da futura aplicação da lei penal para a custódia cautelar, juntamente com a aferição de indícios da autoria e da materialidade delitiva. Ademais, hipótese que cuida de crime hediondo. Impossibilidade de relaxamento do flagrante. Inteligência do art. 2º da Lei n. 8.072/90. Constitucionalidade do dispositivo em face do art. 5º, XLIII, da CF" (TJBA, HC 1.314-4/01, 2ª C. Crim., Rel. Des. Benito Figueiredo, j. 24-5-2001).

(12) Resistência e abuso de autoridade: "Abuso de autoridade. Policiais impedidos de cumprir mandado de busca domiciliar em face da resistência oposta pela vítima. Medida que objetivava a apreensão de produtos de origem criminosa. Emprego de força física para seu cumprimento, acarretando ferimentos leves naquela. Exercício regular de direito. Absolvição decretada. Inteligência do art. 3º, *b* e *i*, da Lei n. 4.898/65 (TACrimSP– Ement.)" (*RT* 601/348, TJSP).

(13) Resistência e embriaguez: "Delito de Resistência. Embriaguez. Circunstância que afasta o crime por ausência de dolo específico em resistir à ação policial. Apelo Provido" (Rec. Crim. n. 71000727859, Turma Recursal Criminal, Turmas Recursais, Rel. Elaine Maria Canto da Fonseca, j. 21-12-2005). "Resistência. Comete o crime previsto no art. 329 do CP o agente que se opõe à voz de prisão legítima dada por policial militar, usando de violência e ameaça. Embriaguez. A embriaguez voluntária não impede a caracterização do delito de resistência. Condenação mantida" (TJRS, Ap. Crim. 70008177768, 4ª Câm. Crim., Rel. Des. Constantino Lisbôa de Azevedo, j. 25-3-2004). No sentido de a embriaguez não impedir a punição. Confiram-se as seguintes decisões. "Resistência. Caracterização. Agente que, mediante tiros, resiste à ordem de prisão de policiais. Irrelevância de o réu encontrar-se bêbado, uma vez que o estado de embriaguez não impede a punição quanto ao delito previsto no art. 319 do CP" (TJRN, *RT* 790/682). "Resistência. Caracterização. Agente que resiste à ordem de revista dada pelos policiais mediante violência física. Alegação de embriaguez que não tem o condão de eximi-lo da responsabilidade, visto não ter sido comprovado que não possuía pleno entendimento do que fazia. Inteligência do art. 329 do CP" (TACrimSP, *RT* 833/564). "Resistência. Caracterização. Agente que se nega a receber ordem judicial, passando a proferir ameaças e agredir o Oficial de Justiça responsável pela diligência. Pretendido reconhecimento da exclusão de culpabilidade em razão de o acusado estar embriagado no momento da ordem legal. Inadmissibilidade. Culpa que somente é excluída se a embriaguez for proveniente de caso fortuito ou força maior" (*RT* 840/685).

(14) Resistência e desacato. Concurso de crimes: São as seguintes decisões: "Concurso Material. Desacato e resistência. Ocorrência. Agente que, após ter ofendido funcionário público no exercício de suas funções, ao ser preso em flagrante, tenta fugir, resistindo à sua recaptura" (TACrimSP, *RT* 795/616) (TJSP, Ap. Crim. 95.694-3, Rel. Fortes Barbosa, j. 29-4-1991). "Resistência. Concurso material com desacato. Caracterização. Condutas praticadas fora do mesmo contexto fático" (TACrimSP, *RT* 799/599). "Desacato. Resistência. Policiais militares. Embriaguez. Ânimo alterado. Crime caracterizado. Provimento" (TJRS, Ap. Crim. 70012834305, 4ª C. Crim., Rel. Gaspar Marques Batista, j. 20-10-2005). "Apelação criminal. Desacato e resistência. Prova do fato delituoso. Embriaguez. Elemento subjetivo. Absolvição. Viabilidade. (...)" (TJMG, Ap. Crim. 1.0000.00.343979-1/000, Rel. Des. Tibagy Salles, j. 16-9-2003). "Desacato e resistência. Contexto probatório dando certeza de que o apelante desacatou e ainda resistiu a voz de prisão dada pela vítima. Desprovimento" (TJRJ, Ap. 2003.050.03243, 4ª C. Crim., Rel. Des. Giuseppe Vitagliano, j.

3-2-2004). "Resistência. Desacato. Ações praticadas no mesmo episódio. Concurso material de delitos. Inocorrência. Resistência. Prisão injusta. Atipicidade" (TJMG, Ap. Crim. 000.251.099-8/00, 1ª C. Crim., Rel. Des. Márcia Milanez, j. 19-2-2002). "Crime. Suspensão condicional do processo. Desobediência. Desacato. Resistência. Suspensão condicional do processo. Não faz jus ao benefício acusado que esteja sendo processado ou condenado por outro crime. Desobediência. Caracteriza o tipo do art. 330, CP, a negativa do agente de apresentar identificação quando solicitado pela autoridade policial. Desacato e resistência. O crime de resistência absorve o de desacato quando praticados em um mesmo episódio. Apelo parcialmente provido" (TJRS, Ap. Crim. 70009908203, 4ª C. Crim., Rel. José Eugênio Tedesco, j. 9-12-2004).

(15) Resistência e desobediência: "Resistência. Delito não caracterizado. Não configuração também de desobediência. Acusado que, dirigindo veículo em estado de embriaguez, reluta, ao ser solicitado por policiais, a lhes apresentar seus documentos. Resistência oposta a eles, porém, antes de recebida a ordem de prisão. Absolvição decretada. Inteligência dos arts. 329 e 330 do CP" (*RT* 532/329). "Crimes de Resistência, desacato, desobediência, lesão corporal leve e ameaça. Absorção pelo primeiro dos demais. (...)" (TJRS, Ap. Crim. 70007748809, 8ª C. Crim., Rel. Sylvio Baptista Neto, j. 14-4-2004). "Apelação – resistência, desacato, desobediência. Parcial provimento. O agente que se opõe ao cumprimento de mandado judicial, mediante violência, comete o delito de resistência. Se em decorrência da mesma, o funcionário não consegue executar o mandado, configurado está o disposto no § 1º do art. 329 do CP. Apelo provido em parte" (TJRS, Ap. Crim. 70006852131, 4ª C. Crim., Rel. Gaspar Marques Batista, j. 9-10-2003).

Comissões Parlamentares de Inquérito

(1) Resistência: Dispõe o art. 4º, I, da Lei n. 1.579/52 (Comissões Parlamentares de Inquérito): "Impedir ou tentar impedir, mediante violência, ameaça ou assuadas, o regular funcionamento de Comissão Parlamentar de Inquérito, ou o livre exercício das atribuições de qualquer dos seus membros: Pena – a do art. 329 do Código Penal".

Desobediência

Art. 330. Desobedecer a ordem legal de funcionário público:

Pena – detenção, de 15 (quinze) dias a 6 (seis) meses, e multa.

(1) Objeto jurídico: Tutela a lei o prestígio e a dignidade da Administração Pública, imprescindíveis para o desempenho regular da atividade administrativa.

(2) Ação nuclear: Consubstancia-se no verbo *desobedecer* (desatender, não aceitar, não se submeter), no caso, à ordem legal do funcionário público. Não há emprego de violência ou grave ameaça. Pode o delito ser praticado mediante ação ou mediante omissão na hipótese em que a ordem expedida pelo funcionário público determina a prática de algum ato e o destinatário se recusa a cumpri-la. Não basta uma mera solicitação, pois é necessário que haja uma ordem, uma determinação expressa, e que esta seja transmitida diretamente ao destinatário, isto é, àquele que tenha o dever de obedecer a ela. Obviamente é necessário que ele tenha ciência inequívoca dessa ordem. A ordem deve ser legal no aspecto substancial e formal, pois ninguém é obrigado a fazer ou deixar de fazer alguma coisa senão em virtude de lei (CF, art. 5º, II).

Solicitação de dados sobre linha telefônica: STF: "Primado do Judiciário. Solicitação de dados sobre linha telefônica. Recusa. Ação penal. Justa causa. Ante ofício por meio do qual se solicita definição sobre a titularidade do uso da linha telefônica, em papel timbrado do Judiciário, subscrito por juiz e com referência a processo em curso, não cabe ao destinatário, a pretexto da necessidade de o ato ser praticado via carta precatória, desconsiderá-lo. Ocorrência de justa causa, tendo em vista o crime de desobediência – art. 330 do Código Penal" (STF, HC 84287/RJ, 1ª T., Rel. Min. Marco Aurélio, j. 24-8-2004, *DJ* 15-10-2004, p. 13).

Mandado de penhora. Descumprimento: STF: "*Habeas corpus* ajuizado em favor de gerente de agência do Banco do Brasil S.A., em face de decisão proferida pelo Superior Tribunal de Justiça. 2. Crime de desobediência. 3. Mandado de penhora que, a par de indicar expressamente o valor total da dívida, continha comando adicional para penhora de cinquenta por cento de numerário vinculado a conta bancária. 4. Recusa do paciente em disponibilizar quantia correspondente a cinquenta por cento do numerário vinculado a conta bancária, haja vista que tal parcela era superior ao valor total da dívida, indicado expressamente no mandado. 5. Cumprimento do mandado de penhora, tendo em vista a quitação do valor total da dívida. 6. A mera instauração de inquérito, quando evidente a atipicidade da conduta, constitui meio hábil a impor violação aos direitos fundamentais, em especial ao princípio da dignidade humana. 7. Ausência de proporcionalidade. 8. Ausência de tipicidade. 9. Ausência de dolo. 10. Ausência de justa causa. 11. Sentença nula. 12. Ordem deferida" (STF, HC 82969/PR, 2ª T., Rel. Min. Gilmar Mendes, j. 30-9-2003, *DJ* 17-10-2003, p. 37).

(3) Norma extrapenal (*administrativa, civil, processual*): Se a norma extrapenal não fizer menção à aplicação cumulativa da sanção civil ou administrativa com o crime de desobediência, o descumprimento da ordem não configurará o delito em estudo. Por exemplo: se o motorista se recusar a retirar o automóvel de local proibido, há somente a previsão legal de sanção administrativa no CTB. O art. 219 do CPP, pelo contrário, prevê expressamente: "O juiz poderá aplicar à testemunha faltosa a multa prevista no art. 453 (atualmente prevista no art. 458 c/c o art. 436, § 2º, do CPP, conforme Lei n. 11.689/2008), sem prejuízo do processo penal por crime de desobediência, e condená-la ao pagamento das custas da diligência".

Punição administrativa sem ressalva da punição penal: STF: "*Habeas corpus.* Crime de desobediência. Atipicidade. Motorista que se recusa a entregar documentos à autoridade de trânsito. Infração administrativa. A jurisprudência desta Corte firmou-se no sentido de que não há crime de desobediência quando a inexecução da ordem emanada de servidor público estiver sujeita à punição administrativa, sem ressalva de sanção penal. Hipótese em que o paciente, abordado por agente de trânsito, se recusou a exibir documentos pessoais e do veículo, conduta prevista no Código de Trânsito Brasileiro como infração gravíssima, punível com multa e apreensão do veículo (CTB, art. 238). Ordem concedida" (STF, HC 88452/RS, 2ª T., Rel. Min. Eros Grau, j. 2-5-2006, *DJ* 19-5-2006, p. 43).

Punição administrativa com ressalva da punição penal: Crime de desobediência: Caracterização: Descumprimento de ordem judicial que determinou apreensão e entrega de veículo, sob expressa cominação das penas da desobediência. Caso diverso daquele em que há cominação legal exclusiva de sanção civil ou administrativa para um fato específico, quando, para a doutrina majoritária e a jurisprudência do Supremo Tribunal (*v. g.* RHC 59.610, 1ª T., 13-4-1982, Néri da Silveira, *RTJ* 104/599; RHC 64.142, 2ª T., 2-9-1986, Célio Borja, *RTJ* 613/413), deve ser excluída a sanção penal se a mesma lei dela não faz ressalva expressa. Por isso, incide na espécie o princípio da independência das instâncias civil, administrativa e penal. STF, HC 86047/SP, 1ª T., Rel. Min. Sepúlveda Pertence, j. 4-10-2005, *DJ* 18-11-2005, p. 10.

Cominação de multa diária (astreinte) e crime de desobediência: STF: "Crime de desobediência. Cominação de multa diária (*astreinte*), se desrespeitada a obrigação de não fazer imposta em sede cautelar. Inobservância da ordem judicial e consequente descumprimento do preceito. Atipicidade penal da conduta. *Habeas corpus* deferido. Não se reveste de tipicidade penal, descaracterizando-se, desse modo, o delito de desobediência (CP, art. 330) a conduta do agente, que, embora não atendendo a ordem judicial que lhe foi dirigida, expõe-se, por efeito de tal insubmissão, ao pagamento de multa diária (*astreinte*) fixada pelo magistrado com a finalidade específica de compelir, legitimamente, o devedor a cumprir o preceito. Doutrina e jurisprudência" (STF, HC 86254/RS, 2ª T., Rel. Min. Celso de Mello, j. 25-10-2005, *DJ* 10-3-2006, p. 54).

(4) Sujeito ativo: Qualquer pessoa pode praticá-lo, desde que tenha o dever jurídico de cumprir ou não a ordem legal.

Recusa em servir como testemunha em ação judicial: Além de ser determinada sua condução coercitiva (arts. 218 e 219 do CPP), haverá o crime de desobediência, salvo se existir justificativa posterior.

Recusa do ofendido em depor em inquérito policial ou ação penal: Se intimado para esse fim e deixar de comparecer sem justo motivo, o ofendido poderá ser conduzido à presença da autoridade (CPP, art. 201, parágrafo único). Além da condução coercitiva, o ordenamento autoriza sua busca e apreensão (CPP, art. 240, § 1º, g). Não responderá o ofendido, contudo, pelo crime de desobediência.

Recusa do indiciado ou réu em atender à intimação para o interrogatório: Dispõe o art. 260 do Código de Processo Penal que, "se o acusado não atender à intimação para o interrogatório, reconhecimento ou qualquer outro ato que, sem ele, não possa ser realizado, a autoridade poderá conduzi-lo à sua presença". Não responderá, entretanto, pelo crime de desobediência.

Funcionário público. Sujeito ativo: Por se tratar de delito inserido no capítulo relativo aos crimes praticados por particular contra a Administração Pública, discute-se se o funcionário público poderia cometer o crime de desobediência. Vejamos: STJ: "I – A autoridade coatora, mormente quando destinatária específica e de atuação necessária, que deixa de cumprir ordem judicial proveniente de mandado de segurança pode ser sujeito ativo do delito de desobediência (art. 330 do CP). A determinação, aí, não guarda relação com a vinculação – interna – de cunho funcional-administrativo e o seu descumprimento ofende, de forma penalmente reprovável, o princípio da autoridade (objeto da tutela jurídica). II – A recusa da autoridade coatora em cumprir a ordem judicial pode, por força de atipia relativa (se restar entendido, como dedução evidente, a de satisfação de interesse ou sentimento pessoal), configurar, também, o delito de prevaricação (art. 319 do CP). Só a atipia absoluta, de plano detectável, é que ensejaria o reconhecimento da falta de justa causa. Recurso desprovido" (STJ, RHC 12780/MS, 5ª T., Rel. Min. Felix Fischer, j. 27-5-2003, *DJ* 30-6-2003, p. 266). STJ: "HC. Penal. Funcionário público. Ato de ofício. Desobediência. Prevaricação – O Código Penal distingue (Título XI) crimes funcionais e crimes comuns. Evidente, quando o funcionário público (CP, art. 327) pratica ato de ofício, não comete delito próprio de particular. Assim, inviável a infração penal – Desobediência (CP, art. 330 – Crime Praticado por Particular contra a Administração Pública, Título XI, Cap. II). Em tese, admitir-se-á prevaricação (CP, art. 309). Urge, no entanto, a denúncia descrever elementos constitutivos dessa infração penal" (STJ, HC 2628/DF, 6ª T., Rel. Min. Luiz Vicente Cernicchiaro, j. 29-6-1994, *DJ* 5-9-1994, p. 23122; *RSTJ* 63/70).

(5) Sujeito passivo: É o Estado (sujeito passivo primário) e também o funcionário público competente para emitir a ordem (sujeito passivo secundário). Sobre a equiparação prevista no § 1º do art. 327 e sua incidência ao sujeito passivo do crime, *vide* comentários ao mencionado dispositivo legal.

(6) Elemento subjetivo: É o dolo, isto é, a vontade livre e consciente de não obedecer à ordem legal de funcionário público. Exige-se que ele tenha consciência da legalidade da ordem e da competência do funcionário público para expedi-la. O erro do agente exclui o dolo, tornando o fato atípico.

(7) Consumação e tentativa: Se a ordem legal determinava uma conduta comissiva, o crime se consuma com a sua abstenção, devendo ser concedido prazo para a sua realização. Se a ordem legal determinava a abstenção de uma conduta, o crime se consuma com a sua prática. A tentativa somente é possível na forma comissiva do descumprimento da ordem legal.

(8) Causa excludente da ilicitude: Dispõe o art. 207 do CPP: "São proibidas de depor as pessoas que, em razão de função, ministério, ofício ou profissão, devam guardar segredo (...)". Assim, nas hipóteses de sigilo funcional, o médico ou advogado, por exemplo, não estarão obrigados

a depor sobre fatos de que tenham tido conhecimento em razão do exercício da profissão. A recusa nesses casos não configura o crime de desobediência. Contudo, há situações em que o médico deverá depor, perfazendo o crime em tela sua recusa: quando a infração penal estiver relacionada à prestação de socorro médico ou moléstia de comunicação compulsória.

(9) Ação penal. Lei dos Juizados Especiais Criminais: Trata-se de crime de ação penal pública incondicionada. É infração de menor potencial ofensivo, de forma que está sujeita às disposições da Lei n. 9.099/95.

(10) Identificação criminal. Recusa em submeter-se à identificação criminal: De acordo com o preceito constitucional, "O civilmente identificado não será submetido à identificação criminal, salvo nas hipóteses previstas em lei" (CF, art. 5º, LVIII). Essas hipóteses estão previstas na Lei n. 12.037, de 1º de outubro de 2009, e no art. 5º da Lei n. 9.034/95 (Lei do Crime Organizado). Dessa forma, o agente que se recusa a submeter-se à identificação criminal, nos casos autorizados pela lei, será conduzido coercitivamente à presença da autoridade (CPP, art. 260), podendo, ainda, responder pelo crime de desobediência.

(11) Privilégio contra a autoincriminação. Inexistência do crime de desobediência: STF: "O privilégio contra a autoincriminação, garantia constitucional, permite ao paciente o exercício do direito de silêncio, não estando, por essa razão, obrigado a fornecer os padrões vocais necessários a subsidiar prova pericial que entende lhe ser desfavorável" (HC 83.096, Rel. Min. Ellen Gracie, *DJ* 12-12-2003). STF: "Diante do princípio *nemo tenetur se detegere*, que informa o nosso direito de punir, é fora de dúvida que o dispositivo do inciso IV do art. 174 do Código de Processo Penal há de ser interpretado no sentido de não poder ser o indiciado compelido a fornecer padrões gráficos do próprio punho, para os exames periciais, cabendo apenas ser intimado para fazê-lo a seu alvedrio" (HC 77.135, Rel. Min. Ilmar Galvão, *DJ* 6-11-1998).

Recusa à reprodução simulada do crime: "Inquérito policial. Reprodução simulada do crime. Recusa de comparecimento pelo indiciado. Possibilidade de sua condução coercitiva. Constrangimento ilegal inexistente. Obrigatoriedade da presença física do acusado que não lhe retira o direito ao silêncio. Reconstituição, ademais, que pode ser-lhe útil, e não necessariamente desfavorável. Salvo-conduto cassado. Inteligência do art. 7º do CPPs (TJSP, *RT* 684/314).

(12) Comissão Parlamentar de Inquérito e poder para requisitar documentos: "Mandado de Segurança. Comissão Parlamentar de Inquérito. A CPI tem direito de requisitar documentação que se encontre no município, com o objetivo de averiguar fatos que estão sendo examinados, por força de sua instauração. Negativa de fornecimento de documentos configurante de lesão a direito líquido e certo. Sentença remetida confirmada" (TJRS, Reexame Necessário 596252395, 1ª Câm. Cível, Rel. Tupinambá Miguel Castro do Nascimento, j. 24-9-1997). "Prova. Documento. Pedido de busca e apreensão domiciliar feito por Comissão Parlamentar de Inquérito. Admissibilidade. Inteligência do art. 58, § 3º, da CF" (STF, TJSP, *RT* 779/159). "Medida Cautelar. Exibição de documentos. Quebra de sigilo bancário. Propositura por Comissão Parlamentar de Inquérito. Admissibilidade. Poder conferido pela Constituição da República. Pedido fundamentado. Recusa injustificada da instituição financeira. Recurso não provido" (TJSP, *JTJ* 293/198). "Medida cautelar. Deferida liminar que visava à exibição de documentos contábeis, administrativos e fiscais referentes à emissão de cheques pelo Prefeito Municipal de Colômbia. Inadmissibilidade. Comissão Parlamentar de Inquérito não é dotada de personalidade judiciária. Ausente a capacidade de ser parte, um dos pressupostos de constituição válida do processo. Extinta a medida cautelar da qual foi tirado o presente agravo. Prejudicado o recurso" (TJSP, AgI 383.314-5/6, 7ª Câmara de Direito Público, Rel. Walter Swensson, 18-4-2005, *v.u.*).

(13) Detector de metais e recusa em abrir a pasta: "Crime de desobediência. Estagiário que se recusou a abrir a pasta após ultrapassar detector de metais instalado no foro e que sinalizou a existência de metal. 1. A recusa em abrir a pasta, a despeito de instado por policiais militares em

serviço no local, configura, em tese, crime de desobediência (CP, art. 330). 2. Inadmissível a pretensão de trancar o procedimento penal. 3. RHC improvido" (STF, RHC 85624/SP, 2ª T., Rel. Min. Ellen Gracie, j. 2-8-2005, *DJ* 26-8-2005, p. 66).

(14) Descumprimento de precatórios: STF: "Agravo regimental em intervenção federal. Precatório. Descumprimento involuntário. 1. Descumprimento voluntário e intencional de decisão transitada em julgado. Pressuposto indispensável ao acolhimento do pedido de intervenção federal. 2. Precatório. Não pagamento do título judicial em virtude da insuficiência de recursos financeiros para fazer frente às obrigações pecuniárias e à satisfação do crédito contra a Fazenda Pública no prazo previsto no § 1º do art. 100 da Constituição da República. Exaustão financeira. Fenômeno econômico/financeiro vinculado à baixa arrecadação tributária, que não legitima a medida drástica de subtrair temporariamente a autonomia estatal. Precedentes. Agravo regimental a que se nega provimento" (STF, IF-AgR 2081/SP, T. Pleno, Rel. Min. Maurício Corrêa, j. 24-3-2004, *DJ* 14-5-2004, p. 32). *No mesmo sentido:* STF, IF-AgR 4176/ES, T. Pleno, Rel. Min. Maurício Corrêa, j. 10-3-2004, *DJ* 28-5-2004, p. 5. STF, IF-AgR 3977/SP, T. Pleno, Rel. Min. Maurício Corrêa, j. 5-11-2003.

(15) Desrespeito a acórdão do STF: STF: "Reclamação. Alegação de desrespeito a acórdão do Supremo Tribunal Federal resultante de julgamento proferido em sede de controle normativo abstrato. Inobservância, por órgão de jurisdição inferior, do efeito vinculante derivado desse julgamento plenário. Hipótese legitimadora do uso da reclamação (CF, art. 102, I, *l*). Sequestro de rendas públicas. Possibilidade excepcional, desde que ocorrente situação que se ajuste às hipóteses previstas, em caráter taxativo, pela Constituição. Medida constritiva que, efetivada na espécie, importou em desrespeito à autoridade decisória do julgamento final proferido, por esta Suprema Corte, na ADI 1.662/SP. Reclamação procedente" (STF, Rcl 2223/RJ, T. Pleno, Rel. Min. Celso de Mello, j. 2-10-2003, *DJ* 15-9-2006, p. 34).

(16) Distinção: (a) *Sobre desobediência e resistência,* vide comentários ao art. 229 do CP. (b) *Desobediência a decisão judicial sobre perda ou suspensão de direito:* constitui crime previsto no art. 359 do CP a ação de exercer função, atividade, direito, autoridade ou múnus de que foi suspenso ou privado por decisão judicial.

Crime de responsabilidade

(1) Crime de responsabilidade (Lei n. 1.079/50): A Lei n. 1.079/50, em seu art. 12, dispõe que constitui crime de responsabilidade contra as decisões judiciárias: "1) impedir, por qualquer meio, o efeito dos atos, mandados ou decisões do Poder Judiciário; 2) recusar o cumprimento das decisões do Poder Judiciário no que depender do exercício das funções do Poder Executivo; 3) deixar de atender a requisição de intervenção federal do Supremo Tribunal Federal ou do Tribunal Superior Eleitoral; 4) impedir ou frustrar pagamento determinado por sentença judiciária".

(2) Crime de responsabilidade (Decreto-Lei n. 201/67): O Decreto-lei n. 201/67 dispõe em seu art. 1º, inciso XIV, que são crimes de responsabilidade dos prefeitos municipais, sujeitos ao julgamento do Poder Judiciário, independentemente do pronunciamento da Câmara dos Vereadores, "deixar de negar execução a lei federal, estadual ou municipal, ou deixar de cumprir ordem judicial, sem dar o motivo da recusa ou da impossibilidade, por escrito, à autoridade competente". Nesse sentido: "Prefeito Municipal. Crime de responsabilidade. Descumprimento de ordem judicial prolatada em mandado de segurança. Art. 1º, inciso XIV, 2ª parte, do Decreto-lei Federal n. 201/67. Dolo eventual configurado. Ação penal procedente" (TJSP, *JTJ* 259/537). E, ainda: "Agravo de Instrumento. Mandado de Segurança. Prefeito que nega atender deliberação da edilidade. Violação de prerrogativa institucional líquida e certa de fiscalizar os atos do Poder Executivo. Anulação do Decreto Executivo que consolidou a recusa e busca e apreensão do balancete relativo às receitas e despesas mensais. Parecer favorável do Ministério Público. Concedida liminar para ordenar o fornecimento dos documentos. Recurso não provido. Inexistindo qualquer inconstitu-

cionalidade no disposto no § 2º do art. 60 da Lei Orgânica Municipal, mostra-se manifestamente ilegítimo o ato do Prefeito em resistir ao cumprimento da lei" (TJSP, AgI 239.578-5, 3ª Câmara de Direito Público, Rel. Laerte Sampaio, 27-11-2001, *v.u.*).

Código Eleitoral

(1) Desobediência. Quebra de sigilo bancário. Gerente de instituição financeira que se recusa a cumprir ordem de juiz eleitoral em face da ausência de dados: STF: "Crime eleitoral. Delito de desobediência (art. 347 do Código Eleitoral). Alegação de falta de justa causa para a instauração da persecução penal. Possibilidade de controle jurisdicional, mesmo em sede de *habeas corpus*, porque líquidos os fatos subjacentes à acusação penal. Quebra de sigilo bancário. Gerentes de instituição financeira que só deixam de cumprir a ordem judicial, em face da ausência, nela, de dados essenciais à sua fiel execução. Inocorrência de dolo. Não configuração do crime de desobediência. *Habeas corpus* deferido. Persecução penal. Ausência de justa causa. Constatação objetiva da liquidez dos fatos. Possibilidade de controle jurisdicional em sede de *habeas corpus*. (...) a quebra de sigilo não pode ser utilizada como instrumento de devassa indiscriminada, sob pena de ofensa à garantia constitucional da intimidade. A quebra de sigilo não pode ser manipulada, de modo arbitrário, pelo Poder Público ou por seus agentes. É que, se assim não fosse, a quebra de sigilo converter-se-ia, ilegitimamente, em instrumento de busca generalizada e de devassa indiscriminada da esfera de intimidade das pessoas, o que daria, ao Estado, em desconformidade com os postulados que informam o regime democrático, o poder absoluto de vascular, sem quaisquer limitações, registros sigilosos alheios. Doutrina. Precedentes. Para que a medida excepcional da quebra de sigilo bancário não se descaracterize em sua finalidade legítima, torna-se imprescindível que o ato estatal que a decrete, além de adequadamente fundamentado, também indique, de modo preciso, dentre outros dados essenciais, os elementos de identificação do correntista (notadamente o número de sua inscrição no CPF) e o lapso temporal abrangido pela ordem de ruptura dos registros sigilosos mantidos por instituição financeira. Precedentes. Crime de desobediência (art. 347 do Código Eleitoral). Gerentes de instituição financeira que só deixam de cumprir ordem judicial de quebra de sigilo bancário, porque nela ausentes dados essenciais. Inexistência de dolo. Não caracterização de delito eleitoral. Não pratica o crime de desobediência previsto no art. 347 do Código Eleitoral, o gerente de instituição financeira que somente deixa de cumprir ordem de quebra de sigilo bancário emanada da Justiça Eleitoral, porque não indicados, pelo magistrado que a ordenou, elementos essenciais à fiel execução da determinação judicial, como a correta identificação do correntista (referência ao seu CPF, p. ex.) e a precisa delimitação temporal (que não pode ser indeterminada) correspondente ao período abrangido pela investigação estatal" (STF, HC 84758/GO, T. Pleno, Rel. Min. Celso de Mello, j. 25-5-2006, *DJ* 16-6-2006, p. 5).

(2) Desobediência. Descumprimento de resolução eleitoral: STF: "Ação Direta de Inconstitucionalidade. 2. Resolução n. 518, de 2000, do Tribunal Regional Eleitoral do Rio de Janeiro. 3. Proibição de uso de simuladores de urna eletrônica. Ausência de usurpação da competência legislativa privativa da União, ou violação ao princípio da harmonia entre os poderes e ao princípio da legalidade. 4. Precedentes. 5. Resolução que prescreve que o descumprimento de suas normas submete o infrator ao disposto no art. 347 do Código Eleitoral. Violação ao art. 22, I, da Constituição. 6. Como tem decidido o Tribunal Superior Eleitoral, o descumprimento de Resolução da Justiça Eleitoral não revela o tipo penal do art. 347 do Código Eleitoral, que pressupõe ordem ou instrução formalizadas de maneira específica, ou seja, direcionadas ao agente. O teor abstrato das Resoluções gera, no caso de inobservância, simples transgressão eleitoral, não alcançando a prática do crime de desobediência. 7. Procedência parcial da ação" (TSE, ADIn 2283/RJ, T. Pleno, Rel. Min. Gilmar Mendes, j. 15-2-2006, *DJ* 2-6-2006, p. 4).

(3) Desobediência. Exigência de ordem judicial eleitoral direta e individualizada: STF: "I – Arquivamento de inquérito policial requerido com base na atipicidade do fato: exigência de decisão jurisdicional a respeito, dada a eficácia de coisa julgada material que, nessa hipótese, cobre a decisão de arquivamento: precedentes. II – Desobediência (C. Eleitoral, art. 347): exigência de ordem judicial eleitoral direta e individualizada ao agente" (STF, Inq. QO 2004/MG, T. Pleno, Rel. Min. Sepúlveda Pertence, j. 29-9-2004, *DJ* 28-10-2004, p. 37).

Código de Trânsito Brasileiro

(1) Recusa em se submeter ao exame toxicológico e de dosagem alcoólica: Vide comentários ao art. 28, inciso II, do CP.

Ação Civil Pública

(1) Constitui crime previsto no art. 10 da Lei da Ação Civil Pública (Lei n. 7.347/85) a recusa, o retardamento ou a omissão de dados técnicos indispensáveis à propositura da ação civil, quando requisitados pelo Ministério Público.

Crimes de preconceito de raça ou de cor

(1) Prevê o art. 20, § 3º, da Lei n. 7.716/89, com a redação determinada pela Lei n. 9.459/97, que no caso de material decorrente de crime de preconceito de raça ou cor praticado por intermédio dos meios de comunicação social ou publicação de qualquer natureza, "o juiz poderá determinar, ouvido o Ministério Público ou a pedido deste, ainda antes do inquérito policial, sob pena de desobediência: I – o recolhimento imediato ou a busca e a apreensão dos exemplares do material respectivo; II – a cessação das respectivas transmissões radiofônicas ou televisivas".

Desacato

Art. 331. Desacatar funcionário público no exercício da função ou em razão dela:

Pena – detenção, de 6 (seis) meses a 2 (dois) anos, ou multa.

(1) Objeto jurídico: Protege-se o prestígio e a dignidade da Administração Pública, imprescindíveis para o desempenho regular da atividade administrativa.

(2) Ação nuclear: Pune-se a ação de *desacatar* (qualquer ato ou emprego de palavras que causem vexame, humilhação ao funcionário público). Engloba-se o emprego de violência (lesões corporais ou vias de fato), utilização de gestos ofensivos, no uso de expressões caluniosas, difamantes ou injuriosas, enfim, todo ato que desprestigie, humilhe o funcionário, de forma a ofender a dignidade, o prestígio e o decoro da função pública. É preciso que o desacato seja praticado contra funcionário público no exercício de sua função *(in officio)*. Pouco importa que ele esteja praticando o ato de ofício dentro ou fora da repartição pública, pois se exige apenas que esteja no desempenho de sua função. Não se exige que o ato ofensivo tenha relação com a função pública. Pode também o desacato ser praticado *em razão do exercício da função (propter officium)*. Nessa hipótese, o funcionário está fora do exercício de sua função, mas a ofensa contra ele irrogada diz respeito a ela, por exemplo, dizer a um funcionário que ele é um apropriador de verbas públicas. Se a ofensa disser respeito à sua vida particular, poderá configurar-se crime contra a honra, por exemplo, dizer a um funcionário em uma festa particular que ele é um sedutor de menores. É imprescindível que o ato seja praticado ou a palavra proferida na presença do funcionário público ou de forma que tome ciência direta da ofensa, por exemplo, proferir a ofensa para que o funcionário que esteja em outra sala a escute, do contrário, o crime praticado poderá ser outro: calúnia, difamação, injúria, na forma majorada (CP, art. 141, II), ameaça etc.

(3) *Sujeito ativo:* Trata-se de crime comum; qualquer pessoa pode praticar esse delito. No entanto a Lei n. 8.906/94 (Estatuto da OAB), em seu art. 7º, § 2º, estabelece que o advogado não comete crimes de injúria, difamação ou desacato no exercício de suas funções, em juízo ou fora dele, sem prejuízo das sanções disciplinares na OAB. Tal disposição, contudo, foi objeto de ação direta de inconstitucionalidade, sendo certo que o preceito legal foi suspenso parcialmente no que tange ao crime de desacato (ADIn 1.127-8).

Funcionário público como sujeito ativo: Há duas posições na doutrina: (a) Pode praticar o crime, se despido dessa qualidade ou fora de sua própria função, pouco importando que seja de categoria idêntica à do ofendido. Se, contudo, for superior hierárquico do ofendido, deverá responder por outro crime (crime contra a honra, lesão corporal etc.) e não por desacato. Nesse sentido: Nélson Hungria, *Comentários*, cit., v. 9, p. 424-425. (b) Se despido da qualidade de funcionário público, poderá praticar o delito de desacato, ainda que seja superior hierárquico do ofendido. Nesse sentido: E. Magalhães Noronha, *Direito penal*, cit., v. 4, p. 306. Sobre o tema, *vide* o seguinte julgado: "Desacato. Funcionário público que agride verbalmente Promotor de Justiça. Admissibilidade de figurar como sujeito ativo do crime. Delito que visa a tutelar o prestígio da função pública, não se restringindo tal lesão jurídica somente quando praticada por particular. Inteligência do art. 331 do CP" (TJRJ, *RT* 760/692).

(4) *Sujeito passivo:* É o Estado (sujeito passivo primário), bem como o funcionário público desacatado (sujeito passivo secundário). O ato de desacato praticado contra dois ou mais funcionários configura crime único, uma vez que o sujeito passivo imediato e primário do crime em tela é o Estado.

(5) *Elemento subjetivo:* É o dolo, isto é, a vontade livre e consciente de desacatar funcionário público. O dolo deve abranger o conhecimento da qualidade de funcionário público, bem como de que este se encontra no exercício da função, ou que a ofensa é irrogada em razão dela. Caso o agente incida em erro, poderá responder por outro crime: injúria, difamação, calúnia, lesão corporal etc. Prevalece na doutrina o entendimento no sentido da exigência do fim especial de ofender ou desprestigiar a função exercida pelo funcionário público (elemento subjetivo do tipo).

Inexistência de ânimo de desprestigiar a função pública: "Desacato. Delito não caracterizado. Ofensas a escrevente de serventia. Qualidade de funcionário público. Mero desabafo do acusado contra seu procedimento. Ausência, pois, de dolo específico. Absolvição decretada. Declaração de voto. Inteligência do art. 331 do CP" (TACrimSP, *RT* 576/382). "Desacato. Agente que, ao ser preso por suposta prática de ilícito penal, profere expressões injuriosas aos agentes da autoridade. Ausência do elemento subjetivo. Delito não configurado" (TJMG, Ap. Crim. 1.0000.00.333509-8/000, Rel. Des. Márcia Milanez, j. 16-9-2003). "Desacato. Art. 331 do Código Penal. Sentença condenatória. Inconformidade defensiva. Não se caracteriza o delito de desacato o mero desabafo do réu, especialmente quando não demonstrada a intenção de atingir a honra ou o decoro da atividade do funcionário. Absolvição é medida que se impõe. Deram provimento à apelação" (TJRS, RCrim 71000992123, Turma Recursal Criminal, Turmas Recursais, Rel. Des. Alberto Delgado Neto, j. 4-12-2006). "Ap. Crim. Desacato. Art. 331 do CPB. Fato atípico. Não constitui desacato palavras proferidas a título de desabafo e isolada em situação de desequilíbrio emocional. Provida a apelação. Unânime" (TJRS, RCrim 71001113463, Turma Recursal Criminal, Turmas Recursais, Rel. Des. Nara Leonor Castro Garcia, j. 20-11-2006). "Desacato. Descaracterização. Insultos que não identificam por si só o intuito de achincalhar o funcionário público enquanto representante da dignidade da função pública, podendo, no máximo, atingir sua honra subjetiva. Absolvição do acusado com fundamento no art. 386, VI, do CPP" (TACrimSP, *RT* 649/284).

Exaltação de ânimos (cólera): "Desacato. Caracterização. Desrespeito a policiais militares no exercício da função. Ânimo colérico dos agentes. Irrelevância à caracterização do delito. Recurso conhecido e improvido" (TJMG, Ap. Crim. 1.0704.01.002979-8/001, ReI. Des. Paulo Cézar Dias, j.

22-2-2005). "Desacato. Prova escorreita da autoria, confirmada pela confissão espontânea. Ânimo exaltado do agente não exime de responsabilidade, revelando-se típico da prática delituosa em questão. Redução da pena pecuniária" (TACrimRS, Ap. Crim. 297024077, 2ª Câmara Criminal, Rel. Tupinambá Pinto de Azevedo, j. 30-10-1997). *Em sentido contrário*, não caracterizando o dolo: "Desacato. Crime não caracterizado. Acusado que proferiu as expressões injuriosas em estado de intenso descontrole emocional. Recurso provido para, nos termos do art. 386, inc. III, do CPP, absolvê-lo da imputação" (TJMG, Ap. Crim. 000.259.517-1/00, Rel. Des. Odilon Ferreira, j. 30-4-2002). "Penal. Desacato. Ameaças com ânimo exaltado. Apreensão injusta de veículo. Dolo não configurado. Recurso provido" (TJSC, Ap. Crim. 98.014616-0, Rel. Des. Amaral e Silva, j. 1º-12-1998).

Embriaguez: No sentido da não configuração do delito: "Desacato. Para a configuração do crime de desacato é necessário ânimo calmo e refletido do agente. Quem, embriagado, sob forte carga de nervosismo e exaltação, profere palavras ofensivas contra a autoridade policial não comete o delito. Absolvição mantida. Embriaguez em residência particular. Hipótese que não tipifica a contravenção do art. 62, da Lei n. 3.688/41. Recurso Ministerial desprovido" (TJMG, Ap. Crim. 000.306.030-8/00, Rel. Des. Kelsen Carneiro, j. 6-5-2003). Em sentido contrário: "Desacato. Embriaguez. O desacato pressupõe a consciência perfeita e livre, com a intenção de, por gestos ou palavras, menosprezar, humilhar, desprestigiar o funcionário público no exercício de sua função ou em razão dela. O estado de embriaguez pode despojar o agente da plena integridade de suas faculdades psíquicas, descaracterizando o delito na medida em que tolhe essa consciência" (TJMG, Ap. Crim. 000.261.482-4/00, Rel. Des. Herculano Rodrigues, j. 14-3-2002). "Desacato. Ofensas irrogadas a policial no exercício de suas funções. Alegada exaltação e embriaguez do agente. Excludentes inadmissíveis. Delito do art. 331 do CP caracterizado. Configura o crime de desacato a utilização pelo agente de palavras de baixo calão contra militar no exercício de suas funções, com intuito de humilhá-lo e desprestigiá-lo, não se erigindo em excludente o estado de exaltação e nervosismo do acusado, mormente quando tal estado não foi provocado pelo policial. Não comprovando o recorrente a não voluntariedade da embriaguez, não há que se falar em sua inimputabilidade" (TJMG, Ap. Crim. 000.241.782-2/00, Rel. Des. Mercêdo Moreira, j. 11-2-2003).

(6) Consumação. Tentativa: Consuma-se com os atos ofensivos (vias de fato, lesão corporal, gestos etc.) ou com as palavras ultrajantes irrogadas (calúnia, injúria, difamação) contra o funcionário público. Não é necessário que o funcionário público se sinta ofendido com os atos praticados. Não se exige também que terceiros presenciem o desacato para que o crime se repute consumado, pois basta que o funcionário tome conhecimento. Dependendo do meio empregado, a tentativa é admissível.

(7) Ação penal. Lei dos Juizados Especiais Criminais: Trata-se de crime de ação penal pública incondicionada. Em face da pena máxima prevista (detenção, de 6 meses a 2 anos, ou multa), constitui infração de menor potencial ofensivo, sujeita às disposições da Lei n. 9.099/95.

(8) Distinção: Se a violência ou ameaça forem empregadas com o fim de se opor à execução de ato legal e não com o fim de humilhar, menoscabar a função pública exercida pelo agente, o crime passa a ser o de resistência.

(9) Concurso de crimes. Desacato e lesão corporal: "Apelação Criminal. Desacato, lesões corporais e resistência. Sentença condenatória. Prescrição quanto aos delitos dos arts. 129 e 329 do Código Penal. Penas fixadas no dobro do mínimo previsto no tipo, à consideração de maus antecedentes. Atenuação da reprimenda, declarando-se extinta a punibilidade dos três crimes, pela prescrição retroativa da pretensão punitiva. Recurso a que se dá parcial provimento" (TJRJ, Ap. Crim. 2003.050.05581, 5ª C. Crim., Rel. Des. Maria Helena Salcedo, j. 17-8-2004).

(10) Concurso de crimes. Desacato e resistência: "Concurso material. Desacato e resistência. Ocorrência. Agente que, após ter ofendido funcionário público no exercício de suas funções, ao ser

preso em flagrante, tenta fugir, resistindo à sua recaptura" (TACrimSP, *RT* 795/616). "Desacato e Resistência. Contexto probatório dando certeza que o apelante desacatou e ainda resistiu a voz de prisão dada pela vítima. Desprovimento" (TJRJ, Ap. 2003.050.03243, 4ª C. Crim., Rel. Des. Giuseppe Vitagliano, j. 3-2-2004).

Tráfico de influência

Art. 332. Solicitar, exigir, cobrar ou obter, para si ou para outrem, vantagem ou promessa de vantagem, a pretexto de influir em ato praticado por funcionário público no exercício da função:

Pena – reclusão, de 2 (dois) a 5 (cinco) anos, e multa. *(Redação dada pela Lei n. 9.127/95)*

Parágrafo único. A pena é aumentada da metade, se o agente alega ou insinua que a vantagem é também destinada ao funcionário. *(Redação dada pela Lei n. 9.127/95)*

(1) Nomenclatura: Antes da inovação legislativa trazida pela Lei n. 9.127/95, denominava-se o delito do art. 332 "exploração de prestígio".

(2) Objeto jurídico: Tutela-se, mais uma vez, o prestígio da Administração Pública.

(3) Ação nuclear: Punem-se as ações de: (a) *solicitar:* pedir; (b) *exigir:* ordenar, impor; (c) *cobrar:* fazer com que seja pago; ou (d) *obter:* conseguir, adquirir etc. As ações praticadas pelo agente visam à vantagem ou à promessa de vantagem, para si ou para outrem, a pretexto de influir em ato praticado por funcionário público no exercício da função. Há, assim, uma mercancia, venda de suposta influência exercida pelo agente na Administração Pública em troca de vantagem. Segundo E. Magalhães Noronha, o que se pune é a gabolice de influir em servidor público, quando tal prestígio é inexistente. Caso ele efetivamente goze de prestígio junto a esta, corrompendo o funcionário, poderá ser autor de outro delito, como a corrupção ativa (CP, art. 333). O funcionário sobre o qual o agente alegar exercer influência, prestígio, tanto pode existir como ser imaginário.

(4) Objeto material: É a vantagem ou promessa de vantagem (natureza sexual, moral ou material).

(5) Sujeito ativo: Qualquer pessoa pode praticar o delito em tela, inclusive o funcionário público.

(6) Sujeito passivo: É o Estado (sujeito passivo principal), bem como aquele que compra o prestígio (sujeito passivo secundário). O fim ilícito do sujeito passivo não o torna sujeito ativo do crime.

(7) Elemento subjetivo: É o dolo, consubstanciado na vontade de praticar uma das ações nucleares, a pretexto de influir em ato praticado por funcionário público no exercício da função.

(8) Consumação e tentativa: Dá-se a consumação com a efetiva solicitação, exigência, cobrança ou obtenção da vantagem indevida. A tentativa é admissível.

(9) Forma majorada: A pena é aumentada da metade, se o agente alega ou insinua que a vantagem é também destinada ao funcionário. Basta, assim, que o agente dê a entender que haverá o recebimento da vantagem por parte do funcionário.

(10) Ação penal: Trata-se de crime de ação penal pública incondicionada.

(11) Distinção: Se a solicitação ou recebimento de dinheiro ou qualquer outra utilidade for realizada a pretexto de influir em juiz, jurado, órgão do Ministério Público, funcionário de justiça, perito, tradutor, intérprete ou testemunha, o crime será o previsto no art. 357 do CP.

Corrupção ativa

Art. 333. Oferecer ou prometer vantagem indevida a funcionário público, para determiná-lo a praticar, omitir ou retardar ato de ofício:

Pena – reclusão, de 2 (dois) a 12 (doze) anos, e multa. *(Redação dada pela Lei n. 10.763/2003)*

Parágrafo único. A pena é aumentada de um terço, se, em razão da vantagem ou promessa, o funcionário retarda ou omite ato de ofício, ou o pratica infringindo dever funcional.

(1) Documentos internacionais: Vide comentários ao art. 317 do CP.

(2) Fundamento constitucional: Vide comentários ao art. 312 do CP.

(3) Objeto jurídico: O tipo penal visa à proteção da moralidade da Administração Pública e ao regular desempenho da função pública, os quais são colocados em risco com a corrupção.

(4) Exceção pluralista: O legislador pune de forma autônoma os crimes de corrupção ativa (CP, art. 333) e a passiva (CP, art. 317). Trata-se de exceção pluralista ao princípio unitário que norteia o concurso de agentes. Assim, cada um responderá por um delito de forma autônoma e não pelo concurso de pessoas.

(5) Ação nuclear: Duas são as ações incriminadas: (a) *oferecer* vantagem indevida, isto é, colocar à disposição ou aceitação; ou (b) *prometer* vantagem indevida, isto é, comprometer-se, fazer promessa, garantir a entrega de algo ao funcionário. Pode a corrupção ser praticada por meio escrito (carta, *e-mail*, fax etc.), oral (telefone) ou por meio de gestos ou atos. Pode ela ser feita diretamente ao funcionário público, bem como por interposta pessoa. Conforme a doutrina, ao contrário do delito de corrupção passiva, o Código não pune a corrupção ativa subsequente, isto é, o oferecimento da vantagem após a prática do ato de ofício, sem que tenha havido qualquer influência do particular na prática, omissão ou retardamento do ato funcional. É que o próprio dispositivo penal é expresso no sentido de que o particular deve oferecer ou prometer vantagem indevida a funcionário *para determiná-lo a praticar, omitir ou retardar ato de ofício*, isto é, o ato deve ser praticado após o oferecimento ou promessa de vantagem, e não antes. De acordo com o dispositivo legal, a oferta ou promessa de vantagem deve ser realizada com o fim de determinar o funcionário a praticar, omitir ou retardar ato de ofício. Deve o ato necessariamente ser de específica atribuição do funcionário público. Não se compreende nesse dispositivo penal o fim de impedir a prática de ato ilegal, arbitrário, pelo funcionário público ou que não seja de sua competência. *Nesse sentido*: Damásio de Jesus, *Direito penal*, cit., v. 4, p. 233.

(6) Objeto material: É a vantagem indevida (ilícita) de natureza patrimonial, moral, sentimental, sexual etc. *Em sentido contrário*: Nélson Hungria, para quem a vantagem deve ser de cunho patrimonial (*Comentários*, cit., v. 9, p. 370). A vantagem deve ser indevida (elemento normativo do tipo), isto é, não autorizada legalmente; do contrário, o fato será atípico. Nem todo oferecimento ou promessa de vantagem por parte do particular configura o crime de corrupção ativa, como, por exemplo, as gratificações usuais de pequena monta por serviço extraordinário (não se tratando de ato contrário à lei) e pequenas doações ocasionais, como as costumeiras "Boas Festas" de Natal ou Ano-Novo. *Nesse sentido*: Nélson Hungria, *Comentários*, cit., v. 9, p. 369-370.

(7) Sujeito ativo: Qualquer pessoa pode praticar o crime em estudo, inclusive o funcionário público, desde que não aja nessa qualidade. Admite-se o concurso de pessoas.

(8) Sujeito passivo: O Estado, titular do bem jurídico ofendido.

(9) Elemento subjetivo: É o dolo, isto é, a vontade livre e consciente de oferecer ou prometer vantagem, ciente de que ela é indevida e de que se destina a funcionário público. Exige-se também o elemento subjetivo do tipo: "para determiná-lo a praticar, omitir ou retardar ato de ofício".

(10) Consumação. Tentativa: Reputa-se o crime consumado com a simples oferta ou promessa de vantagem indevida por parte do *extraneus* ao funcionário público. Por não se tratar de crime bilateral, prescinde-se da aceitação da vantagem pelo funcionário público. Caso aceite, o funcionário deverá responder pelo delito de corrupção passiva. Também não é necessário que o funcionário pratique, retarde ou omita o ato de ofício de sua competência. A tentativa é possível, salvo se a oferta ou promessa for feita oralmente, pois nesse caso o delito é unissubsistente.

Prisão em flagrante: O flagrante do recebimento pelo funcionário da vantagem indevida (momento em que o crime se exaure) realizado pelos policiais, cuja intervenção se deu por aviso da vítima, não induz à aplicação da *Súmula 145 do STF*, visto que o crime já se consumara anteriormente com a solicitação da vantagem. Logo, na espécie há flagrante esperado, mas não preparado.

(11) Causa de aumento de pena (parágrafo único): "A pena é aumentada de um terço se, em razão da vantagem ou promessa, o funcionário retarda ou omite ato de ofício, ou o pratica infringindo dever funcional". Estamos diante de uma forma majorada do crime de corrupção ativa. Aqui a conduta do funcionário vai além do recebimento da vantagem indevida, pois ele efetivamente: (a) retarda a prática do ato, isto é, desrespeita o prazo para sua execução; (b) deixa de praticar o ato, isto é, abstém-se de sua prática; (c) pratica infringindo dever funcional, isto é, a ação é contrária a seu dever de ofício. As letras *a* e *b* constituem a chamada *corrupção passiva imprópria* (prática de ato lícito); a letra *c* contém a chamada *corrupção passiva própria* (ato ilícito). Constituem, na realidade, hipóteses de exaurimento do crime, mas que acabam por funcionar como causa de aumento de pena.

(12) Ação penal: Trata-se de crime de ação penal pública incondicionada.

(13) Corrupção ativa e passiva. Bilateralidade: A corrupção, em nossa legislação, não é crime necessariamente bilateral, de forma que nem sempre a configuração da corrupção passiva dependerá do delito de corrupção ativa e vice-versa. Assim, por exemplo, o oferecimento ou a promessa de vantagem feita pelo particular ao funcionário público configura, por si só, o delito de corrupção ativa (CP, art. 333), independentemente do recebimento da vantagem ou da aceitação da promessa pelo funcionário público.

(14) Corrupção ativa e concussão: Não é possível a existência concomitante de ambos. *Nesse sentido*: "Corrupção ativa. Prática concomitante do crime de concussão. Inocorrência. Ausência de relação de superioridade em face do administrado. Tentativa de transação entre funcionário corrupto e corruptor. Ação penal. Prosseguimento. Ordem denegada. O que caracteriza a corrupção ativa é o acordo para a venda da função pública, pouco importando quem dele teve a iniciativa, a posição paritária do particular e do funcionário, a vantagem indevida por este oferecida àquele e a retribuição do *extraneus* para evitar o ato de ofício legítimo que o poderia prejudicar" (TJSP, HC 341.761-3, 5ª Câmara Criminal, Rel. Des. Dante Busana, j. 8-3-2001, *v.u.*).

(15) Distinção: Caso o agente pratique a conduta de dar, oferecer, ou prometer dinheiro ou qualquer outra vantagem a testemunha, tradutor ou intérprete, para fazer afirmação falsa, negar ou calar a verdade em depoimento, perícia, tradução ou interpretação, ainda que a oferta ou promessa não seja aceita, responderá pelo delito previsto no art. 343 do CP.

(16) Competência: Vide art. 312 do CP.

Lei de Lavagem de Dinheiro

(1) Crime de "lavagem de dinheiro": De acordo com a antiga redação do art. 1º, V, da Lei n. 9.613/98, por força do rol de crimes antecedentes da lei, constitui crime de "lavagem de dinheiro": "Ocultar ou dissimular a natureza, origem, localização, disposição, movimentação ou propriedade de bens, direitos ou valores provenientes, direta ou indiretamente, de crime contra a Administração Pública, inclusive a exigência, para si ou para outrem, direta ou indiretamente, de qualquer vantagem, como condição ou preço para a prática ou omissão de atos administrativos". E, consoante o § 4º, "A pena será aumentada de um a dois terços, se os crimes definidos nesta Lei forem cometidos de forma reiterada ou por intermédio de organização criminosa". A Lei n. 12.683/2012 alterou substancialmente a Lei n. 9.613/98 eliminando o rol de crimes antecedentes de seu bojo e ampliando o alcance de seus dispositivos ao prever: "Art. 1º Ocultar ou dissimular a natureza, origem, localização, disposição, movimentação ou propriedade de bens, direitos ou valores provenientes, direta ou indiretamente, de infração penal" (redação dada pela Lei n. 12.683,

de 2012). Assim a amplitude da lei ganhou os mesmos limites objetivos de toda e qualquer previsão típica do ordenamento jurídico-penal, em outras palavras, qualquer infração penal (incluindo as contravenções penais) poderá ser considerada como fonte de receita para a lavagem de capitais.

Código Eleitoral

(1) Corrupção eleitoral (art. 299): Está prevista no art. 299 do Código Eleitoral: "Dar, oferecer, prometer, solicitar ou receber, para si ou para outrem, dinheiro, dádiva ou qualquer outra vantagem, para obter ou dar voto e para conseguir ou prometer abstenção, ainda que a oferta não seja aceita". TSE: "*Habeas corpus.* Trancamento. Inquérito policial. Requisição. Juiz eleitoral. Apuração. Distribuição de próteses dentárias. Crime. Corrupção eleitoral. Art. 299 do Código Eleitoral. (...) 1. A prática do crime capitulado no art. 299 do Código Eleitoral pode ser cometido inclusive por quem não seja candidato, uma vez que basta, para a configuração desse tipo penal, que a vantagem oferecida esteja vinculada à obtenção de votos. 2. Para analisar a alegação de supostos vícios na busca e apreensão ocorrida, que embasou o pedido de requisição para instauração de inquérito policial, é necessário o exame aprofundado das provas, o que não é possível em *habeas corpus.* Recurso improvido" (Ac. 65, de 11-5-2004, Rel. Min. Fernando Neves). TSE: "Eleitoral. Agravo regimental. Agravo de instrumento. Crime de corrupção eleitoral (art. 299 do Código Eleitoral). Não configuração. Alegação de justa causa afastada. 1. Constitui constrangimento ilegal a apuração de fatos que desde logo não configuram o crime de corrupção. 2. Decisão agravada mantida por seus próprios fundamentos. 3. Agravo regimental a que se nega provimento". NE: "No caso, segundo consta do acórdão regional, o ora recorrido, candidato, foi preso em flagrante no aeroporto do Maranhão, por portar a quantia de R$ 371.000,00 (trezentos e setenta e um mil reais), não havendo nos autos prova de oferecimento de vantagens para obtenção de votos, hábil a responsabilizá-lo pelo crime de corrupção eleitoral ou outro delito (...)" (Ac. 4.470, de 20-4-2004, Rel. Min. Carlos Velloso). TSE: "Agravo regimental. Crime eleitoral. Condenação pela prática dos crimes previstos nos arts. 299 do Código Eleitoral e 299 do Código Penal. Reexame de prova. Agravo regimental improvido". NE: Prefeito e vereadores "(...) usaram do expediente de desmembramento dos tributos para tapear os eleitores, dando a entender que pagando a TSU, estavam quites com o IPTU também (...). Quando instaurado inquérito civil para apuração, o prefeito expediu um decreto falso para legalizar a atividade" (Ac. 21.155, de 15-4-2004, Rel. Min. Ellen Gracie).

Lei n. 9.504/97

(1) Art. 41-A da Lei n. 9.504/97: De acordo com o art. 41-A da Lei n. 9.504/97, "Ressalvado o disposto no art. 26 e seus incisos, constitui captação de sufrágio, vedada por esta Lei, o candidato doar, oferecer, prometer, ou entregar, ao eleitor, com o fim de obter-lhe o voto, bem ou vantagem pessoal de qualquer natureza, inclusive emprego ou função pública, desde o registro da candidatura até o dia da eleição, inclusive, sob pena de multa de mil a cinquenta mil UFIR, e cassação do registro ou do diploma, observado o procedimento previsto no art. 22 da Lei Complementar n. 64, de 18 de maio de 1990 (Incluído pela Lei n. 9.840/99)".

(2) Art. 299 e art. 41-A da Lei n. 9.504/97. Inexistência de abolitio criminis: TSE: "Recurso ordinário. *Habeas corpus.* Ordem denegada. Corrupção eleitoral. *Abolitio criminis.* Não ocorrência. Prescrição. Afastada. *Sursis* processual. Art. 89 da Lei n. 9.099/95. Não incidência. O art. 41-A da Lei n. 9.504/97 não alterou a disciplina do art. 299 do Código Eleitoral, no que permanece o crime de corrupção eleitoral incólume. (...)" NE: "Em verdade, responderá pelo art. 299 do Código Eleitoral tanto o candidato quanto qualquer pessoa que praticar as figuras típicas ali descritas. A diferença é que o candidato infrator também estará sujeito às sanções de multa e cassação do registro ou diploma a que alude o art. 41-A, devidamente apurado mediante a realização do procedimento previsto no art. 22 da Lei n. 64/90" (Ac. 81, de 3-5-2005, Rel. Min. Luiz Carlos Madeira).

Descaminho

Art. 334. Iludir, no todo ou em parte, o pagamento de direito ou imposto devido pela entrada, pela saída ou pelo consumo de mercadoria: *(Redação dada pela Lei n. 13.008, de 26-6-2014)*

Pena – reclusão, de 1 (um) a 4 (quatro) anos. *(Redação dada pela Lei n. 13.008, de 26-6-2014)*

(1) Objeto jurídico: Protege-se a Administração Pública, em especial o erário. *Nesse sentido:* E. Magalhães Noronha, *Direito penal*, cit., v. 4, p. 327.

(2) Ação nuclear: Consistente na conduta de *iludir*, no todo ou em parte, o pagamento de direito ou imposto devido pela entrada ou pela saída da mercadoria, no caso permitida. Desse modo, a ilusão, a fraude, para burlar o pagamento de imposto referente à exportação e importação de mercadorias configura, em princípio, o delito de descaminho.

Descaminho e necessidade do emprego de fraude para iludir o fisco: "O descaminho, previsto no art. 334, *caput*, exige, para sua configuração, o emprego de fraude para evitar o pagamento do tributo devido" (TRF, 5ª Região, Ap. Crim. 537, 1ª T., Rel. Des. Fed. Hugo Machado, *DJU* 7-5-1993, p. 16722).

(3) Objeto material: É a mercadoria, isto é, o bem móvel cujo comércio seja permitido.

(4) Sujeito ativo: Qualquer pessoa pode praticá-lo. Se o sujeito ativo for funcionário público, e, com infração do dever funcional de repressão ao contrabando ou descaminho, facilitá-lo, será considerado autor do crime previsto no art. 318. Trata-se, portanto, de exceção à teoria unitária adotada pelo Código Penal no concurso de pessoas.

(5) Sujeito passivo: É o Estado.

(6) Elemento subjetivo: É o dolo, isto é, a vontade livre e consciente de praticar uma das ações típicas.

(7) Consumação. Tentativa: Se a entrada ou saída da mercadoria do território nacional se deram pela alfândega, dá-se a consumação no momento de sua liberação; se a entrada ou saída se deram por outro meio que não a alfândega, o crime se consuma no exato instante em que são transpostas as fronteiras do País, isto é, com a entrada ou saída da mercadoria. Na hipótese de importação feita por meio de navio ou avião, a consumação se dá no exato instante em que a mercadoria ingressa em território nacional, muito embora se exija o pouso da aeronave ou o atracamento da embarcação, uma vez que, se o sujeito estiver apenas em trânsito pelo País, não ocorrerá o delito em questão. A tentativa é perfeitamente possível.

(8) Princípio da insignificância: Vide comentários ao art. 1º do CP.

(9) Extinção da punibilidade no crime de descaminho: Discute-se se o pagamento do tributo no crime de descaminho opera a extinção da punibilidade, tal como se dá nos termos dos crimes previstos na Lei n. 8.137/90. Há duas posições: (a) Opera-se a extinção da punibilidade com o pagamento do tributo (Celso Delmanto, *Código Penal comentado*, cit., p. 602); (b) Incide apenas o art. 16 do CP, tendo a Lei n. 6.910, de 27-5-1981 cancelado a *Súmula 560 do STF*, que permitia tal extinção (Damásio de Jesus, *Direito penal*, cit., v. 4, p. 243, e Julio Fabbrini Mirabete, *Manual*, cit., v. 3, p. 388-99). A respeito do momento para o pagamento e parcelamento do tributo e seus efeitos na esfera penal, *vide* comentários aos arts. 107 e 168-A do CP.

(10) Ação penal. Lei dos Juizados Especiais Criminais: Trata-se de crime de ação penal pública incondicionada. Admite-se o instituto da suspensão condicional do processo (art. 89 da Lei n. 9.099/95).

(11) Competência: A Súmula 151 do STJ dispõe que: "A competência para o processo e julgamento por crime de contrabando ou descaminho define-se pela prevenção do Juízo Federal do lugar da apreensão dos bens". Inexistindo nos autos indícios da prática de delito de contrabando, a

competência para o conhecimento da ação penal é da Justiça Estadual. "Contrabando ou descaminho. Competência. Restituição de coisa apreendida. Devolução de veículo estrangeiro apreendido em razão de contrabando. Incompetência *ratione loci* do Juízo de circunscrição judiciária diversa daquela onde ocorre o inquérito policial para conhecer de matérias a ele relativas" (TRF, 5ª Região, *RT* 801/693). "Competência. Descaminho. Posse ilegal de arma e munição. Conexão probatória. Competência da Justiça Federal" (TJRS, RSE 70013638291, 7ª Câmara Criminal, Rel. Des. Sylvio Baptista Neto, j. 19-1-2006).

(12) Processo administrativo-fiscal e condição de procedibilidade para propositura da ação penal (art. 83 da Lei n. 9.430/96): Sobre o tema, *vide* comentários ao art. 100 do CP.

(13) Produtos piratas. Contrabando ou descaminho: STJ: "1. (...). A Resolução n. 136/1986 do CONCINE determina que 'as cópias de obras cinematográficas em videocassete só poderão ser vendidas, alugadas ou permutadas se portadoras de etiqueta de controle emitida e fornecida pelo CONCINE', e mais, 'aquele que promover ou de qualquer modo concorrer para a transação ou copiagem de matriz não registrada, para a venda, locação ou permuta de cópias não etiquetadas ou com etiqueta com numeração rasurada, danificada, inexata ou não correlata à matriz respectiva incorrerá nas sanções previstas no Decreto n. 93.881, de 23 de dezembro de 1986'. 6. Hodiernamente, a Lei n. 8.401/1992, dispondo sobre o controle de autenticidade de cópias de obras audiovisuais em videofonograma postas em comércio, transferiu às entidades de classe a competência fiscalizadora antes cometida ao CONCINE. 7. Este fato, porém, não autoriza que as empresas possuam em seu acervo fitas de videocassete 'piratas' ou 'alternativas', ou seja, sem a etiqueta de controle, mesmo porque a posse dessas fitas caracteriza atividade ilícita de sonegação fiscal do imposto sobre produtos industrializados, sobre circulação de mercadorias, e, ainda, eventual ocorrência de contrabando ou descaminho, sem falar em possível tipificação de crime contra a propriedade intelectual – violação de direito autoral, previsto no art. 184, do Código Penal. 8. Precedentes desta Corte Superior (REsps ns. 274414/SP, 274384/SP, 217035/SP e 75539/RS, 1ª T.). 9. Recurso especial provido" (STJ, REsp 441639/SP, 1ª T., Rel. Min. José Delgado, j. 27-8-2002, *DJ* 23-9-2002, p. 291; *LEXSTJ* 163/220). Sobre programas de computador, *vide* art. 12, § 2º, da Lei n. 9.613/98.

Lei de Drogas

(1) Tráfico internacional de drogas: Dispõe o art. 33 da Lei n. 11.343/2006: "Importar, exportar, remeter, preparar, produzir, fabricar, adquirir, vender, expor à venda, oferecer, ter em depósito, transportar, trazer consigo, guardar, prescrever, ministrar, entregar a consumo ou fornecer drogas, ainda que gratuitamente, sem autorização ou em desacordo com determinação legal ou regulamentar: Pena – reclusão de 5 (cinco) a 15 (quinze) anos e pagamento de 500 (quinhentos) a 1500 (mil e quinhentos) dias-multa". A Lei n. 11.343/2006 manteve as dezoito condutas típicas constantes do revogado art. 12, *caput*, da Lei n. 6.368/76, mas substituiu "substância entorpecente ou que determine dependência física ou psíquica" por droga, aumentou a pena, que era de 3 a 15 anos para 5 a 15 anos e impôs uma multa mais pesada (500 a 1.500 dias-multa). Trata-se, portanto, nesse aspecto, de uma *novatio legis in pejus*, não podendo retroagir para alcançar os fatos praticados antes de sua entrada em vigor. O art. 74 da Lei n. 11.346/2006 estabeleceu que o referido Diploma Legal entraria em vigor 45 dias após a sua publicação. Como a lei foi publicada em 24-8-2006, a sua entrada em vigor, portanto, ocorreu em 8-10-2006. Finalmente, o art. 40 prescreve que as penas previstas nos arts. 33 a 37 da Lei são aumentadas de um sexto a dois terços, se: "a natureza, a procedência da substância ou do produto apreendido e as circunstâncias do fato evidenciarem a transnacionalidade do delito (...)".

(2) Tráfico internacional de matéria-prima, insumo ou produto químico destinado à preparação de drogas: No inciso III, § 1º, do art. 33 da Lei n. 11.343/2006 está previsto o crime de tráfi-

co de matéria-prima. Aludido Diploma Legal trouxe algumas modificações no que se relaciona a esse crime, pois inseriu expressamente a expressão: "sem autorização ou em desacordo com determinação legal ou regulamentar"; no tocante ao objeto material do crime, inseriu ao lado da matéria-prima, o insumo ou produto químico destinado à preparação de drogas; substituiu a expressão "substância entorpecente ou que determine dependência física psíquica" por "drogas"; aumentou a pena da conduta equiparada, que era de 3 a 15 anos, para 5 a 15 anos e, ainda, impôs uma multa mais pesada (500 a 1.500 dias-multa).

(3) Lei do abate ou destruição de aeronaves: O art. 303 do Código Brasileiro de Aeronáutica (com a redação determinada pela Lei n. 9.614, de 5-3-1998) prevê que a aeronave poderá ser detida por autoridades aeronáuticas, fazendárias ou de Polícia Federal, nas hipóteses previstas em seus incisos, como, por exemplo, para averiguação de ilícito. Esgotados os meios coercitivos legalmente previstos, a aeronave será classificada como hostil, ficando sujeita à medida de destruição, nos casos dos incisos do *caput* deste artigo e após autorização do Presidente da República ou autoridade por ele delegada (parágrafo acrescido pela Lei n. 9.614/98). A Lei n. 9.614, de 5-3-1998, portanto, passou a permitir o abate, ou seja, a destruição de aeronaves sob suspeitas de estarem transportando drogas, no espaço aéreo brasileiro, autorizando, assim, a eliminação da vida de passageiros que se encontrem no seu interior. Em decorrência disso, há quem sustente a inconstitucionalidade dessa lei, dado que a Constituição garante o direito à vida e proíbe a pena de morte, salvo em caso de guerra declarada (art. 5º, XLVII). O Decreto n. 5.144, de 16-7-2004, cuidou de estabelecer os procedimentos que deverão ser seguidos, pelos pilotos da FAB, em relação a tais aeronaves, desde que haja suspeita de transportarem drogas, antes de se operar a sua destruição.

Estatuto do Desarmamento

(1) Documentos internacionais: O Brasil é signatário da "Convenção Interamericana contra a Fabricação e o Tráfico Ilícitos de Armas de Fogo, Munições, Explosivos e outros Materiais Correlatos", concluída em Washington em 14-11-1997 e promulgada por meio do Decreto Presidencial n. 3.229 de 29-10-1999. Seu escopo é "impedir, combater e erradicar a fabricação e o tráfico ilícitos de armas de fogo, munições, explosivos e outros materiais correlatos". No mesmo sentido, o Brasil é, outrossim, signatário do "Protocolo contra a Fabricação e o Tráfico Ilícito de Armas de Fogo, suas Peças, Componentes e Munições", o qual complementa a Convenção das Nações Unidas contra o Crime Organizado Transnacional, assinada pelo Brasil em 11-7-2001. A promulgação do referido protocolo se deu por meio do Decreto n. 5.941 de 26-10-2006, prestando vigência ao protocolo que se propõe a, segundo seus próprios termos, "promover, facilitar e fortalecer a cooperação entre os Estados-Partes a fim de prevenir, combater e erradicar a fabricação e o tráfico ilícitos de armas de fogo, suas peças e componentes e munições".

(2) Estatuto do Desarmamento (Lei n. 10.826, de 22-12-2003): A importação, a exportação e o favorecimento da entrada e saída do território nacional, a qualquer título, de arma de fogo, acessório ou munição, sem autorização da autoridade competente, passaram a constituir crime previsto no art. 18 (tráfico internacional de armas) da nova lei, com penas bem mais severas do que o contrabando ou descaminho (reclusão de 4 a 8 anos, e multa). Trata-se também de norma especial em relação à do art. 334-A do Código Penal, pois, enquanto esta última trata da importação de qualquer mercadoria proibida, a do art. 18 do Estatuto do Desarmamento cuida da entrada ou saída de produtos específicos, no caso, acessório, arma de fogo ou munição. A importação ou exportação de arma de fogo de uso permitido, sem autorização da autoridade competente, também configura o crime do art. 18. Na hipótese de descaminho, estará caracterizada a figura do art. 334 do Código Penal, sem incidência dos dispositivos da nova Lei de Arma de Fogo. Sobre o tema, *vide* Fernando Capez, *Estatuto do Desarmamento*, São Paulo: Saraiva.

Tráfico internacional de armas e liberdade provisória: O Plenário do Supremo Tribunal Federal declarou, na data de 2-5-2007, a inconstitucionalidade de três dispositivos do Estatuto do Desarmamento, na ADI 3112. Por maioria de votos, os ministros anularam dois dispositivos do Estatuto que proibiam a concessão de liberdade, mediante o pagamento de fiança, no caso de porte ilegal de arma (parágrafo único do art. 14) e disparo de arma de fogo (parágrafo único do art. 15). Também foi considerado inconstitucional o art. 21 do Estatuto, que negava liberdade provisória aos acusados de posse ou porte ilegal de arma de uso restrito, comércio ilegal de arma e *tráfico internacional de arma*.

(3) Estatuto do Desarmamento e tráfico internacional de artefato explosivo ou incendiário: As ações de *importar, exportar, favorecer* a entrada ou a saída do território nacional, a qualquer título, de artefatos explosivos ou incendiários não constituem crime previsto no art. 18 da Lei n. 10.826/2003, ante a falta de expressa disposição legal. No entanto, o art. 16, parágrafo único, IV, prevê as ações de possuir ou deter artefato explosivo ou incendiário, de forma que o traficante que for detido introduzindo ou retirando esses artefatos do território nacional poderá responder pela sua posse ou detenção em concurso com o crime de contrabando (CP, art. 334-A), em face da ofensa de objetividades jurídicas distintas (segurança da coletividade e interesses da Administração Pública). Sobre o tema, *vide* Fernando Capez, *Estatuto do Desarmamento*, São Paulo: Saraiva.

(4) Lei do abate ou destruição de aeronaves: Vide acima comentários à Lei de Drogas.

Outras infrações

(1) Constitui crime previsto no art. 12, § 2º, da Lei n. 9.613/98, a ação de introduzir no País, para fins de comércio, original ou cópia de programa de computador, produzido com violação de direito autoral.

(2) Vide também CP, arts. 234, 272, § 1º, 273, § 1º, 289, § 1º, 293, incisos II e III; Lei n. 9.605/98, arts. 29, § 1º, III, 30, 31 e 56; Decreto-lei n. 288/67 (Zona Franca de Manaus), art. 39.

Súmulas:

Súmula 151 do STJ: "A competência para o processo e julgamento por crime de contrabando ou descaminho define-se pela prevenção do Juízo Federal do lugar da apreensão dos bens".

Súmula 122 do STJ: "Compete à Justiça Federal o processo e julgamento unificado dos crimes conexos de competência federal e estadual, não se aplicando a regra do art. 78, II, *a*, do Código de Processo Penal".

Súmula 560 do STF: "A extinção da punibilidade, pelo pagamento do tributo devido, estende-se ao crime de contrabando ou descaminho, por força do art. 18, § 2º, do Decreto-lei n. 157/67". (*Vide* acima posicionamento sobre o cancelamento da referida Súmula.)

> **§ 1º** Incorre na mesma pena quem: *(Redação dada pela Lei n. 13.008, de 26-6-2014)*
>
> **I** – pratica navegação de cabotagem, fora dos casos permitidos em lei; *(Redação dada pela Lei n. 13.008, de 26-6-2014)*
>
> **II** – pratica fato assimilado, em lei especial, a descaminho; *(Redação dada pela Lei n. 13.008, de 26-6-2014)*
>
> **III** – vende, expõe à venda, mantém em depósito ou, de qualquer forma, utiliza em proveito próprio ou alheio, no exercício de atividade comercial ou industrial, mercadoria de procedência estrangeira que introduziu clandestinamente no País ou importou fraudulentamente ou que sabe ser produto de introdução clandestina no território nacional ou de importação fraudulenta por parte de outrem; *(Redação dada pela Lei n. 13.008, de 26-6-2014)*
>
> **IV** – adquire, recebe ou oculta, em proveito próprio ou alheio, no exercício de atividade comercial ou industrial, mercadoria de procedência estrangeira, desacompanhada de do-

cumentação legal ou acompanhada de documentos que sabe serem falsos. *(Redação dada pela Lei n. 13.008, de 26-6-2014)*

O § 1º do artigo em estudo dispõe que incorre na mesma pena quem:

a) pratica navegação de cabotagem, fora dos casos permitidos em lei: a lei equipara ao descaminho a navegação de cabotagem praticada fora dos casos permitidos em lei. Trata-se, portanto, de norma penal em branco. Segundo Noronha, "navegação de cabotagem é a que tem por finalidade a comunicação e o comércio direto entre os portos do País, dentro de suas águas e dos rios que correm em seu território. É privativa dos navios nacionais; a lei, entretanto, pode estabelecer exceções (Lei n. 123, de 11-11-1892, e Dec. n. 10.524, de 23-10-1913)" ;

b) pratica fato assimilado, em lei especial, a descaminho: trata-se, também, de norma penal em branco, incumbindo à legislação extravagante dizer quais os fatos assimilados ao delito de descaminho;

c) vende, expõe à venda, mantém em depósito ou, de qualquer forma, utiliza em proveito próprio ou alheio, no exercício de atividade comercial ou industrial, mercadoria de procedência estrangeira que introduziu clandestinamente no País ou importou fraudulentamente ou que sabe ser produto de introdução clandestina no território nacional ou de importação fraudulenta por parte de outrem: diversas são as condutas típicas previstas no inciso III do dispositivo penal. Vejamos as condutas típicas:

(1) A primeira parte do dispositivo prevê a conduta daquele que "vende, expõe à venda, mantém em depósito ou, de qualquer forma, utiliza em proveito próprio ou alheio, no exercício de atividade comercial ou industrial, mercadoria de procedência estrangeira que introduziu clandestinamente no País ou importou fraudulentamente (...)". Pune-se, aqui, a ação do autor do descaminho que, no exercício de atividade comercial ou industrial, pratique uma daquelas condutas típicas. É imprescindível que o agente realize as condutas no exercício de atividade comercial ou industrial. Desta feita, se o autor do descaminho, por exemplo, mantém em depósito a mercadoria, sem que tal fato ocorra no exercício de qualquer atividade comercial ou industrial, o crime passa a ser o previsto no *caput* do artigo.

(2) A segunda parte do dispositivo prevê a conduta daquele que "vende, expõe à venda, mantém em depósito ou, de qualquer forma, utiliza em proveito próprio ou alheio, no exercício de atividade comercial ou industrial, mercadoria de procedência estrangeira (...) que sabe ser produto de introdução clandestina no território nacional ou de importação fraudulenta por parte de outrem". Pune-se a conduta do comerciante ou industrial que, no exercício da atividade comercial ou industrial, pratica uma daquelas ações típicas (vende, expõe à venda etc.), tendo por objeto mercadoria que sabe ser produto de introdução clandestina no território nacional ou de importação fraudulenta por parte de outrem. Nessa hipótese, o comerciante ou industrial é um receptador das mercadorias, fruto de descaminho praticado por terceiros. É necessário que o receptador saiba, isto é, tenha certeza de que a mercadoria advém dos delitos de descaminho. Se agir com dolo eventual, o crime não subsistirá. Estamos aqui diante de uma hipótese de concurso aparente de normas, devendo prevalecer a disposição específica do inciso III do § 1º do art. 334 e não a norma geral do art. 180, § 1º, do CP, embora esta preveja as mesmas ações típicas, também praticadas no exercício de atividade comercial ou industrial. Ressalve-se, finalmente, que, se as ações previstas na segunda parte do inciso III não forem praticadas no exercício de atividade comercial ou industrial, outro crime poderá configurar-se: art. 180, *caput* e § 3º, do CP;

d) adquire, recebe ou oculta, em proveito próprio ou alheio, no exercício de atividade comercial ou industrial, mercadoria de procedência estrangeira, desacompanhada de documentação legal, ou acompanhada de documentos que sabe serem falsos: trata-se também de previsão legal similar ao crime de receptação previsto no § 1º do art. 180 (receptação qualificada), devendo, contudo, prevalecer a disposição específica do art. 334, § 1º, IV. No crime em estudo o agente adquire, recebe ou oculta, no exercício de atividade comercial ou industrial, mercadoria de procedência estrangeira, desacompanhada de documentação legal, ou acompanhada de documentos que sabe serem falsos. É necessário que o agente tenha certeza da proveniência ilícita da mercadoria, não bastando o dolo eventual. Se o agente agir culposamente, o fato poderá ser enquadrado no art. 180, § 3º, do CP, e não no inciso IV do § 1º do art. 334 do CP. O tipo penal contém o chamado elemento subjetivo do tipo: "em proveito próprio ou alheio". Celso Delmanto chama a atenção para o fato de que "a pena cominada ao novo § 1º do art. 180 é flagrantemente desproporcional em relação à deste art. 334, § 1º, *d*. Por exemplo: enquanto a receptação de televisores furtados, no exercício da atividade comercial ou industrial, é punida com pena de reclusão de três a oito anos, e multa (art. 180, § 1º), a receptação de televisores descaminhados, no mesmo exercício da atividade comercial ou industrial, é apenada com reclusão de um a quatro anos (art. 334, § 1º, *d*). Nem se diga, nesta hipótese, que a receptação de produtos furtados seria mais grave do que aquela de produtos descaminhados, uma vez que as penas do art. 155, *caput*, e do art. 334, *caput*, §§ 1º e 2º, são iguais".

§ 2º Equipara-se às atividades comerciais, para os efeitos deste artigo, qualquer forma de comércio irregular ou clandestino de mercadorias estrangeiras, inclusive o exercido em residências. *(Redação dada pela Lei n. 13.008, de 26-6-2014)*

(1) *Atividades comerciais*: O § 2º, por sua vez, dispõe: "Equipara-se às atividades comerciais, para os efeitos deste artigo, qualquer forma de comércio irregular ou clandestino de mercadorias estrangeiras, inclusive o exercido em residências". Segundo a doutrina, o tipo penal exige a habitualidade da conduta, isto é, não basta a venda esporádica de mercadorias fruto de descaminho. É preciso a prática reiterada da conduta.

§ 3º A pena aplica-se em dobro, se o crime de descaminho é praticado em transporte aéreo, marítimo ou fluvial. *(Redação dada pela Lei n. 13.008, de 26-2-2014)*

(1) *Forma qualificada*: A majoração da pena funda-se na maior dificuldade de fiscalização das mercadorias transportadas. Cuida a lei, obviamente, dos roteiros internacionais clandestinos, pois os oficiais de carreira estão sujeitos à fiscalização alfandegária.

(2) *Lei do abate ou destruição de aeronaves (art. 303 do Código Brasileiro de Aeronáutica, com a redação determinada pela Lei n. 9.614, de 5-3-1998)*: Vide comentários ao *caput* do artigo.

Contrabando

Art. 334-A. Importar ou exportar mercadoria proibida: *(Incluído pela Lei n. 13.008, de 26-6-2014)*

Pena – reclusão, de 2 (dois) a 5 (cinco) anos. *(Incluído pela Lei n. 13.008, de 26-6-2014)*

§ 1º Incorre na mesma pena quem: *(Incluído pela Lei n. 13.008, de 26-6-2014)*

I – pratica fato assimilado, em lei especial, a contrabando; *(Incluído pela Lei n. 13.008, de 26-6-2014)*

II – importa ou exporta clandestinamente mercadoria que dependa de registro, análise ou autorização de órgão público competente; *(Incluído pela Lei n. 13.008, de 26-6-2014)*

III – reinsere no território nacional mercadoria brasileira destinada à exportação; *(Incluído pela Lei n. 13.008, de 26-6-2014)*

IV – vende, expõe à venda, mantém em depósito ou, de qualquer forma, utiliza em proveito próprio ou alheio, no exercício de atividade comercial ou industrial, mercadoria proibida pela lei brasileira; *(Incluído pela Lei n. 13.008, de 26-6-2014)*

V – adquire, recebe ou oculta, em proveito próprio ou alheio, no exercício de atividade comercial ou industrial, mercadoria proibida pela lei brasileira. *(Incluído pela Lei n. 13.008, de 26-6-2014)*

§ 2º Equipara-se às atividades comerciais, para os efeitos deste artigo, qualquer forma de comércio irregular ou clandestino de mercadorias estrangeiras, inclusive o exercido em residências. *(Incluído pela Lei n. 4.729, de 14-7-1965)*

§ 3º A pena aplica-se em dobro se o crime de contrabando é praticado em transporte aéreo, marítimo ou fluvial. *(Incluído pela Lei n. 13.008, de 26-6-2014)*

(1) Novatio legis: O contrabando consiste na entrada ou saída do País de mercadorias absoluta ou relativamente proibidas. Ganhou tipo penal específico no novo art. 334-A, incluído pela Lei n. 13.008/2014. Além de separar o contrabando do descaminho em dois tipos penais diferentes, condutas antes reunidas no mesmo dispositivo, ainda tipificou novas condutas equiparadas a contrabando e aumentou as penas desse último delito, agora previsto no art. 334-A.

(2) Objeto jurídico: protege-se, também, a saúde, a moral, a ordem pública, quando os produtos forem de importação ou exportação proibida.

(3) Elementos do tipo: a) Ação nuclear. Objeto material As ações nucleares típicas consubstanciam-se nos verbos: importar ou exportar mercadoria proibida: diz com a entrada ou saída de mercadoria do País, compreendendo este o solo pátrio (espaço ocupado pela corporação política), o mar territorial (faixa de mar exterior ao longo da costa, que se estende por 12 milhas marítimas de largura — art. 1º da Lei n. 8.617/93) e o espaço aéreo (de acordo com o art. 11 da Lei n. 7.565/86, o Brasil exerce completa e exclusiva soberania sobre o espaço aéreo acima de seu território e mar territorial). A mercadoria (objeto material), no caso, é o bem móvel cujo comércio, por motivo de ordem pública, o Estado proíbe. Trata-se de norma penal em branco, pois cumpre à legislação extrapenal dizer quais mercadorias são relativa ou absolutamente proibidas. Não devem necessariamente ser estrangeiras, isto é, fabricadas no exterior. Na hipótese em que a mercadoria é fabricada no Brasil e destinada exclusivamente à exportação, tendo em vista que sua venda no território nacional é proibida, a posterior reintrodução no País configura o delito em tela. Citemos alguns exemplos de contrabando: indivíduo que, transportando artefatos explosivos da Bolívia em um jatinho, transpõe o espaço aéreo nacional, vindo a pousar no Amazonas (*vide* § 3º — forma qualificada); indivíduo que, vindo do Paraguai com um veículo automotor, transpõe a fronteira do Brasil, trazendo diversos explosivos no bagageiro do veículo; indivíduo que, saindo de barco do Brasil em direção à Guiana Francesa, é surpreendido no mar territorial, pela guarda costeira, transportando caixas de dinamite. Tais exemplos, na realidade, demonstram a forma mais comum de se realizar o contrabando, isto é, por meios escusos, longe das vistas das autoridades. Aliás, as organizações criminosas ou as associações criminosas geralmente se utilizam de aviões particulares para o transporte da mercadoria contrabandeada, possuindo, inclusive, pistas de pouso clandestinas para a "desova". Contudo, nada impede que a exportação ou importação se dê pela alfândega, isto é, pela aduana. Assim, pode suceder que o indivíduo consiga fazer com que a mercadoria proibida passe pela fiscalização das autoridades alfandegárias, sendo liberada. Nessa hipótese, o indivíduo que liberou as mercadorias proibidas, com o fim de facilitar o contrabando, desde que seja funcionário público e pratique o crime com violação do dever funcional, deverá responder pelo delito do art. 318 (facilitação de contrabando ou descaminho).

b) Sujeito ativo: trata-se de crime comum, pois qualquer pessoa pode praticá-lo, não se exigindo qualidade especial. Contudo, se o sujeito ativo for funcionário público, e, com infração do dever funcional de repressão ao contrabando ou descaminho, facilitá-lo, será considerado autor do crime previsto no art. 318. Contudo, será tido como partícipe dos delitos em estudo (CP, art. 334 e 334-A) se facilitar o contrabando ou descaminho sem infringir dever funcional, bem como na hipótese de não ter consciência de que infringe o dever funcional. Dessa forma, o legislador penal optou por prever um tipo penal autônomo para aquele que, em tese, seria partícipe dos crimes previstos nos arts. 334 e 334-A do CP (delitos de contrabando e descaminho). Trata-se, portanto, de exceção à teoria unitária adotada pelo Código Penal no concurso de pessoas.

c) Sujeito passivo: é o Estado, uma vez que há interesse estatal de impedir a importação ou exportação de produtos que ofendem a saúde, a moral, a ordem pública.

(4) Elemento subjetivo: é o dolo, isto é, a vontade livre e consciente de importar ou exportar mercadoria absoluta ou relativamente proibida. O erro do agente que recai sobre o elemento do tipo, consistente na natureza proibida da mercadoria, exclui o dolo e, portanto, o tipo penal, incidindo o art. 20 do CP.

(5) Consumação: Há duas situações distintas: na primeira, o sujeito ingressa ou sai do território nacional pelos caminhos normais, transpondo as barreiras da fiscalização alfandegária. Nessa hipótese, o crime se consuma no momento em que é ultrapassada a zona fiscal; no segundo caso, o sujeito se serve de meios escusos para entrar e sair do País clandestinamente. A consumação ocorrerá no exato instante em que são transpostas as fronteiras do País. Tratando-se de importação feita por meio de navio ou avião, a consumação se dá no exato instante em que a mercadoria ingressa em território nacional, muito embora se exija o pouso da aeronave ou o atracamento da embarcação, uma vez que, se o sujeito estiver apenas em trânsito pelo País, não ocorrerá o delito em questão.

(6) Tentativa: Ocorre quando, por circunstâncias alheias à vontade do agente, a conduta é interrompida durante a entrada ou saída da mercadoria proibida, não exigindo a lei que o sujeito venha a ter a posse tranquila do bem.

(7) Formas:

7.1. Simples – Prevista no *caput* do artigo.

7.2. Equiparadas – O § 1º do artigo em estudo dispõe que incorre na mesma pena quem:

a) pratica fato assimilado, em lei especial, a contrabando: trata-se, também, de norma penal em branco, incumbindo à legislação extravagante dizer quais os fatos assimilados ao delito de contrabando ou descaminho. Por exemplo: o art. 39 do Decreto-Lei n. 288/67 dispõe que "será considerado contrabando a saída de mercadorias da Zona Franca sem a autorização expedida pelas autoridades competentes";

b) importa ou exporta clandestinamente mercadoria que dependa de registro, análise ou autorização de órgão público competente: a lei equipara ao contrabando a conduta de inserir no País ou retirar do País, valendo-se da clandestinidade, mercadoria que depende de registro para ser importada ou exportada, como medicamentos com registro na Agência Nacional de Saúde Suplementar. Sobre a clandestinidade, antes da reforma o Código Penal tratava como criminoso quem comercializava a mercadoria clandestina introduzida no País. Após a Lei n. 13.008, tipificou-se a própria importação e exportação de mercadoria e utilizou-se as formalidades do registro como divisor de tipicidade;

c) reinsere no território nacional mercadoria brasileira destinada à exportação: trata-se de mercadoria elaborada para fins exclusivos de exportação. Não há permissão para a reinserção da mercadoria, e tal conduta será formalmente típica e positivada no inciso III do § 1º do art. 334-A do CP;

d) vende, expõe à venda, mantém em depósito ou, de qualquer forma, utiliza em proveito próprio ou alheio, no exercício de atividade comercial ou industrial, mercadoria proibida pela lei brasileira: diversas são as condutas típicas previstas no inciso IV do dispositivo penal. Vejamos as condutas típicas:

O dispositivo prevê a conduta daquele que "vende, expõe à venda, mantém em depósito ou, de qualquer forma, utiliza em proveito próprio ou alheio, no exercício de atividade comercial ou industrial, mercadoria proibida pela lei brasileira (...)". Pune-se, aqui, a ação do autor do contrabando que, no exercício de atividade comercial ou industrial, pratique uma daquelas condutas típicas. Desta feita, se o autor do contrabando possuir uma loja em que revende as mercadorias proibidas, deverá ele responder por essa modalidade criminosa e não pela figura prevista no *caput* do artigo. É imprescindível que o agente realize as condutas no exercício de atividade comercial ou industrial.

e) adquire, recebe ou oculta, em proveito próprio ou alheio, no exercício de atividade comercial ou industrial, mercadoria proibida pela lei brasileira: trata-se também de previsão legal similar ao crime de receptação previsto no § 1º do art. 180 (receptação qualificada), devendo, contudo, prevalecer a disposição específica do art. 334-A, § 1º, V. No crime em estudo o agente adquire, recebe ou oculta, no exercício de atividade comercial ou industrial, mercadoria de procedência estrangeira proibida pela lei brasileira. É necessário que o agente tenha certeza da proveniência ilícita da mercadoria, não bastando o dolo eventual. Se o agente agir culposamente, o fato poderá ser enquadrado no art. 180, § 3º, do CP, e não no inciso V do § 1º do art. 334-A do CP. O tipo penal contém o chamado elemento subjetivo do tipo: "em proveito próprio ou alheio".

O § 2º, por sua vez, dispõe: "Equipara-se às atividades comerciais, para os efeitos deste artigo, qualquer forma de comércio irregular ou clandestino de mercadorias estrangeiras, inclusive o exercido em residências". Segundo a doutrina, o tipo penal exige a habitualidade da conduta, isto é, não basta a venda esporádica de mercadorias contrabandeadas ou fruto de descaminho. É preciso a prática reiterada da conduta.

7.3. Causa de aumento de pena – prevista no § 3º: "A pena aplica-se em dobro, se o crime de contrabando ou descaminho é praticado em transporte aéreo, marítimo ou fluvial". A majoração da pena funda-se na maior dificuldade de fiscalização das mercadorias transportadas por esses meios de transporte. Cuida a lei, obviamente, dos voos internacionais clandestinos, de navios provenientes do estrangeiro pelo mar ou rios. Os meios de transporte regulares terão a fiscalização alfandegária de forma regular.

(8) Legislação penal especial:

a) Lei de Drogas: se a importação ou exportação tiver por objeto droga, sem autorização ou em desacordo com determinação legal ou regulamentar, o fato será enquadrado no art. 33, *caput*, da Lei n. 11.343/2006. Se a exportação ou importação for de matéria-prima, insumo ou produto químico destinado à preparação de droga, o fato será enquadrado no art. 33, § 1º, I, da referida lei. A pena será aumentada de um sexto a dois terços se a natureza, a procedência da substância ou do produto apreendido e as circunstâncias do fato evidenciarem a transnacionalidade do delito (cf. art. 40, I, da lei).

b) Estatuto do Desarmamento (Lei n. 10.826/2003): A importação, a exportação e o favorecimento da entrada e saída do território nacional, a qualquer título, de arma de fogo, acessório ou munição, sem autorização da autoridade competente, configuram o crime previsto no art. 18 (tráfico internacional de armas) da lei, com penas bem mais severas do que o contrabando ou descaminho (reclusão de 4 a 8 anos, e multa). Trata-se também de norma especial em relação à do art. 334-A do CP, pois enquanto esta última trata da importação de qualquer mercadoria proibida, a do art. 18 do Estatuto do Desarmamento cuida da entrada ou saída de produtos específicos, no caso, acessório, arma de fogo ou munição. Resta, assim, o art. 334-A do CP absorvido pelo delito do art. 18 do Estatuto, nas modalidades importar e exportar, em face do princípio da especialidade (o art. 18 é especial em relação ao contrabando). Com efeito, contrabando é fazer entrar ou sair do território nacional qualquer mercadoria proibida, referindo-se, portanto, a uma generalidade de produtos; se, no entanto, o produto proibido for especificamente arma de fogo, acessório ou munição, a norma especial prevalece.

c) Estatuto do Desarmamento e tráfico internacional de artefato explosivo ou incendiário: as ações de importar, exportar, favorecer a entrada ou a saída do território nacional, a qualquer título, de artefatos explosivos ou incendiários não constituem crime previsto no art. 18 da Lei n. 10.826/2003, ante a falta de expressa disposição legal. No entanto, o art. 16, parágrafo único, IV, prevê as ações de possuir ou deter artefato explosivo ou incendiário, de forma que o traficante que for detido introduzindo ou retirando esses artefatos do território nacional poderá responder pela sua posse ou detenção em concurso com o crime de contrabando (CP, art. 334-A), em face da ofensa de objetividades jurídicas distintas (segurança da coletividade e interesses da Administração Pública).

(9) Concurso de crimes: Falsidade documental e contrabando: entendemos que, se a falsificação do documento esgota-se na prática do crime de contrabando, exaurindo sua potencialidade lesiva, haverá absorção do crime de falso, incidindo aqui o princípio da consunção; caso contrário, servindo o documento falsificado pelo agente para a aplicação de uma série de fraudes, deverá ele responder pelo delito de contrabando em concurso material com a falsidade documental.

(10) Ação penal. Competência. Exame de corpo de delito:

a) Ação penal: trata-se de crime de ação penal pública incondicionada.

b) Competência: a Súmula 151 do STJ dispõe que: "A competência para o processo e julgamento por crime de contrabando ou descaminho define-se pela prevenção do Juízo Federal do lugar da apreensão dos bens". Inexistindo nos autos indícios da prática de delito de contrabando, a competência para o conhecimento da ação penal é da Justiça Estadual.

c) Prova da procedência estrangeira da mercadoria para instruir a denúncia: já decidiu o STJ: "Em sede de crime de contrabando, o exame pericial demonstrativo da procedência estrangeira da mercadoria apreendida não é prova indispensável para o oferecimento da denúncia, pois inexiste tal condição de procedibilidade em nosso ordenamento jurídico". (REsp 155.179 RJ 1997/81750-4, rel. Min. Vicente Leal, j. 27-4-2000, *DJ* 22-5-2000).

Impedimento, perturbação ou fraude de concorrência

Art. 335. Impedir, perturbar ou fraudar concorrência pública ou venda em hasta pública, promovida pela administração federal, estadual ou municipal, ou por entidade paraestatal; afastar ou procurar afastar concorrente ou licitante, por meio de violência, grave ameaça, fraude ou oferecimento de vantagem:

Pena – detenção, de 6 (seis) meses a 2 (dois) anos, ou multa, além da pena correspondente à violência.

Parágrafo único. Incorre na mesma pena quem se abstém de concorrer ou licitar, em razão da vantagem oferecida.

(1) Revogação: Mencionado dispositivo legal encontra-se atualmente revogado pela Lei n. 8.666/93 (Lei de Licitações). *Vide* arts. 90, 93, 95 e 98 da referida lei.

Inutilização de edital ou de sinal

Art. 336. Rasgar ou, de qualquer forma, inutilizar ou conspurcar edital afixado por ordem de funcionário público; violar ou inutilizar selo ou sinal empregado, por determinação legal ou por ordem de funcionário público, para identificar ou cerrar qualquer objeto:

Pena – detenção, de 1 (um) mês a 1 (um) ano, ou multa.

(1) Objeto jurídico: Tutela-se o normal desenvolvimento da atividade administrativa.

(2) Ação nuclear: Punem-se as ações de *rasgar* (cortar, dilacerar total ou parcialmente) ou, de qualquer forma (trata-se de interpretação analógica), *inutilizar* (tornar ilegível a leitura, por exemplo, rasurar) ou *conspurcar* (manchar, sujar, não sendo necessário que se torne ilegível a leitura), no caso, o edital, afixado por ordem de funcionário público. Na segunda parte do dispositivo legal, temos a ação de *violar* (romper) ou *inutilizar* (tornar imprestável) selo ou sinal empregado, por determinação legal ou por ordem de funcionário público, para identificar ou cerrar qualquer objeto. Noronha entende que é possível *vencer, transpor* o obstáculo que o selo ou sinal representa, sem removê-lo, danificá-lo ou quebrá-lo.

(3) Objeto material: É o edital administrativo (por exemplo, edital de concorrência pública) ou judicial (por exemplo, edital de citação), desde que não esteja com o prazo de validade vencido. É também objeto material o selo ou sinal empregado, por determinação legal ou por ordem de funcionário público, para cerrar qualquer objeto, por exemplo, lacre aposto em estabelecimento comercial interditado pela autoridade competente. Se o seu conteúdo já houver sido identificado, não há que se falar no crime em tela.

(4) Sujeito ativo: Estamos diante de um crime comum, pois qualquer pessoa pode praticá-lo.

(5) Sujeito passivo: É o Estado.

(6) Elemento subjetivo: É o dolo, consubstanciado na vontade livre e consciente de praticar uma das ações típicas.

(7) Consumação. Tentativa: Consuma-se com a prática de uma das ações típicas. Mencione-se que, na segunda modalidade típica, somente será necessário o devassamento do conteúdo na hipótese em que, havendo a violação, permaneça intacto o selo ou o sinal empregado. Trata-se de crime material, portanto, a tentativa é perfeitamente possível.

(8) Ação penal. Lei dos Juizados Especiais Criminais: Trata-se de crime de ação penal pública incondicionada. Em face da pena máxima prevista (detenção, de 1 mês a 1 ano, ou multa), trata-se de infração de menor potencial ofensivo, estando sujeita às disposições da Lei n. 9.099/95, cabendo, inclusive, o instituto da suspensão condicional do processo (art. 89 da lei).

Subtração ou inutilização de livro ou documento

Art. 337. Subtrair, ou inutilizar, total ou parcialmente, livro oficial, processo ou documento confiado à custódia de funcionário, em razão de ofício, ou de particular em serviço público:

Pena – reclusão, de 2 (dois) a 5 (cinco) anos, se o fato não constitui crime mais grave.

(1) Objeto jurídico: Tutela-se o desenvolvimento regular da atividade administrativa.

(2) Ação nuclear: Incriminam-se aqui as ações de *subtrair* (tirar o objeto do poder ou custódia de outrem) ou *inutilizar* (tornar, total ou parcialmente, imprestável o objeto).

(3) Objeto material: É o livro oficial (é aquele criado por lei ou regulamento para escrituração), processo (administrativo ou judicial) ou documento (público ou privado). É necessário que os mesmos estejam confiados à custódia de funcionário, em razão de ofício, ou de particular em serviço público.

(4) Sujeito ativo: Qualquer pessoa. O funcionário público pode ser sujeito ativo, desde que aja como particular, isto é, desde que não tenha a guarda do livro oficial, processo ou documento.

(5) Sujeito passivo: O Estado, titular do bem jurídico ofendido. Secundariamente também se ofende o interesse de particulares, por exemplo, os indivíduos que figuram como partes no processo inutilizado.

(6) Elemento subjetivo: É o dolo, consubstanciado na vontade livre e consciente de subtrair, ou inutilizar, total ou parcialmente, livro oficial, processo ou documento. É necessário que o agen-

te tenha ciência de que estes se encontram confiados à custódia de funcionário, em razão de ofício, ou de particular em serviço público.

(7) Consumação. Tentativa: Reputa-se o crime consumado com a subtração do bem, nos mesmos moldes do crime de furto ou com a inutilização, total ou parcial, do bem. É cabível a tentativa.

(8) Outros delitos: Vide crimes de supressão de documento (CP, art. 305); extravio, sonegação ou inutilização de livro ou documento (CP, art. 314); sonegação de papel ou objeto de valor probatório (CP, art. 356).

(9) Ação penal: Trata-se de crime de ação penal pública incondicionada.

Sonegação de contribuição previdenciária

Art. 337-A. Suprimir ou reduzir contribuição social previdenciária e qualquer acessório, mediante as seguintes condutas: *(Caput e incisos acrescentados pela Lei n. 9.983/2000)*

I – omitir de folha de pagamento da empresa ou de documento de informações previsto pela legislação previdenciária segurados empregado, empresário, trabalhador avulso ou trabalhador autônomo ou a este equiparado que lhe prestem serviços;

II – deixar de lançar mensalmente nos títulos próprios da contabilidade da empresa as quantias descontadas dos segurados ou as devidas pelo empregador ou pelo tomador de serviços;

III – omitir, total ou parcialmente, receitas ou lucros auferidos, remunerações pagas ou creditadas e demais fatos geradores de contribuições sociais previdenciárias:

Pena – reclusão, de 2 (dois) a 5 (cinco) anos, e multa.

(1) Fundamento constitucional: Prevê o art. 194 da Constituição Federal: "A seguridade social compreende um conjunto integrado de ações de iniciativa dos Poderes Públicos e da sociedade, destinadas a assegurar os direitos relativos à saúde, à previdência e à assistência social". O art. 195 da Carta Constitucional, por sua vez, descreve os modos pelos quais ela será financiada.

(2) Lei n. 8.212/91: Foram editados vários diplomas legais com o fim de regulamentar o art. 194 da CF. São eles: Leis n. 8.080/90, 8.212/91, 8.213/91 e 8.742/93. A Lei n. 8.212, de 24-7-1991, que dispunha sobre a organização da Seguridade Social e instituía Plano de Custeio e dava outras providências, previa nas alíneas *a* a *f* do art. 95 vários crimes contra a Seguridade Social, os quais foram expressamente revogados pelo art. 3º da Lei n. 9.983/2000, publicada no *DOU*, Seção I, em 17-7-2000, p. 4, tendo entrado em vigor no dia 15-10-2000, isto é, noventa dias após a sua publicação. Mencione-se que o revogado art. 95, apesar de formalmente descrever em suas alíneas condutas criminosas, isto é, de possuir o preceito primário da norma, não possuía preceito secundário, ou seja, a cominação de sanção penal. Salvavam-se somente as alíneas *d*, *e* e *f*, pois eram as únicas a possuir o preceito sancionatório, conforme o estabelecido na alínea *l* do art. 95, por isso, a doutrina sustentava que somente elas poderiam ser consideradas crimes.

(3) Lei n. 9.983/2000: Com o novel diploma, os delitos contra a Previdência Social, anteriormente previstos no art. 95 da lei passaram a integrar o Código Penal; dentre eles temos: (a) a apropriação indébita previdenciária – art. 168-A; (b) sonegação de contribuição previdenciária – art. 337-A; (c) falsidade documental contra a previdência – art. 297, §§ 3º e 4º, do Código Penal. O crime de estelionato (previsto na antiga alínea *j* do art. 95 da Lei n. 8.212/91) não foi tratado na nova legislação, devendo o fato ser enquadrado no tipo penal genérico do art. 171, § 3º, do CP.

(4) Lei n. 9.983/2000. A questão da abolitio criminis: Vide comentários ao art. 168-A do CP.

(5) Objeto jurídico: Há duas posições: (a) tutela-se o bom funcionamento da Administração Pública; a regular escrituração contábil no que se refere aos dados exigidos pela Previdência Social (Antonio Lopes Monteiro, *Crimes contra a Previdência Social*, cit., p. 55). (b) protege-se o patrimônio da Seguridade Social (Damásio de Jesus, *Direito penal*, cit., v. 4, p. 259-260).

(6) Ação nuclear: Punem-se as ações de *suprimir* (deixar de pagar) ou *reduzir* (recolher menos do que é devido) contribuição social previdenciária e qualquer acessório. A supressão ou redução é realizada mediante as condutas descritas no tipo. Trata-se, portanto, de crime de conduta vinculada. Há quem entenda que o crime é omissivo. *Nesse sentido*: Cezar Roberto Bitencourt, *Código Penal comentado*, cit., p. 1126. *Em sentido contrário*: Luiz Flávio Gomes, cujo entendimento é no sentido de que se trata de um crime comissivo de conduta mista (*Crimes previdenciários*, cit., p. 81). Mencione-se que o inciso I é uma figura penal que se assemelha à prescrita na revogada alínea *a* do art. 95 da Lei n. 8.212/91; o inciso II trata de figura que se assemelha à contemplada na revogada alínea *b* do art. 95 da Lei n. 8.212/91; finalmente, o inciso III traz uma figura que se assemelha à prevista na revogada alínea *c* do art. 95 da Lei n. 8.212/91.

(7) Objeto material: É a contribuição social previdenciária e qualquer acessório.

(8) Sujeito ativo: Trata-se de crime próprio, pois pratica o crime o particular responsável pelo lançamento das informações nos documentos relacionados com os deveres e obrigações para com a Previdência Social. Não se presume, portanto, a responsabilidade do agente pelo simples fato de integrar uma sociedade, sob pena de haver responsabilidade penal objetiva. Sobre o tema, *vide* Antonio Lopes Monteiro, *Crimes contra a Previdência Social*, cit., p. 88-90, e Cezar Roberto Bitencourt, *Código Penal comentado*, cit., p. 1125.

Denúncia. Crimes societários. Descrição genérica. Possibilidade: Vide comentários ao art. 168-A.

Denúncia. Crimes societários. Descrição genérica. Vedação da responsabilidade penal objetiva: Vide comentários ao art. 168-A.

(9) Sujeito passivo: É o Estado, em especial a Previdência Social.

(10) Elemento subjetivo: É o dolo, consubstanciado na vontade de praticar uma das condutas típicas. No sentido da necessidade de um especial fim de agir (elemento subjetivo do tipo): Antonio Lopes Monteiro, *Crimes contra a Previdência Social*, cit., p. 57-58, e Cezar Roberto Bitencourt, *Código Penal comentado*, cit., p. 1126.

(11) Consumação. Tentativa: Dá-se a consumação com a supressão ou redução da contribuição social previdenciária ou de seus acessórios, mediante a prática de uma das condutas previstas em lei. Para aqueles que entendem que o tipo penal é um delito omissivo, a tentativa é inadmissível.

(12) Ação penal: Trata-se de crime de ação penal pública incondicionada.

(13) Competência: Os crimes contra a Previdência Social são de competência da Justiça Federal, uma vez que a esta compete processar e julgar "as causas em que União, entidade autárquica ou empresa pública federal forem interessadas" (CF, art. 109, I). *Nesse sentido*, decidiu a 5ª Turma do STJ: "Crimes contra a organização do trabalho e contra a previdência social. Configuração de interesse específico da União. Competência da Justiça Federal" (HC 26832/TO, Rel. Min. José Arnaldo da Fonseca, j. 16-12-2004, *DJ* 21-2-2005, p. 195). Sobre competência nos crimes contra a Previdência Social, *vide* também comentários aos arts. 168-A e 171 do CP.

(14) Causa excludente da culpabilidade. Inexigibilidade de conduta diversa: Vide comentários ao art. 168-A.

(15) Ação penal: Trata-se de crime de ação penal pública incondicionada.

(16) Processo administrativo-fiscal e condição de procedibilidade para propositura da ação penal (art. 83 da Lei n. 9.430/96): Vide comentários ao art. 100 do CP.

> § 1º É extinta a punibilidade se o agente, espontaneamente, declara e confessa as contribuições, importâncias ou valores e presta as informações devidas à previdência social, na forma definida em lei ou regulamento, antes do início da ação fiscal. *(Parágrafo acrescentado pela Lei n. 9.983/2000.)*

(1) Extinção da punibilidade (§ 1º): Para que se opere a extinção da punibilidade, exige o dispositivo penal que haja: (a) a declaração e confissão espontâneas do débito; (b) a prestação das informações devidas à Previdência Social, na forma definida em lei ou regulamento. Trata-se, portanto, de norma penal em branco; (c) que tais atos sejam praticados antes do início da ação fiscal. Prescinde-se, portanto, que o agente pague a contribuição sonegada, ao contrário do que sucede com o art. 168-A, § 2º, o qual exige o pagamento do débito previdenciário antes do início da ação fiscal.

Início da ação fiscal: Há diversos posicionamentos na doutrina, porém, de acordo com Cezar Roberto Bitencourt, considera-se iniciada a ação fiscal a partir da cientificação pessoal do contribuinte acerca de sua instauração *(Código Penal comentado,* cit., p. 739), e não da formalização do TIAF (Termo de Início de Ação Fiscal) (cf. Luiz Flávio Gomes, *Crimes previdenciários,* cit., p. 59).

(2) Pagamento do débito antes do recebimento da denúncia (Lei n. 9.249/95): A Lei n. 9.983/2000 não fez menção ao pagamento do débito no crime de sonegação previdenciária. Assim, para Cezar Roberto Bitencourt *(Código Penal comentado,* cit., p. 1127) e Luiz Flávio Gomes (*Crimes previdenciários,* cit., p. 83), o pagamento do débito previdenciário antes do recebimento da denúncia extingue a punibilidade, continuando, portanto, a ser aplicável o art. 34 da Lei n. 9.249/95. A respeito, no entanto, do momento para o pagamento e parcelamento do tributo e seus efeitos na esfera penal, na nova sistemática da Lei n. 12.382/2011, que disciplinou a representação fiscal para fins penais nos casos em que houver parcelamento do crédito tributário, alterou a Lei n. 9.430/96 e revogou a Lei n. 12.255/2010, *vide* comentários aos arts. 107 e 168-A do CP.

(3) Pagamento do débito após o recebimento da denúncia: Nessa hipótese, incidirá apenas a circunstância atenuante prevista no art. 65 do CP, não ocorrendo a extinção da punibilidade.

> § 2º É facultado ao juiz deixar de aplicar a pena ou aplicar somente a de multa se o agente for primário e de bons antecedentes, desde que: *(Parágrafo e incisos acrescentados pela Lei n. 9.983/2000)*
>
> I – *(Vetado)*
>
> II – o valor das contribuições devidas, inclusive acessórios, seja igual ou inferior àquele estabelecido pela previdência social, administrativamente, como sendo o mínimo para o ajuizamento de suas execuções fiscais.

(1) Perdão judicial ou aplicação da pena de multa (§ 2º): O legislador previu no mencionado dispositivo legal a aplicação alternativa pelo juiz do perdão judicial ou uma sanção penal menos rigorosa (incidência exclusiva da pena de multa), desde que o agente preencha os seguintes requisitos: a) *seja primário e de bons antecedentes (requisito subjetivo);* b) *o valor do débito previdenciário seja igual ou inferior àquele estabelecido pela Previdência Social, administrativamente, como sendo o mínimo para o ajuizamento de suas execuções fiscais (requisito*

objetivo). Uma vez preenchidos todos os requisitos descritos, o réu tem o direito público subjetivo de ser contemplado com o perdão judicial ou a pena de multa. Sobre o tema, *vide* comentários ao art. 168-A.

(2) Princípio da insignificância: Em face da previsão do § 2º, indaga-se na doutrina se o legislador teria afastado por completo a incidência do princípio da insignificância nos crimes de sonegação previdenciária. O princípio da insignificância, uma vez aplicável, excluiria a própria tipicidade penal, ao contrário das hipóteses contempladas no § 2º (perdão judicial, em que o juiz deixa apenas de aplicar a pena, ou a incidência exclusiva da pena de multa), em que subsiste a tipicidade penal. Sobre o tema, *vide* Luiz Flávio Gomes *(Crimes previdenciários,* cit., p. 65), Cezar Roberto Bitencourt *(Código Penal comentado,* cit., p. 1128) e Damásio de Jesus *(Direito penal,* cit., v. 4, p. 262).

Princípio da insignificância e Lei n. 9.441/97: Vide comentários ao art. 168-A.
Princípio da insignificância e Portaria MPAS n. 4.943/99: Vide comentários ao art. 168-A.
Princípio da insignificância. Inaplicabilidade aos crimes previdenciários: Vide comentários ao art. 168-A.

> § 3º Se o empregador não é pessoa jurídica e sua folha de pagamento mensal não ultrapassa R$ 1.510,00 (um mil, quinhentos e dez reais), o juiz poderá reduzir a pena de um terço até a metade ou aplicar apenas a de multa. *(Acrescentado pela Lei n. 9.983/2000)*

(1) Causa de diminuição de pena (§ 3º): Trata-se de direito subjetivo do réu, uma vez preenchidos os requisitos legais objetivos, quais sejam: a) ser o empregador pessoa física; e b) sua folha de pagamento mensal não ultrapassar o valor de R$ 1.510,00.

> § 4º O valor a que se refere o parágrafo anterior será reajustado nas mesmas datas e nos mesmos índices do reajuste dos benefícios da previdência social. *(Acrescentado pela Lei n. 9.983/2000)*

CAPÍTULO II-A
DOS CRIMES PRATICADOS POR PARTICULAR CONTRA A ADMINISTRAÇÃO PÚBLICA ESTRANGEIRA *(Capítulo acrescentado pela Lei n. 10.467/2002)*

Corrupção ativa em transação comercial internacional

Art. 337-B. Prometer, oferecer ou dar, direta ou indiretamente, vantagem indevida a funcionário público estrangeiro, ou a terceira pessoa, para determiná-lo a praticar, omitir ou retardar ato de ofício relacionado à transação comercial internacional: *(Artigo acrescentado pela Lei n. 10.467/2002)*

Pena – reclusão, de 1 (um) a 8 (oito) anos, e multa.

Parágrafo único. A pena é aumentada de 1/3 (um terço), se, em razão da vantagem ou promessa, o funcionário público estrangeiro retarda ou omite o ato de ofício, ou o pratica infringindo dever funcional.

(1) Documentos internacionais: Foi assinada a Convenção sobre o Combate à Corrupção de Funcionários Públicos Estrangeiros em Transações Comerciais Internacionais, em Paris, em 17-12-1997, e aprovada pelo Congresso Nacional pelo Decreto Legislativo n. 125, de 14-6-2000, sen-

do promulgada pelo Decreto Presidencial n. 3.678 de 30-11-2000. De acordo com a referida Convenção: Art. 1: "Cada parte deverá tomar todas as medidas necessárias ao estabelecimento de que, segundo suas leis, é delito criminal qualquer pessoa intencionalmente oferecer, prometer ou dar qualquer vantagem pecuniária indevida ou de outra natureza, seja diretamente ou por intermediários, a um funcionário público estrangeiro, para esse funcionário ou para terceiros, causando a ação ou a omissão do funcionário no desempenho de suas funções oficiais, com a finalidade de realizar ou dificultar transações ou obter outra vantagem ilícita na condução de negócios internacionais. 2. Cada parte deverá tomar todas as medidas necessárias ao estabelecimento de que a cumplicidade, inclusive por incitamento, auxílio ou encorajamento, ou a autorização de ato de corrupção de um funcionário público estrangeiro é um delito criminal. A tentativa e conspiração para subornar um funcionário público estrangeiro serão delitos criminais na mesma medida em que o são a tentativa e conspiração para corrupção de funcionário público daquela parte. 3. Os delitos prescritos nos parágrafos 1 e 2 acima serão doravante referidos como 'corrupção de funcionário público estrangeiro'. A Convenção Interamericana contra a Corrupção, de 29-3-1996, aprovada pelo Decreto Legislativo n. 152/2002 e promulgada por meio do Decreto Presidencial n. 4.410, de 7-10-2002, dispõe que é ato de corrupção: "a) a solicitação ou a aceitação, direta ou indiretamente, por um funcionário público ou pessoa que exerça funções públicas, de qualquer objeto de valor pecuniário ou de outros benefícios como dádivas, favores, promessas ou vantagens para si mesmo ou para outra pessoa ou entidade em troca da realização ou omissão de qualquer ato no exercício de suas funções públicas; b) a oferta ou outorga, direta ou indiretamente, a um funcionário público ou pessoa que exerça funções públicas, de qualquer objeto de valor pecuniário ou de outros benefícios como dádivas, favores, promessas ou vantagens a esse funcionário público ou outra pessoa ou entidade em troca da realização ou omissão de qualquer ato no exercício de suas funções públicas; c) a realização, por parte de um funcionário público ou pessoa que exerça funções públicas, de qualquer ato ou omissão no exercício de suas funções, a fim de obter ilicitamente benefícios para si mesmo ou para um terceiro". Por sua vez, a Convenção das Nações Unidas contra a corrupção, assinada pelo Brasil em 9-12-2003, aprovada por meio do Decreto Legislativo n. 348/2005 e promulgada por meio do Decreto Presidencial n. 5.687 de 31-1-2006, assim dispõe sobre a matéria: "1. Cada Estado-Parte adotará as medidas legislativas e de outras índoles que sejam necessárias para qualificar como delito, quando cometido intencionalmente, a promessa, oferecimento ou a concessão, de forma direta ou indireta, a um funcionário público estrangeiro ou a um funcionário de organização internacional pública, de um benefício indevido que redunde em seu próprio proveito ou no de outra pessoa ou entidade com o fim de que tal funcionário atue ou se abstenha de atuar no exercício de suas funções oficiais para obter ou manter alguma transação comercial ou outro benefício indevido em relação com a realização de atividades comerciais internacionais. 2. Cada Estado-Parte considerará a possibilidade de adotar medidas legislativas e de outras índoles que sejam necessárias para qualificar como delito, quando cometido intencionalmente, a solicitação ou aceitação por um funcionário público estrangeiro ou funcionário de organização internacional pública, de forma direta ou indireta, de um benefício indevido que redunde em proveito próprio ou no de outra pessoa ou entidade, com o fim de que tal funcionário atue ou se abstenha de atuar no exercício de suas funções oficiais". *Vide* também art. 317 do CP.

(2) *Alteração legislativa:* O art. 337-B foi acrescentado ao Código Penal pela Lei n. 10.467, de 11-7-2002. Por tratar-se de *novatio legis* incriminadora que criou uma figura penal até então inexistente, não pode retroagir no tempo, isto é, alcançar fatos ocorridos antes de sua vigência.

(3) *Objeto jurídico:* Como não incumbe à lei penal brasileira, no caso, tutelar a Administração Pública estrangeira, cabendo ao país de origem do funcionário público proteger seus interesses

(*nesse sentido*: Damásio de Jesus, *Crimes de corrupção ativa e tráfico de influência nas transações comerciais internacionais*, São Paulo: Saraiva, 2003, p. 14), temos que o bem jurídico resguardado é a lisura e a transparência na realização das transações internacionais de natureza comercial.

(4) Ação nuclear: As ações nucleares típicas são praticamente as mesmas contidas no art. 333 do CP, com exceção do verbo *dar*. Punem-se, assim, as ações de *prometer* (comprometer-se, fazer promessa, garantir a entrega de algo ao funcionário público estrangeiro), *oferecer* (colocar à disposição ou aceitação) ou *dar* (entregar, ceder, presentear, doar), direta ou indiretamente, vantagem indevida a funcionário público estrangeiro, para determiná-lo a praticar, omitir ou retardar ato de ofício relacionado a transação comercial internacional, isto é, operação comercial (elemento normativo do tipo). Obviamente, se a transação não é comercial, nem internacional, o crime não se perfaz, ante a ausência do elemento normativo do tipo.

(5) Objeto material: É a vantagem. *Vide* comentários ao art. 333 do CP, pois incumbe ao Estado estrangeiro tutelar seus interesses administrativos, devendo aquele responder nos termos da legislação penal do seu país de origem. Trata-se de exceção à teoria unitária adotada pelo Código Penal no concurso de pessoas. O legislador, no caso, adotou a teoria pluralística, em que cada um dos participantes responde por delito autônomo.

(6) Sujeito ativo: Qualquer pessoa, seja nacional ou estrangeiro. Nada impede que o funcionário público seja sujeito ativo desse crime, desde que não aja com essa qualidade. *Nesse sentido*: Damásio de Jesus, *Crimes de corrupção ativa e tráfico de influência nas transações comerciais internacionais*, cit., p. 17.

(7) Sujeito passivo: É crime vago, vítima é a coletividade, já que o delito é cometido em prejuízo do comércio internacional, afetando sua credibilidade e abalando a confiança do mercado. Secundariamente, tem-se como vítima a empresa pública ou privada que venha a ser lesada com a atuação do corruptor. *Em sentido contrário*: Damásio de Jesus, para quem sujeito passivo é o Estado estrangeiro titular da Administração Pública atingida (*Crimes de corrupção ativa e tráfico de influência nas transações comerciais internacionais*, cit., p. 18).

(8) Elemento subjetivo: É o dolo, isto é, a vontade livre e consciente de praticar uma das ações típicas, ciente de que a vantagem é indevida e de que se destina a funcionário público estrangeiro. Exige-se também o elemento subjetivo do tipo: "para determiná-lo a praticar, omitir ou retardar ato de ofício, ciente de que este se relaciona a transação comercial internacional".

(9) Consumação. Tentativa: Trata-se de crime formal. Nas modalidades *prometer* e *oferecer* a consumação se dá com a simples promessa ou oferta de vantagem indevida por parte do *extraneus* ao funcionário público estrangeiro. Na modalidade *dar* o crime se consuma com a entrega efetiva da vantagem indevida. É imprescindível que as ações mencionadas sejam, no todo ou em parte, praticadas no território nacional. A tentativa é possível, salvo se as ações forem praticadas por meio oral.

(10) Causa de aumento de pena: Cuida-se aqui de hipóteses de exaurimento do crime, que funcionam como causa de aumento de pena. Assim, a pena será majorada se o funcionário público: (a) retarda a prática do ato, isto é, desrespeita o prazo para sua execução; (b) deixa de praticar o ato, isto é, abstém-se da sua prática; (c) pratica-o infringindo dever funcional, isto é, ação é contrária ao seu dever de ofício.

(11) Ação penal. Lei dos Juizados Especiais Criminais: Trata-se de crime de ação penal pública incondicionada. Em face da pena mínima prevista (reclusão, de 1 a 8 anos, e multa), é cabível a suspensão condicional do processo (art. 89 da Lei n. 9.099/95).

Lei de Lavagem de Dinheiro

(1) Crime de "lavagem de dinheiro": Pune-se a conduta de "ocultar ou dissimular a natureza, origem, localização, disposição, movimentação ou propriedade de bens, direitos ou valores prove-

nientes, direta ou indiretamente, de infração penal (redação dada pela Lei n. 12.683, de 2012), dentre eles, o praticado por particular contra a administração pública estrangeira (arts. 337-B, 337-C e 337-D do Decreto-lei n. 2.848, de 7 de dezembro de 1940 – Código Penal)" (cf. inciso VII acrescentado ao art. 1º pela Lei n. 10.467/2002).

Tráfico de influência em transação comercial internacional

Art. 337-C. Solicitar, exigir, cobrar ou obter, para si ou para outrem, direta ou indiretamente, vantagem ou promessa de vantagem a pretexto de influir em ato praticado por funcionário público estrangeiro no exercício de suas funções, relacionado a transação comercial internacional: *(Artigo acrescentado pela Lei n. 10.467/2002)*

Pena – reclusão, de 2 (dois) a 5 (cinco) anos, e multa.

Parágrafo único. A pena é aumentada da metade, se o agente alega ou insinua que a vantagem é também destinada a funcionário estrangeiro.

(1) Alteração legislativa: O art. 337-C foi introduzido no Código Penal pela Lei n. 10.467, de 11-6-2002. Trata-se de *novatio legis* incriminadora, uma vez que criou figura penal até antes inexistente, não podendo, portanto, retroagir no tempo para alcançar fatos ocorridos antes de sua vigência.

(2) Objeto jurídico: Tutela-se a lisura e a transparência na realização das transações internacionais de natureza comercial.

(3) Ação nuclear: São as mesmas previstas no art. 332 do CP (tráfico de influência), quais sejam, *solicitar, exigir, cobrar, obter*, para si ou para outrem, direta ou indiretamente, vantagem ou promessa de vantagem de outrem a pretexto de exercer influência em ato pelo funcionário público estrangeiro praticado. Convém lembrar que neste tipo o funcionário público não chega a exercer nenhuma influência, apenas fabrica artificialmente uma situação para iludir a empresa vítima. O tráfico de influência, no entanto, previsto no art. 337-C possui dois diferenciais: (a) o agente alega exercer influência sobre funcionário público estrangeiro no exercício de suas funções; (b) o ato de ofício a que se refere o tipo penal é especificamente relacionado à transação comercial internacional. O funcionário público estrangeiro sobre o qual o agente alega exercer prestígio tanto pode existir como ser imaginário.

(4) Objeto material: É a vantagem ou promessa de vantagem, que pode ser de natureza sexual, moral ou material.

(5) Sujeito ativo: Qualquer pessoa, tanto nacional como o estrangeiro podem praticá-lo, inclusive o funcionário público. Caso o vendedor da influência tenha realmente prestígio na Administração Pública estrangeira e venha a corromper funcionário público estrangeiro, responderá pelo delito de corrupção ativa (CP, art. 333).

(6) Sujeito passivo: É crime vago, vítima é a coletividade, já que o crime é cometido em prejuízo do comércio internacional, afetando sua credibilidade e abalando a confiança do mercado. Secundariamente, tem-se como sujeito passivo a empresa pública ou privada iludida, à qual se solicitou a vantagem. Para Damásio, sujeito passivo principal é o Estado estrangeiro e, secundariamente, a pessoa que compra o prestígio.

(7) Elemento subjetivo: É o dolo, consubstanciado na vontade livre e consciente de praticar uma das ações típicas. A única finalidade específica que o tipo penal exige está contida na expressão "para si ou para outrem". O dolo deve abranger o chamado elemento normativo do tipo (funcionário público estrangeiro e transação comercial internacional), isto é, o agente deve ter ciência de que o funcionário público é estrangeiro e de que a transação é de natureza comercial e internacional.

(8) Consumação e tentativa: Consuma-se com a solicitação, exigência ou cobrança da vantagem indevida, independentemente de sua efetiva obtenção. Trata-se, assim, de crime formal. Já na modalidade obter, o crime se consuma com a efetiva obtenção da vantagem ou promessa de vantagem. A tentativa é admissível.

(9) Forma majorada: Vide comentários ao art. 332 do CP.

(10) Ação penal: Trata-se de crime de ação penal pública incondicionada.

Lei de Lavagem de Dinheiro

(1) Crime de "lavagem de dinheiro": Pune-se a conduta de "ocultar ou dissimular a natureza, origem, localização, disposição, movimentação ou propriedade de bens, direitos ou valores provenientes, direta ou indiretamente, de infração penal *(redação dada pela Lei n. 12.683, de 2012)*, dentre eles, o praticado por particular contra a administração pública estrangeira (arts. 337-B, 337-C e 337-D do Decreto-lei n. 2.848, de 7 de dezembro de 1940 – Código Penal)" (cf. inciso VII acrescentado ao art. 1º pela Lei n. 10.467/2002).

Funcionário público estrangeiro

Art. 337-D. Considera-se funcionário público estrangeiro, para os efeitos penais, quem, ainda que transitoriamente ou sem remuneração, exerce cargo, emprego ou função pública em entidades estatais ou em representações diplomáticas de país estrangeiro. *(Artigo acrescentado pela Lei n. 10.467/2002)*

Parágrafo único. Equipara-se a funcionário público estrangeiro quem exerce cargo, emprego ou função em empresas controladas, diretamente ou indiretamente, pelo Poder Público de país estrangeiro ou em organizações públicas internacionais.

(1) Alteração legislativa: O art. 337-D foi introduzido no Código Penal pela Lei n. 10.467, de 11-6-2002.

(2) Documento internacional: Foi assinada a Convenção sobre o Combate à Corrupção de Funcionários Públicos Estrangeiros em Transações Comerciais Internacionais, em Paris, em 17-12-1997, e aprovada pelo Congresso Nacional pelo Decreto Legislativo n. 125, de 14-6-2000. De acordo com a referida Convenção, em seu art. 4. "Para o propósito da presente Convenção: a) "funcionário público estrangeiro" significa qualquer pessoa responsável por cargo legislativo, administrativo ou jurídico de um país estrangeiro, seja ela nomeada ou eleita; qualquer pessoa que exerça função pública para um país estrangeiro, inclusive para representação ou empresa pública; e qualquer funcionário ou representante de organização pública internacional; b) "país estrangeiro" inclui todos os níveis e subdivisões de governo, do federal ao municipal; c) "a ação ou a omissão do funcionário no desempenho de suas funções oficiais" inclui qualquer uso do cargo do funcionário público, seja esse cargo, ou não, da competência legal do funcionário".

(3) Funcionário público estrangeiro: De acordo com o artigo, são considerados funcionários públicos estrangeiros todos os que desempenham, de algum modo, função em entidades estatais (por exemplo: membro do Poder Legislativo americano) ou em representações diplomáticas (por exemplo: embaixada do Japão). É irrelevante se o vínculo do funcionário estrangeiro com a Administração Pública é remunerado ou não, definitivo ou transitório.

(4) Funcionário público estrangeiro equiparado: O parágrafo único, por sua vez, equipara a funcionário público estrangeiro quem exerce cargo, emprego ou função em empresas controladas, direta ou indiretamente, pelo Poder Público de país estrangeiro ou em organizações públicas internacionais (por exemplo: ONU). A equiparação, segundo Damásio, "não alcança profissionais

ou empregados de empresas privadas estrangeiras, ainda que atuem em representação, por contrato ou convênio, de Estado estrangeiro" (Damásio de Jesus, *Crimes de corrupção ativa e tráfico de influência nas transações comerciais internacionais*, cit., p. 62-63).

CAPÍTULO III
DOS CRIMES CONTRA A ADMINISTRAÇÃO DA JUSTIÇA

Reingresso de estrangeiro expulso

Art. 338. Reingressar no território nacional o estrangeiro que dele foi expulso:

Pena – reclusão, de 1 (um) a 4 (quatro) anos, sem prejuízo de nova expulsão após o cumprimento da pena.

(1) Expulsão: É um modo coativo de retirar o estrangeiro do território nacional por delito ou atos que o tornem inconveniente aos interesses nacionais. A iniciativa é do Brasil e a expulsão é decidida pelo Presidente da República, por meio de decreto. Sobre o tema, *vide* comentários abaixo ao Estatuto do Estrangeiro.

(2) Objeto jurídico: Tutela-se "o prestígio e a eficácia do ato administrativo, que determinou a expulsão do solo pátrio do estrangeiro indesejável. Concomitantemente outros interesses são tutelados" (E. Magalhães Noronha, cit., v. 4, p. 351).

(3) Ação nuclear: Incrimina-se o reingresso, isto é, a volta, do estrangeiro expulso do território nacional. Exige-se que tenha havido prévio decreto de expulsão, com a consequente saída do estrangeiro do território brasileiro. Se ele, embora expulso, tiver se mantido no território nacional, não há crime em tela. O reingresso pode ocorrer no espaço, aéreo, terrestre ou em mar territorial brasileiro.

Zona contígua ou zona econômica exclusiva: A Lei n. 8.617 de 4-1-1993 é que dispõe sobre o mar territorial, a zona contígua, a zona econômica exclusiva e a plataforma continental brasileiros, definindo sua extensão e limites. A zona contígua e a zona econômica exclusiva não integram o mar territorial brasileiro, de forma que o ingresso de estrangeiro nessa área não configura o crime em tela.

Territórios por extensão: O território jurídico não abrange o território por extensão (CP, art. 5º, § 1º). Assim, "não constitui delito penetrar o estrangeiro expulso em navios ou aeronaves brasileiros de natureza militar ou navios particulares em alto-mar" (Damásio de Jesus, *Direito penal*, cit., v. 4, p. 266).

(4) Sujeito ativo: Somente o estrangeiro expulso do território nacional pode praticá-lo. Trata-se, portanto, de crime próprio. Mencione-se que não há expulsão de brasileiro, pois não há pena de banimento em nosso ordenamento jurídico (art. 5º, XLVII, *d*).

(5) Sujeito passivo: É a Administração Pública.

(6) Elemento subjetivo: É o dolo, consubstanciado na vontade livre e consciente de voltar ao território nacional. Deve ele necessariamente ter ciência de que sua entrada é ilícita.

(7) Consumação. Tentativa: Reputa-se o crime consumado com o reingresso do estrangeiro no território nacional, ainda que de forma temporária. A tentativa é perfeitamente possível.

(8) Cumprimento da pena e expulsão: Uma vez cumprida a pena, o estrangeiro poderá ser novamente expulso (cf. parágrafo único).

(9) Ação penal. Lei dos Juizados Especiais Criminais: Trata-se de crime de ação penal pública incondicionada. Em face da pena mínima prevista (reclusão, de 1 a 4 anos), é cabível a suspensão condicional do processo (art. 89 da Lei n. 9.099/95).

(10) Competência: Trata-se de crime de competência da Justiça Federal.

(11) Estado de necessidade: Se o estrangeiro expulso reingressar em território brasileiro por estado de necessidade, o fato deixará de ser ilícito, não havendo a configuração do crime em tela. Tal fato pode se dar, por exemplo, em caso de guerra no País do estrangeiro expulso. "Penal – Reingresso de estrangeiro expulso – Alegação de estado de necessidade, não encontra suporte; já não ter parentes e o desemprego não implicam risco de vida, em seu país, nem no nosso, porque aqui também não possui parentela e está legalmente proibido de trabalhar" (TFR, RIP 07287364, 1ª T., *DJ* 22-5-1986).

(12) Tentativa: É possível o crime na forma tentada. Já decidiu o TRF da 4ª Região que: "se o estrangeiro anteriormente expulso do país é preso logo após entrar no território nacional, próximo a fronteira, sem que tenha possibilidade de aqui se envolver socialmente, o crime se tipifica na forma tentada" (TRF, 4ª Região, Ap. Crim. 89.04.05303-0, 1ª T., Rel. Des. Ari Pargendler, *DJ* 31-1-1990). *No mesmo sentido:* "Apesar de admitida, a tentativa não se verifica se o lugar em que foi flagrado o réu é bem distante da divisa deste País com o seu de origem" (TRF, 4ª Região, Ap. Crim. 97.04.09021-8, 1ª T., Rel. Gilson Dipp, *DJ* 22-10-1997).

(13) Autorização consular: A autorização consular para o reingresso exclui a configuração do crime em tela. Desse modo, o crime perfaz-se com o simples retorno do estrangeiro, após ter sido expulso por meio de Decreto (não ignorando isto), se inexistir autorização consular para o seu reingresso e antes de revogada a expulsão" (TRF, 4ª Região, Ap. Crim. 97.04.09021-8, 1ª T., Rel. Gilson Dipp, *DJ* 22-10-1997).

(14) Suspensão condicional da pena (sursis): Admite-se a suspensão condicional da pena. "O Decreto-lei n. 4.865/42, impedindo o *sursis* no caso do estrangeiro com visto temporário, não ofende o princípio da isonomia. O diploma, entretanto, resultou revogado pela legislação que em 1969 e, mais tarde, em 1980-1981, estabeleceu o Estatuto do Estrangeiro sem retomar a antiga restrição" (STF, HC 63142/RJ, 2ª T., Rel. Francisco Rezek, j. 29-11-1985, *DJ* 19-12-1985, p. 263). *No mesmo sentido:* "a suspensão condicional da pena, defesa ao estrangeiro, segundo o Decreto-lei n. 4.865/42, não encontraria esse obstáculo, porquanto revogado pela legislação subsequente, pertinente aos estrangeiros, cujo estatuto não consignou a antiga restrição" (TFR, RIP 07287364, j. 14-3-1986, *DJ* 22-5-1986).

(15) Ilegalidade do decreto de expulsão: A ilegalidade do decreto de expulsão enseja a nulidade do ato expulsório. Dessa forma, o reingresso do estrangeiro expulso por ato discricionário do Presidente da República eivado de vício não configura o delito insculpido neste artigo. E, quanto à avaliação da legalidade do decreto de expulsão, já decidiu o STF: "Ao Judiciário compete tão somente a apreciação formal e a constatação da existência ou não de vícios de nulidade do ato expulsório, não o mérito da decisão presidencial. Não padece de ilegalidade o decreto expulsório precedido de instauração do competente inquérito administrativo, conferindo ao expulsando a oportunidade de exercer o direito de defesa" (STF, HC 73940/SP, T. Pleno, Rel. Min. Maurício Corrêa, j. 26-6-1996, DJ 29-11-1996).

Estatuto do Estrangeiro

(1) Falsidade documental: Pune o art. 125, XIII, do Estatuto do Estrangeiro a ação de "fazer declaração falsa em processo de transformação de visto, de registro, de alteração de assentamentos, de naturalização, ou para a obtenção de passaporte para estrangeiro, *laissez-passer*, ou, quando exigido, visto de saída: Pena – reclusão de 1 (um) a 5 (cinco) anos e, se o infrator for estrangeiro, expulsão".

(2) Expulsão de estrangeiro: De acordo com o art. 65, parágrafo único, *a*, do Estatuto, é possível a expulsão de estrangeiro que pratique fraude a fim de obter a sua entrada ou permanência no Brasil.

(3) Expulsão de estrangeiro. Vedações: O art. 75 dispõe acerca das hipóteses em que é vedada a expulsão no tocante ao filho nascido e registrado após o fato criminoso. Já decidiu o STJ: "*Habeas corpus*. Expulsão. Filho nascido e registrado após o fato criminoso. Lei n. 6.815/80, art. 75, § 1º. Dependência socioafetiva. Fator impeditivo. 1. O ordenamento constitucional, de natureza pós-positivista e principiológica, tutela a família, a infância e a adolescência, tudo sob o pálio da dignidade da pessoa humana, fundamento juspolítico da República. 2. Deveras, entrevendo a importância dos laços socioafetivos incorporou a família estável, fruto de união espontânea. 3. Destarte, inegável que a família hoje está assentada na paternidade socioafetiva por isso que, absolutamente indiferente para a manutenção do filho junto ao pai alienígena, a eventual dependência econômica; posto se sobrepor a dependência moral-afetiva. 4. Deveras, é assente na Corte que: 'A vedação a que se expulse estrangeiro que tem filho brasileiro atende, não apenas o imperativo de manter a convivência entre pai e filho, mas um outro de maior relevo, qual seja, do de manter o pai ao alcance da cobrança de alimentos. Retirar o pai do território brasileiro é dificultar extremamente eventual cobrança de alimentos, pelo filho' (HC 22446/RJ, 1ª Seção, Min. Humberto Gomes de Barros, *DJ* 31-3-2003). 5. Nesse sentido, a leitura principiológica da Súmula 1 do E. STF e da Lei n. 6.815/80, exsurgente em ambiente ideologicamente diverso daquele que norteou a Carta Magna de 1988. 6. Deveras, a Corte, a partir do HC 38.946/DF, julgado em 11-5-2005, publicado em 27-6-2005, exteriorizou: 'Quando do julgamento do HC 31449/DF, o eminente Ministro Teori Albino Zavascki inaugurou uma interpretação mais ampliativa ao tema em face da legislação superveniente (Constituição Federal e ECA), concluindo pela proibição do afastamento de estrangeiro, não apenas quanto à questão de ordem material e econômica, mas sobretudo ante a prevalência do interesse da criança em dispor da assistência afetiva e moral, assim dispondo: 'A norma transcrita foi introduzida pela Lei n. 6.964, de 9-12-1981 e deve ser interpretada em consonância com a legislação superveniente, especialmente com a CF/88, a Lei n. 8.069 (ECA), de 13-7-1990, bem como as convenções internacionais recepcionadas por nosso ordenamento jurídico. A partir dessas inovações legislativas, a infância e a juventude passaram a contar com proteção integral, que as insere como prioridade absoluta, garantindo, entre outros, o direito à identidade, à convivência familiar e comunitária, à assistência pelos pais'. Ainda que existência de filho brasileiro havido posteriormente ao ato delituoso e ao decreto expulsório, como no caso em exame, em face da nova interpretação mais avançada acerca do tema, importa em reconhecer a preservação da tutela do interesse da criança, tudo em consonância com o que dispõe o ECA e a Constituição Federal. Restringir-se à limitação temporal do § 1º do art. 75 do Estatuto do Estrangeiro é fazer tábula rasa do ordenamento jurídico vigente em que se pauta pela preservação do interesse não apenas econômico, mas, sobretudo, afetivo da criança". 7. Outrossim, na ponderação dos interesses em tensão, há sempre de prevalecer a hodierna doutrina do *best interest of the child*. 8. *In casu*, há provas nos autos de que o impetrante é pai de filha brasileira, fruto de união estável com mulher de mesma nacionalidade, por isso que o imputado já cumpriu a pena imposta pelo delito motivador do pleito de expulsão. 9. Ordem concedida para determinar a extinção do processo de expulsão, bem como para determinar a imediata soltura do paciente" (STJ, HC 43604/DF, 1ª S., Rel. Min. Luiz Fux, j. 10-8-2005, *DJ* 29-8-2005, p. 139). *No mesmo sentido*: STJ, HC 38946/DF, 1ª S., Rel. Min. José Delgado, j. 11-5-2005, *DJ* 27-6-2005, p. 205. *Em sentido contrário*: STF: "A existência de filha brasileira só constitui causa impeditiva da expulsão de estrangeiro, quando

sempre a teve sob sua guarda e dependência econômica, mas desde que a tenha reconhecido antes do fato que haja motivado a expedição do decreto expulsório" (STF, HC 82893/SP, T. Pleno, Rel. Min. Cezar Peluso, j. 17-12-2004, *DJ* 8-4-2005, p. 7) Sobre expulsão, *vide* também art. 75 do Estatuto do Estrangeiro, bem como *Súmula 1 do STF*.

(4) Expulsão dissimulada: Não se dará a expulsão ou a deportação quando o ato caracterizar extradição dissimulada (casos de delito político ou de opinião em Estado estrangeiro).

(5) Deportação e extradição: Deportação é a saída compulsória do estrangeiro que entrou ou permaneceu irregularmente no território nacional. Extradição é o ato pelo qual um Estado entrega um indivíduo acusado de um delito ou já condenado como criminoso à justiça de outro, que o reclama (a extradição depende de requerimento de outro país) e que é competente para julgá-lo e puni-lo.

Súmula:

Súmula 1 do STF: "É vedada a expulsão de estrangeiro casado com brasileira, ou que tenha filho brasileiro, dependente da economia paterna".

Denunciação caluniosa

Art. 339. Dar causa à instauração de investigação policial, de processo judicial, instauração de investigação administrativa, inquérito civil ou ação de improbidade administrativa contra alguém, imputando-lhe crime de que o sabe inocente:

Pena – reclusão, de 2 (dois) a 8 (oito) anos, e multa. *(Redação dada pela Lei n. 10.028/2000)*

§ 1º A pena é aumentada de sexta parte, se o agente se serve de anonimato ou de nome suposto.

§ 2º A pena é diminuída de metade, se a imputação é de prática de contravenção.

(1) Objeto jurídico: Tutela-se o interesse da justiça (interesse primário), bem como a honra e a liberdade da pessoa atingida com a acusação falsa (interesse secundário).

(2) Ação nuclear: O tipo penal incrimina a ação de *dar causa* (provocar), no caso, à instauração de investigação policial, de processo judicial, instauração de investigação administrativa, inquérito civil ou ação de improbidade administrativa contra alguém, imputando-lhe crime de que o sabe inocente. Pode a ação ser praticada oralmente ou por escrito. Admite-se que seja realizada direta ou indiretamente, por exemplo, indivíduo que, pretendendo vingar-se de seu colega de trabalho, coloca papelotes de cocaína dentro do porta-malas do automóvel dele, o qual, em uma batida policial, é surpreendido transportando a substância entorpecente. Deve o agente dar causa à instauração de investigação policial, de processo judicial, instauração de investigação administrativa, inquérito civil ou ação de improbidade administrativa contra alguém, *imputando-lhe crime de que o sabe inocente*. O fato deve ser preciso e determinado, e deve visar a uma pessoa determinada ou que possa ao menos ser identificada. A imputação deve ser falsa. Ainda que o fato tenha ocorrido, haverá crime se o imputado não é o seu autor. O fato imputado deve ser típico e ilícito e não deve estar extinta a punibilidade do crime.

Imputação de contravenção penal: Caracteriza a figura privilegiada do § 1º.

Instauração de investigação policial: Não se exige efetivamente a instauração formal de inquérito policial (espécie). Basta a realização de diligências tendentes a apurar a infração criminosa para que se repute configurado o delito de denunciação caluniosa.

Processo judicial: Cuida-se aqui da instauração de processo penal, o qual se dá com o recebimento da denúncia ou queixa.

Investigação administrativa: A Lei n. 10.028, de 19-10-2000, ampliou o dispositivo legal, passando a prever a configuração do crime de denunciação caluniosa nas hipóteses em que o agente dá causa à investigação administrativa (sindicância ou processo administrativo disciplinar), ao imputar àquele que sabe ser inocente fato que, além de constituir infração administrativa, também configure crime. O fato imputado deve necessariamente constituir crime.

Inquérito civil: Foi inserido pela Lei n. 10.028, de 19-10-2000. Cuida-se aqui do inquérito civil público previsto na Lei da Ação Civil Pública, de atribuição exclusiva do MP (art. 8º, § 1º, da Lei n. 7.347, de 24-7-1985). O fato imputado deverá também configurar ilícito penal, pois a denunciação caluniosa diz com a imputação de crime a alguém inocente. Caso o fato imputado falsamente ao denunciado constitua apenas infração à lei extrapenal (civil, administrativa etc.), não poderemos falar no delito em tela.

Ação de improbidade administrativa: Trata-se de mais uma hipótese incluída pela Lei n. 10.028/2000. Aquele que falsamente imputa a prática de ato de improbidade administrativa a outrem, ato este que também constitua ilícito penal, ocasionando a propositura de ação de improbidade administrativa, pratica o crime de denunciação caluniosa. Cuida-se aqui da ação prevista na Lei n. 8.429/92 (Lei de Improbidade Administrativa).

Ação de improbidade administrativa e art. 19 da Lei n. 8.429/92: O art. 19 da Lei n. 8.429/92 considera crime "a representação por ato de improbidade contra agente público ou terceiro beneficiário quando o autor da denúncia o sabe inocente. Pena: detenção de seis a dez meses e multa". Segundo entendimento doutrinário, se o agente imputar falsamente ato de improbidade que ao mesmo tempo constitua infração penal, incorrerá no crime de denunciação caluniosa; se o fato imputado constituir apenas ato de improbidade administrativa, o agente não responderá pelo art. 339 do CP, mas pela infração prevista no art. 19 da Lei de Improbidade Administrativa.

(3) *Sujeito ativo:* Qualquer pessoa (promotor de justiça, o delegado de polícia, o juiz de Direito, o advogado etc.), desde que tenham conhecimento da falsidade da imputação. Nas hipóteses de crime de ação penal privada ou pública condicionada à representação, somente poderá ser sujeito ativo o ofendido ou seu representante legal, pois somente eles poderão dar início à investigação criminal ou processo judicial.

Advogado: A despeito da imunidade de que goza o advogado, pode ser ele sujeito ativo do delito de denunciação caluniosa previsto neste artigo. Nesse sentido, decidiu o STF: "Denunciação caluniosa. Coautoria. Advogado que, em nome de cliente, subscreveu requerimento de instauração de inquérito policial que veio a ser arquivado, porque provada a falsidade da imputação. Denúncia fundada em elementos colhidos no inquérito, indicando que o paciente, ao subscrever o requerimento, sabia ser falsa a imputação feita à vítima. Justa causa para a ação penal" (STF, RHC 60197/SP, 2ª T., Rel. Min. Cordeiro Guerra, j. 20-8-1982, *DJ* 10-9-1982). *No mesmo sentido:* "A conduta de Advogado que leva ao conhecimento da Corregedoria-Geral de Justiça a possível autoria dos delitos de prevaricação e de falsidade ideológica por parte de Juiz de Direito pode constituir, em tese, o fato típico descrito no art. 339 do Código Penal, desde que ele seja inocente e que o autor saiba de tal fato" (TJMG, HC 1.0000.06.443910-2/000, 3ª Câmara Criminal, Rel. Des. Jane Silva, j. 7-11-2006, *DJ* 13-12-2006).

Promotor de Justiça: STF: "Não pode ter curso ação penal contra membro do Ministério Público pelo crime de denunciação caluniosa senão quando evidente a temeridade ou o abuso de poder. Se a investigação policial leva à suspeita consistente, o MP deve agir na conformidade de seu dever constitucional, não quedando intimidado pela perspectiva da acusação de denunciação caluniosa, sempre que resultar provada a inocência do suspeito" (STF, HC 74.318/ES, 2ª T., Rel. Francisco Rezek, j. 17-12-1996, *DJ* 20-6-1997).

(4) Sujeito passivo: É o Estado (sujeito passivo principal) e a pessoa ofendida em sua honra e liberdade pela denunciação caluniosa (sujeito passivo secundário).

Menor de 18 anos: Em decisão que reformou acórdão do Tribunal de Justiça do Estado do Rio Grande do Sul e, ao argumento de que no crime de denunciação caluniosa o sujeito passivo, em primeiro lugar, é o Estado, entendeu a 5ª Turma do STJ que a imputação de crime a menor de idade configura o delito previsto no art. 339 do CP. Assim: "Recurso especial. Penal. Denunciação caluniosa. Art. 339, *caput*, do Código Penal. Vítima menor de 18 anos. Agente que lhe irroga conduta criminosa, sabendo ser ela inocente. Conduta típica. Recurso provido" (STJ, REsp 160988/RS, 5ª T., Rel. José Arnaldo da Fonseca, j. 8-9-1998, *DJ* 5-10-1988, p. 121).

(5) Elemento subjetivo: É o dolo, consistente na vontade livre e consciente de dar causa à instauração de investigação policial, de processo judicial, instauração de investigação administrativa, inquérito civil ou ação de improbidade administrativa contra alguém, imputando-lhe crime. Exige o tipo penal que o denunciante saiba (dolo direto) que o denunciado é inocente, do contrário, não há crime. A dúvida (dolo eventual) afasta a tipicidade do delito. É requisito da denunciação caluniosa, na lição de Hungria, que ela seja objetiva e subjetivamente falsa *(Comentários*, cit., v. 9, p. 463). Se o denunciante acredita na imputação que realiza, não há o crime em tela, pois subjetivamente ela não é falsa.

(6) Consumação. Tentativa: Reputa-se o crime consumado com a instauração de investigação policial, de processo judicial, de investigação administrativa, inquérito civil ou ação de improbidade administrativa contra alguém. Não se exige a instauração formal de inquérito policial, pois basta que se inicie investigação policial no sentido de coletar dados que apure a veracidade da denúncia. É possível a tentativa.

(7) Retratação: Não há previsão do instituto da retratação no crime de denunciação caluniosa, ao contrário do que ocorre no crime de calúnia (CP, art. 143), em que a retratação realizada antes da sentença gera a isenção de pena.

(8) Forma majorada (§ 1º): "A pena é aumentada de sexta parte, se o agente se serve de anonimato ou de nome suposto".

(9) Forma privilegiada (§ 2º): "A pena é diminuída de metade, se a imputação é de prática de contravenção".

(10) Denunciação caluniosa. Interrogatório e depoimento testemunhal: A denunciação caluniosa deve ser de iniciativa do denunciante, isto é, deve ser espontânea. Tal não ocorre no interrogatório do réu, o qual, em sua defesa, diante das perguntas formuladas pelo juiz, atribui o crime a outra pessoa. Há de se verificar a hipótese em que a testemunha imputa o delito a outrem. No primeiro exemplo, poderá haver o crime de calúnia e, no segundo, o delito de falso testemunho (Nélson Hungria, *Comentários*, cit., v. 9, p. 463). O Tribunal de Justiça de São Paulo assim se manifestou: "Denunciação Caluniosa. Inocorrência – Acusado de roubo que em seu interrogatório, no auto de flagrante, atribui a outrem, falsamente, a participação no delito. Circunstância que, em tese, poderia configurar calúnia, dependente, entretanto, de queixa. Absolvição decretada – Inteligência do art. 339 do CP" (*RT* 550/357). *No mesmo sentido:* "Denunciação Caluniosa – Não caracterização. Réu que, no curso do interrogatório, utiliza-se de falsa afirmação para se defender – fato atípico – absolvição decretada" (TJSP, ACR 120887, 4ª Câm. Crim., Rel. Des. Dante Busana, *DJ* 24-4-1992). *Em sentido contrário*, entretanto: "Denunciação caluniosa. Falsa imputação a terceiro de fato tido como crime. Agente que, pretendendo a absolvição, acusa terceiro como mandante. Ofendido que não teve a mínima participação no delito. Alegação pelo réu de ser homem simples e de baixo nível intelectual. Irrelevância. Indivíduo perigoso e violento, tendo, inclusive, confessado a prática do delito de denunciação. Configura o delito de denunciação criminosa a falsa imputação a terceiro de fato tido como crime" (*RT* 606/307).

(11) Distinção: Vide CP, arts. 138, 160, 340 e 341.

(12) Concurso de crimes: Se o agente imputar falsamente diversos crimes a uma única pessoa, haverá crime único.

(13) Ação penal: Trata-se de crime de ação penal pública incondicionada.

(14) Momento para a propositura da ação penal: Discute-se, na doutrina e na jurisprudência, se o promotor de justiça estaria obrigado a aguardar o arquivamento do inquérito policial instaurado contra o denunciado, ou sua absolvição na ação penal, para poder propor a respectiva ação contra o denunciante pelo cometimento do crime previsto no art. 339 do CP. Há duas posições: (a) Para Noronha (*Direito penal,* cit., v. 4, p. 357) e Hungria (*Comentários,* cit., v. 9, p. 4658), há subordinação entre a ação penal e a decisão no inquérito, ou na ação penal, de forma a se evitarem decisões antinômicas. (b) Para Julio Fabbrini Mirabete (*Manual,* cit., v. 3, p. 404) é possível a prova da inocência do denunciado por outro modo, não sendo necessário aguardar o desfecho final do inquérito ou da ação. O STF assim decidiu: "Denunciação caluniosa: falta de justa causa para a denúncia: inquérito em curso. Ainda em curso o inquérito policial instaurado a partir de *notitia criminis* apresentada pelo paciente, não se admite que seja ele denunciado por denunciação caluniosa substantivada na mesma delação à Polícia: repugna à racionalidade subjacente à garantia do devido processo legal admitir-se possa o aparelho repressivo estatal, simultaneamente, estar a investigar a veracidade de uma delação e a processar o autor dela por denunciação caluniosa" (STF, HC 8294/RJ, 1ª T., Rel. Min. Sepúlveda Pertence, j. 16-3-2003, *DJ* 27-6-2003, p. 35). No *mesmo sentido:* "Denunciação caluniosa. Inquérito não encerrado. Para o início da ação penal, por crime de denunciação caluniosa, torna-se imprescindível, pelo menos, o arquivamento do inquérito. Falta de justa causa para a denúncia" (STF, RHC 50501/MG, 2ª T., Rel. Min. Bilac Pinto, j. 6-4-1973, *DJ* 29-6-1973). Ainda nessa linha: "Somente com o arquivamento do inquérito policial ou absolvição irrecorrível em favor do denunciado, é possível qualquer iniciativa no sentido do processo por denunciação caluniosa" (STJ, RHC 7137/MG, 5ª T., Rel. Min. Edson Vidigal, j. 7-4-1998, *DJ* 4-5-1998, p. 194).

(15) Competência: STF: "Criminal. *Habeas corpus.* Denunciação caluniosa. Competência. O crime de denunciação caluniosa é crime contra a administração da justiça. Há de se ver, deste modo, para fixar-se a competência do juízo, qual foi o órgão jurisdicional atingido pela conduta criminosa do agente. No caso, tendo a ação penal originada pela denunciação caluniosa sido processada e julgada na justiça federal, perante ela deverá ser processado e julgado o ilícito do art. 339 do Código Penal" (STF, RHC 60561/MG; 2ª T., Rel. Min. Aldir Passarinho, j. 1º-3-1983, *DJ* 22-4-1983, p. 4998). É, outrossim, o entendimento adotado no STJ, segundo o qual: "Compete à Justiça Federal o processo e julgamento de feito que visa à apuração de delito contra a Administração da Justiça, consubstanciado na Denunciação Caluniosa, perpetrado, em tese, em ação trabalhista, pois evidenciada ofensa à própria Justiça do Trabalho, que integra a Justiça Federal na forma especializada. Conflito conhecido para declarar a competência do Juízo Federal da 1ª Vara de Guaratinguetá/SP" (STJ, CC 34637/SP, 3ª S., Rel. Min. Gilson Dipp, j. 11-9-2002, *DJ* 7-10-2002, p. 169).

Comunicação falsa de crime ou de contravenção

Art. 340. Provocar a ação de autoridade, comunicando-lhe a ocorrência de crime ou de contravenção que sabe não se ter verificado:

Pena – detenção, de 1 (um) a 6 (seis) meses, ou multa.

(1) Objeto jurídico: Tutela-se a administração da justiça.

(2) Ação nuclear: Pune o dispositivo penal a ação de provocar (dar causa) a ação de autoridade pública (delegado de polícia, juiz, promotor de justiça, bem como todas as autoridades administrativas que tenham atribuição legal para iniciar investigações), comunicando-lhe a prática de crime ou contravenção penal que não se verificou. A comunicação pode se dar por via oral ou escrita. Aqui a imputação não se refere a pessoa determinada, ao contrário do crime de denunciação caluniosa. A pessoa imputada pode ser imaginária ou fictícia. O crime ou a contravenção imputado não deve ter-se verificado. Contudo, poderá haver o crime em estudo se o *fato é essencialmente diverso do comunicado*. Nessa hipótese, houve a ocorrência de um fato criminoso, mas o agente comunica a existência de crime essencialmente diverso. *Nesse sentido:* E. Magalhães Noronha, *Direito penal*, cit., v. 4, p. 361. Tal como sucede no crime de denunciação caluniosa, se o fato comunicado for atípico, estiver prescrito etc., não haverá a configuração do crime em tela.

Autoridade. Conceito: "Comunicação falsa de crime – adoção pela autoridade policial de providências investigatórias preliminares inexistência de prova do crime comunicado configuração do ilícito do art. 340 do CP. Se foi provocada a ação da autoridade policial, mediante comunicação escrita de infração penal inexistente, se ela (autoridade) tomou providências investigatórias iniciais conducentes à apuração do ilícito comunicado, tem-se por presentes os elementos configurativos hábeis da falsa comunicação de crime. A autoridade de que fala o art. 340 do CP, tanto pode ser a judiciária como a policial; essa autoridade policial não deverá ser necessariamente o delegado ou o comandante do policiamento preventivo (...)" (*JTACRIM* 87/364).

(3) Sujeito ativo: Qualquer pessoa. Se o fato comunicado for crime de ação penal privada ou pública condicionada à representação, somente o suposto ofendido ou seu representante legal poderá provocar a ação da autoridade pública.

(4) Sujeito passivo: É o Estado.

(5) Elemento subjetivo: Vejamos: (a) é o dolo, consistente na vontade livre e consciente de provocar a ação da autoridade pública, comunicando-lhe a ocorrência e crime ou contravenção. É necessário que o agente tenha certeza de que o fato criminoso não se verificou, ou seja, de que a comunicação é falsa. A dúvida afasta o crime. *Nesse sentido:* Damásio de Jesus *(Direito penal*, cit., v. 4, p. 276); (b) é o dolo direto, consistente na vontade de comunicar falsamente a ocorrência de crime ou contravenção (é necessária a ciência de que o crime realmente não se verificou). Exige-se também o elemento subjetivo do tipo (dolo específico, para Noronha e Hungria), consistente no especial fim de provocar a ação da autoridade. *Nesse sentido:* Cezar Roberto Bitencourt (*Código Penal comentado*, cit. p. 1134); Celso Delmanto e outros (*Código Penal comentado*, cit., p. 616); E. Magalhães Noronha *(Direito penal*, cit., v. 4, p. 361) e Nélson Hungria (*Comentários*, cit., v. 9, p. 470).

(6) Consumação. Tentativa: Consuma-se com a efetiva ação da autoridade pública no sentido de elucidar o fato criminoso. Não se exige a instauração formal de inquérito policial. É admissível a tentativa.

Realização de Boletim de Ocorrência: "Comunicação falsa de crime. Motorista envolvido em acidente de trânsito que declara à Polícia ter sido seu veículo furtado. Boletim de Ocorrência instaurado a respeito e comunicação do fato por ele assinada. Condenação mantida. Inteligência do art. 340 do CP" (TACrimSP – Ement.) *RT* 553/377.

(7) Concurso de crimes: Se a comunicação falsa tiver por finalidade a prática de outro crime, como a comunicação falsa de crime para obter seguro (art. 171, § 2º, V, do CP), a doutrina diverge: (a) Há apenas o crime do art. 172, § 2º, V; do CP (Nélson Hungria, *Comentários*, cit., v. 9, p. 471). (b) Há o concurso material de crimes (E. Magalhães Noronha, *Direito penal*, cit., v. 4, p. 362; Julio Fabbrini Mirabete, *Manual*, cit., p. 409). Na hipótese em que o agente faz a comunicação falsa de crime para encobrir outro delito praticado, haverá concurso material de crimes, dada as diversas objetividades jurídicas atingidas, embora haja posicionamento no sentido de haver *post factum* impunível.

(8) Ação penal. Lei dos Juizados Especiais Criminais: Trata-se de crime de ação penal pública incondicionada. É crime de menor potencial ofensivo, sujeito ao procedimento sumaríssimo da Lei n. 9.099/95. É cabível a suspensão condicional do processo (art. 89 da Lei n. 9.099/95).

(9) Competência: STJ: "Penal. Processual. Competência. Comunicação falsa de crime. 1. Não importa a quem tenha sido feita a comunicação falsa de crime para que se configure o crime do CP, art. 340. O que conta é se dessa comunicação falsa houve alguma providência para apurar. Aí define-se a competência em função do lugar onde se iniciaram, formalmente, as averiguações" (STJ, CComp 4552/SP, 3ª S., Rel. Min. Edson Vidigal, j. 21-10-1993, *DJ* 29-11-1993).

Autoacusação falsa

Art. 341. Acusar-se, perante a autoridade, de crime inexistente ou praticado por outrem:

Pena – detenção, de 3 (três) meses a 2 (dois) anos, ou multa.

(1) Objeto jurídico: Tutela-se, mais uma vez, a regularidade da Administração da Justiça.

(2) Ação nuclear: Incrimina-se a ação de *acusar-se* (atribuir ou imputar a si mesmo), perante a autoridade (policial ou judicial), de crime inexistente ou praticado por outrem. Não é necessário, contudo, segundo a doutrina, que o autoacusado esteja frente a frente com a autoridade, pois se admite a forma escrita da imputação, que porém deve ser dirigida à autoridade pública. A autoacusação deve ser de crime *inexistente*, isto é, que não ocorreu ou perpetrada por outrem, desde que o autoacusado não seja seu coautor ou partícipe. Será atípica a conduta de se atribuir falsamente a prática de contravenção penal inexistente ou praticada por outrem, uma vez que, ao contrário do delito precedentemente estudado, não há previsão legal nesse sentido.

Autoacusação falsa e direito de defesa: Na hipótese em que o acusado lança mão da autoacusação falsa como meio de se defender de outro delito que lhe é imputado, entende Celso Delmanto não cometer ele o crime em tela, "em virtude das garantias constitucionais do direito ao silêncio (CR/88, art. 5º, LXIII e § 2º), de não ser obrigado a depor contra si mesmo, nem a confessar-se (PIDCP, art. 14, 3, g) ou a declarar-se culpado (CADH, art. 8º, 2, g)" *(Código Penal comentado*, cit., p. 618).

(3) Sujeito ativo: Qualquer pessoa. Nada impede a participação de terceiros, mediante instigação ou induzimento.

(4) Sujeito passivo: É o Estado.

(5) Elemento subjetivo: É o dolo, consubstanciado na vontade livre e consciente de acusar-se da prática de crime inexistente ou praticado por outrem. Deve o agente estar ciente da falsidade da acusação.

(6) Consumação e tentativa: Ocorre a consumação no instante em que a autoridade toma conhecimento da autoacusação, prescindindo-se da prática de qualquer ato investigatório. Trata-se, portanto, de crime formal. A tentativa somente é admissível na autoacusação realizada por escrito.

(7) Concurso de crimes: Na hipótese em que o agente, além da autoacusação, atribui participação no delito a terceiro: (a) haverá concurso formal heterogêneo com a denunciação caluniosa, pois com uma só ação deu causa a dois resultados diversos (E. Magalhães Noronha, *Direito penal*, cit., v. 4, p. 365); (b) haverá concurso material (Nélson Hungria, *Comentários*, cit., v. 9, p. 472).

(8) Ação penal. Lei dos Juizados Especiais Criminais: Trata-se de crime de ação penal pública incondicionada. Cuida-se de infração de menor potencial ofensivo, sujeita ao procedimento sumaríssimo da Lei n. 9.099/95. É cabível a suspensão condicional do processo (art. 89 da lei).

Falso testemunho ou falsa perícia

Art. 342. Fazer afirmação falsa, ou negar ou calar a verdade, como testemunha, perito, contador, tradutor ou intérprete em processo judicial, ou administrativo, inquérito policial, ou em juízo arbitral:

Pena – reclusão, de 2 (dois) a 4 (quatro) anos, e multa. *(Redação dada pela Lei n. 12.850/2013).*

(1) Objeto jurídico: Tutela-se, assim, a regularidade da Administração da Justiça.

(2) Ação nuclear: Três são as condutas incriminadas: (a) *"fazer afirmação falsa"*: cuida-se aqui de conduta comissiva consistente em afirmar a ocorrência de fato inverídico; (b) *"negar a verdade"*: aqui o agente tem ciência da verdade, mas nega o que sabe; (c) *"calar a verdade"*: há aqui o silêncio a respeito do que se sabe ou a recusa em manifestar a ciência que se tem dos fatos. É a chamada *reticência*. Não há, ao contrário das demais modalidades, qualquer afirmação falsa ou negativa. Convém notar que, segundo a doutrina, "falso não é o contraste entre o depoimento da testemunha e a realidade dos fatos, mas entre o depoimento e a ciência da testemunha. Falso é o depoimento que não está em correspondência qualitativa ou quantitativa com o que a testemunha viu, percebeu ou ouviu" (Nélson Hungria, *Comentários*, cit., v. 9, p. 476). O Código Penal teria adotado, portanto, a teoria subjetiva em detrimento da objetiva. Para a teoria objetiva, aquele que depusesse acerca de um fato que não viu, ouviu ou sentiu, mas cuja narração estivesse de acordo com o que efetivamente ocorreu, não haveria a configuração do falso testemunho, pois, no caso, não haveria a distorção exigida entre o fato narrado e o fato realmente sucedido. As ações nucleares típicas devem ser realizadas em processo judicial (cível ou penal, contencioso ou voluntário) ou administrativo (incluído aí o inquérito civil público, instaurado e presidido pelo Ministério Público), inquérito policial ou em juízo arbitral (arts. 851 a 853 do CC).

Falso e juízo incompetente: Não há a exclusão do crime em tela, uma vez que, de qualquer forma, ele se encontra no exercício de função pública, não podendo a testemunha esquivar-se do dever de falar a verdade. *Nesse sentido:* E. Magalhães Noronha, *Direito penal*, cit., v. 4, p. 370.

Falso e necessidade de influir no desfecho do processo: É imprescindível que a falsidade verse sobre fato juridicamente relevante, sendo apta a influenciar, de algum modo, na decisão final da causa. Se o falso recair sobre fatos secundários, não há que se falar mais nesse crime. A conduta, portanto, deve possuir potencialidade lesiva. *Nesse sentido:* "Não obstante se cuide de um crime formal, a objetividade jurídica do tipo erigido no interesse da administração da Justiça – como é de regra nos crimes de falso, reclama a potencialidade lesiva da declaração inverídica, isto é, 'que possa influir sobre o resultado do julgamento' (Fragoso, *Lições de direito penal*, 1965, 4/1221); disso resulta a necessidade de a denúncia não apenas descrever concretamente a falsidade do testemunho, mas explicar em que consistiria o seu relevo em face do objeto do processo em que prestado" (STF, HC 69047/RJ, 1ª T., Rel. Min. Sepúlveda Pertence, j. 10-3-1992, *DJ* 24-4-1992, p. 5377). *Nesse sentido*, também, o STJ: "Para a caracterização do delito de falso testemunho basta a potencialidade, sendo despiciendo o efetivo dano à Administração da Justiça. Trata-se de crime de perigo e não de dano (Precedentes do Pretória Excelso e do STJ)" (STJ, REsp 507804/RS, 5ª T., Rel. Min. Félix Fischer, j. 6-11-2003, *DJ* 19-12-2003, p. 594).

Falso e desnecessidade de influir no desfecho do processo: STF: "Quanto ao desvalor da afirmação tida como falsa no deslinde da causa em que se deu o depoimento do paciente, é firme o entendimento deste Supremo Tribunal de que 'o crime de falso testemunho é de natureza formal e se consuma com a simples prestação do depoimento falso, sendo de todo irrelevante se influiu ou não no desfecho do processo' (HC n. 73.976, Rel. Min. Carlos Velloso)" (STF, HC 81951/SP, 1ª T., Relª Minª Ellen Gracie, j. 10-2-2004, *DJ* 30-4-2004, p. 49). Ainda: "A potencialidade danosa do fato não é relevante para a tipificação do crime de falso" (STF, HC 79535/MS, 2ª T., Rel. Min. Maurício Corrêa, j. 16-11-1999, *DJ* 10-12-1999, p. 3).

Falso e qualificação do depoente (nome, estado civil, profissão etc.): Há duas correntes: (a) a falsidade deve versar sobre fato e não sobre a qualificação do depoente, podendo o agente responder subsidiariamente pelo delito do art. 307 do CP. *Nesse sentido:* Damásio de Jesus, *Direito penal*, cit., v. 4, p. 290; (b) haverá o crime em estudo. *Nesse sentido:* E. Magalhães Noronha (*Direito penal*, cit., v. 4, p. 369) e Nélson Hungria (*Comentários*, cit., v. 9, p. 478).

Direito ao silêncio. Prerrogativa constitucional contra a autoincriminação: STF: "Tenho enfatizado, em decisões proferidas no Supremo Tribunal Federal, a propósito da prerrogativa constitucional contra a autoincriminação (*RTJ* 176/805-806, Rel. Min. Celso de Mello), e com apoio na jurisprudência prevalecente no âmbito desta Corte, que assiste, a qualquer pessoa, regularmente convocada para depor perante comissão parlamentar de inquérito, o direito de se manter em silêncio, sem se expor – em virtude do exercício legítimo dessa faculdade – a qualquer restrição em sua esfera jurídica, desde que as suas respostas, às indagações que lhe venham a ser feitas, possam acarretar-lhe grave dano *(nemo tenetur se deteger)*. É que indiciados ou testemunhas dispõem, em nosso ordenamento jurídico, da prerrogativa contra a autoincriminação, consoante tem proclamado a jurisprudência constitucional do Supremo Tribunal Federal (*RTJ* 172/929-930, Rel. Min. Sepúlveda Pertence – *RDA* 196/197, Rel. Min. Celso de Mello – HC 78.814/PR, Rel. Min. Celso de Mello, *v. g.*). Cabe enfatizar que o privilégio contra a autoincriminação – que é plenamente invocável perante as comissões parlamentares de inquérito (Nelson de Souza Sampaio, *Do Inquérito Parlamentar*, p. 47-48 e 58-59,1964: Fundação Getúlio Vargas; José Luiz Mônaco da Silva, *Comissões Parlamentares de Inquérito*, p. 65 e 73, 1999: Ícone Editora; Pinto Ferreira, *Comentários à Constituição Brasileira*, v. 3, p. 126-127, 1992: Saraiva, *v. g.*) – traduz direito público subjetivo, de estatura constitucional, assegurado a qualquer pessoa pelo art. 5º, inciso LXIII, da nossa Carta Política. Convém assinalar, neste ponto, que, 'embora aludindo ao preso, a interpretação da regra constitucional deve ser no sentido de que a garantia abrange toda e qualquer pessoa, pois, diante da presunção de inocência, que também constitui garantia fundamental do cidadão (...), a prova da culpabilidade incumbe exclusivamente à acusação' (Antônio Magalhães Gomes Filho, *Direito à Prova no Processo Penal*, p. 113, item n. 7, 1997, *RT*...). É por essa razão que o Plenário do Supremo Tribunal Federal reconheceu esse direito também em favor de quem presta depoimento na condição de testemunha, advertindo, então, que 'não configura o crime de falso testemunho, quando a pessoa, depondo como testemunha, ainda que compromissada, deixa de revelar fatos que possam incriminá-la' (*RTJ* 163/626, Rel. Min. Carlos Velloso). Com o explícito reconhecimento dessa prerrogativa, constitucionalizou-se, em nosso sistema jurídico, uma das mais expressivas consequências derivadas da cláusula do *due process of law.* Qualquer pessoa que sofra investigações penais, policiais ou parlamentares, ostentando ou não a condição formal de indiciado, possui, dentre as várias prerrogativas que lhe são constitucionalmente asseguradas, o direito de permanecer em silêncio, consoante reconhece a jurisprudência do Supremo Tribunal Federal (*RTJ* 141/512, Rel. Min. Celso de Mello). Esse direito, na realidade, é plenamente oponível ao Estado, a qualquer de seus Poderes e aos seus respectivos agentes e órgãos. Atua, nesse sentido, como poderoso fator de limitação das próprias atividades de investigação e de persecução desenvolvidas pelo Poder Público (Polícia Judiciária, Ministério Público, Juízes, Tribunais e Comissões Parlamentares de Inquérito, p. ex.). (...) Na realidade, ninguém pode ser constrangido a confessar a prática de um ilícito penal (HC 80.530-MC/PA, Rel. Min. Celso de Mello). (...) O direito de o indiciado/acusado (ou testemunha) permanecer em silêncio – consoante proclamou a Suprema Corte dos Estados Unidos da América, em Escobedo *v.* Ilinóis (1964) e, de maneira mais incisiva, em Miranda *v.* Arizona (1966) – insere-se no alcance concreto da cláusula constitucional do devido processo legal. E esse direito ao silêncio inclui, até mesmo por implicitude, a prerrogativa processual de o depoente negar, ainda que falsamente, perante a autoridade policial, judiciária ou legislativa, a prática de qualquer infração penal. (...) Cabe enfatizar, por necessário – e como natural decorrência dessa insuprimível prerrogativa constitucional –, que nenhuma conclusão desfavorável ou qualquer restrição de ordem jurídica à situação individual da pessoa que invoca essa cláusula de tutela pode ser extraída de sua válida e legítima opção pelo silêncio. Daí a grave e corretíssima advertência de Rogério Lauria Tucci (*Direitos e Garantias Individuais no Processo Penal Brasileiro*, p. 396, 1993: Saraiva), para quem o direito de permanecer calado 'não pode importar desfavorecimento do imputado, até mesmo porque consistiria inominado absurdo entender-se que o exercício de um direito, expresso na Lei das Leis como fundamental do indivíduo, possa acarretar-lhe qualquer desvantagem'. (...) No sistema jurídico brasileiro, não existe qualquer possibilidade de o Poder Público (uma comissão parlamentar de inquérito, p. ex.), por simples presunção ou com fundamento em meras suspeitas, reconhecer, sem prévia decisão judicial condenatória irrecorrível, a culpa de alguém. Na realidade, os princípios democráticos que informam o modelo constitucional consagrado na Carta Política de 1988 repelem qualquer comportamento estatal que transgrida o dogma de que não haverá culpa penal por presunção, nem responsabilidade criminal por mera suspeita" (STF, HC 83.622-MC, Rel. Min. Sepúlveda Pertence, decisão monocrática proferida pelo Min. Celso de Mello, j. 13-10-2003, *DJ* 21-10-2003). *No mesmo sentido:* STF, HC 79.589, Rel. Min. Octávio Gallotti, j. 5-4-2000, *DJ* 6-10-2000. STF: "O direito ao silêncio, que assegura a não produção de prova contra si mesmo, constitui pedra angular do sistema de proteção dos direitos individuais e materializa uma das expressões do princípio da dignidade da pessoa humana. Como se sabe, na sua acepção originária, este princípio proíbe a utilização ou transformação do homem em objeto dos processos e ações estatais. O Estado está vinculado ao dever de respeito e proteção do indivíduo contra exposição a ofensas ou humilhações. A propósito, em comentários ao art. 1º da Constituição alemã, afirma Günther Dürig que a submissão do homem a um processo judicial indefinido e sua degradação como objeto do processo estatal atenta contra o princípio da proteção judicial efetiva *(rechtliches Gehör)* e fere o princípio da dignidade humana [*Eine Auslieferung des Menschen an ein staatliches Verfahren und eine Degradierung zum Objekt dieses Verfahrens wäre die Verweigerung des rechtlichen Gehörs* (Maunz-Dürig, *Grundgesetz Kommentar*, Band I, München, Verlag C. H. Beck, 1990). A premissa acima é suficiente a fazer incidir, automaticamente, a essência dos direitos arguidos na impetração. E se há justo receio de serem eles infringidos, deve-se deferir aos pacientes o necessário salvo-conduto que evite possível constrangimento: não se trata de afirmar que ele ocorrerá, ou ocorreria – até porque, como ressaltado pelo Min. Celso de Mello na decisão liminar do MS n. 25.617, é de pressupor que o conhecimento e a consciência próprios à formação jurídica dos parlamentares que compõem a direção dos trabalhos da CPMI não 'permitiriam que se consumassem abusos e que se perpetrassem transgressões' aos direitos dos depoentes ou às prerrogativas profissionais dos seus defensores técnicos, mas, infelizmente, eventos de passado recente, e de público conhecimento, indicam a oportunidade e a necessidade de acautelar qualquer ocorrência" (HC 87.971-MC, Rel. Min. Gilmar Mendes, decisão monocrática, j. 13-2-2006, *DJ* 21-2-2006). *No mesmo sentido:* HC 88.553-MC, Rel. Min. Gilmar Mendes, decisão monocrática, julgamento em 19-4-2006, *DJ* de 25-5-2006. STF: "Não obstante a possível dúvida a respeito do teor da convocação do paciente, se lhe formaliza ou não a condição de investigado, pode-se inferir que é esta a condição que lhe advém das notícias veiculadas pela imprensa". (...). *Nesse sentido*, HC n. 86.232-MC, Rel. Min. Ellen Gracie, *DJ* 22-8-2005. Além disso, não menos aturada e firme a jurisprudência deste Tribunal no sentido de que a garantia constitucional contra autoincriminação se estende a todas as pessoas sujeitas aos poderes instrutórios das Comissões Parlamentares de Inquérito, assim aos indiciados mesmos, ou, *recte*, envolvidos, investigados, ou suspeitos, como às que ostentem a só qualidade de testemunhas, *ex vi* do art. 406, I, do Código de Processo Civil, c.c. art. 3º do Código de Processo Penal e art. 6º da Lei n. 1.579, de 18 de março de 1952" (STF, HC 88.703-MC, Rel. Min. Cezar Peluso, decisão monocrática, j. 8-5-2006, *DJ* de 12-5-2006). STF: "Ressalto (...) que o Supremo Tribunal Federal vem concedendo liminares em *habeas corpus* para afirmar a garantia contra a autoincriminação. É, no entanto, necessário registrar que o Tribunal o faz na exata medida para não permitir que, sob a proteção de ordem concedida preventivamente, testemunhas convocadas para prestar depoimentos em CPI se eximam de seu dever legal (cf. despacho do Ministro Sepúlveda Pertence no HC 80.868, *DJ* 20-4-2001). Ciente do entendimento da Corte, tenho registrado minha posição, no sentido de que a expedição de salvo-conduto não é requisito único para o exercício da garantia constitucional contra a autoincriminação. Essa garantia pode ser invocada a qualquer momento, sem que se exija do cidadão qualquer título judicial" (STF, HC 88.182, Rel. Min. Joaquim Barbosa, decisão monocrática, j. 7-3-2006, *DJ* 13-3-2006). STF: "Há uma quarta regra. Está no art. 208 do CPP. Ela determina que não se tomará o compromisso de dizer a verdade do cônjuge e parentes referidos do art. 206. Por último, observe-se que somente ao acusado a lei assegura o 'direito de permanecer calado e não responder perguntas que lhe forem formuladas' (CPP, art. 186)" (STF, HC 86.355-MC, Rel. Min. Carlos Velloso, decisão monocrática proferida pelo Presidente Min. Nelson Jobim, j. 25-7-2005, *DJ* 2-8-2005).

(3) Sujeito ativo: Cuida-se de crime de mão própria (de atuação pessoal ou de conduta infungível). Somente pode ser cometido pelo sujeito em pessoa. São sujeitos ativos desse delito a testemunha, o perito, o tradutor ou o intérprete. A Lei n. 10.268/2001 acrescentou um novo sujeito ativo, não previsto na antiga redação do dispositivo, qual seja, o contador que atue em processo judicial, ou administrativo, inquérito policial, ou em juízo arbitral. O ofendido, isto é, a vítima de um crime, não é considerado testemunha. Se, ao falsearem a verdade, derem causa a investigação policial ou processo judicial, imputando a alguém crime de que o sabe inocente, poderá haver o crime de denunciação caluniosa.

Réu: O réu, no interrogatório, não comete o delito em tela, pois não é considerado testemunha. Na realidade, o réu tem assegurado constitucionalmente o direito ao silêncio, que inclui a prerrogativa de negar, ainda que falsamente, perante a autoridade, a prática de qualquer infração penal. Se, contudo, imputar a outrem falsamente a prática de crime, poderá responder pelo delito de calúnia (sobre o tema, *vide* comentários ao art. 339 do CP).

Falso e compromisso de dizer verdade: Determinadas pessoas estão dispensadas de depor. São aquelas previstas no art. 206 do CPP. Quando, entretanto, não for possível, por outro meio, obter-se a prova, a testemunha ficará obrigada a prestar o depoimento. Contudo, seja por vontade ou por dever, não se lhe dará compromisso. Denominam-se tais testemunhas (que não prestam compromisso) *declarantes*. Questiona-se se as testemunhas que não prestam o referido compromisso podem praticar o delito de falso testemunho, isto é, se o compromisso de dizer a verdade seria elementar do crime de falso. Sobre o tema, há duas correntes.

Testemunhas que não prestam o compromisso. Configuração do crime de falso testemunho: Há aqueles que entendem que o Código Penal não faz qualquer distinção entre as testemunhas compromissadas e as que não prestam compromisso. *Nesse sentido:* STF: "Não ampara o pedido a alegação de faltar à mãe da menor ofendida a qualidade de testemunha. O Código Penal não exclui da prática do crime de falso testemunho a pessoa que, embora impedida, venha a falsear em depoimento que preste, negando, afirmando ou calando a verdade. Tampouco o dever de dizer a verdade foi condicionado pelo legislador à prestação de compromisso" (STF, HC 66511/RS, 1ª T., Rel. Min. Néri da Silveira, j. 5-8-1988, *DJ* 16-2-1990, p. 929). Ainda: "a formalidade do compromisso não mais integra o tipo do crime de falso testemunho, diversamente do que ocorria no primeiro Código Penal da República, Decreto n. 847, de 11-10-1890. Quem não é obrigado pela lei a depor como testemunha, mas que se dispõe a fazê-lo e é advertido pelo juiz, mesmo sem ter prestado compromisso pode ficar sujeito às penas do crime de falso testemunho. Precedente: HC 66.511-0, 1ª T. *Habeas-corpus* conhecido, mas indeferido" (STF, HC 69358/RS, 2ª T., Rel. Min. Paulo Brossard, j. 30-3-1993, *DJ* 9-12-1994, p. 34082).

Testemunhas que prestam o compromisso. Não caracterização do crime de falso testemunho: Há quem entenda que se a testemunha não assina o compromisso de dizer a verdade, não pode praticar o crime em tela. STF: "O paciente, todavia, foi ouvido como simples declarante em inquérito policial, na qualidade de coautor, não podendo figurar como sujeito ativo do crime de falso testemunho. *Habeas corpus* indeferido, mas concedido de ofício" (STF, HC 75599/SP, 1ª T., Rel. Min. Ilmar Galvão, j. 2-9-1997, *DJ* 10-10-1997, p. 50886). *No mesmo sentido: RT* 693/348 e 701/267.

Falso e pessoas proibidas de depor: Se as testemunhas proibidas de depor (CPP, art. 207 em razão de função, ministério, ofício ou profissão), uma vez desobrigadas pela parte interessada, faltarem com a verdade, respondem pelo crime em tela. Caso não sejam desobrigadas e, ainda assim, deponham de forma mendaz sobre os fatos de que devam guardar sigilo profissional, haverá crime de violação de segredo profissional e não o delito em tela. *Nesse sentido:* Nélson Hungria, *Comentários*, cit., v. 9, p. 484-485.

(4) Concurso de pessoas: Há muita controvérsia na doutrina e na jurisprudência acerca da admissibilidade do concurso de pessoas no crime de falso testemunho. Há duas correntes: (a) Admite-se a possibilidade da participação de terceiro, por via de induzimento ou instigação ao cometimento do falso testemunho. *Nesse sentido:* STF, HC 75037/SP, 2ª T., Rel. Min. Marco Aurélio, j. 10-6-1997, *DJ* 20-4-2001, p. 105; STJ, REsp 200.785-SP, Rel. Min. Félix Fischer, *DJU* 21-8-2000. E, ainda: "A doutrina e a jurisprudência vêm sendo uníssonas em afirmar sobre a possibilidade de se admitir a participação, por induzimento ou instigação, no crime de falso testemunho – art. 342, § 1º, CP. Precedentes. Recurso desprovido" (STJ, 5ª T., REsp 287151/SP, Rel. Min. José Arnaldo da Fonseca, j. 14-5-2002, *DJ* 17-6-2002, p. 290). Mais: "Admite-se a participação no delito de falso testemunho, embora classificado como da espécie de 'mão própria', na esteira da jurisprudência" (TRF2, 1ª T., ACR 4244, j. 8-6-2005, *DJU* 15-6-2005, p. 54). (b) Não é possível a participação no crime de falso testemunho. O legislador erigiu à categoria de crime autônomo a participação no delito de falso (CP, art. 343 – induzimento ou instigação mediante suborno), de modo que qualquer outra forma de participação é atípica. *Nesse sentido:* Damásio de Jesus, *Direito penal*, cit., v. 4, p. 288-289. Celso Delmanto e outros, *Código Penal comentado*, cit., p. 620. Na mesma senda: "O advogado que se limita a instruir testemunha a dizer isso ou aquilo em juízo criminal sem, no entanto, dar, oferecer ou prometer qualquer vantagem não comete o crime de falso testemunho, pois se trata, assim, de fato atípico" (*RT* 755/591).

(5) Sujeito passivo: O Estado (sujeito passivo imediato) e a pessoa prejudicada com o falso depoimento ou perícia (sujeito passivo mediato).

(6) Elemento subjetivo: É o dolo, isto é, a vontade livre e consciente de fazer falsa afirmação, negar ou calar a verdade, ciente de que falta com a verdade ou que a omite. O engano, o esquecimento, seja por falsa percepção da realidade ou por deformação inconsciente da lembrança, não havendo qualquer intenção de alterar a verdade daqueles, não configura o delito em estudo. Assim, ainda que os fatos relatados pela testemunha estejam em desacordo com o fato realmente ocorrido, tal constatação por si só não poderá conduzir à tipificação do crime em estudo, pois será necessário provar que houve a vontade de falsear ou omitir a verdade.

(7) Consumação: Consuma-se o falso testemunho com o encerramento do depoimento (*vide* CPP, art. 216). Não é necessário que o falso influa na decisão da causa: basta sua potencialidade lesiva. A consumação da falsa perícia ocorre com a entrega do laudo à autoridade ou com a afirma-

ção perante ela de fatos inverídicos. No caso da tradução ou interpretação falsa, a consumação ocorre com a entrega do documento traduzido à autoridade pública ou no momento em que o intérprete, ao verter o depoimento oral da testemunha para o português, perante o juiz, distorce o conteúdo de suas declarações. Finalmente, no que diz respeito ao contador, consuma-se o crime no momento em que o falso laudo contábil é entregue à autoridade.

(8) Tentativa: No tocante ao crime de falso testemunho, há duas posições: (a) a tentativa é inadmissível (E. Magalhães Noronha, *Direito penal*, cit., v. 4, p. 372); (b) é admissível, como na hipótese em que o depoimento, por qualquer circunstância, não se encerra (Nélson Hungria, *Comentários*, cit., v. 9, p. 478 e Damásio de Jesus, *Direito penal*, cit., v. 4, p. 292). Cezar Roberto Bitencourt admite tentativa, se o testemunho for prestado por escrito (CPP, art. 221, § 1º) (*Código Penal comentado*, cit., p. 1137). Quanto à falsa perícia, é mais fácil sua ocorrência.

(9) Ação penal. Lei dos Juizados Especiais Criminais: Trata-se de crime de ação penal pública incondicionada. Em face da pena mínima prevista, ampliada pela Lei n. 12.850/2013 de um para dois anos de reclusão, a forma simples do art. 342, *caput*, não admite a suspensão condicional do processo.

(10) Competência: "Firma-se a competência, em regra, pelo lugar em que o delito é consumado, nos termos do art. 70 da Lei Processual Penal. O crime de falso testemunho consuma-se com o encerramento do depoimento prestado pela testemunha, quando ela profere afirmação falsa, nega ou cala a verdade, razão pela qual, para a sua apuração, sobressai a competência do Juízo do local onde foi prestado o depoimento, sendo irrelevante o fato de ter sido realizado por intermédio de carta precatória. Conflito conhecido para se declarar competente, para o processamento e julgamento do feito" (STJ, CComp 30309/PR, 3ª S., Rel. Min. Gilson Dipp, j. 28-11-2001, *DJ* 11-3-2002, p. 163).

Falso testemunho e Justiça Eleitoral: STJ: "É da Justiça Federal a competência para o processo e julgamento do crime de falso testemunho que teria sido praticado em detrimento de serviço da União: a Justiça Eleitoral" (STJ, CComp 35883/SE, 3ª S., Rel. Min. Fontes de Alencar, j. 27-8-2003, *DJ* 15-9-2003, p. 232).

Falso testemunho e Justiça do Trabalho: Súmula 165 do STJ: "Compete à Justiça Federal processar e julgar crime de falso testemunho cometido no processo trabalhista".

(11) Concurso de crimes: Vários depoimentos falsos em um mesmo processo ou inquérito caracterizam crime único, e não concurso material ou crime continuado.

(12) Resultado do processo em que se deu o falso: "Esse delito se caracteriza pela mera potencialidade de dano à administração da justiça, sendo, portanto, crime formal que se consuma com o depoimento falso, independentemente da produção do efetivo resultado material a que visou o agente. Por isso, como acentuado no RHC 58039 (RTJ 95/573), a extinção da punibilidade, por prescrição declarada no processo que teria havido a prática do delito de falso testemunho não impede que seja este apurado e reprimido. Recurso extraordinário conhecido e provido" (STF, RE 112808/SP, 1ª T., Rel. Min. Moreira Alves, j. 28-8-1987, *DJ* 11-12-1987, p. 28275). O STJ, por sua vez, assim se manifestou: "A extinção da punibilidade por prescrição, declarada no processo principal, não afeta o prosseguimento daquele que apura o crime de falso testemunho, pois este é de natureza formal, caracterizando-se pela simples potencialidade de dano à administração da justiça. Recurso especial conhecido e provido" (STJ, REsp 4454/SP, 6ª T., Rel. William Patterson, j. 13-11-1990, *DJ* 3-12-1990, p. 14331).

Súmula:

Súmula 165 do STJ: "Compete à Justiça Federal processar e julgar crime de falso testemunho cometido no processo trabalhista".

(13) Alteração legislativa: a Lei n. 12.850/2013 ampliou os patamares mínimo e máximo da pena privativa de liberdade prevista para o *caput* do art. 342 do Código Penal: passou da pena de 1 a 3 anos para uma pena de reclusão de 2 a 4 anos, eliminando a possibilidade de aplicação da suspensão condicional do processo (art. 89 da Lei n. 9.099/95).

Comissão Parlamentar de Inquérito (Lei n. 1.579/52)

(1) Falso testemunho ou falsa perícia: Na hipótese em que o falso é praticado perante Comissão Parlamentar de Inquérito, deverá o agente responder pelo delito previsto no art. 4º, II, da Lei n. 1.579, de 18-3-1952, o qual dispõe constituir crime "fazer afirmação falsa, ou negar ou calar a verdade como testemunha, perito, tradutor ou intérprete, perante a Comissão Parlamentar de Inquérito. Pena – a do art. 342 do Código Penal". *Vide* jurisprudência no item *"Direito ao silêncio. Prerrogativa constitucional contra a autoincriminação".*

> § 1º As penas aumentam-se de um sexto a um terço, se o crime é praticado mediante suborno ou se cometido com o fim de obter prova destinada a produzir efeito em processo penal, ou em processo civil em que for parte entidade da administração pública direta ou indireta. *(Redação dada pela Lei n. 10.268/2001)*

(1) Crime praticado mediante suborno: O § 1º, com as alterações promovidas pela Lei n. 10.268/2001, passou então a prever três causas de aumento de pena. Na primeira hipótese, a testemunha, o perito, o contador, o tradutor ou intérprete falseiam ou omitem a verdade, isto é, praticam o crime, mediante paga ou recompensa (em dinheiro ou outra utilidade) ou promessa de paga ou recompensa. Exige-se que o crime tenha sido efetivamente praticado. Aquele que realiza o suborno, isto é, dá, oferece ou promete dinheiro ou qualquer outra vantagem àquelas pessoas (testemunha, perito etc.), para falsear a verdade, comete o delito autônomo do art. 343 (corrupção ativa de testemunha, perito, contador, tradutor ou intérprete).

(2) Crime cometido com o fim de obter prova destinada a produzir efeito em processo penal: Nessa segunda hipótese, a pena é majorada quando presente essa finalidade específica.

(3) Crime cometido com o fim de obter prova destinada a produzir efeito em processo civil em que for parte entidade da administração pública direta ou indireta: Trata-se de inovação legislativa introduzida pela Lei n. 10.268/2001. A pena é mais uma vez majorada tendo em vista a presença de finalidade específica. Não se trata de qualquer processo civil, mas apenas aquele em que for parte entidade da Administração Pública direta ou indireta, por exemplo, falsa perícia realizada em ação civil pública proposta pelo governo estadual contra empresas mineradoras.

> § 2º O fato deixa de ser punível se, antes da sentença no processo em que ocorreu o ilícito, o agente se retrata ou declara a verdade. *(Redação dada pela Lei n. 10.268/2001)*

(1) Retratação: Retratar-se significa retirar o que foi dito. O agente, antes da sentença no processo em que ocorreu o falso testemunho, declara a verdade. Na realidade, o crime já se consumou no momento em que o depoimento foi encerrado, contudo a lei faculta ao agente o direito de arrepender-se antes da prolação da sentença de primeiro grau, possibilitando com isso o esclarecimento da verdade dos fatos e, consequentemente, a extinção da punibilidade. A retratação não necessita ser espontânea: basta ser voluntária. Deve, entretanto, ser completa.

(2) Momento adequado: A lei deixa bem claro que o fato deixa de ser punível *"antes da sentença no processo em que ocorreu o ilícito"*, ou seja, antes da sentença no processo em que ocorreu o falso testemunho.

(3) Retratação e Tribunal do Júri: "Não produzindo a sentença de pronúncia efeitos de mérito, o momento para a testemunha se retratar, nos precisos termos do art. 342, § 3º, do CP é aquele que ante-

cede a decisão final da causa pelos jurados" (TJSP, AC 124.484-3, Rel. João Morenghi, j. 13-12-1993). "A retratação do agente de crime de falso testemunho antes da sentença final, no procedimento do júri, extingue a sua punibilidade. É irrelevante que ela seja posterior ao trânsito em julgado da pronúncia, que não é, decididamente, a sentença a que se refere o art. 342, § 3º, do CP" (RT 526/427).

(4) Retratação e concurso de agentes: Embora haja discussão se o crime de falso testemunho admite ou não concurso de pessoas, caso se entenda que sim, a retratação formulada pelo autor deve comunicar-se aos partícipes do delito, pois a lei diz: "o fato deixa de ser punível". *Nesse sentido:* Damásio de Jesus, *Direito penal,* cit., p. 295. Julio Fabbrini Mirabete, *Manual,* cit., v. 3, p. 419. *Em sentido contrário:* Nélson Hungria, *Comentários,* cit., v. 9, p. 489.

(5) Retratação e ação penal: O crime de falso testemunho, conforme já dito, consuma-se com o encerramento do depoimento em que se deu o falso; a falsa perícia, com a entrega do laudo à autoridade; a falsa tradução, com a entrega do documento traduzido; a falsa interpretação, com o seu término. Contudo, se antes da sentença no processo em que ocorreu o ilícito, o agente se retrata ou declara a verdade, ocorrerá a extinção da punibilidade, isto é, o fato é típico e ilícito, mas não punível. Assim, discute-se na doutrina e jurisprudência se seria necessário aguardar esse momento processual para propor a ação penal por crime de falso testemunho ou falsa perícia. Entendemos que não se trata de condição para a propositura da ação penal. Dessa forma, nada impede a instauração do inquérito policial e a posterior propositura da ação penal pelo crime de falso testemunho. O que se impede, na realidade, para que não haja decisões contraditórias, é que seja proferida sentença no processo por crime de falso testemunho sem que se aguarde o desfecho do processo em que se deu o falso (*vide* Nélson Hungria, *Comentários,* cit., v. 9, p. 489). *Nesse sentido:* "A sentença no feito principal não é imprescindível para o início da ação penal por crime de falso testemunho, ainda que se faça a ressalva de que a decisão sobre falso testemunho não deve preceder à do feito principal. Precedentes" (STJ, HC 16247/SP, 5ª T., Rel. Min. Gilson Dipp, j. 28-8-2001, DJ 2-9-2002, p. 211 e HC 26754/PE, 5ª T., Rel. Min. Gilson Dipp, j. 10-6-2003, DJ 25-8-2003, p. 340). *Em sentido contrário:* "Eventual crime de falso testemunho (art. 342, § 1º, do CP) depende, para a instauração da ação penal, que haja sentença no processo onde o depoimento considerado falso tenha sido produzido. Recurso especial conhecido e provido parcialmente" (STJ, REsp 62513/PR, 5ª T., Rel. Min. Assis Toledo, j. 14-5-1996, DJ 17-6-1996, p. 21501).

Art. 343. Dar, oferecer ou prometer dinheiro ou qualquer outra vantagem a testemunha, perito, contador, tradutor ou intérprete, para fazer afirmação falsa, negar ou calar a verdade em depoimento, perícia, cálculos, tradução ou interpretação:

Pena – reclusão, de 3 (três) a 4 (quatro) anos, e multa. *(Redação dada pela Lei n. 10.268/2001)*

(1) Alteração legislativa: Duas foram as inovações legislativas introduzidas pela Lei n. 10.268/2001: (a) passou a prever a figura do contador; (b) aumentou a sanção penal que na antiga redação do dispositivo era de reclusão, de 1 a 3 anos, e multa.

(2) Objeto jurídico: Tutela o dispositivo penal o regular desenvolvimento da atividade judiciária.

(3) Ação nuclear: Consubstancia-se nos verbos: (a) *dar* (entregar, transferir); (b) *oferecer* (colocar à disposição ou aceitação); ou (c) *prometer* (comprometer-se, fazer promessa, garantir a entrega de algo) dinheiro ou qualquer outra vantagem à testemunha, perito, contador, tradutor ou intérprete para fazer afirmação falsa, negar ou calar a verdade em depoimento, perícia, cálculos, tradução ou interpretação. Estamos, portanto, diante de um crime de corrupção ativa de testemunha, perito, contador, tradutor ou intérprete. Sobre o tema, *vide* mais comentários ao crime precedente.

(4) Objeto material: É o dinheiro ou qualquer outra vantagem (por exemplo: vantagem de natureza sexual etc.).

(5) Sujeito ativo: Qualquer pessoa pode praticar esse crime. Discute-se se o advogado que persuade a testemunha, por exemplo, a mentir em juízo sem oferecer qualquer vantagem, cometeria o crime do art. 342, como partícipe, ou se o fato seria atípico, na medida em que para a caracterização do crime do art. 343 exige-se o suborno. Sobre o tema, *vide* crime precedente.

(6) Concurso de pessoas: Admite-se o concurso de pessoas. Assim, aquele que induz o advogado a oferecer vantagem econômica ao contador responde como partícipe.

(7) Sujeito passivo: É o Estado (sujeito passivo imediato) e a pessoa prejudicada com o falso depoimento ou perícia (sujeito passivo mediato) obtido mediante suborno.

(8) Elemento subjetivo: É o dolo, consistente na vontade livre e consciente de *dar*, *oferecer* ou *prometer* dinheiro ou qualquer outra vantagem a testemunha, perito, contador, tradutor ou intérprete, com a finalidade especial (elemento subjetivo do tipo) de determinar aquelas pessoas a fazer afirmação falsa, negar ou calar a verdade em depoimento, perícia, cálculos, tradução ou interpretação.

(9) Consumação. Tentativa: Consuma-se com a simples dação, oferta ou promessa de vantagem, independentemente de ser aceita ou recusada. Também não é necessário que eles pratiquem o ato pretendido pelo agente, isto é, façam afirmação falsa, neguem ou calem a verdade em depoimento, perícia, cálculos, tradução ou interpretação. Caso cometam a falsidade no inquérito policial, processo judicial etc., em troca da vantagem, responderão eles pelo crime de falso testemunho ou falsa perícia na forma majorada (CP, art. 342, § 1º). A tentativa é possível, salvo se o suborno for realizado oralmente.

(10) Ação penal: Trata-se de crime de ação penal pública incondicionada.

(11) Distinção: Se o suborno for de perito, contador, tradutor ou intérprete oficial, haverá a configuração do crime de corrupção ativa (CP, art. 333), e não o crime em tela, uma vez que aqueles são considerados funcionários públicos. Dessa forma, o art. 343 refere-se ao perito não oficial.

Parágrafo único. As penas aumentam-se de um sexto a um terço, se o crime é cometido com o fim de obter prova destinada a produzir efeito em processo penal ou em processo civil em que for parte entidade da administração pública direta ou indireta. *(Redação dada pela Lei n. 10.268/2001)*

(1) Causa de aumento de pena: A Lei n. 10.268/2001 promoveu alterações nesse parágrafo do dispositivo legal. Pela atual redação do dispositivo, não mais subsiste a qualificadora, que previa a duplicação da pena, tendo sido substituída por uma causa especial de aumento de pena: a pena aplicada poderá ser elevada de um sexto a um terço. A Lei também passou a prever uma nova causa de aumento de pena se o crime é cometido com o fim de obter prova destinada a produzir efeito em processo civil em que for parte entidade da administração pública direta ou indireta (sobre o tema, *vide* comentários ao art. 342, § 1º, do CP).

Coação no curso do processo

Art. 344. Usar de violência ou grave ameaça, com o fim de favorecer interesse próprio ou alheio, contra autoridade, parte, ou qualquer outra pessoa que funciona ou é chamada a intervir em processo judicial, policial ou administrativo, ou em juízo arbitral:

Pena – reclusão, de 1 (um) a 4 (quatro) anos, e multa, além da pena correspondente à violência.

(1) Objeto jurídico: Tutela-se o desenvolvimento normal da atividade judiciária.

(2) Ação nuclear: Pune-se o uso (emprego) de violência (*vis corporalis*) ou grave ameaça (*vis compulsiva*, consistente em promessa de mal sério, grave), contra autoridade (juiz, promotor de justiça, delegado de polícia etc.), parte (autor, réu, litisconsorte, oponente etc.) ou qualquer outra pessoa (testemunha, perito, contador, tradutor ou intérprete, escrivão, jurado, oficial de justiça

etc.) que funciona ou é chamada a intervir em processo judicial, policial ou administrativo, ou em juízo arbitral, com o fim de favorecer interesse próprio ou alheio.

(3) Sujeito ativo: Trata-se de crime comum. Qualquer pessoa pode praticar o delito em tela.

(4) Sujeito passivo: É o Estado e a pessoa submetida à violência ou grave ameaça (juiz, promotor de justiça, autoridade policial, testemunhas, jurados, perito, autor, querelante, querelado etc.).

(5) Elemento subjetivo: É o dolo, isto é, a vontade livre e consciente de praticar a violência ou grave ameaça, acrescido do fim especial de favorecer interesse próprio ou alheio (elemento subjetivo do tipo). Ausente esse fim especial de agir, o crime passa a ser outro.

(6) Consumação e tentativa: Reputa-se consumado com a prática da violência ou grave ameaça contra uma das pessoas descritas no tipo penal. Não há necessidade da concretização do fim pretendido pelo agente. Trata-se, assim, de crime formal. A tentativa é admissível.

(7) Ação penal. Lei dos Juizados Especiais Criminais: Trata-se de crime de ação penal pública incondicionada. Em face da pena mínima prevista (reclusão, de 1 a 4 anos, e multa), é cabível a suspensão condicional do processo (art. 89 da Lei n. 9.099/95).

(8) Prisão preventiva: A coação no curso do processo realizada pelo próprio indiciado ou réu poderá ocasionar, preenchidos os requisitos legais, a decretação de sua prisão preventiva (CPP, arts. 311 a 314).

(9) Concurso de crimes: Se da violência física empregada resultarem lesões corporais (leve, grave ou gravíssima) ou a morte da vítima, elas serão punidas autonomamente, conforme expressa determinação legal. No tocante às vias de fato, essa contravenção penal restará absorvida pelo delito em exame (CP, art. 344), assim como a ameaça. A prática de várias ameaças, com vistas a um só fim, constitui crime único, não se havendo de cogitar concurso de crimes ou continuação delitiva; por exemplo: acusado que diariamente atemoriza a vítima, a fim de que ela não compareça à audiência.

(10) Distinção: Caso a autoridade, o juiz, as partes etc. não mais funcionem no processo ou inquérito, a ameaça ou violência contra eles empregada constituirá outro crime: ameaça (CP, art. 147), lesões corporais (CP, art. 129), homicídio (CP, art. 121).

Comissão Parlamentar de Inquérito (Lei n. 1.579/52)

(1) Dispõe o art. 4º, I, da Lei n. 1.579/52: "Impedir, ou tentar impedir, mediante violência, ameaça ou assuadas, o regular funcionamento de Comissão Parlamentar de Inquérito, ou o livre exercício das atribuições de qualquer de seus membros. Pena – a do art. 329 do Código Penal".

Exercício arbitrário das próprias razões

Art. 345. Fazer justiça pelas próprias mãos, para satisfazer pretensão, embora legítima, salvo quando a lei o permite:

Pena – detenção, de 15 (quinze) dias a 1 (um) mês, ou multa, além da pena correspondente à violência.

Parágrafo único. Se não há emprego de violência, somente se procede mediante queixa.

(1) Objeto jurídico: Tutela-se mais uma vez a administração da justiça.

(2) Ação nuclear: Incrimina-se a conduta de fazer justiça pelas próprias mãos para satisfazer pretensão, embora legítima. A pretensão pode ser ilegítima, porém o agente não deve considerá-la como tal. Deve, assim, julgar, supor ter legítimo direito a ela. O agente pode valer-se de diversos meios (violência física, ameaça, apropriação, subtração, fraude etc.) para satisfazer uma pretensão que entende ser legítima. O tipo penal contém um elemento normativo que está consubstanciado na expressão "salvo quando a lei o permite". Assim, a lei, em alguns casos, autoriza que se faça justiça pelas próprias mãos. Nessas hipóteses, não haverá o crime em tela, por atipicidade do fato, por exemplo, o art. 1.210, § 1º, do CC.

Defesa da posse: "Constitui elemento normativo do tipo do exercício arbitrário das próprias razões (CP, art. 345) o não enquadrar-se o fato numa das hipóteses excepcionais em que os ordenamentos modernos, por imperativos da eficácia, transigem com a autotutela de direitos privados, que, de regra, incriminam: o exemplo mais frequente de tais casos excepcionais de licitude da autotutela privada está na defesa da posse, nos termos admitidos no art. 502 C.Civil" (STF, HC 75169/SP, Rel. Min. Sepúlveda Pertence, j. 24-6-1997, *DJ* 22-8-1997).

Simulação de dívida: "A simulação de dívida objetivando alcançar de imediato a meação de certo bem configura não o crime de falsidade ideológica, mas o do exercício arbitrário das próprias razões. A simulação, a fraude, ou outro qualquer artifício utilizado corresponde a meio de execução, ficando absorvido pelo tipo do art. 345 do Código Penal no que tem como elemento subjetivo o dolo específico, ou seja, o objetivo de satisfazer pretensão, legítima ou ilegítima" (STF, HC 74672/MG, 2ª T., Rel. Min. Marco Aurélio, j. 18-2-1997, *DJ* 11-4-1997).

(3) Sujeito ativo: Trata-se de crime comum, uma vez que pode ser praticado por qualquer pessoa, não se exigindo nenhuma qualidade especial.

(4) Sujeito passivo: É o Estado, titular do bem jurídico ofendido, e a pessoa diretamente lesada com a ação ou omissão do sujeito ativo.

(5) Elemento subjetivo: É o dolo, consistente na vontade livre e consciente de fazer justiça pelas próprias mãos, acrescido de um fim especial, contido na expressão "para satisfazer pretensão, embora legítima". Se o agente tem conhecimento de que sua pretensão é ilegítima, haverá outro crime (furto, apropriação indébita, dano etc.).

(6) Consumação e tentativa: Controverte-se a doutrina: (a) consuma-se com o emprego dos meios de execução, sendo desnecessária a efetiva satisfação da pretensão. É crime formal; (b) consuma-se com a efetiva satisfação da pretensão. Qualquer que seja a corrente adotada, a tentativa é admissível.

(7) Ação penal: Se não há o emprego de violência, a ação penal nesse crime somente se procede mediante queixa. Também se procederá mediante queixa, se houver o emprego de vias de fato, pois essa contravenção penal resta absorvida pelo crime em estudo.

(8) Lei dos Juizados Especiais Criminais: Trata-se de infração de menor potencial ofensivo, sujeita às disposições da Lei n. 9.099/95. É cabível a suspensão condicional do processo (art. 89 da lei).

(9) Concurso de crimes: Vide comentários ao crime precedente.

Código de Defesa do Consumidor (Lei n. 8.078/90)

(1) Exercício arbitrário das próprias razões e Código de Defesa do Consumidor: Dispõe o art. 71: "Utilizar na cobrança de dívidas, de ameaça, coação, constrangimento físico ou moral, afirmações falsas incorretas ou enganosas ou de qualquer outro procedimento que exponha o consumidor, injustificadamente, a ridículo ou interfira com seu trabalho, descanso ou lazer: Pena – detenção, de 3 (três) meses a 1 (um) ano e multa".

Energia elétrica e inadimplência: Questão controversa se põe no que diz respeito à possibilidade do corte de energia elétrica e água nos casos de inadimplência, sem que isso configure a hipótese prevista no art. 71 do CDC. Tem sido entendimento dominante no STJ, com ressalvas, de que: "Os serviços públicos essenciais, remunerados por tarifa, porque prestados por concessionárias do serviço, podem sofrer interrupção quando há inadimplência, como previsto no art. 6º, § 3º, II, da Lei n. 8.987/95. Exige-se, entretanto, que a interrupção seja antecedida por aviso, existindo na Lei n. 9.427/97, que criou a ANEEL, idêntica previsão. A continuidade do serviço, sem o efetivo pagamento, quebra o princípio da igualdade das partes e ocasiona o enriquecimento sem causa, repudiado pelo Direito (arts. 42 e 71 do CDC, em interpretação conjunta)" (STJ, REsp 822090/RS, 1ª T., Rel. Min. José Delgado, j. 11-4-2006, *DJ* 22-5-2006, p. 177).

Caução e internação hospitalar: "1. Incontroverso que o inquérito policial foi deflagrado em razão de processo administrativo em que apurados fatos concernentes à exigência de caução para internação e à cobrança vexatória, descabe a pretensão de trancamento do inquérito policial ao argumento de que o Promotor de Justiça teria motivado o pedido de investigação apenas no que tange à exigência de caução para internação hospitalar. 2. Hipótese em que pessoa idosa, apesar de ter recebido alta às 10 horas da manhã somente foi liberada às 4 horas da tarde, mediante o pagamento de determinado valor: fato passível de configurar, em tese, o crime descrito no art. 71 do Código de Defesa do Consumidor" (STF, HC 87607/MG, 2ª T., Rel. Min. Eros Grau, j. 28-3-2006, *DJ* 12-5-2006, p. 28).

Art. 346. Tirar, suprimir, destruir ou danificar coisa própria, que se acha em poder de terceiro por determinação judicial ou convenção:

Pena – detenção, de 6 (seis) meses a 2 (dois) anos, e multa.

(1) Objeto jurídico: Tutela-se, mais uma vez, a administração da justiça.

(2) Ação nuclear: Quatro são ações incriminadas: (a) *tirar* (subtrair); (b) *suprimir* (fazer desaparecer a coisa); (c) *destruir* (inutilizar); ou (d) *danificar* (estragar), no caso, coisa própria (móvel ou imóvel), que se acha em poder de terceiro por determinação judicial ou convenção.

(3) Sujeito ativo: Somente o proprietário da coisa (móvel ou imóvel), que se encontra em poder de terceiro. É, portanto, crime próprio. Admite-se o concurso de pessoas em ambas as modalidades (coautoria e participação).

(4) Sujeito passivo: É o Estado, assim como a pessoa diretamente lesada com a ação do sujeito ativo.

(5) Elemento subjetivo: É o dolo, consubstanciado na vontade livre e consciente de tirar, suprimir, destruir ou danificar coisa própria, ciente de que se acha em poder de terceiro por determinação judicial ou convenção, sendo irrelevantes os motivos que levaram o agente a praticar as ações típicas.

(6) Consumação. Tentativa: Consuma-se com a prática de uma das ações típicas. A tentativa é perfeitamente admissível.

(7) Ação penal. Lei dos Juizados Especiais Criminais: Trata-se de crime de ação penal pública incondicionada. Cuida-se de infração de menor potencial ofensivo, estando sujeita às disposições da Lei n. 9.099/95. É cabível, inclusive, a suspensão condicional do processo (art. 89 da Lei n. 9.099/95).

(8) Distinção: Caso a coisa pertença a terceiro, o crime passa a ser outro: furto, dano etc. Se o objeto material do crime for coisa móvel comum, sua subtração pelo condômino, herdeiro ou sócio, para si ou para outrem, configura o crime previsto no art. 156 do CP.

Fraude processual

Art. 347. Inovar artificiosamente, na pendência de processo civil ou administrativo, o estado de lugar, de coisa ou de pessoa, com o fim de induzir a erro o juiz ou o perito:

Pena – detenção, de 3 (três) meses a 2 (dois) anos, e multa.

Parágrafo único. Se a inovação se destina a produzir efeito em processo penal, ainda que não iniciado, as penas aplicam-se em dobro.

(1) Objeto jurídico: Tutela-se a administração da justiça.

(2) Ação nuclear: Incrimina-se a ação de inovar, isto é, alterar, modificar, artificiosamente, na pendência de processo civil ou administrativo, o estado de lugar, de coisa ou de pessoa, por exem-

plo, lavar a peça de roupa esquecida pelo autor do crime, de modo a apagar qualquer vestígio de sangue; remover os corpos das vítimas de local, de forma a alterar a cena do crime; apagar marco, limites de uma propriedade; ou, conforme exemplo de Noronha, fazer desaparecer característicos da pessoa por meio de cirurgia estética (*Direito penal*, cit, v. 4, p. 386), estando essa pessoa sendo procurada pela justiça. As inovações artificiosas devem ser idôneas a enganar o juiz ou o perito; do contrário, se o artifício for grosseiro, não há falar em crime.

(3) *Sujeito ativo:* Qualquer pessoa, podendo, também, ser pessoa estranha à causa, como parentes, amigos ou inimigos das partes. É possível que o funcionário público seja sujeito ativo do crime em tela, desde que não configure outro crime próprio, por exemplo, corrupção passiva (CP, art. 317).

(4) *Sujeito passivo:* É o Estado, bem como a pessoa prejudicada com a inovação artificiosa no processo.

(5) *Elemento subjetivo:* É o dolo, representado pela vontade livre e consciente de inovar artificiosamente, na pendência de processo civil ou administrativo, o estado de lugar, de coisa ou de pessoa. Exige-se o fim especial de induzir a erro o juiz ou o perito (elemento subjetivo do tipo).

(6) *Consumação. Tentativa:* Trata-se de crime formal. Consuma-se com a realização da fraude, isto é, com a inovação artificiosa, desde que inidônea, ainda que o juiz ou o perito não venham a ser enganados. Tratando-se de crime plurissubsistente, a tentativa é perfeitamente possível.

(7) *Forma majorada (parágrafo único):* Se a inovação se destina a produzir efeito em processo penal, a pena será aplicada em dobro. Não é necessário que o processo tenha se iniciado, isto é, que tenha sido instaurado inquérito policial ou tenha se iniciado a ação penal. Ressalve-se a hipótese em que o processo penal é condicionado ao oferecimento de queixa, representação ou requisição, havendo crime somente quando se houver verificado a condição de procedibilidade.

(8) *Ação penal. Lei dos Juizados Especiais Criminais:* Trata-se de crime de ação penal pública incondicionada. A modalidade prevista no *caput* do artigo constitui infração de menor potencial ofensivo, estando sujeita às disposições da Lei n. 9.099/95. É cabível, inclusive, a suspensão condicional do processo (art. 89 da Lei n. 9.099/95). A forma majorada (parágrafo único), no entanto, somente admite o *sursis* processual.

Código de Trânsito Brasileiro

(1) *Fraude processual e CTB:* Dispõe o art. 312 do Código de Trânsito Brasileiro: "Inovar artificiosamente, em caso de acidente automobilístico com vítima, na pendência do respectivo procedimento policial preparatório, inquérito policial ou processo penal, o estado de lugar, de coisa ou de pessoa, a fim de induzir a erro o agente policial, o perito, ou o juiz: Pena – detenção, de 6 meses a 1 ano, ou multa".

Favorecimento pessoal

Art. 348. Auxiliar a subtrair-se à ação de autoridade pública autor de crime a que é cominada pena de reclusão:

Pena – detenção, de 1 (um) a 6 (seis) meses, e multa.

§ 1º Se ao crime não é cominada pena de reclusão:

Pena – detenção, de 15 (quinze) dias a 3 (três) meses, e multa.

§ 2º Se quem presta o auxílio é ascendente, descendente, cônjuge ou irmão do criminoso, fica isento de pena.

(1) *Objeto jurídico:* Tutela-se a administração da justiça.

(2) Ação nuclear: Consubstancia-se na conduta de auxiliar, isto é, favorecer, autor de crime (doloso, culposo ou preterdoloso, tentado ou consumado, excluindo-se a contravenção penal), a que é cominada pena de reclusão, a subtrair-se à ação de autoridade pública (policial, judiciária ou administrativa). O auxílio pode se dar ao autor, coautor ou partícipe de crime. É pressuposto do delito que o agente não seja autor do crime antecedente. Assim, deve o auxílio ser prestado após o momento consumativo do delito anterior. Se, no entanto, o auxílio for prometido ou prestado antes ou durante a execução do crime, haverá o concurso de pessoas e não a configuração do crime autônomo de favorecimento pessoal. São exemplos de auxílio: esconder o foragido em sua residência, fornecer automóvel e dinheiro para a fuga, levá-lo a um esconderijo, auxiliá-lo a disfarçar-se, despistar com falsos informes ou dissimulação de indícios a pesquisa para a descoberta de seu paradeiro. Para Celso Delmanto, "Tendo o art. 348 empregado a expressão *criminoso,* e não acusado de *crime* ou simplesmente *acusado,* o auxílio ou favorecimento a acusado, ou seja, a pessoa que ainda não tenha sido condenada definitivamente, será *atípico*" (*Código Penal comentado,* cit., p. 633).

Desnecessidade de a autoridade estar à procura do criminoso: STJ: "IV – (...) para caracterizar o crime de favorecimento pessoal – art. 348, do CP, não é preciso, sequer, que, no momento, a autoridade esteja procurando o criminoso, pois: 'basta que, mais cedo ou mais tarde, o favorecido tenha de ser alcançado pela autoridade como criminoso' (Nélson Hungria, *Comentários ao Código Penal,* v. IX/506, Rio: Forense, 1958). V – Recurso improvido" (STJ, REsp 2824/MG, 6ª T., Rel. Min. Pedro Aciolo, j. 14-9-1993, *DJ* 11-10-1993, p. 21341).

Crime anterior e impunibilidade: Segundo a doutrina, não há delito de favorecimento pessoal se em relação ao fato anterior ocorreu: (a) causa excludente da ilicitude; (b) causa excludente da culpabilidade; (c) causa extinta da punibilidade; (d) alguma escusa absolutória. Ora, se não há crime, ou se o agente não é culpado, ou se foi extinta a sua punibilidade, obviamente ele não está sujeito à ação da autoridade, e, portanto, o auxílio a ele prestado não configura o crime de favorecimento pessoal. No caso de absolvição por falta de provas, há duas posições: (a) Não há exclusão do crime de favorecimento pessoal. *Nesse sentido:* Nélson Hungria, *Comentários,* cit. v. 9, p. 508; (b) Há a exclusão do crime. *Nesse sentido:* Victor Eduardo Rios Gonçalves, *Dos crimes contra os costumes aos crimes contra a Administração,* São Paulo: Saraiva, v. 10, p. 189, e Julio Fabbrini Mirabete, *Manual,* cit., v. 3, p. 434.

Crime anterior e condição de procedibilidade: Na hipótese em que o crime anteriormente praticado somente se procede mediante queixa ou mediante ação pública sujeita à representação ou requisição, enquanto não forem apresentadas estas, não se poderá falar em crime de favorecimento pessoal. *Nesse sentido:* Nélson Hungria, *Comentários,* cit., v. 9, p. 508.

(3) Sujeito ativo: Qualquer pessoa pode praticá-lo. O advogado pode ser sujeito ativo do crime em tela, desde que auxilie, concretamente, seu cliente a subtrair-se à ação da autoridade. A simples conduta de não revelar o paradeiro de seu cliente não caracteriza o crime de favorecimento pessoal. *Nesse sentido:* E. Magalhães Noronha, *Direito penal,* cit., v. 4, p. 390.

(4) Sujeito passivo: É o Estado, titular do bem jurídico ofendido.

(5) Elemento subjetivo: É o dolo, consubstanciado na vontade livre e consciente de auxiliar o autor de crime a subtrair-se à ação de autoridade pública. É necessário que o agente tenha ciência da situação do favorecido. O desconhecimento dessa situação afasta o dolo, não havendo falar no crime em tela.

(6) Consumação e tentativa: Dá-se a consumação no momento em que o favorecido consegue, ainda que momentaneamente, em razão do auxílio prestado, subtrair-se à ação da autoridade pública. A tentativa é perfeitamente admissível.

(7) Forma privilegiada (§ 1º): "Se ao crime não é cominada pena de reclusão: Pena – detenção, de quinze dias a três meses, e multa". Nessa hipótese, a pena é reduzida diante da menor

gravidade do fato. Assim, o auxílio prestado àquele que pratica um crime apenado com detenção terá a sua conduta enquadrada na forma privilegiada.

(8) Escusa absolutória (§ 2º): Trata-se de causa extintiva de punibilidade. Assim, de acordo com o § 2º, "se quem presta auxílio é ascendente, descendente, cônjuge ou irmão do criminoso, fica isento de pena". A enumeração legal, a despeito de ser taxativa, alcança a união estável, por força de equiparação constitucional (CF, art. 226, § 5º), bem como todas as formas de filiação, inclusive o parentesco por adoção, dado ser vedado tratamento discriminatório aos descendentes, pouco importando a natureza do vínculo (CF, art. 227, § 6º). Cumpre consignar que, recentemente, o Plenário do STF reconheceu como entidade familiar a união de pessoas do mesmo sexo (ADPF 132, cf. *Informativo do STF n. 625*, Brasília, 2 a 6 de maio de 2011).

(9) Ação penal. Lei dos Juizados Especiais Criminais: Trata-se de crime de ação penal pública incondicionada. Constitui infração de menor potencial ofensivo, sujeita às disposições da Lei n. 9.099/95. É cabível a suspensão condicional do processo (art. 89 da lei).

(10) Outros dispositivos legais: Vide CP, arts. 351 (facilitação de fuga de pessoa presa) e 311 (adulteração de sinal identificador de veículo automotor).

Favorecimento real

Art. 349. Prestar a criminoso, fora dos casos de coautoria ou de receptação, auxílio destinado a tornar seguro o proveito do crime:

Pena – detenção, de 1 (um) a 6 (seis) meses, e multa.

(1) Objeto jurídico: Tutela-se, mais uma vez, a administração da justiça.

(2) Ação nuclear: A conduta típica consiste em prestar a criminoso, fora dos casos de coautoria ou de receptação, auxílio destinado a tornar seguro o proveito do crime. É pressuposto do crime que haja anteriormente a prática de um delito, patrimonial ou não, o qual pode ser tentado ou consumado. Exclui-se, portanto, o proveito de contravenção penal. O proveito do crime abrange o *preço do crime* (pagamento obtido pelo mandante para praticar um homicídio) e o *produto do crime* (é o próprio objeto obtido com a prática criminosa). É também considerado proveito a coisa que veio a substituir o objeto material do delito. Ficam excluídos os instrumentos do crime, os quais não são considerados proveito deste. Para Celso Delmanto, "tendo o art. 349 empregado a expressão *criminoso*, e não acusado de *crime* ou simplesmente *acusado*, o auxílio ou favorecimento a acusado, ou seja, a pessoa que ainda não tenha sido condenada definitivamente, será *atípico*" (*Código Penal comentado*, cit., p. 635).

Crime anterior e inimputabilidade: Caso o autor do crime principal seja inimputável ou tenha extinta sua punibilidade, tais circunstâncias não impedem a configuração do favorecimento real, pois a inimputabilidade apenas impede a aplicação da sanção penal ao autor do crime antecedente, mas o fato não deixa de ser crime. *Nesse sentido:* E. Magalhães Noronha, *Direito penal*, cit., v. 4, p. 394 e Nélson Hungria, *Comentários*, cit., v. 9, p. 510. O mesmo sucede na presença de alguma causa extintiva da punibilidade. Ressalve-se, contudo, a hipótese da *abolitio criminis* e da anistia. *Nesse sentido:* Damásio E. de Jesus, *Direito penal*, cit., v. 4, p. 323.

(3) Sujeito ativo: Qualquer pessoa pode praticar o delito em estudo, com exceção do coautor ou partícipe do delito antecedente. Faz-se também necessário que o auxílio ao criminoso tenha sido prestado após a consumação do delito. Se foi prestado ou prometido antes ou durante a execução do crime, o agente será considerado coparticipante do delito praticado.

(4) Sujeito passivo: É o Estado, bem como o titular do bem jurídico do crime anterior.

(5) Elemento subjetivo: É o dolo, consubstanciado na vontade livre e consciente de prestar auxílio a criminoso, acrescido do fim de tornar seguro o proveito do delito. A ausência de conhecimento da procedência criminosa do bem exclui o dolo e, portanto, o tipo penal. Se o agente opera com o fim de obter lucro, ocorrerá crime de receptação. Com efeito, na receptação, o agente opera com o intuito de satisfazer interesse econômico próprio ou alheio e não do autor do crime antecedente; no favorecimento real o agente atua com a finalidade de satisfazer interesse do autor do delito antecedente. Não há previsão da modalidade culposa.

(6) Consumação: Por se tratar de crime formal, consuma-se com a prestação de auxílio ao criminoso. Não se exige que o agente logre tornar seguro o proveito do delito antecedente. A tentativa é perfeitamente possível.

(7) Ação penal. Lei dos Juizados Especiais Criminais: Trata-se de crime de ação penal pública incondicionada. Constitui infração penal de menor potencial ofensivo, sujeita às disposições da Lei n. 9.099/95. É cabível a suspensão condicional do processo (art. 89 da lei).

(8) Escusa absolutória: O favorecimento real não admite a escusa absolutória, ao contrário do que ocorre com o crime de favorecimento pessoal (CP, art. 348, § 2º).

(9) Outros delitos: Vide CP, art. 311 (adulteração ou remarcação de chassis).

Lei de Lavagem de Dinheiro

(1) Previsão legal: Constitui crime de lavagem de dinheiro, previsto no art. 1º da Lei n. 9.613/98, a conduta de "ocultar ou dissimular a natureza, origem, localização, disposição, movimentação ou propriedade de bens, direitos ou valores provenientes, direta ou indiretamente, de infração penal" (*redação dada pela Lei n. 12.683, de 2012*). Segundo a doutrina, pode ser sujeito ativo dessa infração o autor, coautor ou partícipe do crime antecedente (qualquer infração penal), não constituindo a lavagem de dinheiro "post factum impunível", afastando-se, assim, a incidência do princípio da consunção. Deverá o agente, no caso, responder pelo concurso material de crimes, dado que, além de as condutas serem praticadas em momentos distintos, ofendem bens jurídicos diversos.

(2) Conduta equiparada: De acordo com o art. 1º, § 1º, da Lei n. 9.613/98, "incorre na mesma pena quem, para ocultar ou dissimular a utilização de bens, direitos ou valores provenientes de qualquer dos crimes antecedentes referidos neste artigo: I – os converte em ativos lícitos; II – os adquire, recebe, troca, negocia, dá ou recebe em garantia, guarda, tem em depósito, movimenta ou transfere; III – importa ou exporta bens com valores não correspondentes aos verdadeiros". E, consoante o seu § 2º, "Incorre, ainda, na mesma pena quem: I – utiliza, na atividade econômica ou financeira, bens, direitos ou valores que sabe serem provenientes de qualquer dos crimes antecedentes referidos neste artigo; II – participa de grupo, associação ou escritório tendo conhecimento de que sua atividade principal ou secundária é dirigida à prática de crimes previstos nesta Lei".

(3) Lavagem de dinheiro e competência: Vide comentários ao art. 180 do CP.

Art. 349-A. Ingressar, promover, intermediar, auxiliar ou facilitar a entrada de aparelho telefônico de comunicação móvel, de rádio ou similar, sem autorização legal, em estabelecimento prisional. *(Incluído pela Lei n. 12.012/2009)*

Pena – detenção, de 3 (três) meses a 1 (um) ano. *(Incluído pela Lei n. 12.012/2009)*

(1) Comentários gerais: A Lei n. 11.466, de 28 de março de 2007, havia acrescentado o art. 319-A ao Código Penal, incriminando a conduta daquele que, tendo o dever legal de impedir o

acesso do preso ao aparelho telefônico, rádio ou similar, torna-se omisso. Entretanto, aludido delito pune tão somente o diretor de penitenciária ou agente público (por exemplo: carcereiro) que deixa de cumprir o dever de vedar ao preso o acesso ao aparelho. A figura delituosa não abrange a conduta do particular. Buscando suprir a omissão do referido Diploma, a Lei n. 12.012, de 6 de agosto de 2009, passou a reprimir o particular, normalmente, familiares dos presos, que realizam o ingresso (dar entrada), a promoção (favorecer), a intermediação (interceder), o auxílio (assistir) ou a facilitação da entrada de aparelho telefônico de comunicação móvel, de rádio ou similar, sem autorização legal (elemento normativo do tipo), em estabelecimento prisional. O crime se consuma com a prática de uma das ações típicas, independentemente de o preso ter acesso ao aparelho. Trata-se, portanto, de crime de mera conduta. Somente é reprimido na modalidade dolosa, devendo o agente ter ciência de que o seu comportamento não se encontra autorizado, do contrário, poderá haver erro de proibição (CP, art. 21). Em virtude da ínfima pena prevista (detenção, de três meses a um ano), o aludido delito tem a natureza de infração de menor potencial ofensivo. Admite-se o *sursis* (art. 89 da Lei n. 9.099/99), desde que preenchidos os requisitos da Lei. É crime de ação penal pública incondicionada. Finalmente, estamos diante de uma *novatio legis incriminadora*, não podendo retroagir para alcançar fatos praticados antes de sua entrada em vigor.

Exercício arbitrário ou abuso de poder

Art. 350. Ordenar ou executar medida privativa de liberdade individual, sem as formalidades legais ou com abuso de poder:

Pena – detenção, de 1 (um) mês a 1 (um) ano.

Parágrafo único. Na mesma pena incorre o funcionário que:

I – ilegalmente recebe e recolhe alguém a prisão, ou a estabelecimento destinado a execução de pena privativa de liberdade ou de medida de segurança;

II – prolonga a execução de pena ou de medida de segurança, deixando de expedir em tempo oportuno ou de executar imediatamente a ordem de liberdade;

III – submete pessoa que está sob sua guarda ou custódia a vexame ou a constrangimento não autorizado em lei;

IV – efetua, com abuso de poder, qualquer diligência.

(1) Revogação: Discute-se na doutrina e jurisprudência se o art. 350 do Código Penal foi ou não revogado pela Lei n. 4.898, de 9-12-1965. Há três posicionamentos sobre o tema: (a) Para Damásio E. de Jesus, a Lei de Abuso de Autoridade apenas derrogou o art. 350 do Código Penal, pois "o caput e o inciso III foram reproduzidos pelas alíneas *a* e *b* do art. 4º da referida lei, de modo que continuam em vigor os incs. I, II e IV do parágrafo único do art. 350" (*Direito penal*, cit., v. 4, p.326). (b) Para Gilberto Passos de Freitas e Vladimir Passos de Freitas, o dispositivo penal em tela foi apenas derrogado, subsistindo apenas a norma penal contida no inciso IV do parágrafo único do art. 350 do Código Penal *(Abuso de autoridade,* cit., p. 172). (c) Para Celso Delmanto, houve ab-rogação do art. 350 do CP *(Código Penal comentado,* cit., p. 637). No mesmo sentido é a lição de Julio Fabbrini Mirabete (*Manual*, cit., v. 4, p. 440).

Fuga de pessoa presa ou submetida a medida de segurança

Art. 351. Promover ou facilitar a fuga de pessoa legalmente presa ou submetida a medida de segurança detentiva:

Pena – detenção, de 6 (seis) meses a 2 (dois) anos.

(1) Objeto jurídico: Tutela-se mais uma vez a administração da justiça.

(2) Ação nuclear: Dois são os núcleos do tipo: (a) *promover* (dar causa), por exemplo, abrir a porta das celas ou (b) *facilitar* (colaborar, remover obstáculos), por exemplo, policial que informa qual é o local e o horário mais seguro para empreender a fuga. Trata-se de crime de ação livre, podendo ser praticado mediante o emprego de qualquer meio executivo: violência (contra a pessoa ou coisa), ameaça, fraude etc. A promoção ou facilitação de fuga deve visar à pessoa legalmente presa (em virtude de prisão provisória ou definitiva, podendo ter natureza civil, criminal ou administrativa) ou submetida à medida de segurança detentiva (consistente em internação em hospital de custódia e tratamento psiquiátrico) (CP, art. 97). Se a prisão ou detenção for ilegal, por exemplo, afirma a doutrina que a promoção ou facilitação de fuga no caso constituirá legítima defesa de terceiro. Haverá o crime se há facilitação para que o preso se evada da viatura (cf. E. Magalhães Noronha, *Direito penal*, cit. v. 4, p. 406) ou no momento em que está sendo preso em flagrante delito, pois se encontra sob a guarda ou custódia do Poder Público.

Pessoa legalmente presa. Menores inimputáveis: STJ: "Penal. Facilitação de fuga de pessoa legalmente presa. Tipicidade da conduta. Ação penal. Trancamento. *Habeas corpus.* Recurso. l. Por 'pessoa legalmente presa (CP, art. 351), devem ser entendidos também os menores inimputáveis, privados de sua liberdade ambulatorial, por força de ordem judicial'" (STJ, RHC 9374/MG, 5ª T., Rel. Min. Edson Vidigal, j. 15-2-2000, *DJ* 20-3-2000, p. 83; *LEXSTJ* 130/312).

(3) Sujeito ativo: Qualquer pessoa, inclusive, os próprios presos ou detentos. Se o agente for funcionário público incumbido da guarda ou custódia, haverá a forma qualificada (§§ 3º ou 4º). O preso ou detento beneficiado pelo auxílio não responde pelo delito em tela.

(4) Sujeito passivo: É o Estado.

(5) Elemento subjetivo: É o dolo, consubstanciado na vontade livre e consciente de praticar uma das ações típicas. O § 4º, por sua vez, prevê a modalidade culposa do delito no caso de ser praticado por funcionário incumbido da custódia ou guarda.

(6) Consumação. Tentativa: Opera-se a consumação com a fuga do preso, isto é, quando o preso ou detento logra furtar-se da esfera de guarda ou custódia do Poder Público, ainda que de forma precária. É cabível a tentativa.

(7) Ação penal. Lei dos Juizados Especiais Criminais: Trata-se de crime de ação penal pública incondicionada. A forma simples (*caput*) constitui infração de menor potencial ofensivo, sujeita às disposições da Lei n. 9.099/95, sendo cabível inclusive a suspensão condicional do processo (art. 89 da lei).

(8) Competência: STJ: "O julgamento do delito de auxílio na fuga de pessoa presa, cometido por servidores públicos militares (art. 351, § 4º, do Código Penal) deve ser realizado perante o Juizado Especial Criminal. Recurso desprovido" (STJ, REsp 686363/ES, 5ª T., Rel. Min. Gilson Dipp, j. 15-2-2005, *DJ* 7-3-2005, p. 342). *Vide* também Súmula 75 do STJ. Entretanto: "Os policiais militares acusados de facilitarem a fuga do preso confiado à guarda da corporação militar devem ser processados pela justiça militar estadual, e os civis envolvidos no mesmo fato pela justiça federal" (TFR, RIP 05627397, 2ª T., *DJ* 2-10-1986).

Súmula:
Súmula 75 do STJ: "Compete à Justiça Comum Estadual processar e julgar o policial militar por crime de promover ou facilitar a fuga de preso de estabelecimento penal".

§ 1º Se o crime é praticado a mão armada, ou por mais de uma pessoa, ou mediante arrombamento, a pena é de reclusão, de 2 (dois) a 6 (seis) anos.

(1) Forma qualificada: (a) Emprego de arma: cuida-se aqui de qualquer espécie de arma: arma de fogo, faca, canivete; ou (b) por mais de uma pessoa: cuida-se aqui do concurso de pessoas. Exige-se no mínimo a participação de duas pessoas; ou (c) mediante arrombamento: consiste na violência contra a coisa.

§ 2º Se há emprego de violência contra pessoa, aplica-se também a pena correspondente à violência.

(1) Concurso de crimes: Se do emprego da violência contra a pessoa *(vis corporalis)* advier lesão corporal (leve, grave ou gravíssima) ou homicídio, deverá o agente responder pela pena do crime em estudo somada à pena correspondente à violência, isto é, aplica-se a regra do concurso material. As vias de fato restam absorvidas pelo crime em estudo.

§ 3º A pena é de reclusão, de 1 (um) a 4 (quatro) anos, se o crime é praticado por pessoa sob cuja custódia ou guarda está o preso ou o internado.

(1) Forma qualificada: A forma qualificada em estudo se refere à violação do dever funcional, daí a razão da majoração da pena. Assim, responde pela forma qualificada o carcereiro ou o policial que facilita a fuga de pessoa presa ou detida. O delito, inclusive, pode ser praticado mediante omissão. Admite-se a suspensão condicional do processo (art. 89 da Lei n. 9.099/95).

§ 4º No caso de culpa do funcionário incumbido da custódia ou guarda, aplica-se a pena de detenção, de 3 (três) meses a 1 (um) ano, ou multa.

(1) Forma culposa: Nessa hipótese, aquele que tem o dever legal de custódia ou guarda (carcereiro, policial etc.) deixa de tomar as cautelas necessárias, contribuindo, com isso, para a fuga do preso, por exemplo, carcereiro que esquece de trancar a cela. Constitui infração de menor potencial ofensivo, estando sujeita às disposições da Lei n. 9.099/95. É cabível o instituto da suspensão condicional do processo (art. 89 da lei).

Evasão mediante violência contra a pessoa

Art. 352. Evadir-se ou tentar evadir-se o preso ou o indivíduo submetido a medida de segurança detentiva, usando de violência contra a pessoa:

Pena – detenção, de 3 (três) meses a 1 (um) ano, além da pena correspondente à violência.

(1) Objeto jurídico: Tutela-se, mais uma vez, a administração da justiça.

(2) Fuga e infração disciplinar: A fuga não constitui crime em nossa Legislação Penal, desde que não haja o emprego de violência contra a pessoa, podendo, no máximo, constituir falta grave (LEP, art. 50, II).

(3) Ações nucleares: O tipo penal incrimina as condutas de *evadir-se* ou *tentar evadir-se* o preso mediante o emprego de violência contra a pessoa. Não basta, contudo, o mero ato de evadir-se ou tentar evadir-se. É necessário o efetivo emprego de violência contra a pessoa (guarda, carcereiro, parente dos presos etc.). Não se considera aqui a violência moral, por exemplo, intimidação mediante o emprego de arma de fogo, mas sim a violência corporal (vias de fato, lesão corporal, homicídio). A evasão é de preso ou indivíduo submetido a medida de segurança detentiva. Há discussão se o agente deve estar encerrado no estabelecimento carcerário ou de segurança: (a) para Noronha, a esfera de custódia ou guarda está circunscrita ao estabelecimen-

to (cadeia, penitenciária, casa de custódia e tratamento, instituto de trabalho etc.), mas pode ocorrer em condições diversas, como no caso em que o preso está sendo transportado em viatura (*Direito penal*, cit., v. 4, p. 409); (b) para Hungria, se a fuga ocorre *extra muros*, o crime será o de resistência (art. 329), sem prejuízo, igualmente, das penas correspondentes à violência" (*Comentários*, cit., v. 9, p. 520).

(4) Sujeito ativo: Estamos diante de um crime próprio, pois somente pode ser praticado pelo preso ou detento, isto é, por aquele preso preventivamente, por sentença condenatória irrecorrível etc. ou submetido à medida de segurança.

(5) Sujeito passivo: É o Estado (sujeito passivo primário). É também a pessoa atingida pela violência (sujeito passivo secundário), como guarda, carcereiro, parentes dos presos etc.

(6) Elemento subjetivo: É o dolo, consubstanciado na vontade livre e consciente de evadir-se ou tentar evadir-se usando de violência contra a pessoa.

(7) Consumação e tentativa: Opera-se a consumação no momento em que o agente logra subtrair-se à esfera de guarda ou vigilância, mediante o uso de violência ou então no momento em que ele tenta evadir-se. Assim, o que seria o *conatus* do delito passou a ser já sua consumação.

(8) Concurso de crimes: Haverá concurso material de crimes se do emprego da violência advierem lesões corporais ou a morte da vítima. As vias de fato restam absorvidas pelo crime.

Fuga e crime de dano: STJ: "Recurso Especial. Penal. Crime de dano. Estabelecimento prisional. Objetivo de fuga. Dolo específico. Ausência. Inexiste crime de dano se o preso destrói, inutiliza ou deteriora os obstáculos materiais à consecução da fuga, porque ausente o dolo específico, ou seja, o propósito de causar prejuízo ao titular do objeto material do crime. Recurso Especial a que se nega provimento" (STJ, REsp 661904/RS, 6ª T., Rel. Min. Paulo Medina, j. 11-4-2006, *DJ* 22-5-2006, p. 256). STJ: "*Habeas Corpus*. Direito Penal. Preso que destrói, inutiliza ou deteriora os obstáculos materiais à consecução da fuga. Crime de dano. Tipicidade subjetiva. Elemento subjetivo do injusto. *Animus nocendi*. Desvalor do resultado. Princípio da insignificância. Configura-se admissível a absolvição em sede de *habeas corpus*, se reconhecida a atipicidade subjetiva da conduta, desde que prescindível a incursão no conjunto fático-probatório, o que ocorre quando da própria narração da denúncia, bem como da incontrovérsia quanto ao fato, puder se formar o juízo racional de convicção motivada. Não configura o crime de dano a conduta do preso que destrói, inutiliza ou deteriora os obstáculos materiais à consecução da fuga, porque ausente o elemento subjetivo do injusto, o fim especial de agir, ou seja, o propósito de causar prejuízo ao titular do objeto material do crime – *animus nocendi*. Precedentes da Quinta e Sexta Turmas. O injusto penal, como fato típico e ilícito, exige a congruência do desvalor da ação e do desvalor do resultado. O desvalor do resultado consiste na lesão ou perigo de lesão ao bem jurídico protegido. Inexistindo o desvalor do resultado, porque ausente ou ínfima a lesão ou perigo de lesão ao bem jurídico protegido, o que se evidencia no dano ao Estado avaliado em R$ 10,00 (dez reais), não há injusto penal, não há tipicidade. Aplicação do princípio da insignificância. O resultado do *habeas corpus* aproveita ao correu quando fundado em motivos que não sejam de caráter exclusivamente pessoal (CPP, art. 580). Ordem concedida, para absolver o paciente, estendendo-a ao corréu" (STJ, HC 25657/SP, 6ª T., Rel. Min. Paulo Medina, j. 4-12-2003, *DJ* 23-8-2004, p. 276). STJ: "I – Não se configura crime de dano se a ação do preso, mormente de consequências ínfimas, foi realizada exclusivamente para a consecução de fuga. II – A evasão, com ou sem danos materiais, ganha relevância, basicamente, em sede de execução da pena. (Precedente: REsp 156.782/DF, 5ª T., *DJU* 18-5-1998, p. 135). Recurso desprovido" (STJ, REsp 426349/MG, 5ª T., Rel. Min. Felix Fischer, j. 5-9-2002, *DJ* 7-10-2002, p. 284). *No mesmo sentido*: STJ, HC 25658/SP, Rel. Min.

Jorge Scartezzini, j. 12-8-2003, *DJ* 28-10-2003, p. 310, e STJ, HC 24108/DF, 6ª T., Rel. Min. Paulo Gallotti, j. 7-11-2002, *DJ* 30-6-2003, p. 316.

(9) Ação penal. Lei dos Juizados Especiais Criminais: Trata-se de crime de ação penal pública incondicionada. Constitui infração de menor potencial ofensivo, estando sujeita às disposições da Lei n. 9.099/95. Cabe inclusive a suspensão condicional do processo (art. 89 da lei).

Arrebatamento de preso

Art. 353. Arrebatar preso, a fim de maltratá-lo, do poder de quem o tenha sob custódia ou guarda:

Pena – reclusão, de 1 (um) a 4 (quatro) anos, além da pena correspondente à violência.

(1) Objeto jurídico: Tutela-se, mais uma vez, a administração da justiça.

(2) Ação nuclear: Incrimina-se a ação de *arrebatar* (subtrair, tirar) o preso do poder de quem detém sobre ele a custódia ou guarda, a fim de submetê-lo a maus-tratos, isto é, de causar-lhe sofrimento físico (vias de fato, lesão corporal ou até homicídio). Pouco importa o local em que o preso se encontra, havendo o crime, ainda que ele se encontre no fórum, no camburão da polícia etc.

(3) Sujeito ativo: Qualquer pessoa. Mencione-se que não se trata de crime necessariamente plurissubjetivo.

(4) Sujeito passivo: É o Estado (sujeito passivo primário), bem como o preso arrebatado (sujeito passivo secundário). A Lei não se refere ao indivíduo submetido à medida de segurança.

(5) Elemento subjetivo: É o dolo, consistente na vontade livre e consciente de arrebatar o preso, acrescido do fim especial de submetê-lo a maus-tratos. Ausente esse fim específico, o crime poderá ser outro.

(6) Consumação. Tentativa: Por se tratar de crime formal, dá-se a consumação com a efetiva subtração do preso, isto é, a retirada dele do poder de quem detém sobre ele a guarda ou custódia. A ocorrência de maus-tratos constitui mero exaurimento do crime. A tentativa é perfeitamente possível.

(7) Concurso de crimes: Haverá concurso material de crimes se dos maus-tratos infligidos advier lesão corporal (leve, grave ou gravíssima) ou a morte do preso. As vias de fato restam absorvidas pelos maus-tratos.

(8) Ação penal. Lei dos Juizados Especiais Criminais: Trata-se de crime de ação penal pública incondicionada. Em face da pena mínima prevista, é cabível o instituto da suspensão condicional do processo.

Motim de presos

Art. 354. Amotinarem-se presos, perturbando a ordem ou disciplina da prisão:

Pena – detenção, de 6 (seis) meses a 2 (dois) anos, além da pena correspondente à violência.

(1) Objeto jurídico: Tutela-se a administração da justiça.

(2) Ação nuclear: Pune-se, aqui, o motim de presos, isto é, "um movimento coletivo de rebeldia de presos, seja para o fim de justas ou injustas reivindicações, seja para coagir os funcionários a tal ou qual medida, ou para tentativa de evasão, ou para objetivos de pura vingança" (Nelson Hungria, *Comentários*, cit., v. 9, p. 522). Exige-se que o motim seja realizado por vários presos, mediante ato de violência contra os funcionários do estabelecimento carcerário ou depredação contra suas instala-

ções. Se um preso se revolta, não haverá motim. Da mesma forma, se ele se aliar a funcionários em movimento de rebeldia também não haverá motim (*nesse sentido:* E. Magalhães Noronha, *Direito penal*, cit., v. 4, p. 413). O motim deve perturbar a ordem ou disciplina da prisão. O tipo penal não faz qualquer referência ao motim formado por aqueles submetidos a medida de segurança detentiva.

(3) Sujeito ativo: Estamos diante de um crime próprio e coletivo, pois somente pode ser praticado pelos presos. Exclui-se o detento, isto é, o submetido a medida de segurança.

(4) Sujeito passivo: É o Estado.

(5) Elemento subjetivo: É o dolo, consubstanciado na vontade livre e consciente de realizar o motim, ciente de que este perturba a ordem ou a disciplina da prisão.

(6) Consumação e tentativa: Dá-se a consumação quando a ordem ou a disciplina da prisão forem efetivamente perturbadas. Por se tratar de crime material, a tentativa é perfeitamente possível. Ressalve-se que o mero desacatamento a uma ordem poderá configurar transgressão disciplinar, sendo necessária a violência física contra guardas, funcionários etc., ou depredações. *Nesse sentido:* E. Magalhães Noronha, *Direito penal*, cit., v. 4, p. 413.

(7) Concurso de crimes: Haverá concurso material de crimes se do emprego da violência advierem lesões corporais ou a morte. As vias de fato restam absorvidas pelo crime.

(8) Ação penal. Lei dos Juizados Especiais Criminais: Trata-se de crime de ação penal pública incondicionada. Constitui infração de menor potencial ofensivo, estando sujeita às disposições da Lei n. 9.099/95. Em face da pena mínima prevista, é cabível o instituto da suspensão condicional do processo.

(9) Atos infracionais análogos ao motim de presos: STJ: "I – Paciente que, em conjunto com outros dois adolescentes, teria se rebelado nas dependências do Centro de Triagem, na Ilha do Governador/RJ, vindo a praticar, em tese, agressões contra funcionários e destruição do patrimônio da instituição. II – Inexistência de ilegalidade na descrição dos fatos feita pelo Ministério Público, os quais são aptos a configurar, em princípio, os atos infracionais equiparados aos delitos de lesão corporal e motim de presos. III – Se a representação ministerial apenas equiparou a conduta do paciente ao delito de motim de presos, na medida em que restou configurado, em tese, perturbação, alvoroço, supostamente causado pelo paciente e outros dois menores, no interior do local onde estariam internados, não há que se falar em deficiência da peça acusatória. IV – Evidenciado que todos os representados praticaram, em tese, a mesma conduta, atuando na "rebelião" em conjunto, perturbando a ordem e a disciplina, quebrando o refeitório, cadeados e jogando copos, não se pode falar em ausência de individualização dos atos infracionais. V – Sobrevindo decisão monocrática que restabeleceu medida socioeducativa mais branda, qual seja, semiliberdade, anteriormente imposta ao paciente, e havendo notícia de que o mesmo encontra-se foragido, restam superados os fundamentos da impetração, no que diz respeito à pretensão de nulidade do *decisum* que determinou sua internação provisória. VI – Ordem denegada" (STJ, HC 24833/RJ, 5ª T., Rel. Min. Gilson Dipp, j. 25-3-2003, *DJ* 28-4-2003, p. 221, *RSTJ* 171/435).

Execução Penal

(1) Regime Disciplinar Diferenciado: O art. 52 da LEP, com a redação determinada pela Lei n. 10.792, de 10-12-2003, estabeleceu o chamado regime disciplinar diferenciado. Assim, a prática de fato previsto como crime doloso constitui falta grave e, quando ocasione subversão da ordem ou disciplina internas, sujeita o preso provisório, sem prejuízo da sanção penal, ao regime disciplinar diferenciado. No sentido da constitucionalidade desse regime: STJ: "1. Considerando-se que os princípios fundamentais consagrados na Carta Magna não são ilimitados (princípio da relatividade

ou convivência das liberdades públicas), vislumbra-se que o legislador, ao instituir o Regime Disciplinar Diferenciado, atendeu ao princípio da proporcionalidade. 2. Legítima a atuação estatal, tendo em vista que a Lei n. 10.792/2003, que alterou a redação do art. 52 da LEP, busca dar efetividade à crescente necessidade de segurança nos estabelecimentos penais, bem como resguardar a ordem pública, que vem sendo ameaçada por criminosos que, mesmo encarcerados, continuam comandando ou integrando facções criminosas que atuam no interior do sistema prisional – liderando rebeliões que não raro culminam com fugas e mortes de reféns, agentes penitenciários e/ou outros detentos – e, também, no meio social" (STJ, HC 40300/RJ, 5ª T., Rel. Min. Arnaldo Esteves Lima, j. 7-6-2005, *DJ* 22-8-2005, p. 312, *RT* 843/549).

(2) Regressão de regime: STJ: "Execução Penal. Roubo. Réu que liderou rebelião em presídio. Regressão de regime. Possibilidade. Cometimento de falta grave. O cometimento de falta grave justifica a regressão de regime prisional. Precedentes. Ordem denegada" (STJ, HC 25225/PR, 5ª T., Rel. Min. Jorge Scartezzini, j. 11-5-2004, *DJ* 1-7-2004, p. 224).

(3) Transferência de presídio: STJ: "Não obstante o preceituado no art. 103 da Lei de Execução Penal, que assegura ao condenado o direito, em tese, de permanecer preso próximo do local onde reside sua família, é possível transferir-se para outro estabelecimento penal o detento que lidera rebeliões e continua a realizar a sua empreitada criminosa dentro do presídio, controlando o tráfico de entorpecentes inclusive via telefone celular. Interesse público evidenciado. Transferência devidamente justificada. Recurso conhecido, mas desprovido" (STJ, RHC 8142/MG, 5ª T., Rel. Min. José Arnaldo da Fonseca, j. 17-12-1988, *DJ* 1º-3-1999, p. 351).

Patrocínio infiel

Art. 355. Trair, na qualidade de advogado ou procurador, o dever profissional, prejudicando interesse, cujo patrocínio, em juízo, lhe é confiado:

Pena – detenção, de 6 (seis) meses a 3 (três) anos, e multa.

(1) Objeto jurídico: Tutela-se a administração da justiça.

(2) Advogado: Vide Lei n. 8.906/96 (Estatuto da Advocacia), art. 2º, *caput* e § 1º, e art. 133 da Constituição Federal.

(3) Ação nuclear: Pune-se a ação de trair, na qualidade de advogado ou procurador, o dever profissional, por exemplo, advogado que omite propositadamente na petição inicial documentos que seu cliente lhe tenha confiado. É necessário que a ação ou omissão praticada prejudique interesse cujo patrocínio em juízo lhe é confiado. Exige-se, assim, que haja um mandato outorgando poderes ao advogado ou procurador para que patrocine a causa judicial (penal ou cível) ou então que haja uma nomeação pelo juiz da causa. Para Noronha, o consentimento do interessado exclui a ilicitude do fato, com exceção da defesa criminal, cujo interesse é indisponível (*Direito penal*, cit., v. 4, p. 417).

(4) Sujeito ativo: Trata-se de crime próprio, pois somente o advogado ou o estagiário de advocacia, inscrito na Ordem dos Advogados do Brasil, podem cometê-lo (art. 3º da Lei n. 8.906/94).

(5) Sujeito passivo: É o Estado, bem como a pessoa lesada com o patrocínio infiel.

(6) Elemento subjetivo: É o dolo, consubstanciado na vontade livre e consciente de trair o dever profissional ciente de que prejudica interesse cujo patrocínio em juízo lhe é confiado. Não há previsão da modalidade culposa. As condutas negligentes poderão constituir infração disciplinar (art. 34 da Lei n. 8.906/94).

(7) Consumação e tentativa: Dá-se a consumação com a causação do efetivo prejuízo à pessoa. Trata-se, assim, de crime material. A tentativa somente é possível na modalidade comissiva do crime.

(8) Ação penal. Lei dos Juizados Especiais Criminais: Trata-se de crime de ação penal pública incondicionada. Em virtude da pena mínima prevista (detenção, de 6 meses a 3 anos, e multa) é cabível a suspensão condicional do processo (art. 89 da Lei n. 9.099/95).

(9) Violação de sigilo profissional: Se houver a revelação de segredo em juízo, e esta vier a prejudicar a parte, poderá haver concurso de crimes (CP, art. 154).

(10) Competência: STJ: "Criminal. Conflito de competência. Delito de patrocínio infiel perpetrado em causa trabalhista. Conexão. Aplicação da Súmula 122/STJ. Competência da Justiça Federal. Compete à Justiça Federal o processo e julgamento de feito que visa à apuração de delito contra a Administração da Justiça, consubstanciado no Patrocínio Infiel, perpetrado, em tese, em ação trabalhista, pois evidenciada ofensa à própria Justiça do Trabalho, que integra a Justiça Federal na forma especializada. Evidenciando-se que os fatos narrados na denúncia, instaurada perante a Justiça Federal, relacionam-se, em princípio, com os da inicial acusatória em curso perante a Justiça Estadual, aplica-se o enunciado da Súmula 122 desta Corte. Conflito conhecido para declarar a competência do Juízo Federal da 1ª Vara de Chapecó/SC, o Suscitante" (STJ, CComp 30900/SC, 3ª S., Rel. Min. Gilson Dipp, j. 13-12-2001, *DJ* 4-3-2002, p. 179).

Patrocínio simultâneo ou tergiversação

Parágrafo único. Incorre na pena deste artigo o advogado ou procurador judicial que defende na mesma causa, simultânea ou sucessivamente, partes contrárias.

(1) Patrocínio simultâneo ou tergiversação: Pune-se o advogado ou procurador judicial que: (a) defende na mesma causa, *simultaneamente*, partes contrárias; (b) defende na mesma causa, *sucessivamente*, partes contrárias. Nessa modalidade típica, o advogado, após abandonar a causa de seu constituinte ou ser por este dispensado, passa a advogar em favor dos interesses daquele que era a parte adversa na causa. Quando a lei diz *na mesma causa*, ela não se refere tão somente à mesma ação: podem ser diversas, desde que conexas. Trata-se de crime formal, consumando-se com a prática do primeiro ato que demonstre o patrocínio simultâneo ou sucessivo, não sendo necessário demonstrar o dano concreto à parte, ao contrário da figura prevista no *caput* do artigo. A tentativa é perfeitamente possível. Para Noronha é admissível o *conatus* apenas no patrocínio simultâneo (*Direito penal*, cit., v. 4, p. 419).

Sonegação de papel ou objeto de valor probatório

Art. 356. Inutilizar, total ou parcialmente, ou deixar de restituir autos, documento ou objeto de valor probatório, que recebeu na qualidade de advogado ou procurador:

Pena – detenção, de 6 (seis) meses a 3 (três) anos, e multa.

(1) Objeto jurídico: Tutela-se, mais uma vez, a administração da justiça.

(2) Ação nuclear: Duas são as condutas incriminadas: (a) *inutilizar* (tornar imprestável, destruir, total ou parcialmente); ou (b) *deixar de restituir* (sonegar), no caso, autos (processo cível ou penal, ou inquérito policial), documento (é o papel destinado a comprovar fato juridicamente relevante) ou objeto de valor probatório (é a coisa que serve ou pretende servir a provar fato juridicamente relevante no processo.

(3) Sujeito ativo: Trata-se de crime próprio, uma vez que somente pode ser praticado por advogado ou estagiário de advocacia (art. 3º da Lei n. 8.906/94).

(4) Sujeito passivo: É o Estado, bem como a pessoa lesada com a prática de uma daquelas condutas típicas.

(5) Elemento subjetivo: É o dolo, consubstanciado na vontade livre e consciente de praticar uma das ações típicas.

(6) Consumação e tentativa: (a) N*a inutilização:* consuma-se o crime no momento em que a coisa perdeu sua utilidade probatória. (b) Na conduta de *deixar de restituir:* consuma-se no momento em que se vence o prazo para restituir os autos; em se tratando de documento ou objeto de valor probatório, de acordo com Noronha, consuma-se quando não os devolve em tempo hábil ou não atende à solicitação feita por quem o pode fazer *(Direito penal,* cit., v. 4, p. 420). Admite-se a tentativa na modalidade comissiva do crime *(inutilização).*

Necessidade ou não da intimação para a devolução dos autos pelo advogado: STJ: "RHC – Penal. Sonegação de papel ou objeto de valor probatório (CP, art. 356). Consumação. O art. 356, CP, encerra duas condutas típicas: uma comissiva; outra omissiva. Nesta, a consumação ocorre quando o agente não cumpre a obrigação jurídica – deixa de restituir os autos (no prazo legal). Desnecessária, por isso, prévia intimação judicial; esta é apenas útil para evidenciar o fato, notadamente o elemento subjetivo" (STJ, RHC 2834/RJ, 6ª T., Rel. Min. Luiz Vicente Cernicchiaro, j. 30-8-1993, DJ 20-9-1993, p. 19195; *RT* 704/394). STJ: "Penal. Advogado. Retenção de autos. Devolução. Prazo. Devolvidos os autos no prazo fixado pelo juiz, por maior que tenha sido o lapso da indevida retenção, não há falar-se no tipo do art. 356 do Código Penal" (STJ, RHC 941/SP, 5ª T., Rel. Min. Edson Vidigal, j. 18-2-1991, *DJ* 11-3-1991, p. 2402). Entretanto: STJ: "O crime de retenção de autos somente se consuma quando, apesar de notificado regularmente para devolvê-los, o advogado recusa-se a fazê-lo" (STJ, HC 4.071-8/PR, 5ª T., Rel. Min. Jesus Costa Lima, j. 7-11-1994, *DJ.* 28-11-1994). Mais: "Penal e processual penal. Crime de sonegação de autos judiciais (art. 356 do CP). Caracteriza-se quando há recusa indevida do advogado em devolver os autos depois de intimado para tanto, na forma prevista pela lei processual. Devolução tardia dos autos, após instauração do inquérito, não torna ilegal a existência deste, de modo a ensejar o seu trancamento na via sumaríssima do *habeas corpus"* (STJ, RHC 33/SP, 5ª T., Rel. Min. Assis Toledo, j. 28-6-1989, *DJ* 21-8-1989, p. 13329).

(7) Ação penal. Lei dos Juizados Especiais Criminais: Trata-se de crime de ação penal pública incondicionada. Em virtude da pena mínima prevista (detenção, de 6 meses a 3 anos, e multa) é cabível a suspensão condicional do processo (art. 89 da Lei n. 9.099/95).

(8) Outras infrações: Vide CP, arts. 305 (supressão de documentos); 314 (extravio, sonegação ou inutilização de livro ou documento); e 337 (subtração ou inutilização de livro ou documento).

Exploração de prestígio

Art. 357. Solicitar ou receber dinheiro ou qualquer outra utilidade, a pretexto de influir em juiz, jurado, órgão do Ministério Público, funcionário da justiça, perito, tradutor, intérprete ou testemunha:

Pena – reclusão, de 1 (um) a 5 (cinco) anos, e multa.

Parágrafo único. As penas aumentam-se de um terço, se o agente alega ou insinua que o dinheiro ou utilidade também se destina a qualquer das pessoas referidas neste artigo.

(1) Objeto jurídico: Tutela-se a administração da justiça.

(2) Ação nuclear: São duas as ações aqui incriminadas: *solicitar* (pedir) ou *receber* (obter), no caso, dinheiro ou qualquer outra vantagem (de natureza material ou moral). O agente pratica tais ações nucleares a pretexto de influir em juiz, jurado, órgão do Ministério Público, funcionário de justiça, perito, tradutor, intérprete ou testemunha. Obviamente que o dinheiro solicitado pelo agente não deve se destinar ao juiz, promotor de justiça, funcionário da justiça, perito oficial, tra-

dutor ou intérprete oficial etc., pois, do contrário, haverá o crime de corrupção ativa e passiva. Sobre esse crime, *vide* comentários ao crime similar previsto no art. 332 do CP.

(3) Sujeito ativo: Trata-se de crime comum. Qualquer pessoa pode praticá-lo.

(4) Sujeito passivo: É o Estado, bem como a vítima iludida com a fraude, pois foi lesionada em seu patrimônio.

(5) Elemento subjetivo: É o dolo, consubstanciado na vontade livre e consciente de praticar uma das ações típicas.

(6) Consumação e tentativa: Dá-se a consumação com a solicitação da vantagem, independentemente de a vítima aceitar ou não a solicitação ou com o recebimento da vantagem. Na modalidade solicitar, somente se admitirá a tentativa se o pedido for por escrito.

(7) Forma majorada (parágrafo único): "As penas aumentam-se de um terço, se o agente alega ou insinua que o dinheiro ou utilidade também se destina a qualquer das pessoas referidas neste artigo".

(8) Ação penal. Lei dos Juizados Especiais Criminais: Trata-se de crime de ação penal pública incondicionada. É cabível a concessão do benefício da suspensão condicional do processo (Lei n. 9.099/95, art. 89).

Violência ou fraude em arrematação judicial

Art. 358. Impedir, perturbar ou fraudar arrematação judicial; afastar ou procurar afastar concorrente ou licitante, por meio de violência, grave ameaça, fraude ou oferecimento de vantagem:

Pena – detenção, de 2 (dois) meses a 1 (um) ano, ou multa, além da pena correspondente à violência.

(1) Objeto jurídico: Tutela-se, mais uma vez, a administração da justiça.

(2) Ação nuclear: Várias são as ações incriminadas: (a) *impedir* (colocar obstáculos), *perturbar* (atrapalhar), *fraudar* (empregar artifícios, meios enganosos, com o fim de induzir ou manter outrem em erro), no caso, a arrematação judicial, isto é, a hasta pública realizada pelo particular em virtude de determinação judicial; ou (b) *afastar ou procurar afastar concorrente ou licitante, por meio de violência, grave ameaça, fraude ou oferecimento de vantagem.* Nessa hipótese, o agente se utiliza desses meios (coação grave, ofensa física, oferecimento de vantagem etc.) para fazer com que o licitante deixe de participar da hasta pública.

(3) Sujeito ativo: Qualquer pessoa pode praticá-lo.

(4) Sujeito passivo: É o Estado, bem como a pessoa eventualmente lesada com a conduta típica.

(5) Elemento subjetivo: É o dolo, consubstanciado na vontade livre e consciente de praticar uma das ações típicas. Na segunda modalidade típica, é necessário que o agente empregue violência, grave ameaça, fraude ou ofereça vantagem com o fim de afastar ou procurar afastar concorrente.

(6) Consumação e tentativa: Reputa-se o crime consumado no momento em que a arrematação judicial é impedida, perturbada ou fraudada. A tentativa é perfeitamente admissível. Na segunda modalidade típica, consuma-se o delito com o emprego da violência, grave ameaça, fraude ou com o oferecimento da vantagem, independentemente de o concorrente se retirar da hasta pública.

(7) Ação penal. Lei dos Juizados Especiais Criminais: Trata-se de crime de ação penal pública incondicionada. Cuida-se de infração de menor potencial ofensivo, sujeita às disposições da Lei n. 9.099/95. É possível a concessão do benefício da suspensão condicional do processo (Lei n. 9.099/95, art. 89).

(8) Concurso de crimes: Se do emprego da violência advier lesão corporal leve, grave ou gravíssima, ou o delito de homicídio, deverá o agente responder por ambos os crimes em concurso material.

(9) Competência: TRF: "Verificado o interesse da União no feito, firma-se a competência da Justiça Federal para processar e julgar o feito. Delitos denunciados, que sejam interligados à fraude em arrematação judicial, devem ser processados perante a Justiça Federal. Correição parcial conhecida como recurso em sentido estrito. Recurso provido" (TRF, 4ª Região, Proc. 200004010559541, Rel. José Luiz B. Germano da Silva, j. 10-10-2000, *DJU* 1º-11-2000).

Lei de Licitações

(1) Caso a arrematação seja promovida pela Administração Pública federal, estadual ou municipal, haverá a configuração dos crimes previstos nos arts. 93 e 95 da Lei n. 8.666/93.

Desobediência a decisão judicial sobre perda ou suspensão de direito

Art. 359. Exercer função, atividade, direito, autoridade ou múnus, de que foi suspenso ou privado por decisão judicial:

Pena – detenção, de 3 (três) meses a 2 (dois) anos, ou multa.

(1) Objeto jurídico: Tutela-se a administração da justiça.

(2) Ação nuclear: Incrimina-se a conduta de exercer (praticar, desempenhar) função, atividade, direito, autoridade ou múnus, tendo sido suspenso ou privado desse exercício por determinação judicial. Há, portanto, desobediência a uma decisão judicial que impõe restrições (*vide* art. 92 do CP). Na ausência de decisão judicial, outro crime poderá configurar-se (*vide* arts. 282 do CP e 47 da Lei das Contravenções Penais). Se o exercício de atividade ocorrer com infração de decisão administrativa, poderá haver a configuração do delito do art. 205 do CP.

Decisão judiciária de natureza civil: STF: "Crime de desobediência à decisão judicial sobre perda ou suspensão de direito. Atipicidade. Caracterização. Suposta desobediência à decisão de natureza civil. Proibição de atuar em nome de sociedade. Delito preordenado a reprimir efeitos extrapenais. Inteligência do art. 359 do Código Penal. Precedente. O crime definido no art. 359 do Código Penal pressupõe decisão judiciária de natureza penal, e não, civil" (STF, HC 88572/RS, 2ª T., Rel. Min. Cezar Peluso, j. 8-8-2006, *DJ* 8-9-2006, p. 62).

(3) Sujeito ativo: Qualquer pessoa. Trata-se de crime comum. Assim, será sujeito ativo deste crime todo aquele que estiver sujeito a determinação judicial que o suspende ou priva o exercício de função, atividade, direito, autoridade ou múnus.

(4) Sujeito passivo: É o Estado.

(5) Elemento subjetivo: É o dolo, consubstanciado na vontade livre e consciente de praticar a ação incriminada no tipo. É necessário que o agente tenha ciência de que foi suspenso ou privado desse exercício por determinação judicial, do contrário não haverá dolo de praticar a infração, nem, portanto, fato típico.

(6) Consumação e tentativa: Consuma-se o crime no momento em que o agente inicia o exercício, afrontando a decisão judicial. A tentativa é admissível.

(7) Ação penal. Lei dos Juizados Especiais Criminais: Trata-se de crime de ação penal pública incondicionada. Em virtude da pena máxima prevista (detenção, de 3 meses a 2 anos, ou multa), considera-se infração de menor potencial ofensivo, sujeita às disposições da Lei n. 9.099/95. É cabível o instituto da suspensão condicional do processo (art. 89 da lei).

Lei n 11.101/2005
(1) Crime falimentar: Dispõe o art. 176 da Lei n. 11.101, de 9-2-2005 (regula a recuperação judicial, a extrajudicial e a falência do empresário e da sociedade empresária): "Exercer atividade para o qual foi inabilitado ou incapacitado por decisão judicial, nos termos desta Lei: Pena – reclusão de 1 (um) a 4 (quatro) anos, e multa".

Código de Trânsito Brasileiro
(1) Dispõe o art. 307 do CTB: "Violar a suspensão ou a proibição de se obter a permissão ou a habilitação para dirigir veículo automotor imposta com fundamento nesse Código: Pena – detenção, de 6 (seis) meses a 1 (um) ano e multa, com nova imposição adicional de idêntico prazo de suspensão ou de proibição. Parágrafo único. Nas mesmas penas incorre o condenado que deixa de entregar, no prazo estabelecido no § 10 do art. 293, a Permissão para Dirigir ou a Carteira de Habilitação".

CAPÍTULO IV
DOS CRIMES CONTRA AS FINANÇAS PÚBLICAS
(Capítulo acrescentado pela Lei n. 10.028/2000)

(1) Fundamento constitucional: Dispõe o art. 37 da CF: "a administração direta e indireta de qualquer dos Poderes da União, dos Estados, do Distrito Federal e dos Municípios obedecerá aos princípios da legalidade, impessoalidade, publicidade e eficiência". Atendendo ao preceito constitucional do art. 37, adveio a Lei de Improbidade Administrativa (Lei n. 8.429/92) e, posteriormente, a Lei de Responsabilidade Fiscal (LC n. 101/2000).

(2) Lei de Responsabilidade Fiscal (LC n. 101/2000): Dispõe o art. 163, I, da Constituição Federal: "Lei complementar disporá sobre: I – finanças públicas". Nesse diapasão, adveio a Lei Complementar n. 101, de 4-5-2000, chamada Lei de Responsabilidade Fiscal, a qual "estabelece normas de finanças públicas voltadas para a responsabilidade na gestão fiscal e dá outras providências". A Lei de Responsabilidade Fiscal (LC n. 101/2000), na realidade, cuida somente da responsabilização das entidades públicas a que se refere seu art. 1º, §§ 2º e 3º, bem como seu art. 2º, não havendo a responsabilização pessoal do agente público pela má gestão fiscal, a qual foi apenas mencionada no art. 73, que se limita a fazer referência à incidência de outros diplomas visando à sanção de natureza política, administrativa, civil ou penal.

(3) Lei de Responsabilidade Fiscal (LC n. 101/2000) e responsabilidade pessoal dos agentes: O art. 73 da Lei de Responsabilidade Fiscal (LC n. 101/2000) reza que as infrações dos dispositivos dessa lei complementar serão punidas de acordo com: (a) o Decreto-lei n. 2.848, de 7-12-1940 (Código Penal); (b) a Lei n. 1.079, de 10-4-1950 (define os crimes de responsabilidade fiscal e regula o respectivo processo e julgamento); (c) o Decreto-lei n. 201, de 27-2-1967 (Lei de Responsabilidade de Prefeitos e Vereadores); e (d) a Lei n. 8.429, de 2-6-1992 (Lei de Improbidade Administrativa), e demais normas da legislação pertinente.

(4) Crimes de responsabilidade fiscal e Código Penal: Visando a tutelar especificamente as finanças públicas, adveio a Lei n. 10.028, de 19-10-2000, que introduziu novo capítulo no Código Penal, dentro do Título XI ("Dos Crimes contra a Administração Pública"), acrescentou novas condutas ao art. 339 do CP (crime de denunciação caluniosa), bem como alterou outros diplomas legais, tais como a Lei n. 1.079/50 (define os crimes de responsabilidade e regula o respectivo julgamento) e o Decreto-lei n. 201/67 (Lei de Responsabilidade de Prefeitos e Vereadores). A Lei de Crimes de Responsabilidade Fiscal (Lei n. 10.028/2000) cuida, assim, da responsabilização pessoal do agente público.

(5) Aplicação da lei penal no tempo: A Lei n. 10.028/2000 criou novos tipos penais (*novatio legis* incriminadora), passando a considerar crimes condutas que poderiam no máximo constituir ilícito administrativo. Tratando-se de *novatio legis* incriminadora, não pode retroagir para alcançar fatos praticados antes de 20 de outubro de 2000.

STJ: "Ação penal originária. Ordenação de despesa não autorizada por lei. Princípio da irretroatividade (aplicação). 1. A lei penal incriminadora não tem efeito retroativo. Assim, porque, à data da prática dos atos por um dos acusados, não existia lei que tipificasse sua conduta como crime, nem deveria ter sido oferecida denúncia em relação a ele" (STJ, APn 389/ES, CE, Rel. Min. Nilson Naves, j. 15-3-2006, *DJ* 21-8-2006, p. 215).

(6) Lei de Responsabilidade Fiscal e princípio da insignificância: STJ: "Penal e Processual penal. Recurso especial. Prefeito. Decreto-lei n. 201/67. Lei Complementar n. 101/2000. Denúncia. Recebimento. Inaplicabilidade do princípio da insignificância ao presente caso porque não se pode ter como insignificante o desvio de bens públicos levado a cabo por Prefeito Municipal, que, no exercício de suas funções, deve obediência aos mandamentos legais e constitucionais, notadamente ao *princípio da moralidade pública*. A realização pelo Prefeito de despesas com doações a pessoas físicas sem, contudo, lei específica que autorizasse tal ato contraria o disposto no art. 26 da LC 101/2000 e constitui, em tese, crime de responsabilidade. Recurso provido" (STJ, REsp 677159/PE, Rel. Min. José Arnaldo da Fonseca, j. 22-2-2005, *DJ* 21-3-2005, p. 432). Sobre o princípio da insignificância, *vide* mais comentários ao art. 1º do Código Penal.

(7) Efeitos da condenação: Quando a pena aplicada for privativa de liberdade por tempo igual ou superior a um ano e os crimes forem praticados com abuso de poder ou violação de dever para com a Administração Pública, como efeito da condenação, haverá a perda do cargo função pública ou mandato eletivo (CP, art. 92, I, *a*). Como nenhum dos crimes previstos no presente Capítulo possuem a pena privativa de liberdade superior a quatro anos, afasta-se a incidência do disposto no CP, art. 92, I, *b*.

(8) Lei de Improbidade Administrativa (Lei n. 8.429/92): Para imposição das penalidades previstas na Lei de Improbidade Administrativa, exige-se ação própria, a ser proposta no Juízo Cível.

Competência para imposição de penalidades: STF: "Ato de improbidade: a aplicação das penalidades previstas na Lei n. 8.429/92 não incumbe à Administração, uma vez que privativa do Poder Judiciário. Verificada a prática de atos de improbidade no âmbito administrativo, caberia representação ao Ministério Público para ajuizamento da competente ação, não a aplicação da pena de demissão. Recurso ordinário provido" (STF, RMS 24699/DF, 1ª T., Rel. Min. Eros Grau, j. 30-11-2004, *DJ* 1º-7-2005, p. 56).

Improbidade administrativa. Foro por prerrogativa de função: STF: "Agravo regimental no agravo de instrumento. Constitucional. Processual Penal. Lei n. 10.628/02, que acrescentou os §§ 1º e 2º ao art. 84 do Código de Processo Penal. Foro por prerrogativa de função. Inconstitucionalidade. ADI n. 2.797 e ADI n. 2.860. 1. O Plenário do Supremo, ao julgar a ADI n. 2.797 e a ADI n. 2.860, Relator o Ministro Sepúlveda Pertence, Sessão de 15-9-2005, declarou a inconstitucionalidade da Lei n. 10.628/2002, que acrescentou os §§ 1º e 2º ao art. 84 do Código de Processo Penal. 2. Orientação firmada no sentido de que inexiste foro por prerrogativa de função nas ações de improbidade administrativa. Agravo regimental a que nega provimento" (STF, AgI-AgR 538389/SP, 2ª T., Rel. Min. Eros Grau, j. 29-8-2006, *DJ* 29-9-2006, p. 57).

Lei de Improbidade Administrativa e crime contra as finanças públicas. Autonomia de instâncias: Vide comentários ao art. 312 do CP.

(9) Diplomas legais e sanções aplicáveis: O crime contra as finanças públicas pode ser objeto de diversas outras penalidades, além das sanções de natureza penal (pena privativa de liberdade, multa e restritivas de direitos) (*vide* crimes previstos nos arts. 359-A a H e crimes de responsabilidade previstos no Decreto-lei n. 201/67 e Lei n. 1.079/50, que tiveram a redação determinada pela Lei

n. 10.028/2000). Vejamos: (a) suspensão dos direitos políticos (CF, art. 37, § 4º, e art. 12, I, da Lei n. 8.429/92); (b) Perda do cargo e função pública, proibição de contratar com o poder público etc. (CF, art. 34, § 4º, e art. 12, I, da Lei n. 8.429/92); (c) ressarcimento do dano e multa civil (CF, art. 34, § 4º, e art. 12, I, da Lei n. 8.429/92; (d) O art. 5º da Lei n. 10.028/2000 previu infrações de caráter administrativo, estabelecendo como sanção dessa natureza multa de 30% dos vencimentos anuais do agente responsável, a ser paga por ele mesmo.

(10) Princípio da proporcionalidade e do non bis in idem: Luiz Flávio Gomes e Alice Bianchini defendem a aplicação de tais princípios pelo Judiciário no momento da fixação da punição, tendo em vista a quantidade de punições de diversas naturezas incidentes ao fato de forma concomitante (Luiz Flávio Gomes e Alice Bianchini, *Crimes de responsabilidade fiscal*, São Paulo: Revista dos Tribunais, 2001, p. 33). *No mesmo sentido:* Cezar Roberto Bitencourt, para quem, em princípio, a soma das penas, pelo mesmo fato, reveste-se da pecha de inconstitucional *(Código Penal comentado,* cit., p. 1173-1174). Convém mencionar que, no tocante à cumulação de penalidades previstas no Decreto-lei n. 201/67 e Lei n. 8.429/92, já decidiu o STJ, no sentido de que: "Politicamente, a Constituição Federal inadmite o concurso de regimes de responsabilidade dos agentes políticos pela Lei de Improbidade e pela norma definidora dos Crimes de Responsabilidade, visto inaceitável *bis in idem*. A submissão dos agentes políticos ao regime jurídico dos crimes de responsabilidade, até mesmo por suas severas punições, torna inequívoca a total ausência de uma suposta 'impunidade' deletéria ao Estado Democrático de Direito" (STJ, REsp 456649/MG, 1ª T., Rel. Min. Francisco Falcão, j. 5-9-2006, *DJ* 5-10-2006, p. 237).

Contratação de operação de crédito

Art. 359-A. Ordenar, autorizar ou realizar operação de crédito, interno ou externo, sem prévia autorização legislativa:

Pena – reclusão, de 1 (um) a 2 (dois) anos. *(Acrescentado pela Lei n. 10.028/2000)*

(1) Fundamento. Lei de Responsabilidade Fiscal: A LRF (LC n. 101/2000), em seu art. 32, I e IV, exige que a operação de crédito seja realizada mediante "a existência de prévia e expressa autorização para a contratação, no texto da lei orçamentária, em créditos adicionais ou lei específica" e "autorização específica do Senado Federal, quando se tratar de operação de crédito externo". *Vide* também arts. 29, III, e 33 a 39 da LRF.

(2) Objeto jurídico: No art. 359-A do Código Penal, o bem jurídico tutelado é o patrimônio público, o equilíbrio orçamentário e as finanças públicas.

(3) Ação nuclear: Três são as ações incriminadas: (a) *ordenar:* aqui o funcionário público não realiza a operação de crédito irregular, mas apenas determina, manda que terceiros o façam. A iniciativa, portanto, parte dele; (b) *autorizar:* aqui a iniciativa não parte do funcionário, mas ele dá sua permissão para que outrem realize a operação de crédito irregular. Ele valida, assim, a ação praticada por outrem; ou (c) *realizar:* aqui a operação de crédito irregular é praticada diretamente pelo funcionário. Ele não age em nome alheio. O tipo penal menciona o termo "operação de crédito". A Lei de Responsabilidade Fiscal, em seu art. 29, III, define o que se entende por operação de crédito. Trata-se de norma penal em branco. A operação de crédito pode ser tanto nacional como internacional.

(4) Elemento normativo do tipo: Como já dissemos, A LRF, em seu art. 32, I e IV, exige que a operação de crédito seja realizada mediante "a existência de prévia e expressa autorização para a contratação, no texto da lei orçamentária, em créditos adicionais ou lei específica" e "autorização

específica do Senado Federal, quando se tratar de operação de crédito externo". Excluem-se, portanto, os "decretos ou quaisquer outros atos administrativos, que regulamentem e determinem os limites, condições e montante da dívida consolidada" (Luiz Flávio Gomes e Alice Bianchini, *Crimes de responsabilidade fiscal*, cit., p. 41).

(5) Sujeito ativo: Trata-se de crime próprio, o qual somente pode ser praticado pelos agentes públicos, integrantes do Poder Executivo, e desde que tenham atribuição para ordenar, autorizar ou realizar a operação de crédito. *Nesse sentido:* Damásio E. de Jesus, *Direito penal*, cit., v. 4, p. 372 e Luiz Flávio Gomes e Alice Bianchini, *Crimes de responsabilidade fiscal*, cit., p. 38).

(6) Sujeito passivo: É o Estado, como sujeito passivo permanente, e a pessoa jurídica dotada de personalidade própria, em nome da qual se realizou a operação de crédito.

(7) Elemento subjetivo: É o dolo, consubstanciado na vontade livre e consciente de ordenar, autorizar ou realizar operação de crédito, interno ou externo, ciente de que o faz sem prévia autorização legislativa.

(8) Consumação e tentativa: Reputa-se o crime consumado com a expedição da ordem, autorização ou realização da operação de crédito, sem autorização legal. Vejamos os seguintes posicionamentos: (a) para Damásio, trata-se de crime de mera conduta, pois não se requer a produção de um resultado naturalístico *(Direito penal*, cit., v. 4, p. 374); (b) Luiz Flávio Gomes e Alice Bianchini *(Crimes de responsabilidade fiscal*, cit., p. 42) entendem que é necessária a ocorrência de um resultado jurídico; (c) para Cezar Roberto Bitencourt *(Código Penal comentado*, cit., p. 1178), as modalidades *ordenar* e *autorizar* constituem crimes formais; ao passo que a modalidade *realizar* configura crime material, posição com a qual compartilhamos, No tocante à tentativa, sustentam Cezar Roberto Bitencourt *(Código Penal comentado*, cit., p. 1178) e Damásio E. de Jesus *(Direito penal*, cit., v. 4, p. 375) que somente a conduta de "realizar" a operação de crédito admite fracionamento e, portanto, o *conatus*.

(9) Ação penal. Lei dos Juizados Especiais Criminais: Trata-se de crime de ação penal pública incondicionada. É crime de menor potencial ofensivo, estando sujeito às disposições da Lei n. 9.099/95. É cabível a suspensão condicional do processo (art. 89 da lei).

Parágrafo único. Incide na mesma pena quem ordena, autoriza ou realiza operação de crédito, interno ou externo: *(Parágrafo acrescentado pela Lei n. 10.028/2000)*

I – com inobservância de limite, condição ou montante estabelecido em lei ou em resolução do Senado Federal;

II – quando o montante da dívida consolidada ultrapassa o limite máximo autorizado por lei.

Forma equiparada: Incide na mesma pena quem ordena, autoriza ou realiza operação de crédito, interno ou externo: (a) *Com inobservância de limite, condição ou montante estabelecido em lei ou em resolução do Senado Federa (inciso I):* Nessa modalidade típica, a ordem, autorização ou realização da operação de crédito é regular, pois presente está a autorização legislativa; contudo, passa a ser considerada criminosa a contratação da operação de crédito realizada com inobservância de limite, condição ou montante estabelecido em lei ou resolução do Senado. (b) *Quando o montante da divida consolidada ultrapassa o limite máximo autorizado por lei (inciso II):* Haverá crime caso a contratação de operação de crédito seja realizada no momento em que o montante da dívida consolidada a que se refere o art. 29, I, LRF ultrapasse o limite máximo autorizado em lei. De acordo com Cezar Roberto Bitencourt, "esta infração somente pode ser praticada por administradores do plano estadual, em razão da definição de dívida consolidada *(ente da Federação)*" (Cezar Roberto Bitencourt, *Código Penal comentado*, cit., p. 1179).

Inscrição de despesas não empenhadas em restos a pagar

Art. 359-B. Ordenar ou autorizar a inscrição em restos a pagar, de despesa que não tenha sido previamente empenhada ou que exceda limite estabelecido em lei:

Pena – detenção, de 6 (seis) meses a 2 (dois) anos. *(Acrescentado pela Lei n. 10.028/2000)*

(1) Fundamento. Lei de Responsabilidade Fiscal: Referido dispositivo legal tem como fonte o art. 42 da LRF *(Seção VI – "Dos restos a pagar").*

(2) Objeto jurídico: Tutelam-se o equilíbrio orçamentário e a boa saúde das finanças públicas.

(3) Ação nuclear: Duas são as ações incriminadas: *ordenar* ou *autorizar,* no caso, *a inscrição em restos a pagar:* (a) *De despesa que não tenha sido previamente empenhada:* segundo Cezar Roberto Bitencourt, "Não se trata da existência ou inexistência de recursos para honrar a obrigação no ano seguinte (que também é uma exigência da LC n. 101/2000), mas tão somente da necessidade da formalidade de proceder ao empenho respectivo" (Cezar Roberto Bitencourt, *Código Penal comentado,* cit., p. 1180). (b) *De despesa que exceda o limite estabelecido em lei:* a inscrição de despesas públicas em restos a pagar, além do prévio empenho, deve respeitar um limite fixado em lei. Temos, assim, que a inscrição de despesas públicas em restos a pagar é admissível, desde que seja precedida de empenho e não extrapole o limite estabelecido em lei.

(4) Elemento normativo do tipo: O tipo penal, na segunda modalidade criminosa, faz referência à inscrição em restos a pagar de despesa que *exceda o limite estabelecido em lei*. Se a despesa pública inscrita estiver dentro do limite legal fixado, o fato será atípico. Importante ressalvar que o tipo penal se refere à lei, não se incluindo aqui os decretos e atos administrativos.

(5) Sujeito ativo: Estamos diante de um crime próprio. Somente pode praticá-lo o agente público que tenha competência para ordenar ou autorizar a inscrição de despesas públicas em restos a pagar.

(6) Sujeito passivo: A União, os Estados, o Distrito Federal e os Municípios.

(7) Elemento subjetivo: É o dolo, consubstanciado na vontade livre e consciente de ordenar ou autorizar a inscrição em restos a pagar de despesa que não tenha sido previamente empenhada ou que exceda limite estabelecido em lei. É necessário que o agente tenha ciência de que não há prévio empenho da despesa ou que esta ultrapassa o limite legal. Não se exige qualquer finalidade específica (obtenção de lucro, vingança política etc.).

(8) Consumação e tentativa: Há dois posicionamentos na doutrina: (a) Trata-se de crime de mera conduta, consumando-se com a vigência da ordem ou autorização para inscrição de despesa em restos a pagar. É inadmissível a tentativa. *Nesse sentido:* Damásio E. de Jesus, *Direito penal,* cit., v. 4, p. 379. (b) Dá-se a consumação no momento em que a ordem ou autorização para o pagamento se efetivam, isto é, quando se inscreve definitivamente a despesa no verbete "restos a pagar", sendo possível a tentativa. *Nesse sentido,* Cezar Roberto Bitencourt *(Código Penal comentado,* cit., p. 1181). Também admitem o *conatus* Luiz Flávio Gomes e Alice Bianchini, que rechaçam a tese de que os delitos contra as finanças públicas são crimes de mera conduta (*Crimes de responsabilidade fiscal,* cit., p. 45).

(9) Ação penal. Lei dos Juizados Especiais Criminais: Trata-se de crime de ação penal pública incondicionada. É crime de menor potencial ofensivo, estando sujeito às disposições da Lei n. 9.099/95. É cabível a suspensão condicional do processo (art. 89 da Lei).

Assunção de obrigação no último ano do mandato ou legislatura

Art. 359-C. Ordenar ou autorizar a assunção de obrigação, nos 2 (dois) últimos quadrimestres do último ano do mandato ou legislatura, cuja despesa não possa ser paga no mesmo exercício financeiro ou, caso reste parcela a ser paga no exercício seguinte, que não tenha contrapartida suficiente de disponibilidade de caixa:

Pena – reclusão, de 1 (um) a 4 (quatro) anos. *(Acrescentado pela Lei n. 10.028/2000)*

(1) Fundamento legal. Lei de Responsabilidade Fiscal: O dispositivo em estudo originou-se do art. 42 da LRF. *Vide* também art. 20 da LC n. 101/2000.

(2) Objeto jurídico: A Lei busca proteger o equilíbrio orçamentário, a continuidade e a impessoalidade na Administração Pública, independentemente de o sucessor ser aliado do administrador.

(3) Ação nuclear: As ações incriminadas são as mesmas do art. 359-B, quais sejam, *ordenar* (o agente determina que terceiro pratique a ação; a iniciativa é sua) ou *autorizar* (aqui o agente público apenas referenda a iniciativa de terceiro em praticar a ação, sendo sua anuência imprescindível para criar a obrigação). O agente ordena ou autoriza a assunção de obrigação (dívidas ou compromissos financeiros): (a) *nos dois últimos quadrimestres do último mandato ou legislatura, cuja despesa não possa ser paga no mesmo exercício financeiro.* Pune-se aqui a conduta do agente que ordena ou autoriza a assunção de dívida ou compromissos financeiros no final do mandato ou legislatura, os quais não poderão ser honrados no mesmo exercício financeiro, sendo repassados para o próximo mandatário. Não há a configuração do crime em tela se a assunção de obrigação for realizada em período que não seja nos dois últimos quadrimestres do último mandato ou legislatura. Também não haverá o crime em estudo se, ainda que assumida a obrigação naquele período de tempo, houver suficiente disponibilidade de caixa para honrar as despesas no mesmo exercício financeiro; (b) *nos dois últimos quadrimestres do último mandato ou legislatura, que resulte em parcela a ser paga no exercício seguinte, não havendo contrapartida suficiente de disponibilidade de caixa:* nessa modalidade típica há a assunção de dívida, naquele espaço temporal, cujas parcelas são repassadas para o próximo mandatário, sem que haja para seu pagamento suficiente disponibilidade de caixa. Conclui-se que: (1) não há crime em assumir obrigação naquele período que resulte em parcela a ser paga no exercício seguinte, desde que haja suficiente disponibilidade de caixa para honrá-la; (2) não há crime em assumir obrigação em período que antecede os dois últimos quadrimestres do último mandato ou legislatura que resulte em parcela a ser paga no exercício seguinte, ainda que não haja contrapartida suficiente de disponibilidade de caixa.

(4) Sujeito ativo: Trata-se de crime próprio, o qual somente pode ser praticado pelo agente político capaz de assumir a dívida, isto é, aquele que ocupe o cargo com atribuição legal para assunção de obrigação prevista na figura típica. São, assim, sujeitos ativos: o presidente da República, do Senado, da Câmara dos Deputados, de Tribunais, procurador-geral de Justiça, procurador-geral do Estado, advogado-geral da União etc. Tratando-se de mandato, "poderá ser autor do crime pessoa que está apenas temporariamente no cargo, p. ex., o Vice-Presidente, o Vice-Governador etc., desde que no efetivo exercício de cargo com atribuição legal para assumir a obrigação típica" (Damásio, *Direito penal*, cit, v. 4, p. 382).

(5) Sujeito passivo: A União, o Estado, o Distrito Federal e o Município, cujos cofres terão de suportar a despesa herdada de suas próprias administrações anteriores.

(6) Elemento subjetivo: É o dolo, consubstanciado na vontade livre e consciente de praticar uma das ações típicas. É necessário que o agente tenha ciência de que a despesa não possa ser paga no mesmo exercício financeiro ou, caso reste parcela a ser paga no exercício seguinte, que não tenha contrapartida suficiente de disponibilidade de caixa. Do contrário, haverá o erro de tipo, o qual exclui o dolo e, consequentemente, o próprio tipo penal.

(7) Consumação e tentativa: Trata-se de crime formal, que se consuma no momento em que é expedida a ordem ou autorização dentro dos dois últimos quadrimestres do último ano do mandato, sendo irrelevante que a obrigação seja efetivamente assumida (resultado naturalístico), o que

configurará mero exaurimento. Para Damásio, "consuma-se o delito com a ordem ou autorização de indevida assunção de obrigação, dentro do período previsto no tipo. Atente-se para o seguinte: é a assunção de obrigação que deve encontrar-se dentro do prazo e não o ato administrativo de ordem ou autorização *(Direito penal,* cit., v. 4, p. 383). *Em sentido contrário:* Cezar Roberto Bitencourt, para quem o crime se consuma "quando a ordem ou a autorização é efetivamente executada, ou seja, quando a obrigação é realmente assumida dentro do período proibido *(Código Penal comentado,* cit., p. 1186). Quanto à tentativa, há duas posições: (a) para Cezar Roberto Bitencourt, é possível a tentativa *(Código Penal comentado,* cit., p. 1186); (b) para Damásio de Jesus, a nosso ver com razão, a tentativa é inadmissível *(Direito penal,* cit., v. 4, p. 385): ou o administrador ordena ou autoriza a despesa, e o crime já se consumou, independentemente da efetivação dessa operação, ou não ordena nem autoriza, e não há crime.

(8) Ação penal. Lei dos Juizados Especiais Criminais: Trata-se de crime de ação penal pública incondicionada. É cabível a suspensão condicional do processo (art. 89 da lei).

Ordenação de despesa não autorizada

Art. 359-D. Ordenar despesa não autorizada por lei:

Pena – reclusão, de 1 (um) a 4 (quatro) anos. *(Acrescentado pela Lei n. 10.028/2000)*

(1) Fundamento legal. Lei de Responsabilidade Fiscal: De acordo com a Lei de Responsabilidade Fiscal, em seu art. 15 (Seção I, Capítulo IV), serão consideradas não autorizadas, irregulares e lesivas ao patrimônio público a geração de despesa ou a assunção de obrigação que não atendam ao disposto nos arts. 16 e 17 da lei.

(2) Objeto jurídico: Tutela-se aqui o patrimônio público. Além disso, conforme lembra Damásio de Jesus, são resguardadas também "a probidade e a normal regularidade financeira do Estado no que diz respeito ao equilíbrio e transparência das contas públicas" *(Direito penal,* cit., v. 4, p. 385).

(3) Ação nuclear: Consubstancia-se no verbo *ordenar,* isto é, determinar, no caso a geração de despesa não autorizada por lei. Trata-se de norma penal em branco, de forma que serão consideradas não autorizadas, irregulares e lesivas ao patrimônio público a geração de despesa ou a assunção de obrigação que não atendam ao disposto nos arts. 16 e 17 da Lei de Responsabilidade Fiscal (cf. art. 15 da lei). Nos moldes do art. 21 da LRF, também será reputado nulo de pleno direito o ato que provoque aumento da despesa com pessoal e não atenda às exigências constantes dos incisos I e II do mencionado artigo. O desrespeito a esses requisitos legais dará ensejo à configuração do crime em estudo. Na hipótese em que a despesa é ordenada sem autorização legal, mas é justificada, entendemos que o fato será típico, formal e materialmente. É que, em matéria de Administração Pública, vigora o princípio da estrita legalidade, só podendo o administrador atuar dentro do campo rigorosamente traçado pela lei. Eventualmente, desde que minudentemente verificados os requisitos da inevitabilidade, da urgência e da razoabilidade, poderá, em caráter excepcional, ser arguido o estado de necessidade. Em sentido contrário, Luiz Flávio Gomes e Alice Bianchini sustentam que pode ocorrer, entretanto, que a despesa, ainda que não autorizada por lei, venha a ser plenamente justificada, não configurando o crime em tela *(Crimes de responsabilidade fiscal,* cit., p. 50).

Norma penal em branco. Despesa justificada: STJ: "2. O art. 359-D, segundo o qual é crime 'ordenar despesa não autorizada por lei', consiste em norma penal em branco, uma vez que o rol das despesas permitidas e das não autorizadas haverá de constar de outros textos legais, entre os quais, por exemplo, o da Lei de Responsabilidade Fiscal (Lei Complementar n. 101/2000). 3. Se, na peça acusatória, inexiste referência à norma integradora, falha é a denúncia. 4. Ademais, quando devidamente explicável a despesa, deslegitima-se a possibilidade de punição da conduta ao menos no âmbito penal. A inexistência de autorização de despesa em lei constitui, tão somente, indício de irregularidade. Para se criminalizar a conduta, é necessária a existência de lesão não justificada ao bem jurídico, isto é, às finanças públicas, o que, no caso, não ocorreu. O fato narrado evidentemente não constitui crime. 5. Denúncia rejeitada" (STJ, APn 389/ES, CE, Rel. Min. Nilson Naves, j. 15-3-2006, *DJ* 21-8-2006, p. 215).

Existência de dotação orçamentária: STJ: "Penal. 1. Ordenar despesa não autorizada em lei (CP, art. 359, *d*): quando há dotação orçamentária para a realização da despesa, a conduta é estranha ao tipo" (STJ, APn 314/MT, CE, Rel. Min. Ari Pargendler, j. 19-10-2005, *DJ* 5-12-2005, p. 198; LEXSTJ 197/270).

(4) Sujeito ativo: Trata-se de crime próprio. Somente pode praticá-lo o agente público que tenha atribuição legal para ordenar a geração de despesas. Ressalva Cezar Roberto Bitencourt: "Não abrange, ao contrário do previsto no art. 359-A, quem apenas realiza, isto é, quem cumpre ou executa a ordem expedida pelo sujeito ativo próprio, o 'ordenador de despesas'. Nesse caso, à evidência, o funcionário que executa a ordem deverá ter sua conduta examinada à luz do art. 22, segunda parte, do CP, ou seja, à luz do princípio da obediência hierárquica" (*Código Penal comentado*, cit., p. 1187).

(5) Sujeito passivo: Se o crime for praticado por presidente da República, governador do Estado ou Distrito Federal ou prefeito municipal, sujeito passivo será respectivamente a União, o Estado, o Distrito Federal ou o Município.

(6) Elemento subjetivo: É o dolo, consubstanciado na vontade livre e consciente de ordenar despesa não autorizada em lei. É óbvio que o agente público deve ter ciência da falta de autorização legal para a ordenação da despesa pública. Do contrário, haverá erro de tipo, o qual exclui o dolo e, consequentemente, a própria tipicidade.

(7) Consumação e tentativa: Consuma-se o crime no momento em que a despesa é ordenada, independentemente de ela se efetivar. O resultado, se ocorrer, constitui mero exaurimento do crime. A tentativa é inadmissível. Para Damásio, no entanto, o crime é de mera conduta, consumando-se no momento em que o agente público emite o ato administrativo de ordem, pouco importando que esta venha a ser posteriormente revogada ou anulada. Não admite o autor a tentativa (*Direito penal*, cit., v. 4, p. 386-387). Cezar Roberto Bitencourt, por sua vez, sustenta que o crime é formal, consumando-se quando a ordem é efetivamente executada, sendo a tentativa admissível (*Código Penal comentado*, cit, p. 1189).

(8) Ação penal. Lei dos Juizados Especiais Criminais: Trata-se de crime de ação penal pública incondicionada. É cabível a suspensão condicional do processo (art. 89 da lei).

Prestação de garantia graciosa

Art. 359-E. Prestar garantia em operação de crédito sem que tenha sido constituída contragarantia em valor igual ou superior ao valor da garantia prestada, na forma da lei:

Pena – detenção, de 3 (três) meses a 1 (um) ano. *(Acrescentado pela Lei n. 10.028/2000)*

(1) Fundamento legal. Lei de Responsabilidade Fiscal: Segundo o disposto no art. 29, IV, da Lei de Responsabilidade Fiscal (LC n. 101/2000), a concessão de garantia é "o compromisso de adimplência de obrigação financeira ou contratual assumida por ente da Federação ou entidade a ele vinculada". O art. 40, § 1º, da LRF, por sua vez, dispõe: "A garantia estará condicionada ao oferecimento de contragarantia, em valor igual ou superior ao da garantia concedida (...)".

(2) Objeto jurídico: Tutelam-se aqui o equilíbrio orçamentário e o patrimônio público. Visa o dispositivo penal, de acordo com Damásio, a tutelar a probidade na gestão fiscal do Estado.

(3) Ação nuclear: Incrimina-se a ação de *prestar* (conceder), no caso, garantia em operação de

crédito sem a contragarantia em valor igual ou superior ao valor da garantia prestada, na forma da lei. O legislador penal erigiu à categoria de crime o descumprimento da primeira parte do art. 40, § 1º, da LRF, pelo gestor público, ou seja, prestar garantia sem que tenha sido constituída contra-garantia naqueles termos. Segundo o inciso I do referido § 1º, "não será exigida contragarantia de órgãos e entidades do próprio ente". O inciso II, por sua vez, dispõe: "A contragarantia exigida pela União a Estado ou Município, ou pelos Estados aos Municípios, poderá consistir na vinculação de receitas tributárias diretamente arrecadadas e provenientes de transferências constitucionais, com outorga de poderes ao garantidor para retê-las e empregar o respectivo valor da liquidação da dívida vencida". Na hipótese em que não é constituída qualquer contragarantia, sustenta Damásio de Jesus, que, "mesmo provando que a contragarantia era dispensável na operação de crédito, o fato permanece típico" *(Direito penal,* cit., v. 4, p. 390).

(4) Sujeito ativo: Trata-se de crime próprio. Somente pode praticá-lo o agente público que tenha competência para prestar a garantia em operação de crédito.

(5) Sujeito passivo: A União, os Estados-Membros, o Município e o Distrito Federal, conforme o caso.

(6) Elemento subjetivo: É o dolo, consubstanciado na vontade livre e consciente de prestar a garantia sem que tenha sido constituída contragarantia em valor igual ou superior ao valor da garantia prestada.

(7) Consumação e tentativa: Há duas posições na doutrina: (a) Para Luiz Flávio Gomes e Alice Bianchini, "a inexistência de contragarantia quando da prestação de uma garantia não é motivo suficiente para se punir penalmente a conduta, visto que, para não configurar mero ilícito administrativo, exige-se a comprovação do perigo concreto de lesão às finanças públicas (ou ao equilíbrio das contas públicas). Exige-se, portanto, para a consumação do crime, a comprovação do perigo a um bem jurídico de natureza supraindividual" *(Crimes de responsabilidade fiscal,* cit., p. 52). Os autores, dessa forma, admitem a tentativa. (b) Para Damásio de Jesus, "o crime atinge a consumação quando o agente público concede a garantia em operação de crédito sem constituir a contragarantia nos moldes típicos exigidos. A expressão 'sem que tenha sido constituída' pode dar a ideia de anterioridade. De observar-se, contudo, mostrar-se comum a circunstância de a contragarantia, em contrato administrativo, ser constituída no mesmo momento da garantia. Anterior ou concomitante, o crime está consumado. A tentativa é inadmissível" (Damásio de Jesus, *Direito penal,* cit., v. 4, p. 391).

(8) Ação penal. Lei dos Juizados Especiais Criminais: Trata-se de crime de ação penal pública incondicionada. Por se tratar de infração de menor potencial ofensivo, incidem as disposições da Lei n. 9.099/95. É cabível a suspensão condicional do processo (art. 89 da lei).

Não cancelamento de restos a pagar

Art. 359-F. Deixar de ordenar, de autorizar ou de promover o cancelamento do montante de restos a pagar inscrito em valor superior ao permitido em lei:

Pena – detenção, de 6 (seis) meses a 2 (dois) anos. *(Acrescentado pela Lei n. 10.028/2000)*

(1) Fundamento legal. Lei de Responsabilidade Fiscal: Vide art. 1º, § 1º, da LC n. 101/2000.

(2) Objeto jurídico: Para Damásio, o tipo penal destina-se a tutelar "a regularidade na administração das finanças públicas, no que diz respeito à inércia diante de encargos financeiros passados à próxima gestão fiscal" *(Direito penal,* cit., v. 4, p. 393). Para Luiz Flávio Gomes e Alice Bianchini *(Crimes de responsabilidade fiscal,* cit., p. 53), tutela-se o equilíbrio das contas públicas.

(3) Ação nuclear: Incriminam-se aqui três condutas omissivas: (a) *deixar de ordenar:* nesta hipótese, incumbe ao agente determinar a terceiro que cancele os restos a pagar, contudo descumpre esse dever legal ao se omitir; (b) *deixar de autorizar:* aqui cabe a terceira pessoa cancelar os restos a pagar, mas ela necessita da autorização, isto é, do referendo do agente público competente, o qual se omite; (c) *deixar de promover:* nesta modalidade típica incumbe ao próprio agente público realizar o cancelamento dos restos a pagar. Importa notar que este artigo pune a conduta daquele que se omite em cancelar o montante de restos a pagar inscrito em valor superior ao permitido em lei. Difere da conduta de ordenar ou autorizar a inscrição em restos a pagar que exceda limite estabelecido em lei, a qual está prevista no art. 359-B. Segundo Luiz Flávio Gomes e Alice Bianchini, "para que se possa punir a conduta daquele que pratica a ação descrita no artigo em tela, há necessidade de que ele não tenha nenhuma responsabilidade (a título de dolo) em relação à inscrição, pois, do contrário, já estaria incurso nas penas previstas no art. 359-B, antes mencionado" *(Crimes de responsabilidade fiscal,* cit., p. 52).

(4) Elemento normativo do tipo: Somente haverá crime se o agente se omitir em cancelar montante de restos a pagar inscrito em valor superior ao permitido em lei. Dessa forma, se o valor estiver dentro do que a lei permite, o fato será considerado atípico. Ressalva Damásio: "Se há irregularidade por outro motivo, que não seja o valor maior previsto no tipo penal, o fato é atípico, podendo ensejar responsabilidade administrativa" *(Direito penal,* cit., v. 4, p. 395).

(5) Sujeito ativo: Trata-se de crime próprio. Somente pode praticá-lo o agente público que tenha atribuição legal para cancelar despesas inscritas em restos a pagar. O responsável pela inscrição responde pelo delito previsto no art. 359-B. Segundo Cezar Roberto Bitencourt, cuida-se de exceção à teoria monística *(Código Penal comentado,* cit., p. 1196-1197).

(6) Sujeito passivo: É a União, Estado, Município etc.

(7) Elemento subjetivo: É o dolo, consubstanciado na vontade livre e consciente de deixar de ordenar, de autorizar ou de promover o cancelamento do montante de restos a pagar inscrito em valor superior ao permitido em lei. É necessário que o agente tenha ciência da existência da inscrição do montante de restos a pagar em valor superior ao permitido em lei. Sobre hipótese de erro de tipo e erro de proibição, *vide* Cezar Roberto Bitencourt *(Código Penal comentado,* cit., p. 1195).

(8) Consumação e tentativa: Trata-se de crime omissivo. Consuma-se, portanto, no momento em que o agente deixa de ordenar, autorizar ou de promover o cancelamento dos restos a pagar. De acordo com Cezar Roberto Bitencourt, "a questão fundamental é, afinal, em que momento tal crime se consuma, ou seja, quando o sujeito ativo passa a ter o *dever de agir:* quando assume o cargo ou função ou quando toma conhecimento da existência da situação fático-jurídica (da existência de montante de restos a pagar inscrito em lei)? À evidência que a responsabilidade penal não pode ser presumida e, ademais, não se responde por algo que não se conhece; consequentemente, essa responsabilidade não pode ser automática, decorrente da simples assunção do cargo ou função, pois configuraria autêntica responsabilidade objetiva, que foi proscrita do *direito penal da culpabilidade* (...)" *(Código Penal comentado,* cit., p. 1195-1196). A tentativa é inadmissível.

(9) Ação penal. Lei dos Juizados Especiais Criminais: Trata-se de crime de ação penal pública incondicionada. Por se tratar de infração de menor potencial ofensivo, incidem as disposições da Lei n. 9.099/95. É cabível a suspensão condicional do processo (art. 89 da lei).

Aumento de despesa total com pessoal no último ano do mandato ou legislatura

Art. 359-G. Ordenar, autorizar ou executar ato que acarrete aumento de despesa total com pessoal, nos 180 (cento e oitenta) dias anteriores ao final do mandato ou da legislatura:

Pena – reclusão, de 1 (um) a 4 (quatro) anos. *(Acrescentado pela Lei n. 10.028/2000)*

(1) Fundamento legal. Lei de Responsabilidade Fiscal: O fundamento da referida previsão legal encontra-se no art. 21 da Lei de Responsabilidade Fiscal, que considera nulo de pleno direito o ato que provoque aumento da despesa com pessoal e não atenda os requisitos elencados nos incisos I e II. *Vide* também arts. 18, 19 e 42 da LRF.

(2) Objeto jurídico: Tutela-se a probidade na administração, a impessoalidade e a continuidade na gestão administrativa, independentemente de quem venha a ser o sucessor e a proteção e equilíbrio das finanças públicas. Segundo Luiz Flávio Gomes e Alice Bianchini, "A norma em epígrafe, no entanto, está direcionada para a tutela de algo mais que a moralidade: uma vez mais é o *equilíbrio das contas públicas* que está em jogo. O ato que acarreta aumento de despesa total com pessoal desestabiliza ou pode colocar em risco concreto a harmonia das finanças públicas, comprometendo a gestão que está em curso ou a seguinte. Além disso, desequilibra o jogo democrático, na medida em que um (o que se encontra no cargo) pode valer-se de um instrumento que deixa a si ou protegido seu em condições mais vantajosas que o outro (o que pleiteia o mandato)" (*Crimes de responsabilidade fiscal*, cit., p. 54-55).

(3) Ação nuclear: Várias são as ações incriminadas pelo tipo penal: (a) *ordenar:* aqui o agente determina que terceiro pratique o ato; a iniciativa, portanto, é sua; (b) *autorizar:* nesta modalidade, a iniciativa é de terceiro, porém o ato é referendado pelo agente público; (c) *executar:* diz com a concretização do ato pelo próprio agente público. O agente, dessa forma, ordena, autoriza ou executa ato que acarrete aumento de despesa total com pessoal, nos 180 dias anteriores ao final do mandato ou da legislatura. O conceito de despesa encontra-se no art. 18 da LRF. Conforme assinala Damásio, "o aumento de despesa total com pessoal, fora do período descrito, não é interpretado pela lei penal como manobra que prejudica o sucessor político e o equilíbrio das finanças públicas e sim como poder discricionário na gestão fiscal do Estado" (*Direito penal*, cit., v. 4, p. 399). *Vide* também Cezar Roberto Bitencourt, *Código Penal comentado*, cit., p. 1198-1199.

(4) Sujeito ativo: Trata-se de crime próprio. Somente podem praticar o delito em estudo os titulares de mandato, de qualquer dos três Poderes, inclusive do Legislativo. Por exemplo, presidente da República, do Senado Federal, da Câmara dos Deputados, da Assembleia Legislativa, governador de Estado, procurador-geral de Justiça, advogado-geral da União etc. Ressalva Cezar Roberto Bitencourt que, na modalidade executar, normalmente, o executor será um subordinado, em regra o chamado 'ordenador de despesas', que põe em prática a determinação superior, revestida de ordem ou autorização (*Código Penal comentado*, cit., p. 1197-1198).

(5) Sujeito passivo: É a União, Estado, Distrito Federal ou Município e respectivos órgãos ou entidades, dependendo de quem praticar o delito. Se praticado pelo presidente do Tribunal de Justiça, sujeito passivo será o referido Tribunal; se cometido pelo procurador-geral de Justiça, será o Ministério Público e assim por diante.

(6) Elemento subjetivo: É o dolo, consubstanciado na vontade livre e consciente de ordenar, de praticar uma das ações típicas. É necessário que o agente tenha ciência de que realiza o aumento de despesa com pessoal naquele período de tempo.

(7) Consumação e tentativa: Nas modalidades *ordenar* e *autorizar*, trata-se de crime formal, que se consuma com a realização do comportamento, independentemente de a despesa se implementar, o que configurará mero exaurimento. O resultado naturalístico, portanto (aumento de despesa), é irrelevante para a consumação, que se opera antes e independentemente de sua realização. A tentativa é inadmissível, pois ou o agente ordena ou autoriza, ou não existe crime. Já na conduta *executar*, o crime é material, somente se consumando com o aumento de despesa efetivamente executado. Nessa hipótese, será possível a tentativa. A questão, no entanto, é controversa. Vejamos: (a) para Damásio E. de Jesus, trata-se de crime de mera conduta: "o crime se consuma com o ato que resulta em aumento de despesa total com pessoal, seja na modalidade de ordem,

autorização ou execução". Para o referido autor a tentativa somente é admissível na modalidade *executar* (*Direito penal*, cit., v. 4, p. 399); (b) para Cezar Roberto Bitencourt, "consuma-se o crime quando o ato *ordenado* ou *autorizado* é efetivamente executado, no período proibido de seis meses de final de mandato. Enquanto não for cumprida a ordem ou autorização não se produz qualquer efeito, isto é, não há qualquer lesividade ao patrimônio público, e sem lesividade não se pode falar em crime" (*Código Penal comentado*, cit., p. 1200). Para ele, a tentativa é perfeitamente admissível em todas as modalidades típicas.

(8) Distinção: Este delito não se confunde com o do art. 359-C, porque lá o que se pune é a conduta de ordenar ou autorizar despesa que não possa ser paga na mesma gestão, ao passo que aqui se pretende coibir o aumento de despesa, independentemente de poder ser pago no mesmo exercício financeiro. *Nesse sentido:* Luiz Flávio Gomes e Alice Bianchini, *Crimes de responsabilidade fiscal*, cit., p. 54. Vide também Cezar Roberto Bitencourt, *Código Penal comentado*, cit., p. 1.200.

(9) Ação penal. Lei dos Juizados Especiais Criminais: Trata-se de crime de ação penal pública incondicionada. É cabível a suspensão condicional do processo (art. 89 da Lei).

Oferta pública ou colocação de títulos no mercado

Art. 359-H. Ordenar, autorizar ou promover a oferta pública ou a colocação no mercado financeiro de títulos da dívida pública sem que tenham sido criados por lei ou sem que estejam registrados em sistema centralizado de liquidação e de custódia:

Pena – reclusão, de 1 (um) a 4 (quatro) anos. *(Acrescentado pela Lei n. 10.028/2000)*

(1) Fundamento legal. Lei de Responsabilidade Fiscal: Vide arts. 29, II, 30 e parágrafos, bem como a Seção IV do Capítulo VII da LRF (LC n. 101/2000).

(2) Objeto jurídico: O bem jurídico aqui tutelado é a proteção das finanças públicas e o equilíbrio orçamentário, estabelecendo-se um controle sobre endividamentos futuros. Para Damásio de Jesus, "o objeto jurídico-penal é a probidade administrativa e a regularidade da gestão fiscal em relação à oferta etc. de títulos da dívida pública" (*Direito penal*, cit., v. 4, p. 401).

(3) Ação nuclear: Várias são as ações incriminadas: (a) *ordenar*: aqui o agente determina que terceiro pratique o ato, a iniciativa, portanto, é sua; (b) *autorizar*: nesta modalidade, a iniciativa é de terceiro, porém o ato é corroborado pelo agente público; (c) *promover*: diz com a ação de levar a efeito, realizar, cumprir a ordem ou autorização. O agente público ordena, autoriza ou promove: (1) a oferta pública de títulos da dívida pública sem que tenham sido criados por lei ou sem que estejam registrados em sistema centralizado de liquidação e de custódia; ou (2) a colocação no mercado financeiro de títulos da dívida pública sem que tenham sido criados por lei ou sem que estejam registrados em sistema centralizado de liquidação e de custódia.

(4) Sujeito ativo: Trata-se de crime próprio: somente pode ser praticado pelo agente público que tenha competência para ordenar, autorizar ou promover a oferta pública ou a colocação no mercado financeiro de títulos da dívida pública sem o preenchimento daqueles requisitos. Afirma, no entanto, Cezar Roberto Bitencourt: "Neste tipo penal, sujeito ativo pode ser outra espécie de funcionário público, quando a figura típica for a modalidade de 'promover', que, em tese, é subordinado com a função de executar a ordem ou autorização do sujeito ativo das outras figuras delitivas" (*Código Penal comentado*, cit., p. 1201).

(5) Sujeito passivo: São sujeitos passivos a União, os Estados-Membros, o Distrito Federal e os Municípios. Segundo Cezar Roberto Bitencourt, "pode ser, ademais, sujeito passivo mediato qual-

quer terceiro prejudicado com a compra de títulos irregulares, que, certamente, causarão prejuízos consideráveis" *(Código Penal comentado,* cit., p. 1201).

(6) Elemento subjetivo: É o dolo, consubstanciado na vontade livre e consciente de ordenar, autorizar ou promover a oferta pública ou a colocação no mercado financeiro de títulos da dívida pública sem o preenchimento de um dos requisitos legais. É necessário que o agente tenha ciência de que os títulos da dívida pública não foram criados por lei ou não foram registrados em sistema centralizado de liquidação e de custódia. Do contrário, o fato é atípico.

(7) Consumação e tentativa: Nas condutas de ordenar e autorizar, o crime é formal, uma vez que se consubstancia com a mera realização do comportamento, independentemente de se efetivar a colocação dos títulos no mercado financeiro, o que seria simples exaurimento. Assim, a produção do resultado naturalístico (efetiva oferta pública dos títulos) é irrelevante para o resultado consumativo de ambas as formas. À vista disto, a tentativa será inadmissível, pois ou o agente ordena ou autoriza, ou não ocorre o crime. Já na modalidade de promover, o crime é material, somente se consumando no momento em que os títulos são colocados em mercado. Neste caso, a tentativa será possível. Para Cezar Roberto Bitencourt, "consuma-se o crime quando o ato ordenado ou autorizado é efetivamente executado, isto é, quando se operacionaliza a oferta pública ou colocação no mercado financeiro dos títulos da dívida pública inexistentes legalmente ou não regularmente inscritos no órgão próprio. Enquanto não for cumprida a ordem ou autorização, não se produz qualquer efeito, isto é, não há qualquer lesão ao patrimônio público, e sem lesão não se pode falar em crime" *(Código Penal comentado,* cit., p. 1203). O autor admite a tentativa.

(8) Ação penal. Lei dos Juizados Especiais Criminais: Trata-se de crime de ação penal pública incondicionada. É cabível a suspensão condicional do processo (art. 89 da Lei).

DISPOSIÇÕES FINAIS

Art. 360. Ressalvada a legislação especial sobre os crimes contra a existência, a segurança e a integridade do Estado e contra a guarda e o emprego da economia popular, os crimes de imprensa e os de falência, os de responsabilidade do Presidente da República e dos Governadores ou Interventores, e os crimes militares, revogam-se as disposições em contrário.

Art. 361. Este Código entrará em vigor no dia 1º de janeiro de 1942.

Rio de Janeiro, 7 de dezembro de 1940; 119º da Independência e 52º da República.

Getúlio Vargas

Índice Alfabético-Remissivo

ABANDONO COLETIVO DE TRABALHO
arts. 200 e 201

ABANDONO DE ANIMAIS
em propriedade alheia: art. 164

ABANDONO DE FUNÇÃO
art. 323
com prejuízo público: art. 323, § 1º
em faixa de fronteira: art. 323, § 2º

ABANDONO DE INCAPAZ
art. 133

ABANDONO DE RECÉM-NASCIDO
art. 134

ABANDONO INTELECTUAL
art. 246

ABANDONO MATERIAL
art. 244

ABANDONO MORAL
art. 247

ABORTO
vide, também, CRIMES CONTRA A VIDA
caso de estupro; legal: art. 128, II
consentido pela gestante: arts. 126 e 127
necessário: art. 128, I
praticado por médico: art. 128
provocado por terceiro: arts. 125 e 127
qualificado: art. 127
resultante de lesão corporal: art. 129, § 3º

ABUSO DE AUTORIDADE
agravante da pena: art. 61, II, f

ABUSO DE INCAPAZ
art. 173

ABUSO DE PODER
agravante da pena: art. 61, II, g
perda de cargo, função ou mandato eletivo: art. 92, I

AÇÃO(ÕES)
equiparação a documento público: art. 297, § 2º

AÇÃO PENAL
decadência do direito de queixa ou de representação: art. 103
direito de queixa, renúncia: art. 104
do cônjuge, ascendente, descendente ou irmão: art. 100, § 4º
e concurso de crimes: art. 101
indivisibilidade: art. 104
irretratabilidade da representação: art. 102
perdão; efeitos: art. 106
perdão; inadmissibilidade: art. 106, § 2º
perdão do ofendido: arts. 105, 106 e 107, V
prescrição: art. 109
privada: art. 100, § 2º
privada; declaração expressa: art. 100
privada; promoção: art. 100, § 2º
privada; subsidiária: art. 100, § 3º
pública; promoção: art. 100, § 1º
pública; ressalva: art. 100
pública condicionada e incondicionada: art. 100, § 1º

ACIDENTE DE TRÂNSITO
pena: arts. 47, 57 e 111

ACIONISTA
negociação de voto; pena: art. 177, § 2º

ADMINISTRAÇÃO PÚBLICA
ação penal; hipóteses: art. 153, § 2º
crimes contra esta, cometidos no estrangeiro; aplicação da lei brasileira: art. 7º, I, c
divulgação de informações sigilosas ou reservadas; pena: art. 153, § 1º-A

ADULTERAÇÃO
de alimento ou medicamento: art. 272
de selo ou peça filatélica: art. 303
de sinal identificador de veículo automotor: art. 311
na escrituração do Livro de Registro de Duplicatas: art. 172, parágrafo único

ADVOCACIA ADMINISTRATIVA
art. 321

ADVOGADO
patrocínio infiel: art. 355
sonegação de papel ou objeto de valor probatório: art. 356

AERONAVES
brasileiras; crimes cometidos em: art. 7º, II, c
brasileiras; extensão do território nacional: art. 5º, § 1º
brasileiras; incêndio ou explosão em: arts. 250, § 1º, II, c, e 251, § 2º
estrangeiras; crimes cometidos em: art. 5º, § 2º
estrangeiras; incêndio ou explosão: arts. 250, § 1º, II, c, e 251, § 2º

ÁGUA
envenenada; depósito: art. 270, § 1º
potável; corrupção ou poluição: art. 271
potável; corrupção ou poluição; crime culposo: art. 271, parágrafo único
potável; envenenamento: art. 270
usurpação de: art. 161, § 1º, I

ALICIAMENTO DE TRABALHADOR(ES)
de um local para outro do território nacional: art. 207
para o fim de emigração: art. 206

ALIMENTO
adulteração: art. 272
alteração de: art. 273
alterado; venda, exposição à venda, depósito: art. 273, § 1º-A
corrompido; venda, exposição à venda, depósito: art. 272, § 1º-A
corrupção; adulteração ou falsificação: art. 272
envenenamento de: art. 270
envenenamento de; crime culposo: art. 270, § 2º
não pagamento de pensão alimentícia: art. 244

AMEAÇA
art. 147

ANIMAIS
introdução em propriedade alheia: art. 164
supressão ou alteração de marcas em: art. 162

ANISTIA
extinção da punibilidade: art. 107, II

ANTERIORIDADE DA LEI
princípio: art. 1º

APLICAÇÃO DA LEI PENAL
arts. 1º a 12
anterioridade da lei: art. 1º
contagem de prazo: art. 10
eficácia de sentença estrangeira: art. 9º
extraterritorialidade: art. 7º
frações não computáveis da pena: art. 11
lei excepcional ou temporária: art. 3º
lei penal no tempo: art. 2º
lugar do crime: art. 6º
tempo do crime: art. 4º
territorialidade: art. 5º

APLICAÇÃO DA PENA
arts. 59 a 76

APOLOGIA DE CRIME
art. 287

APROPRIAÇÃO INDÉBITA
aplicação do art. 155, § 2º: art. 170
apropriação de coisa achada: art. 169, II
apropriação de coisa havida por erro, caso fortuito ou força da natureza: art. 169
apropriação de tesouro: art. 169, I
aumento de pena; casos: art. 168, § 1º
isenção de pena: art. 181
pena: art. 168
representação: art. 182

APROPRIAÇÃO INDÉBITA PREVIDENCIÁRIA
art. 168-A
extinção da punibilidade; hipóteses: art. 168-A, § 2º
não aplicação da pena; hipóteses: art. 168-A, § 3º
não recolhimento de contribuição ou outra importância destinada à Previdência Social: art. 168-A, § 1º, I e II

ARREBATAMENTO DE PRESO
art. 353

ARREMATAÇÃO JUDICIAL
violência ou fraude em: art. 358

ARREMESSO DE PROJÉTIL
art. 264

ARREPENDIMENTO
eficaz: art. 15
posterior; diminuição da pena: art. 16

ASCENDENTE
direito de queixa ou de prosseguimento na ação; morte do ofendido: art. 100, § 4º

ASFIXIA
art. 121, § 2º, III

ASSÉDIO SEXUAL
art. 216-A

ASSISTÊNCIA FAMILIAR
vide, também, CRIMES CONTRA A ASSISTÊNCIA FAMILIAR
crimes contra a: arts. 244 a 247

ASSOCIAÇÃO CRIMINOSA
art. 288
armada: art. 288, parágrafo único
denúncia e redução de pena: art. 159, § 4º

ASSUNÇÃO DE OBRIGAÇÃO NO ÚLTIMO ANO DO MANDATO OU LEGISLATURA
pena: art. 359-C

ATENTADO AO PUDOR
ação penal: art. 225
mediante fraude: art. 216
violento: art. 214

ATESTADO
falsidade material: art. 301, § 1º
falsidade material com o fim de lucro: art. 301, § 2º

ATESTADO MÉDICO FALSO
art. 302

ATIVIDADE PÚBLICA
proibição do exercício: art. 47, I
proibição do exercício; aplicação: art. 51

ATO LEGAL
oposição a: art. 329

ATO OBSCENO
art. 233

BIGAMIA
art. 235 e §§ 1º e 2º
casamento com pessoa casada: art. 235, § 1º
inexistência de crime: art. 235, § 2º
prescrição: art. 111, IV

BOICOTE AO TRABALHO
art. 198

CADÁVER
destruição, subtração ou ocultação de: art. 211
vilipêndio de: art. 212

CADERNETA DE RESERVISTA
uso criminoso: art. 308

CALAMIDADE PÚBLICA
prática de crime por ocasião de: art. 61, II, *j*

CALÚNIA
art. 138
ação penal: art. 145
contra os mortos: art. 138, § 2º
disposições comuns: arts. 141 a 145
divulgação de falsa imputação: art. 138, § 1º
exceção da verdade: art. 138, § 3º
retratação: arts. 143 e 144

CÁRCERE PRIVADO
art. 148

CASA
alcance da expressão: art. 150, *caput*, §§ 4º e 5º

CASA DE PROSTITUIÇÃO
manutenção: art. 229

CASAMENTO
crimes contra o: arts. 235 a 240
simulação: art. 239
simulação de autoridade para sua celebração: art. 238

CERIMÔNIA FUNERÁRIA
impedimento ou perturbação de: art. 209

CERTIDÃO
falsa: art. 301

CHARLATANISMO
art. 283

CHEQUE
sem provisão de fundos: art. 171, § 2º, VI

CIRCUNSTÂNCIAS AGRAVANTES
arts. 61 e 62
concurso com circunstâncias atenuantes: art. 67
consideração na fixação da pena: art. 68

CIRCUNSTÂNCIAS ATENUANTES
arts. 65 a 67
concurso com circunstâncias

agravantes: art. 67
consideração na fixação da pena: art. 68

CIRCUNSTÂNCIAS INCOMUNICÁVEIS
concurso de pessoas: art. 30

COAÇÃO
impeditiva de suicídio: art. 146, § 3º, II
irresistível: art. 22
no curso do processo: art. 344

COAUTORIA
art. 29
agravantes aplicáveis: art. 62
impunibilidade: art. 31

COISA ACHADA
apropriação: art. 169, II

COISA ALHEIA
apropriação indevida: art. 168
disposição como própria: art. 171, § 2º, I, e § 3º

COISA PRÓPRIA
tirar, suprimir, destruir ou danificar: art. 346

COMÉRCIO
fraude no: art. 175

COMINAÇÃO DAS PENAS
arts. 53 a 58

COMUNICAÇÃO FALSA
de crime ou contravenção: art. 340

COMUNICAÇÃO RADIOELÉTRICA OU TELEFÔNICA
violação de: art. 151, § 1º, II

CONCORRÊNCIA
desleal: art. 196
fraude, impedimento e perturbação: art. 335
violação de proposta de: art. 326

CONCURSO
crime cometido em; denúncia por concorrente; redução da pena: art. 159, § 4º
de crimes: arts. 69 e 70

CONCURSO DE PESSOAS
arts. 29 a 31
agravante de pena: art. 62
casos de impunibilidade: art. 31
circunstâncias incomunicáveis: art. 30

CONCURSO FORMAL
art. 70

CONCURSO MATERIAL
art. 69

CONCUSSÃO
art. 316

CONDENAÇÃO
efeitos da: arts. 91 e 92

CONDESCENDÊNCIA CRIMINOSA
art. 320

CONDICIONAL: *vide* **LIVRAMENTO CONDICIONAL**

CONDICIONAMENTO DE ATENDIMENTO MÉDICO-HOSPITALAR
art. 135-A

CONFISCO
instrumentos e produtos do crime: art. 91, II

CONFISSÃO
espontânea: atenuante: art. 65, III, *d*

CONHECIMENTO DE DEPÓSITO OU *WARRANT*
emissão irregular: art. 178

CÔNJUGE
abandono de incapaz: art. 133, § 3º, II
ação privada; oferecimento de queixa ou prosseguimento: art. 100, § 4º
adultério: art. 240, §§ 2º e 3º

CONSTITUIÇÃO DE MILÍCIA PRIVADA
art. 288-A

CONSTRANGIMENTO ILEGAL
art. 146

CONTÁGIO
perigo de contágio venéreo: art. 130
perigo de moléstia grave: art. 131

CONTRABANDO
art. 334-A
facilitação de: art. 318

CONTRAVENÇÃO
comunicação falsa de: art. 340
concurso: art. 76
falsa imputação: art. 339, § 2º

CORRESPONDÊNCIA COMERCIAL
art. 152
crimes contra a inviolabilidade de: arts. 151 e 152
destruição: art. 151, § 1º
desvio, sonegação, subtração, supressão ou exposição do conteúdo: art. 152
sonegação: art. 151, § 1º
violação: art. 151

CORRUPÇÃO
de água potável: art. 271
de alimento ou medicamento: art. 272

CORRUPÇÃO ATIVA
art. 333

de perito: art. 343
de testemunha: art. 343

CORRUPÇÃO DE MENORES
art. 218
ação penal: art. 225

CORRUPÇÃO PASSIVA
art. 317

CRIANÇA
crime contra; agravação de pena: art. 61, II, *h*

CRIME(S)
ação penal: art. 100
agente; tentativa de evitar-lhe ou minorar-lhe as consequências; atenuante da pena: art. 65, III, *b*
agravação pelo resultado: art. 19
apologia: art. 287
coação irresistível e obediência hierárquica: art. 22
cometido à traição, de emboscada, ou mediante dissimulação, ou outro recurso que dificultou ou tornou impossível a defesa do ofendido; agravação da pena: art. 61, II, *c*
cometido com abuso de autoridade ou prevalecendo-se de relações domésticas, de coabitação ou de hospitalidade; agravação da pena: art. 61, II, *f*
cometido com emprego de veneno, fogo, explosivo, tortura ou outro meio insidioso ou cruel, ou do que podia resultar perigo comum; agravação da pena: art. 61, II, *d*
cometido contra ascendente, descendente; irmão ou cônjuge; agravação da pena: art. 61, II, *e*
cometido contra criança, velho, enfermo e mulher grávida; agravação da pena: art. 61, II, *h*
cometido em cumprimento de ordem de autoridade superior; atenuante da pena: art. 65, III, *c*
cometido em estado de embriaguez preordenada; agravação da pena: art. 61, II, *l*
cometido em ocasião de incêndio, naufrágio ou inundação ou qualquer calamidade pública, ou desgraça particular do ofendido; agravação da pena: art. 61, II, *j*
cometido fora do território brasileiro: art. 7º
cometido para facilitar ou assegurar a execução, ocultação, impunidade ou vantagem de outro crime; agravante da pena: art. 61,II, *b*

cometido por motivo de relevante valor social ou moral; atenuante da pena: art. 65, III, *a*
cometido por motivo fútil ou torpe; agravação da pena: art. 61, II, *a*
cometido quando o ofendido estava sob a imediata proteção da autoridade; agravação da pena: art. 61, II, *i*
cometido sob coação; atenuante da pena: art. 65, III, *c*
cometido sob coação irresistível ou por obediência hierárquica: art. 22
cometido sob influência de multidão em tumulto; atenuante da pena: art. 65, III, *e*
cometido sob influência de violenta emoção; atenuante da pena: art. 65, III, *c*
complexo: art. 101
comunicação falsa de: art. 340
confissão da autoria; atenuante da pena: art. 65, *d*
consumado: art. 14, I
culposo: art. 18, II
descriminantes putativas: art. 20, § 1º
doloso: art. 18, I
erro determinado por terceiro: art. 20, § 2º
erro evitável: art. 21, parágrafo único
erro na execução: arts. 73 e 74
erro sobre a ilicitude do fato: art. 21
erro sobre a pessoa: art. 20, § 3º
erro sobre elementos do tipo: art. 20
estado de necessidade: art. 24
excesso punível: art. 23, parágrafo único
exclusão da ilicitude: art. 23
impossível: art. 17
isenção ou redução da pena; incapacidade do agente: art. 26
legítima defesa: art. 25
pressuposto; extinção da punibilidade: art. 108
reincidência; agravação da pena: art. 61, I
relação de causalidade: art. 13
relevância da omissão: art. 13, § 2º
superveniência de causa independente: art. 13, § 1º
tentado: art. 14, II
tempo do crime: momento da consumação: art. 4º

CRIMES CONEXOS
extinção da punibilidade de um deles: art. 108
interrupção da prescrição de um deles: art. 117, § 1º

CRIMES CONTRA A ADMINISTRAÇÃO DA JUSTIÇA
autoacusação falsa: art. 341
coação no curso do processo: art. 344
comunicação falsa de crime ou de contravenção: art. 340
denunciação caluniosa: art. 339
desobediência a decisão judicial sobre perda ou suspensão de direito: art. 359
evasão mediante violência contra a pessoa: art. 352
exercício arbitrário das próprias razões: art. 345
exercício arbitrário ou abuso de poder: art. 350
exploração de prestígio: art. 357
falsa perícia: art. 342
falso testemunho: art. 342
fraude processual: art. 347
fuga de pessoa presa ou submetida a medida de segurança: art. 351
patrocínio infiel: art. 355
patrocínio simultâneo ou tergiversação: art. 355
promessa de vantagem a testemunha, perito, tradutor ou intérprete: art. 343
reingresso de estrangeiro expulso: art. 338
tirar, suprimir, destruir ou danificar coisa própria que se acha em poder de terceiro por determinação judicial: art. 346
violência ou fraude em arrematação judicial: art. 358

CRIMES CONTRA A ADMINISTRAÇÃO PÚBLICA
arts. 312 a 359
coação no curso de processo: art. 344
exercício arbitrário ou abuso de poder: art. 350
exploração de prestígio: art. 357
praticados por funcionário público contra a administração em geral: arts. 312 a 327
praticados por particular contra a administração em geral: arts. 328 a 337

CRIMES CONTRA A ASSISTÊNCIA FAMILIAR
arts. 244 a 247

abandono intelectual: art. 246
abandono material: art. 244
entrega de filho menor a pessoa inidônea: art. 245
menor de 18 anos; frequência a casa de jogo ou mal-afamada, ou convivência com pessoa viciosa ou de má vida: art. 247, I
menor de 18 anos; frequência a espetáculo capaz de pervertê-lo ou de ofender-lhe o pudor: art. 247, II
menor de 18 anos; mendicância: art. 247, IV
menor de 18 anos; residência e trabalho em casa de prostituição: art. 247, III
pensão alimentícia; falta de pagamento: art. 244, parágrafo único

CRIMES CONTRA A DIGNIDADE SEXUAL
arts. 213 a 234
assédio sexual: art. 216-A
ato obsceno: art. 233
crimes contra a liberdade sexual: arts. 213 a 216
escrito ou objeto obsceno: art. 234
estupro: art. 213
violação sexual mediante fraude: art. 215
corrupção de menores: art. 218
disposições gerais: arts. 223 a 226
estupro de vulnerável: art. 217-A
lenocínio e tráfico de pessoas: art. 227 a 232
aumento de pena: art. 227 e parágrafos
casa de prostituição: art. 229
favorecimento da prostituição: art. 228
rufianismo: art. 230
tráfico internacional de pessoas: art. 231
tráfico interno de pessoa: art. 231-A
ultraje público ao pudor: arts. 233 e 234

CRIMES CONTRA A FAMÍLIA
arts. 235 a 249
contra a assistência familiar: arts. 244 a 247
contra o casamento: arts. 235 a 240
contra o estado de filiação: arts. 241 a 243
contra o pátrio poder, tutela ou curatela: arts. 248 e 249

CRIMES CONTRA A FÉ PÚBLICA
arts. 289 a 311

vide FALSIDADE DE TÍTULOS E OUTROS PAPÉIS PÚBLICOS: arts. 293 a 295
vide FALSIDADE DOCUMENTAL: arts. 296 a 305

CRIMES CONTRA A HONRA
arts. 138 a 145
calúnia: art. 138
calúnia; aumento de pena: art. 141
calúnia; retratação: arts. 143 e 144
difamação: art. 139
exceção da verdade: art. 139, parágrafo único
injúria: art. 140
injúria; aumento de pena: art. 141
injúria; exclusão do crime: art. 142
queixa: art. 145
retratação: arts. 143 e 144

CRIMES CONTRA A INCOLUMIDADE PÚBLICA
arts. 250 a 285
vide Crimes contra a saúde pública: arts. 267 a 285
vide Crimes de perigo comum: arts. 250 a 259
crimes contra a segurança dos meios de comunicação e transporte e outros serviços: arts. 260 a 266

CRIMES CONTRA A INVIOLABILIDADE DE CORRESPONDÊNCIA
arts. 151 e 152
correspondência comercial; abuso da condição de sócio ou empregado: art. 151, § 3º
correspondência comercial; desvio, sonegação, subtração, supressão ou exposição do conteúdo: art. 152
destruição ou sonegação de correspondência: art. 151, § 1º
violação de comunicação radioelétrica, telefônica ou telegráfica: art. 151, § 1º, II
violação de correspondência: art. 151

CRIMES CONTRA A INVIOLABILIDADE DO DOMICÍLIO
art. 150
casa; abrangência da expressão: art. 150, § 4º
funcionário público; aumento de pena: art. 150, § 2º

CRIMES CONTRA A INVIOLABILIDADE DOS SEGREDOS
arts. 153 e 154
divulgação de informação sigilosa; Administração Pública: art. 153, § 1º-A
divulgação de segredo: art. 153
violação de segredo profissional: art. 154

CRIMES CONTRA A LIBERDADE PESSOAL
arts. 146 a 149
ameaça: art. 147
constrangimento ilegal: art. 146
redução a condição análoga à de escravo: art. 149
sequestro e cárcere privado: art. 148

CRIMES CONTRA A LIBERDADE SEXUAL
arts. 213 a 216
atentado ao pudor mediante fraude: art. 216
atentado ao pudor mediante fraude; ofendida menor de 18 e maior de 14 anos: art. 216, parágrafo único
atentado violento ao pudor: art. 214
estupro: art. 213
violação sexual mediante fraude: art. 215
violação sexual mediante fraude; mulher virgem, menor de 18 e maior de 14 anos: art. 215, parágrafo único

CRIMES CONTRA A ORGANIZAÇÃO DO TRABALHO
arts. 197 a 207
aliciamento de trabalhadores de um local para outro do território nacional: art. 207
aliciamento para o fim de emigração: art. 206
atentado contra a liberdade de associação: art. 199
atentado contra a liberdade de contrato de trabalho e de boicotagem violenta: art. 198
atentado contra a liberdade de trabalho: art. 197
exercício de atividade com infração de decisão administrativa: art. 205
frustração de direito assegurado por lei trabalhista: art. 203
frustração de lei sobre nacionalização do trabalho: art. 204
invasão de estabelecimento industrial: art. 202
paralisação de trabalho de interesse coletivo: art. 201
paralisação de trabalho seguida de violência ou perturbação da ordem: art. 200
sabotagem: art. 202

CRIMES CONTRA A PAZ PÚBLICA
arts. 286 a 288-A
associação criminosa: art. 288
apologia de crime ou criminoso: art. 287
incitação ao crime: art. 286
milícia privada: art. 288-A

CRIMES CONTRA A PESSOA
arts. 121 a 154
contra a honra: arts. 138 a 145
contra a inviolabilidade de correspondência: arts. 151 e 152
contra a inviolabilidade do domicílio: art. 150
contra a inviolabilidade dos segredos: arts. 153 e 154
contra a liberdade individual: arts. 146 a 154
contra a liberdade pessoal: arts. 146 a 149
contra a vida: arts. 121 a 128
lesões corporais: art. 129
periclitação da vida e da saúde: arts. 130 a 136
rixa: art. 137

CRIMES CONTRA A PREVIDÊNCIA SOCIAL
apropriação indébita previdenciária: art. 168-A
sonegação de contribuição previdenciária: art. 337-A

CRIMES CONTRA A PROPRIEDADE IMATERIAL
arts. 184 a 186

CRIMES CONTRA A PROPRIEDADE INTELECTUAL
arts. 184 a 186
usurpação de nome ou pseudônimo alheio: arts. 185 e 186
violação de direito autoral: arts. 184 e 186

CRIMES CONTRA A SAÚDE PÚBLICA
arts. 267 a 285
alteração de substância alimentícia ou medicinal: art. 273
alteração de substância alimentícia ou medicinal; crime culposo: art. 273, § 2º
charlatanismo: art. 283
corrupção, adulteração ou falsificação de substância

alimentícia ou medicinal: art. 272
corrupção, adulteração ou falsificação de substância alimentícia ou medicinal; crime culposo: art. 270, § 2º
corrupção ou poluição de água potável: art. 271
corrupção ou poluição de água potável; crime culposo: art. 271, parágrafo único
curandeirismo; crime: art. 284
curandeirismo; crime praticado mediante remuneração: art. 284, parágrafo único
emprego de processo proibido ou de substância não permitida em produto destinado a consumo: arts. 274 e 276
envenenamento de água potável ou de substância alimentícia ou medicinal: art. 270
envenenamento de água potável ou de substância alimentícia ou medicinal; forma culposa: art. 270, § 2º
epidemia: art. 267
exercício ilegal de medicina, arte dentária ou farmacêutica; penas: art. 282
infração de medida sanitária preventiva: art. 268
infração de medida sanitária preventiva; aumento de pena: art. 268, parágrafo único
invólucro ou recipiente com falsa indicação: arts. 275 e 276
medicamento em desacordo com receita médica: art. 280
medicamento em desacordo com receita médica; forma culposa: art. 280, parágrafo único
omissão de notificação de doença: art. 269
outras substâncias nocivas à saúde pública: art. 278
substância avariada: art. 279
substância destinada à falsificação: art. 277
substâncias nocivas à saúde; modalidade culposa: art. 278, parágrafo único

CRIMES CONTRA A SEGURANÇA DOS MEIOS DE COMUNICAÇÃO E DE TRANSPORTE E OUTROS SERVIÇOS PÚBLICOS

arts. 260 a 266
arremesso de projétil: art. 264
atentado contra a segurança de outro meio de transporte: art. 262
atentado contra a segurança de serviço de utilidade pública: art. 265
atentado contra a segurança de transporte marítimo, fluvial ou aéreo: art. 261
desastre ferroviário: art. 260, § 3º
desastre ferroviário; culpa: art. 260, § 2º
desastre ferroviário; lesão corporal ou morte: art. 263
estrada de ferro; definição: art. 260, § 3º
interrupção ou perturbação de serviço telegráfico, telefônico, informático, telemático ou de informação de utilidade pública: art. 266
interrupção ou perturbação de serviço telegráfico ou telefônico; por ocasião de calamidade pública: art. 266, parágrafo único
morte resultante de arremesso de projétil; art. 264, parágrafo único
perigo de desastre ferroviário: art. 260
sinistro em transporte marítimo, fluvial ou aéreo: art. 261, § 1º
sinistro em transporte marítimo, fluvial ou aéreo; lesão corporal ou morte: art. 263
sinistro em transporte marítimo, fluvial ou aéreo; prática do crime com fim de lucro: art. 261, § 2º

CRIMES CONTRA A VIDA

arts. 121 a 128
aborto necessário: art. 128
aborto no caso de gravidez resultante de estupro: art. 128, II
aborto provocado por terceiro com consentimento da gestante: arts. 126 e 127
aborto provocado pela gestante ou com seu consentimento: art. 124
aborto provocado por terceiro: arts. 125 e 127
feminicídio: art. 121, § 2º, VI
homicídio culposo: arts. 121, § 3º, e 129
homicídio culposo com aumento de pena: art. 121, § 4º
homicídio; perdão judicial: art. 121, § 5º
homicídio simples: art. 121
homicídio qualificado: art. 121, § 2º
homicídio simples; diminuição de pena: art. 121, § 1º
induzimento, instigação ou auxílio a suicídio: art. 122
induzimento, instigação ou auxílio a suicídio; aumento de pena: art. 122, § único
infanticídio: art. 123

CRIMES CONTRA AS FINANÇAS PÚBLICAS

assunção de obrigação no último ano do mandato ou legislatura: art. 359-C
contratação de operação de crédito: art. 359-A
inscrição de despesas não empenhadas em restos a pagar: art. 359-B
não cancelamento de restos a pagar: art. 359-F
prestação de garantia graciosa: art. 359-E

CRIMES CONTRA O CASAMENTO

arts. 235 a 240
ação penal; adultério; pessoas que não poderão intentá-la: art. 240, § 3º
ação penal; requisitos em caso de induzimento a erro essencial e ocultação de impedimento: art. 236, § único
adultério: art. 240
adultério; corréu: art. 240, § 1º
adultério; inaplicabilidade de pena: art. 240, § 4º
bigamia: art. 235
casamento com pessoa casada: art. 235, § 1º
conhecimento prévio de impedimento: art. 237
induzimento a erro essencial e ocultação de impedimento: art. 236
simulação de autoridade para celebração de casamento: art. 238
simulação de casamento: art. 239

CRIMES CONTRA O ESTADO DE FILIAÇÃO

arts. 241 a 243
parto suposto; supressão ou alteração de direito inerente ao estado civil de recém-nascido: art. 242
parto suposto; supressão ou alteração de direito inerente ao estado civil de recém-nascido; motivo de reconhecida nobreza: art. 242, parágrafo único
registro de nascimento inexistente: art. 241;
sonegação de estado de filiação: art. 243

CRIMES CONTRA O PATRIMÔNIO
arts. 155 a 183
apropriação indébita: arts. 168 a 170
apropriação indébita previdenciária: art. 168-A
aumento de pena: art. 168, § 1º
dano: arts. 163 a 167
disposições gerais: arts. 181 a 183
estelionato e outras fraudes: arts. 171 a 179
extorsão e roubo: arts. 157 a 160
furto: arts. 155 a 156
receptação: art. 180
roubo e extorsão: arts. 157 a 160
usurpação: arts. 161 e 162

CRIMES CONTRA O PÁTRIO PODER, TUTELA OU CURATELA
arts. 248 e 249
aplicação facultativa da pena; subtração de incapazes: art. 249, § 2º
induzimento a fuga, entrega arbitrária ou sonegação de incapazes: art. 248
subtração de incapaz; pai tutor ou curador: art. 249, § 1º
subtração de incapaz; restituição: art. 249, § 2º
subtração de incapazes: art. 249

CRIMES CONTRA O SENTIMENTO RELIGIOSO E CONTRA O RESPEITO AOS MORTOS
arts. 208 a 212
destruição, subtração ou ocultação de cadáver: art. 211
impedimento ou perturbação de cerimônia funerária: art. 209
ultraje a culto e impedimento ou perturbação de ato a ele relativo: art. 208
vilipêndio a cadáver: art. 212
violação de sepultura: art. 210

CRIMES CULPOSOS
de trânsito; pena de suspensão de autorização para dirigir veículo, aplicação: art. 57
pena de multa, aplicação: art. 58, parágrafo único
penas privativas de liberdade; substituição: art. 44, § 2º
penas restritivas de direitos; aplicação: art. 54

CRIMES DE PERIGO COMUM
arts. 250 a 259
desabamento ou desmoronamento: art. 256
difusão de doença ou praga: art. 259
explosão: art. 251
explosão, aumento de pena: art. 251, § 2º
explosão; substância utilizada diversa da dinamite ou explosivo de efeitos análogos: art. 251, § 1º
fabrico de explosivos ou gás tóxico ou asfixiante: art. 253
formas qualificadas de: art. 258
fornecimento de explosivos, gás tóxico ou asfixiante: art. 253
incêndio: art. 250
incêndio; aumento de pena: art. 250, § 1º
inundação: art. 254
perigo de inundação: art. 255
subtração, ocultação ou inutilização de material de salvamento: art. 257
transporte de explosivos, gás tóxico ou asfixiante: art. 253
uso de gás tóxico ou asfixiante: art. 252
uso de gás tóxico ou asfixiante; crime culposo: art. 252, parágrafo único

CRIMES DOLOSOS
contra vítimas diferentes, cometidos com violência ou grave ameaça à pessoa; aumento da pena: art. 71, parágrafo único
prática com a utilização de veículo; efeito da condenação; inabilitação: art. 92, III
sujeitos à pena de reclusão, cometidos contra filho, tutelado ou curatelado; efeitos da condenação: art. 92, II

CRIMES PERMANENTES
prescrição; termo inicial: art. 111, III

CRIMES PRATICADOS POR FUNCIONÁRIO PÚBLICO CONTRA A ADMINISTRAÇÃO EM GERAL
arts. 312 a 327
abandono de função: art. 323
abandono de função com prejuízo público: art. 323, § 1º
abandono de função em faixa de fronteira: art. 323, § 2º
advocacia administrativa: art. 321; concussão: art. 316
condescendência criminosa: art. 320
corrupção passiva: art. 317
emprego irregular de verba ou rendas públicas: art. 315
equiparação a funcionário público: art. 327, § 1º
excesso de exação: art. 316, §§ 1º e 2º
exercício funcional ilegalmente antecipado ou prolongado: art. 324
extravio, sonegação ou inutilização de livro ou documento: art. 314
facilitação de contrabando ou descaminho: art. 318
funcionário público; definição: art. 327
funcionário público; definição para efeitos penais; ocupantes de cargos em comissão ou de função de direção ou assessoramento: art. 327, § 2º
modificação ou alteração não autorizada no sistema de informações: art. 313-B
inserção de dados falsos em sistema de informações: art. 313-A
peculato: art. 312
peculato culposo: art. 312, §§ 2º e 3º
peculato mediante erro de outrem: art. 313
prevaricação: art. 319
violação de sigilo funcional: art. 325
violação de sigilo ou proposta de concorrência: art. 326
violência arbitrária: art. 322

CRIMES PRATICADOS POR PARTICULAR CONTRA A ADMINISTRAÇÃO EM GERAL
arts. 328 a 337
contrabando: art. 334-A
corrupção ativa: art. 333
desacato: art. 331
descaminho: art. 334
desobediência: art. 330
edital; inutilização: art. 336
fraude de concorrência: art. 335
impedimento de concorrência: art. 335
inutilização de livro ou documento: art. 337
inutilização de sinal: art. 336
perturbação de concorrência: art. 335
resistência: art. 329, §§ 1º e 2º
sonegação de contribuição previdenciária: art. 337-A
subtração de livro ou documento: art. 337
tráfico de influência: art. 332
usurpação de função pública: art. 328

CRIMES PRATICADOS POR PARTICULAR CONTRA A ADMINISTRAÇÃO PÚBLICA ESTRANGEIRA
corrupção ativa em transação comercial internacional: art. 337-B
funcionário público estrangeiro: art. 337-D
tráfico de influências em transação comercial internacional: art. 337-C

CULTO
ultraje a culto e impedimento ou perturbação de ato a ele relativo: art. 208

CURATELA
curador; subtração de incapaz: art. 249
incapacidade para o exercício da curatela: art. 92, II

DANO
arts. 163 a 167
ação penal: art. 167
alteração de local especialmente protegido: art. 166
causado pelo crime: art. 91, I
em coisa de valor artístico, arqueológico ou histórico: art. 165
introdução ou abandono de animais em propriedade alheia: art. 164
introdução ou abandono de animais em propriedade alheia; ação penal: art. 167
isenção de pena: art. 181
pena: art. 163
qualificado: art. 163, parágrafo único
queixa; hipóteses: art. 167
reparação; atenuação da pena: art. 65, 111, *b*
representação: art. 182

DEBILIDADE MENTAL
presunção de violência nos crimes contra os costumes: art. 224, *b*

DECADÊNCIA
do direito de queixa ou de representação: art. 103
extinção da punibilidade: art. 107, IV

DECISÃO ADMINISTRATIVA
exercício de atividade com infração de: art. 205

DECISÃO JUDICIAL
desobediência: art. 359

DEFRAUDAÇÃO DE PENHOR
art. 171, § 2º, III

DENTISTA
exercício ilegal da profissão de: art. 282
infração de medida sanitária preventiva: art. 268

DENÚNCIA
ação de iniciativa privada; não oferecimento pelo Ministério Público: art. 100, § 3º
interrupção da prescrição: art. 117, I
irretratabilidade da representação: art. 102
prescrição depois de transitar em julgado sentença final condenatória: art. 110, § 2º

DENUNCIAÇÃO CALUNIOSA
art. 339
aumento ou redução de pena: art. 339 e parágrafos

DEPÓSITO
emissão irregular de conhecimento: art. 178

DESABAMENTO
art. 256
crime culposo: art. 256, parágrafo único

DESACATO
art. 331

DESASTRE FERROVIÁRIO
art. 260, § 1º
lesão corporal ou morte: art. 263
perigo de: art. 260

DESCAMINHO
art. 334
facilitação: art. 318
mediante transporte aéreo: art. 334, § 3º

DESCENDENTE
ação penal pelo; direito de queixa: art. 100, § 4º
circunstância agravante: art. 61, II, *e*
crime contra o patrimônio: art. 181, II
crime de cárcere privado: art. 148, § 1º, I
crime de favorecimento pessoal: art. 348, § 2º
crime de lenocínio: arts. 227, § 1º, 228, § 1º, 230, § 1º, e 231, § 1º
crime de sequestro e cárcere privado: art. 148, § 1º, I
crime de tráfico de pessoas: arts. 227, § 1º, 228, § 1º, 230, § 1º, e 231, § 1º

prestação de favorecimento pessoal: art. 348, § 2º

DESCONHECIMENTO DE LEI
atenuante da pena: art. 65, II
inescusabilidade: art. 21, *caput*

DESCRIMINANTES PUTATIVAS
art. 20, § 1º

DESISTÊNCIA VOLUNTÁRIA
art. 15

DESMORONAMENTO
art. 256
culposo: art. 256, parágrafo único

DESOBEDIÊNCIA
art. 330
da decisão judicial sobre perda ou suspensão de direito: art. 359

DETRAÇÃO
art. 42

DEVER LEGAL
estrito cumprimento do: art. 23, III

DIFAMAÇÃO
art. 139
ação penal: art. 145
aumento de pena; causas: art. 141
exceção da verdade: art. 139, parágrafo único
exclusão de crime: art. 142
pedido de explicação: art. 144
retratação: art. 143

DIREITO AUTORAL
violação: art. 184

DIREITO DE QUEIXA
decadência: art. 103
renúncia: art. 104

DIREITOS DO INTERNADO
art. 99

DIREITOS DO PRESO
art. 38

DIREITO TRABALHISTA
frustração de direito assegurado por lei trabalhista: art. 203

DIRETOR DE SOCIEDADE
afirmação falsa sobre as condições econômicas da sociedade: art. 177, § 1º, I
distribuição de lucros ou dividendos fictícios: art. 177, § 1º, VI
falsa cotação de ações: art. 177, § 1º, II

DISPOSITIVO INFORMÁTICO
invasão de: art. 154-A
ação penal: art. 154-B

DISSIMULAÇÃO
agravante da pena: art. 61, II, *c*

DIVULGAÇÃO DE SEGREDO
art. 153

DOCUMENTO
falso, uso: art. 304
inutilização de: art. 337
particular; falsificação: art. 298
público; falsificação: art. 297
subtração: art. 337
supressão: art. 305

DOCUMENTOS PÚBLICOS
equiparados: art. 297, § 2º
falsificação de: art. 297
falsificação por funcionário público: art. 297, § 1º, c

DOENÇA
difusão de: art. 259
mental do condenado; inimputabilidade: art. 26, *caput*
omissão de notificação: art. 269

DOLO
exclusão; erro sobre elementos do tipo legal do crime: art. 20, *caput*

DOMICÍLIO
casa; alcance da expressão: art. 150, §§ 4º e 5º
violação de: art. 150

DUPLICATA
simulada: art. 172
falsificação ou adulteração na escrituração do Livro de Registro de: art. 172, parágrafo único

EDITAL
inutilização de: art. 336

EFEITOS DA CONDENAÇÃO
arts. 91 e 92
reabilitação: art. 93, parágrafo único

EMBARCAÇÃO(ÕES)
brasileira; extensão do território nacional para efeitos penais: art. 5º, § 1º
crimes cometidos no estrangeiro; art. 7º, II, c
estrangeira; crimes praticados a bordo: art. 5º, § 2º

EMBOSCADA
circunstância agravante de pena: art. 61, II, c
homicídio qualificado: art. 121, § 2º, IV

EMBRIAGUEZ
art. 28, II
preordenada; circunstância agravante de pena: art. 61, II, l

proveniente de caso fortuito ou força maior; isenção de pena: art. 28, § 2º

EMIGRAÇÃO
aliciamento para o fim de: art. 206

EMPREGO DE ARMA
associação criminosa: art. 288, parágrafo único
em violação de domicílio: art. 150, § 1º
no constrangimento ilegal: art. 146, § 1º
no roubo: art. 157, § 2º, I

EMPREGO IRREGULAR DE VERBAS OU RENDAS PÚBLICAS
art. 315

ENERGIA ELÉTRICA
equiparação a coisa móvel: art. 155, § 3º
furto de: art. 155, § 3º

ENFERMO
circunstância agravante de pena: art. 61, II, h

ENTREGA DA COISA
fraude na: art. 171, § 2º, IV

ENVENENAMENTO
art. 270

EPIDEMIA
art. 267

ERRO
determinado por terceiro: art. 20, § 2º
evitável; conceito: art. 21, § único
sobre a ilicitude do fato: art. 21, *caput*
sobre a pessoa: art. 20, § 3º
sobre elementos do tipo: art. 20, *caput*

ESBULHO POSSESSÓRIO
art. 161, §§ 1º, II, 2º e 3º
isenção de pena: art. 181

ESCÁRNIO
motivo religioso: art. 208

ESCRAVO
redução a condição análoga de: art. 149

ESCRITO OBSCENO
art. 234

ESPÉCIES DE PENAS
art. 32

ESTABELECIMENTO AGRÍCOLA, COMERCIAL OU INDUSTRIAL
invasão de: art. 202

ESTABELECIMENTO DE SEGURANÇA MÁXIMA OU MÉDIA
execução da pena; regime fechado: art. 33, § 1º, a

ESTAÇÃO FERROVIÁRIA
incêndio ou explosão: arts. 250, § 1º, II, d, e 251, § 2º

ESTADO DE FILIAÇÃO
crimes contra o: arts. 241 a 243

ESTADO DE NECESSIDADE
arts. 23, I, e 24
alegação por quem tinha o dever legal de enfrentar o perigo; impossibilidade: art. 24, § 1º
exclusão da ilicitude: art. 23, I
putativo: art. 20, § 1º

ESTALEIRO
explosão em: art. 251, § 2º
incêndio em: art. 250, § 1º, II, e

ESTAMPILHA
falsificação: art. 293, I

ESTELIONATO E OUTRAS FRAUDES
arts. 171 a 179
abuso de incapazes: art. 173
alienação ou oneração fraudulenta de coisa própria: art. 171, § 2º, II
causa de aumento de pena: art. 171, § 3º
causa de diminuição de pena: art. 171, § 1º
defraudação de penhor: art. 171, § 2º, III
disposição de coisa alheia como própria: art. 171, § 2º, I
duplicata simulada: art. 172
emissão irregular de conhecimento de depósito ou *Warrant*: art. 178
falsificação ou adulteração na escrituração do Livro de Registro de Duplicatas: art. 172
falta de recurso para pagar gastos: art. 176
fraude à execução: art. 179
fraude na entrega de coisa: art. 171, § 2º, IV
fraude no comércio: art. 175
fraude no pagamento por meio de cheque: art. 171, § 2º, VI
fraude para recebimento de indenização ou valor de seguro: art. 171, § 2º, V
fraudes e abusos na fundação ou administração de sociedade por ações: art. 177
gerente de sociedade: art. 177, § 1º

induzimento à especulação: art. 174
isenção de pena: art. 181
queixa na fraude à execução: art. 179, parágrafo único

ESTRADA DE FERRO
conceito: art. 260, § 3º

ESTRANGEIRO
expulso; reingresso: art. 338
fraude de lei sobre: art. 309
ingresso irregular; falsa identidade: art. 310
uso de nome: art. 309

ESTRITO CUMPRIMENTO DO DEVER LEGAL
exclusão da ilicitude: art. 23, III
excesso punível: art. 23, parágrafo único

ESTUPRO
art. 213
aborto no caso de gravidez resultante de: art. 128, II
ação penal: art. 225
qualificado: art. 223
vulnerável, de: art. 217-A

EVASÃO
de condenado; prescrição: art. 113
mediante violência contra a pessoa: art. 352

EXAÇÃO
excesso de: art. 316, §§ 1º e 2º

EXAME
de cessação de periculosidade: art. 97, § 2º
criminológico para início do cumprimento da pena em regime fechado: art. 34, *caput*
criminológico para início do cumprimento da pena em regime semiaberto: art. 35, *caput*

EXAURIMENTO DO CRIME
art. 14, I

EXCEÇÃO DA VERDADE
no crime de calúnia: art. 138, § 3º
no crime de difamação: art. 139, parágrafo único

EXCESSO DE EXAÇÃO
art. 316, § 1º

EXCLUSÃO
de antijuridicidade: art. 23
de ilicitude: art. 23
de imputabilidade: arts. 26 e 27

EXECUÇÃO
das penas privativas de liberdade; critérios a ser observados: art. 33, § 2º
fraude à: art. 179

EXERCÍCIO ARBITRÁRIO
das próprias razões: art. 345
ou abuso de poder: art. 350

EXERCÍCIO ILEGAL DE MEDICINA
art. 282

EXPLORAÇÃO DE PRESTÍGIO
art. 357

EXPLOSÃO
art. 251

EXPLOSIVOS
aquisição: art. 253
circunstância agravante de pena: art. 61, II, *d*
fabrico: art. 253
fornecimento: art. 253
homicídio qualificado: art. 121, § 2º, III
posse: art. 253
transporte: art. 253

EXTINÇÃO DA PENA
livramento condicional: arts. 89 e 90

EXTINÇÃO DA PUNIBILIDADE
arts. 107 a 120
casamento da ofendida com o agente: art. 107, VII
causas de: art. 107
causas impeditivas da prescrição: art. 116
causas interruptivas da prescrição: art. 117
crime pressuposto: art. 108
crimes conexos: art. 108
decadência: art. 107, IV
indulto: art. 107, II
medidas de segurança: art. 96, parágrafo único
não extensão; casos de: art. 108
noção de: art. 107
ocorrência; casos: art. 107
perdão judicial: arts. 107, IX, e 120
prescrição da multa: art. 114
prescrição das penas mais leves: art. 119
prescrição das penas restritivas de direito: art. 109, parágrafo único
prescrição depois de transitar em julgado sentença final condenatória: art. 110
prescrição no caso de evasão do condenado ou de revogação do livramento condicional: art. 113
redução dos prazos de prescrição: art. 115
ressarcimento do dano no peculato culposo: art. 312, § 2º
termo inicial da prescrição antes de transitar em julgado a sentença final: art. 111
termo inicial da prescrição após a sentença condenatória irrecorrível: art. 112

EXTORSÃO
arts. 157 a 160
cometida por associação criminosa: art. 159, § 4º
com lesão corporal grave: art. 159, § 2º
com morte: art. 159, § 3º
indireta: art. 160
isenção de pena: art. 181
mediante sequestro: art. 159
mediante violência: art. 158, § 2º
representação: art. 182

FALSA PERÍCIA
art. 342

FALSIDADE
da moeda: arts. 289 a 292

FALSIDADE DE TÍTULOS E OUTROS PAPÉIS PÚBLICOS
arts. 293 a 295
pena: art. 293
petrechos para falsificação: art. 294

FALSIDADE DOCUMENTAL
arts. 296 a 305
atestado; falsidade material: art. 301, § 1º
atestado falso: art. 301
atestado médico falso: art. 302
certidão; falsidade material: art. 301, § 1º
certidão falsa: art. 301
documento; supressão: art. 305
documento falso; uso: art. 304
documentos públicos; equiparados: art. 297, § 2º
falsidade ideológica: art. 299
falsidade ideológica; funcionário público: art. 299, parágrafo único
falsificação de documento público: art. 297
falsificação de documento público; funcionário público: art. 297, § 1º
falsificação de selo ou sinal público: art. 296
falso reconhecimento de firma ou letra: art. 300
peça filatélica; reprodução ou adulteração: art. 303
selo; reprodução ou adulteração: art. 303
uso de selo ou sinal falsificado: art. 296, § 1º, I

Índice Alfabético-Remissivo   757

utilização indevida de selo ou sinal verdadeiro: art. 296, § 2º
utilização indevida de selo ou sinal verdadeiro; funcionário público: art. 296, § 2º

FALSIDADE IDEOLÓGICA
art. 299
em assentamento de registro civil; aumento de pena: art. 299, § único
em documento particular e público: art. 299
funcionário público: art. 299, parágrafo único

FALSIFICAÇÃO
de cartão: art. 298, parágrafo único
de documento público: art. 297
de documento público por funcionário público: art. 297, § 1º
de moeda: art. 291
de papéis públicos: art. 293
de sinal ou marca empregada pelo poder público: art. 306
do selo ou sinal público: art. 296

FALSO TESTEMUNHO
art. 342, caput e §§ 1º a 3º

FARMACÊUTICO
exercício ilegal da atividade de: art. 282

FAVORECIMENTO PESSOAL
art. 348

FAVORECIMENTO REAL
art. 349

FÉ PÚBLICA
crimes contra a: arts. 289 a 311

FILIAÇÃO
crimes contra o estado de: arts. 241 a 243
sonegação do estado de: art. 243

FIRMA
falso reconhecimento: art. 300

FISCALIZAÇÃO
alfandegária; falsificação de sinal empregado: art. 306

FRAUDE
à execução: art. 179
de concorrência: art. 335
de lei sobre estrangeiros: art. 309
e abusos na fundação ou administração de sociedade por ações: art. 177
em arrematação judicial: art. 358
estelionato e outras: arts. 171 a 179
falta de recurso para pagamento de gastos: art. 176

isenção de pena: art. 181
na entrega da coisa: art. 171, § 2º, IV
no comércio: art. 175
no pagamento por meio de cheque: art. 171, § 2º, VI
para recebimento de indenização ou valor de seguro: art. 171, § 2º, V
representação: art. 182

FRAUDE PROCESSUAL
art. 347

FUGA DE PRESO
facilitação ou promoção de: art. 351
induzimento: art. 248

FUNÇÃO PÚBLICA
abandono de: art. 323
perda da: art. 92, I
proibição do exercício: art. 56
usurpação de: art. 328

FUNCIONÁRIO PÚBLICO
abandono de função: art. 323
advocacia administrativa: art. 321
alteração, falsificação ou uso indevido de marcas, logotipos, siglas, ou símbolos: art. 296, § 1º, III
crimes praticados por funcionário público contra a administração em geral: arts. 312 a 327
conceito: art. 327
definição para efeitos penais; ocupantes de cargos de comissão ou função de direção ou assessoramento: art. 327, § 2º

FUNDAÇÃO DE SOCIEDADES POR AÇÕES
art. 177

FURTO
art. 155
aumento de pena; caso: art. 155, § 1º
criminoso primário e de pequeno valor a coisa furtada; substituição da pena de reclusão pela pena de detenção: art. 156
de coisa comum: art. 156
de coisa comum; representação: art. 156, § 1º
de veículo automotor: art. 155, § 5º
energia elétrica; equiparação a coisa móvel: art. 155, § 3º
isenção de pena: art. 181
qualificado: art. 155, § 4º
representação: art. 182
subtração de coisa comum fungível: art. 156, § 2º

GÁS TÓXICO
aquisição, fabrico, fornecimento, posse, transporte: art. 253
uso de: art. 252

GESTANTE
aborto provocado com consentimento da: arts. 126 e 127
circunstância agravante da pena: art. 61, II, h

GRAÇA
extinção da punibilidade: art. 107, II

GRAVIDEZ
estupro e; aborto legal: art. 128, II

GREVE
paralisação de trabalho coletivo: art. 201
violenta: art. 200

HABILITAÇÃO
para dirigir veículo; suspensão: art. 47, III
para dirigir veículo; suspensão; casos: art. 57

HOMICÍDIO CULPOSO
art. 121, § 3º
aumento da pena: art. 121, § 4º
dispensa de aplicação de pena: art. 121, § 5º

HOMICÍDIO DOLOSO
art. 121, §§ 1º, 2º e 4º
aumento de pena: art. 121, §§ 4º e 6º
qualificado: art. 121, § 2º
qualificado; dissimulação; recurso que torne difícil a defesa e traição: art. 121, § 2º, IV
qualificado; asfixia, emboscada, explosivo, fogo, meio cruel, meio de perigo comum, tortura, veneno e meio insidioso: art. 121, § 2º, III
qualificado; motivo fútil: art. 121, § 2º, II
qualificado; motivo torpe e promessa de recompensa: art. 121, § 2º, I
simples: art. 121, caput

HOMOLOGAÇÃO DE SENTENÇA ESTRANGEIRA
art. 9º

HONRA
crimes contra a: arts. 138 a 145

HOTEL
utilização sem recursos para efetuar o pagamento devido: art. 176

IDENTIDADE
  falsa com o fim de obter vantagem: art. 307
  falsa para ingresso de estrangeiro no País: art. 310

IDOSO
  crime contra; agravação da pena: art. 61, II, *h*

IMÓVEL
  alteração de limites de linha divisória de imóvel; usurpação: art. 161

IMPEDIMENTO
  conhecimento prévio: art. 237
  de concorrência: art. 335
  ocultação: art. 236

IMPERÍCIA
  crime culposo: art. 18, II

IMPRUDÊNCIA
  crime culposo: art. 18, II

IMPUTABILIDADE PENAL
  arts. 26 a 28
  embriaguez: art. 28, II
  emoção e paixão: art. 28, I
  inimputáveis: art. 26; menores de 18 anos: art. 27

INCAPAZES
  abuso de: art. 173
  induzimento a fuga, entrega arbitrária ou sonegação de: art. 248
  periclitação da vida e da saúde; abandono de: art. 133
  subtração de: art. 249

INCÊNDIO
  art. 250
  crime cometido por ocasião de: agravante da pena: art. 61, II, *j*

INCITAÇÃO AO CRIME
  art. 286

INCOLUMIDADE PÚBLICA
  crimes contra a: arts. 250 a 285

INDULTO
  extinção da punibilidade: art. 107, II

INFANTICÍDIO
  art. 123

INFLUÊNCIA
  tráfico de: art. 332

INFORMÁTICA
  modificação ou alteração de programa: art. 313-B

INIMPUTÁVEIS
  art. 26
  medidas de segurança; imposição: art. 97
  medidas de segurança; desinternação ou liberação condicional: art. 97, § 3º
  medidas de segurança; internação: art. 97
  medidas de segurança; perícia médica: art. 97, § 2º
  medidas de segurança; prazo: art. 97, § 1º
  menor de 18 anos: art. 27

INJÚRIA
  art. 140
  ação penal: art. 145
  aumento de pena: art. 141
  exclusão de crime: art. 142
  perdão judicial: arts. 107, IX, e 140, § 1º
  real: art. 140, § 2º
  retratação: arts. 143 e 144

INSCRIÇÃO DE DESPESAS NÃO EMPENHADAS EM RESTOS A PAGAR
  pena: art. 359-B

INSERÇÃO DE DADOS FALSOS EM SISTEMA DE INFORMAÇÕES
  art. 313-A

INSTIGAÇÃO AO SUICÍDIO
  art. 122

INSTRUMENTO DO CRIME
  perda em favor da União: art. 91, II, *a*

INTERNADO
  direitos do: art. 99

INTÉRPRETE
  corrupção: art. 343
  falso testemunho: art. 343
  prestígio de; exploração: art. 357

INUNDAÇÃO
  art. 254
  perigo de: art. 255

INUTILIZAÇÃO
  de edital ou sinal: art. 336
  de livro ou documento: art. 337

INVASÃO
  de estabelecimento: art. 202
  de dispositivo informático: art. 154-A

INVIOLABILIDADE DE CORRESPONDÊNCIA
  crimes contra a: arts. 151 e 152

INVIOLABILIDADE DE DOMICÍLIO
  crimes contra a: art. 150

INVIOLABILIDADE DOS SEGREDOS
  crimes contra a: arts. 153 e 154

INVÓLUCRO
  com falsa indicação: arts. 275 e 276

IRMÃO
  de criminoso; prestação de favorecimento pessoal: art. 348, § 2º
  direito de queixa ou prosseguimento na ação; morte do ofendido: art. 100 § 4º

JOGO
  induzimento à prática de: art. 174

JUÍZO ARBITRAL
  coação durante o processo: art. 344
  falsa perícia: art. 342
  falso testemunho: art. 342

JURADO
  exploração de seu prestígio: art. 357

JUSTIÇA
  crimes contra a administração da: arts. 338 a 359

LATROCÍNIO
  art. 157, § 3º

LEGALIDADE
  princípio da: art. 1º

LEGÍTIMA DEFESA
  arts. 23, II, e 25
  conceito: art. 25
  de terceiros: art. 25
  excesso punível: art. 23, parágrafo único
  própria: art. 25
  putativa: art. 20, § 1º

LEI
  anterioridade: art. 1º
  brasileira; crime cometido no estrangeiro; aplicação: art. 7º
  desconhecimento; atenuante: art. 65, II
  especial; aplicação: art. 12
  excepcional: art. 3º
  nacionalização do trabalho; frustração: art. 204
  posterior mais benigna: art. 2º
  retroatividade da intermediária: art. 2º
  sobre estrangeiros; fraude: art. 309
  temporária: art. 3º
  trabalhista; direito assegurado; frustração: art. 203

LENOCÍNIO E TRÁFICO DE PESSOAS
  arts. 227 a 232
  casa de prostituição: art. 229
  favorecimento da prostituição: art. 228
  favorecimento da prostituição; emprego de violência; grave ameaça ou fraude: art. 228, § 2º
  favorecimento de prostituição; vítima maior de 14 e

menor de 18 anos: art. 228, § 1º
mediação para servir a lascívia de outrem: art. 227
mediação para servir a lascívia de outrem; emprego de violência; grave ameaça ou fraude: art. 227, § 2º
mediação para servir a lascívia de outrem; vítima maior de 14 e menor de 18 anos: art. 227, § 1º
rufianismo: art. 230
rufianismo; emprego de violência ou grave ameaça: art. 230, § 2º
rufianismo; vítima maior de 14 e menor de 18 anos: art. 230, § 1º
tráfico internacional de pessoas: art. 231
tráfico internacional de pessoas: vítima maior de 14 e menor de 18 anos: art. 231, § 1º
tráfico interno de pessoas: art. 231-A

LESÃO(ÕES) CORPORAL(IS)
ação penal: art. 225
arremesso de projétil: art. 264, parágrafo único
conceito: art. 129
crimes de natureza sexual; lesões de natureza grave: art. 223
culposa: art. 129, § 6º
deformidade permanente: art. 129, § 2º, IV
de natureza grave: art. 129, § 1º
dolosa: art. 129 e §§ 1º a 3º
dolosa; grave: art. 129, § 1º
dolosa; gravíssima: art. 129, § 2º
dolosa; pena; aumento: art. 129, § 7º
dolosa; pena; diminuição: art. 129, § 4º
dolosa; simples: art. 129
dolosa; substituição da pena: art. 129, § 5º
enfermidade incurável: art. 129, § 2º, II
grave; extorsão com: art. 159, § 2º
grave; roubo com: art. 157, § 2º
incapacidade permanente para o trabalho: art. 129, § 2º, I
morte como resultado: art. 223, parágrafo único
perda ou inutilização de membro, sentido ou função: art. 129, § 2º, III
restante de rixa: art. 137, parágrafo único
seguida de morte: art. 129, § 3º
substituição da pena: art. 129, § 5º

LIBERDADE
crimes contra a liberdade pessoal: arts. 146 a 149
de associação: art. 199
de trabalho; atentado contra a: art. 197

LIBERDADE INDIVIDUAL
crimes contra a: arts. 146 a 154

LIBERDADE PESSOAL
crimes contra a: arts. 146 a 149

LIBERDADE SEXUAL
crimes contra a: arts. 213 a 216

LIMITAÇÃO DE FIM DE SEMANA
aplicação: art. 54
condenado beneficiado por *sursis*
duração: art. 55

LIVRAMENTO CONDICIONAL
arts. 83 a 90
concessão; requisitos: art. 83
condições a que ficará subordinado o: art. 85
efeitos da revogação: art. 88
extinção da pena: arts. 89 e 90
prescrição no caso de revogação do: art. 113
revogação: art. 86
revogação facultativa: art. 87
soma das penas: art. 84

LIVRO(S)
de Registro de Duplicatas; falsificação ou adulteração na escrituração do: art. 172, parágrafo único
extravio, sonegação ou inutilização: art. 314
inutilização de: art. 337
mercantis; equiparação a documento público, para efeitos penais: art. 297, § 2º
subtração de: art. 337

LOCKOUT
paralisação de trabalho coletivo: art. 201
violento: art. 200

LUGAR DO CRIME
art. 6º

MAIOR
de 70 anos; atenuante: art. 65, I
de 70 anos; prescrição penal: art. 115

MAIORIDADE PENAL
art. 27

MARCA
alteração, falsificação ou uso indevido; Administração Pública; art. 296, § 1º, III

MARCA EM ANIMAIS
supressão ou alteração: art. 162

MAUS-TRATOS
periclitação da vida e da saúde: art. 136

MEDICAMENTO
adquirido de estabelecimento sem licença da autoridade sanitária: art. 273, § 1º-B, VI
alteração de: art. 273
com redução de seu valor terapêutico: art. 273, § 1º-B, IV
corrompido; venda, exposição à venda, depósito: art. 272, § 1º
corrupção, adulteração ou falsificação: art. 272
corrupção, adulteração ou falsificação; crime culposo: art. 272, § 2º
de procedência ignorada: art. 273, § 1º-B, V
em desacordo com fórmula constante do registro: art. 273, § 1º-B, II
em desacordo com receita médica: art. 280
em desacordo com receita médica; crime culposo: art. 280, parágrafo único
envenenamento: art. 270
envenenamento; crime culposo: art. 270, § 2º
equiparação a; matérias-primas; insumos farmacêuticos; cosméticos; saneantes: art. 273, § 1º-A
falta de registro: art. 273, § 1º-B, I
sem as características de identidade e qualidade: art. 273, § 1º-B, III

MEDICINA
exercício ilegal de: art. 282

MÉDICO
aborto praticado por: art. 128

MEDIDAS DE SEGURANÇA
arts. 96 a 99
direitos do internado: art. 99
espécies: art. 96
extinção da punibilidade: art. 96, parágrafo único
para inimputável: art. 97
para inimputável; perícia médica: art. 97, § 2º
para inimputável; prazo: art. 97, § 1º
substituição da pena por medida de segurança para o semi-imputável: art. 98

MEIO DE TRANSPORTE
atentado contra a segurança de outro: art. 262

MEIOS DE COMUNICAÇÃO
crimes contra a segurança dos meios de comunicação e transporte e outros serviços: arts. 260 a 266

MENDICÂNCIA
menor de 18 anos: art. 247, IV

MENOR(ES)
abandono intelectual: art. 246
abandono material: art. 244
abandono moral: art. 247
abuso de incapazes: art. 173
corrupção de: art. 218
corrupção de; ação penal: art. 225
corrupção de: aumento de pena: art. 226
de 18 anos; frequência a casa de jogo ou mal-afamada, ou convivência com pessoa viciosa ou de má vida: art. 247, I
de 18 anos; frequência a espetáculo capaz de pervertê-lo ou de ofender-lhe o pudor: art. 247, II
de 18 anos; mendicância: art. 247, IV
de 18 anos; residência e trabalho em casa de prostituição: art. 247, III
entrega a pessoa inidônea: art. 245, *caput* e § 1º
entrega arbitrária: art. 248
envio para o exterior: art. 245, § 2º
induzimento à fuga: art. 248
sonegação: art. 248
subtração: art. 249

MILÍCIA PRIVADA
art. 288-A
homicídio cometido por; agravante: art. 121, § 6º

MINISTÉRIO PÚBLICO
ação penal pública; promoção: art. 100, § 1º
crimes de ação pública; falta de oferecimento da denúncia; ação penal privada: art. 100, § 3º
exploração de prestígio: art. 357

MINISTRO DA JUSTIÇA
ação penal pública condicionada; requisição: art. 100, § 1º
requisição para aplicação da lei brasileira; crime cometido por estrangeiro contra brasileiro fora do Brasil: art. 7º, § 3º, *b*

MODIFICAÇÃO OU ALTERAÇÃO NÃO AUTORIZADA NO SISTEMA DE INFORMAÇÕES
art. 313-B

MOEDA
de circulação não autorizada: art. 289, § 4º
encarregados da fabricação; emissão ou autorização de fabricação ou emissão de moeda falsa: art. 289, § 3º
falsa: arts. 289 a 292
falsa; crimes assimilados: art. 290
falsa; crimes assimilados por funcionário que trabalha na repartição onde se achava recolhida: art. 290, parágrafo único
falsa; fabricação: art. 289
falsa; importação, exportação, aquisição, venda, cessão, empréstimo, guarda ou introdução na circulação: art. 289, § 2º
falsa; restituição à circulação: art. 289, § 2º
falsificação: art. 289
petrechos para falsificação de: art. 291

MOLÉSTIA GRAVE
periclitação da vida e da saúde; perigo de contágio: art. 131

MORTE DO AGENTE
extinção da punibilidade: art. 107, I

MORTOS
crimes contra o respeito aos: arts. 209 a 212

MOTIM
de presos: art. 354

MULHERES
crime contra mulher grávida; agravação da pena: art. 61, II, *h*
regime especial de cumprimento de pena: art. 37

MULTA
aumento: art. 60, § 1º
cobrança e pagamento: art. 50, § 1º
conceito: art. 49
conversão: art. 51, § 1º
critérios especiais: art. 60
dívida de valor: art. 51
limite: art. 58
pena de: arts. 49 a 52
prescrição da: art. 114
suspensão da execução: art. 52

NACIONALIZAÇÃO DO TRABALHO
frustração de lei: art. 204

NASCIMENTO
registro de nascimento inexistente: art. 241

NAUFRÁGIO
crime cometido por ocasião de; agravante: art. 61, II, *j*

NEGOCIAÇÃO DE VOTO
por acionista: art. 177, § 2º

OBJETO
probatório; sonegação de: art. 356

OBJETO DE VALOR ARTÍSTICO
art. 165

OBJETO DE VALOR HISTÓRICO
art. 165

OBJETO OBSCENO
art. 234

OBRA
alteração de: art. 175, §§ 1º e 2º

OCULTAÇÃO
de cadáver: art. 211
de material de salvamento: art. 257
de recém-nascido: art. 242
impedimento de casamento: art. 236

ODONTOLOGIA
exercício ilegal de: art. 282

OFENDIDO
ação penal privada; queixa: art. 100, § 2º
menor de 14 anos; atentado violento ao pudor; pena: art. 214
perdão do: art. 105
representação; ação penal pública condicionada: art. 100, § 1º
representação em caso de crime contra a honra, se for funcionário público: art. 145, parágrafo único

OMISSÃO
de notificação de doença: art. 269
relevância penal: art. 13, § 2º

OMISSÃO DE SOCORRO
periclitação da vida e da saúde: art. 135

ORDEM
paralisação do trabalho seguida de perturbação da: art. 200

ORDENAÇÃO DE DESPESA NÃO AUTORIZADA
pena: art. 359-D

ORGANIZAÇÃO DO TRABALHO
crimes contra a: arts. 197 a 207

PAIXÃO
não exclusão da imputabilidade penal: art. 28, I

PAPÉIS PÚBLICOS
    falsidade de títulos e outros:
    arts. 293 a 295
PARALISAÇÃO
    de trabalho de interesse
    coletivo: art. 201
    de trabalho, seguida de
    violência ou perturbação da
    ordem: art. 200
PARTICULAR
    crimes praticados por particular
    contra a administração
    em geral: arts. 328 a 337
PARTO
    aceleração em virtude de lesão
    corporal: art. 129, § 1º, IV
PARTO SUPOSTO
    supressão ou alteração de
    direito inerente ao estado civil
    de recém-nascido: art. 242
PASSAPORTE
    alheio; uso criminoso: art. 308
PATRIMÔNIO
    crimes contra o: arts. 155 a 183
PATRIMÔNIO PÚBLICO
    apropriação indébita
    previdenciária: art. 168-A
    sonegação de contribuição
    previdenciária: art. 337-A
PÁTRIO PODER
    crimes contra o pátrio poder,
    tutela ou curatela: arts. 248 e 249
    incapacidade para o exercício;
    efeito da condenação: art. 92, II
PATROCÍNIO
    infiel: art. 355
    simultâneo, ou tergiversação:
    art. 355, parágrafo único
PAZ PÚBLICA
    crimes contra a: arts. 286 a
    288-A
PEÇA FILATÉLICA
    reprodução ou adulteração: art.
    303
PECULATO
    art. 312
    culposo: art. 312, §§ 2º e 3º
    mediante erro de outrem: art. 313
PENA(S)
    arts. 32 a 95
    acidente na execução do crime:
    art. 73
    agravantes: arts. 61 e 62
    agravantes e atenuantes;
    concurso de circunstâncias: art. 67
    agravantes no caso de concurso
    de pessoas: art. 62
    aplicação: arts. 59 a 76

atenuantes: arts. 65 e 66
cálculo: art. 68
circunstâncias atenuantes: art. 65
circunstâncias que sempre
agravam a: art. 61
cominação das: arts. 53 a 58
concurso de circunstâncias
agravantes e atenuantes: art. 67
concurso de crimes; multa: art. 72
concurso de infrações: art. 76
concurso formal: art. 70
concurso material: art. 69
crime continuado: art. 71
crimes dolosos: aumento de:
art. 71, parágrafo único
de multa: arts. 49 a 52
de multa; conversão: art. 51
detração: art. 42
direitos do preso: art. 38
direitos e deveres do preso: art. 40
efeitos da condenação:
arts. 91 e 92
erro na execução do crime: art. 73
espécies: arts. 32 a 52
fixação da: art. 59
interdição temporária de
direitos: art. 43, II
interdição temporária de
direitos; aplicação: arts. 56 e 57
interdição temporária de
direitos; espécies: art. 47
isenção ou diminuição; erro
sobre a ilicitude do fato: art. 21
legislação especial: art. 40
limitação de fim de semana: art.
43, VI
limitação de fim de semana:
conceito: art. 48 e parágrafo
único
limites das: art. 75
livramento condicional: arts. 83
a 90
livramento condicional; extinção
das: arts. 89 e 90
livramento condicional; soma
das: art. 84
mulheres; regime especial: art. 37
multa: art. 32, III
multa; aumento da: art. 60, § 1º
multa; cobrança e pagamento:
art. 50, § 1º
multa; critérios especiais: art. 60
multa; dívida de valor: art. 51
multa; em que consiste: art. 49
multa; limite: art. 58
multa; pagamento: art. 50
multa; suspensão da execução:
art. 52
multa substitutiva: arts. 60, § 2º,
e 58, parágrafo único

perda de bens e valores: art. 43, II
prestação de serviços à
comunidade e/ou a entidades
públicas: art. 43, IV
prestação de serviços à
comunidade e/ou a entidades
públicas; conceito: art. 46
prestação pecuniária: art. 43, I
privativa de liberdade; extinção:
art. 82
privativa de liberdade;
substituição pela pena de multa:
art. 60, § 2º
privativa de liberdade;
substituição por penas restritivas
de direitos e multa: arts. 44, 58,
parágrafo único, e 69, § 1º
privativas de liberdade: arts. 32,
I, e 33 a 42
privativas de liberdade;
execução: art. 33, § 2º
privativas de liberdade; limite:
art. 53
privativas de liberdade; regime
inicial; critérios: art. 32, § 3º
reabilitação: arts. 93 a 95
reclusão e detenção: art. 33
redução nos crimes praticados
por quem tenha o dever legal de
enfrentar o perigo: art. 24, § 2º
redução por denúncia: art. 159,
§ 4º
redução por embriaguez
proveniente de caso fortuito ou
força maior: art. 28, § 2º
redução por homicídio: art. 121,
§ 1º
regime aberto: art. 33, § 1º, c
regime aberto; fundamento:
art. 36
regime aberto; transferência do
condenado; casos: art. 36, § 2º
regime especial: art. 37
regime fechado: art. 33, § 1º, a
regime fechado; exame
criminológico do condenado:
art. 34
regime fechado; regras: art. 34
regime fechado; trabalho: art.
34, § 1º
regime fechado; trabalho
externo; admissibilidade: art.
34, § 3º
regime semiaberto: art. 33, § 1º, b
regime semiaberto; regras: art. 35
regime semiaberto; trabalho:
art. 35, § 1º
regime semiaberto; trabalho
externo; admissibilidade: art.
35, § 2º
reincidência: arts. 63 e 64
reparação de dano: art. 78, § 2º

restritivas de direito; prescrição: art. 109, parágrafo único
restritivas de direitos: arts. 32, II e 43 a 48
restritivas de direitos; aplicação: art. 54
restritivas de direitos; autônomas: art. 44
restritivas de direitos; conversão: art. 45
restritivas de direitos; duração: arts. 46, § 2º, e 55
restritivas de direitos; espécies: art. 43
restritivas de direitos; substituição das penas privativas de liberdade: art. 44
resultado diverso do pretendido na execução do crime: art. 74
sentença; conteúdo: art. 79
soma para efeito de livramento condicional: art. 84
superveniência de doença mental: art. 41
suspensão; alcance: art. 80
suspensão condicional: arts. 77 a 82
suspensão condicional; condições: art. 78
suspensão da; requisitos: art. 77
suspensão da pena; prorrogação do período de prova: art. 81, § 2º
suspensão; revogação facultativa: 81, § 1º
suspensão; revogação obrigatória: 81
trabalho do preso; remuneração e benefício social: art. 39
unificação de: art. 75, §§ 1º e 2º

PENAS PRIVATIVAS DE LIBERDADE
arts. 33 a 42
execução: art. 33, § 2º
limite: art. 53
regime inicial; critérios: art. 33, § 3º

PENAS RESTRITIVAS DE DIREITOS
arts. 43 a 48
aplicação: art. 54
autônomas: art. 44
conversão: art. 45
duração: arts. 46, § 4º, e 55
espécies: art. 43
prescrição das: art. 109, parágrafo único
substituição das penas privativas de liberdade por: art. 44

PENHOR
defraudação de: art. 171, § 2º, III

PENSÃO ALIMENTÍCIA
não pagamento: art. 244

PERDÃO
do ofendido: art. 105
efeitos: art. 106
inadmissibilidade do: art. 106, § 2º
tácito; conceito: art. 106, § 1º

PERDÃO JUDICIAL
art. 120
extinção de punibilidade: art. 107, IX

PERICLITAÇÃO DA VIDA E DA SAÚDE
arts. 130 a 136
abandono de incapaz: art. 133
exposição ou abandono de recém-nascido: art. 134
maus-tratos: art. 136
omissão de socorro: art. 135
perigo de contágio de moléstia grave: art. 131
perigo de contágio venéreo: art. 130
perigo para a vida ou saúde de outrem: art. 132
representação: art. 130, § 2º

PERIGO COMUM
crimes de: arts. 250 a 259

PERIGO DE CONTÁGIO DE MOLÉSTIA GRAVE
periclitação da vida e da saúde: art. 131

PERTURBAÇÃO DA ORDEM
paralisação do trabalho seguida de: art. 200

PERTURBAÇÃO DE CERIMÔNIA FUNERÁRIA
impedimento ou: art. 209

PERTURBAÇÃO DE CONCORRÊNCIA
art. 335

PESSOA(S)
concurso de: arts. 29 a 31
crimes contra a: arts. 121 a 154
lenocínio e tráfico de: arts. 227 a 232

PETRECHOS DE FALSIFICAÇÃO
de moeda: art. 291
de papéis públicos: art. 294

POSSE SEXUAL MEDIANTE FRAUDE
ação penal: art. 225

PRAGA
difusão de: art. 259

PRAZO
contagem: art. 10
decadência: art. 103
para exame de cessação de periculosidade: art. 97, § 1º
penas restritivas de direitos: arts. 46, § 2º, e 55

prescrição das penas de multa: art. 114
prescrição das penas privativas de liberdade: art. 109
prescrição das penas restritivas de direitos: art. 109, parágrafo único
prescrição; redução: art. 115
reincidência: art. 64, I
requerimento em caso de reabilitação: art. 94
sursis: art. 77

PRESCRIÇÃO
antes de transitar em julgado a sentença: art. 109
causas impeditivas da: art. 116
causas interruptivas da: art. 117
crimes conexos e: art. 108
da multa: art. 114
das penas mais leves: art. 119
das penas restritivas de direitos: art. 109, parágrafo único
depois de transitar em julgado sentença final condenatória: art. 110
interrupção; crimes conexos: art. 117, § 1º
no caso de evasão do condenado ou de revogação do livramento condicional: art. 113
penas mais leves: art. 118
perdão judicial: art. 120
prazos; redução: art. 115
termo inicial da prescrição antes de transitar em julgado a sentença final: art. 111
termo inicial da prescrição após a sentença condenatória irrecorrível: art. 112

PRESIDENTE DA REPÚBLICA
crime contra a honra: arts. 138, § 3º, II, 141, I, e 145, parágrafo único
crime contra a vida ou liberdade do: art. 7º, I, a

PRESO(S)
arrebatamento de: art. 353
direitos do: art. 38
evasão de: art. 352
facilitação ou promoção de fuga: art. 351
motim de: art. 354

PRESTAÇÃO DE GARANTIA GRACIOSA
pena: art. 359-E

PRESTAÇÃO DE SERVIÇO À COMUNIDADE OU A ENTIDADES PÚBLICAS
art. 43, IV
aplicação: art. 46
duração: art. 55

PRESTAÇÃO PECUNIÁRIA
art. 43, I

PREVARICAÇÃO
art. 319

PREVIDÊNCIA SOCIAL
apropriação indébita previdenciária: art. 168-A
benefícios; garantia ao preso: art. 39
sonegação de contribuição previdenciária: art. 337-A

PROCESSO
coação no curso do: art. 344
fraude processual: art. 347

PROCURADOR
patrocínio infiel: art. 355

PROFANAÇÃO DE SEPULTURA
art. 210

PROFISSÃO
atividade ou ofício que dependam de habilitação especial; proibição do exercício: art. 47, II
crime cometido com violação de dever inerente; agravante da pena: art. 61, II, *g*

PROJÉTIL
arremesso de: art. 264
arremesso de; lesão corporal ou morte: art. 264, parágrafo único

PROMESSA DE RECOMPENSA
execução ou participação em crime mediante; agravante da pena: art. 62, IV

PROMESSA DE VANTAGEM
art. 343

PROPOSTA DE CONCORRÊNCIA
violação de: art. 326

PROPRIEDADE IMATERIAL
crimes contra a: arts. 184 a 186

PROPRIEDADE INTELECTUAL
crimes contra a: arts. 184 e 186

PROSTITUIÇÃO
casa: art. 229
favorecimento da: art. 228
favorecimento da; emprego de violência, grave ameaça ou fraude: art. 228, § 2º
favorecimento da; vítima maior de 14 e menor de 18 anos: art. 228, § 1º
menor de 18 anos; residência ou trabalho em casa de: art. 247, III

PROVA
sonegação de papel ou objeto com valor de: art. 356

PUDOR
atentado mediante fraude: art. 216
atentado violento ao: art. 214
ultraje público ao: arts. 233 e 234

PUNIBILIDADE
extinção da: arts. 107 a 120

QUEIXA
ação penal de iniciativa privada: art. 100, § 2º
causa interruptiva da prescrição: art. 117, I
crime contra a honra: art. 145
crime de adultério: art. 240, §§ 2º e 3º
crime sem violência ou grave ameaça à pessoa; arrependimento posterior: art. 16
crimes contra a propriedade intelectual: art. 186
crimes contra os costumes: arts. 213 a 234
dano e introdução ou abandono de animais em propriedade alheia: arts. 163, 164 e 167
decadência do direito de: art. 103
extinção da punibilidade pela renúncia do direito de: art. 107, V
fraude à execução: art. 179, parágrafo único
induzindo a erro essencial: art. 236, parágrafo único
introdução ou abandono de animais em propriedade alheia: art. 167
perdão do ofendido: art. 105
prescrição depois de transitar em julgado sentença final condenatória: art. 110, § 2º
recebimento; interrupção da prescrição: art. 117, I
renúncia ao direito: art. 104

REABILITAÇÃO
art. 93 a 95
condições de admissibilidade: art. 94, I a III
penas alcançadas: art. 93
requerimento: art. 94
revogação; reincidência: art. 95
sigilo dos registros sobre processo e condenação: art. 93

RECEITA MÉDICA
medicamento em desacordo: art. 280

RECÉM-NASCIDO
abandono: art. 134
supressão ou alteração de direito inerente ao estado civil:
art. 242

RECIPIENTE
falsa indicação: art. 275
fraudulenta utilização: art. 196, § 1º, IX

RECOMPENSA
promessa de; agravante: art. 62, IV

REGIME ABERTO
conceito: art. 33, § 1º
regras: art. 36

REGIME ESPECIAL
cumprimento de pena pelas mulheres: art. 37

REGIME FECHADO
conceito: art. 33, § 1º, *a*
regras: art. 35

REGIME SEMIABERTO
conceito: art. 33, § 1º, *b*
regras: art. 35

REGISTROS
de filho de outrem como próprio: art. 242, parágrafo único
sobre processo e condenação; sigilo; reabilitação: art. 93

REINCIDÊNCIA
agravante da pena: art. 61, I
caracterização: art. 64
conceito: art. 63
interrupção da prescrição: art. 117, VI
prescrição; aumento dos prazos: art. 110
revogação da reabilitação: art. 95

RENDAS PÚBLICAS
emprego irregular: art. 315

REPARAÇÃO DO DANO
até o recebimento da denúncia ou queixa; redução da pena: art. 16
causado pelo crime; efeito da condenação: art. 91, I
pelo agente do crime; atenuante da pena: art. 65, III, *b*
pelo condenado; homologação da sentença estrangeira: art. 9º, I

REPRESENTAÇÃO
ação pública em crime contra os costumes: art. 225, § 2º
crimes contra a inviolabilidade de correspondência: arts. 151, § 4º e 152 parágrafo único
crimes de concorrência desleal: art. 196, § 2º
decadência do direito: art. 103
do ofendido; ação penal pública condicionada: art. 100, § 1º

na ação penal; irretratabilidade: art. 102

REPRESENTANTE LEGAL
do ofendido; queixa; ação penal privada: art. 100, § 2º

RESISTÊNCIA
art. 329

RESPEITO AOS MORTOS
crimes contra o: arts. 209 a 212

RESTAURANTE
utilização de restaurante sem recursos para efetuar o pagamento devido: art. 176

RETRATAÇÃO
nos casos de calúnia, difamação e injúria: arts. 143 e 144

RETROATIVIDADE DE LEI
arts. 2º e 107, III

REVOGAÇÃO
da suspensão condicional da pena: art. 81 e § 1º
do livramento condicional: arts. 87 e 88

RIXA
art. 137
morte ou lesão corporal grave: art. 137, parágrafo único

ROUBO
art. 157
aumento de pena; casos: art. 157, § 2º
com lesão corporal grave: art. 157, § 3º
com morte: art. 157, § 3º
de veículo automotor: art. 157, § 2º, IV
isenção de pena: art. 181
representação: art. 182

ROUBO E EXTORSÃO
arts. 157 a 160

RUFIANISMO
art. 230
emprego de violência ou grave ameaça: art. 230, § 2º
vítima maior de 14 e menor de 18 anos: art. 230, § 1º

SABOTAGEM
art. 202

SAÚDE
periclitação da vida e da: arts. 130 a 136

SAÚDE PÚBLICA
crimes contra a: arts. 267 a 285

SEDUÇÃO E CORRUPÇÃO DE MENORES
arts. 217 e 218

SEGREDO(S)
crimes contra a inviolabilidade do: arts. 153 e 154
divulgação de: art. 153 e parágrafo único
profissional; violação de: art. 154 e parágrafo único

SEGURANÇA DOS MEIOS DE COMUNICAÇÃO E TRANSPORTE E OUTROS SERVIÇOS PÚBLICOS
crimes contra a: arts. 260 a 266

SEGURO
fraude para seu recebimento: art. 171, § 2º, V

SELO
falsificação, fabricação ou alteração: art. 296
falsificado; uso: art. 296, § 1º
reprodução ou adulteração: art. 303
utilização indevida: art. 296, § 1º, II

SENTENÇA CONDENATÓRIA
recorrível; interrupção da prescrição: art. 117, IV
transitada em julgado; multa; dívida de valor: art. 51

SENTIMENTO RELIGIOSO
vide, também, CRIMES CONTRA O SENTIMENTO RELIGIOSO E RESPEITO AOS MORTOS
crimes contra o: art. 208

SEPULTURA
violação de: art. 210

SEQUESTRO
art. 148
extorsão: art. 159
roubo mediante: art. 159 e §§ 1º a 4º

SERVIÇO DE UTILIDADE PÚBLICA
atentado contra a segurança: art. 265

SERVIÇOS
crimes contra a segurança dos meios de comunicação e transporte e outros: arts. 260 a 266

SERVIÇO TELEFÔNICO
interrupção ou perturbação de: art. 266

SERVIÇO TELEGRÁFICO
interrupção ou perturbação de: art. 266

SIGILO FUNCIONAL
violação: art. 325

SIGILO OU PROPOSTA DE CONCORRÊNCIA
violação de: art. 326

SIMULAÇÃO
de autoridade para celebração de casamento: art. 238
de casamento: art. 239

SINAL
empregado pelo Poder Público; falsificação ou fabricação: art. 306
inutilização de: art. 336

SINAL PÚBLICO
falsificação: art. 296

SINAL VERDADEIRO
utilização indevida de: art. 296, § 1º, II
utilização indevida por funcionário público de: art. 296, § 2º

SOCIEDADE(S) POR AÇÕES
fraudes e abusos na fundação ou administração de: art. 177

SONEGAÇÃO
de papel ou objeto de valor probatório: art. 356

SONEGAÇÃO DE CONTRIBUIÇÃO PREVIDENCIÁRIA
extinção de punibilidade; hipóteses: art. 337-A, § 1º
não aplicação da pena; hipóteses: art. 337-A, § 2º
não lançamento nos títulos da contabilidade da empresa das quantias descontadas dos segurados ou devidas pelo empregador: art. 337-A, II
omissão de fatos geradores de contribuições sociais previdenciárias: art. 337-A, III
omissão de segurados na folha de pagamento: art. 337-A, I
pena: art. 337-A
redução da pena: art. 337-A, § 3º

SONEGAÇÃO DE DOCUMENTO
pena: art. 356

SONEGAÇÃO DE ESTADO DE FILIAÇÃO
art. 243

SUBORNO
em crime de falso testemunho ou falsa perícia;
aumento de pena: art. 342, § 2º

SUBTRAÇÃO
de cadáver: art. 211
de coisa fungível; quando não será punível: art. 156, § 2º

de incapazes: art. 249
de livro ou documento: art. 337

SUICÍDIO
induzimento, instigação ou auxílio a: art. 122 e parágrafo único

SURSIS
Vide SUSPENSÃO CONDICIONAL DA PENA

SUSPENSÃO CONDICIONAL DA PENA
arts. 77 a 82
cumprimento das condições: art. 82
requisitos: arts. 77 a 80

TEMPO DO CRIME
art. 4º

TENTATIVA
conceito: art. 14, II
crime impossível; impunibilidade: art. 17
pena: art. 14, § único

TERCEIRO DE BOA-FÉ
ressalva do direito; efeitos da condenação: art. 91, II

TERGIVERSAÇÃO
patrocínio simultâneo ou: art. 355, parágrafo único

TERRITORIALIDADE
art. 5º

TERRITÓRIO NACIONAL
conceito; extensão para efeitos penais: art. 5º, § 1º

TESOURO
apropriação de: art. 169, I

TESTEMUNHA
corrupção ativa de: art. 343

TÍTULO DE ELEITOR
uso criminoso: art. 308

TÍTULO(S)
ao portador; emissão sem permissão legal: art. 292
e outros papéis públicos; petrechos de falsificação: art. 294
equiparação a documento público para efeitos penais: art. 297, § 2º
públicos falsificados; fabricação ou alteração: art. 293
públicos; petrechos de falsificação: art. 294
recebimento e utilização de título emitido sem permissão legal: art. 292, parágrafo único

TRABALHADOR(ES)
vide, também, CRIMES CONTRA A ORGANIZAÇÃO DO TRABALHO
aliciamento de trabalhadores de um local para outro do território nacional: art. 207
aliciamento para o fim de emigração: art. 206

TRABALHO
aliciamento de trabalhadores de um local para outro do território nacional: art. 207
aliciamento para o fim de emigração: art. 206
atentado contra a liberdade: art. 197
atentado contra liberdade de associação: art. 199
atentado contra a liberdade de contrato de trabalho e boicotagem violenta: art. 198
crimes contra a organização do: arts. 197 a 207
de interesse coletivo; paralisação: art. 201
exercício de atividade com infração de decisão administrativa: art. 205
frustração de direito assegurado por lei trabalhista: art. 203
frustração de lei sobre nacionalização do trabalho: art. 204
invasão de estabelecimento industrial, comercial ou agrícola; sabotagem: art. 202
paralisação de trabalho de interesse coletivo: art. 201
paralisação seguida de violência ou perturbação da ordem: art. 200

TRADUTOR
art. 343
falso testemunho: art. 342

TRÁFICO
de influência: art. 332 e parágrafo único
de pessoas: arts. 227 e s.

TRAIÇÃO
agravante da pena: art. 61, II, *c*

TRÂNSITO
aplicação da pena de interdição aos crimes culposos de: art. 57

TRANSPORTE
crimes contra a segurança dos meios de comunicação e transporte e outros serviços: arts. 260 a 266

TUTELA
crimes contra o pátrio poder, tutela ou curatela: arts. 248 e 249
incapacidade para o exercício; efeitos da condenação: art. 92, II
tutor; subtração de incapaz: art. 249, § 1º

ULTRAJE PÚBLICO AO PUDOR
arts. 233 e 234
ato obsceno: art. 233
escrito ou objeto obsceno: art. 234
representação teatral ou exibição cinematográfica obscenas: art. 234, parágrafo único, II

USO
de documento falso: art. 304
indevido de marcas, logotipos, siglas ou quaisquer outros símbolos da Administração Pública: art. 296, § 1º, III

USURPAÇÃO
arts. 161 e 162
alteração de limites de linha divisória de imóvel: art. 161
de águas: art. 161, § 1º, I
esbulho possessório: art. 161, § 1º, II
representação: art. 182
supressão de alteração de marca em animais: art. 162
queixa, em caso de a propriedade ser particular: art. 161, § 3º

USURPAÇÃO DE FUNÇÃO
art. 328
com vantagem: art. 328, parágrafo único

UTILIDADE PÚBLICA
art. 265

VANTAGEM
dar, oferecer ou prometer: art. 343

VEÍCULO AUTOMOTOR
adulteração de sinal identificador: art. 311
furto e transporte para outro Estado ou exterior: art. 155, § 5º

VENENO
emprego; agravante de pena: art. 61, II, *d*
homicídio; pena: art. 121, § 2º, III

VERBAS PÚBLICAS
emprego irregular de: art. 315

VILIPÊNDIO DE CADÁVER
art. 212

VIOLAÇÃO DE CORRESPONDÊNCIA
art. 151

VIOLAÇÃO DE DIREITO AUTORAL
arts. 184 e 186

VIOLAÇÃO DE DOMICÍLIO
art. 150

VIOLAÇÃO DE SEPULTURA
art. 210

VIOLAÇÃO DE SIGILO OU PROPOSTA DE CONCORRÊNCIA
art. 326

VIOLÊNCIA
arbitrária: art. 322
paralisação do trabalho seguida de: art. 200
presunção de: art. 224
seguida de morte: art. 223, parágrafo único

WARRANT
emissão irregular de: art. 178